W0311833

Katherine Mansfield · Sämtliche Werke

»Die Einzige, auf die ich je eifersüchtig war.«

VIRGINIA WOOLF

Sie liebte dramatische Auftritte, setzte sich gern in Szene und schlüpfte in vielerlei Rollen; sie nannte sich Kass, Tig, Sally, Julian Mark, Elizabeth Stanley oder Matilda Berry; die 20jährige Kathleen Mansfield Beauchamp – die als Katherine Mansfield zu Weltruhm gelangen sollte – trug sich als »Käthe Beauchamp-Bowden, Schriftstellerin« ins Gästebuch des Hotels Kreuzer im bayerischen Wörishofen ein.

Als sie 1909 nach England zurückkehrte, hatte sie bereits einige Geschichten im Gepäck. In der Wochenzeitung ›New Age‹ erschienen Texte von G. B. Shaw, G. K. Chesterton, H. G. Wells – ab Februar 1910 auch von Katherine Mansfield. Die Buchpublikation ihrer deutschen Geschichten fand ein großes Echo, die Kritik würdigte den Witz, die Ironie, den Realismus und die ganz eigene Sparsamkeit der Mittel. Der Grundstein für ihren literarischen Ruhm war gelegt. Katherine Mansfield, Schriftstellerin, war in England angekommen. Was die Erzählungen in Katherine Mansfields Debüt verbindet, ist ein gemeinsames Motiv: die weibliche Sexualität. Nicht nur die »freie Liebe« ist zu Beginn des zwanzigsten Jahrhunderts ein heiß diskutiertes Thema, auch der Begriff »Vergewaltigung in der Ehe« taucht auf. Das Mutterglück verliert an Glanz, die Institution Ehe gerät ins Wanken.

*»Die neuere englische Literatur verdankt den Frauen viel,
und eine der eigenartigsten Begabungen war Katherine Mansfield.
Ihre Erzählungen haben ein so erstaunliches Gesicht und sind
so meisterhaft, daß sie die Frühverstorbene
berühmt gemacht haben.«*

HERMANN HESSE

Katherine Mansfield

SÄMTLICHE WERKE

Alle Kurzgeschichten und Erzählungen

Aus dem Englischen
von
Heiko Arntz, Ute Haffmans
& Sabine Lohmann

Mit Anmerkungen versehen
und einem Nachwort
herausgegeben
von
Heiko Arntz

HAFFMANS VERLAG
BEI ZWEITAUSENDEINS

1. Auflage, Frühjahr 2009

Copyright dieser Neuedition und Neuübersetzung
© 2009 Zweitausendeins,
Postfach, D-60381 Frankfurt am Main.

Alle Rechte vorbehalten, insbesondere das Recht der mechanischen, elektronischen oder fotografischen Vervielfältigung, der Einspeicherung und Verarbeitung in elektronischen Systemen, des Nachdrucks in Zeitschriften oder Zeitungen, des öffentlichen Vortrags, der Verfilmung oder Dramatisierung, der Übertragung durch Rundfunk, Fernsehen oder Video, auch einzelner Text- und Bildteile.

Der gewerbliche Weiterverkauf oder gewerbliche Verleih von Büchern, CDs, CD-ROMs, DVDs, Videos oder anderen Sachen aus der Zweitausendeins-Produktion bedarf in jedem Fall der schriftlichen Genehmigung durch die Geschäftsleitung vom Zweitausendeins Versand in Frankfurt am Main.

Der Einband zeigt das KM-Porträt von Anne Estelle Rice, 1918.
© Museum of New Zealand / Te Papa Tongarewa.

Produktion und Gestaltung von Urs Jakob,
Werkstatt im Grünen Winkel, CH-8400 Winterthur.
Satz: Fotosatz Reinhard Amann, Aichstetten.
Druck und Bindung: Clausen & Bosse, Leck.
Printed in Germany.

Dieses Buch gibt es nur bei Zweitausendeins im Versand, Postfach, D-60381 Frankfurt am Main, Telefon 069-420 8000, Fax 069-415 003. Internet www.Zweitausendeins.de, E-Mail info@Zweitausendeins.de.
Oder in den Zweitausendeins-Läden in Augsburg, Bamberg, Berlin, Bochum, Bonn, Bremen, Darmstadt, Dortmund, Dresden, 2 x in Düsseldorf, in Duisburg, Erfurt, Essen, Frankfurt/Main, Freiburg, Göttingen, Gütersloh, 2 x in Hamburg, in Hannover, Karlsruhe, Kiel, Köln, Konstanz, Leipzig, Ludwigsburg, Mannheim, Marburg, München, Münster, Neustadt, Nürnberg, Oldenburg, Osnabrück, Stuttgart, Tübingen, Ulm und Würzburg.

In der Schweiz über buch 2000, Postfach 89, CH-8910 Affoltern a. A.

ISBN 978-3-86150-826-7

INHALT

IN EINER DEUTSCHEN PENSION

(In a German Pension)

GLÜCKSELIGKEIT

(Bliss)

DAS GARTENFEST
(The Garden-Party)

DAS TAUBENNEST

(The Doves' Nest)

UNVOLLENDETE GESCHICHTEN

ETWAS KINDLICHES

(Something Childish)

NACH- UND HINWEISE

IN EINER DEUTSCHEN PENSION

Deutsch von Ute Haffmans

DEUTSCHE BEIM FLEISCH

Brotsuppe wurde auf den Tisch gestellt.

»Ah«, sagte der Herr Rat, während er sich über den Tisch beugte, um einen Blick in die Terrine zu werfen, »das ist genau das, was ich brauche. Mein Magen ist seit einigen Tagen nicht in Ordnung. Brotsuppe, und genau die richtige Konsistenz. Ich bin selbst ein guter Koch« – er wandte sich mir zu.

»Wie interessant«, sagte ich und versuchte genau das richtige Maß an Begeisterung in meine Stimme zu legen.

»O ja – wenn man nicht verheiratet ist, muß man das sein. Was mich angeht, so habe ich von den Frauen alles bekommen, was ich wollte, auch ohne Heirat.« Er steckte sich die Serviette in den Kragen und blies beim Sprechen auf seine Suppe. »Also, um neun mache ich mir ein englisches Frühstück, aber nicht zu üppig. Vier Scheiben Brot, zwei Eier, zwei Scheiben Schinken, einen Teller Suppe, zwei Tassen Tee – bei Ihnen wäre das ein Klacks.«

Er brachte das so vehement vor, daß ich nicht den Mut hatte, ihm zu widersprechen.

Alle Augen waren plötzlich auf mich gerichtet. Das absurde Frühstück meiner Nation legte sich wie eine Last auf meine Schultern – mir, die ich morgens beim Zuknöpfen der Bluse eine Tasse Kaffee trank.

»Ein Klacks, allerdings«, rief Herr Hoffmann aus Berlin. »Als ich in England war, was habe ich da am Morgen geschlemmt.« Er richtete Augen und Schnauzbart zur Decke und wischte die Suppenspritzer von Rock und Weste.

»Ißt man bei Ihnen wirklich so viel?« fragte Fräulein Stiegelauer. »Suppe und frisches Brot und Schweinefleisch, und

Tee und Kaffee und Früchtekompott, und Honig und Eier, und kalten Fisch und Nieren, und warmen Fisch und Leber? Essen die Damen auch so viel, besonders die Damen?«

»Gewiß doch. Ich habe es selbst gesehen, als ich in einem Hotel am Leicester Square logierte«, rief der Herr Rat. »Es war ein gutes Hotel, aber Tee konnten sie nicht zubereiten – also –«

»Oh, *das* kann ich«, sagte ich und lachte hell auf. »Ich kann sehr guten Tee zubereiten. Das große Geheimnis ist, die Teekanne anzuwärmen.«

»Die Teekanne anwärmen«, unterbrach mich der Herr Rat, während er den Suppenteller von sich schob. »Wozu wärmen Sie die Teekanne? Ha! ha! das ist sehr gut! Man ißt sie doch nicht mit, nehme ich an?«

Er heftete seine kalten blauen Augen auf mich mit einem Ausdruck, als plane er tausend Invasionen.

»Das ist also das große Geheimnis Ihres englischen Tees? Alles, was Sie machen, ist, die Teekanne anzuwärmen.«

Ich wollte sagen, daß dies nur der Vorbereitung diene, konnte es aber nicht übersetzen und schwieg deshalb.

Der Kellner brachte Kalbfleisch mit Sauerkraut und Kartoffeln herein.

»Ich esse Sauerkraut sehr gern«, sagte der Reisende aus Norddeutschland, »aber ich habe inzwischen so viel davon gegessen, daß ich es einfach nicht mehr bei mir behalten kann. Ich muß dann sofort –«

»Was für ein schöner Tag«, rief ich und drehte mich zu Fräulein Stiegelauer um. »Sind Sie früh aufgestanden heute morgen?«

»Um fünf Uhr habe ich zehn Minuten lang Tau getreten. Dann bin ich wieder ins Bett. Um halb sechs bin ich eingeschlafen und um sieben aufgewacht, und dann habe ich eine Ganzkörperwaschung vorgenommen! Danach wieder ins Bett. Um acht Kaltwasserwickel, und um halb neun habe ich eine Tasse Pfefferminztee getrunken. Um neun habe ich etwas Malzkaffee getrunken und mit meiner Kur angefangen. Reichen Sie mir bitte das Sauerkraut. Sie essen nichts davon?«

»Nein, danke. Ich finde es immer noch ein wenig streng.«

»Stimmt es«, fragte die Witwe, während sie mit einer Haarnadel in ihren Zähnen stocherte, »daß Sie Vegetarierin sind?«

»Aber ja; ich habe seit drei Jahren kein Fleisch mehr gegessen.«

»Un-möglich! Haben Sie Familie?«

»Nein.«

»Da sehen Sie's, das kommt davon! Kinder bekommen und nur Gemüse essen, das geht nun einmal nicht. Aber Sie haben in England ja ohnehin keine großen Familien mehr; ich vermute, Sie sind zu sehr mit Ihrem Frauenwahlrecht beschäftigt. Also, ich habe neun Kinder bekommen, und sie sind alle am Leben, Gott sei Dank. Prächtige, gesunde Kinder – obwohl ich nach der Geburt des ersten – «

»Wie *wundervoll!*« rief ich.

»Wundervoll«, sagte die Witwe verächtlich und steckte die Haarnadel in den Knoten, der oben auf ihrem Kopf thronte. »Keineswegs! Eine meiner Freundinnen bekam vier auf einmal. Ihr Gatte war so glücklich darüber, daß er eine Abendeinladung gab und sie auf dem Tisch präsentierte. Sie war natürlich sehr stolz.«

»Deutschland«, dröhnte der Reisende, während er an einer Kartoffel nagte, die er auf sein Messer gespießt hatte, »ist ein Land mit Familiensinn.«

Es folgte ein anerkennendes Schweigen.

Die Teller wurden gewechselt für Rindfleisch, Johannisbeeren und Spinat. Alle wischten ihre Gabeln am Schwarzbrot ab und begannen dann von neuem.

»Wie lange bleiben Sie hier?« fragte der Herr Rat.

»Ich weiß es nicht genau. Ich muß im September zurück in London sein.«

»Sie besuchen natürlich München?«

»Dafür habe ich leider keine Zeit. Es ist wichtig, daß ich meine Kur nicht unterbreche.«

»Aber Sie *müssen* nach München fahren. Sie haben Deutschland nicht gesehen, wenn Sie nicht in München waren. Alle Ausstellungen, das ganze künstlerische und geistige Leben Deutschlands ist in München. Im August gibt es die Wagner-Festspiele, und Mozart, und eine Ausstellung japanischer Bilder – und es gibt Bier! Sie wissen nicht, was gutes Bier ist, wenn Sie nicht in München waren. Ja, man sieht da am Nachmittag feine Damen, aber wirklich feine Damen, das sage ich Ihnen, die leeren solche Gläser.« Er maß die Höhe eines stattlichen Waschgeschirrkrugs ab, und ich lächelte.

»Wenn ich größere Mengen Münchner Bier trinke, dann schwitze ich immer so«, sagte Herr Hoffmann. »Wenn ich hier bin, im Grünen oder vor meinen Bädern, schwitze ich auch, aber dann genieße ich es; in der Stadt ist das etwas ganz anderes.«

Bei dem bloßen Gedanken wischte er sich den Nacken und das Gesicht mit seiner Serviette ab und reinigte sich sorgfältig die Ohren.

Eine Glasschüssel mit Aprikosenkompott wurde auf den Tisch gestellt.

»Ah, Obst!« sagte Fräulein Stiegelauer, »das ist so wichtig für die Gesundheit. Der Doktor hat mir heute morgen gesagt, daß ich so viel Obst wie möglich essen soll.«

Und ganz offensichtlich befolgte sie den Rat.

Da sagte der Reisende: »Sie haben vermutlich auch Angst vor einer Invasion, hm? Oh, das ist gut. Ich habe in einer Zeitung alles über dieses Theaterstück in England gelesen. Haben Sie es gesehen?«

»Ja.« Ich setzte mich aufrecht. »Ich versichere Ihnen, wir haben keine Angst.«

»Nun, das sollten Sie aber«, sagte der Herr Rat. »Sie haben nicht einmal eine Armee – ein paar Jungs, deren Adern von Nikotin vergiftet sind.«

»Keine Angst«, sagte Herr Hoffmann. »Wir wollen England nicht haben. Wenn, so hätten wir es uns schon längst genommen. Wir wollen es wirklich nicht.«

Er schwenkte abschätzig seinen Löffel und schaute zu mir herüber, als wäre ich ein kleines Kind, das er nach Belieben festhalten oder fortschicken konnte.

»Wir wollen Deutschland ganz bestimmt nicht«, sagte ich.

»Heute morgen habe ich ein Sitzbad genommen. Heute nachmittag muß ich ein Kniebad und ein Armbad nehmen«, warf der Herr Rat ein; »dann mache ich noch eine Stunde lang meine Übungen, und dann ist Feierabend. Ein Glas Wein und ein paar Brötchen mit Sardinen – «

Kirschkuchen mit Schlagsahne wurde gereicht.

»Was ist das Leibgericht Ihres Gatten?« fragte die Witwe.

»Das weiß ich nicht«, antwortete ich.

»Das wissen Sie nicht? Wie lange sind Sie denn verheiratet?«

»Drei Jahre.«

»Aber das kann doch nicht Ihr Ernst sein! Sie können doch nicht seinen Haushalt führen, ohne spätestens nach einer Woche darüber Bescheid zu wissen.«

»Ich habe ihn nie danach gefragt; Essen ist ihm nicht so wichtig.«

Eine Pause. Alle sahen mich kopfschüttelnd an, den Mund voller Kirschkerne.

»Kein Wunder, daß sich die schrecklichen Zustände von Paris jetzt in England wiederholen«, sagte die Witwe und faltete ihre Serviette zusammen. »Wie kann eine Frau erwarten, ihren Mann zu halten, wenn sie nach drei Jahren noch nicht einmal seine Leibspeise kennt?«

»Mahlzeit!«

»Mahlzeit!«

Ich machte die Tür hinter mir zu.

DER BARON

»Wer ist das?« fragte ich. »Und warum sitzt er immer allein und dazu noch mit dem Rücken zu uns?«

»Ach!« flüsterte die Frau Oberregierungsrat, »das ist ein *Baron.*«

Sie sah mich feierlich an, wenn auch mit einem Anflug von Mißbilligung – einem »So-etwas-sieht-man-doch«-Blick.

»Aber der Ärmste, er kann doch nichts dafür«, sagte ich. »Diese unglückliche Tatsache sollte ihn doch nicht daran hindern, die Freuden des geistigen Austauschs zu genießen.«

Ich glaube, wenn sie nicht ihre Gabel in der Hand gehabt hätte, sie hätte sich bekreuzigt.

»Gewiß, das können Sie nicht verstehen. Er ist uralter Adel.«

Sie drehte sich weg und sprach, jetzt wirklich gereizt, mit der Frau Doktor zu ihrer Linken.

»Mein Omelett ist leer – *leer*«, protestierte sie, »und das ist das dritte, das ich probiere!«

Ich sah zu dem Baron von uraltem Adel hinüber. Er aß Salat – indem er ein ganzes Salatblatt auf seine Gabel spießte und es langsam abknabberte, wie ein Kaninchen – ein faszinierendes Schauspiel.

Er war klein und schmächtig, hatte schütteres schwarzes Haar, einen Bart und gelbliche Haut, trug stets schwarze Sergeanzüge, ein grobes Leinenhemd, schwarze Sandalen und das größte schwarze Brillengestell, das ich je gesehen hatte.

Der Herr Oberlehrer, der mir gegenüber saß, lächelte wohlwollend.

»Es muß für Sie sehr interessant sein, das alles beobachten zu können, gnädige Frau … natürlich ist dies ein *sehr gutes Haus*. Im Sommer war eine Dame vom spanischen Königshof hier; sie hatte es mit der Leber. Wir haben uns oft unterhalten.«

Ich schaute erfreut und demütig drein.

»In England, in einem *boarding house*, finden Sie nicht solch eine vornehme Gesellschaft wie in Deutschland.«

»Nein, bestimmt nicht«, antwortete ich, immer noch hypnotisiert von dem Baron, der wie eine kleine gelbe Seidenraupe aussah.

»Der Baron kommt jedes Jahr«, fuhr der Herr Oberlehrer fort, »wegen seiner Nerven. Er hat noch nie mit einem der Gäste gesprochen – *bis jetzt*.« Ein Lächeln huschte über sein Gesicht. Ich glaubte, seine Visionen vom Anbruch einer neuen Zeit zu sehen – dem berauschenden Austausch von Höflichkeiten, der herrlichen Opfergabe einer Zeitung an ihn, den Erlauchten, ein »Dankeschön«, das kommenden Generationen überliefert werden würde.

In diesem Augenblick kam der Briefträger, der aussah wie ein deutscher Offizier, mit der Post herein. Er warf meine Briefe in meinen Milchpudding, drehte sich dann zu einer Kellnerin um und flüsterte etwas. Sie ging hastig hinaus. Der Pensionsdirektor kam mit einem kleinen Tablett herein. Eine Ansichtspostkarte wurde darauf gelegt, und mit einer Verbeugung überreichte sie der Pensionsdirektor dem Baron.

Ich aber war enttäuscht, daß keine fünfundzwanzig Schuß Salut abgefeuert wurden.

Am Ende der Mahlzeit servierte man den Kaffee. Ich beobachtete, wie der Baron drei Stück Zucker nahm, zwei davon in seine Tasse tat und das dritte in einen Zipfel seines Taschentuchs wickelte. Er war immer der erste, der in den Speisesaal kam, und der letzte, der ihn verließ; und auf den freien Stuhl neben sich stellte er eine kleine schwarze Ledertasche.

Am Nachmittag, als ich mich aus dem Fenster lehnte, sah ich ihn auf der Straße vorbeigehen mit ängstlichem Schritt, die Tasche in der Hand. Immer wenn er an einem Laternenpfahl vorbeikam, wich er ein wenig aus, als befürchte er, von ihm geschlagen zu werden, oder vielleicht hatte er Angst vor einem plebejischen Bazillus … Ich fragte mich, wohin er wohl ginge und warum er die Tasche bei sich hatte. Nie hatte ich ihn im Kasino gesehen oder in der Badeanstalt. Er sah verloren aus, seine Füße rutschten in den Sandalen. Ich hatte Mitleid mit dem Baron.

An diesem Abend waren einige von uns im Salon versammelt, und wir sprachen aufgeregt und lebhaft über die »Kur« des Tages. Die Frau Oberregierungsrat saß neben mir und strickte einen Shawl für die jüngste ihrer neun Töchter, die in gewissen anderen, hochheiklen Umständen war … »Aber das wird schon werden«, sagte sie zu mir. »Das liebe Kind hat einen Bankier geheiratet – ihr innigster Wunsch.«

Es hatten sich etwa acht oder zehn Personen zusammengefunden; wir, die Verheirateten, tauschten Vertraulichkeiten über die Unterkleidung und die besonderen Eigenschaften unserer Ehemänner aus, die Unverheirateten besprachen die Oberbekleidung und die besonderen Reize möglicher Heiratskandidaten.

»Ich stricke sie selbst«, hörte ich die Frau Lehrer ausrufen, »aus dicker, grauer Wolle. Er trägt einen pro Monat, mit zwei weichen Kragen.«

»Und dann«, flüsterte Fräulein Lisa, »hat er zu mir gesagt: ›Sie gefallen mir durchaus. Vielleicht werde ich Ihrer Mutter schreiben.‹«

Kein Wunder, daß wir recht heftig erregt waren und uns ereiferten.

Plötzlich ging die Tür auf, und es erschien der Baron.

Es herrschte sofort Grabesstille.

Er kam langsam herein, zögerte, nahm einen Zahnstocher aus einer Schale auf dem Klavier und ging wieder hinaus.

Als die Tür geschlossen war, brachen wir in ein Triumphgeschrei aus! Es war das erste Mal, daß man ihn hatte den Salon betreten sehen. Was mochte die Zukunft noch bringen?

Die Tage dehnten sich zu Wochen. Immer noch waren wir zusammen, und immer noch ließ mich die einsame, kleine Gestalt mit dem wie unter dem Gewicht der Brille gebeugten Kopf nicht los.

Er kam herein mit der schwarzen Tasche, er zog sich zurück mit der schwarzen Tasche – und das war alles.

Schließlich ließ uns der Pensionsdirektor wissen, daß der Baron am nächsten Tag abreise.

»Na«, dachte ich, »er kann sich doch nicht einfach so aus der Affäre ziehen – ohne ein einziges Wort verschwinden! Gewiß wird er die Frau Oberregierungsrat oder die Frau Feldleutnantswitwe wenigstens *einmal* mit einem Wort beehren, ehe er geht.«

Am Abend dieses Tages regnete es heftig. Ich ging zur Post, und als ich auf den Stufen stand, schirmlos, und zögerte, mich auf die matschige Straße zu begeben, war mir, als hörte ich unterhalb meines Ellbogens ein zaghaftes Stimmchen.

Ich sah hinunter. Es war der Baron von altem Adel mit der schwarzen Tasche und einem Schirm. War ich verrückt? War ich noch bei Sinnen? Er bat mich unter den letzteren zu kommen. Und ich war überaus freundlich, ein klein wenig schüchtern, ehrerbietig, wie sich das gehört. Zusammen gingen wir durch Matsch und Schlamm.

Es hat etwas eigenartig Intimes, zusammen unter einem Schirm zu gehen.

Es kann eine Nähe erzeugen, wie man sie wohl spürt, wenn man einem Mann den Rock abbürstet – ein bißchen keck, ein bißchen treuherzig.

Ich wollte unbedingt erfahren, warum er allein saß, warum er die Tasche bei sich hatte, was er den ganzen Tag über tat. Aber er kam von ganz allein darauf zu sprechen.

»Ich fürchte«, sagte er »daß mein Gepäck feucht wird. Ich trage es ständig in dieser Tasche mit mir herum – man braucht ja so wenig – denn Dienstboten sind unzuverlässig.«

»Eine sehr gute Idee«, antwortete ich. Und dann: »Warum haben Sie uns das Vergnügen vorenthalten – «

»Ich sitze allein, damit ich mehr essen kann«, sagte der Herr Baron und starrte in die Dämmerung; »mein Magen verlangt nach einer großen Menge Nahrung. Ich bestelle doppelte Portionen und esse sie in Ruhe.«

Was fein und vornehm klang.

»Was machen Sie den ganzen Tag?«

»Ich nehme in meinem Zimmer Nahrung zu mir«, antwortete er mit einer Stimme, die die Unterhaltung beendete und den Schirm fast zu bereuen schien.

Als wir in der Pension ankamen, verursachten wir beinahe einen Volksaufstand.

Ich rannte die Stufen hinauf und dankte vom Treppenabsatz herab laut dem Baron.

Er antwortete vernehmlich: »Keine Ursache!«

Es war freundlich von dem Herrn Oberlehrer, mir an diesem Abend einen Blumenstrauß zu schicken, und die Frau Oberregierungsrat fragte mich nach einem Schnittmuster für ein Kindermützchen!

* * *

Am nächsten Tag war der Baron abgereist.

Sic transit gloria der deutschen *mundi*.

DIE SCHWESTER DER BARONIN

»Heute nachmittag kommen zwei neue Gäste«, sagte der Pensionsdirektor und rückte einen Stuhl für mich an den Frühstückstisch. »Ich habe den Brief mit der Mitteilung erst heute morgen erhalten. Die Baronin von Gall schickt ihre kleine Tochter zur Kur hierher – das arme Kind ist stumm. Es wird einen Monat bei uns bleiben, und dann kommt die Baronin selbst.«

»Die Baronin von Gall«, rief die Frau Doktor, die den Raum betrat; sie ließ sich den Namen ganz offensichtlich auf der Zunge zergehen. »Die kommt hierher? Letzte Woche war ein Bild von ihr in ›Sport und Salon‹. Sie ist eine Freundin bei Hofe: Ich habe gehört, die Kaiserin duzt sie. Das ist ja allerliebst! Ich werde dem Rat meines Arztes folgen und weitere sechs Wochen bleiben. Es geht doch nichts über junge Gesellschaft.«

»Aber das Kind ist stumm«, warf der Direktor entschuldigend ein.

»Bah! Was spielt das für eine Rolle? Leidende Kinder haben so entzückende Manieren.«

Jeder Gast, der das Frühstückszimmer betrat, wurde mit der wunderbaren Neuigkeit bombardiert. »Die Baronin von Gall schickt ihre kleine Tochter hierher; die Baronin selbst kommt in einem Monat.« Wir schwelgten in Kaffee und Brötchen. Wir sprühten vor Geist. Anekdoten über die Hochwohlgeborenen wurden ausgeschenkt, gesüßt und schlückchenweise getrunken: Wir verschlangen die dick mit Butter bestrichenen Skandale des Adels.

»Sie bekommen das Zimmer neben dem Ihren«, sagte der Direktor zu mir. »Gestatten Sie die Frage, ob es Ihnen recht wäre, wenn wir das Porträt der Kaiserin Elisabeth über Ihrem Bett abnähmen, um es nebenan über das Sofa zu hängen.«

»Ja, natürlich, etwas Heimeliges« – die Frau Oberregierungsrat tätschelte meine Hand – »und für Sie hat es ja keinerlei Bedeutung.«

Ich fühlte mich ein wenig gekränkt. Nicht durch die Tatsache, auf den Anblick von Diamanten und blauem Samtbusen verzichten zu müssen, sondern durch den Ton – der mich ausschloß – mich als Ausländerin brandmarkte.

Wir vertrödelten den Tag mit gewichtigen Spekulationen. Beschlossen, daß es zu warm war, um nachmittags spazieren zu gehen, legten uns deshalb auf unsere Betten und traten in großer Zahl zum Nachmittagskaffee an. Da hielt eine Kutsche an der Tür. Ein großes junges Mädchen stieg aus, das ein Kind an der Hand führte. Sie betraten die Halle, wurden begrüßt und zu ihrem Zimmer geleitet. Zehn Minuten später kam sie mit dem Kind herunter, um sich ins Gästebuch einzutragen. Sie trug ein schwarzes, enganliegendes Kleid mit weißen Rüschen am Hals und an den Ärmeln. Ihr braunes Haar war geflochten und mit einer schwarzen Schleife zusammengebunden – sie war ungewöhnlich blaß mit einem kleinen Muttermal auf der linken Wange.

»Ich bin die Schwester der Baronin von Gall«, sagte sie und probierte die Feder auf einem Stück Löschpapier aus; sie lächelte uns herablassend an. Selbst für die Abgebrühtesten von uns hält das Leben noch erregende Momente bereit. Zwei Baroninnen in einem Monat! Der Direktor verließ unverzüglich den Raum, um eine neue Feder zu holen.

In meinen Plebejeraugen wirkte das leidende Kind ungewöhnlich reizlos. Es sah aus, als wäre es zu häufig mit Wäscheblau gewaschen worden; es hatte Haare wie graue Wolle – und es trug einen Schürzenrock, der so steif gestärkt war, daß es uns kaum über die Rüschen hinweg ansehen konnte – eine wahre gesellschaftliche Schranke von Schürzenrock – und vielleicht war es von einer adligen Tante zu viel verlangt, sich um so niedere Belange wie die Ohren ihrer Nichte zu kümmern. Aber eine stumme Nichte mit ungewaschenen Ohren hatte für mich etwas sehr Deprimierendes.

Man setzte sie ans Kopfende des Tisches. Einen Augenblick lang sahen wir einander fragend an, wer das Gespräch eröffnen solle.

Dann begann die Frau Oberregierungsrat: »Ich hoffe, Sie sind nicht müde nach Ihrer Reise.«

»Nein«, sagte die Schwester der Baronin und lächelte in ihre Tasse.

»Ich hoffe, das liebe Kind ist nicht müde«, sagte die Frau Doktor.

»Ganz und gar nicht.«

»Ich nehme an – ich hoffe – daß Sie heute nacht gut schlafen werden«, sagte der Herr Oberlehrer ehrerbietig.

»Ja.«

Der Dichter aus München konnte seinen Blick nicht von den beiden abwenden. Er ließ seine Krawatte ein gut Teil seines Kaffees aufsaugen, während er sie aufgewühlt anstarrte.

Pegasus schüttelt das Joch ab, dachte ich. Seine Oden an die Einsamkeit winden sich im Todeskampf! Diese junge Frau bot die Gelegenheit zur Inspiration, ganz zu schweigen von einer Widmung, und also nahm seine darbende Seele ihr Bett und wandelte.

Sie zogen sich nach dem Essen zurück, und wir konnten uns in aller Ruhe über sie unterhalten.

»Die Ähnlichkeit ist da«, sinnierte die Frau Doktor. »Eindeutig. Was für Umgangsformen sie hat. So distinguiert, so zärtlich mit dem Kind.«

»Schade, daß sie sich um das Kind kümmern muß«, rief der Student aus Bonn. Bisher hatte er sich auf drei Schmisse und ein Verbindungsband verlassen, um Eindruck zu schinden, aber die Schwester einer Baronin verlangte mehr als das.

Anstrengende Tage folgten. Wäre sie eine Spur weniger hochwohlgeboren gewesen, hätten wir die ewigen Unterhaltungen über sie nicht bewältigen können, die Loblieder ihr zu Ehren, die detaillierten Berichte über alles, was sie tat. Aber sie ließ sich unsere Verehrung gnädig gefallen, und wir waren mehr als zufrieden.

Den Dichter machte sie zu ihrem Vertrauten. Er trug ihre Bücher, wenn wir spazierengingen, er ließ das leidende Kind auf seinem Knie reiten – eine dichterische Freiheit, gewissermaßen – und eines Morgens brachte er sein Notizbuch mit in den Salon und las uns vor.

»Die Schwester der Baronin hat mir versichert, daß sie ins Kloster geht«, sagte er. (Das ließ den Studenten aus Bonn aufhorchen.) »Ich habe diese wenigen Zeilen gestern abend an meinem Fenster in der lauen Nachtluft geschrieben –«

»Aber Ihre empfindliche Brust«, bemerkte die Frau Doktor.

Er warf ihr einen eisigen Blick zu, und sie errötete.

»Ich habe folgende Zeilen geschrieben:

Ach, willst du in ein Kloster ziehn,
in jenen stillen Hort?
Spring durch die Felder wie ein Reh
Und find die Schönheit dort.«

Neun ähnlich reizende Strophen empfahlen ihr ähnlich drastische Maßnahmen. Ich bin sicher, wäre sie seinem Rat gefolgt, der Rest ihres Lebens im Kloster hätte ihr nicht gereicht, um wieder zu Atem zu kommen.

»Ich habe ihr eine Abschrift davon zum Geschenk gemacht«, sagte er. »Und heute gehen wir in den Wald, um Blumen zu pflücken.«

Der Student aus Bonn stand auf und verließ das Zimmer. Ich bat den Dichter, die Verse noch einmal vorzulesen. Am Ende der sechsten Strophe sah ich durchs Fenster die Schwester der Baronin und den jungen Mann mit den Schmissen durch das Eingangstor verschwinden, was mich in die Lage versetzte, dem Dichter so hingerissen zu danken, daß er auch mir eine Abschrift anbot.

Doch der Druck, der in jenen Tagen auf uns lastete, war einfach zu hoch. Beim Aufschwung von unserer bescheidenen Pension zu den hohen Mauern der Paläste, mußten wir da nicht abstürzen? An einem späten Nachmittag kam die Frau Doktor zu mir ins Schreibzimmer und drückte mich an ihre Brust.

»Sie hat mir ihr ganzes Leben erzählt«, flüsterte sie. »Sie ist in mein Zimmer gekommen und hat mir angeboten, meinen Arm zu massieren. Sie wissen ja, wie entsetzlich ich unter meinem Rheumatismus leide. Und stellen Sie sich vor, man hat ihr schon sechs Heiratsanträge gemacht. So schöne Anträge, daß mir die Tränen kamen – und jeder einzelne von adliger Herkunft. Den schönsten, meine Liebe, erhielt sie im Wald. Nicht daß ich etwas gegen Heiratsanträge in einem Salon hätte, im Gegenteil – vier Wände sind einfach schicklicher – aber dies war ein privater Wald. Er sagte, der junge Offizier, daß sie einem jungen Baum gleiche, dessen Zweige nie von der ruchlosen Hand eines Mannes berührt worden seien. Solch eine Feinfühligkeit!« Sie seufzte und verdrehte die Augen.

»Natürlich ist das für Sie als Engländerin schwer zu verstehen; Engländerinnen entblößen ihre Beine beim Krikketspiel und züchten Hunde hinter dem Haus. Das ist ein Jammer! Jugend sollte wie eine Wildrose sein. Ich verstehe überhaupt nicht, wie sich die Frauen bei Ihnen überhaupt jemals vermählen.«

Sie schüttelte so heftig den Kopf, daß ich meinen mitschüttelte, und ein düsterer Schatten legte sich auf mein Herz. Es sah wirklich sehr schlecht mit uns aus. Breitete der Geist der Romantik seine rosigen Flügel nur über das aristokratische Deutschland aus?

Ich ging auf mein Zimmer, band mir ein rosarotes Tuch ums Haar und nahm einen Band der Gedichte von Mörike mit in den Garten. Ein großer violetter Fliederbusch wuchs hinter dem Gartenhaus. Dort setzte ich mich hin und sann dem Gefühl einer unbestimmten Trauer nach. Ich fing an, selbst ein Gedicht zu schreiben.

> Sie schwanken und schmachten, wohl wie im Traum,
> Wo wir, eng zusammengepreßt, uns küssen.

Ich hörte auf! »Eng zusammengepreßt« klang ganz und gar nicht leidenschaftlich. Es roch nach Kleiderschrank. Ließ meine Wildrose schon den Kopf hängen? Ich kaute auf einem Blatt und umschlang meine Knie. Da – o Magie der Stunde – hörte ich Stimmen aus dem Gartenhaus, die Schwester der Baronin und den Studenten aus Bonn.

Romantik aus zweiter Hand war besser als nichts; ich spitzte meine Ohren.

»Was für kleine Hände Sie haben«, sagte der Student aus Bonn. »Wie weiße Seerosen auf dem Teich Ihres schwarzen Kleides.« Das ließ sich hören. Ich war gespannt, was Ihre Hochwohlgeboren darauf antworten würde. Nur wohlwollendes Gemurmel.

»Reichen Sie mir die Hand?« Ich hörte zwei Seufzer – offensichtlich *hatte* sie gereicht – er hatte den dunklen Wassern eine edle Blüte geraubt.

»Sehen Sie, wie groß meine Finger neben den Ihren sind.«

»Aber sie sind so schön gepflegt«, sagte die Schwester der Baronin scheu.

Das Biest! War Liebe also eine Frage der Maniküre?

»Wie gern würde ich Sie küssen«, murmelte der Student. »Aber wie Sie wissen, leide ich unter einem nasalen Katarrh, und ich darf es nicht riskieren, Sie anzustecken. Sechzehn Mal habe ich letzte Nacht geniest; ich habe gezählt. Und drei Taschentücher verbraucht.«

Ich warf Mörike in den Flieder und ging zum Haus zurück. Ein großes Automobil stand schnaubend vor dem Eingang. Im Salon große Aufregung. Die Baronin stattete ihrer kleinen Tochter einen Überraschungsbesuch ab. Gekleidet in einen gelben Regenmantel stand sie in der Mitte des Raums und verhörte den Direktor. Und jeder Gast, der in der Pension weilte, drängte sich um sie; selbst die Frau Doktor studierte angelegentlich einen Fahrplan, um den erlauchten Röcken so nahe wie möglich zu sein.

»Aber wo ist meine Zofe?« fragte die Baronin.

»Zu uns ist keine Zofe gekommen«, antwortete der Direktor, »nur Ihr gnädiges Fräulein Schwester und Ihre Tochter.«

»Schwester!« rief sie scharf. »Dummes Zeug, ich habe keine Schwester. Mein Kind ist mit der Tochter meiner Schneiderin gereist.«

Tableau grandissimo!

FRAU FISCHER

Frau Fischer war die glückliche Besitzerin einer Kerzenfabrik irgendwo an den Ufern der Eger, und einmal im Jahr ließ sie die Arbeit ruhen, um in Dorschhausen eine Kur zu machen, wo sie mit einem Schließkorb, ordentlich in schwarzes Wachstuch gehüllt, und einer Tragetasche ankam. Letztere enthielt neben ihren Taschentüchern, dem Kölnisch Wasser, Zahnstochern und einem wollenen Tuch, das ihrem Magen so überaus wohltat, Muster ihres Kerzenmachergewerbes, die sie als Zeichen der Dankbarkeit am Ende ihres Urlaubs verschenkte.

Eines Julinachmittags um vier Uhr erschien sie in der Pension Müller. Ich saß in der Laube und sah sie über den Weg eilen, gefolgt von dem rotbärtigen Träger mit ihrem Schließkorb und einer Sonnenblume zwischen den Zähnen. Die Witwe und ihre fünf unschuldigen Töchter standen adrett und in angemessener Willkommenshaltung aufgereiht auf der Treppe; und die Begrüßung geriet so lang und laut, daß mir ganz warm ums Herz wurde.

»Was für eine Reise!« rief Frau Fischer. »Und nichts zu essen im Zug – nichts Ordentliches. Ich versichere Ihnen, meine Magenwände kleben förmlich aneinander. Aber ich will mir nicht den Appetit für das Abendessen verderben – nur eine Tasse Kaffee auf mein Zimmer. Bertha«, sie wandte sich der Jüngsten der fünf zu, »kaum wiederzuerkennen! Was für ein Busen! Frau Hartmann, ich gratuliere.«

Noch einmal ergriff die Witwe Frau Fischers Hände. »Und auch Kathi, eine richtige Frau; aber ein wenig blaß. Vielleicht ist der junge Mann aus Nürnberg dieses Jahr wieder hier. Wie Sie die Kinder alle im Haus halten, verstehe ich nicht. Jedes Jahr, wenn ich komme, erwarte ich, ein leeres Nest vorzufinden. Ganz erstaunlich.«

Frau Hartmann, mit verschämter Stimme, wie entschuldigend: »Wir sind eine so glückliche Familie, seit mein lieber Mann gestorben ist.«

»Ja, das Heiraten – man muß Mut haben; und schließlich, lassen Sie ihnen Zeit, wenn es soweit ist, machen sie die glückliche Familie nur noch größer – Gott sei's gedankt … Sind zur Zeit viele Leute hier?«

»Jedes Zimmer belegt.«

Es folgte eine genaue Beschreibung in der Diele, Gemurmel auf der Treppe und eine mehrteilige Fortsetzung, als sie das große Zimmer betraten (mit den Fenstern zum Garten), das Frau Fischer jedes Jahr bewohnte. Ich las gerade die ›Wunder von Lourdes‹, die mir ein katholischer Priester – mit einem betrübten Blick auf meine Seele – dringend ans Herz gelegt hatte; aber alle Wunder wurden durch Frau Fischers Ankunft zuschanden. Nicht einmal die weißen Rosen zu Füßen der Jungfrau konnten in dieser Atmosphäre erblühen.

»… Es war ein einfaches Hirtenkind, das seine Herde auf den kahlen Feldern weiden ließ …«

Stimmen aus dem Zimmer oben: »Der Waschtisch ist selbstverständlich gründlich mit Soda geschrubbt worden.«

»… sie lebte in bitterer Armut und trug nichts als Lumpen am Leib …«

»Jedes Möbelstück hat drei Tage lang im Garten zum Lüften gestanden. Und die Decke haben wir aus alten Kleidern selbst genäht. Das da ist ein Stück von dem schönen Flanellunterrock, den Sie uns letztes Jahr hiergelassen haben.«

»… Taubstumm war das Kind; die Dorfbewohner hielten es gar für blödsinnig …«

»Ja, das ist ein neues Bild vom Kaiser. Wir haben den Heiland mit der Dornenkrone nach draußen in den Flur gehängt. Zum Schlafen nicht heiter genug. Möchten Sie Ihren Kaffee nicht draußen im Garten trinken, liebe Frau Fischer?«

»Das ist eine sehr gute Idee. Aber erst muß ich mein Korsett ablegen und die Stiefel ausziehen. Ah, was für eine Wohltat, wieder Sandalen zu tragen. Ich habe die Kur dieses Jahr bitter nötig. Meine Nerven! Ich bin das reinste Nervenbündel. Während der Reise saß ich die ganze Zeit da mit meinem Taschentuch über dem Kopf, sogar als der Schaffner die Fahrkarten einsammelte. Völlig erschöpft!«

Sie kam in die Laube mit einem schwarzweiß-getupften Morgenrock und einer Kattunkappe mit einem Schirm aus Lackleder, gefolgt von Kathi, die die kleinen, blauen Kannen mit Malzkaffee brachte. Wir wurden einander korrekt vorgestellt. Frau Fischer setzte sich, holte ein blitzsauberes Taschentuch hervor und polierte ihre Tasse und Untertasse, hob dann den Deckel der Kaffeekanne und schaute betrübt ins Innere.

»Malzkaffee«, sagte sie. »Ach, in den ersten Tagen frage ich mich immer, wie ich das aushalten soll. Selbstverständlich, wenn man fern der Heimat ist, muß man mit Unbequemlichkeiten und fremdem Essen rechnen. Aber wie ich zu meinem lieben Gemahl zu sagen pflegte: Mit einem sauberen Laken und einer guten Tasse Kaffee kann ich überall glücklich sein. Aber in meinem jetzigen Zustand, bei *meinen* Nerven, ist mir kein Opfer zu groß. Und worunter leiden Sie? Sie sehen außergewöhnlich gesund aus!«

Ich lächelte und zuckte mit den Schultern.

»Ach, das ist merkwürdig mit euch Engländern. Sie sprechen so ungern über Körperfunktionen. Das ist, als würde man über einen Zug reden und sich weigern, die Lokomotive zu erwähnen. Wie wollen wir einen Menschen wirklich verstehen, wenn wir nichts über seinen Magen wissen? Als die Krankheit meines Mannes am schlimmsten war – die Breiumschläge – «

Sie tunkte ein Stück Zucker in den Kaffee und sah zu, wie es sich auflöste.

»Und doch hat mir ein junger Freund, der zur Beerdigung seines Bruders nach England reiste, erzählt, Frauen trügen dort in öffentlichen Gasthäusern Dekolletés, daß jeder Kellner einfach hineinsehen *muß*, wenn er die Suppe serviert.«

»Aber nur deutsche Kellner«, sagte ich. »Englische sehen über die Köpfe der Leute hinweg.«

»Da haben wir's«, rief sie, »da sehen Sie, wie abhängig Sie von Deutschland sind. Nicht einmal tüchtige Kellner haben Sie.«

»Mir ist es lieber, wenn sie über den Kopf hinweg sehen.«

»Was beweist, daß Sie sich ganz offensichtlich für Ihr Dekolleté schämen.«

Ich sah hinaus in den Garten, wo Goldlack und Rosenstöcke wuchsen, steif wie deutsche Blumensträuße, und dachte, daß es mir im Grunde völlig gleichgültig war. Ich hätte sie viel lieber gefragt, ob der junge Freund in seiner Eigenschaft als Kellner nach England gefahren sei, um den Leichenschmaus zu servieren, überlegte dann aber, daß es der Mühe nicht wert war. Das Wetter war zu heiß, um boshaft zu sein, und wer wollte nicht Milde walten lassen angesichts der hellen Aufregung, in der sich Frau Fischer bis halb sieben befand? Als Dank des Himmels für meine Geduld kam der Herr Rat auf uns zuspaziert, engelsgleich in einen weißen Seidenanzug gekleidet. Er und Frau Fischer waren alte Freunde. Sie zog ihren Morgenrock enger um sich und machte ihm auf der kleinen grünen Bank Platz.

»Ihnen scheint die Hitze nichts auszumachen«, sagte sie; »und wenn ich mir die Bemerkung erlauben darf – was für ein herrlicher Anzug!«

»Haben Sie den nicht schon letztes Jahr an mir gesehen?

Ich habe die Seide aus China mitgebracht – habe sie durch den russischen Zoll geschmuggelt, indem ich sie mir um den Körper gewickelt habe. Und zwar eine ganze Menge: Stoff für zwei Kleider für meine Schwägerin, drei Anzüge für mich und einen Umhang für die Haushälterin meiner Wohnung in München. Was habe ich geschwitzt! Hinterher mußte sie erst einmal gründlich gewaschen werden.«

»Sie haben gewiß mehr Abenteuer erlebt als jeder andere in Deutschland. Wenn ich an die Zeit denke, die Sie in der Türkei verbracht haben, mit einem betrunkenen Führer, der von einem tollwütigen Hund gebissen wurde und dann einen Abhang hinunter in ein Feld voller Duftölrosen fiel, dann bedaure ich, daß Sie nie ein Buch geschrieben haben.«

»Gemach – gemach. Ich bin dabei, mir einige Notizen zu machen. Aber jetzt, wo Sie hier sind, sollten wir unsere zwanglosen Plauderstündchen nach dem Abendessen wieder aufnehmen. Einverstanden? Es ist wichtig und gut für einen Mann, gelegentlich in der Gesellschaft von Frauen Entspannung zu finden.«

»Das verstehe ich nur zu gut. Sogar hier ist Ihr Leben so aufreibend – Sie sind begehrt – werden bewundert. Genauso war es bei meinem lieben Gatten. Er war ein großer, gutaussehender Mann, und manchmal abends pflegte er in die Küche zu kommen und zu sagen: ›Frau, wie gern wäre ich für zwei Minuten mal dumm.‹ Nichts konnte ihn dann so sehr beruhigen, als wenn ich seinen Kopf streichelte.«

Der kahle Schädel des Herrn Rat leuchtete im Sonnenlicht wie ein Symbol für die traurige Abwesenheit einer Ehefrau.

Ich begann mir über die Natur dieser ungezwungenen Plauderstündchen nach dem Abendessen Gedanken zu machen. Wie konnte man Dalila für einen derart gerupften Samson spielen?

»Herr Hoffmann aus Berlin ist gestern angekommen«, sagte der Herr Rat.

»Mit diesem jungen Mann weigere ich mich zu sprechen. Letztes Jahr hat er mir erzählt, daß er in Frankreich in einem Hotel gewohnt hat, in dem es keine Servietten gab; was muß das für ein Haus gewesen sein! In Österreich haben sogar die Kutscher Servietten. Außerdem habe ich gehört, daß er mit Bertha über die ›freie Liebe‹ gesprochen hat, als sie sein Zimmer fegte. Ich bin solche Gesellschaft nicht gewohnt. Er war mir schon lange suspekt.«

»Junges Blut«, erwiderte der Herr Rat versöhnlich. »Ich hatte einige Auseinandersetzungen mit ihm – Sie haben es mit angehört – nicht wahr?« wandte er sich an mich.

»Einige, allerdings«, sagte ich lächelnd.

»Vermutlich halten auch Sie mich für altmodisch. Ich mache kein Geheimnis aus meinem Alter; ich bin neunundsechzig; aber Sie werden sicherlich auch bemerkt haben, wie still er plötzlich wurde, wenn ich nur meine Stimme erhob.«

Ich antwortete mit innerster Überzeugung, doch als ich einen Blick von Frau Fischer auffing, wurde mir plötzlich klar, daß ich lieber ins Haus zurückgehen und ein paar Briefe schreiben sollte.

Es war dunkel und kühl in meinem Zimmer. Ein Kastanienbaum stieß mit seinen grünen Ästen ans Fenster. Ich sah auf das Roßhaarsofa hinunter, das den Gedanken, sich auf ihm zu räkeln, ganz offensichtlich als unmoralisch von sich wies, zog das rote Kissen auf den Boden und legte mich hin. Und kaum hatte ich es mir gemütlich gemacht, als die Tür aufging und Frau Fischer eintrat.

»Der Herr Rat hatte einen Badetermin«, sagte sie und schloß die Tür hinter sich. »Darf ich hereinkommen? Bitte, bleiben Sie doch liegen. Sie sehen wie eine kleine Perserkatze aus. Und jetzt müssen Sie mir etwas wirklich Interessantes aus Ihrem Leben erzählen. Wenn ich neue

Menschen kennenlerne, dann quetsche ich sie aus wie einen Schwamm. Zunächst einmal – Sie sind verheiratet.«

Ich bestätigte es.

»Aber wo ist Ihr Mann, mein liebes Kind?«

Ich sagte, er sei Kapitän zur See und auf einer langen und gefährlichen Reise.

»Wie kann er Sie nur so zurücklassen – so jung und so schutzlos.«

Sie setzte sich aufs Sofa und drohte mir schelmisch mit dem Finger.

»Gestehen Sie nur, daß Sie ihm Ihre Reisen verheimlichen. Denn welcher Mann würde einer Frau mit solcher Haarpracht erlauben, in fremden Ländern herumzuziehen? Mal angenommen, Sie verlören Ihre Börse mitten in der Nacht in einem eingeschneiten Zug im Norden Rußlands?«

»Aber ich habe nicht die leiseste Absicht – « fing ich an.

»Das sage ich ja gar nicht. Als Sie Ihrem lieben Mann auf Wiedersehen sagten, hatten Sie nicht die Absicht, hierherzukommen, davon bin ich überzeugt. Meine Liebe, ich bin eine erfahrene Frau, und ich kenne die Welt. Wenn er fort ist, fiebert Ihr Blut. Ihr trauriges Herz fliegt trostsuchend in fremde Länder. Zu Hause können Sie den Anblick des leeren Bettes nicht ertragen – es ist, als wären Sie Witwe geworden. Seit dem Tod meines Gatten habe ich keine friedliche Stunde mehr gehabt.«

»Ich mag leere Betten«, protestierte ich müde und knuffte das Kissen.

»Das kann nicht sein, denn es ist nicht natürlich. Jede Ehefrau sollte spüren, daß ihr Platz an der Seite ihres Mannes ist – beim Schlafen oder Wachen. Es ist offensichtlich, daß die stärkste aller Bindungen Sie noch nicht bindet. Warten Sie, bis sich Ihnen zwei kleine Händchen entgegenstrecken – warten Sie, bis er in den Hafen kommt und Sie mit dem Kind an der Brust sieht.«

Ich setzte mich steif auf.

»Aber ich halte Kinderkriegen für den unwürdigsten aller Berufe«, sagte ich.

Einen Augenblick herrschte Stille. Dann beugte sich Frau Fischer herunter und nahm meine Hand.

»So jung und müssen schon so grausam leiden«, murmelte sie. »Nichts verbittert eine Frau mehr, als allein gelassen zu werden, ohne Mann, besonders wenn sie verheiratet ist, denn dann ist es ihr unmöglich, die Aufmerksamkeiten anderer Männer zu würdigen – es sei denn, sie ist unglücklicherweise Witwe. Natürlich weiß ich, daß Kapitäne schrecklichen Versuchungen ausgesetzt sind, und sie sind so entflammbar wie Tenöre – deshalb müssen Sie, meine Liebe, stets fröhlich und entschlossen auftreten und alles daransetzen, damit er stolz auf Sie ist, wenn sein Schiff in den Hafen einläuft.«

Dieser Ehemann, den ich eigens für Frau Fischer erfunden hatte, nahm in ihren Händen so reale Gestalt an, daß ich mich nicht länger auf einem Felsen sitzen sah, mit Seegras im Haar, um auf das Geisterschiff zu warten, das alle Frauen so sehr herbeizusehnen belieben. Ich sah mich nun eher einen Kinderwagen die Landungsbrücke hinaufschieben und die fehlenden Knöpfe an der Uniformjacke meines Gatten zählen.

»Jede Menge Kinder, das ist es, was Sie brauchen«, sann Frau Fischer. »Denn als Familienvater kann er Sie nicht verlassen. Denken Sie an sein Entzücken und seine Erregung, wenn er Sie sieht!«

Der Plan erschien mir etwas gewagt. Plötzlich mit einem Arm voller Kinder aufzutauchen, ist gewiß nicht der beste Weg, um Begeisterungsstürme beim durchschnittlichen britischen Ehemann hervorzurufen. Ich beschloß, meine unbefleckte Schöpfung Schiffbruch erleiden und ihn irgendwo bei Kap Hoorn untergehen zu lassen.

Dann ertönte der Gong zum Abendessen.

»Kommen Sie doch nachher auf mein Zimmer«, sagte Frau Fischer. »Es gibt noch so viel, das ich Sie fragen muß.«

Sie drückte meine Hand, aber ich drückte nicht zurück.

FRAU BRECHENMACHER GEHT AUF EINE HOCHZEIT

Sich ausgehfertig zu machen, war ein mühsames Unterfangen. Nach dem Abendessen steckte Frau Brechenmacher vier der fünf Kinder ins Bett und erlaubte Rosa, bei ihr zu bleiben und beim Polieren der Knöpfe von Herrn Brechenmachers Uniform zu helfen. Dann ging sie mit einem heißen Bügeleisen über sein bestes Hemd, wichste seine Stiefel und besserte mit ein, zwei Stichen eine Naht an seiner schwarzen Satinkrawatte aus.

»Rosa«, sagte sie, »hol meinen Rock und häng ihn vor den Ofen, damit die Falten herausgehen. Und denk daran, du mußt auf die Kinder aufpassen, und bleib nicht länger als bis halb neun auf, und faß die Lampe nicht an – du weißt, was passiert, wenn du es tust.«

»Ja, Mama«, sagte Rosa, die neun war und sich alt genug fühlte, mit tausend Lampen fertig zu werden. »Aber laß mich doch aufbleiben – der Bub wacht vielleicht auf und will Milch haben.«

»Halb neun!« sagte die Frau. »Der Vater soll's auch noch sagen.«

Rosas Mundwinkel gingen nach unten.

»Aber … aber …«

»Da kommt der Vater. Geh ins Schlafzimmer und hol mein blaues Seidentuch. Du kannst mein schwarzes Umhängetuch tragen, während ich weg bin – sei brav!«

Rosa zog es ihrer Mutter von den Schultern, legte es ordentlich um ihre eigenen und verknotete die beiden Enden auf dem Rücken. Wenn sie schon um halb neun ins Bett mußte, so überlegte sie, dann wollte sie immerhin das

Tuch anbehalten. Ein Entschluß, der sie voll und ganz tröstete.

»Also, wo sind meine Kleider?« rief Herr Brechenmacher; er hängte seine leere Briefträgertasche hinter die Tür und stampfte den Schnee von den Stiefeln. »Natürlich nicht parat, und alle anderen sind längst auf der Hochzeit. Ich habe die Musik gehört, als ich vorbeikam. Was machst du denn? Du bist noch nicht einmal angezogen. So kannst du nicht gehen.«

»Da sind sie – liegt alles auf dem Tisch für dich bereit, und warmes Wasser ist in der Blechschüssel. Tauch den Kopf hinein. Rosa, gib deinem Vater das Handtuch. Alles fertig außer der Hose. Ich hatte keine Zeit, sie zu kürzen. Du mußt sie in die Stiefel stecken, bis wir dort sind.«

»Ach«, sagte Herr Brechenmacher, »hier kann man sich ja nicht drehen und nicht wenden. Ich brauche das Licht. Geh und zieh dich im Flur um.«

Sich im Dunkeln anzuziehen, machte Frau Brechenmacher nichts aus. Sie hakte Rock und Taille zu, steckte das Tuch am Hals mit einer schönen Brosche zusammen, an der vier Medaillons der Heiligen Jungfrau hingen, und legte sich dann den Umhang mit der Kapuze um.

»Komm her und mach mir die Schnalle zu«, rief Herr Brechenmacher. Er stand in der Küche und drückte die Brust heraus, und die Knöpfe seiner blauen Uniform glänzten mit einer Begeisterung, mit der wohl nur amtliche Knöpfe glänzen konnten. »Wie sehe ich aus?«

»Prächtig«, antwortete die kleine Frau, zog an der Gürtelschnalle und zupfte hier und da an ihm herum. »Rosa, komm her und sieh dir deinen Vater an.«

Herr Brechenmacher stolzierte in der Küche auf und ab, man half ihm in den Mantel, dann wartete er, während die Frau die Laterne anzündete.

»Also, dann – endlich! Komm jetzt!«

»Die Lampe, Rosa«, warnte die Frau und warf die Eingangstür hinter sich zu.

Geschneit hatte es den ganzen Tag nicht; der Boden war so glatt wie ein zugefrorener Teich. Seit Wochen war sie nicht aus dem Haus gekommen, und der Tag hatte sie derart in Unruhe versetzt, daß sie wie benommen war, sich dumm vorkam – als hätte Rosa sie aus dem Haus gedrängt, und der Mann lief vor ihr weg.

»Warte, warte!« rief sie.

»Nein, ich bekomme nasse Füße – beeil dich.«

Als sie ins Dorf kamen, ging es besser. Dort waren Zäune, an denen man sich festhalten konnte, und vom Bahnhof zum Gasthaus hatte man für die Hochzeitsgäste einen schmalen Weg mit Asche bestreut.

Das Gasthaus sah sehr festlich aus. Lichter leuchteten aus jedem Fenster, Kränze aus Tannenzweigen hingen an den Gesimsen. Zweige schmückten die Eingangstüren, die aufschwangen, und in der Diele verschaffte sich der Wirt Respekt, indem er die Kellnerinnen herumkommandierte, die unablässig mit Biergläsern, Tabletts mit Tassen und Untertassen und Weinflaschen herumrannten.

»Die Treppe rauf – die Treppe rauf«, dröhnte der Wirt. »Hängt eure Mäntel oben auf dem Treppenabsatz auf.« Eingeschüchtert durch dieses herrschaftliche Gebaren, vergaß Herr Brechenmacher ganz seine Rechte als Ehemann und entschuldigte sich bei seiner Frau, weil er sie in seinem Eifer, vor allen anderen oben zu sein, gegen das Geländer gestoßen hatte.

Herrn Brechenmachers Kollegen begrüßten ihn mit lautem Rufen, als er durch die Tür des Festsaals trat, und Frau Brechenmacher richtete ihre Brosche, faltete die Hände und setzte die würdevolle Miene auf, die sich für die Gattin eines Briefträgers und Mutter von fünf Kindern ziemte. Der Festsaal war wirklich wunderschön. Drei lange Tische standen an einer Seite, der übrige Raum war frei gelassen worden zum Tanzen. Öllampen, die von der Decke hingen, warfen ein warmes, helles Licht auf die mit Papierblumen und Girlanden geschmückten Wände und ein noch wärmeres und noch helleres auf die roten Gesichter der Gäste in ihren besten Kleidern.

Am Kopfende des mittleren Tisches saßen die Braut und der Bräutigam, sie in einem weißen, mit bunten Bandschleifen geschmückten Kleid, das sie wie eine Torte mit Zuckerguß aussehen ließ, die nur darauf wartet, angeschnitten und dem Bräutigam serviert zu werden, der einen viel zu großen weißen Tuchanzug trug und eine weiße Seidenkrawatte, die ihm langsam den Kragen hinaufrutschte. Um sie herum waren, ihrem Rang und ihrer Würde entsprechend, die Eltern und Verwandten gruppiert; und auf einem Stuhl zur Rechten der Braut hockte ein kleines Mädchen in einem zerknitterten Musselinkleid mit einem Kranz aus Vergißmeinnicht, der ihr über ein Ohr hing. Alle lachten und redeten, schüttelten Hände, stießen mit den Gläsern an, stampften auf den Boden – Bier- und Schweißgeruch lag in der Luft.

Frau Brechenmacher ging hinter ihrem Mann durch den Saal, nachdem sie das Brautpaar begrüßt hatten; sie wußte, daß sie sich gut unterhalten würde. Sie blühte förmlich auf, und ihr wurde ganz warm, als sie die vertraute Festtagsstimmung atmete. Jemand zupfte an ihrem Rock, und als sie hinunterblickte, sah sie Frau Rupp, die Frau des Metzgers, die einen leeren Stuhl hervorzog und sie aufforderte, sich neben sie zu setzen.

»Fritz holt Ihnen ein Bier«, sagte sie. »Ihr Rock ist hinten offen, meine Liebe. Wir mußten wirklich lachen, als Sie durch den Saal gingen und ein weißer Streifen von Ihrem Unterrock zu sehen war.«

»Aber wie furchtbar!« sagte Frau Brechenmacher, sackte auf den Stuhl und biß sich auf die Lippe.

»Na, jetzt ist es ja vorbei«, sagte Frau Rupp, streckte die dicken Hände über den Tisch und betrachtete mit großer Genugtuung ihre drei Witwenringe; »man muß eben achtgeben, besonders auf einer Hochzeit.«

»Vor allem bei einer solchen Hochzeit«, rief Frau Ledermann, die auf der anderen Seite von Frau Brechenmacher saß. »Bringt Theresa doch tatsächlich dieses Kind mit hierher. Es ist ihr eigenes, müssen Sie wissen, und es wird bei ihnen leben. Das nenne ich eine Sünde gegen die Kirche, ein uneheliches Kind, das an der Hochzeit der eigenen Mutter teilnimmt.«

Die drei Frauen sahen zu der Braut hinüber, die reglos und mit einem leeren Lächeln auf den Lippen dasaß; nur ihre Blicke schweiften unruhig hin und her.

»Sie haben ihr sogar Bier zu trinken gegeben«, flüsterte Frau Rupp, »und Weißwein und Gefrorenes. Dabei wollte sie gar nicht. Sie hätte sie zu Hause lassen sollen.«

Frau Brechenmacher drehte sich um und sah zur Mutter der Braut hinüber. Sie ließ ihre Tochter nicht aus den Augen, runzelte die braune Stirn wie ein alter Affe und nickte von Zeit zu Zeit sehr feierlich. Ihre Hände zitterten, als sie ihren Bierkrug hob, und nach dem Trinken spuckte sie auf den Boden und wischte sich heftig mit dem Ärmel über den Mund. Dann fing die Musik an, und ihre Augen folgten Theresa und musterten argwöhnisch jeden Mann, der mit ihr tanzte.

»Sei lustig, Alte«, schrie ihr Mann und stieß sie in die Rippen; »das ist nicht Theresas Beerdigung.« Er zwinkerte den Gästen zu, die in lautes Gelächter ausbrachen.

»Ich *bin* lustig«, brummte die alte Frau und schlug im Takt der Musik mit der Faust auf den Tisch, um zu beweisen, daß sie mitfeierte.

»Sie kann nicht vergessen, wie flatterhaft Theresa war«, sagte Frau Ledermann. »Wie auch – mit dem Kind? Ich habe gehört, Theresa hat letzten Sonntagabend einen hysterischen Anfall gehabt und gesagt, daß sie diesen Mann nicht heiraten will. Sie mußten den Pfarrer holen.«

»Wo ist der andere?« fragte Frau Brechenmacher. »Warum hat der sie nicht geheiratet?«

Die Frau zuckte die Schultern. »Fort – verschwunden. Er war Handlungsreisender und hat nur zwei Nächte bei ihnen gewohnt. Er hat Hemdknöpfe verkauft – ich habe auch welche gekauft, und es waren schöne Knöpfe – aber was für ein Lump! Ich begreife gar nicht, was er an diesem einfältigen Ding gefunden hat – aber das weiß man ja nie. Ihre Mutter sagt, sie ist wie Feuer, und das schon seit sie sechzehn ist!«

Frau Brechenmacher sah auf ihr Bier hinunter und blies ein kleines Loch in den Schaum.

»So sollte eine Hochzeit nicht sein«, sagte sie; »zwei Männer zu lieben ist gegen die Religion.«

»Mit dem da wird sie noch ihre Freude haben«, rief Frau Rupp. »Im letzten Sommer hat er bei mir gewohnt, und ich mußte ihn raussetzen. In zwei Monaten hat er nicht einmal seine Kleider gewechselt, und als ich ihn auf den Gestank in seinem Zimmer angesprochen habe, behauptete er steif und fest, daß der vom Laden unten komme. Ach, jede Frau hat ihr Kreuz. Ist es nicht so, meine Liebe?«

Frau Brechenmacher sah zu ihrem Mann am Nachbartisch, umgeben von seinen Kollegen. Sie wußte, daß er zu viel trank – er gestikulierte wild, und beim Reden spritzte ihm der Speichel aus dem Mund.

»Ja«, bestätigte sie. »Junge Mädchen müssen viel lernen.«

Eingezwängt zwischen diesen beiden dicken alten Frauen, machte sie sich keine Hoffnung, zum Tanz aufgefordert zu werden. Sie sah zu, wie die Paare sich rundherum drehten; sie vergaß ihre fünf Kinder und ihren Mann und fühlte sich fast selbst wieder wie ein Mädchen. Die Musik klang traurig und schön. Sie rang die rauhen Hände in den Falten ihres Rocks. Während die Musik spielte, wagte sie nicht, jemandem ins Gesicht zu sehen, und sie lächelte mit einem kleinen nervösen Zittern um den Mund.

»Ach du lieber Gott«, rief Frau Rupp, »sie haben Theresas Kind ein Stück Wurst gegeben. Damit es ruhig ist. Jetzt gibt es eine Geschenkübergabe – Ihr Mann, meine Liebe, hält eine Rede.«

Frau Brechenmacher setzte sich stocksteif auf. Die Musik verklang, und die Tänzer nahmen wieder an den Tischen Platz.

Nur Herr Brechenmacher blieb stehen – in den Händen hielt er eine große silberne Kaffeekanne. Alle lachten über seine Rede, nur seine Frau nicht; alle brüllten über seine Grimassen und die Art, wie er die Kaffeekanne zu dem Brautpaar hin trug, als hielte er einen Säugling.

Die Braut hob den Deckel, warf einen kurzen Blick hinein, dann schloß sie ihn mit einem leisen Aufschrei wieder und biß sich auf die Lippen. Der Bräutigam entriß ihr die Kanne und zog ein Milchfläschchen und zwei kleine Wiegen mit Porzellanpüppchen heraus. Als er diese Schätze vor Theresas Augen hätschelte, ging eine Woge des Gelächters durch den heißen Saal.

Frau Brechenmacher fand es nicht lustig. Sie sah sich um, sah die lachenden Gesichter, und plötzlich kamen sie ihr alle fremd vor. Sie wollte zurück, in ihr Haus, und es nie mehr verlassen. Sie stellte sich vor, daß all diese Leute über sie lachten, sogar noch mehr Leute, als im Saal waren – alle lachten über sie, weil sie so viel stärker waren als sie.

* * *

Sie gingen schweigend nach Hause. Herr Brechenmacher schritt voraus, sie stolperte hinter ihm her. Die Straße vom Bahnhof zu ihrem Haus lag weiß und verlassen da – ein kalter Windstoß blies ihr die Kapuze vom Kopf, und plötzlich erinnerte sie sich an den ersten Abend, an dem sie zusammen nach Hause gegangen waren. Jetzt hatten sie fünf Kinder und doppelt so viel Geld; *aber* –

»Wozu das alles?« murmelte sie, und erst als sie zu Hause angekommen und ein kleines Abendessen mit Fleisch und Brot für ihren Mann bereitet hatte, hörte sie auf, sich diese alberne Frage zu stellen.

Herr Brechenmacher brockte das Brot in seinen Teller, spießte es mit der Gabel auf und kaute gierig.

»Gut?« fragte sie, legte die Arme auf den Tisch und stützte den Busen darauf.

»Sehr gut!«

Er nahm ein Stück Rinde, wischte damit um den Tellerrand und hielt es ihr hin. Sie schüttelte den Kopf.

»Keinen Hunger«, sagte sie.

»Ist aber ein besonders gutes Stück, schön saftig.«

Er aß den Teller leer; dann zog er seine Stiefel aus und warf sie in die Ecke.

»Nicht gerade ein rauschendes Fest«, sagte er, streckte die Füße aus und bewegte die Zehen in den wollenen Socken.

»N-nein«, antwortete sie, hob die Stiefel vom Boden auf und stellte sie zum Trocknen auf den Ofen.

Herr Brechenmacher gähnte, streckte sich und sah dann grinsend zu ihr auf.

»Weißt du noch, der Abend, als wir zusammen nach Hause gegangen sind? Du warst die Unschuld in Person, o ja.«

»Geh weg! Das ist so lange her.« Aber sie erinnerte sich gut.

»Was hast du mir für eine Ohrfeige verpaßt … Aber ich habe dich noch zur Räson gebracht.«

»Hör schon auf. Du hast zu viel Bier getrunken. Komm ins Bett!«

Er warf sich auf dem Stuhl zurück und wieherte vor Lachen.

»Das hast du an dem Abend damals nicht gesagt. Mein Gott, was hast du dich angestellt!«

Doch die kleine Frau nahm die Kerze und ging ins Zimmer nebenan. Die Kinder schliefen fest. Sie strich über die Matratze der Wiege, fühlte, ob sie noch trocken war, dann fing sie an, Bluse und Rock zu öffnen.

»Immer das gleiche«, sagte sie – »auf der ganzen Welt immer das gleiche, und o Gott, wie *dumm*.«

Dann verblaßte sogar die Erinnerung an die Hochzeit. Sie legte sich ins Bett und verschränkte die Arme über dem Gesicht wie ein Kind, das erwartet, geschlagen zu werden, und dann torkelte Herr Brechenmacher herein.

DIE MODERNE SEELE

»Guten Abend«, sagte der Herr Professor und drückte mir die Hand; »herrliches Wetter! Ich komme gerade von einer Gesellschaft im Wald. Ich habe für sie auf der Posaune musiziert. Wissen Sie, Tannen sind für eine Posaune ideale Begleiter. Sie antworten verhaltener Kraft mit schmachtenden Seufzern, wie ich es einmal bei einem Vortrag über Blasinstrumente in Frankfurt ausgedrückt habe. Darf ich mir erlauben, neben Ihnen auf der Bank Platz zu nehmen, gnädige Frau?«

Er setzte sich und zog eine weiße Papiertüte aus seiner Rocktasche.

»Kirschen«, sagte er und nickte lächelnd. »Es gibt nichts Besseres als Kirschen, um nach dem Posaunenspiel die Speichelproduktion wieder anzuregen, besonders nach Griegs ›Ich liebe dich‹. Diese schwelgerische Passage bei ›liebe‹ macht mir die Kehle so trocken wie ein Eisenbahntunnel. Möchten Sie?« Er hielt mir die Tüte hin.

»Ich schaue lieber zu, wie Sie sie essen.«

»Aha!« Er schlug die Beine übereinander und klemmte die Tüte mit den Kirschen zwischen sie, um die Hände frei zu haben. »Aus psychologischer Sicht verstehe ich Ihre Weigerung. Mit Ihrem angeborenen Zartgefühl als Frau ziehen Sie geistigere Genüsse vor … Oder vielleicht essen Sie einfach nicht gern Würmer. Alle Kirschen haben Würmer. Vor Jahren habe ich mit einem meiner Kollegen an der Universität ein sehr interessantes Experiment gemacht. Wir haben vier Pfund der besten Kirschen gekostet und kein einziges Exemplar ohne Wurm gefunden. Aber was wollen Sie? Wie ich hinterher zu ihm bemerkte – lieber Freund, es ist doch so: Will man die natürlichen Triebe befriedigen, muß man stark genug sein, die Gegebenheiten der Natur zu ignorieren … Die Unterhaltung ist nicht zu hoch für Sie? Ich habe so selten Zeit oder Gelegenheit, mich einer Frau zu öffnen, daß ich dazu neige, dies außer acht zu lassen.«

Ich sah ihn verständnisvoll an.

»Sehen Sie mal, was für eine dicke!« rief der Herr Professor. »Damit allein ist der Mund schon voll; sie ist schön genug, um an einer Uhrkette zu hängen.« Er kaute auf ihr herum und spuckte den Kern unglaublich weit weg – über den Gartenweg, bis ins Blumenbeet. Er war stolz auf seine Leistung. Das sah man. »Wieviel Obst ich auf dieser Bank schon gegessen habe«, seufzte er; »Aprikosen, Pfirsiche und Kirschen. Eines Tages wird aus diesem Blumenbeet ein Obstgarten, und ich werde Ihnen erlauben, so viel zu pflükken, wie Sie wollen, ohne mir etwas dafür zu bezahlen.«

Ich war dankbar, ohne übertriebene Begeisterung zu zeigen.

»Dabei fällt mir ein« – er tippte sich mit einem Finger an den Nasenflügel – »der Pensionsdirektor hat mir heute nach dem Diner meine Wochenrechnung überreicht. Es ist kaum zu fassen. Ich erwarte nicht, daß Sie es mir glauben – er hat mir ein lächerliches kleines Glas Milch, das ich abends im Bett gegen meine Schlaflosigkeit trinke, extra berechnet. Natürlich habe ich es nicht bezahlt. Aber das Fatale an der Geschichte ist folgendes: Die Milch wird keine Wirkung mehr auf meinen Schlaf haben; meine friedliche Einstellung ihr gegenüber ist zerstört. Ich weiß, ich werde mich furchtbar aufregen bei dem Versuch, diesen Mangel an Großzügigkeit zu begreifen, bei einem so wohlhabenden Menschen wie dem Direktor einer Pension. Denken Sie heute nacht an mich«, er trat die leere Tüte mit dem Absatz in den Staub – »denken Sie daran, daß ich Schreckliches erleide, wenn sich Ihr Kopf zum Schlafen auf das Kissen legt.«

Zwei Damen traten auf die Eingangstreppe der Pension, standen Arm in Arm da und sahen in den Garten. Die eine alt und schmächtig, in einer Toilette, die fast zur Gänze aus schwarzen Perlenbordüren bestand, und einem seidenen Ridikül; die andere, jung und hager, in einem weißen Abendkleid; ihr goldenes Haar war geschmackvoll mit violetten Wicken geschmückt.

Der Professor zog die Füße ein, setzte sich kerzengerade auf und straffte seine Weste.

»Die Godowskas«, murmelte er. »Kennen Sie sie? Mutter und Tochter aus Wien. Die Mutter hat ein inneres Leiden, und die Tochter ist Schauspielerin. Fräulein Sonia ist eine sehr moderne Seele. Ich bin sicher, sie wäre Ihnen sehr sympathisch. Im Augenblick muß sie sich um ihre Mutter kümmern. Aber welch ein Temperament! In ihrem Gästebuch habe ich sie einmal als Tigerin mit einer Blume im Haar bezeichnet. Würden Sie mich bitte jetzt entschuldigen? Vielleicht kann ich sie Ihnen einmal vorstellen.«

Ich sagte: »Ich gehe auf mein Zimmer.« Aber der Professor erhob sich und drohte mir neckisch mit dem Finger. »Na«, sagte er, »wir sind Freunde, und deshalb spreche ich ganz offen zu Ihnen. Ich denke, die Damen würden es ein wenig ›verdächtig‹ finden, wenn Sie sich bei ihrem Näherkommen sofort ins Haus zurückzögen, nachdem Sie mit mir hier allein in der Dämmerung gesessen haben. Sie kennen doch die Welt. Sie kennen sie genauso gut wie ich.«

Ich zuckte mit den Schultern und sah aus den Augenwinkeln, daß die Godowskas, während der Professor geredet hatte, über den Rasen auf uns zugeschlendert waren. Als der Herr Professor sich ganz aufgerichtet hatte, traten sie vor ihn hin.

»Guten Abend«, sagte Frau Godowska mit zitternder Stimme. »Herrliches Wetter! Ich habe davon einen rechten Heuschnupfen bekommen!« Fräulein Godowska sagte nichts. Sie stürzte sich auf eine Rose, die in dem Obstgarten in spe wuchs, erst dann streckte sie dem Professor mit einer würdevollen Geste die Hand entgegen. Er stellte mich vor.

»Das ist meine kleine englische Freundin, von der ich gesprochen habe. Sie ist noch fremd in unserer Mitte. Wir haben zusammen Kirschen gegessen.«

»Wie entzückend«, seufzte Frau Godowska. »Meine Tochter und ich haben Sie schon oft durchs Schlafzimmerfenster beobachtet. Nicht wahr, Sonia?«

Sonia betrachtete meine sichtbare äußere Gestalt mit einem nach innen gerichteten vergeistigten Blick, dann wiederholte sie für mich die würdevolle Geste. Wir vier saßen auf der Bank mit jenem Anflug von Erregung, den Reisende verspüren, die in einem Eisenbahnabteil sitzen und auf den Pfiff zur Abfahrt warten. Frau Godowska nieste. »Ich weiß nicht, ob es Heuschnupfen ist«, bemerkte sie und suchte in ihrem Ridikül nach einem Taschentuch, »oder womöglich ist es der Tau. Sonia, meine Liebe, fällt der Tau schon?«

Fräulein Sonia reckte das Gesicht empor und schloß halb die Augen. »Nein, Mama, mein Gesicht ist ganz warm. Oh, sehen Sie doch, Herr Professor, da oben fliegen Schwalben; sie sind wie ein kleiner Schwarm japanischer Gedanken – nicht wahr?«

»Wo«, rief der Herr Professor. »Ah ja, ich sehe sie, über dem Schornstein bei der Küche. Aber warum sagen Sie ›japanisch‹? Könnte man sie nicht mit gleichem Recht einen kleinen Schwarm deutscher fliegender Gedanken nennen?« Er wandte sich an mich. »Haben Sie in England Schwalben?«

»Ich glaube, zu bestimmten Jahreszeiten gibt es welche. Aber zweifellos haben sie nicht denselben symbolischen Wert für die Engländer. In Deutschland –«

»Ich war noch nie in England«, unterbrach mich Fräulein Sonia, »aber ich habe viele englische Bekannte. Sie sind so kalt!« Sie fröstelte.

»Fischblütig«, schimpfte Frau Godowska. »Ohne Seele, ohne Herz, ohne Anmut. Aber ihre Kleiderstoffe sind unübertroffen. Vor zwanzig Jahren habe ich eine Woche in Brighton verbracht, und der Reiseumhang, den ich dort gekauft habe, ist noch kein bißchen abgetragen – der, in den du immer die Wärmflasche wickelst, Sonia. Mein seliger Gatte, dein Vater, Sonia, wußte sehr viel über England. Aber je mehr er darüber wußte, desto öfter bemerkte er zu mir: ›England ist nichts als eine Insel aus Rindfleisch, die in einem warmen Golfstrom von Bratensoße schwimmt.‹ Er hatte eine so geistreiche Art, sich auszudrücken. Erinnerst du dich daran, Sonia?«

»Ich vergesse nichts, Mama«, antwortete Sonia.

Da sagte der Herr Professor: »Ein untrügliches Zeichen Ihrer Berufung, gnädiges Fräulein. Und doch frage ich mich – und das ist ein sehr interessantes Problem – ist das Gedächtnis ein Segen oder – verzeihen Sie das Wort – ein Fluch?«

Frau Godowska blickte in die Ferne, dann sackten ihre Mundwinkel nach unten, Runzeln gruben sich in ihre Haut. Sie brach in Tränen aus.

»Ach, Gott! Gnädige Frau, was habe ich nur gesagt?« rief der Herr Professor.

Sonia nahm die Hand ihrer Mutter. »Denk doch«, sagte sie, »zum Abendessen gibt es gedünstete Karotten und eine Nußtorte. Wir sollten hineingehen und unsere Plätze einnehmen«, mit einem dramatischen Blick von der Seite, der den Professor und mich mit Vorwürfen überschüttete.

Ich folgte ihnen über den Rasen und die Treppe hinauf. Frau Godowska murmelte: »So ein guter, lieber Mann«;

während Fräulein Sonia mit der freien Hand ihr »Wickengesteck« richtete.

* * *

> »Ein Benefizkonzert für in Not geratene katholische Kinder findet um acht Uhr dreißig im Salon statt. Künstler: Fräulein Sonia Godowska aus Wien; Herr Professor Windberg und seine Posaune; Frau Oberlehrer Weidel u. a.«

Diese Mitteilung war dem melancholischen Hirschkopf im Speisesaal um den Hals gebunden worden. Schon Tage vor dem Ereignis zierte es ihn wie ein rotweißes Lätzchen, was den Professor dazu veranlaßte, sich zu verneigen und ihm »guten Appetit« zu wünschen, bis wir des Scherzes müde wurden und das Lächeln dem Kellner überließen, der dafür bezahlt wurde, den Gästen gefällig zu sein.

Am Tag des Ereignisses schwebten die verheirateten Damen mit Kleidern wie Polstersessel durch die Pension und die unverheirateten wie drapierte Frisiertischdecken aus Musselin. Frau Godowska befestigte eine Rose auf ihrem Ridikül. Eine weitere Blüte steckte in den verschlungenen Falten eines weißen Antimakassars, den sie über ihre Brust geworfen hatte. Die Herren trugen schwarze Röcke, weiße Seidenkrawatten und farnartige Knopflochsträuße, die am Kinn kitzelten.

Der Boden des Salons war frisch gebohnert, man hatte Stühle und Bänke aufgestellt und eine Schnur mit Wimpeln an der Decke befestigt – sie flogen und flatterten aufgeregt im Durchzug wie ein ganzer Familienwaschtag. Es war ausgemacht, daß ich bei Frau Godowska sitzen sollte; und der Herr Professor und Sonia würden sich uns zugesellen, wenn sie mit ihrem Auftritt fertig waren.

»Sie werden sich fast wie eine der Mitwirkenden fühlen«,

sagte der Herr Professor freundlich. »Es ist ein Jammer, daß die englische Nation so unmusikalisch ist. Machen Sie sich nichts draus! Heute abend sollen Sie etwas zu hören bekommen – wir haben während der Proben jede Menge verborgene Talente entdeckt.«

»Was werden Sie deklamieren, Fräulein Sonia?«

Sie warf ihr Haar zurück. »Das weiß ich nie bis zum letzten Augenblick. Wenn ich auf die Bühne gehe, warte ich einen Moment, und dann habe ich das Gefühl, als ob mich hier etwas träfe« – sie legte die Hand auf ihre Busennadel –, »und ... die Worte kommen einfach!«

»Bück dich kurz«, flüsterte ihre Mutter. »Sonia, meine Liebe, die Sicherheitsnadel an deinem Rock ist hinten zu sehen. Soll ich mit hinausgehen und sie richten, oder machst du es selbst?«

»Ach Mama, red bitte nicht so«, Sonia errötete und wurde sehr böse. »Du weißt doch, wie empfindlich ich bei diesen Anlässen auf die geringste Störung reagiere ... Soll mir doch der Rock vom Leibe fallen – «

»Sonja – mein Herz!«

Eine Glocke klingelte.

Der Kellner kam herein und öffnete den Flügel. Im Eifer des Gefechts vergaß er völlig, was sich gehörte, und wischte die Tasten mit der schmutzigen Serviette ab, die er über dem Arm trug. Die Frau Oberlehrer betrat das Podest, gefolgt von einem sehr jungen Herrn, der sich zweimal schneuzte, ehe er das Taschentuch in die Tiefen des Flügels schleuderte.

»Keine Liebe willst du mir schenken
Und auch kein Vergißmeinnicht.
Keine Liebe, kein Herz und kein Vergißmeinnicht«,

sang die Frau Oberlehrer mit einer Stimme, die aus einem verlorenen Fingerhut zu kommen schien und nichts mit ihr zu tun hatte.

»Ach, wie reizend, wie tief empfunden«, riefen wir und beklatschten sie tröstend. Sie verbeugte sich, als wollte sie sagen: »Ja, nicht wahr?« dann trat sie zurück, während der sehr junge Herr mit finsterem Blick ihrer Schleppe auswich.

Der Flügel wurde geschlossen, ein Sessel wurde in die Mitte des Podests gestellt. Fräulein Sonia wallte darauf zu.

Atemlose Stille. Dann traf der geflügelte Pfeil ganz offensichtlich ihre Busennadel. Sie flehte uns an, nicht in Kleidern mit Schleppen in den Wald zu gehen, sondern möglichst leicht gewandet, und sich mit ihr zusammen auf Tannennadeln zu betten. Ihre laute, etwas rauhe Stimme füllte den Salon. Sie ließ ihre Arme über die Rückenlehne baumeln und bewegte die mageren Hände in den Handgelenken. Wir waren gebannt und stumm. Der Professor neben mir hatte, ungewöhnlich ernst, die Augen aufgerissen und zupfte an seinen Schnurrbartspitzen. Frau Godowska nahm die besonders selbstvergessene Haltung der stolzen Mutter an. Der einzige, der von ihrem Reiz unberührt blieb, war der Kellner, der müßig an der Salonwand lehnte und sich die Fingernägel mit der Ecke eines Programmblattes säuberte. Er hatte »dienstfrei« und beabsichtigte das auch zu zeigen.

»Was habe ich gesagt«, rief der Herr Professor im Schutze des tosenden Beifalls, »Tem-pe-ra-ment! Da haben Sie's. Sie ist eine Flamme im Innern einer Lilie. Ich weiß, ich werde gut spielen. Jetzt bin ich an der Reihe. Ich bin inspiriert. Fräulein Sonia« – als die junge Dame, bleich und in einen breiten Shawl gehüllt, zu uns zurückkehrte – »Sie sind meine Inspiration. Heute abend sind Sie die Seele meiner Posaune. Sie werden es hören.«

Rechts und links von uns beugten sich Leute vor und

hauchten Worte der Bewunderung in Fräulein Sonias Ausschnitt. Sie verbeugte sich in vollendeter Manier.

»Ich habe immer Erfolg«, sagte sie zu mir. »Sehen Sie, wenn ich spiele, dann bin ich *ich*. In Wien, bei Ibsen, bekamen wir so viele Buketts, daß die Köchin drei in die Küche stellen mußte. Aber hier ist es schwierig. Es fehlt der gewisse Zauber. Fühlen Sie es nicht? Es fehlt dieser geheimnisvolle Duft, der fast greifbar vom Wiener Publikum heraufweht. Meine Seele lechzt danach.« Sie beugte sich vornüber, das Kinn auf der Hand. »Lechzt«, wiederholte sie.

Der Professor erschien mit seiner Posaune, blies hinein, hielt sie vor ein Auge, zupfte seine Manschetten hoch und schwelgte in der Seele von Sonia Godowska. Er rief so große Begeisterung hervor, daß er als Zugabe noch einen bayerischen Tanz spielen mußte, bei dem es sich, wie er einräumte, eher um eine Einspielübung denn um große Kunst handelte. Frau Godowska schlug mit einem Fächer den Takt dazu.

Es folgte der sehr junge Herr, der tenoral krähte, daß er jemanden »mit Blut im Herzen und tausend Schmerzen« liebte. Fräulein Sonia gab eine Vergiftungsszene mit Hilfe der Pillendose ihrer Mutter, wobei der Sessel durch eine Chaiselongue ersetzt wurde; ein junges Mädchen kratzte ein Wiegenlied auf einer jungen Geige; und der Professor vollzog die letzte Opferhandlung auf dem Altar der in Not geratenen Kinder, indem er die Nationalhymne spielte.

»Jetzt muß ich Mama ins Bett bringen«, flüsterte Fräulein Sonia. »Aber dann muß ich einen Spaziergang machen. Ich muß meine Seele unbedingt noch eine Weile durchs Freie schweifen lassen. Würden Sie mich bis zum Bahnhof und zurück begleiten?«

»Ja gut, dann klopfen Sie doch an meine Tür, wenn Sie soweit sind.«

Und so kam es, daß sich die moderne Seele und ich unter den Sternen zusammenfanden.

»Was für eine Nacht!« sagte sie. »Kennen Sie das Gedicht von Sappho, wo von ihren Händen in den Sternen die Rede ist … Ich bin eigentümlich sapphisch. Und das Merkwürdigste ist – nicht nur bin ich sapphisch, ich finde in allen Werken der größten Schriftsteller, besonders in ihren unveröffentlichten Briefen, eine Andeutung, eine Spur von mir selbst – eine Ähnlichkeit, einen Teil von mir, wie unzählige Reflexionen meiner eigenen Hände in einem dunklen Spiegel.«

»Was für eine Plage«, sagte ich.

»Ich weiß nicht, was Sie unter ›Plage‹ verstehen; es ist nun einmal der Fluch meines Genies …« Plötzlich schwieg sie und sah mich starr an. »Wissen Sie, was mein Schicksal ist?«

Ich schüttelte den Kopf.

»Meine Mutter ist mein Schicksal. Indem ich mit ihr lebe, lebe ich mit dem Sarg meiner ungeborenen Sehnsüchte. Sie haben das mit der Sicherheitsnadel ja selbst gehört. Für Sie mag es eine Kleinigkeit sein, aber es hat meine drei ersten Gesten ruiniert. Sie wurden – «

»Von einer Sicherheitsnadel aufgespießt«, schlug ich vor.

»Ja, ganz genau. Und wenn wir in Wien sind, bin ich gewissen Stimmungsschwankungen unterworfen, müssen Sie wissen. Ich sehne mich danach, wilde, leidenschaftliche Dinge zu tun. Und Mama sagt: ›Gib mir bitte zuerst meine Tropfen.‹ Ich entsinne mich, wie ich einmal einen Wutanfall bekommen und den Krug vom Waschtisch aus dem Fenster geworfen habe. Wissen Sie, was sie gesagt hat? ›Sonia, ich wäre froh, du würdest – wenn du schon Sachen aus dem Fenster werfen mußt – ‹«

»Etwas Kleineres nehmen?« sagte ich.

»Nein … ›mir vorher Bescheid sagen‹. Erniedrigend!

Und ich sehe kein Licht, das mich aus dieser Finsternis führen könnte.«

»Warum treten Sie nicht einer Wanderbühne bei und lassen Ihre Mutter in Wien?«

»Was! Meine arme, kleine, kranke, verwitwete Mutter in Wien lassen! Eher würde ich ins Wasser gehen. Ich liebe meine Mutter wie keinen anderen Menschen auf der Welt – niemanden und nichts! Glauben Sie denn, man könnte sein Schicksal nicht lieben? ›Aus meinen großen Schmerzen mach ich die kleinen Lieder‹, das ist von Heine oder von mir.«

»Na, dann ist es ja in Ordnung«, sagte ich fröhlich.

»Aber es ist nicht in Ordnung.«

Ich schlug vor umzukehren. Wir kehrten um.

»Manchmal denke ich, eine Lösung wäre, zu heiraten«, sagte Fräulein Sonia. »Wenn ich einen einfachen, friedliebenden Mann fände, der mich bewundert und für Mama sorgt – einen Mann, der ein Ruhekissen für mich wäre – denn auf Zeugung kann ein Genie nicht hoffen –, dann würde ich ihn heiraten … Wissen Sie, der Herr Professor schenkt mir die allergrößte Aufmerksamkeit.«

»Ach, Fräulein Sonia«, sagte ich und war sehr mit mir zufrieden, »warum verheiraten Sie ihn nicht mit Ihrer Mutter?« Wir gingen gerade am Friseursalon vorbei. Fräulein Sonia klammerte sich an meinen Arm.

»Sie, Sie«, stammelte sie. »Diese Grausamkeit. Ich werde gleich ohnmächtig. Mama zu verheiraten, ehe ich heirate – die Schande. Ich falle auf der Stelle in Ohmacht.«

Ich bekam Angst. »Das können Sie nicht tun«, sagte ich und schüttelte sie. »Kommen Sie mit zurück zur Pension, dort können Sie so viel in Ohnmacht fallen, wie Sie wollen. Aber nicht hier. Alle Geschäfte sind zu. Kein Mensch weit und breit. Bitte, seien Sie nicht so töricht.«

»Hier und nirgendwo sonst!« Sie zeigte auf die genaue Stelle, ließ sich sehr anmutig fallen und lag reglos da.

»Na schön«, sagte ich, »werden Sie ruhig ohnmächtig; aber bitte beeilen Sie sich.«

Sie rührte sich nicht. Ich machte mich auf den Weg nach Hause, aber wenn ich mich umschaute, sah ich stets die dunkle Gestalt der modernen Seele vor dem Friseursalon liegen. Schließlich rannte ich los und spürte den Professor in seinem Zimmer auf. »Fräulein Sonia ist in Ohmacht gefallen«, sagte ich mißmutig.

»Du lieber Gott! Wo? Wie?«

»Vor dem Friseursalon in der Bahnhofstraße.«

»Jesus und Maria! Hat sie kein Wasser dabei?« – er griff nach seiner Karaffe – »niemand bei ihr?«

»Nichts.«

»Wo ist mein Rock? Einerlei, ich werde einen Katarrh bekommen. Und ich werde ihn mit Freuden bekommen ... Sind Sie bereit, mich zu begleiten?«

»Nein«, sagte ich; »Sie können den Kellner mitnehmen.«

»Aber sie braucht eine Frau. Es wäre höchst ungehörig, wenn ich ihr das Korsett öffne.«

»Moderne Seelen sollten keins tragen«, sagte ich. Er drängte an mir vorbei und polterte die Treppe hinunter.

* * *

Als ich am nächsten Morgen zum Frühstück hinunterging, waren zwei Plätze am Tisch leer. Fräulein Sonia und der Herr Professor waren zu einem Tagesausflug in den Wald aufgebrochen.

Das gab mir zu denken.

BEI ›LEHMANN‹

Sabina fand das Leben gewiß nicht langweilig. Sie war von früh morgens bis spät in die Nacht auf den Beinen. Um fünf Uhr kroch sie aus den Federn, schlüpfte in ihre Kleider – eine Alpakaschürze mit Ärmeln und das schwarze Kleid – und tastete sich hinunter in die Küche.

Anna, die Köchin, war im Laufe des Sommers so dick geworden, daß sie am liebsten im Bett lag, weil sie dort ihr Korsett nicht tragen mußte, sondern sich räkeln und auf der großen Matratze herumwälzen konnte, so viel sie wollte, wobei sie Jesus und die Jungfrau Maria und sogar den heiligen Antonius anrief, weil jedes Schwein im Keller es besser habe als sie.

Sabina war neu in der Stellung. Die Röte schoß ihr noch in die Wangen; neben dem linken Mundwinkel hatte sie ein kleines Grübchen, das sogar auftauchte, wenn sie sehr ernst und sehr beschäftigt war, und sie verriet. Und Anna war von Herzen dankbar für das Grübchen. Es bedeutete eine zusätzliche halbe Stunde im Bett, in der Sabina das Feuer anmachte, die Küche fegte und die zahllosen Tassen und Untertassen abspülte, die vom Abend noch herumstanden. Hans, der Küchenjunge, kam nicht vor sieben. Er war der Sohn des Metzgers – ein unscheinbares, zu kurz geratenes Kind, das den Würsten seines Vaters ähnelte, wie Sabina fand. Sein rotes Gesicht war voller Pickel, und seine Fingernägel waren unbeschreiblich schmutzig. Als sogar Herr Lehmann ihn aufforderte, doch eine Haarnadel zu nehmen und sie zu säubern, sagte er, sie seien von Geburt an so schmutzig, weil seine Mutter immer Tintenfinger bekommen habe, wenn sie die Buchhaltung machte – und Sabina glaubte es und hatte Mitleid mit ihm.

Der Winter war sehr früh in Mindelbau eingezogen. Ende Oktober waren die Straßen hüfthoch von Schnee gesäumt, und die meisten Kurgäste, denen die Kaltwasserbehandlungen und Kräuter ohnehin zum Hals heraushingen, waren empört abgereist. Daher war der große Salon bei ›Lehmann‹ geschlossen, und der Cafébetrieb fand nur noch im Frühstückszimmer statt. Hier mußte der Boden geschrubbt, mußten die Tische abgewischt und Kaffeetassen hergerichtet werden, jede mit einem Porzellanschälchen für Zucker daneben, und die Zeitungen und Zeitschriften an ihren Haken an den Wänden hängen, ehe Herr Lehmann um halb acht erschien und das Geschäft öffnete.

Im Laden – von dem aus man ins Café gelangte – bediente normalerweise seine Frau, aber sie hatte die ruhige Saison gewählt, um ein Kind zu bekommen, und die ohnehin kräftige Frau war zuletzt so unförmig geworden, daß der Mann zu ihr sagte, sie sehe unappetitlich aus und solle lieber oben bleiben und nähen.

Sabina übernahm die Extraarbeit ohne einen Gedanken an Extralohn. Sie liebte es, hinter der Theke zu stehen und Stücke von Annas herrlichem Schokoladenkuchen abzuschneiden oder Zuckermandeln in rosa-blau-gestreifte Tüten zu füllen.

»Du wirst noch Krampfadern kriegen wie ich«, sagte Anna. »Die Frau hat auch welche bekommen. Kein Wunder, daß das Kind nicht kommt! Ihre Beine sind dicker als alles andere.« Und Hans spitzte die Ohren.

Am Vormittag war das Geschäft vergleichsweise ruhig. Sabina kam, wenn die Ladenglocke klingelte, bediente die wenigen Kunden, die einen Likör tranken, um sich den Magen vor dem Mittagessen aufzuwärmen, und rannte hin und wieder die Treppe hinauf, um die Frau zu fragen, ob sie etwas wünsche. Aber am Nachmittag spielten sechs oder sieben Geistesgrößen Karten, und alle, die sich für etwas Besseres hielten, tranken Tee oder Kaffee.

»Sabina ... Sabina ...«

Sie flog von einem Tisch zum anderen, zählte Hände voll Kleingeld ab, rief Anna durch die Durchreiche die Bestellungen zu und half den Männern in die schweren Mäntel, und dies mit einer zauberhaft kindlichen Miene, als sei alles für sie ein fortwährendes Fest.

»Wie geht es Frau Lehmann?« flüsterten die Frauen.

»Sie ist geschwächt, aber es geht ihr den Umständen entsprechend gut«, antwortete Sabina und nickte vertraulich.

Frau Lehmanns schwere Stunde rückte näher. Anna und ihre Freundinnen nannten es ihre »Reise nach Rom«, und Sabina hätte zu gern Fragen gestellt; da sie sich jedoch ihrer Unwissenheit schämte, schwieg sie und versuchte alles allein zu enträtseln. Sie wußte im Grunde gar nichts, außer daß die Frau ein kleines Kind im Bauch hatte, das herauskommen mußte – was sicher sehr schmerzhaft war. Man konnte keins bekommen ohne Ehemann – auch das war ihr klar. Aber was hatte der Mann damit zu tun? Das fragte sie sich, wenn sie abends Geschirrtücher flickte, den Kopf über die Arbeit gebeugt, während das Licht auf ihre braunen Locken fiel. Geburt – was war das? fragte sich Sabina. Tod – das war einfach. Sie besaß eine kleine Photographie von ihrer toten Großmutter; sie trug ein schwarzes Seidenkleid, und müde Hände umklammerten das Kruzifix, das auf ihrer flachen Brust lag, der Mund seltsam verkniffen und doch fast heimlich lächelnd. Aber auch die Großmutter war einmal geboren worden – das war das Entscheidende.

Als sie eines Abends so dasaß und grübelte, betrat der »junge Mann« das Café und bestellte ein Glas Portwein. Sabina erhob sich langsam. Nach dem langen Tag in dem warmen Raum fühlte sie sich ein wenig benommen, doch als sie den Wein einschenkte, spürte sie den Blick des jungen Mannes, sah zu ihm hinunter und zeigte ihr Grübchen.

»Es ist kalt draußen«, sagte sie und verkorkte die Flasche.

Der junge Mann fuhr sich mit den Händen durch sein mit Schnee bepudertes Haar und lachte.

»Tropisch würde ich es jedenfalls nicht nennen«, sagte er, »aber Sie haben es sehr gemütlich hier drinnen – Sie sehen aus, als hätten Sie gerade geschlafen.«

Sehr benommen fühlte sich Sabina in dem warmen Raum, und die Stimme des jungen Mannes war kräftig und tief. Sie dachte, daß sie noch nie jemanden gesehen hatte, der so kräftig aussah – als könne er den Tisch mit einer Hand hochheben –, und sein ruheloser Blick, der über ihr Gesicht und ihren Körper glitt, verursachte eine seltsame Erregung in ihr, halb Lust, halb Schmerz … Sie wollte dort stehenbleiben, dicht bei ihm, während er seinen Wein trank. Eine kurze Stille folgte. Dann nahm er ein Buch aus der Tasche, und Sabina ging zu ihrem Nähzeug zurück. Während sie dort in der Ecke saß, lauschte sie auf das Umblättern der Seiten und auf das laute Ticken der Uhr, die über dem vergoldeten Spiegel hing. Sie wollte ihn wieder anschauen – es war etwas Besonderes an ihm, seine tiefe Stimme, sogar die Art, wie er seine Kleider trug. Aus dem Zimmer über ihr hörte sie die schweren, schleppenden Schritte von Frau Lehmann, und wieder beunruhigten sie die alten Gedanken. Wenn sie selbst eines Tages so aussehen würde – sich so fühlte! Doch es wäre gewiß entzükkend, ein Kindchen zu haben, das man ankleidete und auf dem Schoß hüpfen ließ.

»Fräulein – wie war der Name – worüber lächeln Sie?« rief der junge Mann.

Sie wurde rot und blickte auf, die Hände ruhten in ihrem Schoß; sie sah über die leeren Tische und schüttelte den Kopf.

»Kommen Sie, ich zeige Ihnen ein Bild«, befahl er.

Sie ging und stellte sich neben ihn. Er öffnete das Buch, und Sabina sah ein buntes Bild von einem nackten Mädchen mit einem Zylinder auf dem Hinterkopf, das auf der Kante eines großen, zerwühlten Bettes saß.

Er legte seine Hand über den Körper, so daß nur das Gesicht zu sehen war, und schaute Sabina prüfend an.

»Na?«

»Was meinen Sie?« fragte sie, obwohl sie es ganz genau wußte.

»Nun, es könnte ein Photographie von Ihnen sein – das Gesicht, meine ich – den Rest kann ich nicht beurteilen.«

»Aber sie ist anders frisiert«, sagte Sabina lachend. Sie warf den Kopf zurück, und das Lachen gluckste in ihrem runden, weißen Hals.

»Ein ganz hübsches Bild, finden Sie nicht?« fragte er. Aber sie schaute auf den seltsamen Ring, den er an der Hand trug, die den Körper des Mädchens bedeckte, und nickte nur.

»Haben Sie so etwas schon einmal gesehen?«

»Ach, in den illustrierten Zeitungen gibt es viele sonderbare Bilder.«

»Und wie würden Sie es finden, so photographiert zu werden?«

»Ich? Ich würde es nie jemandem zeigen. Außerdem habe ich keinen solchen Hut.«

»Der ist leicht zu beschaffen.«

Wieder Stille, die von Anna unterbrochen wurde, als sie die Durchreiche aufstieß.

Sabina rannte in die Küche.

»Hier, bring die Eimilch zur Frau hinauf«, sagte Anna. »Wen hast du denn da drinnen?«

»Einen komischen Kerl! Ich glaube, er ist nicht ganz richtig hier«; und sie tippte sich an die Stirn.

Oben in dem häßlichen Zimmer saß die Frau, ein schwarzes Tuch um die Schultern gelegt, die Füße in rotwollene Pantoffeln gezwängt, und nähte. Das Mädchen stellte die Milch neben sie auf den Tisch, dann stand sie da und polierte an ihrer Schürze den Löffel.

»Wünschen Sie noch etwas?«

»Nein«, sagte die Frau und erhob sich schwerfällig aus ihrem Stuhl. »Wo ist mein Mann?«

»Er ist drüben bei Luitpold, Karten spielen. Soll er kommen?«

»Um Himmels willen, laß ihn bloß in Ruhe. Ich bin nichts. Ich zähle nicht … Und den ganzen Tag lang nichts als warten.«

Ihre Hand zitterte, als sie den Rand des Glases mit ihrem dicken Finger abwischte.

»Soll ich Ihnen ins Bett helfen?«

»Geh runter, laß mich in Ruhe. Sag Anna, sie soll aufpassen, daß Hans die Finger vom Zucker läßt – gib ihm eins hinter die Ohren.«

»Häßlich – häßlich – häßlich«, murmelte Sabina, als sie ins Café zurückging, wo der junge Mann abmarschbereit im Mantel stand.

»Ich komme morgen wieder«, sagte er. »Kämmen Sie Ihr Haar nicht so straff zurück; sonst gehen die Locken raus.«

»Na, Sie sind ja lustig«, sagte sie. »Auf Wiedersehen.«

Als Sabina endlich zu Bett gehen konnte, schnarchte Anna schon. Sie bürstete ihr langes Haar und nahm es mit den Händen zusammen … Es wäre eigentlich schade, wenn die Locken herausgingen. Dann sah sie auf ihre Chemise hinunter, zog sie aus und setzte sich auf die Bettkante.

»Wenn doch ein riesengroßer Spiegel hier im Zimmer wäre«, flüsterte sie und lächelte schläfrig.

Als sie sich im Dunkeln niederlegte, umschlang sie mit den Armen ihren kleinen Körper.

»Ich möchte nicht die Frau sein, nicht für hundert Mark – nicht für tausend Mark. So auszusehen.«

Und halb im Traum stellte sie sich vor, wie sie mit der Portweinflasche in der Hand vom Stuhl aufstand, weil der junge Mann das Café betrat.

Der nächste Morgen; kalt und dunkel. Sabina wachte auf; sie war müde, fühlte sich, als habe die ganze Nacht etwas Schweres auf ihr Herz gedrückt. Draußen auf dem Flur waren schlurfende Schritte zu hören. Herr Lehmann! Sie mußte verschlafen haben. Ja, er rüttelte an der Türklinke.

»Sofort, sofort«, rief sie und zog sich die Strümpfe an.

»Bina, sag Anna, sie soll zur Frau gehen – aber schnell. Ich muß mit dem Wagen die Hebamme holen.«

»Ja, ja!« schrie sie. »Ist es da?«

Aber er war gegangen, und sie rannte zu Anna hinüber und rüttelte sie an der Schulter.

»Die Frau – das Kind – Herr Lehmann zur Hebamme«, stotterte sie.

»Um Gottes willen!« sagte Anna und sprang aus dem Bett.

Keine Klagen heute. Alles an Anna kündete von Wichtigkeit – Aufregung.

»Lauf runter und mach Feuer im Herd. Setz einen Topf mit Wasser auf« – und sprach, während sie ihre Bluse zuknöpfte, zu einem unsichtbaren Patienten: »Ja, ja, ich weiß – es ist noch nicht überstanden – ich komme – nur Geduld.«

Den ganzen Tag über war es dunkel. Das Licht wurde angedreht, schon als das Café öffnete, und es herrschte lebhafter Betrieb. Anna, die von der Hebamme aus dem Zimmer vertrieben worden war, weigerte sich zu arbeiten, sie hockte in einer Ecke und lauschte auf die Geräusche, die von oben herabdrangen. Hans zeigte mehr Mitgefühl als Sabina. Auch er weigerte sich zu arbeiten, stand am Fenster und bohrte in der Nase.

»Warum muß ich alles allein machen?« rief Sabina, während sie Gläser spülte. »Ich kann der Frau nicht helfen; sie sollte sich lieber etwas beeilen.«

»Horch«, sagte Anna, »sie haben sie in das hintere Schlafzimmer gebracht, damit sie die Gäste nicht belästigt. Sie hat aber auch gestöhnt eben!«

»Zwei kleine Bier«, schrie Herr Lehmann an der Durchreiche.

»Sofort, sofort.«

Um acht Uhr war das Café leer. Sabina setzte sich ohne ihr Nähzeug in die Ecke. Oben war anscheinend weiter nichts geschehen. Ein Doktor war gekommen – das war alles.

»Ach, ich will nicht mehr daran denken«, sagte Sabina. »Ich horche auch nicht mehr. Am liebsten würde ich weggehen – ich hasse dieses Gerede. Ich kann es nicht mehr hören. Nein, wirklich nicht.« Sie stützte beide Ellbogen auf den Tisch – legte das Gesicht in die Hände und schmollte.

Doch als plötzlich die Ladentür aufging, sprang sie auf und lachte. Es war der junge Mann. Er bestellte wieder einen Portwein und hatte diesmal kein Buch dabei.

»Setzen Sie sich doch nicht so meilenweit weg«, klagte er. »Ich möchte unterhalten werden. Und hier, nehmen Sie meinen Mantel. Können Sie ihn nicht irgendwo trocknen? – es schneit wieder.«

»In der Damengarderobe – da ist es warm«, sagte sie. »Ich bringe ihn hin – gleich neben der Küche.«

Sie fühlte sich besser, war schon wieder fröhlich.

»Ich komme mit Ihnen«, sagte er. »Dann sehe ich, wo Sie ihn hinbringen.«

Und das schien überhaupt nicht ungewöhnlich. Sie lachte und winkte ihn zu sich.

»Hier herein«, rief sie. »Merken Sie, wie warm es ist. Ich stecke noch mehr Holz in den Ofen. Es macht nichts, sie sind alle oben beschäftigt.«

Sie kniete sich auf den Boden, warf das Holz in den Ofen und lachte über die sündhafte Verschwendung.

Die Frau war vergessen, der dumme Tag war vergessen. Hier war jemand, der mit ihr lachte. Sie waren zusammen in dem kleinen, warmen Raum und stahlen Herrn Lehmann das Holz. Es schien ihr das aufregendste Abenteuer der Welt. Sie wollte immer weiter lachen – oder anfangen zu weinen – oder – oder – sich an dem jungen Mann festhalten.

»Wie das brennt«, jauchzte sie und streckte die Hände aus.

»Nehmen Sie meine Hand; ich helfe Ihnen hoch«, sagte der junge Mann. »So, und morgen setzt es dann ein Donnerwetter.«

Sie standen einander gegenüber und hielten sich immer noch an der Hand. Und wieder durchlief Sabina dieses seltsame Zittern.

»Sieh mich an«, sagte er roh, »bist du so ein Kind, oder tust du nur so?«

»Ich – ich – « Alles Lachen erstarb. Sie schaute kurz zu ihm hoch, dann auf den Boden; sie atmete wie ein erschrokkenes kleines Tier.

Er zog sie näher und küßte sie auf den Mund.

»Was tun Sie da?« flüsterte sie.

Er ließ ihre Hände los, er legte seine Hände auf ihre Brüste, und der Raum schien sich um Sabina zu drehen. Plötzlich, aus dem Zimmer über ihnen, ein furchtbarer, durchdringender Schrei.

Sie entwand sich ihm, straffte sich, reckte das Kinn.

»Wer war das – wer hat so geschrien?«

* * *

In der Stille das dünne Wimmern eines Neugeborenen.

»Ach!« schrie Sabina und stürzte aus dem Raum.

DAS LUFTBAD

Ich glaube, es sind die Schirme, die uns so lächerlich aussehen lassen.

Als ich zum ersten Mal hinter die Absperrung gelassen wurde und meine Mitbadenden praktisch splitterfasernackt herumlaufen sah, dachte ich sofort, daß die Schirme etwas vom ›Kleinen schwarzen Sambo‹ hatten.

Man *kann* ein grünes Etwas aus Baumwolle mit einem roten Sittich-Griff nicht würdevoll hochhalten, wenn der Stoff, den man am Leib trägt, kaum größer ist als ein Taschentuch.

Es gibt keine Bäume im Luftbad. Dafür gibt es eine Reihe schlichter Holzkabinen, ein Badehaus, zwei Schaukeln und zwei sonderbare Keulen – die eine scheint aus dem Arsenal von Herkules oder des deutschen Heeres zu stammen, die andere ist ohne Bedenken auch von Kleinkindern zu benutzen.

Und dort setzen wir uns bei jedem Wetter der Luft aus – spazieren herum oder sitzen in kleinen Gruppen zusammen, unterhalten uns über unsere Wehwehchen und Werte und alle Übel, von denen das Fleisch heimgesucht wird.

Ein hoher Holzzaun umgibt uns von allen Seiten; die Tannen, die ihn überragen, schauen etwas hochmütig auf uns herab und stoßen einander auf eine Art an, die für eine Debütantin nur schwer zu ertragen ist. Auf der anderen Seite des Zauns, rechts, ist die Männerabteilung. Wir hören, wie sie Bäume fällen und Bretter zersägen, schwere Gewichte auf den Boden schleudern und mehrstimmig singen. Ja, sie nehmen die Sache viel ernster.

Am ersten Tag dachte ich ständig an meine Beine und

ging dreimal in die Kabine, um auf die Uhr zu sehen, doch als mich eine Frau, mit der ich drei Wochen lang Schach gespielt hatte, schlichtweg übersah, nahm ich mir ein Herz und schloß mich einer Gruppe an.

Wir lagerten uns auf dem Boden, während uns eine ungarische Dame gewaltigen Ausmaßes erzählte, was für ein schönes Grab sie für ihren zweiten Gatten gekauft hatte.

»Es ist eine Gruft«, sagte sie, »mit einem hübschen schwarzen Gitter. Und so groß, daß ich hineingehen und darin herumlaufen kann. Von beiden hängen Photographien dort, mit zwei sehr schönen Kränzen, die mir der Bruder meines ersten Mannes geschickt hat. Die Vergrößerung eines Familienbildes hängt auch dort und eine kolorierte Widmung, die mein erster Gatte zur Hochzeit geschenkt bekommen hat. Ich bin oft dort; es ist ein so angenehmes Ausflugsziel an einem schönen Samstagnachmittag.«

Plötzlich legte sie sich flach auf den Rücken, atmete sechsmal tief durch und setzte sich dann wieder auf.

»Der Todeskampf war entsetzlich«, fuhr sie munter fort; »vom zweiten, meine ich. Der ›erste‹ wurde von einem Möbelwagen überfahren, und aus der Tasche seiner neuen Weste wurden ihm fünfzig Mark gestohlen, aber der ›zweite‹ starb siebenundsechzig Stunden lang. Die ganze Zeit habe ich nicht zu weinen aufgehört – sogar nicht, als ich die Kinder zu Bett brachte.«

Eine junge Russin mit Ponyfransen auf der Stirn wandte sich an mich.

»Können Sie den ›Salome‹-Tanz?« fragte sie. »Ich schon.«

»Wie entzückend«, sagte ich.

»Soll ich jetzt tanzen? Würden Sie es gerne sehen?«

Sie sprang auf die Füße und vollführte während der nächsten zehn Minuten eine Reihe erstaunlicher Verrenkungen, dann hielt sie inne, heftig atmend, und drehte ihr langes Haar zusammen.

»Ist das nicht großartig?« sagte sie. »Und danach schwitzt man so schön. Ich nehme rasch ein Bad.«

Mir gegenüber war die braunste Frau, die ich je gesehen hatte, sie lag auf dem Rücken, die Arme über dem Kopf verschränkt.

»Wie lang sind Sie heute schon hier?« wurde sie gefragt.

»Ach, ich verbringe jetzt immer den ganzen Tag hier«, antwortete sie. »Ich mache meine eigene Kur, ich ernähre mich nur von rohem Gemüse und Nüssen, und ich fühle mich mit jedem Tag geistig reger und reiner. Aber ist das so verwunderlich? Die meisten Menschen leben mit Schweinekorpuskeln und Rinderfermenten im Hirn. Das Wunder ist, daß die Welt überhaupt so gut ist, wie sie ist. Ich lebe von einfacher, natürlicher Kost« – sie zeigte auf einen kleinen Beutel neben sich – »etwas Salat, eine Karotte, eine Kartoffel und ein paar Nüsse bilden eine vollständige und vernünftige Ernährung. Ich wasche sie unter dem Wasserhahn und esse sie roh, so wie Mutter Erde sie uns schenkt – frisch und rein.«

»Mehr essen Sie nicht am Tag?« rief ich.

»Wasser. Und vielleicht eine Banane, wenn ich nachts aufwache.« Sie drehte sich um und stützte sich auf den Ellbogen. »Sie stopfen zuviel in sich hinein«, sagte sie; »das ist schändlich! Wie soll die Flamme unseres Geistes leuchten unter Schichten von überflüssigem Fett?«

Ich wünschte, sie würde mich nicht so anstarren, und ich überlegte schon, zu gehen und in der Kabine auf meine Uhr zu schauen, als ein kleines Mädchen mit einer Korallenkette um den Hals zu uns kam.

»Die arme Frau Hauptmann kann heute nicht kommen«, sagte sie; »sie hat am ganzen Körper rote Flecke wegen ihrer Nerven. Sie hat sich gestern sehr aufgeregt, nachdem sie zwei Postkarten geschrieben hat.«

»Nicht sehr robust, die Gute«, warf die Ungarin ein, »aber

nett im Umgang. Stellen Sie sich vor, sie hat zwei goldene Zahnkronen vorne! Aber es geht wirklich nicht, daß sie ihre Töchter so kurze Matrosenkleidchen tragen läßt. Sie sitzen auf der Bank und schlagen auf schamloseste Weise die Beine übereinander. Was machen Sie heute nachmittag, Fräulein Anna?«

»Ach«, sagte die Korallenkette, »der Herr Oberleutnant hat mich gebeten, mit ihm nach Landsdorf zu kommen. Er muß dort Eier kaufen, für seine Mutter daheim. Er spart einen Pfennig an acht Eiern, weil er die richtigen Bauern kennt, mit denen er handeln kann.«

»Sind Sie Amerikanerin?« fragte die Gemüsedame und drehte sich zu mir um.

»Nein.«

»Dann sind Sie Engländerin?«

»Nun, eigentlich – «

»Eins von beidem müssen Sie doch sein; entweder, oder. Ich habe Sie mehrmals allein spazierengehen sehen. Sie tragen Ihr – «

Ich stand auf und setzte mich auf die Schaukel. Die Luft war angenehm kühl, als sie über meinen Körper strich. Über mir zogen weiße Wolken anmutig am blauen Himmel. Der Tannenwald verströmte einen wilden Geruch, die Äste wiegten sich, ruhig rauschend. Ich fühlte mich so leicht und frei und glücklich – wie ein Kind! Ich hätte der Gruppe im Gras, die nahe zusammengerückt war und aufgeregt flüsterte, am liebsten die Zunge herausgestreckt.

»Wissen Sie«, rief eine Stimme von den Kabinen her, »daß Schaukeln sehr schädlich für den Magen ist? Eine meiner Freundinnen hat es so weit getrieben, daß sie drei Wochen lang nichts mehr bei sich behalten konnte.«

Ich ging zum Badehaus und ließ mich abspritzen.

Während ich mich anzog, klopfte jemand an die Wand.

»Haben Sie schon gehört«, sagte eine Stimme, »daß ein

Mann im Luftbad nebenan richtig *wohnt*? Er gräbt sich bis zu den Achselhöhlen in Schlamm ein und weigert sich, an die Dreifaltigkeit zu glauben.«

Die Schirme sind meine Rettung im Luftbad. Wenn ich jetzt hingehe, nehme ich den »Sturm«-Schirm meines Mannes mit, setze mich in eine Ecke und verstecke mich dahinter.

Und gewiß nicht, weil ich mich meiner Beine schäme.

EIN GEBURTSTAG

Andreas Binzer erwachte allmählich. Er drehte sich auf dem schmalen Bett um und streckte sich – gähnte – öffnete den Mund, so weit er konnte, und schlug dann die Zähne mit einem lauten »Klack« aufeinander. Das Klacken faszinierte ihn; er wiederholte es mehrere Male schnell hintereinander, schnappte mit dem Kiefer. Was für Zähne! dachte er. Tadellos in Schuß, alle ohne Ausnahme. Nie mußte einer gezogen, nie einer plombiert werden. Das ist der Lohn, wenn man sich vernünftig ernährt und abends und morgens gründlich die Zähne putzt. Er stützte sich auf den linken Ellbogen und langte mit dem rechten Arm über die Bettkante, um nach dem Stuhl zu tasten, auf dem nachts seine Uhr und Uhrkette lagen. Es war kein Stuhl da – natürlich, er hatte es vergessen, in diesem elenden Gästezimmer gab es keinen Stuhl. Er hatte das verflixte Ding unter sein Kopfkissen stecken müssen. »Halb neun, Sonntag, Frühstück um neun – Zeit fürs Bad« – sein Gehirn tickte mit der Uhr. Er sprang aus dem Bett und ging zum Fenster. Die Jalousie war kaputt und hing wie ein Fächer oben an der Scheibe … »Die muß repariert werden. Ich sage dem Laufburschen Bescheid, daß er morgen auf dem Heimweg vorbeikommen und sich darum kümmern soll – er versteht sich auf Jalousien. Ich gebe ihm zwei Groschen, und er wird es genauso gut machen wie ein Tischler … Anna könnte es auch machen, wenn es ihr besser ginge. Und ich könnte es natürlich auch, aber ich steige so ungern auf wackelige Trittleitern.« Er sah zum Himmel auf: Der leuchtete seltsam weiß, wolkenlos; er sah hinunter auf die schmalen Gartenparzellen und Hinterhöfe. Der Zaun der Gärten verlief am

Rand einer Schlucht, über die eine eiserne Hängebrücke führte, und die Leute hatten die üble Angewohnheit, ihre leeren Konservenbüchsen über den Zaun in die Schlucht zu werfen. Was war von ihnen auch anderes zu erwarten! Andreas begann, Büchsen zu zählen, und beschloß, einen bitterbösen Brief an die Zeitung zu schreiben, und zwar unterzeichnet – mit vollem Namen.

Das Dienstmädchen kam aus dem Hintereingang und ging auf den Hof, in der Hand seine Stiefel. Sie warf den einen auf den Boden, steckte die Hand in den anderen und starrte ihn an, während sie ihre Wangen einsog. Dann beugte sie sich vor, spuckte auf die Kappe und begann ihn mit einer Bürste blank zu putzen, die sie aus ihrer Schürzentasche gezogen hatte ... »Dieses kleine Luder! Weiß der Teufel, welcher Erreger jetzt in diesem Stiefel brütet. Anna muß dieses Mädchen fortschicken – und wenn sie eine Weile ohne auskommen muß – sobald sie wieder auf den Beinen ist. Wie sie den einen Stiefel hingeschmissen und dann auf den anderen gespuckt hat! Es war ihr ganz egal, wessen Stiefel sie da in der Hand hat. Sie heuchelt nicht einmal Respekt vor dem Herrn des Hauses.« Er wandte sich vom Fenster ab und riß mißmutig sein Handtuch von der Stange am Waschtisch. »Ich habe ein zu weiches Herz für einen Mann – das ist mein Problem. So war es schon immer, und so wird es auch immer bleiben.«

Es klopfte leise an die Tür, und seine Mutter kam herein. Sie schloß die Tür hinter sich und lehnte sich gegen sie. Andreas bemerkte, daß ihre Haube schief saß; eine lange Haarsträhne fiel ihr über die Schulter. Er trat auf sie zu und küßte sie.

»Guten Morgen, Mutter; wie geht es Anna?«

Die alte Frau sprach schnell, rang die Hände.

»Andreas, bitte geh zu Doktor Erb, sobald du angezogen bist.«

»Warum«, sagte er, »geht es ihr schlecht?«

Frau Binzer nickte, und Andreas, der sie beobachtete, sah, wie sich ihr Gesicht plötzlich veränderte. Ein feines Netz von Falten überzog die Haut.

»Setz dich einen Augenblick aufs Bett«, sagte er. »Bist du die ganze Nacht aufgewesen?«

»Ja. Nein, ich setze mich nicht. Ich muß wieder zu ihr. Anna hat die ganze Nacht Schmerzen gehabt. Sie wollte dich nicht früher behelligen, weil du gestern so schlecht ausgesehen hast, sagt sie. Du hast ihr erzählt, daß du eine Erkältung hast und daß du dir Sorgen machst.«

Andreas spürte sofort den Vorwurf.

»Sie wollte es ja hören, hat einfach nicht aufgehört zu bohren; du weißt, wie sie ist.«

Wieder nickte Frau Binzer.

»Ja, ja, ich weiß. Sie fragt, ob deine Erkältung besser ist, und in der großen Schublade links liegt ein warmes Unterhemd für dich.«

Unwillkürlich räusperte sich Andreas zweimal.

»Ja«, antwortete er. »Sag ihr, der Hals fühlt sich schon viel freier an. Ich sollte sie wohl lieber nicht stören, oder?«

»Nein, und außerdem mußt du dich beeilen, Andreas.«

»In fünf Minuten bin ich fertig.«

Sie gingen auf den Flur. Als Frau Binzer die Tür zum vorderen Schlafzimmer öffnete, drang ein langgezogenes Stöhnen zu ihnen.

Andreas erschrak entsetzlich. Er eilte zurück ins Badezimmer, drehte beide Wasserhähne so weit auf, wie es ging, putzte sich die Zähne und schnitt sich die Nägel, während das Wasser lief.

»Wie furchtbar, wie furchtbar«, hörte er sich murmeln. »Ich verstehe es einfach nicht. Es ist schließlich nicht ihr erstes – es ist ihr drittes. Der alte Herr Schäfer hat mir gestern erzählt, seine Frau hätte ihr viertes einfach ›verloren‹. Anna bräuchte eine ausgebildete Pflegerin. Mutter ist zu nachgiebig. Mutter verwöhnt sie. Und was soll das heißen, ich hätte Anna gestern beunruhigt. Reizende Bemerkung zu einem Ehemann in einer solchen Situation. Ist mit den Nerven am Ende, vermutlich – und ich und mein weiches Herz wieder.«

Als er in die Küche ging, um die Stiefel zu holen, beugte sich das Dienstmädchen gerade über den Herd und bereitete das Frühstück zu. »Und da bläst sie jetzt hinein«, dachte Andreas und war sehr kurz angebunden zu ihr. Sie bemerkte es nicht. Sie war schrecklich aufgeregt und kam sich sehr wichtig vor wegen der Vorgänge oben. Ihr war, als lerne sie mit jedem Atemzug, den sie tat, etwas über die Geheimnisse des Lebens. Sie hatte heute morgen den Tisch gedeckt und »Junge« gesagt, als sie den ersten Teller hinstellte, »Mädchen« beim zweiten – beim Salzlöffel hatte es mit »Junge« geendet. »Ich könnte es dem gnädigen Herrn eigentlich erzählen, damit er sich freut«, dachte sie. Aber der gnädige Herr gab ihr keine Gelegenheit dazu.

»Leg ein Gedeck mehr auf«, sagte er; »der Doktor will vielleicht einen Kaffee.«

»Der Doktor, gnädiger Herr?« Das Dienstmädchen zog überrascht den Löffel aus der Pfanne, und Fett tropfte auf den Herd. »Soll ich noch mehr braten?« Aber der Herr war schon aufgestanden und schlug die Tür hinter sich zu. Er eilte die Straße entlang – weit und breit war niemand zu sehen – völlig ausgestorben war es hier an einem Sonntagmorgen. Als er die Hängebrücke überquerte, stieg aus der Schlucht der strenge Geruch von Fenchel und verrotteten Abfällen zu ihm herauf, und wieder fing Andreas an, einen Brief zu formulieren. Er bog in die Hauptstraße ein. Die Rolläden der Geschäfte waren noch unten. Zeitungsfetzen, Heu und Obstschalen lagen auf dem Gehsteig; die Rinnsteine waren mit dem Unrat vom Samstagabend verstopft. Zwei Hunde tollten auf der Straße herum, raufend und beißend. Nur die Gastwirtschaft an der Ecke war geöffnet; ein junger Kellner schüttete Wasser zur Tür hinaus.

Vorsichtig, mit verkniffenem Blick, stapfte Andreas durch das Wasser. »Merkwürdig, was mir heute alles auffällt. Muß am Sonntag liegen. Ich hasse Sonntage, wenn Anna sich nicht rühren kann und die Kinder weg sind. Am Sonntag hat der Mann doch wohl das Recht, im Kreise seiner Familie zu sein. Alles ist hier verdreckt, der ganze Ort wird noch im Unrat versinken, wenn in der Straße nicht bald mal ordentlich gekehrt wird. Den werten Herren von der Regierung würde ich gern mal meine Meinung sagen.« Er straffte die Schultern. »Jetzt zu diesem Doktor.«

»Doktor Erb ist beim Frühstück«, teilte ihm das Mädchen mit. Sie führte ihn ins Wartezimmer, einen dunklen Raum, in dem es muffig roch, mit Farngewächsen in einem Glaskasten am Fenster. »Er sagt, er kommt sofort, mein Herr, dort liegt eine Zeitung auf dem Tisch.«

»Was für ein Loch«, dachte Binzer, trat ans Fenster und trommelte mit den Fingern auf die Abdeckung des Glaskastens. »So, beim Frühstück ist er also? Und ich war so dumm und laufe mit leerem Magen los.«

Ein Milchwagen polterte über die Straße, der Fahrer stand hinten auf und knallte mit der Peitsche; am Revers seiner Jacke steckte eine große Geranienblüte. Fest wie ein Fels stand er da, ein wenig zurückgelehnt, auf dem schwankenden Gefährt. Andreas machte einen langen Hals, als er ihm mit seinen Blicken bis ans Ende der Straße folgte, und noch als er verschwunden war, horchte er auf das durchdringende Klappern der Kannen.

»Ach, der hat es gut«, überlegte er. »Hätte nichts dagegen, selbst so ein Leben zu führen. Früh aufstehen, um elf fertig mit der Arbeit, dann den restlichen Tag faulenzen, bis zum Melken.« Was, wie er wußte, nicht ganz richtig war, aber er wollte sich bemitleiden.

Das Mädchen öffnete die Tür und trat beiseite, um Doktor Erb Platz zu machen. Andreas fuhr herum; die beiden Männer gaben sich die Hand.

»Nun, Binzer«, sagte der Doktor jovial und wischte sich ein paar Krümel von der silbergrauen Weste, »wird der Sohn und Erbe zudringlich?«

Andreas' Laune besserte sich schlagartig. Sohn und Erbe, alle Wetter! Er war froh, endlich wieder mit einem Mann reden zu können. Und obendrein mit einem vernünftigen Mann, der praktisch tagtäglich mit so einer Sache zu tun hatte.

»Sieht ganz so aus, Herr Doktor«, antwortete er lächelnd und nahm den Hut in die Hand. »Mutter hat mich aus dem Bett geworfen, mit dem strikten Befehl, Sie mitzubringen.«

»Der Wagen ist sofort da. Sie fahren doch mit mir zurück? Ungewöhnlich schwül heute; Sie sind schon rot wie eine Runkelrübe.«

Andreas lachte künstlich. Der Doktor hatte eine unangenehme Angewohnheit – er bildete sich ein, er könne sich über jeden lustig machen, nur weil er Arzt war. »Er und seinesgleichen platzen förmlich vor Eitelkeit«, dachte Andreas.

»Wie war die Nacht für Ihre Frau?« fragte der Doktor. »Ah, da ist der Wagen. Erzählen Sie es mir auf dem Weg. Setzen Sie sich möglichst in die Mitte, Binzer, hören Sie? Mit Ihrem Gewicht bringen Sie den ganzen Wagen in Schräglage – es ist wirklich schlimm mit euch erfolgreichen Geschäftsleuten.«

»Er wiegt mindestens zehn Kilo mehr als ich …« dachte Andreas. »Der Mann mag ja ein guter Arzt sein – aber ansonsten, Gott bewahre.«

»Auf geht's, meine Schöne.« Doktor Erb gab der kleinen, braunen Stute einen kurzen Schlag mit der Peitsche. »Hat Ihre Frau letzte Nacht geschlafen?«

»Nein, ich glaube nicht«, antwortete Andreas einsilbig. »Ehrlich gesagt, mir paßt es nicht, daß sie keine Pflegerin hat.«

»Ach, Ihre Mutter ist mehr wert als ein Dutzend Pflegerinnen«, rief der Doktor voller Begeisterung. »Ehrlich gesagt, halte ich nicht sehr viel von Krankenpflegerinnen – sie sind zu roh – roh wie Rindfleisch. Sie zerren an dem Kind herum, als rängen sie mit dem Tod um den Leichnam des Patroklus ... Kennen Sie das Bild von diesem englischen Maler? Leighton? Wunderbar – diese Kraft!«

»Jetzt geht das los«, dachte Andreas, »protzt mit seinem Wissen, um mich als dumm hinzustellen.«

»Was Ihre Mutter betrifft – sie ist resolut – sie ist tüchtig. Tut, was man ihr sagt, und das mit Gefühl. Sehen Sie sich nur mal diese Geschäfte an – die reinsten Eitergeschwüre. Wie um alles in der Welt kann die Regierung dulden – «

»So schlimm ist es auch nicht – brauchen nur mal einen neuen Anstrich.«

Der Doktor pfiff eine kleine Melodie und gab der Stute noch einmal die Peitsche.

»Nun, hoffen wir, daß der kleine Bengel seiner Mutter nicht allzu viel Kummer macht«, sagte er. »Da wären wir.«

Ein schmächtiger kleiner Junge, der auf dem Rücksitz des Wagens herumgehüpft war, sprang herunter und hielt den Kopf des Pferdes fest. Andreas ging geradewegs ins Eßzimmer und überließ es dem Dienstmädchen, den Doktor nach oben zu führen. Er setzte sich, schenkte sich Kaffee ein und aß ein halbes Brötchen, ehe er sich vom Fisch nahm. Dann bemerkte er, daß für den Fisch keine Wärmeplatte bereitstand – das ganze Haus war völlig durcheinander. Er läutete, und das Mädchen kam mit einem Tablett herein, auf dem sich eine Suppenschüssel und eine Wärmeplatte befanden.

»Ich habe sie auf dem Herd warm gehalten«, säuselte sie.

»Oh, danke, sehr freundlich.« Während er die Suppe aß, erwärmte sich sein Herz für dieses dumme Mädchen.

»Es ist gut, daß Doktor Erb gekommen ist«, redete das Dienstmädchen drauflos, beifallheischend.

»Hm, hm«, machte Andreas.

Erwartungsvoll blieb sie noch einen Augenblick stehen, verdrehte dann die Augen und eilte, die Männer verfluchend, in die Küche zurück; sie schwor sich, niemals Kinder zu bekommen.

Andreas löffelte die Suppenschüssel leer und verputzte den ganzen Fisch. Während er aß, wurde es in dem Raum langsam dunkler. Ein Wind kam auf und peitschte die Äste gegen das Fenster. Vom Eßzimmer aus sah man den Wellenbrecher des Hafens, und auf dem Meer rollten schon hohe Wogen. Wind strich ums Haus und heulte monoton.

»Es gibt ein Gewitter. Was bedeutet, daß ich den ganzen Tag hier eingesperrt bin. Aber es hat auch sein Gutes; Gewitter reinigt die Luft.« Er hörte, wie das Dienstmädchen geschäftig im Haus herumrannte und die Fenster schloß. Dann sah er sie kurz im Garten, wie sie Geschirrtücher von der Wäscheleine nahm. Fleißig war sie, das war nicht zu leugnen. Er nahm ein Buch und schob seinen Lehnstuhl ans Fenster. Aber es hatte keinen Zweck. Zu dunkel zum Lesen; er hielt nichts davon, die Augen zu sehr anzustrengen, und Gaslicht um zehn Uhr morgens schien ihm absurd. Also rutschte er tiefer in den Sessel, legte die Ellbogen auf die gepolsterten Armlehnen und gab sich ausnahmsweise müßigen Träumen hin. »Ein Junge? Ja, dieses Mal muß es ein Junge werden … ›Wie viele Kinder haben Sie, Binzer?‹ – ›Nun, zwei Mädchen und einen Jungen!‹ Eine hübsche Zahl. Natürlich war er der letzte, der ein Kind dem anderen vorziehen würde, aber ein Mann brauchte einen Sohn. ›Ich baue das Geschäft für meinen Sohn auf! Binzer & Sohn!‹ Das bedeutet, in den nächsten zehn Jahren sehr sparsam zu leben, die Ausgaben so gering wie möglich zu halten; und dann – «

Ein gewaltiger Windstoß fuhr ums Haus, ergriff es, schüttelte es, ließ nach, nur um es noch heftiger zu packen. Die Wellen schwollen höher an vor dem Wellenbrecher, und Gischt peitschte über ihn hinweg. Am weißen Himmel trieben graue Wolkenfetzen.

Andreas fühlte Erleichterung, als er Doktor Erb die Treppe herunterkommen hörte; er stand auf und zündete das Licht an.

»Stört es Sie, wenn ich rauche?« fragte Doktor Erb und zündete sich eine Zigarette an, ehe Andreas Zeit hatte, etwas zu antworten. »Sie rauchen nicht, oder? Keine Zeit, ungesunden Lastern zu frönen!«

»Wie geht es ihr?« fragte Andreas; er haßte den Mann.

»Den Umständen entsprechend gut; armes Ding. Sie hat mich gebeten, runterzugehen und nach Ihnen zu sehen. Sie hat gesagt, sie weiß, daß Sie sich Sorgen machen.« Mit lachenden Augen betrachtete er den Frühstückstisch. »Aber Sie haben es ja ganz offensichtlich geschafft, etwas zu sich zu nehmen, hm?«

»Huu-iih!« heulte der Wind und rüttelte an den Schiebefenstern.

»Eine Pest – dieses Wetter«, sagte Doktor Erb.

»Ja, es zerrt an Annas Nerven, und gute Nerven braucht sie jetzt.«

»Was soll das heißen?« erwiderte der Doktor. »Nerven! Herrjeh! Sie hat bessere Nerven als Sie und ich zusammen. Nerven wie Stahlseile. Sie ist eine Frau, die den ganzen Tag hart im Haus arbeitet und wie nebenbei in vier Jahren auch noch drei Kinder zur Welt bringt.«

Er schnipste seine halbgerauchte Zigarette in den Kamin und schaute stirnrunzelnd zum Fenster.

»Macht er mir jetzt auch noch Vorwürfe«, dachte Andreas. »Das ist schon das zweite Mal heute morgen – zuerst Mutter, und jetzt dreht dieser Mann mir einen Strick daraus, daß ich ein zu weiches Herz habe.« Er traute sich nicht zu sprechen und klingelte nach dem Dienstmädchen.

»Räumen Sie das Frühstück ab«, befahl er. »Ich kann es nicht leiden, wenn die Sachen bis zum Mittagessen auf dem Tisch herumstehen.«

»Seien Sie doch nicht so streng mit dem Mädchen«, sagte Doktor Erb beschwichtigend. »Sie hat heute die doppelte Arbeit.«

Binzers Ärger kochte über.

»Ich muß Sie bitten, sich nicht zwischen mich und das Dienstpersonal zu stellen!« Und er ärgerte sich im selben Moment, daß er nicht einfach »Dienstmädchen« gesagt hatte.

Doktor Erb ließ sich nicht aus der Ruhe bringen. Er schüttelte den Kopf, steckte die Hände in die Hosentaschen und begann auf den Füßen zu wippen.

»Ihnen setzt das Wetter zu«, sagte er trocken, »das ist alles. Wirklich dumm – dieser Sturm. Sie wissen ja, das Wetter hat einen nicht zu unterschätzenden Einfluß auf die Geburt. Ein schöner Tag heitert die Frau auf – macht ihr Mut für ihre Aufgabe. Gutes Wetter am Tag der Niederkunft ist so wichtig wie gutes Wetter am Waschtag. Nicht schlecht – meine letzte Bemerkung, hm? Für einen alten Knochen wie mich?«

Andreas gab keine Antwort.

»Na, dann werde ich mal zu meiner Patientin zurückgehen. Warum gehen Sie nicht spazieren und lassen sich ein bißchen frische Luft um die Nase wehen? Das wäre jetzt genau das richtige für Sie.«

»Nein«, antwortete er, »lieber nicht; es ist zu stürmisch.«

Er ging zu seinem Sessel am Fenster zurück. Während das Dienstmädchen den Tisch abräumte, tat er, als lese er … dann kamen die Träume! Es schien Jahre her zu sein, daß er Zeit gehabt hatte, einfach so vor sich hin zu träumen – nie kam er zur Ruhe. Den ganzen Tag mit Arbeit überlastet, und am Abend konnte er sie nicht einfach abschütteln wie andere Männer. Außerdem interessierte sich Anna für seine Arbeit – sie unterhielten sich nahezu über nichts anderes. Sie wäre eine wunderbare Mutter für einen Jungen: Sie hatte die Dinge fest im Griff.

Kirchenglocken begannen in der stürmischen Luft zu läuten, bald klang es, als kämen sie von weit her, bald als wären alle Kirchen der Stadt plötzlich in ihre Straße versetzt. Sie rührten etwas in ihm an, diese Glocken, etwas Unbestimmtes und Zartes. Genau um diese Zeit pflegte ihn Anna sonst vom Flur aus zu rufen. »Andreas, komm her und laß dir den Rock abbürsten. Ich bin fertig.« Dann gingen sie los, sie bei ihm eingehängt und zu ihm aufblickend. Sie war wirklich ein kleines Persönchen. Er erinnerte sich, daß er einmal, als sie gerade verlobt waren, gesagt hatte: »Du reichst mir genau bis zu meinem Herzen«, und sie war auf einen Hocker gesprungen und hatte lachend seinen Kopf zu sich heruntergezogen. Damals war sie noch ein Kind gewesen, in ihrem Verhalten jünger als ihre Kinder, fröhlicher, mit mehr Schwung, mehr Feuer. Wie sie immer die Straße entlanggelaufen kam, um ihn vom Geschäft abzuholen! Und wie sie lachte, als sie nach einem Haus gesucht hatten. Herrjeh! ihr Lachen! Er mußte grinsen, dann wurde er plötzlich ernst. Die Ehe veränderte eine Frau gewiß mehr als einen Mann. Man stößt sich die Hörner ab, heißt es. In zwei Monaten hatte sie all ihren Schwung verloren! Aber wenn erst einmal diese Sache mit dem Sohn überstanden war, würde sie wieder kräftiger werden. Er fing an, eine kleine Reise für sie beide zu planen. Er würde sie einfach entführen, und sie würden irgendwo zusammen von morgens bis abends faulenzen. Zum Teufel, sie waren schließlich noch jung. Sie hatten sich festgefahren; er mußte sie nur hier herausholen, das war alles.

Er stand auf und ging ins Wohnzimmer, schloß sorgfältig die Tür und nahm die Photographie von Anna vom Klavier herunter. Sie trug ein weißes Kleid mit einer großen Schleife aus irgendeinem weichen Stoff unterm Kinn und stand ein wenig steif da, ein Gebinde aus künstlichem Mohn und Ähren in den Händen. Zart sah sie auch damals schon aus; es lag an ihrem schweren Haar. Die Last der Zöpfe schien sie niederzudrücken, und doch lächelte sie. Andreas holte tief Luft. Das war seine Frau – dieses Mädchen. Pah! die Photographie war nur vier Jahre alt. Er hielt sie sich vor die Augen, beugte sich vor und küßte sie. Dann rieb er mit dem Handrücken über das Glas. In diesem Augenblick hörte Andreas wieder dieses schreckliche Stöhnen, gedämpfter als vorhin im Flur, aber nicht weniger beunruhigend. Der Wind nahm es mit einem spöttischen Echo auf, blies es über die Dächer der Häuser, die Straße hinab, weit weg von ihm. Er warf die Arme hoch: »Ich bin so verdammt hilflos«, sagte er, und dann zum Bild: »Vielleicht ist es ja gar nicht so schlimm, wie es klingt; vielleicht ist das wieder nur mein zu weiches Herz.« Im Dämmerlicht des Wohnzimmers schien sich das Lächeln auf Annas Bild zu verändern, geheimnisvoll, ja grausam zu werden. »Nein«, überlegte er, »dieses Lächeln ist überhaupt nicht ihr glücklichster Gesichtsausdruck – es war ein Fehler, sie so lächelnd zu photographieren. Sie sieht gar nicht wie meine Frau aus – nicht wie die Mutter meines Sohnes.« Ja, das war es, sie sah auf dem Bild nicht aus wie die Mutter eines Sohnes, der der Mitinhaber der Firma sein würde. Das Bild ärgerte ihn; er hielt es in ein anderes Licht, sah es von weitem an, von der Seite, verbrachte – wie es ihm später vorkam – eine Ewigkeit damit, um es mit der Person in Einklang zu bringen. Je mehr er sich damit beschäftigte, desto größer wurde sein Ärger. Dreimal trug er es zum Kamin hinüber und beschloß, es hinter den japanischen Funkenschirm zu werfen; dann fand er es albern, einen teuren Rahmen zu verschwenden. Doch er konnte sich nicht länger etwas vormachen. Anna sah wie eine Fremde aus – abnormal, mißgestaltet – es glich einem Bild, das man kurz vor oder nach ihrem Tod gemacht hatte.

Plötzlich wurde ihm bewußt, daß sich der Wind gelegt hatte, daß das ganze Haus still war, unheimlich still. Kalt und bleich, mit einem widerlichen Gefühl, als würden ihm Spinnen über den Rücken und über das Gesicht kriechen, stand er mitten im Wohnzimmer und hörte, wie der Doktor die Treppe herunterkam.

Er sah, wie Doktor Erb ins Zimmer trat; der Raum schien sich in eine große Glaskugel zu verwandeln, die sich drehte, und in dieser Glaskugel schien Doktor Erb auf ihn zuzuschwimmen – wie ein großer Goldfisch in einer silbergrauen Weste.

»Meine geliebte Frau, sie ist nicht mehr!« Er wollte es hinausschreien, ehe der Doktor sprach.

»Na bitte, diesmal hat sie sich einen Jungen geangelt!« sagte Doktor Erb. Andreas torkelte auf ihn zu.

»Vorsicht. Bleiben Sie auf den Beinen«, sagte Doktor Erb, ergriff Binzers Arm; er drückte ihn, murmelte: »Weich wie Pudding.«

Andreas strahlte übers ganze Gesicht. Er jubelte.

»Bei Gott! Niemand kann *mir* vorwerfen, daß ich nicht wüßte, was es heißt, zu leiden«, sagte er.

DAS KIND-DAS-MÜDE-WAR

Sie wollte gerade eine kleine weiße Straße entlanggehen, mit hohen schwarzen Bäumen auf beiden Seiten, eine kleine Straße, die nirgendwohin führte und auf der kein einziger Mensch ging, als eine Hand nach ihrer Schulter griff, sie schüttelte, ihr einen Klaps gab.

»Ah, ah, nicht festhalten«, rief das Kind-das-müde-war. »Lassen Sie mich gehen.«

»Steh auf, du Nichtsnutz«, sagte eine Stimme; »steh auf und mach Feuer im Herd, oder muß ich dir Beine machen.«

Mit größter Mühe öffnete sie die Augen und sah die Frau neben sich stehen, das Jüngste wie ein Bündel unter den Arm geklemmt. Die drei anderen Kinder, die das Bett mit dem Kind-das-müde-war teilten, waren das Geschrei gewohnt und schliefen friedlich weiter. In der Zimmerecke knöpfte sich der Mann die Hosenträger an.

»Was fällt dir ein, die ganze Nacht dazuliegen wie ein Sack Kartoffeln? Deinetwegen hat das Kleine zweimal das Bett naß gemacht.«

Sie antwortete nicht, sondern band die Schnur ihres Unterrocks fest und knöpfte mit kalten, zitternden Fingern den karierten Rock zu.

»So, das reicht. Nimm das Kleine mit in die Küche und mach dem Herrn den Kaffee auf der Spiritusflamme warm und gib ihm den Laib Schwarzbrot aus der Tischschublade. Bedien dich ja nicht selbst, ich merke es.«

Die Frau wankte durch den Raum, warf sich auf ihr Bett und stopfte sich das rote Kopfkissen in den Nacken.

Es war fast stockdunkel in der Küche. Sie legte den Säugling auf die Wandbank und deckte ihn mit einem Tuch zu, dann goß sie den Kaffee aus dem Tonkrug in den Kochtopf und stellte ihn zum Kochen auf die Spiritusflamme.

»Ich bin müde«, nickte das Kind-das-müde-war, kniete sich auf den Boden und spaltete die feuchten Kienscheite in Späne. »Deshalb bin ich nicht aufgewacht.«

Der Herd brauchte lange, bis er brannte. Vielleicht fror er wie sie und war müde ... Vielleicht hatte er von einer kleinen weißen Straße geträumt, mit schwarzen Bäumen auf beiden Seiten, einer Straße, die nirgendwohin führte.

Da wurde die Tür heftig aufgerissen, und der Mann kam herein.

»He, was hockst du da am Boden herum?« schrie er. »Gib mir meinen Kaffee. Ich muß los. Bah! Du hast nicht mal den Tisch abgewischt.«

Sie sprang auf die Füße, goß seinen Kaffee in einen Emaillebecher und gab ihm das Brot und ein Messer, dann nahm sie einen Putzlappen vom Spülstein und wischte über die schwarze Linoleumtischplatte.

»Du bist und bleibst ein Ferkel«, murmelte der Mann, der am Tisch saß und aus dem Fenster auf den zerrissenen Himmel sah, der schwer auf dem düsteren Land zu lasten schien. Er stopfte sich Brot in den Mund und spülte mit Kaffee nach.

Das Kind holte einen Eimer Wasser, krempelte die Ärmel auf, sah dabei stirnrunzelnd ihre Arme an, als wolle sie sie schelten, weil sie so dünn wie zwei kleine verkümmerte Äste waren, und fing an, den Boden zu schrubben.

»Was setzt du hier alles unter Wasser, solange ich da bin«, schimpfte der Mann. »Sieh zu, daß das Kleine aufhört zu heulen; das geht schon die ganze Nacht so.«

Das Kind nahm den Säugling auf den Schoß und wiegte ihn hin und her.

»Ts-ts-ts«, machte sie. »Die Augenzähne kommen durch, deshalb weint er so. Und wie er sabbert – ich habe noch nie ein Kind so sabbern sehen.« Sie wischte ihm Mund und Nase mit ihrem Rockzipfel ab. »Manche Kinder kriegen ihre Zähnchen, ohne daß man etwas davon merkt«, fuhr sie fort, »und manche führen sich die ganze Zeit so auf. Ich habe mal von einem Kind gehört, das gestorben ist, und man hat alle Zähnchen in seinem Magen gefunden.«

Der Mann stand auf, nahm seinen Umhang vom Haken hinter der Tür und warf ihn sich über.

»Es kommt noch eins«, sagte er.

»Was – noch ein Zähnchen!« rief das Kind und schüttelte zum ersten Mal an diesem Morgen die bleierne Schwere ab; es steckte einen Finger in den Mund des Säuglings.

»Nein«, sagte er grimmig, »noch ein Kind. Jetzt mach mit der Arbeit weiter; höchste Zeit, daß die Kinder aufstehen und in die Schule gehen.« Sie stand einen Augenblick ganz ruhig da, hörte seine schweren Schritte auf dem Steinboden im Flur, dann auf dem Kiesweg und schließlich das Zuschlagen des Gartentors.

»Noch ein Kind! Will sie denn immer noch mehr bekommen?« dachte das Kind-das-müde war. »Zwei Kinder, die Augenzähne bekommen – zwei Kinder, für die man nachts aufstehen muß – zwei Kinder, die man herumtragen und deren Windeln man waschen muß.« Sie schaute entsetzt auf das Kleine in ihren Armen, das den Abscheu in ihrem müden Blick zu verstehen schien, die kleinen Fäuste ballte, den Körper streckte und aus Leibeskräften zu schreien anfing.

»Ts-ts-ts.« Sie legte ihn auf die Bank und machte sich wieder daran, den Boden zu schrubben. Er hörte nicht eine Sekunde auf zu schreien, aber allmählich gewöhnte sie sich daran; und ihr Schrubber schlug den Takt dazu. Ach, wie müde sie war! Ach, die schwere Bürste und die brennende Stelle im Nacken, die so weh tat, und das merkwürdige Zucken hinten an ihrem Rockbund, als ob etwas kaputt gehen würde.

Die Uhr schlug sechs. Sie stellte den Milchtopf auf den Herd und ging ins Zimmer nebenan, um die drei Kinder zu wecken und anzuziehen. Anton und Hans lagen eng aneinandergeschmiegt da, in trauter Eintracht, die aber nur herrschte, wenn sie schliefen. Lena hatte sich eingerollt, die Knie unterm Kinn, und nur ein gerader, abstehender Zopf lag auf dem Kissen.

»Aufstehen«, rief das Kind in strengem Ton, zog die Bettdecke weg und gab den Jungen ein paar Püffe und Stöße. »Ich rufe schon seit einer halben Stunde. Es ist spät, und wenn ihr euch nicht sofort anzieht, sage ich es.«

Anton war wach genug, um sich umzudrehen und Hans in eine empfindliche Region zu treten, worauf Hans an Lenas Zopf zog, bis die nach ihrer Mutter schrie.

»Ach, seid doch leise«, flüsterte das Kind. »Und steht auf und zieht euch an. Ihr wißt doch, was sonst passiert. Kommt – ich helfe euch.«

Aber die Warnung kam zu spät. Die Frau stieg aus dem Bett, ging mit entschlossenen Schritten in die Küche und kam mit einer von einem dicken Seil zusammengebundenen Rute in der Hand zurück. Sie legte ein Kind nach dem anderen übers Knie und verabreichte ihm eine Tracht Prügel, verwandte eine letzte Kraftanstrengung auf das Kind-das-müde-war und legte sich dann mit dem guten Gefühl, ihre Mutterpflichten für den Tag erledigt zu haben, wieder ins Bett. Die drei ließen sich nun brav waschen und anziehen; und das Kind schnürte den Jungen sogar die Stiefel zu, da es aus Erfahrung wußte, wie sie sonst minutenlang herumhüpften, auf der Suche nach einer geeigneten Stütze für den Fuß, dann in die Hände spuckten und die Schnürsenkel abrissen.

Während sie ihnen das Frühstück hinstellte, lärmten die Kinder wieder, und das Kleine hörte nicht auf zu schreien. Nachdem sie den Blechtopf mit Milch gefüllt, den Gummisauger an der Flasche befestigt und ihn zunächst mit den Lippen befeuchtet hatte, versuchte sie das Kleine mit leisen Schmeichelworten zum Trinken zu bewegen, aber er warf die Flasche auf den Boden und zitterte am ganzen Leib.

»Augenzähne!« rief Hans und schlug Anton seinen leeren Becher auf den Kopf; »vielleicht kriegt er Stielaugenzähne.«

»Sehr witzig!« gab Lena zurück und streckte ihm die Zunge raus, und dann, als er umgehend dasselbe tat, schrie sie mit schriller Stimme: »Mutter, Hans hat mir die Zunge rausgestreckt!«

»Ja, ja«, sagte Hans; »heul nur, wenn du heute abend im Bett bist, komme ich, wenn du eingeschlafen bist, und nehme ein Stück Haut von deinem Arm und drehe und drehe, bis – « Er lehnte sich über den Tisch und schnitt Lena die gräßlichsten Fratzen, ohne zu bemerken, daß Anton hinter seinem Stuhl stand, bis der kleine Junge sich vorbeugte und seinem Bruder auf den kurzgeschorenen Kopf spuckte.

»O weh, o weh!«

Das Kind-das-müde-war stieß und zerrte sie auseinander, steckte sie in ihre Mäntel und trieb sie aus dem Haus.

»Beeilt euch! Es hat schon zweimal geläutet«, drängte sie, was nicht stimmte, aber die kleine Lüge bereitete ihr Vergnügen. Sie spülte das Frühstücksgeschirr, dann ging sie in den Keller hinunter, um Kartoffeln und Rote Rüben zu holen.

Was für ein seltsamer, kalter Raum, dieser Kohlenkeller! In einer Ecke waren Kartoffeln gelagert, die Rüben in einer alten Kiste für Kerzen, es gab zwei Fässer Sauerkraut und einen großen Haufen Dahlienknollen – die so lebendig aussahen, als kämpften sie miteinander, dachte das Kind.

Sie sammelte die Kartoffeln in ihren Rock, wählte große mit wenigen Augen, weil sie einfacher zu schälen waren, und als sie sich in dem stillen Keller über den elenden Kartoffelhaufen beugte, nickte sie ein.

»He, was machst du da unten?« schrie die Frau von der Treppe herunter. »Das Kleine ist von der Bank gefallen und hat über dem Auge eine Beule so groß wie ein Ei. Wenn du hochkommst, kannst du etwas erleben!«

»Ich kann nichts dafür – ich kann nichts dafür!« schrie das Kind, während es von einer Seite des Flurs zur anderen geschupst wurde, so daß die Kartoffeln und Rüben aus ihrem Rock kullerten.

Die Frau erschien ihr so groß wie eine Riesin, und in all ihren Bewegungen lag etwas Schweres und für eine so kleine Person wie sie Furchterregendes.

»Setz dich in die Ecke, putz das Gemüse und halt das Kind ruhig, ich gehe die Wäsche waschen.«

Sie gehorchte wimmernd, aber das Kleine ruhig zu halten, das war unmöglich. Sein Gesicht war heiß, kleine Schweißperlen bedeckten den ganzen Kopf, und es streckte den kleinen Körper und schrie. Sie hielt es auf den Knien, neben sich einen Topf mit kaltem Wasser für das geputzte Gemüse und den »Enteneimer« für die Schalen.

»Ts-ts-ts«, machte sie leise, während sie die Kartoffeln schälte und die Augen ausstach; »bald ist noch eins da, und ihr könnt nicht beide die ganze Zeit schreien. Warum schläfst du nicht, Kleines? Ich tät's, wenn ich du wäre. Ich erzähle dir einen Traum. Es war einmal eine kleine weiße Straße – «

Sie warf den Kopf in den Nacken, ein dicker Kloß würgte sie im Hals, und dann liefen ihr die Tränen übers Gesicht und auf das Gemüse.

»So geht es nicht«, sagte das Kind und schüttelte die Tränen ab. »Hör doch auf zu weinen, bis ich hiermit fertig bin, dann trage ich dich herum.«

Aber als sie soweit war, mußte sie für die Frau die Wäsche

aufhängen. Wind war aufgekommen. Als sie so auf Zehenspitzen im Hof stand, hatte sie beinahe das Gefühl, sie würde weggeblasen. Aus dem Entenverschlag, der voller Jauche war, kam ein schlimmer Gestank, doch drüben auf der Wiese sah sie das Gras wie grüne Härchen wehen. Und sie erinnerte sich, von einem Kind gehört zu haben, das einmal den ganzen Tag lang auf genau so einer Wiese gespielt hatte, mit richtigen Würsten und Bier zum Mittagessen – und es war kein bißchen müde. Wer hatte ihr diese Geschichte bloß erzählt? Sie konnte sich nicht entsinnen, und doch stand sie ihr so klar vor Augen.

Die nassen Wäschestücke klatschten ihr ins Gesicht, während sie sie aufhängte; sie tanzten und sprangen auf der Leine, flatterten und bauschten sich auf. Mit schleppenden Schritten ging sie zum Haus zurück und blickte sehnsüchtig zum Gras auf der Wiese.

»Bitte, was soll ich jetzt tun?« fragte sie.

»Mach die Betten und häng die Matratze aus der Wiege aus dem Fenster, dann nimm den Kinderwagen und fahr den Kleinen auf der Straße spazieren. Vor dem Haus, denk daran – wo ich dich sehen kann. Und steh nicht rum und gaff! Wenn ich dich rufe, komm rein und hilf mir, den Salat zu schneiden.«

Nachdem das Kind die Betten gemacht hatte, stand es da und betrachtete sie. Sanft strich sie mit der Hand über das Kissen und dann, nur für einen Augenblick, ließ sie ihren Kopf darauf ruhen. Wieder der würgende Kloß im Hals, die dummen Tränen, die flossen und immer weiter flossen, als sie das Kleine anzog und den Wagen auf der Straße auf und ab schob.

Ein Mann mit einem Ochsenkarren kam vorbei. Er hatte eine lange, komische Feder am Hut und pfiff im Vorbeigehen. Zwei Mädchen mit Bündeln über der Schulter kamen aus dem Dorf gelaufen – eine trug ein rotes Kopftuch, die andere ein blaues. Sie lachten und hielten sich an den Händen. Dann schob die Sonne ein dickes, graues Wolkenknäuel beiseite, und warmes, gelbes Licht breitete sich über alles.

»Wer weiß«, dachte das Kind-das-müde-war, »wenn ich auf dieser Straße immer weiterliefe, dann käme ich vielleicht zu einer kleinen weißen Straße, mit hohen schwarzen Bäumen auf beiden Seiten – einer kleinen Straße – «

»Salat, Salat!« gellte die Stimme der Frau aus dem Haus.

Bald danach kamen die Kinder aus der Schule, es wurde zu Mittag gegessen, der Mann verputzte außer seinem eigenen auch noch den Pudding seiner Frau, und die drei Kinder bekleckerten sich von oben bis unten mit allem, was auf dem Tisch stand. Dann wieder Geschirr spülen, wieder putzen und das Kleine hüten. So zog sich der Nachmittag hin.

Die alte Frau Grathwohl kam und brachte der Frau ein frisches Stück Schweinefleisch, und das Kind hörte zu, wie sie zusammen tratschten.

»Frau Manda hat gestern abend ihre ›Reise nach Rom‹ angetreten und hat ein Töchterchen mitgebracht. Wie fühlen Sie sich?«

»Ich habe mich heute morgen zweimal übergeben«, sagte die Frau. »Meine Eingeweide sind völlig durcheinander, weil ich die Kinder zu schnell hintereinander bekommen habe.«

»Ich sehe, Sie haben eine neue Hilfe«, bemerkte Mutter Grathwohl.

»Ach Gott« – die Frau senkte die Stimme –, »Sie kennen sie nicht? Das ist die Uneheliche – die Kleine von der Kellnerin vom Bahnhof. Man hat ihre Mutter dabei erwischt, wie sie versucht hat, sie im Waschkrug zu ersäufen; das Kind ist völlig einfältig.«

»Ts-ts-ts«, flüsterte die »Uneheliche« dem Kleinen zu.

Als der Tag zu Ende ging, wußte das Kind-das-müde-war

nicht mehr, wie es seine Müdigkeit bekämpfen sollte. Sie hatte Angst, sich hinzusetzen oder auch nur stillzustehen. Beim Abendessen betrachtete sie den Mann und die Frau, und sie schienen zu riesiger Größe anzuwachsen, und dann kleiner als Puppen zu werden, mit leisen Stimmen, die von draußen vor dem Fenster zu kommen schienen. Als sie das Kleine ansah, hatte es plötzlich zwei Köpfe, und dann keinen mehr. Und von seinem Schreien wurde ihr noch elender zumute. Wenn sie daran dachte, daß bald Schlafenszeit war, zitterte sie vor Freude am ganzen Körper. Doch kurz vor acht Uhr waren Wagenräder auf der Straße zu hören, und herein kam eine Gesellschaft von Freunden, um den Abend mit ihnen zu verbringen.

Da hieß es:

»Setz Kaffee auf.«

»Bring mir die Zuckerdose.«

»Hol die Stühle aus dem Schlafzimmer.«

»Deck den Tisch.«

Und schließlich schickte sie die Frau ins Nebenzimmer, um das Kleine zu beruhigen.

Im Emailleleuchter brannte ein Kerzenstummel. Während sie hin und her ging, sah sie ihren riesigen Schatten auf der Wand wie eine ausgewachsene Person mit einem ausgewachsenen Säugling. Wie würde es aussehen, wenn sie zwei Kindlein so herumtrüge!

»Ts-ts-ts!« Es war einmal eine kleine weiße Straße, die ging sie entlang, und ach! so riesige schwarze Bäumen standen auf beiden Seiten.

»Heda!« gellte die Stimme der Frau, »bring mir meine neue Jacke von hinter der Tür.« Und als sie sie in das warme Zimmer brachte, sagte eine der Frauen: »Sie sieht aus wie eine Eule. Solche Kinder sind meist nicht ganz richtig im Kopf.«

»Warum bringst du das Kleine nicht zur Ruhe?« fragte der

Mann, der gerade genug Bier getrunken hatte, um sich mutig und wie der Herr im Hause zu fühlen.

»Wenn du das Kleine nicht zur Ruhe bringst, dann muß ich wohl kommen, und ein bißchen nachhelfen.«

Alle brachen in Gelächter aus, während sie zurück ins Schlafzimmer taumelte.

»Ich glaube, selbst die Jungfrau Maria könnte ihn nicht beruhigen«, murmelte sie. »Hat Jesus auch so geschrien, als er klein war? Wäre ich nicht so müde, dann könnte ich es vielleicht, aber das Kleine weiß ganz genau, daß ich schlafen gehen möchte. Und es kommt noch eins.«

Sie warf das Kind aufs Bett, stand vor ihm und betrachtete es voller Grauen. Von nebenan drang das Klirren von Gläsern herüber und der warme Klang von Gelächter.

Und plötzlich hatte sie eine großartige, wunderbare Idee. Sie lachte zum ersten Mal an diesem Tag und klatschte in die Hände.

»Ts-ts-ts«, machte sie, »lieg still, du Dummerchen; du wirst schon noch schlafen. Du wirst nicht mehr schreien oder nachts aufwachen. Komisches, kleines, häßliches Ding.«

Der Kleine öffnete die Augen und kreischte laut auf, als er das Kind-das-müde-war sah. Von nebenan hörte sie, wie die Frau nach ihr rief.

»Sofort – er schläft gleich«, rief sie.

Und dann holte sie vorsichtig, lächelnd, auf Zehenspitzen, das rote Kopfkissen vom Bett der Frau, bedeckte das Gesicht des Kleinen damit und drückte, als er sich wehrte, mit aller Kraft zu. »Wie eine Ente ohne Kopf, die zuckt«, dachte sie.

Sie stieß einen langen Seufzer aus, dann sank sie zu Boden und ging eine kleine weiße Straße entlang, mit hohen schwarzen Bäumen auf beiden Seiten, eine kleine Straße, die nirgendwohin führte und auf der kein Mensch ging – kein einziger.

DIE FORTSCHRITTLICHE DAME

»Meinen Sie, wir könnten sie fragen, ob sie mit uns kommt?« fragte Fräulein Elsa, während sie ihre rote Schärpe vor meinem Spiegel neu band. »Wissen Sie, obwohl sie so intellektuell ist, kann ich mich des Gefühls nicht erwehren, daß sie einen geheimen Kummer hegt. Und Lisa hat mir heute morgen erzählt, als sie mein Zimmer machte, daß sie sich stundenlang zurückzieht und schreibt; Lisa sagt nämlich, daß sie ein Buch schreibt! Höchstwahrscheinlich schließt sie sich uns aus diesem Grund nie an, und deswegen hat sie auch so wenig Zeit für ihren Mann und das Kind.«

»Dann fragen Sie sie doch«, sagte ich. »Ich habe mit der Dame noch kein Wort gewechselt.«

Elsa errötete leicht. »Ich habe nur einmal mit ihr gesprochen«, gestand sie. »Ich habe ihr einen Strauß Feldblumen ans Zimmer gebracht, und sie ist an die Tür gekommen, in einem weißen Negligé, mit offenen Haaren. Ich werde den Augenblick nie vergessen. Sie hat nur die Blumen genommen, und ich hörte – weil die Tür nicht richtig geschlossen war – ich hörte, als sie den Flur entlangging, wie sie sagte: ›Reinheit, Duft, der Duft der Reinheit und die Reinheit des Duftes!‹ Es war wunderbar!«

In diesem Moment klopfte Frau Kellermann an die Tür.

»Sind Sie fertig?« fragte sie, trat ins Zimmer und nickte uns freundlich zu. »Die Herren warten auf der Treppe, und ich habe die fortschrittliche Dame gebeten, mit uns zu kommen.«

»Na, so etwas!« rief Elsa. »Gerade in diesem Moment haben die gnädige Frau und ich überlegt, ob – «

»Ja, ich habe sie getroffen, als sie gerade aus ihrem Zimmer kam, und sie hat gesagt, daß sie die Idee bezaubernd finde. Sie ist noch nie in Schlingen gewesen, genau wie wir. Jetzt ist sie unten und spricht mit Herrn Erchardt. Ich denke, wir werden einen reizenden Nachmittag verbringen.«

»Wartet Fritzi schon?« fragte Elsa.

»Natürlich, liebes Kind – so ungeduldig wie ein hungriger junger Mann auf das Klingelzeichen zum Essen. Laufen Sie nur!«

Elsa lief, und Frau Kellermann lächelte mir vielsagend zu. In der Vergangenheit hatten sie und ich wenig miteinander gesprochen, was daher rührte, daß es ihrer »einzigen verbliebenen Freude« – ihrem entzückenden Karlchen – nicht gelungen war, bei mir die Funken von Mütterlichkeit, die auf dem Altar eines jeden ehrbaren weiblichen Herzens glühen sollten, zur Flamme zu entfachen. Aber bei der Aussicht auf einen gemeinsamen Ausflug wurden wir rasch miteinander warm.

»Für uns«, sagte sie, »wird es eine doppelte Freude sein. Wir können das junge Glück dieser zwei lieben Kinder betrachten, Elsa und Fritz. Gestern morgen haben sie endlich das Einverständnis ihrer Eltern erhalten. Es ist seltsam, aber in Gesellschaft von frisch Verlobten blühe ich immer auf. Frisch Verlobte, Mütter mit ihrem ersten Kind und natürliche Sterbebetten haben alle dieselbe Wirkung auf mich. Wollen wir uns zu den anderen begeben?«

Gern hätte ich sie gefragt, warum natürliche Sterbebetten jemanden zum Erblühen bringen sollten, aber ich sagte: »Ja, gehen wir.«

Auf der Treppe der Pension wurden wir von der kleinen Gruppe von Kurgästen mit jenen Freuden- und Begeisterungsrufen begrüßt, die noch den harmlosesten deutschen Ausflug so liebenswert ankündigen. Herr Erchardt und ich waren uns bis zu diesem Tag noch nicht begegnet, so daß wir uns, der strengen Gepflogenheit des Hauses entsprechend, befragten, wie lange wir heute nacht geschlafen hatten, ob wir angenehm geträumt hätten, um wieviel Uhr wir aufgestanden seien, ob der Kaffee noch heiß war, als wir zum Frühstück erschienen waren, und wie wir den Morgen verbracht hätten. Nachdem wir uns die Stufen fast staatstragender Höflichkeit hinaufgemüht hatten, kamen wir triumphierend und lächelnd oben an und hielten inne, um Atem zu schöpfen.

»Und jetzt«, sagte Herr Erchardt, »habe ich eine Überraschung für Sie. Die Frau Professor wird uns heute nachmittag mit ihrer Anwesenheit beehren. Ja«, und er nickte der fortschrittlichen Dame liebenswürdig zu. »Gestatten Sie, daß ich Sie miteinander bekannt mache.«

Wir verbeugten uns sehr förmlich und musterten einander mit Adlerblicken, Blicken, die indes eher ein Merkmal von Frauen denn von jenen höchst unschuldigen Vögeln sind. »Sie sind Engländerin?« fragte sie. Ich bestätigte es. »Ich lese sehr viele englische Bücher zur Zeit – oder vielmehr, ich studiere sie.«

»Na bitte«, rief Herr Erchardt. »Wer hätte das gedacht! Eine erste Gemeinsamkeit! Ich habe vor, einmal Shakespeare in seiner Originalsprache kennenzulernen, um so bemerkenswerter, daß Sie, Frau Professor, schon jetzt in diesen Brunnen englischen Geistes eingetaucht sind!«

»Nach allem, was ich bisher gelesen habe«, sagte sie, »halte ich diesen Brunnen für nicht sehr tief.«

Er nickte verständnisvoll.

»Nein«, antwortete er, »das habe ich auch gehört … Doch wir wollen unserer jungen englischen Freundin nicht den Ausflug verderben. Reden wir ein andermal darüber.«

»Na, kann's losgehen?« rief Fritz, der am Fuß der Treppe stand und Elsas Ellbogen mit der Hand stützte. Aber nun stellte man fest, daß Karl fehlte.

»Ka-rl, Karl-chen!« riefen wir. Keine Antwort.

»Aber vor einer Minute war er doch noch hier«, sagte Herr Langen, ein müde aussehender, bleicher Jüngling, der sich von einem Nervenzusammenbruch erholte, den er nach zu vielem Philosophieren und zu wenig Essen erlitten hatte. »Er hat hier gesessen und das Uhrwerk seiner Armbanduhr mit einer Haarnadel auseinandergenommen.«

Frau Kellermann fuhr ihn an. »Wollen Sie damit sagen, mein lieber Herr Langen, daß Sie das Kind nicht daran gehindert haben!«

»Ja«, sagte Herr Langen; »ich habe schon einmal versucht, ihn an etwas zu hindern.«

»Ach, dieses Kind hat so viel Energie; nie kommt sein reger Geist zur Ruhe. Wenn er sich nicht mit einer Sache beschäftigt, dann mit einer anderen.«

»Vielleicht beschäftigt er sich jetzt gerade mit der Uhr im Speisezimmer«, rief Herr Langen voller Schadenfreude.

Die fortschrittliche Dame regte an, ohne ihn zu gehen. »Ich nehme meine kleine Tochter nie zu Spaziergängen mit«, sagte sie. »Ich habe ihr angewöhnt, vom Augenblick an, wo ich gehe, bis ich zurückkomme, ruhig in meinem Schlafzimmer zu sitzen.«

»Da ist er – da ist er«, krähte Elsa, und man sah Karl einen Kastanienbaum herunterrutschen, sehr zum Schaden der Zweige.

»Ich habe gehört, was du über mich gesagt hast, Mama«, gestand er, während Frau Kellermann ihn abklopfte. »Das mit der Uhr ist gar nicht wahr. Ich habe sie mir nur angesehen, und das kleine Mädchen bleibt nie im Schlafzimmer. Sie hat mir selbst erzählt, daß sie immer in die Küche hinuntergeht, und – «

»Das reicht!« sagte Frau Kellermann.

Wir marschierten *en masse* die Bahnhofstraße entlang. Es war ein sehr warmer Nachmittag, und zahlreiche Gruppen von Kurgästen, die in den Gärten der Pensionen ihrer Verdauung mit frischer Luft nachhalfen, riefen uns hinterher, fragten uns, ob wir wandern gingen und stöhnten – wenn wir Schlingen erwähnten – mit nur schlecht verhohlener Häme: »Na, dann gute Reise.«

»Aber das sind acht Kilometer«, rief ein alter Mann mit weißem Bart, der an einem Zaun lehnte und sich mit einem gelben Taschentuch Luft zufächelte.

»Siebeneinhalb«, antwortete Herr Erchardt kurz angebunden.

»Acht«, bellte der Wissende.

»Siebeneinhalb!«

»Acht!«

»Der Mann ist verrückt«, sagte Herr Erchardt.

»Dann lassen Sie ihn bitte in Frieden verrückt sein«, sagte ich und hielt mir die Ohren zu.

»Eine solche Ignoranz darf nicht unwidersprochen bleiben«, entgegnete er, kehrte uns den Rücken zu und hielt – zu erschöpft, um weiterzuschreien – siebeneinhalb Finger hoch.

»Acht!« donnerte der Graubart in alter Frische.

Wir fühlten uns sehr ernüchtert und erholten uns erst, als wir zu einem weißen Wegweiser kamen, der uns anwies, die Straße zu verlassen und auf dem Feldweg weiterzugehen – ohne mehr Gras als nötig niederzutrampeln. Im Klartext hieß das »Gänsemarsch«, was für Elsa und Fritz schmerzlich war. Karl hüpfte vor uns her, wie glückliche Kinder tun, und köpfte mit dem Sonnenschirm seiner Mutter so viele Blumen wie möglich – dann folgten die drei anderen – dann ich – und hinten das Liebespaar. Und außer den Gesprächen des Voraustrupps hatte ich noch das Vergnügen, folgendes Liebesgeflüster mit anzuhören.

Fritz: »Liebst du mich?« Elsa: »Aber ja.« Fritz leidenschaftlich: »Und wie sehr?« Worauf Elsa nichts antwortete – außer: »Wie sehr liebst *du* mich denn?«

Fritz entging den Fallstricken wahrer Nächstenliebe, indem er sagte: »Ich habe zuerst gefragt.«

Ich wurde so konfus darüber, daß ich an Frau Kellermann vorbeischlüpfte – und heilfroh weiterlief bei dem Gedanken, daß sie nun »aufblühen« konnte und ich niemandem verpflichtet war, den exakten Grad meiner Zuneigung zu benennen. »Mit welchem Recht stellen sie sich solche Fragen, am Tag, nachdem sie den Segen der Eltern haben?« überlegte ich. »Mit welchem Recht stellen sie sich überhaupt Fragen? Liebe, die zu Verlobung und Heirat führt, ist eine durch und durch bejahende Angelegenheit – was maßen sie sich an zu räsonieren!«

Am Rand des Feldes erhob sich ein mächtiger Nadelwald – einladend und kühl sah er aus. Ein weiterer Wegweiser bat uns, den markierten Weg nach Schlingen zu nehmen und Papier und Obstschalen in den zu diesem Zweck an den Bänken befestigten Drahtbehältern zu deponieren. Wir setzten uns auf die erste Bank, und Karl durchwühlte mit großem Interesse den Drahtbehälter.

»Ich liebe Wälder«, sagte die fortschrittliche Dame und lächelte gequält in die Luft. »In einem Wald scheint sich mein Haar zu regen und sich gleichsam an seinen wilden Ursprung zu erinnern.«

»Aber im Ernst«, sagte Frau Kellermann nach einer angemessenen Pause, »es gibt wirklich nichts Besseres für die Kopfhaut als Fichtenduft.«

»Ach, Frau Kellermann, bitte stören Sie den Zauber nicht«, sagte Elsa.

Die fortschrittliche Dame sah sie sehr wohlwollend an. »Haben auch Sie die fühlende Seele der Natur entdeckt?« fragte sie.

Das war für Herrn Langen das Stichwort. »Die Natur fühlt nicht«, sagte er bitter und ohne zu zögern, wie Leute tun, die zu viel philosophieren und zu wenig essen. »Sie erschafft, um zu zerstören. Sie frißt, um auszuspeien, und sie speit aus, um zu fressen. Deshalb empfinden wir, die wir unter ihren trampelnden Füßen existieren müssen, die Welt als verrückt und erkennen die grausame Vulgarität in allem Werden.«

»Junger Mann«, unterbrach ihn Herr Erchardt, »Sie haben noch nicht gelebt, nicht gelitten!«

»Mit Verlaub – woher wollen Sie das wissen?«

»*Ich* weiß es, weil Sie es mir erzählt haben, und damit hat sich's. Kommen Sie in zehn Jahren wieder zu dieser Bank und wiederholen Sie mir Ihre Worte«, sagte Frau Kellermann mit einem Blick auf Fritz, der voller Hingabe damit beschäftigt war, Elsas Finger zu zählen – »und bringen Sie Ihre junge Frau mit, Herr Langen, und dann sehen Sie womöglich dem spielenden Kind zu, wie es – « Sie drehte sich zu Karl um, der eine alte illustrierte Zeitung aus dem Abfallkorb gezogen hatte und eine Reklame zur Erlangung eines »voluminöseren Busens« zu entziffern versuchte.

Der Satz blieb unvollendet. Wir beschlossen weiterzugehen. Als wir tiefer in den Wald eindrangen, regten sich unsere Lebensgeister – regten sich so sehr, daß sie in ein Lied ausbrachen – jedenfalls seitens der drei Männer – »O Welt, wie bist du wunderbar!« – dessen Unterstimme lauthals von Herrn Langen übernommen wurde, der sich vergeblich darum bemühte, ihr, seiner Weltanschauung gemäß, einen satirischen Anstrich zu verpassen. Sie stürmten voraus und ließen uns – erhitzt und glücklich – hinterhertrotten.

»Das ist die Gelegenheit«, sagte Frau Kellermann. »Liebe Frau Professor, erzählen Sie uns doch etwas über Ihr Buch.«

»Ach, woher wissen Sie denn, daß ich eins schreibe?« rief sie schelmisch.

»Elsa hat es von Lisa erfahren. Ich habe ja noch nie eine Frau kennengelernt, die ein Buch schreibt. Wie finden Sie nur genügend Dinge, über die Sie schreiben können?«

»Das ist nicht das Problem«, sagte die fortschrittliche Dame – sie nahm Elsas Arm und stützte sich leicht darauf. »Das Problem ist zu wissen, wo man aufhört. Mein Kopf ist seit Jahren der reinste Bienenstock, und vor ungefähr drei Monaten haben sich die aufgestauten Wasser in meinem Innern Bahn gebrochen, und seither schreibe ich den ganzen Tag bis spät in die Nacht und finde stets frische Inspirationen und Gedanken, die mit ungeduldigen Schwingen mein Herz bestürmen.«

»Ist es ein Roman?« fragte Elsa schüchtern.

»Natürlich ist es ein Roman«, sagte ich.

»Wie können Sie da so sicher sein?« fragte Frau Kellermann und sah mich streng an.

»Weil nur ein Roman eine solche Wirkung haben kann.«

»Bitte, streiten Sie nicht«, sagte die fortschrittliche Dame sanft. »Ja, es ist ein Roman – über die moderne Frau. Denn mir scheint, dies ist die Stunde der Frau. Er ist geheimnisvoll und beinahe prophetisch, er symbolisiert die wahrhaft fortschrittliche Frau: Nicht eine jener grausamen Kreaturen, die ihr Geschlecht verleugnen und ihre zarten Schwingen verbergen im … im – «

»Englischen Schneiderkostüm?« – Frau Kellermann.

»So wollte ich es nicht ausdrücken. Eher im geheuchelten Gewand scheinbarer Männlichkeit!«

»So ein feiner Unterschied!« murmelte ich.

»Aber was ist für Sie«, fragte Fräulein Elsa und sah die fortschrittliche Dame bewundernd an – »was ist für Sie die wahre Frau?«

»Sie ist die Inkarnation der allumfassenden Liebe.«

»Aber meine werte Frau Professor«, protestierte Frau Kellermann. »Sie müssen bedenken, daß man heutzutage im Familienkreis so wenig Gelegenheit hat, seine Liebe zu zeigen. Der Ehemann ist den ganzen Tag im Geschäft und wünscht natürlich zu schlafen, wenn er nach Hause kommt

– die Kinder sind flügge und auf der Universität, ehe man sie auch nur annähernd mit allumfassender Liebe behelligen kann!«

»Aber die Liebe ist nicht eine Frage des Behelligens«, sagte die fortschrittliche Dame. »Sie ist eine Lampe, die man im Busen trägt, deren stete Strahlen weithin leuchten, über die Höhen und Tiefen des – «

»Schwärzesten Afrika«, murmelte ich leichtfertig.

Sie hörte es nicht.

»Der Fehler, den wir in der Vergangenheit gemacht haben – wir als Geschlecht«, sagte sie, »ist, nicht erkannt zu haben, daß unsere Fähigkeit zu geben für die Welt insgesamt bestimmt ist – wir sind die freudige Opfergabe unserer selbst!«

»Ach«, rief Elsa hingerissen, und jeder Atemzug signalisierte Opferbereitschaft – »wie ich das kenne! Wissen Sie, seit Fritz und ich verlobt sind, fühle ich den Wunsch, allen etwas zu geben, alles zu teilen!«

»Wie ungemein gefährlich«, sagte ich.

»Es geht um die Schönheit der Gefahr oder die Gefahr der Schönheit«, sagte die fortschrittliche Dame – »und das ist auch der zentrale Gedanke meines Buches – daß die Frau nichts als eine Gabe ist.«

Ich lächelte sie sehr artig an. »Wissen Sie«, sagte ich, »auch ich würde gern ein Buch schreiben, über die Notwendigkeit, sich um seine Töchter zu kümmern, sie an die frische Luft mitzunehmen und von Küchen fernzuhalten!«

Ich vermute, das männliche Element muß die bösen Schwingungen gefühlt haben: sie hörten auf zu singen, und gemeinsam traten wir aus dem Wald und sahen Schlingen unter uns liegen, gebettet in ein Rund von Hügeln, mit weißen Häusern, die im Sonnenlicht leuchteten; »wie Eier in einem Vogelnest«, wie Herr Erchardt verkündete. Wir gingen hinunter und bestellten Sauermilch mit frischer Sahne und Brot im ›Goldenen Hirschen‹, einer sehr hübschen Wirtschaft, mit Tischen in einem Rosengarten, wo Hennen und Küken wie aufgescheucht herumliefen – sogar auf die nicht besetzten Tische flatterten und an den roten Karos der Decken pickten. Wir brockten das Brot in die Schüsseln, taten die Sahne hinzu und rührten mit flachen Holzlöffeln um, und der Wirt und seine Frau sahen uns zu.

»Herrliches Wetter«, sagte Herr Erchardt, den Löffel schwingend, zum Wirt, der mit den Schultern zuckte.

»Wie! Finden Sie das Wetter nicht herrlich?«

»Wenn es beliebt«, sagte der Wirt, der ganz offensichtlich nicht viel von uns hielt.

»So eine schöne Wanderung«, sagte Fräulein Elsa und opferte der Wirtin freimütig ein reizendes Lächeln.

»Ich gehe nie zu Fuß«, sagte die Wirtin; »wenn ich nach Mindelbau muß, dann fährt mich mein Mann – ich habe mit meinen Beinen Wichtigeres zu tun, als durch Staub und Dreck zu laufen!«

»Ich mag diese Leute«, gestand mir Herr Langen. »Ich mag sie wirklich. Ich glaube, ich miete mir hier ein Zimmer für den ganzen Sommer.«

»Warum?«

»Ach, weil sie noch der Erde verbunden sind und sie deshalb verachten.«

Er stieß seine Schüssel von sich und zündete sich eine Zigarette an. Wir aßen viel und ausdauernd, bis sich die siebeneinhalb Kilometer nach Mindelbau wie eine Unendlichkeit vor uns dehnten. Sogar Karl in seinem Tatendrang war so gesättigt, daß er sich lang auf den Boden legte und seinen Ledergürtel öffnete. Da beugte sich Elsa zu Fritz hinüber und flüsterte etwas, und dieser, nachdem er sie angehört und sie gefragt hatte, ob sie ihn liebe, erhob sich und hielt eine kurze Ansprache.

»Wir – wir möchten unser Verlöbnis feiern, indem –

indem wir Sie bitten, mit uns zusammen in der Kutsche des Wirts zurückzufahren – wenn – wenn wir alle hineinpassen!«

»Oh, was für eine gute, prächtige Idee!« sagte Frau Kellermann mit einem Seufzer der Erleichterung, der zwei ihrer Haken hörbar aufplatzen ließ.

»Eine kleine Gabe meinerseits«, sagte Elsa zur fortschrittlichen Dame, die nach den drei Portionen, die sie verzehrt hatte, beinahe Freudentränen vergoß.

Dicht gedrängt auf dem Wagen, kutschiert vom Wirt, der seine Verachtung für Mutter Erde durch regelmäßiges heftiges Ausspucken zeigte, zuckelten wir wieder nach Hause, und je mehr wir uns Mindelbau näherten, desto mehr liebten wir es und einander.

»Wir müssen noch viele solcher Ausflüge machen«, sagte Herr Erchardt zu mir, »denn erst in einfacher, ländlicher Umgebung lernt man einen Menschen richtig kennen – man *teilt* dieselben Freuden – man fühlt Freundschaft. Wie heißt es bei Ihrem Shakespeare? Moment, ich hab's. ›Den Freund, der dein und dessen Wahl erprobt – mit eh'rnen Reifen klammre ihn an dein Herz!‹«

»Aber«, sagte ich mit sehr freundschaftlichen Gefühlen für ihn, »das Dumme mit meinem Herzen ist, daß es sich weigert, irgend jemanden zu umklammern – und ich bin sicher, daß das schiere Gewicht eines Freundes, dessen Wahl es erprobt hat, es sofort umbringen würde. Und von einem eh'rnen Reifen gibt es bislang noch nicht das leiseste Anzeichen!«

Er stieß gegen meine Knie und bat um Verzeihung, auch im Namen des Wagens.

»Meine liebe junge Dame, Sie dürfen das Zitat nicht so wörtlich nehmen. Selbstverständlich fühlt man die Reifen nicht körperlich; doch Reifen sind in der Brust dessen, der seinen Mitmenschen liebt … Nehmen Sie zum Beispiel diesen Nachmittag. Wie sind wir losgezogen? Als Fremde, möchte man beinahe sagen, und doch – wie sind wir heimgekehrt, wir alle?«

»In einem Ackerwagen«, sagte die einzig verbliebene Freude, die auf dem Schoß seiner Mutter saß und mit der Übelkeit kämpfte.

Wir kamen am Rand des Feldes entlang, das wir vorher durchquert hatten, und umfuhren den Friedhof. Herr Langen lehnte sich hinaus und grüßte die Gräber. Er saß neben der fortschrittlichen Dame – angeschmiegt an ihre schützende Schulter. Ich hörte sie murmeln: »Sie sehen wie ein kleiner Junge aus mit Ihrem im Winde wehenden Haar.« Schon etwas weniger verbittert sah Herr Langen zu, wie die letzten Gräber verschwanden. Und dann hörte ich sie murmeln: »Warum sind Sie so traurig? Auch ich bin manchmal sehr traurig – doch – Sie sehen jung genug aus, daß ich es wagen kann zu sagen – ich – kenne auch – manche Freude!«

»Was kennen Sie?« fragte er.

Ich beugte mich vor und berührte die Hand der fortschrittlichen Dame. »War es nicht ein netter Nachmittag?« fragte ich sie. »Aber wissen Sie, Ihre Theorie über Frauen und die Liebe – sie ist so alt wie die Welt – ach, noch älter!«

Von der Straße her ein plötzliches Triumphgeheul. Ja, da war er wieder – weißer Bart, Seidentaschentuch und ungebrochene Begeisterung.

»Was habe ich gesagt? Acht Kilometer!«

»Siebeneinhalb!« brüllte Herr Erchardt.

»Und warum kommen Sie im Wagen zurück? Es müssen acht Kilometer sein.«

Herr Erchardt formte mit den Händen einen Trichter und richtete sich in dem schwankenden Wagen auf, während Frau Kellermann seine Knie umschlang. »Siebeneinhalb!«

»Ignoranz darf nicht unwidersprochen bleiben«, sagte ich zu der fortschrittlichen Dame.

DAS SCHWINGEN DES PENDELS

Die Zimmerwirtin klopfte an die Tür.

»Herein«, sagte Viola.

»Ein Brief für Sie«, sagte die Zimmerwirtin, »ein Eilbrief« – sie hielt den grünen Umschlag mit einem Zipfel ihrer schmuddeligen Schürze.

»Danke.« Viola, die auf dem Boden kniete und in dem kleinen, staubigen Ofen herumstocherte, streckte die Hand aus. »Wartet man auf Antwort?«

»Nein, der Bote ist schon gegangen.«

»Gut!« Sie sah die Zimmerwirtin nicht an; sie schämte sich, weil sie die Miete nicht gezahlt hatte, und fragte sich düster und ohne große Hoffnung, ob die Frau wieder anfangen würde, sich aufzuspielen.

»Was die Miete angeht – « sagte die Zimmerwirtin.

»O Gott – es geht wieder los!« dachte Viola, drehte der Frau den Rücken zu und schnitt dem Ofen eine Grimasse.

»Also entweder Sie zahlen – oder Sie gehen!« Die Wirtin wurde lauter; fing an zu schreien. »Ich bin Zimmerwirtin und eine anständige Frau, Sie sollen mich noch kennenlernen. Ich dulde keine Läuse in meinem Haus, die sich hier einnisten und sich durchfressen. Also Geld auf den Tisch – oder Sie sind bis morgen um zwölf ausgezogen.«

Viola spürte das Gestikulieren der Frau mehr, als daß sie es sah. Sie machte mit dem Arm eine alberne, verzweifelte Bewegung, als käme eine schmutzige Taube auf sie zugeflogen.

»Dreckiges Biest! Pfui! Und der Gestank – wie alter Käse und klamme Wäsche.«

»In Ordnung!« antwortete sie kurz angebunden; »entweder Geld auf den Tisch, oder ich ziehe morgen aus. Schon gut: Schreien Sie nicht so.«

Es war erstaunlich – immer wenn sich diese Frau ihr näherte, zitterte sie am ganzen Körper – schon das Geräusch ihrer Plattfüße, die die Treppe heraufgestampft kamen, verursachte ihr Übelkeit, doch sobald sie sich gegenüberstanden, war sie völlig ruhig und gelassen und verstand gar nicht mehr, warum sie sich wegen des Geldes Sorgen machte, oder warum sie auf Zehenspitzen aus dem Haus schlich und nicht wagte, die Tür hinter sich zu schließen, aus Angst, die Zimmerwirtin könnte es hören und ihr Gemeinheiten hinterherrufen, noch warum sie nächtelang in ihrem Zimmer auf und ab ging – plötzlich vor ihrem Spiegel stehenblieb und einem tragischen Ebenbild zurief: »Geld, Geld, Geld!« Wenn sie allein war, dann war ihre Armut ein riesiger Albtraum-Berg, auf dem ihre Füße Wurzeln geschlagen hatten – und fürchterlich schmerzten, da er so riesig war –, doch wenn es darum ging, zur Tat zu schreiten, dann schrumpfte ihr Albtraum-Berg zu einer jener lästigen Angelegenheiten zusammen, die man – mit zugehaltener Nase – so schnell wie möglich hinter sich brachte, wütend und mit großem Überlegenheitsgefühl.

Die Wirtin stürzte aus dem Zimmer und warf die Tür hinter sich zu, daß sie zitterte und bebte, als habe sie jedes Wort mit angehört und könne der alten Hexe nur beipflichten.

Auf den Fersen hockend, machte Viola den Brief auf. Er war von Casimir.

»Ich komme heute nachmittag um drei zu Dir – muß heute abend wieder fort. Alle Neuigkeiten, wenn wir uns sehen. Ich hoffe, Du bist glücklicher als ich. – Casimir«

»Pah! wie reizend!« höhnte sie; »wie gütig. Zu freundlich von dir!« Sie sprang auf die Füße und zerknüllte den Brief. »Und wieso glaubst du, daß ich hier herumsitze und warte, bis du um drei Uhr zu kommen geruhst?« Aber sie wußte, sie würde warten; ihre Wut war nur zur Hälfte aufrichtig. Sie sehnte sich danach, Casimir zu sehen, denn sie war sicher, daß sie ihm diesmal ihre Lage würde begreiflich machen können … »Denn, so wie es ist, ist es unerträglich – unerträglich!« murmelte sie.

Es war zehn Uhr morgens, ein grauer Tag, der von plötzlich aufleuchtenden bleichen Sonnenstrahlen seltsam erhellt wurde. Blitzartig erschien ihr Zimmer dann unordentlich und schmutzig. Sie ließ die Jalousie herunter – aber sie machten das Licht nur milchig grell, was ebenso schlimm war. Das einzige, was in dem Zimmer lebte, war ein Glas mit Hyazinthen, das ihr die Tochter der Zimmerwirtin geschenkt hatte: Es stand auf dem Tisch, und die plumpen Blüten verströmten einen ungesunden Duft; kräftige Knospen wollten sich noch entfalten, und die Blätter glänzten wie geölt.

Viola ging zum Waschtisch, schüttete Wasser in die Emailleschüssel und wusch sich mit dem Schwamm Gesicht und Hals. Sie tauchte ihr Gesicht ins Wasser, öffnete die Augen und schüttelte den Kopf hin und her – es war herrlich. Sie machte es dreimal. »Vielleicht könnte ich mich ertränken, wenn ich lange genug unter Wasser bliebe«, dachte sie. »Wie lange es wohl dauert, bis man das Bewußtsein verliert? … Ich habe schon oft von Frauen gelesen, die sich in einem Eimer ertränkt haben. Ob man Luft durch die Ohren bekommen würde – ob die Schüssel so tief wie ein Eimer sein muß?« Sie probierte es aus – hielt sich am Waschtisch mit beiden Händen fest und tauchte den Kopf langsam ins Wasser, als es wieder an die Tür klopfte. Das war nicht die Wirtin diesmal – es mußte Casimir sein. Mit tropfendem Gesicht und Haar, mit offenem Leibchen, lief sie zur Tür und machte auf.

Ein fremder Mann lehnte im Türrahmen – er machte große Augen, als er sie sah, und lächelte reizend. »Verzeihen Sie – wohnt hier ein Fräulein Schäfer?«

»Nein; kenne ich nicht.« Sein Lächeln war so anstekkend, daß sie auch lächeln wollte – und vom Wasser fühlte sie sich so erfrischt und belebt.

Der fremde Mann schien über die Maßen verwundert. »Nicht?« rief er aus. »Sie ist ausgegangen, wollen Sie wohl sagen!«

»Nein, sie wohnt hier nicht«, antwortete Viola.

»Aber – Verzeihung – einen Augenblick.« Er löste sich vom Türrahmen und stand jetzt direkt vor ihr. Er knöpfte seinen Überzieher auf, zog einen Zettel aus der Brusttasche und glättete ihn mit seinen behandschuhten Fingern, ehe er ihn ihr reichte.

»Ja, die Straße ist richtig, aber die Nummer muß falsch sein. Es gibt so viele Pensionen in dieser Straße, wissen Sie, und sie ist so lang.«

Wasser tropfte von ihrem Haar auf das Papier. Sie lachte laut auf. »Gott, ich muß ja schrecklich aussehen – einen Augenblick!« Sie lief zum Waschtisch und holte ein Handtuch. Die Tür stand noch offen ... Eigentlich gab es nichts mehr zu sagen. Warum, um Himmels willen, hatte sie ihn gebeten, einen Augenblick zu warten? Sie legte sich das Handtuch um die Schultern und kehrte – plötzlich ernst geworden – zur Tür zurück.

»Tut mir leid; ich kenne niemanden, der so heißt«, sagte sie brüsk.

Darauf der Fremde: »Tut mir auch leid. Wohnen Sie hier schon lang?«

»Hm – ja – schon lang.« Sie machte Anstalten, die Tür zu schließen.

»Also – guten Morgen, und vielen Dank. Ich hoffe, ich habe nicht gestört.«

Sie hörte, wie er langsam den Gang hinunter ging und dann stehenblieb – er zündete sich eine Zigarette an. Ja, ein Hauch des köstlichen Zigarettenqualms drang zu ihr ins Zimmer. Sie sog ihn ein und lächelte wieder. Na, das war doch einmal ein nettes Intermezzo! Er sah so erstaunlich glücklich aus: seine schweren Kleider und die großen Handschuhe mit den Knöpfen; sein schön gekämmtes Haar ... und dieses Lächeln ... »unbeschwert« war das richtige Wort – einfach ein wohlgenährter junger Mann, dem die Welt offensteht. Der bloße Anblick von solchen Leuten tat einem gut, man fühlte sich wie neu geboren. *Normal* waren sie – so normal und verläßlich. Man konnte sich darauf verlassen, daß sie vom Tag ihrer Geburt bis zu ihrem Todestag keinerlei Launen hatten. Und das Leben war ihr Verbündeter – bettete sie auf Rosen – und das zu Recht. In diesem Augenblick fiel ihr Blick auf Casimirs Brief, der zerknüllt am Boden lag – ihr Lächeln erstarb. Ohne den Blick von dem Brief zu nehmen, begann sie ihr Haar zu flechten – ein dumpfes Gefühl der Wut stieg in ihr auf – sie verflocht es mit ihrem Zopf, steckte es fest auf ihrem Kopf ... Natürlich, das war immer schon der große Fehler gewesen. Welcher Fehler? Na, Casimirs schrecklicher Ernst. Wäre sie damals, als sie sich zum ersten Mal begegnet waren, glücklicher gewesen, sie hätte ihn wohl überhaupt nicht angesehen – aber sie waren wie zwei Patienten im selben Krankenhaussaal gewesen – jeder hatte Trost in der Krankheit des anderen gesucht – schöne Grundlage für eine Affäre! Das Schicksal hatte ihnen die Köpfe zusammengestoßen: Sie hatten sich angesehen, benommen von dem Aufprall, und hatten sich sympathisch gefunden ... »Wenn ich doch mehr Abstand hätte zu der ganzen Geschichte und in Ruhe über alles nachdenken könnte – dann fände ich einen Ausweg.

Natürlich habe ich Casimir geliebt ... Ach, sei doch nur einmal ehrlich.« Sie warf sich aufs Bett und vergrub das Gesicht im Kissen. »Ich habe ihn nicht geliebt. Ich wollte, daß sich jemand um mich kümmert – und für mich sorgt, bis meine Arbeit Geld bringt – und mich vor den Zudringlichkeiten anderer Männer bewahrt. Und was wäre gewesen, wenn er mir nicht über den Weg gelaufen wäre? Dann hätte ich meinen letzten Notgroschen ausgegeben, und dann – Ja, es war dieses ›Und dann‹, das den Ausschlag gegeben hat. Er war meine einzige Rettung. Und damals habe ich an ihn geglaubt. Ich habe gedacht, wenn seine Arbeit erst einmal anerkannt wäre, dann würde er in Geld schwimmen. Ich habe gedacht, einen Monat lang wären wir vielleicht noch arm – und er hat gesagt, wenn er mich nur um sich hätte, zu seiner Inspiration ... Zum Lachen, wenn es nicht so verdammt traurig wäre! Genau das Gegenteil ist eingetroffen – er hat seit Monaten nichts veröffentlicht – ich auch nicht – aber das habe ich auch nicht erwartet. Es ist wahr, ich bin hart und ungerecht, aber ich kann Männer, die nicht erfolgreich sind, weder lieben noch ehren. Am Ende verachte ich sie immer, wie ich Casimir verachte. Vermutlich ist es der primitive Stolz des Weibchens, das den Mann, dem es sich hingegeben hat, gern als großen Häuptling sieht. Aber in diesem schrecklichen Haus zu versauern, während Casimir sich die Hacken abläuft, auf der Suche nach einer offenen Redaktionstür – das ist demütigend. Es hat mein ganzes Wesen verändert. Ich bin nicht für die Armut gemacht – ich gedeihe nur unter wahrhaft unbeschwerten Menschen, unter Menschen, die niemals Sorgen haben.«

Die Gestalt des fremden Mannes trat ihr wieder vor Augen – wollte nicht mehr fortgehen. »Das ist er im Grunde gewesen, der Mann fürs Leben – ein Mann ohne Sorgen – der mir alles geben würde, was ich mir wünsche, mit ihm würde ich mich immer lebendig fühlen, ich hätte meinen

Platz in der Welt. Ich wollte nie kämpfen – es wurde mir aufgezwungen. Eigentlich sprudelt in mir ein Quell der Unbeschwertheit, der in dieser verhaßten Existenz aber langsam versiegt. Ich sterbe, wenn das so weitergeht – und« – sie drehte sich im Bett um und breitete die Arme aus – »ich will Leidenschaft und Liebe und Abenteuer – ich sehne mich danach. Warum soll ich hier bleiben und verkümmern? – Ich verkümmere hier!« weinte sie und tröstete sich am Klang ihrer brechenden Stimme. »Aber wenn ich Casimir das alles erzähle, wenn er heute nachmittag kommt, und er sagt: ›Dann geh‹ – was er bestimmt tun wird – auch so eine Sache, die ich an ihm hasse – daß er unter meinem Pantoffel steht – was soll ich dann tun – wohin soll ich gehen?« Es gab keinen anderen Ort für sie. »Ich will nicht arbeiten – mir mühsam meinen Weg bahnen. Ich will es bequem haben und will verhätschelt werden, umgeben sein von Luxus. Es kommt für mich daher nur eins in Frage, nämlich eine große Kurtisane zu sein.« Aber sie wußte nicht, wie man eine wurde. Sie fürchtete sich, auf die Straße zu gehen – sie hatte schreckliche Dinge gehört, was mit diesen Frauen passierte – Männer mit Krankheiten – oder Männer, die nicht zahlten – und überhaupt, jede Nacht einen anderen Mann – nein, das kam überhaupt nicht in Frage. »Hätte ich bessere Kleider, würde ich in ein richtig gutes Hotel gehen und einen reichen Mann finden … wie den Fremden vorhin. Er wäre ideal. Ach, wenn ich doch seine Adresse hätte – ich bin sicher, ich könnte ihm den Kopf verdrehen. Ich würde ihn den ganzen Tag zum Lachen bringen – ständig würde er mir Geld zustecken …« Bei dem Gedanken wurde ihr ganz wohlig warm. Sie begann von einem wunderschönen Haus zu träumen und von Schränken voller Kleider und von Parfüms. Sie sah sich in Kutschen einsteigen – und dem fremden Mann geheimnisvolle sinnliche Blicke zuwerfen – sie übte den Blick, während sie auf dem Bett lag – und nie mehr irgendwelche Sorgen, nur noch Trunkensein vor Glück. Das war ein Leben nach ihrem Geschmack. Also, was sie tun mußte, war, Casimir heute abend weiter Klinken putzen zu lassen, und während er weg war – Was! Außerdem – nicht zu vergessen – mußte die Miete bis morgen um zwölf bezahlt sein, und sie hatte nicht einmal das Geld für eine anständige Mahlzeit. Beim Gedanken an Essen fühlte sie ein heftiges Kneifen im Magen, ein Gefühl, als sei eine Hand darin und quetsche ihn aus. Sie war schrecklich hungrig – alles Casimirs Schuld – und der Fremde hatte seit seiner Geburt nur aus dem Vollen geschöpft. Er hätte gewiß ein üppiges Diner bestellen können. Ach, warum hatte sie es nicht klüger angestellt? – die Vorsehung hatte ihn geschickt – und sie hatte ihn zurückgewiesen. »Wenn sich mir noch einmal solch eine Gelegenheit bietet, weiß ich, was ich zu tun habe.« Und statt des gewöhnlichen Mannes, der an der Tür mit ihr gesprochen hatte, malte sie sich ein strahlendes, lachendes Inbild von einem Mann aus, der sie wie eine Königin behandeln würde ... »Nur eins könnte ich nicht ertragen – wenn er grob oder ordinär wäre. Aber das war er ja nicht – er war ganz offensichtlich ein Mann von Welt, und die Art, wie er um Verzeihung gebeten hatte ... Ich vertraue völlig auf meine Ausstrahlung und Schönheit, und ich weiß, daß ich einen Mann dazu bringen könnte, mich so zu behandeln, wie ich es will ...« In ihre Träume mischte sich der Duft – der süße Duft von Zigarettenrauch. Und dann fiel ihr ein, daß sie nicht gehört hatte, wie jemand die Steintreppe hinuntergangen war. War es möglich, daß der Fremde noch da war? ... Der Gedanke war zu verrückt – das Leben spielte keine solchen Streiche – und doch – sie konnte seine Nähe förmlich spüren. Ganz leise stand sie auf, nahm vom Haken an der Tür einen langen, weißen Morgenrock, knöpfte ihn zu – und lächelte verschmitzt. Sie wußte nicht, was geschehen würde. Sie dachte nur: »O was für ein Spaß!« und daß sie ein heiteres Spiel spielten – dieser Fremde und sie. Sehr behutsam drückte sie die Klinke hinunter, verzog ihr Gesicht und biß sich auf die Lippen, als das Schloß aufschnappte. Natürlich, da war er – er lehnte am Treppengeländer. Er drehte sich um, als sie auf den Flur schlüpfte.

»Tja«, murmelte sie und zog ihren Morgenrock fest um sich, »muß wohl hinuntergehen und Holz holen. Brr! diese Kälte!«

»Es gibt kein Holz mehr«, ließ sich der Fremde vernehmen. Sie gab einen kleinen Überraschungsschrei von sich, dann warf sie den Kopf zurück.

»Sie schon wieder«, sagte sie verächtlich und nahm gleichzeitig seine fröhlichen Augen wahr und den frischen, würzigen Geruch seines gesunden Körpers.

»Die Wirtin hat lauthals verkündet, daß kein Holz mehr da ist. Gerade habe ich gesehen, wie sie fortging, um welches zu kaufen.«

»Lüge – Lüge!« hätte sie am liebsten gerufen.

Er trat ganz nah an sie heran, beugte sich über sie und flüsterte: »Wollen Sie mich nicht bitten, meine Zigarette in Ihrem Zimmer zu Ende zu rauchen?«

Sie nickte. »Wenn Sie es wünschen!«

Während sie so zusammen auf dem Flur gestanden hatten, war ein Wunder geschehen. Ihr Zimmer hatte sich völlig verändert – erfüllt von mildem Licht und dem Duft von Hyazinthen. Sogar die Möbel erschienen ihr anders – aufregend. Erinnerungen an Kinderfeste schossen ihr schnell wie der Blitz durch den Kopf, wie sie Scharaden aufgeführt hatten und eine Gruppe das Zimmer verlassen hatte und wieder hereingekommen war, um das Wort darzustellen – genauso wie sie es jetzt tat. Der Fremde ging zum Ofen und setzte sich in ihren Sessel. Sie wollte nicht, daß er sprach oder ihr nahe kam – es genügte, ihn in ihrem Zimmer zu sehen, so selbstsicher und glücklich. Wie ausgehungert sie war nach der Nähe eines solchen Menschen – der nichts von ihr wußte – der keine Ansprüche stellte – sondern einfach nur lebte. Viola lief zum Tisch und legte die Arme um das Glas mit den Hyazinthen.

»So schön! So schön!« rief sie – steckte die Nase tief in die Blüten – und sog gierig den Duft ein. Über die Blätter sah sie den Mann an und lachte.

»Sie sind ein lustiges Ding«, sagte er träge.

»Warum? Weil ich Blumen liebe?«

»Mir wäre es lieber, wenn Sie andere Dinge liebten«, sagte der Fremde langsam. Sie pflückte ein kleines rosafarbenes Blütenblatt ab und lächelte es an.

»Wenn es Ihnen recht ist, werde ich Ihnen Blumen schikken«, sagte der fremde Mann. »Ich schicke Ihnen ein ganzes Zimmer voll, wenn Sie es wünschen.«

Seine Stimme erschreckte sie ein wenig. »Ach nein, besten Dank – diese eine reicht mir völlig.«

»Aber nicht doch« – mit neckischer Stimme.

»Was für eine unsinnige Bemerkung!« dachte Viola, und als sie ihn wieder ansah, schien er überhaupt nicht mehr unbeschwert. Sie bemerkte, daß seine Augen zu eng beieinander standen – und sie waren zu klein. Gräßlicher Gedanke, daß er sich als Dummkopf erweisen könnte.

»Was machen Sie so den ganzen Tag?« fragte sie hastig.

»Nichts.«

»Überhaupt nichts?«

»Warum sollte ich etwas tun?«

»Oh, Sie dürfen nicht glauben, daß ich solche Weisheit verurteile – es klingt nur zu schön, um wahr zu sein!«

»Was denn?« – er beugte sich vor. »Was klingt zu schön, um wahr zu sein?« Ja – es war nicht zu leugnen – er sah wie ein Dummkopf aus.

»Ich nehme nicht an, Sie verbringen Ihre Tage ausschließlich mit der Suche nach Fräulein Schäfer.«

»O nein« – er lächelte breit – »sehr gut! Herrjeh! Nein. Ich fahre häufig aus – mögen Sie Pferde?«

Sie nickte. »Ich liebe Pferde.«

»Sie müssen mit mir ausfahren – ich habe zwei prächtige Grauschimmel. Wollen Sie?«

»Hübsch würde ich aussehen, wenn ich mit meinem einzigen Hut hinter zwei Grauschimmeln hocken würde«, dachte sie. Laut: »Furchtbar gern.« Ihre rasche Einwilligung gefiel ihm.

»Wie wär's mit morgen?« schlug er vor. »Sie könnten morgen mit mir zu Mittag essen, und dann fahre ich Sie aus.«

Nun – dies war schließlich nur ein Spiel. »Ja, morgen habe ich nichts vor«, sagte sie.

Eine kurze Pause – dann klopfte der Fremde auf seinen Schenkel. »Warum kommen Sie nicht her und setzen sich?« fragte er.

Sie tat so, als habe sie nichts gesehen, und schwang sich auf den Tisch. »Ach, ich sitze hier ganz gut.«

»Aber nicht doch« – wieder die neckische Stimme. »Kommen Sie, setzen Sie sich auf mein Knie.«

»O nein«, sagte Viola energisch und war plötzlich sehr mit ihrem Haar beschäftigt.

»Warum nicht?«

»Ich möchte nicht.«

»Ach, kommen Sie schon« – ungeduldig.

Sie schüttelte heftig den Kopf. »Es würde mir nicht im Traum einfallen.«

Bei diesen Worten stand er auf und kam zu ihr herüber. »Freches kleines Kätzchen!« Er hob eine Hand, um ihr Haar zu berühren.

»Nicht«, sagte sie – und sprang vom Tisch. »Ich – ich finde, Sie sollten jetzt gehen.« Sie war jetzt wirklich erschrocken – und ihr einziger Gedanke war: »Ich muß diesen Mann so schnell wie möglich loswerden.«

»Sie wollen doch nicht etwa, daß ich gehe?«

»Doch – ich habe viel zu tun.«

»Zu tun. Was macht denn das kleine Kätzchen den ganzen Tag?«

»Alles mögliche!« Sie wollte ihn aus dem Zimmer stoßen und die Tür hinter ihm zuschlagen – Idiot – Dummkopf – grausame Enttäuschung.

»Was runzelt sie die Stirn?« fragte er. »Hat sie Sorgen?« Plötzlich ernst. »Ich meine – sagen Sie, sind Sie in finanziellen Nöten? Brauchen Sie Geld? Ich gebe Ihnen welches, wenn Sie wollen!«

»Geld! Jetzt ist Schluß – verlier nicht den Kopf!« – sprach sie zu sich selbst.

»Ich gebe Ihnen zweihundert Mark, wenn Sie mich küssen.«

»Pah, nette Bedingung! Ich will Sie aber nicht küssen – ich küsse nicht gern. Bitte, gehen Sie!«

»O doch – du küßt gern! – du küßt gern.« Er packte sie an den Oberarmen. Sie wehrte sich und stellte überrascht fest, wie wütend sie war.

»Lassen Sie mich los – sofort!« schrie sie – und er umschlang sie mit einem Arm und zog sie an sich – wie eine Eisenstange um ihre Hüfte war dieser Arm.

»Lassen Sie mich in Ruhe! Hören Sie? Sie gemeiner Mensch! Ich wollte so etwas nicht, als Sie in mein Zimmer gekommen sind. Wie können Sie es wagen?«

»Dann küß mich, und ich gehe!«

Es war zu blöd – sie wich dem dummen, lächelnden Gesicht aus.

»Ich küsse Sie nicht! – Sie Rohling! – Ich tue es nicht!« Irgendwie entschlüpfte sie seinen Armen und lief zur Wand – lehnte sich dagegen – atmete schnell.

»Gehen Sie!« keuchte sie. »Sofort, verschwinden Sie!«

Jetzt, wo er sie nicht berührte, hatte sie sogar Spaß daran. Sie war ganz begeistert von ihrer wütenden Stimme. »Daß ich mit so einem Mann überhaupt rede!« Eine zornige Röte überzog sein Gesicht – er bleckte die Zähne – wie ein Hund, dachte Viola. Er stürzte sich auf sie – drückte sie gegen die Wand – drängte mit dem ganzen Gewicht seines Körpers gegen sie. Diesmal konnte sie sich nicht befreien.

»Ich küsse Sie nicht. Nein, niemals. Hören Sie auf damit! Pfui! Sie sind wie ein Hund – Sie sollten Ihre Liebchen an Straßenlaternen suchen – Sie Tier – Sie Teufel!«

Er antwortete nicht. Mit dem Ausdruck äußerster Entschlossenheit drückte er sich noch fester an sie. Er sah sie nicht einmal an – stieß mit rauher Stimme hervor: »Sei still – sei still.«

»Grr! Warum sind Männer so stark?« Sie fing an zu weinen. »Gehen Sie weg – ich will Sie nicht, Sie Dreckskerl. Ich könnte Sie umbringen. O mein Gott! hätte ich doch ein Messer!«

»Sei nicht albern – komm und sei lieb!« Er zog sie zum Bett.

»Halten Sie mich für ein Flittchen?« fauchte sie, beugte sich schnell hinunter und vergrub ihre Zähne in seinem Handschuh.

»Au! Laß das – du tust mir weh!«

Sie ließ nicht los, und ihre innere Stimme sagte: »Gott sei Dank, daß mir das eingefallen ist.«

»Hör sofort auf – du Biest – du Miststück.« Er stieß sie von sich. Mit Freuden sah sie, daß Tränen in seinen Augen standen. »Du hast mir weh getan«, sagte er mit erstickter Stimme.

»Natürlich. Das wollte ich ja. Und ich tue Ihnen noch viel mehr weh, wenn Sie mich noch einmal anrühren.«

Der Fremde nahm seinen Hut. »Nein, danke«, sagte er

grimmig. »Aber das hat ein Nachspiel – ich gehe zu Ihrer Zimmerwirtin.«

»Pah!« Sie zuckte die Schultern und lachte. »Ich werde ihr sagen, daß Sie mit Gewalt in mein Zimmer eingedrungen und über mich hergefallen sind. Wem wird sie wohl glauben? – mit dem Biß in Ihrer Hand. Suchen Sie lieber Ihr Fräulein Schäfer.«

Ein großartiges, berauschendes Glücksgefühl überflutete Viola. Sie funkelte ihn an. »Wenn Sie nicht sofort verschwinden, dann beiße ich Sie noch einmal«, sagte sie, und die Absurdität ihrer Worte brachte sie zum Lachen. Sogar als die Tür geschlossen war und sie ihn die Treppe hinuntergehen hörte, lachte sie noch und tanzte im Zimmer herum.

Was für ein Morgen! O ja, dieser Punkt ging an sie. Das war ihr erster Kampf, und sie hatte ihn gewonnen – sie hatte diesen Widerling besiegt – ganz allein. Ihre Hände zitterten immer noch. Sie zog den Ärmel ihres Kleids hoch – große rote Male auf den Armen. »Meine Rippen werden ganz blau werden. Ich werde am ganzen Leib blaue Flecken bekommen«, überlegte sie. »Wenn der liebe Casimir uns doch nur hätte sehen können.« Und alle Wut und Abneigung Casimir gegenüber war wie weggeblasen. Was konnte der arme Liebling dafür, daß er kein Geld hatte? Es war ebensosehr ihre Schuld wie seine, und er stand ebenso wie sie im Abseits und kämpfte mit der Welt, wie sie es getan hatte. Wenn es nur schon drei Uhr wäre. Sie sah sich, wie sie auf ihn zulief und ihm die Arme um den Hals warf. »Mein Schatz! Natürlich werden wir siegen. Liebst du mich noch? Ach, ich war einfach unausstehlich in letzter Zeit.«

EIN FEUER

»Max, du Satansbraten, du brichst dir noch das Genick, wenn du so die Bahn hinunterrast. Laß es gut sein, und komm mit mir zum Klubhaus, wir trinken einen Kaffee.«

»Ich habe genug für heute. Ich bin naß bis auf die Knochen. Gib mir lieber eine Zigarette, Victor, alter Junge. Wann gehst du nach Hause?«

»Frühestens in einer Stunde. Es ist schön heute nachmittag, und ich komme langsam in Form. Paß auf, geh von der Bahn; da kommt Fräulein Winkel. Verdammt elegant, wie sie ihren Schlitten lenkt.«

»Ich bin völlig durchgefroren. Das ist das schlimmste hier – der Nebel – die feuchte Kälte. He, Forman, kümmer dich um den Schlitten – und stell ihn so hin, daß ich ihn morgen früh nicht unter hundertfünfzig anderen suchen muß.«

Sie setzten sich an einen kleinen runden Tisch nahe beim Ofen und bestellten Kaffee. Victor räkelte sich auf dem Stuhl, tätschelte seinen kleinen, braunen Hund Bobo und sah Max mit einem Lächeln an.

»Was ist los mit dir, mein Lieber? Ist dir eine Laus über die Leber gelaufen?«

»Ich will nur noch Kaffee, und ich würde am liebsten meine Füße in die Hosentaschen stecken – die sind die reinsten Eisklumpen … Nichts zu essen, danke – der Kuchen hier schmeckt wie halbgarer Radiergummi.«

Fuchs und Wistuba kamen herein und setzten sich zu ihnen an den Tisch. Max drehte ihnen halb den Rücken zu und streckte die Füße zum Ofen. Die drei anderen Männer begannen alle gleichzeitig zu reden – über das Wetter – über

Rekorde auf der Rodelbahn – über das Eis auf dem Waldsee und daß er ideal zum Schlittschuhlaufen sei.

Dann sah Fuchs zu Max hin, hob die Brauen und nickte Victor zu, der den Kopf schüttelte.

»Unserem Kleinen geht es nicht gut«, sagte er und fütterte seinen braunen Hund mit Zuckerstückchen, »er darf nicht gestört werden – ich bin die Krankenschwester.«

»So geknickt kenne ich ihn ja gar nicht«, sagte Wistuba. »Ich habe immer geglaubt, er hätte das Glück für sich gepachtet. Vielleicht betet er auch nur zum lieben Gott, weil er ihn wieder einmal davor bewahrt hat, sich das Genick zu brechen. Es ist aber auch töricht, sein Leben so leichtfertig aufs Spiel zu setzen, ohne an die Folgen für die Nation zu denken.«

»Halt die Klappe«, sagte Max. »Laß dich im Kinderwagen im Schnee rumfahren.«

»Du bist doch nicht etwa beleidigt? Ach, hab dich nicht so ... Wie geht es deiner Frau, Victor?«

»Nicht so gut. Sie hat sich am Kopf verletzt, als sie am Sonntag mit Max die Rodelbahn runtergefahren ist. Ich habe ihr geraten, heute zu Hause zu bleiben.«

»Das tut mir leid. Geht ihr in die Stadt zurück, oder bleibt ihr noch hier, Jungs?«

Fuchs und Victor sagten, sie wollten noch bleiben – Max antwortete nicht, sondern saß nur reglos da, während die drei anderen ihren Kaffee bezahlten und den Raum verließen. Victor kam noch einmal kurz zurück und legte ihm eine Hand auf die Schulter.

»Wenn du gleich gehst, mein Lieber, dann sieh doch bitte bei Elsa vorbei und sag ihr, daß ich erst spät nach Hause komme. Und iß heute abend mit uns bei Luitpold, ja? Und trink einen heißen Grog, wenn du nach Hause kommst.«

»Danke, alter Junge, ist schon in Ordnung. Ich gehe jetzt.«

Er stand auf, streckte sich, knöpfte seinen schweren Mantel zu und zündete sich noch eine Zigarette an.

Von der Tür aus sah ihm Victor nach, wie er durch den schweren Schnee stapfte – mit gesenktem Kopf – die Hände in den Taschen – fast sah es aus, als renne er durch den schweren Schnee zur Stadt.

* * *

Jemand kam die Treppe heraufgepoltert – blieb vor der Tür ihres Wohnzimmers stehen und klopfte.

»Bist du es, Victor?« rief sie.

»Nein, ich bin's … Darf ich reinkommen?«

»Natürlich. Oh, was für ein Weihnachtsmann! Häng deinen Mantel auf den Gang und klopf dich über dem Geländer aus. War es lustig?«

Das Zimmer war voller Licht und Wärme. Elsa, im weißsamtenen Teekleid, lag gemütlich auf dem Sofa – eine Modezeitschrift auf dem Schoß, neben sich eine Schachtel Sahnebonbons.

Die Vorhänge der Fenster waren noch nicht zugezogen, und ein blaues Licht drang herein, durchbrochen von den weißen Ästen der Bäume.

Das Zimmer einer Frau – voller Blumen und Photographien und seidener Kissen – der Boden bedeckt mit Teppichen – ein riesiges Tigerfell unter dem Klavier – nur der Kopf schaute hervor – schläfrig wild.

»Es ging«, sagte Max. »Victor kommt heute spät. Er hat mich gebeten, es dir zu sagen.«

Er begann auf und ab zu gehen – zog seine Handschuhe aus und warf sie auf den Tisch.

»Max, hör auf damit«, sagte Elsa, »schone meine Nerven. Ich habe bereits den ganzen Tag Kopfschmerzen; ich fühle mich fiebrig, als würde ich glühen … Sehe ich nicht aus, als würde ich glühen?«

Er blieb beim Fenster stehen und sah sie kurz über die Schulter an.

»Nein«, sagte er; »ist mir nicht aufgefallen.«

»Du hast mich ja gar nicht richtig angesehen, und ich habe auch ein neues Teekleid an.« Sie raffte den Stoff ihres Kleids und klopfte dann auf den Platz neben sich.

»Komm, setz dich zu mir und erzähl mir, warum du so unartig bist.«

Doch er schlug nur den Arm vor die Augen.

»Ach«, sagte er, »es geht nicht. Ich kann nicht mehr – ich halte es nicht mehr aus – ich bin am Ende.«

Stille im Zimmer. Die Modezeitschrift fiel mit einem kurzen Blätterrascheln auf den Boden. Elsa richtete sich auf, die Hände im Schoß gefaltet; ein seltsames Licht glomm in ihren Augen, blutrot leuchtete ihr Mund.

Dann sprach sie sehr ruhig.

»Komm her und erklär dich. Ich weiß beim besten Willen nicht, wovon du sprichst.«

»Du weißt es ganz genau – du weißt es besser als ich. Du hast dich in meinem Beisein mit Victor vergnügt, nur damit ich mich elend fühle. Du hast mich gequält – du hast mich betrogen – mich mit Versprechungen hingehalten. Du hast mich von Anfang an eingewickelt, wie die Spinne die Fliege – und ich habe es die ganze Zeit gewußt – und die ganze Zeit habe ich nichts dagegen unternehmen können.«

Entschlossen drehte er sich um.

»Als du mich gebeten hast, eine Blume an dein Abendkleid zu stecken – als du mich in dein Schlafzimmer gebeten hast, als Victor nicht da war, während du dich frisiert hast – als du so getan hast, als seist du ein kleines Mädchen und müßtest dich von mir mit Trauben füttern lassen – als du zu mir gerannt kamst und in meinen Taschen nach einer Zigarette gesucht hast – obwohl du ganz genau wußtest, wo sie waren – und du trotzdem jede einzelne Tasche durchsucht hast – und ich wußte es auch – und ich habe das Spiel mitgespielt – was hast du da erwartet, nachdem du dein kleines Freudenfeuer entfacht hast, daß du es jetzt glücklich und zufrieden genießen kannst – daß du verhindern kannst, daß das ganze Haus in Flammen aufgeht?«

Sie wurde plötzlich bleich und zog heftig den Atem ein.

»Sprich nicht so mit mir. Du hast kein Recht, so zu mir zu reden. Ich bin die Frau eines anderen Mannes.«

»Ha«, höhnte er und warf den Kopf zurück, »jetzt auf einmal; das ist deine Trumpfkarte, die du die ganze Zeit im Ärmel hattest. Du liebst Victor nur wie die Katze die Milch liebt – du, das kleine ausgehungerte Kätzchen, dem er alles gibt, das er an seinem Busen hegt, nicht ahnend, daß diese kleinen rosa Krallen einem Mann das Herz herausreißen können.«

Sie zuckte zusammen, blickte ihn fast mit Furcht in den Augen an.

»Aber dies ist immer noch mein Zimmer« – unsicher – »ich muß dich bitten zu gehen.«

Doch er taumelte auf sie zu, sank neben dem Sofa auf die Knie, vergrub seinen Kopf in ihrem Schoß, umklammerte ihre Taille mit den Armen.

»Und ich *liebe* dich – ich liebe dich; das ist das Demütigende – ich bete dich an. Nicht – nicht – laß mich nur einen einzigen Augenblick so bleiben – nur einen Augenblick meines Lebens – Elsa! Elsa!«

Sie lehnte sich zurück und drückte den Kopf in die Kissen.

Dann seine erstickte Stimme: »Ich fühle mich wie ein Wilder. Ich begehre dich mit Haut und Haaren. Ich möchte dich in eine Höhle schleppen und dich lieben, bis ich dich umbringe – du kannst einfach nicht verstehen, wie ein Mann fühlt. Ich bringe mich selbst um, wenn ich dich sehe – ich ertrage nicht länger die Macht in mir, die sich gegen sich selbst wendet und stirbt, und dann wie ein Phönix aus der

Asche aus diesem entsetzlichen Tod wieder aufersteht. Liebe mich nur dieses eine Mal, lüg mir etwas vor, *sag*, daß du es tust – du lügst doch auch sonst.«

Doch sie stieß ihn nur weg – erschrocken.

»Steh auf«, sagte sie; »überleg doch, wenn das Mädchen mit dem Tee hereinkommt!«

»O mein Gott!« Er kam wankend auf die Füße, stand da und starrte auf sie hinunter.

»Du bist durch und durch verderbt, und ich bin es auch. Aber du bist so verteufelt schön.«

Die Frau ging hinüber zum Klavier – blieb dort stehen – schlug mit gerunzelter Stirn eine Taste an. Dann zuckte sie die Schultern und lächelte.

»Ich will dir etwas gestehen. Jedes Wort, das du gesagt hast, ist wahr. Ich kann nicht anders. Ich brauche Bewunderung ebensosehr, wie eine Katze es braucht, gestreichelt zu werden. Das ist meine Natur. Ich bin zur falschen Zeit geboren. Und doch bin ich keine *gewöhnliche* Frau, verstehst du. Ich mag es, wenn Männer mich anbeten – mir schmeicheln – sogar mich körperlich begehren – aber ich würde mich nie einem Mann hingeben. Ich würde mich nicht einmal von einem Mann küssen lassen … niemals.«

»Um so schlimmer – dein Verhalten läßt sich durch nichts entschuldigen. Jede Hure hat mehr Herz!«

»Ich weiß«, sagte sie, »ich weiß es nur zu gut – aber so bin ich nun einmal … Du gehst?«

Er zog seine Handschuhe an.

»Und was wird nun aus uns werden?« fragte er.

Wieder zuckte sie die Schultern. »Ich weiß es nicht. Ich weiß es nie – ich lasse die Dinge einfach auf mich zukommen.«

* * *

»So ganz allein?« rief Victor. »War Max da?«

»Er ist nur kurz geblieben, wollte nicht einmal Tee. Ich habe ihn nach Hause geschickt, damit er sich umzieht … Er war entsetzlich langweilig.«

»Mein Schatz, dein Haar löst sich. Ich stecke es dir hoch, halt einen Augenblick still … du hast dich also gelangweilt?«

»Hm-hm – schrecklich … Au, du hast deiner Frau eine Haarnadel direkt in den Kopf gebohrt – du unartiger Junge!«

Sie warf die Arme um seinen Hals und sah zu ihm auf, lachend, ein schönes, zärtliches Kind.

»Mein Gott! Was für eine Frau du bist«, sagte der Mann. »Du machst mich so verdammt stolz – Liebste, daß … daß du's nur weißt!«

GLÜCKSELIGKEIT

Deutsch von Sabine Lohmann

Für John Middleton Murry

VORSPIEL

I

Für Lottie und Kezia war einfach kein Platz mehr im Einspänner. Als Pat sie auf das Gepäck hinaufhob, wackelten sie hin und her; Großmutters Schoß war voll, und Linda Burnell konnte unmöglich einen solchen Plumpsack von Kind über eine längere Strecke auf den ihren nehmen. Isabel saß sehr vornehm neben dem neuen Gehilfen auf dem Kutschbock. Reisetaschen, Säcke und Kisten häuften sich auf dem Boden. »Das sind die allernötigsten Dinge, die ich keine Sekunde aus den Augen lassen kann«, sagte Linda Burnell, und ihre Stimme bebte vor nervöser Erschöpfung.

Lottie und Kezia standen auf dem Rasenstreifen am Tor, reisefertig in ihren Mäntelchen mit den goldenen Ankerknöpfen und kreisrunden Matrosenmützen. Hand in Hand standen sie da und schauten mit großen, ernsten Augen auf die allernötigsten Dinge und dann zu ihrer Mutter.

»Wir werden sie eben dalassen müssen. Ja, genau«, sagte Linda Burnell. »Wir werden sie einfach aussetzen!« Ein eigenartiges kleines Lachen entschlüpfte ihren Lippen; sie lehnte sich gegen die Lederpolsterung und schloß die Augen, und ihre Lippen zitterten vor Lachen. Zum Glück kam jetzt Mrs. Samuel Josephs, welche die Szene hinter ihrer Wohnzimmerjalousie beobachtet hatte, über den Gartenweg herangewatschelt.

»Lassen Sie die Kidder über Dachmittag ruhig bei bir, Bissis Burnell! Dieködden gedauso gut heut' abend bit dem Fuhrbann bitfahren. Die Sachen auf em Weg sollen doch auch bit?«

»Ja, alles vor dem Haus soll mit«, sagte Linda Burnell, und sie wedelte mit einer weißen Hand zu den Tischen und Stühlen hin, die kopfüber im Vorgarten standen. Wie komisch sie aussahen! Entweder gehörten sie anders herum, oder Lottie und Kezia müssten ebenfalls kopfstehen. Und am liebsten hätte sie gesagt: »Stellt euch auf den Kopf, Kinder, und wartet auf den Fuhrmann!« Es erschien ihr so hinreißend komisch, daß sie Mrs. Samuel Josephs gar nicht richtig zuhörte.

Der dicke Leib lehnte quietschend über dem Gartentor, und das Puddinggesicht lächelte breit. »Keine Sorge, Bissis Burnell, Lottie und Kezia ködden mit mein Kiddern zusammen im Kidderzibber Tee trinken, und danach bringe ich sie zum Fuhrbagen raus.«

Die Großmutter überlegte. »Ja, das ist sicher das Beste. Wir sind Ihnen sehr verbunden, Mrs. Samuel Josephs. Bedankt euch bei Mrs. Samuel Josephs, Kinder.«

Zwei schüchterne Piepser: »Danke, Mrs. Samuel Josephs.«

»Und seid schön artig, hört ihr, und – kommt näher –«, sie kamen näher, »vergeßt nicht, Mrs. Samuel Joseph rechtzeitig Bescheid zu sagen, wenn ihr …«

»Ja, Großmama.«

»Keine Sorge, Bissis Burnell.«

Im letzten Moment ließ Kezia Lotties Hand los und stürzte auf den Einspänner zu.

»Ich will Großmama noch einen Abschiedskuß geben.«

Aber es war zu spät. Der Wagen rollte bereits auf der Straße dahin; Isabel stolzgeschwellt, die Nase hoch in der Luft, Linda Burnell in sich zusammengesunken, und die Großmutter in dem sonderbaren Sammelsurium kramend, das sie zuletzt noch in ihr schwarzseidenes Ridikül gestopft hatte, auf der Suche nach einem Mittel für ihre Tochter. Strahlend fuhr der Wagen der Sonne entgegen und entschwand in einer feinen goldenen Staubwolke über der Hügelkuppe. Kezia biß sich auf die Lippe, aber Lottie, vorsorglich nach ihrem Schnupftuch tastend, brach in lautes Wehgeheul aus.

»Mutter! Großmama!«

Mrs. Samuel Josephs umarmte sie wie ein großer, warmer schwarzseidener Teewärmer.

»Ist ja gut, Liebchen! Sei ein tapferes Bädchen. Komm schön bit den addern Kiddern spielen!«

Sie legte den Arm um die weinende Lottie und führte sie weg. Kezia folgte ihnen und schnitt eine Grimasse, als sie Mrs. Samuel Josephs' wie üblich aufklaffenden Rockbund sah, aus dem zwei lange rosa Korsettbänder heraushingen …

Lotties Schluchzen versiegte, als sie die Treppe hinaufstieg, aber ihr Anblick, den sie in der Kinderzimmertür bot, mit geschwollenen Augen und roter Schniefnase, war eine reine Freude für die Josephs-Kinder, die auf zwei Bänken aufgereiht an einem langen Tisch mit Wachstuchdecke saßen, vor Bergen von Schmalzbroten und zwei braunen Krügen, aus denen es leicht dampfte.

»Hach! Du hast geheult!«

»Uii! Deine Augen sind ganz klein!«

»Wie komisch ihre Nase aussieht!«

»Du bist ja ganz fleckig!«

Lottie war ein voller Erfolg. Sie merkte es und blühte auf, schüchtern lächelnd.

»Komm, setz dich deben Zaidee, Bäuschen«, sagte Mrs. Samuel Josephs, »und du, Kezia, setz dich da hinten deben Boses.«

Moses grinste und kniff sie, als sie sich hinsetzte; aber sie tat, als merke sie nichts. Sie haßte Jungen.

»Was möchtest du?« fragte Stanley, er lehnte sich höflich über den Tisch und lächelte sie an. »Was möchtest du als erstes – Erdbeeren mit Sahne oder lieber ein Schmalzbrot?«

»Erdbeeren mit Sahne, bitte«, sagte sie.

»Ah-h-h-h!« Wie sie alle lachten und mit den Teelöffeln auf den Tisch trommelten! Reingefallen! Da hatte er sie aber schön angeführt, der gute alte Stan!

»Ma! Sie dachte, er meint das ernst!«

Sogar Mrs. Samuel Josephs, die reihum Milch und Wasser einschenkte, konnte sich ein Schmunzeln nicht verkneifen. »Ihr büßt sie an ihrem letzten Tag dicht ärgern«, schnaufte sie.

Aber Kezia biß einen ordentlichen Happen von ihrem Schmalzbrot ab und stellte es dann hochkant auf den Teller. Mit dem herausgebissenen Stück sah es aus wie ein hübsches kleines Tor. Pah! Es scherte sie nicht! Eine Träne kullerte ihr über die Wange, aber weinen tat sie nicht. Nie hätte sie vor diesen gräßlichen Samuel Josephs' geweint. Mit gesenktem Kopf saß sie da, und als die Träne herabtropfte, fing sie sie geschickt mit der Zungenspitze auf und schluckte sie herunter, bevor irgendeiner von ihnen es gesehen hatte.

II

Nach dem Tee ging Kezia in ihr eigenes Haus zurück. Langsam stieg sie die Stufen zur Hintertür hinauf und ging durch die Spülkammer in die Küche. Nichts war zurückgelassen worden als ein körniger Klumpen gelber Scheuerseife in der einen Ecke des Fensterbretts und ein alter Lappen, fleckig von einem Beutel Wäscheblau, in der anderen. Der Herd war mit Müll vollgestopft. Sie stocherte darin herum, fand aber nichts als eine Haarspange mit einem aufgemalten Herzen, die dem Dienstmädchen gehört hatte. Auch die ließ sie liegen und schlenderte durch den engen Flur ins Wohnzimmer. Die Jalousie war heruntergelassen, aber nicht ganz geschlossen. Lange, bleistiftdünne Sonnenstreifen stachen hindurch, und der schwankende Schatten eines Strauchs tanzte auf den goldenen Strichen. Bald stand er still, bald fing er wieder an zu flattern, und jetzt reichte er fast bis an ihre Füße. Summ! Summ! Eine Schmeißfliege stieß gegen die Decke; an den Teppichnägeln hingen kleine rote Flusenbüschel.

Das Eßzimmerfenster hatte in den Ecken Buntglasscheiben. Eine war blau und eine war gelb. Kezia bückte sich, um noch einmal einen blauen Rasen mit blauen Zimmercallas am Tor zu sehen, und dann einen gelben Rasen mit gelben Callas und einen gelben Gartenzaun. Während sie hinausschaute, kam eine kleine chinesische Lottie auf den Rasen gelaufen und begann die Tische und Stühle mit einem Zipfel ihrer Schürze abzustauben. War das wirklich Lottie? Kezia war sich nicht ganz sicher, bis sie durch das gewöhnliche Fenster geschaut hatte.

Oben im Elternschlafzimmer fand sie eine Pillendose, außen schwarz und glänzend und innen rot, mit einem Wattebausch darin.

»Da könnte ich ein Vogelei drin aufbewahren«, überlegte sie.

In der Dienstbotenkammer steckte ein Korsettknopf in einer Ritze des Dielenbodens, und in einer anderen Ritze fanden sich einige Glasperlen und eine lange Nadel. Sie wußte, daß im Zimmer ihrer Großmutter nichts mehr war; sie hatte ihr beim Packen zugeschaut. Sie trat ans Fenster und lehnte sich dagegen, mit den Handflächen an der Scheibe.

Kezia stand gern so vor dem Fenster. Sie mochte es, das kalte, glänzende Glas an ihren heißen Händen zu spüren und die komischen weißen Stellen zu beobachten, die ihre Fingerspitzen bekamen, wenn sie sie fest gegen die Scheibe drückte. Während sie dort stand, verglomm der Tag, und die

Dunkelheit brach ein. Mit der Dunkelheit kam schnüffelnd und jaulend der Wind hervorgekrochen. Die Fenster des leeren Hauses klirrten, Wände und Böden ächzten, und auf dem Dach klapperte verloren ein loses Blech. Kezia stand plötzlich ganz still, mit weit aufgerissenen Augen und zusammengepreßten Knien. Sie fürchtete sich. Sie wollte Lottie rufen und hätte sie am liebsten auch noch gerufen, als sie die Treppe hinab und aus dem Haus rannte. Doch ein Etwas war dicht hinter ihr, wartete an der Tür, oben an der Treppe, unten an der Treppe, versteckte sich im Flur, um zur Hintertür hinauszuschlüpfen. Aber auch Lottie war an der Hintertür.

»Kezia!« rief sie fröhlich. »Der Fuhrmann ist da! Alles ist auf dem Wagen – mit drei Pferden, Kezia! Mrs. Samuel Josephs hat uns ein großes Umhängetuch gegeben, in das wir uns einwickeln können, und sie sagt, du sollst deinen Mantel zuknöpfen. Sie will nicht rauskommen, wegen ihrem Asthma.«

Lottie tat sehr wichtig.

»Auf geht's, Kinderchen«, rief der Fuhrmann. Er hakte seine großen Daumen unter ihre Achseln, und sie flogen hinauf. Lottie drapierte das Tuch »ganz reizend«, und der Fuhrmann packte ihre Füße in eine alte Pferdedecke.

»Hoch die Beine. Sachte, sachte.«

Als ob sie zwei junge Ponys wären. Der Fuhrmann überprüfte die Gurte, die seine Ladung hielten, hakte die Bremskette vom Rad los und schwang sich pfeifend zu ihnen hinauf.

»Bleib dicht neben mir«, sagte Lottie, »sonst ziehst du mir das Tuch weg, Kezia.«

Aber Kezia rückte näher zum Fuhrmann. Er ragte wie ein Riese neben ihr auf und roch nach Nüssen und neuen Holzkisten.

III

Es war das erste Mal, daß Lottie und Kezia so spät draußen waren. Alles sah anders aus – die gestrichenen Holzhäuser viel kleiner als bei Tag, die Gärten viel größer und wilder. Helle Sterne sprenkelten den Himmel, und der Mond hing über dem Hafen und betupfte die Wellen mit Gold. Sie konnten den Leuchtturm sehen, der auf der Quarantäne-Insel leuchtete, und die grünen Lichter auf den alten Kohlefrachtern.

»Da kommt die Fähre von Picton«, sagte der Fuhrmann und zeigte auf einen kleinen Dampfer, der über und über mit Lichtern behangen war.

Dann, als sie die Hügelkuppe erreichten und auf der anderen Seite hinabfuhren, verschwand der Hafen, und obwohl sie noch immer in der Stadt waren, kannten sie sich nicht mehr aus. Andere Wagen ratterten vorbei. Alle kannten den Fuhrmann.

»Guten Abend, Fred.«

»'n Abend!« rief er zurück.

Kezia genoß es, ihn zu hören. Jedesmal, wenn ein Wagen in der Ferne auftauchte, blickte sie hoch und wartete auf seine Stimme. Er war ein alter Freund; sie und ihre Großmutter waren oft bei ihm gewesen, um Weintrauben zu kaufen. Der Fuhrmann wohnte allein in einem Häuschen, an das er ein Treibhaus angebaut hatte. In dem Treibhaus rankte und wölbte sich ein einziger wunderschöner Weinstock. Er nahm ihr den braunen Weidenkorb ab, legte ihn mit drei großen Weinblättern aus, und dann tastete er in seinem Gürtel nach einem kleinen Hornmesser, langte hoch und schnippte eine dicke blaue Traube ab, die er so behutsam auf die Blätter legte, daß Kezia beim Zuschauen den Atem anhielt. Er war sehr groß. Er trug braune Kordhosen, und er hatte einen langen braunen Bart. Aber einen Kragen trug er nie, nicht mal am Sonntag. Sein Nacken war knallrot gebrannt.

»Wo sind wir jetzt?« Alle paar Minuten stellte eins der Kinder ihm die gleiche Frage.

»Tja, das ist Hawk Street, oder Charlotte Crescent.«

»Aber natürlich.« Bei dem zweiten Namen spitzte Lottie die Ohren; sie hatte schon immer das Gefühl gehabt, daß Charlotte Crescent in ganz besonderer Weise zu ihr gehörte. Nur wenige Leute hatten Straßen, die so hießen wie sie.

»Schau, Kezia, da ist Charlotte Crescent. Es sieht ganz anders aus, nicht wahr?« Jetzt hatten sie alles Vertraute hinter sich zurücklassen. Jetzt drang der große Wagen in unbekanntes Gebiet vor, ratterte über neue Straßen mit hohen Böschungen zu beiden Seiten, steile Hügel hinauf, hinab in bebuschte Täler voller Gestrüpp und durch breite, seichte Bäche. Weiter und immer weiter. Lotties Kopf nickte nach vorn; sie sank in sich zusammen, rutschte halb auf Kezias Schoß und blieb so liegen. Kezia aber konnte die Augen gar nicht weit genug aufreißen. Der Wind blies, und sie fröstelte; doch ihre Wangen und Ohren brannten.

»Wehen die Sterne auch manchmal herum?« fragte sie.

»Nicht, daß ich wüßte«, sagte der Fuhrmann.

»Wir haben einen Onkel und eine Tante, die wohnen in der Nähe von unserem neuen Haus«, sagte Kezia. »Sie haben zwei Kinder, Pip heißt der ältere, und der jüngere heißt Rags. Er hat ein Böckchen, das muß er füttern, mit einer Emailleteekanne, wo ein Handschuhfinger auf der Tülle steckt. Das will er uns zeigen. Was ist eigentlich der Unterschied zwischen einem Böckchen und einem Schaf?«

»Na, ein Bock hat Hörner und geht auf einen los.«

Kezia überlegte. »Eigentlich will ich ihn gar nicht sehen«, sagte sie. »Ich mag keine Tiere, die auf einen losgehen, wie Hunde und Papageien. Ich träume oft, daß Tiere auf mich losgehen – sogar Kamele – und wenn sie angerast kommen, wird ihr Kopf rie-sen-groß.«

Der Fuhrmann sagte nichts. Kezia blinzelte mit zusammengekniffenen Augen zu ihm empor. Dann streckte sie den Zeigefinger aus und strich über seinen Ärmel; er fühlte sich haarig an. »Sind wir bald da?« fragte sie.

»Jetzt ist es nicht mehr weit«, antwortete der Kutscher. »Wirst langsam müde, was?«

»Oh, nicht im geringsten«, sagte Kezia. »Bloß die Augen flattern immer so komisch.« Sie seufzte tief auf, und um ihre Augen vom Flattern abzuhalten, machte sie sie zu ... Als sie sie wieder aufschlug, rasselten sie über einen Zufahrtsweg, der den Garten schnurgerade durchschnitt, um dann plötzlich um eine grüne Insel zu biegen, und hinter der Insel, aber unsichtbar, bis man darauf stieß, war das Haus. Es war ein langgestreckter, niedriger Bau, mit einer Säulenveranda und einem Balkon ringsherum. In sanftem Weiß lag es in dem sattgrünen Garten wie ein schlafendes Tier. Und nun leuchtete eins, dann ein anderes der Fenster auf. Jemand lief mit einer Lampe durch die leeren Räume. Hinter einem der unteren Fenster flackerte das Licht eines Kaminfeuers. Eine seltsame, wohlige Erregung schien in zitternden Wellen von dem Haus auszugehen.

»Wo sind wir?« fragte Lottie und setzte sich auf. Ihre Matrosenkappe war ganz auf die Seite gerutscht, und auf ihrer Wange zeichnete sich der Abdruck eines Ankerknopfs ab, auf dem sie im Schlaf gelegen hatte. Vorsichtig hob der Fuhrmann sie hinab, rückte ihre Mütze gerade und zog ihr verknittertes Kleid zurecht. Blinzelnd stand sie auf der untersten Verandastufe und sah zu Kezia, die durch die Luft auf sie zuzufliegen schien.

»Ooh!« rief Kezia und warf die Arme hoch. Die Großmutter trat aus der dunklen Diele, eine kleine Lampe in der Hand. Sie lächelte.

»Habt ihr den Weg im Dunkeln gefunden?«

»Aber gewiß doch.«

Aber Lottie taumelte auf der untersten Verandastufe wie ein Vogel, der aus dem Nest gefallen war. Sobald sie stillstand, schlief sie ein; sobald sie sich irgendwo anlehnte, fielen ihr die Augen zu. Sie konnte keinen einzigen Schritt mehr tun.

»Kezia«, sagte die Großmutter, »kann ich dir die Lampe anvertrauen?«

»Ja, Großmama.«

Die alte Frau beugte sich herab und reichte ihr das helle, atmende Ding, dann hob sie die schlaftrunkene Lottie hoch. »Hier entlang.«

Durch eine breite Diele, voll mit Hunderten von Ballen und Papageien (aber die Papageien waren nur auf der Tapete), ging es einen schmalen Flur entlang, wo die Papageien unentwegt an Kezia und ihrer Lampe vorbeiflatterten.

»Schön leise«, mahnte die Großmutter, während sie Lottie absetzte und die Eßzimmertür öffnete. »Eure arme Mutter hat solche Kopfschmerzen.«

In einem Korbstuhl, die Füße auf einem Schemel, eine Wolldecke auf den Knien, saß Linda Burnell vor einem munter prasselnden Kaminfeuer. Burnell und Beryl saßen am Tisch in der Mitte des Raums, aßen Koteletts und tranken Tee aus einer braunen Porzellankanne. Hinter ihrer Mutter stand Isabel und beugte sich über die Stuhllehne. Sie hielt einen Kamm in der Hand, und mit sanfter Hingabe kämmte sie ihrer Mutter die Locken aus der Stirn. Außerhalb des Lichtkreises von Lampe und Kaminfeuer dehnte der Raum sich dunkel und leer bis zu den kahlen Fenstern.

»Sind das die Kinder?« Aber eigentlich kümmerte es Linda nicht; sie öffnete nicht einmal die Augen.

»Stell die Lampe hin, Kezia«, sagte Tante Beryl, »sonst

steht das Haus in Flammen, ehe wir die Kisten ausgepackt haben. Noch Tee, Stanley?«

»Nun, eine fünf Achtel Tasse könntest du mir noch einschenken«, sagte Burnell und lehnte sich über den Tisch. »Nimm noch ein Kotelett, Beryl. Tipptopp, das Fleisch, was? Nicht zu mager und nicht zu fett.« Er wandte sich seiner Frau zu. »Bist du sicher, daß du nichts willst, Linda, mein Schatz?«

»Allein der Gedanke.« Sie zog eine Augenbraue hoch, wie es ihre Gewohnheit war. Die Großmutter brachte den Kindern Brot und Milch, und sie saßen am Tisch, rotwangig und schläfrig hinter dem aufsteigenden Dampf.

»Ich hatte Kotelett zum Abendessen«, sagte Isabel, ohne ihr sanftes Kämmen zu unterbrechen. »Ein ganz dickes, mit Knochen und Worcestersauce und allem, nicht wahr, Papa?«

»Ach, gib nicht so an, Isabel«, sagte Tante Beryl.

Isabel schaute verdutzt drein. »Ich geb' ja gar nicht an, nicht wahr, Mami? Ich wollte überhaupt nicht angeben. Ich dachte, es interessiert sie. Ich wollte es ihnen bloß erzählen.«

»Also gut. Das reicht jetzt«, sagte Burnell. Er schob seinen Teller zurück, nahm einen Zahnstocher aus der Tasche und begann in seinen kräftigen weißen Zähnen zu stochern. »Sorgst du dafür, daß Fred in der Küche was zu essen bekommt, bevor er wieder fährt, Mutter?«

»Aber ja, Stanley.« Die alte Frau wandte sich zum Gehen.

»Ach, warte noch ein Sekündchen. Vermutlich weiß hier keiner, wo meine Pantoffeln hingeraten sind? Vermutlich sind sie jetzt einen Monat lang nicht aufzutreiben, oder zwei – oder wie?«

»Doch«, ließ Linda sich vernehmen. »Zuoberst in der Reisetasche, wo ›Wichtig‹ drauf steht.«

»Also, könntest du sie mir dann bitte herbringen, Mutter?«

»Aber ja, Stanley.«

Burnell stand auf, reckte sich, dann ging er zum Kamin, drehte sich mit dem Rücken zum Feuer und hob seine Rockschöße hoch.

»Meine Güte, ein schönes Durcheinander, was, Beryl?«

Beryl, an ihrem Tee nippend, die Ellbogen auf dem Tisch, lächelte ihm über den Rand der Tasse hinweg zu. Sie trug eine ungewohnte rosa Schürze; die Ärmel ihrer Bluse waren bis zu den Schultern hochgekrempelt und ließen ihre schönen, sommersprossigen Oberarme sehen, und das Haar fiel ihr in einem langen Zopf über den Rücken.

»Wie lange, meinst du, wird es dauern, bis hier alles in Schuß ist – zwei Wochen?« stichelte er.

»Himmel, nein«, sagte Beryl leichthin. »Das Schlimmste haben wir hinter uns. Wir haben den ganzen Tag wie die Sklaven geschuftet, das Dienstmädchen und ich, und seit Mutter da ist, hat sie auch gerackert wie ein Pferd. Wir haben uns keine Sekunde hingesetzt. Das war vielleicht ein Tag!«

Stanley witterte einen Vorwurf.

»Du hast doch wohl nicht erwartet, daß ich aus dem Büro gerannt komme, um hier die Teppiche auszulegen, oder?«

»Natürlich nicht«, lachte Beryl. Sie setzte ihre Tasse ab und lief aus dem Zimmer.

»Was zum Teufel erwartet sie?« fragte Stanley. »Will sie hier herumsitzen und sich mit einem Palmzweigfächer Luft zufächeln, während ich die Arbeit von einer Schar Handwerker erledigen lasse? Herrgott, wenn sie nicht gelegentlich mal mit Hand anlegen kann, ohne einem gleich die Ohren vollzujammern …«

Und er starrte mit finsterer Miene vor sich hin, während die Koteletts sich in seinem empfindlichen Magen gegen den Tee zu wehren begannen. Aber Linda hob die Hand und zog ihn neben sich auf den Stuhl.

»Das ist eine schwere Zeit für dich, mein Guter«, sagte sie. Ihre Wangen waren sehr blaß, doch sie lächelte und vergrub ihre Finger in seiner großen roten Pranke. Burnell beruhigte sich. Plötzlich begann er zu pfeifen: ›Pure as a lilly, joyous and free‹ – ein gutes Zeichen.

»Meinst du, es wird dir hier gefallen?« fragte er.

»Ich will ja nicht petzen, aber ich sollte es dir wohl sagen, Mami«, mischte sich Isabel ein. »Kezia trinkt Tee aus Tante Beryls Tasse.«

IV

Sie wurden von der Großmutter zu Bett gebracht. Mit einer Kerze ging sie voran; die Treppenstufen hallten unter ihren Schritten. Isabel und Lottie hatten ein Zimmer für sich, Kezia kuschelte sich ins weiche Bett ihrer Großmutter.

»Gibt es hier keine Bettwäsche, Großmama?«

»Nein, heute nacht nicht.«

»Es ist kitzelig«, sagte Kezia, »aber wie bei den Indianern.« Sie zog ihre Großmutter zu sich herunter und küßte sie unters Kinn. »Komm bald ins Bett und sei ein tapferer Indianer.«

»Was für ein albernes Ding du bist«, schmunzelte die alte Frau und stopfte die Decke ringsherum fest, wie Kezia es gern hatte.

»Kannst du mir nicht eine Kerze dalassen?«

»Nein. Scht. Schlaf schön.«

»Läßt du dann aber die Tür auf?«

Sie rollte sich zusammen, konnte aber nicht einschlafen. Überall im Haus waren Schritte zu hören. Das Haus selbst knarzte und knackte. Lautes Gewisper tönte von unten herauf. Einmal hörte sie Tante Beryls helles Lachen, ein andermal hörte sie den lauten Trompetenton, als Burnell sich die

Nase schneuzte. Draußen vor dem Fenster hockten Hunderte von schwarzen Katzen mit gelben Augen am Himmel und beobachteten sie – aber sie hatte keine Angst. Lottie sagte zu Isabel:

»Heute spreche ich mein Nachtgebet im Bett.«

»Nein, das geht nicht, Lottie.« Isabel war sehr streng. »Der liebe Gott erlaubt Beten im Bett nur, wenn man Fieber hat.« Also gab Lottie nach:

»Ich bin klein,
mein Herzesrein,
soll niemandrin wohn
als Jesuslein.«

Und dann legten sie sich hin, Rücken an Rücken, daß die kleinen Popos sich gerade noch berührten, und schliefen ein.

Vom Mond beschienen stand Beryl Fairfield da und zog sich aus. Sie war müde, aber sie tat so, als sei sie noch müder, als sie wirklich war – ließ achtlos die Kleider fallen, schob mit einer trägen Armbewegung ihr warmes, schweres Haar zurück.

»Ach, wie müde ich bin – so müde.«

Sie schloß einen Moment die Augen, doch ein Lächeln lag auf ihren Lippen. Ihr Atem stieg und sank in ihrer Brust, wie zwei fächelnde Schwingen. Das Fenster stand weit offen; es war warm, und irgendwo da draußen im Garten schlich ein junger Mann durch die Büsche, schlank und dunkelhaarig, mit spottlustigen Augen, und pflückte einen Blumenstrauß, und schlüpfte unter ihr Fenster und hielt ihn zu ihr hinauf. Sie sah sich, wie sie sich hinausbeugte. Er steckte den Kopf zwischen die wachsweißen Blüten und lachte verschmitzt. »Nein, nein«, sagte Beryl. Sie wandte sich vom Fenster ab und warf sich das Nachthemd über den Kopf.

»Wie schrecklich unvernünftig Stanley manchmal ist«, dachte sie beim Zuknöpfen. Und dann, als sie sich hinlegte, kam der alte Gedanke wieder, der grausame Gedanke: Ach, wenn sie doch nur eigenes Geld hätte.

Ein junger Mann, unermeßlich reich, ist gerade aus England eingetroffen. Er begegnet ihr zufällig ... Der neue Gouverneur ist unverheiratet ... Im Gouverneurspalais wird ein Ball gegeben ... Wer ist das bezaubernde Geschöpf in nilgrünem Satin? Beryl Fairfield ...

»Was mich am meisten freut«, sagte Stanley, während er am Bettpfosten lehnte und sich ordentlich die Schultern und den Rücken kratzte, bevor er sich schlafen legte, »ist, daß ich das Anwesen zu einem Spottpreis bekommen habe, Linda. Ich habe vorhin noch mit dem kleinen Wally Bell darüber gesprochen, und er sagte, er begreift gar nicht, wieso sie mein Angebot akzeptiert haben. Nicht wahr, Grundstücke in dieser Gegend werden immer teurer und teurer ... in, sagen wir, zehn Jahren ... natürlich müssen wir erst einmal etwas kürzer treten und hübsch Kosten sparen. Schläfst du – oder wie?«

»Nein, Schatz, ich habe jedes Wort gehört«, sagte Linda.

Er sprang ins Bett, beugte sich über sie und blies die Kerze aus.

»Gute Nacht, du großer Geschäftsmann«, sagte sie, faßte ihn bei den Ohren und gab ihm einen schnellen Kuß. Ihre matte, verträumte Stimme schien wie aus einem tiefen Brunnen zu kommen.

»Gute Nacht, Liebes.« Er schob ihr den Arm unter den Nacken und zog sie an sich.

»Ja, halt mich fest«, sagte die matte Stimme aus dem tiefen Brunnen.

Pat, der Gehilfe, rekelte sich in der kleinen Kammer hinter der Küche. Schwammbeutel, Jacke und Hose hingen am Türhaken wie ein Gehenkter. Unter der Decke schauten seine krummen Zehen hervor, und neben ihm am Boden stand ein leerer Vogelkäfig aus Peddigrohr. Er sah aus wie eine Witzfigur.

»Tröt, tröt«, hörte man das Dienstmädchen. Sie hatte Polypen.

Die letzte, die zu Bett ging, war die Großmutter.

»Was, du schläfst noch nicht?«

»Nein, ich habe auf dich gewartet«, sagte Kezia. Die alte Frau seufzte und legte sich neben sie. Kezia steckte den Kopf unter den Arm ihrer Großmutter und piepste leise. Aber die alte Frau drückte sie nur flüchtig und seufzte wieder, nahm ihr Gebiß heraus und tat es in ein Glas Wasser, das neben ihr auf dem Boden stand.

Im Garten riefen kleine Eulen, die auf den Ästen eines Lacebark-Baums hockten: »*More pork; more pork.*« Und weiter entfernt im Buschwald keckerte es heiser und hastig: »Ha-ha-ha … Ha-ha-ha.«

V

Kalt und klar dämmerte der Morgen, mit roten Wolken am blaßgrünen Himmel und Wassertropfen auf jedem Blatt und Grashalm. Eine Brise blies durch den Garten, schüttelte Tau herab und Blüten, lief fröstelnd über die feuchten Koppeln und verlor sich im düsteren Buschwald. Am Himmel schwebten noch ein paar winzige Sterne und verschwanden dann – lösten sich auf wie Seifenblasen. Und deutlich war in der Morgenstille der Bach in der Koppel zu vernehmen, der über die braunen Steine dahinschoß, in die sandigen Höhlen und wieder hinaus, sich unter dunklen

Beerensträuchern duckte und sich in einen Tümpel aus gelben Sumpfblumen und Wasserkresse ergoß.

Und dann, beim ersten Strahl der Morgensonne, setzten die Vögel ein. Große, dreiste Vögel, Stare und Hirtenmainas, pfiffen auf dem Rasen, die kleinen Vögel, die Goldammern und Fliegenschnäpper und Hänflinge, flatterten von Zweig zu Zweig. Ein prachtvoller Eisvogel saß auf dem Zaun der Koppel und putzte sein schimmerndes Gefieder, und ein Tui sang seine drei Töne und lachte und sang sie noch einmal.

»Wie laut die Vögel sind«, sagte Linda in ihrem Traum. Sie ging mit ihrem Vater über eine grüne, mit Gänseblümchen gesprenkelte Pferdekoppel. Plötzlich beugte er sich hinab und strich die Grashalme auseinander und zeigte ihr ein winziges Flaumbällchen dicht vor ihren Füßen. »Oh, Papa, wie süß!« Sie formte ihre Hände zum Nest und fing den kleinen Vogel und streichelte ihm mit dem Finger übers Köpfchen. Er war ganz zahm. Aber dann passierte etwas Komisches. Während sie streichelte, begann er zu wachsen, er zitterte und plusterte sich auf, wurde größer und größer, und seine runden Augen schienen ihr wissend zuzulächeln. Nun konnte sie die Arme kaum noch weit genug spannen, um ihn zu halten, und sie ließ ihn in ihre Schürze plumpsen. Er hatte sich in ein Wickelkind verwandelt, ein Säugling mit einem großen kahlen Kopf und einem klaffenden Vogelschnabel, der auf- und zuging. Ihr Vater brach in lautes, schepperndes Gelächter aus, und sie erwachte und sah Burnell am Fenster stehen und rasselnd die Jalousie hochziehen.

»Hallo«, sagte er. »Ich habe dich doch nicht geweckt? Gar nicht übel, das Wetter heute.«

Er war überaus zufrieden. Solch ein Wetter machte den Handel erst perfekt. Ihm war, als hätte er den sonnigen Tag mitgekauft – spottbillig, als Dreingabe zu Haus und Hof. Er stürmte ins Bad, und Linda drehte sich um und stützte sich auf einen Ellbogen, um das Zimmer bei Tageslicht in Augenschein zu nehmen. Alle Möbel hatten einen Platz gefunden – ihre alte Ausstattung – wie sie es nannte. Selbst die Photographien standen auf dem Kaminsims und die Medizinfläschchen auf dem Bord über dem Waschtisch. Ihre Kleider hingen über einem Stuhl – ihre Ausgehsachen, ein lila Umhang und ein runder Hut mit einer Feder. Während sie sie betrachtete, wünschte sie, sie könnte auch einfach das Haus verlassen. Und sie sah sich frohgemut in einem kleinen Einspänner wegfahren, weg von allem und jedem, ohne auch nur zu winken.

Stanley kam zurück, mit einem Handtuch umgürtet und glühend, er klatschte sich auf die Schenkel. Er warf das feuchte Handtuch auf ihren Hut und Umhang, baute sich mitten in einem Sonnenviereck auf und begann mit seiner Morgengymnastik. Tief einatmen, bücken, in die Hocke gehen wie ein Frosch und die Beine nach vorn schmeißen. So beglückt war er von seinem straffen, gefügigen Leib, daß er sich auf die Brust klopfte und ein lautes »Ah« ausstieß. Doch mit dieser erstaunlichen Vitalität schien er einer anderen Welt anzugehören als Linda. Sie lag auf dem weißen, zerwühlten Bett und sah ihm zu wie aus Wolken.

»O verdammt! O verflixt!« rief Stanley, der kopfüber in ein frischgestärktes weißes Hemd getaucht war, nur um festzustellen, daß irgendein Idiot die Kragenborte zugeknöpft hatte, so daß er gefangen war. Mit wedelnden Armen stakste er zu Linda.

»Du siehst aus wie ein dicker fetter Truthahn«, sagte sie.

»Fett. Das ich nicht lache«, sagte Stanley. »Ich habe kein Gramm Fett an mir. Fühl nur.«

»Steinhart – stahlhart«, spöttelte sie.

»Du würdest dich wundern«, sagte Stanley, als wäre das furchtbar interessant, »wie viele Männer im Klub einen

Ranzen haben. Also, junge Männer – Männer in meinem Alter.« Er begann, sein struppiges rotes Haar zu scheiteln, die blauen Augen rund und starr auf den Spiegel geheftet, die Knie angewinkelt, weil die Frisierkommode – vermaledeites Ding – immer ein bißchen zu niedrig für ihn war. »Der kleine Wally Bell, zum Beispiel.« Er richtete sich auf und beschrieb mit der Haarbürste einen gewaltigen Bogen vor seinem Bauch. »Ich muß sagen, mir graut bei dem Gedanken ...«

»Keine Angst, mein Schatz. Du wirst nie dick werden. Dazu bist du viel zu lebhaft.«

»Na ja, wahrscheinlich hast du recht«, murmelte er, zum hundertsten Mal getröstet, holte sein Perlmuttmesser aus der Tasche und fing an, sich die Nägel zu schneiden.

»Frühstück, Stanley!« Beryl war an der Tür. »Ach, und Linda, Mutter sagt, du brauchst noch nicht aufzustehen.« Sie steckte den Kopf ins Zimmer. Sie trug eine große Fliederdolde im Haar.

»Alles, was wir gestern abend auf der Veranda stehengelassen haben, ist heute morgen klatschnaß. Du solltest mal sehen, wie unsere arme Mutter die Tische und Stühle auswringt! Es ist aber weiter kein Schaden entstanden ...« – dies mit einem Seitenblick auf Stanley.

»Hast du Pat gesagt, daß er mit dem Wagen rechtzeitig vorfahren soll? Zum Büro sind es gut sechseinhalb Meilen.«

»Ich kann mir vorstellen, wie dieser zeitige Aufbruch aussehen wird«, sagte sich Linda. »Natürlich muß alles unter Hochdruck geschehen.«

»Pat, Pat«, hörte sie das Dienstmädchen rufen. Aber Pat war offenbar schwer aufzutreiben; mäh-mäh, tönte die einfältige Stimme noch eine Weile durch den Garten.

Linda kam erst wieder zur Ruhe, als das Zuschlagen der Haustür ihr verriet, daß Stanley wirklich fort war.

Später hörte sie die Kinder im Garten spielen. Lotties

resolute, kehlige Stimme rief: »Ke-zia! Isa-bel!« Immer verlief sie sich oder verlor die anderen, nur um sie dann zu ihrer größten Überraschung hinter dem nächsten Baum oder der nächsten Ecke wiederzufinden. »Ah, da seid ihr endlich!« Sie waren nach dem Frühstück hinausgeschickt und ermahnt worden, nicht wieder ins Haus zu kommen, bis sie gerufen wurden. Isabel fuhr eine ganze Gesellschaft gezierter Puppen im Kinderwagen spazieren, und Lottie durfte heute ausnahmsweise neben ihr gehen und den Sonnenschirm über das Gesicht der Wachspuppe halten.

»Wo willst du hin, Kezia?« fragte Isabel, die sich zu gern einen einfachen, unbedeutenden Auftrag für Kezia ausgedacht hätte, um sie unter ihrer Fuchtel zu wissen.

»Ach, woanders hin«, sagte Kezia …

Dann hörte sie die Kinder nicht mehr. Was für ein grelles Licht im Raum war! Sie konnte es ohnehin nicht leiden, wenn die Jalousien ganz heraufgezogen waren, aber am Morgen war es vollends unerträglich. Sie drehte sich zur Wand und strich mit einem Finger auf dem Tapetenmuster träge eine Mohnblume nach, Blatt und Stengel und pralle Knospe. In der Stille und unter der Bewegung ihres Fingers schien die Blume lebendig zu werden. Sie konnte die klebrigen, seidigen Blütenblätter fühlen, den Stengel, haarig wie eine Stachelbeere, das rauhe Blatt und die feste, glänzende Knospe. Dinge hatten es an sich, auf diese Weise lebendig zu werden. Nicht nur große, massive Dinge wie Möbel, sondern auch Vorhänge und die Muster auf Stoffen und die Borten an Steppdecken und Kissen. Wie oft hatte sich nicht die Quastenborte ihrer Steppdecke in eine komische Prozession von Tänzerinnen unter Priestergeleit verwandelt … Denn es gab Quasten, die nicht tanzten, sondern würdig einherschritten, ein wenig geneigt, wie betend oder psalmodierend. Wie oft hatten sich nicht die Medizinflaschen in eine Reihe kleiner Männchen mit braunen Zylinderhüten verwandelt; und der Krug auf dem Waschtisch hatte so eine Art, in der Waschschüssel zu hocken wie ein dicker Vogel in einem runden Nest.

»Ich habe letzte Nacht von Vögeln geträumt«, dachte Linda. Wie war das gewesen? Sie hatte es vergessen. Aber das Seltsamste beim Lebendigwerden der Dinge war, was sie taten. Sie lauschten, sie blähten sich auf, füllten sich mit irgendeinem geheimnisvollen, wichtigen Inhalt, und wenn sie voll waren, kam es ihr vor, als ob sie lächelten. Aber es galt nicht ihr allein, dieses heimliche, listige Lächeln; sie waren Mitglieder eines Geheimbundes und lächelten sich untereinander zu. Manchmal, wenn sie tagsüber eingenickt war, wachte sie auf und konnte keinen Finger rühren, konnte nicht einmal den Blick nach rechts oder links wenden, weil SIE da waren; manchmal, wenn sie aus einem Zimmer ging und es leer zurückließ, wußte sie, daß SIE es füllten, sobald die Tür ins Schloß fiel. Und es gab gewisse Abende, wenn sie allein oben war etwa, und alle anderen unten, da konnte sie IHNEN kaum entkommen. Dann beeilte sie sich vergebens, summte vergebens eine Melodie; dann mochte sie auch noch so unbekümmert sagen: »Verflixter alter Fingerhut« – SIE ließen sich nicht täuschen. SIE wußten, wie verängstigt sie war; SIE sahen, wie sie den Kopf abwandte, wenn sie am Spiegel vorüberging. Immer hatte Linda das Gefühl, SIE wollten etwas von ihr, und sie wußte, wenn sie nachgab und still war, mehr als still, stumm, regungslos, dann würde wirklich etwas geschehen.

»Jetzt ist es ganz still«, dachte sie. Sie riß die Augen auf und hörte, wie die Stille ihr sanftes, endloses Netz spann. Wie leise sie atmete; fast brauchte sie überhaupt nicht zu atmen.

Ja, alles bis auf das kleinste winzigste Teilchen war lebendig geworden, und sie spürte ihr Bett nicht mehr, sie schwebte, von der Luft getragen. Sie schien nur zu horchen, mit ihren weit geöffneten, wachsamen Augen, und auf jemanden zu warten, der kommen sollte und einfach nicht kam, auf etwas zu warten, das geschehen sollte und einfach nicht geschah.

VI

In der Küche, an der langen Arbeitsplatte unter den beiden Fenstern, wusch die alte Mrs. Fairfield das Frühstücksgeschirr ab. Die Küchenfenster blickten auf einen großen Rasenplatz, der hinunterführte zum Gemüsegarten und den Rhabarberbeeten. Auf der einen Seite wurde der Rasenplatz von der Spülkammer und dem Waschhaus begrenzt, und über diesen weiß getünchten Anbau rankte sich ein knorriger Weinstock. Gestern hatte sie bemerkt, daß ein paar winzige, korkenzieherförmige Ranken durch Risse in der Decke gedrungen waren, und alle Fenster des Anbaus trugen eine dicke Krause aus buschigem Grün.

»Ich mag Weinreben«, erklärte Mrs. Fairfield, »aber ich glaube nicht, daß die Trauben hier reif werden. Dazu braucht es australische Sonne.« Und sie erinnerte sich, wie Beryl als kleines Mädchen weiße Trauben vom Weinstock an der Hofveranda ihres Hauses in Tasmanien gepflückt hatte und von einer riesigen roten Ameise ins Bein gebissen worden war. Sie sah Beryl in ihrem karierten Kleidchen mit den roten Schleifen auf den Schultern, und sie schrie so fürchterlich, daß die halbe Straße angelaufen kam. Und wie das Beinchen des Kindes anschwoll! »Tz-tz-tz-tz!« Und bei der Erinnerung stockte Mrs. Fairfield der Atem. »Armes Kind, wie schrecklich das war.« Und sie preßte die Lippen zusammen und ging zum Herd, um noch mehr heißes Wasser zu holen. Das Wasser schäumte auf in der großen Waschschüssel, mit roten und blauen Seifenblasen auf den

Schaumgipfeln. Mrs. Fairfields Arme waren bis zum Ellbogen entblößt und ganz gerötet. Sie trug ein graues Foulardkleid mit einem Muster aus großen lila Stiefmütterchen, eine weiße Leinenschürze und eine hohe Haube, die aussah wie eine Puddingform aus weißem Musselin. An den Ausschnitt hatte sie eine silberne Mondsichel geheftet, auf der fünf kleine Eulen saßen, und um den Hals trug sie eine Uhrkette aus schwarzen Glasperlen.

Es war kaum zu glauben, daß sie nicht schon seit Jahren in dieser Küche stand, so sehr war sie ein Teil von ihr. Mit sicheren, präzisen Bewegungen räumte sie das Geschirr weg, ging ruhig und besonnen vom Herd zur Anrichte, schaute in die Speisekammer, als wäre ihr jeder Winkel längst vertraut. Als sie fertig war, war alles in der Küche Teil einer Musterkollektion geworden. Sie stand mitten im Raum und trocknete sich die Hände an einem karierten Tuch ab; ein Lächeln erschien auf ihren Lippen; sie fand, daß alles sehr hübsch aussah, sehr zufriedenstellend.

»Mutter! Mutter! Bist du da?« rief Beryl.

»Ja, Liebes. Brauchst du mich?«

»Nein, ich komme schon«, und Beryl platzte herein; ganz erhitzt schleppte sie sich mit zwei großen Gemälden ab.

»Mutter, was soll ich bloß mit diesen gräßlichen chinesischen Bildern machen, die Chung Wah Stanley gegeben hat, als er bankrott ging? Er glaubt doch wohl nicht im Ernst, daß sie wertvoll sind, sie haben schließlich vorher schon monatelang in Chung Wahs Obstladen gehangen. Ich begreife nicht, wieso Stanley sie behalten will. Wahrscheinlich findet er sie genauso gräßlich wie wir, und es ist nur wegen der Rahmen«, sagte sie boshaft. »Bestimmt glaubt er, daß er die Rahmen eines Tages zu Geld machen kann.«

»Warum hängst du sie nicht in den Flur?« schlug Mrs. Fairfield vor; »da fallen sie nicht weiter auf.«

»Das geht nicht. Da ist kein Platz mehr. Da habe ich alle

Photographien von seinem Büro vor und nach dem Umbau aufgehängt, und die Photos seiner Geschäftspartner mit den Unterschriften, und die schreckliche Aufnahme von Isabel im Hemdchen auf dem Fellteppich.« Ihr zorniger Blick schweifte durch die friedliche Küche. »Ich hab's! Ich hänge sie einfach hier auf. Stanley werde ich sagen, sie seien beim Umzug ein bißchen feucht geworden, darum hätte ich sie vorläufig hier untergebracht.«

Sie zog einen Stuhl heran, sprang hinauf, holte einen Hammer und einen großen Nagel aus der Schürzentasche und hämmerte los.

»So! Das langt! Reich mir das Bild herauf, Mutter.«

»Moment noch, Kindchen.« Ihre Mutter wischte über den geschnitzten Ebenholzrahmen.

»Ach, Mutter, die brauchst du nun wirklich nicht abzuwischen! Es würde Jahre dauern, den Staub aus all den kleinen Löchern zu holen.« Und stirnrunzelnd blickte sie auf das Haupt ihrer Mutter hinab und biß sich vor Ungeduld auf die Lippe. Mutters übergründliche Art war einfach zum Verrücktwerden. Es mußte am Alter liegen, dachte sie nicht ohne Hochmut.

Schließlich hingen die beiden Bilder nebeneinander. Sie sprang vom Stuhl und steckte den kleinen Hammer wieder ein.

»Da sehen sie gar nicht mal so übel aus, oder?« sagte sie. »Und außerdem muß sie hier niemand anschauen außer Pat und dem Dienstmädchen – habe ich Spinnweben im Gesicht, Mutter? Ich habe in dem Verschlag unter der Treppe herumgekramt, und nun kitzelt es mich dauernd an der Nase.«

Aber noch ehe Mrs. Fairfield dazu kam, nachzusehen, hatte Beryl sich umgewandt. Jemand klopfte ans Fenster: Linda stand draußen, nickte und lächelte. Sie hörten den Riegel der Spülkammertür hochklappen, und sie kam herein. Sie hatte keinen Hut auf; ihr Haar stand in Lockenkringeln vom Kopf ab, und sie war in ein altes Kaschmirtuch gehüllt.

»Ich habe solchen Hunger«, sagte Linda, »wo kann ich etwas zu essen bekommen, Mutter? Das ist das erste Mal, daß ich die Küche betrete. Hier sieht es schon ganz nach Mutter aus; alles paarweise angeordnet.«

»Ich mache dir Tee«, sagte Mrs. Fairfield und breitete eine saubere Serviette über eine Ecke des Tisches, »und Beryl kann dir Gesellschaft leisten.«

»Willst du die Hälfte von meinem Ingwerkuchen, Beryl?« Linda deutete mit dem Messer auf sie. »Und gefällt dir das Haus, jetzt wo wir hier sind?«

»Ja, sehr, das Haus gefällt mir großartig, und der Garten ist wundervoll, aber es scheint mir doch sehr abgelegen. Ich kann mir nicht vorstellen, daß die Leute aus der Stadt diesen schrecklich rumpelnden Omnibus nehmen, um uns zu besuchen – und hier in der Nähe gibt es bestimmt niemanden, der Besuche macht. Dich kümmert das natürlich nicht, weil …«

»Aber dafür haben wir ja den Wagen«, warf Linda ein. »Pat kann dich in die Stadt fahren, wann immer du willst.«

Das war ein kleiner Trost, gewiß, doch irgend etwas beunruhigte Beryl, etwas, das sie nicht recht in Worte zu fassen vermochte.

»Na ja, wir werden es schon überleben«, sagte sie trokken, setzte ihre leere Tasse ab, stand auf und reckte sich. »Ich gehe jetzt die Vorhänge aufhängen.« Und sie lief aus der Küche und sang:

»Tausend Vöglein hör' ich singen,
aus allen Bäumen hell erklingen …«

»... hör' ich singen, aus allen Bäumen hell erklingen ...« Doch als sie ins Eßzimmer trat, hörte sie auf zu singen; ihre Miene veränderte sich, wurde düster und verdrossen.

»Verrotten kann man hier genauso gut wie anderswo«, murmelte sie grimmig, während sie die steifen Messinghaken in die roten Atlasvorhänge stach.

Die beiden in der Küche Zurückgebliebenen schwiegen eine Weile. Linda stützte die Wange auf den Handrücken und betrachtete ihre Mutter. Sie sah wunderschön aus, wie sie da mit dem Rücken zum grün umrankten Fenster stand. Von ihrem Anblick ging ein großer Trost aus, ohne den Linda nicht hätte leben mögen. Sie brauchte den zarten Duft ihrer Haut, ihre Wangen, die sich so weich anfühlten, und die noch weicheren Arme und Schultern. Sie liebte die Art, wie ihr Haar sich kräuselte, silbern auf der Stirn, heller im Nacken, und noch immer kräftig braun in dem dicken Knoten unter der Musselinhaube. Die Hände ihrer Mutter feingliedrig, und die beiden Ringe, die sie trug, schienen mit der elfenbeinweißen Haut zu verschmelzen. Und sie war immer so frisch, so appetitlich. Die alte Frau duldete auf ihrem Körper nichts als reines Leinen, und sie badete im Sommer wie im Winter in kaltem Wasser.

»Gibt es nichts für mich zu tun?« fragte Linda.

»Nein, Liebes. Ich wünschte, du würdest in den Garten gehen und nach deinen Kindern sehen; aber das willst du bestimmt nicht.«

»Ich gehe schon, aber du weißt doch, daß Isabel schon viel erwachsener ist als wir alle.«

»Ja, aber Kezia nicht«, sagte Mrs. Fairfield.

»Ach, Kezia ist bestimmt längst von einem Stier auf die Hörner genommen worden«, sagte Linda und schlang das Tuch enger um sich.

Aber nein, zwar hatte Kezia durch ein Astloch in dem Bretterzaun, der den Tennisplatz von der Koppel trennte, einen Stier gesehen. Aber der Stier hatte ihr nicht besonders gefallen, also war sie durch den Obstgarten zurückgegangen, den Grashang hinauf, am Lacebark-Baum vorbei, immer tiefer in den weiten, verwilderten Garten hinein. Sie glaubte nicht, daß sie sich in diesem Garten irgendwann einmal *nicht* verirren würde. Zweimal hatte sie schon zu dem großen Eisentor zurückgefunden, durch das sie gestern abend gefahren waren, und dann hatte sie sich umgedreht, um der Zufahrt zu folgen, die zum Haus führte, aber es gab so viele kleine Wege zu beiden Seiten. Auf der einen Seite führten sie alle in ein Dickicht hoher dunkler Bäume und seltsamer Büsche mit flachen, samtigen Blättern und federartigen, cremefarbenen Blüten, die vor Fliegen schwirrten, wenn man sie schüttelte – das war die schaurige Seite, und dort war gar kein Garten. Die kleinen Wege dort waren feucht und lehmig, von Baumwurzeln durchzogen wie von Krallenspuren großer Vögel.

Doch auf der anderen Seite der Zufahrt gab es eine hohe Buchsbaummauer, und alle Wege hatten Buchsbaumzäune und führten tiefer und immer tiefer in ein Gewirr von Blumen. Die Kamelien standen in voller Blüte, weiß und rot und rosa und weiß gestreift, mit blanken Blättern. An den Fliederbüschen war vor lauter schäumendem Weiß kein einziges Blatt mehr zu sehen. Auch die Rosen blühten – kleine weiße Knopflochrosen, mit viel zu vielen Tierchen daran, um sie jemandem unter die Nase zu halten, hellrote Monatsrosen, die von einem Ring abgefallener Blüten umgeben waren, Zentifolien auf dicken Stielen, knospenreiche Moosröschen, edle rosa Schönheiten, die sich Blatt für Blatt bauschten, Rosen von so dunklem Rot, daß sie beim Herunterfallen schwarz zu werden schienen, und eine besonders seltene weiße Sorte mit einem schlanken roten Stiel und hellroten Blättern.

Fingerhut gab es zuhauf, und alle Arten von Geranien, und

kleine Verbenenbäumchen und lila Lavendelbüsche und ein Beet voller Pelargonien mit Samtaugen und Blättern wie Nachtfalter. In einem Beet gab es nichts als Reseda und in einem anderen nichts als Stiefmütterchen – umrahmt von Gänseblümchen, gefüllten und ungefüllten, und allen möglichen büscheligen Pflänzchen, die sie noch nie gesehen hatte.

Die Fackelkolben waren größer als sie selbst; die japanischen Sonnenblumen bildeten einen kleinen Dschungel. Sie setzte sich auf einen der Buchsbaumzäune. Wenn man sie zuerst fest eindrückte, ergaben sie einen bequemen Sitz. Aber wie staubig es da drinnen war! Kezia beugte sich vor, um hineinzusehen und nieste und rieb sich die Nase.

Und dann stand sie plötzlich oben auf dem langen Grashang, der zum Obstgarten hinunterführte ... Eine Weile musterte sie den Hang; dann legte sie sich hin, stieß ein Quietschen aus und rollte hinunter bis auf die blühende Wiese des Obstgartens. Während sie dalag und wartete, daß sich nicht mehr alles drehte, beschloß sie, ins Haus zu gehen und das Dienstmädchen um eine leere Zündholzschachtel zu bitten. Sie wollte für ihre Großmutter eine Überraschung basteln ... Zuerst würde sie ein grünes Blatt hineinlegen, und ein großes Veilchen darauf, dann vielleicht zwei ganz kleine weiße Federnelken zu beiden Seiten des Veilchens, und schließlich etwas Lavendel darüber streuen, aber ohne die Blumen zuzudecken.

Sie bastelte oft solche Überraschungen für ihre Großmutter, und sie waren immer ein großer Erfolg.

»Möchtest du ein Zündholz, Großmama?«

»Aber ja, Kind, ich glaube, ein Zündholz kann ich gerade gut gebrauchen.«

Die Großmutter öffnete langsam die Schachtel und entdeckte das Bild.

»Du lieber Himmel, Kind! So eine Überraschung!«

»Hier kann ich ihr jeden Tag eine machen«, dachte sie, als

sie in ihren rutschigen Schuhen den Grashang wieder hinaufkletterte.

Doch auf dem Rückweg zum Haus stieß sie auf die Insel, die mitten in der Zufahrt lag und den Weg in zwei Arme teilte, die sich vor dem Haus wieder trafen. Die Insel war ein hohes Rasenbeet, auf dem nichts wuchs außer einer riesigen Pflanze mit dicken, graugrünen, stacheligen Blättern, und in der Mitte ragte ein hoher kräftiger Stiel heraus. Manche der Blätter waren so alt, daß sie sich nicht mehr nach oben recken konnten; sie bogen sich nach unten, waren gerissen und geborsten; andere lagen flach auf der Erde und waren ganz verdorrt.

Was mochte das nur sein? So etwas hatte sie noch nie gesehen. Sie stand da und staunte. Und dann sah sie ihre Mutter den Weg entlangkommen.

»Mutter, was ist das?« fragte Kezia.

Linda blickte zu der dicken, schwellenden Pflanze mit den grausamen Blättern und dem fleischigen Stiel. Sie schien dort, hoch über ihnen, in sich selbst zu ruhen, und doch klammerte sie sich so fest an die Erde, der sie entstammte, als hätte sie Klauen statt Wurzeln. Die gekrümmten Blätter schienen etwas zu verbergen; der nackte Stiel stach in die Luft, als könne kein Wind ihn je erschüttern.

»Das ist eine Aloe, Kezia«, sagte ihre Mutter.

»Kriegt sie auch Blüten?«

»Ja, Kezia«, und Linda lächelte mit halbgeschlossenen Lidern auf sie herab. »Einmal alle hundert Jahre.«

VII

Auf dem Heimweg vom Büro ließ Stanley Burnell den Wagen vor der Bodega halten, stieg aus und kaufte ein großes Glas Austern. Im Laden des Chinesen nebenan kaufte er eine schöne Ananas, und als er einen Korb mit frischen schwarzen Kirschen sah, wies er John an, ihm auch noch ein Pfund davon einzupacken. Die Austern und die Ananas verstaute er in der Kiste unter dem Kutschbock, aber die Kirschen behielt er in der Hand.

Pat, der Gehilfe, sprang vom Bock und schlug ihm wieder die braune Wagendecke um die Beine.

»Die Füße hoch, Mr. Burnell, damit ich sie ordentlich einpacken kann«, sagte er.

»Gut! Gut! Prächtig!« sagte Stanley. »Jetzt können Sie dann nach Hause fahren.«

Pat tippte die graue Stute mit der Peitsche an, und der Wagen rollte los.

»Der Mann scheint mir ein wirklich prächtiger Bursche zu sein«, dachte Stanley. Ihm gefiel, wie er dort oben thronte in seinem adretten braunen Rock und seiner braunen Melone. Ihm gefiel, wie Pat ihm die Decke umgelegt hatte, und ihm gefielen seine Augen. Er hatte nichts Unterwürfiges an sich – denn wenn es etwas gab, das er verabscheute, dann war es Unterwürfigkeit. Und es schien, als fühle er sich wohl auf seinem Posten – als sei er von Anfang an glücklich und zufrieden.

Die graue Stute trabte flott dahin; Burnell hatte es eilig, die Stadt hinter sich zu lassen. Er wollte nach Hause. Ach, es war herrlich, auf dem Land zu leben – herauszukommen aus diesem stickigen Nest, sobald das Büro schloß; und dann die Fahrt an der frischen, lauen Luft, und das schöne Gefühl, zu wissen, daß am Ende das eigene Haus wartete, mit dem Garten, den Koppeln, den drei prächtigen Kühen und so vielen Hühnern und Enten, daß es nie an Geflügel mangeln würde – ja, auch das war herrlich.

Als sie schließlich aus der Stadt heraus waren und auf der einsamen Landstraße dahinrollten, klopfte ihm das Herz vor Freude. Er griff in die Tüte und begann Kirschen zu essen, drei und vier auf einmal, und die Steine warf er aus dem Wagen. Sie waren köstlich, so prall und kühl, ohne irgendwelche Flecken oder Stellen.

Diese beiden hier, zum Beispiel – dunkel auf der einen Seite und hell auf der anderen – vollkommen! Die reinsten siamesischen Zwillinge. Er steckte sie sich ins Knopfloch … weiß Gott, er hatte nicht übel Lust, dem Burschen da eine Handvoll abzugeben – aber nein, lieber nicht. Lieber noch warten, bis er etwas länger bei ihnen war.

Er begann zu überlegen, wie er die Samstagnachmittage und Sonntage nutzen würde. Samstags würde er nicht zum Essen in den Klub gehen. Nein, so früh wie möglich raus aus dem Büro und sich zu Hause erst einmal ein paar Scheiben kalten Braten mit einem halben Salat vorsetzen lassen. Und dann würde er sich ein paar Leute aus der Stadt herbestellen, um am Nachmittag Tennis zu spielen. Nicht viele – höchstens drei. Beryl spielte auch recht ordentlich … Er streckte den rechten Arm aus und spannte ihn langsam an, befühlte den Muskel … Erst ein Bad, dann ordentlich frottieren, nach dem Abendessen eine Zigarre auf der Veranda …

Am Sonntagmorgen würden sie in die Kirche gehen – mit Kind und Kegel. Was ihn daran erinnerte, daß er noch eine Kirchenbank mieten mußte, möglichst in der Sonne, und weit genug vorn, nicht im Durchzug bei der Tür. Im Geist hörte er sich schon mit klangvoller Stimme intonieren: »Du hast bezwungen des Todes *Sta*chel und denen, die *glau*ben, die Reiche des *Him*mels aufgetan.« Und er sah seine schmucke Visitenkarte in dem Messingrahmen in der Ecke der Kirchenbank – Mr. Stanley Burnell und Familie … Den Rest des Tages würde er mit Linda verbringen … Jetzt spazierten sie durch den Garten; sie hatte sich bei ihm untergehakt, und er erklärte ihr ausführlich, was er nächste Woche im Geschäft zu tun gedachte. Er hörte sie sagen: »Liebling, ich glaube, das ist sehr vernünftig ...« Die Dinge mit Linda zu besprechen, war ihm immer eine große Hilfe, auch wenn sie beide dazu neigten, vom Thema abzuschweifen.

Sapperlott! Sie kamen aber gar nicht gut voran! Pat hatte schon wieder die Bremse angezogen. Uff! Wie gräßlich. Er spürte das Ding bis in die Magengrube.

Eine Art Panik befiel Burnell jedesmal, wenn er sich seinem Haus näherte. Kaum hatte er das Tor passiert, rief er jedem zu, der in Sicht kam: »Ist alles in Ordnung?« Und er glaubte es erst, wenn er Linda sagen hörte: »Hallo! Bist du wieder da?« Das war das Schlimmste am Landleben – man brauchte eine Ewigkeit, um nach Hause zu kommen ... Aber jetzt war es nicht mehr weit. Sie waren schon auf der letzten Anhöhe; die letzte halbe Meile ging es nur noch sanft bergab.

Pat ließ die Peitsche über den Rücken der Stute spielen und ermunterte sie: »Hü! Hü!«

Es waren nur noch wenige Minuten bis zum Sonnenuntergang. Alles stand reglos in helles, metallisches Licht getaucht, und von den Koppeln auf beiden Seiten stieg der milchige Duft reifen Grases auf. Das schmiedeeiserne Tor stand offen. Sie preschten hindurch, über die Zufahrt, um die Insel herum, und hielten exakt vor der Verandatreppe.

»Zufrieden mit ihr, Sir?« fragte Pat, stieg vom Bock und grinste seinen Herrn an.

»Allerdings, Pat«, sagte Stanley.

Linda trat aus der Glastür; ihre Stimme tönte durch die dämmrige Stille. »Hallo! Bist du wieder da?«

Beim Klang ihrer Stimme schlug sein Herz so heftig, daß er sich kaum beherrschen konnte, nicht die Stufen hinaufzustürmen und sie in die Arme zu schließen.

»Ja, ich bin wieder da. Ist alles in Ordnung?«

Pat begann, Pferd und Wagen zum Seitentor zu führen, durch das man auf den Hof gelangte.

»He, Momentchen«, sagte Burnell. »Geben Sie mir noch die beiden Päckchen.« Und an Linda gewandt: »Ich habe dir ein Glas Austern und eine Ananas mitgebracht«, als brächte er ihr alle Schätze der Welt.

Sie traten in die Diele; Linda trug die Austern in der einen Hand und die Ananas in der anderen. Burnell schloß die Glastür, warf den Hut in die Ecke, nahm sie in die Arme und drückte sie an sich, küßte ihren Scheitel, ihre Ohren, ihre Lippen, ihre Augen.

»O je! O je!« sagte sie. »Warte, laß mich erst diese dummen Sachen ablegen«, und sie stellte das Austernglas und die Ananas auf einen kleinen, mit Schnitzereien verzierten Stuhl. »Was hast du da im Knopfloch – Kirschen?« Sie zog sie heraus und hängte sie ihm übers Ohr.

»Nicht doch, Liebes. Sie sind für dich.«

Sie nahm sie wieder an sich. »Ich hebe sie auf, wenn du nichts dagegen hast. Sonst habe ich keinen Hunger mehr aufs Abendessen. Komm mit zu den Kindern. Sie sitzen gerade beim Tee.«

Auf dem Tisch im Kinderzimmer brannte die Lampe. Mrs. Fairfield schnitt Brotscheiben und bestrich sie mit Butter. Die drei kleinen Mädchen saßen brav am Tisch, um den Hals große, mit ihren Namen bestickte Lätzchen. Sie wischten sich die Münder ab, als ihr Vater hereinkam, um sich einen Kuß abzuholen. Die Fenster waren offen; ein Krug mit Wiesenblumen stand auf dem Kaminsims, und die Lampe warf einen großen weichen Lichtkreis an die Decke.

»Ihr habt es euch anscheinend gemütlich gemacht, Mutter«, sagte Burnell und blinzelte im Licht. Isabel und Lottie saßen sich gegenüber, Kezia war am hinteren Ende – der Platz am Kopf des Tisches war leer.

»Da sollte mein Junge sitzen«, dachte Stanley. Er faßte Linda noch fester um die Schultern. Bei Gott, er war geradezu närrisch vor Glück!

»Ganz recht, Stanley. Wir haben es uns gemütlich gemacht«, erwiderte Mrs. Fairfield und schnitt Kezias Brot in fingerschmale Streifen.

»Gefällt es euch besser als in der Stadt hier – was, Kinder?« fragte Burnell.

»Ja«, sagten die drei kleinen Mädchen, und Isabel fügte an: »Danke, lieber Vater.«

»Komm mit nach oben«, sagte Linda. »Ich bringe dir deine Pantoffeln.«

Aber die Treppe war zu eng, um Arm in Arm hinaufzugehen. Im Zimmer war es stockfinster. Er hörte ihren Ring auf dem Marmorsims tappen, als sie am Kamin nach Zündhölzern suchte.

»Ich habe welche, Schatz. Ich zünde die Kerzen an.«

Doch statt dessen trat er hinter sie und nahm sie wieder in die Arme und drückte ihren Kopf an seine Schulter.

»Ich bin so unglaublich glücklich«, sagte er.

»Wirklich?« Sie drehte sich um, legte ihm die Hände auf die Brust und blickte zu ihm auf.

»Ich weiß selber nicht, was über mich gekommen ist«, beteuerte er.

Draußen war es jetzt ganz dunkel, und schwerer Tau fiel nieder. Als Linda das Fenster schloß, netzte der kalte Tau ihre Fingerspitzen. In der Ferne bellte ein Hund. »Ich glaube, es wird eine Mondnacht«, sagte sie.

Bei diesen Worten, und mit dem kalten, feuchten Tau an den Fingern, war ihr zumute, als wäre der Mond schon aufgegangen – als stünde sie seltsam entblößt in einer Flut kalten Lichts. Sie erschauerte; sie trat vom Fenster zurück und setzte sich neben Stanley auf die Ottomane.

Im Eßzimmer saß Beryl am flackernden Kaminfeuer auf einem Hocker und spielte Gitarre. Sie hatte gebadet und sich umgezogen. Jetzt trug sie ein weißes Musselinkleid mit schwarzen Tupfen, und ins Haar hatte sie sich eine schwarze Seidenrose gesteckt.

> Die Nacht geht übers Land, mein Kind,
> Sieh, wir sind alleine.
> Gib mir deine Hand, mein Kind,
> und ich gebe dir meine.

Sie spielte und sang halb für sich, denn sie beobachtete sich dabei, wie sie spielte und sang. Der Flammenglanz tanzte auf ihren Schuhen, auf dem rötlichen Bauch der Gitarre und auf ihren weißen Fingern …

»Wenn ich vor dem Fenster stünde und hereinschaute und mich so sähe, wäre ich sicher ganz hingerissen«, dachte sie. Sie spielte noch leiser – ohne zu singen jetzt, nur lauschend.

»… Als ich dich das erste Mal sah, Kleines – oh, du konntest nicht ahnen, daß du nicht allein warst – hattest du die Füßchen auf einen Schemel gezogen und spieltest Gitarre. Gott, ich werde es nie vergessen …« Beryl warf den Kopf zurück und begann wieder zu singen:

> »Auch der Mond will schlafen gehn …«

Doch da klopfte es laut an der Tür. Das Dienstmädchen steckte ihren roten Kopf herein.

»Bitte, Miss Beryl, ich muß den Tisch decken.«

»Gewiß doch, Alice«, sagte Beryl mit eisiger Stimme. Sie lehnte die Gitarre in die Ecke. Alice polterte mit einem schweren schwarzen Eisentablett ins Zimmer.

»Puh, ich hab meine liebe Not mit dem Ofen gehabt«, sagte sie. »Nichts will richtig knusprig werden.«

»Ach, wirklich!« sagte Beryl.

Nein, sie konnte das dumme Ding nicht länger ertragen.

Sie lief hinüber ins dunkle Wohnzimmer und begann auf und ab zu gehen … Oh, sie war so schrecklich unruhig. Über dem Kaminsims hing ein Spiegel. Sie stützte die Arme auf und betrachtete ihr fahles Gegenüber. Wie schön sie aussah, aber niemand war da, der es bemerkte, niemand.

»Warum mußt du so leiden?« fragte das Gesicht im Spiegel. »Du bist nicht zum Leiden geschaffen … Lächle!«

Beryl lächelte, und tatsächlich war ihr Lächeln so bezaubernd, daß sie gleich noch einmal lächelte – aber diesmal, weil sie nicht anders konnte.

VIII

»Guten Morgen, Mrs. Jones.«

»Oh, guten Morgen, Mrs. Smith. Wie schön, Sie zu sehen. Haben Sie Ihre Kinder mitgebracht?«

»Ja, ich habe meine beiden Zwillinge dabei. Ich habe noch ein Kind bekommen, seit wir uns das letzte Mal gesehen haben, aber es kam so plötzlich, daß ich noch keine Zeit hatte, ihm Kleidchen zu nähen. Also habe ich es daheim gelassen … Wie geht es Ihrem Mann?«

»Danke der Nachfrage, es geht ihm sehr gut. Er hatte zwar eine schlimme Erkältung, aber Königin Victoria – sie ist meine Patin, müssen Sie wissen – hat ihm eine Kiste Ananas geschickt, und die haben ihn *im Nu* kuriert. Ist das Ihr neues Dienstmädchen?«

»Ja, sie heißt Gwen. Ich habe sie erst seit zwei Tagen. Ach, Gwen, das ist meine Freundin, Mrs. Smith.«

»Guten Morgen, Mrs. Smith. Das Mittagessen wird erst in zehn Minuten aufgetragen.«

»Ich finde, du solltest mich dem Dienstmädchen nicht vorstellen. Ich sollte sie einfach so ansprechen.«

»Na ja, sie ist mehr eine Stütze der Hausfrau, und Stützen

stellt man vor, das weiß ich, weil Mrs. Samuel Josephs eine hatte.«

»Ach, ist doch egal«, sagte das Dienstmädchen verächtlich und schlug mit einer Wäscheklammer einen Schokoladenpudding schaumig. Das Mittagessen brutzelte schön auf der Betontreppe. Sie begann, den Mittagstisch auf einer roten Gartenbank zu decken. Auf jeden Platz legte sie zwei Geranienblatteller, eine Kiefernnadelgabel und ein Zweigmesser. Es gab drei Gänseblümchenköpfe auf einem Lorbeerblatt als pochierte Eier, einige Fuchsienblütenblätter als kalten Braten und köstliche kleine Fleischpastetchen aus Erde und Wasser und Löwenzahn, und den Schokoladenpudding gedachte sie in der Paua-Muschel zu servieren, in der sie ihn gekocht hatte.

»Machen Sie wegen meiner Kinder nur keine Umstände«, sagte Mrs. Smith liebenswürdig. »Nehmen Sie einfach die Flasche hier und füllen Sie sie am Wasserhahn – ich meine, in der Milchkammer.«

»Na gut«, sagte Gwen und wisperte Mrs. Jones zu: »Soll ich Alice um ein bißchen richtige Milch bitten?«

Aber von der Vorderseite des Hauses rief jemand, und die Tischgesellschaft zerstreute sich, überließ den hübsch gedeckten Tisch, die Pastetchen und die pochierten Eier den Ameisen und einer alten Schnecke, die ihre zitternden Fühler über die Kante der Gartenbank schob und an einem Geranienteller zu knabbern begann.

»Kommt vors Haus, Kinder. Pip und Rags sind da.«

Die Trout-Jungen waren die Cousins, von denen Kezia dem Fuhrmann erzählt hatte. Sie wohnten etwa eine Meile entfernt in einem Haus, das Monkey Tree Cottage hieß. Pip war groß für sein Alter, mit glattem schwarzen Haar und einem blassen Gesicht, aber Rags war sehr klein und schmächtig, und wenn er ausgezogen war, standen seine Schulterblätter ab wie zwei kleine Flügel. Sie besaßen einen Mischlingsrüden, der hellblaue Augen und einen langen Ringelschwanz hatte und ihnen überallhin folgte; er hieß Snooker. Sie verbrachten den größten Teil ihrer Zeit damit, Snooker zu kämmen und zu bürsten und ihm merkwürdige Arzneien zu verabreichen, die Pip zusammenmischte und heimlich in einem kaputten Krug aufbewahrte, der vom Deckel einer Teekanne verschlossen wurde. Selbst der getreue Rags durfte ihre genaue Zusammensetzung nicht erfahren ... Man nehme etwas Karbolik-Zahnpulver und eine Prise feingemahlenen Schwefel und vielleicht ein bißchen Stärke, damit Snooker ein dichteres Fell bekam ... Aber das war noch nicht alles; Rags war insgeheim überzeugt, daß der Rest aus Schießpulver bestand ... Und er durfte nie beim Mischen helfen, weil es gefährlich war ... »Mann, wenn dir ein Krümel davon ins Auge fliegt, bist du für immer blind«, pflegte Pip zu sagen, während er die Mixtur mit einem Blechlöffel umrührte. »Und es besteht sogar die Möglichkeit – nur die Möglichkeit, verstehst du –, daß es explodiert, wenn man zu tüchtig rührt ... Zwei Löffel davon in einer Petroleumkanne reichen, um ein paar tausend Flöhe zu töten.« Aber Snooker hörte trotzdem nicht auf, sich zu kratzen und zu beißen, und er stank entsetzlich.

»Das liegt daran, daß er so ein fabelhafter Kampfhund ist«, sagte Pip immer. »Alle Kampfhunde stinken.«

Die Trout-Jungen hatten die Burnells schon oft in der Stadt besucht, aber nun, wo sie in diesem vornehmen Haus mit dem tollen Garten wohnten, nahmen sie sich vor, sehr brav zu sein. Außerdem spielten sie ganz gern mit Mädchen – Pip, weil er sie so schön ärgern konnte und weil Lottie sich so leicht Angst einjagen ließ, und Rags aus einem beschämenden Grund. Er liebte Puppen. Wie er eine Puppe anschauen konnte, wenn sie im Schlaf dalag, wie er flüsternd mit ihr sprach und scheu lächelte, und wie er sich freute, wenn er eine im Arm halten durfte ...

»Du mußt richtig die Arme um sie legen. Nicht so steif, sonst läßt du sie noch fallen«, pflegte Isabel streng zu sagen.

Jetzt standen sie auf der Veranda und hielten Snooker zurück, der ins Haus wollte, aber nicht durfte, weil Tante Linda richtige Hunde nicht leiden konnte.

»Wir sind mit Mami im Bus hergekommen«, erklärten sie, »und wir bleiben den ganzen Nachmittag da. Wir haben Tante Linda was von unserem Ingwerkuchen mitgebracht. Unsere Minnie hat ihn gebacken. Er ist ganz voll mit Nüssen.«

»Ich habe die Mandeln abgezogen«, sagte Pip. »Ich habe einfach in den Topf mit kochendem Wasser reingefaßt und sie rausgefischt und ein bißchen so gequetscht, und dann sind sie aus der Haut geflutscht, manche bis an die Decke. Stimmt's, Rags?«

Rags nickte. »Wenn bei uns Kuchen gebacken wird«, sagte Pip, »dann bleiben wir immer in der Küche, Rags und ich, und ich kriege die Schüssel, und er kriegt den Löffel und den Schneebesen. Biskuit ist am besten. Der ist immer ganz schaumig.«

Er lief die Verandatreppe hinunter und auf den Rasen, stemmte die Hände ins Gras, beugte sich vornüber und verfehlte knapp einen Kopfstand.

»Der Rasen ist zu huckelig«, sagte er. »Für Kopfstand muß es ganz glatt sein. Bei uns zu Hause kann ich auf dem Kopf um den Affenbaum rumgehen. Stimmt's, Rags?«

»Fast rum«, sagte Rags leise.

»Mach auf der Veranda Kopfstand«, schlug Kezia vor. »Die ist ganz glatt.«

»Nein, Schlaukopf«, sagte Pip. »Das geht nur, wo es weich ist. Wenn man nämlich wackelt und umkippt, macht es knacks im Genick, und dann ist es gebrochen. Hat mein Papa gesagt.«

»Ach, laßt uns was spielen«, bat Kezia.

»Ja«, sagte Isabel sofort, »wir spielen Krankenhaus. Ich bin die Krankenschwester, und Pip ist der Doktor, und du und Lottie und Rags, ihr seid die Kranken.«

Lottie wollte das nicht spielen, weil Pip ihr letztesmal etwas eingeträufelt hatte, und das hatte schrecklich weh getan.

»Pff!« spottete Pip. »Das war doch bloß Saft von ein bißchen Mandarinenschale.«

»Gut, dann spielen wir Vater-Mutter-Kind«, sagte Isabel. »Pip ist der Vater, und ihr seid unsere lieben Kinderchen.«

»Vater-Mutter-Kind finde ich doof«, sagte Kezia. »Da sollen wir bloß Hand in Hand in die Kirche gehen und dann nach Hause und ab ins Bett.«

Plötzlich zog Pip ein schmutziges Taschentuch aus der Hosentasche. »Snooker! Bei Fuß«, rief er. Aber Snooker versuchte wie üblich, sich mit eingeklemmtem Schwanz zu verdrücken. Pip stürzte sich auf ihn und klemmte ihn zwischen die Knie.

»Halt ihm den Kopf fest, Rags«, sagte er und band dem Hund das Taschentuch um den Kopf, mit einem komischen Knoten obendrauf.

»Wozu soll das denn gut sein?« fragte Lottie.

»Damit seine Ohren enger am Kopf liegen – siehst du?« erklärte Pip. »Alle Kampfhunde haben anliegende Ohren. Aber Snookers Ohren sind ein bißchen zu schlapp.«

»Stimmt«, sagte Kezia. »Sie klappen immer um. Das ist doof.«

Snooker legte sich hin, unternahm einen halbherzigen Versuch, mit der Pfote das Taschentuch abzustreifen, doch als es ihm nicht gelang, trottete er, elendig zitternd, den Kindern hinterher.

IX

Pat kam mit langen Schritten daher; in der Hand hielt er ein kleines Beil, das in der Sonne blinkte.

»Kommt mit«, sagte er zu den Kindern, »ich zeig' euch, wie die Könige von Irland einer Ente den Kopf abschlagen.«

Sie wichen zurück – sie glaubten ihm nicht, und außerdem hatten die Trout-Jungen Pat noch nie gesehen.

»Kommt schon«, ermunterte er sie lächelnd und hielt Kezia die Hand hin.

»Einen richtigen Entenkopf? Von einer aus der Koppel?«

»Ja«, sagte Pat. Sie legte ihre Hand in seine harte Pranke, und er steckte das Beil in den Gürtel und hielt Rags die andere hin. Er mochte kleine Kinder.

»Dann will ich mal lieber Snooker festhalten«, sagte Pip, »weil er nämlich ganz wild wird, wenn er Blut sieht.« Er lief voraus und zog Snooker am Taschentuch mit.

»Meint ihr, wir sollen wirklich mitgehen?« flüsterte Isabel. »Wir haben doch gar nicht um Erlaubnis gefragt. Oder?«

Am Ende des Obstgartens gab es eine Pforte im Bretterzaun. Auf der anderen Seite ging es eine steile Böschung hinab, bis zu einer Brücke, die über den Bach führte, und wenn man die gegenüberliegende Böschung erklommen hatte, war man bei den Koppeln angelangt. Ein alter kleiner Stall in der ersten Koppel diente jetzt als Hühnerhaus. Die Hühner hatten sich über die ganze Koppel zerstreut, bis zu einer Abfallgrube in einer Senke, aber die Enten blieben nah am Bach, dort, wo er unter der Brücke durchfloß.

Hohe Büsche hingen über dem Wasserlauf, mit roten Blättern und gelben Blüten und Trauben von Brombeeren. An manchen Stellen war der Bach breit und seicht, aber an anderen stürzte er in tiefe Teiche mit Schaum an den Rändern und zitternden Blasen. In diesen Teichen vergnügten sich die großen weißen Enten, schwammen umher und gründelten an den verkrauteten Ufern.

Hin und her schwammen sie, putzten sich die glänzenden Brüste, und andere Enten mit denselben glänzenden Brüsten und gelben Schnäbeln schwammen kopfüber mit ihnen.

»Das ist die kleine irische Flotte«, sagte Pat, »und seht mal den alten Admiral da mit dem grünen Halskragen und dem prächtigen kleinen Flaggenmast am Bürzel.«

Er holte eine Handvoll Körner aus der Tasche und ging zum Stall hin, ganz gemächlich, den Strohhut, bei dem der Deckel fehlte, tief in die Augen gezogen.

»Lid. Lid-lid-lid-lid –«, rief er.

»Quak. Quack-quak-quak-quack –«, antworteten die Enten und schwammen ans Ufer, erklommen flügelschlagend die Böschung und watschelten in langer Reihe hinter ihm her. Er lockte sie, tat, als ob er Futter streue, schüttelte die Körner in der Hand und rief die Enten, bis sie sich in einem weißen Kreis um ihn scharten.

Die Hühner hörten von weitem den Lärm und kamen ebenfalls angerannt, mit vorgereckten Köpfen und ausgebreiteten Flügeln, und sie drehten die Füße lustig nach innen, wie Hühner zu tun pflegen, und schimpften laut.

Dann streute Pat die Körner aus, und die Enten begannen gierig zu fressen. Rasch bückte er sich, schnappte sich zwei und ging, unter jedem Arm eine, zu den Kindern hinüber. Die vorschnellenden Köpfe und runden Augen machten den Kindern angst – ausgenommen Pip.

»Kommt her, ihr Angsthasen«, rief er, »die können nicht beißen. Die haben keine Zähne. Die haben bloß die zwei kleinen Löcher im Schnabel, zum Atmen.«

»Hältst du die eine so lange?« fragte Pat. Pip ließ Snooker los. »O ja! O ja! Geben Sie her. Macht mir nichts aus, wenn sie zappelt.«

Er schluchzte fast vor Freude, als Pat ihm das weiße Bündel in die Arme drückte.

Neben der Tür des Hühnerhauses stand ein alter Holzklotz. Pat packte die Ente bei den Beinen, legte sie flach auf den Klotz, und fast im gleichen Augenblick sauste das kleine Beil nieder, und der Kopf der Ente flog vom Klotz. Das Blut spritzte über die weißen Federn und über seine Hand.

Als die Kinder das Blut sahen, fürchteten sie sich nicht länger. Sie drängten sich um ihn und begannen zu schreien. Selbst Isabel hüpfte auf und ab und rief: »Das Blut! Das Blut!« Pip vergaß, daß er die Ente halten sollte. Er warf sie einfach von sich und brüllte: »Ich hab's gesehen! Ich hab's gesehen!« und tanzte um den Holzklotz.

Rags' Wangen waren so weiß wie Papier. Er lief zu dem kleinen Kopf hin, streckte den Finger aus, als wolle er ihn anfassen, zuckte zurück und streckte wieder den Finger aus. Er zitterte am ganzen Leibe.

Selbst Lottie, die furchtsame kleine Lottie, fing an zu lachen und zeigte auf die Ente und kreischte: »Sieh nur, Kezia, sieh nur!«

»Aufgepaßt!« rief Pat. Er setzte den Körper der Ente auf den Boden, und er begann zu watscheln – mit einem dicken Blutschwall, da wo der Kopf gesessen hatte; lautlos tappte er zu der steilen Böschung hin, die zum Bach führte ... Das war die Hauptattraktion.

»Seht ihr das? Seht ihr das?« brüllte Pip. Er rannte zwischen den kleinen Mädchen herum und zog sie an den Schürzenbändern.

»Wie eine kleine Lokomotive. Wie eine komische kleine Lokomotive!« kreischte Isabel.

Aber Kezia stürzte sich plötzlich auf Pat, schlang die Arme um seine Beine und schlug, so fest sie nur konnte, mit dem Kopf gegen seine Knie.

»Mach den Kopf wieder dran! Mach den Kopf wieder dran!« schrie sie.

Als er sich hinabbeugte, um ihre Arme zu lösen, wollte sie nicht loslassen. Sie klammerte sich an ihn und schluchzte: »Kopf wieder dran! Kopf wieder dran!«, bis es wie ein lauter, seltsamer Schluckauf klang.

»Sie läuft nicht mehr. Sie ist umgefallen. Sie ist tot«, sagte Pip.

Pat hob Kezia hoch, nahm sie in die Arme. Ihr Sonnenhut war nach hinten gerutscht, aber sie wollte sich nicht von ihm ins Gesicht sehen lassen. Nein, sie drückte das Gesicht gegen den Knochen an seiner Schulter und umklammerte seinen Hals.

So plötzlich, wie sie begonnen hatten, hörten die Kinder auf zu schreien. Sie umstanden die tote Ente. Rags hatte keine Angst mehr vor dem Kopf. Er kniete sich hin und streichelte ihn nun.

»Ich glaube, der Kopf ist noch nicht ganz tot«, sagte er. »Ob er lebendig bleibt, wenn ich ihm was zu trinken gebe?«

Aber Pip wurde sehr ärgerlich. »Bah! Du bist dumm!« Er pfiff nach Snooker und trollte sich.

Als Isabel neben Lottie trat, fuhr Lottie zurück.

»Was mußt du mich immer anfassen, Isabel?«

»Ist ja schon gut«, sagte Pat zu Kezia. »Bist ein tapferes kleines Mädchen.«

Sie hob die Hände und berührte seine Ohren. Sie spürte etwas. Langsam hob sie ihr zitterndes Gesicht und sah hin. Pat trug kleine, runde goldene Ohrringe. Sie hatte nicht gewußt, daß Männer Ohrringe trugen. Sie war sehr überrascht.

»Kann man die reinstecken und rausnehmen?« fragte sie heiser.

X

Oben im Haus, in der warmen, aufgeräumten Küche, bereitete Alice, das Dienstmädchen, den Nachmittagstee. Sie war »in voller Montur«. Sie trug ein Kleid aus schwarzem Stoff, das unter den Armen roch, eine weiße Schürze, die wie ein großes Blatt Papier aussah, und eine Spitzenschleife, die sie mit zwei Jetnadeln in ihrem Haar befestigt hatte. Und ihre bequemen Filzpantoffeln hatte sie gegen schwarze Lederschuhe ausgetauscht, die gräßlich gegen das Hühnerauge an ihrem kleinen Zeh drückten …

Es war warm in der Küche. Eine Stubenfliege summte, eine weiße Dampffahne stieg aus dem Kessel auf, und der Deckel tanzte klappernd, während das Wasser brodelte. Die Uhr tickte in der warmen Luft, langsam und stetig wie das Klappern der Stricknadeln einer alten Frau, und hin und wieder – ohne jeden Grund, da sich kein Lüftchen regte – schwang die Jalousie vor und zurück und stieß gegen das Fenster.

Alice machte Schnittchen mit Kresse. Vor sich auf dem Tisch hatte sie ein Stück Butter, einen Laib Weißbrot und die auf ein weißes Tuch gehäufte Kresse.

Aber an der Butterschale lehnte ein schmutziges, fettiges kleines Buch, das halb auseinanderfiel und voller Eselsohren war, und während sie die Butter verstrich, las sie:

»Von Küchenschaben zu träumen, die einen Leichenwagen ziehen, ist ein schlechtes Zeichen. Es bedeutet Tod eines nahen Angehörigen, Vater oder Ehemann, Bruder, Sohn oder Verlobter. Wenn die Schaben rückwärts kriechen, bedeutet es Tod durch Feuer oder Sturz aus großer Höhe, etwa von der Treppe oder einem Gerüst etc.

Spinnen. Von Spinnen zu träumen, die über einen kriechen, ist ein gutes Zeichen. Es bedeutet Geldsegen in naher Zukunft. Sollte die betreffende Person in anderen Umständen sein, ist mit einer leichten Niederkunft zu rechnen. Doch im sechsten Monat sollte man sich hüten, Schalentiere zu verspeisen, die man womöglich geschenkt bekommen hat …«

Tausend Vöglein hör' ich singen.

Oh, Vorsicht. Das war Miss Beryl. Alice ließ das Messer fallen und schob das »Traum-Buch« rasch unter die Butterschale. Aber sie hatte nicht die Zeit, es ganz zu verstecken, denn Beryl kam in die Küche und geradewegs an den Küchentisch gerannt, und das erste, worauf ihr Blick fiel, waren die fettigen Eselsohren. Alice sah Miss Beryls vielsagendes Lächeln und wie sie die Brauen hob, als fragte sie sich, was das wohl sei. Falls Miss Beryl sie danach fragen sollte, wollte sie antworten: »Nichts, was Ihnen gehört, Miss.« Aber sie wußte, dass Miss Beryl sie nicht fragen würde.

Alice war im Grunde die Gutmütigkeit in Person, doch sie hatte die überraschendsten Antworten parat, auf Fragen, von denen sie wußte, daß man sie ihr nie stellen würde. Sich diese Antworten zu überlegen und in Gedanken hin und her zu wenden, war für sie so tröstlich, als ob sie sie ausgesprochen hätte. Sie hatten sie geradezu am Leben erhalten in manchen Häusern, wo man sie so gequält hatte, daß sie abends kaum zu Bett zu gehen wagte, eine Schachtel mit Zündhölzern auf dem Stuhl neben sich, aus Angst, sie könnte ihnen im Schlaf die Köpfe abreißen, sozusagen.

»Ach, Alice«, sagte Miss Beryl. »Wir sind heute einer mehr beim Tee, also backen Sie bitte noch die Scones von gestern auf. Und servieren Sie die Biskuitschnitten zusätzlich zum Sandkuchen. Und vergessen Sie nicht, die kleinen Deckchen unter die Teller zu legen – hören Sie? Gestern haben Sie es nämlich vergessen, und der Tisch sah so unschön und gewöhnlich aus. Und, Alice, tun Sie nicht diesen scheußlichen alten rosagrünen Teewärmer über die Teekanne. Der ist nur für morgens da. Ich finde sowieso, man sollte ihn nur in der Küche verwenden – er ist so schäbig, und riechen tut er auch. Nehmen Sie statt dessen den japanischen. Sie haben mich doch verstanden, nicht wahr?«

Miss Beryl war fertig.

»Aus allen Bäumen hell erklingen …«

sang sie, als sie die Küche verließ, sehr zufrieden damit, wie sie Alice im Griff hatte.

Oh, Alice kochte. Sie gehörte nicht zu denen, die sich nichts sagen ließen, aber Miss Beryl hatte eine Art, mit ihr zu reden, die sie nicht ausstehen konnte. Nein, also wirklich! Sie wollte sich dann am liebsten in sich selbst verkriechen, sozusagen. Sie zitterte richtig. Doch was Alice am meisten an Miss Beryl haßte, war, daß sie ihr das Gefühl gab, ganz unbedeutend zu sein. Sie redete in einem Ton mit Alice, als wäre sie nicht ganz anwesend; und sie regte sich nie auf – niemals. Selbst wenn Alice etwas fallen ließ oder etwas Wichtiges vergaß, schien Miss Beryl nichts anderes erwartet zu haben.

»Bitte, Mrs. Burnell«, sagte eine imaginäre Alice, während sie die Scones mit Butter bestrich, »ich möchte lieber nicht von Miss Beryl Befehle kriegen. Ich bin vielleicht bloß ein einfaches Dienstmädchen, das nicht Gitarre spielen kann, aber …«

Dieser kleine Seitenhieb gefiel ihr so gut, daß sie ihre gute Laune wiederfand.

»Da gibt es nur eins«, hörte sie, als sie die Eßzimmertür öffnete, »einfach die Ärmel heraustrennen und statt dessen breite Bänder aus schwarzem Samt über die Schultern legen …«

XI

Die weiße Ente sah nicht so aus, als hätte sie je einen Kopf besessen, als Alice sie an jenem Abend vor Stanley Burnell hinstellte. Sie lag – saftig und schicksalsergeben – auf einer blauen Platte, mit zusammengebunden Beinen, umgeben von einem Kranz von Kügelchen aus der Füllung.

Es war schwer zu sagen, wer von beiden saftiger aussah, Alice oder die Ente; beide hatten sie eine kräftige Farbe angenommen, und beide glänzten sie erschöpft. Aber Alice war feuerrot und die Ente braun wie Mahagoni.

Burnell musterte die Schneide des Tranchiermessers. Er hielt sich viel auf seine Tranchierkünste zugute. Er haßte es, Frauen beim Tranchieren zuzusehen; sie waren immer zu langsam, und es schien sie nicht zu kümmern, wie das Fleisch hinterher aussah. Anders als er; es erfüllte ihn mit Stolz, hauchdünne Scheiben Roastbeef abzuschneiden oder Stücke vom Lammbraten in genau der richtigen Dicke oder ein Huhn oder eine Ente fachmännisch zu zerlegen …

»Ist das unser erstes Eigenerzeugnis?« fragte er und wußte nur zu gut, daß dem so war.

»Ja, der Schlachter war nicht da. Wir haben gehört, daß er nur zweimal die Woche kommt.«

Aber es bestand kein Grund, sich zu entschuldigen. Der Vogel war köstlich. Gar nicht wie Fleisch, sondern wie eine Art feinste Pastete. »Mein Vater würde sagen«, sprach Burnell, »das muß eine von den Enten sein, denen die Mutter einst auf der Querflöte vorgespielt hat. Und die zarten Weisen des wohlklingenden Instruments haben derart auf das kindliche Gemüt eingewirkt, daß … Möchtest du noch ein Stück, Beryl? Wir beide sind die einzigen in diesem Haus, die einen echten Sinn fürs Essen haben. Ich bin jederzeit bereit, notfalls vor Gericht, zu schwören, daß ich gutes Essen liebe.«

Der Tee wurde im Wohnzimmer gereicht, und Beryl, die aus irgendeinem Grund ganz reizend zu Stanley war, seit er nach Hause gekommen war, schlug eine Partie Cribbage vor. Sie setzten sich an einen kleinen Tisch vor einem der offenen Fenster. Mrs. Fairfield zog sich zurück, und Linda lag im Schaukelstuhl, die Arme über dem Kopf verschränkt, und schaukelte hin und her.

»Du brauchst doch kein Licht – nicht wahr, Linda?« fragte Beryl. Sie verrückte die hohe Lampe, so daß sie in ihrem weichen Lichtschein saß.

Wie fern sie wirkten, die beiden, von dort, wo Linda saß und schaukelte. Der grüne Tisch, die blanken Karten, Stanleys große Hände und Beryls kleine, alles schien Teil einer einzigen geheimnisvollen Bewegung. Stanley, groß und kräftig in seinem dunklen Anzug, machte es sich gemütlich, und Beryl schüttelte den hell beleuchteten Kopf zurück und schmollte. Um den Hals trug sie ein neues Samtband, wie es schien. Es veränderte sie irgendwie – veränderte die Form ihres Gesichts – aber es war reizend, fand Linda. Der Raum duftete nach Lilien; im Kamin standen zwei große Vasen mit Zimmercallas.

»Fünfzehn zwei – fünfzehn vier – und ein Paar macht sechs, und eine Dreierfolge neun«, rechnete Stanley gewissenhaft, als zähle er Schafe.

»Ich habe bloß zwei Paare«, sagte Beryl und jammerte übertrieben, weil sie wußte, wie gern er gewann.

Die Cribbage-Stifte waren wie zwei kleine Leute, die zusammen die Straße hinaufgingen, am Ende kehrtmachten und die Straße wieder herabkamen. Sie verfolgten einander. Sie wollten sich dabei weniger überholen, als sich nah sein, um reden zu können – sich nah sein, das war vielleicht schon alles.

Aber nein, immer wurde einer von beiden ungeduldig und sprang fort, wenn der andere sich näherte, und wollte nichts hören. Vielleicht hatte der weiße Stift Angst vor dem roten, oder vielleicht war er einfach grausam und wollte dem roten keine Gelegenheit geben zu reden …

Im Ausschnitt trug Beryl einen Strauß Stiefmütterchen, und einmal, als die kleinen Stifte Seite an Seite steckten, beugte sie sich vor, und die Stiefmütterchen rutschten heraus und begruben die beiden unter sich.

»Wie schade«, sagte sie und hob die Stiefmütterchen auf. »Gerade, als sie sich endlich in die Arme fallen wollten.«

»Lebwohl, mein Mädchen«, lachte Stanley, und schon sprang der rote Stift davon.

Das Wohnzimmer war lang und schmal, mit Glastüren, die auf die Veranda hinausführten. Es hatte eine elfenbeinweiße Tapete mit goldenem Rosenmuster, und das Mobiliar, das der alten Mrs. Fairfield gehörte, war dunkel und schlicht. An der Wand stand ein Klavier, dessen geschnitzte Vorderfront mit plissierter gelber Seide bespannt war. Darüber hing ein von Beryl gemaltes Ölbild, das einen ganzen Haufen überrascht dreinblickender Klematis zeigte. Jede Blüte war so groß wie eine Untertasse und die Mitte schwarz bewimpert wie ein erstauntes Auge. Aber das Zimmer war noch nicht fertig eingerichtet. Stanley schwärmte von einem Polstersofa und zwei anständigen Sesseln. Linda gefiel es so, wie es war …

Zwei große Nachtfalter flogen zum Fenster herein und umflatterten den Lichtkreis der Lampe.

»Fliegt weg, ehe es zu spät ist. Fliegt wieder hinaus.«

Immer im Kreis flatterten sie; sie schienen auf ihren lautlosen Flügeln die Stille und den Mondschein mit ins Zimmer zu bringen …

»Ich habe zwei Könige«, sagte Stanley. »Ist das gut?«

»Sehr gut«, sagte Beryl.

Linda hörte auf zu schaukeln und stand auf. Stanley blickte zu ihr hinüber. »Ist was, Schatz?«

»Nein, nichts. Ich gehe Mutter suchen.«

Sie verließ das Zimmer und rief am Fuß der Treppe, doch die Stimme ihrer Mutter antwortete ihr von der Veranda.

Der Mond, den Lottie und Kezia vom Kutschbock des Fuhrmanns aus gesehen hatten, war voll, und das Haus, der Garten, die alte Frau und Linda – alles war in gleißendes Licht getaucht.

»Ich habe mir die Aloe angesehen«, sagte Mrs. Fairfield. »Ich glaube, sie wird dieses Jahr blühen. Sieh dir mal die Spitze an. Sind das Knospen, oder sieht das in dem Licht nur so aus?«

Als sie dort auf der Verandatreppe standen, erhob sich das Rasenbeet, auf dem die Aloe stand, wie eine Welle, und die Aloe schien darauf zu treiben wie ein Schiff mit hochgehobenen Rudern. Helles Mondlicht schimmerte auf den Rudern wie Wasser, und auf der grünen Welle glitzerte der Tau.

»Hast du nicht auch das Gefühl«, sagte Linda, und sie sprach zu ihrer Mutter in jenem Tonfall, den Frauen untereinander des nachts annehmen, als sprächen sie im Schlaf oder im Innern einer tiefen Höhle, »hast du nicht auch das Gefühl, daß sie auf uns zukommt?«

Sie träumte, daß sie aus dem kalten Wasser in das Schiff mit den hochgehobenen Rudern und dem knospenden Mast gezogen wurde. Jetzt tauchten die Ruder mit schnellem Schlag ein. Sie ruderten weit fort, über die Baumwipfel des Gartens, über die Koppeln und das dunkle Buschland dahinter. Ach, und sie hörte, wie sie den Ruderern: »Schneller, schneller!« zurief.

Wie wirklich war doch dieser Traum, wie undenkbar, ins Haus zurückzukehren, wo die schlafenden Kinder lagen und wo Stanley und Beryl Cribbage spielten.

»Ich glaube, es sind wirklich Knospen«, sagte sie. »Laß uns in den Garten gehen, Mutter. Ich mag diese Aloe. Ich mag sie lieber als alles andere hier. Und ich bin sicher, ich werde mich noch an sie erinnern, wenn ich alles andere längst vergessen habe.«

Sie legte die Hand auf den Arm ihrer Mutter, und sie gingen die Treppe hinunter, um die Insel herum bis zur Zufahrt, die zum Haupttor führte.

Von unten konnte sie die langen scharfen Stacheln sehen, welche die Blätter der Aloe säumten, und bei dem Anblick verhärtete sich ihr Herz … Sie mochte die langen scharfen Stacheln ganz besonders … Niemand würde es wagen, sich dem Schiff zu nähern oder es zu verfolgen.

»Nicht einmal mein Neufundländer«, dachte sie, »den ich bei Tag so gern habe.«

Denn sie hatte ihn wirklich sehr gern; sie liebte und bewunderte und achtete ihn über die Maßen. Ja, mehr als alles andere auf der Welt! Sie kannte ihn durch und durch. Er war der Inbegriff von Anstand und Ehrlichkeit, und trotz seiner großen Erfahrung war er eine schlichte Seele, schnell zufrieden und schnell gekränkt …

Wenn er sie nur nicht immer so anspringen und so laut bellen würde und sie überall mit seinen eifrigen, liebevollen Augen verfolgte! Er war zu stark für sie; sie hatte schon immer gehaßt, bestürmt zu werden, schon als Kind. Es gab Momente, da jagte er ihr Angst ein, regelrechte Angst. Und sie war drauf und dran, ihn anzuschreien: »Du bringst mich um!« Am liebsten hätte sie dann die gröbsten, häßlichsten Ausdrücke gebraucht …

»Du weißt, wie ich empfindlich ich bin. Du weißt so gut wie ich, daß mein Herz angegriffen ist, und der Doktor hat dir deutlich gesagt, daß ich jederzeit tot umfallen kann. Ich habe doch schon drei so große Brocken in die Welt gesetzt …«

Ja, ja, das war die Wahrheit. Linda ließ den Arm ihrer Mutter los. Trotz aller Liebe und Hochachtung und Bewunderung haßte sie ihn. Und wie zärtlich er nach solchen Momenten war, wie ergeben, wie rücksichtsvoll. Er hätte alles für sie getan; wollte ihr so gern dienen … Linda hörte sich mit matter Stimme sagen:

»Stanley, würdest du bitte die Kerze anzünden?«

Und sie hörte ihn freudig antworten: »Aber gewiß doch, mein Schatz.« Und er sprang aus dem Bett, als wollte er für sie auf den Mond springen.

Noch nie war es ihr so klar gewesen wie in diesem Augenblick. All ihre Gefühle für ihn waren scharf umrissen und eindeutig, und sie waren ehrlich. Und dann gab es noch dieses andere Gefühl, den Haß, und er war so wirklich wie alles andere. Sie hätte ihre Gefühle zu kleinen Päckchen verschnüren und sie Stanley überreichen können. Zu gern hätte sie ihm dieses letzte auch noch gegeben, als Überraschung. Sie sah förmlich seine Augen, wie er es öffnete …

Sie verschränkte die Arme fester und lachte leise. Wie absurd das Leben war – es war lachhaft, einfach lachhaft. Und was war das überhaupt für eine fixe Idee von ihr, um jeden Preis am Leben zu bleiben? Denn es war wirklich nur eine fixe Idee, dachte sie spöttisch und lachte.

»Wozu schone ich mich eigentlich so? Ich werde weiterhin Kinder bekommen, und Stanley wird weiterhin Geld verdienen, und die Kinder und die Gärten werden größer und immer größer, mit ganzen Flotten von Aloen darin, unter denen ich wählen kann.«

Sie war mit gesenktem Kopf gegangen, ohne etwas zu sehen. Nun blickte sie auf und sah sich um. Sie standen vor den rotweißen Kamelienbüschen. Schön waren die üppigen dunklen Blätter, wie sie im Licht glitzerten, und die runden Blüten, die wie rotweiße Vögel zwischen ihnen hockten. Linda zupfte ein Verbenenblatt ab und zerrieb es zwischen den Fingern, und hielt ihrer Mutter die Hände hin.

»Köstlich«, sagte die alte Frau. »Frierst du, Kind? Zitterst du? Ja, deine Hände sind kalt. Wir sollten lieber ins Haus zurückgehen.«

»Woran hast du eben gedacht?« fragte Linda. »Erzähl es mir.«

»Ich habe eigentlich an nichts gedacht. Als wir am Obstgarten vorbeikamen, habe ich mich gefragt, wie die Bäume wohl sind und ob wir im Herbst viel Marmelade einkochen können. Im Gemüsegarten gibt es ein paar prächtige, gesunde Johannisbeersträucher. Das ist mir heute aufgefallen. Ich freue mich schon darauf, wenn die Regale in der Speisekammer voll sind mit unserer eigenen Marmelade …«

XII

»Meine liebste Nan,

Halt mich bitte nicht für einen Faulpelz, weil ich Dir nicht eher geschrieben habe. Ich hatte noch keine Minute Zeit, Liebes, und auch jetzt fühle ich mich so erschöpft, daß ich kaum die Feder halten kann.

Nun denn, die Schandtat ist vollbracht. Wir haben das quirlige Stadtleben tatsächlich hinter uns gelassen, und es besteht wohl kaum Aussicht, jemals zurückzukehren, da mein Schwager dieses Haus ›mit allem Drum und Dran‹ gekauft hat, wie er sich ausdrückt.

In gewisser Weise ist es natürlich auch eine ziemliche Erleichterung, denn seit ich bei ihnen wohne, hat er damit gedroht, aufs Land zu ziehen – und ich muß sagen, das Haus und der Garten sind wirklich sehr schön – tausendmal besser als diese schrecklich enge Bude in der Stadt.

Aber begraben ist man hier, meine Liebe. Und begraben ist gar kein Ausdruck.

Wir haben zwar Nachbarn, aber es sind alles Bauern – grobe Kerle, die den ganzen Tag zu melken scheinen, und zwei schreckliche weibliche Exemplare mit Hasenzähnen, die uns am Tag, als wir einzogen, Scones brachten und uns ihre Hilfe anboten. Meine Schwester, die eine Meile entfernt wohnt, kennt keine Menschenseele hier, also werden wir wohl auch nie jemanden kennenlernen. Bestimmt wird uns auch niemand aus der Stadt besuchen kommen, denn es gibt zwar einen Omnibus, aber das ist ein schrecklicher alter Klapperkasten mit schwarzen Lederbänken, in dem ein vernünftiger Mensch lieber sterben als sich sechs Meilen lang durchrütteln lassen würde.

So ist das im Leben. Ein trauriges Ende für die arme kleine B. In ein, zwei Jahren werde ich eine fürchterliche Landpomeranze geworden sein, und besuchen komme ich dich in einer Öljacke und mit einem Südwester auf dem Kopf, den ich mir mit einem weißen Chiffonschal wie im Automobil festbinde. Reizender Anblick.

Stanley sagt, jetzt, da hier alles an seinem Platz ist – denn nach der schrecklichsten Woche meines Lebens ist hier wirklich alles an seinem Platz – will er samstagnachmittags ein paar Männer aus dem Klub zum Tennis einladen. Zwei sind uns als besondere Attraktion für heute angekündigt. Aber, meine Liebe, wenn du Stanleys Klubfreunde sehen könntest ... eher dick, die Sorte Mann, die ohne Weste irgendwie unanständig aussieht – und die Füße immer ein bißchen einwärts gedreht – kaum zu übersehen, wenn man in weißen Schuhen über einen Tennisplatz läuft. Und dauernd ziehen sie ihre Hose hoch – verstehst Du – und fuchteln sinnlos mit ihren Schlägern in der Luft herum.

Vorigen Sommer habe ich im Klub mit ihnen gespielt, und um zu verstehen, welche Sorte Mann ich meine, genügt es zu erwähnen, daß sie mich, nachdem ich dreimal dort war, alle mit Miss Beryl ansprachen. Es ist eine trostlose Welt. Natürlich findet Mutter es hier ganz herrlich, und wenn ich erst so alt bin wie Mutter, werde ich mich wohl auch damit zufriedengeben, in der Sonne zu sitzen und Erbsen in eine Schüssel zu pulen. Aber jetzt noch nicht – jetzt noch nicht.

Was Linda von all dem hält, ist mir, wie üblich, völlig schleierhaft. Geheimnisvoll wie immer …

Mein Liebe, du kennst doch mein weißes Satinkleid. Ich habe die Ärmel vollständig herausgetrennt und statt dessen schwarze Samtbänder über die Schultern genäht, und zwei große rote Mohnblumen vom *chapeau* meiner teuren Schwester. Ein voller Erfolg, aber ob ich's je tragen werde, weiß der Himmel.«

Beryl verfaßte diesen Brief an einem kleinen Tischchen in ihrem Zimmer. Einerseits war all das natürlich durchaus wahr, andererseits war es aber doch der größte Unsinn, und sie glaubte kein Wort davon. Nein, das stimmte nicht ganz. Sie empfand all diese Dinge, aber sie empfand sie doch nicht auf diese Weise.

Es war ihr anderes Selbst, das diesen Brief geschrieben hatte. Ihr wahres Selbst war davon nicht nur angeödet, sondern geradezu angewidert.

»Kaltschnäuzig und albern«, sagte ihr wahres Selbst. Und doch würde sie ihn abschicken, und sie würde Nan Pym auch weiterhin solch dummes Zeug schreiben. Verglichen mit ihren üblichen Briefen, war dieser sogar noch milde ausgefallen.

Beryl stützte ihre Ellbogen auf den Tisch und las den Brief noch einmal durch. Die Stimme des Briefes drang an ihr Ohr. Sie war schon ganz schwach, wie eine Stimme im Telephon, schrill, übersprudelnd, mit einem bitteren Beiklang. Oh, sie haßte sie heute.

»Du bist immer so temperamentvoll«, sagte Nan Pym. »Darum sind die Männer so von dir angetan.« Und sie hatte hinzugefügt, etwas betrübt, denn die Männer waren durchaus nicht von Nan angetan, die ein stämmiges Mädchen war, mit breiten Hüften und roten Wangen: »Ich verstehe gar nicht, wie du das durchhältst. Aber das ist wahrscheinlich dein Wesen.«

So ein Quatsch. So ein Blödsinn. Mit ihrem Wesen hatte das überhaupt nichts zu tun. Du lieber Himmel, wenn sie Nan Pym je ihr wahres Selbst offenbart hätte, wäre Nannie vor Schreck aus dem Fenster gesprungen ... Meine Liebe, du kennst doch mein weißes Satinkleid ... Beryl klappte ihre Schreibmappe zu.

Sie sprang auf und trat, halb unbewußt, halb bewußt, vor den Spiegel.

Da stand ein schlankes Mädchen in Weiß – ein weißer Wollrock, eine weiße Seidenbluse und ein Ledergürtel, der sehr eng um ihre schmale Taille geschnallt war.

Ihr Gesicht war herzförmig, die Stirn breit, das Kinn spitz – aber nicht zu spitz. Ihre Augen, ihre Augen waren vielleicht das Beste an ihr; sie hatten eine so seltsame, ungewöhnliche Farbe – grünlichblau mit kleinen goldenen Sprenkeln darin.

Sie hatte feingeschwungene schwarze Augenbrauen und lange Wimpern – so lang, daß sie, wenn sie auf ihren Wangen lagen, buchstäblich das Licht einfingen, wie ihr einmal jemand gesagt hatte.

Ihr Mund war ziemlich groß. Zu groß? Nein, eigentlich nicht. Ihre Unterlippe stand ein bißchen vor; sie hatte eine Art, sie einzuziehen, die, wie jemand anderes behauptet hatte, absolut hinreißend war.

Mit ihrer Nase war sie am wenigsten zufrieden. Nicht, daß sie geradezu häßlich gewesen wäre. Aber sie war nicht halb so schön wie Lindas Nase. Linda hatte wirklich ein vollendetes kleines Näschen. Ihre dagegen war etwas breit – nicht sehr. Und höchstwahrscheinlich fand sie ihre Nase überhaupt nur zu breit, weil es ihre Nase war, und sie war immer so schrecklich kritisch mit sich selbst. Sie kniff sie mit Daumen und Zeigefinger und schnitt eine kleine Grimasse …

Wundervolles, ganz wundervolles Haar. Und in welcher Fülle! Es hatte die Farbe von frischgefallenen Blättern, braun und rot mit einem Schimmer von Gold. Wenn sie es zu einem Zopf flocht, spürte sie es auf dem Rückgrat wie eine lange Schlange. Sie genoß sein Gewicht, das ihr den Kopf nach hinten zog, und sie genoß es, wenn es ihr offen über die nackten Arme fiel. »Ja, meine Liebe, keine Frage, du bist wirklich ein bildhübsches kleines Ding.«

Bei diesen Worten hob sich ihr Busen; ganz entzückt, die Augen halb geschlossen, atmete sie tief durch.

Aber noch während sie hinschaute, erstarb das Lächeln auf ihren Lippen. O Gott, da fing sie schon wieder an, das ewig gleiche Spiel zu spielen. Falsch – falsch wie immer. Falsch wie eben, als sie an Nan Pym geschrieben hatte. Falsch noch jetzt, wo sie mit sich allein war.

Was hatte dieses Geschöpf im Spiegel da mit ihr gemein, und was starrte sie so hin? Sie sank auf die Bettkante nieder und vergrub das Gesicht in den Armen.

»Ach«, rief sie, »ich bin so unglücklich – so furchtbar unglücklich. Ich weiß, daß ich albern und mißgünstig und eitel bin; immer muß ich mich verstellen! Nie bin ich auch nur für einen Augenblick ich selbst.« Und deutlich, nur allzu deutlich sah sie ihr falsches Selbst, wie es treppauf, treppab lief, in künstlich trällerndes Lachen ausbrach, wenn sie Gäste hatten, wie es unter der Lampe stand, wenn ein Mann zum Abendessen kam, damit er den Lichtschimmer auf ihrem Haar sah, wie es schmollte und sich wie ein kleines Mädchen zierte, wenn sie gebeten wurde, Gitarre zu spielen. Ach Gott! Sogar vor Stanley machte sie nicht Halt. Erst gestern abend noch, als er die Zeitung las, hatte ihr falsches Selbst neben ihm gestanden und sich ganz bewußt an seine Schulter gelehnt. Hatte sie nicht die Hand über seine gelegt und auf etwas gezeigt, nur damit er sah, wie weiß ihre Hand neben seiner braunen war?

Wie verachtenswert! Ja, verachtenswert! Ihr Herz war kalt vor Wut. »Wirklich großartig, wie du das durchhältst«, sagte sie zu dem falschen Selbst. Aber es kam ja nur daher, weil sie so unglücklich war – so unglücklich. Wenn sie glücklich wäre und ihr eigenes Leben führte, wäre Schluß mit dem falschen Selbst. Sie sah die wahre Beryl – ein Schatten ... ein Schatten. Ein Schimmern, matt und wesenlos. Was war sie denn mehr als dieses Schimmern? Und wie kurz waren die Momente, in denen sie wirklich sie selbst war. Beryl konnte sich fast an jeden einzelnen erinnern. In jenen Augenblicken hatte sie es gespürt: »Das Leben ist reich und geheimnisvoll und gut, und auch ich bin reich und geheimnisvoll und gut.« Werde ich jemals ganz und gar diese Beryl sein? Für immer? Aber wie? Und gab es denn je eine Zeit, da ich kein falsches Selbst hatte? ... Doch gerade, als sie so weit gekommen war, hörte sie kleine Schritte über den Flur laufen; die Türklinke klapperte. Kezia kam herein.

»Tante Beryl, Mutter sagt, du möchtest bitte nach unten kommen. Vater ist mit einem Mann da, und das Essen ist fertig.«

Ach, verflixt! Wie sie ihren Rock zerknittert hatte mit diesem idiotischen Kniefall.

»Ist gut, Kezia.« Sie trat an die Frisierkommode und puderte sich die Nase.

Kezia folgte ihr, schraubte den Deckel von einem kleinen Cremetiegel und schnupperte daran. Unter dem Arm trug sie eine sehr schmutzige Stoffkatze.

Als Tante Beryl aus dem Zimmer lief, setzte sie die Katze

auf die Frisierkommode und hängte ihr den Deckel des Cremetiegels übers Ohr.

»Jetzt sieh dich mal an!« sagte sie streng.

Die Stoffkatze war so verblüfft von dem Anblick, daß sie hintenüberkippte und rumms, bumms auf dem Boden landete. Und der Deckel des Tiegels flog durch die Luft und rollte wie ein Penny im Kreis übers Linoleum – und blieb heil.

Aber für Kezia war er bereits zerbrochen, als er noch durch die Luft flog; und sie hob ihn auf, ganz erhitzt, und legte ihn zurück auf die Frisierkommode.

Dann schlich sie auf Zehenspitzen davon, viel zu eilig und unbekümmert …

JE NE PARLE PAS FRANÇAIS

Ich weiß nicht, warum ich solchen Gefallen an diesem kleinen Café hier finde. Es ist schmutzig und trist, ja trist. Es unterscheidet sich in nichts von hundert anderen – nein; und es wird auch nicht von pitoresken Gestalten frequentiert, die man aus seinem Eckchen heraus beobachten und deren Wesen man mehr oder weniger (mit der Betonung auf weniger) ergründen könnte.

Nun halten Sie diese Klammer bitte nicht für eine Demutsbezeugung vor dem Mysterium der menschlichen Seele. Durchaus nicht; ich glaube nicht an die menschliche Seele. Ich habe nie an sie geglaubt. Ich glaube, die Menschen sind wie Handkoffer: mit allerlei Dingen vollgestopft werden sie auf die Reise geschickt, herumgestoßen, beiseite geschubst, fallen gelassen, sie gehen verloren, werden wiedergefunden, werden im nächsten Moment halb geleert oder voller gestopft denn je, bis der letzte Gepäckträger sie schließlich auf den letzten Zug bugsiert, und dann rattern sie endgültig davon …

Was nicht heißen soll, daß diese Koffer nicht auch recht interessant sein können. Oh, sehr sogar! Ich stelle mir vor, ich bin ein Zollbeamter, nicht wahr, und vor mir steht solch ein Koffer.

»Haben Sie etwas zu verzollen? Wein, Spirituosen, Zigarren, Parfüm, Seide?«

Und der Moment des Zögerns – ob ich wohl beschwindelt werde? – bevor ich meinen Kreidekringel anbringe – und der Moment des Zögerns hinterher – ob ich wohl beschwindelt worden bin? – das sind vielleicht die zwei aufregendsten Augenblicke im Leben. Für mich jedenfalls.

Doch was ich eigentlich nur sagen wollte, bevor ich mich zu dieser langen und nicht sonderlichen originellen Abschweifung hinreißen ließ, ist, daß es hier keine Koffer zu untersuchen gibt, weil die Kundschaft dieses Cafés, meine Damen und Herren, sich nicht hinsetzt. Nein, sie hält sich am Tresen auf, und sie besteht aus einer Handvoll Arbeiter, die vom Fluß heraufkommt, über und über mit Mehl, Kalk oder anderem weißen Zeug bestäubt, und ein paar Soldaten in Begleitung dünner, dunkelhaariger Mädchen mit silbernen Ringen in den Ohren und Marktkörben am Arm.

Madame ist ebenfalls dünn und dunkelhaarig und hat bleiche Wangen und bleiche Hände. In einem bestimmten Licht wirkt sie geradezu durchsichtig, ein einziges Schimmern inmitten des schwarzen Umschlagtuchs; sehr effektvoll. Wenn sie nicht gerade bedient, sitzt sie auf einem Hokker, das Gesicht dem Fenster zugewandt. Ihre dunkel umrandeten Augen mustern die Passanten, doch nicht so, als suchte sie jemanden. Das hat sie vielleicht vor fünfzehn Jahren getan; aber nun ist ihr die Pose zur Gewohnheit geworden. Man sieht es an ihrem müden, hoffnungslosen Blick, daß sie es aufgegeben hat, seit zehn Jahren mindestens …

Und dann ist da der Kellner. Keine traurige Gestalt – erst recht keine komische. Nie läßt er eine dieser völlig sinnlosen Bemerkungen fallen, die einen bei Kellnern stets so verblüffen (als wären die armen Teufel eine Kreuzung zwischen Kaffeekanne und Weinflasche und dürften keinen Tropfen von etwas anderem enthalten). Er ist grauhaarig, plattfüßig und runzlig und hat lange, brüchige Fingernägel, die einen ganz nervös machen, wenn er seine zwei Sous aufliest. Wenn er nicht gerade mit dem Lappen über den Tisch schmiert oder ein paar tote Fliegen wegwedelt, steht er da, in seiner viel zu langen Schürze, die Hand auf eine Stuhllehne gestützt, über dem anderen Arm den Zipfel einer schmutzigen Serviette, und wartet darauf, im Zusammenhang mit einer abscheulichen Mordtat photographiert zu werden. »Das Innere des Cafés, wo die Leiche gefunden wurde.« Man hat ihn schon hundertmal gesehen.

Finden Sie nicht auch, daß jeder Ort seine bestimmte Stunde am Tag hat, wo er wirklich zum Leben erwacht? Aber das trifft nicht genau, was ich meine. Es ist eher so: Es scheint tatsächlich einen Moment zu geben, wo wir feststellen, daß wir, rein zufällig, die Bühne in genau dem richtigen Augenblick betreten haben. Alles ist vorbereitet – alles wartet nur auf uns. Ah, wir sind Herr der Lage! Wir kommen uns wichtig vor. Und zugleich lächeln wir heimlich in uns hinein, denn das Leben ist sonst kaum geneigt, uns solche Auftritte zu gewähren, es ist vielmehr darauf aus, sie uns gehörig zu vermasseln, uns in der Kulisse festzuhalten, bis es zu spät ist ... Dieses eine Mal aber haben wir der alten Zauberin ein Schnippchen geschlagen.

Einen solchen Moment habe ich erlebt, als ich zum ersten Mal hierherkam. Das mag auch der Grund sein, weshalb ich immer wiederkomme. Ich kehre an den Schauplatz meines Triumphs zurück, oder an den Ort des Verbrechens, wo ich die garstige alte Hexe bei der Gurgel gepackt habe und für einmal mit ihr umgesprungen bin, wie es mir paßte.

Frage: Warum begegne ich dem Leben mit solcher Bitterkeit? Und warum sehe ich, wenn ich an das Leben denke, eine Lumpensammlerin vor mir, die, wie in einem amerikanischen Film, in einem schmutzstarrenden Umhang durch die Gegend schlurft, die alten Klauen um einen Stock gekrümmt?

Antwort: Das ist der Einfluß der amerikanischen Filme auf einen ungefestigten Charakter.

Nun, wie auch immer, der kurze Winternachmittag »hatte sich geneigt«, wie man so sagt, und ich ließ mich treiben, unschlüssig, ob ich nach Hause gehen sollte oder nicht, als ich mich plötzlich in diesem Café befand und auf diesen Eckplatz zusteuerte.

Ich hängte meinen englischen Überzieher und grauen Filzhut an ebenden Haken hier hinter mir, und nachdem ich dem Kellner genügend Zeit gelassen hatte, daß mindestens zwanzig Photographen sich an ihm hätten satt knipsen können, bestellte ich einen Kaffee.

Er schenkte mir ein Glas des üblichen, schwarzvioletten Gebräus ein, über das ein grünliches Licht hinspielte, und schlurfte davon, und ich saß da und preßte die Hände ans Glas, denn draußen war es bitterkalt.

Plötzlich wurde ich gewahr, daß ich, ohne es zu wollen, vor mich hin lächelte. Langsam hob ich den Kopf, und ich sah mich im Spiegel gegenüber. Ja, da saß ich, auf den Tisch gestützt, lächelte geheimnisvoll in mich hinein, vor mir das milchig dampfende Glas Kaffee und daneben der weiße Kreis der Untertasse mit zwei Stückchen Zucker.

Ich machte die Augen weit auf. Immer schon war ich dagewesen, seit ewigen Zeiten sozusagen, und jetzt endlich erwachte ich zum Leben …

Es war sehr still im Café. Draußen, man konnte es in dem Dämmerlicht gerade noch erkennen, hatte es zu schneien begonnen. Man konnte gerade noch die Umrisse von Pferden und Wagen und Menschen erkennen, die sich, verschwommen und weiß, wie durch Watte bewegten. Der Kellner verschwand und tauchte wieder auf mit einem Armvoll Stroh. Er streute es auf den Boden, von der Tür zur Theke und rings um den Ofen, mit demütigen, fast weihevollen Bewegungen. Man wäre nicht überrascht gewesen, wenn sich die Tür geöffnet hätte und die Jungfrau Maria wäre, auf einem Esel reitend, hereingekommen, die milden Hände über dem runden Bauch gefaltet …

Hübsch, nicht wahr, dieses Detail mit der Heiligen Jungfrau? Es fließt so anmutig aus der Feder; »es hat einen so sterbenden Fall«. So dachte ich damals und beschloß, es mir zu notieren. Wer weiß, wann man solch einen kleinen Schnörkel einmal gebrauchen kann, um einen Absatz abzurunden. Darauf bedacht, mich so wenig wie möglich zu bewegen, weil der »Zauber« noch nicht gebrochen war (kennen Sie das?), langte ich nach der Schreibmappe auf dem Nebentisch.

Natürlich, weder Papier noch Umschläge. Nur ein Blatt rosaroten Löschpapiers, unglaublich weich und geschmeidig und fast feucht, wie die Zunge eines toten Kätzchens, wobei ich eine solche indes noch nie berührt habe.

Ich saß so da – doch unbewußt immer in diesem Zustand der Erwartung, die Zunge des toten Kätzchens mit den Fingern hin- und herwendend, und die anmutige Formulierung im Geiste hin- und herwendend, während meine Augen die Kritzeleien auf der Schreibmappe registrierten, die Mädchennamen und die schmutzigen Witze und die Zeichnungen von Flaschen und Tassen, die nicht richtig auf den Untertassen standen.

Es sind im übrigen immer die gleichen. Die Mädchen haben immer dieselben Namen, die Tassen stehen nie richtig auf der Untertasse; alle Herzen sind durchbohrt und mit einer Schleife zusammengebunden.

Doch dann fiel mir, ganz plötzlich, am unteren Rand, in grüner Tinte geschrieben, dieser alberne, abgedroschene kleine Satz ins Auge: *Je ne parle pas français.*

Da! Das war er – der Moment – *le geste!* Und obwohl ich doch gewappnet war, traf er mich, warf mich um; ich war einfach überwältigt. Und das physische Empfinden war so sonderbar, so eigenartig. Mir war, als ob alles an meinem Körper, außer dem Kopf und den Armen, alles, was unter dem Tisch war, sich einfach aufgelöst habe, geschmolzen sei, zu Wasser geworden. Nur mein Kopf war noch übrig, und zwei Armstöcke, die sich auf den Tisch stützten. Aber, ach! die Qual dieses Augenblicks! Wie soll ich sie nur beschreiben? Ich dachte an nichts. Ich schrie nicht einmal innerlich auf. Einen Moment lang war ich nicht. Ich war Qual, Qual, Qual.

Dann war es vorbei, und gleich darauf dachte ich: »Großer Gott! Wie ist es nur möglich, so stark zu empfinden? Ich war ja regelrecht bewußtlos! Nicht eine einzige passende Formulierung wollte mir einfallen! Ich war übermannt! Ich war hingerissen! Ich habe nicht einmal auch nur versucht, es niederzuschreiben!«

Und mir schwoll die Brust, schwoll immer mehr, bis ich mir schließlich Luft machte: »Wenn das nicht der Beweis für echte Originalität ist. Kein mittelmäßiger Geist hätte ein Gefühl so intensiv empfinden können, so … rein.«

Der Kellner hat einen Kienspan an den roten Ofen gehalten und eine Gasblase unter einem breiten Lampenschirm entzündet. Es ist zwecklos, aus dem Fenster zu schauen, Madame; es ist jetzt stockdunkel. Ihre weißen Hände, Madame, scheinen über Ihrem dunklen Umschlagtuch zu schweben. Sie sind wie zwei Vögel, die ihren Platz zum Schlafen suchen. Unruhig sind sie, unruhig … Jetzt stecken Sie sie, endlich, in Ihre warmen kleinen Achselhöhlen, Madame.

Jetzt hat der Kellner eine lange Stange genommen und klirrend die Vorhänge zugezogen. »Alles weg«, wie Kinder sagen.

Und außerdem kann ich Leute nicht ausstehen, die sich von nichts trennen können, sich an alles klammern, allem nachtrauern. Was weg ist, ist weg. Aus und vorbei. Also, laß fahren dahin! Verschwende keinen Gedanken daran, und tröste dich, wenn du denn Trost brauchst, mit dem Gedanken, daß man ohnehin nie das wiederfindet, was man verloren hat. Es ist immer neu. In dem Moment, wo uns etwas verläßt, ist es verwandelt. Ja, das gilt sogar für den Hut, dem wir nachjagen; nicht nur oberflächlich verwandelt – sondern in seinem innersten Wesen … Ich habe es mir zur Maxime gemacht, nie etwas zu bereuen und nie zurückzublicken. Reue ist eine schändliche Kraftvergeudung, und niemand, der Schriftsteller werden will, kann sich Reue leisten. Reue läßt sich nicht gestalten; sie trägt nicht; sie taugt nur dazu, daß man sich in ihr suhlt. Zurückzublicken ist natürlich ebenso fatal für die Kunst. Man bleibt arm auf diese Weise. Die Kunst aber duldet keine Armut.

Je ne parle pas français. Je ne parle pas français. Während ich diese letzte Seite schrieb, ist mein anderes Ich draußen im Dunkeln herumgejagt. Es hat mich verlassen, gerade als ich anfing, meinen großen Moment zu analysieren, lief verstört davon, wie ein verlassener Hund, der glaubt, er höre endlich, endlich wieder den vertrauten Schritt.

»Maus! Maus! Wo bist du? Bist du in der Nähe? Bist du das, die sich dort oben aus dem Fenster lehnt und die Arme nach den Läden ausstreckt? Bist du das weiche Bündel, das durch den wirbelnden Schnee auf mich zukommt? Bist du das kleine Mädchen, das sich durch die Drehtür des Restaurants zwängt? Ist das dein Schatten, der sich in der Droschke vorbeugt? Wo bist du? Wohin muß ich mich wenden? Wohin soll ich laufen? Und jeden Moment, den ich hier zaudernd verweile, entfernst du dich mehr. Maus! Maus!«

Jetzt ist der arme Hund ins Café zurückgekehrt, mit eingeklemmtem Schwanz und ganz erschöpft.

»Es war … falscher … Alarm. Sie ist nirgends … zu sehen.«

»Dann kusch dich! Kusch! Kusch!«

Mein Name ist Raoul Duquette. Ich bin sechsundzwanzig Jahre alt und Pariser, ein echter Pariser. Was meine Familie betrifft – die spielt keine Rolle. Ich habe keine Familie; ich will keine haben. Ich denke nie an meine Kindheit. Ich habe sie vergessen.

Tatsächlich gibt es nur eine Sache, die mir allerdings hartnäckig in Erinnerung geblieben ist. Sie ist recht interessant, weil sie mir, vom literarischen Standpunkt her, jetzt so überaus bedeutsam für meine Person zu sein scheint. Und zwar folgendes:

Als ich etwa zehn war, hatten wir eine afrikanische Waschfrau, sehr dick, sehr schwarz, mit einem karierten Tuch über dem Kraushaar. Wenn sie zu uns kam, schenkte sie mir immer besondere Aufmerksamkeit, und sobald die Kleider aus dem Wäschekorb genommen waren, hob sie mich hinein und schaukelte mich hin und her, während ich mich an die Griffe klammerte und vor Freude und Angst kreischte. Ich war klein für mein Alter, und blaß, mit einem bezaubernden, kleinen, halb offenen Mündchen – das weiß ich genau.

Eines Tages, als ich an der Tür stand und ihr nachsah, wie sie fortging, wandte sie sich um und winkte mich heran, seltsam geheimnisvoll lächelnd und nickend. Ich kam gar nicht auf die Idee, ihr nicht zu folgen. Sie nahm mich mit in einen kleinen Schuppen am Ende des Durchgangs, hob mich hoch und küßte mich ab. Ah, diese Küsse! Besonders die Küsse auf die Ohren, die mich beinahe taub machten.

Und dann, mit einem wohligen Stöhnen, riß sie ihre Bluse auf und drückte mich an sich. Nachdem sie mich wieder abgesetzt hatte, holte sie einen kleinen runden Krapfen mit Zuckerguß aus ihrer Tasche, und ich taumelte durch den Gang zurück zu unserer Tür.

Da sich dieses Schauspiel jede Woche wiederholte, ist es kein Wunder, daß ich es so lebhaft in Erinnerung behalten habe. Abgesehen davon, daß an jenem allerersten Nachmittag meine Kindheit, man könnte sagen – »weggeküßt« worden war. Ich verweichlichte, ließ mich verhätscheln, und meine Selbstsucht kannte keine Grenzen. Und derart aufgestachelt, derart geschärft waren meine Sinne, daß ich glaubte, jedermann zu durchschauen und mit ihm tun und machen zu können, was ich wollte.

Ich muß mich damals in einem Dauerzustand körperlicher Erregung befunden haben, und das war es wohl, was die Leute so anzog. Denn alle Pariser sind schließlich – ach was, genug davon. Und genug auch von meiner Kindheit. Begraben wir sie unter einem Korb schmutziger Wäsche statt unter einem Schauer von Rosen, und *passons outre.*

Meine Zeitrechnung beginnt in dem Moment, wo ich Mieter einer kleinen Junggesellenwohnung im fünften Stock eines hohen, nicht allzu schäbigen Hauses wurde, in einer Straße, die man vielleicht diskret nennen könnte. Sehr nützlich, so etwas ... Dort erschien ich, kam ans Licht und streckte meine beiden Fühler aus, auf dem Rücken ein Arbeitszimmer und ein Schlafzimmer und eine Küche. Und mit richtigen Möbeln in den Zimmern. Im Schlafzimmer ein Kleiderschrank mit einem hohen Spiegel, ein großes Bett mit einer gelben aufgeplusterten Steppdecke, ein Nachttisch mit Marmorplatte und eine mit winzigen Äpfeln gesprenkelte Waschgarnitur. In meinem Arbeitzimmer: englischer Schreibtisch mit Schubladen, Schreibtischstuhl mit Lederpolster, Bücher, Lehnstuhl, ein Beistelltisch mit Papiermesser und Lampe darauf, und an den Wänden ein paar Aktstudien. Die Küche benutzte ich nur, um alte Zeitungen hineinzuwerfen.

Ach, ich sehe mich noch an jenem ersten Abend, nachdem die Möbelmänner gegangen waren und ich es geschafft hatte, die abscheuliche alte Concierge abzuwimmeln – wie ich auf Zehenspitzen umherging, aufräumte und mit den Händen in den Hosentaschen vor dem Spiegel stand und zu der strahlenden Erscheinung sagte: »Ich bin ein junger Mann, der eine eigene Wohnung hat. Ich schreibe für zwei Zeitungen. Ich beschäftige mich mit ernsthafter Literatur. Ich stehe am Anfang einer Karriere. Das Buch, das ich veröffentliche, wird die Kritik verblüffen. Ich werde über Dinge schreiben, über die noch niemand geschrieben hat. Ich werde mir einen Namen machen als Schriftsteller der Gosse. Aber nicht so, wie andere es vor mir getan haben. O nein! Ganz naiv, mit einem fast zärtlichen Humor, und von innen heraus, als ob alles ganz einfach wäre, ganz natürlich. Ich sehe meinen Weg genau vor mir. Niemand hat es vor mir so gemacht, weil niemand die Erfahrung hatte, die ich habe. Ich bin reich – ich bin reich.«

Gleichwohl hatte ich nicht mehr Geld als heute. Es ist erstaunlich, wie gut man ohne Geld leben kann … Ich besitze jede Menge guter Kleider, seidene Unterwäsche, zwei Abendanzüge, vier Paar Lackstiefel mit hellem Oberleder, alle möglichen Kleinigkeiten wie Handschuhe und Puderdosen und ein Maniküre-Etui, Parfüms, sehr gute Seife, und nichts davon ist bezahlt. Wenn ich Bargeld benötige – nun, es findet sich immer eine afrikanische Waschfrau und ein Schuppen, und ich bin sehr offenherzig und ganz *bon enfant*, wenn es um reichlich Zuckerguß für den Krapfen danach geht …

Und hier möchte ich gern etwas festhalten. Nicht um mich damit zu brüsten, sondern weil es mich selbst ein wenig verwundert. Noch nie habe ich einer Frau gegenüber Avancen machen müssen. Und das nicht, weil ich nur eine Sorte Frauen kennen würde – gewiß nicht. Kleine Prostituierte und ausgehaltene Frauen, nicht mehr junge Witwen und Ladenmädchen, Gattinnen ehrbarer Männer und sogar fortschrittliche, literarisch gebildete Damen bei den exklusivsten Diners und Soireen (an denen ich teilnahm), sie alle traten mir nicht nur unterschiedslos willig, sondern unmißverständlich auffordernd entgegen. Am Anfang überraschte es mich. Ich blickte damals über den Tisch und dachte: »Sollte diese vornehme junge Dame, die sich dort mit dem Herrn mit dem braunen Vollbart über *le Kipling* unterhält, tatsächlich ihren Fuß an den meinen drücken?« Und ich war mir nie ganz sicher, bis ich meinerseits den ihren gedrückt hatte.

Erstaunlich, nicht wahr? Wie kommt es, daß ausgerechnet ich jede Frau haben kann, die ich haben will. Ich sehe keineswegs aus wie der Schwarm aller jungen Mädchen …

Ich bin klein und schmächtig, habe olivbraune Haut, schwarze Augen mit langen Wimpern, schwarzes, glattes, kurzgeschnittenes Haar, kleine ebenmäßige Zähne, die zu sehen sind, wenn ich lächle. Meine Hände sind geschmeidig und klein. Eine Frau in einem Bäckerladen hat einmal zu mir gesagt: »Sie haben die richtigen Hände, um Feingebäck zu machen.« Zugegeben, ohne Kleider bin ich ganz hübsch anzusehen. Alles an mir ist gerundet, fast wie bei einem Mädchen, mit glatten Schultern, und ich trage ein dünnes goldenes Armband über dem linken Ellbogen.

Aber halt! Was erzähle ich denn da, von meinem Körper und dergleichen? Es muß an meinem lasterhaften Lebenswandel liegen, an meinem Leben in der Gosse. Ich bin wie eine dieser Frauen in den Cafés, die sich uns bekannt machen, indem sie eine Handvoll Photographien hervorholen. »Ich im Hemdchen, wie ich aus einer Eierschale schlüpfe … Ich kopfüber auf einer Schaukel, mit einem Rüschenpopo wie ein Blumenkohl …« Sie wissen schon.

Sie mögen finden, daß das, was ich geschrieben habe, einfach nur oberflächlich sei, bloß unverschämt und billig, aber Sie irren sich. Ich gebe zu, es klingt so, aber das ist eben nicht alles. Wenn es oberflächlich wäre, wie hätte ich empfinden können, was ich empfand, als ich jenen banalen kleinen Satz las, der da in grüner Tinte auf der Schreibunterlage gekritzelt stand? Das beweist, daß mehr in mir steckt und daß ich ernst zu nehmen bin, oder nicht? Wäre die Regung nur einen Bruchteil schwächer gewesen als in jenem Moment der Seelenqual, ich hätte sie wohl vortäuschen können. Aber nicht so! Das war echt.

»Kellner, einen Whisky.«

Ich verabscheue Whisky. Wenn ich ihn nur in den Mund nehme, empört sich schon mein Magen, und das Zeug, das hier ausgeschenkt wird, ist sicher besonders schauderhaft. Ich habe den Whisky bestellt, weil ich beabsichtige, über einen Engländer zu schreiben. Wir Franzosen sind noch immer unglaublich altmodisch und in manchen Dingen einfach nicht auf der Höhe der Zeit. Ich wundere mich, daß ich nicht auch noch ein Paar Knickerbockers aus Tweed, eine Pfeife, lange Schneidezähne und einen roten Backenbart bestellt habe.

»Danke, *mon vieux*. Haben Sie zufällig auch Knickerbokkers?«

»Nein, Monsieur«, antwortet er betrübt. »Wir führen keine amerikanischen Getränke.«

Und nachdem er über eine Tischecke geschmiert hat, geht er wieder, um noch ein paar Aufnahmen bei künstlichem Licht machen zu lassen.

Puh! Dieser Geruch! Und das widerliche Gefühl, wenn sich einem die Kehle zusammenzieht.

»Ein schreckliches Gesöff, um sich damit zu betrinken«, sagt Dick Harmon, dreht sein kleines Glas zwischen den Fingern und lächelt sein bedächtiges, verträumtes Lächeln. Also betrinkt er sich damit, bedächtig und verträumt, und irgendwann beginnt er leise, ganz leise zu singen, von einem Mann, der herumirrt auf der Suche nach einer warmen Mahlzeit.

Ah! Wie ich dieses Lied liebte, und die Art, wie er es sang, langsam, ganz langsam, mit dunkler, sanfter Stimme:

»There was a man
Walked up und down
To get a dinner in the town …«

Alles schien in diesem feierlichen Lied und seinem schleppenden Rhythmus enthalten zu sein, all die hohen, grauen Gebäude, all der Nebel, die endlosen Straßen, die scharfen Schattenrisse der Polizisten, alles das, was England ausmacht.

Und dann – dieses Motiv! Der hagere, ausgehungerte Mensch, der herumläuft und überall vor verschlossenen Türen steht, weil er kein »home« hat. Wie ungemein englisch das ist … Ich weiß noch, es endete damit, daß er schließlich doch noch »a place« fand und eine Fischbulette bestellte, aber als er Brot dazu verlangte, fuhr ihn der Kellner verächtlich und mit lauter Stimme an: »Zu *einem* Fischklops reichen wir kein Brot.«

Was will man mehr? Wie tiefsinnig diese Lieder sind! Sie enthalten die ganze Psychologie eines Volkes; und wie unfranzösisch – wie unfranzösisch!

»Noch einmal, Diiick, noch einmal!« bettelte ich immer, rang die Hände und machte einen Schmollmund. Und bereitwillig sang er es immer und immer wieder.

Auch so ein Fall. Sogar bei Dick war *er* es, der die ersten Avancen machte.

Ich traf ihn auf einer Abendgesellschaft, die der Herausgeber einer neuen Zeitschrift gab. Es war eine sehr erlesene, sehr elegante Angelegenheit. Ein paar hohe Tiere waren anwesend, und die Damen waren äußerst *comme il faut*. Sie saßen in großer Abendtoilette auf kubistischen Sofas und gestatteten uns, ihnen Fingerhüte voll Kirschlikör zu reichen und mit ihnen über ihre Gedichte zu reden. Denn soweit ich mich erinnern kann, waren sie allesamt Dichterinnen.

Dick war unmöglich zu übersehen. Er war der einzige Engländer dort, und anstatt graziös durch den Raum zu wandeln, wie wir es taten, stand er an die Wand gelehnt, die Hände in den Hosentaschen, das verträumte Lächeln auf den Lippen, und antwortete, wenn jemand ihn ansprach, in exzellentem Französisch mit seiner tiefen, warmen Stimme.

»Wer ist das?«

»Ein Engländer. Aus London. Schriftsteller. Interessiert sich besonders für die moderne französische Literatur.«

Das genügte mir. Mein kleines Büchlein ›Falsche Münzen‹ war gerade erschienen. Ich war ein junger, ernsthafter Schriftsteller, der sich besonders für die moderne englische Literatur interessierte.

Aber ich kam gar nicht dazu, meine Angelschnur auszuwerfen, denn er gab sich einen leichten Ruck, kam sozusagen an die Wasseroberfläche, um nach dem Köder zu schnappen, und sagte: »Wollen Sie mich nicht in meinem Hotel aufsuchen? Kommen Sie um fünf Uhr, dann können wir uns unterhalten, bevor wir zum Dinner ausgehen.«

»Mit Vergnügen!«

Ich war so über die Maßen geschmeichelt, daß ich ihn stehenließ, wo er war, um mich umgehend vor den kubistischen Sofas aufzuplustern. Was für ein Fang! Ein Engländer, ernst und reserviert, der sich besonders für französische Literatur interessierte …

Noch am selben Abend wurde ein Exemplar von ›Falsche Münzen‹ mit einer Widmung in wohlgesetzten, warmen Worten abgeschickt, und ein oder zwei Tage später dinierten wir dann zusammen und verbrachten den Abend im Gespräch.

Im Gespräch – aber nicht nur über Literatur. Erleichtert stellte ich fest, daß es nicht nötig war, ständig von der Tendenz des modernen Romans zu reden, von der Suche nach einer neuen Form, oder davon, warum unsere jungen Leute sie ganz offensichtlich nicht fanden. Ab und zu spielte ich, wie unbeabsichtigt, eine Karte aus, die scheinbar nichts mit dem Spiel zu tun hatte, nur um zu sehen, wie er reagieren würde. Doch er nahm sie nur ungerührt in die Hand und lächelte sein verträumtes Lächeln. Allenfalls murmelte er: »Sehr kurios.« Aber nicht so, als ob es in irgendeiner Weise kurios wäre.

Diese ruhige Gelassenheit machte mich leichtsinnig. Sie faszinierte mich. Sie reizte mich immer mehr, bis ich ihm schließlich alle meine Karten hinwarf und mich zurücklehnte und zusah, wie er sie in sein Blatt einordnete.

»Sehr kurios, sehr interessant ...«

Mittlerweile waren wir beide ziemlich betrunken, und er begann sein Lied zu singen, sehr sanft, sehr leise, über den Mann, der herumlief auf der Suche nach einer warmen Mahlzeit.

Aber mir stockte förmlich der Atem bei dem Gedanken, was ich getan hatte. Ich hatte jemandem die zwei Seiten meines Lebens gezeigt. Hatte ihm alles erzählt, so ehrlich und aufrichtig, wie es mir möglich war. Hatte mir alle Mühe gegeben, ihm Dinge über mein Leben in der Gosse zu erklären, die abscheuerregend waren und niemals das Licht der literarischen Welt erblicken durften. Alles in allem hatte ich mich viel schlimmer dargestellt, als ich war – noch prahlerischer, zynischer, berechnender.

Und da saß der Mann, dem ich mich anvertraut hatte, sang vor sich hin und lächelte ... Es rührte mich so, daß mir echte Tränen in die Augen stiegen. Ich sah sie auf meinen langen seidigen Wimpern glitzern – einfach bezaubernd.

Von da an nahm ich Dick überallhin mit, und er besuchte mich in meiner Wohnung, setzte sich lässig in meinen Lehnsessel und spielte mit dem Papiermesser. Ich weiß nicht, warum seine Lässigkeit und seine Verträumtheit bei mir immer den Eindruck erweckten, er sei zur See gefahren. Und seine ganze gemächliche Art schien den Bewegungen eines Schiffs angepaßt. Dieser Eindruck war so stark, daß ich oftmals, wenn wir zusammen waren und er plötzlich aufstand und sich von einer jungen Dame verabschiedete, wenn sie es am allerwenigsten erwartete, daß ich mich zu der Erklärung genötigt sah: »Es ist nicht seine Schuld, Kleines. Er muß zurück aufs Schiff.« Und im Gegensatz zu ihr glaubte ich sogar daran.

Während der ganzen Zeit, die wir zusammen verbrachten, hatte Dick nie etwas mit einer Frau. Ich überlegte manchmal, ob er womöglich noch vollkommen unschuldig sei. Warum fragte ich ihn nicht danach? Weil ich ihn nie über sein Leben befragte. Doch als er einmal abends zu später Stunde seine Brieftasche hervorzog, fiel eine Photographie heraus. Ich hob sie auf und warf einen Blick darauf, ehe ich sie ihm zurückgab. Es war das Bild einer Frau. Nicht mehr ganz jung. Dunkel, gutaussehend, glutvoll, aber jeder ihrer Züge so voller Hochmut, daß ich, selbst wenn Dick nicht so schnell die Hand ausgestreckt hätte, nicht länger hätte hinschauen mögen.

»Geh mir aus den Augen, du kleiner parfümierter Foxterrier von einem Franzosen«, sagte sie.

(In meinen schlechtesten Momenten erinnert mich meine Nase an die eines Foxterriers.)

»Meine Mutter«, sagte Dick und steckte die Brieftasche ein.

Doch wenn es nicht Dick gewesen wäre, hätte ich mich am liebsten bekreuzigt, nur zum Spaß.

Und so trennten wir uns: Als wir eines Nachts vor seinem Hotel standen und darauf warteten, daß der Portier die Außentür entriegelte, sagte er mit einem Blick zum Himmel: »Hoffentlich ist morgen schönes Wetter. Ich reise nach England, morgen früh.«

»Das ist nicht Ihr Ernst.«

»Doch. Ich muß zurück. Ich muß mich an eine Arbeit machen, die ich hier nicht erledigen kann.«

»Aber – aber haben Sie denn schon alle Vorbereitungen getroffen?«

»Vorbereitungen?« Er grinste beinahe. »Nicht nötig.«

»Aber – *enfin*, Dick, England ist doch nicht auf der anderen Seite des Boulevards.«

»Aber viel weiter ist es auch nicht«, sagte er. »Nur ein paar Stunden.« Die Tür sprang auf.

»Ach, ich wünschte, ich hätte das zu Beginn unseres Abends gewußt!«

Ich war gekränkt. Mir war zumute, wie einer Frau zumute sein muß, wenn ein Mann seine Uhr hervorzieht und sich an eine Verabredung erinnert, eine Angelegenheit, von der sie nichts versteht, außer daß sie stärkere Ansprüche anmeldet. »Wieso haben Sie mir nichts gesagt?«

Er streckte die Hand aus und stand leicht schwankend auf der Schwelle, als wäre das Hotel sein Schiff und der Anker gelichtet.

»Vergessen. Ehrlich. Aber Sie werden mir doch schreiben, nicht wahr? Gute Nacht, alter Junge. Ich komme bald einmal wieder herüber.«

Und dann stand ich allein am Ufer und kam mir mehr denn je wie ein kleiner Foxterrier vor …

»Aber du warst es doch, der gepfiffen hat, du warst es, der mich gebeten hat zu kommen! Wie habe ich mich zum Narren gemacht, springe schwanzwedelnd um dich herum, nur um so stehengelassen zu werden, während das Schiff langsam und verträumt entschwindet … Zum Teufel mit diesen Engländern! Nein, das ist doch wirklich das Letzte. Für wen hältst du mich? Für einen kleinen billigen Führer durch das Pariser Nachtleben? … Nein, Monsieur. Ich bin ein junger, ernsthafter Schriftsteller und sehr interessiert an moderner englischer Literatur. Und man hat mich beleidigt – beleidigt.«

Zwei Tage später traf ein langer, reizender Brief von ihm ein, in einem Französisch abgefaßt, das eine Nuance zu französisch war, in dem er aber zum Ausdruck brachte, wie sehr er mich vermisse und auf unsere Freundschaft zähle und daß er mit mir in Verbindung bleiben wolle.

Ich las ihn, während ich vor dem Spiegel des (ebenfalls unbezahlten) Kleiderschranks stand. Es war früh am Morgen. Ich trug einen blauen, mit weißen Vögeln bestickten Kimono, und mein Haar war noch naß; naß und glänzend hing es mir in die Stirn.

»Porträt der Madame Butterfly«, sagte ich, »als sie von der Ankunft von *ce cher Pinkerton* erfährt.«

Ginge es zu wie in Librettos, ich wäre unendlich erleichtert und froh gewesen. »… ans Fenster tretend, zog er die Vorhänge auf und blickte hinaus auf die Bäume von Paris, die zu knospen und zu grünen begannen … Dick! Dick! Mein englischer Freund!«

Ich war es nicht. Mir war nur etwas flau. Ich hatte einen ersten Flug in einem Aeroplan unternommen und wollte so bald nicht wieder in so luftige Höhen.

Das ging vorüber, und Monate später, im Winter, schrieb Dick, er komme auf unbestimmte Zeit wieder nach Paris. Ob ich ihm eine Bleibe besorgen könne? Er bringe eine Freundin mit.

Natürlich konnte ich. Und schon preschte der kleine Foxterrier los. Es kam mir ohnehin sehr zupaß; denn ich hatte beträchtliche Schulden in dem Hotel, wo ich meine Mahlzeiten einnahm, und zwei englische Gäste, die Zimmer auf unbestimmte Zeit wünschten, das war eine ausgezeichnete Abschlagszahlung.

Während ich mit Madame im geräumigeren der beiden Zimmer stand und »admirable« sagte, überlegte ich vielleicht noch, wie diese Freundin wohl sein mochte, doch meine Neugier hielt sich in Grenzen. Entweder sie war von der herben Sorte, vorne flach und hinten flach, oder sie war hochgewachsen, blond, trug Lindgrün und hieß – Daisy, und duftete nach ziemlich süßlichem Lavendelwasser.

Sehen Sie, getreu meiner Regel, nicht zurückzublicken, hatte ich Dick mittlerweile beinahe vergessen. Selbst die Melodie seines Liedes über den armen Kerl bekam ich nicht mehr richtig hin, als ich versuchte, sie zu summen …

Am Ende wäre ich fast nicht einmal am Bahnhof erschienen. Ich wollte sie abholen, hatte mich für die Gelegenheit sogar mit besonderer Sorgfalt gekleidet. Denn diesmal wollte ich ganz anders vor Dick auftreten. Keine Vertraulichkeiten mehr, keine tränenfeuchten Wimpern. Nein, vielen Dank!

»Seit Sie Paris verlassen haben«, sagte ich, während ich meine schwarze, silbergetupfte Krawatte vor dem (ebenfalls unbezahlten) Spiegel über dem Kamin band, »habe ich eine Menge erreicht. Ich arbeite an zwei neuen Büchern, und ich habe auch noch einen Fortsetzungsroman geschrieben, ›Verkehrte Türen‹, der demnächst erscheinen wird und mir viel Geld einbringen wird. Und mein Band mit Gedichten«, rief ich, nahm die Kleiderbürste und bürstete den Samtkragen meines neuen nachtblauen Mantels ab, »mein kleiner Gedichtband ›Vergessene Schirme‹ war tatsächlich«, und ich lachte und schwenkte die Bürste, »eine Sensation!«

Man mußte dem Mann einfach glauben, der sich jetzt von Kopf bis Fuß musterte und seine weichen grauen Handschuhe überstreifte. Er verkörperte die Rolle; er war die Rolle.

Das brachte mich auf einen Gedanken. Ich zog mein Notizbuch hervor, das Spiegelbild fest im Blick, und notierte ihn rasch … Wie kann man eine Rolle verkörpern und nicht die Rolle sein? Oder die Rolle sein und sie nicht verkörpern? Ist verkörpern nicht – sein? Oder sein nicht – verkörpern? Kann man dies überhaupt mit Bestimmtheit sagen?

Dies kam mir damals ungemein tiefsinnig vor, und sehr neu. Doch ich gebe zu, als ich lächelnd das Notizbuch einsteckte, raunte eine Stimme in mir: »Du – ein Schriftsteller? Du siehst aus, als hättest du gerade auf dem Rennplatz eine Wette notiert!« Aber ich hörte nicht hin. Ich ging hinaus, zog mit einem leisen, schnellen Ruck die Tür ins Schloß, um der Concierge nicht mein Fortgehen zu verraten, und lief schnell wie ein Hase die Treppe hinab, aus demselben Grund.

Aber, ach! die alte Spinne, sie war zu schnell für mich. Sie ließ mich das letzte Leiterchen ihres Netzes hinablaufen, und dann kam sie hervorgeschossen. »Einen Moment. Nur einen kleinen Moment, Monsieur«, flüsterte sie und tat ekelhaft vertraulich. »Kommen Sie herein. Kommen Sie herein.« Sie winkte mich mit einer tropfenden Suppenkelle heran. Ich kam an die Tür, aber das genügte ihr nicht. Ganz hinein und die Tür zu, erst dann wollte sie den Mund aufmachen.

Es gibt zwei Methoden, mit seiner Concierge fertig zu werden, wenn man kein Geld hat. Die eine ist – man behandelt sie von oben herab, macht sie sich zum Feind, poltert herum, läßt sich auf keine Diskussionen ein; die andere ist – man schmeichelt ihr, schmiert ihr Honig ums Maul bis hin zu den Knoten des schwarzen Fetzens, der ihre Kinnbacken zusammenhält, gibt vor, ihr zu vertrauen und sich darauf zu verlassen, daß sie den Gasmann gnädig stimmt und den Hausbesitzer hinhält.

Ich hatte es mit der zweiten Methode probiert. Aber

beide sind gleichermaßen verabscheuungswürdig und führen zu nichts. Für welche man sich auch entscheidet, es ist immer die schlechtere.

Diesmal war es der Vermieter … Mimische Darstellung des Vermieters, wie er droht, mich hinauszuwerfen … Mimische Darstellung der Concierge, wie sie den wildgewordenen Bullen besänftigt … Erneut mimische Darstellung des tobenden Vermieters, wie er der Concierge ins Gesicht schnaubt, und ich war die Concierge. Nein, es war zu ekelhaft. Und die ganze Zeit brodelte der schwarze Topf auf dem Gasring vor sich hin, darin die Herzen und Lebern aller Mieter schmorten.

»Oh!« rief ich und starrte auf die Uhr auf dem Kaminsims, merkte dann, daß sie nicht ging, schlug mir dennoch an die Stirn, als hätte der Einfall nichts mit der Uhr zu tun. »Madame, ich habe eine wichtige Verabredung um halb zehn mit dem Chef meiner Zeitung. Vielleicht ist mir morgen möglich, Ihnen …«

Hinaus, hinaus. Und runter in die Métro und rein ins volle Abteil. Je voller, desto besser. Jeder war ein Prellbock mehr zwischen mir und der Concierge. Ich strahlte.

»Oh! Pardon, Monsieur!« sagte das hochgewachsene, reizende Geschöpf in Schwarz mit dem üppigen Busen, aus dem ein großer Veilchenstrauß quoll. Als der Waggon schwankte, flog mir der Strauß mitten ins Gesicht. »Oh! Pardon, Monsieur!«

Doch ich blickte zu ihr auf und lächelte schelmisch.

»Wenn ich etwas liebe, Madame, dann sind es Blumen auf einem Balkon.«

Im selben Moment gewahrte ich den Hünen im Pelzmantel, an den mein charmantes Gegenüber sich lehnte. Er streckte den Kopf über ihre Schulter und erbleichte bis an die Nasenspitze; ja, die Nase ragte gewissermaßen käsiggrün.

»Was sagten Sie zu meiner Frau?«

Gare Saint-Lazare war meine Rettung. Aber Sie werden zugeben, daß es selbst für den Autor von ›Falsche Münzen‹, ›Verkehrte Türen‹, ›Vergessene Regenschirme‹ und zwei weiteren in Arbeit befindlichen Werken kein leichtes war, siegreich seiner Wege zu ziehen.

Endlich, nachdem unzählige Züge durch meinen Kopf gedonnert und unzählige Dick Harmons auf mich zugeschossen waren, kam der wirkliche Zug an. Unser kleines Grüppchen, das an der Sperre wartete, rückte vor, reckte die Hälse und brach in Geschrei aus, als wären wir eine Art vielköpfiges Ungeheuer, und Paris hinter uns war eine einzige große Falle, die wir aufgestellt hatten, um diese Ahnungslosen einzufangen.

Müde gingen sie in die Falle, wurden geschnappt und fortgeschafft, um verschlungen zu werden. Wo war meine Beute?

»Großer Gott!« Mein Lächeln und meine erhobene Hand sanken. Einen schrecklichen Augenblick lang dachte ich, es sei die Frau auf der Photographie, Dicks Mutter, die dort in Dicks Mantel und Hut auf mich zukam. In dem Bemühen – und man sah ihm die Mühe an – zu lächeln, verzogen sich seine Lippen exakt wie auf der Aufnahme, und er steuerte auf mich zu, erschöpft, verstört und stolz.

Was war geschehen? Was konnte ihn derart verändert haben? Sollte ich ihn darauf ansprechen?

Ich wartete ab und war mir sogar bewußt, daß ich ein kleines Foxterrierwedeln riskierte, um zu sehen, ob er vielleicht darauf reagieren würde, denn ich sagte: »Guten Abend, Dick! Wie geht's, alter Junge? Alles in Ordnung?«

»Ja. Ja.« Er keuchte fast. »Haben Sie die Zimmer reserviert?«

Aber ja doch, großer Gott! Ich begriff. Licht erhellte die

dunklen Wasser, und mein Seemann war nicht ertrunken. Ich schlug fast einen Purzelbaum vor Freude.

Es war die Nervosität, natürlich. Es war Verlegenheit. Es war die berühmte englische Zurückhaltung. Was für einen Spaß würde ich haben! Ich hätte ihn umarmen können.

»Ja, ich habe die Zimmer«, schrie ich beinahe. »Aber wo bleibt Madame?«

»Sie kümmert sich um das Gepäck«, schnaufte er. »Da kommt sie schon.«

Doch nicht die Kleine, die neben dem alten Träger ging, als wäre er die Gouvernante und hätte sie gerade aus ihrem häßlichen Kinderwagen gehoben, um die Koffer darin zu transportieren?

»Und sie ist nicht Madame«, sagte Dick, plötzlich sehr gedehnt.

In diesem Moment erblickte sie ihn und winkte mit ihrem winzigen Muff. Sie entfloh der Gouvernante und kam angerannt und sagte etwas, sehr schnell, auf englisch; doch er antwortete auf französisch: »Oh, schon gut. Ich erledige das.«

Aber bevor er sich dem Gepäckträger zuwandte, deutete er mit einer vagen Handbewegung auf mich und murmelte etwas. Wir waren einander vorgestellt worden. Sie streckte die Hand aus, auf die seltsam knabenhafte Art, die Engländerinnen eigen ist, und wie sie so dastand, aufrecht, mit gerecktem Kinn, und sich alle Mühe gab – auch sie –, ihre unsinnige Aufregung zu verbergen, sagte sie, mir die Hand drückend (sicherlich wußte sie nicht, daß es meine war): *Je ne parle pas français*.

»Aber ich bin sicher, daß Sie es sehr gut sprechen«, sagte ich so sanft, so beruhigend, als wäre ich Zahnarzt und wollte ihr den ersten kleinen Milchzahn ziehen.

»Selbstverständlich tut sie das.« Dick drehte sich wieder zu uns um. »Hören Sie, kann man hier denn keine Droschke bekommen oder irgendein Taxi? Wir wollen doch nicht die ganze Nacht auf diesem verdammten Bahnhof zubringen. Wie?«

Das war so unhöflich, daß ich einen Moment brauchte, um mich zu erholen; und er hatte es wohl bemerkt, denn er legte mir einen Arm um die Schultern, wie früher, und sagte: »Oh, verzeihen Sie mir, alter Junge. Aber wir hatten eine ganz schreckliche Überfahrt. Sie wollte überhaupt kein Ende nehmen. Nicht wahr?« An sie gewandt. Doch sie antwortete nicht. Sie senkte den Kopf und begann, ihren grauen Muff zu streicheln; sie ging neben uns her und streichelte unentwegt ihren grauen Muff.

»Habe ich mich getäuscht?« dachte ich. »Ist es einfach ein Fall von rasender Ungeduld bei den beiden? Brauchen sie nur dringend ein Bett, wie man bei uns sagt? Haben sie Qualen gelitten auf der Überfahrt? Eng beieinanderhokkend unter derselben warmen Reisedecke?« und so weiter und so fort, während der Fahrer die Koffer festschnallte. Als das erledigt war –

»Hören Sie, Dick. Ich fahre mit der Métro nach Hause. Hier ist die Adresse von dem Hotel. Es ist alles geregelt. Kommen Sie mich besuchen, sobald Sie können.«

So wahr ich lebe, ich dachte, er würde gleich in Ohnmacht fallen. Er wurde bleich bis an die Lippen.

»Aber Sie fahren doch mit uns«, rief er. »Ich dachte, das wäre so abgemacht. Natürlich kommen Sie mit uns. Sie werden uns doch jetzt nicht allein lassen.« Nein, ich gab es auf. Es war zu kompliziert, zu englisch für mich.

»Gewiß, gewiß. Sehr gern. Ich dachte nur, vielleicht …«

»Sie müssen mitkommen!« sagte Dick zu dem kleinen Foxterrier. Und wieder wandte er sich mit weit ausholender, unbeholfener Geste zu ihr um.

»Steig ein, Maus.«

Und Maus stieg in das schwarze Loch und saß da, streichelte Maus II und sagte kein Wort.

Rumpelnd und ratternd fuhren wir dahin – drei kleine Würfel, mit denen das Leben zu spielen gedachte.

Ich hatte darauf bestanden, den Klappsitz ihnen gegenüber zu nehmen, denn um keinen Preis wollte ich den Anblick missen, der sich mir blitzartig bot, wann immer wir durch die weißen Lichtkreise der Laternen fuhren.

Ich sah Dick, hinten in seiner Ecke lehnend, den Mantelkragen hochgeschlagen, die Hände in den Taschen, von seiner breiten, dunklen Hutkrempe beschattet, als wäre sie ein Teil von ihm – eine Art Flügel, unter dem er sich versteckte. Ich sah sie, sehr aufrecht sitzend, mit ihrem hübschen kleinen Gesicht, das eher einer Zeichnung als einem wirklichen Gesicht glich – jeder Zug war so voller Bedeutung und hob sich so scharf ab vom verschwommenen Dunkel.

Denn Maus war schön. Sie war bezaubernd, aber so zart und zerbrechlich, daß es mir jedesmal, wenn ich sie anblickte, schien, ich sähe sie zum ersten Mal. Es versetzte mir einen Schlag, wie man ihn verspürt, wenn man Tee aus einer harmlosen Tasse von zartem Porzellan getrunken hat und plötzlich, am Grund der Tasse, entdeckt man ein winziges Geschöpf, halb Schmetterling, halb Weib, das sich – die Hände in den Ärmeln – vor einem verneigt.

Soweit ich sehen konnte, hatte sie dunkles Haar und blaue oder schwarze Augen. Ihre langen Wimpern und die zwei kleinen Brauenfedern, die sich darüber hinzogen, waren höchst eindringlich.

Sie trug einen langen dunklen Umhang, wie man ihn auf altmodischen Bildern von reisenden Engländerinnen sieht. Wo die Arme daraus hervorschauten, war grauer Pelz – Pelz um ihren Hals, und auch ihre enganliegende Kappe war aus Pelz.

»Die Umsetzung des Maus-Gedankens«, so überlegte ich.

Ach, aber wie faszinierend es war – wie faszinierend! Die Erregung der beiden, sie kam mir spürbar näher und näher, und ich lief ihr entgegen, tauchte in sie ein, entfernte mich immer mehr vom schützenden Ufer, bis es mir am Ende – wie ihnen – schwerfiel, mich zu beherrschen.

Aber mir war danach, mich ganz und gar unsinnig zu benehmen – wie ein Clown. In Gesang auszubrechen, mit großen, phantastischen Gebärden nach draußen zu zeigen und zu rufen: »Und jetzt, Ladies und Gentlemen, kommen wir zu einer jener Sehenswürdigkeiten, für die *notre Paris* zu Recht so berühmt ist«, aus dem fahrenden Taxi zu springen, über das Dach zu klettern und durch die Tür auf der anderen Seite wieder hineinzuspringen; aus dem Fenster hängend nach dem Hotel zu spähen – durch das verkehrte Ende eines kaputten Fernrohrs, das zugleich eine besonders ohrenbetäubende Trompete war.

Ich sah mir dabei zu, wie ich all dies tat, verstehen Sie, und brachte es sogar fertig, im stillen zu applaudieren, indem ich meine behandschuhten Hände sanft zusammenschlug, und ich fragte Maus: »Sind Sie das erste Mal in Paris?«

»Ja, ich bin noch nie hier gewesen.«

»Oh, dann haben Sie viel zu besichtigen.«

Und ich wollte gerade zu einem kleinen Vortrag über die Sehenswürdigkeiten und Museen ansetzen, als wir mit einem Ruck zum Stehen kamen.

Wissen Sie – es ist natürlich unsinnig – aber als ich den beiden die Tür öffnete und ihnen die Stufen hinauf zum Empfang auf dem Treppenabsatz folgte, hatte ich irgendwie das Gefühl, als sei dies mein Hotel.

Auf dem Fensterbrett stand eine Vase mit Blumen, und ich ging sogar so weit, ein oder zwei Blüten zurechtzurükken, einen Schritt zurückzutreten und die Wirkung zu begutachten, während die Hausdame die beiden willkommen hieß. Und als sie sich mir zuwandte und mir die Schlüssel gab (der *garçon* schleppte derweil die Koffer hinauf) und sagte: »Monsieur Duquette wird Ihnen Ihre Zimmer zeigen« – da hätte ich Dick am liebsten mit dem Schlüssel auf den Arm getippt und ihm ganz vertraulich zugeraunt: »Hören Sie, einem alten Freund wie Ihnen gewähre ich natürlich gern einen kleinen Preisnachlaß …«

Wir stiegen höher und höher. Immer im Kreis herum. An einem gelegentlichen Paar Stiefel vorbei (warum sieht man nie ein wirklich hübsches Stiefelpaar vor einer Tür?). Höher und höher.

»Die Zimmer sind leider ziemlich weit oben«, murmelte ich idiotischerweise. »Doch ich habe sie genommen, weil …«

Es war ihnen so offensichtlich egal, warum ich sie genommen hatte, daß ich nicht weitersprach. Sie waren mit allem einverstanden. Sie erwarteten nicht, das irgend etwas anders war. Es gehörte einfach zu dem, was sie nun einmal durchzumachen hatten – so deutete ich mir das.

»Da wären wir endlich.« Ich hastete von einer Seite des Flurs zur anderen, drehte die Lampen an, erklärte: »Dieses hier hatte ich für Sie gedacht, Dick. Das andere ist größer, und es hat einen kleinen Ankleideraum im Alkoven.«

Mit »Besitzerblick« registrierte ich die sauberen Handtücher und Decken und die rotbestickte Bettwäsche. Ich fand die Zimmer recht behaglich, mit den Dachschrägen, und so verwinkelt, genau die Art von Zimmer, die man vorzufinden erwarten würde, wenn man noch nie in Paris war.

Dick warf seinen Hut auf das Bett.

»Sollte ich dem Burschen nicht mit den Koffern helfen?« fragte er – an niemanden gewandt.

»Ja, solltest du wohl«, entgegnete Maus, »sie sind fürchterlich schwer.«

Und sie wandte sich mir zu, mit einem ersten Anflug von Lächeln: »Bücher, wissen Sie.« Oh, was für einen seltsamen Blick er ihr zuwarf, bevor er hinauseilte. Und er half nicht nur – er mußte dem *garçon* die Last vielmehr vom Rücken gerissen haben, denn er kam mit einem der Koffer hochgetaumelt, knallte ihn hin und holte dann den anderen.

»Das ist deiner, Dick«, sagte sie.

»Aber es stört dich nicht, wenn er fürs erste hier steht, oder?« fragte er, außer Atem, keuchend (der Koffer mußte unglaublich schwer gewesen sein). Er kramte eine Handvoll Geld hervor. »Ich sollte dem Burschen wohl etwas geben.«

Der *garçon*, der dabeistand, schien derselben Ansicht zu sein.

»Und wünschen Sie sonst noch etwas, Monsieur?«

»Nein! Nein!« sagte Dick ungeduldig.

Doch da trat Maus vor. Mit ihrem eigentümlich abgehackten englischen Akzent sagte sie, schon allzu entschieden und ohne Dick anzusehen: »Doch, ich hätte gern Tee. Tee für drei.«

Und plötzlich hob sie ihren Muff, als hätte sie die Hände in ihm gefaltet, und bedeutete dem blassen, verschwitzten *garçon* auf diese Weise, daß sie am Ende ihrer Kräfte sei und ihn anflehe, sie zu retten mit »Tee. Sofort!«

Dies schien mir so wunderbar ins Bild zu passen, Geste und Aufschrei (obwohl ich sie mir nicht hätte ausdenken können) schienen so genau die Erwartungen zu erfüllen, die wir an eine Engländerin stellen, die sich mit einer mittelschweren Krisis konfrontiert sieht, daß ich fast versucht war, die Hand zum Einspruch zu erheben.

»Nein! Nein! Genug. Genug. Lassen Sie uns hier abbrechen. Bei dem Wort – Tee. Denn wirklich und wahrhaftig, Sie haben auch Ihren begierigsten Abonnenten so gesättigt, daß er platzt, wenn er noch ein Wort schlucken muß.«

Selbst Dick hielt verdutzt inne. Bedächtig, wie jemand, der lange bewußtlos war, drehte er sich zu Maus um, und bedächtig sah er sie an, mit seinen müden, erschöpften Augen, und murmelte mit dem Echo seiner verträumten Stimme: »Ja. Das ist eine gute Idee.« Und dann: »Du mußt doch müde sein, Maus. Setz dich.«

Sie setzte sich in einen Sessel mit Spitzendeckchen auf den Armlehnen; er lehnte sich gegen das Bett, und ich nahm Platz auf einem Holzstuhl, schlug die Beine übereinander und klopfte imaginären Staub von den Knien meiner Hose. (Ganz der unverkrampfte Pariser.)

Eine kleine Pause trat ein. Dann sagte er: »Willst du nicht deinen Mantel ausziehen, Maus?«

»Nein, danke. Nicht jetzt.«

Wollten sie mich nicht auch fragen? Oder sollte ich die Hand heben und mit Kinderstimmchen plärren: »Jetzt bin ich dran mit Gefragt-werden.«

Nein, besser nicht. Sie fragten mich nicht.

Aus der Pause wurde ein Schweigen. Ein echtes Schweigen.

»... Komm schon, mein Pariser Foxterrier! Unterhalte diese trübsinnigen Engländer! Kein Wunder, daß sie allesamt solche Hundenarren sind.«

Aber schließlich – warum sollte ich? Es war nicht mein »job«, wie sie sagen würden. Trotzdem machte ich einen munteren kleinen Sprung auf Maus zu.

»Wie schade, daß Sie nicht bei Tageslicht angekommen sind. Man hat eine herrliche Aussicht von diesen beiden Fenstern aus. Wissen Sie, das Hotel ist ein Eckgebäude, und jedes Fenster blickt auf eine endlos lange, schnurgerade Straße.«

»Ja«, sagte sie.

»Das klingt vielleicht nicht sonderlich reizvoll«, lachte ich. »Aber die Straßen sind so voller Leben – überall komische junge Bengel auf Fahrrädern und Leute, die sich aus den Fenstern lehnen, und – na ja, das werden Sie morgen früh dann sehen ... Sehr amüsant. Sehr lebendig.«

»Aha«, sagte sie.

Wäre nicht in diesem Augenblick der blasse, verschwitzte *garçon* hereingekommen, das Teetablett hoch auf einer Hand balancierend, als wären die Tassen Kanonenkugeln, und er ein Schwergewichtheber im Kino ...

Er schaffte es, das Tablett auf einem runden Tischchen abzustellen.

»Bringen Sie den Tisch hier herüber«, sagte Maus. Der Kellner schien der einzige zu sein, mit dem sie zu sprechen wünschte. Sie nahm die Hände aus dem Muff, streifte die Handschuhe ab und schlug den altmodischen Umhang zurück.

»Nehmen Sie Milch und Zucker?«

»Keine Milch, danke, und keinen Zucker.«

Ich ging mir meine Tasse abholen, wie ein kleiner Gentleman. Sie schenkte eine weitere Tasse ein.

»Die ist für Dick.«

Und der treue Foxterrier trug sie zu ihm hinüber und legte sie ihm gleichsam zu Füßen.

»Oh, danke«, sagte Dick.

Und dann ging ich zurück zu meinem Stuhl, und sie setzte sich wieder auf ihren.

Aber Dick war schon wieder abwesend. Er starrte einen Moment lang verwirrt auf die Tasse Tee, sah sich um, stellte sie auf dem Nachttisch ab, schnappte sich seinen Hut und stammelte wie in vollem Galopp: »Ach, übrigens, würde es Ihnen etwas ausmachen, einen Brief für mich einzuwerfen? Ich möchte, daß er noch mit der Nachtpost abgeht. Er muß. Es ist dringend ...« Da er ihre Augen auf sich spürte, stieß er hervor: »Er ist an meine Mutter.« An mich gewandt: »Ich brauche nicht lange. Ich habe alles Nötige da. Aber er muß heute abend noch weggehen. Es macht Ihnen doch nichts aus? Es … es dauert nicht lang.«

»Natürlich werfe ich ihn ein. Sehr gern.«

»Möchtest du nicht erst deinen Tee trinken?« schlug Maus zaghaft vor.

… Tee? Tee? Ja, natürlich. Tee … Eine Tasse Tee auf dem Nachttisch … Aus seinem rasenden Traum warf er seiner kleinen Gastgeberin das strahlendste, charmanteste Lächeln zu.

»Nein danke. Nicht jetzt.«

Und indem er noch einmal seiner Hoffnung Ausdruck verlieh, daß es mir keine Umstände bereitete, verließ er das Zimmer und schloß die Tür, und wir hörten, wie er über den Flur lief.

Ich verbrühte mich, so eilig hatte ich es, meine Tasse zum Tisch zurückzubringen und noch im Stehen zu sagen: »Sie müssen mir verzeihen, wenn ich unhöflich bin … wenn ich zu offen spreche. Aber Dick hat nicht versucht, es zu verbergen – nicht wahr? Irgend etwas ist doch nicht in Ordnung, oder? Kann ich vielleicht helfen?«

(Sanfte Musik. Maus steht auf, geht auf der Bühne eine Weile auf und ab, dann kehrt sie zu ihrem Sessel zurück und schenkt ihm eine mehr als volle und, ach, mehr als heiße Tasse Tee ein, daß dem Freund die Tränen in die Augen treten, während er trinkt – die Tasse bis zur bitteren Neige leerend …)

Ich hatte Zeit, all das zu tun, ehe sie antwortete. Erst schaute sie in die Teekanne, füllte sie mit heißem Wasser auf und rührte mit einem Löffel um.

»Ja, es ist etwas nicht in Ordnung. Nein, helfen können Sie leider nicht, danke.« Wieder schenkte sie mir einen Anflug von Lächeln. »Es tut mir furchtbar leid. Es muß schrecklich für Sie sein.«

Schrecklich, was heißt hier schrecklich! Ach, warum konnte ich ihr nicht sagen, daß ich mich seit Monaten nicht so gut unterhalten hatte?

»Aber Sie leiden«, wagte ich mich behutsam vor, als wäre es das, was mit anzusehen ich nicht ertragen konnte.

Sie stritt es nicht ab. Sie nickte und biß sich auf die Unterlippe, und mir schien, daß ihr Kinn zitterte.

»Und kann ich wirklich nichts für Sie tun?« Noch behutsamer.

Sie schüttelte den Kopf, schob das Tischchen zurück und sprang auf.

»Ach, das wird schon wieder«, seufzte sie, trat an den Frisiertisch und wandte mir den Rücken zu. »Das wird wieder. So kann es ja nicht weitergehen.«

»Aber natürlich nicht«, stimmte ich zu und fragte mich, ob es herzlos wirken würde, wenn ich mir eine Zigarette ansteckte; ich hatte plötzlich Lust zu rauchen.

Irgendwie mußte sie gesehen haben, wie meine Hand in die Brusttasche griff, das Zigarettenetui halb hervorzog und wieder einsteckte, denn das nächste, was sie sagte, war: »Zündhölzer ... im ... Kerzenhalter. Habe ich dort gesehen.«

Und ich hörte ihrer Stimme an, daß sie weinte.

»Ah! danke. Ja. Ja. Ich habe sie gefunden.« Ich zündete mir eine Zigarette an und ging rauchend auf und ab.

Es war so still, es hätte zwei Uhr morgens sein können. Es war so still, daß man die Dielen knacken hörte, wie in einem Haus auf dem Land. Ich rauchte die ganze Zigarette und drückte den Stummel in meiner Untertasse aus, bevor Maus sich umwandte und zurück zu dem Tischchen kam.

»Braucht Dick nicht ziemlich lange?«

»Sie sind sehr müde. Sie möchten gewiß zu Bett gehen«, sagte ich freundlich. (Und bitte nehmen Sie keine Rücksicht auf mich, fügte ich im stillen hinzu.)

»Aber braucht er nicht wirklich ziemlich lange?« insistierte sie.

Ich zuckte die Schultern. »Doch, ja.«

Dann bemerkte ich, daß sie mich merkwürdig anblickte. Sie horchte.

»Er ist schon eine Ewigkeit weg«, sagte sie und ging mit kleinen, flinken Schritten zur Tür, öffnete sie und huschte über den Flur in sein Zimmer.

Ich wartete. Nun horchte ich auch. Ich hätte es nicht ertragen, wenn mir auch nur ein Wort entgangen wäre. Sie hatte die Tür offengelassen. Ich schlich durchs Zimmer und spähte ihr nach. Dicks Tür stand ebenfalls offen. Jedoch – es war kein Wort zu hören.

Wissen Sie, ich hatte die verrückte Idee, daß sie sich in dem stillen Zimmer küßten – sich einen langen, trostspendenden Kuß gaben. Einen jener Küsse, die nicht nur den Kummer zur Ruhe betten, sondern ihn wiegen und wärmen und gut zudecken und schützend umarmen, bis er tief und fest schläft. Oh! wie wohl das tut.

Endlich war es vorbei. Ich hörte, daß sich jemand rührte, und schlich auf Zehenspitzen fort.

Es war Maus. Sie kam zurück. Sie tastete sich ins Zimmer, in der Hand den Brief für mich. Aber er steckte nicht in einem Umschlag; es war nur ein Blatt Papier, und sie hielt es an einer Ecke fest, als sei es noch feucht.

Den Kopf hatte sie so tief gesenkt – er war so in ihrem Pelzkragen vergraben, daß ich nichts bemerkte – bis sie das Papier fallen ließ und fast selbst fiel; sie ging zu Boden, neben dem Bett, sie lehnte die Wange dagegen und streckte die Arme aus, als habe sie gerade die letzte ihrer völlig nutzlosen Waffen eingebüßt und ließ sich jetzt davontreiben, von den Fluten fortreißen ins Tiefe.

Wie ein Blitz fuhr es mir durch den Kopf: Dick hat sich erschossen, und dann eine weitere blitzartige Abfolge von

Bildern, wie ich hineinstürze, die Leiche sehe, Gesicht unversehrt, kleines blaues Loch über der Schläfe, das Hotel wecke, das Begräbnis arrangiere, dem Begräbnis beiwohne, den Wagen, neuer Gehrock ...

Ich bückte mich und hob das Blatt auf, und ob Sie es glauben oder nicht – mein angeborenes Pariser *comme il faut* läßt sich nun einmal nicht verleugnen –, jedenfalls murmelte ich »Pardon«, bevor ich den Brief las.

»MAUS, MEINE KLEINE MAUS,

Es hat keinen Zweck. Es geht nicht. Ich schaffe es nicht. Oh, ich liebe dich. Ich liebe dich wirklich, Maus, aber ich kann ihr nicht weh tun. Ihr ganzes Leben lang haben die Menschen ihr weh getan. Ich wage es einfach nicht, ihr diesen letzten Schlag zu versetzen. Verstehst du, obwohl sie stärker ist als wir beide, ist sie so stolz und zerbrechlich. Es würde sie umbringen – umbringen, Maus. Und, o Gott, ich kann doch meine Mutter nicht umbringen! Nicht einmal dir zuliebe. Nicht einmal uns zuliebe. Das verstehst du doch – nicht wahr?

Alles schien möglich, als wir darüber sprachen und Pläne machten, aber in dem Moment, da der Zug losfuhr, war alles vorbei. Ich fühlte, wie sie mich zurückhielt – wie sie mich rief. Ich kann sie auch jetzt hören, während ich schreibe. Und sie ist allein und weiß es noch nicht. Man müßte wahrlich ein Teufel sein, es ihr zu sagen, und ich bin kein Teufel, Maus. Sie darf nichts erfahren. O Maus, irgendwo, irgendwo tief in deinem Innern, gibst du mir da nicht recht? Es ist alles so unsagbar schrecklich, daß ich nicht weiß, ob ich gehen will oder nicht. Will ich es? Oder ist es nur Mutter, die mich fortreißt? Ich weiß es nicht. Mein Kopf ist zu müde. Maus, Maus – was wirst du tun? Aber auch daran kann ich nicht denken. Ich wage es nicht. Ich würde zusammenbrechen. Und ich darf nicht zusammenbrechen. Ich muß nur eins tun – dir dies sagen und gehen. Ich hätte nicht gehen können, ohne es dir zu sagen. Du hättest Angst gehabt. Und du sollst keine Angst haben. Hörst du? Ich ertrage es nicht, wenn – aber genug davon. Und schreib mir nicht. Ich brächte es nicht übers Herz, deine Briefe zu beantworten, und bei deiner unleserlichen Handschrift –

Vergib mir. Lieb mich nicht mehr. Doch. Lieb mich. Lieb mich. – DICK.

Was sagt man dazu? War das nicht ein Fundstück? Meine Erleichterung darüber, daß er sich nicht erschossen hatte, wich einem herrlichen Hochgefühl. Ich war quitt – mehr als quitt mit Mister »sehr kurios, sehr interessant« …

Sie weinte so merkwürdig. Die Augen geschlossen, das Gesicht ganz reglos, bis auf die zitternden Lider. Die Tränen perlten ihre Wangen hinab, und sie ließ sie perlen.

Doch als sie meinen Blick spürte, öffnete sie die Augen und sah, daß ich den Brief in der Hand hielt.

»Haben Sie ihn gelesen?«

Ihre Stimme war ganz ruhig, doch es war nicht mehr ihre Stimme. Eine solche Stimme mochte aus einer kleinen, kalten Muschel kommen, welche die salzige Flut an Land gespült hatte, zu guter Letzt …

Ich nickte, tief erschüttert, nicht wahr, und legte den Brief hin.

»Das ist unglaublich! Unglaublich!« flüsterte ich.

Daraufhin stand sie auf, ging zum Waschtisch, tauchte ihr Taschentuch in den Krug und wischte sich über die Augen und sagte: »O nein. Das ist ganz und gar nicht unglaublich.« Und das zusammengeknüllte Tuch noch immer an die Augen drückend, kam sie zu mir zurück, zu ihrem Sessel mit den Spitzendeckchen, und sank hinein.

»Ich wußte es die ganze Zeit«, sagte das kalte, salzige

Stimmchen. »Von dem Augenblick an, als wir losfuhren. Ich habe es mit jeder Faser gespürt, aber ich habe die Hoffnung nicht aufgegeben« – und hier nahm sie das Taschentuch herunter und schenkte mir einen letzten Anflug –, »wie man es dummerweise tut, nicht wahr?«

»Wie man es dummerweise tut.«

Schweigen.

»Aber was wollen Sie jetzt tun? Zurückfahren? Ihn wiedersehen?«

Prompt setzte sie sich kerzengerade auf und starrte mich an.

»Was für ein Gedanke!« sagte sie, kälter denn je. »Ich denke ja ich nicht im Traum daran, ihn wiederzusehen. Und zurückfahren – das kommt gar nicht in Frage. Ich kann nicht mehr zurück.«

»Aber …«

»Es ist unmöglich. Allein schon, weil all meine Freunde glauben, ich sei verheiratet.«

Ich streckte die Hand aus: »Ach, meine arme kleine Freundin.«

Doch sie wich zurück. (Falsche Geste.)

Natürlich gab es ein Frage, die mir schon die ganze Zeit durch den Kopf spukte. Sie war mir peinlich.

»Haben Sie denn Geld?«

»Ja, ich habe zwanzig Pfund – hier«, und sie legte die Hand auf die Brust. Ich verneigte mich. Das war sehr viel mehr, als ich erwartet hatte.

»Und wie sehen Ihre Pläne aus?«

Ja, ich weiß. Es war die ungeschickteste, die dümmste Frage, die man hätte stellen können. Sie war so zahm gewesen, so zutraulich, ich durfte, bildlich gesprochen jedenfalls, ihren kleinen, zitternden Körper in der Hand halten und ihr pelziges Köpfchen streicheln – und jetzt hatte ich sie fallengelassen. Oh, ich hätte mich ohrfeigen können.

Sie stand auf. »Ich habe keine Pläne. Aber – es ist sehr spät. Gehen Sie jetzt, bitte.«

Wie konnte ich sie zurückgewinnen? Ich wollte sie zurückhaben. Ich schwöre, in dem Moment war es nicht gespielt.

»Bitte glauben Sie mir, daß ich Ihr Freund bin«, rief ich. »Erlauben Sie mir wiederzukommen, morgen früh? Erlauben Sie mir, daß ich mich ein wenig Ihrer annehme – mich ein wenig um Sie kümmere? Verfügen Sie über mich, ganz nach Belieben.«

Ich hatte Erfolg. Sie kam aus ihrem Mauseloch … scheu … aber sie kam.

»Ja, Sie sind sehr freundlich. Ja. Kommen Sie morgen. Ich freue mich. Die Situation ist nicht leicht für mich, denn –« und wieder drückte ich ihre knabenhafte Hand – *»je ne parle pas français.«*

Erst als ich den Boulevard halb hinabgegangen war, überkam es mich – mit aller Macht.

Ja, sie litten, diese beiden … sie litten wirklich. Ich habe zwei Menschen leiden sehen, wie ich wohl nie wieder welche leiden sehen werde …

Sie ahnen natürlich, wie es weiterging. Sie sehen förmlich vor sich, was ich schreiben werde. Ich wäre nicht ich, wenn es anders wäre.

Ich ließ mich nie wieder dort blicken.

Ja, ich habe noch immer diese beträchtlichen Schulden für Mittagessen und Diners, aber das gehört nicht hierher. Es ist geschmacklos, wenn ich es im gleichen Atemzug mit der Tatsache erwähne, daß ich Maus nie wiedersah.

Natürlich hatte ich es mir vorgenommen. Wollte losgehen – kam bis zur Tür – schrieb und zerriß Briefe – tat all diese Dinge. Doch ich konnte mir einfach nicht den entscheidenden Ruck geben.

Noch heute verstehe ich nicht ganz, warum. Mir war natürlich klar, daß ich es nicht lange durchgehalten hätte. Das hatte wohl viel damit zu tun. Aber man möchte doch meinen, daß zumindest die Neugier für meine Foxterriernase groß genug gewesen wäre …

Je ne parle pas français. Das war ihr Schwanengesang für mich.

Aber wie sie es doch schafft, daß ich meine eigene Maxime mißachte. Ach, Sie haben es ja selbst gesehen, aber ich könnte Ihnen noch zahllose Beispiele geben.

… Abends, wenn ich in irgendeinem traurigen Café sitze und ein Klavierautomat eine »Maus«-Melodie zu spielen beginnt (es gibt Dutzende von Melodien, die ihr Bild heraufbeschwören), fange ich an zu träumen, ich sehe Dinge wie …

Ein Häuschen am Meer, irgendwo weit, weit weg. Davor eine junge Frau in einem Kleid von der Art, wie Indianerfrauen sie tragen mögen, und sie begrüßt einen barfüßigen Burschen, der flink vom Strand heraufgerannt kommt.

»Was hast du gefangen?«

»Einen Fisch.« Ich lächle und gebe ihn ihr.

… Dieselbe junge Frau, derselbe junge Mann in anderen Kostümen – an einem offenen Fenster sitzend, sie essen Früchte und lehnen sich lachend hinaus.

»Die Walderdbeeren sind alle für dich, Maus. Ich rühre sie nicht an.«

… Eine Regennacht. Sie gehen zusammen unter einem Schirm nach Hause. Sie bleiben unter der Tür stehen, um ihre feuchten Wangen aneinanderzuschmiegen.

Und so weiter und so fort, bis irgendein schmieriger alter Kavalier an meinen Tisch kommt und sich mir gegenüber setzt, Grimassen schneidet und zu quasseln anfängt. Bis ich mich sagen höre: »Aber ich habe ja ein solches Mädchen für Sie, *mon vieux*. So klein … so süß. Und sie ist Jungfrau.« Ich küsse meine Fingerspitzen – »Jungfrau« – und lege sie auf mein Herz. »Ich gebe Ihnen mein Ehrenwort als Gentleman und als junger, ernsthafter Schriftsteller, der sich besonders für moderne englische Literatur interessiert.«

Ich muß gehen. Ich muß gehen. Ich lange nach Mantel und Hut. Madame kennt mich. »Sie haben noch nicht diniert?« lächelt sie.

»Nein, noch nicht, Madame.«

Lieber würde ich mit ihr dinieren. Und hinterher mit ihr vielleicht sogar schlafen. Ob sie am ganzen Körper so bleich ist?

Aber nein. Bestimmt hat sie große Leberflecke. Das kommt vor bei dieser Art von Haut. Und Leberflecke kann ich nicht ausstehen. Sie erinnern mich so unangenehm an Pilze.

GLÜCKSELIGKEIT

Obwohl Bertha Young dreißig war, kannte sie noch Momente wie diesen, wo sie Lust hatte zu rennen, statt zu gehen, an der Bordsteinkante auf und ab zu hüpfen, einen Reifen vor sich herzutreiben, etwas in die Luft zu werfen und wieder aufzufangen oder einfach stillzustehen und zu lachen – über nichts – einfach so über nichts.

Was soll man tun, wenn man dreißig ist, in der eigenen Straße um die Ecke biegt und plötzlich überwältigt ist von Glückseligkeit – reiner Glückseligkeit! –, als habe man plötzlich ein gleißendes Stück dieser Nachmittagssonne verschluckt, und es brenne im Busen und jage einem Funkenschauer durch alle Glieder, in jeden Finger und Zeh? …

Ach, gibt es denn keine Möglichkeit, das auszudrücken, ohne »öffentliches Ärgernis zu erregen«? Wie idiotisch die Zivilisation doch ist! Wozu einen Körper geschenkt bekommen haben, wenn man ihn wie eine ach so kostbare Geige in einem Kasten einsperren muß?

»Nein, das mit der Geige ist nicht ganz, was ich meine«, dachte sie, während sie die Stufen hochlief und in ihrer Tasche nach dem Schlüssel wühlte – sie hatte ihn vergessen, wie üblich – und am Briefkastenschlitz klapperte. »Das ist nicht, was ich meine, denn – Danke, Mary« –, sie trat in die Diele. »Ist die Kinderfrau schon zurück?«

»Ja, Ma'm.«

»Und ist das Obst gekommen?«

»Ja, Ma'm. Alles ist da.«

»Bringen Sie das Obst ins Eßzimmer hinauf, ja? Ich will es hübsch anordnen, bevor ich nach oben gehe.«

Es war dämmrig im Eßzimmer, und sehr kühl. Dennoch

warf Bertha ihren Mantel ab; sie mochte nicht einen Moment länger in ihm eingezwängt sein, und die kalte Luft fiel über ihre Arme her.

Aber in ihrem Busen gab es immer noch diese gleißende Stelle – und den Schauer feiner Funken, den sie aussandte. Es war fast unerträglich. Sie wagte kaum zu atmen, aus Angst, die Glut noch mehr anzufachen, und doch atmete sie tief, ganz tief. Sie wagte kaum, in den kalten Spiegel zu blicken – doch sie blickte hinein, und er zeigte ihr eine Frau, die strahlte, mit lächelnden, bebenden Lippen, mit großen, dunklen Augen und einer Miene, als lausche sie, warte darauf, daß etwas … Himmlisches geschah, das sich einfach ereignen mußte … unweigerlich.

Mary brachte auf einem Tablett das Obst herein und dazu eine Glasschüssel und eine blaue Schale, sie war wunderschön und schimmerte seltsam, als wäre sie in Milch getaucht worden.

»Soll ich Licht machen, Ma'm?«

»Nein, danke. Ich sehe noch alles.«

Da waren Tangerinen und Äpfel mit erdbeerroten Flekken. Ein paar gelbe, seidig glatte Birnen, ein paar grüne, mit silbrigem Flaum überzogene Trauben und ein ganzer Berg blauer Trauben. Letztere hatte sie erstanden, weil sie farblich mit dem neuen Teppich im Eßzimmer harmonierten. Sicher, es klang übertrieben und sonderbar, aber es war tatsächlich der Grund, weshalb sie sie gekauft hatte. Sie hatte in dem Laden gedacht: »Ich muß welche von den dunklen haben, um den Teppich auch auf dem Tisch zur Geltung zu bringen.« Und es war ihr dabei ganz vernünftig vorgekommen.

Als sie fertig war und aus den leuchtenden runden Formen zwei Pyramiden errichtet hatte, trat sie vom Tisch zurück, um die Wirkung zu prüfen – und es war wirklich höchst erstaunlich. Denn der dunkle Tisch schien mit dem

Dämmerlicht zu verschmelzen, und die Glasschüssel und die blaue Schale schienen in der Luft zu schweben. In ihrer gegenwärtigen Stimmung war dies natürlich so unglaublich schön … Sie begann zu lachen.

»Aber nein. Ich werde noch hysterisch.« Und sie griff nach Tasche und Mantel und lief hinauf ins Kinderzimmer.

Die Kinderfrau saß an einem niedrigen Tisch und gab Klein B. ihr Abendessen nach dem Bad. Die Kleine hatte ein weißes Flanellhemd und ein blaues Wolljäckchen an, und ihr dunkles, feines Haar war zu einem lustigen kleinen Zipfel hochgebürstet. Sie schaute auf, als sie ihre Mutter sah, und fing an zu hüpfen.

»Komm, Liebchen, iß schön auf«, sagte die Kinderfrau und verkniff die Lippen auf eine Art, die Bertha wohlbekannt war, und die besagte, daß sie wieder einmal zur falschen Zeit ins Kinderzimmer gekommen war.

»War sie brav?«

»Sie war den ganzen Nachmittag ein kleiner Goldschatz«, flüsterte die Kinderfrau. »Wir waren im Park, und ich habe mich auf einen Stuhl gesetzt und sie aus dem Wagen gehoben, und ein großer Hund ist angekommen und hat den Kopf auf mein Knie gelegt, und sie hat nach seinem Ohr gegriffen und daran gezogen. Oh, Sie hätten sie sehen sollen.«

Bertha hätte gern gefragt, ob es nicht recht gefährlich für ein kleines Kind sei, fremde Hunde an den Ohren zu ziehen. Aber sie wagte es nicht. Sie stand da, mit hängenden Schultern, wie das arme kleine Mädchen vor dem reichen kleinen Mädchen mit der Puppe, und sah ihnen zu.

Die Kleine blickte wieder zu ihr auf, sah sie an, und lächelte dann so bezaubernd, daß Bertha nicht mehr an sich halten konnte und rief:

»O bitte, lassen Sie mich zu Ende füttern, während Sie die Sachen im Bad forträumen.«

»Na ja, Ma'm, sie sollte beim Essen nicht rumgereicht werden«, entgegnete die Kinderfrau, noch immer flüsternd. »Sie wird nur unruhig; bestimmt fängt sie an zu quängeln.«

Wie absurd das war. Wozu bekam man ein Kind, wenn man es dann – nicht in einen Kasten, wie eine kostbare Geige –, aber in die Arme einer anderen Frau legte?

»Oh, ich muß sie nehmen!« sagte sie.

Tief gekränkt reichte die Kinderfrau ihr das Kind.

»Aber passen Sie auf, daß sie nach dem Essen nicht wieder so putzmunter wird. Das wäre nicht das erste Mal, Ma'm. Und ich darf mich hinterher mit ihr abplagen!«

Gott sei Dank! Die Kinderfrau ging mit den Badehandtüchern aus dem Zimmer.

»Jetzt habe ich dich ganz für mich, mein kleiner Schatz«, sagte Bertha, als das Kindchen sich an sie lehnte.

Die Kleine aß wunderbar, schob die Lippen vor, wenn der Löffel kam, und patschte mit den Händchen. Manchmal wollte sie den Löffel nicht wieder loslassen; und manchmal, wenn Bertha ihn gerade wieder gefüllt hatte, patschte sie ihn fort in alle Winde.

Als die Suppe aufgegessen war, drehte sich Bertha dem Feuer zu.

»Du bist eine Süße – eine ganz Süße!« sagte sie und küßte ihre warme Kleine. »Ich liebe dich. Liebe dich so sehr.«

Und wahrhaftig, sie liebte Klein B. so sehr – ihren Nakken, wenn sie sich vorbeugte, ihre köstlichen kleinen Zehen, wie sie fast durchsichtig im Licht des Feuers schimmerten –, daß das Gefühl von Glückseligkeit mit aller Macht wiederkehrte, und wieder wußte sie nicht, wie es ausdrücken – was damit anfangen.

»Sie werden am Telephon verlangt«, sagte die Kinderfrau, die triumphierend zurückkam und *ihre* Kleine an sich nahm.

Sie eilte hinab. Es war Harry.

»Oh, bist du's, Ber? Hör mal, es wird ein klein wenig später. Ich nehme ein Taxi und komme so schnell ich kann, aber warte mit dem Abendessen noch zehn Minuten, einverstanden? In Ordnung?«

»Ja, natürlich. Oh, Harry!«

»Ja?«

Was hatte sie ihm noch zu sagen? Nichts. Sie wollte ihm nur noch einen Moment nah sein. Sie konnte unmöglich ausrufen: »War das nicht ein himmlischer Tag!«

»Was ist denn?« bellte die dünne Stimme.

»Nichts. *Entendu*«, sagte Bertha, hängte den Hörer ein und dachte bei sich, daß die Zivilisation mehr als bloß idiotisch war.

Sie hatten Gäste zum Abendessen. Mr. und Mrs. Norman Knight – ein sehr freundliches Paar – er war im Begriff, ein Theater zu gründen, und sie beschäftigte sich vor allem mit Innendekoration, dann einen jungen Mann, Eddie Warren, der gerade einen kleinen Gedichtband veröffentlicht hatte und den jedermann zum Essen einlud; sowie eine »Entdeckung« von Bertha, Pearl Fulton. Was Miss Fulton machte, wußte Bertha nicht. Sie hatten sich im Klub kennengelernt, und Bertha hatte sich in sie vernarrt, wie sie sich immer in schöne Frauen vernarrte, die etwas Eigenwilliges an sich hatten.

Das Verstörende an der Sache war, daß Bertha nicht schlau aus ihr wurde, obwohl sie sich einige Male getroffen hatten, zusammen aus gewesen waren und sich unterhalten hatten. Bis zu einem gewissen Punkt war Miss Fulton von einer seltenen, bewundernswürdigen Offenheit, aber der gewisse Punkt existierte, und darüber hinaus wollte sie nicht gehen.

Ob es darüber hinaus etwas gab? Harry sagte: »Nein.«

Fand sie langweilig und »kalt wie alle Blondinen, möglicherweise mit einer Neigung zur Bleichsucht«. Aber Bertha mochte ihm nicht zustimmen; nicht zu diesem Zeitpunkt, zumindest.

»Nein, Harry, die Art, wie sie dasitzt, den Kopf leicht zur Seite geneigt, und lächelt, da steckt etwas dahinter, und ich muß herausfinden, was es ist.«

»Höchstwahrscheinlich die Verdauung«, antwortete Harry.

Er liebte es, Bertha auf diese Weise auf den Boden der Tatsachen zurückzuholen ... »Leberstauung, mein liebes Kind« oder »nichts als Flatulenz« oder »die Nieren«... und so weiter. Aus irgendeinem Grund amüsierte es Bertha, und fast bewunderte sie ihn dafür.

Sie ging in den Salon und zündete das Kaminfeuer an; dann nahm sie, eins nach dem anderen, die Kissen auf, die Mary so sorgfältig aufgereiht hatte, und warf sie zurück auf die Sessel und Sofas. Gleich sah alles ganz anders aus; so wirkte der Raum gleich lebendig. Als sie gerade das letzte hinwerfen wollte, überraschte sie sich dabei, wie sie es plötzlich leidenschaftlich an sich drückte. Doch das löschte das Feuer in ihrem Busen nicht. Oh, ganz im Gegenteil!

Die Fenster des Salons gingen auf einen Balkon hinaus, der den Garten überblickte. Ganz am Ende, an der Mauer, stand ein hoher, schlanker Birnbaum in vollster, üppigster Blüte; er war vollkommen, wie erstarrt stand er da vor dem jadegrünen Himmel. Bertha glaubte selbst aus dieser Entfernung sehen zu können, daß er keine einzige ungeöffnete Knospe und kein einziges welkes Blütenblatt hatte. Weiter unten, in den Rabatten, schienen die roten und gelben Tulpen sich mit ihren schweren Kelchen an die Dämmerung anzulehnen. Eine graue Katze strich, mit schlackerndem Bauch, über den Rasen, und eine schwarze, ihr Schatten, folgte ihr nach. Der Anblick der beiden so zielstrebigen, geschmeidigen Wesen jagte Bertha einen Schauer über den Rücken.

»Katzen sind unheimliche Kreaturen!« murmelte sie, und sie wandte sich vom Fenster ab und begann hin und her zu laufen …

Wie stark die Narzissen in dem warmen Zimmer dufteten. Zu stark? O nein. Und doch ließ sie sich wie überwältigt auf ein Sofa fallen und preßte die Hände an die Augen.

»Ich bin zu glücklich – zu glücklich!« flüsterte sie.

Und auf ihren Augenlidern schien sie den herrlichen Birnbaum zu sehen, mit weit geöffneten Blüten, ein Symbol ihres eigenen Lebens.

Wahrhaftig – wahrhaftig – sie hatte alles. Sie war jung. Harry und sie waren noch genauso verliebt wie am ersten Tag, und sie kamen großartig miteinander aus und waren wirklich gute Kameraden. Sie hatte ein entzückendes Töchterchen. Sie hatten keinerlei Geldsorgen. Sie besaßen ein in jeder Hinsicht zufriedenstellendes Haus mit Garten. Und Freunde – moderne, anregende Freunde, Schriftsteller und Maler und Dichter oder Leute, die sich für soziale Fragen interessierten – genau die Art Freunde, die ihnen zusagte. Und da waren die Bücher und die Musik, und sie hatte eine wunderbare kleine Schneiderin gefunden, und im Sommer wollten sie ins Ausland reisen, und ihre neue Köchin machte die köstlichsten Omeletts …

»Ich bin verrückt. Verrückt!« Sie setzte sich auf; aber sie war ganz benommen, wie berauscht. Das mußte der Frühling sein.

Ja, es war der Frühling. Jetzt war sie so müde, daß sie sich kaum die Treppe hochschleppen konnte, um sich umzuziehen.

Ein weißes Kleid, eine Kette aus Jadeperlen, grüne Schuhe und Strümpfe. Es entsprang keiner Laune. Sie hatte sich die Kombination bereits Stunden, bevor sie am Salonfenster stand, überlegt.

Ihre Blütenblätter rauschten leise in die Diele, und sie küßte Mrs. Norman Knight, die gerade einen überaus ergötzlichen orangefarbenen Mantel auszog, mit einer Prozession schwarzer Affen unten am Saum und an den Revers.

»... Also wirklich, ich frage Sie! Warum ist der Mittelstand nur so spießig – so durch und durch humorlos! Meine Liebe, es ist nur dem Zufall zu verdanken, daß ich heil hier angekommen bin – dem Zufall und Norman. Denn meine süßen Äffchen haben den reinsten Volksaufstand ausgelöst im Zug; man hat mich angestarrt, als wollte man mich fressen. Kein Lachen – kein Lächeln – das hätte mir ja gefallen. Nein, nur diese bohrenden Blicke.«

»Aber das Schönste war«, sagte Norman und klemmte sich ein großes, in Schildpatt gefaßtes Monokel ins Auge, »du hast doch nichts dagegen, wenn ich es erzähle, Face?« (Zu Hause und unter Freunden nannten sie sich Face und Mug.) »Das Schönste war: Als es ihr schließlich zu bunt wurde, hat sie sich zu der Frau nebenan umgedreht und gesagt: ›Ja, haben Sie noch nie einen Affen gesehen?‹«

»O ja!« Mrs. Norman Knight stimmte in das Gelächter ein. »War das nicht zu komisch?«

Und noch komischer war, daß sie nun, ohne ihren Mantel, tatsächlich wie ein sehr intelligentes Äffchen aussah – das sich aus hauchdünnen Bananenschalen sogar dieses gelbe Seidenkleid gemacht hatte. Und ihre Bernsteinohrringe: sie waren wie kleine baumelnde Nüsse.

»Ja, ja, traurig, traurig!« sagte Mug und blieb vor Klein B.s Kinderwagen stehen. »Ist die Wiege erst im Haus –« und den Rest des Zitats wischte er mit einer Handbewegung beiseite.

Es läutete. Es war der hagere, bleiche Eddie Warren – wie üblich in einem Zustand äußerster Bedrängnis.

»Das *ist* doch das richtige Haus, *nicht wahr?*« flehte er.

»Oh, ich glaube schon – ich hoffe doch«, entgegnete Bertha munter.

»Ich hatte ein *schreckliches* Erlebnis mit einem Taxifahrer; war das ein *finsterer* Kerl. Ich konnte ihn nicht dazu bringen, *anzuhalten*. Je *heftiger* ich an die Scheibe klopfte und rief, desto *schneller* fuhr er. Und im Mondlicht duckte sich dieser *bizarre* Mensch mit seiner *flachen* Stirn über das *kleine* Steuerrad …«

Er schauderte, während er sich eines riesigen weißen Seidenschals entledigte. Bertha bemerkte, daß seine Socken ebenfalls weiß waren – ganz entzückend.

»Aber wie grauenhaft!« rief sie.

»Ja, allerdings«, sagte Eddie und folgte ihr in den Salon. »Ich sah mich schon in alle Ewigkeit so *dahinfahren,* in einem *aus der Zeit* gefallenen Taxi.«

Er kannte Mr. und Mrs. Norman Knight. Er wollte sogar ein Stück für N. K. schreiben, wenn das Theatervorhaben zustande kam.

»Nun, Warren, geht's voran mit dem Stück?« fragte Norman Knight, ließ das Monokel fallen und sein Auge einen Moment Luft holen, bevor er das Glas wieder festschraubte.

Und Mrs. Norman Knight: »Oh, Mr. Warren, was für treffliche Socken?«

»Ich bin so froh, daß sie Ihnen gefallen«, sagte er und starrte auf seine Füße. »Sie scheinen so *viel* weißer zu sein, seit der Mond aufgegangen ist.« Und er wandte sein hageres, trübseliges junges Gesicht Bertha zu. »Der Mond *scheint* nämlich, wissen Sie.«

Sie wollte ausrufen: »Aber gewiß tut er das – und immer wieder – immer wieder!«

Er war wirklich ein höchst interessanter Mensch. Aber ebenso Face, die in ihrer seidenen Bananenschale vor dem

Feuer hockte, und ebenso Mug, der eine Zigarette rauchte und die Asche wegschnippend sagte: »Was säumt der Bräutigam so lang?«

»Da kommt er ja.«

Peng, flog die Haustür auf und wieder zu. Harry rief: »Halli-hallo, alle zusammen. Bin in fünf Minuten unten.« Und sie hörten ihn die Treppe hinaufstürmen. Bertha konnte sich ein Lächeln nicht verkneifen; sie wußte, wie er es genoß, alles unter Hochdruck zu tun. Was bedeuteten schon fünf Minuten mehr oder weniger? Doch er bildete sich natürlich ein, daß sie sehr viel bedeuteten. Und dann würde er großen Wert darauf legen, überaus ruhig und gelassen im Salon zu erscheinen.

Harry war so voller Lebenslust. Oh, wie sie das an ihm liebte. Und sein kämpferisches Wesen – wie er in allem, was ihm widerfuhr, eine neue Erprobung seiner Kraft und seines Mutes sah – auch das verstand sie gut. Selbst wenn er anderen Leuten, die ihn nicht so gut kannten, vielleicht zuweilen ein wenig lächerlich vorkommen mochte ... Denn mitunter stürzte er sich in die Schlacht, wenn es gar keine Schlacht zu schlagen gab ... Sie redete und lachte, und erst als er eingetreten war (genau wie sie es sich vorgestellt hatte), fiel ihr wieder ein, daß Pearl Fulton nicht erschienen war.

»Ob Miss Fulton uns wohl vergessen hat?«

»Wahrscheinlich«, sagte Harry. »Hat sie Telephon?«

»Oh! Da fährt ein Taxi vor.« Und Bertha lächelte mit dem Anflug von Besitzerstolz, den sie stets verspürte, solange ihre weiblichen Entdeckungen neu und geheimnisvoll waren. »Sie lebt förmlich in Taxis.«

»Dann wird sie ordentlich Fett ansetzen«, sagte Harry kühl und läutete zu Tisch. »Sehr gefährlich für Blondinen.«

»Harry – bitte«, warnte Bertha und blickte lachend zu ihm auf.

Folgte ein kurzer Augenblick, während sie lachend und plaudernd warteten – einen Hauch zu unbefangen, zu gleichmütig. Und dann erschien Miss Fulton, ganz in Silber, mit einem silbernen Stirnband, das ihr hellblondes Haar zusammenhielt, lächelnd, den Kopf leicht zur Seite geneigt.

»Bin ich zu spät?«

»Nein, durchaus nicht«, sagte Bertha. »Kommen Sie.« Und sie nahm ihren Arm, und zusammen begaben sie sich ins Eßzimmer.

Wie kam es, daß die Berührung dieses kühlen Armes dieses Gefühl noch anfachte – anfachte –, zum Lodern – Lodern – brachte, die Glückseligkeit, von der Bertha nicht wußte, was damit anfangen?

Miss Fulton sah sie nicht an; aber sie blickte den Leuten ohnehin nur selten direkt ins Gesicht. Ihre schweren Lider waren gesenkt, und das seltsame halbe Lächeln auf ihren Lippen kam und ging, als würde sie sich mehr auf ihr Gehör als auf ihre Augen verlassen. Doch Bertha wußte plötzlich, als hätten sie einen langen, vertrauten Blick gewechselt – als hätten sie einander zugerufen: »Du auch?« – daß Pearl Fulton, während sie die wunderbare rote Suppe in ihrem grauen Teller umrührte, dasselbe empfand wie sie.

Und die anderen? Face und Mug, Eddie und Harry, deren Löffel sich hoben und senkten – die sich die Lippen mit ihren Servietten abtupften, Brot in kleine Stücke rissen, mit Gabeln und Gläsern spielten und plauderten.

»Ich habe sie bei der Alpha-Schau getroffen – eine unmögliche Person. Sie hat sich nicht nur die Haare kurz geschnitten, sondern, wie mir scheint, auch noch ihre Beine und Arme und ihren Hals und ihre arme kleine Nase.«

»Ist sie nicht mit Michael Oat sehr *liée?*«

»Der ›Liebe mit falschen Zähnen‹ geschrieben hat?«

»Er will ein Stück für mich schreiben. Einakter. Eine Person. Beschließt, Selbstmord zu begehen. Erörtert alle

Gründe für und wider. Und gerade, als er sich entschlossen, es zu tun oder zu lassen – Vorhang. Gar keine schlechte Idee.«

»Wie will er es nennen – ›Magenbeschwerden‹?«

»Ich *glaube*, die Idee *kenne* ich bereits, aus einer *kleinen* französischen Zeitschrift, *völlig* unbekannt in England.«

Nein, sie fühlten nicht, was sie fühlte. Es waren liebe Menschen – liebe Menschen – und sie freute sich, sie dazuhaben, an ihrer Tafel, und sie mit Speis und Trank zu beköstigen. Sie sehnte sich geradezu danach, ihnen zu sagen, wie reizend sie waren, und was für eine dekorative Gruppe sie abgaben, wie gut einer den anderen zur Geltung brachte, und wie sie das an ein Stück von Tschechow erinnerte!

Harry genoß sein Essen. Es war Teil seines – nun, nicht gerade seines Wesens, und gewiß nicht seiner Imponiersucht – seines – was auch immer –, vom Essen zu schwärmen und zu schwelgen von seiner »schamlosen Leidenschaft für das weiße Fleisch des Hummers« und vom »Grün des Pistazieneises – grün und kalt wie die Augenlider ägyptischer Tänzerinnen«.

Als er zu ihr aufblickte und sagte: »Bertha, das Soufflé ist ganz ausgezeichnet!«, hätte sie fast weinen können vor kindlicher Freude.

Oh, warum empfand sie heute abend solche Zärtlichkeit für die ganze Welt? Alles war gut – war, wie es sein sollte. Alles, was geschah, schien den randvollen Kelch ihrer Glückseligkeit nur aufs neue zu füllen.

Und noch immer ging ihr der Birnbaum nicht aus dem Kopf. Er würde jetzt silbern sein im Mondlicht, dem Mond des guten Eddie, silbern wie Miss Fulton, die dasaß und eine Tangerine in den schmalen Fingern drehte, daß ein Licht von ihnen auszugehen schien.

Dabei konnte sie sich beim besten Willen nicht erklären – es war wirklich ein Wunder –, wie sie Miss Fultons Gefühle so genau und so rasch erahnt hatte. Denn sie zweifelte keine Sekunde daran, daß ihre Ahnung richtig war, und dennoch, was hatte sie für Beweise? Keine.

»Ich glaube, so etwas geschieht nur sehr selten zwischen Frauen. Nie zwischen Männern«, dachte Bertha. »Aber wenn ich im Salon den Kaffee vorbereite, wird sie vielleicht ›ein Zeichen geben‹.«

Was sie damit meinte, wußte sie selbst nicht, und was danach geschehen würde, überstieg ihre Phantasie.

Während ihr diese Gedanken durch den Kopf gingen, sah sie sich reden und lachen. Sie mußte reden, ihrer unbändigen Lust zu lachen wegen.

»Wenn ich nicht lachen kann, sterbe ich.«

Doch als sie Faces komische Angewohnheit bemerkte, ständig in ihrem Ausschnitt zu nesteln – als habe sie, auch dort, einen heimlichen kleinen Nußvorrat –, mußte Bertha die Fingernägel in die Handballen graben – um nicht zu sehr zu lachen.

Endlich war es vorbei. Und: »Kommen Sie, ich zeige Ihnen meinen neuen Kaffeeautomaten«, sagte Bertha.

»Wir haben schließlich nur alle zwei Wochen einen neuen Kaffeeautomaten«, sagte Harry. Diesmal nahm Face ihren Arm; Miss Fulton neigte den Kopf und folgte ihnen.

Das Feuer im Salon war heruntergebrannt zu einem roten, züngelnden »Nest von Phönixjungen«, sagte Face.

»Machen Sie das Licht noch nicht an. Es ist so zauberhaft.« Und wieder hockte sie sich vor die Glut. Sie fror immer … »begreiflich, ohne ihr kleines rotes Flanelljäckchen«, dachte Bertha.

Das war der Moment, da Miss Fulton »das Zeichen« gab.

»Haben Sie einen Garten?« sagte die kühle, verschlafene Stimme.

Das war so charmant von ihr, daß Bertha einfach gehorchen mußte. Sie durchquerte den Raum, zog die Vorhänge auseinander und öffnete die hohen Fenster.

»Da!« hauchte sie.

Und die beiden Frauen standen Seite an Seite und blickten auf den schlanken, blühenden Baum. Obwohl er so unbewegt stand, schien er zu zittern wie die Flamme einer Kerze, schien sich zu recken und zu strecken in der klaren Luft, schien unter ihren Blicken größer und größer zu werden – um schließlich fast den Rand des runden, silbernen Mondes zu berühren.

Wie lange standen sie so da? Wie gefangen im Bannkreis diesen überirdischen Lichts, durchdrungen von gegenseitigem Verstehen, Geschöpfe aus einer anderen Welt, die nicht wußten, was sie hinieden mit der Fülle des Glücks beginnen sollten, das in ihrem Busen brannte und ihnen wie silberner Blütenregen von Haar und Händen glitt?

Eine Ewigkeit – nur einen Augenblick? Und murmelte Miss Fulton wirklich: »Ja. *Das* ist es.« Oder hatte Bertha es geträumt?

Dann wurde das Licht angeknipst, und Face machte Kaffee, und Harry sagte: »Meine liebe Mrs. Knight, fragen Sie mich nicht nach meiner kleinen Tochter. Ich sehe sie nie. Ich werde nicht das geringste Interesse für sie aufbringen, bis sie einen Liebhaber hat«, und Mug befreite für einen Moment sein Auge aus dem Treibhaus und verwahrte es dann wieder unter Glas, und Eddie Warren trank seinen Kaffee und setzte die Tasse mit gequälter Miene ab, als habe er eine Spinne verschluckt.

»Was ich möchte, ist, den jungen Leuten eine Bühne zu bieten. Ich bin davon überzeugt, daß London nur so wimmelt von erstklassigen, ungeschriebenen Stücken. Was ich ihnen sagen möchte, ist: ›Hier habt ihr euer Theater. Jetzt schießt los.‹«

»Wissen Sie, meine Liebe, ich werde demnächst für Mr. und Mrs. Jacob Nathan einen Raum ausstatten. Oh, mich würde so sehr ein Bratfisch-Thema reizen – mit Stuhllehnen in Form von Bratpfannen, und die Vorhänge bestickt mit einem Muster aus Kartoffelschnitzen.«

»Das Problem mit unseren jungen Schriftstellern ist, daß sie immer noch viel zu romantisch denken. Man kann nicht in See stechen, ohne seekrank zu werden, man braucht also einen Kübel. Wieso fehlt ihnen der Mut zum Kübel?«

»Ein *grauenvolles* Gedicht über ein *Mädchen*, das von einem Bettler *ohne* Nase in einem Waldstück *geschändet* wurde …«

Miss Fulton sank in den niedrigsten, tiefsten Sessel, und Harry reichte Zigaretten herum.

An der Art, wie er vor ihr stand, die silberne Dose schüttelte und barsch fragte: »Ägyptische? Türkische? Virginische? Sie sind alle durcheinander«, erkannte Bertha, daß ihn Miss Fulton nicht nur langweilte; er lehnte sie wirklich ab. Und sie schloß aus der Art, wie Miss Fulton sagte: »Nein, danke, ich möchte nicht rauchen«, daß sie es fühlte und daß sie verletzt war.

»Oh, Harry, lehn sie nicht ab. Du täuschst dich in ihr. Sie ist wundervoll, wundervoll. Und überhaupt, wie kannst du dich gegen jemanden stellen, der mir so viel bedeutet. Heute nacht im Bett werde ich versuchen, dir zu erklären, was geschehen ist. Was sie und ich gemeinsam empfunden haben.«

Bei diesen letzten Worten schoß Bertha etwas Sonderbares und fast Erschreckendes durch den Kopf. Und dieses Etwas, blind und lächelnd, flüsterte ihr zu: »Bald sind diese Leute gegangen. Im Haus ist es still – still. Die Lichter sind gelöscht. Und du und er, ihr seid allein miteinander in dem dunklen Zimmer – dem warmen Bett …«

Sie sprang aus ihrem Sessel auf und lief zum Klavier hinüber.

»Wie schade, daß niemand spielt«, rief sie. »Wie schade, daß niemand spielt.«

Zum ersten Mal in ihrem Leben begehrte Bertha Young ihren Mann.

Oh, sie hatte ihn geliebt – natürlich war sie in ihn verliebt gewesen, auf jede erdenkliche Weise, nur eben nicht auf diese. Und gleichzeitig hatte sie natürlich verstanden, daß es bei ihm anders war. Sie hatten so oft darüber gesprochen. Am Anfang war sie schrecklich bedrückt gewesen, daß sie so kalt war, aber nach einiger Zeit schien es nichts mehr auszumachen. Sie waren so offen miteinander – so gute Kameraden. Das war das Gute an der modernen Ehe.

Aber jetzt – Glut! Glut! Das Wort schmerzte in ihrem glühenden Leib! War es das, worauf jenes Gefühl von Glückseligkeit hinauswollte? Aber dann, dann –

»Meine Liebe«, sagte Mrs. Norman Knight, »ich weiß, es ist eine Schande. Aber wir sind ein Opfer der Zeit und des Zugs. Wir wohnen in Hampstead. Es war so reizend.«

»Ich begleite Sie an die Tür«, sagte Bertha. »Schön, daß Sie kommen konnten. Aber Sie dürfen den letzten Zug nicht verpassen. Wirklich ein Jammer, nicht?«

»Noch einen Whisky, Knight, bevor Sie gehen?« rief Harry.

»Nein, danke, alter Junge.«

Dafür drückte Bertha ihm beim Abschied um so inniger die Hand.

»Gute Nacht, auf Wiedersehen«, rief sie von der obersten Treppenstufe und wußte, daß ihr altes Ich für immer von ihnen Abschied nahm.

Als sie in den Salon zurückkehrte, waren auch die anderen im Aufbruch begriffen.

»… Dann können Sie ein Stück in meinem Taxi mitkommen.«

»Ich bin Ihnen ja *so* dankbar, daß ich nicht *noch* einmal *allein* fahren muß, nach meinem *gräßlichen* Erlebnis.«

»Sie finden einen Taxi-Stand gleich an der nächsten Straßenecke. Da haben Sie nicht weit zu laufen.«

»Wie tröstlich. Ich zieh mir nur schnell den Mantel an.«

Miss Fulton ging Richtung Diele, und Bertha wollte ihr schon folgen, als Harry sich vorbeidrängte.

»Ich helfe Ihnen.«

Bertha wußte, daß er seine Unhöflichkeit bereute – sie ließ ihn gehen. Was für ein Kind er doch in mancher Hinsicht war – so impulsiv – so – einfältig.

Und Eddie und sie blieben am Kamin zurück.

»*Kennen* Sie schon Bilks *neues* Gedicht, ›Table d'Hôte‹?« fragte Eddie leise. »Es ist *so* bezaubernd. In der neuen Anthologie. Haben Sie ein Exemplar da? Ich würde es Ihnen *so* gerne *zeigen*. Es beginnt mit einer *unglaublich* schönen Zeile: ›Warum muß es immer Tomatensuppe sein?‹ «

»Ja«, sagte Bertha. Und lautlos trat sie zu einem Tisch gegenüber von der Salontür, und Eddie schlich ihr lautlos nach. Sie hob das kleine Buch auf und reichte es ihm; sie hatten keinerlei Geräusch verursacht.

Während er es nachschlug, wandte sie den Kopf zur Diele hin. Und sie sah … Harry mit Miss Fultons Mantel im Arm, und Miss Fulton, die ihm den Rücken gewandt hatte, den Kopf geneigt. Er warf den Mantel beiseite, legte ihr die Hände auf die Schultern und drehte sie ungestüm zu sich herum. Seine Lippen sagten: »Ich bete dich an«, und Miss Fulton legte ihre Mondscheinfinger auf seine Wangen und lächelte ihr verschlafenes Lächeln. Harrys Nasenflügel bebten; seine Lippen verzerrten sich zu einem scheußlichen Grinsen, während er flüsterte: »Morgen«, und mit ihren Augenlidern erwiderte Miss Fulton: »Ja.«

»Hier ist es«, sagte Eddie. »›Warum muß es immer Tomatensuppe sein?‹ Das ist so *tiefsinnig*, finden Sie nicht? Die ewige Tomatensuppe, *entsetzlich*.«

»Wenn Sie es wünschen«, drang Harrys Stimme, sehr laut, von der Diele her, »kann ich Ihnen auch ein Taxi bestellen.«

»Ach, nein. Das ist nicht nötig«, sagte Miss Fulton, und sie kam auf Bertha zu und reichte ihr die schlanken Finger.

»Auf Wiedersehen. Haben Sie vielen Dank.«

»Auf Wiedersehen«, sagte Bertha.

Miss Fulton hielt ihre Hand noch einen Moment fest.

»Ihr herrlicher Birnbaum!« murmelte sie.

Und dann war sie fort, mit Eddie, der ihr folgte wie die schwarze Katze der grauen.

»Ich mache dann mal den Laden dicht«, sagte Harry, schon allzu ruhig und gelassen.

»Ihr herrlicher Birnbaum – Birnbaum – Birnbaum!«

Bertha stürzte förmlich zu den hohen Fenstern.

»Oh, was soll denn nun werden?« rief sie.

Aber der Birnbaum war so herrlich anzusehen wie immer und so voller Blüten und so still.

DER WIND WEHT

Plötzlich wacht sie auf – ganz erschrocken. Was ist passiert? Etwas Schreckliches ist passiert. Nein – nichts ist passiert. Es ist nur der Wind, der das Haus erschüttert, an den Fenstern klappert, mit einem Stück Eisen auf dem Dach klimpert und ihr Bett erzittern läßt. Blätter wirbeln am Fenster vorbei, auf und davon; unten in der Allee segelt eine ganze Zeitung wie ein verirrter Drachen durch die Luft und stürzt ab, aufgespießt von einer Tanne. Es ist kalt. Der Sommer ist vorbei – es ist Herbst – alles ist häßlich. Die Karren rattern vorbei, hin und her schwankend; zwei Chinesen mit Tragehölzern stolpern unter der Last ihrer Gemüsekörbe vor sich hin – ihre Zöpfe und blauen Kittel flattern im Wind. Ein weißer Hund auf drei Beinen läuft kläffend am Tor vorbei. Es ist alles aus! Was? Ach, alles! Und sie beginnt mit zitternden Fingern ihr Haar zu flechten und traut sich nicht, in den Spiegel zu blicken. Mutter spricht in der Diele mit Großmutter.

»Wie kann man so dumm sein! Bei solchem Wetter die Wäsche auf der Leine zu lassen … Meine beste Teedecke mit der Teneriffa-Stickerei ist nur noch ein einziger Fetzen. Was ist denn das für ein merkwürdiger Geruch? Die Grütze brennt an. O Himmel – dieser Wind!«

Um zehn Uhr hat sie Klavierstunde. Bei dem Gedanken erklingt in ihrem Kopf der Moll-Satz des Beethoven-Stücks, die Triller lang und bedrohlich wie kleine Trommelwirbel … Mary Swainson rennt nebenan in den Garten, um die »Chrysanthemen« zu pflücken, bevor sie völlig hinüber sind. Der Rock fliegt hoch, bis über die Taille; sie versucht, ihn hinunterzuschlagen, ihn zwischen den Beinen festzuklemmen, während sie sich bückt, aber es nützt nichts – er fliegt immer wieder hoch. Alle Bäume und Büsche schlagen wild um sich. Sie pflückt so schnell sie kann, aber sie ist ganz durcheinander. Sie achtet kaum auf das, was sie tut – sie rupft die Pflanzen mit den Wurzeln aus, bricht und knickt sie, stampft mit dem Fuß auf und flucht.

»Um Himmels willen, laß bloß die Vordertür zu! Geh hintenrum«, schreit jemand. Und dann hört sie Bogey:

»Mutter, du wirst am Telephon verlangt. Telephon, Mutter. Es ist der Metzger.«

Das Leben ist schrecklich – empörend, einfach empörend ... Und jetzt ist das Gummiband an ihrem Hut gerissen. Das mußte ja so kommen. Dann wird sie eben ihre alte Schottenmütze aufsetzen und zur Hintertür hinausschlüpfen. Aber Mutter hat es gesehen.

»Matilda. Matilda. Komm so-fort zurück! Was hast du denn da auf dem Kopf? Das sieht aus wie ein Teewärmer. Und was hängen dir da für Haarfransen in die Stirn?«

»Ich kann nicht länger warten, Mutter. Sonst komme ich zu spät zu meiner Stunde.«

»Komm zurück, sofort!«

Sie kommt nicht. Nein. Sie haßt Mutter. »Geh zum Teufel«, schreit sie und rennt die Straße hinab.

Stechender Staub treibt ihr in Wellen, in Wolken, in großen runden Wirbeln entgegen, und mit ihm ein Schauer von Stroh und Spreu und Mist. Aus den Bäumen in den Gärten heult es laut, und als sie unten an der Straße vor dem Tor von Mr. Bullen steht, hört sie das Meer schluchzen: »Ach! ... Ach! ... Ach-ch!« Aber Mr. Bullens Wohnzimmer ist so still wie eine Höhle. Die Fenster sind geschlossen, die Jalousien halb herabgelassen, und sie ist nicht zu spät. Das-Mädchen-vor-ihr hat gerade erst angefangen, MacDowells ›To an Iceberg‹ zu spielen. Mr. Bullen schaut zu ihr herüber und deutet ein Lächeln an.

»Setzen Sie sich«, sagt er. »Setzen Sie sich da in die Sofaecke, junges Fräulein.«

Wie lustig er ist. Er lacht einen zwar nicht aus … aber irgendwie doch … Ach, wie friedlich es hier ist. Sie mag dieses Zimmer. Es riecht nach Kunstseide und kaltem Rauch und Chrysanthemen … sie stehen in einer großen Vase auf dem Kaminsims, hinter der verblaßten Photographie von Rubinstein … *à mon ami Robert Bullen* … Über dem schwarz glänzenden Klavier hängt ›Solitude‹ – eine dunkelhaarige, tragische Frau in einem weißen Gewand, die auf einem Felsen sitzt, die Beine übereinandergeschlagen, das Kinn in die Hand gestützt.

»Nein, nein!« sagt Mr. Bullen, und er beugt sich über das andere Mädchen, legt seine Arme um ihre Schultern und spielt ihr die Stelle vor. Die dumme Gans – sie wird rot! Wie lächerlich!

Nun ist Das-Mädchen-vor-ihr gegangen; die Haustür schlägt zu. Mr. Bullen kommt zurück und geht auf und ab, ganz leise, bis sie soweit ist. Wie sonderbar! Ihre Finger zittern und sie bekommt den Knoten der Notenmappe nicht auf. Es ist der Wind … Und ihr Herz klopft so heftig, daß sie meint, ihre Bluse müsse sich heben und senken. Mr. Bullen sagt kein Wort. Die abgewetzte rote Klavierbank ist groß genug, daß zwei Leute nebeneinander sitzen können. Mr. Bullen setzt sich neben sie.

»Soll ich mit Tonleitern anfangen«, fragt sie und preßt die Hände zusammen. »Ich hatte auch Arpeggien auf.«

Doch er antwortet nicht. Er scheint sie gar nicht zu hören … und dann streckt er plötzlich seine glatte Hand mit dem Ring aus und schlägt Beethoven auf.

»Lassen Sie doch mal den großen Meister hören«, sagt er.

Aber warum redet er so freundlich mit ihr – so furchtbar freundlich – so, als würden sie sich seit Ewigkeiten kennen und wüßten alles voneinander.

Er blättert langsam die Seite um. Sie betrachtet seine Hand – es ist eine sehr schöne Hand, die immer aussieht wie gerade gewaschen.

»Das Stück hier«, sagt Mr. Bullen.

Ach, diese freundliche Stimme – Ach, dieser Moll-Satz. Hier kommen die kleinen Trommeln …

»Soll ich die Wiederholung spielen?«

»Ja, mein Kind.«

Seine Stimme ist viel zu freundlich. Die Viertel- und Achtelnoten tanzen die Notenlinien auf und ab wie kleine schwarze Jungen auf einem Zaun. Warum ist er so … Sie will nicht weinen – sie hat keinen Grund zu weinen …

»Was ist denn, mein Kind?«

Mr. Bullen nimmt ihre Hände in die seinen. Seine Schulter ist da – dicht neben ihrem Kopf. Sie lehnt sich ein ganz klein wenig an, die Wange auf dem weichen Tweed.

»Das Leben ist so schrecklich«, murmelt sie, doch gerade jetzt kommt es ihr gar nicht schrecklich vor. Er sagt etwas von »warten« und »Zeit lassen« und »Kostbarkeit des Frausein«, aber sie hört es nicht. Es tut so gut … könnte es doch ewig …

Plötzlich geht die Tür auf und Mary Swainson platzt herein, viel zu früh zu ihrer Stunde.

»Spielen Sie das Allegro ein bißchen schneller«, sagt Mr. Bullen und steht auf und beginnt wieder auf und ab zu gehen.

»Setzen Sie sich in die Sofaecke, junges Fräulein«, sagt er zu Mary.

Der Wind, der Wind. Es ist unheimlich, hier allein in ihrem Zimmer zu sein. Das Bett, der Spiegel, der weiße Krug und das Waschbecken schimmern wie der Himmel draußen. Es ist das Bett, das unheimlich ist. Es liegt da und schläft tief und fest … Bildet Mutter sich wirklich ein, daß sie all diese

Socken stopfen wird, die da verknäult auf der Steppdecke liegen wie eine Brut Schlangen? Wird sie nämlich nicht. Nein, Mutter. Sehe ich gar nicht ein … Der Wind – der Wind! Ein sonderbarer Rußgeruch weht durch den Kamin herein. Hat schon einmal jemand Gedichte an den Wind geschrieben? … »Ich bringe neuen Blütensegen den Blättern und auch dem Regen.« … so ein Unsinn.

»Bist du das, Bogey?«

»Komm, Matilda, wir machen einen Bummel auf der Esplanade. Ich halt das nicht länger aus.«

»Na gut. Ich ziehe mir meinen Ulster über. Ist das nicht ein entsetzlicher Tag!« Bogeys Ulster sieht genauso aus wie der ihre. Während sie den Kragen zuhakt, mustert sie sich im Spiegel. Ihr Gesicht ist bleich, sie haben die gleichen lebhaften Augen und heißen Lippen. Ach, sie kennen diese beiden da im Spiegel. Auf Wiedersehen, ihr Lieben; wir sind bald zurück.

»So ist es schon besser, was?«

»Hak dich ein«, sagt Bogey.

Sie können nicht schnell genug gehen. Die Köpfe gesenkt, die Beine dicht an dicht, laufen sie wie ein einziger zielstrebiger Wanderer durch die Stadt, den asphaltierten Zickzackweg hinunter, dort, wo der wilde Fenchel wächst, und dann zur Esplanade. Es dämmert – die Dunkelheit bricht herein. Der Wind ist so stark, daß sie sich durch ihn hindurchkämpfen müssen, torkelnd wie zwei alte Trunkenbolde. All die armen kleinen Pahutukawas auf dem Platz sind zu Boden gekrümmt.

»Komm! Komm! Laß uns näher herangehen.«

Drüben beim Wellenbrecher geht die See sehr hoch. Sie ziehen ihre Mützen ab, und das Haar weht ihr über den Mund und schmeckt salzig. Die See geht so hoch, daß die Wellen gar nicht brechen; sie schlagen gegen die rauhe Steinmauer und saugen an den bemoosten, triefenden Stufen. Feine Gischt fegt vom Wasser über die Esplanade. Sie sind über und über besprüht; innen, der Mund, schmeckt naß und kalt.

Bogey ist im Stimmbruch. Wenn er redet, rutscht er die Tonleiter rauf und runter. Es ist komisch – man muß lachen – und doch paßt es zum Wetter. Der Wind trägt ihre Stimmen fort – fort fliegen die Sätze wie kleine schmale Bänder.

»Schneller! Schneller!«

Es wird sehr dunkel. Die Kohlefrachter im Hafen haben zwei Lichter – eins hoch oben am Mast und eins am Heck.

»Sieh doch, Bogey. Da drüben.«

Ein großer schwarzer Dampfer mit einer langen, wirbelnden Rauchfahne, mit hell erleuchteten Bullaugen, mit Lichtern überall, sticht in See. Der Wind hält ihn nicht auf; er durchpflügt die Wellen, steuert auf das offene Tor zu, zwischen den spitzen Klippen, mit Ziel … Es sind die Lichter, die ihn so märchenhaft schön und geheimnisvoll aussehen lassen … *Sie* sind an Bord, lehnen Arm in Arm an der Reling.

»… Wer sind die beiden?«

»… Bruder und Schwester.«

»Sieh doch, Bogey, da ist die Stadt. Sieht sie nicht klein aus? Da, die Uhr am Postamt, sie schlägt zum letzten Mal. Da ist die Esplanade, wo wir damals spazierengingen, als es so windig war. Erinnerst du dich? An dem Tag habe ich in der Klavierstunde geweint – wie viele Jahre ist das her! Leb wohl, kleine Insel, leb wohl …«

Jetzt breitet die Finsternis eine Schwinge über die Wogen. Sie können die beiden nicht mehr sehen. Lebt wohl, lebt wohl. Vergeßt nicht! … Aber da ist das Schiff verschwunden.

Der Wind – der Wind.

PSYCHOLOGIE

Als sie die Tür öffnete und ihn dort stehen sah, war sie mehr als nur erfreut, und auch er, wie er ihr so ins Studio folgte, schien überaus froh, hergekommen zu sein.

»Nicht am Arbeiten?«

»Nein. Ich wollte gerade Tee machen.«

»Und Sie erwarten keinen Besuch?«

»Überhaupt nicht.«

»Aha! Gut.«

Er legte seinen Hut und seinen Mantel vorsichtig, ja bedächtig ab, als hätte er alle Zeit der Welt, oder als nähme er für immer Abschied von ihnen, und kam zum Feuer herüber und hielt die Hände vor die munter flackernde Flamme.

Für einen kurzen Moment standen sie beide so da, schweigend in dem flackernden Licht. Auf ihren lächelnden Lippen schmeckten sie, so schien es, noch die süße Verstörung nach der ersten Begrüßung. Im tiefsten Innern flüsterten sie:

»Warum sollen wir reden? Sind wir uns so nicht genug?«

»Mehr als genug. Bis zu diesem Moment ist mir nie aufgegangen …«

»Wie gut es tut, einfach nur bei dir zu sein …«

»So wie jetzt …«

»Mehr als genug.«

Doch plötzlich wandte er sich um und sah sie an, und sie entfernte sich rasch.

»Zigarette? Ich setze den Kessel auf. Brauchen Sie auch so dringend Tee?«

»Es geht so.«

»Aber ich.«

»Ach, Sie.« Er knuffte das armenische Kissen und ließ sich auf den *sommier* fallen. »Sie sind die reinste Chinesin.«

»Ja, allerdings«, lachte sie. »Ich brauche meinen Tee wie starke Männer ihren Wein.«

Sie zündete die Lampe unter dem großen, orangefarbenen Schirm an, zog die Vorhänge zu und rückte den Teetisch heran. Zwei Vögel sangen im Kessel; das Feuer loderte. Er setzte sich auf, stützte die Hände auf die Knie. Es war entzückend – dieses ganze Teeritual – und sie hatte immer köstliche Dinge zu essen – pikante Häppchen, süße Mandelplätzchen und einen dunklen, schweren Kuchen, der nach Rum schmeckte – aber es hielt auf. Er wünschte, daß es schon vorbei wäre, der Tisch fortgeschoben, ihre beiden Sessel ans Licht gerückt und der Moment gekommen, wo er seine Pfeife hervorholte, sie stopfte und, während er noch den Tabak im Pfeifenkopf fest andrückte: »Ich habe darüber nachgedacht, was Sie letztes Mal sagten, und mir scheint …«

Ja, das war es, worauf er wartete, und sie ebenfalls. Ja, während sie die Teekanne über der Spiritusflamme wärmte und trockenschwenkte, sah sie diese anderen beiden: ihn, wie er sich zurücklehnte und es sich in den Kissen bequem machte, und sie, zusammengekauert *en escargot*, mit dem blauen Sessel als Schneckenhaus. Das Bild stand ihr so klar und deutlich vor Augen, als wäre es auf den blauen Deckel der Teekanne gemalt. Und doch konnte sie nicht schneller machen. Fast hätte sie rufen mögen: »Lassen Sie mir Zeit.« Sie brauchte Zeit, um sich zu beruhigen. Sie wollte Zeit gewinnen, um sich von all den vertrauten Dingen zu lösen, mit denen sie so innig zusammenlebte. Denn all die bunten Dinge um sie her waren ein Teil von ihr – ihre Kinder – und sie wußten es und erhoben die größten, heftigsten Ansprüche. Aber jetzt mußten sie gehen. Sie mußten aus dem Weg geschafft werden, fortgescheucht werden – wie Kinder, die man die düstere Treppe hinaufgeschickt, ins Bett steckt und streng ermahnt, einzuschlafen – sofort – ohne einen Mucks!

Denn der ganz besondere Reiz ihrer Freundschaft beruhte auf ihrer gegenseitigen bedingungslosen Hingabe. Wie zwei offene Städte inmitten einer weiten Ebene lagen ihre Seelen offen für den anderen da. Und es war nicht so, als ritte er in ihre Stadt wie ein Eroberer ein, bis an die Augenbrauen gepanzert und nur das Flattern der bunten Fahnen im Blick – noch betrat sie seine Stadt wie eine Königin, sanft auf Blütenblättern schreitend. Nein, sie waren eifrige, ernste Reisende, die bestrebt waren, das, was sie sahen, zu verstehen, und das, was verborgen war, ans Licht zu holen – denn es galt die mehr als glückliche Fügung zu nutzen, die es ihm erlaubte, so gänzlich aufrichtig zu ihr zu sein, und ihr, gänzlich ehrlich mit ihm.

Und das Beste an der Sache war, daß sie beide alt genug waren, um ihr Abenteuer auszukosten, ohne dumme Gefühlskomplikationen. Leidenschaft hätte alles zerstört; das war ihnen klar. Im übrigen war es mit alledem für sie längst aus und vorbei – er war einunddreißig, sie dreißig –, sie hatten ihre Erfahrungen gemacht, aber so reich und vielfältig diese auch waren, nun war die Zeit der Ernte gekommen – Ernte. Würden seine Romane nicht zweifelsohne große Romane werden? Und ihre Theaterstücke. Wer außer ihr besaß denn dieses untrügliche Gespür für die echte englische Komödie? …

Vorsichtig schnitt sie den Kuchen in kleine dicke Stücke, und er langte nach einem.

»Bitte beachten Sie, wie gut er ist«, beschwor sie ihn. »Essen Sie ihn mit Verstand. Rollen Sie die Augen, wenn Sie können, und lassen Sie sich ihn auf der Zunge zergehen. Das ist kein dahergelaufener Allerweltskuchen – das ist ein

Kuchen, wie er in der Schöpfungsgeschichte hätte Erwähnung finden können … Und Gott sprach: ›Es werde Kuchen. Und es ward Kuchen. Und Gott sah, daß er gut war.‹«

»Das müssen Sie mir nicht erst sagen«, sagte er. »Wahrlich nicht. Es ist seltsam, bei Ihnen achte ich immer sehr genau darauf, was ich esse, woanders überhaupt nicht. Wahrscheinlich kommt es daher, daß ich schon so lang allein lebe und beim Essen immer lese … für gewöhnlich betrachte ich Essen eben lediglich als Nahrung … etwas, das zu gewissen Zeiten da ist … um vertilgt zu werden … und dann … nicht mehr da ist.« Er lachte. »Jetzt sind Sie erschüttert, wie?«

»Zutiefst«, sagte sie.

»Aber – sehen Sie –« Er schob seine Tasse fort und begann sehr schnell zu sprechen. »Ich habe einfach keinerlei Sinn für Äußerlichkeiten. Ich weiß nie die Namen von den Dingen – von Bäumen und dergleichen – und ich nehme nie Orte oder Möbel wahr, oder wie Leute aussehen. Für mich ist ein Raum wie jeder andere – ein Platz zum Sitzen und Lesen oder Reden – mit einer Ausnahme«, und hier hielt er inne, lächelte sonderbar treuherzig und sagte: »… mit Ausnahme dieses Studios hier.« Er blickte sich um und sah dann sie an; er lachte, erstaunt und vergnügt. Er war wie ein Mann, der im Zug aufwacht und feststellt, daß er bereits am Ziel der Reise angelangt ist.

»Und noch etwas ist merkwürdig. Wenn ich die Augen schließe, sehe ich alles in diesem Raum bis ins Kleinste vor mir – bis ins Kleinste … Jetzt fällt es mir auf – vorher ist es mir nicht so bewußt geworden. Oft, wenn ich fort bin, kehre ich im Geiste in dieses Zimmer zurück – gehe zwischen Ihren roten Sesseln umher, sehe die Früchteschale auf dem schwarzen Tisch – und berühre kurz, ganz sanft, diesen wundervollen Kopf des schlafenden Knaben.«

Er sah in die Richtung, während er sprach. Er stand ganz außen auf dem Kaminsims; er ließ den Kopf zu einer Seite hängen, die Lippen waren geöffnet, als lausche der kleine Junge im Schlaf einem süßen Klang …

»Ich liebe den kleinen Jungen«, murmelte er. Und dann waren beide still.

Ein neues Schweigen trat zwischen sie. Und es glich so gar nicht dem beglückenden Innehalten, das ihrer Begrüßung gefolgt war – jenem »Da wären wir also wieder, und es gibt keinen Grund, wieso wir nicht genau da anknüpfen sollten, wo wir das letzte Mal aufgehört haben«. Jenes Schweigen gehörte dem Bannkreis des warmen, wonnigen Feuers und Lampenlichts an. Wie oft hatten sie nicht etwas hineingeworfen, nur zum Vergnügen, nur um zu sehen, wie die Wellen an den seichten Ufern ausliefen. Doch in diesen unbekannten Teich fiel nun der Kopf des kleinen Knaben, der seinen zeitlosen Schlaf schlief – und die Wellen dehnten sich nach allen Seiten aus – grenzenlos – in tiefe, glitzernde Dunkelheit.

Und dann brachen sie es beide. Sie sagte: »Ich muß das Feuer schüren«, und er sagte: »Ich versuche gerade ein neues …« Beide waren entwischt. Sie schürte das Feuer und rückte den Teetisch beiseite, der blaue Sessel wurde herangerollt, sie kauerte sich hinein, und er legte sich in die Kissen zurück. Schnell! Schnell! Sie mußten verhindern, daß es noch einmal passierte.

»Also, ich habe das Buch gelesen, das Sie letztes Mal dagelassen haben.«

»Oh, und was halten Sie davon?«

Sie kamen in Schwung, und alles war wie immer. Wirklich wie immer? Kamen ihre Antworten nicht ein wenig zu rasch, zu prompt, waren sie nicht ein wenig zu bemüht, aufeinander einzugehen? War dies wirklich mehr als eine bessere Nachahmung früherer Begegnungen? Sein Herz klopfte, ihre Wangen brannten, und das Dumme war, daß sie nicht erkennen konnte, wo sie eigentlich waren oder was da eigentlich vor sich ging. Sie hatte nicht die Zeit, zurückzublicken. Und gerade, als sie an diesem Punkt angelangt war, passierte es wieder. Sie stockten, zauderten, brachen ab und schwiegen. Erneut wurden sie sich des grenzenlosen fragenden Dunkels bewußt. Da waren sie also wieder – zwei Jäger, die sich über ihr Feuer beugten und plötzlich von drüben aus dem Dschungel einen Windstoß und ein lautes, fragendes Heulen hörten ...

Sie hob den Kopf. »Es regnet«, murmelte sie. Und ihre Stimme klang wie die seine, als er gesagt hatte: »Ich liebe den kleinen Jungen.«

Nun gut. Warum den Dingen nicht einfach ihren Lauf lassen – einfach nachgeben – und abwarten, was geschehen würde? Aber nein. Befangen und verwirrt, wie sie waren, sahen sie doch genug, um zu begreifen, daß ihre kostbare Freundschaft in Gefahr war. Ihre Freundschaft war es, die zerstört würde – nicht sie beide – und dafür wollten sie nicht die Verantwortung tragen.

Er stand auf, klopfte die Pfeife aus, fuhr sich durchs Haar und sagte: »Ich habe in letzter Zeit viel darüber nachgedacht, ob der Roman der Zukunft der psychologische Roman sein wird oder nicht. Wie sicher ist man denn, daß die Psychologie als solche überhaupt etwas mit Literatur zu tun hat?«

»Wollen Sie damit sagen, es besteht die Möglichkeit, daß jene mysteriösen in-existenten Wesen – die jungen Autoren von heute – demnächst allesamt als Psychoanalytiker auftreten?«

»Jawohl. Und zwar weil ich glaube, daß diese Generation weise genug ist zu erkennen, daß sie krank ist und daß ihre einzige Möglichkeit einer Heilung darin besteht, die Krankheitssymptome zu erkennen – sie zu ermitteln – eingehend zu studieren – und so an die Wurzel des Übels vorzudringen.«

»O je«, klagte sie. »Das sind ja trostlose Aussichten.«

»Keineswegs«, sagte er. »Sehen Sie …« Das Gespräch kam wieder in Gang. Und diesmal schien es ihnen tatsächlich geglückt zu sein. Sie drehte sich ein wenig in ihrem Sessel, um ihn anzusehen, während sie antwortete. Ihr Lächeln sagte: »Wir haben gewonnen.« Und er lächelte zurück, voller Zuversicht: »Aber gewiß doch.«

Aber das Lächeln machte alles wieder zunichte. Es dauerte zu lange; es wurde zu einem Grinsen. Sie sahen sich als zwei kleine grinsende Marionetten, die im Nichts herumzappelten.

»Worüber sprachen wir gerade?« dachte er. Er war so furchtbar gelangweilt, daß er beinahe aufstöhnte.

»Wie albern wir uns aufgeführt haben«, dachte sie. Und sie sah ihn, wie er mühsam – so mühsam – den Boden bereitete, und sie sah sich, wie sie hinter ihm herkam, hier ein Bäumchen setzte und dort einen blühenden Strauch und hier eine Handvoll glitzernder Fische in einen Teich. Diesmal schwiegen sie aus schierer Bestürzung.

Die Uhr ließ sechsmal ihr fröhliches kleines Ping hören, und das Feuer flackerte sanft auf. Was für Narren sie doch waren – behäbig, langweilig, alt – ausgemachte Dummköpfe.

Und nun schlug die Stille sie in ihren Bann wie feierliche Musik. Es war eine Qual – eine Qual für sie, die Stille zu ertragen, und er würde sterben – sterben, wenn sie enden würde … Und doch sehnte er sich danach, sie zu beenden. Nicht mit Worten. Jedenfalls nicht mit dem üblichen nervtötenden Gerede. Es gab eine andere Art für sie, miteinander zu sprechen, und auf die neue Art wollte er flüstern: »Fühlst du es auch? Begreifst du es überhaupt?«

Statt dessen hörte er sich zu seinem Entsetzen sagen: »Ich muß gehen; ich bin um sechs mit Brand verabredet.«

Welcher Teufel ritt ihn, diese statt jene Worte zu sagen? Sie sprang auf – sprang förmlich aus ihrem Sessel auf, und er hörte sie rufen: »Dann müssen Sie sich beeilen. Er ist immer so pünktlich. Warum haben Sie das nicht eher gesagt?«

»Du hast mich verletzt; du hast mich verletzt! Wir haben versagt!« raunte es in ihrem tiefsten Innern, während sie ihm fröhlich lächelnd Hut und Stock reichte. Sie ließ ihm keine Gelegenheit mehr für ein weiteres Wort, sondern eilte durch den Flur und öffnete die große Haustür.

Konnten sie so auseinandergehen? Durfte das sein? Er stand auf der Schwelle und sie drinnen, die Tür offenhaltend. Es regnete jetzt nicht mehr.

»Du hast mich verletzt – verletzt«, sagte ihr Herz. »Warum gehst du nicht? Nein, geh nicht. Bleib. Nein – geh!« Und sie blickte in den Abend hinaus.

Sie sah die hübsche Kaskade der Treppe, den dunklen, von Efeu gesäumten Garten, auf der anderen Straßenseite die hohen kahlen Weiden, und über ihnen den weiten, sternenklaren Himmel. Doch von alldem sah er natürlich nichts. Er war über all das erhaben. Er – mit seiner wunderbaren »vergeistigten« Sicht der Dinge!

Sie hatte recht. Er sah überhaupt nichts. Ein Jammer! Er hatte den Moment verpaßt. Jetzt war es zu spät, um noch etwas daran zu ändern. War es zu spät? Ja, es war zu spät. Ein kalter, abscheulicher Windstoß fegte durch den Garten. Verflucht! Er hörte sie »au revoir« rufen, und die Tür schlug zu.

Sie lief ins Studio zurück und benahm sich ganz sonderbar. Sie lief hin und her, hob die Arme und rief: »Ach! Ach! Wie dumm! Wie idiotisch! Wie dumm!« Und dann ließ sie sich auf den *sommier* fallen und dachte an gar nichts – lag nur da voller Wut. Alles war vorbei. Was war vorbei? Ach – irgend etwas. Und sie würde ihn nie wiedersehen – niemals. Sie hatte eine lange Zeit (oder vielleicht zehn Minuten) in dieser schwarzen Grube zugebracht, als ihre Klingel kurz und heftig schrillte. Das war natürlich er. Und ebenso natürlich hätte sie dem keinerlei Beachtung schenken und es einfach weiterklingeln lassen sollen. Sie stürzte zur Tür.

Auf der Schwelle stand eine alte Jungfer, ein beklagenswertes Geschöpf, das einen Narren an ihr gefressen hatte (weiß Gott warum) und die Angewohnheit hatte, ungeladen aufzutauchen und zu klingeln und dann, wenn sie die Tür aufmachte, zu sagen: »Meine Liebe, schicken Sie mich weg!« Das tat sie nie. Für gewöhnlich bat sie sie herein und gestattete ihr, alles zu bewundern, und nahm den Strauß nicht mehr ganz frisch aussehender Blumen entgegen – überaus gnädig. Aber heute …

»Oh, es tut mir so leid«, rief sie. »Aber ich habe Besuch. Wir arbeiten an einigen Holzschnitten. Das wird noch den ganzen Abend dauern.«

»Das macht doch nichts. Das macht doch überhaupt nichts, meine Liebe«, sagte die gute Freundin. »Ich kam nur gerade vorbei und dachte, ich könnte Ihnen ein paar Veilchen dalassen.« Sie tastete zwischen den Rippen eines großen alten Regenschirms. »Ich habe sie hier hineingetan. Es gibt kein besseres Versteck, um Blumen vor dem Wind zu schützen. Da sind sie«, sagte sie und schüttelte ein kleines welkes Sträußchen.

Erst nahm sie die Veilchen nicht an. Doch wie sie so im Flur stand und die Tür hielt, geschah etwas Seltsames … Wieder sah sie die schöne Kaskade der Treppe, den dunklen, von glitzerndem Efeu gesäumten Garten, die Weiden, den weiten Sternenhimmel. Wieder spürte sie die Stille, die wie eine Frage war. Aber diesmal zögerte sie nicht. Sie trat vor. Sehr sanft und behutsam – als fürchte sie, in jenem grenzenlosen Teich der Stille Wellen zu verursachen – legte sie die Arme um die Freundin.

»Meine Liebe«, flüsterte die beglückte Freundin, überwältigt von so viel Dankbarkeit. »Es ist ja nichts. Nur ein kleines billiges Sträußchen.«

Doch während sie sprach, wurde sie gehalten – immer zärtlicher, immer liebevoller gehalten, mit so innigem Druck und so ausdauernd, daß der armen Seele beinahe die Sinne schwanden und sie kaum noch die Kraft fand zu stammeln: »Dann falle ich Ihnen also nicht gar zu lästig?«

»Gute Nacht, meine Freundin«, flüsterte die andere. »Kommen Sie bald wieder.«

»Oh, sehr gern. Sehr gern.«

Diesmal ging sie langsam zurück ins Studio, und als sie mit halbgeschlossenen Augen mitten im Zimmer stand, fühlte sie sich so leicht, so ausgeruht, als wäre sie aus einem Kinderschlaf erwacht. Selbst das Atmen war die reine Freude …

Der *sommier* sah schlimm aus. Alle Kissen »wie wütende Berge«, wie sie sagte; sie brachte sie in Ordnung, ehe sie zum Schreibtisch hinüberging.

»Unser Gespräch über den psychologischen Roman will mir nicht aus dem Kopf gehen«, schrieb sie eilig hin, »es ist wirklich hochinteressant …« Und so weiter und so weiter.

Zum Schluß schrieb sie: »Gute Nacht, mein Freund. Kommen Sie bald wieder.«

KINO

Acht Uhr morgens. Miss Ada Moss lag in einer schwarzen eisernen Bettstatt und starrte an die Decke. Ihr Zimmer, eine Hinterhofmansarde in Bloomsbury, roch nach Ruß und Puder und nach dem Papier der Bratkartoffeln, die sie sich gestern zum Abendessen mitgebracht hatte.

»Ach Gott«, dachte Miss Moss, »ist mir kalt. Ich möchte mal wissen, wieso ich morgens jetzt immer so durchfroren aufwache. Meine Knie und meine Füße und mein Rücken – besonders mein Rücken: der reinste Eisklotz. Und früher ist mir doch immer so schön warm gewesen. Es ist ja nicht so, daß ich abgemagert wäre – ich habe die gleiche üppige Figur wie eh und je. Nein, das kommt daher, weil ich am Abend keine ordentlichen warmen Mahlzeiten zu mir nehme.«

Eine Prozession ordentlicher warmer Mahlzeiten zog an der Zimmerdecke vorüber, jede von einer Flasche nahrhaften Stouts begleitet …

»Selbst wenn ich jetzt aufstehen würde«, dachte sie, »und ein anständiges gehaltvolles Frühstück bekäme …« Eine Prozession anständiger gehaltvoller Frühstücke folgte den Abendmahlzeiten an der Zimmerdecke, gefolgt von einer riesigen weißen Schinkenkeule. Miss Moss erschauderte und tauchte unter die Bettdecke. In diesem Moment platzte die Zimmerwirtin herein.

»Da ist ein Brief für Sie, Miss Moss.«

»Oh«, sagte Miss Moss, viel zu freundlich, »vielen Dank, Mrs. Pine. Es ist wirklich nett von Ihnen, daß Sie sich herbemühen.«

»Keine Ursache«, sagte die Zimmerwirtin. »Ich dachte, vielleicht ist das der Brief, den Sie erwarten.«

»Nun ja«, sagte Miss Moss munter, »vielleicht ist er es.« Sie legte den Kopf auf die Seite und lächelte den Brief an. »Es würde mich nicht überraschen.«

Der Zimmerwirtin traten die Augen aus dem Kopf. »Mich schon, Miss Moss«, versetzte sie, »wenn ich ehrlich sein soll. Und ich muß Sie bitten, ihn sofort zu öffnen, wenn's beliebt. Jeder andere Vermieter hätte das längst selbst getan und wäre damit im Recht gewesen. Denn so kann es nicht weitergehen, Miss Moss, nein, wahrhaftig nicht. Seit Wochen geht das nun so, mal haben Sie es und mal wieder nicht, mal ist ein Brief auf der Post verlorengegangen, mal ist ein Regisseur gerade unten in Brighton, wird aber bestimmt am Dienstag zurück sein – ich habe es gründlich satt und mache das nicht länger mit. Wie komme ich dazu, Miss Moss, ich frage Sie, in diesen Zeiten, wo die Preise in die Höhe schießen und mein armer lieber Junge in Frankreich dient? Meine Schwester Eliza hat erst gestern zu mir gesagt: ›Minnie‹, sagt sie, ›du bist zu weichherzig. Du hättest das Zimmer schon zigmal weitervermieten können‹, sagt sie, ›und wenn man in diesen Zeiten nicht für sich selber sorgt, dann tut das auch sonst keiner‹, sagt sie. ›Mag ja sein, daß sie auf einem Konzertorium war und Konzerte im West End gesungen hat‹, sagt sie, ›aber wenn es stimmt, was deine Lizzie sagt‹, sagt sie, ›und sie ihre Wäsche selber wäscht und auf dem Handtuchhalter trocknet, dann weiß man doch gleich, woher der Wind weht. Und es ist höchste Zeit, daß du damit Schluß machst‹, sagt sie.«

Miss Moss tat, als hätte sie nichts gehört. Sie setzte sich im Bett auf, öffnete den Brief und las:

»SEHR GEEHRTE DAME!

Vielen Dank für Ihr Schreiben. Leider finden z. Zt. keine Dreharbeiten statt. Ihr Lichtbild haben wir zu unseren Unterlagen genommen, um ggf. darauf zurückzukommen.

Hochachtungsvoll,
BACKWASH FILM COMPANY.«

Dieser Brief schien ihr eine eigentümliche Genugtuung zu bereiten; sie las ihn zweimal durch, ehe sie der Zimmerwirtin antwortete.

»Tja, Mrs. Pine, ich glaube, Ihre Worte werden Ihnen noch leid tun. Der Brief ist von einem Regisseur, ich soll am nächsten Samstagmorgen um zehn Uhr im Abendkleid erscheinen.«

Aber die Zimmerwirtin war zu flink für sie. Mit einem Satz riß sie den Brief an sich.

»Ach ja? Tatsächlich?« rief sie.

»Geben Sie mir den Brief zurück. Geben Sie ihn sofort wieder her, Sie unverschämte, gemeine Person«, rief Miss Moss, die nicht aus dem Bett aufstehen konnte, weil ihr Nachthemd am Rücken gerissen war. »Geben Sie mir mein Privateigentum zurück.« Die Wirtin zog sich langsam zurück, den Brief an ihre zugeknöpfte Taille gedrückt.

»So weit ist es also gekommen?« sagte sie. »Nun, Miss Moss, wenn ich bis heute abend um acht Uhr die Miete nicht habe, werden wir ja sehen, wer eine unverschämte, gemeine Person ist – Schluß, aus.« Hier nickte sie geheimnisvoll. »Und den Brief behalte ich.« Hier hob sie die Stimme. »Das ist ein hübsches kleines Beweisstück!« Und mit Grabesstimme: *»Meine Dame.«*

Die Tür knallte zu und Miss Moss war allein. Sie schlug die Decke zurück, setzte sich wütend und zitternd auf die

Bettkante und betrachtete ihre dicken weißen Beine mit den grünlichblauen Krampfadern.

»Alte Kellerassel! Ja, das ist sie. Eine alte Kellerassel!« sagte Miss Moss. »Vor den Kadi könnte ich sie schleppen wegen dem Brief – o ja.« Noch immer im Nachthemd, begann sie sich anzuziehen.

»Ach, wenn ich die Alte nur bezahlen könnte, ich würde ihr die Meinung geigen, daß sie es so schnell nicht wieder vergißt. Die würde was zu hören kriegen.« Sie ging zur Kommode hinüber, um eine Sicherheitsnadel zu holen, und als sie sich im Spiegel sah, lächelte sie matt und schüttelte den Kopf. »Na, altes Mädchen«, murmelte sie, »diesmal steckst du ordentlich in der Tinte, so viel ist sicher.« Aber die Person im Spiegel schnitt ihr eine häßliche Fratze.

»Du dummes Ding«, schimpfte Miss Moss. »Was nützt es denn zu flennen: Davon bekommst du bloß eine rote Nase. Nein, zieh dich an und mach dich auf und versuch dein Glück – das ist es, was du tun mußt.«

Sie nahm ihr Handtäschchen vom Bettpfosten, kramte darin, schüttelte es, stülpte es um.

»Ich werde eine schöne Tasse Tee in einem ABC trinken, bevor ich irgendwo hingehe«, beschloß sie. »Ich habe einen Shilling und drei Pence – ja, mehr nicht.«

Zwei Minuten später stand da eine korpulente Dame in blauem Taft, mit einem Sträußchen künstlicher Parmaveilchen am Busen, einem schwarzen, mit lila Stiefmütterchen geschmückten Hut, weißen Handschuhen, Stiefeletten mit weißem Oberleder und einem Handtäschchen, das einen Shilling und drei Pence enthielt, und sang mit dunkler Altstimme:

»Sweet-heart, remember when days are forlorn
It al-ways is dar-kest before the dawn.«

Aber die Person im Spiegel schnitt ihr eine Fratze, und Miss Moss ging hinaus. Die lange Straße war voller grauer Gestalten, die griesgrämig Spülwasser über graue Steinstufen spülten. Seltsame Rufe ausstoßend drehte der Milchjunge mit klappernden Kannen seine Runden. Vor Brittweilers Schweizerhaus verschüttete er ein wenig, und eine alte braune Katze ohne Schwanz tauchte aus dem Nichts auf und begann, gierig und lautlos die Milchlache aufzuschlekken. Der Anblick verursachte bei Miss Moss ein ganz eigenartiges Gefühl – ein flaues, sozusagen.

Doch als sie beim ABC ankam, fand sie die Tür sperrangelweit offen; ein Mann mit Blechen voller Brötchen ging ein und aus, und drinnen war niemand außer einer Kellnerin, die sich die Haare machte, und der Kassiererin, die gerade die Kasse aufschloß. Sie stand mitten im Raum, aber keine von beiden sah sie.

»Mein Schatz ist gestern abend heimgekehrt«, flötete die Kellnerin.

»Nein, wirklich – das ist ja prächtig!« gluckste die Kassiererin.

»Ja, nicht wahr«, flötete die Kellnerin. »Er hat mir eine niedliche kleine Brosche mitgebracht. Sieh doch, ›Dieppe‹ steht drauf.«

Die Kassiererin kam herüber, um sie zu betrachten, und legte der Kellnerin den Arm um den Hals.

»Nein, wirklich – das ist ja prächtig.«

»Ja, nicht wahr«, sagte die Kellnerin. »Ach, und er ist ja so was von braun. ›Hal*lo*‹, habe ich gesagt, ›hal*lo*, alte Rothaut.‹«

»Nein, wirklich«, gluckste die Kassiererin, während sie in ihren Käfig zurücklief und dabei Miss Moss fast über den Haufen rannte. »Du bist mir ja eine!« Dann kam der Mann mit den Brötchen wieder herein und machte einen Schlenker um sie herum.

»Kann ich eine Tasse Tee bekommen, Miss?« fragte sie.

Aber die Kellnerin zupfte weiter an ihrer Frisur herum. »Oh«, flötete sie, »wir haben noch nicht *geöffnet.*« Sie wandte sich um und winkte der Kassiererin mit dem Kamm. »Oder *haben* wir schon geöffnet, Schätzchen?«

»Oh, nein«, sagte die Kassiererin. Miss Moss ging hinaus.

»Dann gehe ich eben nach Charing Cross. Ja, das mache ich«, beschloß sie. »Aber ich werde keinen Tee bestellen. Nein, ich werde eine Tasse Kaffee nehmen. Kaffee belebt mehr ... Ganz schön frech, diese Mädchen! Ihr Schatz ist gestern abend heimgekehrt; hat ihr eine Brosche mitgebracht, mit ›Dieppe‹ drauf.« Sie begann, die Straße zu überqueren ...

»Paß auf, Dicke; schlaf nicht!« grölte ein Taxifahrer. Sie tat, als habe sie nichts gehört.

»Nein, ich gehe doch nicht nach Charing Cross«, beschloß sie. »Ich gehe lieber gleich zu Kig & Kadgit. Die öffnen um neun. Wenn ich frühzeitig dort bin, hat Mr. Kadgit vielleicht etwas in der Morgenpost ... Wie schön, daß Sie so früh kommen, Miss Moss. Ich habe gerade von einem Regisseur gehört, der eine Dame für eine Rolle sucht ... Ich glaube, Sie wären genau die Richtige dafür. Ich gebe Ihnen meine Karte, um bei ihm vorzusprechen. Er bietet drei Pfund die Woche, plus Unterkunft und Verpflegung. Wenn ich Sie wäre, würde ich mich sputen. Ein Glück, daß Sie so früh gekommen sind ...«

Doch bei Kig & Kadgit war niemand außer der Putzfrau, die das Linoleum im Flur aufwischte.

»Noch keiner da, Miss«, sagte die Putzfrau.

»Ach, ist Mr. Kadgit nicht hier?« sagte Miss Moss und versuchte, Eimer und Schrubber auszuweichen. »Nun, dann warte ich eben ein bißchen, wenn ich darf.«

»Sie können nicht ins Wartezimmer, Miss. Da bin ich

noch nicht durch. Mr. Kadgit kommt samstags nie vor halb zwölf. Manchmal kommt er auch gar nicht.« Und die Putzfrau begann auf sie zuzukriechen.

»O je – wie dumm von mir«, sagte Miss Moss. »Ich hatte ganz vergessen, daß heute Samstag ist.«

»Aufpassen, Miss, wo Sie hintreten«, sagte die Putzfrau. Und Miss Moss stand wieder draußen.

Das war das Gute an Beit & Bithems; da war immer etwas los. Man kam ins Wartezimmer, lebhaftes Stimmengewirr empfing einen, und alle waren da; jeder kannte jeden. Die zuerst Gekommenen saßen auf Stühlen, und die später Gekommenen saßen auf den Schößen der zuerst Gekommenen, während die Herren lässig an den Wänden lehnten oder sich vor den bewundernden Blicken der Damen in Pose warfen.

»Hallo«, sagte Miss Moss sehr fröhlich. »Da wären wir wieder!«

Und der junge Mr. Clayton spielte Banjo auf seinem Spazierstock und sang: »Und warten auf den Robert E. Lee.«

»Ist Mr. Bithem schon da?« fragte Miss Moss, holte eine altersschwache Puderquaste hervor und puderte sich die Nase rosenfarben.

»Aber ja, Teuerste«, rief der Chor. »Seit Ewigkeiten. Wir warten hier schon über eine Stunde.«

»Ach Gott!« sagte Miss Moss. »Und wie sieht es aus, hat er was?«

»Tja, ein paar Engagements unten in Südafrika«, sagte der junge Mr. Clayton. »Hundertfünfzig die Woche, für zwei Jahre.«

»Ah!« rief der Chor. »Sie sind wirklich lustig, Mr. Clayton. Ist er nicht zum *Schießen?* Ist er nicht zum *Brüllen?* Oh, Mr. Clayton, Sie bringen mich immer so zum Lachen. Ist er nicht ein *Komiker?*«

Ein dunkelhaariges, kummervolles Mädchen berührte Miss Moss am Arm.

»Gestern ist mir ein schönes Engagement entgangen«, sagte sie. »Sechs Wochen in der Provinz und dann im West End. Der Intendant meinte, ich hätte die Rolle bekommen, wenn ich robuster gebaut wäre. Mit einer volleren Figur, meinte er, wäre die Rolle genau das richtige für mich gewesen.« Sie blickte Miss Moss an, und die schmutzige dunkelrote Rose unter ihrer Hutkrempe sah aus, als teile sie ihren Kummer und schien ganz geknickt.

»Künstlerpech«, sagte Miss Moss bemüht, sich unbeteiligt zu geben. »Was war es denn – wenn ich fragen darf?«

Doch das dunkelhaarige, kummervolle Mädchen durchschaute sie, und ihre großen Augen funkelten hämisch.

»Oh, das wäre nichts für Sie, meine Liebe«, sagte sie. »Er wollte eine Junge, wissen Sie – den dunklen, spanischen Typ – so wie ich, nur etwas fülliger.«

Die Bürotür ging auf, und Mr. Bithem erschien in Hemdsärmeln. Eine Hand behielt er an der Tür, um rasch den Rückzug antreten zu können, die andere hielt er hoch.

»Hören Sie, meine Damen –« und dann hielt er inne und setzte sein berühmtes Grinsen auf, bevor er sagte – »*und* Jungs.« Das Wartezimmer lachte darüber so laut, daß er beide Hände hochhalten mußte. »Es hat keinen Zweck, heute zu warten. Kommen Sie Montag wieder; für Montag erwarte ich mehrere Anfragen.«

Miss Moss stürzte verzweifelt vor. »Mr. Bithem, haben Sie etwas gehört von …«

»Warten Sie mal«, sagte Mr. Bithem langsam und starrte sie an; er sah Miss Moss schließlich nur viermal die Woche, und das seit – wie vielen Wochen? »Wer sind Sie?«

»Miss Ada Moss.«

»Ach ja, ja; natürlich, meine Liebe. Noch nichts, meine Liebe. Ich hatte heute eine Anfrage nach achtundzwanzig Damen, aber die sollten jung sein und ein bißchen das

Tanzbein schwingen können – verstehen Sie? Und dann noch einmal sechzehn Damen – aber da war Bauchtanz gefragt. Hören Sie, meine Liebe, ich stecke bis über die Ohren in Arbeit. Kommen Sie Montag in einer Woche wieder; vorher hat es gar keinen Zweck.« Er spendete ihr ein Grinsen ganz für sie allein und klopfte ihr auf den fleischigen Rücken. »Ohren steifhalten, meine Gute«, sagte Mr. Bithem, »immer schön die Ohren steifhalten.«

Bei der North-East-Filmgesellschaft war das ganze Treppenhaus voller Menschen. Miss Moss stellte sich neben eine blonde Kleine um die dreißig, in einem weißen Spitzenhut mit Kirschen rundherum.

»Was für ein Auflauf!« sagte sie. »Gibt es etwas Besonderes?«

»Ja, haben sie das denn nicht gehört, meine Liebe?« sagte die Kleine und riß die riesigen blassen Augen auf. »Um halb zehn ist eine Anfrage nach *attraktiven* Mädchen reingekommen. Wir warten alle schon seit Stunden. Haben Sie schon mal für North-East gespielt?«

Miss Moss legte den Kopf auf die Seite. »Nein, ich glaube nicht.«

»Es muß traumhaft sein, für sie zu spielen«, sagte die Kleine. »Eine Freundin von mir hat eine Freundin, die dreißig Pfund pro Tag kriegt … Arbeiten Sie häufiger für den Film?«

»Nun, eigentlich bin ich keine Schauspielerin«, gestand Miss Moss. »Ich bin Sängerin, Altistin. Aber in letzter Zeit läuft es schlecht, so daß ich mich ein bißchen anderweitig umsehe.«

»Wie es so geht, meine Liebe, nicht wahr?« sagte die Kleine.

»Ich hatte eine ausgezeichnete Ausbildung am Konservatorium«, sagte Miss Moss, »ich habe die Silbermedaille für Gesang. Ich habe oft bei Konzerten im West End mitgewirkt. Aber ich dachte, zur Abwechslung versuche ich mal mein Glück …«

»Wie es so geht, meine Liebe, wie es so geht«, sagte die Kleine.

In dem Moment erschien oben an der Treppe ein bildschönes Bürofräulein.

»Warten Sie alle wegen der Anfrage bei North-East?«

»Ja!« rief der Chor.

»Nun, das hat sich erledigt. Wurde mir eben telephonisch bestellt.«

»Aber hören Sie mal! Was ist mit unseren Auslagen?« rief eine Stimme.

Das Bürofräulein blickte auf sie hinab, und es konnte sich das Lachen nicht verkneifen.

»Oh, *bezahlt* worden wären Sie ohnehin nicht. Die North-East zahlt *nie* Honorare für Statisten.«

Bei der Bitter Orange Company gab es nur ein kleines rundes Schiebefenster. Kein Wartezimmer – überhaupt niemand; als Miss Moss klopfte, kam ein Mädchen ans Fenster und fragte: »Sie wünschen?«

»Kann ich bitte den Produzenten sprechen?« sagte Miss Moss freundlich. Das Mädchen lehnte sich auf das Fensterbrett, schloß halb die Augen und schien einen Moment zu schlafen. Miss Moss lächelte sie an. Das Mädchen legte die Stirn in Falten; sie schien irgend etwas Unangenehmes zu riechen; sie schnaubte. Dann verschwand sie plötzlich, kam mit einem Blatt Papier wieder und schob es Miss Moss brüsk hin.

»Füllen Sie das Formular aus!« sagte sie. Und sie knallte das Fenster zu.

»Können Sie fliegen – turmspringen – Automobil fahren – kämpfen – schießen?« las Miss Moss. Sie ging die Straße entlang und stellte sich diese Fragen. Ein scharfer, kalter Wind blies; er zerrte an ihr, schlug ihr ins Gesicht, verhöhnte sie; er wußte, daß sie die Fragen nicht beantworten konnte. In den Square Gardens fand sie einen kleinen Papierkorb; in den warf sie das Formular. Und dann setzte sie sich auf eine der Bänke, um sich die Nase zu pudern. Aber die Person im Taschenspiegel schnitt ihr eine schaurige Fratze, und das war zuviel für Miss Moss; sie weinte sich gründlich aus. Danach fühlte sie sich gleich viel besser.

»So, fertig«, seufzte sie. »Was für eine Wohltat, ich konnte mich kaum noch auf den Beinen halten. Und meine Nase wird an der Luft bald abkühlen … Es ist so nett hier. Sieh sich einer die Spatzen an. Tschiep. Tschiep. Wie nah sie herankommen. Vermutlich füttert sie jemand. Nein, ich habe nichts für euch, ihr frechen kleinen Kerle …« Sie blickte sich um. Was war das für ein großer Bau dort gegenüber – das Café de Madrid? Herrje, wie heftig das kleine Kind gestürzt ist! Armes kleines Wurm! Mach dir nichts draus – steh einfach wieder auf … Bis heute abend um acht … Café de Madrid. »Ich könnte einfach reingehen und mich setzen und einen Kaffee trinken, nur so«, dachte Miss Moss. »Es ist schließlich ein Künstlertreff. Vielleicht habe ich Glück … Ein dunkler, gutaussehender Herr im Pelzmantel kommt mit einem Freund herein und setzt sich vielleicht an meinen Tisch. ›Nein, alter Junge, ich habe ganz London nach einer Altistin abgesucht und kann einfach keine auftreiben. Weißt du, es ist ein schwieriger Part; sieh ihn dir mal an.‹« Und Miss Moss hörte sich sagen: »Entschuldigen Sie, ich bin zufällig Altistin, und ich habe diesen Part schon oft gesungen … Nicht zu fassen! ›Kommen Sie doch gleich mit in mein Studio und singen Sie mir vor.‹ … Zehn Pfund die Woche … Warum sollte ich denn nervös sein? Das ist keine Nervosität. Warum sollte ich nicht ins Café de Madrid gehen? Ich bin eine ehrbare Frau – ich bin Altistin. Und ich zittere nur, weil ich den ganzen Tag noch nichts gegessen habe … ›Ein hübsches kleines Beweisstück, *meine*

Dame.‹ … Also gut, Mrs. Pine. Café de Madrid. Abends ist dort immer Konzert … ›Warum geht es nicht los?‹ Die Altistin ist noch nicht da … ›Entschuldigen Sie, ich bin zufällig Altistin; ich habe diesen Part schon oft gesungen.‹«

Es war schummrig in dem Café. Männer, Palmen, rote Plüschbänke, weiße Marmortische, Kellner in Schürzen, durch all das ging Miss Moss hindurch. Kaum hatte sie Platz genommen, als ein sehr dicker Herr mit einem sehr kleinen Hut, der wie eine kleine Jacht auf seinem Kopf segelte, an ihren Tisch kam und sich auf den Stuhl ihr gegenüber fallen ließ.

»Guten Abend!« sagte er.

Miss Moss erwiderte auf ihre heitere Art: »Guten Abend!«

»Ein guter Abend, in der Tat«, sagte der dicke Herr.

»Ja. Herrlich, nicht?« sagte sie.

Er krümmte einen Wurstfinger in Richtung Kellner: »Bringen Sie mir einen doppelten Whisky« – und wandte sich Miss Moss zu. »Was nehmen Sie?«

»Ich glaube, ich nehme einen Kognak, wenn's recht ist.«

Fünf Minuten später lehnte der beleibte Herr sich über den Tisch und blies ihr eine Wolke Zigarrenrauch direkt ins Gesicht.

»Ein verführerisches Bändchen haben Sie da!« sagte er.

Miss Moss errötete, und eine Ader an ihrer Schläfe, die sie nie zuvor gespürt hatte, begann heftig zu pulsieren.

»Ich mochte schon immer rosa«, sagte sie.

Der dicke Herr trommelte mit den Fingern auf den Tisch und musterte sie.

»Ich mag es gern griffig und drall«, sagte er.

Zu ihrer eigenen Verwunderung lachte Miss Moss laut auf.

Fünf Minuten später wuchtete der beleibte Herr sich

hoch. »Und, muß ich in Ihre Richtung, oder Sie in meine?« fragte er.

»Ich komme mit Ihnen, wenn's recht ist«, sagte Miss Moss. Und hinter der kleinen Jacht hersegelnd verließ sie das Café.

DER MANN OHNE TEMPERAMENT

Er stand an der Tür zur Empfangshalle und drehte an dem Ring, dem schweren Siegelring am kleinen Finger, während sein Blick gelassen, bedächtig über die runden Tische und Korbstühle schweifte, die sich in der verglasten Veranda zu Grüppchen verteilten. Er spitzte die Lippen – er hätte zu pfeifen beginnen können – aber er pfiff nicht – drehte nur an dem Ring – an dem Ring an seinen rosigen, frisch gewaschenen Händen.

Drüben in der Ecke saßen die beiden Duttmamsells, tranken ein Gebräu, das sie immer tranken um diese Zeit – irgend etwas Weißlichgraues, in Gläsern, mit Körnern obenauf – und suchten in einer Blechbüchse voller Papierschnipsel nach gesprenkelten Biskuitstückchen, die sie in Stücke brachen, in die Gläser warfen und mit dem Löffel wieder herausfischten. Ihr Strickzeug schlummerte, wie zwei Schlangen, neben dem Tablett.

Die Amerikanerin saß, wo sie immer saß, an der Glaswand, im Schatten einer großen Schlingpflanze mit großen violetten Augen, die sich dicht – ja, platt an die Scheibe drückte und sie hungrig belauerte. Und sie wußte, daß dieses Ding da war – sie wußte, daß es sie auf genau diese Weise beobachtete. Sie genoß es; tat geziert. Manchmal deutete sie sogar darauf und rief: »Ist das nicht ein Gipfel der Scheußlichkeit! Ist das nicht zum Fürchten!« Immerhin war es ja auf der anderen Seite der Veranda … und außerdem konnte es ihr nichts anhaben, nicht wahr, Klaymongso? Sie war Amerikanerin, nicht wahr, Klaymongso, und sie würde sich umgehend an ihren Konsul wenden. Klaymongso lag zusammengerollt auf ihrem Schoß, vergraben unter einem zerschlissenen altmodischen Brokatbeutel, einem schmuddeligen Taschentuch und einem Stoß Briefe von daheim, und gab als Antwort ein Niesen von sich.

Die anderen Tische waren nicht besetzt. Zwischen der Amerikanerin und den beiden Duttmamsells wurde ein Blick gewechselt. Sie deutete ein ausländisches kleines Schulterzucken an; die Duttmamsells schwenkten verständnisinnig ihre Kekse. Doch er sah nichts. Er stand reglos da, und man sah seinen Augen an, daß er lauschte. »Huui-ssip-ssuu-uu!« machte der Lift. Der Eisenkäfig öffnete sich klirrend. Leise, schleppende Schritte kamen durch die Halle auf ihn zu. Eine Hand leicht wie ein Blatt fiel auf seine Schulter. Eine ruhige Stimme sagte: »Komm, setzen wir uns dort drüben hin – wo wir die Auffahrt sehen können. Die Bäume sind so schön.« Und er setzte sich in Bewegung, ihre Hand noch immer auf der Schulter und neben sich die leisen schleppenden Schritte. Er zog einen Korbsessel heran, und sie sank langsam hinein, lehnte den Kopf an die Rückenlehne und ließ die Arme über die Armlehnen fallen.

»Willst du den anderen nicht näher heranrücken? Er steht so unendlich weit weg.« Aber er rührte sich nicht.

»Wo ist dein Tuch?« fragte er.

»Oh!« Sie gab ein bestürztes Stöhnen von sich. »Wie dumm von mir, ich habe es oben auf dem Bett liegenlassen. Ach, es macht nichts. Bitte geh es nicht holen. Ich brauche es bestimmt nicht.«

»Du solltest es lieber bei dir haben.« Und er drehte sich um und eilte durch die Veranda in die dämmerige Halle mit ihren scharlachroten, vergoldeten Plüschmöbeln – Zauberkünstlermöbeln –, mit ihrem Hinweis auf die Gottesdienste der Englischen Kirche, mit dem grünen Filzbrett mit den nicht abgeholten Briefen, die das schwarze Gittergeflecht emporrankten, mit der pompösen Standuhr, die jede halbe Stunde schlug, mit den Garben von Stöcken und Schirmen in der Pranke eines hölzernen Braunbären, vorbei an den zwei verkrüppelten Palmen, zwei alten Bettlern am Fuß der Treppe, die Marmorstufen hinauf, immer drei auf einmal nehmend, vorbei an der lebensgroßen Gruppe der zwei drallen Bauernkinder auf dem Treppenabsatz, die Marmorschürzen voller marmorner Weintrauben, und über den Korridor, mit seinen Strandguthaufen aus alten Blechbüchsen, Lederkoffern und Seesäcken – in ihr gemeinsames Zimmer.

Das Zimmermädchen war in ihrem Zimmer und sang laut, während sie Seifenwasser in einen Eimer leerte. Die Fenster standen weit offen, die Läden waren zurückgeklappt, und gleißendes Licht fiel herein. Sie hatte die Bettvorleger und die großen weißen Kissen über das Balkongeländer geworfen; die Netze über den Betten waren hochgeschlagen; auf dem Schreibtisch lag eine Kehrschaufel mit Staubflocken und abgebrannten Streichhölzern. Als sie ihn sah, blitzten ihre kleinen Äuglein frech, und ihr Singen ging in ein Summen über. Doch er ließ sich nichts anmerken. Seine Blicke suchten das gleißend helle Zimmer ab. Wo zum Teufel war das Tuch!

»*Vous désirez, monsieur?*« spottete das Zimmermädchen.

Keine Antwort. Er hatte es entdeckt. Mit großen Schritten durchquerte er den Raum, nahm das graue Spinngewebe und ging, die Tür zuschlagend, hinaus. Die Stimme des Zimmermädchens verfolgte ihn durch den Korridor, lauter und schriller denn je.

»Oh, da bist du ja. Was war denn los? Was hat dich aufgehalten? Siehst du, der Tee ist schon da. Ich habe gerade Antonio nach dem heißen Wasser geschickt. Ist es nicht unglaublich? Ich habe es ihm wohl schon sechzig Mal gesagt, und er bringt es noch immer nicht mit. Danke dir. Das ist sehr nett. Man spürt doch ein bißchen die Luft, wenn man sich vorbeugt.«

»Danke.« Er nahm seinen Tee entgegen und setzte sich in den anderen Sessel. »Nein, nichts zu essen.«

»Ach, bitte! Nur einen, du hattest so wenig zu Mittag, und es sind noch Stunden hin bis zum Abendessen.«

Ihr Tuch glitt herab, als sie sich vorbeugte, um ihm die Biskuits zu reichen. Er nahm einen und legte ihn auf seine Untertasse.

»Oh, diese Bäume auf der Auffahrt«, rief sie. »Ich könnte sie ewig anschauen. Sie sind wie große wunderschöne Farnbäume. Und siehst du den da mit der silbergrauen Rinde und den cremefarbenen Blütentrauben? Ich habe gestern eine zu mir herabgezogen, um daran zu riechen, und der Duft« – bei der Erinnerung daran schloß sie die Augen, und ihre Stimme wurde leiser und leiser, verhauchte zart – »war wie frisch gemahlene Muskatnuß.« Eine kurze Pause. Sie wandte sich ihm zu und lächelte. »Du weißt doch, wie Muskatnuß riecht – oder, Robert?«

Er lächelte zurück. »Nun, wie kann ich es dir beweisen?«

Antonio kam zurück, nicht nur mit dem heißen Wasser – mit Briefen auf einem Tablett und drei Zeitungsrollen.

»Oh, die Post! Oh, wie wunderbar! Oh, Robert, die dürfen nicht alle für dich sein! Sind sie gerade gekommen, Antonio?« Ihre dünnen Hände flogen hoch und schwebten über den Briefen, die Antonio, sich vorbeugend, ihr hinhielt.

»Gerade eben, Signora«, grinste Antonio. »Ich habe sie genommen von Briefträger. Ich habe sie ihm fortgenommen, selbst.«

»Edler Antonio!« lachte sie. »Da – das sind meine, Robert; der Rest ist für dich.«

Antonio drehte sich abrupt um, straffte den Rücken, und das Grinsen verschwand aus seinem Gesicht. In seiner gestreiften Leinenjacke und mit seinen glatten, glänzenden Stirnfransen sah er aus wie eine hölzerne Puppe.

Mr. Salesby steckte die Briefe in die Tasche; die Zeitungen lagen auf dem Tisch. Er drehte an dem Ring, drehte den Siegelring an seinem kleinen Finger und starrte vor sich hin, blinzelnd, mit leerem Blick.

Aber sie – mit der Teetasse in der einen Hand, den dünnen Briefbögen in der anderen, den Kopf zurückgelehnt, die Lippen geöffnet, mit glühenden Wangen, nippte, nippte, trank … trank …

»Von Lottie«, murmelte sie leise. »Die Arme … solche Beschwerden … im linken Fuß. Sie dachte … Neuritis … Doktor Blyth … Plattfuß … Massage. So viele Rotkehlchen in diesem Jahr … das Dienstmädchen macht sich bestens … Oberst aus Indien … jedes Reiskorn einzeln … sehr starker Schneefall.« Und mit großen, leuchtenden Augen sah sie von dem Brief auf. »Schnee, Robert! Denk dir nur!« Und sie berührte die kleinen dunklen Veilchen, die sie sich an die schmächtige Brust geheftet hatte, und vertiefte sich wieder in ihren Brief.

… Schnee. Schnee in London. Millie mit dem Morgentee. »In der Nacht hat es ganz fürchterlich geschneit, Sir.« – »Ach, wirklich, Millie?« Die Vorhänge klirren und lassen das bleiche, zaudernde Licht herein. Er setzt sich im Bett auf; sein Blick fällt auf die massive Häuserwand gegenüber, weiß gerahmt, auf die Blumenkästen mit den imposanten Verästelungen weißer Korallen … Im Badezimmer – mit Blick auf den Garten. Schnee – Schnee lastet schwer auf allem. Der Rasen ist mit einem Zickzackmuster von Katzenpfötchen überzogen; dicker Zuckerguß bedeckt den Gartentisch; die verdorrten Hülsen des Goldregens sind weiße Quasten; nur im Efeu lugt hie und da ein dunkles Blatt hervor … Er wärmt sich den Rücken am Kaminfeuer im Eßzimmer, wo die Zeitung über einer Stuhllehne trocknet. Millie mit dem Frühstücksspeck. »Ach, bitte, Sir, da draußen sind zwei kleine Jungen, die wollen die Stufen und den Vorplatz fegen für einen Shilling, soll ich sie lassen?« ... Und dann, unbeschwert die Treppe hinabschwebend – Jinnie. »Oh, Robert, ist das nicht wunderbar! Oh, wie schade, daß er nicht liegen bleibt. Wo ist das Miezekätzchen?« – »Millie soll es dir bringen.« ... »Millie, könnten Sie uns wohl das Kätzchen hochbringen, wenn es da unten bei Ihnen ist?« – »Sehr wohl, Sir.« Er spürt das kleine pochende Herz in seiner Hand. »Komm, alter Junge, Frauchen verlangt nach dir.« »Oh, Robert, zeig ihm doch mal den Schnee – seinen ersten Schnee. Soll ich das Fenster aufmachen und ihm ein bißchen Schnee zum Spielen geben? ...«

»Nun, das ist doch alles in allem sehr erfreulich – o doch. Die arme Lottie! Die gute Anne! Aber wie sehr wünschte ich, ich könnte ihnen etwas von dem hier schicken«, rief sie und schwenkte die Briefe über den funkelnden und glitzernden Garten hin. »Noch Tee, Robert? Robert, Lieber, noch Tee?«

»Nein, danke, nein. Er war sehr gut«, sagte er gedehnt.

»Also, meiner nicht. Meiner schmeckte wie Heuhäcksel. Oh, da kommen die Flitterwöchner.«

Zackigen Schritts, fast rennend, zwischen sich einen Korb und Angelgerät tragend, erschienen sie in der Auffahrt, eilten die flachen Stufen hinauf.

»Nanu! Waren Sie angeln?« rief die Amerikanerin.

Sie waren außer Atem, sie keuchten: »Ja, ja, wir waren den ganzen Tag mit einem kleinen Boot draußen. Wir haben sieben Fische gefangen. Vier taugen zum Essen. Die drei verschenken wir. An die Kinder.«

Mrs. Salesby drehte sich in ihrem Sessel um, um sie besser zu sehen; die Duttmamsells legten die Schlangen beiseite. Das Pärchen war sehr dunkel – schwarze Haare, olivbraune Haut, blitzende Augen und Zähne. Er war à la »English fashion« gekleidet, in Flanelljacke, weißen Hosen und Schuhen. Um den Hals trug er ein Seidentuch; sein Kopf, mit dem straff zurückgekämmten Haar, war unbedeckt. Und er wischte sich immer wieder über die Stirn, rieb sich die Hände mit einem leuchtenden Taschentuch. Ihr weißer Rock hatte einen nassen Fleck; Hals und Kehle waren tiefrosa verfärbt. Wenn sie die Arme hob, wurden große Schweißhalbmonde unter den Achseln sichtbar; die Haare klebten ihr in feuchten Kringeln an den Wangen. Sie sah aus, als hätte ihr junger Ehemann sie ins Meer geworfen und wieder herausgefischt, um sie an der Sonne zu trocknen – und dann wieder hinein mit ihr – den lieben, langen Tag.

»Möchte Klaymongso vielleicht einen Fisch?« riefen sie. Ihre lachenden, erregten Stimmen prallten wie Vögel gegen die verglaste Veranda, und ein sonderbarer, salziger Geruch stieg aus dem Korb auf.

»Heute nacht werden Sie gut schlafen«, sagte eine der Duttmamsells und stocherte mit der Stricknadel im Ohr, während die andere Duttmamsell lächelnd nickte.

Die Flitterwöchner sahen sich an. Eine große Welle schien sie mit sich fortzureißen. Sie japsten, schluckten, schwankten und tauchten dann lachend, lachend wieder auf.

»Bis nach oben schaffen wir es nicht mehr, wir sind zu müde. Wir müssen unseren Tee trinken, so wie wir sind. He – Kaffee. Nein – Tee. Nein – Kaffee. Tee – Kaffee, Antonio!« Mrs. Salesby wandte sich ab.

»Robert! Robert!« Wo war er? Er war nicht da. Ach, da war er, am anderen Ende der Veranda, mit dem Rücken zu ihr, und rauchte eine Zigarette. »Robert, wollen wir unsere kleine Runde drehen?«

»Gewiß.« Er drückte die Zigarette in einem Aschenbecher aus und kam langsam herüber, mit gesenktem Blick. »Ist dir auch warm genug?«

»O ja.«

»Sicher?«

»Nun ja«, sie legte ihm die Hand auf den Arm, »vielleicht« – und drückte ihn überaus sanft – »er ist nicht oben, er ist in der Halle – vielleicht könntest du mir meinen Umhang holen. Er hängt dort.«

Er kam mit dem Umhang zurück, und sie neigte ihren kleinen Kopf, während er ihn über ihre Schultern gleiten ließ. Dann, sehr steif, bot er ihr den Arm. Sie nickte den Leuten auf der Veranda liebenswürdig zu, während er ein Gähnen unterdrückte, und gemeinsam gingen sie die Treppe hinunter.

»*Vous avez voo ça!*« sagte die Amerikanerin.

»Das ist kein Mann«, sagten die beiden Duttmamsells, »das ist ein Rindvieh. Das sage ich zu meiner Schwester morgens und abends, wenn wir im Bett liegen, ich sage: Das ist kein Mann, ist das, das ist ein Rindvieh!«

Sich überschlagend und stürzend flog das Gelächter der Flitterwöchner auf und prallte gegen das Verandaglas.

Die Sonne stand noch hoch. Jedes Blatt, jede Blume im Garten bot sich dem Auge dar, reglos, wie erschöpft, und ein süßlicher, schwerer, fauliger Geruch erfüllte die zitternde Luft. Aus den dicken, fleischigen Blättern einer Kaktuspflanze ragte ein Aloestengel, überladen mit blassen Blüten, die aussahen wie aus Butter geschnitzt; Licht blitzte auf den hochgereckten Speeren der Palmen; über einem Beet von scharlachroten wächsernen Blumen »summ-summten« große schwarze Käfer; ein prächtig leuchtendes Klettergewächs, orange mit schwarzen Spritzern, machte sich vor einer Mauer breit.

»Ich brauche meinen Umhang wohl doch nicht«, sagte sie. »Es ist wirklich zu warm.« Also nahm er ihn ihr ab und trug ihn über dem Arm. »Laß uns diesen Weg hier nehmen. Ich fühle mich heute so wohl – so viel besser. Du meine

Güte – sieh dir die Kinder an! Wenn man bedenkt, daß wir November haben!«

In einer Ecke des Gartens standen zwei randvoll mit Wasser gefüllte Bottiche. Drei kleine Mädchen, die vorsorglich ihre Schlüpfer ausgezogen und an einen Busch gehängt hatten, standen, die Röckchen bis zum Bund hochgerafft, in den Bottichen und stampften wild herum. Sie kreischten, das Haar fiel ihnen ins Gesicht, sie bespritzten sich gegenseitig. Doch plötzlich blickte die Kleinste, die einen Bottich für sich allein hatte, auf und sah, wer ihnen da zuschaute. Einen Moment schien sie starr vor Schreck, dann stieg sie mühsam und unbeholfen aus dem Bottich, noch immer das Röckchen über dem Bund haltend: »Der Engländer! Der Engländer!« schrie sie und rannte davon, um sich zu verstecken. Schreiend und kreischend folgten ihr die beiden anderen. Im nächsten Moment waren sie verschwunden; im nächsten Moment war da nichts mehr als zwei randvolle Bottiche und die kleinen Schlüpfer auf dem Busch.

»Das – ist – sonderbar!« sagte sie. »Was hat sie so erschreckt? Sie waren ja wohl viel zu jung, um …« Sie blickte zu ihm auf. Sie fand, er sah ein wenig blaß aus – aber was für eine schöne Erscheinung vor diesem prächtigen tropischen Baum mit den langen, spitzen Dornen.

Er antwortete nicht gleich. Dann begegnete er ihrem Blick und lächelte sein bedächtiges Lächeln. »*Très* komisch!« sagte er.

Très komisch! Ach, ihr wurde ganz schwach. Ach, wie sie ihn liebte, wenn er so etwas sagte. *Très* komisch! Das war Robert. So etwas konnte nur von Robert kommen. Er war so wunderbar, so klug, so gebildet, aber wenn er dann plötzlich mit dieser Kleinjungenstimme anfing … Sie hätte weinen mögen.

»Weißt du, manchmal bist du wirklich wunderlich«, sagte sie.

»Bin ich«, antwortete er. Und sie gingen weiter.

Aber sie war müde. Es reichte ihr. Sie wollte nicht mehr laufen.

»Ich bleibe hier, mach du ruhig noch einen kleinen Verdauungsspaziergang, ja? Ich lege mich auf einen dieser Liegestühle. Wie gut, daß du mir meinen Umhang gebracht hast; jetzt brauchst du nicht hinaufzugehen, um eine Decke zu holen. Danke, Robert, ich werde mir diesen herrlichen Heliotrop einmal näher besehen ... Du bleibst doch nicht allzu lange fort?«

»Nein – nein. Es macht dir nichts aus, allein hier zu bleiben?«

»Dummerchen! Ich möchte, daß du gehst. Ich kann nicht von dir verlangen, daß du ständig hinter deiner kranken Frau herschleichst ... Wie lange wirst du weg sein?«

Er zog die Uhr hervor. »Es ist kurz nach halb fünf. Ich bin um Viertel nach fünf zurück.«

»Um Viertel nach fünf zurück«, wiederholte sie, und sie lag still auf dem Liegestuhl und faltete die Hände.

Er wandte sich zum Gehen. Plötzlich war er wieder da. »Warte, möchtest du meine Uhr dabehalten?« Und er ließ sie vor ihren Augen baumeln.

»Oh!« Ihr stockte der Atem. »Sehr, sehr gern.« Und sie nahm die Uhr, die warme Uhr, die geliebte Uhr, und schloß sie fest in ihre Finger. »Nun geh schnell.«

Die Torflügel der Pension Villa Excelsior standen weit offen und drängten einige allzu aufdringliche Geranien zurück. Ein wenig vornübergebeugt, den Blick starr geradeaus, ging er mit schnellen Schritten durch das Tor und begann die Anhöhe zu erklimmen, die sich wie ein dickes Seil um die Stadt legte und deren Villen zusammenhielt. Staubiger Sand bedeckte den Boden. Eine Kutsche kam herangerollt und hielt auf das Excelsior zu. In ihr saßen der General und die Gräfin; es war seine tägliche Ausfahrt.

Mr. Salesby trat zur Seite, doch der Staub wirbelte auf, dicht, weiß wie Wolle, und nahm ihm fast den Atem. Der Gräfin blieb gerade noch Zeit, den General anzustupsen.

»Da geht er«, sagte sie gehässig.

Aber der General ließ nur ein lautes Krächzen hören und weigerte sich hinzuschauen.

»Das ist der Engländer«, sagte der Kutscher und drehte sich um und lächelte. Und die Gräfin warf die Hände hoch und nickte so freundlich, daß er zufrieden ausspuckte und dem stolpernden Gaul eins überzog.

Weiter – weiter – vorbei an den schönsten Villen der Stadt, prachtvollen Palästen, Palästen, die anzuschauen jeden Weg lohnten, vorbei an der Parkanlage mit den künstlichen Grotten und Statuen und Tierskulpturen, die am Brunnen tranken, hinein in ein ärmlicheres Viertel. Hier verlief die Straße eng und übelriechend zwischen hohen, schmalen Häusern, die im Erdgeschoß wie ausgehöhlt und ausgeweidet waren für Ställe und Schreinerwerkstätten. An einem Brunnen weiter vorn schlugen zwei alte Weiber auf Wäsche ein. Als er an ihnen vorbeiging, hockten sie sich auf die Fersen, sahen ihm nach, und dann schallte ihr »A-hak-kak-kak!« mit dem Klatsch, Klatsch des Steins auf der Wäsche hinter ihm her.

Er erreichte den Kamm der Anhöhe; er bog um eine Ecke, und die Stadt war aus dem Blickfeld verschwunden. Er sah hinab in ein tiefes Tal, durch das sich ein ausgetrocknetes Flußbett zog. Links und rechts an den Abhängen fanden sich kleine, baufällige Häuser mit Bruchsteinterrassen, auf denen Früchte zum Trocknen auslagen; Reihen mit Tomatenstauden in den Gemüsegärten; und von den Hoftoren zu den Haustüren eine Pergola mit Weinranken. Das abendliche Sonnenlicht lag tief und golden in der Talmulde; ein Geruch von Holzfeuern hing in der Luft. In den Gärten waren die Männer dabei, Wein zu lesen. Er sah einem Mann zu, der im grünlichen Dämmer stand, die Arme reckte, eine schwarze Traube in die Hand nahm, das Messer aus dem Gürtel holte, schnitt und die Traube in einen flachen, kahnförmigen Korb legte. Der Mann arbeitete gemächlich, schweigend, ließ sich alle Zeit der Welt. In den Hecken auf der anderen Straßenseite hingen Trauben so klein wie Beeren, sie wuchsen hier wild, zwischen den Steinen. Er lehnte sich an eine Mauer, stopfte seine Pfeife, hielt ein Streichholz daran …

Er lehnte über einem Gatter, schlug den Kragen seines Mackintoshs hoch. Es würde bald regnen. Es machte nichts, er war darauf gefaßt. Im November erwartete man es nicht anders. Er blickte über das kahle Feld. Aus der Ecke beim Gatter stieg der Geruch von Runkelrüben auf; ein ganzer Haufen war es, feucht, faulig verfärbt. Zwei Männer kamen vorbei, auf dem Weg zu den verstreut liegenden Häusern des Dorfs. »Guten Tag!« – »Guten Tag!« Herrje, er mußte sich beeilen, wenn er den Zug nach Hause noch erwischen wollte. Über das Gatter, quer übers Feld, über den Zauntritt, auf den Karrenweg, durch Regen und Düsternis marschierend … Gerade noch rechtzeitig zu Hause, um zu baden und sich umzuziehen vor dem Abendessen … Im Wohnzimmer; Jinnie sitzt fast schon im Kaminfeuer. »Oh, Robert, ich habe dich gar nicht hereinkommen hören. War es schön? Wie gut du riechst! Ein Geschenk?« – »Nur ein paar Brombeerzweige, die ich für dich gepflückt habe. Die Farbe ist hübsch.« – »Oh, wie reizend, Robert! Dennis und Beaty kommen zum Essen.« Abendessen – kalter Braten, Pellkartoffeln, Rotwein, Landbrot. Sie sind fröhlich – lachen viel. »Ach, wir kennen doch unseren Robert«, sagt Dennis, haucht auf seine Brillengläser und poliert sie. »Übrigens, Dennis, seit neuestem besitze ich eine sehr schöne Edition von …«

Eine Uhr schlug. Er fuhr herum. Wie spät war es. Fünf? Viertel nach? Zurück, zurück, den Weg, den er gekommen war. Als er durchs Tor trat, sah er sie in ihrem Ausguck. Sie stand auf, winkte, und langsam kam sie ihm entgegen, den schweren Umhang hinter sich herschleifend. In der Hand trug sie ein Sträußchen Heliotrop.

»Du hast dich verspätet«, rief sie fröhlich. »Um ganze drei Minuten. Hier ist deine Uhr, sie war sehr brav, während du weg warst. Hattest du einen netten Spaziergang? War es schön? Erzähl mir. Wo bist du gewesen?«

»Also wirklich – zieh das *an*«, sagte er und nahm ihr den Umhang ab.

»Ja, natürlich. Ja, es wird kühl. Wollen wir auf unser Zimmer gehen?«

Als sie am Fahrstuhl ankamen, hustete sie. Er runzelte die Stirn.

»Es ist nichts. Ich war zu lange draußen. Sei mir nicht böse.« Sie setzte sich auf einen der roten Plüschsessel, während er klingelte und klingelte, und dann, als er keine Antwort bekam, den Finger auf der Klingel ließ.

»Ach, Robert, muß das sein?«

»Was denn?«

Die Salontür flog auf. »Was ist hier los? Wer macht denn solchen Radau?« tönte es von drinnen. Klaymongso fing an zu kläffen. »Krächz! Krächz! Krächz!« ließ der General sich vernehmen. Eine Duttmamsell schoß heraus, eine Hand am Ohr, öffnete die Tür fürs Personal. »Mr. Queet! Mr. Queet!« schrie sie. Das brachte den Direktor im Laufschritt herbei.

»Haben Sie geläutet, Mr. Salesby? Wünschen Sie den Lift? Sehr wohl, Sir. Ich bringe Sie selbst hinauf. Antonio wäre im nächsten Moment gekommen, er hat sich nur noch die Schürze abgebunden –« Und nachdem er sie hineinkomplimentiert hatte, trat der ölige Herr Direktor an die

Salontür. »Entschuldigen Sie bitte die Störung, meine Damen und Herren.« Salesby stand in dem Käfig, sog die Wangen ein, starrte an die Decke und drehte an dem Ring, drehte an dem Siegelring an seinem kleinen Finger …

Sowie sie in ihrem Zimmer angelangt waren, ging er rasch zum Waschtisch, schüttelte das Fläschchen, goß ihr eine Dosis ein und brachte sie ihr.

»Setz dich. Trink das. Und nicht sprechen.« Und er blieb vor ihr stehen, während sie gehorchte. Dann nahm er das Glas, spülte es aus und schob es in seinen Behälter zurück. »Möchtest du ein Kissen?«

»Nein, es geht schon. Komm her. Setz dich einen Moment zu mir, Robert, ja? Ah, so ist es gut.« Sie drehte sich um und steckte das Sträußchen Heliotrop ins Revers seines Jacketts. »Das steht dir«, sagte sie. Und dann lehnte sie den Kopf an seine Schulter, und er legte den Arm um sie.

»Robert –« Ihre Stimme wie ein Seufzer – wie ein Hauch.

»Ja –«

Lange saßen sie so da. Der Himmel flammte auf, verblaßte; die beiden weißen Betten waren wie zwei Schiffe … Endlich hörte er das Zimmermädchen mit den Heißwasserkannen über den Korridor laufen, und sanft ließ er sie los und schaltete das Licht an.

»Oh, wie spät ist es? Oh, was für ein himmlischer Abend. Oh, Robert, während du heute nachmittag fort warst, habe ich nachgedacht …«

Sie waren das letzte Paar, das den Speisesaal betrat. Die Gräfin war da mit ihrer Lorgnette und ihrem Fächer, der General war da mit seinem Spezialstuhl und dem Luftkissen und der kleinen Decke über den Knien. Die Amerikanerin war da und zeigte Klaymongso eine Ausgabe der ›Saturday Evening Post‹ … »Wir genießen einen Schmaus der Vernunft und ein Schwelgen der Seele.« Die beiden Duttmamsells waren da, betasteten die Pfirsiche und die

Birnen auf ihrem Früchteteller und legten diejenigen beiseite, die sie für unreif oder überreif hielten, um sie dem Direktor zu zeigen, und die Flitterwöchner lehnten überm Tisch, tuschelten und bemühten sich, nicht laut zu lachen.

Mr. Queet, in Alltagskleidung und weißen Leinenschuhen, füllte die Suppenteller, und Antonio, in voller Montur, reichte sie herum.

»Nein«, sagte die Amerikanerin, »nehmen Sie sie wieder weg, Antonio. Wir können keine Suppe essen. Wir können nichts Breiiges essen, nicht wahr, Klaymongso?«

»Bringen Sie sie zurück und füllen Sie sie bis zum Rand!« sagten die Duttmamsells, und sie drehten sich um und sahen zu, wie Antonio die Botschaft überbrachte.

»Was ist das? Reis? Ist er weich?« Die Gräfin spähte durch ihre Lorgnette. »Mr. Queet, der General kann etwas von dieser Suppe nehmen, wenn der Reis weich ist.«

»Sehr wohl, Frau Gräfin.«

Die Flitterwöchner aßen statt dessen ihre Fische.

»Gib mir den da. Das ist der, den ich gefangen habe. Nein, ist er nicht. Ist er wohl. Ist er nicht. Aber er guckt mich mit seinem Auge so an, also muß er es sein. Ti! Hi! Hi!« Ihre Füße waren unter dem Tisch ineinander verhakt.

»Robert, du ißt wieder nichts. Fehlt dir was?«

»Nein. Keinen Appetit, das ist alles.«

»Oh, wie dumm. Danach gibt es Spinat mit Ei. Du magst doch keinen Spinat. Ich muß mich darum kümmern, daß man dir in Zukunft ...«

Ein Ei und Kartoffelbrei für den General.

»Mr. Queet! Mr. Queet!«

»Ja, Frau Gräfin.«

»Das Ei des Generals ist wieder zu hart.«

»Krächz! Krächz! Krächz!«

»Bedaure außerordentlich, Frau Gräfin. Soll ich Ihnen ein anderes kochen lassen, Herr General?«

... Sie sind die ersten, die den Speisesaal verlassen. Sie erhebt sich, ihr Tuch zusammenraffend, und er tritt zur Seite, wartet, daß sie vorbeigeht, und dreht an dem Ring, dreht an dem Siegelring an seinem kleinen Finger. In der Empfangshalle liegt Mr. Queet schon auf der Lauer. »Ich dachte, Sie möchten vielleicht nicht auf den Fahrstuhl warten. Antonio serviert gerade die Fingerschälchen. Und leider geht die Klingel nicht mehr, sie ist defekt. Ich weiß nicht, wie das passieren konnte.«

»Oh, ich hoffe doch ...« beginnt sie.

»Steig ein«, sagt er.

Mr. Queet folgt ihnen auf dem Fuße und schlägt die Tür zu ...

... »Robert, macht es dir etwas aus, wenn ich sehr bald zu Bett gehe? Möchtest du nicht in den Salon hinuntergehen, oder hinaus in den Garten? Oder vielleicht könntest du eine Zigarre auf dem Balkon rauchen. Es ist so schön auf dem Balkon. Und ich mag Zigarrenrauch. Habe ich schon immer gemocht. Aber wenn du lieber ...«

»Nein, ich setze mich hierher.«

Er nimmt einen Stuhl und setzt sich auf den Balkon. Er hört, wie sie sich im Zimmer bewegt, leise, ganz leise, sich bewegt und raschelt. Dann kommt sie zu ihm herüber. »Gute Nacht, Robert.«

»Gute Nacht.« Er nimmt ihre Hand und küßt die Handmuschel. »Verkühl dich nicht.«

Der Himmel ist jadegrün. Es sind jede Menge Sterne zu sehen; ein riesiger weißer Mond hängt über dem Garten. In der Ferne ein flatterndes Wetterleuchten – flatternd wie ein Flügel – wie ein verwundeter Vogel, der zu fliegen versucht und herabsinkt und es wieder versucht.

Das Licht aus dem Salon fällt auf den Gartenweg, und man hört ein Klavier. Und einmal ruft die Amerikanerin, als sie die Glastür öffnet, um Klaymongso in den Garten zu lassen: »Haben Sie diesen Mond gesehen?« Aber niemand antwortet.

Ihm wird sehr kalt, wie er so dasitzt und auf das Balkongeländer starrt. Schließlich geht er hinein. Der Mond – der Raum ist weiß getüncht vom Mondlicht. Das Licht zittert in den Spiegeln; die beiden Betten scheinen zu schweben. Sie schläft. Er sieht sie durch die Netze, fast aufrecht, von Kissen gestützt, die weißen Hände auf der Bettdecke gekreuzt. Ihre weißen Wangen und ihr blondes, an die Kissen geschmiegtes Haar sind von Silberglanz überzogen. Er entkleidet sich schnell, lautlos, und steigt ins Bett. Liegt da, die Hände hinter dem Kopf verschränkt …

… In seinem Arbeitszimmer. Spätsommer. Der wilde Wein hat gerade begonnen, sich zu verfärben …

»Tja, mein Lieber, so sieht's aus. Das ist die Lage. Wenn sie nicht für die nächsten zwei Jahre von hier verschwindet und sich einem vernünftigen Klima aussetzt, dann hat sie nicht die geringsten – hm – Aussichten. Man macht sich da besser nichts vor.« – »Oh, natürlich …« »Und zum Henker, alter Junge, was hindert Sie daran, mit ihr zu gehen? Es ist ja nicht so, als hätten Sie eine feste Anstellung wie wir Lohnempfänger. Das, was Sie tun, können Sie überall tun –« – »Zwei Jahre.« – »Ja, zwei Jahre würde ich empfehlen. Sie dürften übrigens keine Schwierigkeiten haben, Ihr Haus zu vermieten. Ich könnte Ihnen da …«

… Er ist bei ihr. »Robert, das Schlimme ist – es liegt gewiß an meiner Krankheit – ich habe einfach das Gefühl, daß ich nicht allein fortgehen kann. Verstehst du – du bist mir alles. Du bist Brot und Wein, Robert, Brot und Wein. Oh, mein Liebster – was rede ich da? Natürlich könnte ich es, natürlich werde ich dich nicht verschleppen …«

Er hört, wie sie sich rührt. Braucht sie etwas?

»Boogles?«

Herrgott! Sie spricht im Schlaf. Den Namen hat sie seit Jahren nicht mehr benutzt.

»Boogles. Bist du wach?«

»Ja, brauchst du irgendwas?«

»Oh, ich muß dir lästig fallen. Es tut mir so leid. Wärst du so gut? Da ist eine elende Mücke in meinem Netz – ich kann sie summen hören. Könntest du sie fangen? Ich möchte mein Herz nicht so anstrengen.«

»Nein, beweg dich nicht. Bleib, wo du bist.« Er schaltet das Licht an, hebt das Netz hoch. »Wo ist das Biest? Hast du es schon entdeckt?«

»Ja, dort, in der Ecke. Ach, ich schäme mich so, dich aus dem Bett geholt zu haben! Bist du mir sehr böse?«

»Nein, natürlich nicht.« Einen Moment steht er in seinem blau-weißen Pyjama erstarrt da. Dann: »Hab' sie«, sagte er.

»Sehr gut. War sie groß?«

»Riesig.« Er ging hinüber zum Waschtisch und tauchte die Finger ins Wasser. »Ist jetzt alles in Ordnung? Soll ich das Licht ausmachen?«

»Ja, bitte. Nein. Boogles! Komm noch einen Augenblick her. Setz dich zu mir. Gib mir deine Hand.« Sie dreht an seinem Siegelring. »Warum hast du nicht geschlafen? Boogles, hör zu. Komm näher. Ich frage mich manchmal – fällt es dir sehr schwer, mit mir hier so zu leben?«

Er beugt sich vor. Er küßt sie. Er deckt sie zu, er streicht das Kissen glatt.

»Unsinn!« wispert er.

MR. REGINALD PEACOCKS GROSSER TAG

Wenn er eines haßte, dann die Art, wie sie ihn morgens weckte. Sie tat es natürlich mit Absicht. Es war ihre Methode, Tag für Tag für Mißstimmung zu sorgen, und er hatte nicht vor, sie wissen zu lassen, wie gut ihr das gelang. Also wirklich, wirklich, einen feinfühligen Menschen so zu wecken, war geradezu gemeingefährlich! Er brauchte Stunden, um darüber hinwegzukommen – Stunden. Sie trat ins Zimmer, in Kittelschürze, mit einem Tuch um den Kopf – um deutlich zu machen, daß sie selbst schon längst auf war und schuftete – und sprach mit leiser, mahnender Stimme: »Reginald!«

»He! Was! Was ist denn? Was ist los?«

»Aufstehen; es ist halb neun.« Und sie ging hinaus, leise die Tür hinter sich schließend, um sich in ihrem Triumph zu sonnen, wie er vermutete.

Er wälzte sich in dem großen Bett, während sein Herz noch immer schnell und dumpf pochte, und mit jedem Pochen fühlte er, wie seine Tatkraft schwand, wie seine – seine Tagesinspiration unter diesen hämmernden Schlägen im Keim erstickt wurde. Es bereitete ihr ganz offensichtlich ein boshaftes Vergnügen, ihm das Leben noch schwerer zu machen, als es – weiß Gott – ohnehin schon war, indem sie ihm seine Rechte als Künstler absprach, indem sie versuchte, ihn auf ihr Niveau hinunterzuziehen. Was hatte sie nur? Was zum Teufel wollte sie? Hatte er nicht inzwischen dreimal so viele Schüler wie zu Beginn ihrer Ehe, verdiente er nicht dreimal soviel, finanzierte er nicht ihren gesamten Haushalt, und zahlte er nicht neuerdings auch für Adrians Kindergarten? ... Und hatte er ihr jemals vorgeworfen, daß sie selbst keinen Penny besaß? Mit keinem Wort – mit keiner Miene! Tatsache war, daß eine Frau, hatte man sie erst geheiratet, maßlos wurde, und Tatsache war, daß es nichts Fataleres für einen Künstler gab als die Ehe, zumindest bis er weit über die Vierzig war ... Warum hatte er sie geheiratet? Die Frage stellte er sich am Tag durchschnittlich wohl dreimal, fand aber nie eine befriedigende Antwort. Sie hatte ihn in einem Moment der Schwäche überwältigt, als ihn das erste Eintauchen in die Wirklichkeit noch verwirrt und verstört hatte. Wenn er zurückblickte, sah er ein bedauernswertes, junges Geschöpf, halb Kind, halb ungezähmter wilder Vogel, völlig unfähig, mit Rechnungen und Gläubigern und all den lästigen Dingen des Alltagslebens zurechtzukommen. Nun – sie hatte ihr Bestes getan, ihm die Flügel zu stutzen, wenn sie das glücklich machte, und sie konnte sich zum Erfolg ihres morgendlichen Auftritts gratulieren. Man sollte sehr zögernd, mit Feingefühl wecken, dachte er, und kroch tiefer ins warme Bett. Er begann sich die herrlichsten Szenen auszumalen, zum Schluß eine, wie die neue, äußerst charmante Schülerin ihm ihre nackten, parfümierten Arme um den Hals legte und ihn mit ihrem langen, wohlriechenden Haar bedeckte. »Aufwachen, mein Liebster!« ...

Wie es seine Gewohnheit war, prüfte Reginald Peacock, während das Badewasser einlief, seine Stimme:

> »Steht die Mutter mit der Tochter vorm Spiegel, der lacht,
> schnürt ihr das Mieder, flicht ihr das Haar«,

sang er, noch leise, dem Klang lauschend, seine Stimme schonend, bis er zur dritten Zeile kam:

> »Denkt sie oft, wär' der Wildfang erst vermählt ...«

und bei dem Wort »vermählt« brach er in einen Triumphschrei aus, daß das Zahnputzglas auf dem Bord erbebte und sogar der Wasserhahn in stürmischem Applaus zu rauschen schien …

Nun, an seiner Stimme war nichts auszusetzen, dachte er, als er in die Wanne sprang und seinen weichen, rosigen Körper mit einem Schwamm einseifte, der die Form eines Fisches hatte. Er könnte Covent Garden mit dieser Stimme füllen! »*Vermählt*«, schmetterte er noch einmal, schnappte sich mit einer imposant theatralischen Geste das Handtuch und sang weiter, während er sich abrubbelte wie ein Lohengrin, den ein unachtsamer Schwan ins Wasser gestoßen hatte und der sich nun in aller Eile abtrocknete, bevor die unvermeidliche Elsa daherkam …

In seinem Schlafzimmer zog er mit einem Ruck die Jalousie hoch, und in dem fahlen Sonnengeviert stehend, das auf dem Teppich lag wie ein Blatt weißes Löschpapier, begann er mit seiner Morgengymnastik – tief atmen, vorwärts beugen und zurück, in die Hocke gehen wie ein Frosch und die Beine vorschnellen lassen – denn nichts fürchtete er so sehr, wie dick zu werden, und Männer in seinem Beruf neigten zum Dickwerden. Einstweilen aber gab es dafür noch keine Anzeichen. Bei ihm war alles, wie es sein sollte, fand er, die Proportionen stimmten. Tatsächlich konnte er nicht umhin, ein Gefühl der Genugtuung zu empfinden, wenn er sich im Spiegel sah, in einem Cutaway und dunkelgrauen Hosen, grauen Socken und schwarzer Krawatte mit Silberfaden. Nicht, daß er eitel war – er konnte eitle Männer nicht ausstehen – nein; sein Anblick erfüllte ihn mit rein ästhetischer Befriedigung. »*Voilà tout!*« sagte er und fuhr sich mit der Hand über das glatte Haar.

Die harmlose kleine französische Redewendung, die ihm lässig über die Lippen ging wie anderen der Rauch einer Zigarette, erinnerte ihn daran, daß am Vorabend wieder jemand gefragt hatte, ob er Engländer sei. Die Leute schienen einfach nicht glauben zu können, daß er kein südländisches Blut in sich hatte. Zugegeben, sein Gesang war sehr emotional und hatte so gar nichts Britisches an sich ... Der Türknauf knarrte und drehte und drehte sich. Adrians Kopf tauchte im Türspalt auf.

»Bitte, Vater, Mutter sagt, das Frühstück ist schon fertig, bitte.«

»Sehr gut«, sagte Reginald. Dann, gerade als Adrian verschwand: »Adrian!«

»Ja, Vater.«

»Du hast nicht ›guten Morgen‹ gesagt.«

Vor einigen Monaten hatte Reginald ein Wochenende bei einer sehr aristokratischen Familie verbracht, wo der Vater seine jungen Söhne morgens mit Handschlag empfing. Reginald fand diese Sitte ganz allerliebst, und führte sie sofort ein, aber Adrian kam sich furchtbar albern dabei vor, seinem eigenen Vater jeden Morgen die Hand schütteln zu müssen. Und warum sang sein Vater ihn immer irgendwie an, anstatt zu sprechen? ...

In bester Laune betrat Reginald das Eßzimmer und nahm Platz vor einem Haufen Briefe, der ›Times‹ und einer kleinen zugedeckten Schüssel. Er warf einen Blick auf die Briefe und dann auf sein Frühstück. Es gab zwei dünne Streifen Speck und ein Ei.

»Möchtest du keinen Speck?« fragte er.

»Nein, ich esse lieber einen kalten Bratapfel. Ich brauche nicht jeden Morgen Speck zu essen.«

Sollte das nun heißen, daß auch er nicht jeden Morgen Speck zu essen brauchte und daß sie es übelnahm, ihm welchen braten zu müssen?

»Wenn du kein Frühstück zubereiten magst«, sagte er, »warum nimmst du dir dann nicht ein Mädchen? Du weißt, daß wir uns eins leisten können, und du weißt, wie ich es hasse, meine Frau die ganze Arbeit machen zu sehen. Bloß weil die Mädchen, die wir bisher hatten, nichts taugten und alles auf den Kopf gestellt haben, bis es mir nahezu unmöglich war, Schülerinnen zu empfangen, hast du es aufgegeben, nach einem ordentlichen Mädchen zu suchen. Es kann doch nicht so schwer sein, Dienstpersonal anzulernen – oder? Ich meine, dazu muß man kein Genie sein?«

»Ich mache die Arbeit aber nun einmal lieber selbst; das bringt weniger Unruhe ins Leben … Beeil dich, Adrian, mein Schatz, mach dich für die Schule fertig.«

»O nein, das ist nicht der Grund!« Reginald täuschte ein Lächeln vor. »Du machst die Arbeit selbst, weil es dir aus irgendeinem unersichtlichen Grund Vergnügen bereitet, mich zu demütigen. Objektiv mag dir das nicht einmal bewußt sein, aber subjektiv verhält es sich so.« Diese letzte Bemerkung gefiel ihm so gut, daß er einen Briefumschlag mit einer Eleganz aufschlitzte, als befände er sich auf der Bühne …

»Verehrter Mr. Peacock,

Ich kann unmöglich schlafen gehen, bevor ich Ihnen nicht noch einmal für die große Freude gedankt habe, die Ihr Gesang mir heute abend bereitet hat. Einfach unvergeßlich. Und seither frage ich mich, wie ich es mich seit Mädchentagen nicht mehr gefragt habe, ob dies schon *alles* ist. Ich meine, ob diese gewöhnliche Welt schon alles ist. Oder gibt es, für uns, die wir *verstehen*, eine göttliche Schönheit, die uns mit ihrem Reichtum belohnt, wenn wir nur den *Mut* haben, sie zu suchen. Und sie uns zu eigen zu machen … Das Haus ist so still. Ich wünschte, Sie wären jetzt hier, auf daß ich Ihnen persönlich danken könnte. Sie tun etwas Großartiges. Sie helfen der Welt, dem Leben zu entfliehen!

Mit vorzüglicher Hochachtung,
Ihre Ænone Fell.

P. S. Diese Woche bin ich jeden Nachmittag zu Hause …«

Der Brief war mit violetter Tinte auf dickes, handgeschöpftes Papier gekritzelt. Der schillernde Vogel Eitelkeit spreitete wieder die Schwingen, spreitete sie, bis er meinte, die Brust müsse ihm zerspringen.

»Nun denn, wir wollen uns nicht streiten«, sagte er und streckte seiner Frau tatsächlich die Hand hin.

Aber sie hatte nicht genug Größe, darauf einzugehen.

»Ich muß mich sputen und Adrian zur Schule bringen«, sagte sie. »Dein Zimmer ist bereits fertig.«

Also gut – also gut – dann mochte eben offener Krieg zwischen ihnen herrschen! Doch er würde gewiß nicht so schnell wieder die Hand zur Versöhnung ausstrecken!

Er ging in seinem Zimmer auf und ab und beruhigte sich erst, als er hörte, wie die Haustür hinter Adrian und seiner Frau ins Schloß fiel. Wenn das so weiter ging, würde er natürlich seine Verhältnisse neu ordnen müssen. Das war offensichtlich. In Fesseln geschlagen, wie er war, wie konnte er da der Welt helfen, dem Leben zu entfliehen? Er klappte das Klavier auf und überflog die Liste seiner Schülerinnen an diesem Vormittag. Miss Betty Brittle, die Gräfin Wilkowska und Miss Marian Morrow. Sie waren reizend, alle drei.

Pünktlich um halb elf läutete die Türglocke. Er ging zur Tür. Miss Betty Brittle war da, ganz in Weiß, mit ihren Noten in einer blauen Seidenmappe.

»Ich bin ein bißchen früh«, sagte sie, errötend und schüchtern, und sie riß die großen blauen Augen auf. »Oder?«

»Aber keineswegs, Verehrteste. Ich bin entzückt«, sagte Reginald. »Wollen Sie nicht eintreten?«

»Es ist so ein himmlischer Morgen«, sagte Miss Brittle. »Ich bin durch den Park gegangen. Die Blumen waren zu zu schön.«

»Gut, denken Sie daran beim Einsingen«, sagte Reginald

und setzte sich ans Klavier. »Das wird Ihrer Stimme Farbe und Wärme verleihen.«

Oh, was für eine zauberhafte Idee! Was für ein *Genie* Mr. Peacock doch war. Sie öffnete die hübschen Lippen und begann zu singen wie ein Stiefmütterchen.

»Sehr gut, sehr gut, wirklich«, sagte Reginald und schlug Akkorde an, die einen hartgesottenen Verbrecher in Seligkeit hätten schwimmen lassen. »Machen Sie die Töne rund. Haben Sie keine Scheu. Lassen Sie sie lang ausklingen, atmen Sie sie wie einen Duft.«

Wie niedlich sie aussah in ihrem weißen Kleid, wie sie das blonde Köpfchen zurückbog und ihren milchweißen Hals zeigte.

»Üben Sie auch vor dem Spiegel?« fragte Reginald. »Das sollten Sie tun, wissen Sie; es lockert die Lippen. Kommen Sie einmal her.«

Sie gingen zum Spiegel hinüber und stellten sich Seite an Seite.

»Jetzt singen Sie – muu-i-kuu-i-uu-i-a!«

Aber sie stockte und errötete mehr denn je.

»Oh«, rief sie. »Ich kann nicht. Ich komme mir so dumm vor. Es bringt mich zum Lachen. Ich sehe so albern aus!«

»Nein, gar nicht. Nur keine Scheu«, sagte Reginald, auch er lachend, sehr freundlich. »Also, versuchen Sie es noch einmal!«

Die Stunde verging wie im Fluge, und Betty Brittle überwand ihre Schüchternheit zur Gänze.

»Wann kann ich wiederkommen?« fragte sie, während sie ihre blaue Seidenmappe zuband. »Ich möchte jetzt so viele Stunden wie möglich nehmen. Oh, Mr. Peacock, es macht mir solchen *Spaß*. Darf ich übermorgen wiederkommen?«

»Verehrteste, ich bin entzückt«, sagte Reginald und geleitete sie mit einer Verbeugung hinaus.

Wunderbares Mädchen! Und als sie vor dem Spiegel standen, hatte ihr weißer Ärmel seinen schwarzen ganz sacht berührt. Er spürte es noch – ja, er spürte tatsächlich eine Wärme, die von der Stelle ausging, und er streichelte sie. Sie liebte die Gesangstunden. Seine Frau kam herein.

»Reginald, kannst du mir etwas Geld geben? Ich muß den Milchmann bezahlen. Und bist du heute abend zum Essen zu Hause?«

»Aber du weißt doch, daß ich um halb zehn bei Lord Timbuck singe. Kannst du mir eine Bouillon mit Ei machen?«

»Ja. Und das Geld, Reginald. Achteinhalb Shilling.«

»Das ist aber ziemlich happig – meinst du nicht?«

»Nein, es ist so, wie es ist. Und Adrian braucht seine Milch.«

Na bitte – sie legte wieder los. Jetzt nahm sie auch noch Adrian gegen ihn in Schutz.

»Ich habe durchaus nicht die Absicht, meinem Kind die Menge Milch zu verweigern, die es benötigt«, sagte er. »Hier sind zehn Shilling.«

Die Türglocke läutete. Er ging zur Tür.

»Oh«, sagte die Gräfin Wilkowska, »die Treppen. Ich bin ganz aus der Puste.« Und sie legte die Hand aufs Herz, als sie ihm ins Musikzimmer folgte. Sie war ganz in Schwarz, mit einem kleinen schwarzen Hut mit wehendem Schleier – Veilchen am Busen.

»Lassen Sie mich heute keine Übungen singen«, rief sie und warf die Hände hoch, auf ihre reizende fremdländische Art. »Nein, heute möchte ich Lieder singen ... Und darf ich meine Veilchen abnehmen? Sie welken so schnell.«

»Sie welken so schnell – sie welken so schnell«, spielte Reginald auf dem Klavier.

»Darf ich sie hier hineinstellen?« fragte die Gräfin und steckte sie in eine kleine Vase, die vor einer von Reginalds Photographien stand.

»Verehrteste, ich bin entzückt!«

Sie begann zu singen, und alles ging gut, bis sie an die Stelle kam: »Du liebst mich. Ja, ich *weiß*, du liebst mich!« Seine Hände sackten von den Tasten, er schwang herum und sah sie an.

»Nein, nein; das ist nicht gut. Das können Sie besser«, rief Reginald glutvoll. »Sie müssen singen, als ob Sie verliebt wären. Hören Sie; ich singe es Ihnen einmal vor.« Und er sang.

»Ach ja, ja. Ich verstehe, was Sie meinen«, stammelte die kleine Gräfin. »Darf ich es noch mal probieren?«

»Gewiß. Haben Sie keine Scheu. Gehen Sie aus sich heraus. Schütten Sie Ihr Herz aus. In stolzer Hingabe!« rief er über die Musik hinweg. Und sie sang.

»Ja; schon besser. Aber ich habe das Gefühl, Sie können es noch besser. Versuchen Sie es einmal mit mir zusammen. Es muß ein gewisser jubelnder Trotz dabei mitschwingen – verstehen Sie, was ich meine?« Und sie sangen zusammen. Ah! Jetzt war sie sich sicher, daß sie verstanden hatte. »Darf ich es noch einmal probieren?«

»Du liebst mich. Ja, ich *weiß*, du liebst mich.«

Die Stunde war um, bevor die Stelle ganz richtig saß. Die kleinen fremdländischen Hände zitterten, als sie die Notenblätter zusammenrafften.

»Sie vergessen Ihre Veilchen«, sagte Reginald sanft.

»Ja, ich glaube, das werde ich wohl«, sagte die Gräfin und biß sich auf die Unterlippe. Wie kapriziös fremdländische Frauen doch waren!

»Und Sie kommen am Sonntag zu uns, um zu musizieren?« fragte sie.

»Verehrteste, ich bin entzückt!« sagte Reginald.

»Weep ye no more, sad fountains,
Why need ye flow so fast?«

sang Miss Marion Morrow, doch ihre Augen füllten sich mit Tränen, und ihr Kinn bebte.

»Warten Sie einen Augenblick«, sagte Reginald. »Ich spiele es Ihnen vor.« Er spielte überaus zart.

»Stimmt etwas nicht?« fragte Reginald. »Sie sind nicht sehr fröhlich heute morgen.«

Nein, fröhlich war sie nicht; ihr war elend zumute.

»Möchten Sie mir nicht sagen, was es ist?«

Es war eigentlich nichts Bestimmtes. Sie hatte manchmal diese Stimmungen, dann wollte ihr das Leben fast unerträglich erscheinen.

»Oh, ich verstehe Sie«, sagte er; »wenn ich Ihnen nur helfen könnte!«

»Aber das tun Sie ja; das tun Sie! Ach, wenn ich meine Gesangstunden nicht hätte, ich wüßte gar nicht, wie ich überleben sollte.«

»Setzen Sie sich in den Sessel und atmen Sie den Veilchenduft ein, ich singe Ihnen vor. Es wird Ihnen genauso gut tun wie eine Unterrichtsstunde.«

Warum waren nicht alle Männer so wie Mr. Peacock?

»Nach dem Konzert gestern abend habe ich ein Gedicht geschrieben, einfach das, was ich fühlte. Natürlich nichts *Persönliches*. Darf ich es Ihnen schicken?«

»Verehrteste, ich bin entzückt!«

Am Ende des Nachmittags war er ganz erschöpft und legte sich auf ein Sofa, um seine Stimme zu schonen, bevor er sich umkleidete. Die Tür seines Zimmers stand offen. Er konnte hören, was Adrian und seine Frau im Eßzimmer sprachen.

»Weißt du, an was mich die Teekanne erinnert, Mami? Sie erinnert mich an ein dickes Kätzchen, das sitzt.«

»So, tut sie das, du kleiner Träumer?«

Reginald döste ein. Das Läuten des Telephons weckte ihn.

»Ænone Fell hier. Mr. Peacock, ich habe gerade erfahren,

daß Sie heute abend bei Lord Timbuck singen. Wollen Sie nicht bei mir dinieren, und danach können wir uns zusammen dorthin begeben?« Und die Worte seiner Erwiderung kamen ihm leicht wie Blütenblätter über die Lippen.

»Verehrteste, ich bin entzückt.«

Was für ein triumphaler Abend! Das kleine *tête à tête* mit Ænone Fell beim Abendessen, die Fahrt zu Lord Timbuck in ihrem weißen Automobil, wo sie ihm noch einmal für die unvergeßliche Freude dankte. Triumph über Triumph! Und Lord Timbucks Champagner floß in Strömen.

»Noch etwas Champagner, Peacock«, sagte Lord Timbuck. Peacock, wohlgemerkt – nicht Mr. Peacock – sondern Peacock, als sei er einer von ihnen. Und war er das denn nicht? Er war Künstler. Er konnte sie mitreißen. Und half er ihnen nicht, dem Leben zu entfliehen? Wie er sang! Und während er sang, sah er wie im Traum ihre Federn und Fächer und Blumen, die sie ihm darboten, vor ihm hinbreiteten wie ein riesiges Bouquet.

»Noch ein Gläschen Wein, Peacock.«

»Ich hätte jede einzelne von ihnen haben können, ich hätte nur mit dem Finger zu schnipsen brauchen«, dachte Peacock, als er buchstäblich nach Hause wankte.

Doch als er die dunkle Wohnung betrat, begann das wunderbare Hochgefühl rasch zu verfliegen. Er schaltete das Licht im Schlafzimmer ein. Seine Frau lag am äußersten Rand ihrer Seite des Bettes und schlief. Ihm fiel wieder ein, was sie gesagt hatte, als er ihr von seiner Einladung zum Abendessen erzählte: »Das hättest du mir eher sagen können!« Und was er geantwortet hatte: »Kannst du nicht wenigstens in deinem Umgangston die guten Manieren wahren?« Es war unglaublich, dachte er, daß sie so wenig für ihn empfand – unglaublich, daß sie sich nicht im mindesten für seine Erfolge und seine Künstlerkarriere interessierte. Wo so viele Frauen was dafür gegeben hätten an ihrer

Stelle … Doch, das war eine Tatsache … Warum es nicht beim Namen nennen? … Und da lag sie, eine Feindin, sogar noch im Schlaf … muß es denn ewig so weitergehen? überlegte er, vom Champagner beflügelt. Ach, wenn wir nur Freunde wären, was könnte ich ihr jetzt für Geschichten erzählen! Von diesem Abend; oder wie Timbuck mir gegenüber aufgetreten ist, und was die Leute mit mir sprachen, und so weiter und so fort. Wenn ich nur das Gefühl haben könnte, sie wäre es, zu der ich zurückkehre – der ich mich anvertrauen kann – und so weiter und so fort.

Von Gefühlen übermannt zog er den Lackschuh aus und warf ihn achtlos in die Ecke. Der Lärm weckte seine Frau, die erschrocken zusammenfuhr. Sie setzte sich auf und strich sich das Haar zurück. Und plötzlich beschloß er, noch einen Versuch zu machen, sie als Freundin zu behandeln, ihr alles zu erzählen, ihr Herz zu erobern. Und so setzte er sich auf die Bettkante und griff ihre Hand. Doch von all den großartigen Dingen, die er ihr mitzuteilen hatte, kam ihm nichts über die Lippen. Aus irgendeinem teuflischen Grund waren die einzigen Worte, die er hervorbrachte: »Verehrteste, ich bin entzückt – entzückt!«

SONNE UND MOND

Am Nachmittag kamen die Stühle, ein ganzer, großer Wagen voll mit kleinen goldenen Stühlen, welche die Beine in die Luft streckten. Und dann kamen die Blumen. Wenn man vom Balkon hinunterblickte auf die Leute, die sie trugen, sahen die Blumentöpfe wie lustige, sehr hübsche Hüte aus, die nickend den Gartenweg heraufkamen.

Sonne glaubte, es seien Hüte. Sie sagte: »Schau mal. Da ist ein Mann mit einer Palme auf dem Kopf.« Sie wußte nie den Unterschied zwischen Dingen, die es gab, und Dingen, die es nicht gab.

Es war keiner da, der auf Sonne und Mond achtgab. Die Kinderfrau half Annie, Mutters Kleid zu ändern, das viel-zu-lang-und-eng-unter-den-Armen war, und Mutter rannte im Haus herum und telephonierte Vater an, damit er auch bestimmt nichts vergaß. Sie fand nur die Zeit zu rufen: »Aus dem Weg, Kinder!«

Sie gingen ihr aus dem Weg – zumindest tat Mond das. Es ärgerte ihn so sehr, ins Kinderzimmer zurückgeschickt zu werden. Bei Sonne machte es nichts. Wenn sie den Leuten zwischen die Beine geriet, warfen sie sie einfach hoch und schüttelten sie, bis sie quietschte. Aber Mond war zu schwer dafür. Er war so schwer, daß der dicke Mann, der sonntags zum Essen kam, immer sagte: »Nun, junger Mann, wollen wir mal versuchen, dich hochzuheben.« Und dann hakte er die Daumen unter Monds Arme und ächzte und strengte sich an und gab es schließlich auf und sagte: »Schwer wie eine Tonne Ziegelsteine!«

Aus dem Eßzimmer wurden fast alle Möbel herausgetragen. Der Flügel wurde in eine Ecke geschoben, und dann kamen mehrere Blumentöpfe, und dann kamen die goldenen Stühle. Die waren für das Konzert. Als Mond ins Zimmer schaute, saß ein bleicher Mann am Flügel – spielte aber nicht, sondern hämmerte nur darauf herum und sah dann hinein. Seine Werkzeugtasche lag auf dem Flügel, und seinen Hut hatte er einer Statue an der Wand aufgesetzt. Manchmal fing er kurz an zu spielen und dann sprang er wieder auf und spähte hinein. Mond hoffte, daß er nicht das Konzert war.

Am besten aber war es natürlich in der Küche. Da war ein Mann zur Aushilfe, mit einer Mütze wie ein Milchpudding, und ihre richtige Köchin, Minnie, war ganz rot im Gesicht und lachte. Sie schimpfte überhaupt nicht. Sie gab jedem von ihnen ein Mandelplätzchen und hob sie auf die Mehlkiste, damit sie zusehen konnten, was für wunderbare Sachen sie und der Mann zum Abendessen machten. Minnie brachte die Sachen herein, und er legte sie auf Teller und schmückte sie. Ganze Fische, mit Köpfen und Augen und Schwänzen noch dran, bestreute er mit roten und grünen und gelben Krümeln; er machte lauter Schnörkel in die Sülze, er gab einer Schinkenkeule einen Kragen und steckte eine sehr dünne Gabel hinein; er verteilte Mandeln und kleine runde Biskuits auf die Rahmspeisen. Und es wurden immer mehr Sachen.

»Ach, aber ihr habt das Eis noch nicht gesehen«, sagte Minnie. »Kommt mal mit.« Warum war sie bloß so nett, dachte Mond, als sie sie beide an die Hand nahm. Und sie sahen in den Eisschrank.

Oh! Oh! Oh! Es war ein kleines Haus. Ein kleines rosa Haus mit weißem Schnee auf dem Dach und grünen Fenstern und einer braunen Tür, und in der Tür steckte eine Nuß als Klinke.

Als Mond die Nuß sah, fühlte er sich ganz schwach und mußte sich an Minnie anlehnen.

»Ich will es einmal anfassen. Ich will einmal den Finger aufs Dach legen«, rief Sonne und hüpfte von einem Fuß auf den anderen. Sie wollte immer alles Essen anfassen. Mond nicht.

»Also, mein Mädchen, spute dich mit dem Tisch«, sagte Minnie, als das Hausmädchen hereinkam.

»Er ist eine wahre Pracht, Min«, sagte Nellie. »Komm und sieh ihn dir an.« Also gingen sie alle ins Eßzimmer. Sonne und Mond fürchteten sich fast. Zuerst trauten sie sich gar nicht bis zum Tisch; sie standen nur in der Tür und machten große Augen.

Es war noch nicht richtig dunkel, aber im Eßzimmer waren die Jalousien herabgelassen und die Lichter eingeschaltet – und alle Lichter waren rote Rosen. Rote Bänder mit Rosensträußchen waren um die Tischecken zu Schleifen gebunden. In der Mitte war ein See, auf dem Rosenblüten schwammen.

»Da kommt dann das Eis hin«, sagte die Köchin.

Zwei silberne Löwen mit Flügeln trugen Früchte auf dem Rücken, und die Salzbehälter waren winzige Vögel, die aus Schälchen tranken.

Und all die blinkenden Gläser und schimmernden Teller und funkelnden Messer und Gabeln – und all das Essen. Und die kleinen roten Servietten, die zu Rosen gefaltet waren …

»Ist das Essen für die Leute?« fragte Mond.

»Das möchte ich meinen«, lachte die Köchin, lachte mit Nellie. Sonne lachte auch; sie machte den anderen immer alles nach. Aber Mond war nicht zum Lachen zumute. Er spazierte um den Tisch herum, immer rundherum, die Hände auf dem Rücken. Vielleicht wäre er nie mehr stehengeblieben, wenn die Kinderfrau nicht plötzlich gerufen hätte: »Los, Kinder. Höchste Zeit, daß ich euch wasche und umziehe.« Und sie wurden ins Kinderzimmer abgeführt.

Als sie ausgezogen wurden, schaute Mutter herein, mit einem weißen Ding über den Schultern; sie rieb sich was ins Gesicht.

»Ich werde läuten, wenn es soweit ist, und dann können die Kinder kurz nach unten kommen, sich sehen lassen und wieder gehen«, sagte sie zu der Kinderfrau.

Mond wurde ausgezogen, erst bis fast auf die Haut, und dann wieder angezogen: weißes Hemd mit rotweißem Gänseblümchenmuster, Kniehosen mit Schnüren an den Seiten und Hosenträger über dem Hemd, weiße Socken und rote Schuhe.

»Jetzt bist du als Russe kostümiert«, erklärte die Kinderfrau und bürstete ihm den Pony glatt.

»Wirklich?«

»Ja. Setz dich still in den Sessel da und schau deiner kleinen Schwester zu.«

Sonne brauchte ewig. Als sie die Söckchen angezogen bekam, tat sie, als kippte sie hintenüber aufs Bett, und strampelte mit den Beinen, wie sie es immer tat, und jedesmal, wenn die Kinderfrau versuchte, ihr mit einem Finger und einer nassen Bürste die Locken zu legen, drehte sie sich um und bat die Kinderfrau, ihr die Photographie in der Brosche zu zeigen, oder sonst irgendwas. Aber schließlich war auch Sonne fertig. Ihr Kleid stand ab, mit Pelz dran, ganz weiß; selbst die Beine ihrer Unterhosen waren flauschig ringsherum. Ihre Schuhe waren weiß mit dicken Bommeln drauf.

»So, fertig, Lämmchen«, sagte die Kinderfrau. »Mein süßer kleiner Engelfratz sieht aus wie eine Puderquaste.« Die Kinderfrau lief zur Tür. »Ma'am, ganz kurz.«

Mutter kam herein, mit halb offenem Haar.

»Oh«, rief sie. »Was für ein Anblick!«

»Nicht wahr«, sagte die Kinderfrau.

Und Sonne hielt ihre Rockzipfel hoch und scharrte mit

einem Fuß. Daß man ihn nicht beachtete, störte Mond nicht – nicht sehr ...

Danach spielten sie stille, saubere Spiele am Tisch, während die Kinderfrau in der Tür stand, und als die ersten Wagen vorfuhren und Gelächter und Stimmen und leises Geraschel von unten heraufdrangen, flüsterte sie: »Also, Kinder, bleibt brav sitzen.« Sonne zog dauernd an der Tischdecke, so daß sie auf ihrer Seite tief herabhing und Mond gar keine hatte – und dann tat sie so, als hätte sie es nicht mit Absicht gemacht.

Endlich kam das Klingelzeichen. Die Kinderfrau stürzte mit der Haarbürste auf sie los, strich ihm den Pony glatt, zupfte ihre Schleife hoch und legte ihnen die Hände ineinander.

»Hinunter mit euch!« flüsterte sie.

Und sie gingen hinunter. Mond fand es dumm, daß sie sich an den Händen halten sollten, aber Sonne schien es zu gefallen. Sie schwenkte den Arm, und das Glöckchen an ihrem Korallenarmband bimmelte.

An der Tür zum Salon stand Mutter und fächelte sich mit einem schwarzen Fächer. Der Salon war voll von süß riechenden, seidigen, raschelnden Damen und Männern in Schwarz mit komischen Schwänzen an ihren Röcken – wie Käfer. Vater stand zwischen ihnen, redete sehr laut und klimperte mit irgendwas in seiner Tasche.

»Sind sie nicht bildhübsch!« riefen die Damen. »Oh, die Küken! Oh, die Lämmchen! Oh, die Süßen! Oh, die Herzchen!«

Alle Leute, die nicht an Sonne herankamen, küßten Mond, und eine dünne alte Dame mit Zähnen, die klapperten, sagte: »So ein ernster kleiner Mann«, und klopfte ihm mit etwas Hartem auf den Kopf.

Mond sah sich um, ob das Konzert noch da war, aber der Mann war weg. Statt dessen lehnte ein dicker Mann mit einem roten Kopf über dem Flügel und redete mit einem Mädchen, das sich eine Geige ans Ohr hielt.

Nur ein Mann war da, den Mond gern mochte. Ein kleiner grauer Mann, mit einem langen grauen Backenbart, der ganz für sich allein herumlief. Er kam auf Mond zu und rollte sehr lustig die Augen und sagte: »Hallo, mein Junge.« Dann ging er weg. Aber bald kam er zurück und sagte: »Magst du Hunde?« Mond sagte: »Ja.« Aber dann ging er wieder weg, und obwohl Mond überall nach ihm Ausschau hielt, konnte er ihn nicht mehr finden. Er dachte, vielleicht war er hinausgegangen, um einen Welpen zu holen.

»Gute Nacht, meine lieben Kleinen«, sagte Mutter und schlang die nackten Arme um sie. »Ab jetzt ins Körbchen.«

Dann stellte Sonne sich wieder mal albern an. Sie hob vor allen Leuten die Arme hoch und sagte: »Mein Papa soll mich rauftragen.«

Aber es schien ihnen zu gefallen, und Papa bückte sich und hob sie hoch, wie er es immer tat.

Die Kinderfrau hatte es so eilig, sie ins Bett zu stecken, daß sie Mond sogar beim Nachtgebet unterbrach und sagte: »Nun mach schon, Kind, *los.*« Und gleich darauf lagen sie im Bett und im Dunkeln, bis auf das Nachtlicht in der kleinen Schale.

»Schläfst du schon?« fragte Sonne.

»Nein«, sagte Mond. »Und du?«

»Nein«, sagte Sonne.

Viel später wachte Mond wieder auf. Von unten schallte ein ganz, ganz lautes Prasseln herauf, wie wenn es regnet. Er hörte, daß Sonne sich umdrehte.

»Sonne, bist du wach?«

»Ja, und du?«

»Ja. Komm, wir gucken von der Treppe.«

Sie hatten sich gerade auf die oberste Stufe gesetzt, als

die Salontür aufging, und dann hörten sie, wie die Gesellschaft durch die Diele ins Eßzimmer ging. Dann wurde die Tür zugemacht; sie hörten Knallen und Gelächter. Dann war alles still, und Mond sah sie, wie sie alle um den prächtigen Tisch herumgingen, die Hände auf dem Rücken, wie er es getan hatte … immer rundherum liefen sie, schauten und schauten. Der Mann mit dem grauen Backenbart fand das kleine Häuschen am schönsten. Als er die Nußtürklinke sah, rollte er die Augen, wie er es vorhin getan hatte, und sagte zu Mond: »Die Nuß gesehen?«

»Nick nicht so, Sonne.«

»Ich nicke doch gar nicht. Du nickst.«

»Tu ich nicht. Ich nicke nie.«

»Doch, wohl. Jetzt schon wieder.«

»Gar nicht wahr. Ich zeige dir bloß, wie du es nicht machen sollst.«

Als sie wieder aufwachten, konnten sie nur Vaters Stimme hören, sehr laut, und Mutter, die immerzu lachte. Vater kam aus dem Eßzimmer, sprang die Treppe herauf und fiel beinah über sie.

»Hoppla!« sagte er. »Nein so etwas, Kitty, komm und sieh dir das an.«

Mutter kam heraus. »Oh, ihr unartigen Kinder«, sagte sie von unten in der Diele.

»Nehmen wir sie halt mit und geben ihnen einen Knochen«, sagte Vater. Mond hatte ihn noch nie so lustig gesehen.

»Nein, kommt gar nicht in Frage«, sagte Mutter.

»Oh, Papa, bitte! Nimm uns mit runter«, sagte Sonne.

»Und ob ich euch mit runternehme«, rief Vater. »Ich lass' mir nix verbieten. Kitty – Platz da.« Und er hob sie hoch, unter jedem Arm eins.

Mond dachte, Mutter wäre jetzt furchtbar böse. Aber nein. Sie lachte noch über Vater.

»Oh, du schrecklicher Junge!« sagte sie. Aber sie meinte damit nicht Mond.

»Kommt mit, Kinderchen. Kommt und laßt euch die Reste schmecken«, sagte dieser lustige Vater. Aber Sonne blieb kurz stehen.

»Mutter – dein Kleid ist ganz schief.«

»Tatsächlich?« sagte Mutter. Und Vater sagte: »Ja«, und tat so, als wollte er sie in die weiße Schulter beißen, aber sie schubste ihn weg.

Und so kehrten sie in das schöne Eßzimmer zurück.

Aber – oh! oh! was war passiert? Die Bänderschleifen mit den Rosen waren alle aufgeknotet. Die kleinen roten Servietten lagen auf dem Boden, all die schimmernden Teller waren schmutzig und all die blinkenden Gläser. Das schöne Essen, das der Mann verziert hatte, war überall verstreut, und überall lagen Knochen und Krümel und Schalen herum. Sogar eine Flasche lag umgekippt da und lief aus, und keiner stellte sie wieder hin.

Und das kleine rosa Haus mit dem Schnee auf dem Dach und den grünen Fenstern war kaputt – kaputt – halb geschmolzen stand es mitten auf dem Tisch.

»Komm her, Mond«, sagte Vater und tat, als habe er nichts bemerkt.

Sonne zog die Beine ihres Pyjamas hoch und schlurfte zum Tisch und stieg auf einen Stuhl, der tüchtig quietschte.

»Nimm etwas von dem Eis«, sagte Vater und schlug noch ein Stück vom Dach ein.

Mutter nahm einen kleinen Teller und hielt ihn Vater hin; sie legte den anderen Arm um seinen Hals.

»Papa! Papa!« schrie Sonne. »Die kleine Klinke ist noch dran. Die kleine Nuß da. Kann ich die haben?« Und sie langte über den Tisch und löste sie aus der Tür und knabberte sie auf, kaute kräftig und blinzelte.

»Hier, mein Junge«, sagte Vater.

Aber Mond stand in der Tür und rührte sich nicht von der Stelle. Plötzlich hob er den Kopf und brach in lautes Geschrei aus.

»Das ist gemein – gemein – gemein!« schluchzte er.

»Da hast du's!« sagte Mutter. »Da hast du's!«

»Ab mit dir«, sagte Vater und war nicht mehr lustig. »Auf der Stelle. Ab!«

Und laut heulend stapfte Mond hinauf ins Kinderzimmer.

FEUILLE D'ALBUM

Der Mensch war wirklich eine Zumutung. Viel zu scheu. Viel zu schüchtern. Und so schwerfällig. War er einmal bei einem im Studio, wußte er nie, wann er wieder zu gehen hatte, sondern blieb ewig sitzen, daß man fast hätte schreien mögen und ihm am liebsten einen schweren Gegenstand hinterhergeworfen hätte, wenn er sich denn endlich, errötend verzog – den Tortoise-Ofen zum Beispiel. Das Seltsame war, daß er auf den ersten Blick so interessant wirkte. Darin waren sich alle einig. Man betrat eines Abends das Café, und dann sah man ihn dort in einer Ecke vor einem Glas Kaffee sitzen, einen schmächtigen, dunkelhaarigen Jungen, der eine blaue Strickweste trug und darüber eine kleine graue Flanelljacke. Und irgendwie sah er in dieser blauen Strickweste und der grauen Jacke mit den zu kurzen Ärmeln aus wie ein Junge, der vorhat, fortzulaufen und zur See zu gehen. Der tatsächlich fortgelaufen ist und gleich aufstehen und ein zusammengeknotetes Tuch hervorholen wird, das sein Nachthemd und das Bild seiner Mutter enthält, um es ans Ende eines Stocks zu hängen, hinauszugehen in die Nacht und zu ertrinken … ins Hafenbecken gestürzt, noch auf dem Weg zum Schiff … Er hatte schwarzes, kurzgeschorenes Haar, graue Augen mit langen Wimpern, bleiche Wangen und einen Schmollmund, als habe er sich fest vorgenommen, nicht zu weinen … Wie konnte man ihm widerstehen? Ach, sein Anblick zerriß einem das Herz. Und zu allem Überfluß neigte er auch noch dazu, zu erröten … Jedesmal, wenn der Kellner in seine Nähe kam, lief er puterrot an – als wäre er gerade aus dem Gefängnis gekommen, und der Kellner wüßte Bescheid …

»Wer ist das, meine Liebe? Kennst du ihn?«

»Ja. Er heißt Ian French. Maler. Sehr begabt, sagt man. Eine hat einmal versucht, ihn zu bemuttern. Sie hat sich danach erkundigt, wie oft er Nachricht von daheim erhalte, ob er genug Decken auf dem Bett habe, ob er genug Milch trinke. Aber als sie dann zu seinem Atelier kam, um sich um seine Socken zu kümmern, hat sie geläutet und geläutet, und obwohl sie hätte schwören können, daß sie drinnen jemand atmen hörte, wurde ihr nicht aufgemacht … Hoffnungslos!«

Eine andere beschloß, daß er sich verlieben sollte. Sie rief ihn zu sich, nannte ihn »Kleiner«, beugte sich über ihn, damit er den betörenden Duft ihres Haars roch, nahm seinen Arm, sagte ihm, wie herrlich das Leben sein könnte, wenn man nur den Mut hätte, es zu genießen, und kam eines Abends zu seinem Atelier und läutete und läutete … Hoffnungslos.

»Der arme Junge muß einmal ordentlich auf Trab gebracht werden«, sagte eine dritte. Also zogen sie los in Cafés und Kabaretts, zu kleinen Tanzveranstaltungen, in Lokale, wo man ein Gebräu trank, das wie Aprikosensaft in Büchsen schmeckte, aber siebenundzwanzig Shilling die Flasche kostete und Champagner genannt wurde, und in andere Lokale, schrecklich aufregende, wo man im Schummerlicht hockte, und wo immer jemand in der Nacht zuvor erschossen worden war. Doch er zuckte nicht mit der Wimper. Nur einmal war er sehr betrunken, aber statt aufzublühen, saß er nur da, wie versteinert, mit zwei roten Flecken auf den Wangen, wie, ja, wie die fleischgewordene Ragtime-Nummer, die sie gerade spielten, ›A Broken Doll‹. Doch als sie ihn zu seinem Atelier zurückbrachte, hatte er sich schon wieder erholt und sagte ihr unten auf der Straße gute Nacht, als wären sie zusammen von der Kirche gekommen … Hoffnungslos.

Nach wer weiß wie vielen weiteren Versuchen – denn der weibliche Trieb zur Fürsorge ist zäh – gaben sie ihn auf. Natürlich waren sie immer noch ganz reizend zu ihm und luden ihn zu ihren Ausstellungen ein und sprachen im Café mit ihm, aber das war auch alles. Als Künstlerin hat man keine Zeit für Leute, die sich so gar nicht empfänglich zeigen. Nicht wahr?

»Und im übrigen glaube ich wirklich, daß da irgendwo etwas faul ist ... meinst du nicht? Er kann doch unmöglich so unschuldig sein, wie er tut! Wozu nach Paris kommen, wenn man Mauerblümchen spielen will? Nein, ich habe keinen Verdacht. Aber –«

Er wohnte ganz oben in einem hohen, düsteren Mietshaus, das auf den Fluß blickte. Einem jener Häuser, die so romantisch aussehen in Regennächten und in Mondnächten, wenn die Fensterläden geschlossen sind und die schwere Haustür und das Schild mit der Aufschrift »Kleine Wohnung zu vermieten sofort« so unsagbar traurig aufleuchtet. Einem jener Häuser, die das ganze Jahr über so unromantisch riechen, und wo im Erdgeschoß in einem Glaskäfig die Concierge wohnt und, gehüllt in ein schmutziges Tuch, in einem Kochtopf rührt und den fetten alten Köter, der träge auf einem perlenbestickten Kissen liegt, mit Leckerbissen füttert ... Hoch oben in den Lüften hatte das Atelier eine herrliche Aussicht. Von den beiden großen Fenstern aus sah man das Wasser; er konnte die schaukelnden Boote und die Lastkähne sehen, und den Saum einer Insel, die mit Bäumen bepflanzt war wie ein rundes Bouquet. Durch das Seitenfenster sah man ein anderes Haus, das noch schäbiger war und weniger hoch, und unten gab es einen Blumenmarkt. Man sah auf die großen Sonnenschirme, und die bunten Blumen lugten wie Rüschen am Rand hervor; Buden mit gestreiften Markisen, wo Pflanzen in Kübeln verkauft wurden und feuchtglänzende Palmenbüschel in Terracotta-Töpfen. Zwischen den Blumen huschten die alten Frauen wie Krabben hin und her. Er brauchte wirklich nicht aus dem Haus zu gehen. Wenn er am Fenster sitzenblieb, bis sein weißer Bart die Fensterbank berührte, hätte er immer noch etwas zu zeichnen gefunden.

Wie überrascht wären jene zartfühlenden Frauen gewesen, wenn es ihnen gelungen wäre, sich Einlaß zu verschaffen. Denn er hielt sein Atelier tipptopp in Ordnung. Alles war so angeordnet, daß es gleichsam ein Motiv ergab, ein kleines Stilleben – die Töpfe mit ihren Deckeln an der Wand über dem Gasherd; die Schüssel mit Eiern, der Milchkrug und die Teekanne auf dem Regal; die Bücher und die Lampe mit dem gefältelten Papierschirm auf dem Tisch. Eine indische Gardine mit roten Leoparden, die an der Saumkante entlangliefen, bedeckte tagsüber sein Bett, und an der Wand neben dem Bett hing, in Augenhöhe, wenn man lag, ein säuberlich in Druckschrift beschriebener Zettel: STEH SOFORT AUF.

Seine Tage verliefen einer wie der andere. Solange das Licht gut war, schuftete er an seiner Malerei, danach kochte er seine Mahlzeiten und räumte auf. Und abends ging er ins Café, oder saß zu Hause und las, oder verfertigte überaus komplizierte Ausgabenlisten, betitelt: »Womit ich auskommen sollte«, und unterfertigt mit einer eidesstattlichen Erklärung … »Ich schwöre, diesen Betrag im nächsten Monat nicht zu überschreiten. Gezeichnet, Ian French.«

Daran war gewiß nichts faul; aber jene weitblickenden Frauen hatten ganz recht. Dies war nicht alles.

Eines Abends saß er am Seitenfenster, aß Pflaumen und warf die Steine auf die großen Sonnenschirme am leeren Blumenmarkt. Es hatte geregnet – der erste richtige Frühlingsregen des Jahres war niedergegangen – ein helles Glitzern lag auf allem, und die Luft roch nach Knospen und feuchter Erde. Viele Stimmen schallten, träge und zufrieden, durch die Abendluft, und die Leute, die an die Fenster getreten waren, um sie zu schließen und die Läden dichtzumachen, lehnten sich statt dessen hinaus. Unten auf dem Markt waren die Bäume mit jungem Grün gesprenkelt. Was für Bäume mochten das sein? fragte er sich. Und nun kam der Laternenanzünder. Er sah zu dem Haus gegenüber, zu dem kleinen, schäbigen Haus, und plötzlich, wie als Antwort auf seinen Blick, öffneten sich zwei hohe Fensterflügel, und ein Mädchen trat auf den kleinen Balkon, im Arm einen Topf mit Osterglocken. Es war ein seltsam mageres Mädchen in einer dunklen Schürze; um das Haar hatte sie sich ein rotes Tuch gebunden. Ihre Ärmel waren fast bis zu den Schultern hochgekrempelt, und ihre dünnen Arme leuchteten vor dem dunklen Stoff.

»Ja, es ist warm genug. Es wird ihnen gut tun«, sagte sie, setzte den Topf ab und drehte sich zu jemandem im Zimmer um. Während sie sich umdrehte, hob sie die Hände zum Kopftuch und steckte ein paar Haarsträhnen darunter. Sie blickte auf den verlassenen Markt hinunter und dann zum Himmel hinauf, aber da, wo er saß, hätte ein Loch in der Luft sein können. Das Haus gegenüber sah sie einfach nicht. Und dann verschwand sie.

Sein Herz tat einen Sprung, hinaus aus dem Fenster seines Ateliers und hinunter auf den Balkon des Hauses gegenüber – vergrub sich in dem Topf mit den Osterglocken, unter den halbgeöffneten Knospen und grünen Blattspießen … Das Zimmer mit dem Balkon war das Wohnzimmer, und das daneben war die Küche. Er hörte das Geschirrklappern, als sie nach dem Abendessen abwusch, und dann kam sie ans Fenster, klopfte eine Spülbürste auf dem Sims aus und hängte sie zum Trocknen an einen Nagel. Nie sang sie, oder löste ihr Haar, oder streckte die Arme zum Mond hin, wie junge Mädchen es angeblich tun. Und immer trug sie die gleiche dunkle Schürze und das rote Tuch um das Haar ... Mit wem wohnte sie zusammen? Niemand sonst trat an die beiden Fenster, und doch sprach sie immer mit jemandem im Zimmer. Ihre Mutter war gewiß gebrechlich, überlegte er. Die beiden nahmen Näharbeiten an. Der Vater war tot ... Er war Journalist gewesen – sehr bleich, mit einem langen Schnauzbart und einer schwarzen Haartolle, die ihm in die Stirn fiel.

Indem sie den ganzen Tag arbeiteten, verdienten sie gerade genug Geld, um davon zu leben, doch sie gingen nie aus, und sie hatten keine Freunde. Wenn er sich jetzt an seinen Tisch setzte, mußte er eine ganze Liste mit neuen eidesstattlichen Erklärungen anfertigen ... Nicht vor einer bestimmten Stunde zum Seitenfenster gehen: Gezeichnet, Ian French. Nicht an sie denken, bevor er seine Malsachen für den Tag fortgeräumt hatte: Gezeichnet, Ian French.

Es war ganz einfach. Sie war der einzige Mensch, den er wirklich kennenlernen wollte, denn sie war, so glaubte er, der einzige andere Mensch auf Erden in seinem Alter. Kichernde kleine Mädchen konnte er nicht ausstehen und mit erwachsenen Frauen nichts anfangen ... Sie war so alt wie er, sie war – nun, genau wie er. Er saß in seinem dämmrigen Atelier, müde, ließ einen Arm über die Rückenlehne seines Stuhls baumeln, starrte auf ihr Fenster und in es hinein und sah sich dort drinnen bei ihr. Sie war von aufbrausendem Temperament; manchmal zankten sie sich schrecklich, er und sie. Sie hatte so eine Art, mit dem Fuß aufzustampfen und die Hände in ihrer Schürze zu ringen ... wutentbrannt. Und sie lachte ganz selten. Nur wenn sie ihm von einem komischen kleinen Kätzchen erzählte, das sie einst hatte, das sich aufführte und brüllte wie ein Löwe, wenn es Fleisch zu fressen bekam. Solche Dinge brachten sie zum Lachen ... Aber für gewöhnlich saßen sie ganz ruhig beisammen; er, so wie er jetzt dasaß, und sie, die Hände im

Schoß gefaltet und die Füße unter sich gezogen, und redeten mit leisen Stimmen oder schwiegen müde nach ihrem Tagewerk. Natürlich fragte sie ihn nie nach seinen Bildern, und natürlich machte er die wunderbarsten Zeichnungen von ihr, die sie haßte, weil er sie so dünn und dunkel aussehen ließ ... Aber wie sollte er sie kennenlernen? Das konnte Jahre so weitergehen ...

Dann fand er heraus, daß sie einmal wöchentlich abends ausging, um einzukaufen. An zwei aufeinanderfolgenden Donnerstagen kam sie ans Fenster mit einem altmodischen Umhang über der Schürze und einem Korb am Arm. Von dort aus, wo er saß, konnte er die Tür ihres Hauses nicht sehen, aber am nächsten Donnerstagabend zur gleichen Zeit schnappte er sich seine Mütze und rannte die Treppe hinunter. Ein wunderbares rotes Licht lag über allem. Er sah es im Fluß glühen, und die Leute, die ihm entgegenkamen, hatten rote Gesichter und rote Hände.

Er lehnte sich an die Hauswand und wartete auf sie, und er hatte keine Vorstellung davon, was er tun oder sagen würde. »Da kommt sie«, sagte eine Stimme in seinem Kopf. Sie ging sehr schnell, mit kleinen, leichten Schritten; in der einen Hand trug sie den Korb, mit der anderen hielt sie den Umhang zusammen ... Was sollte er tun? Er konnte ihr nur folgen ... Zuerst ging sie zum Krämer und blieb lange Zeit drinnen, dann ging sie zum Metzger, wo sie warten mußte, bis sie an die Reihe kam. Dann brauchte sie ewig beim Tuchhändler, um etwas farblich Passendes zu finden, und dann ging sie in den Obstladen und kaufte eine Zitrone. Wie er sie so beobachtete, war er entschlossener denn je; er mußte sie kennenlernen, sofort. Ihre Gefaßtheit, ihr Ernst und ihre Einsamkeit, sogar ihre Art zu gehen, als wolle sie der Welt der Erwachsenen so schnell als möglich wieder den Rücken zukehren, all das war für ihn so natürlich und selbstverständlich.

»Ja, so ist sie«, dachte er stolz. »Wir haben nichts mit diesen Leuten zu schaffen.«

Aber nun war sie auf dem Weg nach Hause, und er war so weit von ihr entfernt wie eh und je … Aber plötzlich bog sie in den Milchladen ein, und er sah durchs Fenster, wie sie ein Ei kaufte. Sie suchte es mit einer solchen Sorgfalt aus dem Korb aus – ein braunes, ein schön geformtes Ei, dasjenige, das auch er ausgewählt hätte. Und als sie aus dem Milchladen kam, ging er nach ihr hinein. Im Nu war er wieder draußen und folgte ihr, an seinem Haus vorbei, über den Blumenmarkt, zwischen den großen Sonnenschirmen hindurch, und er trat auf die abgefallenen Blüten und die runden Abdrücke, wo die Töpfe gestanden hatten … Er stahl sich durch ihre Tür und hinter ihr die Treppe hoch, sorgsam darauf bedacht, im Gleichschritt mit ihr zu gehen, damit sie nichts merkte. Schließlich blieb sie auf dem Treppenabsatz stehen und holte den Schlüssel aus ihrer Handtasche. Als sie ihn in die Tür steckte, rannte er hinauf und trat auf sie zu.

Heftiger errötend denn je, aber mit ernster Miene, sagte er, beinahe zornig: »Entschuldigen Sie, Mademoiselle, Sie haben das hier fallen lassen.«

Und er reichte ihr ein Ei.

EINE DILLGURKE

Und dann, nach sechs Jahren, sah sie ihn wieder. Er saß an einem der kleinen Bambustische, die mit japanischen Vasen und Papiernarzissen dekoriert waren. Vor ihm stand eine große Schüssel mit Obst, und er schälte, sehr sorgfältig, auf eine Weise, die sie sogleich als die seine wiedererkannte, eine Apfelsine.

Er mußte ihre Verstörung gespürt haben, denn er sah auf und begegnete ihrem Blick. Nicht zu fassen! Er erkannte sie nicht! Sie lächelte; er grübelte. Sie ging auf ihn zu. Er schloß eine Sekunde die Augen, doch als er sie wieder öffnete, leuchtete sein Gesicht auf, als habe er in einem dunklen Raum ein Streichholz angezündet. Er legte die Apfelsine hin und schob seinen Stuhl zurück, und sie nahm ihre warme kleine Hand aus dem Muff und reichte sie ihm.

»Vera!« rief er. »Na, so etwas. Für einen Moment habe ich dich gar nicht erkannt. Willst du dich nicht setzen? Hast du schon gegessen? Möchtest du Kaffee?«

Sie zögerte, aber natürlich wollte sie.

»Ja, ich hätte gern einen Kaffee.« Und sie setzte sich ihm gegenüber.

»Du hast dich verändert. Du hast dich sehr verändert«, sagte er und musterte sie mit diesem interessierten, leuchtenden Blick. »Du siehst gut aus. Du hast nie besser ausgesehen.«

»Wirklich?« Sie schlug den Schleier zurück und knöpfte den hohen Pelzkragen auf. »Ich fühle mich aber nicht besonders gut. Ich vertrage dieses Wetter einfach nicht.«

»Ach ja. Du magst die Kälte nicht …«

»Ich hasse sie.« Sie schauderte. »Und das Schlimmste ist, je älter man wird …«

Er unterbrach sie. »Entschuldige«, und klopfte auf den Tisch, für die Kellnerin. »Bringen Sie uns bitte einen Kaffee mit Sahne.« Zu ihr: »Willst du wirklich nichts essen? Etwas Obst, vielleicht? Das Obst ist hier sehr gut.«

»Nein, danke. Nichts.«

»Gut, das hätten wir.« Und er nahm, eine winzige Spur zu breit grinsend, die Apfelsine wieder in die Hand. »Du sagtest gerade – je älter –«

»Desto kälter«, lachte sie. Aber sie dachte, wie gut sie sich an diese Gewohnheit von ihm erinnerte – die üble Gewohnheit, sie zu unterbrechen – und wie sie das vor sechs Jahren geärgert hatte. Es war ihr damals immer so vorgekommen, als ob er ihr plötzlich, mitten im Satz, die Hand auf den Mund legte, sich abwandte, etwas anderes erledigte, dann seine Hand wegnahm, um ihr mit genau diesem etwas zu breiten Grinsen wieder seine Aufmerksamkeit zu schenken … Fertig. Das hätten wir.

»Desto kälter!« Echote er und lachte ebenfalls. »Ah, ah. Du hast immer noch die gleichen Sprüche. Und noch etwas an dir ist ganz und gar unverändert – deine schöne Stimme – dein wunderbarer Tonfall.« Jetzt war er sehr ernst; er beugte sich vor, und sie atmete den warmen, beißenden Geruch der Apfelsinenschalen. »Du brauchst nur ein einziges Wort zu sprechen, und ich würde deine Stimme unter allen anderen erkennen. Ich weiß nicht, was es ist – ich habe mich das oft gefragt –, was deine Stimme so – unvergeßlich macht … Erinnerst du dich noch an unseren ersten gemeinsamen Nachmittag, in Kew Gardens? Du hast dich so gewundert, daß ich keine Blumennamen kannte. Ich kenne sie noch immer nicht, trotz deiner Bemühungen. Aber immer, wenn es schön ist und warm und ich ein paar leuchtende Farben sehe – es ist wirklich seltsam – dann höre ich deine Stimme sagen: ›Geranien, Ringelblumen und Verbenen.‹ Und mir ist, als wären diese drei Worte alles, was mir von einer vergessenen, himmlischen Sprache geblieben ist ... Erinnerst du dich an den Nachmittag?«

»O ja, sehr gut.« Sie holte tief und behutsam Luft, als dufteten die Papiernarzissen zwischen ihnen schon gar zu süßlich. Doch was sie von jenem Nachmittag in Erinnerung behalten hatte, war nur eine peinliche Szene am Teetisch. Die Leute saßen in einer chinesischen Pagode und tranken Tee, und er gebärdete sich wie ein Verrückter wegen der Wespen – fuchtelte herum, schlug mit seinem Strohhut nach ihnen, ganz ernst und mit einer Wut, die in keinem Verhältnis zum Anlaß stand. Wie hatten sich die grinsenden Teetrinker amüsiert. Und wie hatte sie gelitten.

Aber jetzt, als er sprach, verblaßte diese Erinnerung. Die seine war die wahrere. Ja, es war ein wundervoller Nachmittag gewesen, die Geranien und Ringelblumen und Verbenen und – der warme Sonnenschein. Ihre Gedanken dehnten die letzten beiden Worte, als ob sie sie sängen.

In dieser Wärme entfaltete sich gleichsam noch eine Erinnerung. Sie sah sich auf einem Rasenplatz sitzen. Er lag neben ihr, und plötzlich, nach langem Schweigen, rollte er herum und legte den Kopf in ihren Schoß.

»Ich wünschte«, sagte er, mit leiser, betrübter Stimme, »ich wünschte, ich hätte Gift genommen und läge im Sterben – jetzt hier!«

In diesem Moment sprang ein kleines Mädchen in einem weißen Kleid hinter einem Busch hervor, es hatte eine lange, tropfende weiße Lilie in der Hand, starrte sie an und sprang dann wieder zurück. Aber er sah es nicht. Sie beugte sich über ihn.

»Ach, warum sagst du das? Ich könnte das nicht sagen.«

Doch er gab ein nur leises Stöhnen von sich, nahm ihre Hand und hielt sie an seine Wange.

»Weil ich weiß, daß ich dich zu sehr lieben werde – viel zu sehr. Und ich werde so schrecklich leiden, Vera, weil du mich niemals, niemals lieben wirst.«

Allerdings sah er jetzt sehr viel besser aus als damals. Er hatte diese verträumte Unbestimmtheit und Unentschlossenheit verloren. Jetzt wirkte er wie ein Mann, der seinen Platz im Leben gefunden hat und ihn mit einer Zuversicht und Selbstsicherheit ausfüllt, die, um das mindeste zu sagen, eindrucksvoll war. Er mußte wohl auch zu Geld gekommen sein. Seine Kleidung war edel, und in diesem Moment zog er ein russisches Zigarettenetui aus der Tasche.

»Möchtest du rauchen?«

»Ja, gern.« Sie beugte sich über das Etui. »Sie sehen sehr gut aus.«

»Das sind sie wohl auch. Ich lasse sie mir in einem kleinen Laden in St. James's Street anfertigen. Ich rauche nicht viel. Anders als du – aber wenn, dann müssen es exquisite Zigaretten sein. Rauchen ist für mich nicht Gewohnheit; es ist Luxus – wie Parfüm. Bist du noch immer so versessen auf Parfüms? Oh, als ich in Rußland war ...«

Sie warf ein: »Du bist in Rußland gewesen?«

»Aber ja. Ich war über ein Jahr dort. Weißt du noch, daß wir davon sprachen, einmal dorthin zu reisen?«

»Ich habe es nicht vergessen.«

Er stieß ein eigentümlich halbherziges Lachen aus und lehnte sich zurück. »Ist es nicht merkwürdig. Ich habe tatsächlich all die Reisen unternommen, die wir geplant haben. Ja, ich war an all den Orten, von denen wir immer gesprochen haben, und bin lange genug geblieben, um mich dort ›auszulüften‹, wie du es so gern genannt hast. Die letzten drei Jahre meines Lebens habe ich praktisch nur auf Reisen verbracht. Spanien, Korsika, Sibirien, Rußland, Ägypten. Das einzige Land, das mir noch fehlt, ist China, und sobald der Krieg vorbei ist, fahr ich hin.«

Während er so leichthin sprach, die Asche seiner Zigarette am Aschenbecher abstreifend, spürte sie, wie das eigentümliche Tier, das so lange in ihrem Busen geschlummert hatte, sich zu regen begann, sich streckte, gähnte, die Ohren spitzte und plötzlich aufsprang und seinen sehnsüchtigen, hungrigen Blick auf diese fernen Orte richtete. Doch sie sagte nur, mit mildem Lächeln: »Wie ich dich beneide.«

Er ließ das gelten. »Es war wunderbar«, sagte er, »besonders Rußland. Rußland ist genau so schön, wie wir es uns vorgestellt hatten, und noch viel schöner. Ich habe sogar ein paar Tage auf einem Wolgaschiff verbracht. Weißt du noch, das Lied des Wolgaschiffers, das du immer gespielt hast?«

»Ja.« Im selben Moment erklang es in ihrem Kopf.

»Spielst du es noch manchmal?«

»Nein, ich habe kein Klavier mehr.«

Das erstaunte ihn. »Was ist aus deinem schönen Flügel geworden?«

Sie schnitt eine kleine Grimasse. »Verkauft. Schon vor langer Zeit.«

»Aber du hast doch immer so gern Musik gemacht«, wunderte er sich.

»Dafür habe ich jetzt keine Zeit mehr.«

Er ließ es dabei bewenden. »Das Leben auf dem Fluß«, fuhr er fort, »ist etwas ganz Besonderes. Nach ein oder zwei Tagen kann man sich nicht mehr vorstellen, daß man je anders gelebt hat. Und man braucht auch nicht die Sprache zu können – das Leben an Bord schmiedet die Menschen zusammen, und das ist völlig ausreichend. Man ißt zusammen, verbringt zusammen den Tag, und am Abend wird stundenlang gesungen.«

Ein Schauer durchlief sie, als sie den Wolgaschiffer wieder laut und klagend in seinen Gesang ausbrechen hörte und das Schiff auf dem dunkelnden Fluß dahingleiten sah, mit melancholischen Bäumen zu beiden Seiten … »Ja, das würde mir gefallen«, sagte sie und streichelte ihren Muff.

»Das russische Leben würde dir überhaupt gefallen«, sagte er warm. »Es ist so ungezwungen, so impulsiv, so frei von Zweifeln. Und die Bauern sind prächtig. Sie sind einfach menschlich – ja, das ist es. Jeder einfache Kutscher nimmt Anteil – wirklich Anteil an dem, was um ihn herum geschieht. Ich erinnere mich an einen Abend, als eine Gruppe von uns, zwei Freunde von mir und die Frau des einen, zu einem Picknick ans Schwarze Meer gefahren sind. Wir haben das Abendbrot und Champagner mitgenommen und aßen und tranken im Gras. Und während wir so aßen, kam unser Kutscher herbei. ›Nehmen Sie eine Dillgurke‹, sagte er. Er wollte mit uns teilen. Das erschien mir so einleuchtend, so – du weißt, was ich meine?«

Und im selben Augenblick schien sie im Gras zu sitzen, vor sich das geheimnisvolle Schwarze Meer, schwarz wie Samt, das leise, samtene kleine Wellen an die Ufer warf. Sie sah die am Straßenrand stehende Kutsche, und die kleine Gruppe im Gras, die Gesichter und Hände weiß im Mondlicht. Sie sah das ausgebreitete helle Kleid der Frau und ihren eingerollten Sonnenschirm, der im Gras lag wie eine riesige Häkelnadel aus Perlmutt. Etwas abseits, ein Tuch mit seinem Abendbrot auf den Knien, saß der Kutscher. »Nehmen Sie eine Dillgurke«, sagte er, und obwohl sie nicht wußte, was eine Dillgurke war, sah sie das grünliche Glas, in dem eine rote Paprikaschote wie ein Papageienschnabel leuchtete. Sie zog die Wangen ein; die Dillgurke war furchtbar sauer …

»Ja, ich weiß genau, was du meinst«, sagte sie.

In der Pause, die nun folgte, sahen sie sich an. Wenn sie sich früher so angesehen hatten, dann hatte zwischen ihnen ein so vollkommenes Verstehen geherrscht, daß ihre Seelen sich gleichsam umarmt und ins nächste Meer gestürzt hatten, ein tragisches Liebespaar, das glücklich war unterzugehen. Das Überraschende war, daß er es war, der jetzt zurückwich. Er, der sagte:

»Was für eine wunderbare Zuhörerin du bist. Wenn du mich mit diesen strahlenden Augen ansiehst, habe ich das Gefühl, ich könnte dir Dinge erzählen, die ich keinem anderen Menschen je anvertrauen würde.«

Schwang da Spott in seiner Stimme mit, oder bildete sie sich das ein? Sie wußte es nicht zu sagen.

»Bevor ich dich kennenlernte«, sagte er, »habe ich nie jemandem etwas von mir erzählt. Wie genau ich mich noch an jenen Abend erinnere, den Abend, als ich dir den kleinen Weihnachtsbaum brachte und dir von meiner Kindheit erzählte. Und davon, wie unglücklich ich war und daß ich weggelaufen bin und mich zwei Tage lang unter einem Karren in unserem Hof versteckt habe, ohne entdeckt zu werden. Und du hast zugehört, und deine Augen haben geleuchtet, und ich hatte das Gefühl, daß du sogar den kleinen Weihnachtsbaum dazu gebracht hättest zuzuhören, wie in einem Märchen.«

Sie aber hatte von jenem Abend eine kleine Büchse Kaviar in Erinnerung. Die Büchse hatte siebeneinhalb Shilling gekostet. Er konnte nicht darüber hinwegkommen. Man denke nur – so eine winzige Büchse für siebeneinhalb Shilling. Während sie den Kaviar verspeiste, sah er ihr zu, glücklich und schockiert.

»Herrjeh, das ist, als würde man bares Geld essen. So viel Geld würde in diese kleine Büchse nicht mal hineinpassen. Denk nur einmal an den Profit, den die damit machen …« Und er fing an, die kompliziertesten Berechnungen anzustellen … Aber genug jetzt von dem Kaviar. Der Weihnachtsbaum stand auf dem Tisch, und der kleine Junge lag unter dem Karren, den Kopf an den Hofhund geschmiegt.

»Der Hund hieß Bootsmann«, rief sie fröhlich.

Doch er konnte nicht folgen. »Welcher Hund? Hattest du einen Hund? Ich kann mich an keinen Hund erinnern.«

»Nein, nein. Ich meine den Hofhund, als du ein kleiner Junge warst.« Er lachte und ließ das Zigarettenetui zuschnappen.

»War das so? Das hatte ich ganz vergessen. Es kommt mir vor wie eine Ewigkeit. Kaum zu fassen, daß es erst sechs Jahre her ist. Als ich dich eben wiedersah – da mußte ich einen gewaltigen Sprung zurück machen – ich mußte mein ganzes Leben überspringen, um wieder in die alten Zeiten zurückzukehren. Was war ich für ein Kind damals.« Er trommelte auf den Tisch. »Ich habe oft gedacht, wie du dich mit mir gelangweilt haben mußt. Und ich verstehe inzwischen auch nur zu gut, warum du mir diesen Brief geschrieben hast – obwohl ich damals hätte sterben mögen. Ich habe ihn neulich wiedergefunden, und ich mußte lachen, als ich ihn las. Er war so geistreich – hat ein so treffendes Bild von mir gezeichnet.« Er blickte auf. »Du willst schon gehen?«

Sie hatte ihren Kragen wieder zugeknöpft und ihren Schleier heruntergezogen.

»Ja, ich muß leider gehen«, sagte sie und brachte ein Lächeln zustande. Jetzt wußte sie, daß er sich über sie lustig gemacht hatte.

»Oh, bitte nicht«, flehte er. »Geh noch nicht«, und er nahm einen ihrer Handschuhe vom Tisch und hielt ihn fest, als würde er sie halten. »Ich treffe nur noch so selten Menschen, mit denen ich mich unterhalten kann, daß ich mir fast vorkomme wie ein Barbar«, sagte er. »Habe ich dich irgendwie gekränkt?«

»Keineswegs«, log sie. Aber als sie ihm zusah, wie er ihren Handschuh durch die Finger zog, sanft, ganz sanft, verflog ihr Ärger wirklich, und überdies sah er in dem Moment fast aus wie damals vor sechs Jahren …

»Was ich damals wirklich wollte«, sagte er leise, »das

war – ich wollte ein Teppich für dich sein – ich wollte ein Teppich sein, auf dem du gehen könntest, unbehelligt von spitzen Steinen und dem Matsch, den du so haßtest. Das war es, was ich wollte – nicht mehr und nicht weniger. Allenfalls hätte ich mir noch gewünscht, mich in einen fliegenden Teppich zu verwandeln, um dich in all die Länder zu tragen, die du so gern sehen wolltest.«

Während er sprach, hob sie den Kopf, als trinke sie; das eigentümliche Tier in ihrem Busen fing an zu schnurren …

»Ich hatte das Gefühl, daß du einsamer warst als irgendwer sonst auf der Welt«, fuhr er fort, »und doch vielleicht die einzige Person auf der Welt, die wirklich und wahrhaft lebendig war. In eine Zeit hineingeboren, die nicht die deine war«, murmelte er, den Handschuh streichelnd, »schicksalhaft.«

O Gott! Was hatte sie getan! Wie hatte sie es wagen können, ihr Glück so wegzuwerfen. Er war der einzige Mensch, der sie je verstanden hatte. War es zu spät? Sollte es wirklich zu spät sein? *Sie* war der Handschuh, den er da in Händen hielt …

»Und dann die Tatsache, daß du keine Freunde hattest und nie Bekanntschaften machtest. Wie gut habe ich das verstanden, denn mir ging es ebenso. Ist das noch immer so?«

»Ja«, hauchte sie. »Noch immer. Ich bin so allein wie eh und je.«

»Ich auch«, lachte er sanft, »noch immer.«

Plötzlich, mit einer raschen Bewegung, gab er ihr den Handschuh zurück und stieß scharrend den Stuhl zurück. »Aber was mir damals so rätselhaft erschien, ist mir jetzt völlig klar. Und dir natürlich auch … Wir waren einfach solche Egoisten, waren so in uns selbst verliebt, daß in unseren Herzen kein Platz mehr war für irgend jemanden sonst. Weißt du«, rief er von Herzen unbekümmert und auf erschreckende Weise einer anderen Seite seines alten Selbst ähnelnd, »als ich in Rußland war, habe ich mich mit der Theorie der menschlichen Verhaltensweisen beschäftigt und herausgefunden, daß die ganze Geschichte überhaupt nicht ungewöhnlich ist. Es ist eine ganz bekannte Form von …«

Sie war gegangen. Er saß da, wie vom Donner gerührt, perplex … Und dann bat er die Kellnerin um die Rechnung.

»Aber die Sahne ist nicht angerührt worden«, sagte er. »Die berechnen Sie mir bitte nicht.«

DIE KLEINE GOUVERNANTE

O je, wie sehr wünschte sie, es wäre nicht Nacht. Sie wäre viel lieber bei Tage gereist, viel, viel lieber. Aber die Dame von der Stellenvermittlung hatte gesagt: »Sie nehmen besser ein Abendschiff, und wenn Sie im Zug dann in ein Damenabteil gehen, sind Sie viel sicherer, als wenn Sie in einem ausländischen Hotel übernachten. Verlassen Sie nicht das Abteil; spazieren Sie nicht durch die Gänge, und verriegeln Sie *unbedingt* die Tür der Toilette, wenn Sie sie aufsuchen. Der Zug kommt um acht Uhr in München an, und Frau Arnholdt sagt, das Hotel Grunewald liegt nur eine Minute entfernt. Ein Dienstmann kann Sie hinbringen. Sie wird um sechs am Abend eintreffen, so daß Sie sich in aller Ruhe von der Reise erholen und Ihr Deutsch schon ein wenig auffrischen können. Und wenn Sie etwas essen möchten, würde ich Ihnen empfehlen, in die nächste Konditorei zu gehen und sich ein Rosinenbrötchen und einen Kaffee zu genehmigen. Sie sind noch nie im Ausland gewesen, nehme ich an?« – »Nein.« – »Also, ich sage meinen Mädchen immer, sie sollen den Leuten lieber erst einmal mißtrauen, ihnen lieber erst einmal böse Absichten unterstellen … Das klingt hart, aber wir wollen schließlich Frauen von Welt sein, nicht wahr?«

Es war schön gewesen in der Damenkajüte. Die Stewardess war so liebenswürdig und wechselte Ihr Geld und schlug Ihr die Füße in die Decke ein. Sie lag auf einer der harten, rotgemusterten Liegen und beobachtete die Mitreisenden, die, freundlich und ungezwungen, ihre Hüte an den Kissen feststeckten, ihre Stiefel und Röcke auszogen, Köfferchen aufklappten und geheimnisvoll raschelnde kleine Päckchen ordneten, ihre Köpfe mit Schleiern umwickelten, bevor sie sich hinlegten. *Wumm, wumm, wumm,* dröhnte gleichmäßig die Schiffsschraube. Die Stewardess zog einen grünen Schirm über die Lampe und setzte sich an den Ofen; den Rock hatte sie über die Knie hinaufgeschlagen, im Schoß ihr Strickzeug. Auf einem Bord über ihrem Kopf stand eine Karaffe, in dem ein dicker Blumenstrauß steckte. »Reisen gefällt mir«, dachte die kleine Gouvernante. Sie lächelte und genoß das warme Schaukeln.

Doch als das Schiff anlegte und sie an Deck ging, den Reisekorb in der einen Hand, die Reisedecke und den Schirm in der anderen, blies ihr ein kalter, ungekannter Wind unter den Hut. Sie blickte hinauf zu den Masten und Spieren des Schiffs, schwarz vor einem grün funkelnden Himmel, und hinunter zur Pier, wo sich seltsam vermummte Gestalten herumdrückten und warteten; sie trieb vorwärts mit der müden Herde, und alle wußten, wo es hinging und was zu tun war, nur sie nicht, und sie fürchtete sich. Nur ein wenig – aber doch immerhin so sehr, daß sie sich wünschte – o wie sie sich wünschte, daß es Tag wäre und daß eine jener Frauen, die ihr im Spiegel zugelächelt hatten, als sie sich in der Damenkajüte die Haare machten, jetzt irgendwo in der Nähe wäre. »Billetts, bitte. Billetts vorzeigen. Halten Sie die Billetts bereit.« Sie ging den Landungssteg hinunter, vorsichtig, wegen ihrer Absätze. Dann trat ein Mann mit einer schwarzen Ledermütze vor und berührte sie am Arm. »Wohin, Miss?« Er sprach Englisch – mit dieser Mütze mußte er ein Schaffner oder Stationsvorsteher sein. Sie hatte kaum geantwortet, als er sich schon auf ihren Reisekorb stürzte. »Hier entlang«, rief er mit ruppiger und entschlossener Stimme und bahnte sich mit den Ellbogen einen Weg durch die Menge. »Aber ich will keinen Träger.« Was für ein schrecklicher Mensch! »Ich will keinen Träger. Ich will ihn selber tragen.« Sie mußte rennen, um mit ihm Schritt zu halten, und ihr Zorn, der viel stärker war als sie, lief ihr voraus, um dem Kerl die Tasche zu entreißen. Er nahm gar keine Notiz davon, sondern marschierte weiter den langen, dunklen Bahnsteig entlang und überquerte ein Geleis. »Es ist ein Dieb.« Sie war sicher, daß es ein Dieb war, als sie zwischen die silbrig schimmernden Schienen trat und den Schotter unter den Schuhen knirschen hörte. Auf der anderen Seite – na, Gott sei Dank! – befand sich ein Zug, auf dem München geschrieben stand. Der Mann blieb neben dem großen, hell erleuchteten Waggon stehen. »Zweite Klasse?« fragte die unverschämte Stimme. »Ja, ein Damenabteil.« Sie war ganz außer Atem. Sie öffnete ihre Börse und suchte nach einer möglichst kleinen Münze für diesen greulichen Gesellen, der unterdessen ihren Reisekorb ins Gepäcknetz eines leeren Abteils schwang, an dessen Fenster ein Zettel mit der Aufschrift *Dames Seules* klebte. Sie stieg ein und gab ihm zwanzig Centimes. »Was ist das?« schrie der Mann, starrte das Geld an und dann sie, hielt es sich an die Nase und schnupperte daran, als habe er noch nie im Leben eine solche Münze gesehen, geschweige denn in der Hand gehalten. »Das macht einen Franc. Das sollten Sie wissen, nicht wahr? Einen Franc. Das ist mein Tarif!« Einen Franc! Bildete er sich etwa ein, sie würde ihm einen Franc dafür geben, daß er sie so übertölpelt hatte, bloß weil sie ein junges Mädchen war und allein bei Nacht reiste? Niemals, niemals! Sie hielt ihre Börse umklammert und sah ihn einfach nicht an – sie betrachtete eine Ansicht von St. Malo an der Wand gegenüber und überhörte ihn einfach. »Ah, nein. Ah, nein. Vier Sous. Sie müssen sich irren. Da, nehmen Sie es. Ich verlange einen Franc.« Er sprang auf das Trittbrett des Abteils und warf ihr das Geld in den Schoß. Sie zitterte vor Angst und setzte sich stocksteif auf, tastete mit einer eisigen Hand und nahm das Geld – hielt es fest in der Hand. »Mehr bekommen Sie nicht«, sagte sie.

Ein oder zwei Minuten lang spürte sie, wie seine stechenden Augen sie von Kopf bis Fuß löcherten, während er langsam nickte und die Mundwinkel herabzog: »Also gut. *Trrrès bien.*« Er zuckte die Schultern und verschwand in der Dunkelheit. Oh, diese Erleichterung! Wie entsetzlich das gewesen war! Als sie aufstand, um zu prüfen, ob der Kleiderkorb gut verstaut war, fiel ihr Blick auf ihr Spiegelbild, ganz bleich, mit großen runden Augen. Sie band sich ihren »Automobilschleier« ab und knöpfte ihren grünen Umhang auf. »Aber jetzt ist alles vorbei«, sagte sie zu dem Spiegelgesicht, weil ihr schien, daß es verängstigter war als sie.

Immer mehr Leute versammelten sich auf dem Bahnsteig. Sie standen in kleinen Gruppen beisammen und plauderten; ein seltsames Licht von den Bahnhofslampen malte ihre Gesichter fast grün. Ein kleiner Junge in Rot kam mit einem großen Teewagen angerasselt und lehnte sich dagegen, pfiff vor sich hin und peitschte mit einer Serviette seine Schuhe. Eine Frau in einer schwarzen Alpakaschürze schob einen Karren mit Kissen, die man mieten konnte. Verträumt und abwesend wirkte sie – wie eine Frau, die einen Kinderwagen schiebt – auf und ab, auf und ab – mit einem schlafenden Kindchen darin. Weiße Rauchringe stiegen von irgendwoher auf und hingen wie Nebelranken unter dem Dach. »Wie seltsam das alles ist«, dachte die kleine Gouvernante, »und dazu noch mitten in der Nacht.« Sie saß im Schutz ihrer Abteilecke und war nun nicht mehr verängstigt, sondern stolz, daß sie den Franc nicht hergegeben hatte. »Ich kann gut auf mich selbst aufpassen – natürlich kann ich das. Hauptsache, man läßt sich nicht –« Vom Gang her waren plötzlich schwere Schritte und lebhafte Männerstimmen zu hören, Fetzen von schallendem Gelächter. Sie kamen in ihre Richtung. Die kleine Gouvernante drückte sich tiefer in ihre Ecke, als vier junge Männer vorbeigingen, Melonen auf dem Kopf, und durch Tür und Fenster spähten. Einer von ihnen wies auf den Zettel mit der Aufschrift *Dames Seules* und wollte sich ausschütten vor Lachen, und alle vier hockten sich hin, um das einsame kleine Mädchen zu betrachten. O je, sie waren in dem Abteil nebenan. Sie hörte sie herumpoltern, und dann plötzlich Stille, und dann erschien ein langer dünner Kerl mit einem kleinen schwarzen Schnurrbart, der ihre Tür aufriß. »Wenn Mademoiselle es wünscht, zu uns hereinzukommen«, sagte er auf französisch. Sie sah die anderen, die sich dicht hinter ihm drängten, ihm unter dem Arm hindurch und über die Schulter spähten, und sie saß sehr aufrecht und unbewegt da. »Wenn Mademoiselle uns die Ehre erweisen möchte«, spottete der lange Kerl. Einer von ihnen konnte nicht mehr an sich halten; er platzte laut heraus. »Mademoiselle ist sehr ernst«, urteilte der junge Mann, verbeugte sich und schnitt eine Grimasse. Er zog schwungvoll den Hut, und sie war wieder allein.

»*En voiture. En voi-ture!*« Jemand lief neben dem Zug auf und ab. »Ich wünschte, es wäre nicht Nacht. Ich wünschte, es wäre noch eine Frau im Abteil. Ich fürchte mich vor den Männern nebenan.« Die kleine Gouvernante blickte hinaus und sah ihren Träger zurückkommen – er war es, und er kam direkt auf ihr Abteil zu, die Arme voller Gepäck. Aber – aber was *machte* er denn da? Er schob den Daumennagel unter den Zettel *Dames Seules* und riß ihn einfach ab, und trat dann beiseite und sah zu ihr her, während ein alter Mann in einer karierten Pelerine das Trittbrett erklomm. »Aber dies ist ein Damenabteil.« – »Aber nein, Mademoiselle, Sie müssen sich irren. Nein, nein, wenn ich es Ihnen sage. Merci, Monsieur.« – »*En voi-turre!*« Ein schriller Pfiff. Der Träger stieg triumphierend aus, und der Zug setzte sich in Bewegung. Einen Moment lang standen dicke Tränen in ihren Augen, und durch sie hindurch sah sie den alten Mann, wie er sich aus einem Schal wickelte und die Klappen seiner

›Jaeger‹-Mütze aufband. Er sah sehr alt aus. Mindestens wie neunzig. Er hatte einen weißen Schnauzbart und eine große, goldgeränderte Brille mit kleinen blauen Äuglein dahinter und rosige, runzlige Wangen. Ein freundliches Gesicht – und reizend die Art, wie er sich vorbeugte und in stockendem Französisch sagte: »Störe ich Sie, Mademoiselle? Wäre es Ihnen lieber, wenn ich meine Sachen aus dem Gepäcknetz nehme und mir ein anderes Abteil suche?« Wie! Der alte Mann sollte all die schweren Sachen schleppen, nur weil sie ... »Nein, es ist schon recht. Sie stören mich überhaupt nicht.« – »Ah, tausend Dank.« Er setzte sich ihr gegenüber und knöpfte die Pelerine über seinem riesigen Mantel auf und schlug sie über die Schultern zurück.

Der Zug schien froh zu sein, daß er den Bahnhof verlassen konnte. Mit einem großen Satz sprang er in die Dunkelheit. Sie rieb auf der Fensterscheibe mit dem Handschuh, aber sie konnte nichts sehen – nur einen Baum, gespreizt wie ein schwarzer Fächer oder verstreute Lichter, oder den Umriß eines Hügels, feierlich und groß. Im Abteil nebenan begannen die jungen Männer zu singen, »*Un, deux, trois*«. Sie sangen immer wieder dasselbe Lied, so laut sie konnten.

»Ich hätte mich nie getraut, einzuschlafen, wenn ich allein gewesen wäre«, dachte sie. »Ich hätte nicht einmal die Füße hochlegen oder auch nur den Hut abnehmen können.« Von dem Singen bekam sie ein komisches Kribbeln in der Magengrube, und sie verschränkte die Arme unter dem Umhang, damit es aufhörte, und sie war wirklich froh, den alten Mann bei sich im Abteil zu haben. Sie gab acht, ob er nicht hersah, und beäugte ihn dann durch ihre langen Wimpern. Er saß ganz gerade da, die Brust herausgedrückt, das Kinn eingezogen, die Knie zusammengepreßt, und las eine deutsche Zeitung. Deswegen sprach er ein so komisches Französisch. Er war Deutscher. Irgendwas beim Militär, vermutete sie – Oberst oder General –, früher, natürlich, jetzt nicht mehr; jetzt war er zu alt dafür. Für einen alten Mann sah er erstaunlich geschniegelt und gebügelt aus. In seiner schwarzen Krawatte hatte er eine Perlennadel, und an seinem kleinen Finger einen Ring mit einem dunkelroten Stein; aus der Brusttasche seines zweireihigen Jacketts lugte ein weißseidenes Taschentuch hervor. Alles in allem bot er einen wirklich netten Anblick. Die meisten alten Männer waren so häßlich. Sie konnte nicht ausstehen, wenn sie tatterig wurden – oder sie hatten einen ekligen Husten oder etwas dergleichen. Aber so, ohne Vollbart – das war gleich etwas ganz anderes –, und seine Wangen waren so rosig und sein Schnauzbart so schneeweiß. In diesem Moment senkte sich die deutsche Zeitung, und der alte Mann beugte sich, auf seine liebenswürdig höfliche Weise, vor: »Sprechen Sie Deutsch, Mademoiselle?« – »Ja, ein wenig, mehr als Französisch«, sagte die kleine Gouvernante, und eine tiefe Röte überzog langsam ihre Wangen und ließ ihre blauen Augen fast schwarz erscheinen. »Ach, so!« Der alte Mann nickte beifällig. »Dann möchten Sie sich vielleicht ein paar Illustrierte Zeitungen anschauen.« Er streifte ein Gummiband von einer Zeitungsrolle und reichte sie ihr. »Vielen Dank.« Sie sah sich sehr gern Bilder an, aber erst wollte sie Hut und Handschuhe ablegen. Also stand sie auf, zog die Hutnadel aus dem braunen Strohhut und legte ihn ordentlich ins Gepäcknetz neben den Reisekorb, streifte die braunen Glacéhandschuhe ab, legte sie zusammen, rollte sie fest ein und steckte sie zur Sicherheit in ihren Hut, und setzte sich dann wieder, bequemer diesmal, die Füße gekreuzt, die Zeitschriften auf dem Schoß. Wie wohlwollend sie der alte Mann in seiner Ecke betrachtete, ihre kleine bloße Hand, welche die großen weißen Seiten umblätterte, ihre Lippen, die sich bewegten, wenn sie sich die langen Wörter vorsagte, ihr Haar, das förmlich glühte im Licht. Ach! wie fatal für eine kleine Gouvernante, solches Haar zu besitzen, das einen an Tangerinen und Goldlack denken ließ, an Aprikosen und Schildpattkatzen und Champagner! Vielleicht war es das, was der alte Mann dachte, als er sie so unverwandt betrachtete, und daß nicht einmal die dunkle häßliche Kleidung ihre natürliche Schönheit verbergen konnte. Vielleicht war die Röte, die über seine Wangen und Lippen huschte, Zornesröte, weil ein so junges und zartes Ding allein und schutzlos durch die Nacht reisen mußte. Wer weiß, ob er nicht auf seine empfindsame deutsche Art vor sich hin murmelte: »*Ja, es ist eine Tragödie!* Wollte Gott, ich wäre der Großpapa dieses Kindes!«

»Vielen Dank. Sie waren sehr interessant.« Sie lächelte anmutig, als sie ihm die Zeitungen wieder zurückgab. »Aber Sie sprechen ja ausgezeichnet Deutsch«, sagte der alte Mann. »Sie waren schon einmal in Deutschland, nehme ich an?« – »Oh, nein, das ist das erste Mal« – eine kleine Pause, dann – »es ist auch das erste Mal, daß ich ins Ausland reise.« – »Tatsächlich? Das überrascht mich. Sie machen auf mich den Eindruck, wenn ich so sagen darf, als seien Sie das Reisen gewohnt.« – »Oh, nun ja – ich bin recht viel in England herumgereist, und einmal nach Schottland.« – »So. Ich bin einmal in England gewesen, aber Englisch habe ich nicht gelernt.« Er hob eine Hand und schüttelte lachend den Kopf. »Nein, das war mir zu schwierig ... ›Hau-du-ju-du. Plies witsch is se weh tu Läisester Squär.‹« Sie lachte auch. »Ausländer sagen immer ...« Darüber gerieten sie ins Plaudern. »Aber München wird Ihnen gefallen«, sagte der alte Mann. »München ist eine wunderbare Stadt. Museen, Bilder, Galerien, prächtige Gebäude und Geschäfte, Konzerte, Theater, Restaurants – all das gibt es in München. Ich bin durch ganz Europa gereist, viele Male in meinem Leben, aber ich kehre immer wieder nach München zurück. Sie werden sich dort sehr wohlfühlen.« – »Ich *bleibe* aber nicht in München«, sagte die kleine Gouvernante und setzte schüchtern hinzu: »Ich trete eine Stelle als Gouvernante bei einer Arztfamilie in Augsburg an.« – »Ach, deswegen.« Augsburg kannte er. Augsburg – je nun – war nicht schön. Eine solide Industriestadt. Aber wenn Deutschland neu für sie war, dann werde sie auch dort etwas Interessantes finden, so hoffte er. »Oh, das werde ich gewiß.« – »Aber wie schade, daß Sie sich nicht erst München ansehen können. Sie sollten etwas Urlaub nehmen, bevor Sie weiterreisen« – er lächelte –, »und ein paar angenehme Erinnerungen sammeln.« – »Bedaure, aber *das* könnte ich nicht«, sagte die kleine Gouvernante kopfschüttelnd, und machte plötzlich ein ernstes und wichtiges Gesicht. »Und außerdem, wenn man allein ist …« Das verstand er durchaus. Er nickte, ebenfalls ernst. Darauf schwiegen sie. Der Zug ratterte dahin, erstürmte mit dunkler, flammender Brust Hügel und Täler. Es war warm im Abteil. Sie schien sich anzulehnen an das dunkle Dahinbrausen, das sie forttrug, weiter und immer weiter. Entfernte Geräusche drangen zu ihr; Schritte auf dem Gang, Türen, die sich öffneten und schlossen – Stimmengemurmel – Pfeifen … Dann spickten lange Regennadeln die Scheibe … Aber das machte nichts … es war ja draußen … und sie hatte ihren Schirm dabei … sie zog eine Schnute, seufzte, öffnete und schloß einmal die Hände und schlief fest ein.

»Pardon! Pardon!« Das Zurückgleiten der Abteiltür ließ sie aufschrecken. Was war geschehen? Jemand war hereingekommen und wieder gegangen. Der alte Mann saß in seiner Ecke, aufrechter denn je, die Hände in den Manteltaschen, finster die Stirn runzelnd. »Ha! Ha! Ha!« tönte es aus dem Abteil nebenan. Noch ganz verschlafen, hob sie die Hände zum Haar, um sich zu vergewissern, daß sie nicht träumte. »Schändlich!« murmelte der alte Mann, mehr zu sich als zu ihr. »Gemeine, ordinäre Kerle! Ich fürchte, sie haben Sie geweckt, gnädiges Fräulein, wie sie hier hereingeplatzt sind.« Nein, eigentlich nicht. Sie wäre ohnehin gleich aufgewacht, und sie zog ihre silberne Uhr hervor, um nachzusehen, wie spät es war. Halb fünf. Ein kaltes blaues Licht füllte die Fensterscheiben. Wenn sie sie jetzt rieb, konnte sie helle Ackerflächen sehen, ein Häuflein weißer Häuser wie Pilze, eine Landstraße, »wie gemalt«, mit Pappeln zu beiden Seiten, ein gewundener Flußlauf. Wie hübsch das war! Wie hübsch und wie anders! Selbst die rosa Wolken am Himmel wirkten fremd. Es war kalt, aber sie tat so, als sei es noch viel kälter und rieb sich die Hände und fröstelte und schlug ihren Mantelkragen hoch, weil sie so glücklich war.

Der Zug verlangsamte die Fahrt. Die Lokomotive stieß einen langen, schrillen Pfiff aus. Sie näherten sich einer Stadt. Größere Häuser, rosa und gelb, glitten vorbei, fest schlafend hinter grünen Augenlidern, und beschützt von den Pappeln, die in der blauen Luft zitterten wie auf Zehenspitzen und lauschten. In einem Haus öffnete eine Frau die Fensterläden, warf eine rotweiße Matratze über das Fensterbrett und stand dann da und sah dem Zug nach. Eine blasse Frau mit schwarzem Haar und einem weißen Wolltuch über den Schultern. Weitere Frauen erschienen an den Türen und Fenstern der schlafenden Häuser. Eine Schafherde zog vorüber. Der Schäfer trug einen blauen Kittel und spitze Holzschuhe. Sieh doch! Sieh doch, was für Blumen – und sogar am Bahnhof! Rosenstöcke wie Brautjungfernsträuße, weiße Geranien, wächserne rote, die man zu Hause *höchstens* in Treibhäusern sah. Langsamer und langsamer. Ein Mann mit einer Gießkanne besprengte den Bahnsteig. »A-a-a-ah!« Jemand kam angerannt und schwenkte die Arme. Eine dicke fette Frau watschelte mit einem Tablett voller Erdbeeren durch die Glastüren des Bahnhofs. Ach, hatte sie einen Durst! Wirklich großen

Durst! »A-a-a-ah!« Derselbe Jemand rannte wieder zurück. Der Zug hielt.

Der alte Mann schlug den Mantel enger um sich und stand auf, lächelte sie an. Er murmelte etwas, das sie nicht richtig verstand, aber sie erwiderte sein Lächeln, als er das Abteil verließ. Während er fort war, musterte sich die kleine Gouvernante im Spiegel, schüttelte und strich alles zurecht mit den geübten Handgriffen eines jungen Mädchens, das alt genug ist, allein zu reisen, und niemanden hat, der ihr versichert, daß »auch hinten herum« alles sitzt. Durst, Durst! Die Luft schmeckte nach Wasser. Sie ließ das Fenster herab, und die dicke Frau mit den Erdbeeren kam vorbei, wie absichtlich, und hielt das Tablett zu ihr hoch. »Nein, danke«, sagte die kleine Gouvernante und betrachtete die großen Beeren auf ihren glänzenden Blättern. »Wie viel?« fragte sie, als die dicke Frau weiterging. »Zwei Mark fünfzig, Fräulein.« – »Du meine Güte!« Sie trat vom Fenster zurück und setzte sich in ihre Ecke und war für einen Moment sehr ernüchtert. Eine halbe Krone! »H-u-u-u-i-i-i!« schrie der Zug und machte Anstalten weiterzufahren. Der alte Mann würde doch nicht zurückbleiben? Ach, es war heller Tag – alles war wunderbar, wenn sie nur nicht einen solchen Durst gehabt hätte. Wo blieb der alte Mann denn nur – ach, da war er – sie schenkte ihm ein Grübchenlächeln wie einem guten alten Bekannten, als er die Tür schloß und, sich umwendend, ein Körbchen Erdbeeren unter seiner Pelerine hervorholte. »Würden Sie mir die Ehre erweisen, mein Fräulein, eine kleine Aufmerksamkeit ...« – »Wie, für mich?« Sie wich zurück und hob die Hände, als wolle er ihr ein wildes Kätzchen auf den Schoß legen.

»Gewiß doch, für Sie«, sagte der alte Mann. »Was mich betrifft, so war ich vielleicht vor zwanzig Jahren das letzte Mal mutig genug, Erdbeeren zu essen.« – »Oh, vielen herzlichen Dank. Danke bestens«, stammelte sie, »sie sind so sehr schön!« – »Probieren Sie«, sagte der alte Mann mit zufriedener und freundlicher Miene. »Wollen Sie nicht wenigstens eine probieren?« – »Nein, nein, nein.« Scheu und bezaubernd zögerte ihre Hand. Sie waren so groß und saftig, daß sie zweimal abbeißen mußte – der Saft rann ihr über die Finger –, und während sie sich die Beeren schmekken ließ, stellte sie sich den alten Mann zum ersten Mal als einen Großvater vor. Was für ein wunderbarer Großvater er abgeben würde! Ein Großvater, wie er im Buche steht!

Die Sonne kam hervor, die rötlichen Wolken am Himmel, die Erdbeerwolken, wurden von der Bläue verzehrt. »Sind sie gut?« fragte der alte Mann. »So gut, wie sie aussehen?«

Als sie sie aufgegessen hatte, war ihr, als kennte sie ihn schon seit Jahren. Sie erzählte ihm von Frau Arnholdt und wie sie die Stellung bekommen hatte. Kannte er das Hotel Grunewald? Frau Arnholdt würde erst gegen Abend eintreffen. Er hörte zu, hörte ihr zu, bis er ebensoviel von der Sache wußte wie sie, und dann sagte er – ohne sie anzusehen – und dabei rieb er die Handflächen seiner braunen wildledernen Handschuhe aneinander: »Wollen Sie mir nicht erlauben, Ihnen etwas von München zu zeigen? Nicht viel – nur eine Gemäldegalerie vielleicht und den Englischen Garten. Es wäre jammerschade, wenn Sie den Tag im Hotel zubringen müßten, und auch nicht sehr gemütlich … an einem fremden Ort. Nicht wahr? Sie wären am frühen Nachmittag wieder zurück, oder wann immer Sie wollen, natürlich, und Sie würden einem alten Mann eine große Freude machen.«

Erst lange nachdem sie »Ja« gesagt hatte – denn kaum, daß sie es gesagt und er ihr gedankt hatte, begann er, ihr von seinen Reisen in die Türkei und von den Duftölrosen zu erzählen –, fragte sie sich, ob sie unrecht getan hatte. Schließlich kannte sie ihn ja gar nicht. Aber er war so alt, und er war so überaus freundlich gewesen – ganz zu schweigen von den Erdbeeren … Und sie hätte es ihm nicht erklären können, wenn sie »Nein« gesagt hätte, und es war in gewisser Weise ihr *letzter* Tag, der letzte Tag, den sie richtig genießen konnte. »War es unrecht von mir? Wirklich?« Ein Tropfen Sonnenlicht fiel auf ihre Hände und blieb dort liegen, warm und zitternd. »Ich darf Sie vielleicht zum Hotel begleiten«, schlug er vor, »ich würde Sie gegen zehn Uhr wieder abholen.« Er zog seine Brieftasche hervor und reichte ihr eine Visitenkarte. »Herr Regierungsrat …« Er besaß einen Titel! Nun, dann *mußte* es seine Richtigkeit haben! Von da an überließ sich die kleine Gouvernante ganz dem erregenden Gefühl, wirklich im Ausland zu sein, schaute hinaus und las die ausländischen Reklameschilder, ließ sich etwas über die Ortschaften erzählen, durch die sie kamen – und der reizende alte Großvater nährte ihre Wißbegierde und Begeisterung – bis sie München erreichten und den Hauptbahnhof. »Träger! Träger!« Er besorgte ihr einen Kofferträger, entledigte sich mit ein paar Worten seines eigenen Gepäcks, geleitete sie durch die verwirrenden Menschenmassen aus dem Bahnhof, über die saubere weiße Treppe auf die weiße Straße und zum Hotel. Er erklärte dem Direktor, wer sie sei, als sei dies alles ganz selbstverständlich, und dann verlor sich ihre kleine Hand für einen Moment in den großen braunen Wildlederhänden. »Ich hole Sie dann um zehn Uhr ab.« Er war fort.

»Hier entlang, Fräulein«, sagte ein Hausdiener, der sich hinter dem Rücken des Direktors herumgedrückt und das seltsame Paar beäugt hatte. Sie folgte ihm zwei Treppen hinauf in ein dunkles Schlafzimmer. Er ließ ihren Reisekorb fallen und zog klappernd eine staubige Jalousie hoch. Puh! Was für ein häßliches, kaltes Zimmer – was für riesenhafte Möbel! Und darin sollte sie einen ganzen Tag verbringen! »Ist dies das Zimmer, das Frau Arnholdt bestellt hat?« fragte die kleine Gouvernante. Der Hausdiener hatte eine seltsame Art, sie anzusehen, als sei etwas *komisch* an ihr. Er spitzte die Lippen, als wolle er pfeifen, aber dann überlegte er es sich anders. »Gewiß«, sagte er. Nun, warum ging er nicht? Was starrte er sie so an? »Gehen Sie«, sagte die kleine Gouvernante mit britisch unterkühlter Sachlichkeit. Seine kleinen Augen, wie Rosinen, sprangen ihm fast aus den teigigen Wangen. »Gehen Sie sofort«, wiederholte sie eisig. In der Tür drehte er sich um. »Und der Herr«, sagte er, »soll ich den Herrn nach oben führen, wenn er kommt?«

Über den weißen Straßen große weiße Wolken, mit Silber gesäumt – und Sonnenschein überall. Dicke, dicke Kutscher, die dicke Droschken lenkten; komische Frauen mit kleinen runden Hüten, welche die Trambahnschienen reinigten; lachende, sich drängende Menschen; Bäume zu beiden Seiten der Straßen, und wo man nur hinschaute, riesige Springbrunnen; Gelächter erscholl von den Bürgersteigen oder von der Fahrbahn oder aus offenen Fenstern. Und neben ihr, geschniegelter denn je, mit einem eingerollten Schirm in der Hand und gelben Handschuhen statt der braunen, ihr Großvater, der sie gebeten hatte, den Tag mit ihm zu verbringen. Sie wollte springen, sie wollte sich bei ihm einhängen, sie wollte immerzu ausrufen: »O ich bin ja so glücklich!« Er führte sie über die Fahrbahnen, wartete geduldig, während sie »schaute«, und seine gütigen Augen strahlten sie an, und er sagte: »Ganz wie Sie wollen.« Um elf Uhr aß sie zwei Weißwürste und zwei frische Semmeln, und sie trank Bier, von dem er sagte, daß es nicht berauschend sei, gar nicht zu vergleichen mit dem englischen Bier, aus einem Glas wie eine Blumenvase. Und dann nahmen sie eine Droschke, und wirklich, in einer Viertelstunde hatte sie wohl tausend wunderbare klassische Gemälde gesehen! »Ich muß sie mir noch einmal durch den Kopf gehen lassen, wenn ich allein bin …« Doch als sie aus der Gemäldegalerie kamen, regnete es. Der Großvater spannte seinen Schirm auf und hielt ihn über die kleine Gouvernante. Sie machten sich auf den Weg zum Restaurant, um zu Mittag zu essen. Sie sehr dicht neben ihm, damit er auch etwas von dem Schirm hatte. »Es wäre einfacher«, bemerkte er unverbindlich, »wenn Sie meinen Arm nähmen, gnädiges Fräulein. Und außerdem ist das in Deutschland so Sitte.« Also nahm sie seinen Arm und ging neben ihm, während er ihr die berühmten Statuen zeigte, so angeregt, daß er ganz vergaß, den Schirm zu schließen, selbst als der Regen längst aufgehört hatte.

Nach dem Mittagessen gingen sie in ein Café, um eine Zigeunerkapelle zu hören, aber das gefiel ihr gar nicht. Puh! saßen dort häßliche Männer, mit Eierköpfen und Schnitten im Gesicht, also drehte sie ihren Stuhl herum, stützte die brennenden Wangen in die Hände und beobachtete statt dessen lieber ihren alten Freund ... Dann gingen sie in den Englischen Garten.

»Wie spät mag es wohl sein?« fragte die kleine Gouvernante. »Meine Uhr ist stehengeblieben. Ich habe gestern nacht im Zug vergessen, sie aufzuziehen. Wir haben so viele Dinge gesehen, es muß gewiß schon recht spät sein.« – »Spät!« Er blieb vor ihr stehen, lachte und schüttelte den Kopf auf eine Art, die ihr bereits vertraut war. »Dann haben Sie sich nicht gut unterhalten. Spät! Wir haben ja noch gar kein Eis gegessen!« – »Oh, aber ich habe mich gut unterhalten«, rief sie erschrocken, »mehr, als ich überhaupt sagen kann. Es war wundervoll! Nur, Frau Arnholdt will um sechs ins Hotel kommen, und ich sollte bis fünf dort sein.« – »Das werden Sie auch. Nach dem Eis werde ich Sie in eine Droschke setzen, und Sie können bequem zurückfahren.« Sie war wieder glücklich. Das Schokoladeneis schmolz – schmolz zu kleinen Schlückchen in ihrer Kehle. Die Schatten der Bäume tanzten auf den Tischtüchern, und sie saß zufrieden mit dem Rücken zu der reichverzierten Uhr, die fünfundzwanzig Minuten vor sieben anzeigte. »Nein wirklich«, sagte die kleine Gouvernante ernst, »das war der schönste Tag in meinem Leben. So etwas Schönes hätte ich mir nie träumen lassen.« Trotz des Eises glühte ihr dankbares Kinderherz vor Liebe zu diesem so märchenhaften Großvater.

Dann verließen sie den Garten über eine lange Allee. Der Tag war fast zu Ende. »Sehen Sie die großen Häuser da gegenüber«, sagte der alte Mann. »Im dritten Stock – da wohne ich. Ich und die alte Haushälterin, die für mich sorgt.« Das interessierte sie sehr. »Bevor ich Ihnen also eine Droschke rufe, wollen Sie nicht kurz mit hinaufkommen und sich mein bescheidenes ›Zuhause‹ ansehen, ich würde Ihnen gern eine Flasche von dem Rosenöl verehren, von dem ich Ihnen im Zug erzählt habe. Als kleine Erinnerung?« Das wollte sie gern. »Ich habe noch nie eine Junggesellenwohnung gesehen«, lachte die kleine Gouvernante.

Im Flur war es sehr dunkel. »Oh, meine Haushälterin ist sicher fortgegangen, um ein Hühnchen einzukaufen. Einen Moment.« Er öffnete eine Tür und trat beiseite, und sie ging, ein wenig schüchtern, doch neugierig, in das fremde Zimmer. Sie wußte nicht recht, was sie sagen sollte. Es war nicht hübsch. Tatsächlich war es sogar sehr häßlich – aber ordentlich, und für einen so alten Mann sicherlich sehr behaglich. »Nun, was halten Sie davon?« Er kniete sich vor eine Anrichte und entnahm ihr ein rundes Tablett mit zwei roten Gläsern und einer hohen roten Flasche. »Zwei kleine Schlafzimmer auf der anderen Seite«, sagte er fröhlich, »und eine Küche. Reicht, finden Sie nicht?« – »Oh, gewiß.« – »Und wenn Sie wieder einmal in München sein sollten und geneigt wären, ein, zwei Tage zu verweilen – na, dann gibt es immer ein kleines Nest – und ein Hühnchen und einen Salat und einen alten Mann, der sich freuen würde, wieder einmal Ihr Gastgeber zu sein, jederzeit, liebes kleines

Fräulein!« Er zog den Stöpsel aus der Flasche und goß Wein in die beiden roten Gläser. Seine Hand zitterte, und etwas Wein tropfte aufs Tablett. Es war sehr still im Zimmer. Sie sagte: »Ich glaube, ich sollte jetzt gehen.« – »Aber Sie werden doch ein Gläschen Wein mit mir trinken – nur eins, bevor Sie gehen?« sagte der alte Mann. »Nein, wirklich nicht. Ich trinke nie Wein. Ich – ich habe versprochen, Wein oder dergleichen nicht anzurühren.« Und obwohl er sie anflehte, und obwohl sie sich furchtbar unhöflich vorkam, zumal er es sich so zu Herzen zu nehmen schien, war sie fest entschlossen. »Nein danke, *wirklich* nicht.« – »Nun, wollen Sie dann wenigstens fünf Minuten auf dem Sofa Platz nehmen und mich auf Ihr Wohl trinken lassen?« Die kleine Gouvernante ließ sich auf der Kante des roten Plüschsofas nieder, und er setzte sich neben sie, erhob sein Glas auf ihr Wohl und leerte es in einem Zug. »Sind Sie heute wirklich glücklich gewesen?« fragte der alte Mann und drehte sich zu ihr um; er saß so dicht neben ihr, daß sie sein Knie an dem ihren zucken spürte. Noch ehe sie antworten konnte, ergriff er ihre Hände. »Und wollen Sie mir nicht einen kleinen Kuß geben, bevor Sie gehen?« fragte er und zog sie an sich.

Sie mußte träumen! Das konnte nicht sein! Das war nicht mehr derselbe alte Mann. Ach, wie schrecklich! Die kleine Gouvernante starrte ihn entsetzt an. »Nein, nein, nein!« stammelte sie und riß sich aus seinen Händen los. »Ein Küßchen. Einen Kuß. Was ist das schon? Nur einen Kuß, liebes kleines Fräulein. Einen Kuß.« Sein Gesicht schoß nach vorn, ein breites Grinsen auf den Lippen; und wie seine kleinen blauen Augen hinter der Brille funkelten! »Niemals – niemals. Was fällt Ihnen ein!« Sie sprang auf, doch er war schneller und drückte sie gegen die Wand, preßte seinen harten alten Leib gegen sie und sein zuckendes Knie, und obwohl sie den Kopf verzweifelt von einer Seite zur anderen warf, küßte er sie auf den Mund. Auf den

Mund! Wohin sie noch niemand, abgesehen von der engsten Verwandtschaft, je zuvor geküßt hatte …

Sie rannte, rannte die Straße entlang, bis sie eine breite Straße mit Trambahnschienen fand und einen Schutzmann, der auf der Fahrbahn stand wie eine Spielzeugfigur zum Aufziehen. »Ich möchte eine Trambahn zum Hauptbahnhof nehmen«, schluchzte die kleine Gouvernante. »Verzeihung, gnädiges Fräulein?« Sie rang die Hände. »Zum Hauptbahnhof. Da – da kommt gerade eine«, und während er noch ganz verdutzt schaute, sprang die Kleine, mit schiefsitzendem Hut, weinend und ohne Taschentuch, auf die Trambahn auf – und sah nicht die Augenbrauen des Schaffners und hörte nicht die hochwohlgebildete Dame, die mit einer entrüsteten Freundin über sie sprach. Sie wiegte den Oberkörper vor und zurück und jammerte laut und rief: »Oh, oh«, und preßte die Hände auf den Mund. »Sie war beim Zahnarzt«, gellte eine dicke alte Frau, die zu einfältig war, um unbarmherzig zu sein. »Zahnweh? Dann hat man ihr wohl jeden Zahn einzeln gezogen.« Und derweil bimmelte und rumpelte die Trambahn durch eine Welt voll alter Männer mit zuckenden Knien.

Als die kleine Gouvernante die Empfangshalle des Hotels Grunewald erreichte, stand derselbe Hausdiener, der am Morgen mit in ihr Zimmer gekommen war, an einem Tisch und polierte ein Tablett mit Gläsern. Der Anblick der kleinen Gouvernante schien ihn aus irgendeinem Grund mit besonderer Genugtuung zu erfüllen. Er war auf ihre Frage gefaßt; seine Antwort kam prompt und überaus verbindlich. »Ja, gnädiges Fräulein, die Dame ist hier gewesen. Ich habe ihr gesagt, Sie wären eingetroffen und gleich wieder mit einem Herrn fortgegangen. Sie hat mich gefragt, wann Sie zurückkommen würden – aber das wußte ich natürlich nicht. Und dann ist sie zum Direktor gegangen.« Er nahm ein Glas vom Tablett, hielt es ans Licht, kniff eine Auge zu, um es zu prüfen, und polierte es dann mit seinem Schürzenzipfel. »…?« – »Pardon, gnädiges Fräulein? Nein, gnädiges Fräulein. Der Direktor konnte ihr nichts sagen – gar nichts.« Er schüttelte den Kopf und lächelte das glänzende Glas an. »Wo ist die Dame jetzt?« fragte die kleine Gouvernante und zitterte so heftig, daß sie das Taschentuch vor den Mund halten mußte. »Woher soll ich das wissen?« rief der Hausdiener, und als er an ihr vorbeischoß, um sich auf einen neu angekommenen Gast zu stürzen, pochte ihm das Herz so heftig gegen die Rippen, daß er fast laut aufgelacht hätte. »Selber Schuld! Selber Schuld!« dachte er. »Das wird ihr eine Lehre sein.« Und als er den Koffer des Neuankömmlings auf die Schulter schwang – hopp! –, als wäre er ein Riese und der Koffer eine Feder, hörte er wieder die Worte der kleinen Gouvernante: *Gehen Sie. Gehen Sie sofort.* »Ich gehe! Ich gehe!« schrie er in sich hinein.

ENTHÜLLUNGEN

Morgens von acht bis fast halb zwölf litt Monica Tyrell unter ihrer Nervosität, sie litt so sehr, daß es kaum auszuhalten war – es war eine Qual. Und sie konnte einfach nichts dagegen tun. »Vielleicht, wenn ich zehn Jahre jünger wäre ...« pflegte sie zu sagen. Denn seit sie dreiunddreißig war, hatte sie diese Marotte, bei jeder Gelegenheit auf ihr Alter anzuspielen, ihre Freunde mit ernsten, kindlichen Augen anzusehen und zu sagen: »Ja, ich weiß noch, wie wir vor zwanzig Jahren ...«, oder Ralph auf junge Mädchen hinzuweisen – richtig junge Mädchen – mit schönen jugendlichen Armen und Hälsen und flinken, fahrigen Bewegungen, die in Restaurants an den Nebentischen saßen. »Vielleicht, wenn ich zehn Jahre jünger wäre ...«

»Warum sagst du nicht Marie, sie soll vor deiner Tür Posten beziehen und jedem verbieten, sich deinem Zimmer zu nähern, bis du läutest?«

»Ach, wenn es so einfach wäre!« Sie warf ihre kleinen Handschuhe hin und drückte in der ihm so vertrauten Art die Finger an die Augen. »Nein, allein der Gedanke, daß Marie dort sitzt und Rudd und Mrs. Moon mit dem Finger droht; halb Gefängniswärterin, halb Pflegerin in einer Irrenanstalt! Und dann die Post. Man kann nicht so tun, als wüßte man nicht, daß die Post kommt, und wenn sie gekommen ist, wer – wer – könnte noch bis um elf auf die Briefe warten?«

Seine Augen begannen zu leuchten; rasch, zärtlich, drückte er sie an sich. »*Meine* Briefe, Liebling?«

»Warum nicht«, sagte sie gedehnt, leise, und strich ihm über das rötliche Haar, lächelnd auch sie, doch sie dachte: »Himmel! Wie kann man nur so etwas Dummes sagen!«

Aber heute morgen hatte sie das laute Zuschlagen der Haustür geweckt. Peng. Die ganze Wohnung bebte. Wer war das? Sie fuhr im Bett hoch, umklammerte die Daunendecke. Ihr Herz pochte. Was konnte das sein? Dann hörte sie Stimmen im Flur. Marie klopfte, und als die Tür aufging, flogen mit einem peitschenden Knall die Jalousie und die Vorhänge hinauf, strafften sich, bauschten sich, zuckten wild. Die Jalousie-Quaste klopfte – klopfte gegen das Fenster. »Eh-h, *voilà!*« rief Marie, stellte das Tablett ab und lief herzu. »*C'est le vent, Madame. C'est un vent insupportable.*«

Die Jalousie rollte hinauf; das Fenster ruckte hoch; ein weißlich-graues Licht erfüllte den Raum. Monica sah den weiten fahlen Himmel und eine Wolke, die wie ein zerrissenes Hemd darüberflog, ehe sie die Augen mit dem Ärmel bedeckte.

»Marie! die Vorhänge! Schnell, die Vorhänge!« Monica fiel ins Bett zurück, und dann: »Kling-klingeling-kling, kling-klingeling-kling«. Das Telephon. Das Maß ihrer Duldsamkeit war voll; sie wurde ganz ruhig. »Sehen Sie nach, wer es ist, Marie.«

»Es ist Monsieur. Er läßt fragen, ob Madame heute um halb zwei im Princes speisen möchte.« Ja, Monsieur war selbst am Apparat. Ja, er hatte gebeten, es Madame sofort auszurichten. Statt zu antworten, setzte Monica ihre Tasse ab und fragte Marie mit matter, verwunderter Stimme, wie spät es sei. Es war halb zehn. Sie lag still da und schloß halb die Augen. »Bestellen Sie Monsieur, daß ich nicht kommen kann«, sagte sie sanft. Doch als die Tür sich schloß, packte sie die Wut – jähe, würgende Wut, an der sie fast ersticken wollte. Wie konnte er es wagen? Wie konnte Ralph es wagen, so etwas zu tun, wo er doch wußte, wie sehr sie morgens unter ihren Nerven litt! Hatte sie es ihm nicht lang und breit erklärt und ihm deutlich zu verstehen gegeben – natürlich nur so leichthin; sie konnte ihm so etwas nicht unverblümt ins Gesicht sagen –, daß dies die einzige unverzeihliche Sünde sei?

Und ausgerechnet an diesem schrecklich stürmischen Morgen. Glaubte er denn, es sei nur eine Schrulle von ihr, eine Weiberlaune, die man belächelte und nicht weiter beachtete? Erst gestern abend noch hatte sie gesagt: »Aber du mußt mich auch ernst nehmen.« Und er hatte erwidert: »Mein Liebling, du wirst es mir nicht glauben, aber ich kenne dich besser, als du dich selber kennst. Noch die zarteste Regung in deinem Innern ist Gegenstand meiner Verehrung. Ja, lach nur! Ich liebe die Art, wie du die Mundwinkel hebst« – und er hatte sich über den Tisch gelehnt – »es ist mir gleich, ob die Leute sehen, daß ich einfach alles an dir anbete. Meinetwegen könnten wir auf einem Berggipfel stehen und uns von allen Scheinwerfern der Welt anstrahlen lassen.«

»Himmel!« Monica griff sich fast an den Kopf. Hatte er das tatsächlich gesagt? Wie töricht Männer waren! Und sie hatte ihn geliebt – wie hatte sie nur einen Mann lieben können, der so redete. Was hatte sie nur getan seit jener Abendgesellschaft vor einigen Monaten, als er sie nach Hause begleitet und gefragt hatte, ob er wiederkommen und »dieses feine arabische Lächeln wiedersehen« dürfe? Ach, was für ein Unsinn – was für ein kompletter Unsinn – und doch erinnerte sie sich an das sonderbar erregende Gefühl damals, das so ganz anders war als alles, was sie je zuvor empfunden hatte.

»Kohle! Kohle! Kohle! Altes Eisen! Altes Eisen! Altes Eisen!« tönte es von unten herauf. Es war alles aus. Er glaubte, sie zu verstehen? Nichts hatte er verstanden. Sein Anruf an diesem stürmischen Morgen sagte alles. Ob er das verstehen würde? Sie hätte beinahe lachen mögen. »Du hast mich zu einer Zeit angerufen, zu der niemand, der mich versteht, mich anzurufen in der Lage wäre.« Es war das

Ende. Und als Marie sagte: »Monsieur hat geantwortet, er wäre im Vestibül, falls Madame es sich anders überlegen sollte«, entgegnete Monica: »Nein, keine Verbenen, Marie. Nelken. Zwei Handvoll.«

Ein stürmischer weißer Morgen, ein peitschender, böiger Wind. Monica setzte sich vor ihren Spiegel. Sie war blaß. Das Mädchen kämmte ihr das dunkle Haar zurück – kämmte es streng zurück –, und ihr Gesicht wurde zur Maske, mit schrägen Lidern und dunkelroten Lippen. Während sie sich in dem bläulich überschatteten Spiegel sah, spürte sie plötzlich – oh, eine maßlose Euphorie, die ganz allmählich von ihr Besitz ergriff, bis sie die Arme hätte hochwerfen mögen und lachen und mit Dingen um sich schmeißen und der entsetzten Marie hätte zurufen wollen: »Ich bin frei. Ich bin frei. Ich bin frei wie der Wind.« Und diese ganze zitternde, bebende, aufregende, stürmische Welt gehörte ihr; war ihr Reich. Nein, nein, sie gehörte niemandem außer dem Leben.

»Das genügt, Marie«, stammelte sie. »Meinen Hut, meinen Mantel, meine Tasche. Und jetzt bestell mir ein Taxi.« Wo wollte sie hin? Ach, irgendwohin. Sie konnte diese stille Wohnung nicht ertragen, die lautlose Marie, dieses geisterhaft gedämpfte, weibliche Interieur. Sie mußte hinaus; sie mußte schnell fahren – irgendwohin, irgendwohin.

»Das Taxi ist da, Madame.« Als sie die große Eingangstür des Mietshauses aufdrückte, erfaßte sie der wilde Wind und trieb sie über den Bürgersteig. Wohin? Sie stieg ein, und mit strahlendem Lächeln wies sie den mürrisch dreinblickenden Fahrer an, sie zu ihrem Friseur zu bringen. Was hätte sie nur ohne ihren Friseur getan? Wenn Monica nicht wußte, wohin sich wenden oder was tun, fuhr sie dorthin. Sie würde sich nur rasch das Haar ondulieren lassen, und unterdessen konnte sie sich einen Plan zurechtlegen. Der mürrisch dreinblickende Fahrer fuhr verwegen schnell, und sie ließ sich von einer Seite auf die andere werfen. Sie wünschte, er würde noch viel schneller fahren. Welch ein Segen – nie mehr Princes um halb zwei, nie mehr das kleine Kätzchen im Kuschelkörbchen, nie mehr die Araberin und das ernste, entzückende Kind und der kleine Wildfang … »Nie mehr«, rief sie laut und ballte die kleine Faust. Doch das Taxi war am Ziel, und der Fahrer stand da und hielt ihr die Tür auf.

Im Friseurladen war es warm und alles glitzerte. Es roch nach Seife und verbranntem Papier und Goldlack-Brillantine. Hinter dem Tresen saß Madame, rund, fett, weiß, mit einem Kopf wie eine Puderquaste auf einem schwarzseidenen Nadelkissen. Monica hatte immer das Gefühl, daß man sie in diesem Laden liebte und verstand – ihr wahres Ich –, besser verstand, als viele ihrer Freunde es taten. Hier war sie ganz sie selbst, und sie und Madame hatten sich bereits oft miteinander unterhalten – ganz erstaunlich. Und dann war da George, der ihr das Haar machte, der junge, dunkelhaarige, schlanke George. Sie war ganz vernarrt in ihn.

Aber heute – wie sonderbar! Madame grüßte sie kaum. Ihr Gesicht war weißer denn je, doch ihre blauen Knopfaugen waren rot gerändert, und selbst die Ringe an ihren schwammigen Fingern glänzten nicht. Sie waren matt, tot, wie Glassplitter. Als sie George über das Wandtelefon Bescheid sagte, schwang da ein ganz unbekannter Unterton in ihrer Stimme mit. Aber Monica wollte dies nicht wahrhaben. Nein, das konnte nicht sein. Sie mußte es sich einbilden. Begierig sog sie die warme, parfümierte Luft ein und trat hinter den Samtvorhang in die kleine Kabine.

Hut und Jacke waren abgelegt und hingen am Haken, und George war noch immer nicht erschienen. Es war das erste Mal, daß er ihr nicht den Stuhl hinrückte, den Hut abnahm und die Handtasche aufhängte, die er stets in den Fingern hin- und herbaumeln ließ wie etwas, das er noch nie in seinem Leben gesehen hatte – etwas aus einem Märchen. Und wie still es im Laden war! Kein Laut war zu hören – nicht einmal von Madame. Nur der Wind blies, erschütterte das alte Haus; der Wind heulte, und die Bildnisse der Damen aus der Pompadour-Zeit blickten auf sie herab und lächelten, listig und durchtrieben. Monica wünschte, sie wäre nicht hergekommen. Oh, was für ein Fehler, hergekommen zu sein! Fatal. Fatal. Wo George nur blieb? Wenn er nicht gleich auftauchte, würde sie gehen. Sie legte den weißen Umhang ab. Sie mochte sich nicht länger anschauen. Als sie eine große Cremedose auf dem gläsernen Bord öffnete, zitterten ihre Finger. Sie spürte ein Ziehen an ihrem Herzen, als ob ihr Glücksgefühl – ihr wunderbares Glücksgefühl – sich loszureißen versuchte.

»Ich gehe. Ich bleibe nicht länger.« Sie nahm ihren Hut vom Haken. Doch im selben Moment waren Schritte zu hören, und als sie in den Spiegel blickte, sah sie George, der sich draußen auf dem Gang verbeugte. Wie merkwürdig er lächelte! Das war der Spiegel, natürlich. Sie wandte sich rasch um. Seine Lippen kräuselten sich zu einem spöttischen Grinsen, und – war er nicht unrasiert? – er sah fast grün aus im Gesicht.

»Bedaure, daß Sie warten mußten«, murmelte er und schwebte auf sie zu.

O nein, sie würde nicht bleiben. »Ich fürchte«, begann sie. Doch er hatte das Gas angezündet und die Brennschere darübergelegt und hielt ihr den Umhang hin.

»Es ist stürmisch«, sagte er. Monica fügte sich. Sie roch seine zarten jungen Finger, die ihr den Umhang unter dem Kinn feststeckten. »Ja, es ist sehr stürmisch«, sagte sie und sank zurück in den Stuhl. Eine Stille trat ein. George zog routiniert die Nadeln aus dem Haar. Es fiel ihr über den Rücken, doch er nahm es nicht in die Hand, wie er es sonst immer tat, als fühlte er, wie fein und weich und schwer es war. Er sagte nicht, es sei »ein wahre Pracht«. Er ließ es fallen, nahm eine Bürste aus einer Schublade, hüstelte, räusperte sich und sagte tonlos: »Ganz außerordentlich stürmisch, würde ich sagen.«

Darauf wußte sie nichts zu erwidern. Die Bürste strich über ihr Haar. Oh, wie trostlos, wie trostlos! Rasch und sanft gingen die Bürstenstriche über sie hin wie fallendes Laub; doch dann wurden sie heftiger, zerrten wie das Zerren an ihrem Herzen. »Es ist genug!« rief sie und schüttelte den Kopf.

»War's zu fest?« fragte George. Er beugte sich über die Brennschere. »Verzeihung.« Der Geruch von verbranntem Papier stieg auf – der Geruch, den sie liebte –, und er schwang die heiße Brennschere in der Hand und sah ins Leere. »Sollte mich nicht wundern, wenn es Regen geben würde.« Er nahm eine Strähne ihres Haars hoch, als sie ihm Einhalt gebot – sie ertrug es nicht länger. Sie sah ihn an; sie sah sich, wie sie ihn ansah – wie eine Nonne in dem weißen Umhang. »Ist etwas nicht Ordnung? Ist irgend etwas passiert?« Aber George zuckte nur die Schultern und verzog das Gesicht. »Aber nein, Madame. Nur ein kleiner Zwischenfall.« Und er nahm wieder die Haarsträhne hoch. Aber sie ließ sich nicht täuschen. Das war es. Etwas Furchtbares war passiert. Die Stille – ja wirklich, die Stille schien sich wie Schneeflocken auf alles zu legen. Sie fröstelte. Es war kalt in der kleinen Kabine, alles war kalt und glitzerte. Die vernickelten Hähne und Brausen und Zerstäuber sahen geradezu bösartig aus. Der Wind rüttelte am Fensterrahmen; irgendwo klimperte ein Stück Metall, und der junge Mann wechselte wieder die Brennschere und beugte sich über ihr Haar. Ach, wie entsetzlich das Leben war, dachte Monica. Wie grausam. Es ist die Einsamkeit, die so schrecklich ist. Wir wirbeln herum wie fallendes Laub, und niemand weiß – niemanden kümmert es, wohin wir fallen und in welchem dunklen Strom wir davontreiben. Das Ziehen in ihrem Innern schien ihr in die Kehle zu steigen. Es schmerzte, schmerzte; ihr war zum Weinen zumute. »Das reicht«, flüsterte sie. »Geben Sie mir die Haarnadeln, bitte.« Als er neben ihr stand, so ergeben, so stumm, hätte sie fast die Arme sinken lassen und geschluchzt. Sie konnte es nicht mehr ertragen. Noch immer schwebte der fröhliche junge George wie eine hölzerne Gliederpuppe um sie her, reichte ihr Hut und Schleier, nahm den Schein entgegen und brachte das Wechselgeld zurück. Sie stopfte es in ihre Tasche. Wo sollte sie nun hin?

George nahm eine Kleiderbürste. »Auf Ihrem Mantel ist etwas Puder«, murmelte er. Er bürstete ihn ab. Und dann richtete er sich plötzlich auf, sah Monica an, machte eine seltsame Bewegung mit der Bürste und sagte: »Offen gestanden, Madame, da Sie eine alte Kundin sind – meine kleine Tochter ist heute morgen gestorben. Unser erstes Kind« – und dann legte sich sein weißes Gesicht in Falten wie zerknittertes Papier, und er drehte ihr den Rücken zu und begann, den baumwollenen Umhang abzubürsten. »Oh, oh«, fing Monica an zu weinen. Sie stürzte aus dem Laden und zum Taxi. Der Fahrer schwang sich mit zorniger Miene vom Sitz und schlug die Tür noch einmal zu. »Wohin?«

»Princes«, schluchzte sie. Und während der Fahrt hatte sie die ganze Zeit ein Wachspüppchen mit goldenem Flaumhaar vor Augen, das sanft dalag, die kleinen Händchen und Füßchen gekreuzt. Und dann, kurz bevor sie das Princes erreichte, sah sie einen Blumenladen voll weißer Blumen. Oh, was für ein wunderbarer Gedanke. Maiglöckchen und weiße Stiefmütterchen, gefüllte weiße Veilchen und eine weiße Samtschleife … Von einer unbekannten Freundin … Von einer, die versteht … Für ein kleines Mädchen … Sie klopfte an die Scheibe, doch der Fahrer hörte nicht; und sie waren ohnehin schon bei Princes angelangt.

DIE FLUCHT

Es war seine Schuld, einzig und allein seine Schuld, daß sie den Zug verpaßt hatten. Was sollte das heißen, diese Schwachköpfe von Hotelangestellten hätten ihnen die Rechnung nicht rechtzeitig ausgestellt? Ja, wie denn, wenn er dem Kellner beim Mittagessen nicht nachdrücklich klarmacht, daß sie die Rechnung bis spätestens zwei Uhr brauchten? Jeder andere wäre sitzengeblieben und nicht eher gegangen, bis man sie ihm aushändigte. Aber nein! Er, in seinem unerschütterlichen Glauben an das Gute im Menschen, war aufgestanden und hatte erwartet, daß einer dieser Schwachköpfe sie ihnen aufs Zimmer brachte ... Und dann, als *la voiture* vorgefahren war und sie immer noch (o Gott!) auf das Wechselgeld warteten, warum hatte er sich da nicht um das Gepäck gekümmert, so daß sie wenigstens gleich hätten losfahren können, als das Geld dann kam? Hatte er etwa von ihr erwartet, daß sie nach draußen ging und in der Hitze unter der Markise mit ihrem Sonnenschirm zeigte, was wohin gehörte? Ein schönes Bild vom englischen Eheleben hätten sie abgegeben. Selbst als dem Kutscher gesagt worden war, wie schnell er zu fahren habe, hatte er es überhaupt nicht beachtet – er hatte nur vor sich hin geschmunzelt. »Ach«, stöhnte sie, »wäre sie der Kutscher gewesen, sie hätte gar nicht mehr aufgehört zu schmunzeln über die lächerliche Art, wie er zur Eile gemahnt wurde.« Und sie lehnte sich zurück und ahmte seine Stimme nach: *»Allez, vite, vite«* – und bat den Kutscher um Verzeihung für die Umstände ...

Und dann der Bahnhof – ein unvergeßlicher Anblick – der muntere kleine Zug, der sich gemächlich entfernte, und diese furchtbaren Kinder, die aus den Fenstern winkten. »Oh, womit habe ich das verdient? Warum dulde ich so etwas? …« Das grelle Licht, die Fliegen, während sie warteten und er und der Bahnhofsvorsteher die Köpfe über dem Fahrplan zusammensteckten, um diesen anderen Zug herauszusuchen, den sie natürlich nicht mehr erreichen würden. All die Leute, die sich um sie geschart hatten, und die Frau, die dieses Wickelkind mit diesem schaurigen Kopf hochgenommen hatte … »Ach, da sorgt man sich, da opfert man sich auf, und es bleibt einem doch nichts erspart – wenn man wenigstens für einen Augenblick spürte, daß …«

Ihre Stimme hatte sich verändert; bebte – weinte. Sie machte sich an ihrem Täschchen zu schaffen und zog aus seinem kleinen Maul ein parfümiertes Taschentuch hervor. Sie schlug ihren Schleier zurück, und als tue sie es für jemand anderen, als spreche sie zu jemand anderem, sagte sie: »Ich weiß, meine Liebe«, und drückte sich voller Mitleid das Taschentuch an die Augen.

Das Täschchen, mit seinem klaffenden, silbernen Kiefer lag auf ihrem Schoß. Er konnte ihre Puderquaste sehen, ihren Lippenstift, ein Bündel Briefe, ein Fläschchen mit winzigen schwarzen Pillen wie Samen, eine abgeknickte Zigarette, einen Spiegel, ein weißes, elfenbeinernes Schreibtäfelchen mit vielfach durchgestrichenen Listen darauf. Er dachte: »In Ägypten würde sie mit diesen Sachen begraben werden.«

Sie hatten die letzten Häuser hinter sich gelassen, kleine, vereinzelt dastehende Häuser mit Scherben alter Blumentöpfe in den Beeten und halbnackten Hennen, die vor den Türschwellen scharrten. Nun fuhren sie eine lange, steile Straße hinauf, die sich um den Hügel herumwand und auf der anderen Seite zur nächsten Bucht führte. Die Pferde strauchelten, als sie sich ins Geschirr legten. Alle fünf Minuten, alle zwei Minuten ließ der Kutscher die Peitsche über sie hinspielen. Sein breiter Rücken war wie aus Holz geschnitzt; auf dem rötlichen Nacken hatte er Furunkel, und er trug einen neuen, einen nagelneuen glänzenden Strohhut …

Es ging nur ein leichter Wind, doch er genügte, um die jungen Blätter an den Obstbäumen in Seide zu verwandeln, das zarte Gras zu streicheln, das rauchgraue Laub der Olivenbäume zu versilbern – genügte, um vor dem Wagen ein kreiselndes Staubwölkchen aufzuwirbeln, das sich wie feine Asche auf ihre Kleider legte. Als sie ihre Puderquaste hervorzog, wehte ihnen beiden der Puder ins Gesicht.

»Ach, dieser Staub«, stöhnte sie, »dieser entsetzliche, widerliche Staub.« Und sie streifte den Schleier herunter und lehnte sich zurück wie am Ende ihrer Kräfte.

»Warum spannst du nicht deinen Schirm auf?« schlug er vor. Der Sonnenschirm lag auf dem Vordersitz, und er beugte sich vor, um ihn ihr zu geben. Im nächsten Moment saß sie kerzengerade da und legte wieder los.

»Laß den Sonnenschirm, bitte! Ich will meinen Sonnenschirm nicht! Und jeder, der nicht gänzlich fühllos ist, würde sehen, daß ich viel zu erschöpft bin, um einen Sonnenschirm zu halten. Und dazu noch dieser Wind, der an allem zerrt … Leg ihn sofort wieder hin«, fauchte sie, und dann entriß sie ihm den Schirm, warf ihn nach hinten in das zurückgeschlagene Verdeck und ließ sich keuchend wieder in die Polster sinken.

Wieder eine Biegung, und ihnen entgegen kam, bergab laufend, eine Schar kleiner Kinder, johlend und lachend, kleine Mädchen mit sonnengebleichten Haaren, kleine Jungen mit blassen Soldatenmützen. In den Händen trugen sie Blumen – alle Arten von Blumen – sie hielten sie bei den Köpfen und boten sie ihnen an, liefen neben dem Wagen her. Flieder, welken Flieder, grünlichweißen Schneeball, eine einzelne Calla, eine Handvoll Hyazinthen.

Sie belagerten mit ihren Blumen und ihren Koboldgesichtern den Wagen; eins warf ihr sogar einen Strauß Ringelblumen in den Schoß. Die armen Kleinen! Und schon ging seine Hand in die Hosentasche. »Um Himmels willen, gib ihnen ja nichts. Ach, das sieht dir ähnlich! Diese gräßlichen Blagen! Jetzt werden sie uns die ganze Zeit nachlaufen. Du darfst ihr Treiben nicht unterstützen; aber du mußt natürlich jedem Bettler etwas geben«; und sie schleuderte den Strauß aus dem Wagen: »Aber bitte – nicht in meiner Anwesenheit.«

Er sah das komische Entsetzen auf den Gesichtern der Kinder. Sie rannten nicht mehr, blieben zurück, und dann erhob sich ein Geschrei, und sie schrien immer weiter, bis der Wagen um eine weitere Biegung fuhr.

»Ach, wie lange geht das denn noch, bis wir oben sind? Die Pferde haben sich noch nicht einmal in Trab gesetzt. Es ist doch wohl nicht nötig, daß sie den ganzen Weg im Schritt gehen.«

»Wir sind gleich oben«, sagte er und holte sein Zigarettenetui hervor. Daraufhin drehte sie sich zu ihm um. Die Hände hielt sie vor der Brust verschränkt; ihre dunklen Augen hinter dem Schleier sahen ihn groß und beschwörend an; ihre Nasenflügel bebten, sie biß sich auf die Lippe, und ihr Kopf ruckte, als litte sie unter nervösen Zuckungen. Doch als sie sprach, war ihre Stimme nur matt und sehr, sehr ruhig.

»Ich möchte dich um etwas bitten. Ich möchte dich um einen Gefallen bitten«, sagte sie. »Ich habe dich schon hundertmal darum gebeten, aber du hast es vergessen. Es ist ja nur eine Lappalie, aber wenn du ahntest, was diese Lappalie für mich bedeutet …« Sie rang die Hände. »Aber du kannst es unmöglich ahnen. Niemand, der es ahnt, könnte so grausam sein.« Und dann – sehr feierlich, während sie ihn mit diesen großen Augen ansah: »Ich bitte und beschwöre dich, zum letzten Mal: Bitte rauch nicht, wenn wir zusammen ausfahren. Du machst dir keine Vorstellung«, sagte sie, »was für Qualen ich leide, wenn mir Rauch ins Gesicht weht …«

»Schön, schön«, sagte er. »Dann nicht. Hatte ich vergessen.« Und er steckte das Etui wieder ein.

»Also wirklich«, sagte sie, und fast mußte sie lachen; sie bedeckte mit dem Handrücken die Augen. »Das kannst du doch nicht vergessen haben. Unmöglich.«

Der Wind wehte kräftiger. Sie waren auf der Hügelkuppe. »Ho-jip-jip-jip«, rief der Kutscher. Mit Schwung ging es die Straße hinunter, die in ein kleines Tal führte, unten an der Küste entlanglief und sich jenseits eine sanfte Anhöhe hinaufwand. Jetzt sah man wieder Häuser, die Fenster blau verrammelt gegen die Hitze, mit lichterloh flammenden Gärten, mit Geranienteppichen, die über rosa Mauern geworfen waren. Der Küstenstrich war dunkel; am Ufer bewegte sich nur ein weißseidener Saum. Der Wagen schoß den Hügel hinab, rumpelte und schunkelte. »Ji-ip«, rief der Kutscher. Sie klammerte sich seitlich am Sitz fest, sie schloß die Augen, und er wußte, daß sie davon überzeugt war, all dies geschehe in böser Absicht; dieses Rumpeln und Schunkeln war nur dazu da, sie zu ärgern, weil sie gefragt hatte, ob sie nicht etwas schneller fahren könnten – und er war irgendwie verantwortlich dafür. Doch kurz bevor sie die Talsohle erreichten, gerieten sie fürchterlich ins Schlingern. Der Wagen wäre beinahe umgekippt, und er sah, wie sie ihn anfunkelte; und sie zischte: »Dir macht das wohl auch noch Spaß?«

Sie fuhren weiter. Sie kamen im Tal an. Plötzlich stand sie auf. »*Cocher! Cocher! Arrêtez-vous!*« Sie drehte sich um und sah in das zurückgeschlagene Verdeck. »Habe ich es doch gewußt«, rief sie. »Habe ich es doch gewußt. Ich habe doch etwas fallen hören, du doch auch, bei dem letzten Huckel.«

»Was? Wo?«

»Mein Sonnenschirm. Er ist weg. Der Sonnenschirm, der meiner Mutter gehörte. Der Sonnenschirm, der mir mehr bedeutet als – als …« Sie war außer sich. Der Kutscher drehte sich um; sein breites, fröhliches Gesicht strahlte.

»Ich habe auch etwas gehört«, sagte er, schlicht und fröhlich. »Aber da Monsieur und Madame nichts gesagt haben, dachte ich …«

»Da hörst du's. Dann mußt du es auch gehört haben. Also *das* ist der Grund für dein merkwürdiges Grinsen …«

»Ich bitte dich«, sagte er, »er kann ja nicht weg sein. Wenn er rausgefallen ist, wird er noch dort liegen. Bleib, wo du bist. Ich hole ihn.«

Doch sie durchschaute ihn. Oh, und wie sie ihn durchschaute! »Nein, danke.« Und sie maß ihn mit einem boshaft lächelnden Blick, ohne sich um den Kutscher zu scheren. »Ich gehe selbst. Ich gehe zurück und suche ihn, und ich wünsche nicht, daß du mir folgst. Denn« – da der Kutscher ihre Worte nicht verstand, sprach sie sehr ruhig und freundlich – »denn wenn ich dir nicht für eine Minute entkomme, werde ich verrückt.«

Sie stieg aus. »Meine Tasche.« Er reichte sie ihr.

»Madame zieht es vor …«

Doch der Kutscher hatte sich schon vom Bock geschwungen, saß auf dem Mäuerchen der Uferbefestigung und las eine kleine Zeitung. Die Pferde standen mit hängenden Köpfen da. Es war still. Der Mann im Wagen streckte die Beine aus, verschränkte die Arme. Er fühlte, wie die Sonne auf seine Knie brannte. Der Kopf war ihm auf die Brust gesunken. »Hisch, hisch«, machte das Meer. Der Wind seufzte einmal im Tal auf und verstummte. Wie er so dalag, fühlte sich der Mann auf einmal wie hohl, wie vertrocknet und verdorrt, ja, als sei er aus Asche. Und das Meer machte: »Hisch, hisch.«

In diesem Moment sah er den Baum, wurde er sich seiner Gegenwart bewußt; er stand gleich hinter einem Gartentor. Es war ein mächtiger Baum mit einem runden, dicken, silbernen Stamm und einer hohen Kuppel aus kupferroten Blättern, die das Licht zurückwarfen und doch düster wirkten. Irgend etwas war jenseits des Baums – etwas Weißes und Weiches, halb im Verborgenen – mit zierlichen Säulen. Als er den Baum ansah, fühlte er, wie sein Atem schwächer und schwächer wurde, und er wurde Teil der Stille. Der Baum schien zu wachsen, schien sich auszudehnen in der flirrenden Hitze, bis die großen, gezackten Blätter den Himmel verdeckten, und doch regte er sich nicht. Dann kam aus seinem Innern, oder jenseits davon, der Klang einer Frauenstimme. Eine Frau sang. Die warme, unbekümmerte Stimme drang durch die Luft, und sie war Teil der Stille, wie auch er Teil von ihr war. Plötzlich schwoll die weiche, träumerische, sanfte Stimme an, und er wußte, daß sie aus den verborgenen Blättern auf ihn zutrieb, und sein Frieden war dahin. Was geschah mit ihm? In seiner Brust regte sich etwas. Etwas Dunkles, etwas Schreckliches und Unerträgliches drängte in ihm hoch, und wie eine riesige Wasserpflanze schwankte es hin und her … es war warm, es nahm ihm den Atem. Er versuchte mit aller Macht, es auszureißen, und im selben Moment – war alles vorbei. Tief, tief versank er in der Stille, sah den Baum an und wartete auf die Stimme, die auf ihn zutrieb, niedersank, bis sie ihn ganz einhüllte.

Im schaukelnden Korridor des Zugs. Es war Nacht. Der Zug rauschte und donnerte durch die Dunkelheit. Mit beiden Händen hielt er sich an der Messingstange fest. Die Tür ihres Abteils stand offen.

»Machen Sie sich keine Gedanken, Monsieur. Er wird hereinkommen und sich hinsetzen, wenn ihm danach ist. Er mag – er mag – er ist es so gewohnt … *Oui, Madame, je suis un peu souffrante … Mes nerfs.* Ach, aber mein Mann ist nirgends so glücklich wie auf Reisen. Er legt keinen Wert auf Bequemlichkeit … Mein Mann … Mein Mann …«

Die Stimmen plätscherten vor sich hin. Sie waren niemals still. Doch so groß war sein himmlisches Glücksgefühl, als er dort stand, daß er wünschte, er würde ewig leben.

DAS GARTENFEST

Deutsch von Sabine Lohmann

Für John Middleton Murry

AN DER BUCHT

I

Sehr früh am Morgen. Die Sonne war noch nicht aufgegangen, und die ganze Crescent-Bucht lag unter weißem Seenebel verborgen. Die hohen, bewaldeten Hügel weiter hinten waren dunstverhangen. Man konnte nicht sehen, wo sie endeten und die Wiesen und die Bangalos begannen. Die sandige Landstraße war verschwunden und die Wiesen und Bangalos auf der anderen Seite; jenseits davon gab es keine weißen, mit rötlichem Gras bedeckten Dünen; nichts ließ erkennen, was Strand war und was Meer. Starker Tau war gefallen. Das Gras war blau. Große Tropfen hingen an den Büschen und fielen doch nicht herab; das silbrige, flaumige *toi-toi* hing schlaff an seinen langen Stengeln, und die Ringelblumen und Nelken in den Bangalogärten beugten sich unter der Last der Nässe. Die kalten Fuchsien troffen, runde Tauperlen lagen auf den flachen Blättern der Kapuzinerkresse. Es sah aus, als habe sich das Meer in der Nacht hierhergewagt, als wäre eine große Welle angerauscht gekommen – bis wohin? Wenn man mitten in der Nacht aufgewacht wäre, hätte man vielleicht einen großen Fisch gesehen, der ins Fenster hineinschnellte und dann wieder verschwand …

Ah-Aah! machte das müde Meer. Und aus dem Busch drang das Geriesel kleiner Bäche, die flink und leicht zwischen glatten Steinen hindurchschlüpften, in Farnteiche flossen und wieder hinaus; das Klatschen dicker Tropfen auf große Blätter war zu hören, und noch etwas – aber was? –, ein leises sich Regen und Schütteln, das Knacken eines

Zweigs, und dann eine so tiefe Stille, daß es schien, als lausche jemand.

Um die Spitze der Crescent-Bucht, zwischen den aufgetürmten Felsbrocken, kam eine Herde Schafe getrappelt. Sie drängten sich dicht an dicht, ein kleiner, zuckender, wollener Haufen, und ihre stockdünnen Beine trabten so geschwind, als hätten die Kälte und die Stille sie erschreckt. Hinter ihnen lief ein alter Schäferhund, die feuchten Pfoten voller Sand, die Nase am Boden, ganz unbekümmert, als dächte er an etwas anderes. Und dann erschien in dem Felsentor der Schäfer selbst. Es war ein hagerer, hochgewachsener alter Mann in einem Friesrock, der von einem Gespinst feiner Tropfen überzogen war, einer samtenen Kniebundhose und einem *wideawake*, um dessen Krempe ein blaues Taschentuch geschlungen war. Die eine Hand hatte er in den Gürtel gesteckt, mit der anderen umfaßte er einen herrlich glatten, hellbraunen Stock. Und während er so bedächtig dahinging, pfiff er unaufhörlich, sehr leise und fein, sanfte Flötentöne, wie aus weiter Ferne, die traurig und zärtlich klangen. Der alte Hund machte ein, zwei Freudensprünge wie in alten Zeiten, hielt dann abrupt inne, beschämt über seinen Übermut, und ging ein paar würdevolle Schritte an der Seite seines Herrn. Die Schafe rannten vor, wagten kleine, trippelnde Ausbrüche; sie begannen zu blöken, und geisterhafte Herden antworteten ihnen vom Meeresgrund. »Mäh! Määh!« Eine Zeitlang schien es, als kämen sie überhaupt nicht von der Stelle. Vor ihnen dehnte sich die sandige Straße mit ihren seichten Pfützen; zu beiden Seiten die stets gleichen tropfnassen Sträucher und die stets gleichen schemenhaften Zäune. Dann kam etwas Gewaltiges in Sicht; ein mächtiger, struppiger Riese mit weit ausgebreiteten Armen. Es war der hohe Eukalyptusbaum vor dem Laden von Mrs. Stubbs, und als sie daran vorbeizogen, war die Luft erfüllt von seinem Duft. Und nun schimmerten große Lichtflecke im Nebel. Der Schäfer hörte auf zu pfeifen; er rieb sich die rote Nase und den feuchten Bart mit dem feuchten Ärmel und spähte mit zusammengekniffenen Augen in Richtung des Meeres. Die Sonne ging auf. Es war erstaunlich, wie rasch der Nebel lichter wurde, auseinanderstob, sich über der flachen Ebene auflöste, durch den Buschwald zog und verschwand, als gelte es, eilig zu entfliehen; Nebelbäusche und Wolkenknäuel stießen und bedrängten einander, als die silbernen Strahlen breiter wurden. Der ferne Himmel – ein helles, reines Blau – spiegelte sich in den Pfützen, und die Tropfen, die an den Telegraphenmasten entlangrannen, blitzten auf wie Lichter. Die schäumende, glitzernde See war jetzt so grell, daß es in den Augen schmerzte, wenn man hinsah. Der Schäfer holte aus der Brusttasche eine Pfeife, mit einem Kopf so klein wie eine Eichel, klaubte einen Klumpen Tabak hervor, schabte einige Krümel ab und stopfte sie in den Pfeifenkopf. Er war ein ernster, würdevoller alter Mann. Als er die Pfeife anzündete und der blaue Rauch seinen Kopf umhüllte, sah ihn der Hund, der ihn beobachtete, stolz an.

»Mäh! Määh!« Die Schafe schwärmten aus. Sie waren gerade an der Sommerkolonie vorbeigezogen, bevor noch der erste Schläfer sich umdrehte und benommen den Kopf hob; ihr Blöken erklang in den Träumen der kleinen Kinder … die die Arme ausstreckten, um die süßen, wolligen Schlaflämmchen zu umarmen und zu herzen. Dann erschien der erste Bewohner; es war die Katze der Burnells, Florrie, die auf dem Torpfosten hockte und, wie üblich viel zu früh, nach dem Milchmädchen Ausschau hielt. Als sie den alten Schäferhund sah, sprang sie auf, machte einen Buckel, zog den gescheckten Kopf ein und schien wie pikiert zu erschauern. »Puh! Was für ein vulgärer, abstoßender Kerl!« sagte Florrie. Doch der alte Schäferhund trottete mit schlenkernden Beinen, ohne aufzusehen, vorüber. Nur ein Ohr zuckte, zum Beweis, daß er sie sah und für ein törichtes junges Ding hielt.

Im Buschwald erhob sich der Morgenwind, und der Geruch von Blättern und feuchter schwarzer Erde mischte sich mit dem würzigen Duft des Meeres. Myriaden von Vögeln sangen. Ein Distelfink flog über den Kopf des Schäfers, ließ sich auf der Spitze eines Zweigs nieder, drehte sich zur Sonne und plusterte seine kleinen Brustfedern auf. Und jetzt kamen sie an der Hütte des Fischers vorbei, vorbei an dem rußgeschwärzten *whare*, in dem Leila, das Milchmädchen mit ihrer alten Großmutter wohnte. Die Schafe verteilten sich über einen gelben Sumpf, und Wag, der Schäferhund, sprang hinterher, trieb sie zusammen und dem steilen, felsigen Pfad zu, der von der Crescent-Bucht hinüber zur Daylight-Bucht führte. »Mäh! Määh!« Gedämpft ertönte das Blöken, als sie auf der rasch trocknenden Straße dahintrotteten. Der Schäfer steckte seine Pfeife weg, ließ sie in die Brusttasche gleiten, so daß der kleine Kopf hinausschaute. Und sofort hob wieder das leise, zarte Pfeifen an. Wag lief auf einen Felsvorsprung, hatte etwas gewittert, und kam angeekelt wieder zurück. Dann schoben, drängten, hasteten die Schafe um die Biegung, und der Schäfer folgte ihnen und verschwand ebenfalls.

II

Wenige Augenblicke später öffnete sich die Hintertür von einem der Bangalos, und eine Gestalt in einem breitgestreiften Badeanzug stürmte über die Wiese, setzte über den Zauntritt, hastete durchs Bültgras hinunter in die Mulde, kämpfte sich den sandigen Hügel hinauf und lief, als gälte es das Leben, über die großen porösen Steine, über die kalten, nassen Kiesel, bis auf den festen Sand, der glänzte wie Öl. Plitsch-platsch! Plitsch-platsch! Das Wasser schäumte Stanley Burnell um die Beine, als er triumphierend hinauswatete. Er war der erste im Wasser, wie üblich! Er hatte sie wieder einmal alle geschlagen. Und er beugte sich herab, um den Kopf einzutauchen.

»Sei gegrüßt, Bruder! Heil dir, o Mächtiger!« Eine samtene Baßstimme dröhnte übers Wasser.

Herrjeh! Verflixt und zugenäht! Stanley richtete sich auf und sah weit draußen einen dunklen, hüpfenden Kopf und einen erhobenen Arm. Es war Jonathan Trout – er war vor ihm dagewesen! »Herrlicher Morgen!« sang die Stimme.

»Ja, wunderbar!« erwiderte Stanley kurz angebunden. Warum zum Teufel blieb der Kerl nicht an seinem Stück Ufer? Warum mußte er sich gerade hier breitmachen? Stanley stieß sich ab, tat einen Satz und schwamm, mit rudernden Armen, los. Aber Jonathan war ein ebenbürtiger Gegner. Er kam näher, das schwarze Haar klebte ihm auf der Stirn, der kurze Bart glänzte.

»Ich hatte einen seltsamen Traum letzte Nacht!« rief er.

Was hatte der Mann nur? Diese Schwatzhaftigkeit ärgerte Stanley unsagbar. Und es war immer das gleiche – irgendein Unsinn über einen Traum, den er gehabt hatte, oder irgendeine verrückte Idee, auf die er gekommen war, oder irgendein Blödsinn, den er gelesen hatte. Stanley drehte sich auf den Rücken und strampelte mit den Beinen, bis er eine lebende Fontäne war. Und dennoch … »Ich habe geträumt, daß ich über einer schrecklich hohen Klippe hing und etwas zu jemandem hinunterrief.« Sieht dir ähnlich! dachte Stanley. Er hielt es nicht länger aus. Er hörte auf zu planschen. »Hör mal, Trout«, sagte er, »ich bin heute morgen etwas in Eile.«

»Du bist WAS?« Jonathan war so überrascht – oder tat wenigstens so –, daß er unterging, dann prustend wieder auftauchte.

»Ich meine nur«, sagte Stanley, »ich kann hier nicht ewig – herumtrödeln. Ich will es hinter mich bringen. Ich bin in Eile. Ich muß noch arbeiten – du verstehst?«

Jonathan war fort, bevor Stanley ausgeredet hatte. »Wohl denn, Freund!« sagte die Baßstimme sanft, und er glitt durchs Wasser davon, fast ohne es zu kräuseln ... Aber zum Henker mit dem Kerl! Er hatte Stanley das Bad verdorben. Was für ein unglaublicher Trottel der Mann war! Stanley schwamm wieder hinaus und ebenso schnell wieder zurück, und dann lief er den Strand hinauf. Er fühlte sich betrogen.

Jonathan blieb noch etwas länger im Wasser. Er trieb auf dem Rücken, bewegte sachte die Hände wie Flossen, und ließ das Meer seinen langen, mageren Körper wiegen. Es war sonderbar, aber trotz allem konnte er Stanley Burnell gut leiden. Zugegeben, es bereitete ihm gelegentlich ein teuflisches Vergnügen, ihn aufzuziehen, sich über ihn lustig zu machen, aber im Grunde tat der Bursche ihm leid. Es hatte etwas Rührendes, wie verbissen ernst er alles nahm. Man wurde das Gefühl nicht los, daß er eines Tages damit auf den Bauch fallen würde, und zwar ganz gehörig! In diesem Moment hob eine große Welle Jonathan hoch, wogte vorüber und brach sich mit fröhlichem Getöse am Strand. Was für ein Prachtexemplar! Und jetzt kam noch eine. So mußte man leben – unbekümmert, sorglos, sich hingebend. Er kam auf die Füße und begann, zum Ufer zu waten, preßte die Zehen in den festen, geriffelten Sand. Die Dinge leichtnehmen, nicht gegen das Auf und Ab des Lebens ankämpfen, sondern ihm nachgeben – das war alles. Es war diese Überspanntheit, die ganz verkehrt war. Man mußte leben – leben! Und der herrliche Morgen, so jung und schön, als lachte er über seine eigene Pracht, schien sonnentrunken zu flüstern: »Warum auch nicht?«

Doch nun, da er aus dem Wasser heraus war, wurde Jonathan blau vor Kälte. Alles tat ihm weh; als wringe ihm jemand das Blut aus den Adern. Und als er schlotternd, mit verkrampften Muskeln, den Strand hinaufstakste, hatte auch er das Gefühl, daß ihm das Bad verdorben war. Er war zu lange im Wasser geblieben.

III

Beryl war allein im Wohnzimmer, als Stanley, in einem blauen Sergeanzug, mit steifem Kragen und getupfter Krawatte, erschien. Er sah fast unheimlich sauber und gebürstet aus; er wollte den Tag in der Stadt verbringen. Er ließ sich auf seinen Stuhl fallen, zog die Uhr hervor und legte sie neben seinen Teller.

»Ich habe noch fünfundzwanzig Minuten«, sagte er. »Könntest du mal nachsehen, ob die Grütze fertig ist, Beryl?«

»Mutter holt sie gerade«, sagte Beryl. Sie setzte sich an den Tisch und schenkte ihm Tee ein.

»Danke!« Stanley nahm einen Schluck. »Hoppla!« rief er überrascht, »du hast den Zucker vergessen.«

»Oh, verzeih!« Doch auch jetzt bediente Beryl ihn nicht; sie schob ihm die Schale zu. Was hatte das zu bedeuten? Während Stanley sich Zucker nahm, weiteten sich seine blauen Augen; sie schienen zu zucken. Er warf seiner Schwägerin einen raschen Blick zu und lehnte sich zurück.

»Ist irgend etwas?« fragte er wie beiläufig und betastete seinen Kragen.

Beryl hielt den Kopf gesenkt; sie drehte ihren Teller zwischen den Fingern.

»Nein«, sagte sie unbekümmert. Dann blickte auch sie auf und lächelte Stanley an. »Was sollte denn sein?«

»O-oh! Nichts, gar nichts. Ich dachte nur, daß du –«

In diesem Augenblick ging die Tür auf und die drei kleinen Mädchen erschienen; jedes trug einen Teller mit Hafergrütze. Sie waren gleich gekleidet, in blauwollne Leibchen und kurze Höschen; ihre braunen Beine waren nackt, und alle drei hatten sie das Haar geflochten und zu einem Pferdeschwanz aufgesteckt, wie sie es nannten. Hinter ihnen kam Mrs. Fairfield mit dem Tablett herein.

»Vorsichtig, Kinder«, mahnte sie. Aber sie waren ja überaus vorsichtig. Sie genossen es, Dinge tragen zu dürfen. »Habt ihr eurem Vater guten Morgen gewünscht?«

»Ja, Großmama.« Sie setzten sich auf die Bank, Stanley und Beryl gegenüber.

»Guten Morgen, Stanley!« Die alte Mrs. Fairfield reichte ihm seinen Teller.

»Morgen, Mutter! Wie geht es dem Jungen?«

»Sehr gut! Er ist in der Nacht nur einmal aufgewacht. Was für ein herrlicher Morgen!« Die alte Frau hielt inne, die Hand auf dem Brotlaib, um durch die offene Tür hinaus in den Garten zu blicken. Das Meer rauschte. Durch das weit geöffnete Fenster schien die Sonne auf die gelbgestrichenen Wände und den Dielenboden. Alles auf dem Tisch leuchtete und glitzerte. In der Mitte stand eine alte Salatschüssel mit gelber und roter Kapuzinerkresse. Mrs. Fairfield lächelte, und in ihre Augen trat ein Ausdruck tiefster Zufriedenheit.

»Vielleicht könntest du mir jetzt eine Scheibe von dem Brot *abschneiden*, Mutter«, sagte Stanley. »Ich habe nur noch zwölfeinhalb Minuten, bis die Postkutsche kommt. Hat jemand dem Mädchen meine Schuhe gegeben?«

»Ja, sie sind fertig.« Mrs. Fairfield ließ sich nicht beirren.

»Ach, Kezia! Warum bist du nur so ein Ferkel!« rief Beryl verzweifelt.

»Ich, Tante Beryl?« Kezia sah sie mit großen Augen an. Was hatte sie jetzt wieder verbrochen? Sie hatte bloß einen Fluß durch ihre Grütze gegraben und ihn aufgefüllt, und jetzt aß sie das Ufer weg. Aber das tat sie jeden Morgen, und noch nie hatte jemand deswegen ein Wort gesagt.

»Warum kannst du deine Grütze nicht ordentlich essen wie Isabel und Lottie?« Wie ungerecht die Erwachsenen sind!

»Aber Lottie macht immer schwimmende Inseln, nicht wahr, Lottie?«

»Mach ich nicht«, sagte Isabel schnippisch. »Ich streue nur Zucker drauf und gieße die Milch drüber und esse dann auf. Nur Nuckelkinder spielen mit ihrem Essen.«

Stanley schob seinen Stuhl zurück und stand auf.

»Könntest du mir die Schuhe holen, Mutter? Und, Beryl, wenn du fertig bist, tu mir den Gefallen, geh zur Pforte und halt die Postkutsche an. Lauf zu deiner Mutter, Isabel, und frag sie, wo mein Hut hingekommen ist. Wartet mal – habt ihr Kinder mit meinem Stock gespielt?«

»Nein, Vater!«

»Ich hatte ihn doch hier abgestellt«, polterte Stanley los. »Ich weiß genau, daß ich ihn hier in die Ecke gestellt habe. Also, wer hat ihn? Ich habe keine Zeit. Hopp-hopp! Der Stock muß doch irgendwo sein.«

Selbst Alice, das Dienstmädchen, mußte an der Jagd teilnehmen. »Sie haben ihn nicht zufällig benutzt, um das Herdfeuer zu schüren?«

Stanley stürmte ins Schlafzimmer, wo Linda im Bett lag. »Es ist einfach nicht zu fassen. Alle meine Sachen verschwinden. Jetzt hat man mir meinen Stock entwendet!«

»Deinen Stock, Liebster? Welchen Stock?« Lindas Gleichgültigkeit in solchen Fällen konnte nicht echt sein, dachte Stanley. Fühlte denn gar niemand mit ihm?

»Die Kutsche! Die Kutsche, Stanley!« rief Beryl von der Pforte her.

Stanley winkte Linda. »Keine Zeit, mich zu verabschieden!« rief er. Und das war als Strafe für sie gedacht.

Er schnappte sich seinen Bowler, stürzte aus dem Haus und eilte über den Gartenweg. Ja, die Kutsche wartete dort, und Beryl lehnte über der offenen Pforte und lachte irgend jemandem zu, so, als sei überhaupt nichts gewesen. Wie herzlos Frauen waren! Hielten es für selbstverständlich, daß man sich für sie abplagte, aber unternahmen nichts, um darauf zu achten, daß der Spazierstock nicht abhanden kam. Kelly ließ die Peitsche über die Pferderücken spielen.

»Auf Wiedersehen, Stanley«, rief Beryl lieb und fröhlich. Das sagte sich so dahin: auf Wiedersehen! Und da stand sie, verträumt, die Augen mit der Hand beschattend. Das Schlimmste war, daß Stanley ebenfalls Wiedersehen rufen mußte, um den Schein zu wahren. Dann sah er, wie sie sich umwandte, einen kleinen Hüpfer tat und zum Haus zurücklief. Sie war froh, ihn los zu sein!

Ja, sie war froh. Ins Wohnzimmer lief sie und rief: »Er ist fort!« Linda rief aus ihrem Zimmer: »Beryl! Ist Stanley fort?« Die alte Mrs. Fairfield erschien, auf dem Arm den Jungen in seinem Flanelljäckchen.

»Fort?«

»Fort!«

Oh, diese Erleichterung, was für ein Unterschied, wenn der Mann aus dem Haus war! Selbst ihre Stimmen waren anders, wenn sie miteinander sprachen; sie klangen warm und liebevoll, als teilten sie ein Geheimnis. Beryl ging zum Tisch hinüber. »Nimm noch eine Tasse Tee, Mutter. Er ist noch heiß.« Irgendwie wollte sie die Tatsache feiern, daß sie jetzt tun konnten, was sie wollten. Kein Mann war da, um sie zu stören; der ganze herrliche Tag gehörte ihnen.

»Nein, danke, Kind«, sagte die alte Mrs. Fairfield, doch die Art, wie sie jetzt den Jungen hochwarf und ausrief: »Ja, kieke-kieke-buh!«, zeigte, daß sie ebenso empfand. Die kleinen Mädchen liefen hinaus auf die Wiese wie Hühner, die man aus dem Stall ließ.

Sogar Alice, das Dienstmädchen, das in der Küche das Geschirr abwusch, wurde angesteckt und ging auf geradezu verschwenderische Weise mit dem kostbaren Zisternenwasser um.

»O diese Männer!« sagte sie, und sie tauchte die Teekanne in die Schüssel und hielt sie unter Wasser, selbst als sie schon aufgehört hatte zu blubbern, als wäre sie ein Mann und Ersäufen noch zu gut für ihn.

IV

»Warte auf mich, Isa-bel! Kezia, warte auf mich!«

Die arme kleine Lottie war wieder einmal zurückgeblieben, weil sie es so furchtbar schwierig fand, über den Zauntritt zu klettern. Wenn sie auf der ersten Stufe stand, fingen ihr die Knie zu zittern an; sie hielt sich am Pfosten fest. Dann mußte man ein Bein hinübersetzen. Aber welches Bein? Sie konnte sich nie entscheiden. Und wenn sie endlich ein Bein mit einem verzweifelten Aufstampfen hinübergesetzt hatte – dann war es ein schreckliches Gefühl. Halb war sie noch auf der Wiese und halb schon im Bültgras. Sie klammerte sich an den Pfosten und rief lauter. »Wartet auf mich!«

»Nein, du mußt nicht auf sie warten, Kezia!« sagte Isabel. »Sie ist so ein kleines Dummchen. Immer stellt sie sich an. Komm weiter!« Und sie zog Kezia am Jäckchen. »Du kannst meinen Eimer haben, wenn du mitkommst«, sagte sie freundlich. »Er ist größer als deiner.« Aber Kezia konnte Lottie nicht allein lassen. Sie rannte zu ihr zurück. Lottie war jetzt schon ganz rot im Gesicht und schnaufte laut.

»Los, tu den anderen Fuß rüber«, sagte Kezia.

»Wohin?«

Lottie blickte auf Kezia hinab wie von einem Berggipfel.

»Hier, wo meine Hand ist.« Kezia klopfte auf die Stelle.

»Ach, du meinst *da?*« Lottie seufzte tief und setzte den anderen Fuß hinüber.

»Jetzt – dreh dich so rum und setz dich hin und rutsch«, sagte Kezia.

»Aber man kann sich nirgendwo *drauf*setzen, Kezia«, sagte Lottie.

Sie schaffte es schließlich, und sobald es vorbei war, schüttelte sie sich und strahlte.

»Ich kann jetzt schon viel besser rüberklettern, nicht, Kezia?«

Lottie war eine hoffnungsfrohe Natur.

Das rosa und das blaue Sonnenhütchen folgten Isabels rotem Sonnenhütchen den rutschigen, sandigen Hügel hinauf. Oben blieben sie stehen, um zu entscheiden, wo sie hingehen wollten, und um genau zu sehen, wer schon alles da war. Betrachtete man sie von hinten, wie sie da vor dem Horizont standen und mit ihren Schaufeln gestikulierten, sahen sie aus wie kleine ratlose Entdecker.

Die ganze Samuel-Josephs-Sippe war schon da mitsamt ihrer Stütze, die auf einem Klappstuhl saß und für Ordnung sorgte, mittels einer Pfeife, die sie sich um den Hals gebunden hatte, und eines kleinen Stocks, mit dem sie alle Tätigkeiten dirigierte. Die Samuel-Josephs-Kinder spielten nie für sich allein und dachten sich nie eigene Spiele aus. Und wenn, dann endeten sie damit, daß die Jungen den Mädchen Wasser in den Kragen schütteten oder die Mädchen versuchten, den Jungen kleine schwarze Krebse in die Taschen zu stecken. Also entwarf Mrs. S. J. mit der armen Stütze jeden Morgen ein sogenanntes »Brogramm«, wie sie es nannte, um »die Kidder zu beschäfting« und »damit sie nichts adstellen«. Es waren immer Wettbewerbe oder Wettrennen oder Kreisspiele. Alles begann mit einem schrillen

Pfiff der Stütze und endete auch so. Es gab sogar Preise – große, ganz schmutzige Päckchen, welche die Stütze mit einem säuerlichen Lächeln aus einer prallgefüllten Netztasche zog. Die Samuel-Josephs-Kinder kämpften verbissen um die Preise und mogelten und kniffen sich gegenseitig in die Arme – im Kneifen waren sie ganz besonders groß. Das eine Mal, als die Burnell-Kinder mit ihnen spielten, hatte Kezia einen Preis gewonnen, und als sie die drei Lagen Papier abgewickelt hatte, fand sie einen sehr kleinen, rostigen Stiefelknöpfer darin. Sie konnte nicht verstehen, warum sie sich deshalb so anstellten …

Doch jetzt spielten sie nicht mehr mit den Samuel-Josephs-Kinder oder gingen gar zu ihren Einladungen. Die Samuel-Josephs-Kinder gaben immer Kindergesellschaften an der Bucht, und es gab immer das gleiche zu essen. Eine große Waschschüssel mit sehr braunem Obstsalat, in Viertel geschnittene Rosinenbrötchen und einen Waschkrug voll mit einem Getränk, das die Stütze »Leckerlimonade« nannte. Und wenn man abends heimging, war die halbe Rüsche vom Kleid abgerissen oder man hatte einen großen Fleck vorn auf der schön bestickten Schürze, während die Samuel-Josephs-Kinder noch immer wie die Wilden über ihren Rasen tobten. Nein! Sie waren einfach schrecklich.

Am anderen Ende des Strandes, nah am Wasser, huschten zwei kleine Jungen mit hochgekrempelten Hosen herum wie Spinnen. Der eine grub, der andere trippelte zum Wasser und wieder zurück, um ein Eimerchen zu füllen. Es waren die Trout-Jungen, Pip und Rags. Aber Pip war so eifrig am Graben und Rags so eifrig dabei, ihm zu helfen, daß sie ihre kleinen Cousinen erst bemerkten, als sie ganz dicht bei ihnen waren.

»Seht mal!« sagte Pip. »Seht mal, was ich entdeckt habe.« Und er zeigte ihnen einen alten, nassen, ganz eingedrückten Stiefel. Die drei kleinen Mädchen staunten.

»Was willst du denn damit machen?« fragte Kezia.

»Behalten, natürlich!« Pip war voller Verachtung. »Das ist Strandgut – verstehst du?«

Ja, das verstand Kezia. Und dennoch …

»Im Sand sind alle möglichen Sachen vergraben«, erklärte Pip. »Sie werden von den Wracks angeschwemmt. Schätze. Also – zum Beispiel –«

»Aber wieso muß Rags immer Wasser reinschütten?« fragte Lottie.

»Ach, damit es feucht bleibt«, sagte Pip, »damit man besser arbeiten kann. Mach weiter, Rags.«

Und der brave kleine Rags lief hin und her und goß das Wasser hinein, das braun wurde wie Kakao.

»He, soll ich euch mal zeigen, was ich gestern gefunden habe?« sagte Pip geheimnisvoll und steckte seine Schippe in den Sand. »Aber ihr müßt versprechen, es nicht weiterzusagen.«

Sie versprachen es.

»Sagt: Hand aufs Herz Ehrenwort.«

Die kleinen Mädchen sagten es.

Pip holte etwas aus der Tasche, rieb es lange an seinem Leibchen, hauchte dann darauf und rieb weiter.

»Jetzt dreht euch um!« befahl er.

Sie drehten sich um.

»Alle in dieselbe Richtung gucken! Nicht bewegen! Jetzt!«

Und seine Hand öffnete sich; er hielt etwas ins Licht, das blitzte, das funkelte, das ganz herrlich grün war.

»Das ist ein Smerackt«, sagte Pip feierlich.

»Wirklich, Pip?« Sogar Isabel war beeindruckt.

Das wunderbare grüne Ding schien auf Pips Fingern zu tanzen. Tante Beryl hatte einen Smerackt in einem Ring, aber es war ein ganz kleiner. Dieser hier war so groß wie ein Stern und viel, viel schöner.

V

Im Laufe des Morgens erschienen ganze Gesellschaften auf den Sanddünen und kamen zum Baden an den Strand herunter. Es war eine Gepflogenheit, daß die Frauen und Kinder der Sommerkolonie das Meer ab elf Uhr für sich hatten. Zuerst entkleideten sich die Frauen, legten ihre Badekostüme an und stülpten sich häßliche Kappen über, die aussahen wie Schwammbeutel; dann wurden die Kinder ausgezogen. Der Strand war übersät mit Häufchen von Kleidern und Schuhen; die großen Sommerhüte, mit Steinen beschwert, damit sie nicht fortwehten, glichen riesigen Muscheln. Es war sonderbar, aber sogar das Meer schien anders zu rauschen, wenn all die hüpfenden, lachenden Menschen in die Wellen rannten. Die alte Mrs. Fairfield, in einem lila Baumwollkleid und einem schwarzen, unter dem Kinn festgebundenen Hut, versammelte ihre kleine Kükenschar um sich und machte sie fertig. Die Trout-Jungen rissen sich die Leibchen über den Kopf, und schon stürmten die fünf los, während die Großmutter dasaß, die Hand in ihrem Strickbeutel, um das Wollknäuel hervorzuholen, sobald sie sah, daß alle glücklich im Wasser waren.

Die robusten, stämmigen kleinen Mädchen waren nicht halb so mutig wie die zarten, zerbrechlich wirkenden kleinen Jungen. Pip und Rags hockten sich schlotternd hin, spritzten mit Wasser – sie zögerten nie eine Sekunde. Doch Isabel, die zwölf Schwimmzüge konnte, und Kezia, die beinah acht konnte, folgten ihnen nur unter der strikten Bedingung, daß sie nicht angespritzt würden. Und Lottie kam gar nicht mit. Sie wollte auf ihre eigene Weise hineingehen, bitte. Und diese Weise bestand darin, daß sie sich nahe ans Wasser setzte, die Beine austreckte, Knie aneinander, und unbestimmte Bewegungen mit den Armen machte, als erwarte sie, ins Meer hinausgetragen zu werden. Doch wenn einmal eine größere Welle als gewöhnlich nahte, so eine alte, mit weißem Bart, rappelte sie sich mit entsetzter Miene auf und floh wieder auf den Strand hinauf.

»Paßt du darauf auf, Mutter, ja?«

Zwei Ringe und eine dünne Goldkette landeten in Mrs. Fairfields Schoß.

»Ja, Liebes. Aber willst du denn nicht hier baden?«

»N-nein«, sagte Beryl gedehnt. Es klang unsicher. »Ich ziehe mich weiter drüben um. Ich werde mit Mrs. Harry Kember baden.«

»Nun gut.« Doch Mrs. Fairfield kniff die Lippen zusammen. Sie hielt nichts von Mrs. Harry Kember. Beryl wußte es.

Arme alte Mutter, lächelte sie, während sie über die Steine hüpfte. Arme alte Mutter! Alt! Ach, was für ein Segen, was für ein Glück war es, jung zu sein ...

»Sie sehen so vergnügt aus«, sagte Mrs. Harry Kember. Sie saß auf den Steinen, hatte die Arme um die Knie geschlungen und rauchte.

»Es ist so ein herrlicher Tag«, sagte Beryl und lächelte zu ihr hinunter.

»Ach, meine *Liebe!*« Mrs. Harry Kembers Stimme klang, als ob sie es besser wüßte. Allerdings klang ihre Stimme immer so, als wüßte sie mehr über einen als man selbst. Sie war eine lange, sonderbar aussehende Frau mit schmalen Händen und Füßen. Auch ihr Gesicht war lang und schmal und sah verhärmt aus; selbst ihre blonde, krause Ponyfrisur wirkte verwittert und welk. Sie war die einzige Frau an der Bucht, die rauchte, und sie rauchte unablässig, behielt beim Reden die Zigarette zwischen den Lippen und nahm sie nur heraus, wenn die Asche so lang war, daß man sich wunderte, weshalb sie nicht herabfiel. Wenn sie nicht gerade Bridge spielte – und sie spielte jeden Tag Bridge –, verbrachte sie ihre Zeit damit, in der prallen Sonne zu liegen. Je mehr

Sonne, desto besser; sie bekam nie genug. Dennoch schien die Sonne sie nicht zu wärmen. Ausgedörrt, verwittert, kalt lag sie wie ein angeschwemmtes Stück Treibholz auf den Steinen. Die Frauen an der Bucht hielten sie für allzu emanzipiert. Ihr Mangel an Eitelkeit, ihr Jargon, die Art, wie sie mit Männern verkehrte, als sei sie eine von ihnen, und die Tatsache, daß sie sich nicht im geringsten um ihr Haus kümmerte und ihr Hausmädchen Gladys »Glad-eyes« nannte, war empörend. Auf der Verandatreppe rief Mrs. Kember zum Beispiel mit ihrer gleichgültigen, müden Stimme: »Ach, Glad-eyes, schmeiß mal ein Taschentuch rüber, falls wir noch eins haben?« Und Glad-eyes, mit einer roten Schleife im Haar statt eines Häubchens, und weißen Schuhen, kam frech grinsend angerannt. Es war wirklich ein Skandal! Gewiß, sie hatte keine Kinder, und ihr Mann ... hier schwollen die Stimmen für gewöhnlich an; sie wurden erregt. Wie konnte er nur diese Frau heiraten? Wie konnte er nur, wie konnte er nur? Es wird das Geld gewesen sein, natürlich, aber selbst dann!

Mrs. Kembers Gatte war mindestens zehn Jahre jünger als sie und sah so unglaublich gut aus, daß er eher einer Maske glich oder einer makellosen Illustration in einem amerikanischen Roman als einem Mann. Schwarzes Haar, dunkelblaue Augen, rote Lippen, ein träges, schläfriges Lächeln, ein guter Tennisspieler, ein ausgezeichneter Tänzer und insgesamt ein einziges Rätsel. Harry Kember war wie ein Schlafwandler. Männer konnten ihn nicht ausstehen, sie bekamen kein Wort aus dem Burschen heraus; um seine Frau scherte er sich so wenig wie sie sich um ihn. Was für ein Leben führte er? Natürlich gab es da Geschichten, und was für welche! Man konnte sie unmöglich weitererzählen. Die Frauen, mit denen er gesehen worden war, die Orte, an denen man ihn gesehen hatte ... aber nichts war bewiesen, nichts war gewiß. Manche der Frauen an der Bucht dachten im stillen, er werde eines Tages einen Mord begehen. Ja, sogar während sie mit Mrs. Kember sprachen und ihren schrecklichen Aufzug musterten, sahen sie sie hingestreckt am Strand liegen; aber kalt, blutig, und immer noch mit einer Zigarette im Mundwinkel.

Mrs. Kember stand auf, gähnte, öffnete ihre Gürtelschnalle und zog am Band ihrer Bluse. Und Beryl stieg aus ihrem Rock und streifte ihre Jacke ab und stand da in ihrem kurzen weißen Unterrock und ihrer Untertaille mit Schleifen auf den Schultern.

»Du meine Güte«, sagte Mrs. Harry Kember, »was für eine Schönheit Sie sind!«

»Nicht doch!« sagte Beryl leise; doch während sie einen Strumpf auszog und dann den anderen, kam sie sich vor wie eine Schönheit.

»Meine Liebe – warum nicht?« sagte Mrs. Harry Kember und stampfte auf ihren eigenen Unterrock. Also wirklich – ihre Unterwäsche! Blaue Baumwollschlüpfer und ein Leinenleibchen, das irgendwie an einen Kissenbezug erinnerte ... »Und Sie tragen kein Korsett, wie?« Sie faßte nach Beryls Taille, und Beryl fuhr mit einem kleinen gezierten Schrei zurück. »Nie!« sagte sie dann entschieden.

»Glückliches Geschöpf«, seufzte Mrs. Kember und hakte ihres auf.

Beryl drehte sich um und begann sich zu verrenken, wie Menschen zu tun pflegen, die versuchen, gleichzeitig ihre Kleider ab- und ihren Badeanzug anzulegen.

»Aber meine Liebe – vor mir müssen Sie sich doch nicht genieren«, sagte Mrs. Harry Kember. »Wozu? Ich fresse Sie schon nicht. Ich falle auch nicht gleich in Ohnmacht wie diese Einfaltspinsel da.« Und sie brach in ihr seltsames wieherndes Lachen aus und deutete mit einer Grimasse zu den anderen Frauen hin.

Aber Beryl genierte sich. Sie zog sich nie vor anderen aus.

War das albern? Mrs. Harry Kember gab ihr das Gefühl, daß es albern war, geradezu etwas, dessen man sich schämen mußte. Wozu sich auch genieren! Sie warf einen raschen Blick auf ihre Freundin, die so verwegen in ihrem zerrissenen Hemd dastand und sich eine neue Zigarette ansteckte; und etwas Verwegenes, Frevlerisches regte sich jäh in ihrer Brust. Übermütig auflachend stieg sie in den schlaffen, sandigen Badeanzug, der nicht ganz trocken war, und schloß die verdrehten Knöpfe.

»Schon besser«, sagte Mrs. Harry Kember. Sie gingen gemeinsam zum Strand hinunter. »Es ist wirklich eine Sünde, daß Sie Kleider tragen, meine Liebe. Das wird Ihnen bestimmt mal jemand sagen.«

Das Wasser war ganz warm. Es war von einem wunderbar durchsichtigen Blau, silbergefleckt, doch der Sand am Grund sah golden aus; stieß man die Zehen hinein, stieg ein Wölkchen Goldstaub auf. Die Wellen reichten ihr jetzt bis an die Brust. Beryl stand mit ausgebreiteten Armen da und blickte aufs offene Meer hinaus, und bei jeder Welle tat sie einen kleinen Hüpfer, so daß es schien, als sei es die Welle, die sie so sanft hob.

»Ich finde, hübsche Mädchen sollten ihr Leben genießen«, sagte Mrs. Harry Kember. »Warum auch nicht? Machen Sie keinen Fehler, meine Liebe. Genießen Sie es.« Und plötzlich schlug sie einen Purzelbaum, verschwand und schwamm schnell davon, schnell wie eine Ratte. Dann machte sie kehrt und kam zurückgeschwommen. Sie wollte noch etwas sagen. Beryl hatte das Gefühl, daß sie von dieser kalten Frau verdorben wurde, doch sie mußte einfach zuhören. Aber ach, wie seltsam, wie unheimlich! Als Mrs. Harry Kember nah herankam, in ihrer schwarzen wasserdichten Badekappe, das müde Gesicht gereckt, nur das Kinn berührte das Wasser, da sah sie aus wie eine grausige Karikatur ihres Mannes.

VI

In einem Liegestuhl, unter einem Manukabaum, der auf dem Rasen vor dem Haus wuchs, verträumte Linda Burnell den Vormittag. Sie tat nichts. Sie sah hinauf zu den dunklen, dichten, trockenen Blättern des Manuka, zwischen den Ritzen das Blau des Himmels, und ab und zu fiel eine kleine gelbliche Blüte auf sie nieder. Hübsch – ja, wenn man eine dieser Blüten auf der flachen Hand hielt und sie sich genau ansah, war es ein exquisites kleines Ding. Jedes blaßgelbe Blütenblatt schimmerte, als sei es das sorgfältige Werk einer liebevollen Hand. Der kleine Stempel in der Mitte verlieh ihr das Aussehen einer Glocke. Und wenn man sie umdrehte, sah man den tiefen Bronzeton der Außenseite. Doch sobald sie blühten, fielen sie herab und wehten überall herum. Man strich sie sich vom Kleid, während man sprach; die schrecklichen Dinger verfingen sich im Haar. Warum dann überhaupt blühen? Wer macht sich die Mühe – oder die Freude – all diese Dinge zu erschaffen, die so nutzlos sind, nutzlos … Es war unheimlich.

Neben ihr im Gras lag, zwischen zwei Kissen gebettet, der Junge. Er schlief tief und fest, den Kopf von seiner Mutter abgewandt. Sein feines dunkles Haar sah mehr wie ein Schatten aus denn wie richtiges Haar, und sein Ohr leuchtete korallenrot. Linda verschränkte die Hände über dem Kopf und schlug die Füße übereinander. Es tat gut zu wissen, daß all diese Bangalos leer waren; alle waren unten am Strand, niemand zu sehen oder zu hören. Sie hatte den Garten für sich; sie war allein.

Blendend weiß leuchteten die Gartennelken; die goldenen Tupfen der Ringelblumen glänzten; die Kapuzinerkresse wand sich um die Verandapfosten in grünen und goldenen Flammen. Wenn man nur Zeit hätte, diese Blumen lange genug zu betrachten, Zeit hätte, das Gefühl von

Neuheit und Fremdheit zu überwinden, Zeit hätte, sie kennenzulernen! Doch kaum hielt man einmal inne, um die Blütenblätter einzeln zu betrachten, um die Unterseite des Blattes zu erforschen, schon meldete das Leben wieder seine Ansprüche an und riß einen fort. Und in ihrem Rohrstuhl ruhend, fühlte Linda sich so leicht; sie fühlte sich wie ein Blatt. Wie ein Wirbelwind kam das Leben daher, und sie wurde gepackt und geschüttelt; sie mußte mit. Ach Gott, würde das immer so sein? Gab es kein Entkommen?

... Jetzt saß sie auf der Veranda ihres tasmanischen Elternhauses, an das Knie ihres Vaters gelehnt. Und er versprach: »Sobald du und ich alt genug sind, Linny, gehen wir auf und davon, irgendwohin. Zwei Jungen unter sich. Ich hätte nicht übel Lust, einen Fluß in China hinaufzusegeln.« Linda sah diesen Fluß vor sich, sehr breit, darauf kleine Flöße und Boote. Sie sah die gelben Hüte der Bootsleute, und sie hörte ihre hohen, dünnen Stimmen, wie sie riefen ...

»Ja, Papa.«

Doch in diesem Moment kam ein stämmiger junger Mann mit rotblondem Haar an ihrem Haus vorbei und lüfete langsam, ja geradezu feierlich, den Hut. Lindas Vater zog sie neckend am Ohr, wie es seine Art war.

»Linnys Verehrer!« flüsterte er.

»Also Papa, was für eine Idee, verheiratet mit Stanley Burnell!«

Und nun war sie mit ihm verheiratet. Und mehr noch, sie liebte ihn. Nicht den Stanley, den jeder sah, nicht den Allerwelts-Stanley; sondern einen schüchternen, empfindsamen, unschuldigen Stanley, der jeden Abend niederkniete, um zu beten, und der so gern ein guter Mensch sein wollte. Stanley war ein einfaches Gemüt. Wenn er an jemanden glaubte – wie er an sie glaubte, zum Beispiel –, dann tat er es mit ganzem Herzen. Er konnte nicht treulos sein; er konnte nicht lügen. Und wie schrecklich er litt, wenn er glaubte, jemand – sie – sei nicht aufrichtig, nicht ehrlich zu ihm! »Das ist mir zu hoch!« Seine Worte klangen zornig, doch sein offener, zitternder, verstörter Blick war der eines in die Falle gegangenen Tiers.

Das Dumme war nur – und hier hätte Linda fast gelacht, obwohl es weiß Gott nicht zum Lachen war –, daß sie *ihren* Stanley so selten sah. Es gab solche Zeiten, flüchtige Augenblicke, Ruhepausen, um Atem zu schöpfen, aber in der übrigen Zeit war es, als lebte man in einem Haus, das bei der kleinsten Gelegenheit Feuer fing, oder auf einem Schiff, das jeden Tag Schiffbruch erlitt. Und es war immer Stanley, der sich in höchster Gefahr befand. Sie brachte ihre Zeit damit hin, ihn zu retten, ihn aufzurichten, ihn zu beruhigen, sich seine Geschichte anzuhören. Und die Zeit, die ihr noch blieb, war erfüllt von der Furcht, Kinder zu bekommen.

Linda runzelte die Stirn; sie richtete sich rasch in ihrem Liegestuhl auf und umfaßte ihre Knöchel. Ja, das war ihr eigentlicher Groll auf das Leben; das war es, was sie nicht begreifen konnte. Das war die Frage, die sie sich immer wieder stellte und auf die sie keine Antwort erhielt. Es sagte sich so leicht, daß es das Los der Frau sei, Kinder zu bekommen. Es war falsch. Sie wenigstens konnte beweisen, daß es nicht stimmte. Sie war gebrochen, geschwächt, entmutigt vom Kinderkriegen. Und es war doppelt schwer zu ertragen, weil sie ihre Kinder nicht liebte. Es war zwecklos, sich etwas vorzumachen. Selbst wenn sie die Kraft dazu gehabt hätte, sie hätte die kleinen Mädchen nie gehätschelt oder mit ihnen gespielt. Nein, auf jeder dieser grauenvollen Reisen hatte ein eisiger Wind, so schien es, sie durch und durch erstarren lassen; sie hatte keine Wärme mehr übrig für sie. Und was den Jungen betraf – nun, Gott sei Dank hatte Mutter sich seiner angenommen; er gehörte Mutter, oder

Beryl, oder wem auch immer. Sie hatte ihn kaum je auf den Armen gehalten. Er war ihr so gleichgültig, wie er so dalag, daß … Linda blickte hinunter.

Der Junge hatte sich umgedreht. Er lag ihr zugewandt, und er schlief nicht mehr. Seine dunkelblauen Kinderaugen waren geöffnet; er sah aus, als blicke er verstohlen nach seiner Mutter. Und plötzlich erschienen Grübchen in seinem Gesicht; es verzog sich zu einem breiten, zahnlosen Lächeln – er strahlte geradezu.

»Ich bin hier!« schien das glückliche Lächeln zu sagen. »Warum magst du mich nicht?«

Dieses Lächeln hatte etwas so Drolliges, so Überraschendes, daß Linda ebenfalls lächeln mußte. Aber sie nahm sich zusammen und sagte kalt zu dem Jungen: »Ich kann kleine Kinder nicht leiden.«

»Kleine Kinder nicht leiden?« Der Junge konnte es nicht glauben. »*Mich* nicht leiden?« Er winkte töricht mit den Ärmchen seiner Mutter zu.

Linda ließ sich vom Liegestuhl ins Gras fallen.

»Warum lächelst du noch?« fragte sie streng. »Wenn du wüßtest, was ich gedacht habe, würdest du das bleiben lassen.«

Aber er kniff nur schelmisch die Augen zusammen und warf den Kopf auf dem Kissen hin und her. Er glaubte ihr kein Wort.

»Das kennen wir schon!« lächelte der Junge.

Linda war so erstaunt über das Vertrauen dieses kleinen Wesens … O nein, sei aufrichtig. Das war es nicht, was sie empfand; es war etwas ganz anderes, es war etwas so Neues, so … Die Tränen tanzten ihr in den Augen; leise wispernd flüsterte sie dem Jungen zu: »Hallo, kleines Kerlchen!«

Doch jetzt hatte der Junge seine Mutter vergessen. Er war wieder ernst geworden. Etwas Rosiges, etwas Weiches bewegte sich vor ihm. Er haschte danach, und sofort verschwand es. Doch als er zurücksank, erschien wieder so etwas. Diesmal war er entschlossen, es zu fangen. Er strengte sich mächtig an und landete auf dem Bauch.

VII

Es war Ebbe; der Strand war verlassen; träge schlug das warme Meer ans Ufer. Die Sonne brannte herab, prallte heiß und sengend auf den feinen Sand, buk die grau und blau und schwarz und weiß geäderten Kieselsteine. Sie sog den kleinen Wassertropfen in der Höhlung der gewölbten Muscheln auf; sie bleichte die rosa Winden, die sich überall durch die Sanddünen zogen. Nichts schien sich zu regen außer den kleinen Sandhüpfern. Pit-pit-pit! Sie hielten niemals still.

Drüben auf den tangbedeckten Steinen, die bei Ebbe wie zottige Tiere aussahen, die zum Trinken ans Wasser gekommen waren, schien das Sonnenlicht zu trudeln wie eine Silbermünze, die man in die kleinen Felstümpel geworfen hatte. Sie tanzten, sie bebten, und winzige Kräuselwellen umspülten die löchrigen Ufer. Wenn man sich über sie beugte und hineinsah, war jeder Tümpel ein See, mit rosa und blauen Häusern, die sich an den Ufern drängten; und ach! die unendliche Gebirgslandschaft hinter diesen Häusern – die Schluchten, die Pässe, die gefährlichen Wildbäche und furchtbaren Steilpfade, die zum Saum des Wassers führten. Unter der Oberfläche wogte der Seewald – hellrote, fadendünne Bäume, samtige Anemonen und Tangbüschel, mit orangefarbenen Beeren betupft. Jetzt bewegte sich ein Stein am Grund, wankte, und für einen kurzen Moment zeigte sich ein schwarzer Fühler; jetzt glitt ein fadendünnes Wesen vorüber und entschwand. Etwas geschah mit den roten, wogenden Bäumen; sie verwandelten sich in kaltes Mondscheinblau. Und jetzt ertönte ein zartes »Plopp«. Wer hatte das Geräusch gemacht? Was ging da unten vor? Und wie heftig, wie nass der Tang in der heißen Sonne roch …

In den Bangalos der Sommerkolonie waren die grünen Markisen heruntergelassen. Erschöpft aussehende Badeanzüge und grobgestreifte Handtücher lagen auf den Veranden, auf den Wiesen hingestreckt, hingen über den Zäunen. Jeder Sims der hinteren Fenster schien ein Paar Strandschuhe zu beherbergen, dazu einige Steine oder einen Eimer oder eine Sammlung Paua-Muscheln. Der Buschwald flirrte im Hitzedunst; die sandige Landstraße war menschenleer, nur Snooker, der Hund der Trouts, hatte sich genau in die Mitte gelegt. Sein blaues Auge war nach oben verdreht, seine Beine steif ausgestreckt, und ab und zu stieß er einen resignierten Schnaufer aus, als wollte er sagen, er habe sich entschlossen, ein Ende zu machen, und warte nur auf das nächste gnädige Fuhrwerk.

»Was guckst du so, Großmama? Warum hörst du immer auf und siehst die Wand an?«

Kezia und ihre Großmutter hielten zusammen Mittagsruhe. Das kleine Mädchen, nur in Höschen und Leibchen, lag mit nackten Armen und Beinen auf einem der aufgeschüttelten Kissen im Bett ihrer Großmutter, und die alte Frau, in einem weißen, rüschenbesetzten Morgenrock, saß im Schaukelstuhl am Fenster, mit einer langen, roten Strickarbeit im Schoß. Das Zimmer, das sie miteinander teilten, war wie die anderen Zimmer des Bangalos aus gelbgestrichenem Holz, am Boden die nackten Dielen. Die Möbel waren schäbig und primitiv. Der Frisiertisch zum Beispiel war eine Kiste in einem geblümten Musselinunterrock, und der Spiegel darüber war sehr eigenartig; als sei darin ein kleiner gezackter Blitz gefangen. Auf dem Tisch stand ein Krug mit Strandnelken, die sich so dicht aneinanderdrängten, daß sie wie ein samtenes Nadelkissen aussahen, und eine ungewöhnliche Muschel, die Kezia ihrer Großmama als Nadelteller geschenkt hatte, und eine noch viel ungewöhnlichere, die, wie sie fand, geeignet für eine Uhr wäre, die es sich dort gemütlich machen konnte.

»Sag es mir, Großmama«, drängte Kezia.

Die alte Frau seufzte, schlug den Wollfaden zweimal um den Daumen und zog die beinerne Nadel hindurch. Sie nahm Maschen auf.

»Ich habe an deinen Onkel William gedacht, Schätzchen«, sagte sie leise.

»Meinen australischen Onkel William?« fragte Kezia. Sie hatte noch einen anderen.

»Ja, natürlich.«

»Den, den ich noch nie gesehen habe?«

»Genau den.«

»Und? Was war mit ihm?« Kezia wußte es ganz genau, aber sie wollte es noch einmal hören.

»Er ist zu den Minen gegangen, und dort hat er einen Sonnenstich gekommen und ist gestorben«, sagte die alte Mrs. Fairfield.

Kezia wurde nachdenklich, sie blinzelte und sah das Bild wieder vor sich … Ein kleiner Mann, umgefallen wie ein Zinnsoldat neben einem großen schwarzen Loch.

»Macht es dich traurig, wenn du an ihn denkst, Großmama?« Sie mochte es nicht, wenn ihre Großmama traurig war.

Jetzt wurde die alte Frau nachdenklich. Machte es sie traurig? So weit zurückzublicken, so weit. Auf all die Jahre zurückzublicken, wie sie es eben wieder getan hatte. Anderen nachzublicken, wie Frauen es tun, noch lange nachdem sie außer Sichtweite geraten waren. Machte es sie traurig? Nein, so war das Leben nun einmal.

»Nein, Kezia.«

»Aber warum?« fragte Kezia. Sie hob einen nackten Arm und begann, in der Luft zu zeichnen. »Warum mußte Onkel William sterben? Er war noch nicht alt.«

Mrs. Fairfield begann, die Maschen in Dreiern abzuzählen. »Es ist eben einfach passiert«, sagte sie gedankenverloren.

»Müssen alle Menschen sterben?« fragte Kezia.

»Alle!«

»*Ich auch?*« Kezia klang furchtbar ungläubig.

»Irgendwann, mein Schätzchen.«

»Aber, Großmama.« Kezia schwenkte ihr linkes Bein und wackelte mit den Zehen. Sie fühlten sich sandig an. »Was, wenn ich einfach nicht will?«

Die alte Frau seufzte wieder und wickelte einen langen Faden vom Knäuel ab.

»Wir werden nicht gefragt, Kezia«, sagte sie traurig. »Es ergeht uns allen so, früher oder später.«

Kezia lag still und dachte darüber nach. Sie wollte nicht sterben. Es bedeutete, daß sie von hier fortmußte, von überall fortmußte, für immer, fort – fort von ihrer Großmama. Sie rollte sich schnell auf den Bauch.

»Großmama«, sagte sie erschrocken.

»Was denn, Schatz!«

»Du sollst aber nicht sterben.« Kezia war sehr entschieden.

»Ach, Kezia« – ihre Großmama blickte auf und lächelte und schüttelte den Kopf –, »reden wir nicht darüber.«

»Aber du sollst nicht. Du kannst mich nicht allein lassen. Du kannst nicht einfach fort sein.« Das war entsetzlich. »Versprich mir, daß du das nie tust, Großmama«, flehte Kezia.

Die alte Frau strickte weiter.

»Versprich es mir! Sag nie!«

Doch ihre Großmama schwieg noch immer.

Kezia rollte vom Bett herab; sie konnte es nicht länger ertragen, und leichtfüßig sprang sie ihrer Großmama auf den Schoß, umhalste die alte Frau und begann sie zu küssen, unter dem Kinn, hinter dem Ohr, und ihr in den Nakken zu pusten.

»Sag nie … sag nie … sag nie –« Sie schnappte nach Luft zwischen den Küssen. Und dann begann sie, ganz sanft und zart, ihre Großmama zu kitzeln.

»Kezia!« Die alte Frau ließ ihr Strickzeug fallen. Sie schwang im Schaukelstuhl zurück. Sie begann, Kezia zu kitzeln. »Sag nie, sag nie, sag nie«, gluckste Kezia, während sie sich lachend in den Armen lagen. »Komm jetzt, das reicht, mein Kätzchen! Das reicht, mein wildes Pony!« sagte die alte Mrs. Fairfield und rückte ihre Haube zurecht. »Heb mir das Strickzeug auf.«

Beide hatten vergessen, worum es bei dem »Nie« ging.

VIII

Der Garten lag noch in der prallen Sonne, als die Hintertür der Burnells mit einem Knall zufiel und eine sehr muntere Gestalt über den Gartenweg zur Pforte ging. Es war Alice, das Dienstmädchen, das sich für ihren freien Nachmittag feingemacht hatte. Sie trug ein weißes Baumwollkleid mit so großen und so vielen roten Tupfen, daß es einen schauderte, weiße Schuhe und einen Strohhut mit Mohnblumen unter der hochgebogenen Krempe. Natürlich trug sie Handschuhe, weiße, mit Rostflecken an den Druckknöpfen, und in der Hand trug sie einen sehr ramponiert aussehenden Sonnenschirm, den sie als ihren *Paraplö* bezeichnete.

Beryl, die am Fenster saß und ihr frisch gewaschenes Haar fächelte, war sich sicher, noch nie eine derartige Vogelscheuche gesehen zu haben. Hätte Alice sich das Gesicht noch mit einem Stück Korken geschwärzt, wäre das Bild vollkommen gewesen. Und wohin ging ein Mädchen wie sie an einem Ort wie diesem? Der herzförmige Palmfächer drosch verächtlich auf die herrlich schimmernde Mähne ein. Vermutlich, dachte sie, hatte Alice irgendeinen ordinären Burschen aufgegabelt, und jetzt gingen sie zusammen in den Buschwald. Zu dumm, daß sie sich so herausgeputzt hatte; sie würden es schwer haben, sich zu verstecken, mit Alice in dieser Aufmachung.

Aber nein, Beryl tat ihr unrecht. Alice ging zum Tee zu Mrs. Stubbs, die ihr, durch den Laufburschen, der immer die Bestellungen aufnahm, eine »Einladung« hatte zukommen lassen. Sie hatte Mrs. Stubbs gleich so sympathisch gefunden, seit sie zum erstenmal in ihrem Laden gewesen war, um sich etwas für ihre Mückenstiche zu holen.

»Herrjeh!« Mrs. Stubbs hatte die Hand in die Seite gestemmt. »Sie sind ja schrecklich gebissen worden. Das waren ja die reinsten Kannibalen.«

Alice hätte es lieber gehabt, wenn die Straße etwas belebter gewesen wäre. Es war unheimlich, niemanden hinter sich zu haben. Man bekam ganz weiche Knie. Sie war überzeugt, daß irgendwer sie beobachtete. Und doch war es albern, sich umzudrehen; das verriet einen. Sie zog die Handschuhe hoch, summte vor sich hin und sagte zu dem Eukalyptusbaum in der Ferne: »Jetzt bin ich bald da.« Aber das war auch keine rechte Gesellschaft.

Der Laden von Mrs. Stubbs thronte auf einer kleinen Anhöhe nahe der Straße. Er hatte zwei große Fenster als Augen, eine breite Veranda als Hut, und das Schild auf dem Dach, auf das MRS. STUBBS's gepinselt war, glich einer flott ins Hutband gesteckten Visitenkarte.

Auf der Veranda hing eine lange Leine mit Badeanzügen, die sich aneinanderklammerten, als wären sie gerade aus dem Meer gerettet worden und wollten gewiß nicht mehr dorthin zurück, und neben ihnen hingen Trauben von Strandschuhen, so gänzlich durcheinander, daß man mindestens fünfzig herunterreißen mußte, um ein Paar zu finden. Selbst dann kam es nur selten vor, daß der linke wirklich zum rechten paßte. So viele Leute hatten schon die Geduld verloren und waren mit einem Schuh, der paßte, und einem, der ein wenig zu groß war, losgezogen … Mrs. Stubbs setzte ihren Stolz darein, von allem etwas zu haben. Die Ware in den beiden Schaufenstern war zu gefährlichen Pyramiden aufgetürmt, so hoch, so überladen, daß es schien, als könne nur ein Zauberkünstler sie vorm Einsturz bewahren. In der linken Ecke des einen Fensters, mit vier Gelatinebonbons an die Scheibe geklebt, hing – seit unvordenklichen Zeiten schon – eine Bekanntmachung:

VERLOREN! SCHÖNE GOLDBROSCHE
ECHT GOLD
AM ODER NAH BEIM STRAND
GEGEN BELOHNUNG ABZUGEBEN

Alice drückte die Tür auf. Die Glocke bimmelte, die roten Sergevorhänge teilten sich, und Mrs. Stubbs erschien. Mit ihrem breiten Grinsen und dem langen Fleischermesser in der Hand sah sie aus wie ein freundlicher Straßenräuber. Alice wurde so warm empfangen, daß es ihr äußerst schwerfiel, die feinen Manieren beizubehalten. Diese bestanden darin, fortwährend zu hüsteln und sich zu räuspern, an den Handschuhen zu zupfen und über den Rock zu streichen, sie hatte größte Mühe, zu erkennen, was ihr vorgesetzt wurde, oder zu verstehen, was gesagt wurde.

Der Teetisch war in der guten Stube gedeckt – Schinken, Sardinen, ein ganzes Pfund Butter, und ein so großer Weizenmehlkuchen, daß er aussah wie irgendeine Backpulverreklame. Aber der Primuskocher brauste so laut, daß es sinnlos war, ihn übertönen zu wollen. Alice setzte sich auf die Kante eines Korbstuhls, während Mrs. Stubbs den Kocher noch höher pumpte. Plötzlich riß Mrs. Stubbs das Kissen von einem Stuhl und brachte ein großes braunes Päckchen zum Vorschein.

»Hab' 'n paar neue Aufnahmen machen lassen, meine Liebe«, schrie sie Alice fröhlich zu. »Sagen Se mir, wie Se se finden.«

Sehr geziert und vornehm befeuchtete Alice ihren Finger und schlug das Seidenpapier zurück. Du liebe Güte! Wie viele es waren! Mindestens drei Dutzend. Und sie hielt das erste ans Licht.

Mrs. Stubbs saß in einem Sessel, den Oberkörper sehr zur einen Seite geneigt. Ein Ausdruck milder Verblüffung stand auf ihrem breiten Gesicht geschrieben, und das aus gutem Grund. Denn obwohl der Sessel auf einem Teppich stand, befand sich links davon, wie durch ein Wunder die Teppichkante aussparend, ein schäumender Wasserfall. Zu ihrer Rechten befand sich eine griechische Säule mit großen Farnbäumen zu beiden Seiten, und im Hintergrund ragte ein kahler Berg empor, bleich vor Schnee.

»Sehr geschmackvoll, nich'?« schrie Mrs. Stubbs, und Alice hatte gerade »reizend« gerufen, als das Brüllen des Primuskochers schwächer wurde, verpuffte und erstarb, und sie sagte »hübsch« in eine Stille hinein, die erschreckend war.

»Rücken Se Ihren Stuhl 'ran, meine Liebe«, sagte Mrs. Stubbs und begann Tee einzuschenken. »Ja«, sagte sie bedächtig, »aber die Größe gefällt mir gar nich'. Ich laß sie vergrößern. Is' ja ganz schön für Weihnachtskarten, aber ich hab' mir nie 'was aus kleinen Bildern gemacht. Man hat da keine Freude 'an. Ehrlich, ich find' se traurig.«

Alice verstand genau, was sie meinte.

»Format«, sagte Mrs. Stubbs. »Ich will Format. Das hat mein armer lieber Mann immer gesagt. Alles, was so klein war, konnt' er nich' ausstehen. Hat ihn verrückt gemacht. Und ob Se's glauben oder nich', meine Liebe« – hier ächzte Mrs. Stubbs und schien in der Erinnerung daran selber größer zu werden – »es war das Ödehn, das ihn schließlich dahingerafft hat. Ganze Liter ham se ihm im Krankenhaus abgezapft ... Es war wie ein Strafe Gottes.«

Alice brannte darauf zu erfahren, was sie ihm abgezapft hatten. »Ich nehme an, es war Wasser?« fragte sie zaghaft.

Doch Mrs. Stubbs fixierte Alice mit bedeutsamem Blick. »Nee, es war *Likwied*, meine Liebe.«

Likwied! Alice zuckte vor dem Wort zurück wie eine Katze und näherte sich dann wieder, schnuppernd und argwöhnisch.

»Das isser!« sagte Mrs. Stubbs, und sie deutete theatralisch auf das lebensgroße Brustbild eines vierschrötigen Mannes mit einer toten weißen Rose im Knopfloch, die an ein Klümpchen kaltes Hammelfett erinnerte. Gleich darunter, in silbernen Lettern auf rotem Kartonpapier, standen die Worte: »Seid getrost, ich bin's; fürchtet euch nicht!«

»Das ist wirklich ein schönes Gesicht«, sagte Alice matt.

Die blaßblaue Schleife auf Mrs. Stubbs' blondem Kraushaar zitterte. Sie bog ihren dicken Hals zurück. Was für einen Hals sie hatte! Unten war er hellrosa, ging dann in einen warmen Aprikosenton über, der zur Farbe eines bräunlichen und dann eines cremeweißen Eies verblaßte.

»Trotzdem, meine Liebe«, sagte sie überraschend, »nix geht über die Freiheit!« Ihr leises, fettes Kichern klang wie ein Schnurren. »Nix geht über die Freiheit«, sagte Mrs. Stubbs noch einmal.

Freiheit! Alice brach in lautes, albernes Kichern aus. Sie fühlte sich unbehaglich. Ihre Gedanken flogen zu ihrer eigenen Küche zurück. Wirklich sonderbar! Nur zu gern wäre sie wieder dort gewesen.

IX

Eine merkwürdige Gesellschaft versammelte sich nach dem Tee im Waschhaus der Burnells. Um den Tisch saßen ein Stier, ein Hahn, ein Esel, der dauernd vergaß, daß er ein Esel war, ein Schaf und eine Biene. Das Waschhaus war der ideale Ort für eine solche Zusammenkunft, weil sie soviel Lärm machen konnten, wie sie wollten, und niemand unterbrach sie. Es war ein kleiner Schuppen aus Wellblech, der etwas abseits vom Bangalo stand. An der Wand war ein tiefer Trog und in der Ecke ein Kupferkessel mit einem Korb voller Wäscheklammern darauf. Auf dem Sims des kleinen, von Spinnweben verhangenen Fensters lagen ein Kerzenstummel und eine Mausefalle. Oben waren Wäscheleinen kreuz und quer gespannt, und an einem Haken an der Wand hing ein großes, ein riesiges rostiges Hufeisen. Der Tisch stand in der Mitte, mit einer Bank zu beiden Seiten.

»Du kannst keine Biene sein, Kezia. Eine Biene ist kein Tier. Das ist eine Inseckte.«

»Oh, ich will aber eine Biene sein«, jammerte Kezia ... Eine kleine Biene, gelb bepelzt, mit gestreiften Beinchen. Sie zog die Beine unter sich und lehnte sich über den Tisch. Sie fühlte, daß sie eine Biene war.

»Eine Inseckte muß ein Tier sein«, beharrte sie. »Es macht ein Geräusch. Es ist nicht wie ein Fisch.«

»Ich bin ein Stier, ich bin ein Stier!« schrie Pip. Und er stieß ein so schauerliches Gebrüll aus – wie machte er das Geräusch? –, daß Lottie ganz verängstigt aussah.

»Ich will ein Schaf sein«, sagte der kleine Rags. »Ganz viele Schafe sind heute morgen vorbeigekommen.«

»Woher weißt du das?«

»Papa hat sie gehört. Mäh!« Er klang wie das Lämmchen, das hinterdrein trottet und darauf zu warten scheint, getragen zu werden.

»Kikeriki!« krähte Isabel. Mit ihren roten Wangen und den glänzenden Augen sah sie aus wie ein Hahn.

»Was soll ich sein?« fragte Lottie in die Runde, und sie saß lächelnd da und erwartete, daß die anderen für sie entschieden. Es mußte etwas Leichtes sein.

»Sei ein Esel, Lottie.« Es war Kezias Vorschlag. »I-ah! Das kannst du dir merken.«

»I-ah!« sagte Lottie feierlich. »Wann muß ich das sagen?«

»Ich erklär's, ich erklär's«, sagte der Stier. Er war es, der die Karten hatte. Er schwenkte sie über dem Kopf. »Seid alle still! Hört alle zu!« Und er wartete, bis sie Ruhe gaben. »Sieh her, Lottie.« Er deckte eine Karte auf. »Da sind zwei Punkte drauf – siehst du? Also, wenn du diese Karte in die Mitte legst und jemand anders hat auch eine Karte mit zwei Punkten, sagst du ›I-ah‹, und die Karte gehört dir.«

»Mir?« Lottie riß die Augen auf. »Zum Behalten?«

»Nein, du Dummkopf. Nur im Spiel, verstehst du? Nur während wir spielen.« Der Stier war sehr wütend auf sie.

»Ach Lottie, du *bist* aber auch ein Dummkopf«, sagte der stolze Hahn.

Lottie blickte beide an. Dann ließ sie den Kopf hängen; ihren Lippen zitterten. »Ich will nicht mitspielen«, flüsterte sie. Die anderen wechselten Blicke wie Verschwörer. Alle wußten, was das bedeutete. Sie würde weggehen und wenn man sie suchte, stand sie mit der Schürze über dem Kopf in irgendeiner Ecke oder an einer Wand oder sogar hinter einem Sessel.

»Ach wo, Lottie. Es ist ganz einfach«, sagte Kezia.

Und Isabel, die ein schlechtes Gewissen hatte, sagte genau wie ein Erwachsener: »Sieh *mir* zu, Lottie, dann kannst du es ganz schnell.«

»Komm schon, Lot«, sagte Pip. »He, ich weiß, was wir machen. Ich gebe dir die erste Karte. Eigentlich ist es meine, aber ich gebe sie dir. Bitte sehr.« Und er knallte die Karte vor Lottie hin.

Lottie lebte wieder auf. Aber nun war sie in Verlegenheit. »Ich habe kein Taschentuch«, sagte sie; »ich brauche eins, dringend.«

»Hier, Lottie, du kannst meins haben.« Rags langte in seine Matrosenbluse und zog eins hervor, das sehr feucht aussah und zusammengeknotet war. »Sei vorsichtig«, warnte er sie. »Nimm nur die Ecke. Mach es nicht auf. Da ist ein kleiner Seestern drin, den ich zähmen will.«

»Also, los jetzt, Mädchen«, sagte der Stier. »Und denkt dran – ihr dürft nicht in eure Karten sehen. Ihr müßt die Hände unter dem Tisch behalten, bis ich ›los‹ sage.«

Die Karten klatschten reihum auf den Tisch. Sie gaben sich die größte Mühe, etwas zu erkennen, aber Pip war zu schnell für sie. Es war sehr aufregend, im Waschhaus zu sitzen; sie konnten kaum an sich halten, nicht in einen kleinen Chor von Tierstimmen auszubrechen, bevor Pip die Karten ausgeteilt hatte.

»So, Lottie, du fängst an.«

Schüchtern streckte Lottie die Hand aus, nahm die oberste Karte von ihrem Stapel, musterte sie eingehend – es war deutlich zu sehen, daß sie die Punkte zählte – und legte sie hin.

»Nein, Lottie, so geht das nicht. Du darfst vorher nicht reinsehen. Du mußt sie anders hinlegen.«

»Aber dann sehen sie alle gleichzeitig wie ich«, sagte Lottie.

Das Spiel ging weiter. Muu-huu-hu! Der Stier war furchterregend. Er stürmte über den Tisch und schien die Karten aufzufressen.

Bss-ss! sagte die Biene.

Kikeriki! Isabel sprang vor lauter Aufregung auf und bewegte die Ellbogen wie Flügel.

Mäh! Der kleine Rags deckte den Karo-König auf, und Lottie den Pieks-König, wie sie ihn nannten. Sie hatte kaum noch Karten übrig.

»Warum rufst du nicht, Lottie?«

»Ich habe vergessen, was ich bin«, sagte der Esel betrübt.

»Dann nimm was anderes! Sei doch ein Hund! Wauwau!«

»O ja. Das ist *viel* einfacher.« Lottie lächelte wieder. Doch als sie und Kezia beide eine Eins hatten, wartete Kezia absichtlich. Die anderen machten Lottie Zeichen und zeigten auf die Karte. Lottie wurde sehr rot; sie sah verwirrt aus, und endlich rief sie: »I-ah! Ke-zia.«

»Scht! Wartet mal!« Sie waren mitten im schönsten Spiel, als der Stier sie unterbrach und die Hand hob. »Was ist das? Was ist das für ein Geräusch?«

»Was für ein Geräusch? Was meinst du?« fragte der Hahn.

»Scht! Ruhig! Hört doch!« Sie waren mucksmäuschenstill. »Ich dachte, ich hätte etwas gehört – so ein Klopfen«, sagte der Stier.

»Wie hat es sich angehört?« fragte das Schaf beklommen.

Keine Antwort.

Die Biene schauderte. »Wieso haben wir nur die Tür zugemacht?« sagte sie leise. Ach, warum, warum hatten sie die Tür zugemacht?

Während sie gespielt hatten, war es dunkel geworden; der prächtige Sonnenuntergang war aufgeflammt und erloschen. Und nun kam die Nacht geschwind übers Meer herbei, eilte über die Dünen, über die Wiesen. Man fürchtete sich, in die Ecken des Waschhauses zu sehen, und doch mußte man hinsehen, um jeden Preis. Und irgendwo, weit weg, zündete Großmama eine Lampe an. Die Jalousien wurden herabgelassen; in dem Zinnzeug auf dem Sims loderte das Küchenfeuer auf.

»Es wäre schrecklich«, sagte der Stier, »wenn jetzt eine Spinne von der Decke auf den Tisch fallen würde, nicht?«

»Spinnen fallen nicht von der Decke.«

»Doch, tun sie wohl. Unsere Min hat erzählt, daß sie eine Spinne gesehen hat, so groß wie eine Untertasse, mit Haaren wie eine Stachelbeere.«

Schnell fuhren all die kleinen Köpfe hoch; all die kleinen Leiber rückten zusammen, drängten sich aneinander.

»Warum kommt keiner uns rufen?« schrie der Hahn.

Oh, diese Erwachsenen – saßen gemütlich im Lampenlicht, lachten, tranken aus Tassen! Sie hatten die Kinder vergessen. Nein, nicht richtig vergessen. Das war es, was ihr Lächeln bedeutete. Sie hatten beschlossen, sie dort sich einfach selbst zu überlassen.

Plötzlich stieß Lottie einen so durchdringenden Schrei aus, daß sie alle von den Bänken aufsprangen und ebenfalls losschrien. »Ein Gesicht – ein Gesicht guckt 'rein!« schrie Lottie.

Es stimmte, es war wirklich da. Ans Fenster drückte sich ein blasses Gesicht, schwarze Augen, ein schwarzer Bart.

»Großmama! Mutter!«

Aber noch ehe sie, einer über den anderen stolpernd, bis zur Tür gelangt waren, wurde sie geöffnet und Onkel Jonathan trat ein. Er war gekommen, um die kleinen Jungen nach Hause zu holen.

X

Er hatte schon eher dasein wollen, aber im Garten vor dem Haus hatte er Linda angetroffen, die auf dem Rasen auf und ab ging, stehenblieb, um eine verwelkte Federnelke abzuknipsen oder einer herabhängenden Edelnelke eine Stütze zu geben oder irgendeinen Duft tief einzuatmen, und dann weiterging, mit ihrer leicht abwesenden Miene. Über ihrem weißen Kleid trug sie ein gelbes, mit rosa Fransen gesäumtes Schultertuch aus dem Chinesenladen.

»Hallo, Jonathan!« rief Linda. Und Jonathan riß sich den schäbigen Panamahut vom Kopf, drückte ihn an die Brust, sank auf ein Knie und küßte Linda die Hand.

»Sei gegrüßt, meine Schöne! Sei gegrüßt, meine himmlische Pfirsichblüte!« brummte die Baßstimme galant. »Wo sind die anderen edlen Frauen?«

»Beryl ist ausgegangen, um Bridge zu spielen, und Mutter badet den Jungen … Willst du dir etwas ausborgen?«

Den Trouts fehlte es immer an irgendwelchen Dingen, und im letzten Moment wandten sie sich dann an die Burnells.

Doch Jonathan antwortete nur: »Ein wenig Liebe, ein wenig Zuneigung«; und er ging neben seiner Schwägerin her.

Linda setzte sich in Beryls Hängematte unter dem Manukabaum, und Jonathan streckte sich neben ihr im Gras aus, rupfte einen langen Halm aus und begann daran zu kauen. Sie kannten einander gut. Kinderstimmen schallten aus anderen Gärten herüber. Der leichte Karren eines Fischers rumpelte über die sandige Straße, und von weit her hörten sie einen Hund bellen; es klang gedämpft, als stecke der Kopf des Hundes in einem Sack. Wenn man lauschte, konnte man noch eben das leise Rauschen des Meeres hören, das jetzt bei Hochwasser die Kiesel überspülte. Die Sonne ging unter.

»Und Montag geht es also wieder ins Büro, Jonathan?« fragte Linda.

»Montag öffnet sich die Käfigtür und schlägt dann für weitere elf Monate und eine Woche hinter dem Opfer zu«, antwortete Jonathan.

Linda schaukelte leicht. »Es muß furchtbar sein«, sagte sie langsam.

»Soll ich lachen, schöne Schwester? Soll ich weinen?«

Linda war Jonathans Redeweise so vertraut, daß sie sie kaum beachtete.

»Ich nehme an«, sagte sie unbestimmt, »man gewöhnt sich daran. Man gewöhnt sich an alles.«

»Tut man das? Hm!« Das »Hm« klang so tief, als bebte der Boden. »Ich wüßte gern, wie«, grübelte er. »Mir will es nicht gelingen.«

Linda sah ihn an, wie er so dalag, und mußte wieder denken, wie gut er doch aussah. Es war sonderbar, wenn man bedachte, daß er nur ein einfacher Buchhalter war, daß Stanley doppelt soviel verdiente wie er. Was war los mit Jonathan? Er hatte keinen Ehrgeiz; wahrscheinlich lag es daran. Und doch spürte man, daß er begabt war, ein außergewöhnlicher Mensch. Er liebte leidenschaftlich Musik; sein letztes Geld gab er für Bücher aus. Er steckte immer voller Ideen, Pläne, Projekte. Doch es kam nie etwas dabei heraus. Ein Feuer loderte in Jonathan; man hörte es fast knistern, wenn er redete und erklärte und ein neues Projekt detailreich beschrieb; aber im nächsten Moment fiel es in sich zusammen, und es blieb nichts als Asche, und Jonathan schlich mit einem hungrigen Blick in den schwarzen Augen davon. In solchen Zeiten übertrieb er es mit seiner wunderlichen Redeweise, und in der Kirche – er war als Chorleiter tätig – sang er mit solch dramatischer Inbrunst, daß der schlichteste Choral in gottlosem Prunk erstrahlte.

»Montag ins Büro zu müssen, kommt mir genauso blödsinnig, genauso verdammenswert vor«, sagte Jonathan, »wie es mir schon immer blödsinnig und verdammenswert vorgekommen ist und immer vorkommen wird. Die besten Jahre seines Lebens damit zuzubringen, von neun bis fünf auf einem Schemel zu hocken und in irgendein Hauptbuch zu kritzeln! Eine absurde Art und Weise, sein kostbares Leben hinzubringen, oder etwa nicht? Oder bin in törichtem

Traum ich befangen?« Er drehte sich auf dem Gras herum und blickte zu Linda auf. »Kannst du mir sagen, was der Unterschied ist zwischen meinem Leben und dem eines gewöhnlichen Sträflings? Der einzige Unterschied, den ich sehe, ist der: Ich habe mich selbst ins Gefängnis eingeliefert und niemand wird mich je wieder herauslassen. Und das ist weit schlimmer als alles andere. Hätte man mich – hineingestoßen, gegen meinen Willen – hätte ich mich mit Händen und Füßen gewehrt – dann hätte ich mich, wenn denn die Tür ins Schloß gefallen wäre, oder, sagen wir, nach fünf Jahren, doch wohl mit der Tatsache abgefunden, hätte angefangen, mich für die herumschwirrenden Fliegen zu interessieren oder hätte die Schritte des Wärters im Korridor gezählt und gewissenhaft jede Abweichung seines Gangs vermerkt. Aber so, wie die Dinge liegen, bin ich wie ein Falter, der aus eigenen Stücken in ein Zimmer geflogen ist. Ich pralle gegen Wände, pralle gegen Fenster, flattere gegen die Decke, tue alles nur irgend Erdenkliche, außer eins, wieder hinauszufliegen. Und die ganze Zeit denke ich wie diese Motte oder dieser Schmetterling oder was es auch ist: ›Das Leben ist so kurz! Das Leben ist so kurz!‹ Ich habe nur diese eine Nacht oder diesen einen Tag, und dort draußen wartet der weite, gefahrenvolle Garten, unentdeckt, unerforscht!«

»Aber wenn du so denkst, warum –« begann Linda rasch.

»*Ach!*« rief Jonathan. Und dieses »Ach!« klang beinahe frohlockend. »Du hast mich erwischt. Warum? Ja, warum? Das ist die quälende große Frage. Warum fliege ich nicht wieder hinaus? Es gibt ein Fenster oder eine Tür oder was immer es ist, wo ich hereingekommen bin. Der Ausgang ist ja nicht unwiderruflich versperrt – nicht wahr? Warum finde ich ihn nicht und verschwinde einfach? Beantworte mir das mal, Schwesterchen.« Doch er ließ ihr keine Zeit für eine Antwort.

»Ich bin eben wie dieses Insekt. Aus irgendeinem Grund«

– Jonathan hielt zwischen den Worten inne – »ist es nicht erlaubt, ist es verboten, ist es gegen das Insektengesetz, auch nur eine Sekunde damit aufzuhören, an die Wand zu stoßen, herabzufallen und an der Fensterscheibe hinaufzukrabbeln. Warum verlasse ich nicht das Büro? Warum frage ich mich nie ernstlich, jetzt, in diesem Moment zum Beispiel, was mich eigentlich davon abhält, zu gehen? Schließlich bin ich nicht übermäßig gebunden. Ich habe für zwei Jungen zu sorgen, aber immerhin sind es Jungen. Ich könnte zur See gehen oder einen Posten irgendwo auf dem Land finden oder –« Plötzlich lächelte er Linda an und sagte mit veränderter Stimme, als vertraue er ihr ein Geheimnis an: »Schwäche … Schwäche. Kein Elan. Keine Ausdauer. Keine Prinzipien, nennen wir's mal so.« Aber dann raunte die dunkle, samtige Stimme:

»Wolltest du hören die Geschichte
Wie sie sich begab …«

und sie schwiegen.

Die Sonne war untergegangen. Am westlichen Himmel drängten sich rote Wolkenballen. Breite Lichtstrahlen fielen durch die Wolken, schienen hinter ihnen hervor, als wollten sie den ganzen Himmel überziehen. Oben verblaßte das Blau; es wurde zu fahlem Gold, und der Buschwald, der sich davor abzeichnete, leuchtete dunkel und schimmernd wie Metall. Wenn sich solche Strahlen am Himmel zeigen, können sie sehr ehrfurchtgebietend sein. Sie gemahnen uns daran, daß dort oben Jehova thront, der eifernde Gott, der Allmächtige, dessen Auge auf uns ruht, der immer wacht, niemals schläft. Wir erinnern uns daran, daß bei Seinem Kommen die ganze Erde zu einem wüsten Totenacker zusammenstürzen wird; die kalten, leuchtenden Engel werden uns hierhin und dorthin treiben, und es wird uns keine Zeit bleiben zu erklären, was doch so einfach zu erklären wäre … Aber heute abend schien es Linda, als hätten diese silbernen Strahlen etwas unendlich Freundliches und Liebevolles. Und vom Meer kam nun kein Laut. Es atmete leise, als wollte es diese zarte, freundliche Schönheit selbst ganz in sich aufnehmen.

»Es ist falsch, grundfalsch«, ertönte Jonathans schattenhafte Stimme. »Es ist nicht der richtige Schauplatz, nicht die richtige Kulisse für … drei Schemel, drei Schreibtische, drei Tintenfässer und eine Gitterblende.«

Linda wußte, daß er sich nie ändern würde, aber sie sagte: »Ist es denn wirklich schon zu spät?«

»Ich bin alt – ich bin alt«, sang Jonathan. Er beugte sich zu ihr vor, er strich sich über den Kopf. »Sieh mal!« Sein schwarzes Haar war silbern gesprenkelt, wie das Brustgefieder eines schwarzen Huhns.

Linda war überrascht. Sie hätte nicht erwartet, daß er schon grau wurde. Und doch, als er sich neben ihr aufrichtete und seufzte und sich reckte, wirkte er, zum ersten Mal, alles andere als entschlossen, tapfer, unbekümmert, sondern wie vom Alter gezeichnet. Er sah sehr groß aus auf dem dunkelnden Gras, und es fuhr ihr durch den Kopf: »Wie eine Bohnenstange.«

Jonathan bückte sich noch einmal und küßte ihr die Finger.

»Der Himmel lohne dir deine Geduld, edle Holde«, murmelte er. »Ich muß gehen, die Erben meines Ruhms und Reichtums zu suchen …« Er war fort.

XI

Licht schimmerte in den Fenstern des Bangalos. Zwei goldene Vierecke fielen auf die Federnelken und die geschlossenen Ringelblumen. Florrie, die Katze, kam hinaus auf die

Veranda und setzte sich auf die oberste Stufe, die weißen Pfoten dicht zusammen, den Schwanz drumherumgelegt. Sie sah zufrieden aus, als hätte sie den ganzen Tag auf diesen Augenblick gewartet.

»Gott sei Dank, es wird Nacht«, sagte Florrie. »Gott sei Dank, der lange Tag ist vorbei.« Ihre Augen, grün wie Reineclauden, öffneten sich.

Im nächsten Augenblick erschallte das Gerumpel der Postkutsche, das Knallen von Kellys Peitsche. Sie kam nah genug, daß man die Stimmen der Männer aus der Stadt hören konnte, die laut miteinander redeten. An der Gartenpforte der Burnells hielt sie an.

Stanley war den Gartenweg schon halb hinaufgelaufen, als er Linda sah. »Bist du das, Schatz?«

»Ja, Stanley.«

Er sprang über das Blumenbeet und riß sie in die Arme. Sie wurde eingehüllt in die vertraute, ungestüme, kräftige Umarmung.

»Verzeih mir, mein Liebling, verzeih mir«, stammelte Stanley, und er legte ihr die Hand unters Kinn und hob ihr Gesicht zu sich auf.

»Verzeihen?« lächelte Linda. »Aber was denn?«

»Mein Gott! Du kannst das nicht vergessen haben«, rief Stanley. »Ich habe den ganzen Tag an nichts anderes gedacht. Ich habe einen schrecklichen Tag verbracht. Ich war drauf und dran, hinzulaufen und dir ein Telegramm zu schicken, aber dann dachte ich, es erreicht dich vielleicht nicht vor mir. Ich habe Qualen ausgestanden, Linda.«

»Aber Stanley«, sagte Linda, »was soll ich dir denn verzeihen?«

»Linda!« Stanley war tief verletzt. »Hast du nicht gemerkt – du mußt es doch gemerkt haben –, daß ich heute morgen weggegangen bin, ohne dir Wiedersehen zu sagen?

Ich begreif nicht, wie ich so etwas tun konnte. Natürlich – meine verflixte Übellaunigkeit. Aber – nun ja« – und er seufzte und nahm sie wieder in die Arme – »ich habe heute genug dafür gelitten.«

»Was hast du da in der Hand?« fragte Linda. »Neue Handschuhe? Laß mich mal sehen.«

»Ach, nur ein billiges Paar waschlederne«, sagte Stanley demütig. »Ich habe gesehen, daß Bell heute morgen in der Kutsche solche trug, also bin ich, als ich an dem Laden vorbeikam, schnell hinein und habe mir ein Paar gekauft. Worüber lächelst du? Du findest doch nicht, daß es falsch von mir war, oder?«

»Im *Gegen*teil, Liebling«, sagte Linda, »ich finde, es war sehr vernünftig.«

Sie streifte einen der großen, falben Handschuhe über, betrachtete ihre Hand und drehte sie hin und her. Sie lächelte noch immer.

Stanley wollte sagen: »Ich habe die ganze Zeit an dich gedacht, als ich sie kaufte.« Es war die Wahrheit, aber aus irgendeinem Grund konnte er es nicht sagen. »Laß uns hineingehen«, sagte er.

XII

Warum empfindet man nachts so anders? Warum ist es so erregend, wach zu sein, wenn alle anderen schlafen? Spät – es ist sehr spät! Und doch fühlt man sich mit jedem Augenblick munterer, als würde man langsam, fast mit jedem Atemzug, erwachen – in einer neuen, wunderbaren, viel aufregenderen Welt als bei Tag. Und was ist das für ein sonderbares Gefühl, daß man sich wie ein Verschwörer vorkommt? Leise, verstohlen bewegt man sich durch sein Zimmer. Man nimmt etwas vom Frisiertisch und legt es lautlos wieder hin. Und alles, selbst der Bettpfosten, kennt einen, antwortet, teilt das Geheimnis …

Bei Tag gefällt dir dein Zimmer nicht sehr. Du denkst gar nicht daran. Du gehst ein und aus, die Tür öffnet sich und schlägt zu, der Schrank knarrt. Du setzt dich auf die Bettkante, wechselst die Schuhe und eilst wieder raus. Du duckst dich vor den Spiegel, zwei Nadeln ins Haar, puderst dir die Nase und bist gleich wieder fort. Aber jetzt – ist es dir plötzlich lieb und teuer. Es ist ein putziges, nettes kleines Zimmer. Es ist deins. O wie schön es ist, Dinge zu besitzen! Meins – mein eigenes!

»Auf ewig mein?«

»Ja.« Ihre Lippen fanden sich.

Nein, das hatte natürlich nichts damit zu tun. Das war alles Unsinn und Humbug. Und dennoch sah Beryl ganz deutlich zwei Menschen mitten im Zimmer stehen. Sie hatte die Arme um seinen Hals geschlungen; er hielt sie an sich gedrückt. Und nun flüsterte er: »Meine Schöne, meine Liebste!« Sie sprang aus dem Bett, lief zum Fenster und kniete sich auf den Hocker, die Ellbogen auf dem Fensterbrett. Aber die wundervolle Nacht, der Garten, jeder Busch, jedes Blatt, selbst der weiße Zaun, selbst die Sterne, sie waren ebenfalls Verschwörer. So hell schien der Mond, daß die Blumen leuchteten wie bei Tag; der Schatten der Kapuzinerkresse fiel auf die silbrige Veranda – köstliche Blätter wie Seerosen und weit geöffnete Blüten. Der Manukabaum, von den Südwinden gebeugt, war wie ein Vogel auf einem Bein, der einen Flügel ausstreckte.

Doch als Beryl zum Buschwald blickte, schien es ihr, als sei der Wald traurig.

»Wir sind stumme Bäume, recken uns der Nacht entgegen und flehen um wir-wissen-nicht-was«, sagte der kummervolle Wald.

Wohl wahr, wenn man allein ist und über das Leben nachsinnt, das ist immer traurig. Die ganze schöne Erregung droht dich mit einem Schlag zu verlassen, und dir ist, als riefe jemand in der Stille deinen Namen, und du hörtest deinen Namen zum ersten Mal. »Beryl!«

»Ja, ich bin hier. Ich bin Beryl. Wer ruft nach mir?«

»Beryl!«

»Laß mich zu dir kommen.«

Man fühlt sich einsam, wenn man so für sich allein lebt. Natürlich gibt es Verwandte, Freunde, jede Menge, aber das ist nicht, was sie meint. Sie möchte einen, der die Beryl findet, die keiner von ihnen kennt, einen, der von ihr erwartet, immer jene Beryl zu bleiben. Sie möchte einen Liebhaber.

»Bring mich fort von all diesen Leuten, mein Liebster. Laß uns weit fortgehen. Laß uns unser eigenes Leben leben, ein neues Leben, eines, das uns gehört, von Anfang an. Laß uns Feuer machen. Laß uns zusammensitzen und essen. Laß uns lange Gespräche führen bei Nacht.«

Und fast dachte sie: »Rette mich, mein Liebster. Rette mich!«

... »Na los! Seien Sie nicht so prüde, meine Liebe. Amüsieren Sie sich, solange Sie jung sind. Das rate ich Ihnen.« Und helles, albernes Kichern mischte sich in Mrs. Harry Kembers lautes, gleichgültiges Wiehern.

Siehst du, es ist so furchtbar schwierig, wenn man niemanden hat. Man ist den Dingen so ausgeliefert. Man kann nicht einfach unhöflich sein. Und immer fürchtet man, unerfahren und langweilig zu erscheinen, so wie die anderen Einfaltspinsel an der Bucht. Aber – und es ist aufregend zu wissen, daß man Macht über andere hat. Ja, das ist aufregend ...

Ach, warum, warum nur kommt »er« nicht bald?

Wenn ich noch länger hier lebe, dachte Beryl, kann mir alles mögliche zustoßen.

»Aber woher willst du wissen, daß er überhaupt kommt?« spottete ein feines Stimmchen in ihr.

Doch Beryl verscheuchte es. Sie würde nicht sitzenbleiben. Andere vielleicht, aber nicht sie. Es war unmöglich, sich vorzustellen, daß Beryl Fairfield niemals heiraten würde, dieses reizende, bezaubernde Geschöpf.

»Erinnern Sie sich noch an Beryl Fairfield?«

»Welche Frage! Wie könnte ich sie je vergessen! In einem Sommer habe ich sie an der Bucht gesehen. Sie stand am Strand in einem blauen« – nein, rosa – »Musselinkleid und hielt ihren großen cremefarbenen« – nein, schwarzen – »Strohhut fest. Aber das ist schon Jahre her.«

»Sie ist so schön wie eh und je, wenn nicht gar noch schöner.«

Beryl lächelte, biß sich auf die Lippe und schaute in den Garten. Und wie sie so schaute, sah sie jemanden, einen Mann, der die Straße verließ und am Zaun entlang über die Wiese ging, als wollte er geradewegs zu ihr. Ihr Herz pochte. Wer war das? Wer konnte das sein? Es konnte kein Einbrecher sein, sicher kein Einbrecher, denn er rauchte und schlenderte unbekümmert dahin. Beryls Herz hüpfte; es schien einen Purzelbaum zu schlagen und dann auszusetzen. Sie erkannte ihn.

»Guten Abend, Miss Beryl«, sagte die Stimme leise.

»Guten Abend.«

»Möchten Sie nicht auf einen kleinen Spaziergang mitkommen?« kam es gedehnt.

Spaziergang – zu dieser nächtlichen Stunde! »Das geht nicht. Alle sind im Bett. Alle schlafen.«

»Ach«, sagte die Stimme unbekümmert. »Was scheren uns die anderen? Kommen Sie! Es ist eine so schöne Nacht. Und keine Menschenseele weit und breit.«

Beryl schüttelte den Kopf. Aber schon regte sich etwas in ihr und hob sein Haupt.

»Haben Sie Angst?« sagte die Stimme spöttisch. »Armes kleines Mädchen!«

»Ganz und gar nicht«, sagte sie. Während sie sprach, schien das schwache Etwas in ihr sich zu voller Größe aufzurichten und an Kraft zu gewinnen; sie sehnte sich danach mitzugehen!

Und gerade so, als sei dies ja ganz selbstverständlich, sagte die Stimme, sanft und leise, aber entschieden: »Kommen Sie!«

Beryl stieg über das niedrige Fensterbrett, überquerte die Veranda, lief über das Gras zur Pforte. Er war vor ihr dort.

»So ist es recht«, hauchte die Stimme und neckte: »Sie fürchten sich nicht, oder? Sie fürchten sich nicht?«

Sie fürchtete sich; jetzt, da sie hier war, hatte sie schreckliche Angst, und alles erschien ihr verändert. Das Mondlicht starrte gleißend auf sie herab; die Schatten waren wie Eisenstäbe. Ihre Hand wurde ergriffen.

»Ganz und gar nicht«, sagte sie leichthin. »Warum auch?«

Ihre Hand wurde gezogen, sanft, dann heftig. Sie hielt an.

»Nein, weiter geh ich nicht«, sagte Beryl.

»Ach, Unsinn!« Harry Kember glaubte ihr nicht. »Kommen Sie schon! Wir gehen nur bis zu dem Fuchsienstrauch. Kommen Sie!«

Der Fuchsienstrauch war groß. Er fiel in einem Blütenschauer über den Zaun. Darunter war eine kleine dunkle Höhle.

»Nein, wirklich, ich möchte nicht«, sagte Beryl.

Einen Augenblick lang schwieg Harry Kember. Dann trat er nah an sie heran, wandte sich ihr zu, lächelte und sagte schnell: »Sei nicht albern! Sei nicht albern!«

So ein Lächeln hatte sie noch nie zuvor gesehen. War er betrunken? Dieses strahlende, blinde, grauenvolle Lächeln ließ sie entsetzt erstarren. Was tat sie da? Wie war sie hier hingekommen? fragte sie der gestrenge Garten – als das Tor aufgestoßen wurde und Harry Kember flink wie eine Katze hindurchschlüpfte und sie an sich riß.

»Du kalter kleiner Teufel! Du kalter kleiner Teufel!« sagte die abscheuliche Stimme.

Aber Beryl war stark. Sie wand sich, duckte sich, riß sich los.

»Sie sind gemein, gemein«, sagte sie.

»Warum in Gottes Namen sind Sie dann gekommen?« stammelte Harry Kember.

Niemand antwortete ihm.

Eine kleine, heitere Wolke glitt vor den Mond. In der eintretenden Dunkelheit klang das Meer tief und aufgewühlt. Dann trieb die Wolke weiter, und das Rauschen des Meeres war nur noch ein Murmeln, als erwachte es aus einem dunklen Traum. Alles war still.

DAS GARTENFEST

Und das Wetter war schließlich ideal. Auch auf Bestellung hätte der Tag für ein Gartenfest nicht vortrefflicher sein können. Windstill, warm, keine Wolke am Himmel. Nur das Blau war von einem zarten Goldschleier verhangen, wie es zuweilen vorkommt im Frühsommer. Der Gärtner war seit dem Morgengrauen auf den Beinen, mähte und harkte das Gras, bis der Rasen und die dunklen flachen Rosenbeete, dort wo die Gänseblümchen gewachsen waren, zu glänzen schienen. Was die Rosen betraf, so hatte man das Gefühl, sie wußten, daß sie die einzigen Blumen sind, die auf Gartenfesten Eindruck bei den Menschen machen; die einzigen Blumen, die jeder mit Sicherheit kennt. Hunderte, ja buchstäblich Hunderte waren in einer einzigen Nacht aufgeblüht; die grünen Büsche neigten sich, als wären sie von Erzengeln besucht worden.

Das Frühstück war noch nicht vorüber, als die Männer kamen, um das Festzelt aufzustellen.

»Wo soll das Zelt aufgestellt werden, Mutter?«

»Mein liebes Kind, frag mich nicht. Ich bin entschlossen, dieses Jahr alles euch Kindern zu überlassen. Vergeßt, daß ich eure Mutter bin. Behandelt mich wie einen Ehrengast.«

Aber Meg konnte unmöglich hingehen und die Männer beaufsichtigen. Sie hatte sich vor dem Frühstück die Haare gewaschen, und sie saß da und trank ihren Kaffee in einem grünen Turban, und eine feuchte dunkle Locke klebte ihr auf jeder Wange. Jose, der Schmetterling – sie kam immer in einem seidenen Unterrock und einer Kimonojacke herunter.

»Du mußt gehen, Laura; du bist hier die Künstlerische.«

Laura eilte davon, mit dem Butterbrot in der Hand. Es ist so köstlich, einen Vorwand dafür zu haben, im Freien zu essen, und außerdem liebte sie es, Dinge zu organisieren; sie hatte immer das Gefühl, es soviel besser zu können als die anderen.

Vier Männer in Hemdsärmeln standen auf dem Gartenweg beisammen. Sie trugen Stangen mit Segeltuchrollen, und auf ihren Rücken hingen große Werkzeugtaschen. Sie sahen eindrucksvoll aus. Laura wünschte jetzt, sie hielte nicht dieses Butterbrot in der Hand, doch sie wußte nicht, wo sie es hätte ablegen sollen, und sie konnte es unmöglich fortwerfen. Sie errötete und versuchte, streng dreinzublicken, und war sogar ein wenig kurzsichtig, als sie auf sie zuging.

»Guten Morgen«, sagte sie und ahmte die Stimme ihrer Mutter nach. Aber es klang so fürchterlich gekünstelt, daß sie sich schämte und wie ein kleines Mädchen stammelte: »Oh – hm – Sie sind gekommen – Sie wollen das Zelt aufstellen?«

»Genau, Miss«, sagte der größte der Männer, ein dünner, sommersprossiger Kerl, und er rückte seine Werkzeugtasche zurecht, stieß seinen Strohhut zurück und lächelte auf sie herab. »Das hatten wir eigentlich vor.«

Sein Lächeln war so unbeschwert, so freundlich, daß Laura sich wieder faßte. Was für hübsche Augen er hatte, klein, aber so dunkelblau! Und nun blickte sie zu den anderen, und sie lächelten auch. »Keine Angst, wir beißen nicht«, schien ihr Lächeln zu sagen. Wie nett Arbeiter doch waren! Und was für ein herrlicher Morgen! Sie durfte den Morgen nicht erwähnen; sie mußte geschäftstüchtig wirken. Das Zelt.

»Wie wäre es mit der Lilienwiese? Würde das gehen?«

Und mit der Hand, die nicht das Butterbrot hielt, zeigte sie zur Lilienwiese. Sie drehten sich um, sie sahen in die

Richtung. Ein kleiner Dicker schob die Unterlippe vor, und der Lange runzelte die Stirn.

»Gefällt mir nicht«, sagte er. »Viel zu versteckt. Sehen Sie, so ein Festzelt«, und er wandte sich in seiner unbeschwerten Art Laura zu, »das sollte man irgendwo aufstellen, wo es einen gleich anspringt, wenn Sie verstehen, was ich meine.«

Lauras gute Kinderstube ließ sie einen Moment zweifeln, ob es sich für einen Arbeiter gehörte, ihr gegenüber von ›anspringen‹ zu reden. Doch sie verstand durchaus, was er meinte.

»Auf dem Tennisplatz«, schlug sie vor. »Aber dort kommt auch noch die Tanzkapelle hin.«

»Hm, eine Tanzkapelle gibt's also auch?« sagte ein anderer der Arbeiter. Er war bleich. Er schien verwirrt, als seine dunklen Augen über den Tennisplatz schweiften. Was mochte er denken?

»Nur eine ganz kleine«, sagte Laura sanft. Vielleicht machte es ihm weniger aus, wenn die Kapelle ganz klein war. Aber der Lange unterbrach sie.

»Dort, Miss, dort würde es gehen. Vor den Bäumen. Dort drüben. Das wäre gut.«

Vor den Karakas. Dann würde man die Karakabäume nicht sehen. Und sie waren so schön mit ihren breiten, glänzenden Blättern und ihren Büscheln gelber Früchte. Es waren Bäume, wie man sie sich auf einer verlassenen Insel vorstellte, einsam und stolz, die Blätter und Früchte sich in stiller Größe der Sonne darbietend. Sollten sie von einem Zelt verdeckt werden?

Sie sollten. Die Männer hatten bereits ihre Stangen geschultert und machten sich zu der Stelle auf. Nur der Lange blieb zurück. Er bückte sich, rieb an einem Lavendelzweig, hielt Daumen und Zeigefinger an die Nase und schnupperte. Als Laura dies sah, vergaß sie gänzlich die

Karakas, so erstaunte es sie, daß er für solche Dinge etwas übrig hatte – für den Duft von Lavendel. Wie viele Männer kannte sie, die so etwas getan hätten? O wie ausgesprochen nett Arbeiter doch waren, dachte sie. Warum konnte sie nicht Arbeiter zu Freunden haben, statt der albernen Jungen, mit denen sie tanzte und die sonntags zum Abendessen kamen? Sie würde sich soviel besser mit solchen Männern verstehen.

Schuld daran, dachte sie, während der Lange etwas auf die Rückseite eines Umschlags skizzierte, etwas, das hochgezurrt oder hängengelassen werden sollte, schuld daran sind nur diese absurden Klassenunterschiede. Nun, was sie anging, sie empfand sie nicht. Nicht ein bißchen, keine Spur ... Und jetzt ertönte das Tock-Tock von Holzhämmern. Einer pfiff, ein anderer rief: »Bist du soweit, alter Junge?« – »Alter Junge!« Diese Herzlichkeit, diese – diese – Nur um zu beweisen, wie glücklich sie war, nur um dem Langen zu zeigen, wie wohl sie sich in seiner Gesellschaft fühlte und wie sehr sie die albernen Konventionen verachtete, biß Laura einen tüchtigen Happen von ihrem Butterbrot ab, während sie die kleine Skizze beäugte. Sie fühlte sich schon wie ein Arbeitermädchen.

»Laura, Laura, wo bist du? Telephon, Laura!« rief eine Stimme aus dem Haus.

»Komme!« Sie sauste davon, über den Rasen, über den Gartenweg, die Stufen hinauf, über die Veranda und ins Haus. In der Diele bürsteten ihr Vater und Laurie ihre Hüte, bereit, ins Büro zu gehen.

»He, Laura«, sagte Laurie in aller Eile, »guck dir noch einmal meinen Rock für heute nachmittag an. Ob er gebügelt werden muß.«

»Mach ich«, sagte sie. Plötzlich konnte sie nicht an sich halten. Sie lief auf Laurie zu und drückte ihn ganz kurz an sich. »O ich liebe Feste, du nicht auch?« jauchzte Laura.

»Doch, doch«, sagte Lauries warme, jungenhafte Stimme, und er drückte seine Schwester ebenfalls und gab ihr einen sanften Schubs. »Lauf jetzt ans Telephon.«

Das Telephon. »Ja, ja; o ja. Kitty? Guten Morgen, Liebes. Zum Mittagessen kommen? Tu das, Liebes. Freut mich, natürlich. Es gibt allerdings nur Reste – Brotrinden und zerbröckelte Baisers und was sonst noch übrig geblieben ist. Ja, ist es nicht ein herrlicher Morgen? Dein Weißes? Oh, das würde ich unbedingt. Moment – bleib am Apparat. Mutter ruft.« Und Laura lehnte sich zurück. »Was ist, Mutter? Ich verstehe nichts.«

Mrs. Sheridans Stimme drang von der Treppe herab. »Sag ihr, sie soll den entzückenden Hut tragen, den sie letzten Sonntag aufhatte.«

»Mutter sagt, du sollst den *entzückenden* Hut tragen, den du letzten Sonntag aufhattest. Gut. Um eins. Adieu.«

Laura hängte den Hörer ein, warf die Arme über den Kopf, holte tief Luft, streckte die Arme und ließ sie fallen. »Hach«, seufzte sie und setzte sich im selben Moment rasch auf. Sie verharrte reglos, horchte. Alle Türen im Haus schienen offenzustehen. Das Haus war erfüllt von leise huschenden Schritten und herumirrenden Stimmen. Die mit grünem Fries bespannte Tür, die zur Küche führte, schwang auf und mit dumpfem Knall wieder zu. Und nun ertönte ein langes, ganz aberwitziges Kichern. Es war der schwere Flügel, der auf seinen starren Laufrollen verschoben wurde. Aber die Luft! War die Luft immer so, wenn man nur einmal darauf achtete? Feine Lüftchen spielten Fangen, zu den Oberlichtern herein, zu den Türen hinaus. Und zwei kleine Sonnentupfen waren dort, einer auf dem Tintenfaß, einer auf einem silbernen Bilderrahmen, und auch sie spielten. Allerliebste kleine Tupfen. Besonders der auf dem Tintenfaßdeckel. Er war ganz warm. Ein warmer kleiner Silberstern. Sie hätte ihn küssen können.

Die Haustürglocke schellte, und auf der Treppe war das Rascheln von Sadies Kattunrock zu hören. Eine Männerstimme murmelte; Sadie antwortete gleichgültig: »Das weiß ich wirklich nicht. Warten Sie. Ich frage Mrs. Sheridan.«

»Was ist denn, Sadie?« Laura kam in die Diele.

»Es ist der Blumenhändler, Miss Laura.«

Tatsächlich. Dort auf der Türschwelle stand ein großer flacher Korb voller Töpfe mit roten Cannas. Keine Sorte sonst. Nichts als Cannas – große hellrote Blüten, weit offen, leuchtend, fast beängstigend lebendig auf dunkelroten Stielen.

»O-oh, Sadie!« sagte Laura, und es klang wie ein leises Stöhnen. Sie kauerte sich hin, als wollte sie sich an diesen lodernden Blüten wärmen; sie fühlte sie zwischen den Fingern, auf den Lippen, sich wuchsen an ihrer Brust.

»Das muß ein Irrtum sein«, sagte sie matt. »Wir haben nie und nimmer so viele bestellt. Sadie, hol Mutter.«

Doch in dem Moment trat Mrs. Sheridan zu ihnen.

»Es ist schon in Ordnung«, sagte sie ruhig. »Ich habe sie bestellt. Sind sie nicht wundervoll?« Sie drückte Lauras Arm. »Ich bin gestern an dem Laden vorbeigekommen und habe sie im Fenster gesehen. Und da dachte ich plötzlich, einmal in meinem Leben will ich so richtig viele Cannas haben. Das Gartenfest ist ein guter Vorwand.«

»Aber du hast gesagt, du wolltest dich nicht einmischen«, sagte Laura. Sadie war gegangen. Der Mann vom Blumengeschäft war noch draußen bei seinem Wagen. Sie legte ihrer Mutter den Arm um den Hals, und sanft, ganz sanft, biß sie sie ins Ohr.

»Mein liebes Kind, du willst doch keine pedantische Mutter, oder? Laß das. Da kommt der Mann.«

Er brachte noch mehr Cannas, noch einen ganzen Korb.

»Stellen Sie sie gleich bei der Tür auf, zu beiden Seiten

des Eingangs, bitte«, sagte Mrs. Sheridan. »Findest du nicht auch, Laura?«

»Oh, aber *ja*, Mutter.«

Im Wohnzimmer hatten Meg, Jose und der gute kleine Hans es endlich geschafft, den Flügel zu verrücken.

»So, wenn wir jetzt das Chesterfield an die Wand stellen und alles bis auf die Sessel aus dem Zimmer räumen, was meint ihr?«

»Gut.«

»Hans, bringen Sie diese Tische ins Rauchzimmer, und holen Sie eine Bürste, um die Druckstellen da aus dem Teppich zu bürsten, und – Moment, Hans –« Jose gab den Dienstboten gern Befehle, und sie gehorchten ihr gern. Sie vermittelte ihnen das Gefühl, als würden sie in einem Theaterstück mitspielen. »Sagen Sie Mutter und Miss Laura, sie möchten sofort herkommen.«

»Sehr wohl, Miss Jose.«

Sie wandte sich Meg zu. »Mal hören, wie der Flügel klingt, nur für den Fall, daß ich heute nachmittag gebeten werde zu singen. Spiel einmal ›Des Lebens Trübsal‹.«

Pomm! Ta-ta-*tii*-ta! Der Flügel setzte so leidenschaftlich ein, daß Joses Miene sich jäh verwandelte. Sie faltete die Hände. Trauervoll und rätselhaft blickte sie ihre Mutter und Laura an, die ins Zimmer traten.

Des Lebens *Trüüb*-sal,
Die Träne rinnt
Die Lieb' ver-*geht*.
Des Lebens *Trüüb*-sal,
Die Träne rinnt.
Die Lieb' ver-*geht*,
Kommt nimmermehr!

Doch bei dem Wort »nimmermehr«, und obwohl der Flügel verzweifelter denn je klang, erschien ein strahlendes, mitleidloses Lächeln auf ihrem Gesicht.

»Bin ich nicht gut bei Stimme, Mami?« strahlte sie.

> Des Lebens *Trüüb*-sal,
> Die Hoffnung stirbt.
> Ein Traum – ein Er-*wachen* …

Aber nun wurden sie von Sadie unterbrochen. »Was ist denn, Sadie?«

»Bitte, Ma'm, die Köchin fragt, ob Sie die Fähnchen für die Schnittchen haben?«

»Die Fähnchen für die Schnittchen, Sadie?« wiederholte Mrs. Sheridan verträumt. Und die Kinder sahen es ihr an, daß sie sie nicht hatte. »Ich muß nachsehen.« Und energisch sagte sie zu Sadie: »Sagen Sie der Köchin, sie bekommt sie in zehn Minuten.«

Sadie ging.

»So, Laura«, sagte ihre Mutter rasch. »Komm mit ins Rauchzimmer. Ich habe die Namen irgendwo auf der Rückseite eines Briefumschlags. Du mußt sie für mich aufschreiben. Meg, geh sofort nach oben und nimm dieses nasse Ding von deinem Kopf. Jose, lauf und zieh dich fertig an. Habt ihr mich verstanden, Kinder, oder muß ich mit eurem Vater reden, wenn er heimkommt? Und – und, Jose, beruhige die Köchin, wenn du in die Küche gehst, ja? Sie ist heute morgen zum Fürchten.«

Der Briefumschlag fand sich endlich hinter der Uhr im Eßzimmer, obwohl Mrs. Sheridan sich nicht erklären konnte, wie er da hingeraten war.

»Eins von euch Kindern muß ihn mir aus der Handtasche stibizt haben, denn ich erinnere mich genau – Rahmkäse und Zitronenquark. Bist du soweit?«

»Ja.«

»Ei und –« Mrs. Sheridan hielt den Umschlag weiter von sich fort. »Sieht aus wie Ratte. Es kann aber doch nicht Ratte heißen, oder?«

»Kresse, Muttilein«, sagte Laura, die ihr über die Schulter schaute.

»Ja, natürlich, Kresse. Was für eine sonderbare Zusammenstellung. Ei und Kresse.«

Endlich waren die Fähnchen fertig, und Laura brachte sie in die Küche. Dort fand sie Jose, die dabei war, die Köchin zu beruhigen, die aber gar nicht zum Fürchten aussah.

»Ich habe noch nie so vortreffliche Schnittchen gesehen«, rief Jose ganz hingerissen. »Was sagten Sie, wie viele Sorten? Fünfzehn?«

»Fünfzehn, Miss Jose.«

»Also wirklich, alle Achtung.«

Die Köchin fegte mit dem langen Brotmesser die Rinden zusammen und lächelte übers ganze Gesicht.

»Der Mann von Godber ist da«, verkündete Sadie und kam aus der Vorratskammer. Sie hatte den Burschen am Fenster vorbeigehen sehen.

Das bedeutete, daß die Windbeutel eingetroffen waren. Godber war berühmt für seine Windbeutel. Niemand kam auf die Idee, selbst welche zu backen.

»Bring sie ’rein und stell sie auf den Tisch, mein Kind«, befahl die Köchin.

Sadie brachte sie und ging zurück an die Tür. Natürlich waren Laura und Jose viel zu erwachsen, um sich viel aus solchen Dingen zu machen. Trotzdem mußten sie zugeben, daß die Windbeutel sehr verlockend aussahen. Sehr. Die Köchin begann, sie gefällig anzurichten, und schüttelte den überschüssigen Puderzucker ab.

»Man fühlt sich in die Zeit von Kindergeburtstagen zurückversetzt, findest du nicht?« sagte Laura.

»Mag sein«, sagte die praktische Jose, die sich nicht gern zurückversetzt fühlte. »Aber sie sehen so wunderbar locker aus.«

»Nehmt euch jede einen, Mädchen«, sagte die Köchin mit ihrer ruhigen Stimme. »Eure Mutter wird es nicht merken.«

Oh, unmöglich. Windbeutel so bald nach dem Frühstück! Der bloße Gedanke machte einen schaudern. Und dennoch leckten sich zwei Minuten später Jose und Laura die Finger, mit jener innig versunkenen Miene, die nur Schlagrahm hervorrufen kann.

»Laß uns in den Garten gehen, durch die Hintertür«, schlug Laura vor. »Ich will sehen, wie die Männer mit dem Zelt vorankommen. Es sind furchtbar nette Männer.«

Aber die Hintertür wurde versperrt, von der Köchin, von Sadie, dem Laufburschen von Godber und Hans.

Irgend etwas war geschehen.

»Tock-tock-tock«, gackerte die Köchin wie ein aufgeregtes Huhn. Sadie hielt sich die Wange, als habe sie Zahnschmerzen. Hans verzog das Gesicht, um besser zu verstehen. Nur der Laufbursche schien bester Dinge; es war seine Geschichte.

»Was ist los? Was ist passiert?«

»Es hat einen schrecklichen Unfall gegeben«, sagte die Köchin. »Ein Mann ist getötet worden.«

»Ein Mann getötet! Wo? Wie? Wann?«

Aber der Laufbursche wollte sich seine Geschichte nicht vor der Nase wegschnappen lassen.

»Kennen Sie die kleinen Hütten gleich da unten, Miss?« Ob sie die kannte? Natürlich kannte sie die. »Also, da wohnt ein junger Kerl, Scott heißt er, ein Fuhrmann. Sein Pferd hat vor einer Zugmaschine gescheut, Ecke Hawke Street, heute morgen, und er ist zu Boden geworfen worden, auf den Hinterkopf. Tot.«

»Tot!« Laura starrte den Laufburschen an.

»Tot, auf der Stelle«, sagte er genüßlich. »Sie haben die Leiche gerade nach Hause geschafft, wie ich hier herkam.« Und zu der Köchin sagte er: »Er hinterläßt eine Frau und fünf kleine Kinder.«

»Jose, komm einmal.« Laura faßte ihre Schwester beim Ärmel und zog sie durch die Küche auf die andere Seite der grünen Friestür. Dort blieb sie stehen und lehnte sich gegen sie. »Jose!« sagte sie entsetzt, »wie sollen wir jetzt bloß noch absagen?«

»Absagen, Laura!« rief Jose erstaunt. »Was meinst du?«

»Das Gartenfest, natürlich.« Warum tat Jose so begriffsstutzig?

Aber Jose staunte noch mehr. »Das Gartenfest absagen? Nun sei aber nicht albern, liebe Laura. Natürlich werden wir nichts dergleichen tun. Niemand erwartet das von uns. Du übertreibst wirklich.«

»Aber wir können unmöglich ein Gartenfest geben, mit einem Toten gerade vor der Haustür.«

Es war wirklich übertrieben, denn die kleinen Hütten standen in einer Gasse für sich, am Fuß eines steilen Abhangs, der zu ihrem Haus hinaufführte. Dazwischen verlief eine breite Straße. Gewiß, sie standen noch immer viel zu nah. Sie waren ein wahrer Schandfleck und hatten kein Recht, überhaupt in der Nachbarschaft zu sein. Es waren kümmerliche kleine Behausungen, schokoladenbraun gestrichen. In den Gärtchen gab es nichts als Kohlstrünke, kränkliche Hühner und Tomatenbüchsen. Selbst der Rauch, der aus ihren Schornsteinen kam, hatte etwas Armseliges. Fransige kleine Rauchfetzen, so ganz anders als die hohen, silbrigen Fahnen, die aus den Schornsteinen der Sheridans aufstiegen. Waschfrauen wohnten in der Gasse und Straßenkehrer und ein Schuster und ein Mann, dessen Hauswand über und über mit kleinen Vogelkäfigen behängt war. Es wimmelte von Kindern. Als die Sheridan-Kinder noch klein waren, war es ihnen verboten, auch nur einen Fuß in die Gasse zu setzen, wegen der unanständigen Sprache und weil sie sich dort alle möglichen Krankheiten hätten holen können. Doch seit sie erwachsen waren, gingen Laura und Laurie auf ihren Erkundungsgängen manchmal hindurch. Es war erschreckend und so schmutzig. Sie kamen schaudernd wieder zurück. Aber schließlich mußte man überall einmal hingegangen sein; man mußte alles gesehen haben. Also gingen sie dort hindurch.

»Und denk doch nur, wie die Kapelle in den Ohren dieser armen Frau klingen muß«, sagte Laura.

»Aber, Laura!« Jose begann jetzt, ernstlich böse zu werden. »Wenn du jede Kapelle am Spielen hindern willst, wenn irgendwo ein Unglück geschieht, dann wirst du alle Hände voll zu tun haben. Mir tut es genauso leid wie dir. Es geht mir ebenfalls nah.« Ihr Blick wurde streng. Sie sah ihre Schwester an wie früher, als sie noch klein waren und sich zankten. »Doch du wirst einen betrunkenen Arbeiter nicht wieder zum Leben erwecken, indem du sentimental wirst«, sagte sie ruhig.

»Betrunken! Wer sagt denn, daß er betrunken war?« fuhr Laura wütend auf. Sie sprach, genau wie sie es als Kinder bei solchen Anlässen getan hatten: »Ich sage es Mutter.«

»Tu das, Liebes«, gurrte Jose.

»Mutter, kann ich zu dir ins Zimmer kommen?« Laura drehte den großen gläsernen Türknauf.

»Natürlich, Kind. Ja, was ist denn los? Was hat dich so erhitzt?« Und Mrs. Sheridan wandte sich von ihrem Frisiertisch ab. Sie probierte einen neuen Hut an.

»Mutter, ein Mann ist getötet worden«, begann Laura.

»Doch nicht in unserem *Garten?*« fiel ihr die Mutter ins Wort.

»Nein, nein!«

»Huch, hast du mich erschreckt!« Mrs. Sheridan seufzte erleichtert auf und nahm den großen Hut ab und hielt ihn auf den Knien.

»Aber so hör doch, Mutter«, sagte Laura. Atemlos, mit halb erstickter Stimme erzählte sie die schreckliche Geschichte. »Jetzt können wir natürlich kein Fest mehr geben, nicht wahr?« flehte sie. »Mit der Kapelle und den vielen Leuten. Sie würden uns hören, Mutter; sie sind beinahe Nachbarn!«

Zu Lauras Verblüffung reagierte ihre Mutter genau wie Jose; und was schlimmer war: sie schien belustigt. Sie weigerte sich, Laura ernstzunehmen.

»Aber mein liebes Kind, gebrauch deinen Verstand. Wir haben doch nur zufällig davon erfahren. Wenn jemand dort ganz normal gestorben wäre – und ich verstehe ohnehin nicht, wie sie in den engen Löchern dort überleben –, dann würden wir trotzdem unser Fest geben, nicht wahr?«

Laura mußte »ja« dazu sagen, doch sie fand es ganz und gar verkehrt. Sie setzte sich aufs Sofa ihrer Mutter und kniff in die Kissenborte.

»Aber ist es nicht fürchterlich herzlos von uns, Mutter?« fragte sie.

»Schätzchen!« Mrs. Sheridan stand auf und kam zu ihr, den Hut in der Hand. Ehe Laura sie daran hindern konnte, hatte sie ihn ihr übergestülpt. »Mein Kind!« sagte ihre Mutter, »der Hut gehört dir. Er ist wie für dich geschaffen. Viel zu jungmädchenhaft für mich. Ich habe dich noch nie so hübsch gesehen. Schau dich nur an!« Und sie hielt ihr den Handspiegel vor.

»Aber Mutter«, begann Laura wieder. Sie mochte sich nicht ansehen; sie wandte sich ab.

Jetzt verlor Mrs. Sheridan die Geduld, genau wie Jose es getan hatte.

»Du bist wirklich albern, Laura«, sagte sie kalt. »Solche

Leute erwarten keine Opfer von uns. Und es ist nicht sehr nett, uns allen die Freude zu verderben, wie du es gerade tust.«

»Ich verstehe es nicht«, sagte Laura, und sie ging schnell fort und in ihr eigenes Schlafzimmer. Dort war ganz zufällig das erste, was sie sah, dieses reizende Mädchen im Spiegel, mit ihrem schwarzen Hut, geschmückt mit goldenen Maßliebchen und einem langen schwarzen Samtband. Nie hätte sie sich träumen lassen, daß sie so aussehen könne. Hat Mutter recht? dachte sie. Und nun hoffte sie, daß ihre Mutter recht hatte. Übertreibe ich etwa? Vielleicht war es übertrieben. Nur für einen kurzen Moment sah sie noch einmal die arme Frau vor sich und die kleinen Kinder und den Leichnam, der ins Haus getragen wurde. Aber es schien alles verschwommen, unwirklich, wie ein Bild in der Zeitung. Ich werde wieder an sie denken, wenn das Fest vorbei ist, beschloß sie. Und irgendwie schien dies der beste Plan zu sein …

Das Mittagessen war um halb zwei vorüber. Um halb drei waren sie alle bereit. Die grünberockte Kapelle war eingetroffen und auf dem Tennisplatz postiert worden.

»Meine Liebe!« trällerte Kitty Maitland, »sehen sie nicht haargenau wie Laubfrösche aus? Du hättest sie um den Teich herum aufstellen sollen, und den Dirigenten in der Mitte auf einem Blatt.«

Laurie traf ein und winkte, als er zum Umziehen ins Haus ging. Als sie ihn sah, erinnerte sich Laura wieder an das Unglück. Sie wollte es ihm erzählen. Wenn Laurie mit den anderen einer Meinung war, dann mußte es in Ordnung sein. Und sie folgte ihm in die Diele.

»Laurie!«

»Hallo!« Er war schon halb die Treppe hinauf, doch als er sich umdrehte und Laura sah, blies er plötzlich die Backen auf und machte große Augen. »Meine Güte, Laura! Du siehst umwerfend aus«, sagte Laurie. »Was für ein grandioser Hut!«

Laura sagte matt: »Ach ja?« und lächelte zu Laurie hoch und erzählte es ihm lieber doch nicht.

Bald darauf strömten auch schon die Leute herbei. Die Kapelle legte los; die gemieteten Kellner eilten vom Haus zum Festzelt. Wohin man auch blickte, schlenderten Paare umher, beugten sich über die Blumen, grüßten, spazierten weiter über den Rasen. Sie waren wie bunte Vögel, die sich auf ihrem Weg – wohin? – für einen Nachmittag im Garten der Sheridans niedergelassen hatten. Ach, was für ein Glück, mit Menschen zusammen zu sein, die alle glücklich sind, Hände zu drücken, Wangen zu drücken, in Augen zu lächeln.

»Laura, Liebes, wie gut du aussiehst!«

»Was für ein kleidsamer Hut, Kind!«

»Laura, du siehst richtig spanisch aus. Ich habe dich noch nie so bezaubernd gesehen.«

Und Laura, errötend, antwortete sanft: »Hatten Sie schon Tee? Möchten Sie ein Eis? Das Passiflorae-Eis ist etwas ganz Besonderes.« Sie lief zu ihrem Vater und bettelte: »Papa, kann die Kapelle nicht etwas zu trinken bekommen?«

Und der herrliche Nachmittag erblühte langsam, er welkte langsam und langsam schloß er seine Blüten.

»Nie ein entzückenderes Gartenfest ...« – »Ein voller Erfolg ...« – »Das beste ...«

Laura half ihrer Mutter beim Verabschieden. Sie standen Seite an Seite im Eingang, bis alles vorbei war.

»Vorbei, vorbei, dem Himmel sei Dank«, sagte Mrs. Sheridan. »Hol die anderen her, Laura. Wir wollen erst einmal frischen Kaffee trinken. Ich bin erschöpft. Ja, es war sehr gelungen. Aber ach, diese Feste, diese Feste! Warum besteht ihr Kinder nur immer darauf, Feste zu geben!« Und sie ließen sich alle miteinander in dem verlassenen Festzelt nieder.

»Nimm ein Schnittchen, Papa. Ich habe das Fähnchen beschriftet.«

»Danke.« Mr. Sheridan tat einen Bissen, und das Schnittchen war verschwunden. Er nahm noch eins. »Ihr habt bestimmt noch nicht von dem scheußlichen Unfall gehört, der heute passiert ist?« sagte er.

»O doch, mein Lieber«, sagte Mrs. Sheridan und hob die Hand, »und ob. Es hätte uns beinahe das Fest verdorben. Laura bestand darauf, daß wir es absagen.«

»Ach, Mutter!« Laura wollte nicht damit aufgezogen werden.

»Immerhin, eine üble Geschichte«, sagte Mr. Sheridan. »Und der Bursche war verheiratet. Hat da unten in der Gasse gewohnt und hinterläßt eine Frau und ein halbes Dutzend Kinder, wie es heißt.«

Ein unbehagliches Schweigen trat ein. Mrs. Sheridan spielte an ihrer Tasse herum. Es war wirklich sehr taktlos von Vater …

Plötzlich blickte sie auf. Dort auf dem Tisch waren all die übriggebliebenen Schnittchen, Kuchen, Windbeutel, und sie würden die Sachen nur fortwerfen. Sie hatte einen ihrer glänzenden Einfälle.

»Ich weiß«, sagte sie. »Laßt uns einen Korb zurechtmachen. Wir schicken dem armen Geschöpf etwas von diesem tadellosen Essen. Auf jeden Fall machen wir den Kindern damit eine Riesenfreude. Meint ihr nicht? Und es werden doch sicherlich Nachbarn bei ihr vorbeischauen. Wie praktisch, wenn dann schon alles fertig zubereitet ist. Laura!« Sie sprang auf. »Hol mir den großen Korb aus dem Schrank unter der Treppe.«

»Aber Mutter, hältst du das wirklich für eine gute Idee?« sagte Laura.

Wie merkwürdig, schon wieder fühlte sie anders als die anderen. Reste von ihrem Fest. Ob das der armen Frau gefallen würde?

»Natürlich! Was ist denn heute mit dir los? Vor ein paar Stunden hast du noch darauf bestanden, daß wir Mitgefühl zeigen, und jetzt –«

Also gut! Laura lief den Korb holen. Ihre Mutter lud ihn voll, nein, übervoll.

»Bring ihn selbst hin, Schätzchen«, sagte sie. »Lauf einfach hinunter, so wie du bist. Nein, warte, nimm noch die Callas mit. Leute aus dieser Schicht sind immer so beeindruckt von Callas.«

»Die Stiele werden ihr das Spitzenkleid ruinieren«, sagte die praktische Jose.

Wohl wahr. Gerade noch rechtzeitig. »Dann eben nur den Korb. Und, Laura!« – ihre Mutter folgte ihr aus dem Zelt – »komm nicht auf die Idee –«

»Was, Mutter?«

Nein, dem Kind lieber gar nicht solche Gedanken in den Kopf setzen! »Nichts! Lauf nur.«

Es begann zu dämmern, als Laura das Gartentor schloß. Ein großer Hund lief vorüber wie ein Schatten. Die Straße schimmerte weiß, und unten in der Senke lagen die kleinen Hütten in tiefer Finsternis. Wie still es schien nach dem Nachmittag. Da ging sie nun den Hügel hinab, dorthin, wo ein toter Mann lag, und sie konnte es nicht begreifen. Warum konnte sie es nicht? Sie hielt einen Moment inne. Und ihr schien, daß ihr Inneres ganz erfüllt war von Küssen, Stimmen, Löffelklirren, Gelächter, dem Geruch von zerdrücktem Gras. Sie hatte keinen Platz für irgend etwas sonst. Wie seltsam! Sie blickte zu dem fahlen Himmel auf, und alles, was sie dachte, war: »Ja, es war ein überaus gelungenes Fest.«

Nun hatte sie die breite Straße überquert. Die Gasse lag

vor ihr, dunkel und verräuchert. Frauen in Umschlagtüchern und wollenen Männermützen eilten vorbei. Männer lehnten über den Lattenzäunen; die Kinder spielten in Hauseingängen. Ein leises Gesumm drang aus den schäbigen kleinen Häusern. In einigen flackerte ein Lichtschein, und ein Schatten huschte über das Fenster. Laura senkte den Kopf und hastete weiter. Sie wünschte jetzt, sie hätte einen Mantel übergezogen. Wie ihr Kleid leuchtete! Und der große Hut mit dem flatternden Samtband – wenn es doch nur ein anderer Hut wäre! Ob die Leute ihr wohl nachsahen? Ganz bestimmt. Es war ein Fehler gewesen, herzukommen; sie hatte die ganze Zeit gewußt, daß es ein Fehler war. Sollte sie jetzt noch umkehren?

Nein, zu spät. Dort war das Haus. Es mußte das richtige sein. Ein schwarzer Pulk Menschen stand davor. Neben der Gartenpforte saß eine uralte Frau mit Krückstock auf einem Stuhl und hielt Wache. Sie hatte die Füße auf eine Zeitung gestellt. Die Stimmen brachen ab, als Laura näherkam. Die Gruppe teilte sich. Es war, als hätte man sie erwartet, als hätten sie gewußt, daß sie kommen würde.

Laura war schrecklich beklommen. Sie warf das Samtband über die Schulter zurück und sprach eine Frau an: »Ist dies das Haus von Mrs. Scott?«, und die Frau lächelte sonderbar und sagte: »Ja, mein Kind.«

Ach, wäre sie nur fort! Und wirklich sagte sie: »Lieber Gott, steh mir bei«, als sie auf dem kleinen Gartenweg weiterging und anklopfte. Wäre sie nur fort von diesen starrenden Augen, oder wenn sie sich wenigstens verhüllen könnte, und sei es mit einem der Umschlagtücher dieser Frauen. Ich lasse einfach den Korb da und gehe wieder, beschloß sie. Ich warte gar nicht ab, bis er ausgepackt ist.

Dann öffnete sich die Tür. Eine kleine Frau in Schwarz erschien im Halbdunkel.

Laura fragte: »Sind Sie Mrs. Scott?« Doch zu ihrem

Schrecken entgegnete die Frau: »Kommen Se rein, Miss«, und sie war in dem Flur gefangen.

»Nein«, sagte Laura, »ich möchte nicht hereinkommen. Ich möchte nur diesen Korb dalassen. Mutter schickt …«

Die kleine Frau in dem düsteren Flur schien sie nicht gehört zu haben. »Hier lang, Miss«, sagte sie mit lockender Stimme, und Laura folgte ihr.

Sie fand sich in einer elenden, niedrigen kleinen Küche wieder, die von einer blakenden Lampe erhellt wurde. Vor dem Feuer saß eine Frau.

»Em«, sagte das kleine Wesen, das sie hereingelassen hatte. »Em! Hier is' 'ne junge Dame.« Sie wandte sich zu Laura um. Mit bedeutungsvoller Miene sagte sie: »Ich bin ihre Schwester, Miss. Sie müssen sie entschuldigen, nich' wahr?«

»Oh, aber natürlich!« sagte Laura. »Bitte, bitte stören Sie sie nicht. Ich – ich wollte nur –«

Doch in dem Moment wandte die Frau am Feuer sich um. Ihr Gesicht, verquollen und rot, mit geschwollenen Augen und geschwollenen Lippen, sah schrecklich aus. Sie schien nicht zu verstehen, warum Laura hier war. Was hatte das zu bedeuten? Warum stand diese Fremde da mit einem Korb in der Küche? Wozu das alles? Und das arme Gesicht verzog sich wieder zu einer schmerzlichen Grimasse.

»Schon gut, Liebes«, sagte die andere. »Ich werd' der jungen Dame danken.«

Und wieder begann sie: »Sie müssen sie entschuldigen, Miss«, und ihr ebenfalls verquollenes Gesicht versuchte ein schmeichlerisches Lächeln.

Laura wollte nur hinaus, nur fort. Sie stand wieder im Flur. Die Tür öffnete sich. Sie ging geradewegs in das Schlafzimmer, wo der Tote lag.

»Sie möchten ihn bestimmt sehen, nich' wahr?« sagte Ems Schwester, und sie strich an Laura vorbei und trat ans

Bett. »Keine Bange, mein Kind« – und nun klang ihre Stimme liebevoll und verschmitzt, und liebevoll zog sie das Leintuch fort – »er sieht wunderschön aus. Man sieht gar nichts. Kommen Se näher, meine Liebe.«

Laura kam näher.

Dort lag ein junger Mann und schlief – schlief so tief und fest, daß er weit, weit fort von ihnen beiden war. Oh, so weit fort, so friedlich. Er träumte. Nie mehr durfte man ihn wekken. Sein Kopf war ins Kissen gesunken, seine Augen waren geschlossen; sie waren blind unter den geschlossenen Lidern. Er hatte sich ganz seinem Traum hingegeben. Was kümmerten ihn Gartenfeste und Körbe und Spitzenkleider? Er war weit fort von all solchen Dingen. Er war wundervoll, wunderschön. Während sie lachten und während die Kapelle spielte, war in dieser Gasse ein Wunder geschehen. Glücklich … glücklich … Alles ist gut, sagte das schlafende Gesicht. Es ist genau so, wie es sein soll. Ich bin zufrieden.

Aber dennoch mußte man weinen, und sie konnte nicht aus dem Zimmer gehen, ohne etwas zu ihm zu sagen. Laura schluchzte laut und kindlich.

»Verzeihen Sie meinen Hut«, sagte sie.

Und diesmal wartete sie nicht auf Ems Schwester. Sie fand nach draußen, über den Gartenweg, an all den dunklen Leuten vorbei. Am Ende der Gasse traf sie auf Laurie.

Er trat aus dem Dunkel. »Bist du das, Laura?«

»Ja.«

»Mutter hat sich schon Sorgen gemacht. Ist alles gut gegangen?«

»Aber ja. Ach, Laurie!« Sie nahm seinen Arm, schmiegte sich an ihn.

»He, du weinst doch nicht etwa?« fragte ihr Bruder.

Laura schüttelte den Kopf. Sie weinte.

Laurie legte ihr den Arm um die Schulter. »Wein nicht«,

sagte er mit seiner warmen, liebevollen Stimme. »War es so schlimm?«

»Nein«, schluchzte Laura. »Es war einfach wunderbar. Aber, Laurie –« Sie hielt inne, blickte ihren Bruder an. »Ist das Leben nicht«, stammelte sie, »ist das Leben nicht –« Aber was das Leben war, konnte sie nicht erklären. Es machte nichts. Er verstand vollkommen.

»Nicht wahr, Liebes?« sagte Laurie.

DIE TÖCHTER DES VERSTORBENEN COLONEL

I

Die Woche danach war eine der anstrengendsten Wochen ihres Lebens. Selbst wenn sie zu Bett gingen, war es nur ihr Körper, der sich niederlegte und ruhte; ihr Kopf arbeitete weiter, plante, erklärte, prüfte, fällte Entscheidungen, versuchte, sich zu erinnern, wo …

Constantia lag da wie eine Statue, die Hände an den Seiten, nur die Füße leicht gekreuzt, die Bettdecke bis zum Kinn heraufgezogen. Sie starrte an die Zimmerdecke.

»Meinst du, Vater hätte etwas dagegen, wenn wir seinen Zylinder dem Portier schenkten?«

»Dem Portier?« fuhr Josephine auf. »Wieso denn dem Portier? Was für eine absonderliche Idee!«

»Weil«, sagte Constantia langsam, »weil er doch wohl oft auf Beerdigungen gehen muß. Und ich habe auf dem – dem Friedhof bemerkt, daß er bloß einen Bowler hatte.« Sie machte eine Pause. »Da dachte ich mir, wie sehr er einen Zylinder zu schätzen wüßte. Wir sollten ihm auf jeden Fall ein Geschenk machen. Er war immer sehr freundlich zu Vater.«

»Aber«, rief Josephine, warf sich auf ihrem Kissen herum und starrte im Dunkeln zu Constantia hinüber, »Vaters Kopf!« Und plötzlich, einen schrecklichen Moment lang, hätte sie beinahe gekichert. Nicht, daß ihr auch nur im geringsten zum Kichern zumute war, natürlich nicht. Es mußte wohl die Gewohnheit sein. Vor Jahren, wenn sie nachts wach lagen und plauderten, hatten ihre Betten geradezu gewackelt. Und nun der Kopf des Portiers, wie er unter Vaters Hut verschwand, ausgelöscht wie eine Kerze ... Das Kichern stieg höher, höher; sie ballte die Hände; sie bezwang es; sie blickte wütend ins Dunkel und sagte »Gedenke« mit unerbittlicher Strenge.

»Wir können es morgen entscheiden«, sagte sie.

Constantia hatte nichts gemerkt; sie seufzte.

»Meinst du, wir sollten unsere Morgenröcke ebenfalls färben lassen?«

»Schwarz?« Josephine schrie fast.

»Nun, wie sonst?« sagte Constantia. »Ich dachte nur – irgendwie ist es unaufrichtig, draußen und wenn wir uns fein machen, Schwarz zu tragen, und dann, wenn wir zu Hause sind –«

»Aber hier sieht uns doch niemand«, sagte Josephine. Sie zog so heftig an der Bettdecke, daß ihre Füße hervorguckten, und sie mußte weiter aufs Kissen rutschen, um sie wieder richtig zuzudecken.

»Kate sieht uns«, sagte Constantia. »Und der Briefträger vielleicht auch.«

Josephine dachte an ihre dunkelroten Pantoffeln, die zu ihrem Morgenrock paßten, und an Constantias grau-grüne Lieblingspantoffeln, die zu ihrem paßten. Schwarz! Zwei schwarze Morgenröcke und zwei Paar schwarzwollene Pantoffeln, die wie schwarze Katzen ins Badezimmer schlichen.

»Ich finde, das ist wirklich nicht nötig«, sagte sie.

Stille. Dann sagte Constantia: »Wir müssen die Zeitungen mit der Anzeige morgen abschicken, damit sie das Postschiff nach Ceylon erreichen ... Wie viele Briefe haben wir bisher bekommen?«

»Dreiundzwanzig.«

Josephine hatte sie alle beantwortet, und dreiundzwanzigmal, wenn sie zu der Stelle kam: »Unser lieber Vater fehlt uns so sehr«, hatte sie die Fassung verloren und ihr

Taschentuch zücken müssen und auf einigen sogar mit einer Ecke des Löschblatts eine sehr hellblaue Träne abtupfen müssen. Seltsam! Es konnte unmöglich geheuchelt sein – aber dreiundzwanzigmal! Und selbst jetzt noch, wenn sie sich traurig vorsagte: »Unser lieber Vater fehlt uns *so* sehr«, hätte sie weinen können, wenn sie gewollt hätte.

»Hast du genügend Briefmarken?« hörte sie Constantia fragen.

»Woher soll ich das wissen?« entgegnete Josephine verdrießlich. »Wozu fragst du mich das jetzt?«

»Es ist mir nur gerade eingefallen«, sagte Constantia milde.

Wieder Stille. Dann ein leises Rascheln, Trippeln, Hopsen.

»Eine Maus«, sagte Constantia.

»Es kann keine Maus sein, weil keine Krümel da sind«, sagte Josephine.

»Aber sie weiß ja nicht, daß keine da sind«, sagte Constantia.

Mitleid krampfte ihr das Herz zusammen. Armes kleines Ding! Sie wünschte, sie hätte ein kleines Stückchen Biskuit auf dem Frisiertisch liegen lassen. Schrecklich, der Gedanke, daß sie nichts fand. Was würde sie machen?

»Ich verstehe ohnehin nicht, wie sie es schaffen zu überleben«, sagte sie langsam.

»Wer?« fragte Josephine.

Und Constantia sagte lauter als beabsichtigt: »Mäuse.«

Josephine wurde zornig. »Was für ein Unsinn, Con!« sagte sie. »Was haben Mäuse damit zu tun? Du schläfst wohl schon.«

»Ich glaube nicht«, sagte Constantia. Sie schloß die Augen, um sich zu vergewissern. Doch, sie schlief.

Josephine krümmte den Rücken, zog die Knie an, kreuzte die Arme, so daß ihre Fäuste unter den Ohren lagen, und drückte die Wange fest ins Kissen.

II

Was alles noch schwieriger machte, war, daß Schwester Andrews in dieser Woche bei ihnen wohnte. Es war ihre eigene Schuld; sie hatten sie darum gebeten. Es war Josephines Idee. Am Morgen – nun ja, am letzten Morgen, als der Doktor gegangen war, hatte Josephine zu Constantia gesagt: »Meinst du nicht, es wäre nett, wenn wir Schwester Andrews bäten, noch eine Woche als unser Gast dazubleiben?«

»Sehr nett«, sagte Constantia.

»Ich dachte«, fuhr Josephine rasch fort, »daß ich ihr heute nachmittag, nachdem ich sie bezahlt habe, einfach sage: ›Meine Schwester und ich wären sehr erfreut, nach allem, was sie für uns getan haben, Schwester Andrews, wenn Sie noch eine Woche als unser Gast dablieben.‹ Ich füge das mit dem Gast-Sein lieber gleich hinzu, für den Fall ...«

»Oh, aber sie kann doch nicht erwarten, dafür bezahlt zu werden!« rief Constantia.

»Das weiß man nie«, sagte Josephine mit wissender Miene.

Schwester Andrews hatte die Idee natürlich freudig begrüßt. Aber es war eine Last. Es bedeutete, daß sie sich zu festgesetzten Zeiten an den Eßtisch setzen mußten; wären sie allein gewesen, hätten sie einfach Kate gebeten, ihnen ein Tablett dorthin zu bringen, wo sie sich gerade aufhielten. Und Mahlzeiten waren nun, da die Anspannung nachgelassen hatte, eine rechte Prüfung.

Schwester Andrews war einfach schrecklich, was Butter betraf. Wirklich, sie konnten sich des Eindrucks nicht erwehren, daß sie, zumindest was Butter betraf, ihre Freundlichkeit schamlos ausnutzte. Sie hatte die unerträgliche Angewohnheit, noch ein wenig Brot zu verlangen, um aufzuessen, was sie auf dem Teller hatte, um dann, beim letzten Bissen, wie in Gedanken – natürlich war sie nicht in Gedanken – noch einmal zu bedienen. Wenn dies geschah, wurde Josephine sehr rot, und sie heftete ihre kleinen Knopfaugen auf das Tischtuch, als sähe sie ein kleines fremdartiges Insekt durch das Gewebe kriechen. Constantias langes, blasses Gesicht aber wurde noch länger und erstarrte, und sie blickte fort – fort – weit über die Wüste, dorthin, wo eine Reihe von Kamelen sich hinzog wie ein Wollfaden …

»Als ich bei Lady Tukes war«, sagte Schwester Andrews, »hatten sie dort ein ganz *rei-zendes* kleines Gerät für die Butter. Es war ein silberner Armor, der auf dem – auf dem Rand einer Glasschale balancierte und ein *rei-zendes* kleines Gäbelchen hielt. Und wenn man Butter haben wollte, drückte man einfach auf seinen Fuß, und er beugte sich vor und spießte einem ein Stückchen auf. Wirlich ganz *rei-zend.*«

Josephine konnte es kaum aushalten. Doch sie sagte nur: »Ich finde solche Sachen übertrieben!«

»Aber wieso?« fragte Schwester Andrews und strahlte hinter ihren Brillengläsern. »Niemand wird sich deswegen mehr Butter nehmen, als er eigentlich möchte – nicht wahr?«

»Läute, Con«, rief Josephine. Sie mußte sich beherrschen.

Und die kühne junge Kate, die verzauberte Prinzessin, kam herein, um zu sehen, was die alten Schachteln nun wieder wollten. Sie riß ihnen die Teller mit falschem Hasen oder falschem Sonstwas weg und knallte einen weißen, erschrockenen Blancmanger auf den Tisch.

»Konfitüre, bitte, Kate«, sagte Josephine freundlich.

Kate kniete sich hin und riß die Anrichte auf, hob den Deckel vom Konfitüretopf, sah, daß er leer war, stellte ihn auf den Tisch und stolzierte hinaus.

»Ich fürchte«, sagte Schwester Andrews eine Sekunde später, »es ist keine mehr da.«

»Ach, wie ärgerlich!« sagte Josephine. Sie biß sich auf die Lippe. »Was sollen wir denn jetzt tun?«

Constantia sah unschlüssig aus. »Wir können Kate nicht schon wieder stören«, sagte sie leise.

Schwester Andrews wartete und lächelte sie beide an. Ihre Augen hinter den Brillengläsern huschten hin und her, nichts entging ihnen. Constantia, in ihrer Verzweiflung, kehrte zu den Kamelen zurück. Josephine runzelte heftig die Stirn – und dachte nach. Wenn diese dumme Person nicht gewesen wäre, hätten sie und Con den Pudding natürlich ohne gegessen. Plötzlich kam ihr die Idee.

»Ich weiß«, sagte sie. »Orangenmarmelade. In der Anrichte ist noch Orangenmarmelade. Hol sie, Con.«

»Ich *hoffe*«, lachte Schwester Andrews, und ihr Lachen klang wie das Klirren eines Löffels im Medizinglas, »ich *hoffe*, die Marmelade ist nicht *zu* bitter.«

III

Aber schließlich dauerte es jetzt nicht mehr lange, und dann war sie endgültig fort. Und es ließ sich nicht bestreiten, daß sie sehr gut zu Vater gewesen war. Zuletzt war sie Tag und Nacht bei ihm gewesen. Insgeheim fanden Constantia und Josephine es sogar ziemlich übertrieben, wie sie so gar nicht mehr von seiner Seite wich. Denn als sie hereingekommen waren, um Abschied von ihm zu nehmen, hatte Schwester Andrews die ganze Zeit an seinem Bett gesessen, sein Handgelenk gehalten und vorgegeben, auf ihre Uhr zu schauen. Das konnte doch unmöglich nötig gewesen sein. Es war auch so taktlos. Angenommen, Vater hätte ihnen etwas sagen wollen – etwas Persönliches. Nicht, daß dem so gewesen wäre. Ach, weit davon entfernt! Er lag da, rot, dunkelrot vor Zorn im Gesicht, und sah sie nicht einmal an, als sie eintraten. Und als sie dann dort standen und sich fragten, was sie tun sollten, hatte er plötzlich ein Auge geöffnet. Ach, wie anders wäre alles gewesen, wie anders wäre ihre Erinnerung an ihn, wieviel leichter hätten sie den Leuten davon erzählen können, wenn er doch beide geöffnet hätte! Aber nein – nur ein Auge. Es funkelte sie einen Moment lang an ... und erlosch.

IV

Es hatte sie in eine sehr peinliche Lage gebracht, als Mr. Farolles, von St. John, sie am gleichen Nachmittag aufsuchte.

»Das Ende war doch friedlich, nehme ich an?« waren seine ersten Worte, als er durch das dunkle Wohnzimmer auf sie zuschwebte.

»Gewiß«, sagte Josephine matt. Beide ließen sie den Kopf hängen. Beide waren überzeugt, daß das Auge ganz und gar nicht friedlich gewesen war.

»Möchten Sie sich nicht setzen?« sagte Josephine.

»Sehr gern, Miss Pinner«, sagte Mr. Farolles dankbar. Er raffte seine Rockschöße und machte Anstalten, sich in Vaters Sessel zu setzen, doch er hatte ihn kaum berührt, da schoß er förmlich hoch und glitt in den Sessel daneben.

Er hüstelte. Josephine faltete die Hände; Constantia sah verunsichert aus.

»Sie sollen wissen, Miss Pinner«, sagte Mr. Farolles, »und Sie, Miss Constantia, daß ich da bin, um Ihnen zu helfen. Ich möchte Ihnen beiden behilflich sein, wenn Sie gestatten. Denn in Stunden wie diesen«, sagte Mr. Farolles, schlicht und ernst, »sollen wir Christen einander behilflich sein.«

»Vielen Dank, Mr. Farolles«, sagten Josephine und Constantia.

»Keine Ursache«, sagte Mr. Farolles milde. Er zog seine Glacéhandschuhe durch die Finger und beugte sich vor. »Und wenn sie ein kleines Abendmahl wünschen, eine von Ihnen oder sie beide, *hier und jetzt*, brauchen Sie es mir nur zu sagen. Ein kleines Abendmahl ist oft sehr behilf … – ein großer Trost«, setzte er zartfühlend hinzu.

Doch die Vorstellung von einem Abendmahl erschreckte sie. Wie! Im Wohnzimmer, nur sie allein – ohne – ohne Altar oder sonst etwas! Das Klavier wäre viel zu hoch, dachte Constantia, und Mr. Farolles konnte sich unmöglich mit dem Kelch darüberlehnen. Und bestimmt würde Kate hereingeplatzt kommen und sie unterbrechen, dachte Josephine. Und wenn es mittendrin läutete? Es konnte jemand Wichtiges sein – ein Kondolenzbesuch. Würden sie sich ehrfurchtsvoll erheben und hinausgehen, oder würden sie warten müssen … voller Qualen?

»Vielleicht geben Sie mir durch Ihre liebe Kate Nachricht, falls es Ihnen später genehm ist«, sagte Mr. Farolles.

»O ja, vielen Dank!« sagten sie beide.

Mr. Farolles erhob sich und nahm seinen schwarzen Strohhut vom runden Tisch.

»Und was die Beisetzung betrifft«, sagte er sanft. »Ich darf dann wohl alles Nötige veranlassen, als alter Freund Ihres lieben Vaters und als Ihr Freund, Miss Pinner – und Miss Constantia?«

Josephine und Constantia erhoben sich ebenfalls.

»Ich möchte alles ganz schlicht haben«, sagte Josephine entschieden, »und nicht zu teuer. Dennoch sollte es –«

»Gut und lange haltbar sein«, dachte Constantia verträumt, als wollte Josephine ein Nachthemd kaufen. Aber natürlich sagte Josephine das nicht. »– der Stellung unseres Vaters angemessen sein.« Sie war sehr nervös.

»Ich gehe gleich einmal bei unserem guten Freund Mr. Knight vorbei«, sagte Mr. Farolles beruhigend. »Ich werde ihn bitten, Sie aufzusuchen. Ich bin sicher, er wird Ihnen sehr behilflich sein können.«

V

Nun, dieser Teil der Angelegenheit war jedenfalls überstanden, obwohl keine von ihnen glauben konnte, daß Vater nun nie wiederkäme. Auf dem Friedhof, während der Sarg hinabgelassen wurde, war Josephine für einen Augenblick von größtem Entsetzen ergriffen worden bei dem Gedanken, daß sie und Constantia dies getan hatten, ohne ihn um Erlaubnis zu fragen. Was würde Vater sagen, wenn er es erfuhr? Denn früher oder später würde er es erfahren. Das war immer so. »Begraben. Ihr zwei habt mich *begraben* lassen!« Sie hörten, wie er mit dem Stock auf den Boden pochte. Ach, was sollten sie nur sagen? Wie sich rechtfertigen? Es klang so furchtbar herzlos, etwas derartiges zu tun. Einen Menschen einfach zu übertölpeln, nur weil er gerade wehrlos war. Die anderen Leute schienen das alles für selbstverständlich zu halten. Sie waren Fremde; von ihnen war kein Verständnis dafür zu erwarten, daß Vater der allerletzte war, der so etwas mit sich machen ließ. Nein, die Verantwortung lag einzig und allein bei ihr und Constantia. Und die Kosten, dachte sie, als sie in die gepolsterte Droschke stieg. Wenn sie ihm die Rechnungen zeigen mußte. Was würde er dann sagen?

Sie hörte ihn schon brüllen: »Ihr erwartet doch nicht, daß ich für diesen Firlefanz auch noch aufkomme?«

»Oh«, stöhnte die arme Josephine, »wir hätten das nicht tun sollen, Con!«

Und Constantia, die in all dem Schwarz bleich wie eine Zitrone ausssah, flüsterte ängstlich: »Was denn, Jug?«

»Vater so be-begraben lassen«, sagte Josephine, brach in Tränen aus und heulte in ihr neues, merkwürdig riechendes Trauertaschentuch.

»Aber was hätten wir denn tun sollen?« fragte Constantia verwundert. »Wir hätten ihn doch nicht bei uns lassen können, Jug – wir hätten ihn nicht unbestattet bei uns lassen können. Jedenfalls nicht in einer so kleinen Wohnung.«

Josephine schneuzte sich; in der Droschke war es schrecklich stickig.

»Ich weiß nicht«, sagte sie hilflos. »Es ist alles so furchtbar. Ich finde, wir hätten es versuchen sollen, wenigstens für eine Weile. Um ganz sicherzugehen. Eins ist jedenfalls gewiß« – und wieder flossen die Tränen – »Vater wird uns das nie verzeihen – nie!«

VI

Vater würde ihnen nie verzeihen. Das spürten sie mehr denn je, als sie zwei Tage später in sein Zimmer gingen, um seine Sachen durchzusehen. Sie hatten es ganz ruhig besprochen. Es stand sogar auf Josephines Liste von Dingen, die zu erledigen waren. *Vaters Sachen durchsehen und aussortieren*. Aber das war etwas ganz anderes, als nach dem Frühstück zu sagen:

»Nun, bist du soweit, Con?«

»Ja, Jug – wenn du soweit bist.«

»Dann sollten wir es hinter uns bringen.«

Es war dunkel im Flur. Seit Jahren hatte die Regel gegolten, Vater am Morgen unter gar keinen Umständen zu stören. Und nun waren sie drauf und dran, die Tür zu öffnen, sogar ohne anzuklopfen … Bei dem Gedanken riß Constantia groß die Augen auf; Josephine bekam weiche Knie.

»Geh – geh du vor«, keuchte sie und stieß Constantia an.

Aber Constantia sagte, was sie immer sagte in solchen Fällen: »Nein, Jug, das ist ungerecht. Du bist die ältere.«

Josephine wollte gerade sagen – was sie zu anderen Zeiten um nichts in der Welt zugegeben hätte – und was sie als ihre letzte Waffe ansah: »Aber du bist die größere«, als sie bemerkten, daß die Küchentür offen war, und dort stand Kate ...

»Sehr widerspenstig«, sagte Josephine, als sie den Türknauf ergriff und sich mit aller Kraft mühte, ihn zu drehen. Als ob man Kate etwas hätte vormachen können!

Es half alles nichts. Dieses Mädchen war ... Dann war die Tür hinter ihnen zugefallen, aber – aber sie waren ja gar nicht in Vaters Zimmer. Es war, als wären sie plötzlich durch die Wand getreten und aus Versehen in eine andere Wohnung gelangt. War die Tür gleich hinter ihnen? Sie fürchteten sich zu sehr, um nachzusehen. Josephine wußte, daß sie sich, wenn sie da war, unmöglich würde öffnen lassen; Constantia war überzeugt, daß sie, wie Türen in Träumen, nicht einmal einen Knauf hatte. Es war die Kälte, die alles so schrecklich machte. Oder war es das viele Weiß? Alles war zugedeckt. Die Rouleaus waren heruntergezogen, ein Tuch hing über dem Spiegel, ein Laken versteckte das Bett; ein großer Fächer aus weißem Papier füllte den Kamin. Constantia streckte schüchtern die Hand aus; fast erwartete sie, daß eine Schneeflocke herabfiele. Josephine spürte ein sonderbares Kribbeln in der Nase, als gefriere sie zu Eis. Dann klapp-klapperte eine Droschke unten übers Pflaster, und die Stille schien in kleine Stücke zu zerspringen.

»Ich laß lieber ein Rouleau hoch«, sagte Josephine tapfer.

»Ja, das ist eine gute Idee«, flüsterte Constantia.

Sie hatte das Rouleau nur sacht berührt, da schoß es schon hinauf und die Schnur hinterher, rollte sich um die Rouleaustange, und die kleine Quaste zappelte, als versuchte sie freizukommen. Das war zuviel für Constantia.

»Meinst du nicht – meinst du nicht, wir könnten es auf einen anderen Tag verschieben?« wisperte sie.

»Warum?« fuhr Josephine sie an, die sich wie üblich schon viel wohler fühlte, nun da sie wußte, daß Constantia Angst hatte. »Es muß doch erledigt werden. Aber ich wünschte wirklich, du würdest nicht so flüstern, Con.«

»Ich wußte nicht, daß ich geflüstert habe«, flüsterte Constantia.

»Und warum starrst du ständig auf das Bett?« sagte Josephine und erhob die Stimme fast herausfordernd. »Da ist nichts auf dem Bett.«

»O Jug, sprich nicht so!« sagte die arme Connie. »Jedenfalls nicht so laut.«

Josephine spürte selbst, daß sie zu weit gegangen war. In großem Bogen näherte sie sich der Kommode, streckte die Hand aus, zog sie aber rasch wieder zurück.

»Connie!« keuchte sie, und sie fuhr herum und lehnte sich mit dem Rücken an die Kommode.

»O Jug – was ist?«

Josephine konnte nur vor sich hin starren. Sie hatte das untrügliche Gefühl, soeben etwas ganz und gar Gräßlichem entronnen zu sein. Doch wie sollte sie Constantia nur begreiflich machen, daß Vater in der Kommode war? Er war in der obersten Schublade mit seinen Taschentüchern und Krawatten, oder in der nächsten mit seinen Hemden und Pyjamas, oder in der untersten mit seinen Garnituren. Er lag dort auf der Lauer, versteckte sich – gleich hinter dem Türgriff – bereit zum Sprung.

Sie sah Constantia mit einem komischen Gesichtsausdruck an, so wie früher, wenn sie kurz davor war loszuheulen.

»Ich kann sie nicht aufmachen«, jammerte sie.

»Ja, tu es nicht, Jug«, flüsterte Constantia eindringlich. »Es ist besser, du läßt es bleiben. Machen wir lieber gar nichts auf. Jedenfalls nicht so bald.«

»Aber – aber es kommt mir so schwach vor«, sagte Josephine und verlor die Fassung.

»Aber warum nicht einmal schwach sein, Jug?« hielt Constantia erregt flüsternd dagegen. »Wenn es denn schwach ist.« Und ihr fahler Blick huschte von dem verschlossenen Schreibtisch – fest verschlossen – zu dem großen glänzenden Kleiderschrank, und ihr Atem klang sonderbar hechelnd. »Warum sollen wir nicht einmal im Leben schwach sein dürfen, Jug? Es ist durchaus verzeihlich. Laß uns schwach sein – sei schwach, Jug. Es ist viel netter, schwach zu sein als stark.«

Und dann tat sie etwas erstaunlich Kühnes, wie sie es zuvor vielleicht nur zweimal in ihrem Leben gewagt hatte; sie ging zum Kleiderschrank, drehte den Schlüssel um und zog ihn ab. Zog ihn ab und hielt ihn hoch, wobei sie Josephine durch ihr merkwürdiges Lächeln zu erkennen gab, daß sie wußte, was sie getan hatte – sie hatte bewußt das Risiko auf sich genommen, daß Vater dort drinnen war, mitten zwischen seinen Mänteln.

Wenn der riesige Schrank vorwärts gewankt wäre und Constantia zerschmettert hätte, hätte es Josephine nicht überrascht. Im Gegenteil, sie hätte es für das einzig Angemessene gehalten, das geschehen konnte. Aber nichts geschah. Nur schien das Zimmer stiller denn je, und größere Flocken kalter Luft fielen auf Josephines Schultern und Knie. Sie begann zu zittern.

»Komm, Jug«, sagte Constantia, noch immer mit jenem schrecklich herzlosen Lächeln; und Josephine folgte ihr, genau wie damals, als Constantia Benny in den Round Pond gestoßen hatte.

VII

Doch die Anspannung wirkte nach, als sie wieder im Eßzimmer waren. Sie setzten sich hin, am ganzen Leibe zitternd, und sahen sich an.

»Ich glaube, ich kann nichts mehr in Angriff nehmen«, sagte Josephine, »bevor ich nicht etwas zu mir genommen habe. Meinst du, wir könnten Kate um zwei Tassen heißes Wasser bitten?«

»Ich wüßte nicht, was dagegen spricht«, sagte Constantia vorsichtig. Sie war wieder ganz normal. »Ich werde nicht läuten. Ich werde an die Küchentür gehen und sie fragen.«

»Ja, tu das«, sagte Josephine und sank tiefer in ihren Sessel. »Sag ihr, nur zwei Tassen, Con, nichts weiter – auf einem Tablett.«

»Sie muß auch nicht die Kanne dazustellen, nicht wahr?« sagte Constantia, als hätte Kate allen Grund sich zu beklagen, wenn sie die Kanne mitbringen müßte.

»O nein, gewiß nicht! Die Kanne ist gar nicht nötig. Sie kann gleich aus dem Teekessel einschenken«, rief Josephine und war überzeugt, dies sei eine große Arbeitserleichterung.

Ihre kalten Lippen zitterten an den grünlichen Tassenrändern. Josephine legte ihre kleinen roten Hände um die Tasse; Constantia setzte sich auf und blies in den aufsteigenden Dampf, so daß er von einer Seite zur anderen wehte.

»Da wir von Benny sprachen«, sagte Josephine.

Und obwohl Benny nicht erwähnt worden war, sah Constantia sogleich so aus, als hätten sie von ihm gesprochen.

»Er wird natürlich von uns erwarten, daß wir ihm etwas von Vater schicken. Aber wie soll man wissen, was man nach Ceylon schicken kann.«

»Du meinst, die Sachen gehen unterwegs so leicht auf«, murmelte Constantia.

»Nein, verloren«, sagte Josephine scharf. »Du weißt doch, daß es dort keine Post gibt. Nur Läufer.«

Beide hielten inne, um einem schwarzen Mann in weißen Leinenhosen nachzublicken, der wie ums liebe Leben über fahle Wiesen rannte, in den Händen ein großes braunes Paket. Josephines schwarzer Mann war sehr klein; glänzend wie eine Ameise huschte er dahin. Constantias langer, dürrer Kerl aber hatte etwas Unermüdliches, Blindwütiges an sich, was ihn, wie sie fand, zu einem recht unangenehmen Menschen machte ... Auf der Veranda, ganz in Weiß und mit Tropenhelm, stand Benny. Seine rechte Hand flog auf und ab, wie bei Vater, wenn er ungeduldig war. Und hinter ihm saß, ohne das geringste Interesse zu zeigen, Hilda, die unbekannte Schwägerin. Sie schaukelte in einem Rohrsessel und blätterte im ›Tatler‹.

»Ich glaube, seine Uhr wäre das passendste Geschenk«, sagte Josephine.

Constantia blickte auf; sie schien überrascht.

»Na, würdest du einem Eingeborenen eine goldene Uhr anvertrauen?«

»Oh, ich würde sie natürlich klug verpacken«, sagte Josephine. »Niemand muß merken, daß es eine Uhr ist.« Ihr gefiel der Gedanke, ein so seltsam geformtes Päckchen zu machen, daß niemand erraten konnte, was es war. Einen Moment erwog sie sogar, die Uhr in einer schmalen Korsettschachtel zu verstecken, die sie seit langem aufbewahrte, in der Hoffnung, sie noch einmal gebrauchen zu können. Doch nein, für diesen Anlaß war sie ungeeignet. Sie war beschriftet: ›Mittlere Damengröße 28. Extra starke Stäbchen‹. Die Überraschung wäre wohl gar zu groß für Benny, ein solches Paket öffnen zu müssen und Vaters Uhr darin zu finden.

»Und natürlich würde sie auch mehr gehen – ticken, meine ich«, sagte Constantia, die noch immer an die Vorliebe der

Eingeborenen für Schmuckstücke dachte. »Zumindest wäre es sehr seltsam«, setzte sie hinzu, »nach einer so langen Zeit.«

VIII

Josephine gab keine Antwort. Sie war wieder einmal abgeschweift. Sie hatte plötzlich an Cyril denken müssen. War es nicht üblich, dem einzigen Enkel die Uhr zu hinterlassen? Und der liebe Cyril war immer so dankbar, und für einen jungen Mann bedeutete eine goldene Uhr so viel. Benny war es höchstwahrscheinlich längst nicht mehr gewohnt, eine Taschenuhr zu tragen; Männer trugen in diesen heißen Klimazonen selten eine Weste. Cyril hingegen trug sie in London das ganze Jahr über. Und wenn er zum Tee kam, wäre es für sie und Constantia einfach nett zu wissen, daß er sie hatte. »Wie ich sehe, trägst du die Uhr deines Großvaters, Cyril.« Es hätte so etwas Beruhigendes.

Der gute Junge! Was für eine Enttäuschung seine lieben, teilnahmsvollen Zeilen gewesen waren! Natürlich hatten sie vollstes Verständnis; aber es war doch sehr bedauerlich.

»Es wäre so gut gewesen, ihn hier zu haben«, sagte Josephine.

»Und es hätte ihm so gefallen«, sagte Constantia, ohne zu überlegen, was sie sagte.

Sobald er zurück wäre, würde er jedoch zu seinen Tanten zum Tee kommen. Cyril zum Tee dazuhaben war eine ihrer seltenen Freuden.

»Na, Cyril, keine Scheu vor unseren Kuchen. Tante Con und ich haben sie heute morgen bei Buszard gekauft. Wir wissen doch, was für einen Appetit ein junger Mann hat. Also genier dich nicht, lang tüchtig zu.«

Josephine schnitt unbekümmert in den schweren dunklen Kuchen, der sie soviel wie neue Winterhandschuhe gekostet hatte oder das Besohlen von Constantias einzigem anständigen Paar Schuhe. Doch Cyrils Appetit war ganz und gar unmännlich.

»Ach, Tante Josephine, ich kann wirklich nicht. Ich habe ja eben erst zu Mittag gegessen.«

»O Cyril, das kann doch nicht sein! Es ist schon nach vier«, rief Josephine. Constantia saß da, und das Messer schwebte über der Schokoladenrolle.

»Es ist aber so«, sagte Cyril. »Ich war am Victoria-Bahnhof mit einem Mann verabredet, und er hat mich lange warten lassen, bis ... gerade noch Zeit blieb, etwas zu essen und dann herzukommen. Und er hat – puh« – Cyril griff sich an die Stirn – »unglaubliche Mengen auffahren lassen.«

Es war ein Jammer – ausgerechnet heute. Doch er hatte es ja nicht vorhersehen können.

»Aber ein Baiser nimmst du doch, nicht wahr, Cyril?« sagte Tante Josephine. »Diese Baisers haben wir eigens für dich gekauft. Dein lieber Vater war immer ganz wild darauf. Und wir dachten, du müßtest es auch sein.«

»*Bin* ich auch, Tante Josephine«, rief Cyril feurig. »Du hast doch nichts dagegen, wenn ich erst einmal ein halbes nehme?«

»Natürlich nicht, mein lieber Junge; aber damit werden wir dich nicht davonkommen lassen.«

»Ist dein lieber Vater immer noch so wild auf Baisers?« fragte Tante Con sanft. Sie zuckte leicht zusammen, als der ihre entzweibrach.

»Tja, ich weiß nicht recht, Tante Con«, sagte Cyril leichthin.

Daraufhin blickten beide auf.

»Du weißt es nicht?« Josephine fuhr geradzu auf. »Du weißt so etwas nicht von deinem eigenen Vater, Cyril?«

»Gewiß weiß er es«, sagte Tante Con leise.

Cyril versuchte, es mit einem Lachen abzutun. »Nun ja«, sagte er, »es ist so lange her, seit …« Er stockte. Er brach ab. Ihre Gesichter waren zuviel für ihn.

»*Trotz*dem«, sagte Josephine.

Und Tante Con sah ihn an.

Cyril setzte seine Teetasse ab. »Warte mal«, rief er. »Warte mal, Tante Josephine. Wo habe ich meinen Kopf?«

Er blickte auf. Ihre Mienen begannen sich aufzuhellen. Cyril schlug sich aufs Knie.

»Natürlich«, sagte er, »es waren Baisers. Wie konnte ich das vergessen? Ja, Tante Josephine, du hast vollkommen recht. Vater ist ganz verrückt nach Baisers.«

Sie strahlten nicht nur. Tante Josephine wurde ganz rot vor Freude; Tantchen Con stieß einen sehr tiefen Seufzer aus.

»Und jetzt komm, Cyril, sag Vater guten Tag«, sagte Josephine. »Er weiß, daß du heute zu Besuch da bist.«

»Gut«, sagte Cyril, sehr herzlich und bestimmt. Er erhob sich von seinem Stuhl; plötzlich sah er auf die Uhr.

»Hör mal, Tante Con, geht eure Uhr nicht ein bißchen nach? Ich bin um kurz nach fünf am – am Paddington-Bahnhof verabredet. Ich fürchte, ich werde nicht sehr lange bei Großvater bleiben können.«

»Oh, er erwartet auch nicht, daß du *sehr* lange bleibst!« sagte Tante Josephine.

Constantia blickte immer noch auf die Uhr. Sie konnte beim besten Willen nicht sagen, ob sie vor- oder nachging. Entweder das eine oder das andere, da war sie sich fast sicher. Zumindest war es so gewesen.

Cyril zögerte noch. »Kommst du nicht mit, Tante Con?«

»Natürlich gehen wir alle zusammen«, sagte Josephine. »Komm schon, Con.«

IX

Sie klopften an die Tür, und Cyril folgte seinen Tanten in Großvaters überheiztes, süßlich riechendes Zimmer.

»Kommt her«, sagte Großvater Pinner. »Steht da nicht so herum. Was ist? Was habt ihr angestellt?«

Er saß vor dem prasselnden Kaminfeuer und umklammerte seinen Stock. Er hatte eine dicke Wolldecke über den Knien. Auf seinem Schoß lag ein schönes blaßgelbes Seidentaschentuch.

»Cyril ist da, Vater«, sagte Josephine schüchtern. Und sie nahm Cyril bei der Hand und trat mit ihm näher.

»Guten Tag, Großvater«, sagte Cyril und versuchte, seine Hand aus der seiner Tante zu befreien. Großvater Pinner schoß Cyril einen seiner Blicke zu, für die er berühmt war. Wo war Tante Con? Sie stand auf der anderen Seite von Tante Josephine; sie ließ die langen Arme hängen und hatte die Hände gefaltet. Unverwandt sah sie Großvater an.

»Nun«, sagte Großvater Pinner und pochte mit dem Stock auf den Boden. »Was hast du mir zu sagen?«

Ja, was hatte er ihm zu sagen? Cyril spürte, daß er wie ein Vollidiot grinste. Und es war so stickig im Zimmer.

Doch Tante Josephine kam ihm zu Hilfe. Fröhlich rief sie: »Cyril sagt, daß sein Vater noch immer Baisers so gern hat, lieber Vater.«

»He?« sagte Großvater Pinner und krümmte die Hand wie eine blaurote Baisermuschel über dem Ohr.

Josephine wiederholte: »Cyril sagt, daß sein Vater noch immer Baisers so gern hat.«

»Verstehe nichts«, sagte der alte Colonel Pinner. Und er wedelte Josephine mit dem Stock beiseite, wies dann mit dem Stock auf Cyril. »Sag du mir, was sie will.«

(Mein Gott!) »Muß ich?« fragte Cyril errötend und sah Tante Josephine an.

»Ja, mein Junge«, lächelte sie. »Du machst ihm eine große Freude.«

»Na los, raus mit der Sprache!« rief Colonel Pinner gereizt und pochte wieder mit dem Stock.

Und Cyril beugte sich vor und schrie: »Vater hat noch immer Baisers so gern.«

Großvater Pinner zuckte zusammen, als hätte ihn eine Kugel getroffen.

»Schrei doch nicht so!« rief er. »Was ist los mit dem Jungen? *Baisers!* Was ist damit?«

»Ach, Tante Josephine, müssen wir weitermachen?« stöhnte Cyril verzweifelt.

»Keine Angst, mein lieber Junge«, sagte Tante Josephine, als wären sie beide beim Zahnarzt. »Gleich hat er es verstanden.« Und sie flüsterte Cyril zu: »Er wird nämlich allmählich etwas schwerhörig.« Dann beugte sie sich vor und brüllte aus vollem Hals: »Cyril wollte dir nur sagen, lieber Vater, daß *sein* Vater noch immer Baisers so gern hat.«

Diesmal verstand Colonel Pinner, verstand und dachte nach, während er Cyril von Kopf bis Fuß musterte.

»Was für ein Unfug!« sagte der alte Großvater Pinner. »Was für ein Unfug, hierherzukommen, nur um mir das zu sagen!«

Und Cyril war ganz seiner Meinung.

»Ja, ich werde Cyril die Uhr schicken«, sagte Josephine.

»Das wäre sehr nett«, sagte Constantia. »Wenn ich mich recht erinnere, gab es das letzte Mal, als er hier war, eine kleine Unstimmigkeit wegen der Zeit.«

X

Sie wurden von Kate unterbrochen, die auf ihre übliche Art hereingeplatzt kam, als hätte sie eine Geheimtür in der Wand entdeckt.

»Gebraten oder gekocht?« fragte die kecke Stimme.

Gebraten oder gekocht? Josephine und Constantia waren einen Moment ganz verwirrt. Sie begriffen nicht.

»*Was* gebraten oder gekocht, Kate?« fragte Josephine und versuchte sich zu konzentrieren.

Kate schnaufte laut. »Fisch.«

»Wieso sagen Sie das nicht gleich?« entgegnete Josephine, milde tadelnd. »Wie können Sie von uns erwarten, daß wir das verstehen? Es gibt viele Dinge auf der Welt, die gebraten oder gekocht werden.« Und nachdem sie so viel Mut bewiesen hatte, sagte sie sehr fröhlich zu Constantia: »Was hättest du lieber, Con?«

»Ich denke, gebraten wäre sehr nett«, sagte Constantia. »Andrerseits schmeckt auch gekochter Fisch sehr gut. Ich glaube, ich mag beides gleich gern … Falls du nicht … In dem Fall –«

»Ich brate ihn«, sagte Kate, und sie stürzte wieder davon, ließ die Tür offenstehen und knallte die Küchentür zu.

Josephine blickte Constantia an; sie zog die bleichen Augenbrauen hoch, bis sie sich in ihrem bleichen Haar verloren. Sie stand auf. Sie sagte in sehr gebieterischem Ton: »Würdest du mir bitte ins Wohnzimmer folgen, Constantia? Ich habe etwas von großer Wichtigkeit mit dir zu besprechen.«

Denn ins Wohnzimmer pflegten sie sich zurückzuziehen, wenn sie über Kate sprechen wollten.

Josephine schloß bedeutungsvoll die Tür. »Setz dich, Constantia«, sagte sie, noch immer sehr gebieterisch. Es klang, als empfinge sie Constantia zum ersten Mal im Haus.

Und Con blickte sich vage nach einem Sessel um, als fühlte sie sich tatsächlich ganz wie eine Fremde.

»Also, die Frage ist«, sagte Josephine und beugte sich vor, »ob wir sie behalten sollen oder nicht.«

»Das ist die Frage«, stimmte Constantia zu.

»Und diesmal«, sagte Josephine entschlossen, »müssen wir zu einer endgültigen Entscheidung kommen.«

Constantia machte einen Augenblick Miene, als wolle sie sich all die anderen Male ins Gedächtnis rufen, aber sie riß sich zusammen und sagte: »Ja, Jug.«

»Schließlich, Con«, erklärte Josephine, »ist nichts mehr so wie früher.« Constantia blickte rasch auf. »Ich meine«, fuhr Josephine fort, »wir sind nicht mehr abhängig von Kate.« Und sie errötete ein wenig. »Vater ist nicht mehr da, für den sie kochen muß.«

»Das ist wohl wahr«, pflichtete Constantia bei. »Vater verlangt gewiß nicht mehr, daß man für ihn kocht, ganz gleich was er sonst –«

Josephine fuhr ihr heftig ins Wort: »Träumst du etwa, Con?«

»Träumen, Jug?« Constantia riß die Augen auf.

»Also, dann konzentrier dich«, sagte Josephine streng, und sie kehrte zum Thema zurück. »Das würde bedeuten, falls wir« – und dies hauchte sie lediglich, mit einem Seitenblick zur Tür – »Kate entlassen« – sie hob wieder die Stimme –, »daß wir uns selbst ernähren müßten.«

»Warum nicht?« rief Constantia. Unwillkürlich mußte sie lächeln. Die Vorstellung war so aufregend. Sie schlug die Hände zusammen. »Und wovon wollen wir leben, Jug?«

»Oh, von Eiern in jeder erdenklichen Form!« sagte Jug, wieder sehr entschieden. »Und außerdem gibt es all die fertig zubereiteten Speisen.«

»Aber ich höre immer«, sagte Constantia, »sie sollen so teuer sein.«

»Nicht, wenn man sie in Maßen kauft«, sagte Josephine. Doch sie riß sich von diesem faszinierenden Gedankengang los und zog Constantia mit sich.

»Was wir jetzt entscheiden müssen, ist jedoch, ob wir Kate wirklich trauen oder nicht.«

Constantia lehnte sich zurück. Ihr tonloses kleines Lachen spielte um ihre Lippen.

»Ist es nicht sonderbar, Jug«, sagte sie, »daß ich mir gerade darüber nie recht habe klarwerden können?«

XI

Sie hatte es nie gekonnt. Die große Schwierigkeit bestand darin, irgend etwas zu beweisen. Wie konnte man überhaupt etwas beweisen? Angenommen, Kate hätte vor ihr gestanden und ihr absichtlich eine Grimasse geschnitten. Hätte sie nicht sehr wohl auch Schmerzen haben können? Und es war doch wohl unmöglich, Kate zu fragen, ob sie ihr eine Grimasse schnitt? Wenn Kate »nein« antwortete – und natürlich würde sie »nein« sagen –, wie stand man dann da! Wie beschämend! Zudem argwöhnte Constantia, ja, sie war sich fast sicher, daß Kate an ihre Kommode ging, wenn sie und Josephine ausgegangen waren, nicht um Dinge zu entwenden, sondern um zu spionieren. Oftmals war sie zurückgekommen und hatte ihr Amethystkreuz an den unmöglichsten Orten gefunden, unter ihren Korsettbändern oder auf ihrer Abend-Berta. Mehr als einmal hatte sie Kate eine Falle gestellt. Sie hatte die Sachen auf eine bestimmte Weise angeordnet und dann Josephine als Zeugin hinzugeholt.

»Siehst du, Jug?«

»Gewiß, Con.«

»Jetzt werden wir es herausfinden.«

Aber, o weh, wenn sie nachsah, war sie von einem Beweis so weit entfernt wie zuvor! Falls denn etwas anders dalag – es hätte ebensogut passiert sein können, als sie die Schublade schloß; ein leichter Ruck hätte genügt.

»Komm her, Jug, entscheide du. Ich kann es wirklich nicht sagen. Es ist zu schwierig.«

Aber nach einer Pause und einem langen, prüfenden Blick pflegte Josephine zu seufzen: »Du hast mich verunsichert, Con. Jetzt kann ich es auch nicht mehr sagen.«

»Jedenfalls können wir es nicht länger aufschieben«, sagte Josephine. »Wenn wir es diesmal wieder aufschieben –«

XII

Doch in dem Moment begann unten auf der Straße eine Drehorgel zu spielen. Josephine und Constantia sprangen beide zugleich auf.

»Lauf, Con«, sagte Josephine. »Lauf schnell. Da ist noch eine Münze auf dem –«

Dann fiel es ihnen ein. Es machte nichts. Nie mehr würden sie die Drehorgel zum Schweigen bringen müssen. Nie mehr würden sie und Constantia dafür sorgen müssen, daß der Affe woanders Krach machte. Nie mehr würde das laute, seltsame Gebell ertönen, wenn ihr Vater glaubte, sie beeilten sich nicht. Die Drehorgel könnte dort den ganzen Tag spielen, und der Stock würde nicht pochen.

Er wird nie mehr pochen,
Er wird nie mehr pochen,

spielte die Drehorgel.

Woran dachte Constantia? Sie lächelte so seltsam; sie sah verändert aus. Sie würde doch nicht zu weinen anfangen.

»Jug, Jug«, sagte Constantia leise und preßte die Hände zusammen. »Weißt du, was für ein Tag heute ist? Es ist Sonntag. Eine Woche ist es heute her, eine ganze Woche.«

Eine Woche, seit Vater starb,
Eine Woche, seit Vater starb,

rief die Drehorgel. Und auch Josephine vergaß, klug und vernünftig zu sein; sie lächelte leise und versonnen. Auf den indischen Teppich fiel das Sonnenlicht, ein rötlich blasses Viereck; es kam und ging, kam wieder – und blieb, wurde kräftiger – bis es fast golden leuchtete.

»Die Sonne ist herausgekommen«, sagte Josephine, als sei es von größter Bedeutung.

Eine wahre Fontäne sprudelnder Töne entquoll der Drehorgel, runde, glänzende, achtlos umhergestreute Töne.

Constantia hob ihre großen, kalten Hände, wie um sie zu fangen, und dann fielen ihre Hände wieder herab. Sie ging hinüber zum Kaminsims, zu ihrem geliebten Buddha. Und die steinerne, vergoldete Statue, deren Lächeln stets ein so eigentümliches Gefühl in ihr hervorrief – fast war es ein Schmerz, doch ein wohliger Schmerz – schien heute nicht nur zu lächeln. Sie wußte etwas; sie barg ein Geheimnis. »Ich weiß etwas, was du nicht weißt«, sagte ihr Buddha. Oh, was war es, was konnte es nur sein? Und doch hatte sie es schon immer gefühlt – da war … etwas.

Die Sonne drängte durch die Fenster, stahl sich herein, ließ ihr Licht über die Möbel und Photographien huschen. Josephine sah ihm zu. Als es zu Mutters Photographie kam, der Vergrößerung über dem Klavier, zögerte es – ganz verdutzt, wie wenig von Mutter noch geblieben war, nur die Ohrringe, geformt wie kleine Pagoden, und eine schwarze

Federboa. Warum verblaßten die Photographien Verstorbener immer so? fragte sich Josephine. Sobald ein Mensch tot war, starb auch seine Photographie. Aber natürlich war die von Mutter schon sehr alt. Fünfunddreißig Jahre alt. Josephine erinnerte sich, wie sie auf einem Stuhl stehend Constantia die Federboa gezeigt und erklärt hatte, daß es eine Schlange sei, und von ihr sei ihre Mutter in Ceylon getötet worden … Ob alles anders gekommen wäre, wenn Mutter nicht gestorben wäre? Sie konnte es sich nicht vorstellen. Tante Florence hatte bei ihnen gewohnt, bis sie die Schule verlassen hatten, und sie waren dreimal umgezogen und hatten jedes Jahr ihre Ferien und … und natürlich hatten immer einmal die Dienstboten gewechselt.

Ein paar kleine Spatzen, junge Spatzen, dem Klang nach, zwitscherten auf dem Fentersims. *Jiep – ijiep – jiep*. Doch Josephine hatte das Gefühl, daß es nicht von den Spatzen herkam, nicht vom Fenstersims. Es war in ihr, dieses seltsame, leise Klagen. *Jiep – ijiep – jiep*. Ach, was klagte es, so schwach und verloren?

Wenn Mutter länger gelebt hätte, hätten sie dann wohl geheiratet? Aber es hatte niemanden gegeben, den sie hätten heiraten können. Da waren wohl Vaters anglo-indischen Freunde gewesen, bevor er sich mit ihnen zerstritt. Aber danach hatten sie und Constantia nie mehr einen Junggesellen kennengelernt, ausgenommen Geistliche. Wie lernte man Männer kennen? Und selbst wenn man welche kennenlernte, wie konnte man sie so gut kennenlernen, daß sie nicht mehr Fremde waren? Man las von Frauen, die Abenteuer erlebten, denen die Männer nachliefen und dergleichen. Doch nie war jemand Constantia und ihr nachgelaufen. O ja, damals in Eastbourne hatte es einen geheimnisvollen Mann in ihrer Pension gegeben, der einen Brief auf den Heißwasserkrug vor ihrer Zimmertür gelegt hatte! Doch als Connie ihn fand, war die Schrift vom Dampf schon ganz verwischt;

sie konnten nicht einmal entziffern, an wen von ihnen beiden er gerichtet war. Und am nächsten Tag war er abgereist. Und das war alles. Der Rest hatte darin bestanden, für Vater zu sorgen und ihm gleichzeitig aus dem Weg zu gehen. Aber jetzt? Aber jetzt? Die diebische Sonne berührte Josephine sanft. Josephine hob das Gesicht. Sanfte Strahlen zogen sie zum Fenster hin …

Bis die Drehorgel zu spielen aufhörte, blieb Constantia vor dem Buddha stehen und dachte nach, aber nicht wie sonst, ziellos. Diesmal waren ihre Gedanken wie ein Sehnen. Sie dachte daran, wie häufig sie bei Vollmond hier hereingekommen war, im Nachthemd aus dem Bett geschlichen war und sich mit ausgestreckten Armen auf den Boden gelegt hatte, wie der Gekreuzigte. Warum? Der große, bleiche Mond hatte sie dazu getrieben. Die schauerlichen tanzenden Figuren auf dem geschnitzten Wandschirm hatten sie angegrinst, und es hatte ihr nichts ausgemacht. Sie dachte auch daran, wie sie in den Ferien allein losgezogen war, wie sie so nah wie nur möglich ans Meer gegangen war und etwas gesungen hatte, etwas, das sie sich selbst ausgedacht hatte, während sie über das ruhelose Wasser blickte. Und es hatte dieses andere Leben gegeben, Einkäufe, Taschen schleppen, Sachen zur Ansicht besorgen, mit Jug sprechen, sie wieder umtauschen, um noch mehr Sachen zur Ansicht zu besorgen, und Vaters Tablett herrichten und versuchen, Vater nicht zu reizen. Aber all das schien sich in einer Art Tunnel abgespielt zu haben. Es war nicht real. Nur wenn sie aus dem Tunnel heraustrat, in den Mondschein oder ans Meer oder in ein Gewitter, dann fühlte sie, daß sie wirklich sie selbst war. Was hatte das zu bedeuten? Was war es, das ihr fehlte? Wohin führte das alles? Jetzt? Jetzt?

Sie wandte sich mit einer ihrer hilflosen Gesten vom Buddha ab. Sie ging zu Josephine hinüber. Sie wollte Josephine etwas sagen, etwas schrecklich Wichtiges, über – über die Zukunft und was …

»Meinst du nicht, daß vielleicht –« begann sie.

Doch Josephine unterbrach sie. »Ich frage mich, ob jetzt –« murmelte sie. Sie hielten inne; sie warteten aufeinander.

»Sprich weiter, Con«, sagte Josephine.

»Nein, nein, Jug; nach dir«, sagte Constantia.

»Nein, sag, was du sagen wolltest. Du hast angefangen«, sagte Josephine.

»Ich … ich würde lieber erst hören, was du sagen wolltest«, sagte Constantia.

»Sei nicht albern, Con.«

»Wirklich, Jug.«

»Connie!«

»Oh, *Jug!*«

Stille. Dann sagte Constantia matt: »Ich kann dir nicht sagen, was ich sagen wollte, Jug, weil ich vergessen habe, was es war … das ich sagen wollte.«

Josephine schwieg einen Moment. Sie starrte auf eine große Wolke, die dort stand, wo die Sonne gewesen war. Dann erwiderte sie kurz: »Ich habe es auch vergessen.«

HERR TAUBERICH UND FRAU TAUBE

Natürlich wußte er – und niemand besser als er – daß er nicht die geringste Aussicht auf Erfolg hatte, nicht die geringste. Allein der Gedanke war aberwitzig. So aberwitzig, daß er es nur zu gut verstehen würde, wenn ihr Vater – nun, was immer ihr Vater zu tun gedachte, er würde es nur zu gut verstehen. Tatsächlich war es nichts als Verzweiflung gewesen, die ihn angetrieben hatte, und der Umstand, daß dies sein letzter Tag in England für wer weiß wie lange Zeit war. Und auch jetzt noch ... Er wählte eine Krawatte aus der Kommode, eine blau-weiß karierte, und setzte sich auf die Bettkante. Angenommen, sie erwiderte: »Was für eine Unverschämtheit!« – wäre er überrascht? Nicht im mindesten, dachte er, stellte den weichen Kragen auf und schlug ihn über die Krawatte. Er war darauf gefaßt, daß sie so etwas sagen würde. Ja, wenn er die Angelegenheit ganz nüchtern betrachtete, wußte er wirklich nicht, was sie sonst hätte sagen sollen.

Und da war er nun! Nervös band er vor dem Spiegel die Krawatte, strich sich mit beiden Händen das Haar glatt, zupfte die Klappen seiner Rocktaschen heraus. Jahreseinkommen: fünfhundert bis sechshundert Pfund im Jahr auf einer Obstplantage in – ausgerechnet – Rhodesien. Ohne Kapital. Ohne finanzielle Unterstützung. Ohne Aussicht auf eine Erhöhung des Einkommens für mindestens vier Jahre. Und was sein Aussehen und so weiter betraf, da hatte er nicht viel zu bieten. Er war nicht einmal von besonders robuster Konstitution; die Arbeit in Ostafrika hatte ihn so sehr ausgelaugt, daß er sechs Monate Urlaub hatte nehmen müssen. Er war noch immer schrecklich blaß – und heute nachmittag blasser denn je, fand er, beugte sich vor und starrte in den Spiegel. Herrjeh! Was war denn das? Sein Haar sah geradezu grün aus. Verflixt nochmal, grüne Haare hatte er nun wirklich nicht. Das ging zu weit. Und dann zitterte das grüne Licht im Spiegel; es war der Schatten des Baumes draußen. Reggie wandte sich ab, holte sein Zigarettenetui hervor, erinnerte sich aber, daß die Mutter es nicht leiden konnte, wenn er auf seinem Zimmer rauchte, steckte es wieder ein und ging zur Kommode hinüber. Nein, Teufel auch, ihm wollte rein gar nichts zu seinen Gunsten einfallen, während sie ... Ach! ... Er blieb plötzlich stehen, verschränkte die Arme und lehnte sich schwer gegen die Kommode.

Und trotz ihrer Stellung, trotz des Vermögens ihres Vaters, trotz der Tatsache, daß sie ein Einzelkind und bei weitem das beliebteste junge Mädchen in der Nachbarschaft war; trotz ihrer Schönheit und Klugheit – Klugheit? – es war weit mehr als das – es gab einfach nichts, was sie nicht konnte; er war felsenfest überzeugt, daß sie, wenn nötig, auf jedem Gebiet ein Genie gewesen wäre – und trotz der Tatsache, daß ihre Eltern sie vergötterten, wie sie ihre Eltern, und sie sie eher sonstwohin würden ziehen lassen als ... Trotz aller Einwände, die ihm nur einfielen, war seine Liebe zu ihr so übermächtig, daß er einfach nicht anders konnte, als zu hoffen. Aber, war es denn Hoffnung? Oder war dieses eigentümliche, schüchterne Verlangen, für sie dasein zu dürfen, dafür zu sorgen, daß es ihr an nichts fehlte, und alles von ihr fernzuhalten, was nicht vollkommen war – war es nur Liebe? Wie er sie liebte! Er schmiegte sich enger an die Kommode und murmelte: »Ich liebe sie, ich liebe sie!« Und nur für einen kurzen Augenblick befand er sich mit ihr auf dem Weg nach Umtali. Es war Nacht. Sie saß in einer Ecke und schlief. Ihr weiches Kinn war in ihren weichen Kragen geschmiegt, ihre goldbraunen Wimpern lagen auf ihren Wangen. Er war ganz vernarrt in ihre zierliche kleine Nase, ihre herrlichen Lippen, ihr Ohr, wie das eines Säuglings, und die goldbraune Locke, die es halb bedeckte. Sie fuhren durch den Dschungel. Es war warm und dunkel und weit weg. Dann erwachte sie und fragte: »Habe ich geschlafen?« und er antwortete: »Ja. Sitzt du bequem? Warte, laß mich –« Und er beugte sich vor, um … Er beugte sich über sie. Er spürte eine solche Seligkeit, daß er nicht weiterträumen konnte. Doch es verlieh ihm den Mut, die Treppe hinunterzustürmen, seinen Strohhut von der Ablage zu reißen und sich zu sagen, während er die Haustür schloß: »Nun, ich muß mein Glück versuchen, ganz einfach.«

Doch sein Glück versetzte ihm sogleich einen, gelinde gesagt, unangenehmen Stoß. Seine Mutter spazierte den Gartenweg auf und ab, mit Chinny und Biddy, den greisen Pekinesen. Natürlich war Reginald der Mutter zugetan und so weiter. Sie – sie meinte es gut, sie hatte jede Menge Schneid und so weiter. Doch es ließ sich nicht leugnen, daß sie eine recht gestrenge alte Dame war. Und es hatte Momente in Reginalds Leben gegeben, ziemlich viele sogar – jedenfalls bis Onkel Alick gestorben war und ihm die Obstplantage hinterlassen hatte –, in denen er überzeugt war, daß es keine schlimmere Strafe gab auf Erden, als der einzige Sohn einer Witwe zu sein. Sie war buchstäblich alles, was er hatte, und das machte die Situation nur noch unerträglicher. Denn sie war nicht nur Vater und Mutter in einem, sie hatte sich außerdem mit ihrer gesamten Verwandtschaft und der seines alten Herrn zerstritten, und dies noch ehe Reggie seine ersten langen Hosen bekam. Wann immer Reggie also dort unten Heimweh hatte, auf der dunklen Veranda unterm Sternenzelt, und das Grammophon jaulte: »Schatz, was ist das Leben ohne Liebe?«, dann hatte er allein seine Mutter vor Augen, groß und feist, wie sie daheim über den Gartenweg rauschte, mit Chinny und Biddy auf den Fersen …

Die Mutter hatte die Gartenschere gezückt, um irgendeinem welken Etwas das Köpfchen abzutrennen, als sie Reggie sah und innehielt.

»Du gehst doch nicht aus, Reginald?« fragte sie, obwohl sie sah, was er tat.

»Ich bin zum Tee wieder zurück, Mutter«, sagte Reggie kraftlos und vergrub die Hände in den Rocktaschen.

Schnipp. Ein Köpfchen fiel. Reggie zuckte beinahe zusammen.

»Und ich hatte gedacht, du würdest dich an deinem letzten Nachmittag vielleicht deiner Mutter widmen«, sagte sie.

Schweigen. Die Pekinesen glotzten. Sie verstanden jedes von Mutters Worten. Biddy legte sich hin, mit hängender Zunge; sie war so dick und glatt, daß sie aussah wie ein halbgelutschtes Karamelbonbon. Und Chinnys Porzellanaugen starrten finster Reginald an, und er schnüffelte, als wäre die ganze Welt ein einziger übler Geruch. Schnipp, machte die Schere wieder. Die armen Dinger; sie bekamen ihr Fett!

»Und wohin gehst du, wenn deine Mutter fragen darf?«

Endlich war es überstanden, aber Reginald verlangsamte seine Schritte erst, als das Haus außer Sichtweite war und er schon die Hälfte des Wegs zu Colonel Proctors Anwesen zurückgelegt hatte. Jetzt erst bemerkte er, wie prächtig der Nachmittag war. Den ganzen Vormittag war Regen gefallen – ein warmer, schwerer, rascher Spätsommerregen – und nun war der Himmel klar, bis auf einen Zug kleiner Wolken, die wie Enten über dem Wald dahinglitten. Es wehte gerade so viel Wind, um die letzten Tropfen von den Bäumen zu schütteln; ein warmer Stern platschte auf seine Hand. Ping! – ein anderer trommelte auf seinen Hut. Die leere Straße glänzte, die Büsche dufteten nach Heckenrosen, und wie hoch und leuchtend die Stockrosen in den Vorgärten waren, und wie sie glühten. Und dort war Colonel Proctors Haus – dort war es ja schon. Seine Hand lag auf der

Pforte, sein Ellbogen stieß an den Fliederbusch, und Blütenblätter rieselten auf seinen Rockärmel. Aber halt. Das ging alles viel zu schnell. Er hatte vorgehabt, in Gedanken alles noch einmal durchzugehen. Immer mit der Ruhe. Doch nun war er auf dem Gartenweg, mit den riesigen Rosenstöcken zu beiden Seiten. Es war ein Fehler. Doch seine Hand hatte schon nach der Glocke gegriffen und ein wildes Gebimmel ausgelöst, als wäre er gekommen, um zu verkünden, das Haus stehe in Flammen. Auch mußte das Mädchen wohl schon in der Diele gewesen sein, denn die Haustür flog auf, und Reggie fand sich in dem leeren Salon wieder, noch ehe die verflixte Glocke zu bimmeln aufgehört hatte. Und seltsam; als sie verklang, spürte er, wie der große, dämmrige Raum mit dem Flügel – auf dem ein Sonnenschirm lag – ihn beruhigte, ja, ermutigte. Es war so still, und doch würde gleich die Tür aufgehen, und dann wäre sein Schicksal entschieden. Er fühlte sich, als wäre er beim Zahnarzt; er war fast schon übermütig. Doch gleichzeitig hörte Reggie sich, zu seiner eigenen Überraschung, murmeln: »Lieber Gott, du weißt – du hast bislang nicht *viel* für mich getan …« Das brachte ihn zur Besinnung; das machte ihm wieder klar, wie ernst die Situation war. Zu spät. Der Türknauf drehte sich. Anne kam herein, durchquerte den dämmrigen Raum, reichte ihm die Hand und sagte, mit ihrer leisen, weichen Stimme: »Es tut mir so leid, Vater ist ausgegangen. Und Mutter ist heute in der Stadt, auf Hutjagd. Sie müssen mit mir vorlieb nehmen, Reggie.«

Reggie holte tief Luft, drückte seinen eigenen Hut an die Rockknöpfe und stammelte: »Eigentlich bin ich nur gekommen … um Lebewohl zu sagen.«

»Oh!« rief Anne leise – sie trat einen Schritt zurück, und ihre grauen Augen tanzten – »was für ein *kurzer* Besuch!«

Sie sah ihn an, das Kinn gereckt, und lachte los, ein langanhaltendes, perlendes Lachen, dann wandte sie sich ab, ging zum Flügel, lehnte sich gegen ihn und spielte mit der Quaste ihres Sonnenschirms.

»Verzeihen Sie, daß ich so lache«, sagte sie. »Ich weiß auch nicht, warum ich es tue. Es ist einfach eine schlechte A-ha-hangewohnheit.« Plötzlich stampfte sie mit ihrem grauen Schuh auf und zog ein Taschentuch aus ihrer weißen Wolljacke. »Ich muß es mir wirklich abgewöhnen, es ist zu albern«, sagte sie.

»Um Gottes willen, Anne«, rief Reggie, »ich höre Sie so gern lachen! Ich wüßte nichts, was mir mehr –«

Doch die Wahrheit war, und sie wußten es beide, daß sie mitnichten ständig lachte; es war gar keine Angewohnheit. Aber seit dem Tag, da sie sich kennengelernt hatten, seit jenem allerersten Moment, hatte Anne, aus irgendeinem seltsamen Grund, den Reggie zu gern gewußt hätte, über ihn lachen müssen. Warum nur? Ganz gleich, wo sie waren oder worüber sie sprachen. Sie mochten noch so ernst beginnen, todernst – zumindest, was ihn betraf – aber dann auf einmal, mitten im Satz, blickte Anne ihn an, und ein feines Zucken huschte über ihr Gesicht. Ihre Lippen öffneten sich, ihre Augen tanzten, und sie fing an zu lachen.

Und das Seltsamste war, Reggie hatte den Eindruck, daß sie selbst nicht wußte, warum sie lachte. Er hatte gesehen, wie sie sich abwandte, die Stirn runzelte, die Wangen einsog, die Hände zusammenpreßte. Aber es half alles nichts. Das langanhaltende, perlende Lachen erklang, noch während sie rief: »Ich weiß gar nicht, warum ich lache.« Es war ein Rätsel …

Jetzt steckte sie das Taschentuch wieder ein. »Setzen Sie sich doch«, sagte sie. »Möchten Sie rauchen? In dem Kästchen neben Ihnen sind Zigaretten. Ich nehme auch eine.« Er strich ein Zündholz für sie an, und als sie sich vorbeugte, sah er, wie die kleine Flamme in dem Perlenring, den sie trug, aufleuchtete. »Sie reisen morgen ab, ja?« sagte Anne.

»Ja, morgen, allerdings«, sagte Reggie und stieß einen kleinen Rauchfächer aus. Warum in aller Welt war er so nervös? Nervös war gar kein Ausdruck.

»Es – es klingt so unglaublich«, setzte er hinzu.

»Ja, nicht wahr?« sagte Anne weich, und sie beugte sich vor und ließ die Glutspitze ihrer Zigarette in dem grünen Aschenbecher kreisen. Wie schön sie aussah! – einfach wunderschön – und sie war so klein in dem großen Sessel. Reginald schwoll das Herz vor Zärtlichkeit, doch es war ihre Stimme, ihre sanfte Stimme, die ihn erzittern ließ. »Mir ist, als wären Sie schon seit Jahren hier«, sagte sie.

Reginald nahm einen tiefen Zug von seiner Zigarette. »Gräßlich, die Vorstellung, zurück zu müssen«, sagte er.

»*Kuru-kuu-kuu-kuu*«, klang es durch die Stille.

»Aber Sie fühlen sich doch wohl dort unten, oder?« fragte Anne. Sie hakte den Finger in ihre Perlenkette. »Vater hat erst neulich abend gesagt, wie glücklich Sie doch dran seien, daß Sie Ihr eigenes Leben führen können.« Und sie blickte zu ihm auf. Reginald lächelte recht matt. »Ich fühle mich aber nicht besonders glücklich«, sagte er leichthin.

»*Rucku-kuu-kuu*«, ertönte es wieder. Und Anne murmelte: »Sie meinen, es ist einsam.«

»Ach, die Einsamkeit macht mir nichts aus«, sagte Reginald und drückte grimmig die Zigarette im Aschenbecher aus. »Davon kann ich eine ganze Menge vertragen, fand sie früher sogar recht angenehm. Nein, es ist die Vorstellung, daß –« Zu seinem Entsetzen spürte er plötzlich, wie er rot wurde.

»*Rucku-kuu-kuu! Rucku-kuu-kuu!*«

Anne sprang auf. »Kommen Sie, meinen Tauben Lebewohl sagen«, rief sie. »Wir haben sie in die Seitenveranda umquartiert. Sie mögen doch Tauben, nicht wahr, Reggie?«

»O ja«, rief Reggie so inbrünstig, daß Anne, als er ihr die

Glastür öffnete und beiseite trat, vorauslief und nun die Tauben auslachte.

Über den feinen roten Sand des Taubenhauses trippelten die beiden Tauben hin und her, hin und her. Eine war stets vor der anderen. Eine lief voran und gab einen leisen Ruf von sich, und die andere folgte, unter fortwährenden, feierlichen Verbeugungen. »Sehen Sie«, erklärte Anne, »die vordere, das ist Frau Taube. Sie schaut Herrn Tauberich an und gibt dieses kleine Lachen von sich und läuft voraus, und er folgt ihr und verbeugt sich und verbeugt sich. Und das bringt sie wieder zum Lachen. Sie läuft weg«, rief Anne und hockte sich auf die Fersen, »und ihr hinterher kommt der arme Herr Tauberich, verbeugt sich und verbeugt sich ... und das ist ihr ganzes Leben. Die beiden tun nie etwas anderes, wissen Sie.« Sie erhob sich und nahm ein paar gelbe Körner aus einem Säckchen, das auf dem Dach des Taubenhauses lag. »Wenn Sie dort unten in Rhodesien an die Tauben denken, Reggie, können Sie sicher sein, daß sie noch immer dasselbe tun ...«

Reggie sah nicht so aus, als habe er die Tauben gesehen oder auch nur ein Wort gehört. Im Moment war er sich nur der ungeheuren Mühe bewußt, die es ihn kostete, sich sein Geheimnis zu entreißen und es Anne darzubringen. »Anne, glauben Sie, Sie könnten je etwas für mich empfinden?« Es war vollbracht. Es war überstanden. Und in dem kurzen Schweigen, das nun folgte, sah Reginald den lichtdurchfluteten Garten, den blau flimmernden Himmel, das Flattern der Blätter an den Verandapfosten, und Anne, die die Maiskörner auf ihrer Handfläche mit dem Finger hin und her schob. Dann schloß sie langsam die Hand, und die neue Welt verblaßte, als sie langsam murmelte: »Nein – nicht auf die Art.« Doch er hatte kaum Zeit, etwas zu fühlen, als sie schon davoneilte, und er folgte ihr die Stufen hinab, über den Gartenweg, unter den Rosenbögen hindurch, auf den

Rasen. Dort, vor den bunten Blumenrabatten, drehte Anne sich zu Reginald um. »Es ist nicht so, daß ich Sie nicht gern hätte«, sagte sie. »Ich mag Sie. Aber« – ihre Augen weiteten sich – »aber nicht auf die Art« – ein Zucken lief über ihr Gesicht –, »wie man den mögen sollte, den –« Ihre Lippen öffneten sich, und sie konnte nicht mehr an sich halten. Sie lachte los. »Da, sehen Sie, sehen Sie«, rief sie, »es ist Ihre karierte Kra-hawatte. Selbst in diesem Moment, wo man doch wahrhaftig ernst sein sollte, erinnert mich Ihre Krawatte so schrecklich an die Schleifen, die Katzen auf Bildern tragen! Oh, bitte verzeihen Sie mir, daß ich so scheußlich bin, bitte!«

Reggie ergriff ihre kleine warme Hand. »Von Verzeihen kann keine Rede sein«, sagte er hastig. »Wie denn auch? Und ich glaube, ich weiß, warum ich Sie zum Lachen bringe. Sie sind mir in jeder Hinsicht so weit überlegen, da muß ich Ihnen wohl lächerlich erscheinen. Das ist mir klar, Anne. Aber wenn ich –«

»Nein, nein.« Anne drückte fest seine Hand. »Das ist es nicht. Das ist ganz verkehrt. Ich bin Ihnen überhaupt nicht überlegen. Sie sind ein viel besserer Mensch als ich. Sie sind so wunderbar selbstlos und … und freundlich und aufrichtig. Ich bin nichts von alledem. Sie kennen mich nicht. Ich habe einen entsetzlichen Charakter«, sagte Anne. »Bitte unterbrechen Sie mich nicht. Und außerdem geht es gar nicht darum. Es ist nur so« – sie schüttelte den Kopf – »daß ich unmöglich einen Mann heiraten könnte, über den ich lachen muß. Das sehen Sie doch ein. Der Mann, den ich heirate –« hauchte Anne. Sie verstummte. Sie zog ihre Hand fort, sah Reggie an und lächelte seltsam, verträumt. »Der Mann, den ich heirate –«

Und Reggie schien es, als trete ein großer, schöner, stattlicher Fremder vor sie hin und nähme seinen Platz ein – die Art von Mann, die Anne und er oft im Theater gesehen hatten, der plötzlich aus dem Nichts auf der Bühne erschien, wortlos die Heldin an sich riß und sie nach einem langen, glutvollen Blick irgendwohin entführte …

Reggie mußte klein beigeben. »Ja, ich verstehe«, sagte er mit belegter Stimme.

»Wirklich?« sagte Anne. »Oh, ich wünschte es so sehr. Denn ich komme mir so schlecht vor. Es ist so schwer zu erklären. Sie wissen, ich habe nie –« Sie hielt inne. Reggie sah sie an. Sie lächelte. »Ist es nicht komisch?« sagte sie. »Ihnen kann ich alles erzählen. Das war schon immer so, von Anfang an.«

Er versuchte zu lächeln, zu sagen: »Das freut mich.« Sie fuhr fort: »Ich habe noch nie jemanden getroffen, den ich so gut leiden konnte wie Sie. Mit dem ich mich so glücklich gefühlt hätte. Aber das ist gewiß nicht das, was die Leute und die Bücher meinen, wenn sie von Liebe reden. Verstehen Sie? Oh, wenn Sie nur wüßten, wie schlecht ich mir vorkomme. Aber wir wären wie … wie Herr Tauberich und Frau Taube.«

Das saß. Es war so definitiv, und so entsetzlich wahr, daß Reginald es kaum ertragen konnte. »Sie brauchen nicht deutlicher zu werden«, sagte er, und er wandte sich von Anne ab und blickte über den Rasen. Dort war das Gärtnerhäuschen, mit der dunklen Stechpalme daneben. Ein feuchter, blauer Daumen durchsichtigen Rauchs hing über dem Kamin. Es sah unwirklich aus. Wie seine Kehle schmerzte! Konnte er sprechen? Er machte einen Versuch. »Ich muß mich langsam auf den Weg machen«, krächzte er, und er ging über den Rasen. Doch Anne rannte ihm nach. »Nein, nicht. Sie dürfen noch nicht gehen«, sagte sie flehend. »Sie können doch nicht in dieser Verfassung fortgehen.« Und sie sah stirnrunzelnd zu ihm auf, biß sich auf die Lippe.

Reggie gab sich einen Ruck. »Oh, es ist nichts weiter«,

sagte er. »Ich werde ... ich werde –« Und seine Handbewegung schien zu sagen: »Darüber hinwegkommen«.

»Aber das ist schrecklich«, sagte Anne. Mit gefalteten Händen stand sie vor ihm. »Sie müssen doch einsehen, wie fatal es für uns wäre zu heiraten.«

»Oh, gewiß, gewiß«, sagte Reggie und sah sie mit verstörtem Blick an.

»Es wäre falsch, unrecht, wenn ich so fühle, wie ich fühle. Ich meine, es ist alles schön und gut für Herrn Tauberich und Frau Taube. Aber stellen Sie sich das im wirklichen Leben vor – stellen Sie sich das vor!«

»Oh, natürlich«, sagte Reggie und wandte sich zum Gehen.

Doch Anne hielt ihn wieder auf. Sie zog ihn am Ärmel, und zu seiner Verblüffung schien ihr nicht mehr nach Lachen zumute; sie sah aus wie ein kleines Mädchen, das den Tränen nah war.

»Aber wenn Sie es verstehen, warum sind Sie dann so unglücklich?« jammerte sie. »Warum nehmen Sie es sich so zu Herzen? Warum machen Sie so ein Ge-Gesicht?«

Reggie schluckte, und wieder wischte er etwas mit der Hand fort. »Ich weiß nicht«, sagte er. »Das war ein Schlag für mich. Ich verschwinde jetzt besser, damit ich –«

»Wie können Sie jetzt davon reden zu verschwinden?« sagte Anne wütend. Sie stampfte mit dem Fuß auf; sie war rot im Gesicht. »Wie können Sie nur so grausam sein? Ich kann Sie nicht gehen lassen, ehe ich nicht sicher weiß, daß Sie so glücklich sind wie vorhin, bevor Sie mich fragten, ob ich Sie heiraten will. Das müssen Sie doch begreifen, es ist so einfach.«

Aber für Reginald war es ganz und gar nicht einfach. Es war sogar entsetzlich schwierig.

»Selbst wenn ich Sie nicht heiraten kann, wie soll ich den Gedanken ertragen, daß Sie so weit weg sind und nur Ihre schreckliche Mutter haben, der Sie schreiben können, und daß Sie verzweifelt sind und daß alles nur meine Schuld ist?«

»Es ist nicht Ihre Schuld. Denken Sie das nicht. Es ist einfach Schicksal.« Reggie löste ihre Hand von seinem Ärmel und küßte sie. »Sie müssen mich nicht bemitleiden, liebe kleine Anne«, sagte er sanft. Und diesmal rannte er fast, unter den rosenroten Bögen hindurch, über den Gartenweg.

»*Rucku-kuu-kuu! Rucku-kuu-kuu!*« tönte es von der Veranda. »Reggie, Reggie«, aus dem Garten.

Er blieb stehen, drehte sich um. Doch als sie seinen schüchternen, verwirrten Blick sah, lachte sie leise auf.

»Kommen Sie zurück, Herr Tauberich«, sagte Anne. Und Reginald kam langsam über den Rasen.

DAS JUNGE MÄDCHEN

In ihrem blauen Kleid, mit den zart geröteten Wangen, den ach so blauen Augen und den goldenen, wie zum ersten Mal hochgesteckten Locken – hochgesteckt, damit sie im Flug nicht störten – hätte Mrs. Raddicks Tochter geradewegs vom strahlenden Himmel gefallen sein können. Und Mrs. Raddick schien ähnliches zu denken, ihrem schüchternen, leicht erstaunten, doch überaus bewundernden Blick nach zu schließen; die Tochter aber wirkte alles andere als erfreut – warum auch? –, auf der Kasinotreppe gelandet zu sein. Tatsächlich war sie gelangweilt – so gelangweilt, als wäre der Himmel voller Kasinos gewesen, mit verschnupften alten Heiligen als *croupiers* und Gloriolen als Spielmarken.

»Es macht Ihnen nichts aus, Hennie mitzunehmen?« sagte Mrs. Raddick. »Bestimmt nicht? Da ist der Wagen, und Sie können inzwischen Tee trinken, und wir sind in einer Stunde wieder hier – genau hier – auf der Treppe. Ich möchte nun einmal, daß sie mit hineingeht. Sie war noch nie hier, und es ist doch sehenswert. Ich denke, das kann sie von mir erwarten.«

»Ach, Mutter, sei doch still«, sagte sie mürrisch. »Komm schon. Red nicht soviel. Und deine Tasche ist offen; du verlierst wieder dein ganzes Geld.«

»Verzeih, Liebes«, sagte Mrs. Raddick.

»Nun *komm* schon! Ich will Geld machen«, sagte die ungeduldige Stimme. »Du hast gut lachen – aber ich bin blank!«

»Hier – nimm fünfzig Franc, Liebes, nimm hundert!« Ich sah, wie Mrs. Raddick ihr die Scheine in die Hand drückte, als sie durch die Drehtür gingen.

Hennie und ich blieben noch ein Weilchen auf der Treppe stehen und schauten uns die Leute an. Er strahlte vergnügt.

»He«, rief er, »da ist eine englische Bulldogge. Darf man Hunde mit hineinnehmen?«

»Nein.«

»Das ist ein Prachtkerl, was? Ich wünschte, ich hätte auch einen. Bulldoggen sind lustig. Sie jagen den Leuten Angst ein, und sie sind nie bösartig zu ihren – zu den Leuten, denen sie gehören.« Plötzlich drückte er meinen Arm. »He, sehen Sie mal, die alte Frau da. Wer ist das? Warum sieht sie so aus? Ist sie eine Spielerin?«

Die greise, verhutzelte Gestalt trug ein grünes Satinkleid, einen schwarzen Samtumhang und einen weißen Hut mit violetten Federn; sie erklomm langsam und ruckhaft die Treppe, als würde sie an Drähten hinaufgezogen. Sie sah starr vor sich hin, sie lachte und nickte und kicherte; ihre Klauen umklammerten etwas, das aussah wie ein schmutziger Schuhbeutel.

Doch in diesem Moment tauchte Mrs. Raddick wieder auf, mit – *ihr* – und einer anderen Dame, die im Hintergrund blieb. Mrs. Raddick stürzte auf mich zu. Sie war hochrot im Gesicht, fröhlich, wie ausgewechselt. Sie glich einer Frau, die ihren Freunden auf dem Bahnsteig »Lebewohl« sagt, Sekunden vor Abfahrt des Zuges.

»Oh, Sie sind noch hier. Was für ein Glück! Sie sind noch nicht fort. Wie großartig! Es hat furchtbar Ärger gegeben wegen – ihr«, und sie deutete mit einer Handbewegung auf ihre Tochter, die sehr ruhig dastand, verächtlich gesenkten Blicks, mit dem Fuß auf der Stufe scharrend, in Gedanken meilenweit weg. »Sie wollen sie nicht reinlassen. Ich habe beteuert, daß sie einundzwanzig sei. Aber sie wollten mir nicht glauben. Ich habe dem Mann meine Geldbörse gezeigt; weiterzugehen, habe ich nicht gewagt. Aber es hatte keinen Zweck. Er hat mich nur verhöhnt ... Und nun habe ich Mrs. MacEwen aus New York getroffen, und sie hat gerade in der *Salle Privée* dreizehntausend gewonnen – und sie möchte noch einmal mit mir dorthin zurück, solange ihre Glückssträhne anhält. Natürlich kann ich – sie – nicht allein lassen. Vielleicht könnten Sie –«

Nun hob »sie« den Kopf; sie warf ihrer Mutter einen vernichtenden Blick zu. »Warum kannst du mich nicht allein lassen?« fragte sie wütend. »Was für ein ausgemachter Unsinn! Wie kannst du nur solch ein Theater machen? Das ist das letzte Mal, daß ich mit dir ausgegangen bin. Es ist wirklich schlimm.« Sie musterte ihre Mutter von oben bis unten. »Nun beruhige dich doch«, sagte sie hochmütig.

Mrs. Raddick war verzweifelt, schlichtweg verzweifelt. Sie »brannte« darauf, mit Mrs. MacEwen zurückzugehen, gleichzeitig jedoch ...

Ich nahm all meinen Mut zusammen. »Würden Sie – hätten Sie Lust, Teetrinken zu gehen – mit uns?«

»Ja, ja, sehr gern wird sie das tun. Genau das war meine Idee, nicht, Liebes? Mrs. MacEwen ... Ich bin in einer Stunde zurück ... oder früher ... ich –«

Mrs. R. stürmte die Treppe hinauf. Ich sah, daß ihre Tasche wieder offen war.

So blieben wir denn zu dritt zurück. Aber das war gewiß nicht meine Schuld. Auch Hennie sah bedrückt zu Boden. Als der Wagen da war, wickelte sie sich in ihren dunklen Mantel – als drohe Ansteckungsgefahr. Selbst ihre kleinen Füße schienen es kaum über sich zu bringen, sie die Stufen zu uns hinabzutragen.

»Es tut mir furchtbar leid«, murmelte ich, als der Wagen anfuhr.

»Es ist mir *egal*«, sagte sie. »Ich *will* gar nicht wie einundzwanzig aussehen. Wer will das schon – mit siebzehn! Was ich hasse« – und sie schauderte leicht – »ist dieser Stumpfsinn, und von dicken alten Männern angestarrt zu werden. Rindviecher!«

Hennie warf ihr einen kurzen Blick zu, dann blickte er aus dem Fenster.

Wir hielten vor einem riesigen Palast aus rötlich weißem Marmor, mit Orangenbäumchen in schwarzgoldenen Kübeln vor den Türen.

»Hätten Sie Lust, da hineinzugehen?« schlug ich vor.

Sie zögerte, schaute, biß sich auf die Lippe und fügte sich ins Unvermeidliche. »Nun, es scheint ja nichts anderes zu geben«, sagte sie. »Steig aus, Hennie.«

Ich ging natürlich voran – um einen Tisch zu suchen – sie folgte. Aber das schlimmste war, daß wir ihren kleinen Bruder dabei hatten; er war erst zwölf. Das war der Gipfel – daß ihr dieses Kind an den Fersen hing.

Es gab nur einen freien Tisch. Mit rosa Nelken und rosa Tellern und kleinen blauen Teeservietten als Segel.

»Wollen wir hier sitzen?«

Sie legte eine erschöpfte Hand auf die Lehne eines weißen Korbsessels.

»Meinetwegen. Warum nicht?« sagte sie.

Hennie quetschte sich an ihr vorbei und kletterte auf der anderen Seite des Tisches auf einen Hocker. Er fühlte sich schrecklich unbeachtet. Sie streifte nicht einmal ihre Handschuhe ab. Sie senkte die Augen und trommelte auf den Tisch. Als eine leise Violine erklang, verzog sie das Gesicht und biß sich wieder auf die Lippe. Schweigen.

Die Kellnerin erschien. Ich wagte sie kaum zu fragen. »Tee – Kaffee? Chinesischen Tee – oder gekühlt mit Zitrone?«

Sie wußte es wirklich nicht. Ihr war alles egal. Eigentlich wollte sie gar nichts. Hennie flüsterte: »Schokolade!«

Doch gerade, als die Kellnerin sich abwandte, rief sie gleichgültig: »Ach, dann bringen Sie mir auch eine.«

Während wir warteten, holte sie eine kleine goldene Puderdose hervor, mit einem Spiegel im Deckel, schüttelte die arme kleine Puderquaste, als ob sie sie haßte, und betupfte ihr niedliches Näschen.

»Hennie«, sagte sie, »stell die Blumen weg.« Sie wies mit der Quaste auf die Nelken, und ich hörte sie murmeln: »Ich kann Blumen auf dem Tisch nicht ausstehen.« Sie bereiteten ihr ganz offensichtlich heftige Pein, denn sie schloß wahrhaftig die Augen, als ich sie fortnahm.

Die Kellnerin kam mit der Schokolade und dem Tee zurück. Sie setzte zwei große, schäumende Tassen vor ihnen ab und schob mir mein durchscheinendes Glas zu. Hennie vergrub die Nase in seiner Tasse, tauchte auf und hatte einen schrecklichen Moment lang einen zitternden Sahneklecks vorne auf der Spitze. Doch er wischte ihn hastig ab, wie ein kleiner Gentleman. Ich überlegte, ob ich es wagen dürfte, sie auf ihre Tasse aufmerksam zu machen. Sie beachtete sie gar nicht – sah sie nicht –, bis sie plötzlich, wie zufällig, einen Schluck daraus nahm. Ich blickte sie ängstlich an; sie schauderte leise.

»Fürchterlich süß!« sagte sie.

Ein junger Mann mit einem Kopf wie eine Rosine und einem Körper aus Schokolade kam mit einem Kuchentablett herbei – voller kleiner Köstlichkeiten, kleiner Kapricen, zart dahinschmelzender Träume. Er bot sie ihr an. »Ach, ich habe keinen Appetit. Nehmen Sie sie fort.«

Er bot sie Hennie an. Hennie warf mir einen kurzen Blick zu – er mußte zu seiner Zufriedenheit ausgefallen sein – denn er nahm eine Praline, ein Mokka-Eclair, ein mit Kastanienpüree gefülltes Baiser und eine kleine Waffel mit frischen Erdbeeren. Sie konnte es kaum ertragen, ihm zuzusehen. Doch als sich der junge Kellner gerade wieder abwandte, hielt sie ihren Teller hoch.

»Ach, meinetwegen, geben Sie mir *eins*«, sagte sie.

Die Silberzange ließ eins, zwei, drei Teilchen auf ihren Teller fallen – und noch ein Kirschtörtchen. »Ich weiß wirklich nicht, warum Sie mir so viele geben«, sagte sie und lächelte beinahe. »Ich kann das unmöglich essen!«

Mir war schon viel wohler. Ich nippte an meinem Tee, lehnte mich zurück und fragte sogar, ob ich rauchen dürfe. Darauf hielt sie inne, die Gabel in der Hand, riß die Augen auf und lächelte nun wirklich. »Selbstverständlich«, sagte sie. »Ich erwarte immer, daß man raucht.«

Doch in dem Moment widerfuhr Hennie ein Mißgeschick. Er stach zu heftig in seine Waffel, sie brach entzwei, und die Hälfte landete auf dem Tisch. Wie entsetzlich! Er wurde rot. Selbst seine Ohren flammten auf, und eine beschämte Hand stahl sich über den Tisch, um zu retten, was zu retten war.

»Du altes *Ferkel!*« sagte sie.

Mein Gott! Ich mußte ihm zu Hilfe eilen. Ich rief schnell: »Bleiben Sie länger im Ausland?«

Aber sie hatte Hennie schon vergessen. Mich auch. Sie versuchte, sich an etwas zu erinnern ... Sie war in Gedanken meilenweit weg.

»Ich – weiß – nicht«, kam es langsam von jenem fernen Ort.

»Gewiß gefällt es Ihnen besser als London. Es ist viel – viel –«

Als ich nicht fortfuhr, kam sie zurück und sah mich an, sehr verwundert. »Viel –?«

»*Enfin* – unterhaltsamer«, rief ich und schwenkte meine Zigarette.

Aber um das zu entscheiden, brauchte es ein ganzes Törtchen. Und selbst dann wollte sie nicht mehr sagen als: »Na ja, kommt drauf an!«

Hennie hatte aufgegessen. Er war noch immer sehr erhitzt.

Ich griff nach der gefalteten Karte auf dem Tisch. »He –

wie wär's mit einem Eis, Hennie? Vielleicht Mandarine-Ingwer? Nein, lieber etwas Kühleres. Was hältst du von frischer Ananascreme?«

Hennie hatte nicht die geringsten Einwände. Die Kellnerin hatte uns im Auge. Die Bestellung wurde aufgenommen, als sie von ihren Kuchenkrümeln aufblickte.

»Sagten Sie Mandarine-Ingwer? Ich mag Ingwer. Sie können mir eins bringen.« Und dann schnell: »Ich wünschte, die Kapelle würde nicht ständig Stücke von Anno dazumal spielen. Nach der Musik haben wir schon letzte Weihnachten getanzt. Es ist nicht auszuhalten!«

Aber die Melodie war bezaubernd. Jetzt, da ich darauf achtete, wärmte sie mir das Herz.

»Es ist wirklich nett hier, findest du nicht auch, Hennie?« sagte ich.

Hennie sagte: »Prima!« Er wollte es ganz leise sagen, aber es kam als lautes Quieken heraus.

Nett? Dieses Café? Nett? Zum ersten Mal sah sie sich um, versuchte herauszufinden, was hier nett sein mochte ... Sie blinzelte; ihre schönen Augen schauten erstaunt drein. Ein sehr gutaussehender älterer Herr beäugte sie durch ein Monokel an einem schwarzen Band. Aber sie sah ihn einfach nicht. Wo er war, war ein Loch in der Luft. Sie sah glatt durch ihn hindurch.

Endlich lagen die flachen kleinen Löffel auf den Glastellern. Hennie sah recht erschöpft aus, sie aber zog ihre weißen Handschuhe wieder an. Ihre mit Brillanten besetzte Armbanduhr bereitete ihr Verdruß; sie war ihr im Weg. Sie zerrte daran – versuchte, das dumme kleine Ding zu zerreißen – es wollte nicht reißen. Schließlich mußte sie den Handschuh darüberziehen. Mir war klar, daß sie das Café nun keine Minute länger ertragen konnte, und tatsächlich sprang sie auf und wandte sich ab, während ich den profanen Akt des Zahlens verrichtete.

Und dann waren wir wieder draußen. Es war dämmrig geworden. Der Himmel war mit kleinen Sternen übersät; die Straßenlaternen glühten. Während wir darauf warteten, daß der Wagen kam, stand sie auf der Treppe und scharrte genau wie zuvor mit dem Fuß und blickte zu Boden.

Hennie lief los, um die Tür zu öffnen, und sie stieg ein und sank zurück mit – oh – was für einem Seufzer!

»Sag ihm«, stieß sie hervor, »er soll so schnell fahren, wie er nur kann.«

Hennie grinste seinen Freund den Chauffeur an. *»Alleh wiet!«* sagte er. Dann riß er sich zusammen und hockte sich auf den Klappsitz uns gegenüber.

Die goldene Puderdose kam wieder zum Vorschein. Wieder wurde die arme kleine Quaste geschüttelt; wieder wurde zwischen ihr und dem Spiegel dieser kurze, streng geheime Blick getauscht.

Wir fuhren durch die schwarzgoldene Stadt wie eine Schere durch Brokat. Hennie hatte große Mühe, nicht so auszusehen, als klammere er sich irgendwo fest.

Und als wir das Kasino erreichten, war Mrs. Raddick natürlich nicht da. Auf der Treppe war keine Spur von ihr zu sehen – nicht die geringste.

»Wollen Sie im Wagen bleiben, während ich sie suche?«

Aber nein – das kam nicht in Frage. Lieber Himmel, nein! Hennie konnte bleiben. Sie ertrug es nicht, in einem Auto herumzusitzen. Sie wollte auf der Treppe warten.

»Aber ich lasse Sie sehr ungern allein«, murmelte ich. »Lieber wäre es mir, Sie würden nicht hier warten.«

Bei diesen Worten schlug sie ihren Mantel zurück; sie wandte sich um und sah mich an; ihre Lippen öffneten sich. »Himmel – wieso denn! Ich – ich finde gar nichts dabei. Ich – ich warte gern.« Und plötzlich röteten sich ihre Wangen, ihre Augen verdunkelten sich – ich dachte schon, sie würde anfangen zu weinen. »B-bitte«, stammelte sie, mit warmer, eifriger Stimme. »Ich mag das. Ich warte liebend gern! Wirklich – es macht mir nichts aus! Ich warte immer – überall …«

Ihr dunkler Mantel öffnete sich, und ihre weiße Kehle – ihr ganzer zarter junger Leib in dem blauen Kleid – war wie eine Blume, die soeben aus ihrer dunklen Knospe hervorbricht.

DAS LEBEN DER MUTTER PARKER

Als der gelehrte Herr, dessen Wohnung die alte Mutter Parker jeden Dienstag putzte, ihr an diesem Morgen die Tür öffnete, erkundigte er sich nach ihrem Enkel. Mutter Parker stand auf der Fußmatte in dem kleinen dunklen Flur, und sie streckte die Hand aus, um dem gnädigen Herrn die Tür schließen zu helfen, ehe sie antwortete. »Wir ham ihn gestern beerdigt, Sir«, sagte sie leise.

»Meine Güte! Das tut mir leid«, sagte der gelehrte Herr ganz erschrocken. Er war gerade beim Frühstück. Er trug einen sehr schäbigen Morgenrock und hielt eine verknitterte Zeitung in der Hand. Doch er fühlte sich unbehaglich. Er konnte wohl kaum wieder ins warme Wohnzimmer gehen, ohne noch etwas zu sagen – wenigstens ein paar Worte. Dann, weil diese Leute soviel auf Beerdigungen gaben, sagte er freundlich: »Ich hoffe, die Beerdigung war zufriedenstellend.«

»Pardong, Sir?« fragte die alte Mutter Parker heiser.

Arme Alte! Sie sah wirklich mitgenommen aus. »Ich hoffe, die Beerdigung war ein – ein – Erfolg«, sagte er. Mutter Parker gab keine Antwort. Sie senkte den Kopf und humpelte in die Küche, den alten Fischbeutel umklammernd, der ihr Putzzeug und eine Schürze und ein Paar Filzschuhe enthielt. Der gelehrte Herr zog die Augenbrauen hoch und kehrte zu seinem Frühstück zurück.

»Nimmt einen mit, nehme ich an«, sagte er laut und langte nach der Marmelade.

Mutter Parker löste die beiden schwarzen Nadeln aus ihrer Toque und hängte den Hut hinter die Tür. Sie knöpfte die abgetragene Jacke auf und hängte sie dazu. Dann band sie sich die Schürze um und setzte sich hin, um die Stiefel auszuziehen. Das An- und Ausziehen der Stiefel war eine Qual, aber das war es schließlich schon seit Jahren. Sie war so an diese Pein gewöhnt, daß sich ihr Gesicht bereits schmerzlich verzog, bevor sie auch nur einen Schnürsenkel gelöst hatte. Als es überstanden war, lehnte sie sich mit einem Seufzer zurück und rieb sich behutsam die Knie …

»Großmama! Großmama!« Ihr kleiner Enkel stand in seinen Knöpfstiefelchen auf ihrem Schoß. Er war eben vom Spielen auf der Straße hereingekommen.

»Kuck dir nur 'mal an, was du mit meinem Rock anstellst – du Schlingel!«

Aber er legte ihr die Arme um den Hals und rieb seine Wange an der ihren.

»Großmama, gib mir einen Penny!« schmeichelte er.

»Na, na; Großmutter hat keine Pennys.«

»Hast du wohl.«

»Hab' ich nich'.«

»Hast du wohl. Gib mir einen!«

Schon tastete sie nach der alten, verbeulten schwarzen Lederbörse.

»Ja, und was gibst du deiner Großmutter?«

Er stieß ein schüchternes kleines Lachen aus und schmiegte sich fester an sie. Sie spürte sein Augenlid, das an ihrer Wange zitterte. »Ich hab' doch nix«, murmelte er …

Die alte Frau stand mit einem Ruck auf, nahm den Kessel vom Gasherd und trug ihn hinüber zum Spülstein. Das Geräusch des im Kessel trommelnden Wassers schien ihren Schmerz zu betäuben. Sie füllte auch den Eimer und die Abwaschschüssel.

Wollte man den Zustand beschreiben, in dem sich die Küche befand, man hätte ein ganzes Buch füllen können.

Unter der Woche »sorgte« der gelehrte Herr für sich selbst. Das heißt, er leerte die Teeblätter ab und zu in ein Marmeladeglas, das zu diesem Zweck bereitstand, und wenn ihm die sauberen Gabeln ausgingen, wischte er die eine oder andere an dem Rollhandtuch ab. Ansonsten, erklärte er seinen Freunden, war sein »System« ganz einfach, und er konnte nicht verstehen, wieso die Leute soviel Aufhebens um den Haushalt machten.

»Man macht einfach alles dreckig, was man hat, läßt einmal in der Woche eine Alte zum Saubermachen kommen, und damit hat sich die Sache.«

Das Ergebnis sah aus wie eine einzige große Mülltonne. Selbst der Boden war übersät mit Brotkrusten, Briefumschlägen, Zigarettenstummeln. Doch Mutter Parker verübelte es ihm nicht. Ihr tat der arme junge Herr leid, weil er niemanden hatte, der sich um ihn kümmerte. Durch das staubige kleine Fenster wirkte der weite Himmel stets traurig, und wenn es Wolken gab, sahen sie ganz zerschlissen aus, alte Wolken mit Fransen an den Rändern, Wolken mit Löchern oder dunklen Flecken wie von Tee.

Während das Wasser heiß wurde, begann Mutter Parker den Boden zu fegen. »Ja, ja«, dachte sie, als der Besen auf das Holz schlug, »ich hab' immer mein Päckchen tragen müssen. Hab' es nie leicht gehabt im Leben.«

Selbst die Nachbarn sagten das von ihr. So manches Mal, wenn sie mit ihrem Fischbeutel nach Hause humpelte, warteten sie an der Ecke oder lehnten über den Kellergeländern, und sie hörte sie sagen: »Sie hat es nie leicht gehabt im Leben, die Mutter Parker.« Und es entsprach so sehr den Tatsachen, daß sie kein bißchen stolz darauf war. Es war genauso, als sagte man, sie wohne im Hinterhof von Nummer 27 im Kellergeschoß. Kein leichtes Leben! ...

Mit sechzehn hatte sie Stratford verlassen und war als Küchenmagd nach London gekommen. Jawohl, sie war in Stratford-on-Avon geboren. Shakespeare, Sir? Nein, immer fragten die Leute nach ihm. Aber den Namen hatte sie nie gehört, bis sie ihn zum ersten Mal an den Theatern sah.

Nichts war ihr von Stratford geblieben, bloß »wenn man abends am Feuer gesessen hat, konnte man die Sterne durch den Kamin sehen«, und »Mutter hat immer 'ne Speckseite von der Decke hängen gehabt«. Und da war noch etwas – ein Strauch war's – an der Haustür, der hatte immer so gut gerochen. Aber den Strauch sah sie nur noch undeutlich. Nur ein- oder zweimal im Krankenhaus hatte sie an ihn gedacht, als sie nicht gut zuwege war.

Ihre erste Stelle – die war schlimm gewesen. Sie hatte nie ausgehen dürfen. Sie ging nie nach oben, außer zum Beten morgens und abends. Es war ein richtiges Kellerloch. Und die Köchin war ein grausames Weib. Sie nahm ihr die Briefe von zu Hause weg, bevor sie sie gelesen hatte, und warf sie in den Herd, weil sie sonst so verträumt wäre ... Und die Schaben! War das zu glauben? – bevor sie nach London kam, hatte sie noch nie eine Küchenschabe gesehen. Hier lachte Mutter Parker immer ein bißchen, als ob – nie eine Küchenschabe gesehen zu haben! Also wirklich! Das war, als würde man sagen, man hätte nie seine eigenen Füße gesehen.

Als die Familie gepfändet wurde, ging sie als »Stütze« in den Haushalt von einem Doktor, und nachdem sie zwei Jahre dort gewesen war, immer von früh bis spät auf Trab, heiratete sie ihren Mann. Er war Bäcker.

»Bäcker, Mrs. Parker!« hatte der gelehrte Herr einmal ausgerufen. Denn dann und wann schob er seine dicken Bücher beiseite und schenkte diesem Gebilde, das man das Leben nannte, immerhin Gehör. »Es muß doch recht nett sein, einen Bäcker zum Mann zu haben!«

Mrs. Parker war da anscheinend nicht so sicher.

»Ein sauberes Gewerbe«, sagte der Herr.

Mrs. Parker war anscheinend anderer Meinung.

»Und hat es Ihnen nicht gefallen, den Kunden die frischen Brotlaibe zu reichen?«

»Na ja, Sir«, sagte Mutter Parker. »Ich bin nich' viel oben im Laden gewesen. Wir ham dreizehn Kinder gehabt und sieben davon begraben. Wenn es mal nicht das Spital gewesen is', dann isses die Krankenstube gewesen, könnte man sagen!«

»Das könnte man *allerdings*, Mrs. Parker!« sagte der Herr schaudernd und griff wieder zur Feder.

Ja, sieben waren dahingegangen, und als die sechs noch klein waren, war ihr Mann an der Schwindsucht erkrankt. Es sei Mehl in der Lunge, hatte der Doktor ihr damals gesagt ... Ihr Mann saß im Bett mit dem Hemd über dem Kopf, und der Finger des Doktors zog einen Kreis auf seinem Rücken.

»Also, wenn wir ihn *hier* aufschneiden würden, Mrs. Parker«, sagte der Doktor, »könnten Sie seine Lungen sehen, randvoll mit weißem Staub. Atmen Sie mal aus, mein Guter!« Und Mrs. Parker war sich nicht sicher, ob sie es wirklich gesehen hatte oder ob es nur Einbildung gewesen war, die große weiße Staubwolke, die aus dem Mund ihres armen lieben Mannes kam ...

Aber die Kraft, die es sie kostete, diese sechs Kinder großzuziehen und immer die Zähne zusammenbeißen. Es war furchtbar gewesen! Und als sie gerade alt genug waren, um in die Schule zu gehen, war die Schwester ihres Mannes zu ihnen gezogen, um ihr zur Hand zu gehen, und sie war noch keine zwei Monate dagewesen, als sie die Treppe runterfiel und sich am Rückgrat verletzte. Also hatte Mutter Parker noch ein Kind mehr zu versorgen, fünf Jahre lang – und was für einen Schreihals! Dann geriet Maudie auf die schiefe

Bahn und zog ihre Schwester Alice mit; die zwei Jungs wanderten aus, und Klein Jim ging nach Indien als Soldat, und Ethel, die Jüngste, heiratete einen Taugenichts von Kellner, der an Magengeschwüren starb, im selben Jahr, als der kleine Lennie geboren wurde. Und nun der kleine Lennie – mein Enkel …

Die Türme von schmutzigen Tassen, von schmutzigen Tellern waren abgewaschen und abgetrocknet. Die tintenschwarzen Messer waren mit einem Stück Kartoffel abgerieben und mit einem Stück Korken poliert worden. Der Tisch war geschrubbt, ebenso die Anrichte und der Spülstein, in dem eben noch Sardinenschwänze herumgeschwommen waren …

Er war nie ein kräftiges Kind gewesen – von Anfang an nicht. Er war eins jener zarten Wesen, die jeder für ein Mädchen hielt. Silberblonde Locken hatte er, blaue Augen, und seitlich an der Nase eine kleine Sommersprosse wie einen Diamanten. Die Sorgen, die dieses Kind ihr und Ethel bereitete hatte! Und was hatten sie nicht alles an ihm ausprobiert! Jeden Sonntagmorgen las Ethel die Zeitung vor, während Mutter Parker die Wäsche machte.

»WERTER HERR, – Nur eine Zeile, um Ihnen mitzuteilen, daß man meine kleine Myrtil schon aufgegeben hatte … Nach vier Flaschen … nahm sie in neun Wochen acht Pfund zu *und setzt immer noch tüchtig an.*«

Und dann wurde der Eierbecher mit Tinte von der Anrichte geholt und der Brief geschrieben, und am nächsten Morgen auf dem Weg zur Arbeit zahlte Mutter Parker bei der Post das Geld ein. Aber es war zwecklos. Der kleine Lennie setzte nicht an. Selbst wenn man ihn mit zum Friedhof nahm, bekam er keine Farbe; und wenn der Bus ihn mal so ordentlich durchrüttelte, wurde sein Appetit doch nicht angeregt.

Aber er war Großmutters Junge, von Anfang an …

»Wem sein Junge bist du?« sagte die alte Ma Parker, richtete sich vom Herd auf und ging zu dem verstaubten Fenster hinüber. Und ein zartes Stimmchen, so warm, so nah, daß es ihr fast den Atem raubte – es schien in ihrer Brust zu sitzen, unter dem Herzen –, lachte laut und sagte: »Ich bin Großmamas Junge!«

In diesem Moment erklangen Schritte, und der gelehrte Herr erschien, zum Ausgehen bereit.

»Oh, Mrs. Parker, ich gehe.«

»Sehr wohl, Sir.«

»Sie finden Ihre halbe Krone auf dem Untersatz vom Tintenfaß.«

»Danke, Sir.«

»Ach, übrigens, Mrs. Parker«, sagte der gelehrte Herr eilig, »Sie haben nicht zufällig Kakao weggeworfen, als Sie das letzte Mal hier waren?«

»Nein, Sir.«

»*Sehr* eigenartig. Ich hätte schwören können, daß ich einen Teelöffel Kakao in der Büchse gelassen hatte.« Er brach ab. Leise und bestimmt sagte er dann: »Sie sagen es mir doch immer, bevor Sie etwas wegwerfen – nicht wahr, Mrs. Parker?« Und er ging, sehr zufrieden mit sich, davon überzeugt, Mrs. Parker gezeigt zu haben, daß er trotz seiner nachlässigen Art so wachsam war wie eine Frau.

Die Tür schlug zu. Sie nahm ihre Bürsten und Lappen mit ins Schlafzimmer. Doch als sie anfing, das Bett zu machen, alles glattstrich und strammzog und zurechtklopfte, wurde der Gedanke an den kleinen Lennie unerträglich. Warum hatte er so leiden müssen? Das war es, was sie nicht verstehen konnte. Warum mußte ein kleiner Engel wie er um Atem bitten und betteln? Das ergab doch keinen Sinn, daß ein Kind so leiden mußte.

… Aus Lennies kleinem Brustkasten kam ein Geräusch,

als ob innendrin was kochte. In seiner Brust brodelte irgendein dicker Kloß, den er nicht loswerden konnte. Wenn er hustete, trat ihm der Schweiß auf die Stirn; seine Augen quollen hervor, seine Hände ruderten, und der große Kloß hüpfte umher wie eine Kartoffel im Kochtopf. Doch am allerschlimmsten war es, wenn er nicht hustete, wenn er bloß an das Kissen gelehnt dasaß und nichts sagte, nicht antwortete und nicht einmal zu hören schien. Ganz empört sah er dann aus.

»Deine arme alte Großmutter kann doch nichts dafür, mein Schatz«, sagte die alte Mutter Parker und strich ihm das feuchte Haar von den kleinen feuerroten Ohren. Aber Lennie drehte den Kopf von ihrer Hand weg. Schrecklich empört sah er aus – und sehr ernst. Er legte den Kopf schief und sah sie aus den Augenwinkeln an, als hätte er seiner Großmama so etwas nie zugetraut.

Aber zuletzt … Ma Parker warf die Steppdecke über das Bett. Nein, sie konnte einfach nicht daran denken. Es war zuviel – sie hatte zuviel ertragen müssen in ihrem Leben. Sie hatte immer alles ertragen, hatte immer die Zähne zusammengebissen, und nie hatte einer sie weinen sehen. Nicht eine Menschenseele. Nicht einmal ihre eigenen Kinder hatten sie in Tränen ausbrechen sehen. Sie hatte immer Haltung bewahrt. Aber jetzt! Ohne Lennie – was hatte sie da noch? Sie hatte nichts. Er war ihr ein und alles gewesen, und nun war auch er ihr genommen worden. Warum hat das alles passieren müssen? fragte sie sich. »Was hab' ich bloß getan?« sagte die alte Mutter Parker. »Was hab' ich bloß getan?«

Als sie diese Worte vor sich hin sagte, ließ sie plötzlich ihre Bürste fallen. Sie fand sich in der Küche wieder. So unerträglich war ihr Kummer, daß sie ihren Hut aufsetzte, ihre Jacke anzog und aus der Wohnung ging, wie ein Mensch, der schlafwandelt. Sie wußte nicht, was sie tat. Sie war wie jemand, der von einem schrecklichen Ereignis so betäubt ist, daß er einfach losmarschiert – egal wohin, als könnte er auf diese Weise entkommen …

Es war kalt auf der Straße. Es wehte ein eisiger Wind. Die Leute huschten vorbei, sehr in Eile; die Männer liefen wie Scheren; die Frauen tappten wie Katzen. Und keiner wußte etwas – keinen kümmerte es. Und wenn sie die Haltung verlor, wenn sie nach all den Jahren schließlich doch noch in Tränen ausbrach, käme sie vermutlich nur in Arrest.

Bei dem Gedanken an Tränen jedoch war ihr, als springe der kleine Lennie seiner Großmama in die Arme. Ja, das ist es, was sie tun will, mein Täubchen. Großmutter will weinen. Wenn sie jetzt nur weinen könnte, lange Zeit weinen, über alles – ihre erste Stelle und die grausame Köchin, danach den Dienst im Doktorhaus, und dann die sieben Kleinen, den Tod ihres Mannes, die Kinder, die sie verließen, und all die Jahre voller Sorgen, die mit Lennie endeten. Aber sich einmal ordentlich auszuweinen über all diese Dinge würde lange dauern. Trotzdem, die Zeit dafür war gekommen. Sie mußte es tun. Sie konnte es nicht länger aufschieben; sie konnte nicht mehr warten … Wo sollte sie hingehen?

»Sie hat es nie leicht gehabt im Leben, die Mutter Parker.« Ja, wahrhaftig, kein leichtes Leben! Ihr Kinn begann zu zittern; es war höchste Zeit. Aber wo? Wo?

Nach Hause konnte sie nicht; dort war Ethel. Ethel würde sich zu Tode erschrecken. Auf eine Bank konnte sie sich auch nicht setzen; da würden Leute kommen und ihr Fragen stellen. Sie konnte unmöglich in die Wohnung des Herrn zurück; sie hatte kein Recht, bei fremden Leuten zu weinen. Wenn sie sich auf die Treppenstufen setzen würde, würde ein Schutzmann sie ansprechen.

Ach, gab es denn nirgendwo einen Ort, wo sie sich verstecken und für sich sein konnte, so lange sie wollte, ohne jemanden zu stören, ohne gestört zu werden? Gab es denn nirgendwo auf der Welt einen Ort, wo sie sich – endlich – ausweinen konnte?

Mutter Parker stand da und sah die Straße hinauf und hinab. Der eisige Wind blies ihre Schürze zu einem Ballon auf. Und nun fing es an zu regnen. Nein, nirgendwo.

EHE À LA MODE

Auf dem Weg zum Bahnhof fiel es William siedendheiß ein, daß er kein Geschenk für die Jungen hatte. Die armen Kleinen! Sie hatten es wirklich nicht leicht. Wenn sie angelaufen kamen, um ihn zu begrüßen, waren ihre erste Worte immer: »Was hast du mir mitgebracht, Papa?« Und er hatte nichts. Er würde ihnen Süßigkeiten am Bahnhof kaufen müssen. Aber das hatte er bereits vier Samstage hintereinander getan; letztesmal hatten sie lange Gesichter gemacht, als wieder die gleichen Schachteln zum Vorschein kamen.

Und Paddy hatte gesagt: »Ich hatte *schon* mal eine mit einem roten Band!«

Und Johnny hatte gesagt: »Meins ist immer rosa. Ich hasse rosa.«

Aber was sollte William machen? Die Sache war nicht so einfach. Früher hätte er einfach ein Taxi genommen und wäre zu einem anständigen Spielwarenladen gefahren, und in fünf Minuten hätte er etwas ausgesucht. Aber heutzutage hatten sie russisches Spielzeug, französisches Spielzeug, serbisches Spielzeug – Spielzeug von Gott weiß woher. Vor über einem Jahr hatte Isabel die alten Eselchen und Lokomotiven fortgeworfen, weil sie so »entsetzlich sentimental« waren und »so fatal für das kindliche Formempfinden«.

»Es ist so wichtig«, erklärte die neue Isabel, »ihr Schönheitsempfinden früh zu schulen. Das erspart einem später viel Zeit. Ja, wenn die armen Kleinen ihre Kinderjahre mit dem Anblick dieser Scheußlichkeiten verbringen müssen, wundert es einen nicht, wenn sie hinterher in die Königliche Akademie rennen.«

Und wie sie es sagte, hörte es sich an, als habe der Besuch

der Königlichen Akademie der Künste den unweigerlichen Tod zur Folge …

»Also, ich weiß nicht«, hatte William bedächtig geantwortet. »Als ich in ihrem Alter war, bin ich mit einem alten Handtuch mit Knoten drin ins Bett gegangen.«

Die neue Isabel hatte ihn angesehen, mit zusammengezogenen Augenbrauen, die Lippen halb geöffnet.

»*Lieber* William! Das glaube ich nur zu gern!« Sie lachte auf die neue Art.

Es würde also wieder auf Süßigkeiten hinauslaufen, dachte William trübsinnig und fischte in seiner Tasche nach Kleingeld für den Taxifahrer. Und er sah schon, wie die Jungen die Schachteln herumreichten – sie waren sehr spendabel, die Kleinen –, während Isabels erlesenene Freunde nicht zögerten, sich zu bedienen …

Wie wäre es mit Obst? William blieb vor einem Stand im Bahnhofseingang stehen. Wie wäre es mit einer Melone für jeden? Würden sie die auch teilen müssen? Oder eine Ananas für Pad und eine Melone für Johnny? Isabels Freunde konnten sich doch kaum zu den Mahlzeiten der Jungen ins Kinderzimmer hinaufschleichen. Dennoch, als er die Melone kaufte, hatte William eine Schreckensvision und er sah einen von Isabels jungen Dichtern, der hinter der Kinderzimmertür stand und, aus welchem Grund auch immer, eine Melonenscheibe verschlang.

Mit seinen zwei unhandlichen Paketen ging er zu seinem Zug. Der Bahnsteig war voll, der Zug stand schon da. Türen knallten auf und zu. Die Lokomotive zischte so laut, daß die hin- und hereilenden Menschen ganz benommen wirkten. William steuerte geradewegs auf ein Raucherabteil erster Klasse zu, verstaute seinen Koffer und seine Pakete, zog einen dicken Aktenstoß aus der Innentasche, ließ sich auf einen Eckplatz fallen und fing an zu lesen.

»Unser Klient ist darüber hinaus überzeugt … Wir sind

geneigt zu bedenken … im Falle eines –« Ah, das war schon besser. William strich sein glatt anliegendes Haar zurück und streckte die Beine aus. Das gewohnte dumpfe Nagen in seiner Brust ließ nach. »Bezüglich unserer Entscheidung –« Er zog einen blauen Stift hervor und strich bedächtig einen Absatz an.

Zwei Männer kamen herein, stiegen über seine Beine und ließen sich in der anderen Ecke nieder. Ein junger Bursche schwang seine Golfschläger ins Gepäcknetz und setzte sich ihm gegenüber. Der Zug tat einen sachten Ruck, und sie fuhren los. William blickte auf und sah den heißen, hellen Bahnhof davongleiten. Ein rotgesichtiges Mädchen rannte neben den Waggons her, ihr Winken und Rufen hatte beinahe etwas Verzweifeltes. »Hysterische Person!« dachte William träge. Dann, am Ende des Bahnsteigs, sah ein ölverschmierter Arbeiter grinsend dem vorbeifahrenden Zug nach. Und William dachte: »Ein Drecksleben!« und vertiefte sich wieder in seine Papiere.

Als er das nächste Mal aufblickte, waren da Felder, und Weidevieh, das im Schutz der dunklen Bäume stand. Ein breiter Fluß, mit nackten Kindern, die in flachen Kuhlen planschten, kam in Sicht und war wieder verschwunden. Der Himmel schimmerte fahl, und ein einzelner Vogel schwebte hoch oben wie ein dunkler Fleck in einem Juwel.

»Nach eingehender Überprüfung des Schriftwechsels unseres Klienten …« Der letzte Satz, den er gelesen hatte, hallte in seinem Kopf nach. »Nach eingehender Überprüfung …« William klammerte sich an diesen Satz, aber es half nichts; er riß in der Mitte ab, und die Felder, der Himmel, der segelnde Vogel, das Wasser, alles sagte: »Isabel.« So ging es ihm jeden Samstagnachmittag. Wenn er auf dem Weg zu Isabel war, begann er sich ein Wiedersehen nach dem anderen auszumalen. Sie stand am Bahnhof, ein wenig abseits von allen anderen; sie saß draußen im offenen Taxi; sie stand an der Gartenpforte; sie ging über das verbrannte Gras; sie stand in der Tür, oder ganz vorn im Flur.

Und ihre klare, helle Stimme sagte: »Es ist William«, oder: »Hallo, William!« oder: »William ist wieder da!« Er berührte ihre kühle Hand, ihre kühle Wange.

Wie köstlich erfrischend Isabel war! Als kleiner Junge war es seine größte Freude gewesen, nach einem Regenschauer in den Garten zu laufen und über sich den Rosenbusch zu schütteln. Isabel war dieser Rosenbusch, zart wie eine Blüte, glitzernd und kühl. Und er war noch immer dieser kleine Junge. Aber jetzt gab es kein Hinauslaufen, kein Lachen, kein Schütteln. Wieder begann das dumpfe, beharrliche Nagen in seiner Brust. Er zog die Beine an, warf die Akte beiseite und schloß die Augen.

»Warum ist das nur so, Isabel? Warum?« fragte er zärtlich. Sie waren in ihrem Schlafzimmer in dem neuen Haus. Isabel saß auf einem bemalten Hocker vor dem Frisiertisch, der übersät war mit kleinen schwarzen und grünen Schachteln.

»Warum ist was, William?« Und sie beugte sich vor, und ihr feines helles Haar fiel ihr über die Wangen.

»Na, du weißt schon!« Er stand in der Mitte des noch so unvertrauten Zimmers und kam sich wie ein Fremder vor. Isabel fuhr herum und sah ihn an.

»Oh, William!« rief sie flehend und hielt die Haarbürste hoch. »Bitte! Bitte sei nicht so schrecklich spießig und – theatralisch. Mit jedem Blick, mit jedem Wort gibst du mir zu verstehen, ich hätte mich verändert. Ich habe lediglich Gleichgesinnte kennengelernt und gehe ein wenig häufiger aus und interessiere mich nun einmal furchtbar für – für alles mögliche, aber du benimmst dich, als ob ich« – Isabel warf ihr Haar zurück und lachte – »unsere Liebe verraten hätte oder dergleichen. Es ist so absurd« – sie biß sich auf die Lippe – »und so lästig, William. Selbst das neue Haus und die Dienstboten nimmst du mir übel, William.«

»Isabel!«

»Doch, doch, es ist schon so«, sagte Isabel rasch. »Für dich ist das Haus ein weiteres ungutes Zeichen. Oh, ich kenne dich. Ich spüre es«, sagte sie leise, »immer wenn du die Treppe heraufkommst. Aber wir hätten nicht länger in dem engen kleinen Loch wohnen können, William. Sieh es wenigstens von der praktischen Seite! Da war nicht einmal genug Platz für die Kinder.«

Ja, das war wohl wahr. Jeden Vormittag, wenn er aus der Kanzlei nach Hause gekommen war, fand er die Jungen mit Isabel im hinteren Wohnzimmer. Sie ritten auf dem Leopardenfell, das auf der Sofalehne lag, oder sie spielten Kaufmannsladen mit Isabels Schreibtisch als Tresen, oder Pad saß auf dem Kaminvorleger und ruderte wild mit der kleinen Messingschaufel, während Johnny mit der Feuerzange auf Piraten schoß. Und am Abend ging es huckepack die steile Treppe hinauf zu ihrer dicken alten Kinderfrau.

Ja, es war eng und klein gewesen. Ein kleines weißes Häuschen mit blauen Vorhängen und einem Blumenkasten voller Petunien. Und William begrüßte Freunde an der Tür mit: »Habt ihr unsere Petunien gesehen? Nicht schlecht für London, was?«

Aber das Dumme, nein, das absolut Unfaßbare war, daß er nie geglaubt hätte, Isabel könnte weniger glücklich sein als er. Gott, wie blind er gewesen war! Nie wäre es ihm in den Sinn gekommen, daß sie das unbequeme kleine Haus wirklich haßte, daß sie fand, die dicke Kinderfrau verziehe die Kinder, daß sie entsetzlich einsam war, sich nach neuen Freunden sehnte, nach neuer Musik, neuen Bildern. Wenn sie damals nicht zu diesem Atelierfest bei Moira Morrison gegangen wären – wenn Moira Morrison nicht zum Abschied gesagt hätte: »Ich werde Ihre Frau erretten, Sie selbstischer Mensch. Sie ist eine ganz zauberhafte kleine

Titania« – wenn Isabel nicht mit Moira nach Paris gefahren wäre – wenn – wenn …

Der Zug hielt wieder. Bettingford. Lieber Himmel! In zehn Minuten kamen sie an. William stopfte die Papiere in seine Innentasche; der junge Mann gegenüber war längst verschwunden. Nun stiegen die beiden anderen aus. Die späte Nachmittagssonne schien auf Frauen in Baumwollkleidern und braungebrannte, barfüßige Kinder. Eine seidig gelbe Blume mit derben Blättern, die auf einer steinigen Böschung wucherte, leuchtete auf. Die Luft, die zum Fenster hereinblies, roch nach Meer. Ob Isabel an diesem Wochenende wieder ihre Leute um sich hatte? fragte sich William.

Und er dachte daran, wie sie früher die Ferien verbracht hatten, sie vier, mit einem kleinen Bauernmädchen, Rose, die sich um die Kinder kümmerte. Isabel trug eine Trikotjacke und hatte das Haar zu einem Zopf geflochten; sie sah wie vierzehn aus. Herrjeh! Wie sich seine Nase gepellt hatte! Und wieviel sie gegessen hatten, und wieviel sie geschlafen hatten in diesem riesigen Federbett, die Füße ineinandergeschlungen … William konnte nicht umhin, grimmig zu lächeln, als er sich Isabels Entsetzen vorstellte, hätte sie das volle Ausmaß seiner Sentimentalität gekannt.

»Hallo, William!« Sie war also doch am Bahnhof; sie stand abseits von den anderen, genau, wie er es sich vorgestellt hatte, und – Williams Herz tat einen Freudensprung – sie war allein.

»Hallo, Isabel!« William starrte sie an. So schön sah sie aus, daß er fand, er müsse etwas sagen: »Du siehst erholt aus.«

»Ach ja?« sagte Isabel. »Ich fühle mich aber nicht sehr erholt. Dein dummer Zug hatte Verspätung, also komm schon. Das Taxi steht draußen.« Sie legte ihm leicht die

Hand auf den Arm, als sie durch die Sperre gingen. »Alle sind gekommen, um dich abzuholen«, sagte sie. »Bis auf Bobby Kane; den haben wir an der Konditorei abgesetzt und holen ihn gleich wieder ab.«

»Aha!« sagte William. Mehr konnte er im Moment nicht hervorbringen.

Dort im gleißenden Licht wartete das Taxi – auf der einen Seite fläzten sich Bill Hunt und Dennis Green, die Hüte tief ins Gesicht gezogen, und auf der anderen saß Moira Morrison, mit einer Haube wie eine riesige Erdbeere, und hüpfte auf und ab.

»Kein Eis! Kein Eis! Kein Eis!« rief sie fröhlich.

Und Dennis unter seinem Hut stimmte ein: »Außer vom Fischhändler.«

Und Bill Hunt setzte sich auf und schloß: »Mit *ganzen* Fischen drin.«

»Oh, wie ärgerlich!« klagte Isabel. Und sie erklärte William, daß sie die ganze Stadt nach Eis abgeklappert hatten, während sie auf ihn wartete. »Alles läuft uns über die Steilklippen ins Meer hinunter, angefangen mit der Butter.«

»Wir werden uns mit der Butter salben müssen«, sagte Dennis. »Möge dein Haupt, William, nie der Salbung ermangeln.«

»Also«, sagte William, »wie sollen wir sitzen? Ich setze mich wohl besser neben den Fahrer.«

»Nein, Bobby Kane sitzt neben dem Fahrer«, sagte Isabel. »Du sitzt zwischen Moira und mir.« Das Taxi fuhr los. »Was hast du in den geheimnisvollen Paketen?«

»Ent-haup-te-te Häupter!« sagte Bill Hunt und schauderte unter seinem Hut.

»Ah, Obst!« Isabel klang hocherfreut. »Braver William! Eine Melone und eine Ananas. Wie nett!«

»Nein, warte«, sagte William und lächelte. Aber er war wirklich besorgt. »Die habe ich für die Jungen mitgebracht.«

»Also wirklich!« lachte Isabel und hakte sich bei ihm unter. »Sie würden Qualen leiden, wenn sie so etwas essen müßten. Nein« – sie tätschelte seine Hand – »du mußt ihnen das nächste Mal etwas mitbringen. Ich bin nicht bereit, mich von meiner Ananas zu trennen.«

»Grausame Isabel! Laß mich mal riechen!« sagte Moira. Flehend reckte sie die Arme. »Oh!« Die Erdbeerhaube kippte nach vorn; sie klang ganz gedämpft.

»In Ananas verliebte Frau«, sagte Dennis, als das Taxi vor einem kleinen Laden mit einer gestreiften Markise hielt. Bobby Kane kam heraus, die Arme voll mit kleinen Schachteln.

»Ich hoffe nur, daß sie gut sind. Ich habe sie nach der Farbe ausgesucht. Die Runden da, die sehen einfach himmlisch aus. Und seht nur mal diese Nougatdinger«, rief er hingerissen, »seht doch nur! Das reinste Ballett!«

Doch in diesem Moment erschien der Ladenbesitzer. »Oh, ich vergaß. Es ist noch nicht bezahlt worden«, sagte Bobby mit besorgter Miene. Isabel reichte dem Ladenbesitzer einen Schein, und Bobby strahlte wieder. »Hallo, William! Ich sitze beim Fahrer.« Und barhäuptig, ganz in Weiß, die Ärmel bis zu den Schultern hochgekrempelt, sprang er auf seinen Platz. »Avanti!« rief er …

Nach dem Tee gingen die anderen schwimmen, während William dablieb, um sich mit den Jungen auszusöhnen. Schließlich schliefen Johnny und Paddy, das rosenrote Abendglühen war erloschen, Fledermäuse schwirrten umher, und noch immer waren die Badenden nicht zurück. Als William nach unten ging, trug das Hausmädchen eine Lampe durch den Flur. Er folgte ihr ins Wohnzimmer. Es war ein langer, gelbgestrichener Raum. Auf die Wand hinten hatte jemand einen jungen Mann gemalt, überlebensgroß, mit sehr wackligen Beinen, der einer jungen Frau mit einem sehr kurzen Arm und einem sehr langen, dünnen, eine großäugige Margerite überreichte. Über den Sesseln und dem Sofa hingen schwarze Stoffbahnen, übersät mit großen Farbklecksen wie von zerbrochenen Eiern, und wo man auch hinsah, standen Aschenbecher voller Zigarettenstummel herum. William setzte sich in einen der Sessel. Wenn man heutzutage in die Ritzen griff, stieß man nicht mehr auf ein Schaf mit drei Beinen oder eine Kuh, die ein Horn verloren hatte, oder eine sehr fette Taube aus der Arche Noah. Sondern zum Vorschein kam eins dieser broschierten, zerfledderten Bändchen mit Gedichten ... Er dachte an den Aktenstoß in seiner Innentasche, aber er war zu hungrig und zu müde zum Lesen. Die Tür stand offen; Geräusche drangen aus der Küche. Die Dienstboten unterhielten sich, als wären sie allein im Haus. Plötzlich ertönte laut kreischendes Gelächter und ein ebenso lautes »Scht!« Sie hatten sich wieder erinnert, daß er da war. William erhob sich und ging durch die Verandatür in den Garten, und als er dort im Schatten stand, hörte er die anderen auf der sandigen Landstraße näher kommen; ihre Stimmen hallten durch die Stille.

»Ich glaube, da muß Moira sich ihrer kleinen Tricks bedienen.«

Ein tragisches Stöhnen von Moira.

»Wir sollten ein Grammophon haben für die Wochenenden und die ganze Zeit ›The Maid of the Mountains‹ spielen.«

»Nein, nein, nein!« erklang Isabels Stimme. »Das ist gemein William gegenüber. Seid nett zu ihm, Kinder! Er bleibt doch nur bis morgen abend.«

»Überlaß ihn mir«, rief Bobby Kane. »Nett zu Leuten zu sein ist meine Spezialität.«

Die Gartenpforte schwang auf und zu. William bewegte sich auf der Terrasse; sie hatten ihn gesehen. »Hallo, William!« Und Bobby Kane schwenkte das Handtuch und begann auf dem verbrannten Rasen herumzuhüpfen und Pirouetten zu drehen. »Schade, daß du nicht mitgekommen bist, William. Das Wasser war herrlich. Und hinterher sind wir noch in einer kleinen Kneipe gewesen und haben Schlehenlikör getrunken.«

Die anderen waren am Haus angelangt. »He, Isabel«, rief Bobby, »soll ich heute abend mein Nijinski-Kostüm anziehen?«

»Nein«, sagte Isabel, »keiner zieht sich zum Essen um. Wir sind fast am Verhungern. William auch. Kommt, *mes amis*, laßt uns mit Sardinen beginnen.«

»Ich habe die Sardinen gefunden«, sagte Moira, und sie rannte in den Flur und hielt eine Büchse hoch.

»Frau mit Sardinenbüchse«, sagte Dennis feierlich.

»Und, William, was macht London?« fragte Bill Hunt, während er eine Flasche Whisky entkorkte.

»Ach, alles ist wie immer«, antwortete William.

»Das gute alte London«, sagte Bobby sehr warmherzig, und spießte eine Sardine auf.

Doch im nächsten Moment war William vergessen. Moira Morrison wollte wissen, welche Farbe Beine unter Wasser hätten.

»Meine sind weiß wie bleiche Pilze.«

Bill und Dennis aßen Unmengen. Und Isabel füllte Gläser und wechselte Teller und trieb Zündhölzer auf und lächelte selig vor sich hin. Irgendwann sagte sie: »Du solltest es wirklich malen, Bill.«

»Was malen?« sagte Bill laut und stopfte sich Brot in den Mund.

»Uns«, sagte Isabel, »wie wir hier um den Tisch sitzen. Es wäre so faszinierend in zwanzig Jahren.«

Bill verzog das Gesicht und kaute. »Das Licht taugt nicht«, sagte er schroff, »viel zuviel Gelb«; und aß weiter. Und auch das schien Isabel zu entzücken.

Doch nach dem Abendessen waren alle so müde, daß sie nur noch gähnen konnten, bis es Zeit war, zu Bett zu gehen …

Erst als William am folgenden Nachmittag auf sein Taxi wartete, fand er sich mit Isabel allein. Als er seinen Koffer in den Flur hinunterbrachte, verließ Isabel die anderen und kam zu ihm. Sie bückte sich und hob den Koffer an. »Ist der schwer!« sagte sie mit einem verlegenen kleinen Lachen. »Ich trag ihn dir! Bis zur Pforte.«

»Aber, warum denn?« sagte William. »Natürlich nicht. Gib ihn mir.«

»Ach, laß mich doch«, sagte Isabel. »Ich möchte es gern, wirklich.« Sie gingen schweigend nebeneinander her. William hatte das Gefühl, daß es nichts zu sagen gab.

»So«, sagte Isabel triumphierend, als sie den Koffer absetzte; sie spähte unruhig über die sandige Landstraße. »Ich habe dich diesmal kaum gesehen«, sagte sie atemlos. »Es ist immer so kurz, nicht? Mir ist, als wärst du gerade erst angekommen. Nächstes Mal –« Das Taxi kam in Sicht. »Ich hoffe, man sorgt in London gut für dich. Es tut mir ja leid, daß die Kinder den ganzen Tag fort waren, aber Miss Neil hatte es so ausgemacht. Sie werden untröstlich sein, dich verpaßt zu haben. Armer William – mußt wieder zurück nach London.« Das Taxi wendete. »Leb wohl!« Sie gab ihm ein eiliges Küßchen; sie war fort.

Felder, Bäume, Hecken glitten vorbei. Sie rumpelten durch das wie ausgestorben wirkende Städtchen, erklommen knirschend die steile Auffahrt zum Bahnhof. Der Zug stand schon da. William steuerte geradewegs auf ein Raucherabteil erster Klasse zu, ließ sich auf den Eckplatz fallen, aber diesmal ließ er die Akten, wo sie waren. Er verschränkte die Arme gegen das dumpfe, beharrliche Nagen, und begann, im Geiste einen Brief an Isabel zu schreiben.

Die Post kam spät, wie üblich. Sie saßen unter bunten Sonnenschirmen in Liegestühlen vor dem Haus. Nur Bobby Kane lag, zu Isabels Füßen, auf dem Rasen. Es war diesig, schwül; ein Tag wie eine schlaff herabhängende Fahne.

»Ob es im Himmel auch Montage gibt?« fragte Bobby kindisch.

Und Dennis murmelte: »Der Himmel ist ein einziger langer Montag.«

Doch Isabel überlegte, was aus dem Lachs geworden war, den es gestern abend gegeben hatte. Sie hatte vorgehabt, Fischmayonnaise zum Mittag zu machen, und nun …

Moira schlief. Schlafen war ihre neueste Entdeckung. »Es ist *hinreißend*. Man macht einfach die Augen zu, und fertig. Es ist *köstlich*.«

Als der alte, rotwangige Postbote auf seinem Dreirad auf der sandigen Landstraße angestrampelt kam, hatte man das Gefühl, der Lenker wäre besser ein Ruder gewesen.

Bill Hunt ließ sein Buch sinken. »Post«, sagte er zufrieden, und alle warteten. Aber ach, herzloser Postbote – o hinterhältige Welt! Es gab nur einen einzigen – einen dicken für Isabel. Nicht einmal eine Zeitung.

»Und er ist bloß von William«, sagte Isabel betrübt.

»Von William – schon?«

»Er schickt dir euren Trauschein zurück, als kleine Warnung.«

»Hat jeder einen Trauschein? Ich dachte, die wären nur für Dienstboten.«

»Seiten über Seiten! Seht sie euch an! Frau mit Brief«, sagte Dennis.

Meine geliebte, teuerste Isabel. So viele Seiten. Während Isabel las, wich ihr Erstaunen einem Gefühl der Beklemmung. Was in aller Welt war in William gefahren …? Es war unglaublich … Wie kam er nur dazu …? Sie war ratlos, ganz aufgewühlt, ja beunruhigt. Es war wieder einmal typisch

William. Oder etwa nicht? Es war absurd, natürlich, einfach absurd, lächerlich. »Ha, ha, ha! O weh!« Was sollte sie nur tun? Isabel ließ sich in ihren Liegestuhl sinken und lachte, bis sie gar nicht mehr aufhören konnte zu lachen.

»Nun erzähl schon«, sagten die anderen. »Du mußt es uns erzählen.«

»Liebend gern«, gluckste Isabel. Sie setzte sich auf, hob die Briefbögen auf und winkte den anderen damit. »Kommt her«, sagte sie. »Hört zu, es ist zu gottvoll. Ein Liebesbrief!«

»Ein Liebesbrief! Ach, wie wunderbar!« *Geliebte, teuerste Isabel.* Doch sie hatte kaum begonnen, als das Gelächter sie unterbrach.

»Weiter, Isabel, großartig.«

»Eine wahre Trouvaille.«

»Oh, lies doch weiter, Isabel!«

Gott möge verhüten, mein Liebling, daß ich deinem Glück im Wege stehe.

»Oh! oh! oh!«

»Scht! scht! scht!«

Und Isabel las weiter. Als sie am Ende angelangt war, waren sie außer Rand und Band: Bobby wälzte sich auf dem Rasen und heulte fast.

»Du mußt ihn mir geben, so wie er ist, vollständig, für mein neues Buch«, sagte Dennis entschieden. »Das wird ein eigenes Kapitel.«

»Oh, Isabel«, stöhnte Moira, »diese herrliche Stelle, wie er dich in den Armen hält!«

»Ich dachte immer, die Briefe bei Scheidungsprozessen seien bloß erfunden. Aber vor dem hier verblassen sie.«

»Gib ihn mir. Ich will ihn lesen, ganz für mich allein«, sagte Bobby Kane.

Doch zu ihrer Überraschung zerknüllte Isabel den Brief. Sie lachte nicht mehr. Sie warf ihnen einen kurzen Blick zu;

sie sah erschöpft aus. »Nein, jetzt nicht. Jetzt nicht«, stammelte sie.

Und noch ehe die anderen sich von ihrer Überraschung erholt hatten, war sie ins Haus gerannt, durch den Flur, die Treppe hinauf und in ihr Schlafzimmer. Sie setzte sich auf die Bettkante. »Wie schändlich, niederträchtig, häßlich, gemein«, murmelte Isabel. Sie preßte die Fäuste auf die Augen und wiegte sich hin und her. Und wieder sah sie die anderen, aber nicht vier, eher vierzig, wie sie lachten, höhnten, spotteten, die Hände ausstreckten, während sie ihnen Williams Brief vorlas. Oh, was für eine abscheuliche Tat. Wie hatte sie es nur tun können! *Gott möge verhüten, mein Liebling, daß ich deinem Glück im Wege stehe.* William! Isabel drückte das Gesicht ins Kissen. Aber sie hatte das Gefühl, daß sogar das stille Schlafzimmer sie als das durchschaute, was sie war, oberflächlich, eitel, dumm …

Dann klangen Stimmen vom Garten herauf.

»Isabel, wir gehen schwimmen. Komm doch mit!«

»Komm, du Eheweib des William!«

»Ruf noch einmal, bevor du gehst, ruf noch einmal!«

Isabel setzte sich auf. Der Moment war gekommen, sie mußte sich entscheiden. Sollte sie mit ihnen gehen, oder sollte sie hierbleiben und an William schreiben? Was sollte sie tun, was nur? »Ich muß einen Entschluß fassen.« Ach, aber gab es denn noch einen Zweifel? Natürlich würde sie hierbleiben und schreiben.

»Titania!« flötete Moira.

»Isa-bel?«

Nein, es war zu schwierig. »Ich – ich gehe mit ihnen, und William schreibe ich später. Ein andermal. Später. Nicht jetzt. Aber schreiben werde ich ihm ganz gewiß«, dachte Isabel rasch.

Und, auf die neue Art lachend, lief sie die Treppe hinab.

DIE SEEREISE

Die Picton-Fähre sollte um halb zwölf ablegen. Es war eine schöne Nacht, mild, sternenklar, doch als sie aus der Droschke stiegen und den Alten Pier entlanggingen, der sich weit in den Hafen hinein erstreckte, wehte ein leichter Wind übers Wasser und fuhr unter Fenellas Hut, und sie hob die Hand, um ihn festzuhalten. Es war dunkel auf dem Alten Pier, sehr dunkel; die Wollschuppen, die Viehwagen, die hochaufragenden Kräne, die kleine plumpe Lokomotive, alles schien wie herausgemeißelt aus der massiven Dunkelheit. Hier und da hing an einem Holzpfeiler, der wie der Stiel eines riesigen schwarzen Pilzes aussah, eine Laterne, doch sie schien sich zu fürchten, ihr scheu zitterndes Licht in die Schwärze hinauszuschicken; ganz schwach brannte sie, wie für sich allein.

Fenellas Vater strebte mit schnellen, ungeduldigen Schritten voran. Neben ihm hastete ihre Großmutter in ihrem rauschenden schwarzen Ulstermantel; sie gingen so schnell, daß Fenella hin und wieder einen kleinen lächerlichen Hopser machen mußte, um mit ihnen mitzuhalten. Zusätzlich zu ihrem Gepäck, das zu einer säuberlichen Wurst verschnürt war, trug Fenella, fest an sich gedrückt, noch Großmutters Schirm, und der Griff, der ein Schwanenkopf war, pickte fortwährend unsanft auf ihre Schulter, als wollte auch er sie zur Eile antreiben ... Männer marschierten vorbei, die Mützen tief im Gesicht, die Kragen hochgestellt; ein paar Frauen huschten vorüber, ganz vermummt; und ein kleiner Junge, von dem nur die schwarzen Ärmchen und Beinchen aus einem weißen Wolltuch hervorschauten, wurde wütend von Vater und Mutter mitgezerrt;

er sah aus wie eine kleine Fliege, die in die Sahne gefallen war.

Da plötzlich, so plötzlich, daß Fenella und ihre Großmutter beide zusammenfuhren, ertönte hinter dem größten Wollschuppen, über dem eine Rauchfahne hing: *Mia-uu-uu-U-U!*

»Das erste Signal«, sagte ihr Vater knapp, und in dem Moment kam die Picton-Fähre in Sicht. Wie sie an dem dunklen Pier lag, über und über mit runden goldenen Lichtern behangen und geschmückt, sah die Picton-Fähre aus, als wollte sie lieber zu den Sternen reisen als übers kalte Meer. Leute drängten sich auf der Laufplanke. Erst ging ihre Großmutter hinauf, dann ihr Vater, dann Fenella. Es gab eine hohe Stufe hinunter aufs Deck, und ein alter Matrose in einem Wollhemd stand da und reichte ihr seine trockene, harte Hand. Sie waren da; sie machten den vorbeihastenden Leuten Platz, stellten sich unter eine kleine Eisentreppe, die zum Oberdeck führte, und begannen sich zu verabschieden.

»Hier, Mutter, hier ist dein Gepäck!« sagte Fenellas Vater und gab Großmutter eine zweite verschnürte Wurst.

»Danke dir, Frank.«

»Und du hast eure Kabinenkarten gut verwahrt?«

»Ja, Lieber.«

»Und eure Fahrkarten?«

Großmama tastete in ihrem Handschuh nach ihnen und zeigte ihm zwei Ecken.

»In Ordnung.«

Er klang streng, aber Fenella, die ihn genau beobachtete, fand, daß er müde und traurig aussah. *Mia-uu-uu-U-U!* Das zweite Signal dröhnte direkt über ihren Köpfen, und eine Stimme brüllte: »Noch jemand an Land?«

»Grüß Vater von mir«, sah Fenella die Lippen ihres Vaters sagen. Und ihre Großmutter antwortete, ganz aufgeregt:

»Natürlich, Lieber. Geh jetzt. Sonst kommst du nicht mehr an Land. Geh jetzt, Frank. Geh.«

»Schon gut, Mutter. Ich habe noch drei Minuten.« Zu ihrer Überraschung sah Fenella, wie er den Hut abnahm. Er nahm Großmutter in die Arme und drückte sie an sich. »Gott mit dir, Mutter!« hörte sie ihn sagen.

Und Großmama legte die Hand mit dem schwarzen Zwirnhandschuh, der am Ringfinger durchgewetzt war, an seine Wange und schluchzte: »Gott mit dir, mein lieber, tapferer Junge!«

Das war so schrecklich, daß Fenella ihnen schnell den Rücken zukehrte, ein-, zweimal schluckte und mit finsterem Stirnrunzeln zu einem kleinen grünen Stern an einer Mastspitze hinaufblickte. Doch sie mußte sich wieder umdrehen; ihr Vater wollte gehen.

»Auf Wiedersehen, Fenella. Sei ein braves Mädchen.« Sein kalter, feuchter Schnurrbart streifte ihre Wange. Aber Fenella griff nach seinen Rockaufschlägen.

»Wie lange muß ich fortbleiben?« flüsterte sie ängstlich. Er sah ihr nicht ins Gesicht. Er schob sie sanft fort, und sanft sagte er: »Das werden wir sehen. Hier! Wo ist deine Hand?« Er drückte ihr etwas in die Hand. »Da hast du einen Shilling, falls du mal etwas brauchst.«

Ein Shilling! Sie mußte wohl für immer fort! »Vater!« rief Fenella. Doch er war schon fort. Er war der letzte, der von Bord ging. Die Matrosen holten die Laufplanke herein. Eine große schwarze Taurolle flog durch die Luft und fiel »plumps« auf den Pier. Eine Glocke bimmelte; eine Pfeife schrillte. Lautlos geriet der dunkle Pier in Bewegung, fing an zu gleiten, trieb fort von ihnen. Nun rauschte Wasser zwischen ihnen. Fenella versuchte angestrengt, etwas zu erkennen. »Ist das Vater, der sich umgedreht hat?« Oder winkte er? Oder stand er da allein? Oder ging er dort? Der Wasserstreifen wurde breiter, dunkler. Jetzt begann die Picton-Fähre sich stetig zu drehen, in Richtung Meer. Es hatte keinen Zweck, noch länger zu schauen. Nichts war zu sehen als ein paar Lichter, das Zifferblatt der Rathausuhr, das in der Luft schwebte, und noch mehr Lichter, winzige Punkte nur, auf den dunklen Hügeln.

Der auffrischende Wind zerrte an Fenellas Röcken; sie ging zurück zu ihrer Großmutter. Zu ihrer Erleichterung schien Großmama nicht mehr traurig zu sein. Sie hatte die beiden Gepäckwürste übereinandergelegt und saß nun darauf, die Hände gefaltet, den Kopf ein wenig zur Seite geneigt. Auf ihrem Gesicht lag ein lebhafter, entschlossener Ausdruck. Dann sah Fenella, daß ihre Lippen sich bewegten, und sie erriet, daß sie betete. Doch die alte Frau nickte ihr aufmunternd zu, als wollte sie sagen, daß das Gebet gleich zu Ende sei. Sie löste die Hände, seufzte, faltete sie wieder, beugte sich vor und schüttelte sich dann leicht.

»Und jetzt, mein Kind«, sagte sie und tastete nach der Schleife ihrer Haubenbänder, »sollten wir uns um unsere Kabine kümmern. Bleib dicht bei mir, und paß auf, daß du nicht ausrutschst.«

»Ja, Großmama!«

»Und gib acht, daß du mit dem Schirm nicht im Treppengeländer hängenbleibst. Auf der Herfahrt habe ich einen schönen Schirm auf die Weise entzweigehen sehen.«

»Ja, Großmama.«

Dunkle Männergestalten lehnten an der Reling. Im Schein ihrer aufglimmenden Pfeifen leuchtete eine Nase auf oder ein Mützenschirm oder ein Paar erstaunt aussehende Augenbrauen. Fenella sah hoch. Dort oben in der Luft stand eine kleine Gestalt, die Hände in den Taschen der kurzen Jacke vergraben, und starrte aufs Meer hinaus. Das Schiff schaukelte ganz sacht, und sie hatte das Gefühl, die Sterne schaukelten auch. Und nun kam ein bleicher Steward in einer Leinenjacke aus einem hellen Raum, ein

Tablett mit hocherhobener Hand balancierend, und strich an ihnen vorbei. Sie gingen durch diese Tür. Vorsichtig über die hohe, messingbeschlagene Schwelle auf eine Gummimatte, und dann eine so schrecklich steile Treppe hinab, daß Großmama beide Füße auf jede Stufe setzen mußte und Fenella sich an das feuchte Geländer klammerte und den Schwanenhalsschirm ganz vergaß.

Unten blieb Großmama stehen; Fenella fürchtete schon, sie würde wieder anfangen zu beten. Aber nein, sie holte nur die Kabinenkarten heraus. Jetzt waren sie im Salon. Hier war es blendend hell und stickig; die Luft roch nach Farbe und angebrannten Koteletts und Gummi. Fenella wünschte, ihre Großmutter würde weitergehen, aber die alte Frau ließ sich nicht drängen. Ein riesiger Korb mit Schinkenbroten war ihr ins Auge gefallen. Sie ging darauf zu und tippte das oberste vorsichtig an.

»Was kosten die Brote?« fragte sie.

»Zwei Pence!« brüllte ein grober Steward und knallte Messer und Gabel hin.

Großmama konnte es kaum glauben.

»Zwei Pence *für eins*?«

»Genau«, sagte der Steward und zwinkerte seinem Kollegen zu.

Großmama verzog ein wenig das Gesicht. Dann flüsterte sie Fenella empört zu: »Ausverschämt!« Und sie stolzierten zur anderen Tür hinaus und dann durch einen Gang, in dem sich zu beiden Seiten Kabinen befanden. Eine sehr nette Stewardess kam ihnen entgegen. Sie war ganz in Blau gekleidet, und der Kragen und die Manschetten waren mit großen Messingknöpfen geschlossen. Sie schien Großmama gut zu kennen.

»Ah, Mrs. Crane. So sieht man sich wieder«, sagte sie und klappte ihren Waschtisch auf. »Sie gönnen sich nicht oft eine Kabine.«

»Nein«, sagte Großmama. »Aber dieses Mal war mein lieber Sohn so gütig –«

»Ich hoffe –«, begann die Stewardeß. Dann drehte sie sich um und betrachtete betrübt Großmutters schwarze Kleidung und Fenellas schwarzes Kostüm, die schwarze Bluse und den Hut mit der Krepprose.

Großmama nickte. »Es war Gottes Wille«, sagte sie.

Die Stewardess preßte die Lippen zusammen; sie holte tief Luft und schien größer zu werden.

»Ich sage immer«, erklärte sie, als hätte sie es selbst herausgefunden, »früher oder später muß jeder von uns gehen, und das ist eine Tatsache.« Sie schwieg einen Moment. »Nun, kann ich Ihnen etwas bringen, Mrs. Crane? Eine Tasse Tee? Es hat wohl keinen Zweck, ihnen ein Gläschen gegen die Kälte anzubieten?«

Großmama schüttelte den Kopf. »Nichts, danke. Wir haben Weingebäck mit, und Fenella hat eine schöne Banane.«

»Dann sehe ich später noch mal nach Ihnen«, sagte die Stewardess; und sie ging hinaus und schloß die Tür.

Wie winzig klein die Kabine war! Als wäre sie mit Großmama in einer Kiste eingesperrt, dachte Fenella. Das dunkle runde Auge über dem Waschtisch sah sie matt und leblos an. Fenella fühlte sich beklommen. Sie stand bei der Tür und hielt noch immer ihr Gepäck und den Schirm umklammert. Sollten sie sich hier ausziehen? Ihre Großmutter hatte schon die Haube abgenommen, rollte die Bänder auf und steckte jedes mit einer Nadel am Futter fest, ehe sie die Haube aufhängte. Ihr weißes Haar schimmerte wie Seide; der kleine Dutt im Nacken war mit einem schwarzen Netz bedeckt. Fenella sah ihre Großmama fast nie ohne Kopfbedeckung; sie sah fremd aus.

»Ich werde das schwarze Kopftuch umbinden, das deine liebe Mutter mir gehäkelt hat«, sagte Großmutter, und sie schnallte die Wurst auf, nahm es heraus und wickelte es sich um den Kopf; die grauen Bommeln tanzten über ihren Augenbrauen, als sie Fenella liebevoll und traurig zulächelte. Dann knöpfte sie ihre Taille auf, und etwas darunter, und noch etwas darunter. Dann gab es ein kurzes, heftiges Gerangel, und Großmama errötete ein bißchen. Schnipp! Schnapp! Sie hatte ihr Korsett geöffnet. Sie seufzte erleichtert auf, setzte sich auf die Plüschcouch, zog langsam und vorsichtig die Stiefel mit den elastischen Einsätzen aus und stellte sie nebeneinander.

Bis Fenella ihr Kostüm abgelegt und sich ihren Flanellmorgenrock übergezogen hatte, war Großmama schon fertig.

»Muß ich meine Stiefel ausziehen, Großmama? Sie sind zum Schnüren.«

Großmama sann einen Moment lang darüber nach. »Ohne Schuhe hast du es auf jeden Fall viel bequemer, mein Kind«, sagte sie. Sie küßte Fenella. »Vergiß nicht zu beten. Der liebe Gott ist uns auf dem Meer noch viel näher als auf dem Land. Und weil ich schon so viel gereist bin«, sagte Großmama energisch, »nehme ich die obere Koje.«

»Aber Großmama, wie willst du denn da raufkommen?«

Fenella sah nichts als eine spinnenbeinige Leiter mit drei Sprossen. Die alte Frau lachte leise in sich hinein, erklomm behende die Leiter und spähte von oben zur verblüfften Fenella hinunter.

»Das hast du deiner Großmama nicht zugetraut, wie?« sagte sie. Und dann ließ sie sich zurücksinken, und Fenella hörte wieder ihr leises Lachen.

Das harte Stück brauner Seife wollte nicht schäumen, und das Wasser in der Flasche war wie blaues Gelee. Und wie schwer es war, diese steifen Laken zurückzuschlagen; man mußte sich richtig dazwischenquetschen. Wenn alles anders gewesen wäre, hätte Fenella bestimmt zu kichern angefangen … Endlich war sie drin, und als sie schwer atmend dalag, hörte sie es oben leise wispern, als raschle jemand ganz vorsichtig in Seidenpapier, um etwas zu suchen. Es war Großmama, die betete …

Eine lange Zeit verging. Dann kam die Stewardess herein; sie trat leise ein und lehnte die Hand an Großmamas Koje.

»Wir fahren gerade den Sund ein«, sagte sie.

»Oh!«

»Es ist eine schöne Nacht, aber wir sind ziemlich leer. Es könnte sein, daß wir ein wenig stampfen.«

Und tatsächlich wurde die Picton-Fähre in diesem Moment hoch und höher gehoben, und blieb gerade lange genug in der Luft hängen, um kurz zu erzittern, und dann ging es wieder hinunter, und man hörte das schwere Wasser an die Schiffswände klatschen. Fenella fiel ein, daß sie den Schwanenhalsschirm auf der kleinen Couch stehenlassen hatte. Wenn er umfiel, würde er dann entzweibrechen? Doch im selben Moment fiel es auch Großmama ein.

»Wären Sie wohl so gut, Fräulein, und legen meinen Schirm hin?« flüsterte sie.

»Gern, Mrs. Crane.« Und die Stewardess kam zu Großmama zurück und flüsterte: »Ihre kleine Enkelin schläft so schön.«

»Gottlob!« sagte Großmama.

»Das arme Ding, so ganz ohne Mutter!« sagte die Stewardess. Und Großmama war noch dabei, der Stewardeß alles zu erzählen, was geschehen war, als Fenella einschlief.

Doch sie hatte noch nicht lange genug geschlafen, um zu träumen, da wachte sie schon wieder auf und sah etwas in der Luft über ihrem Kopf baumeln. Was konnte das sein? Es war ein kleiner grauer Fuß. Jetzt kam noch einer hinzu. Sie schienen etwas zu suchen; ein Seufzer war zu hören.

»Ich bin wach, Großmama«, sagte Fenella.

»Ach, Liebes, bin ich an der Leiter?« fragte Großmama. »Ich dachte, sie wäre an diesem Ende.«

»Nein, Großmama, am anderen. Ich stelle deinen Fuß drauf. Sind wir da?« fragte Fenella.

»Im Hafen«, sagte Großmama. »Wir müssen aufstehen, Kind. Iß lieber erst einen Biskuit, damit du etwas im Magen hast, bevor du aufstehst.«

Doch Fenella war schon aus ihrer Koje gehüpft. Die Lampe brannte noch, aber die Nacht war vorbei, und es war kalt. Als sie durch das runde Auge hinausspähte, konnte sie in der Ferne ein paar Felsen erkennen. Jetzt waren sie mit Schaum besprüht; jetzt schoß eine Möwe vorbei; und jetzt kam ein langes Stück richtiges Land.

»Da ist Land, Großmama«, sagte Fenella, verwundert, als wären sie wochenlang zusammen auf See gewesen. Sie schlug die Arme um sich; sie stand auf einem Bein und rieb es mit den Zehen des anderen Fußes; sie zitterte. Ach, es war alles so traurig gewesen in der letzten Zeit. Würde es nun anders werden? Doch ihre Großmutter sagte nur: »Beeil dich, mein Kind. Deine schöne Banane werde ich der Stewardess hierlassen, da du sie nicht gegessen hast.« Und Fenella zog ihre schwarzen Kleider wieder an, und ein Knopf sprang von einem ihrer Handschuhe ab und rollte weg, wo sie ihn nicht erreichen konnte. Sie gingen an Deck.

Aber wenn es in der Kabine kalt gewesen war, so war es an Deck wie Eis. Die Sonne war noch nicht aufgegangen, doch die Sterne leuchteten nur schwach, und der kalte bleiche Himmel hatte dieselbe Farbe wie das kalte bleiche Meer. Über dem Land hob und senkte sich weißer Nebel. Jetzt konnten sie ganz deutlich dunklen Buschwald erkennen. Sogar die Umrisse der Schirmfarne zeichneten sich ab, und die seltsamen, silbrig verdorrten Bäume, die wie Gerippe aussehen … Jetzt konnten sie die Landungsbrücke sehen und ein paar kleine Häuser, ganz bleich auch sie, dicht zusammengedrängt wie Muscheln auf dem Deckel einer Dose. Die anderen Passagiere stapften hin und her, aber langsamer als am Abend zuvor, und sie sahen mürrisch aus.

Und nun kam ihnen die Landungsbrücke entgegen. Langsam trieb sie auf die Picton-Fähre zu, und ein Mann mit einem zusammengerollten Tau und ein Wagen mit einem Pferdchen, das den Kopf hängen ließ, und ein anderer Mann, der auf dem Trittbrett saß, kamen auch mit.

»Das ist Mr. Penreddy, Fenella, er holt uns ab«, sagte Großmama. Sie klang erfreut. Ihre weißen wächsernen Wangen waren blau vor Kälte, ihr Kinn zitterte, und sie mußte sich immer die Augen und die kleine rosa Nase wischen.

»Du hast doch meinen –«

»Ja, Großmama.« Fenella zeigte ihn ihr.

Das Tau kam durch die Luft geflogen, und »klatsch« fiel es aufs Deck. Die Laufplanke wurde heruntergelassen. Wieder folgte Fenella ihrer Großmutter auf den Pier, dann zu dem kleinen Wagen, und schon rollten sie davon. Die Hufe des Pferdchens trommelten auf den Holzbohlen, sanken dann leise in den Sand der Straße. Keine Menschenseele war zu sehen; nicht einmal ein Rauchwölkchen. Der Nebel hob und senkte sich, und selbst das Meer schien sich wie im Schlaf an den Strand zu wälzen.

»Hab' gestern Mr. Crane gesehen«, sagte Mr. Penreddy. »Hat ausgesehen wie immer. Meine Missis hat ihm letzte Woche 'ne Ladung Scones gebacken.«

Und nun hielt das Pferdchen vor einem der Muschelhäuser. Sie stiegen aus. Fenella legte die Hand auf die Pforte, und die großen, zitternden Tautropfen durchnäßten die Fingerspitzen ihrer Handschuhe. Sie gingen über einen kleinen Weg, der mit runden weißen Kieseln bestreut war, mit triefnassen, schlafenden Blumen zu beiden Seiten.

Großmamas zarte weiße Federnelken waren so schwer von Tau, daß sie am Boden lagen, doch ihr süßer Duft war ein Teil des kalten Morgens. Die Jalousien in dem kleinen Haus waren herabgelassen; sie stiegen die Stufen zur Veranda hinauf. Ein Paar alter Halbstiefel stand auf der einen Seite der Tür und eine große rote Gießkanne auf der anderen.

»Tz! Tz! Dein Großpapa«, sagte Großmama. Sie drehte den Türknauf. Kein Laut. Sie rief: »Walter!« Und augenblicklich antwortete eine tiefe Stimme wie erstickt: »Bist du es, Mary?«

»Warte, Liebes«, sagte Großmama. »Geh dort hinein.« Sie schob Fenella sanft in eine kleine, dämmerige Wohnstube.

Auf dem Tisch erhob sich eine weiße Katze, die dagelegen hatte wie ein Kamel, streckte sich, gähnte und sprang dann auf die Zehenspitzen. Fenella vergrub eine kalte kleine Hand in dem weißen, warmen Pelz und lächelte scheu, während sie sie streichelte und auf Großmamas sanfte Stimme und Großpapas dröhnendes Brummen hörte.

Eine Tür knarrte. »Komm herein, Liebes.« Die alte Frau winkte ihr, Fenella folgte. Dort, auf der einen Seite eines riesigen Bettes, lag Großpapa. Nur sein Kopf mit dem weißen Haarschopf und sein rosiges Gesicht und ein langer silberner Bart sahen unter der Steppdecke hervor. Er war wie ein sehr alter, hellwacher Vogel.

»Na, mein Mädchen!« sagte Großpapa. »Gib mir ’n Kuß!« Fenella küßte ihn. »Hu!« sagte Großpapa. »Ihre Nase ist kalt wie ein Knopf. Was hält sie da in der Hand? Großmamas Schirm?«

Fenella lächelte wieder und hakte den Schwanenhals über das Fußende. Über dem Bett hing ein Spruch in einem großen tiefschwarzen Rahmen:

Verloren! Eine goldene Stunde
Mit sechzig diamantnen Minuten.
Kein Finderlohn geboten,
DENN SIE IST FÜR IMMER DAHIN!

»Das hat deine Großmama gemalt«, sagte Großpapa. Und er zauste seinen weißen Schopf und sah Fenella so vergnügt an, daß sie fast meinte, er zwinkere ihr zu.

MISS BRILL

Obwohl es so strahlend schön war – der blaue Himmel war goldbestäubt, und große Lichtflecken spritzten über die Jardins Publiques wie Weißwein –, war Miss Brill froh, daß sie sich für ihren Pelz entschieden hatte. Es war windstill, aber wenn man den Mund öffnete, machte es einen frösteln, wie ein Glas Eiswasser, bevor man daran nippt, und hin und wieder kam ein Blatt angeschwebt – von nirgendwoher, vom Himmel. Miss Brill hob die Hand und berührte ihren Pelz. Das liebe kleine Ding! Es war angenehm, den Pelz wieder zu fühlen. Sie hatte ihn heute nachmittag aus seiner Schachtel genommen, das Mottenpulver ausgeschüttelt, ihn tüchtig ausgebürstet und neues Leben in die trüben Äuglein gerieben. »Was ist mit mir geschehen?« sagten die traurigen Äuglein. Oh, wie reizend sie wieder von der roten Steppdecke zu ihr aufblitzten! … Aber die Nase, die aus irgendeinem schwarzen Material bestand, saß gar nicht mehr fest. Sie mußte einen Stoß abbekommen haben. Einerlei – ein kleiner Klecks schwarzen Siegellacks, irgendwann – wenn es gar nicht mehr anders ging … Der kleiner Racker! Ja, so empfand sie für ihn. Ein kleiner Racker, der sich dicht neben ihrem linken Ohr in den Schwanz biß. Am liebsten hätte sie ihn abgenommen und auf ihren Schoß gelegt und gestreichelt. Sie spürte ein Brennen in den Händen und Armen, aber das kam vermutlich vom Gehen. Und wenn sie einatmete, regte sich etwas Leichtes und Trauriges – nein, durchaus nichts Trauriges – etwas Zartes in ihrer Brust.

Viele Leute waren heute nachmittag draußen, viel mehr als am letzten Sonntag. Und die Kapelle spielte lauter und fröhlicher. Das kam, weil die Saison begonnen hatte. Denn zwar spielte die Kapelle das ganze Jahr über Sonntag für Sonntag, doch außerhalb der Saison war es nicht dasselbe. Dann war die Kapelle wie jemand, der lediglich für die Familie spielt; waren keine Fremden da, war es ihr ganz gleich, wie sie spielte. Trug der Dirigent nicht sogar einen neuen Rock? Sie war überzeugt, daß er neu war. Er scharrte mit dem Fuß und schlug mit den Armen wie ein Hahn, der krähen wollte, und die Musikanten, die in dem grünen Pavillon saßen, bliesen die Backen auf und starrten angestrengt auf die Noten. Jetzt kam ein kleines Flötensolo – sehr hübsch! – eine kleine Kette perlender Tropfen. Sie war sicher, daß es wiederholt werden würde. Es wurde wiederholt; sie hob den Kopf und lächelte.

Nur zwei Leute teilten ihre Lieblingsbank mit ihr: ein feiner alter Mann in einem Samtrock, die Hände über einem wuchtigen geschnitzten Spazierstock gefaltet, und eine dicke alte Frau, die sehr aufrecht saß; ihr Strickzeug lag auf ihrer bestickten Schürze. Sie sprachen nicht. Das war bedauerlich, denn Miss Brill freute sich immer auf die Gespräche. Sie fand, sie hatte es darin schon zu einer gewissen Fertigkeit gebracht – zuzuhören, so als hörte sie gar nicht zu, für eine Minute am Leben anderer Leute teilzuhaben, während rings um sie herum geredet wurde.

Sie warf einen kurzen Blick auf das alte Paar. Vielleicht gingen sie bald wieder. Auch der vorige Sonntag war nicht so interessant gewesen wie sonst. Ein Engländer und seine Frau, er mit einem schrecklichen Panamahut und sie mit Knöpfstiefeln. Und sie hatte die ganze Zeit gejammert, daß sie eigentlich eine Brille tragen müsse; sie wisse, daß sie eine bräuchte; es habe aber ja doch keinen Zweck, sich eine zuzulegen; sie würde bestimmt zerbrechen und nie richtig sitzen. Und er war so geduldig gewesen. Er hatte Vorschläge gemacht – eine goldene Einfassung, Bügel, die sich ganz um die Ohren bogen, kleine Polster für den Steg. Nein, nichts war ihr recht. »Sie wird immer die Nase herunterrutschen!« Miss Brill hätte sie am liebsten geschüttelt.

Die alten Leute saßen reglos wie Statuen auf der Bank. Einerlei, man konnte immer noch die Menschenmenge beobachten. In Paaren und Gruppen promenierten die Leute vor den Blumenbeeten und dem Musikpavillon auf und ab, blieben stehen, um zu plaudern, zu grüßen, eine Handvoll Blumen von dem alten Bettler zu kaufen, der seinen Bauchladen am Gitter befestigt hatte. Kleine Kinder rannten zwischen ihnen umher, tobten und lachten; kleine Jungen mit großen weißen Seidenschleifen unter dem Kinn; kleine Mädchen, gekleidet wie kleine französische Puppen, in Samt und Spitze. Und manchmal kam ein Knirps plötzlich unter den Bäumen hervor ins Freie getapst, blieb stehen, staunte, setzte sich ebenso plötzlich »plumps!« hin, bis seine kleine Mutter, wie eine junge Henne, mit großen Schritten scheltend zu seiner Rettung geeilt kam. Andere Leute saßen auf den Bänken und grünen Stühlen, doch es waren fast immer dieselben, Sonntag für Sonntag, und – Miss Brill hatte es immer wieder beobachtet – fast alle hatten sie etwas Komisches an sich. Sie waren sonderbar, so still, fast alle alt, und so, wie sie vor sich hin starrten, sahen sie aus, als kämen sie geradewegs aus einer dunklen Kammer oder – einem Schrank!

Hinter dem Pavillon – die schlanken Bäume mit gelben, tief herabhängenden Blättern; und dazwischen, als feine Linie, das Meer; und dahinter der blaue Himmel mit goldgeäderten Wolken.

Rumm-tumm-tumm tiedel-dumm! tiedel-dumm! rumm tiedel-dumm tumm-ta! blies die Kapelle.

Zwei junge Mädchen in Rot näherten sich, und zwei junge Soldaten in Blau kamen ihnen entgegen, und sie lachten und hakten sich ein und gingen paarweise weiter. Zwei Bauersfrauen mit lustigen Strohhüten führten zwei rauchgraue Esel mit sich, sehr ernst. Eine kalte, bleiche Nonne hastete vorüber. Eine schöne Frau erschien und ließ ihren Veilchenstrauß fallen, und ein kleiner Junge rannte ihr nach, um ihr die Veilchen zu reichen, und sie nahm sie und schleuderte sie fort, als seien sie vergiftet. Du liebe Zeit! Miss Brill wußte nicht, ob sie das bewundern sollte oder nicht! Und jetzt trafen sich genau vor ihr eine Hermelinkappe und ein Herr in Grau. Er war groß, steif, würdevoll, und sie trug die Hermelinkappe, die sie gekauft hatte, als ihr Haar noch blond war. Nun war alles, ihr Haar, ihr Gesicht, sogar ihre Augen, von der gleichen Farbe wie der schäbige Hermelin, und die Hand in dem gereinigten Handschuh, die sie hob, um ihre Lippen zu betupfen, war eine winzige gelbliche Pfote. Oh, sie war so erfreut, ihn zu sehen – ganz entzückt! Sie hatte beinahe geahnt, daß sie sich heute nachmittag treffen würden. Sie erzählte, wo sie überall gewesen war – hier, dort, am Meer. Es war ein so bezaubernder Tag – fand er nicht auch? Und ob er nicht, vielleicht? ... Doch er schüttelte den Kopf, steckte sich eine Zigarette an, nahm einen tiefen Zug und blies ihr langsam den Rauch ins Gesicht, und während sie noch redete und lachte, schnippte er das Zündholz weg und ging weiter. Die Hermelinkappe war allein; sie lächelte strahlender denn je. Aber selbst die Kapelle schien zu ahnen, wie ihr zumute war, und spielte leiser, spielte zärtlich, und die Trommel schnarrte immerzu: »Der Schuft! Der Schuft!« Was würde sie tun? Was würde jetzt passieren? Doch während Miss Brill noch überlegte, drehte die Hermelinkappe sich um, hob die Hand, als habe sie einen anderen Bekannten entdeckt, einen viel netteren, und trippelte davon. Und wieder änderte sich die Musik, die Kapelle spielte geschwinder, fröhlicher denn je, und das alte Paar auf Miss Brills Bank stand auf und marschierte davon, und ein sehr komischer alter Mann mit langem Backenbart humpelte im Takt der

Musik vorüber und wurde fast von vier Mädchen umgerannt, die eingehakt liefen.

Oh, wie aufregend das war! Wie sie es genoß! Wie sie es liebte, hier zu sitzen und alles zu beobachten! Es war wie im Theater. Es war genau wie eine Theatervorstellung. Wer glaubte ernsthaft, daß der Himmel im Hintergrund nicht aufgemalt war? Doch erst, als ein kleiner brauner Hund feierlich angetrottet kam und dann langsam wieder davontrottete, wie ein kleines »Theater«-Hündchen, ein Hündchen, dem man irgendein Mittelchen gegeben hatte, erkannte Miss Brill, warum es so aufregend war. Sie alle standen auf der Bühne. Sie waren nicht nur Publikum, schauten nicht nur zu; sie spielten mit. Selbst sie hatte ihre Rolle und trat jeden Sonntag auf. Zweifellos hätte es jemand bemerkt, wenn sie nicht dagewesen wäre; sie war schließlich auch ein Teil der Vorstellung. Wie seltsam, daß sie es noch nie so betrachtet hatte! Und doch erklärte es, warum sie solchen Wert darauf legte, jede Woche zur genau gleichen Zeit von zu Hause aufzubrechen – um nicht zu spät zur Vorstellung zu kommen –, und es erklärte auch, warum sie diese merkwürdige Scheu empfand, ihren Englischschülern zu erzählen, wie sie ihre Sonntagnachmittage verbrachte. Kein Wunder! Miss Brill hätte beinahe laut herausgelacht. Sie stand auf der Bühne. Sie dachte an den gebrechlichen alten Herrn, dem sie an vier Nachmittagen in der Woche die Zeitung vorlas, während er im Garten schlief. Sie hatte sich so an den ausgemergelten Kopf auf dem Kissen gewöhnt, an die eingesunkenen Augen, den offenen Mund und die lange, spitze Nase. Wäre er tot gewesen, sie hätte es vielleicht wochenlang nicht gemerkt; nichts wäre für sie anders gewesen. Aber plötzlich wußte er, daß er die Zeitung von einer Schauspielerin vorgelesen bekam! »Schauspielerin!« Der alte Kopf hob sich; zwei Funken glommen in den alten Augen. »Sie sind Schauspielerin?« Und Miss Brill strich die

Zeitung glatt, als wäre sie das Textbuch, und sagte sanft: »Ja, schon lange.«

Die Kapelle hatte eine Pause gemacht. Jetzt setzte sie wieder ein. Und was sie spielte, klang warm, sonnig, und doch machte es einen frösteln – etwas war da, aber was? – nichts Trauriges – ganz und gar nicht – etwas, das einem Lust machte zu singen. Die Melodie stieg höher und höher, das Licht leuchtete; und Miss Brill hatte das Gefühl, daß im nächsten Moment sie alle, die ganze Truppe, zu singen anfangen würden. Die lachenden jungen Leute, die zusammen herumliefen, sie würden anfangen, und die Stimmen der Männer würden, sehr markig und entschlossen, einfallen. Und dann die Frau dort, und dann jene dort, und die anderen auf den Bänken – sie würden eine Art Begleitung anstimmen – etwas Leises, das kaum anstieg oder fiel, etwas so Schönes – Ergreifendes ... Und Miss Brills Augen füllten sich mit Tränen, und sie blickte lächelnd auf all die anderen Mitglieder der Truppe. Ja, ja, wir verstehen, dachte sie – doch was sie verstanden, das wußte sie nicht.

In diesem Moment erschienen ein junger Mann und ein junges Mädchen und setzten sich dorthin, wo das alte Paar gesessen hatte. Sie hatten sich hübsch gemacht; sie waren verliebt. Der Held und die Heldin, natürlich, soeben von der Jacht des Vaters gekommen. Und Miss Brill, noch immer lautlos singend, noch immer zitternd lächelnd, schickte sich an zu lauschen.

»Nein, nicht jetzt«, sagte das Mädchen. »Nicht hier, ich mag nicht.«

»Aber wieso? Wegen der dummen Alten da hinten?« fragte der Junge. »Was will die überhaupt hier? Was hat die hier zu suchen? Warum läßt die ihr altes Schafsgesicht nicht lieber zu Hause?«

»Ihr P-Pelz sieht so komisch aus«, kicherte das Mädchen. »Wie ein gebackener Karpfen.«

»Ach, hör schon auf!« flüsterte der Junge ärgerlich. Dann: »Sag mir, ma petite chère –«

»Nein, nicht hier«, sagte das Mädchen. »*Noch* nicht.«

Auf dem Heimweg kaufte sie für gewöhnlich ein Stück Honigkuchen beim Bäcker. Den gönnte sie sich sonntags. Manchmal fand sich eine Mandel in ihrem Stück und manchmal nicht. Das war ein großer Unterschied. War eine Mandel darin, dann war es, als trüge man ein kleines Geschenk nach Hause – eine Überraschung – etwas, das genausogut hätte nicht da sein können. An Mandelsonntagen beschleunigte sie ihre Schritte und strich das Zündholz für den Teekessel geradezu schwungvoll an.

Aber heute ging sie am Bäckerladen vorbei, stieg die Treppe hinauf, trat in die kleine dunkle Kammer – ihren Schrank – und setzte sich auf die rote Steppdecke. Lange blieb sie so sitzen. Die Schachtel, aus der der Pelz gekommen war, stand auf dem Bett. Rasch hakte sie den Kragen auf; rasch, ohne hinzusehen, legte sie ihn hinein. Doch als sie den Deckel schloß, war ihr, als höre sie ein Wimmern.

IHR ERSTER BALL

Wann genau der Ball begonnen hatte, hätte Leila kaum zu sagen gewußt. Vielleicht war bereits die Droschke ihr erster Tanzpartner. Und es spielte keine Rolle, daß sie die Droschke mit den Sheridan-Mädchen und deren Bruder teilte. Sie lehnte sich in ihre kleine Ecke zurück, und das Polster, auf dem ihr Arm ruhte, fühlte sich an wie der Frackärmel eines unbekannten jungen Mannes; und sie flogen dahin, und Laternenpfähle und Häuser und Zäune und Bäume wirbelten an ihnen vorüber wie im Walzertakt.

»Warst du wirklich noch nie auf einem Ball, Leila? Also wirklich, Kindchen, wie sonderbar –« riefen die Sheridan-Mädchen.

»Unser nächster Nachbar wohnte fünfzehn Meilen weit weg«, sagte Leila leise und öffnete und schloß sanft ihren Fächer.

O je, wie schwer es war, so gleichgültig zu tun wie die anderen! Sie versuchte, nicht ständig zu lächeln; sie versuchte, nicht darauf zu achten. Aber jedes kleine Detail war so neu und aufregend … Megs Tuberosen, Joses' lange Bernsteinkette, Lauras dunkles Köpfchen, das sich in ihrem weißen Pelz reckte wie eine Blume im Schnee. Ewig würde sie sich daran erinnern. Es versetzte ihr sogar einen Stich, zu sehen, wie ihr Cousin Laurie die Streifen Seidenpapier wegwarf, die er aus den Verschlüssen seiner neuen Handschuhe zog. Sie hätte diese Streifen am liebsten behalten, zur Erinnerung, als Souvenir. Laurie beugte sich vor und legte Laura die Hand aufs Knie.

»Paß auf, Kleines«, sagte er. »Den dritten und den neunten, wie üblich. Alles klar?«

Ach, wie wundervoll, einen Bruder zu haben! In ihrer Aufregung hatte Leila das Gefühl, hätte sie Zeit dazu gehabt und wäre es nicht ganz unmöglich gewesen, sie hätte unweigerlich angefangen zu heulen, weil sie ein Einzelkind war, und kein Bruder sagte zu ihr: »Alles klar?« und keine Schwester sagte zu ihr, wie Meg in diesem Moment zu Jose: »Ich habe dein Haar noch nie so prächtig aufgesteckt gesehen wie heute abend!«

Aber natürlich hatte sie keine Zeit dazu. Sie waren schon bei der Turnhalle. Vor ihnen waren Droschken und hinter ihnen waren Droschken. Zu beiden Seiten der Straße zogen Lichtkegel vorüber, und auf dem Gehsteig schienen fröhliche Paare durch die Luft zu schweben; kleine Satinschuhe jagten einander wie Vögel.

»Halt dich an mir fest, Leila; sonst gehst du verloren«, sagte Laura.

»Also los, Mädchen, auf ins Gefecht«, sagte Laurie.

Leila legte zwei Finger auf Lauras rosa Samtumhang, und irgendwie wurden sie an der großen goldenen Laterne vorbeigetragen, durch den Gang befördert, und in den kleinen Raum mit dem Schild »Damen« geschoben. Hier war es so voll, daß man kaum genug Platz hatte, um seine Sachen abzulegen; der Lärm war ohrenbetäubend. Zwei Bänke zu beiden Seiten waren überhäuft mit Umhängen. Zwei alte Frauen in weißen Schürzen liefen hin und her und warfen immer noch einen Armvoll drauf. Und alle drängten nach vorn, um an den kleinen Frisiertisch und den Spiegel zu gelangen.

Eine große zitternde Gasflamme erhellte die Garderobe. Sie konnte es nicht abwarten; sie tanzte jetzt schon. Als die Tür wieder aufflog und aus dem Saal das Stimmen der Instrumente drang, hüpfte sie fast bis an die Decke.

Dunkelhaarige Mädchen, blonde Mädchen drückten sich das Haar zurecht, banden Schleifen neu, steckten Taschentücher in den Kleiderausschnitt, glätteten marmorweiße Handschuhe. Und weil sie alle lachten, kamen sie Leila alle bezaubernd vor.

»Gibt es denn hier keine Unsichtbaren Haarnadeln?« rief eine Stimme. »Unglaublich! Ich sehe keine einzige Unsichtbare Haarnadel.«

»Puder mir den Rücken, sei so lieb«, rief jemand anders.

»Aber ich brauche dringend Nadel und Faden. Ich habe mir ja sämtliche Volants abgerissen«, klagte eine dritte.

Dann: »Weitergeben, weitergeben!« Das Körbchen mit den Tanzkarten ging von Hand zu Hand. Reizende kleine rosa-silberne Tanzkarten, mit rosa Bleistiften und flauschigen Quasten. Leilas Finger zitterten, als sie eine aus dem Körbchen nahm. Sie wollte jemanden fragen: »Darf ich auch eine nehmen?«, doch sie hatte nur Zeit, um zu lesen: »3. Walzer: ›Two, Two in a Canoe‹. 4. Polka: ›Making the Feathers Fly‹«, als Meg rief: »Fertig, Leila?« und sie sich durch die Menge hindurch in den Gang drängten, hin zu der hohen Flügeltür der Halle.

Der Tanz hatte noch nicht begonnen, aber die Kapelle war fertig mit Stimmen, und der Lärm war so groß, daß es unvorstellbar schien, sie könnte ihn je übertönen. Leila, dicht an Meg gedrückt, schaute ihr über die Schulter und hatte das Gefühl, daß sogar die bunten flatternden Wimpel, die quer über den Saal gespannt waren, miteinander plauderten. Sie vergaß ganz ihre Scheu; sie vergaß, wie sie beim Ankleiden aufs Bett gesunken war, einen Schuh noch in der Hand, und ihre Mutter angefleht hatte, die Cousinen anzutelephonieren und zu sagen, sie könne nun doch nicht mitkommen. Und das unbändige Verlangen, auf der Veranda ihres einsamen Landhauses zu sitzen und den Eulenjungen zu lauschen, wie sie im Mondschein ihr »*More pork*« riefen, es verwandelte sich in unbändige Freude, die allein kaum zu ertragen war. Sie umklammerte ihren Fächer, und als sie den gold glänzenden Boden betrachtete, die Azaleen, die Laternen, das Podium mit dem roten Teppich und den vergoldeten Stühlen am Ende des Saals und die Kapelle in der Ecke, dachte sie: »Himmlisch; einfach himmlisch!«

Die Mädchen standen alle auf der einen Seite der Flügeltür, die Männer auf der anderen, und die Anstandsdamen in dunklen Kleidern gingen, ziemlich einfältig lächelnd, mit kleinen vorsichtigen Schritten über den gebohnerten Boden auf das Podium zu.

»Das ist Leila, meine kleine Cousine vom Land. Seid nett zu ihr. Besorgt ihr Tanzpartner; ich habe sie unter meinen Fittichen«, sagte Meg, als sie von einem Mädchen zum anderen ging.

Fremde Gesichter lächelten Leila zu – liebenswürdig, unnahbar. Fremde Stimmen antworteten: »Natürlich, meine Liebe.« Aber Leila hatte das Gefühl, daß die Mädchen sie gar nicht sahen. Sie schauten zu den Männern hin. Warum fingen die Männer nicht an? Worauf warteten sie? Da standen sie, zupften an ihren Handschuhen, strichen sich über das glänzende Haar und lächelten sich an. Dann, ganz plötzlich, als wäre ihnen soeben eingefallen, was zu tun sei, kamen die Männer übers Parkett geglitten. Unter den Mädchen entstand Unruhe. Ein großer Blonder schoß auf Meg zu, schnappte sich ihre Tanzkarte und kritzelte etwas hinein; Meg reichte ihn an Leila weiter. »Darf ich bitten?« Er verbeugte sich und lächelte. Dann kam ein Dunkler mit einem Monokel, dann Cousin Laurie mit einem Freund, und Laura mit einem kleinen sommersprossigen Burschen, dessen Krawatte schief saß. Dann kam ein ganz alter Mann – dick, mit einer großen kahlen Stelle auf dem Kopf –, nahm ihre Tanzkarte und murmelte: »Schauen wir mal, schauen wir mal!« Und er verglich seine Tanzkarte, die schon ganz schwarz war vor Namen, lange mit der ihren. Es schien ihm wirklich Mühe zu bereiten, und Leila schämte sich. »Oh, bitte, machen Sie sich keine Umstände«, sagte sie eifrig. Doch anstatt zu antworten, schrieb der Dicke etwas, beäugte sie dann wieder. »Sollte ich dies strahlende Gesichtchen nicht kennen?« sagte er leise. »Habe ich's nicht ehedem schon gesehen?« In diesem Moment begann die Kapelle zu spielen; der Dicke verschwand. Er wurde auf einer großen Musikwoge fortgespült, die den glänzenden Boden überflutete, die Gruppen zu Paaren auflöste, sie zerstreute, sie herumwirbelte ...

Leila hatte im Pensionat tanzen gelernt. Jeden Samstagnachmittag wurden die Schülerinnen in eine kleine, wellblechgedeckte Halle der Missionsstation gescheucht, wo Miss Eccles (aus London) ihren »exklusiven« Unterricht abhielt. Aber der Unterschied zwischen jenem verstaubt riechenden Saal – mit den Bibelsprüchen an den Wänden, dem armen, verängstigten Weiblein, das in seiner braunen Samtkappe und mit Kaninchenohren auf das fühllose Klavier einhämmerte, und Miss Eccles, die mit ihrem langen weißen Stock den Mädchen auf die Füße klopfte – der Unterschied zwischen jenem Saal und diesem hier war so ungeheuerlich, daß Leila überzeugt war, sollte ihr Tanzpartner nicht kommen, und sie mußte diese herrliche Musik anhören und den anderen dabei zusehen, wie sie über den goldenen Boden glitten, sie würde sterben oder doch wenigstens ohnmächtig werden oder die Arme heben und zu einem dieser dunklen Fenster hinausfliegen, durch die man die Sterne sah.

»Unser Tanz, glaube ich –« Jemand verbeugte sich, lächelte und bot ihr den Arm; sie brauchte also nicht zu sterben. Eine Hand legte sich auf ihre Taille, und wie eine Blume, die in einen Teich geworfen wurde, trieb sie dahin.

»Ganz passables Parkett, nicht?« näselte eine Stimme dicht an ihrem Ohr.

»Ich finde, er ist wunderbar rutschig«, sagte Leila.

»Pardon?« Die näselnde Stimme klang überrascht. Leila wiederholte es. Und es entstand eine kleine Pause, bevor die Stimme erwiderte: »Oh, gewiß!«, und sie wurde wieder herumgeschwungen.

Er konnte wunderbar führen. Das war der große Unterschied, wenn man mit Mädchen oder Männern tanzte, dachte Leila. Mädchen rempelten sich an und trampelten sich auf die Füße; das Mädchen, das der Herr war, faßte einen immer zu fest an.

Die Azaleen waren keine einzelnen Blumen mehr; sie waren rosaweiße Fahnen, die vorbeizogen.

»Waren Sie letzte Woche bei den Bells?« ließ die Stimme sich wieder vernehmen. Sie klang müde. Leila überlegte, ihn zu fragen, ob er aufhören wollte.

»Nein, das ist mein erster Ball«, sagte sie.

Ihr Partner lachte verdutzt auf. »Na, so etwas!« protestierte er.

»Doch, es ist wirklich der erste Ball, auf dem ich bin«, beteuerte Leila eifrig. Es war so eine Erleichterung, es jemandem erzählen zu können. »Ich habe nämlich bisher auf dem Land gelebt ...«

In diesem Moment hörte die Musik auf, und sie setzten sich auf zwei Stühle an der Wand. Leila zog ihre rosa Satinfüße unter den Sitz und fächelte sich Kühlung zu, während sie glückselig die anderen Paare beobachtete, die vorbeigingen und durch die Schwingtür verschwanden.

»Amüsierst du dich gut, Leila?« fragte Jose und nickte mit ihrem goldblonden Schopf.

Laura kam vorbei und zwinkerte ihr ganz verstohlen zu, so daß Leila sich für einen Augenblick fragte, ob sie wirklich schon richtig erwachsen sei. Ihr Tänzer sagte jedenfalls nicht sehr viel. Er hustete, steckte sein Taschentuch weg, zog seine Weste glatt, entfernte ein winziges Fädchen von seinem Ärmel. Aber das machte nichts. Fast sofort setzte die

Musik wieder ein, und ihr zweiter Tanzpartner tauchte vor ihr auf, wie von der Decke gefallen.

»Nicht übel, das Parkett«, sagte die neue Stimme. Fingen sie immer mit dem Parkett an? Und dann: »Waren Sie Dienstag bei den Neaves?« Und wieder erklärte es Leila. Nur sonderbar, daß es ihre Tanzpartner nicht zu interessieren schien. Denn es war doch aufregend. Ihr erster Ball! Sie stand erst am Anfang von allem. Bislang, so kam es ihr vor, hatte sie nicht gewußt, wie die Nacht wirklich war. Bislang war sie dunkel gewesen, still, sehr oft sehr schön – o ja – aber doch auch traurig. Feierlich. Aber jetzt würde sie nie mehr so sein – sie hatte sich in ihrem strahlenden Glanz gezeigt.

»Eis gefällig?« sagte ihr Tanzpartner. Und sie gingen durch die Schwingtür, den Gang entlang, in den Raum mit dem Büffet. Ihre Wangen glühten, sie war furchtbar durstig. Wie reizend die Eiskugeln auf den kleinen Glastellern aussahen, und wie kalt der beschlagene Löffel war, ebenfalls geeist! Und als sie in den Saal zurückkamen, wartete der Dicke bereits auf sie an der Tür. Wieder erschrak sie, als sie sah, wie alt er war; er hätte bei den Vätern und Müttern auf dem Podium sitzen sollen. Und als Leila ihn mit ihren anderen Tanzpartnern verglich, erschien er ihr sehr schäbig. Seine Weste war zerknittert, an seinem Handschuh fehlte ein Knopf, sein Frack sah aus wie mit Schneiderkreide bestäubt.

»Kommen Sie, kleines Fräulein«, sagte der Dicke. Er machte sich kaum die Mühe, sie zu umfassen, und sie bewegten sich so bedächtig über die Tanzfläche, daß es eher wie ein Spaziergang war. Doch er erwähnte mit keinem Wort das Parkett. »Ihr erster Tanzabend, nicht wahr?« murmelte er.

»Woher *wissen* Sie das?«

»Ach«, sagte der Dicke, »wenn man so alt ist wie ich!« Er schnaufte leicht, als er sie an einem ungeschickten Paar vorbeisteuerte. »Ich mache so etwas schließlich schon dreißig Jahre mit, nicht wahr.«

»Dreißig Jahre!« rief Leila. Zwölf Jahre, bevor sie geboren war!

»Kaum zu glauben, was?« sagte der Dicke betrübt. Leila blickte auf seinen kahlen Kopf, und er tat ihr aufrichtig leid.

»Ich finde es fabelhaft, daß Sie noch dabei sind«, sagte sie freundlich.

»Zu gütig, kleines Fräulein«, sagte der Dicke, und er drückte sie fester an sich und summte einen Takt des Walzers mit. »Und glauben Sie nicht«, sagte er, »daß Sie sich auch nur annähernd so lange halten werden. O nein«, sagte der Dicke, »schon lange vorher werden Sie dort auf dem Podium sitzen und zuschauen, in Ihrem guten Schwarzsamtenen. Und diese hübschen Arme werden sich in kurze dicke verwandelt haben, und Sie werden den Takt mit einem ganz anderen Fächer schlagen – einem schwarzen, beinernen.« Der Dicke schien zu schaudern. »Und Sie werden vor sich hin lächeln, wie die armen Alten da oben, und auf Ihre Tochter deuten, und der Matrone neben Ihnen erzählen, wie irgendein schrecklicher Kerl sie auf dem Klubball zu küssen versucht habe. Und Ihnen wird weh ums Herz sein« – der Dicke drückte sie noch fester, als täte das arme Herz ihm wirklich leid – »weil jetzt niemand mehr Sie küssen will. Und Sie werden sagen, wie schlecht man auf den gebohnerten Böden gehen kann, wie gefährlich sie sind. Nun, Mademoiselle Leichtfuß?« sagte der Dicke sanft.

Leila lachte leichthin, doch ihr war nicht nach Lachen zumute. Sollte das – sollte das wirklich wahr sein? Es klang schrecklich wahr. War dieser erste Ball nur der Anfang ihres letzten Balls? Auf einmal schien die Musik sich zu verändern; sie klang traurig, traurig; sie schwoll zu einem großen Seufzer an. Oh, wie schnell die Dinge sich veränderten!

Warum dauerte das Glück nicht ewig? Ewig war keine Sekunde zu lang.

»Ich möchte nicht mehr«, sagte sie atemlos. Der Dicke führte sie zur Tür.

»Nein«, sagte sie. »Ich will nicht hinausgehen. Ich will mich nicht hinsetzen. Ich will einfach hier stehenbleiben, vielen Dank.« Sie lehnte sich an die Wand, wippte mit dem Fuß, zupfte an ihren Handschuhen und versuchte zu lächeln. Aber tief in ihrem Innern schlug sich ein kleines Mädchen die Schürze über den Kopf und schluchzte. Warum hatte er alles verdorben?

»Ach, kommen Sie«, sagte der Dicke, »Sie dürfen mich nicht ernst nehmen, kleines Fräulein.«

»Als ob ich das täte!« sagte Leila, warf ihr dunkles Köpfchen zurück und nagte an der Unterlippe …

Wieder paradierten die Paare vorüber. Die Schwingtür schwang auf und zu. Jetzt teilte der Kapellmeister neue Noten aus. Aber Leila wollte nicht mehr tanzen. Sie wollte nach Hause, wollte auf der Veranda sitzen und den jungen Eulen lauschen. Als sie durch die dunklen Fenster zu den Sternen aufsah, hatten sie lange Strahlen wie Flügel …

Aber nun erklang eine sanfte, schmelzende, entzückende Melodie, und ein junger Mann mit lockigem Haar verbeugte sich vor ihr. Sie würde tanzen müssen, aus Höflichkeit, wenigstens bis sie Meg fand. Sehr steif ging sie in die Mitte des Saals; sehr hochmütig legte sie die Hand auf seinen Ärmel. Doch schon im nächsten Augenblick, schon nach einer Drehung, schwebten ihre Füße. Die Lichter, die Azaleen, die Kleider, die geröteten Gesichter, die Samtstühle, alles wurde zu einem einzigen herrlichen Karussell. Und als sie mit ihrem nächsten Tanzpartner gegen den Dikken stieß und der »Pardon« sagte, lächelte sie ihn strahlender denn je an. Sie erkannte ihn nicht einmal wieder.

DIE SINGSTUNDE

Voller Verzweiflung – kalter, stechender Verzweiflung –, die tief in ihrem Herzen wie ein gefährliches Messer verborgen war, ging Miss Meadows in Barett und Talar, in der Hand einen kleinen Taktstock, durch die kalten Korridore, die zum Musiksaal führten. Mädchen aller Altersstufen hasteten, hüpften, huschten vorbei, mit frischen roten Wangen und jener ausgelassenen Freude, die das Zur-Schule-Eilen an einem schönen Herbstmorgen hervorrufen kann; aus den hallenden Klassenzimmern drang ein lebhaftes Stimmengewirr; eine Klingel läutete; eine Stimme wie ein Vogel schrie: »Muriel.« Und dann ertönte von der Treppe her ein fürchterliches Poch-poch-poch. Jemand hatte seine Hanteln fallen lassen.

Die Naturkundelehrerin hielt Miss Meadows auf.

»Guten Mor-gen«, rief sie in ihrem süßlich affektierten Singsang. »Kalt heute morgen, nicht wahr? Wie im tiefsten Win-ter.«

Miss Meadows umklammerte das Messer und starrte die Naturkundelehrerin haßerfüllt an. Alles an ihr war süßlich und blaß, wie Honig. Fast hätte man erwartet, eine Biene zu finden, die sich im Gewirr der Blondhaare verfangen hatte.

»Schneidend kalt«, sagte Miss Meadows grimmig.

Die andere lächelte ihr zuckersüßes Lächeln.

»Sie sehen halb erfro-ren aus«, sagte sie. Sie riß ihre blauen Augen auf; sie schienen spöttisch zu funkeln. (Hatte sie etwas bemerkt?)

»Ach, so schlimm ist es nicht«, sagte Miss Meadows und bedachte die Naturkundelehrerin im Gegenzug für ihr Lächeln mit einer flüchtigen Grimasse und ging weiter …

Die vierte, fünfte und sechste Klasse waren im Musiksaal versammelt. Der Lärm war ohrenbetäubend. Auf der Bühne, beim Klavier, stand Mary Beazley, Miss Meadows' Lieblingsschülerin, die die Begleitung spielte. Sie drehte den Klavierhocker hoch. Als sie Miss Meadows sah, sagte sie warnend: »Scht! Mädchen!«, und Miss Meadows, die Hände in den Talarärmeln, den Taktstock unterm Arm, schritt durch den Mittelgang, stieg die Stufen hinauf, drehte sich abrupt um, ergriff den Messingnotenständer, pflanzte ihn vor sich auf und sorgte mit zwei heftigen Schlägen ihres Stöckchens für Ruhe.

»Ruhe, bitte! Sofort!«, und ohne jemanden anzusehen, schweifte ihr Blick über dieses Meer von bunten Flanellblusen, wogenden rosigen Gesichtern und Händen, den flatternden Schmetterlingshaarschleifen und aufgeschlagenen Notenheften. Sie wußte sehr wohl, was sie dachten: »Meady hat eine Stinklaune.« Nun, sollten sie! Ihre Lider zitterten; sie warf trotzig den Kopf zurück. Was scherten die Gedanken dieser Kinder jemanden, der dabei war, zu verbluten, der ins Herz getroffen worden war, mitten ins Herz, von einem Brief –

... »Ich fühle immer deutlicher, daß unsere Heirat ein Fehler wäre. Nicht, daß ich dich nicht liebe. Ich liebe dich so sehr, wie es mir nur möglich ist, eine Frau zu lieben, aber offen gestanden bin ich zu der Überzeugung gelangt, daß ich nicht zum Ehemann tauge, und die Vorstellung, einen Hausstand zu gründen, erfüllt mich einfach nur mit –« und das Wort »Abscheu« war nur flüchtig durchgestrichen und »Reue« darübergeschrieben.

Basil! Miss Meadows stolzierte zum Klavier hinüber. Und Mary Beazley, die auf diesen Moment gewartet hatte, verbeugte sich; ihre Locken fielen ihr über die Wangen, während sie »Guten Morgen, Miss Meadows« hauchte und ihrer Lehrerin eine wunderschöne gelbe Chrysantheme eher unter die Nase rieb, als sie ihr überreichte. Dieses kleine Blumenritual exerzierten sie nun schon eine halbe Ewigkeit, fast seit anderthalb Semestern. Es war ebenso Teil des Unterrichts wie das Aufklappen des Klavierdeckels. Heute jedoch, statt die Blume in Empfang zu nehmen, statt sie sich in den Gürtel zu stecken und Mary zuzuflüstern: »Danke dir, Mary. Wie reizend! Schlag Seite zweiunddreißig auf« – wie groß war Marys Entsetzen, als Miss Meadows heute die Chrysantheme ganz übersah, nicht auf ihren Morgengruß reagierte und nur mit eisiger Stimme sagte: »Seite vierzehn, bitte, und gib acht auf die Betonungen.«

Es war ein Schlag! Mary errötete, die Tränen traten ihr in die Augen, aber Miss Meadows war wieder an den Notenständer getreten; ihre Stimme schallte durch den Musiksaal.

»Seite vierzehn. Wir beginnen mit Seite vierzehn. ›Klage‹. Also, Mädchen, ihr solltet es mittlerweile können. Wir singen es einmal alle zusammen durch; einstimmig, alle zusammen. Und ohne Ausdruck. Singt es ganz schlicht, und schlagt mit der linken Hand den Takt.«

Sie hob den Taktstock; sie schlug ihn zweimal an den Notenständer. Und schon senkten sich Marys Hände auf das Klavier für den ersten Akkord; und schon senkten sich all die linken Hände, um den Takt zu schlagen, und dann erklangen die jungen, klagenden Stimmen:

Schnell! ach, wie schnell sind verwelkt deine Rosen;
  Es naht schon der Winter, so trüb.
Dahin! ach, dahin! Der Musik heit'res Kosen
  Verklingend dem lauschenden Ohr sich entzieht.

Großer Gott, was konnte es Traurigeres geben als dieses Lied! Jeder Ton war ein Seufzen, ein Schluchzen, ein Aufstöhnen voller Verzweiflung. Miss Meadows hob die Arme in dem weiten Talar und begann mit beiden Händen zu dirigieren. »... Ich fühle immer deutlicher, daß unsere Heirat ein Fehler wäre ...«, dirigierte sie. Und die Stimmen riefen: *Dahin! ach, dahin!* Was konnte nur in ihn gefahren sein, einen solchen Brief zu schreiben! Was konnte ihn nur dazu veranlaßt haben! Es kam aus heiterem Himmel. In seinem letzten Brief hatte er sich noch lang und breit über einen Bücherschrank aus dunkler Eiche ausgelassen, den er für »unsere« Bücher gekauft hatte, und einen »schmucken kleinen Garderobenständer«, den er gesehen hatte, »ein ganz patentes Ding mit einer geschnitzten Eule auf einer Konsole, die drei Hutbürsten in den Klauen hält«. Wie sie darüber geschmunzelt hatte! Typisch Mann – zu glauben, daß man drei Hutbürsten brauchte! *Dem lauschenden Ohr sich entzieht*, sangen die Stimmen.

»Noch einmal«, sagte Miss Meadows. »Aber jetzt zweistimmig. Immer noch ohne Ausdruck.« *Schnell! ach, wie schnell.* Jetzt, mit den dunklen Altstimmen, überlief es einen geradezu. *Sind verwelkt deine Rosen.* Als er sie letztesmal besuchte, hatte Basil eine Rose im Knopfloch getragen. Wie gut er in dem blauen Anzug ausgesehen hatte, mit der dunkelroten Rose! Und er wußte es. Natürlich wußte er es. Erst strich er sich übers Haar, dann über den Schnurrbart; seine Zähne blitzten, wenn er lächelte.

»Die Frau des Schulvorstands lädt mich ständig zum Essen ein. Es wird allmählich lästig. Nie habe ich einen Abend für mich.«

»Kannst du denn nicht ablehnen?«

»Nun ja, ein Mann in meiner Stellung sollte sich besser nicht unbeliebt machen.«

Der Musik heit'res Kosen, klagten die Stimmen. Die Weiden draußen vor den hohen, schmalen Fenstern wehten im Wind. Sie hatten bereits die Hälfte ihrer Blätter verloren. Die kleinen, die sich noch hielten, zappelten wie Fische an der Angel. »… daß ich nicht zum Ehemann tauge …« Die Stimmen verstummten; das Klavier wartete.

»Recht gut«, sagte Miss Meadows, doch noch immer mit dieser seltsamen, kalten Stimme, daß die jüngeren Mädchen sich wirklich zu fürchten begannen. »Und jetzt, wo wir es gut können, probieren wir es einmal mit Ausdruck. Mit so viel Ausdruck, wie ihr hineinlegen könnt. Achtet auf die Worte, Mädchen. Benutzt eure Phantasie. *Schnell! ach, zu schnell!«* rief Miss Meadows. »Das sollte sofort laut einsetzen – ein starkes Forte – eine laute Klage. Und dann die zweite Zeile, *Winter, so trüb*, laßt das *trüb* klingen, als bliese ein eisiger Wind hindurch. *Trü-üb!«* sagte sie so schaurig, daß Mary Beazley auf dem Klavierhocker eine Gänsehaut bekam. »Die dritte Zeile sollte ein einziges Crescendo sein. *Dahin! ach, dahin! Der Musik heit'res Kosen.* Dann neu ansetzen, vor dem ersten Wort der letzten Zeile: *Verklingend.* Und dann, bei *dem lauschenden Ohr*, wieder leiser werdend … ersterbend … bis *sich entzieht* nur noch ein Hauch ist … Auf der letzten Zeile könnt ihr fast nach Belieben langsamer werden. Nun also, bitte.«

Wieder die zwei Schläge an den Notenständer; sie hob wieder die Arme. *Rasch! Ach, zu rasch.* »… und die Vorstellung, einen Hausstand zu gründen, erfüllt mich einfach nur mit Abscheu –« Abscheu war es, was er geschrieben hatte. Das hieß doch wohl, daß ihre Verlobung so gut wie gelöst war. Gelöst! Ihre Verlobung! Die Leute waren ohnehin überrascht gewesen, daß sie sich verlobt hatte. Die Naturkundelehrerin konnte es zunächst gar nicht fassen. Aber niemand war überraschter gewesen als sie selbst. Sie war dreißig. Basil war fünfundzwanzig. Ein Wunder war geschehen, ein wahres Wunder, als sie an jenem dunklen Abend gemeinsam von der Kirche heimgingen und sie ihn sagen hörte: »Wissen Sie, irgendwie mag ich Sie.« Und dabei hatte er das Ende ihrer Straußenfederboa in die

Hand genommen. *Verklingend dem lauschenden Ohr sich entzieht.*

»Noch einmal! Noch einmal!« sagte Miss Meadows. »Mit mehr Ausdruck, Mädchen! Noch einmal von vorn!«

Schnell! Ach, zu schnell. Die älteren Mädchen waren hochrot im Gesicht; einige der jüngeren fingen an zu weinen. Dicke Regentropfen wehten gegen die Fenster, und man hörte die Weiden wispern: »... nicht, daß ich dich nicht liebe ...«

»Aber, mein Schatz, wenn du mich liebst«, dachte Miss Meadows, »ist es mir gleich, wie sehr. Lieb mich so wenig, wie du magst.« Aber sie wußte, daß er sie nicht liebte. Er hatte es nicht mal für nötig erachtet, das »Abscheu« so auszustreichen, daß sie es nicht mehr lesen konnte! *Es naht schon der Winter, so trüb.* Sie würde die Schule verlassen müssen. Nie mehr könnte sie der Naturkundelehrerin oder den Mädchen gegenübertreten, nachdem es bekannt geworden wäre. Sie würde sich irgendwo verkriechen müssen. *Verklingend* ... Die Stimmen wurden leiser, erstarben, lösten sich in einem Hauch auf ...

Plötzlich ging die Tür auf. Ein kleines Mädchen in Blau kam durch den Mittelgang getrippelt, ließ den Kopf hängen, biß sich auf die Lippen und drehte das silberne Armband an ihrem kleinen roten Handgelenk. Sie erklomm die Stufen und blieb vor Miss Meadows stehen.

»Nun, Monica, was gibt es?«

»Verzeihung, Miss Meadows«, sagte die Kleine atemlos, »Sie möchten zu Miss Wyatt kommen, bitte.«

»Also gut«, sagte Miss Meadows. Und sie rief den Mädchen zu: »Ich verlasse mich darauf, daß ihr euch leise unterhaltet, während ich fort bin.« Und sie waren viel zu verängstigt, um etwas anderes zu tun. Die meisten schneuzten sich die Nase.

Die Korridore waren still und kalt; sie hallten wider von

Miss Meadows Schritten. Die Schulvorsteherin saß an ihrem Schreibtisch. Sie blickte nicht gleich auf. Sie versuchte wie üblich, ihre Brille zu befreien, die sich in ihrem Spitzenjabot verfangen hatte. »Setzen Sie sich, Miss Meadows«, sagte sie sehr freundlich. Und dann hob sie einen blaßroten Umschlag von der Schreibunterlage auf. »Ich habe Sie rufen lassen, weil dieses Telegramm für Sie gekommen ist.«

»Ein Telegramm für mich, Miss Wyatt?«

Basil! Er hatte Selbstmord begangen, dachte Miss Meadows. Sie streckte die Hand aus, doch Miss Wyatt hielt das Telegramm noch einen Augenblick zurück. »Hoffentlich ist es keine schlechte Nachricht«, sagte sie kaum minder freundlich. Und Miss Meadows riß es auf.

»Vergiß Brief muß verrückt gewesen sein habe heute Hutständer gekauft Basil«, las sie. Sie konnte den Blick nicht von dem Telegramm abwenden.

»Ich hoffe, es ist nichts zu Ernstes«, sagte Miss Wyatt und beugte sich vor.

»O nein, vielen Dank, Miss Wyatt.« Miss Meadows errötete. »Es ist durchaus nichts Schlimmes. Es ist« – und sie lachte wie zur Entschuldigung leise auf – »es ist von meinem Verlobten, er sagt, daß ... er sagt, daß –« Sie verstummte. »So, *so*«, sagte Miss Wyatt. Wieder Stille. Dann: »Sie haben noch fünfzehn Minuten Unterricht, Miss Meadows, nicht wahr?«

»Ja, Miss Wyatt.« Sie stand auf. Sie rannte fast zur Tür.

»Ach, einen Moment noch, Miss Meadows«, sagte Miss Wyatt. »Ich kann es wirklich nicht gutheißen, daß meine Lehrerinnen Telegramme während der Unterrichtsstunden erhalten, es sei denn im Falle von sehr schlechten Nachrichten, in einem Todesfall beispielsweise«, erklärte Miss Wyatt, »oder bei einem sehr schweren Unfall, oder etwas in dieser Art. Gute Nachrichten kennen keine Eile, nicht wahr, Miss Meadows?«

Auf den Flügeln der Hoffnung, der Liebe, der Freude eilte Miss Meadows in den Musiksaal zurück, durch den Mittelgang, die Stufen hinauf und zum Klavier.

»Seite zweiunddreißig, Mary«, sagte sie, »Seite zweiunddreißig«, und sie hob die gelbe Chrysantheme auf und hielt sie an die Lippen, um ihr Lächeln zu verbergen. Dann wandte sie sich den Mädchen zu, klopfte mit dem Taktstock: »Seite zweiunddreißig, Mädchen. Seite zweiunddreißig.«

»Wir wollen uns nahen, mit Blumen beladen,
Mit Früchten und Gaben und Schleifenzier,
um Glück zu wünschen ...«

»Halt! Halt!« rief Miss Meadows. »Das ist schrecklich. Das ist grauenvoll.« Und sie strahlte ihre Mädchen an. »Was ist denn los mit euch? Überlegt doch, was ihr da singt, Mädchen. Benutzt eure Phantasie. *Mit Blumen beladen. Mit Früchten und Gaben und Schleifenzier.* Und dann: *Um Glück zu wünschen.*« Miss Meadows brach ab. »Nun macht nicht so trübselige Gesichter, Mädchen. Es muß warm klingen, freudig beschwingt. *Um Glück zu wünschen.* Noch einmal. Schnell. Alle zusammen. Also!«

Und diesmal übertönte Miss Meadows' Stimme alle anderen Stimmen – inbrünstig und glühend vor Ausdruck.

DER FREMDE

Für die kleine Menschenmenge auf dem Pier sah es aus, als würde es sich nie mehr von der Stelle bewegen. Da lag es, riesig, reglos, auf dem grau gekräuselten Wasser, über sich einen Rauchring, und einen dichten Schwarm von Möwen, die kreischend nach den Kombüsenabfällen am Heck tauchten. Man konnte gerade noch kleine promenierende Paare ausmachen – kleine Fliegen am Grund einer Schüssel auf dem grau gekräuselten Tischtuch. Andere Fliegen schwärmten und sammelten sich am Rand. Jetzt blitzte etwas Weißes auf dem unteren Deck auf – die Schürze des Kochs oder vielleicht der Stewardess. Und jetzt huschte eine winzige schwarze Spinne die Leiter zur Brücke hinauf.

Vor der Menschenmenge lief ein kräftig aussehender Mann mittleren Alters, auffallend gut und warm gekleidet, in grauem Überrock, mit grauem Seidenschal, dicken Handschuhen und dunklem Filzhut, auf und ab und schwenkte seinen zusammengerollten Schirm. Er schien der Anführer der kleinen Gruppe auf dem Pier zu sein und sie gleichzeitig zusammenzuhalten. Er war halb Hirtenhund, halb Hirte.

Aber wie dumm – wie dumm von ihm, kein Fernglas mitzubringen. Keiner in der Gruppe hatte ein Fernglas dabei.

»Merkwürdig, Mr. Scott, daß keiner von uns an ein Fernglas gedacht hat. Wir hätten sie vielleicht ein bißchen auf Trab bringen können. Es wäre uns vielleicht gelungen, uns durch Zeichen zu verständigen. *Zögern Sie nicht, an Land zu gehen. Eingeborene harmlos*. Oder: *Sie sind willkommen. Es ist alles verziehen*. Hm? Nicht?«

Mr. Hammonds lebhafter, aufmerksamer Blick, so besorgt und doch so freundlich und vertrauensvoll, umfaßte die Menschen auf dem Pier, schloß sogar die alten Knaben mit ein, die dort an den Laufstegen lehnten. Jeder einzelne von ihnen wußte, daß Mrs. Hammond sich auf diesem Schiff befand, und er war so schrecklich aufgeregt, daß er nicht eine Sekunde daran zweifelte, daß diese wunderbare Tatsache auch ihnen etwas bedeutete. Er dachte mit Wärme an die Menschen. Sie waren anständige Kerle – auch die Männer an den Laufstegen – wackere alte Knaben. Und was für Brustkästen – Donnerwetter! Und er straffte die eigene Brust, versenkte die dick behandschuhten Hände in den Taschen, wippte von den Fersen auf die Zehenspitzen.

»Ja, meine Frau hat die letzten zehn Monate in Europa verbracht. Auf Besuch bei unserer ältesten Tochter, die letztes Jahr geheiratet hat. Ich habe sie hier nach Auckland rausgebracht. Also dachte ich mir, ich hole sie besser auch wieder ab. Ja, ja, ja.« Die klugen grauen Augen verengten sich wieder und suchten besorgt und rasch den reglos daliegenden Liniendampfer ab. Wieder wurde der Mantel aufgeknöpft. Zum Vorschein kam die flache, buttergelbe Uhr, und zum zwanzigsten – fünfzigsten – hundertsten Mal stellte er seine Berechnung an.

»Mal sehen. Es war zwei Uhr fünfzehn, als der Doktor mit der Barkasse losgefahren ist. Zwei Uhr fünfzehn. Jetzt ist es genau achtundzwanzig Minuten nach vier. Also ist der Doktor jetzt schon zwei Stunden und dreizehn Minuten fort. Zwei Stunden und dreizehn Minuten! Hi-uuh!« Er stieß einen komischen kleinen Pfiff aus und klappte die Uhr wieder zu. »Aber man hätte uns doch Bescheid geben müssen, wenn irgend etwas passiert wäre – meinen Sie nicht auch, Mr. Gaven?«

»Aber ja, Mr. Hammond! Ich glaube nicht, daß irgend etwas – Besorgniserregendes passiert ist«, sagte Mr. Gaven und klopfte seine Pfeife am Schuhabsatz aus. »Gleichwohl –«

»Eben! Eben!« rief Mr. Hammond. »Verdammt ärgerlich!« Er schritt hastig auf und ab und nahm wieder Aufstellung zwischen Mr. und Mrs. Scott und Mr. Gaven. »Es wird sogar schon dunkel«, und er schwenkte seinen zusammengerollten Schirm, als hätte wenigstens die Dämmerung so viel Anstand besitzen können, sich noch ein Weilchen zu gedulden. Doch die Dämmerung kam langsam näher, wie ein Fleck auf dem Wasser, der sich träge ausbreitet. Die kleine Jean Scott zerrte an der Hand ihrer Mutter.

»Ich will Tee, Mami!« quengelte sie.

»Das kann ich mir vorstellen«, sagte Mr. Hammond. »Ich nehme an, auch die Damen hätten jetzt gern ihren Tee.« Und sein freundlicher, erregter, fast jammervoller Blick umfaßte sie wieder alle. Er fragte sich, ob Janey wohl noch eine letzte Tasse Tee im Salon trank. Er hoffte es, hielt es aber nicht für sehr wahrscheinlich. Wie er sie kannte, verharrte sie an Deck. In dem Fall würde der Decksteward ihr vielleicht eine Tasse Tee bringen. Wenn er an Bord gewesen wäre, er hätte ihr eine Tasse besorgt – irgendwie. Und einen Moment lang war er auf dem Deck, stand über sie gebeugt da, sah, wie sich ihre kleine Hand um die Tasse legte, wie sie es immer tat, während sie die einzige Tasse Tee trank, die an Bord aufzutreiben war … Doch jetzt war er wieder hier, und Gott allein mochte wissen, wann dieser verflixte Kapitän aufhören würde, dort draußen auf dem Wasser herumzutrödeln. Er marschierte wieder los, auf und ab, auf und ab. Er ging bis zum Droschkenstand, um sich zu vergewissern, daß sein Fahrer nicht verschwunden war; dann kehrte er wieder zu der kleinen Schar zurück, die sich im Schutz der Bananenkisten zusammendrängte. Die kleine Jean Scott wollte noch immer ihren Tee haben. Arme Kleine! Er wünschte, er hätte etwas Schokolade dabei.

»He, Jean«, sagte er. »Soll ich dich hochheben?« Und mühelos und behutsam setzte er das kleine Mädchen auf ein hohes Faß. Sie zu halten und zu stützen, tat ihm ungemein wohl und heiterte ihn auf.

»Halt dich gut fest«, sagte er und legte einen Arm um sie.

»Ach, machen Sie sich um *Jean* keine Gedanken, Mr. Hammond!« sagte Mrs. Scott.

»Schon recht, Mrs. Scott. Es macht mir nichts aus. Ganz im Gegenteil. Jean ist meine kleine Freundin, nicht wahr, Jean?«

»Ja, Mr. Hammond«, sagte Jean, und sie fuhr mit dem Finger in die Kerbe seines Filzhuts.

Doch plötzlich riß sie ihn am Ohr und schrie laut auf. »Da-a, Mr. Hammond! Es bewegt sich! Da! Es kommt her!«

Donnerwetter! Es stimmte. Endlich! Langsam, langsam drehte der Dampfer bei. Eine Glocke klang weit übers Wasser, und ein großer Dampfschwall stieg empor. Die Möwen flogen auf, flatterten davon wie weiße Papierschnipsel. Und ob das dumpfe Pochen von den Schiffsmaschinen kam oder von seinem Herzen, wußte Mr. Hammond nicht zu sagen. Was immer es war, er mußte sich zusammenreißen, um es zu ertragen. Im diesem Moment kam Captain Johnson, der Hafenmeister, auf den Pier, unter dem Arm eine lederne Aktenmappe.

»Sie können sie loslassen«, sagte Mr. Scott. »Ich halte Jean.« Das war im letzten Moment. Mr. Hammond hatte Jean ganz vergessen. Er stürzte los, um den alten Captain zu begrüßen.

»Nun, Captain«, ertönte wieder die aufgeregte, besorgte Stimme, »haben Sie endlich Erbarmen mit uns?«

»Mir müssen Sie keine Schuld geben, Mr. Hammond«, schnaufte der alte Captain Johnson, den Blick auf den Liniendampfer gerichtet. »Mrs. Hammond ist an Bord?«

»Ja, ja!« sagte Hammond, und er wich dem Hafenmeister nicht von der Seite. »Mrs. Hammond ist an Bord. Hal-lo! Jetzt ist es bald geschafft.«

Das Schiffstelephon klingelte und klingelte, und die Schiffsschraube dröhnte – der große Dampfer hielt auf sie zu, schnitt scharf durch das dunkle Wasser und warf dicke weiße Späne zu beiden Seiten auf. Hammond und der Hafenmeister blieben vor den anderen stehen. Hammond nahm den Hut ab; er suchte die Decks ab – sie waren gedrängt voll mit Passagieren; er schwenkte den Hut und schickte ein lautes, seltsames »Hal-lo!« übers Wasser, dann drehte er sich um, lachte auf und sagte etwas – oder nichts – zum alten Captain Johnson.

»Haben Sie sie entdeckt?« fragte der Hafenmeister.

»Nein, noch nicht. Moment – warten Sie mal!« Und plötzlich, zwischen zwei tolpatschigen großen Kerlen – »Aus dem Weg mit euch!« drohte er mit dem Schirm – sah er eine erhobene Hand – einen weißen Handschuh, der ein Taschentuch schwenkte. Noch ein Augenblick und – Gott sei Dank, Gott sei Dank! – da war sie. Da war Janey. Da war Mrs. Hammond, ja, ja, ja – stand an der Reling und lächelte und nickte und winkte mit dem Taschentuch.

»Na, das ist ja fabelhaft – fabelhaft! Na also!« Er stampfte sogar mit dem Fuß auf. Blitzschnell zog er sein Zigarrenetui hervor und hielt es dem alten Captain Johnson hin. »Nehmen Sie sich eine Zigarre, Captain! Sind nicht übel. Nehmen Sie gleich mehrere! Hier« – und er drängte dem Hafenmeister alle Zigarren auf, die im Etui waren – »ich habe noch zwei Kisten oben im Hotel.«

»Danke, Mr. Hammond!« schnaufte der alte Captain Johnson.

Hammond steckte das Zigarrenetui wieder weg. Seine Hände zitterten, doch er hatte sich wieder gefangen. Er war in der Lage, Janey gegenüberzutreten. Da war sie, lehnte an der Reling, sprach mit einer Frau und beobachtete ihn gleichzeitig, war für ihn bereit. Als der Streifen Wasser zwischen ihnen schmaler wurde, fiel ihm mit einemmal auf, wie klein sie auf dem Riesenschiff aussah. Sein Herz krampfte sich so zusammen, daß er hätte aufschreien mögen. Wie klein sie aussah, und hatte die lange Reise, hin und zurück, allein bewältigt. Aber das sah ihr ähnlich. Typisch Janey. Sie hatte den Mut einer – Und nun war die Mannschaft nach vorn gekommen und hatte die Passagiere zur Seite gedrängt; sie hatten die Reling geöffnet für die Laufstege.

Stimmen an Land und Stimmen an Bord flogen hin und her, um sich zu begrüßen.

»Alle wohlauf?«

»Alle wohlauf.«

»Wie geht es Mutter?«

»Viel besser.«

»Hallo, Jean!«

»Hallo, Tante Emily!«

»Gute Reise gehabt?«

»Prächtig.«

»Jetzt ist es gleich geschafft.«

»Gleich geschafft.«

Die Maschinen wurden angehalten. Langsam schob sich das Schiff längsseits an den Pier.

»Platz da – Platz da – Platz da!« Und die Hafenarbeiter schleppten in flottem Trab die schweren Laufstege heran. Hammond machte Janey ein Zeichen zu bleiben, wo sie war. Der alte Hafenmeister trat vor; er folgte. Wozu es gut sein sollte, »Damen« den »Vortritt« zu lassen, hatte er noch nie begriffen.

»Nach Ihnen, Captain!« rief er jovial. Und schritt, dem alten Mann dicht auf den Fersen, über den Laufsteg an Deck, schnurstracks auf Janey zu, und dann lag sie in seinen Armen.

»Na also! Na bitte! Endlich!« stammelte er. Das war alles, was er herausbrachte. Und Janey tauchte aus seiner Umarmung auf, und ihr ruhiges, feines Stimmchen – die einzige

Stimme auf der Welt für ihn – sagte: »Ja, Liebling! Hast du lange warten müssen?«

Nein; nicht lange. Oder vielmehr, es spielte keine Rolle. Nun war es ja vorbei. Aber die Sache war die, daß hinten am Pier eine Droschke wartete. War sie soweit? Konnte sie von Bord gehen? War das Gepäck bereit? In dem Fall könnten sie sofort mit ihren Kabinenkoffern losziehen, und um den Rest würden sie sich morgen kümmern. Er beugte sich über sie, und sie blickte mit ihrem vertrauten halben Lächeln zu ihm auf. Sie war unverändert. Keinen Tag gealtert. Sie war so, wie er sie kannte. Sie legte ihre kleine Hand auf seinen Ärmel.

»Wie geht es den Kindern, John?« fragte sie.

(Zum Henker mit den Kindern!) »Bestens. Könnte ihnen gar nicht besser gehen.«

»Haben sie dir keine Briefe für mich mitgegeben?«

»Doch, doch – natürlich! Ich habe sie im Hotel gelassen. Du kannst sie dir später zu Gemüte führen.«

»Gar so schnell können wir nicht aufbrechen«, sagte sie. »Ich muß mich noch von einigen Leuten verabschieden – auch vom Kapitän.« Als er ein langes Gesicht machte, drückte sie ihm verständnisinnig den Arm. »Wenn der Kapitän von der Brücke kommt, mußt du dich bei ihm dafür bedanken, daß er sich so reizend um deine Frau gekümmert hat.« Nun gut, er hatte sie ja wieder. Wenn sie noch zehn Minuten brauchte … Als er zurücktrat, wurde sie umringt. Die ganze erste Klasse schien sich von Janey verabschieden zu wollen.

»Leben Sie wohl, *liebe* Mrs. Hammond! Und wenn Sie das nächste Mal in Sydney sind, *erwarte* ich Sie.«

»Liebste Mrs. Hammond! Sie vergessen nicht, mir zu schreiben, nicht wahr?«

»Ach, Mrs. Hammond, was wäre dieses Schiff ohne Sie gewesen!«

Es war sonnenklar, daß sie bei weitem die beliebteste Frau an Bord war. Und sie nahm es als ganz selbstverständlich hin – wie immer. Ganz gelassen. Ganz sie selbst – ganz seine kleine Janey stand sie da mit zurückgeschlagenem Schleier. Hammond nahm nie wahr, was seine Frau trug. Ihm war es völlig einerlei. Aber heute fiel ihm auf, daß sie ein schwarzes »Kostüm« trug – nannte man es nicht so? – mit weißen Rüschen, Aufputz hieß das wohl, am Ausschnitt und an den Ärmeln. Inzwischen reichte Janey ihn herum.

»John, Lieber!« Und dann: »Ich möchte dich bekannt machen mit –«

Endlich entkamen sie, und sie führte ihn in ihre Kabine. Janey durch den Gang zu folgen, den sie so gut kannte – es kam ihm so eigenartig vor; nach ihr die grünen Vorhänge zu teilen und in die Kabine zu treten, die ihre gewesen war, erfüllte ihn mit höchstem Glück. Aber – verflixt! – dort hockte die Stewardess am Boden und verschnürte die Reisedecken.

»Das ist die letzte, Mrs. Hammond«, sagte die Stewardess, stand auf und zog sich die Manschetten herunter.

Er wurde wieder vorgestellt, und dann verschwanden Janey und die Stewardess im Gang. Er hörte Geflüster. Sie regelte wohl die Sache mit dem Trinkgeld, überlegte er. Er setzte sich auf das gestreifte Sofa und nahm den Hut ab. Da waren die Reisedecken, die sie mitgenommen hatte; sie sahen aus wie neu. Ihr ganzes Gepäck sah unbenutzt, makellos aus. Auf dem Anhänger stand in ihrer schönen, zierlichen Handschrift: »Mrs. John Hammond.«

»Mrs. John Hammond!« Er stieß einen tiefen, zufriedenen Seufzer aus, lehnte sich zurück und verschränkte die Arme. Die Anspannung war vorbei. Er hätte ewig dort sitzen und vor Erleichterung seufzen können – vor Erleichterung, dieses grauenhafte Ziehen und Zerren an seinem Herzen los zu sein. Die Gefahr war vorüber. Sie waren wieder auf festem Boden.

Doch in diesem Moment steckte Janey den Kopf um die Ecke.

»Liebling – du entschuldigst mich? Ich möchte nur rasch dem Doktor Lebewohl sagen.«

Hammond fuhr auf. »Ich komme mit.«

»Nein, nein!« sagte sie. »Laß nur. Es ist mir lieber so. Ich bin gleich zurück.«

Und noch ehe er antworten konnte, war sie fort. Er war versucht, ihr hinterherzustürzen; doch dann setzte er sich wieder hin.

Vielleicht dauerte es wirklich nicht lange! Wie spät war es jetzt? Die Uhr wurde hervorgeholt; er starrte ins Leere. War das nicht recht sonderbar von Janey? Wieso ließ sie ihren Gruß nicht von der Stewardess ausrichten? Was mußte sie dem Schiffsarzt nachlaufen? Sie hätte ihm auch vom Hotel aus ein paar Zeilen schicken können, wenn der Fall so dringend war. Fall so dringend? Sollte das etwa bedeuten, daß sie auf der Reise krank gewesen war – daß sie ihm etwas verheimlichte? Das war es! Er griff nach seinem Hut. Er würde diesen Kerl zu fassen kriegen und die Wahrheit aus ihm herausquetschen, koste es, was es wolle. Irgend etwas war ihm doch gleich merkwürdig vorgekommen. Sie war eine Spur zu ruhig – zu gefaßt. Vom ersten Augenblick an –

Die Vorhänge klirrten. Janey war zurück. Er sprang auf.

»Janey, warst du krank auf der Reise? Ich weiß, daß du krank warst!«

»Krank?« Ihr unbekümmertes feines Stimmchen verspottete ihn. Sie stieg über die Reisedecken, trat dich an ihn heran, legte ihm die Hand auf die Brust und blickte zu ihm auf.

»Liebling«, sagte sie, »jag mir keinen Schrecken ein.

Natürlich war ich nicht krank! Wie kommst du darauf? Sehe ich krank aus?«

Aber Hammond sah sie nicht. Er spürte nur, daß sie zu ihm aufblickte, und daß er sich um nichts sorgen mußte. Sie war da und würde sich um alles kümmern. Es war gut so. Alles war gut.

Der sanfte Druck ihrer Hand war so beruhigend, daß er die seine auf die ihre legte, um sie festzuhalten. Und sie sagte:

»Halt still. Ich möchte dich ansehen. Ich habe dich noch gar nicht richtig angesehen. Du hast deinen Bart stutzen lassen, sehr schön, du wirkst – jünger, finde ich, und eindeutig schlanker! Das Junggesellenleben bekommt dir.«

»Bekommt mir!« Er stöhnte auf vor Liebe und zog sie wieder an sich. Und wieder, wie jedesmal, hatte er das Gefühl, als hielte er etwas in Händen, das niemals ganz sein wäre – sein. Etwas zu Zartes, zu Kostbares, das davonfliegen würde, sobald er es losließ.

»Laß uns um Gottes willen endlich zum Hotel fahren, damit wir allein sind!« Und er läutete ungestüm, auf daß sich jemand unverzüglich um das Gepäck kümmerte.

Als sie zusammen den Pier entlanggingen, nahm sie seinen Arm. Er hatte sie wieder an seiner Seite. Und was für einen Unterschied es bedeutete, hinter Janey in die Droschke zu steigen – die rotgelb gestreifte Decke um sie beide zu breiten – den Fahrer zur Eile anzutreiben, weil sie beide noch keinen Tee gehabt hatten. Nie mehr mußte er ohne seinen Tee auskommen oder ihn sich selbst einschenken. Sie war zurück. Er wandte sich ihr zu, drückte ihre Hand und sagte zärtlich, neckend, in dem »speziellen« Tonfall, in den er nur für sie verfiel: »Freust du dich, wieder daheim zu sein, mein Schatz?« Sie lächelte; sie machte sich nicht einmal die Mühe zu antworten, und sie schob sanft seine Hand beiseite, als sie durch die helleren Straßen kamen.

»Wir haben das beste Zimmer im Hotel«, sagte er. »Mit einem anderen hätte ich mich nicht abspeisen lassen. Und ich habe das Zimmermädchen angewiesen, ein Feuerchen zu machen, falls dir kalt sein sollte. Es ist ein nettes, anstelliges Mädchen. Und ich dachte, da wir nun schon mal hier sind, sollten wir nicht gleich morgen wieder nach Hause fahren, sondern noch einen Tag bleiben und erst übermorgen abreisen. Ist dir das recht? Wir haben es nicht eilig, oder? Die Kinder bekommen dich noch früh genug zu sehen ... Ich habe gedacht, ein paar Sehenswürdigkeiten zu besuchen, wäre eine nette Abwechslung nach der langen Reise – hm, Janey?«

»Hast du die Fahrkarten für übermorgen besorgt?« fragte sie.

»Das will ich meinen!« Er knöpfte den Mantel auf und holte seine pralle Brieftasche heraus. »Da sind sie! Ich habe uns ein Erste-Klasse-Abteil nach Napier reserviert. Hier steht es – ›Mr. *und* Mrs. John Hammond‹. Ich habe gedacht, ein bißchen Komfort kann nichts schaden, und wir wollen doch nicht, daß ständig fremde Leute hereinplatzen, nicht? Aber wenn du lieber noch ein bißchen länger bleiben möchtest –?«

»O nein!« sagte Janey schnell. »Um nichts in der Welt! Dann eben übermorgen. Und die Kinder –«

Aber sie waren am Hotel angelangt. Der Direktor stand in dem breiten, strahlend hell erleuchteten Eingang. Er kam herab, um sie zu begrüßen. Ein Hausdiener kam aus der Halle gerannt, um sich um ihr Gepäck zu kümmern.

»Mr. Arnold! Da wäre also nun endlich Mrs. Hammond!«

Der Direktor geleitete sie persönlich durch die Halle und drückte auf die Klingel am Aufzug. Hammond wußte, daß Geschäftsfreunde von ihm an den kleinen Tischen in der Halle saßen und vor dem Abendessen noch etwas tranken.

Doch er wollte nicht riskieren, aufgehalten zu werden; er blickte weder nach rechts noch nach links. Mochten sie denken, was sie wollten. Wenn sie es nicht verstanden, konnte er ihnen auch nicht helfen – und er trat aus dem Aufzug, schloß die Tür zu ihrem Zimmer auf und ließ Janey eintreten. Die Tür schloß sich. Jetzt, endlich, waren sie allein. Er schaltete das Licht an. Die Vorhänge waren zugezogen; das Kaminfeuer loderte. Er warf seinen Hut auf das riesige Bett und ging auf sie zu.

Aber – war es denn zu fassen! – sie wurden wieder gestört. Diesmal war es der Hausdiener mit dem Gepäck. Er mußte zweimal laufen, ließ zwischendurch die Tür offenstehen, nahm sich alle Zeit der Welt, pfiff auf dem Korridor durch die Zähne. Hammond ging im Zimmer auf und ab, riß sich die Handschuhe von den Fingern, riß sich den Schal vom Hals. Schließlich warf er seinen Mantel aufs Bett.

Endlich war der Tölpel verschwunden. Die Tür fiel klikkend ins Schloß. Jetzt *waren* sie allein. Hammond sagte: »Soll ich dich denn nie mehr für mich allein haben? Diese schrecklichen Menschen! Janey« – und er sah glühend und aufgeregt auf sie herab – »laß uns hier oben zu Abend essen. Wenn wir ins Restaurant hinuntergehen, werden wir nur gestört, und dann ist da die verdammte Musik« (die Musik, die er gestern abend hoch gelobt und laut beklatscht hatte!). »Wir würden unser eigenes Wort nicht verstehen. Laß uns hier am Kaminfeuer etwas essen. Es ist zu spät für den Tee. Ich werde uns ein kleines Nachtmahl bestellen, ja? Was hältst du von der Idee?«

»Tu das, Liebling«, sagte Janey. »Und solange du fort bist – die Briefe der Kinder –«

»Ach, das hat Zeit bis später!« sagte Hammond.

»Aber dann hätten wir es hinter uns«, sagte Janey. »Und ich könnte einstweilen –«

»Ich muß nicht nach unten gehen!« erklärte Hammond.

»Ich rufe einfach an und gebe die Bestellung auf ... oder willst mich etwa gleich wieder fortschicken?«

Janey schüttelte den Kopf und lächelnd.

»Aber du denkst an etwas anderes. Du sorgst dich um etwas«, sagte Hammond. »Was ist es? Komm und setz dich her – komm und setz dich auf meine Knie, hier am Feuer.«

»Ich will nur den Hut abnehmen«, sagte Janey, und sie ging hinüber zum Frisiertisch. »Oh!« Sie stieß einen kleinen Schrei aus.

»Was ist los?«

»Nichts, Liebling. Ich habe nur eben die Briefe der Kinder gefunden. Schon gut! Sie haben Zeit. Es eilt nicht!« Sie wandte sich zu ihm um, drückte die Briefe an sich. Sie steckte sie in ihre Rüschenbluse. Sie rief lebhaft, fröhlich: »Ach, der Frisiertisch ist wieder einmal typisch für dich!«

»Wieso? Was ist mit ihm?« sagte Hammond.

»Wenn er durch die Ewigkeit geschwebt käme, würde ich sagen: ›John!‹« lachte Janey und blickte auf die große Flasche Haarwasser, das umflochtene Fläschchen Eau de Cologne, die zwei Haarbürsten und ein Dutzend neue Kragen, die von einem hellroten Band zusammengehalten wurden. »Ist das dein ganzes Gepäck?«

»Zum Henker mit meinem Gepäck!« sagte Hammond; aber dennoch ließ er sich gern von Janey auslachen. »Laß uns reden. Laß uns zur Sache kommen. Sag mir« – und als Janey sich auf seine Knie setzte, lehnte er sich zurück und zog sie in den tiefen, häßlichen Sessel – »sag mir, daß du dich freust, wieder hier zu sein, Janey.«

»Ja, Liebling, ich freue mich«, sagte sie.

Doch ebenso, wie er, wenn er sie umarmte, das Gefühl nicht los wurde, sie könnte davonfliegen, ebenso wußte Hammond nie – nicht mit letzter Gewißheit –, ob sie genauso froh war wie er. Woher sollte er es wissen? Würde er es jemals wissen? Würde er immer diesen Wunsch verspüren – dieses schmerzliche Verlangen, wie eine Art Hunger – Janey so sehr zu einem Teil seiner selbst zu machen, daß nichts von ihr mehr blieb, was hätte entfliehen können? Er wollte alles und jeden beseitigen. Er wünschte nun, er hätte das Licht gelöscht. Sie hätte sich vielleicht inniger an ihn geschmiegt. Und nun raschelten auch noch die Briefe der Kinder in ihrer Bluse. Er hätte sie ins Feuer werfen mögen.

»Janey«, wisperte er.

»Ja, Schatz?« Sie lag an seiner Brust, aber so leicht, so fern. Sie atmeten gemeinsam im selben ruhigen Takt.

»Janey!«

»Was ist?«

»Sieh mich an«, flüsterte er. Eine tiefe Röte begann seine Stirn zu überziehen. »Küß mich, Janey! Küß mich!«

Er meinte ein Zögern zu spüren – nur sehr kurz, lang genug, um ihn Qualen leiden zu lassen –, ehe ihre Lippen die seinen berührten, fest und leicht – ehe sie ihn küßte, wie sie es immer tat, als ob der Kuß – wie konnte er es ausdrükken? – nur das bestätigte, was sie sagten – einen Vertrag besiegelte. Aber das war es nicht, was er wollte; das war ganz und gar nicht das, wonach ihn dürstete. Er fühlte sich auf einmal furchtbar müde.

»Wenn du wüßtest«, sagte er und öffnete die Augen, »was ich durchgemacht habe – diese Warterei heute. Ich dachte, das Schiff würde nie mehr einlaufen. Und wir haben uns die Beine in den Bauch gestanden. Was hat euch denn so lange aufgehalten?«

Sie gab keine Antwort. Sie sah an ihm vorbei ins Feuer. Die Flammen züngelten über die Kohlen, loderten auf, sanken in sich zusammen.

»Du schläfst doch nicht, oder?« sagte Hammond, und er ließ sie auf und ab hüpfen.

»Nein«, sagte sie. Und dann: »Nicht, Schatz. Nein, ich war nur in Gedanken. Um die Wahrheit zu sagen«, sagte sie,

»einer von den Passagieren ist letzte Nacht gestorben. Das ist es, was uns aufgehalten hat. Wir haben ihn mitgebracht – ich meine, er wurde nicht auf See bestattet. Also mußten der Schiffsarzt und der Hafenarzt –«

»Gestorben? Woran?« fragte Hammond beunruhigt. Er haßte es, wenn vom Tod die Rede war. Und er haßte Vorfälle wie diesen. Es war, als wären er und Janey auf dem Weg zum Hotel einem Leichenzug begegnet.

»Oh, es war jedenfalls nichts Ansteckendes!« sagte Janey. Ihre Stimme war kaum mehr als ein Hauch. »Es war das *Herz*.« Eine Pause. »Armer Kerl!« sagte sie. »Noch so jung.« Und sie sah zu, wie das Feuer aufloderte und in sich zusammensank. »Er ist in meinen Armen gestorben«, sagte Janey.

Der Schlag kam so unvermittelt, daß Hammond meinte, er würde ohnmächtig werden. Er konnte sich nicht rühren; er konnte nicht atmen. Er fühlte, wie all seine Kraft von ihm abfloß – in den großen dunklen Sessel floß, und der große dunkle Sessel hielt ihn fest, hielt ihn mit aller Gewalt fest und zwang ihn, es zu ertragen.

»Was?« sagte er tonlos. »Was sagst du da?«

»Das Ende war ganz friedlich«, sagte die leise Stimme. »Er hat einfach« – und Hammond sah sie ihre zarte Hand heben – »sein Leben ausgehaucht.« Und ihre Hand sank herab.

»Wer – war noch dabei?« gelang es Hammond zu fragen.

»Niemand. Ich war allein mit ihm.«

Großer Gott, was sagte sie da! Was tat sie ihm nur an! Es würde ihn umbringen! Und sie sprach immer weiter:

»Ich sah, wie sich sein Zustand veränderte, und schickte den Steward zum Arzt, aber der Arzt kam zu spät. Er hätte ohnehin nichts machen können.«

»Aber – warum *du*, warum *du*?« stöhnte Hammond.

Janey drehte sich mit einer raschen Bewegung um, forschte rasch in seinem Gesicht.

»Aber John, es macht dir doch nichts *aus*?« fragte sie. »Du bist doch nicht – Das hat schließlich nichts mit uns beiden zu tun.«

Irgendwie brachte er ein zittriges Lächeln zustande. Irgendwie stammelte er: »Nein – sprich – weiter, sprich weiter! Ich möchte, daß du es mir erzählst.«

»Aber John, Liebling –«

»Erzähl es mir, Janey!«

»Da gibt es nichts zu erzählen«, sagte sie verwundert. »Er war einer von den Passagieren der ersten Klasse. Ich sah, daß er sehr krank war, als er an Bord kam … Aber bis gestern schien es ihm schon so viel besser zu gehen. Gestern nachmittag hatte er dann einen schweren Anfall – es war wohl die Aufregung, die Nervosität wegen der Ankunft. Er hat sich nicht mehr davon erholt.«

»Aber warum hat nicht die Stewardess –«

»Nein, Schatz – die Stewardess!« sagte Janey. »Wie wäre ihm da zumute gewesen? Und außerdem … vielleicht hätte er eine Nachricht hinterlassen wollen … für –«

»Und hat er?« murmelte Hammond. »Hat er etwas gesagt?«

»Nein, Liebling, kein Wort!« Sie schüttelte leise den Kopf. »Die ganze Zeit, die ich bei ihm war, war er zu schwach … zu schwach, auch nur einen Finger zu rühren …«

Janey schwieg. Doch ihre Worte, so leicht, so sanft, so kühl, schienen in der Luft zu schweben und wie Schnee in seiner Brust niederzugehen.

Das Feuer verglühte rot. Nun fiel es mit einem jähen Geräusch in sich zusammen, und im Zimmer wurde es kühler. Kälte kroch ihm die Arme hinauf. Das Zimmer war riesig, grenzenlos, funkelnd. Es füllte seine ganze Welt aus. Da war das große leere Bett, mit dem darübergeworfenen Mantel, wie ein kopfloser Mann, der sein Nachtgebet sprach. Da war das Gepäck und wartete nur darauf, wieder fortgeschafft zu werden, irgendwohin, in einen Zug, auf ein Schiff.

... »Er war zu schwach. Zu schwach, auch nur einen Finger zu rühren.« Und doch war er in Janeys Armen gestorben. Sie – die nie – nie in all diesen Jahren – nie auch nur ein einziges Mal –

Nein; er durfte nicht daran denken. Der Gedanke daran war Wahnsinn. Nein, er wollte es sich nicht vorstellen. Er konnte es nicht ertragen. Es war zuviel!

Und jetzt strich Janey über seine Frackschleife. Sie kniff die Ränder der Schleife zusammen.

»Du bist doch nicht – böse, daß ich es dir erzählt habe, John, Schatz? Es hat dich doch nicht traurig gemacht? Es hat dir doch nicht unseren Abend verdorben – unser Alleinsein?«

Da mußte er sein Gesicht verbergen. Er vergrub es an ihrer Brust, und seine Arme umschlangen sie.

Ihren Abend verdorben! Ihr Alleinsein verdorben! Nie wieder wären sie zusammen allein.

BANKFEIERTAG

Ein dicker Mann mit rotem Gesicht trägt eine schmutzige weiße Flanellhose, einen blauen Rock mit rotem Einstecktuch und, auf seinem Hinterkopf, einen Strohhut, der ihm viel zu klein ist. Er spielt Gitarre. Ein kleiner Kerl in weißen Stoffschuhen, das Gesicht verborgen unter einem Filzhut, der wie ein gebrochener Flügel herunterhängt, bläst in eine Flöte; und ein langer, dürrer Kerl mit Knöpfstiefeln, die aus allen Nähten platzen, spinnt mit einer Fiedel Fäden – lange, gewundene, fließende Melodienfäden. Ohne zu lächeln, doch nicht ernst, stehen sie gegenüber vom Obstladen in der prallen Sonne; die hellrote Spinnenhand schlägt die Gitarre, die kleine plumpe mit dem Türkisring quält die widerstrebende Flöte, und der Arm des Fiedlers versucht, die Fiedel entzwei zu sägen.

Menschen versammeln sich, sie essen Apfelsinen und Bananen, schälen sie, teilen sie. Ein junges Mädchen hat sogar ein Körbchen Erdbeeren, aber sie ißt sie nicht. »Sind sie nicht *reizend!*« Sie starrt auf die kleinen, spitz zulaufenden Früchte, als machten sie ihr angst. Der australische Soldat lacht. »Nun mach schon, das ist doch bloß ein Haps.« Aber er möchte auch nicht, daß sie sie ißt. Ihm gefällt ihr kleines, erschrockenes Gesicht und wie sie ratlos zu ihm aufschaut: »Sind sie nicht *herrlich!*« Er drückt die Brust heraus und grinst. Dicke alte Frauen in Samttaillen – verstaubte alte Nadelkissen – hagere alte Hexen wie zerschlissene Regenschirme mit einer wackligen Haube obendrauf; junge Frauen in Musselinkleidern, auf hohen, spitzen Schuhen und mit Hüten, die auf Hecken gewachsen zu sein schienen; Männer in Khaki, Matrosen, schäbige Kontoristen, junge

Juden in feinen Tuchanzügen mit wattierten Schultern und weiten Hosen, Waisenknaben in Blau – die Sonne entdeckt sie –, die laute, dreiste Musik hält sie für einen Augenblick wie ein einziges großen Knäuel zusammen. Die Jungen albern herum, schubsen sich vom Bordstein und wieder hinauf, ducken sich und knuffen; die Alten schwatzen: »Und ich sach zu ihm, sach ich, wenn du den Dokter willst, dann hol ihn, sach ich.«

»Und als es endlich gar war, war nich' mehr übrig wie 'ne mickrige Handvoll!«

Die einzigen, die schweigen, sind die zerlumpten Kinder. Sie stehen so dicht bei den Musikanten, wie sie nur können, die Hände hinter dem Rücken, mit großen Augen. Hin und wieder hüpft ein Bein, schwingt ein Arm. Ein winziger Knirps dreht sich, ganz überwältigt, zweimal wankend um sich selbst, setzt sich feierlich hin und steht dann wieder auf.

»Ist das nicht schön?« flüstert ein kleines Mädchen hinter vorgehaltener Hand.

Und die Musik zerbricht in gleißende Stücke, fügt sich wieder zusammen, und bricht wieder auseinander, und löst sich auf, und die Menge zerstreut sich und zieht langsam den Hügel hinauf.

An der Straßenecke fangen die Buden an.

»Kitzelfedern! Zwei Pence das Stück! Wer will 'ne Kitzelfeder? Los, Jungs, kitzelt sie durch.« Kleine weiche Wedel an Drahtstielen. Sie werden eifrig von den Soldaten gekauft.

»Kauft einen Golliwog! Zwei Pence das Stück!«

»Kauft einen Springesel! Springlebendig!«

»*Erst*klassiger Kaugummi. Kauft Kaugummi, dann habt ihr was zu beißen, Jungs.«

»Kauft Rosen. Schenk ihr 'ne Rose, Junge. Rosen, die Dame?«

»Schmuckfedern! Schmuckfedern!« Man kann ihnen kaum widerstehen. Wundervolle, wehende Federn, smaragdgrün, purpurrot, himmelblau, kanariengelb. Selbst die Wickelkinder tragen Federn an ihren Häubchen.

Eine alte Frau in einem Dreispitz aus Papier ruft, als habe sie zum Abschied noch einen letzten Rat und nur so könne man sich retten oder ihn zur Räson bringen: »Kauf dir ’n Dreispitz, Schätzchen, und setz ihn auf!«

Es ist ein flatterhafter Tag, halb Sonne, halb Wind. Wenn die Sonne verschwindet, fliegt ein Schatten vorüber; wenn sie wiederkommt, ist sie sengend. Die Männer und Frauen spüren, wie sie ihnen auf Rücken, Brust und Armen brennt; sie spüren, wie ihre Glieder sich dehnen, zu neuem Leben erwachen … so daß sie schwungvolle Gesten vollführen, die Arme hochreißen, einfach so, sich auf ein Mädchen stürzen, in Gelächter ausbrechen.

Limonade! Ein ganzer Behälter davon steht auf einem mit einem Tuch bedeckten Tisch; und Zitronen plätschern wie platte Fische in der gelben Flüssigkeit. Sie sieht zäh aus in den dicken Gläsern, wie Gelee. Warum kann niemand sie trinken, ohne zu kleckern? Jeder verschüttet etwas, und bevor man das Glas zurückgibt, werden die letzten Tropfen in hohem Bogen hinausgeschleudert.

Rings um den Eiscremewagen mit der gestreiften Markise und dem blanken Messingdeckel drängen sich die Kinder. Kleine Zungen lecken, lecken rund um die Waffeln. Der Deckel wird abgehoben, der Holzlöffel taucht hinein; man schließt die Augen, um es zu spüren, leise knirschend.

»Diese Vögelchen verkünden Ihnen die Zukunft!« Sie steht neben dem Käfig, eine runzlige, alterslose Italienerin, und ringt die Krallenhände. Ihr Gesicht, ein Kleinod der zierlichsten Schnitzkunst, ist von einem grüngoldenen Tuch umrahmt. Und in ihrem Gefängnis flattern die Sittiche zu den Papierröllchen im Futternapf hin.

»Sie besitzen große Charakterstärke. Sie heiraten einen rothaarigen Mann und bekommen drei Kinder. Nehmen Sie sich vor einer blonden Frau in acht. Obacht! Obacht! Ein Automobil mit einem dicken Chauffeur am Steuer kommt den Hügel heruntergerast. Drinnen sitzt eine blonde Frau, schmollt, lehnt sich vor – rast durch Ihr Leben – hüten Sie sich vor ihr! Hüten Sie sich!«

»Meine Damen und Herren, ich bin Auktionar von Beruf, und wenn das, was ich Ihnen sage, nicht der Wahrheit entspricht, droht mir der Entzug meiner Lizenz und das Zuchthaus.« Er hält die Lizenz vor der Brust; der Schweiß rinnt ihm übers Gesicht und in den Papierkragen; sein Blick ist glasig. Als er den Hut abnimmt, sieht man auf seiner Stirn eine tiefe Kerbe im zornigen Fleisch. Niemand kauft eine Uhr.

Abermals Obacht! Ein großer Landauer kommt den Hügel herabgewankt, darin zwei greise Menschenkinder. Sie hält einen Sonnenschirm aus Spitze; er nuckelt am Knauf seines Spazierstocks, und die molligen alten Leiber purzeln gegeneinander, während die Wiege schaukelt, und der dampfende Gaul hinterläßt eine Mistspur, während er bergab trottet.

Unter einem Baum steht Professor Leonard in Barett und Talar neben seinem Reklamebanner. Er ist »Nur für einen Tag« von der Weltausstellung in London, Paris und Brüssel hierher gekommen, um den Menschen die Zukunft vom Gesicht abzulesen. Und er steht da und lächelt aufmunternd wie ein unbeholfener Zahnarzt. Wenn die erwachsenen Männer, die eben noch gelacht und geschrien haben, ihm ihre Sixpence aushändigen und vor ihm stehen, sind sie plötzlich ernst, stumm, schüchtern, erröten fast, während die flinke Hand des Professors die gedruckte Karte knipst. Sie sind wie kleine Kinder, die beim Spielen in einem fremden Garten von dem Eigentümer ertappt wurden, der hinter einem Baum stand.

Der Hügel ist erklommen. Wie heiß es ist! Wie schön es ist! Das Wirtshaus ist offen, und die Menge drängt hinein. Die Mutter sitzt mit ihrem Säugling auf dem Bordstein, und der Vater kommt heraus und bringt ihr ein Glas mit einer dunklen, braunen Flüssigkeit und stürzt sich wieder ins Gewühl. Biergestank dringt aus dem Wirtshaus und das laute Geschnatter der Stimmen.

Der Wind hat sich gelegt, und die Sonne brennt heißer denn je. Draußen vor den beiden Schwingtüren hockt ein dichter Pulk von Kindern, wie Fliegen am Deckel eines Bonbonglases.

Und die Menschen kommen den Hügel hinauf, kommen hinauf mit Kitzelwedeln und Golliwogs und Rosen und Federn. Kommen hinauf und drängen ins Licht und in die Wärme, rufend, lachend, kreischend, als würde irgend etwas weiter unten sie schieben, und als würde die Sonne in weiter Ferne sie ziehen – hinaufziehen in den vollen, strahlenden, blendenden Glanz, bis … wohin?

EINE IDEALE FAMILIE

Als er sich an jenem Abend durch die Drehtür schob und die drei breiten Stufen zum Trottoir hinunterging, hatte der alte Mr. Neave zum ersten Mal in seinem Leben das Gefühl, er sei zu alt für den Frühling. Die Frühling war da – warm, übermütig, ungeduldig – und wartete in dem goldenen Licht nur darauf, auf ihn loszustürmen, ihm vor aller Welt den Bart zu zausen, neckisch an seinem Arm zu ziehen. Aber er wollte nicht, nein; er wollte sich nicht schon wieder aufraffen und beschwingt ausschreiten wie ein junger Mann. Er war müde, und obwohl die Nachmittagssonne noch schien, fröstelte es ihn und sein Leib fühlte sich taub an. Ihm fehlte ganz plötzlich die Kraft und der Mut, sich diesem munteren Treiben, dieser Heiterkeit auszusetzen; sie verwirrte ihn. Er wollte stehenbleiben, sie mit seinem Stock wegscheuchen, ausrufen: »Mach, daß du wegkommst!« Auf einmal bedeutete es eine furchtbare Anstrengung, nur wie üblich zu grüßen – indem er mit dem Stock an den *wide-awake* tippte – all die Leute, die er kannte, Nachbarn, Freunde, Ladenbesitzer, Postboten, Droschkenfahrer. Aber den fröhlichen Blick, der die Geste begleitete, das freundliche Blinzeln, das zu sagen schien: »Mit euch nehme ich's noch allemal auf« – das brachte der alte Mr. Neave einfach nicht mehr zustande. Er stapfte dahin, hob die Knie, als sei die Luft auf irgendeine Weise schwer und fest wie Wasser geworden. Und die heimwärts strebende Menge eilte vorbei, die Trambahnwagen rasselten, die kleinen Karren klapperten, die großen, schwankenden Droschken schossen dahin mit einer unbekümmerten Rücksichtslosigkeit, wie man sie nur aus Träumen kennt …

Es war ein Tag wie jeder andere gewesen im Büro. Es war nichts Besonderes vorgefallen. Harold war erst gegen vier vom Mittagessen zurückgekommen. Wo war er gewesen? Was hatte er angestellt? Er wollte es seinem Vater nicht sagen. Der alte Mr. Neave war zufällig im Vestibül, wo er einen Besucher verabschiedete, als Harold hereinspaziert kam, geschniegelt wie immer, lässig, höflich, mit diesem eigentümlichen feinen Lächeln auf den Lippen, das Frauen so bezaubernd fanden.

Ach, Harold sah zu gut aus, viel zu gut; das war seit jeher das Problem. Kein Mann hatte ein Recht auf solche Augen, solche Wimpern, solche Lippen; es war geradezu unheimlich. Was seine Mutter, seine Schwestern und die Dienstboten betraf, so konnte man ohne Übertreibung sagen, daß sie ihn vergötterten; sie beteten Harold an, sie verziehen ihm alles; und zu verzeihen hatte es so einiges gegeben seit der Zeit, als er mit dreizehn die Geldbörse seiner Mutter gestohlen, das Geld herausgenommen und die Börse in der Schlafkammer der Köchin versteckt hatte. Der alte Mr. Neave schlug heftig mit dem Stock gegen die Bordsteinkante. Aber es war nicht nur die Familie, die Harold schrecklich verwöhnte, überlegte er; alle verwöhnten ihn; er mußte die Menschen nur ansehen und lächeln, und schon lagen sie ihm zu Füßen. Kein Wunder, daß er glaubte, im Büro würde das so weitergehen. Hm, hm! Aber das kam nicht in Frage. Eine Firma nahm man nicht auf die leichte Schulter – und auch nicht ein erfolgreiches, angesehenes, florierendes Unternehmen. Man setzte sich entweder mit Leib und Seele dafür ein, oder man konnte förmlich dabei zusehen, wie alles in die Brüche ging …

Und Charlotte und die Mädchen hörten nicht auf, ihm in den Ohren zu liegen, er solle Harold das Ganze übertragen, er solle sich zur Ruhe zu setzen und sein Leben genießen. Sein Leben genießen! Der alte Mr. Neave blieb unter einer

Gruppe uralter Kohlpalmen vor den Regierungsgebäuden abrupt stehen. Sein Leben genießen! Der Abendwind schüttelte die dunklen Blätter, und sie ließen ein heiseres Gackern hören. Zu Hause sitzen, Däumchen drehen und daran denken, daß sein Lebenswerk zerfiel, sich in seine Bestandteile auflöste, in Harolds zarten Fingern zerrann, während Harold sein Lächeln lächelte …

»Warum bist du nur so unvernünftig, Vater? Du hast es doch nicht mehr nötig, ins Büro zu gehen. Und für uns ist es sehr unangenehm, wenn die Leute ständig sagen, wie müde du aussiehst. Hier ist das große Haus, der große Garten. Du könntest bestimmt glücklich hier sein, wenn du – wenn du es zur Abwechslung einmal genießen würdest. Du könntest dir ein Hobby zulegen.«

Und Lola, das Nesthäkchen, hatte altklug eingeworfen: »Alle Männer sollten ein Hobby haben. Männer ohne Hobbys sind nicht auszuhalten.«

Ja, ja! Er mußte grimmig lächeln, als er sich den Hügel hinaufquälte, der zur Harcourt Avenue führte. Wo wären Lola und ihre Schwestern und Charlotte jetzt, wenn er seine Zeit mit Hobbys vertan hätte? Das wüßte er wirklich zu gern! Mit Hobbys finanzierte man nicht das Haus in der Stadt und den Bangalo am Meer und die Pferde und das Golfspielen und das Sechzig-Guineen-Grammophon im Musikzimmer, damit sie tanzen konnten. Nicht, daß er ihnen diese Dinge mißgönnte. Nein, es waren gescheite, ansehnliche Mädchen, und Charlotte war eine bemerkenswerte Frau; es stand ihnen zu, aus dem vollen zu schöpfen. Tatsächlich war kein anderes Haus in der Stadt so beliebt wie das ihre; keine andere Familie gab so viele Gesellschaften. Und in schöner Regelmäßigkeit hörte der alte Mr. Neaves, wenn er im Rauchzimmer die Zigarrenkiste über den Tisch schob, Lobeshymnen auf seine Frau, auf seine Töchter, ja, sogar auf sich selbst.

»Eine ideale Familie, Sir, eine ideale Familie. So etwas kennt man sonst nur aus Büchern oder von der Bühne.«

»Schon gut, mein Junge«, erwiderte der alte Mr. Neave dann. »Probieren Sie eine von diesen; ich denke, die werden Ihnen schmecken. Und wenn Sie im Garten rauchen möchten, werden Sie die Mädchen gewiß auf dem Rasen finden.«

Deshalb hatten die Mädchen auch nicht geheiratet, sagten die Leute. Sie hätten jeden haben können. Aber zu Hause gefiel es ihnen einfach zu gut. Sie waren zu glücklich miteinander, die Mädchen und Charlotte. Hm, hm! Ja, ja! Mochte wohl sein …

Inzwischen war er durch die vornehme Harcourt Avenue gekommen; er hatte das Eckhaus erreicht, ihr Haus. Das Tor stand offen; in der Auffahrt waren frische Räderspuren. Und dann ging er auf das große, weiß gestrichene Haus zu, mit den weit offenen Fenstern, deren Tüllgardinen nach draußen wehten, und den blauen Hyazinthentöpfen auf den breiten Fenstersimsen. Zu beiden Seiten der Auffahrt begannen die Hortensien zu blühen – ihre in der ganzen Stadt berühmten Hortensien; die rötlich bläulichen Blütendolden lagen wie Licht auf den üppigen Blättern. Und irgendwie schien es dem alten Mr. Neave, als sagten das Haus und die Blumen, und sogar die frischen Spuren in der Auffahrt: »Hier ist junges Leben zu Hause. Hier sind Mädchen –«

Die Diele war dämmrig wie immer, und die vielen Mäntel, Sonnenschirme und Handschuhe, die sich auf den Eichentruhen türmten, schienen sie noch mehr zu verdunkeln. Im Musikzimmer erklang das Klavier, schnell, laut und ungeduldig. Durch die angelehnte Salontür drangen Stimmen.

»Und gab es Eis?« ließ Charlotte sich vernehmen. Dann das Knarr-knarr ihres Schaukelstuhls.

»Eis!« rief Ethel. »Liebste Mutter, du hättest deinen Augen nicht getraut. Es gab nur zwei Sorten. Und das eine war gewöhnliches Erdbeereis aus dem Laden, in einer aufgeweichten Papierkrause.«

»Das Essen war überhaupt schauderhaft«, kam es von Marion.

»Nun, es ist auch noch reichlich früh für Eis«, sagte Charlotte leichthin.

»Aber wenn man schon welches auftischt, dann ...« begann Ethel.

»Ja, ja, Liebling«, sang Charlotte.

Plötzlich öffnete sich die Tür des Musikzimmers, und Lola kam herausgestürmt. Sie fuhr zusammen, schrie fast auf, als sie den alten Mr. Neave sah.

»Mein Güte, Vater! Hast du mir einen Schreck eingejagt! Bist du gerade heimgekommen? Warum ist Charles nicht da und nimmt dir den Mantel ab?«

Ihre Wangen glühten vom Klavierspielen, ihre Augen funkelten, das Haar fiel ihr in die Stirn; und sie atmete, als sei sie durch die Dunkelheit gerannt und fürchte sich. Der alte Mr. Neave starrte seine Jüngste an; als hätte er sie noch nie zuvor gesehen. Also das war Lola? Doch sie schien ihren Vater bereits vergessen zu haben; er war es nicht, auf den sie hier wartete. Jetzt nahm sie den Zipfel ihres zerknüllten Taschentuchs zwischen die Zähne und zupfte ärgerlich daran. Das Telephon läutete. A-ah! Lola stieß einen Schrei aus, der wie ein Schluchzen klang, und stürzte an ihm vorbei. Die Tür der Telephonkammer schlug zu, und im gleichen Moment rief Charlotte: »Bist du das, Vater?«

»Du bist wieder müde«, sagte Charlotte vorwurfsvoll, und sie hielt im Schaukeln inne und bot ihm ihre warme, pflaumenweiche Wange. Blondschopf Ethel gab ihm einen Schmatz auf den Bart; Marions Lippen streiften sein Ohr.

»Bist du zu Fuß gekommen, Vater?« fragte Charlotte.

»Ja, ich bin gelaufen«, sagte der alte Mr. Neave, und er sank in einen der großen Salonsessel.

»Warum hast du keine Droschke genommen?« fragte Ethel. »Um diese Zeit gibt es Hunderte von Droschken.«

»Meine liebe Ethel«, rief Marion, »wenn Vater sich gern überanstrengen will, dann sehe ich keinen Grund, warum wir uns einmischen sollten.«

»Kinder, Kinder!« mahnte Charlotte sanft.

Doch Marion ließ sich nicht beschwichtigen. »Nein, Mutter, du bist zu nachsichtig mit Vater, und das ist nicht gut. Du solltest strenger mit ihm sein. Er ist sehr unartig.« Sie lachte ihr hartes, helles Lachen und befühlte ihr Haar. Merkwürdig! Als kleines Mädchen hatte sie eine so zarte, scheue Stimme gehabt; sie hatte sogar gestottert, und jetzt klang alles, was sie sagte – und wenn es nur »Vater, die Marmelade bitte« war – so, als stünde sie auf der Bühne.

»Hat Harold vor dir das Büro verlassen, Lieber?« fragte Charlotte und fing wieder an zu schaukeln.

»Ich weiß nicht«, sagte der alte Mr. Neave. »Ich weiß nicht. Ich habe ihn nach vier Uhr nicht mehr gesehen.«

»Er hat gesagt –«, begann Charlotte.

Aber in diesem Moment kam Ethel, die in irgendeiner Zeitschrift geblättert hatte, zu ihrer Mutter gelaufen und sank neben ihrem Stuhl nieder.

»Da, siehst du«, rief sie. »Das meinte ich, Mami. Gelb mit ein bißchen Silber. Und, habe ich nicht recht?«

»Zeig einmal, Kindchen«, sagte Charlotte. Sie tastete nach ihrer Schildpattbrille und setzte sie auf, tippte mit ihren dicken kleinen Fingern vorsichtig auf die Seite und schürzte die Lippen. »Sehr süß!« säuselte sie gleichmütig; sie sah Ethel über den Rand der Brille an. »Aber die Schleppe würde ich weglassen.«

»Die Schleppe weglassen!« jammerte Ethel dramatisch. »Aber die Schleppe ist doch gerade der Pfiff.«

»Laß mich entscheiden, Mutter.« Marion schnappte Charlotte vergnügt die Zeitschrift weg. »Ich gebe Mutter recht«, rief sie triumphierend. »Die Schleppe ist übertrieben.«

Niemand beachtete den alten Mr. Neave, der tief in seinen Sessel gesunken war, vor sich hin döste und ihre Stimmen hörte wie in einem Traum. Keine Frage, er war erschöpft; er hatte die Dinge nicht mehr im Griff. Selbst Charlotte und die Mädchen waren ihm heute abend zu anstrengend. Sie waren zu … zu … Aber alles, was seinem müden Hirn noch einfallen wollte, war – zu *schwer* für ihn. Und irgendwo ganz im Hintergrund sah er ein kleines, verhutzeltes altes Männlein eine endlose Treppe hinaufsteigen. Wer war das?

»Ich ziehe mich heute abend nicht um«, murmelte er.

»Was sagst du, Vater?«

»Hä, was, was?« Der alte Mr. Neave schrak auf und sah sie an. »Ich ziehe mich heute abend nicht um«, wiederholte er.

»Aber Vater, Lucile kommt doch heute abend, und Henry Davenport, und Mrs. Teddie Walker.«

»Es wäre *wirklich* sehr unpassend.«

»Fühlst du dich nicht wohl, Lieber?«

»Du kannst dir doch helfen lassen. Wozu ist denn Charles da?«

»Aber wenn du dich wirklich nicht danach fühlst«, sagte Charlotte unschlüssig.

»Schon gut! Schon gut!« Der alte Mr. Neave stand auf und gesellte sich dem alten treppensteigenden Männlein zu, aber nur bis hinauf zu seinem Ankleidezimmer …

Dort wartete der junge Charles auf ihn. Vorsichtig, als hinge sein Leben davon ab, wickelte er ein Handtuch um den Krug mit heißem Wasser. Er hatte den jungen Charles von Anfang an in sein Herz geschlossen – seit er als kleiner rotbäckiger Bursche ins Haus gekommen war, um sich um die Feuerstellen zu kümmern. Der alte Mr. Neave ließ sich auf der Chaiselongue am Fenster nieder, streckte die Beine aus und machte seinen kleinen abendlichen Scherz: »Die Galauniform, Charles!« Und Charles beugte sich hörbar atmend und stirnrunzelnd über ihn, um die Nadel aus seiner Krawatte zu ziehen.

Hm, hm! Ja, ja! Es war angenehm am offenen Fenster, sehr angenehm – ein schöner, milder Abend. Unten auf dem Tennisplatz wurde der Rasen gemäht; er hörte das leise Surren des Mähers. Bald würde es wieder mit den Tennisgesellschaften der Mädchen losgehen. Und bei dem Gedanken glaubte er, Marions Stimme zu hören: »Gratuliere, Partner … Oh, nicht schlecht, Partner … Oh, *sehr* schön.« Dann Charlottes Stimme auf der Veranda: »Wo ist Harold?« Und Ethel: »Hier ist er jedenfalls nicht, Mutter.« Und Charlotte, zerstreut: »Er hat gesagt –«

Der alte Mr. Neave seufzte, stand auf, legte eine Hand unter den Bart, nahm den Kamm, den der junge Charles ihm reichte, und kämmte seinen weißen Bart sorgfältig durch. Charles gab ihm ein gefaltetes Taschentuch, Uhr und Siegel und das Brillenfutteral.

»Das wär's, mein Junge.« Die Tür schloß sich, er sank zurück, er war allein …

Und jetzt stieg das alte Männlein die endlose Treppe hinab, an deren Ende ein strahlendes, heiteres Eßzimmer wartete. Was für Beine er hatte! Spinnenbeine – dünn, verkümmert.

»Eine ideale Familie, Sir, eine ideale Familie.«

Aber wenn dem so war, warum hielten ihn Charlotte oder die Mädchen nicht auf? Warum ließ man ihn allein, während er sich treppauf und treppab mühte? Wo war Harold? Ach, es war sinnlos, von Harold irgend etwas zu erwarten. Immer weiter hinab lief der kleine alte Spinnenmann, und dann, zu seinem Entsetzen, sah der alte Mr. Neave, wie er am

Eßzimmer vorbeischlüpfte und zum Hauseingang schlich, zur dunklen Auffahrt, zum Tor, zum Büro. Haltet ihn auf! halt ihn doch irgendwer auf!

Der alte Mr. Neave schreckte hoch. Es war dunkel in seinem Ankleidezimmer; das Fenster schimmerte fahl. Wie lange hatte er geschlafen? Er horchte, und durch das große, luftige, verdunkelte Haus schwebten ferne Stimmen, Klänge. Vielleicht, dachte er undeutlich, hatte er sehr lange geschlafen. Man hatte ihn vergessen. Was hatte all das mit ihm zu tun – das Haus und Charlotte, die Mädchen und Harold – was wußte er von ihnen? Sie waren Fremde für ihn. Das Leben war über ihn hinweggegangen. Charlotte war nicht seine Frau. Seine Frau!

... Ein dunkler Hauseingang, halb verdeckt von den Ranken einer Passionsblume, die traurig und verzweifelt herabhing, als ob sie verstünde. Zarte, warme Arme lagen um seinen Hals. Ein Gesicht, klein und blaß, reckte sich zu ihm empor, und eine Stimme hauchte: »Lebwohl, mein Schatz.«

Mein Schatz! »Lebwohl, mein Schatz!« Wer von ihnen hatte gesprochen? Warum hatten sie sich Lebwohl gesagt? Es mußte sich um einen schrecklichen Irrtum handeln. *Sie* war seine Frau, dieses kleine blasse Mädchen, und sein ganzes übriges Leben war ein Traum gewesen.

Dann ging die Tür auf, und der junge Charles stand im Licht, die Hände an der Hosennaht, und rief wie ein junger Soldat: »Das Essen steht auf dem Tisch, Sir!«

»Ich komme, ich komme«, sagte der alte Mr. Neave.

DIE KAMMERZOFE

Elf Uhr. Es klopft an der Tür.

... Ich hoffe, ich hab' Sie nicht gestört, Madam. Sie haben doch noch nicht geschlafen – oder? Aber ich hab' eben meiner Gnädigen den Tee gebracht, und es war noch ein schönes Täßchen übrig, und da dachte ich, vielleicht ...

... Keine Ursache, Madam. Tee mache ich immer als letztes. Sie trinkt ihn im Bett, nach dem Beten, um sich aufzuwärmen. Ich setz' den Kessel auf, wenn sie niederkniet, und sag' zu ihm: »Also, *du* brauchst dich mit deinem Gebet *nicht* beeilen.« Aber er kocht immer schon, bevor meine Gnädige halb fertig ist. Sehen Sie, Madam, wir kennen so viele Leute, und für alle muß gebetet werden – für jeden einzelnen. Meine Gnädige hat eine Liste mit Namen in einem kleinen roten Heft stehen. O je! immer, wenn jemand neu bei uns zu Besuch war, sagt meine Gnädige: »Ellen, gib mir mein kleines rotes Heft.« Oh, ich könnte rasend werden. »Wieder einer«, sage ich mir, »der sie davon abhält, ins Bett zu kommen, bei jedem Wetter.« Und sie will nicht mal ein Kissen nehmen, wissen Sie; sie kniet auf dem harten Teppich. Es macht mich ganz fuchsig, sie so zu sehen, wo ich sie doch so gut kenne. Ich hab' versucht, sie zu überlisten; ich hab' die Daunendecke ausgebreitet. Aber gleich beim ersten Mal – oh, da hat sie mir solch einen Blick zugeworfen – der war geradezu heilig, Madam. »Hat unser Herr Jesus eine Daunendecke gehabt, Ellen?« hat sie gesagt. Aber – ich war damals noch jünger – ich hätte am liebsten gesagt: »Nein, aber unser Herr war nicht in Ihrem Alter, und er hat auch nicht gewußt, was Hexenschuß ist.« Bös', nicht wahr? Aber sie ist einfach *zu* gut, Madam. Als ich sie eben zu

Bett gebracht hab' und sie so gesehen hab' – wie sie so daliegt, die Hände draußen und den Kopf auf dem Kissen – so hübsch – da hab' ich denken müssen: »Jetzt sehen Sie genau wie Ihre liebe Frau Mutter aus, als ich sie aufgebahrt hab'!«

… Ja, Madam, es blieb alles an mir hängen. Oh, sie sah allerliebst aus. Ich hab' ihr das Haar gemacht, um die Stirn so weich gewellt, mit kleinen Löckchen, und auf die eine Seite vom Hals hab' ich ihr ein hübsches kleines Sträußchen lila Stiefmütterchen gelegt. Mit den Stiefmütterchen sah sie aus wie gemalt! Ich werd's nie vergessen. Und heute abend, als ich meine Gnädige so angesehen hab', hab' ich gedacht: »Also, wenn jetzt die Stiefmütterchen da wären, würd' man gar keinen Unterschied sehen.«

… Erst das letzte Jahr, Madam. Erst, als sie ein bißchen – na ja – wunderlich geworden war, könnte man sagen. Natürlich war sie nie gefärlich; sie war eine ganz reizende alte Dame. Aber bei ihr war es so: sie dachte, sie hätte etwas vergessen. Sie konnte nicht still sitzen, sie fand einfach keine Ruhe. Den ganzen Tag ging's hin und her, immerzu, hin und her; man lief ihr überall über den Weg – auf der Treppe, im Eingang, in der Küche. Und immer hat sie zu einem hochgesehen und gesagt – wie ein Kind: »Ich habe es verloren; ich habe es verloren.« – »Kommen Sie«, hab' ich dann gesagt, »kommen Sie, ich leg' Ihnen Ihre Patience.« Aber sie hat mich bei der Hand gefaßt – mich mochte sie immer besonders – und hat geflüstert: »Sie müssen es finden, Ellen. Sie müssen es finden.« Traurig, nicht?

… Nein, sie hat sich nicht mehr erholt, Madam. Am Ende hat sie einen Schlaganfall gehabt. Ihr letzten Worte waren – ganz langsam: »Sehen Sie – in den –, sehen Sie – in den –« Und dann war sie dahin.

… Nein, Madam, nicht daß ich es bemerkt hätte. Andere Mädchen vielleicht. Aber sehen Sie, es ist so, ich hab' ja niemand sonst als meine Gnädige. Meine Mutter ist an der Schwindsucht gestorben, als ich vier war, und ich hab' bei meinem Großvater gelebt, der einen Friseursalon hatte. Ich hab' die meiste Zeit im Laden unter einem Tisch gesessen und hab' meine Puppe frisiert – wollte es machen wie die Gehilfen, nehme ich an. Sie waren immer so nett zu mir. Haben mir kleine Perücken gemacht, in allen Farben und nach der neuesten Mode. Und da hab' ich den ganzen Tag gesessen, mucksmäuschenstill – und die Kunden haben gar nichts gemerkt. Nur ab und zu hab' ich unter der Tischdecke rausgelugt.

… Aber eines Tages hab' ich eine Schere zu fassen gekriegt, und – ob Sie's glauben oder nicht, Madam – ich hab' mir das ganze Haar abgeschnitten; in lauter kleinen Schnipseln, so ein dummer Aff' war ich. Großvater war *wütend!* Er hat die Brennschere genommen – ich werd's nie vergessen – hat mich bei der Hand gepackt und meine Finger reingeklemmt. »Das wird dich Mores lehren!« hat er gesagt. Es war eine schreckliche Brandwunde. Die Narbe hab' ich heute noch.

… Na ja, Madam, er war nun einmal so stolz auf mein Haar. Er hat mich oft auf den Ladentisch gesetzt, bevor die Kunden kamen, und hat es schön frisiert – große, weiche Locken, und oben gewellt. Ich weiß noch, wie die Gehilfen immer drum herum standen, und ich ganz feierlich mit dem Penny in der Hand, den Großvater mir gegeben hatte, während ich das Haar gemacht bekam … Aber hinterher hat er mir den Penny wieder weggenommen. Armer Großvater! Getobt hat er vor Wut, weil ich aus mir so eine Vogelscheuche gemacht hatte. Er hat mir damals richtig Angst gemacht. Wissen Sie, was ich gemacht hab', Madam? Ich bin weggelaufen. Jawohl, in eine Straße nach den andern, rein und raus, ich weiß nicht, wie weit ich gerannt bin. O je, ich muß schlimm ausgesehen haben, die Hand in der Schürze eingewickelt und das Haar, das nach allen Seiten abstand. Die Leute haben sicher gelacht, als sie mich sahen …

… Nein, Madam, Großvater hat es nie verwunden. Danach konnte er meinen Anblick nicht mehr ertragen. Konnte nicht mal essen, wenn ich da war. Na, dann hat meine Tante mich aufgenommen. Sie war verkrüppelt, Polsterin von Beruf. Winzig klein! Sie mußte auf dem Sofa stehen, wenn sie die Rückenlehne beziehen wollte. Ich hab' ihr geholfen, und dabei hab' ich dann meine Gnädige getroffen …

… Nicht so sehr, Madam. Ich war gerade dreizehn. Und ich entsinn' mich nicht, daß ich mich jemals – na ja, wie ein Kind gefühlt hab', sozusagen. Sehen Sie, ich hatte eine Uniform. Nicht wahr, meine Gnädige hat mich sofort in Kragen und Manschetten gesteckt. O ja – einmal doch! Das war – komisch! Das war so. Meine Gnädige hatte ihre beiden kleinen Nichten zu Besuch – wir waren damals in Sheldon – und auf der Gemeindewiese war Jahrmarkt.

»Also, Ellen«, hat sie gesagt, »ich möchte, daß Sie die beiden jungen Damen zum Eselreiten mitnehmen.« Und los ging's; es waren zwei so ernsthafte kleine Püppchen; jede an einer Hand. Aber als wir zu den Eseln kommen, trauen sie sich nicht aufzusteigen. Also haben wir da gestanden und zugeschaut. Die Esel waren einfach wunderschön! Noch nie hatte ich welche ohne Karren gesehen – nur zum Vergnügen, sozusagen. Sie waren silbergrau, hatten kleine rote Sättel und blaue Zügel und bimmelnde Glöckchen an den Ohren. Und sogar große Mädchen, älter als ich, sind auf ihnen geritten und haben gelacht. Nicht einfach so, das meine ich nicht, Madam, sie waren nur glücklich. Und ich weiß nicht, was es war, aber die Art, wie die kleinen Hufe trabten – und die Augen – so sanft – und die weichen Ohren – ich wollte jedenfalls auf einmal auch auf so einem Esel reiten, mehr als alles auf der Welt!

… Natürlich ging das nicht. Ich hatte ja meine jungen Damen mit. Und wie hätte ich da oben wohl ausgesehen, in meiner Uniform? Aber für den Rest des Tages hatte ich nur noch Esel, Esel, Esel im Kopf. Ich dachte, ich müßt' platzen, wenn ich's nicht jemanden sage; und wem konnte ich's denn sagen? Aber als ich zu Bett ging – ich hab' in Mrs. James' Kammer geschlafen, das war unsere Köchin damals – da waren meine Esel wieder da, sobald das Licht aus war, sind sie in meinem Kopf herumgetrottet mit ihren bimmelnden Glöckchen und ihren niedlichen Füßen und den traurigen Augen … Und jetzt stellen Sie sich vor, Madam, ich hab' lange gewartet und mich schlafend gestellt, und dann hab' ich mich auf einmal aufgesetzt und so laut gerufen, wie ich konnte: »*Ich will auf einem Esel reiten. Ich will Esel reiten gehen!*« Nicht wahr, ich mußte es doch sagen, und ich dachte, sie würden mich nicht auslachen, wenn sie denken, daß ich bloß träume. Schlau, nicht wahr? Was man sich als Kind eben so ausdenkt …

… Nein, Madam, jetzt nicht mehr. Natürlich hab' ich mal dran gedacht. Aber es hat nicht sollen sein. Er hatte einen kleinen Blumenladen schräg gegenüber in unserer Straße. Komisch – nicht! Wo ich doch so für Blumen schwärme. Wir hatten damals viel Besuch, und ich war alle Naselang im Blumenladen, nicht wahr. Und Harry und ich (er hieß Harry) haben immer gestritten, wie man die Sträuße zusammenstellt – und so hat es angefangen. Blumen! Sie glauben ja nicht, Madam, was er mir für Blumen gebracht hat. Nur vom Feinsten. Maiglöckchen, mehr als einmal, ich übertreibe nicht! Und natürlich wollten wir heiraten und über dem Laden wohnen, es sollte alles seine Ordnung haben, und ich sollte dann immer das Schaufenster dekorieren … Ach, wie oft hab' ich samstags das Fenster hergerichtet! Nicht in Wirklichkeit, natürlich, nur im Traum, sozusagen. Auch zu Weihnachten – »Frohe Weihnachten« aus Stechpalmen, und so weiter – und zu Ostern Weiße Lilien mit einem prächtigen Stern aus Osterglocken in der Mitte. Ich hab' auch ... na, genug davon. Dann kam der Tag, wo er mich abholen sollte, um die Möbel auszusuchen. Ich werd's nie vergessen! Es war ein Dienstag. Meine Gnädige hatte sich an dem Nachmittag nicht so recht wohlgefühlt. Nicht, daß sie was gesagt hätte, natürlich; das tut sie nie. Aber ich hab' es an der Art gemerkt, wie sie sich das Tuch umgeschlagen hat und mich gefragt, ob es kalt wär' – und ihre kleine Nase sah so ... spitzig aus. Ich mochte sie nicht allein lassen; ich hab' gewußt, ich würd' mir die ganze Zeit Sorgen machen. Schließlich hab' ich sie gefragt, ob es ihr lieber wär', wenn ich's verschiebe. »O nein, Ellen«, hat sie gesagt, »Sie dürfen keine Rücksicht auf mich nehmen. Sie dürfen den jungen Mann doch nicht enttäuschen.« Und dabei so frohgemut, wissen Sie, sie hat ja nie an sich selbst gedacht, nicht wahr. Da war mir gleich noch elender zumut. Ich hab' angefangen zu überlegen ... und da ist ihr Taschentuch runtergefallen und sie wollte sich schon bücken, um es aufzuheben – so etwas hatte sie noch nie gemacht. »Was tun Sie denn da!« rief ich und bin hingelaufen, um sie dran zu hindern. »Na ja«, hat sie gesagt, lächelnd, nicht wahr – »ich muß mich ja allmählich daran gewöhnen.« Oh, was mußte ich mich zusammenreißen, um nicht in Tränen auszubrechen. Ich bin rüber zum Frisiertisch gegangen und hab' so getan, als würde ich das Silber polieren, und ich konnte nicht anders, ich mußte sie einfach fragen, ob es ihr lieber wär', wenn ich ... nicht heirate. »Nein, Ellen«, hat sie gesagt – genau in diesem Ton, Madam: »Nein, Ellen, nicht um *alles in der Welt!«* Aber wie sie das sagt, Madam – ich hab's im Spiegel gesehen; natürlich wußte sie nicht, daß ich sie sehen konnte – da hat sie ihre kleine Hand aufs Herz gelegt, genau wie ihre gute Mutter es immer getan hatte, und hat den Blick gehoben ... Oh, *Madam!*

Als Harry kam, hatte ich seine Briefe schon parat, und den Ring und die süße kleine Brosche, die er mir geschenkt hat – ein silberner Vogel war es, mit einer Kette im Schnabel, und an der Kette ein Herz mit einem Dolch. Ganz was Exquisites! Ich hab' ihm die Tür aufgemacht. Ich hab' ihn gar nicht erst zu Wort kommen lassen. »Hier, bitte«, hab' ich gesagt. »Nimm alles zurück«, hab' ich gesagt, »es ist aus. Ich werd' dich nicht heiraten«, hab' ich gesagt, »ich kann meine Gnädige nicht verlassen.« Weiß! er wurde weiß wie eine Frau. Ich mußte die Tür zuschlagen, und da stand ich, hab' am ganzen Leibe gezittert, bis ich wußte, daß er gegangen war. Als ich die Tür wieder aufgemacht hab' – ob Sie's glauben oder nicht, Madam – da war der Mann *verschwunden!* Ich bin auf die Straße rausgerannt, wie ich war, in Schürze und Hausschuhen, und stand so da, mitten auf der Straße ... und hab' vor mich hin gestarrt. Die Leute haben sicher gelacht, als sie mich so gesehen haben ...

... Du meine Güte! – Was ist das? Da schlägt schon die Uhr! Und ich hab' Sie hier wach gehalten. Oh, Madam, Sie hätten mich nicht schwatzen lassen sollen ... Soll ich Ihnen die Decke um die Füße schlagen? Das mach' ich immer bei meiner Gnädigen, jeden Abend, genau so. Und sie sagt: »Gute Nacht, Ellen. Schlaf gut und wach zeitig auf!« Ich weiß nicht, was ich tun würde, wenn sie das mal nicht mehr sagt.

... Ach Gott, manchmal denk' ich ... was soll ich bloß machen, wenn ihr etwas ... Aber wozu sich Gedanken machen – nicht wahr, Madam? Grübeln führt zu nichts. Nicht, daß ich's oft tue. Und wenn, dann reiß' ich mich am Riemen: »Na, na, Ellen. Grübelst du schon wieder– du dummes Ding! Hast du nichts Besseres zu tun ...!«

[illegible]

[illegible]

[illegible]

[illegible]

DAS TAUBENNEST

Deutsch von Heiko Arntz

Für Walter de la Mare

DAS PUPPENHAUS

Als die gute alte Mrs. Hay von ihrem Aufenthalt bei den Burnells in die Stadt zurückkehrte, schickte sie den Kindern ein Puppenhaus. Es war so groß, daß der Fuhrmann und Pat es in den Hof trugen, und dort blieb es stehen, auf zwei Holzkisten neben der Tür zur Speisekammer. Es konnte ihm nichts passieren; es war Sommer. Und vielleicht würde sich auch der Geruch verlieren, bis es an der Zeit war, es hereinzuholen. Denn der Geruch nach Farbe, den das Puppenhaus verströmte (»Sehr freundlich natürlich von Mrs. Hay; und wie großzügig!«) – also, der Geruch nach Farbe war wirklich mehr als unerträglich, nach Ansicht von Tante Beryl. Noch als es in seiner Verpackung steckte. Und dann erst, als die Sackleinwand herunter war …

Da stand es, das Puppenhaus, spinatgrün, dunkel und ölig, mit knallgelben Verzierungen. Seine beiden massiven, aufs Dach geklebten kleinen Schornsteine waren rot und weiß angemalt, und die gelb gestrichene Tür glänzte wie ein Karamelbonbon. Vier Fenster, richtige Fenster, waren durch einen breiten grünen Strich in Scheiben unterteilt. Es gab sogar eine winzige Veranda, auch sie gelb angemalt, mit großen Nasen getrockneter Farbe am Rand.

Was für ein makelloses kleines Häuschen! Wer wollte sich da am Geruch stören. Er war Teil der Freude, Teil des Neuen.

»Na los, macht es doch auf!«

Der Haken an der Seite klemmte. Pat hebelte ihn mit seinem Federmesser auf, und die ganze Hausfront öffnete sich, und plötzlich – konnte man gleichzeitig in den Salon, das Eßzimmer, die Küche und zwei Schlafzimmer sehen. So sollten sich alle Häuser öffnen lassen! Warum gehen nicht alle Häuser so auf? Es war viel aufregender als durch einen Türspalt in einen armseligen kleinen Flur mit Garderobenständer und zwei Schirmen zu spähen! Das will man schließlich über ein Haus wissen – oder etwa nicht? – wenn man den Türklopfer betätigt. Vielleicht öffnet der liebe Gott so die Häuser, wenn er in tiefer Nacht mit einem Engel still seine Runde dreht …

»Oh-oh!« Es klang, als wären die Burnell-Kinder verzweifelt. Es war zu wunderbar; es war zu viel für sie. Nie zuvor hatten sie etwas Derartiges gesehen. Alle Zimmer waren tapeziert. An den Wänden Bilder; sie waren auf die Tapeten gemalt, komplett mit goldenen Rahmen. Roter Teppich bedeckte alle Fußböden, außer in der Küche; rote Plüschsessel im Salon, grüne im Eßzimmer, Tische, Betten mit richtigem Bettzeug, eine Wiege, ein Ofen, ein Küchenbüffet mit winzigen Tellerchen und einem großen Krug. Was Kezia jedoch am besten gefiel, was sie über alles liebte, das war die Lampe. Sie stand auf dem Eßzimmertisch, eine zierliche kleine, bernsteinfarbene Lampe mit einem weißen runden Schirm. Sie war sogar bereits gefüllt, um angezündet zu werden, aber natürlich konnte man sie nicht anzünden. Aber im Innern war etwas, das aussah wie Öl und sich bewegte, wenn man sie schüttelte.

Der Puppenvater und die Puppenmutter, die steif hingestreckt im Salon lagen, als seien sie in Ohnmacht gefallen, und die Kinder, die oben schliefen, waren eigentlich zu groß für das Puppenhaus. Sie sahen aus, als gehörten sie nicht hierher. Aber die Lampe war wunderschön. Sie schien Kezia anzulächeln und zu sagen: »Ich wohne hier.« Die Lampe war echt.

Am nächsten Morgen konnten die Burnell-Kinder gar nicht schnell genug zur Schule kommen. Sie brannten darauf, von dem Puppenhaus zu erzählen, ehe die Schulglocke läutete, es zu beschreiben, zu – zu prahlen damit, o ja.

»Ich darf erzählen«, sagte Isabel, »weil ich die Älteste bin. Und ihr beiden dürft danach. Aber ich zuerst.«

Darauf ließ sich nichts erwidern. Isabel war immer die Anführerin, und sie hatte immer recht, aber Lottie und Kezia wußten nur zu gut, welche Vorrechte der Ältesten zukamen. Sie streiften durch die dichten Butterblumen am Straßenrand und sagten nichts.

»Und ich soll aussuchen, wer als erstes kommen darf, um es anzusehen. Hat Mutter gesagt.«

Denn es war so ausgemacht, daß sie, solange das Puppenhaus im Hof stand, Kinder aus der Schule einladen durften, um es sich anzusehen, zwei zur Zeit. Nicht zum Tee, versteht sich; auf keinen Fall sollten sie durchs Haus trampeln. Sondern schön im Hof bleiben, während Isabel ihnen all die Herrlichkeiten zeigte und Lottie und Kezia glückliche Mienen machten …

Aber so schnell sie auch gingen, als sie den geteerten Zaun des Pausenhofs der Jungen erreichten, begann bereits die Glocke zu schrillen. Sie hatten gerade noch Zeit, sich die Hüte herunterzureißen und sich aufzustellen, bevor die Namen verlesen wurden. Einerlei. Isabel versuchte es wettzumachen, indem sie sehr wichtig und geheimnisvoll tat und den Mädchen in ihrer Nähe hinter vorgehaltener Hand zuflüsterte: »Muß euch in der Pause was erzählen.«

Die Pause kam und Isabel war umringt. Die Mädchen aus ihrer Klasse schlugen sich beinahe darum, einen Arm um sie legen zu dürfen, neben ihr zu gehen, sie schmeichlerisch anzustrahlen, ihre beste Freundin zu sein. Unter den hohen Kiefern hielt sie förmlich Hof. Die kleinen Mädchen drängten sich eng zusammen, schupsten sich und kicherten. Nur zwei Kinder standen außerhalb des Kreises, aber sie standen immer außerhalb: die kleinen Kelveys. Sie hüteten sich, auch nur in die Nähe der Burnells zu kommen.

Denn es war nun einmal so: Die Schule, welche die Burnell-Kinder besuchten, war von einer Art, die ihre Eltern gewiß nicht für sie ausgewählt hätten – hätten sie denn eine Wahl gehabt. Aber sie hatten keine Wahl. Es war die einzige Schule weit und breit. Und die Folge war, daß sämtliche Kinder der Nachbarschaft, die Töchter des Richters, die Tochter des Arztes, die Kinder des Kaufmanns und des Milchmanns, zusammen in eine Klasse gesteckt wurden. Ganz abgesehen davon, daß es auch noch eine Horde ungehobelter, dreister kleiner Jungen gab. Aber irgendwo mußte man eine Grenze ziehen. Sie wurde bei den Kelveys gezogen. Viele Kinder durften mit ihnen nicht einmal sprechen, so auch die Burnells. Sie gingen hocherhobenen Hauptes an ihnen vorbei, und da sie in allen Dingen tonangebend waren, wurden die Kelveys von allen gemieden. Sogar die Lehrerin hatte eine besondere Stimme für sie, und ein besonderes Lächeln für die anderen Kinder, wenn Lil Kelvey mit einem Strauß furchtbar gewöhnlich aussehender Blumen zu ihr ans Pult trat.

Sie waren die Töchter einer emsigen Waschfrau, die tageweise von Haus zu Haus ging. Das war schon schlimm genug. Aber wo war Mr. Kelvey? Niemand wußte es mit Sicherheit. Aber es hieß, er sei im Gefängnis. Sie waren also die Töchter einer Waschfrau und eines Zuchthäuslers. Hübscher Umgang für anderer Leute Kinder! Und sie sahen auch so aus. Warum Mrs. Kelvey es nicht geschickter anstellte, war nicht zu begreifen. Die Wahrheit war, daß sie »Lumpen« trugen, die Mrs. Kelvey von den Leuten bekommen hatte, bei denen sie arbeitete. Lil zum Beispiel, ein derbes, dickliches Kind mit großen Sommersprossen, trug in der Schule ein Kleid, das aus einer grünen kunstseidenen Tischdecke der Burnells geschneidert war, mit roten Plüschärmeln aus den Vorhängen der Logans. Der Hut, der auf ihrer hohen Stirn prangte, war ein Frauenhut und hatte einst Miss Lecky gehört, der Postmeisterin. Er war hinten hochgeschlagen und mit einer großen, scharlachroten Feder verziert. Wie eine Vogelscheuche sah sie aus! Es war unmöglich, nicht über sie zu lachen. Und ihre kleine Schwester, unsere Else, trug ein langes weißes Kleid wie ein Nachthemd und ein Paar Jungenstiefel. Aber sie hätte anziehen können, was sie wollte, unsere Else hätte immer eine komische Figur abgegeben. Sie war ein zerbrechliches kleines Ding mit kurzen Haaren und großen, ernsten Augen – wie eine Eule. Niemand hatte sie je lachen sehen; auch sprach sie kaum. Sie ging durchs Leben, indem sie sich – einen zerknüllten Rockzipfel in der Hand – an Lil festhielt. Wohin Lil auch ging – unsere Else folgte. Auf dem Schulhof, auf der Straße, auf dem Weg zur Schule und wieder nach Hause, immer ging Lil voraus und Else hintendrein. Nur wenn sie etwas wollte, oder wenn sie außer Atem war, zuckte und ruckte unsere Else kurz am Zipfel, und Lil hielt an und drehte sich um. Die Kelveys stritten nie miteinander.

Jetzt lungerten sie ein paar Schritte weiter entfernt herum; man konnte sie nicht daran hindern, zuzuhören. Als die kleinen Mädchen sich verächtlich lachend nach ihnen umdrehten, setzte Lil wie gewöhnlich ihr verschämtes Grinsen auf, doch unsere Else machte nur große Augen.

Und Isabel fuhr sehr stolz zu erzählen fort. Der Teppich machte großen Eindruck, aber ebenso die Betten mit dem richtigen Bettzeug und der Kochherd mit der Ofentür.

Als sie fertig war, platzte Kezia heraus: »Du hast die Lampe vergessen, Isabel.«

»Ach ja«, sagte Isabel, »und es gibt eine winzige kleine Lampe, ganz aus gelbem Glas, mit einem weißen, runden

Lampenschirm; die steht auf dem Tisch im Eßzimmer. Sie gleicht aufs Haar einer echten Lampe.«

»Die Lampe ist das Schönste vom Ganzen«, rief Kezia. Sie fand, Isabel habe die Lampe nicht angemessen gewürdigt. Aber niemand beachtete sie. Isabel wählte zwei Mädchen aus, die am Nachmittag mit ihnen kommen durften, um es sich anzusehen. Sie wählte Emmie Cole und Lena Logan aus. Doch als die anderen erfuhren, daß sie alle an die Reihe kommen sollten, konnten sie gar nicht nett genug zu Isabel sein. Eine nach der anderen legten sie ihren Arm um sie und zogen sie mit sich fort. Sie mußten ihr etwas ins Ohr flüstern, ein Geheimnis. »Isabel ist meine Freundin.«

Nur die kleinen Kelveys entfernten sich unbemerkt; es gab für sie nichts mehr zu hören.

Die Tage vergingen, und je mehr Kinder das Puppenhaus sahen, desto größer wurde sein Ruhm. Es wurde Thema Nummer eins, die Sensation. Die alles entscheidende Frage lautete: »Hast du Burnells Puppenhaus gesehen? Ist es nicht wunderschön?« – »Was, du hast es noch nicht gesehen? Also wirklich!«

Selbst die Mittagspause wurde geopfert, um darüber zu reden. Die kleinen Mädchen saßen unter den Kiefern und aßen ihre mit Hammelfleisch belegten Brote und die mit Butter bestrichenen Weizenkuchen. Und immer saßen, so nah wie nur möglich, die Kelveys bei ihnen, unsere Else hielt sich an Lil fest und lauschte, während sie Marmeladenbrote aus einem Stück Zeitungspapier aßen, das ganz aufgeweicht war von den roten Klecksen.

»Mutter«, sagte Kezia, »kann ich die Kelveys wenigstens einmal einladen?«

»Natürlich nicht, Kezia.«

»Aber warum nicht?«

»Hör auf, Kezia; du weißt ganz genau, warum.«

Schließlich hatten es alle gesehen, bis auf die Kelveys. An diesem Tag erlahmte das Interesse deutlich. Es war während der Mittagspause. Die Kinder standen zusammen unter den Kiefern, und plötzlich, als sie zu den Kelveys sahen, die aus ihrer ZEITUNG aßen, wie immer abseits stehend und lauschend, hatten sie Lust, gemein zu ihnen zu sein. Emmie Cole begann zu tuscheln.

»Lil Kelvey wird später Dienstmagd.«

»O-oh, wie schrecklich!« sagte Isabel Burnell und warf Emmie einen entsetzten Blick zu.

Emmie schluckte sehr bedeutungsvoll und nickte Isabel zu, wie sie es ihre Mutter bei ähnlichen Gelegenheiten hatte tun sehen.

»Jaa-jaa«, sagte sie.

Dann zwinkerte Lena Logan mit ihren kleinen Augen. »Soll ich sie fragen?«

»Machst du ja doch nicht«, sagte Jessie May.

»Pah, ich habe keine Angst«, sagte Lena. Plötzlich ließ sie ein leises Juchzen hören und tänzelte vor den anderen Mädchen herum. »Paßt auf! Paßt gut auf!« sagte Lena. Und stolpernd und taumelnd, hinter vorgehaltener Hand kichernd, näherte sich Lena den Kelveys.

Lil sah von ihrem Pausenbrot auf. Sie wickelte den Rest eilig ein. Unsere Else hielt im Kauen inne. Was ging da vor sich?

»Stimmt es, daß du später einmal Dienstmagd wirst, Lil Kelvey?« rief Lena laut.

Totenstille. Doch statt zu antworten, setzte Lil nur ihr verschämtes Grinsen auf. Was für ein Reinfall für Lena! Die Mädchen fingen an zu kichern.

Das war zu viel für Lena. Sie stützte die Hände in die Hüften; sie beugte sich heftig vor. »Ja, euer Vater sitzt nämlich im Kittchen!« fauchte sie gehässig.

Das zu sagen, war nun eine solche Ungeheuerlichkeit,

daß die Mädchen im selben Moment geschlossen die Flucht ergriffen, furchtbar aufgeregt und schier verrückt vor Freude. Irgendwer fand ein langes Seil, und sie spielten Seilspringen. Und nie waren sie höher gesprungen, nie waren sie schneller hinein- und hinausgelaufen, nie waren sie wagemutiger gewesen als an diesem Vormittag.

Am Nachmittag holte Pat die Burnell-Kinder mit dem Einspänner ab und fuhr sie heim. Sie hatten Besuch. Isabel und Lottie, die Besuch liebten, gingen nach oben, um die Schürzen zu wechseln. Aber Kezia stahl sich zur Hintertür hinaus. Es war niemand zu sehen; sie begann, auf dem großen weißen Hoftor hin- und herzuschwingen. Als sie über die Straße blickte, sah sie zwei kleine Punkte. Sie wurden größer, sie kamen auf sie zu. Jetzt sah sie, daß der eine Punkt weiter vorn war, der andere weiter hinten. Jetzt erkannte sie die Kelveys. Kezia hörte auf zu schwingen. Sie glitt vom Tor hinunter, als wollte sie davonlaufen. Doch sie zögerte. Die Kelveys kamen näher, und neben ihnen her liefen ihre langgezogenen Schatten, quer über die Straße dehnten sie sich, die Köpfe in den Butterblumen. Kezia kletterte wieder aufs Tor; sie schwang von neuem.

»Hallo«, rief sie den vorübergehenden Kelveys zu.

Sie waren so verdutzt, daß sie stehenblieben. Lil setzte ihr verschämtes Grinsen auf. Unsere Else machte große Augen.

»Wenn ihr wollt, könnt ihr euch das Puppenhaus ansehen«, sagte Kezia und ließ einen Zeh über den Boden schleifen. Doch Lil wurde rot und schüttelte heftig den Kopf.

»Warum nicht?« fragte Kezia.

Lil schnappte nach Luft, dann erwiderte sie: »Deine Mutter hat zu unserer Mutter gesagt, ihr sollt nicht mit uns reden.«

»Ach so«, sagte Kezia. Sie wußte nicht, was sie darauf sagen sollte. »Es macht nichts. Ihr könnt trotzdem das Puppenhaus sehen. Kommt. Es sieht uns niemand.«

Aber Lil schüttelte noch heftiger den Kopf.

»Wollt ihr nicht?« fragte Kezia.

Plötzlich zuckte und ruckte es an Lils Rock. Sie drehte sich um. Unsere Else sah sie mit großen, flehentlichen Augen an; sie runzelte die Stirn; sie wollte es sehen. Einen Moment lang sah Lil unsere Else unschlüssig an. Aber dann zupfte unsere Else sie wieder am Rock. Sie marschierte los. Kezia ging voraus. Wie zwei kleine streunende Katzen folgten sie ihr über den Hof bis vor das Puppenhaus.

»Da«, sagte Kezia.

Eine Pause entstand. Lil atmete laut ein und aus, schnarchte fast; unsere Else war stumm wie ein Stein.

»Ich mache es für euch auf«, sagte Kezia freundlich. Sie öffnete den Haken, und sie sahen hinein.

»Hier ist der Salon und das Eßzimmer, und hier ist –«

»Kezia!«

Oh, wie sie zusammenzuckten!

»Kezia!«

Es war Tante Beryls Stimme. Sie drehten sich um. In der Hintertür stand Tante Beryl und starrte sie an, als traue sie ihren Augen nicht.

»Was fällt dir ein, die kleinen Kelveys mit auf den Hof zu nehmen!« sagte sie mit kalter, wütender Stimme. »Du weißt so gut wie ich, daß du nicht mit ihnen reden sollst. Lauft zu, Kinder, los, sputet euch. Und laßt euch hier nicht wieder blicken«, sagte Tante Beryl. Und sie trat in den Hof und scheuchte sie davon, als wären sie Hühner.

»Ab mit euch, sofort!« rief sie, kalt und stolz.

Sie mußte es ihnen nicht zweimal sagen. Lil glühte vor Scham, zog den Kopf ein, stolperte über ihre eigenen Füße wie ihre Mutter; unsere Else war ganz benommen; irgendwie schafften sie es, den großen Hof zu überqueren und sich durch das weiße Tor zu zwängen.

»Du böses, ungezogenes Mädchen!« rief Tante Beryl,

und sie klappte das Puppenhaus mit einem lauten Knall zu.

Der Nachmittag war schrecklich gewesen. Sie hatte einen Brief von Willie Brent erhalten, einen entsetzlichen Brief, einen bedrohlichen Brief; er schrieb, wenn sie sich heute abend nicht mit ihm in Pulman's Bush treffe, käme er an die Haustür und würde sie zur Rede stellen! Aber jetzt, da sie die verängstigten kleinen Ratten verscheucht und Kezia tüchtig ausgeschimpft hatte, fühlte sie sich schon viel besser. Der entsetzliche Druck, der auf ihr gelastet hatte, war fort. Summend ging sie zurück ins Haus.

Als die Kelveys weit genug vom Haus der Burnells entfernt waren, setzten sie sich auf ein großes rotes Abflußrohr, um zu verschnaufen. Lils Wangen brannten noch immer; sie nahm den Hut mit der Feder ab und hielt ihn auf den Knien. Träumerisch sahen sie über die Heuwiesen, über den Bach und zu der Gruppe von Akazien, wo Logans Kühe standen und darauf warteten, gemolken zu werden. Woran dachten die Kelveys?

Schließlich rückte unsere Else näher an ihre Schwester heran. Die zornige Dame war vergessen. Sie streckte einen Finger aus und strich über die Feder ihrer Schwester; sie lächelte ihr seltenes Lächeln.

»Ich hab' die kleine Lampe gesehen«, sagte sie leise.

Dann waren beide wieder still.

FLITTERWOCHEN

Und als sie aus dem Geschäft des Spitzenhändlers kamen, wartete dort unter der Platane bereits ein Kutscher mit seinem Wagen, mit ihrem Wagen, wie sie es nannten. Welches Glück! Oder war es etwa kein Glück? Fanny drückte den Arm ihres Mannes. Ständig passierten ihnen solche Dinge, seit sie – im Ausland waren. Fand er nicht auch? Doch George stand am Bordstein, hob seinen Stock und rief laut: »He!« Es war Fanny zuweilen etwas unangenehm, wie George die Mietwagen herbeirief, aber den Kutschern schien es nichts auszumachen, also war es wohl in Ordnung. Dick, gutmütig und lächelnd steckten sie die Zeitung weg, die sie gerade lasen, rissen die Baumwolldecke vom Pferd und waren bereit zu gehorchen.

»So«, sagte George, als er Fanny hineinhalf, »ich schlage vor, wir trinken unseren Tee dort, wo sie die Hummer züchten. Was sagst du dazu?«

»Wundervoll«, sagte Fanny begeistert, lehnte sich zurück und fragte sich, warum alles, was George vorschlug, so überaus verlockend klang.

»Schön, *bien.*« Er saß neben ihr. *»Alley«*, rief er fröhlich, und los ging's.

Los ging's; flott fuhren sie dahin, unter dem Dach der grüngoldenen Platanen, durch enge Gassen, die nach Zitronen und frischem Kaffee rochen, vorbei am Brunnenplatz, wo Frauen mit hocherhobenen Wasserkrügen in ihren Gesprächen innehielten, um ihnen nachzublicken, um die Ecke und an dem Café mit seinen roten und weißen Sonnenschirmen, den grünen Tischen und den blauen Siphonflaschen vorbei, und weiter bis zum Strand. Dort kam ein leichter, warmer Wind über das endlose Meer heran. Er berührte George und schien sich von Fanny kaum losreißen zu können, während beide auf das glitzernde Wasser hinaussahen. Und George sagte: »Ist das nicht herrlich?« Und Fanny sah träumerisch vor sich hin und sagte, was sie täglich wohl bereits zwanzigmal gesagt hatte, seit sie – im Ausland waren: »Ist es nicht unglaublich, daß wir hier sind, nur wir zwei, und niemand weit und breit, der uns sagt, wann wir heimzugehen haben, niemand, der uns – der uns herumkommandiert?«

George hatte es längst aufgeben zu erwidern: »Ja, unglaublich!« Gewöhnlich küßte er sie nur. Doch jetzt nahm er ihre Hand, steckte sie in seine Tasche, drückte ihre Finger und sagte: »Als Kind habe ich in meiner Tasche immer eine weiße Maus mit mir herumgetragen.«

»Wirklich?« sagte Fanny, die sich für alles interessierte, was George irgendwann, irgendwo getan hatte. »Hast du weiße Mäuse so gern gehabt?«

»Aber ja«, sagte George mit wenig Überzeugung. Er beobachtete etwas, das jenseits der Badetreppe auf- und abhüpfte. Im nächsten Moment sprang er geradezu von seinem Sitz auf. »Fanny!« schrie er. »Da badet einer. Siehst du? Ich hatte ja keine Ahnung, daß schon wieder gebadet wird. Daß mir das nicht aufgefallen ist, die letzten Tage.« George starrte auf das gerötete Gesicht, den geröteten Arm, als könne er den Blick nicht abwenden. »Morgen früh bin ich auch drin«, murmelte er, »davon können mich keine zehn Pferde abhalten.«

Fanny wurde von Unruhe ergriffen. Sie hatte so viel von den Gefahren des Mittelmeers gehört. Es war die reinste Todesfalle. Schönes, heimtückisches Mittelmeer. Dort katzbuckelte es vor ihnen, weiße Seidenpfoten berührten die Steine, dann wich es wieder zurück … Aber lange vor ihrer Heirat hatte sie den Entschluß gefaßt, nicht eine dieser Ehefrauen zu werden, die sich ständig in die Vergnügungen ihres Mannes einmischten, deshalb sagte sie nur leichthin: »Man muß gewiß ein guter Schwimmer sein in der Strömung, nicht?«

»Ach, keine Ahnung«, sagte George. »Die Leute erzählen eine Menge Blödsinn über irgendwelche Gefahren.«

Doch jetzt passierten sie auf der Landseite eine hohe Mauer, die mit blühendem Heliotrop bewachsen war, und Fanny hob das kleine Näschen. »O George«, hauchte sie. »Dieser Duft! Dieser göttliche ...«

»Kolossale Villa«, sagte George. »Sieh doch, man kann sie zwischen den Palmen erkennen.«

»Ist sie nicht reichlich groß?« fragte Fanny, die aus irgendeinem Grund jede Villa als möglichen Wohnsitz für George und sie betrachtete.

»Tja, wenn man länger in so einem Ding wohnen will, muß man Gesellschaften geben«, gab George zurück. »Sonst ist es tödlich. Ich muß schon sagen, kolossal. Möchte wissen, wem die gehört.« Und er stieß dem Kutscher seinen Stock in den Rücken.

Der träge lächelnde Kutscher, der keine Ahnung hatte, sagte, was er stets bei solchen Gelegenheiten sagte, daß sie im Besitz einer wohlhabenden spanischen Familie sei.

»Haufenweise Spanier hier an der Küste«, bemerkte George und lehnte sich zurück, und sie schwiegen wieder, bis sie um eine Biegung kamen und das große Hotel vor ihnen auftauchte, weiß wie ein bleicher Knochen. Davor war eine kleine, ans Ufer heranreichende Terrasse mit Schirmpalmen und Tischen, und als sie näher kamen, eilten Kellner herbei, von der Terrasse, aus dem Hotel, um Fanny und George in Empfang zu nehmen, willkommen zu heißen und ihnen jeden erdenklichen Fluchtweg abzuschneiden.

»Draußen?«

Aber natürlich würden sie draußen sitzen. Der geschniegelte Ober, der auf wunderbare Weise aussah, wie ein Fisch im Gehrock, glitt auf sie zu.

»Hier entlang, Sir. Hier entlang. Isch habe einen wunderschönen Tisch für Sie«, japste er. »Genau der rischtige Tisch für Sie, Sir, dort hinten. Hier entlang.«

Also folgten sie ihm, George, der schrecklich gelangweilt aussah, und Fanny, die sich bemühte, so zu tun, als habe sie Jahre damit verbracht, sich zwischen Tischen fremder Leute hindurchzuwinden.

»Bitte sehr, Sir. Es wird Ihnen gefallen«, säuselte der Ober, hob die Vase hoch und stellte sie dann wieder hin, als habe er einen frischen Blumenstrauß aus der Luft gezaubert. Aber George wollte nicht sogleich Platz nehmen. Er durchschaute diese Kameraden; er ließ sich nicht so leicht übers Ohr hauen. Diese Leute wollten einen ständig drängen. Er steckte also die Hände in die Taschen und sagte zu Fanny, betont ruhig: »Was meinst du? Würdest du lieber woanders sitzen? Wie wär's da drüben?« Und er nickte zu einem Tisch ganz am anderen Ende.

Er war wirklich ein Mann von Welt! Fanny bewunderte ihn, aber sie wollte sich nur noch setzen und so aussehen wie alle anderen auch.

»Mir – mir gefällt es hier«, sagte sie.

»Gut«, sagte George knapp, und er saß beinahe früher als Fanny und bestellte rasch: »Zweimal Tee und Schokoladen-Éclairs!«

»Sehr wohl, Sir«, sagte der Ober, und sein Mund schnappte auf und wieder zu, als mache er sich bereit, um wieder unterzutauchen. »Sie wünschen keinen Toast vorher? Wir haben sehr guten Toast, Sir.«

»Nein«, sagte George barsch. »Du möchtest doch keinen Toast, Fanny, oder?«

»Nein, nein danke, George«, sagte Fanny und wünschte inständig, der Ober würde gehen.

»Oder vielleischt wünscht die Dame gern die lebenden Hummer im Bassin anzuschauen, bis der Tee serviert wird?« Und er schnitt eine Grimasse und grinste und ließ die Serviette peitschen wie eine Flosse.

Georges Miene gefror. Es sagte noch einmal: »Nein«, und Fanny beugte sich über den Tisch, um ihre Handschuhe aufzuknöpfen. Als sie wieder aufsah, war der Mann verschwunden. George nahm seinen Hut ab, warf ihn auf einen Stuhl, und strich sich durchs Haar.

»Gott sei Dank«, sagte er, »der Kerl ist weg. Die Leute sind wirklich lästig. Man wird sie nur los, wenn man ihnen über den Mund fährt, wie du gesehen hast. Gott sei Dank!« seufzte George noch einmal und mit solcher Inbrunst, daß Fanny sich fast einbilden wollte – aber es war ja ganz unsinnig –, daß George sich vor dem Ober genauso fürchtete wie sie. Und im nächstem Moment spürte sie wieder ihre große Liebe zu George. Seine Hände lagen auf dem Tisch, braune, große Hände, die sie so gut kannte. Sie hätte so gern eine Hand genommen, um sie zu drücken, aber zu ihrem Erstaunen, war es genau das, was George jetzt tat. Er beugte sich über den Tisch, er legte seine Hand über die ihre, und sagte, ohne sie anzusehen: »Fanny, liebste Fanny!«

»O George!« In diesem himmlischen Augenblick hörte Fanny ein Plim-plim-tüdel-dü, und leises Saitengeklimper. Es gibt Musik, dachte sie, aber Musik war jetzt nicht wichtig. Nur ihre Liebe war wichtig. Sie lächelte leise und sah in das leise lächelnde Gesicht, und das Gefühl von Glückseligkeit war so überwältigend, daß sie am liebsten zu George gesagt hätte: »Laß uns hierbleiben – wo wir sind – an diesem kleinen Tisch. Er ist wundervoll, und das Meer ist wundervoll. Laß uns bleiben.« Doch statt dessen wurden ihre Augen ernst.

»Liebling«, sagte Fanny. »Ich möchte dich etwas sehr

Wichtiges fragen. Du mußt mir versprechen zu antworten. Versprich es.«

»Ich verspreche es«, sagte George ein wenig zu feierlich, um so ernst zu sein, wie sie es war.

»Es ist so –« Fanny hielt einen Moment inne, sah nach unten, sah wieder hoch. »Hast du das Gefühl«, sagte sie leise, »daß du mich jetzt wirklich kennst? Wirklich, richtig kennst, also *mich?*«

Es war zu hoch für George. Seine Fanny kennen? Er grinste jungenhaft. »Na, das will ich doch wohl meinen«, sagte er mit Nachdruck. »Wieso, was ist los?«

Fanny spürte, daß er sie nicht recht verstanden hatte. Sie fuhr rasch fort: »Was ich sagen will, ist: Es kommt so häufig vor, daß Menschen, selbst wenn sie sich lieben, sich nicht – sich nicht – es ist schwer auszudrücken – sich gar nicht richtig kennen. Sie scheinen es auch nicht zu wollen. Und das finde ich schrecklich. Sie mißverstehen einander in den wichtigsten Angelegenheiten.« Fanny sah bestürzt aus. »George, uns kann das nicht passieren, nicht wahr? Nicht wahr?«

»Auf gar keinen Fall«, lachte George, und er wollte gerade sagen, wie sehr er ihr kleines Näschen liebte, als der Kellner mit dem Tee kam und die Musiker anfingen zu spielen. Es waren eine Flöte, eine Gitarre und eine Geige, und sie spielten so fröhlich, daß Fanny meinte, wenn sie nicht achtgäbe, würden selbst die Tassen und Untertassen kleine Flügel bekommen und davonfliegen. George aß drei Schokoladen-Éclairs, Fanny zwei. Der Tee schmeckte ungewöhnlich – »Hummerbrühe«, rief George gegen die Musik an – aber er war doch köstlich, und als sie das Tablett beiseite geschoben hatten und George rauchte, fühlte sich Fanny mutig genug, um einen Blick auf die anderen Gäste zu werfen. Aber es waren vor allem die unter einem der dunklen Bäume gruppierten Musiker, die ihre Aufmerksamkeit auf sich zogen. Der Dicke mit der Gitarre sah aus wie aus dem Bilderbuch. Der Dunkle mit der Flöte zog fortwährend die Augenbrauen hoch, als sei er erstaunt, welche Töne seinem Instrument entwichen. Der Geiger stand ganz im Schatten.

Die Musik hörte ebenso unvermittelt auf, wie sie begonnen hatte. Jetzt erst fiel ihr ein hochgewachsener alter Mann mit weißem Haar auf, der neben den Musikern stand. Seltsam, daß sie ihn vorher nicht bemerkt hatte. Er trug einen sehr hohen, glänzenden Kragen, einen Rock, der an den Säumen grün war, und erschreckend zerschlissene Knöpfstiefel. War es ein Ober? Er sah nicht aus wie ein Ober, und doch stand er da und blickte über die Tische hin wie in Gedanken, als beschäftigten ihn weit entfernt liegende Dinge. Wer mochte er sein?

Dann, als Fanny ihn noch beobachtete, faßte er plötzlich an seine Kragenspitzen, räusperte sich und wandte sich halb den Musikern zu. Sie begannen wieder zu spielen. Etwas Wildes, Ungestümes, voller Feuer und Leidenschaft brach los, brach über der ruhigen Gestalt zusammen, welche die Hände faltete und – noch immer mit dem in die Ferne gerichteten Blick – zu singen begann.

»Allmächtiger!« sagte George. Wie es schien, waren alle gleichermaßen überrascht. Selbst die kleinen Kinder, die ihr Eis aßen, staunten, mit hocherhobenen Löffeln ... Man hörte nur ein dünnes, feines Stimmchen, die Erinnerung an eine Stimme, die etwas Spanisches sang. Sie wankte, faßte Tritt, erklomm schwindelnde Höhen, sank wieder, irgend etwas schien sie zu erflehen, sie bat und bettelte, dann wechselte der Ausdruck des Stücks, die Stimme gab klein bei, resignierte, wußte, das Erflehte wurde ihr nicht gewährt.

Noch bevor das Lied ganz zu Ende war, ließ ein Kind ein quietschvergnügtes Lachen hören, doch alle lächelten – mit

Ausnahme von Fanny und George. Auch das war also das Leben? dachte Fanny. Auch solche Menschen gibt es also. Es gibt das Leid. Und sie sah hinaus auf das prächtige Meer, das sich zärtlich dem Ufer näherte wie ein Liebender, und zum Himmel, der so kraftvoll erstrahlte, wie dies nur der frühe Abend konnte. Hatten sie und George das Recht, so glücklich zu sein? Was es nicht grausam? Es mußte noch etwas anderes geben im Leben, das all dies ermöglichte. Aber was war es? Sie wandte sich George zu.

Aber George hatte anderen Gedanken nachgehangen als Fanny. Die Stimme des alten Knaben war durchaus komisch, gewiß, aber, ach, was sie einem vor allem zu Bewußtsein brachte, war, wie großartig es ist, am Anfang von allem zu stehen, so wie er und Fanny erst am Anfang von allem standen! George sah ebenfalls hinaus auf das leuchtende, atmende Meer, und seine Lippen öffneten sich, als könnte er es trinken. Wie herrlich! Nie fühlte er sich in besserer körperlicher Verfassung als am Meer. Und dort saß Fanny, seine Fanny, neigte sich vor und atmete so sanft.

»Fanny!« rief George.

Als sie sich ihm zuwandte und er ihren milden, verwunderten Blick sah, war George so hingerissen, daß er am liebsten über den Tisch gesprungen wäre und sie auf Händen davongetragen hätte.

»So«, sagte George rasch, »gehen wir? Laß uns zum Hotel zurückkehren. Komm. Komm, Fanny, mein Schatz. Schnell.«

Die Musiker begannen wieder. »O Gott!« George stöhnte fast. »Laß uns gehen, bevor der komische alte Kerl wieder zu krächzen anfängt.«

Und im nächsten Moment waren sie fort.

EINE TASSE TEE

Rosemary Fell war nicht eben schön. Nein, schön konnte man sie nicht nennen. Hübsch? Nun, wenn man sie Stück für Stück auseinandernahm ... Aber warum grausam sein und jemanden Stück für Stück auseinandernehmen? Sie war jung, geistreich, äußerst modern, trug erlesene Kleider, las die neusten Neuerscheinungen, und ihre Gesellschaften waren ein ganz köstliches Gemisch aus wirklich wichtigen Leuten und ... Künstlern – wunderlichen Gestalten, alles ihre Entdeckungen, einige von ihnen waren ganz unbeschreiblich gräßlich, aber andere durchaus vorzeigbar und unterhaltsam.

Rosemary war seit zwei Jahren verheiratet. Sie hatte einen süßen kleinen Jungen. Peter – nein, Michael! Und ihr Mann vergötterte sie geradezu. Sie waren reich, richtig reich, nicht bloß wohlhabend, ein unerträglicher Gedanke, wohlhabend klang nach Muff, nach Großvaters Zeiten. Nein, wenn Rosemary einkaufen ging, ging sie nach Paris wie unsereins in die Bond Street geht. Wenn sie Blumen kaufen wollte, hielt ihr Wagen vor diesem umwerfenden Geschäft in der Regent Street, und Rosemary schaute sich auf ihre leicht verwirrte, irgendwie exotische Art um und sagte: »Ich will die und die und die. Geben Sie mir vier Sträuße von denen. Und die Vase mit den Rosen. Ja, alle Rosen in der Vase. Nein, keinen Flieder. Ich hasse Flieder. Er hat keine Form.« Der Ladendiener verbeugte sich und räumte den Flieder fort, als sei es nur allzu wahr; Flieder war einfach schrecklich formlos. »Geben Sie mir die stämmigen kleinen Tulpen. Die rotweißen.« Und zum Wagen folgte ihr ein schmächtiges Ladenmädchen, schwankend, die Arme voll mit weißem Papier, als trüge sie einen unförmigen Säugling im Taufkleid.

An einem Nachmittag im Winter hatte sie etwas in einem kleinen Antiquitätengeschäft in der Curzon Street gekauft. Sie mochte den Laden. Zum einen, weil man dort fast immer allein und ungestört war. Und dann, weil der Ladenbesitzer sich förmlich überschlug vor lauter Begeisterung, sie bedienen zu dürfen. Er strahlte, sobald sie das Geschäft betrat. Er rang die Hände; er freute sich so, daß ihm die Worte fehlten. Schmeichelei natürlich. Dennoch, es hatte etwas …

»Sehen Sie, Madam«, pflegte er mit leiser, ehrerbietiger Stimme zu erklären, »ich liebe meine Sachen. Eher verzichte ich auf ein Geschäft, als daß ich sie jemandem verkaufe, der sie nicht zu würdigen weiß, der, wie so viele, nicht über das nötige Sensorium verfügt …« Und tief Luft holend, entrollte er ein kleines, blausamtenes Tuch und strich es mit seinen bleichen Fingerspitzen auf dem Glastresen glatt.

Heute war es eine kleine Dose. Er hatte sie für sie aufgehoben. Er hatte sie noch niemandem sonst gezeigt. Eine kostbare kleine Emailledose, mit einer Glasur, so fein, als habe man sie in Sahne gebrannt. Auf dem Deckel sah man eine winzige Gestalt, die unter einem blühenden Baum stand, und eine noch winzigere Gestalt hatte ihre Arme um sie geschlungen. Ihr Hut, kaum größer als ein Geranienblütenblatt, hing an einem Zweig; er hatte grüne Bänder. Und eine rosa Wolke schwebte wie ein wachsamer Cherub über ihren Köpfen. Rosemary streifte ihre langen Handschuhe ab. Sie zog immer die Handschuhe aus, um solche Dinge genauer zu betrachten. Ja, die Dose gefiel ihr sehr. Sie war allerliebst; einfach süß. Sie mußte sie haben. Und indem sie die sahneweiße Dose drehte, sie öffnete, sie schloß, konnte sie nicht umhin zu beobachten, wie reizend sich ihre Finger vor dem Blau des Samts abhoben. Der Ladenbesitzer mochte, in einem verborgenen Winkel seines Hirns, Ähnliches gedacht haben. Denn er nahm einen Bleistift und beugte sich über den Tresen, und seine bleichen, blutleeren Finger näherten sich scheu den ihren, rosig leuchtenden, und er murmelte sanft: »Wenn ich Sie noch auf die Blumen auf der Taille der kleinen Dame hinweisen dürfte, Madam.«

»Bezaubernd!« Rosemary bewunderte die Blumen. Aber was sollte die Dose kosten? Einen Augenblick schien der Ladenbesitzer sie nicht gehört zu haben. Da ließ sich ein leises Murmeln vernehmen. »Achtundzwanzig Guineen, Madam.«

»Achtundzwanzig Guineen.« Rosemary ließ sich nichts anmerken. Sie stellte die kleine Dose hin; sie zog ihre Handschuhe wieder an. Achtundzwanzig Guineen. Selbst wenn man reich war … Sie sah unschlüssig vor sich hin. Sie blickte auf den plumpen Teekessel, der wie eine plumpe Henne über dem Kopf des Ladenbesitzers schwebte, und ihre Stimme klang verträumt, als sie antwortete: »Könnten Sie sie wohl für mich zurücklegen – ja? Ich möchte …«

Doch der Ladenbesitzer hatte sich bereits verneigt, als ob er sich kein größeres Glück auf Erden vorstellen könne. Natürlich wäre er bereit, sie in alle Ewigkeit für sie zurückzulegen.

Die taktvolle Tür schloß sich mit einem leisen Klicken. Sie stand draußen auf der Treppe und blickte in den Winterabend. Es regnete, und mit dem Regen kam die Dunkelheit, fiel trudelnd nieder wie Asche. Ein kalter, bitterer Geschmack lag in der Luft, und die überall aufflammenden Lampen sahen traurig aus. Traurig waren die Lampen im Haus gegenüber. Und Leute eilten vorüber, versteckt unter abscheulichen Schirmen. Rosemary spürte einen merkwürdigen Stich. Sie drückte ihren Muff an die Brust; sie wünschte, sie hätte die kleine Dose, um sich an ihr festzuhalten. Natürlich war der Wagen dort. Sie mußte nur den Gehweg überqueren. Aber sie wartete noch. Es gibt Momente im

Leben, schreckliche Momente, wenn man aus der Deckung heraustritt und sich umsieht, und alles ist schrecklich. Man sollte diesen Momenten nicht nachgeben. Man sollte nach Hause gehen und einen ganz besonders exquisiten Tee trinken. Doch als Rosemary noch vor sich hin sann, stand plötzlich – wo war sie hergekommen? – ein junges Mädchen neben ihr, mager, dunkel, wie ein Schatten, und eine Stimme wie ein Seufzen, wie ein Schluchzen, hauchte: »Madam, dürfte ich Sie kurz sprechen?«

»Mich sprechen?« Rosemary drehte sich um. Sie sah eine kleine, ausgemergelte Gestalt mit großen Augen, noch recht jung, nicht älter als sie, die mit geröteten Fingern ihren Mantelkragen zusammenhielt und zitterte, als wäre sie gerade aus dem Wasser gefischt worden.

»M-madam«, stammelte die Stimme, »würden Sie mir Geld für eine Tasse Tee geben?«

»Eine Tasse Tee?« Etwas Einfaches, Aufrichtiges lag in der Stimme; es war beileibe nicht die Stimme einer Bettlerin. »Haben Sie denn gar kein Geld mehr?« frage Rosemary.

»Nein, Madam«, kam die Antwort.

»Wie seltsam!« Rosemary spähte durch die Dämmerung, und das Mädchen sah zu ihr auf. Wie überaus seltsam! Und plötzlich erschien es Rosemary wie ein Abenteuer. Wie aus einem Roman von Dostojewski, dieses Treffen in der Dämmerung. Was, wenn sie das Mädchen mit nach Hause nahm? Was, wenn sie etwas täte, was man sonst nur in Büchern las oder auf der Bühne sah, was würde geschehen? Es wäre aufregend. Und sie hörte sich schon, wie sie zum Erstaunen ihrer Freundinnen sagte: »Ich habe sie einfach mit nach Hause genommen«, als sie jetzt die Treppe hinabstieg und zu der blassen Gestalt sagte: »Kommen Sie zu mir nach Hause zum Tee.«

Das Mädchen wich erschreckt zurück. Für einen Augenblick hörte sie sogar auf zu zittern. Rosemary streckte die

Hand aus und berührte sie am Arm. »Es ist mein Ernst«, sagte sie und lächelte. Und sie spürte, wie natürlich und gütig ihr Lächeln war. »Was haben Sie? Kommen Sie. Ich nehme Sie mit in meinem Wagen, und dann trinken wir Tee.«

»Das – das ist nicht Ihr Ernst, Madam«, sagte das Mädchen, und ihre Stimme klang schmerzvoll.

»Aber gewiß doch«, rief Rosemary. »Ich bitte Sie darum. Tun Sie mir den Gefallen. Kommen Sie.«

Das Mädchen preßte die Hand auf den Mund, und ihre Augen verschlangen Rosemary. »Sie – Sie bringen mich auch nicht zur Polizeiwache?« stammelte sie.

»Zur Polizeiwache!« Rosemary lachte laut auf. »Warum sollte ich so grausam sein. Nein, ich möchte nur, daß Sie sich aufwärmen und mir erzählen – was immer Sie mir erzählen möchten.«

Hungrige Menschen sind leicht zu führen. Der Fahrer öffnete die Wagentür, und im nächsten Augenblick glitten sie durch die Dämmerung.

»So!« sagte Rosemary. Ein Triumphgefühl erfüllte sie, als sie die Hand durch den samtenen Halteriemen steckte. Sie hätte am liebsten ausgerufen: »Jetzt habe ich dich«, als sie die kleine Gefangene betrachtete, die ihr da ins Netz gegangen war. Aber natürlich meinte sie es nur gut. Ach, mehr als gut. Sie würde der Kleinen beweisen, daß – manchmal eben Wunder geschahen im Leben, daß – Märchenfeen existierten, daß – auch reiche Leute eine Herz hatten, und daß alle Frauen *im Grunde* Schwestern waren. Beschwingt wandte sie sich ihr zu und sagte: »Haben Sie keine Angst. Schließlich, warum sollten Sie nicht mit zu mir kommen? Wir sind beide Frauen. Und da ich nun einmal die Begüterte von uns beiden bin, so können Sie wohl erwarten …«

Aber in diesem Augenblick hielt der Wagen, zum Glück, denn sie hätte nicht gewußt, wie sie den Satz hätte beenden sollen.

Es wurde geläutet, die Tür öffnete sich, und mit charmanten, beschützenden, beinahe umarmenden Gesten zog Rosemary die andere mit sich in die Halle. Sie beobachtete, wie die andere die Wärme, die weichen Farben, das sanfte Licht, einen feinen Duft, all die Dinge, die sie selbst kaum mehr beachtete, in sich aufnahm. Es war faszinierend. Sie war wie das reiche kleine Mädchen im Spielzimmer, und alle Schränke mußten noch geöffnet, alle Schachteln noch ausgepackt werden.

»Kommen Sie, kommen Sie nach oben«, sagte Rosemary, die endlich damit beginnen wollte, großmütig zu sein. »Kommen Sie in mein Zimmer.« Und außerdem wollte sie es dem armen Wesen ersparen, von den Dienstboten begafft zu werden; sie beschloß, als sie die Treppe hinaufstiegen, nicht einmal nach Jeanne zu läuten, sondern ihre Sachen selbst abzulegen. Es kam darauf an, so natürlich wie möglich zu sein!

Und wieder rief Rosemary: »So!«, als sie ihr schönes, geräumiges Schlafzimmer erreichten; die Vorhänge waren zugezogen; auf ihren herrlichen Lackmöbeln, den goldenen Kissen, den gelb-blauen Teppichen flackerte der Schein des Feuers.

Das Mädchen war auf der Türschwelle stehengeblieben; sie schien wie vor den Kopf gestoßen. Doch Rosemary sah es ihr nach.

»Kommen Sie, setzen Sie sich«, rief sie und zog den schweren Sessel zum Kamin, »hier in den Sessel. Wärmen Sie sich auf. Sie sehen so schrecklich verfroren aus.«

»Ich trau mich nicht, Madam«, sagte das Mädchen und wich zurück.

»O bitte« – Rosemary lief zu ihr – »Sie müssen keine Angst haben, wirklich nicht. Setzen Sie sich, und wenn ich meine Sachen abgelegt habe, gehen wir nach nebenan und trinken Tee und machen es uns gemütlich. Wovor haben Sie

Angst?« Und mit sanfter Gewalt drückte sie den abgemagerten Körper in den tiefen Sessel.

Doch sie erhielt keine Antwort. Das Mädchen verharrte, so wie sie in den Sessel gesetzt worden war, mit hängenden Armen und halbgeöffnetem Mund. Um die Wahrheit zu sagen, sie sah recht dümmlich aus. Aber Rosemary wollte davon nichts wissen. Sie beugte sich vor und sagte: »Wollen Sie Ihren Hut nicht abnehmen? Ihr schönes Haar ist ja ganz naß. Und man fühlt sich doch gleich viel wohler ohne Hut, nicht wahr?«

Ein Murmeln war zu hören; es klang wie: »Sehr wohl, Madam«, und dann wurde der verbeulte Hut abgenommen.

»Und warten Sie, ich helfe Ihnen auch bei Ihrem Mantel«, sagte Rosemary.

Das Mädchen stand auf. Aber mit der einen Hand hielt sie sich am Sessel fest und ließ Rosemary ziehen. Es war nicht einfach. Die andere half überhaupt nicht mit. Sie taumelte hin und her wie ein Kind, und der Gedanke schoß Rosemary durch den Kopf, daß die Menschen, wenn sie wollten, daß man ihnen half, ein Entgegenkommen zeigen mußten, wenigstens ein klein wenig, sonst war es wirklich zu mühsam. Und was sollte sie jetzt mit dem Mantel machen? Sie ließ ihn auf dem Boden liegen, wie auch den Hut. Gerade wollte sie sich eine Zigarette vom Kaminsims holen, da sagte das Mädchen hastig, mit hoher, merkwürdiger Stimme: »Verzeihen Sie, Madam, aber ich falle in Ohnmacht. Ich falle um, Madam, wenn ich nichts bekomme.«

»Du liebe Zeit, wie gedankenlos von mir!« Rosemary eilte zur Klingel.

»Tee! Sofort Tee! Und vorher einen Weinbrand!«

Die Zofe war bereits fort, doch das Mädchen schrie beinahe: »Nein, keinen Weinbrand. Ich trinke keinen Schnaps. Ich möchte nur eine Tasse Tee, Madam.« Und sie brach in Tränen aus.

Es war ein schrecklicher und faszinierender Augenblick. Rosemary kniete sich neben ihren Sessel.

»Nicht weinen, Sie armes Kind«, sagte sie. »Nicht weinen.« Und sie gab der anderen ihr Spitzentaschentuch. Sie war wirklich sprachlos vor Rührung. Sie legte einen Arm um diese dünnen Vögelchenschultern.

Jetzt endlich vergaß die andere ihre Scheu, vergaß alles, außer daß sie beide Frauen waren, und stieß hervor: »Ich kann so nicht länger leben. Ich kann nicht. Ich kann nicht. Ich bringe mich um. Ich kann nicht mehr so leben.«

»Aber das sollen Sie ja gar nicht. Ich werde mich um sie kümmern. Weinen Sie nicht mehr. Sehen Sie nicht, was es für ein Glück war, daß Sie mich getroffen haben? Wir trinken jetzt Tee, und Sie erzählen mir alles. Und ich werde etwas in Ihrer Sache unternehmen. Versprochen. Aber jetzt hören Sie *bitte* auf zu weinen. Schonen Sie Ihre Kräfte. Bitte!«

Die andere hörte rechtzeitig auf zu weinen, so daß Rosemary sich erheben konnte, bevor der Tee kam. Sie ließ ein Tischchen zwischen sich und die andere stellen. Dann überhäufte sie das arme Ding mit belegten Broten und Häppchen, und sobald ihre Tasse leer war, füllte sie Tee, Sahne und Zucker nach. Es hieß, daß Zucker so nahrhaft sei. Sie selbst aß nichts; sie rauchte und sah taktvoll zur Seite, damit die andere sich nicht genierte.

Und tatsächlich war die Wirkung dieses kleinen Mahls erstaunlich. Als das Tischchen fortgetragen wurde, saß dort im Sessel ein anderer Mensch: Zart, zerbrechlich, mit zerzaustem Haar, dunklen Lippen, tiefen, glühenden Augen lehnte das Mädchen sich wie selig ermattet zurück und blickte in die Flammen. Rosemary steckte sich eine neue Zigarette an; es war Zeit zu beginnen.

»Nun, wie lange ist es her, seit Sie etwas gegessen haben?« fragte sie sanft.

Doch in diesem Moment dreht sich der Türknauf.

»Rosemary, darf ich reinkommen?« Es war Philip.

»Natürlich.«

Er kam herein. »Ach, Verzeihung«, sagte er, und er blieb erstaunt stehen.

»Es ist schon recht«, sagte Rosemary und lächelte. »Das ist meine Freundin, Miss –«

»Smith, Madam«, sagte die ermattete Gestalt, die so sonderbar ruhig und unbeteiligt wirkte.

»Smith«, sagte Rosemary. »Wir unterhalten uns gerade ein wenig.«

»Aha«, sagte Philip. »Schön«, und sein Blick fiel auf den Mantel und den Hut am Boden. Er ging zum Kamin, stellte sich mit dem Rücken zum Feuer. »Ein scheußlicher Nachmittag«, sagte er mit erhobener Stimme, und er betrachtete die gleichgültig Dasitzende, ihre Hände, ihre Stiefel, sah dann Rosemary an.

»Ja, nicht wahr?« sagte Rosemary begeistert. »Widerlich.«

Philip setzte sein charmantes Lächeln auf. »Eigentlich wollte ich dich auf eine Minute in die Bibliothek bitten«, sagte er. »Wäre das möglich? Würde Miss Smith uns kurz entschuldigen?«

Die großen Augen sahen zu ihm auf, doch Rosemary antwortete für sie: »Aber selbstverständlich.« Und sie verließen gemeinsam das Zimmer.

»Also«, sagte Philip, als sie allein waren. »Raus mit der Sprache. Wer ist sie? Was hat das zu bedeuten?«

Rosemary lachte, sie lehnte sich gegen die Tür und sagte: »Sie ist mir in der Curzon Street über den Weg gelaufen. Wirklich. Sie ist eine Art Zufallsbekanntschaft. Sie hat mich um Geld für eine Tasse Tee gebeten, und ich habe sie hierhergebracht.«

»Aber was um alles in der Welt willst du mit ihr machen?« rief Philip.

»Nett zu ihr sein«, sagte Rosemary rasch. »Schrecklich nett zu ihr sein. Mich um sie kümmern. Keine Ahnung wie. Wir haben noch nicht darüber gesprochen. Ich will ihr einfach zeigen – ihr das Gefühl geben – ihr –«

»Mein liebes Kind«, sagte Philip, »du mußt den Verstand verloren haben. So etwas kannst du nicht machen.«

»Ich wußte, daß du so reagieren würdest«, gab Rosemary zurück. »Und warum nicht? Ich will es so. Ist das kein Grund? Und außerdem – man liest ständig in Büchern von solchen Dingen. Also habe ich gedacht –«

»Immerhin«, sagte Philip gedehnt und schnitt die Spitze seiner Zigarre ab, »ist sie hübsch.«

»Hübsch?« Rosemary war so überrascht, daß sie rot wurde. »Findest du? Das – das ist mir noch gar nicht aufgefallen.«

»Du liebe Zeit!« Philip riß ein Zündholz an. »Sie ist absolut hinreißend. Sieh sie dir doch an, mein Kind. Ich war wie geblendet, als ich eben reinkam. Wie auch immer ... Ich glaube, du begehst einen großen Fehler. Tut mir leid, Schatz, nenn mich grausam, oder was auch immer. Aber wenn Miss Smith zum Essen bleibt, sag rechtzeitig Bescheid, damit ich mich in der Putzmacherinnen-Gazette orientieren kann.«

»Du unmöglicher Mensch!« sagte Rosemary, und sie verließ die Bibliothek, ging aber nicht wieder ins Schlafzimmer. Sie ging in ihr Schreibzimmer und setzte sich ans Pult. Hübsch! Absolut hinreißend! Geblendet! Ihr Herz schlug wie eine schwere Glocke. Hübsch! Hinreißend! Sie holte ihr Scheckbuch hervor. Aber nein, ein Scheck war natürlich sinnlos. Sie zog eine Schublade auf und holte fünf Ein-Pfund-Noten heraus, betrachtete sie, legte zwei zurück, und mit den drei Scheinen in der geballten Faust ging sie wieder ins Schlafzimmer.

Philip war noch in der Bibliothek, als Rosemary eine halbe Stunde später eintrat.

»Ich wollte dir nur mitteilen«, sagte sie, lehnte sich wieder gegen die Tür und sah ihn auf ihre so eigentümlich verwirrte, exotische Art an, »daß Miss Smith nicht zum Essen bleibt.«

Philip ließ seine Zeitung sinken. »Nanu, wie kommt's? War sie bereits verabredet?«

Rosemary ging zu ihm hin, setzte sich auf sein Knie. »Sie wollte unter keinen Umständen bleiben«, sagte sie, »ich habe dem armen Mädchen wenigstens etwas Geld gegeben. Ich konnte sie ja nicht zwingen, nicht wahr?« fügte sie sanft hinzu.

Rosemary hatte sich frisch frisiert, ein wenig dunklen Lidschatten aufgetragen und ihre Perlen angelegt. Sie hob die Hände und berührte Philips Wangen.

»Magst du mich?« fragte sie, und der Klang ihrer Stimme, zärtlich, heiser, beunruhigte ihn.

»Ich bin verrückt nach dir«, sagte er und zog sie fester an sich. »Küß mich.«

Sie schwiegen.

Dann sagte Rosemary verträumt: »Ich habe heute eine bezaubernde kleine Dose gesehen. Sie kostet achtundzwanzig Guineen. Kann ich sie haben?«

Philip ließ sie auf seinem Knie hüpfen. »Meinetwegen, du Maßlose«, sagte er.

Aber das war es nicht, was Rosemary sagen wollte.

»Philip«, flüsterte sie, und sie drückte seinen Kopf an ihre Brust, »bin ich *hübsch?*«

DEN SCHLEIER NEHMEN

Es schien unmöglich, daß an einem so schönen Morgen irgend jemand unglücklich war. Niemand war es, dachte Edna, außer ihr. Die Fenster der Häuser standen weit offen. Klavierklänge drangen aus den Zimmern, kleine Hände jagten einander, liefen fort voreinander, übten Tonleitern. Die Blätter der Bäume flirrten in sonnigen Gärten, in denen die Frühlingsblumen leuchteten. Gassenjungen pfiffen, ein kleiner Hund bellte; Leute gingen vorüber, gingen so leichtfüßig, so flink, es sah aus, als wollten sie zu rennen anfangen. Jetzt erblickte sie in einiger Entfernung sogar einen Sonnenschirm, einen pfirsichfarbenen, den ersten Sonnenschirm des Jahres.

Vielleicht sah Edna nicht so unglücklich aus, wie sie sich fühlte. Es ist nicht leicht, traurig auszusehen mit achtzehn, wenn man dazu ungewöhnlich hübsch ist und die Wangen und die Lippen und die leuchtenden Augen vor Gesundheit strotzen. Vor allem, wenn man ein himmelblaues Kleid trägt und einen neuen Frühlingshut, der mit Kornblumen verziert ist. Gewiß, unter dem Arm trug sie ein in abscheulich schwarzes Leder gebundenes Buch. Vielleicht setzte das Buch einen gewissen trübseligen Akzent, aber dies ganz zufällig; es war der übliche Einband der Leihbibliothek. Denn Edna hatte den Gang zur Leihbibliothek als Vorwand genutzt, um das Haus verlassen und nachdenken zu können, um zu begreifen, was geschehen war, und um zu entscheiden, was sie jetzt tun sollte.

Etwas Schreckliches war geschehen. Gestern abend im Theater, als sie neben Jimmy im ersten Rang saß, hatte sie sich, ganz plötzlich und ohne jede Vorwarnung – das heißt, sie hatte sich gerade eine Schokoladenmandel in den Mund gesteckt und Jimmy die Schachtel zurückgereicht – hatte sie sich in einen Schauspieler verliebt. Und zwar – richtig – verliebt …

Es war ein Gefühl, wie sie es sich nie hätte vorstellen können. Es war alles andere als angenehm. Und durchaus nicht erregend. Es sei denn, man wollte das schreckliche Gefühl von Hoffnungslosigkeit, Verzweiflung, Kummer, Schmerz und Elend erregend nennen. Und hinzu kam: sollte sie ihm später auf dem Gehsteig begegnen, während Jimmy das Taxi holte – sie würde ihm selbstverständlich auf ein bloßes Nicken, auf das kleinste Zeichen hin bis ans Ende der Welt folgen, ohne noch einen Gedanken an Jimmy zu verschwenden oder ihren Vater und ihre Mutter oder ihr glückliches Zuhause und ihre zahllosen Freundinnen …

Das Stück war zunächst ganz vergnüglich. Das war das Schokoladenmandel-Stadium. Dann war der Held erblindet. Ein schrecklicher Moment! Edna hatte so heftig geweint, daß sie sich das – allerdings sehr schön weiche – Taschentuch von Jimmy borgen mußte. Nicht daß ihr Weinen aufgefallen wäre. Es wurde reihenweise geheult. Selbst die Männer schneuzten sich laut trötend und starrten ins Programmheft, um nicht auf die Bühne sehen zu müssen.

Jimmy, glücklicherweise trockenen Auges – denn was hätte sie ohne sein Taschentuch getan – drückte ihre freie Hand und flüsterte: »Nimm's nicht so schwer, Liebes!« Daraufhin hatte sie noch eine letzte Schokoladenmandel genommen und ihm die Schachtel zurückgegeben. Dann kam die entsetzliche Szene, wo der Held allein auf der Bühne stand, in einem dämmrigen Zimmer, und draußen spielte eine Kapelle, und von der Straße drangen Hochrufe herauf. Und er hatte versucht – aber ach, wie kläglich, wie schmerzlich – versucht, sich zum Fenster vorzutasten.

Schließlich hatte er es geschafft. Und er stand dort, und eine Hand hielt den Vorhang, während ein Lichtstrahl, ein einzelner Lichtstrahl, das blicklose Gesicht erhellte; und auf der Straße wurde die Musik leiser und verhallte …

Es war – also wirklich, es war absolut – ach, etwas Derartiges – es war einfach – tatsächlich war es von diesem Zeitpunkt an, daß Edna wußte, daß nichts mehr so sein würde wie vorher. Sie entzog Jimmy ihre Hand, lehnte sich zurück und schloß die Schokoladenmandelschachtel, für immer. Endlich, das war die Liebe!

Edna und Jimmy waren verlobt. Seit anderthalb Jahren trug sie ihr Haar aufgesteckt; vor einem Jahr war die Verlobung offiziell bekanntgegeben worden. Aber daß sie einmal heiraten würden, wußten sie bereits, seit ihre Kindermädchen mit ihnen in den Botanischen Garten gezogen waren und sie auf dem Rasen ihren Tee, bestehend aus Weingebäck und einem Malz-Toffee, eingenommen hatten. Es war eine allgemein anerkannte Tatsache, und Edna hatte bereits während der Schulzeit einen hübschen, unechten Verlobungsring aus einem Knallbonbon getragen. Und bis jetzt waren sie sich stets treu ergeben gewesen.

Doch das war nun vorbei. Es war so sehr vorbei, daß Edna kaum glauben konnte, daß Jimmy es nicht ebenfalls spürte. Sie lächelte resigniert und traurig, als sie in den Klostergarten von Herz-Jesu einbog und den Weg entlangging, der hinauf zur Hill Street führte. Immerhin war es ein Glück, daß es ihr jetzt klar wurde und nicht erst, wenn sie verheiratet waren! Jetzt war es noch möglich, daß Jimmy darüber hinwegkam. Nein, sie durfte sich nichts vormachen; er würde nie darüber hinwegkommen! Sein Leben war zerstört, ein Scherbenhaufen; daran führte kein Weg vorbei. Aber er war jung … Zeit heilt alle Wunden, hieß es; man mußte nur lang genug warten. In vierzig Jahren, wenn er ein alter Mann war, würde er sie vielleicht mit anderen, verständnisvolleren Augen sehen – vielleicht. Aber sie – was hielt die Zukunft für sie bereit?

Edna hatte das Ende des Wegs erreicht. Dort, unter einem frisch ergrünten Baum mit Büscheln weißer Blüten, setzte sie sich auf eine grüne Bank und betrachtete die klösterlichen Blumenbeete. In dem Beet gleich neben ihr wuchsen zierliche Levkojen in einer Einfassung aus blauen Stiefmütterchen wie Muscheln, und in einer Ecke ein Büschel cremeweißer Freesien, deren hellgrüne Blattspieße die Blüten wie mit einem Gitter überzogen. Die klösterlichen Tauben tummelten sich hoch oben in der Luft, und sie konnte die Stimme von Schwester Agnes hören, die eine Singstunde gab. *Ah-men* ertönte die tiefe Stimme der Nonne, und *Ah-men* erklang das Echo …

Wenn sie nicht Jimmy heiratete, dann würde sie natürlich niemanden heiraten. Der Mann, den sie liebte, der berühmte Schauspieler – Edna war viel zu vernünftig, um nicht zu begreifen, daß es nie dazu kommen würde. Es war sonderbar. Aber sie wollte es auch gar nicht. Ihre Liebe war zu groß dafür. Sie mußte das Leiden auf sich nehmen und schweigen; mußte die Pein ertragen. Es war nun einmal diese Art von Liebe, dachte sie.

»Aber Edna!« rief Jimmy. »Willst du dich nicht noch einmal besinnen? Darf ich nie mehr hoffen?«

Ach, es war schmerzlich, aber es mußte gesagt sein: »Nein, Jimmy, mein Entschluß steht fest.«

Edna ließ den Kopf sinken; eine kleine Blüte fiel in ihren Schoß, und die Stimme von Schwester Agnes rief plötzlich: *Ach-nein*, und das Echo erklang: *Ach-nein*.

In diesem Moment offenbarte sich ihr die Zukunft. Sie sah alles genau vor sich. Sie war verblüfft; es verschlug ihr im ersten Moment den Atem. Aber schließlich, was konnte natürlicher sein? Sie würde ins Kloster gehen … Ihr Vater und ihre Mutter tun alles, um sie davon abzubringen, aber vergeblich. Und Jimmy ist in einer Verfassung – sie mag nicht daran denken. Warum begreifen sie nicht? Warum müssen sie ihr Leid noch vergrößern? Die Welt ist grausam, entsetzlich grausam! Nach einer letzten Szene, in der sie ihren Schmuck und dergleichen ihren besten Freundinnen schenkt – sie die Ruhe selbst, die anderen am Boden zerstört –, tritt sie ins Kloster ein. Nein, halt. Am selben Abend hat der Schauspieler seinen letzten Auftritt in Port Willin. Er erhält durch einen Boten eine Schachtel. Sie ist voll weißer Rosen. Aber es ist kein Name dabei, keine Karte. Nichts? Doch, unter den Rosen, eingehüllt in ein weißes Taschentuch, die letzte Photographie von Edna, darunter die Worte:

Die Welt vergessend, vergessen von der Welt.

Edna saß sehr still unter den Bäumen; sie umklammerte das schwarze Buch, als wäre es ihr Meßbuch. Sie nimmt den Namen Schwester Angela an. Schnipp! Schnapp! Ihr schönes Haar wird abgeschnitten. Ob sie Jimmy eine Locke schicken darf? Irgendwie gelingt es ihr. Und in einer blauen Tracht mit weißem Kopftuch geht Schwester Angela vom Kloster zur Kapelle, von der Kapelle zum Kloster, und es ist etwas Überirdisches in ihrem Blick, in ihren traurigen Augen, in ihrem milden Lächeln, mit dem sie die kleinen Kinder begrüßt, die ihr entgegenrennen. Eine Heilige! Sie hört, wie es hinter ihrem Rücken geflüstert wird, wenn sie durch die eisigen, nach Wachs riechenden Gänge schreitet. Eine Heilige! Und den Besuchern der Kapelle wird von der Nonne erzählt, deren Stimme sich über die der anderen erhebt, von ihrer Jugend, ihrer Schönheit, ihrer so tragischen Liebe. »Es gibt einen Mann hier in der Stadt, dessen Leben zerstört ist …«

Eine große Biene, ein goldenes, pelziges Kerlchen, kroch in eine Freesie, und die zarte Blüte neigte sich, schwankte, erzitterte; und als die Biene wieder fortgeflogen war, zitterte sie noch immer, als lache sie. Glückliche, sorglose Blume!

Schwester Angela sah die Blume an und sagte: »Jetzt ist es Winter.« Eines Nachts, als sie in ihrer eisigen Zelle liegt, hört sie einen Schrei. Irgendein verirrtes Tier ist draußen im Garten, ein Kätzchen oder ein Lamm – nun, oder irgendein anderes kleines Tier. Ohne zu zögern erhebt sich die Nonne. Ganz in Weiß, zitternd, aber furchtlos, geht sie hin und holt es herein. Doch am nächsten Morgen, als die Glocke zur Frühmette ruft, findet man sie, wie sie sich im hohen Fieber windet ... deliriert ... und sie wird sich nicht wieder erholen. Nach drei Tagen ist es vorbei mit ihr. In der Kapelle ist die Messe für sie gelesen worden, und sie liegt auf jenem Teil des Friedhofs begraben, der den Nonnen vorbehalten ist, wo die schlichten kleinen Kreuze aus Holz stehen. Ruhe in Frieden, Schwester Angela ...

Jetzt ist es Abend. Zwei alte Leute, die sich gegenseitig stützen, nähern sich dem Grab und knien sich hin und schluchzen: »Unsere Tochter! Unsere einzige Tochter!« Nun kommt noch jemand. Er ist ganz in Schwarz; er geht langsam. Aber als er näher gekommen ist und den Hut abnimmt, sieht Edna zu ihrem Entsetzen, daß sein Haar schneeweiß ist. Jimmy! Zu spät, zu spät! Die Tränen rinnen ihm übers Gesicht; *jetzt* weint er. Zu spät, zu spät! Der Wind schüttelt die kahlen Bäume auf dem Friedhof. Jimmy stößt einen schrecklichen, schmerzlichen Schrei aus.

Ednas schwarzes Buch fiel mit einem Plumps auf den Gartenweg. Sie sprang auf, ihr Herz pochte. Mein Liebster! Nein, es ist noch nicht zu spät. Es ist alles ein Mißverständnis gewesen, ein furchtbarer Traum. Ach, das weiße Haar! Wie konnte sie so etwas tun? Sie hatte es nicht getan. O Himmel! O welch ein Glück! Sie ist frei, jung, und niemand kennt ihr Geheimnis. Es ist noch alles möglich für sie und Jimmy. Das Haus, das sie zu bauen geplant haben, kann noch immer gebaut werden, der ernste kleine Junge, der ihnen, die Händen auf dem Rücken, zuschaut, wie sie die Rosenstöcke pflanzen, er kann noch geboren werden. Sein kleines Schwesterchen … Aber als Edna bei dem Schwesterchen angelangt war, streckte sie die Arme aus, als ob das kleine Schätzchen durch die Luft zur ihr geflogen käme, und als sie den Klostergarten betrachtete, die weißschäumenden Blüten in den Bäumen, die freundlichen Tauben, so blau vor dem blauen Himmel, und das Kloster mit seinen schmalen Fenstern, da begriff sie, daß sie jetzt, endlich, zum ersten Mal in ihrem Leben – denn nie hätte sie sich ein derartiges Gefühl vorstellen können – wußte, was es hieß, verliebt zu sein, und zwar – richtig – verliebt!

DIE FLIEGE

»Gemütlich haben Sie's hier«, wimmerte der alte Mr. Woodifield in dem großen grünen Ledersessel, der beim Schreibtisch seines Freundes, des Chefs, stand, und er sah aus ihm heraus wie ein Neugeborenes aus seinem Kinderwagen. Es war bereits alles gesagt; es war an der Zeit zu gehen. Aber er wollte nicht gehen. Seit er sich zur Ruhe gesetzt hatte, seit ... seit seinem Schlaganfall, wurde er von der Frau und den Töchtern zu Hause behandelt wie ein Gefangener, tagein, tagaus, außer am Dienstag. Am Dienstag wurde er fein angezogen und herausgeputzt, und er durfte für einen Tag zurück in die City. Was er dort wollte, war seiner Frau und den Töchtern schleierhaft. Seinen Freunden zur Last fallen, vermutlich ... Wie auch immer. Aber wir klammern uns nun einmal an unsere letzten Freuden wie der Baum an seine letzten Blätter. Da saß er also, der alte Woodifield, rauchte eine Zigarre und weidete sich geradezu am Anblick des Chefs, der sich in seinem Bürosessel wiegte, feist, rosig, fünf Jahre älter als er und noch immer auf der Höhe, noch immer am Ruder. Es tat einem gut, ihn zu sehen.

Wehmütig und voller Bewunderung sagte die alte Stimme noch einmal: »Ich muß schon sagen, wirklich gemütlich!«

»Ja, es ist recht komfortabel«, gab der Chef zu und trommelte mit dem Papiermesser auf der ›Financial Times‹. Tatsächlich war er sehr stolz auf dieses Zimmer; er liebte es, wenn die Leute es bewunderten, vor allem Leute wie der alte Woodifield. Es verschaffte ihm ein Gefühl der inneren Befriedigung, hier in aller Pracht vor den Augen dieses gebrechlichen Alten mit seinem Wollschal zu thronen.

»Ich habe kürzlich alles neu herrichten lassen«, erklärte er, wie er es die vergangenen Wochen – wie viele waren es? – so häufig getan hatte. »Neuer Teppich«, und er zeigte auf den hellroten, mit großen weißen Ringen gemusterten Teppich. »Neue Möbel«, er nickte in Richtung des wuchtigen Bücherschranks und des Tisches mit seinen Beinen wie gedrechselter Sirup. »Elektrische Heizung!« Geradezu triumphierend wies er auf die fünf milchig matten Würste, die so sanft in der schräg gestellten Kupferpfanne glühten.

Doch auf die Photographie von dem Jungen in Uniform, der mit ernstem Blick in einer jener gespenstischen Photoatelierlandschaften steht, mit Photoateliersturmwolken im Hintergrund, die über dem Tisch hing, auf sie wies er den alten Woodifield nicht hin. Sie war nicht neu. Sie hing dort seit über sechs Jahren.

»Irgend etwas wollte ich noch gesagt haben«, sagte der alte Woodifield, und sein Blick wurde trübe, während er nachsann. »Was war es nur? Als ich heute morgen losging, wußte ich es noch.« Seine Hände begannen zu zittern, und oberhalb seines Bartes bildeten sich rote Flecke.

Armer alter Kerl, er macht es nicht mehr lange, dachte der Chef. Und in einer Anwandlung von Mitleid zwinkerte er dem alten Mann zu und sagte in scherzendem Ton: »Ich sag' Ihnen was. Ich habe da einen edlen Tropfen, der wird Ihnen gut tun, bevor Sie wieder rausmüssen in die Kälte. Ein wunderbares Zeug. Wunderbar bekömmlich.« Er löste von seiner Uhrkette einen Schlüssel, schloß unten an seinem Schreibtisch ein Fach auf und holte eine dunkle, dickbauchige Flasche hervor. »Die reinste Medizin«, sagte er. »Der Händler, von dem ich sie habe, hat mir unter dem Siegel der strengsten Verschwiegenheit anvertraut, daß sie aus den Kellern von Schloß Windsor stammt.«

Dem alten Woodifield fiel die Kinnlade herunter bei ihrem Anblick. Er hätte kaum erstaunter aussehen können, wenn der Chef ein Kaninchen hervorgezogen hätte.

»Das ist Whisky, oder?« wimmerte er.

Der Chef dreht die Flasche und hielt ihm liebevoll das Etikett hin. Es war Whisky.

»Wissen Sie«, sagte er und sah den Chef nachdenklich an, »zu Hause darf ich keinen anrühren.« Und er sah aus, als wolle er in Tränen ausbrechen.

»Tja, davon verstehen wir ein bißchen mehr als die Damen«, rief der Chef und langte quer über den Tisch nach zwei Gläsern, die neben einer Karaffe mit Wasser standen, und schenkte jedem einen reichlichen Fingerbreit ein. »Trinken Sie. Wird Ihnen gut tun. Und tun Sie kein Wasser hinein. Mit einem edlen Tropfen wie diesem, pfuscht man nicht herum. Ah!« Er kippte seinen hinunter, zog sein Taschentuch hervor, wischte sich rasch den Schnauzbart und betrachtete den alten Woodifield, der seinen Schluck in den Kinnbacken kreisen ließ.

Der alte Mann schluckte, schwieg einen Moment und sagte dann leise: »Köstlich!«

Vor allem aber wärmte er ihn, er kroch in sein erkaltetes altes Hirn – und da fiel es ihm wieder ein.

»Das war's«, sagte er und hievte sich aus dem Sessel. »Ich dachte, es würde Sie interessieren. Die Mädchen waren letzte Woche in Belgien, um nach dem Grab von unserem armen Reggie zu sehen, und dabei sind sie zufällig am Grab von Ihrem Jungen vorbeigekommen. Wie es scheint, liegen sie ganz dicht beieinander.«

Der alte Woodifield hielt inne, aber der Chef sagte nichts. Nur ein Zittern in seinen Augenlidern verriet, daß er zuhörte.

»Die Mädchen waren sehr angetan, wie die Gräber in Schuß gehalten werden«, wimmerte die alte Stimme.

»Wunderbar gepflegt alles. Grad' so gut, als wenn sie in der Heimat wären. Sie sind wohl nie drüben gewesen, wie?«

»Nein, nein!« Aus verschiedenen Gründen war der Chef nie drüben gewesen.

»Meilenweit Gräber«, jaulte der alte Woodifield, »und alles hübsch angelegt, wie im Park. Blumen auf den Gräbern. Schöne breite Wege.« Man hörte ihm an, wie sehr er schöne breite Wege liebte.

Er hielt wieder inne. Der alte Mann wurde erstaunlich munter.

»Wissen Sie, was die Mädchen im Hotel für ein Glas Marmelade bezahlt haben?« wimmerte er. »Zehn Franc! Das ist Halsabschneiderei. Es war ein winziges Gläschen, sagt Gertrude, nicht größer als eine halbe Krone. Und sie hat nicht mehr als einen Löffelvoll genommen, und sie haben ihr zehn Francs berechnet. Gertrude hat das Glas daraufhin mitgenommen; aus Protest. Gut so; diese Leute nutzen schamlos unsere Gefühle aus. Sie glauben, weil wir uns dort ein bißchen umschauen wollen, sind wir bereit, alles zu zahlen. Eine Frechheit!« Und er wandte sich zur Tür.

»Sehr richtig, sehr richtig!« rief der Chef, aber was sehr richtig war, hätte er nicht zu sagen vermocht. Er kam hinter seinem Schreibtisch hervor, folgte den schlurfenden Schritten zur Tür und begleitete den alten Mann hinaus. Woodifield war fort.

Noch lange stand der Chef so da, starrte ins Leere, während der grauhaarige Bürodiener, der ihn beobachtete, aus seinem Kabäuschen geschossen kam und wieder hineinflitzte, wie ein Hund, der erwartete, ausgeführt zu werden. Dann: »Ich bin in der nächsten halben Stunde für niemanden zu sprechen, Macey«, sagte der Chef. »Verstanden? Für niemanden.«

»Ja, Sir.«

Die Tür schloß sich, die festen, schweren Schritte überquerten wieder den roten Teppich, und der feiste Körper plumpste in den gefederten Sessel, und der Chef beugte sich vor und bedeckte das Gesicht mit den Händen. Er wollte – hatte sich vorgenommen – zu weinen …

Es hatte ihm einen fürchterlichen Stoß versetzt, als der alte Woodifield so plötzlich mit der Sache vom Grab anfing. Es war, als hätte sich die Erde aufgetan und er hätte den Jungen dort liegen sehen, und daneben Woodifields Töchter, die auf ihn herabsahen. Es war schon sonderbar. Denn obwohl mehr als sechs Jahre verstrichen waren, sah der Chef den Jungen stets unverändert und untadelig in seiner Uniform daliegend, in ewigem Schlaf.

»Mein Sohn!« stöhnte der Chef. Doch noch immer kamen keine Tränen. Früher, in den ersten Monaten und sogar noch Jahren, hatte er nur diese Worte aussprechen müssen, um derart vom Schmerz überwältigt zu werden, daß nichts als ein heftiger Weinkrampf ihm Erleichterung verschaffen konnte. Die Zeit, so hatte er damals allen erklärt, heilte eben nicht alle Wunden. Andere mochten sich wieder fangen, mochten über den Verlust hinwegkommen, nicht so er. Wie wäre es auch denkbar? Sein Junge war sein einziger Sohn. Seit seiner Geburt hatte der Chef daran gearbeitet, dieses Geschäft für ihn aufzubauen; all das hatte keinen Sinn, wenn es nicht für den Jungen war; das Leben hatte keinen Sinn mehr. Wie hätte er die Plackerei, die Entbehrungen all die Jahre durchstehen können, ohne die beständige Hoffnung vor Augen, daß der Junge einmal in seine Fußstapfen treten und dort weitermachen würde, wo er aufgehört hatte.

Und die Erfüllung seiner Hoffnung stand so nah bevor. Der Junge war vor dem Krieg ein Jahr lang im Büro gewesen, um alles von der Pike auf zu lernen. Jeden Morgen waren sie gemeinsam losgegangen; sie kamen mit demselben Zug zurück. Und was für Komplimente hatte man ihm gemacht als dem Vater des Jungen! Kein Wunder; er hatte sich bestens in die Arbeit eingefunden. Und was die Angestellten anging, sie lobten ihn überschwänglich, jeder, bis hinunter zum alten Macey. Und er war kein bißchen eingebildet. Nein, immer ganz er selbst, hatte immer ein freundliches Wort für alle übrig und rief ständig auf seine jungenhafte Art: »Ist ja fabelhaft!«

Aber all das war aus und vorbei, als wäre es nie gewesen. Der Tag war gekommen, als Macey ihm das Telegramm überreichte, das seine Welt zum Einsturz brachte. »Es ist unsere traurige Pflicht, Ihnen mitteilen zu müssen …« Und er hatte das Büro als gebrochener Mann verlassen; sein Leben lag in Trümmern.

Vor sechs Jahren, sechs Jahren … Wie schnell die Zeit verging! Als wäre es gestern gewesen. Der Chef nahm die Hände vom Gesicht; er war verwirrt. Etwas stimmte nicht mit ihm. Er fühlte sich anders als sonst. Er beschloß, aufzustehen und einen Blick auf die Photographie des Jungen zu werfen. Es war nicht seine bevorzugte Photographie von ihm; sein Gesichtsausdruck war unnatürlich. Er war kalt, fast streng. So hatte der Junge nie ausgesehen.

In diesem Augenblick bemerkte der Chef, daß eine Fliege in das große Tintenfaß gefallen war und ebenso unermüdlich wie vergeblich versuchte, wieder herauszuklettern. Hilfe! Hilfe! riefen die zappelnden Beine. Aber die Wände des Tintenfasses waren naß und glitschig; sie fiel wieder hinein und begann zu schwimmen. Der Chef nahm eine Feder, fischte die Fliege aus der Tinte und schüttelte sie auf ein Blatt Löschpapier. Für einen kurzen Moment blieb sie reglos in dem dunklen Klecks liegen, der sich um sie herum ausbreitete. Dann fuchtelten die Vorderbeine, fanden Halt, und als sie den kleinen, aufgeweichten Körper hochgestemmt hatten, begannen sie mit der mühevollen Arbeit, die Flügel von der Tinte zu befreien. Einmal oben und einmal unten, einmal oben und einmal unten, strich ein Bein über den Flügel wie ein Wetzstein über die Sense. Dann entstand eine Pause, als die Fliege – sie schien auf Zehenspitzen zu stehen – versuchte, erst einen, dann den anderen Flügel auszubreiten. Schließlich war es geschafft, und sie setzte sich und begann, wie ein winziges Kätzchen, sich das Gesicht zu putzen. Man konnte sich wohl vorstellen, wie beschwingt, wie fröhlich sie die Beinchen jetzt aneinanderrieb. Die schreckliche Gefahr war vorüber; sie war entkommen; das Leben konnte wieder beginnen.

Doch da kam dem Chef ein Gedanke. Er tauchte seine Feder erneut in die Tinte, stützte sein dickes Handgelenk auf das Löschpapier, und als die Fliege gerade ihre Flügel erproben wollte, ging ein dicker, schwarzer Klecks auf sie nieder. Was jetzt? Was machte sie wohl jetzt? Das arme Viech war völlig erschüttert und benommen, es wagte nicht, sich zu rühren, vor Angst, was als nächstes geschehen würde. Aber dann, wie unter Schmerzen, schleppte sie sich weiter. Die Vorderbeine fuchtelten, fanden Halt, und die Arbeit – langsamer diesmal – begann von neuem.

Ein tapferes kleines Kerlchen, dachte der Chef und war voller Bewunderung für die Courage der Fliege. So mußte man es machen; das war der richtige Kampfgeist. Nur nie aufgeben; es war alles eine Frage der ... Aber die Fliege hatte ihre mühselige Arbeit bereits beendet, und der Chef hatte gerade noch Zeit, seine Feder einzutauchen und auf den frisch geputzten Körper einen weiteren dunklen Tropfen fallen zu lassen. Und was jetzt? Ein qualvoller Moment der Ungewißheit folgte. Aber sieh da, die Vorderbeine begannen wieder zu fuchteln; der Chef spürte große Erleichterung. Er beugte sich über die Fliege und sagte zärtlich: »Du gerissenes kleines Luder.« Und er hatte sogar die glänzende Idee, zu pusten, um den Prozeß des Trocknens zu beschleunigen. Trotzdem – ihre Anstrengungen waren jetzt nur noch halbherzig, es lag etwas Furchtsames in ihren Bewegungen, und der Chef beschloß, als er die Feder ins Tintenfaß tauchte, dies das letzte Mal sein zu lassen.

Es war das letzte Mal. Der Tropfen fiel auf das aufgeweichte Löschpapier und die besudelte Fliege lag mittendrin und rührte sich nicht. Die Hinterbeine klebten am Körper; die Vorderbeine waren nicht zu sehen.

»Na los«, rief der Chef. »Hopp, hopp!« Und er stieß sie mit der Feder an – vergeblich. Nichts tat sich, und es würde sich auch nichts mehr tun. Die Fliege war tot.

Der Chef hob den Leichnam mit der Spitze seines Federmessers hoch und warf ihn in den Papierkorb. Und es packte ihn ein so erschreckendes Gefühl von Niedergeschlagenheit, daß ihm angst und bange wurde. Mit einem Ruck beugte er sich vor und klingelte nach Macey.

»Bringen Sie mir neues Löschpapier«, sagte er streng, »und ein bißchen dalli.« Und als der alte Knabe davontrottete, überlegte der Chef, was es war, worüber er vorhin nachgedacht hatte. Was war es nur? Es war … Er zog sein Taschentuch hervor und wischte unterm Kragen. Er konnte sich beim besten Willen nicht erinnern.

DER KANARIENVOGEL

… Sehen Sie den großen Nagel da rechts von der Haustür? Noch immer kann ich kaum hinsehen, und doch bringe ich es nicht über mich, ihn herauszuziehen. Ich stelle mir gern vor, daß er für immer dort bliebe, auch wenn ich nicht mehr bin. Manchmal höre ich die Menschen, die nach mir hier wohnen, sagen: »Da muß einmal ein Käfig gehangen haben.« Und das tröstet mich; dann habe ich das Gefühl, er ist nicht ganz vergessen.

… Sie können sich nicht vorstellen, wie wunderschön sein Gesang war. Er war anders als der Gesang anderer Kanarienvögel. Und das bilde ich mir nicht etwa nur ein. Vom Fenster aus habe ich oft gesehen, wie die Leute an der Pforte stehengeblieben sind, um zu lauschen, oder sie haben sich bei dem Flieder über den Zaun gelehnt – und haben darüber ganz die Zeit vergessen. Es kommt Ihnen vielleicht verrückt vor – das würde es nicht, wenn Sie ihn gehört hätten –, aber ich habe wirklich den Eindruck gehabt, daß er richtige Lieder singt, mit einem Anfang und einem Ende.

Zum Beispiel, wenn ich am Nachmittag mit dem Haus fertig war und die Bluse gewechselt hatte und mit meiner Näharbeit hier auf die Veranda gekommen bin, dann ist er immer, hopp, hopp, hopp, von einer Stange auf die andere gehüpft, hat gegen die Gitterstäbe geklopft, wie um meine Aufmerksamkeit zu erregen, hat einen kleinen Schluck Wasser getrunken, wie ein richtiger Sänger es tut, und hat dann so herrlich zu singen begonnen, daß ich meine Näharbeit beiseite legen und ihm zuhören mußte. Ich wünschte, ich könnte es beschreiben; aber ich kann nicht.

Jeden Nachmittag ging das so, und ich hatte immer das Gefühl, daß ich jeden einzelnen Ton verstand.

... Ich habe ihn geliebt. Und wie ich ihn geliebt habe! Vielleicht kommt es nicht so sehr darauf an, was man in dieser Welt liebt. Aber etwas muß man lieben. Ich hatte natürlich immer mein kleines Haus und den Garten, aber aus irgendeinem Grund war mir das nicht genug. Blumen sind wunderbar ansprechend, aber Mitleid kennen sie nicht. Ich habe auch den Abendstern immer sehr geliebt. Klingt das albern? Nach Sonnenuntergang bin ich in den Hof gegangen und habe auf ihn gewartet, bis er über dem dunklen Eukalyptusbaum aufging. Ich habe ihm zugeflüstert: »Da bist du ja, mein Liebling.« Und in diesem ersten Moment war es, als leuchte er nur für mich. Er schien es zu verstehen, dieses ... dieses Gefühl der Sehnsucht, oder eigentlich nicht Sehnsucht. Eher Trauer – es ist eher wie Trauer. Aber wieso Trauer? Ich habe allen Grund, dankbar zu sein.

... Doch nachdem er in mein Leben trat, vergaß ich den Abendstern; ich brauchte ihn nicht mehr. Doch es war sonderbar. Als der Chinese mit den Vögeln an die Tür kam und ihn in seinem kleinen Käfig hochhielt, da flatterte er nicht wie wild herum wie die armen Finken, sondern er gab nur ein kleines, schüchternes Tschilpen von sich, und ich hörte mich sagen, wie ich sonst zu dem Abendstern über dem Eukalyptusbaum gesagt hatte: »Da bist du ja, mein Liebling.« Von dem Moment an war er mein.

Noch heute muß ich mich wundern, wenn ich daran denke, wie wir, er und ich, zusammen gelebt haben. Wenn ich am Morgen herunterkam und das Tuch von seinem Käfig nahm, begrüßte er mich mit leiser, müder Stimme. Ich wußte, es hieß: »Missis! Missis!« Dann hängte ich ihn nach draußen an den Nagel und bereitete für die drei jungen Herren das Frühstück, und ich holte ihn erst herein, um seinen Käfig sauber zu machen, wenn wir das Haus für uns allein hatten. Dann, wenn ich mit dem Abwasch fertig war, wurde es lustig. Ich breitete eine Zeitung auf dem Tisch aus, und wenn ich den Käfig daraufstellte, fing er an, wie verrückt mit den Flügeln zu schlagen, als wüßte er nicht zu genau, was jetzt kam. »Du bist mir ja ein Komödiant!« habe ich ihn ausgeschimpft. Ich habe den Käfigboden gescheuert, habe frischen Sand drübergestreut, seinen Futter- und seinen Wassernapf gefüllt, habe ein wenig Vogelmiere und eine halbe Pfefferschote zwischen die Gitterstäbe gesteckt. Und ich bin mir ganz sicher, daß er jede Einzelheit dieser kleinen Zeremonie begriff und würdigte. Denn er war von Natur aus sehr reinlich, müssen Sie wissen. Auf seiner Stange war nie Dreck. Und man mußte ihn nur dabei beobachten, wie er sein Bad genoß, und man begriff sofort, daß er eine wahre Leidenschaft hatte für Sauberkeit. Sein Badehäuschen kam immer zuletzt. Und sobald es im Käfig war, stürzte er sich auch schon hinein. Zuerst flatterte er mit dem einen Flügel, dann mit dem anderen, dann tauchte er den Kopf unter und bespritzte seine Brustfedern. Die Wassertropfen sprühten durch die ganz Küche, aber er wollte und wollte nicht wieder herauskommen. Ich habe zu ihm gesagt: »So, jetzt ist es aber genug. Du übertreibst.« Am Ende hüpfte er also heraus und pickte sich, auf einem Bein stehend, trocken. Schließlich, schüttelte er sich, piepste kurz und zwitscherte, und dann reckte er den Hals – Ach, die Erinnerung ist so schmerzlich. Um diese Zeit war ich immer damit beschäftigt, die Messer zu putzen. Und fast schien es mir, als sängen die Messer mit, wenn ich sie auf dem Brett blank rieb.

… Gesellschaft, verstehen Sie – er hat mir Gesellschaft geleistet. Die beste Gesellschaft, die sich denken läßt. Wenn Sie allein leben, werden Sie begreifen, was das bedeutet. Natürlich hatte ich noch die drei jungen Herren, die abends zum Essen kamen, und manchmal saßen sie hinterher noch im Eßzimmer und lasen Zeitung. Aber ich konnte nicht erwarten, daß sie sich für die kleinen Dinge meines Alltags interessierten. Wie auch? Ich bedeutete ihnen nichts. Tatsächlich habe ich einmal gehört, wie sie im Flur über mich sprachen und mich »Vogelscheuche« nannten. Wie auch immer. Es störte mich nicht. Nicht im geringsten. Aber ich weiß noch, wie froh ich war, an diesem Abend nicht allein zu sein. Sobald sie fort waren, erzählte ich ihm davon. Ich sagte: »Weißt du, wie sie deine Missis nennen?« Und er legte den Kopf auf die Seite und sah mich mit seinen kleinen leuchtenden Äuglein an, so daß ich lachen mußte. Es schien ihn zu belustigen.

.... Haben Sie je Vögel gehalten? Wenn nicht, wird Ihnen all das womöglich übertrieben erscheinen. Die Leute denken, Vögel seien kaltherzige Geschöpfe, anders als Hunde oder Katzen. Die Waschfrau, die immer montags kam, hat sich gewundert, warum ich mir nicht einen »netten Foxterrier« halte, und hat gesagt: »Kanarienvögel, Miss, können einen nicht trösten.« Das stimmt nicht. Überhaupt nicht. Ich weiß noch, einmal in der Nacht. Ich hatte einen schrecklichen Traum gehabt – Träume können furchtbar grausam sein –, selbst nachdem ich aufgewacht war, konnte ich mich nicht beruhigen. Also zog ich mir den Morgenrock über und ging nach unten in die Küche, um mir ein Glas Wasser zu holen. Es war eine Winternacht, und es regnete heftig. Vermutlich war ich noch halb im Schlaf, auf jeden Fall hatte ich das Gefühl, durch das Küchenfenster – das keine Jalousie hatte – sieht die Dunkelheit zu mir herein und beobachtet mich. Und plötzlich spürte ich, wie unerträglich es war, daß ich niemanden hatte, zu dem ich sagen konnte: »Ich hatte einen furchtbaren Traum«, oder – oder: »Beschütz mich vor der Dunkelheit.« Ich habe sogar für eine Minute das Gesicht mit den Händen bedeckt. Und plötzlich hörte ich ein leises: »Lieb'! Lieb'!« Sein Käfig stand auf dem Tisch, und sein Tuch war verrutscht, so daß ein dünner Streifen

Licht hineinfiel. »Lieb', Lieb'!« sagte mein kleiner Liebling wieder, so sanft, als wollte er sagen: »Ich bin hier, Missis! Ich bin hier!« Das war so wunderbar tröstlich, daß ich fast geweint hätte.

… Und jetzt ist er nicht mehr. Ich werde keinen Vogel mehr halten, auch kein anderes Tier. Wie könnte ich? Als ich ihn fand, auf dem Rücken liegend, das Auge matt, die Krallen wie im Krampf, als mir klar wurde, daß ich meinen Liebling nie wieder würde singen hören, da ist etwas in mir gestorben. Mein Herz fühlte sich ganz leer an, als wäre es sein Käfig. Ich werde darüber hinwegkommen. Natürlich. Was bleibt einem anderes übrig. Mit der Zeit kommt man über alles hinweg. Und die Leute sagen immer, ich habe ein fröhliches Gemüt. Da haben sie recht. Und dafür bin ich Gott dankbar.

… Immerhin, auch ohne Trübsal zu blasen oder nur an früher zu denken und dergleichen, muß ich gestehen, daß das Leben doch etwas Trauriges an sich hat. Schwer zu sagen, was es ist. Ich meine nicht das Leiden, das man so kennt, Krankheiten, Armut, den Tod. Nein, es ist etwas anderes. Es ist hier drinnen, tief in uns, tief in uns drinnen, es ist ein Teil von uns, wie unser Atem. Ich kann arbeiten und mich abrackern, soviel ich will, ich weiß, sobald ich innehalte, wartet es schon auf mich. Ich frage mich oft, ob andere Menschen ebenso fühlen. Man weiß es nicht. Aber ist es nicht seltsam, daß es gerade dies war – diese Traurigkeit – oder was es ist –, die ich in seinen fröhlichen kleinen Gesängen gehört habe.

GESCHICHTE EINES VERHEIRATETEN MANNES

I

Es ist Abend. Das Essen ist vorüber. Wir haben das kleine, kalte Eßzimmer verlassen, sind zurück ins Wohnzimmer gegangen, wo ein Feuer brennt. Alles ist wie immer. Ich sitze an meinem Schreibtisch, der übereck an der Wand steht, so daß ich ins Zimmer blicke. Die Lampe mit dem grünen Schirm brennt; vor mir liegen zwei große Nachschlagewerke, beide geöffnet, ein Stoß Papier … Das Rüstzeug eines überaus beschäftigten Mannes. Meine Frau sitzt, ihren Jungen auf dem Schoß, in einem niedrigen Sessel beim Feuer. Sie will ihn zu Bett bringen, um dann das Geschirr abzuräumen und in die Küche zu tragen, für das Mädchen morgen früh. Aber die Wärme, die Stille, das schläfrige Kind, hat sie müde gemacht. Das Kind hat eins seiner roten Stricksöckchen verloren. Sie sitzt vornübergebeugt da, hält das kleine nackte Füßchen, starrt in die Glut, und je nachdem, wie sich das Feuer regt, bald in sich zusammenfällt, bald neu auflodert, erscheint – als mächtige ›Mutter mit Kind‹ – ihr Schatten an der Wand und verschwindet wieder …

Draußen regnet es. Ich denke gern an das kalte, tropfende Fenster hinter der Jalousie und an die dunklen Büsche weiter hinten im Garten mit ihren breiten, im Regen glitzernden Blättern, an den Zaun dahinter, an die naßglänzende Straße mit den Rinnsteinen, die heiser gegeneinander ansingen, und an die Reflexe der Straßenlaternen, zuckend wie Fischschwänze. Während ich hier bin, bin ich dort, und ich hebe mein Gesicht zum düsteren Himmel und habe das Gefühl, daß es auf der ganzen Welt regnet – daß die ganze Welt triefnaß ist und widerhallt von diesem sanften Prasseln oder diesem stetigen Trommeln oder Glucksen oder von etwas, das wie Schluchzen und Lachen gleichzeitig klingt, und von diesem übermütigen Plätschern, wie wenn Wasser in einen stillen See oder einen fließenden Strom fällt. Und gleichzeitig gelange ich in eine fremde Stadt, schlüpfe unter das Verdeck der Droschke, während der Kutscher dem schnaubenden Pferd die Decke herunterreißt, laufe von einem Unterschlupf zum nächsten, dränge mich durch Menschen hindurch, weiche ihnen aus. Ich nehme hohe Häuser wahr, ihre Türen und die vor der Nacht verrammelten Fensterläden, tropfende Balkone und überschwemmte Blumentöpfe. Ich streife durch verlassene Parkanlagen und gerate in ein modrig riechendes Sommerhäuschen (man weiß, wie weich und geradezu porös das Holz von Sommerhäusern im Regen ist); ich stehe auf dem dunklen Pier, lege mein Billett in die nasse rote Hand des alten Matrosen im Ölzeug. Wie streng das Meer riecht! Wie laut die vertäuten Boote aneinanderschlagen! Ich überquere den Stapelhof, in dem das Wasser steht, über dem Kopf einen alten Sack, in der Hand eine Laterne, während mein Hund, vollgesogen wie eine Fußmatte, um mich herumspringt, sich schüttelt, mich naß spritzt. Und jetzt gehe ich eine einsame Landstraße entlang – man kann unmöglich den Pfützen ausweichen, und die Bäume schwanken im Wind – schwanken.

Aber das könnte man ewig so fortführen – immer weiter – bis man das einzelne Blatt einer Calla umdrehte, und man entdeckte dort winzige Schnecken und man finge an zu zählen … und was dann? Sind dies nicht lediglich Symbole, Abbilder dessen, was ich fühle? Die grünglänzende Spur von einem, der durchs taufrische Gras geht. Aber nicht das

Gefühl selbst. Und bei diesem Gedanken beginnt eine Stimme in meinem Busen mit einem herrlichen Klagegesang. Ja, das kommt dem, was sich sagen will, näher. Welche Stimme! Welche Kraft! Welch ein Schmelz! Wunderbar.

Plötzlich dreht sich meine Frau rasch zu mir um. Sie weiß – wie lange schon? – daß ich nicht »arbeite«. Es ist sonderbar, sie schaut mich so offen an, und doch ist ihr Lächeln fast scheu – und ihre Stimme fast stockend, als sie fragt: »Woran denkst du?«

Ich lächle und reibe mir mit zwei Fingern die Stirn; eine Angewohnheit von mir. »An nichts«, sage ich sanft.

Bei diesen Worten setzt sie sich auf und sagt, noch immer bemüht, es nicht wichtig klingen zu lassen: »Ach, aber an irgend etwas mußt du doch gedacht haben!«

Jetzt erst sehe ich sie wirklich an, begegne ihrem Blick, und ich meine, ein Zucken in ihrem Gesicht zu sehen. Wird sie sich denn nie an diese kleinen, harmlosen – wie soll man sagen – Alltagslügen gewöhnen? Wird sie denn nie lernen, sich keine Blöße zu geben, sich bedeckt zu halten?

»Nein, ehrlich, ich habe an nichts gedacht.«

Na bitte! Es scheint sie zu treffen wie ein Pfeil. Sie wendet sich ab, zieht dem Kind das andere rote Söckchen aus, setzt es hin und beginnt sein Kleidchen auf dem Rücken aufzuknöpfen. Ich frage mich, ob das kleine, hin- und herschaukelnde Bündel irgend etwas sieht, irgend etwas empfindet? Jetzt legt sie es quer übers Knie, und in diesem Licht sieht es mit seinen weichen, zitternden Ärmchen und Beinchen einer kleinen Krabbe erstaunlich ähnlich. Es ist kurios, aber ich kann es einfach nicht mit meiner Frau und mir in Verbindung bringen – ich habe es nie als unseres akzeptiert. Immer wenn ich in die Diele komme und den Kinderwagen sehe, denke ich: »Hm, jemand mit Kind ist zu Besuch!« Oder wenn mich nachts sein Schreien aufweckt, bin ich drauf und dran, meiner Frau vorzuwerfen, daß sie das Kind ins Haus gebracht habe. Man möchte vielleicht bei meiner Frau starke mütterliche Gefühle vermuten, aber die Wahrheit ist, daß sie in meinen Augen durchaus nicht der Typ von Frau ist, der in seinem Leib Kinder austrägt. Das sind zwei grundverschiedene Typen! Wo ist bei ihr diese … kreatürliche Leichtigkeit und Verspieltheit, dies rasche Küssen und Liebkosen, von dem man uns gesagt hat, daß es jungen Müttern eigen ist. Davon findet sich bei ihr keine Spur. Ich glaube, wenn sie dem Kind das Mützchen zubindet, fühlt sie wie eine Tante und nicht wie eine Mutter. Aber ich kann mich täuschen; vielleicht hängt sie leidenschaftlich an dem Kind … Nein, ich glaube nicht. Wobei, ist es nicht schändlich, so über seine Frau zu denken? Schändlich oder nicht, für seine Gedanken kann man nichts. Und noch etwas. Wie soll man von meiner Frau, einer *Frau mit gebrochenem Herzen*, erwarten, daß sie ihre Zeit damit zubringt, das Kind zu hätscheln? Doch der Einwand gilt nicht. Sie hat schließlich auch nicht gehätschelt, als ihr Herz noch heil war.

Und nun hat sie den Kleinen zu Bett gebracht. Ich höre sie mit leisen, bedächtigen Schritten zwischen Eßzimmer und Küche hin- und herlaufen, hin und her, zum Klang der klappernden Teller. Und jetzt ist alles still. Was ist geschehen? Oh, ich weiß es so genau, als wäre ich nachsehen gegangen: sie steht mitten in der Küche, vor sich das verregnete Fenster. Ihr Kopf ist geneigt; mit einem Finger zeichnet sie etwas – oder nichts – auf den Tisch. Es ist kalt in der Küche; das Gas flackert; der Wasserhahn tropft; ein Bild der Verlorenheit. Und niemand tritt hinter sie, nimmt sie in die Arme, küßt ihr weiches Haar, führt sie zum Kamin und reibt ihre Hände warm. Niemand ruft sie oder fragt sich, was sie dort so lange macht. Und sie weiß es. Und doch, da sie eine Frau ist, hofft sie in ihrem tiefsten Innern, hofft sie auf das Wunder; denn eher ist sie bereit, mit diesem bitteren Selbstbetrug zu leben, als – *so* zu leben.

II

So zu leben … Ich schreibe die Worte sehr behutsam hin, sehr ordentlich. Aus irgendeinem Grund verspüre ich die Lust, sie zu signieren oder darunterzuschreiben: Neue Feder ausprobiert. Aber im Ernst, ist es nicht ungeheuerlich, was in einer harmlosen kleinen Redewendung stecken kann? Sie reizt mich – reizt mich außerordentlich. Szene: ein gedeckter Abendbrottisch. Meine Frau hat mir soeben meine Tasse Tee gereicht. Ich rühre um, hebe den Löffel, fische dann müßig nach einem Teeblättchen, bis es schließlich an meiner Angel hängt, und während ich es an Land ziehe, murmle ich sehr sanft: »Wie lange wollen wir noch fortfahren – so – zu leben?« Und im nächsten Moment folgt der unvermeidliche »grelle Blitz und ohrenbetäubende Donner. Große Trümmer fliegen durch die Luft (ich muß gestehen, ich liebe Trümmer) … und als der Rauch sich verzieht und der Staub sich legt …« Aber so weit wird es nicht kommen; ich werde es nie erfahren. Man wird sie dermaleinst bei mir finden, die harmlose kleine Wendung, »unversehrt«, wie man so schön sagt. »Öffnet mein Herz, und ihr werdet erkennen …«

Aber warum? Ha, genau das ist die Frage! Das ist die alles entscheidende Frage. Warum bleiben Menschen zusammen? Wenn man das übliche »wegen der Kinder« und »aus wirtschaftlichen Gründen« einmal beiseite läßt – Juristengewäsch, nichts weiter – und wirklich einmal versucht herauszufinden, warum Menschen nicht auseinandergehen, dann macht man eine erstaunliche Entdeckung. Die Antwort ist: Sie können nicht; sie sind fest aneinandergebunden. Und niemand auf Erden wüßte zu sagen, welche Bande es sind, die sie binden, außer ihnen selbst. Drücke ich mich unklar aus? Ich will es anders versuchen: Angenommen, man wird von den beiden ins Vertrauen gezogen, zuerst von ihm und dann von ihr. Angenommen, man ist wirklich im Bilde über die ganze Situation. Und nachdem man ebenso einfühlsam wie unvoreingenommen alles erwogen hat, erklärt man den beiden, sehr ruhig (und doch mit einem Hauch von Genugtuung – denn selbst in den Besten von uns – davon bin ich überzeugt – existiert etwas, das einen Freudensprung vollführt und »Jaaah!« schreit im Angesicht der Zerstörung): »Meiner Meinung nach wäre es das beste, wenn ihr euch trennt. Ihr lähmt euch nur. Ja, ich möchte sagen, ihr habt geradezu die Pflicht, euch gegenseitig freizugeben.« Was geschieht? Er und sie – sie geben einem recht. Sie sehen es genauso. Man hat nur ausgesprochen, was sie in der vergangenen Nacht selbst gedacht haben. Und sie wollen sofort den Rat des guten Freundes in die Tat umsetzen ... Doch wenn man sie das nächste Mal trifft, sind sie immer noch zusammen. Man hat nämlich nicht mit jener unbekannten Größe gerechnet, die das Geheimnis ihrer Beziehung ausmacht – und die sie niemandem offenbaren könnten, selbst wenn sie es wollten. Alles Räsonieren reicht bis an diesen Punkt und nicht weiter. Oh, man verstehe mich nicht falsch! Es hat nichts damit zu tun, ob sie miteinander schlafen oder nicht ... Was mich auf einen Gedanken bringt, der mir schon so manches Mal gekommen ist. Nämlich daß es durchaus nicht der Mensch ist, der Mensch, den wir zu kennen glauben, der sich seinen Gefährten sucht. Sondern es ist der eigentliche Hausherr, das zweite Ich in ihm, das die Entscheidung fällt, und zwar zu *seinen* Gunsten, und – so absurd es klingen mag – es ist das *zweite* Ich des anderen, das darauf reagiert. Dunkel, ganz dunkel – so will es mir jedenfalls scheinen – sind wir uns dessen sogar bewußt, bewußt genug immerhin, um jeden Fluchtversuch von vornherein als sinnlos zu betrachten. Es läuft also darauf hinaus: Wenn die veränderlichen Ichs von meiner Frau und mir glücklich sind – *tant mieux pour nous* – wenn nicht – *tant pis* ... Aber ich weiß nicht, ich weiß nicht. Immerhin könnte es ja sein, daß es nur mir so geht, daß nur ich dieses Empfinden kenne, dieses gleichsam körperliche Empfinden, daß wir alle in einem Panzer leben – kleine Wesen, die aus einem Schildhäuschen beim Tor herausspähen, die wir aus unserem Glaskabuff den Eingang bewachen, blasse kleine Pförtner, die nie zu sagen wüßten, ob der Hausherr anwesend ist oder nicht …

Die Tür geht auf … Meine Frau. Sie sagt: »Ich gehe zu Bett.«

Und ich sehe wie abwesend auf und sage wie abwesend: »Du gehst zu Bett.«

»Ja.« Eine winzige Pause. »Vergiß nicht, das Gas in der Diele abzudrehen, hörst du?«

Und ich wiederhole es: »Das Gas in der Diele.«

Es gab Zeiten – damals –, als diese Marotte, denn es ist wirklich zur Marotte geworden – damals war es noch keine – ein beliebter Scherz zwischen uns war. Alles fing natürlich damit an, daß ich hin und wieder mit meinen Gedanken weit weg war und nicht zuhörte. Ich begriff erst, wenn ich sah, wie sie den Kopf schüttelte und sie mich auslachte: »Du hast überhaupt nicht zugehört!«

»Nein. Was hast du gesagt?«

Warum hatte sie das so komisch, so reizend gefunden? Denn das tat sie – sie fand es entzückend. »Wie typisch! Ach, du bist so – so –« Und ich wußte, daß sie mich dafür liebte. Ich wußte, daß sie sich regelrecht darauf freute, hereinzukommen und mich zu unterbrechen; und ich – wie man zu tun pflegt – spielte das Spiel mit. Pünktlich um halb elf Uhr abends war ich also mit meinen Gedanken weit weg. Warum aber jetzt noch? Weil ich es aus irgendeinem Grund grausam finde, plötzlich mit der Gewohnheit zu brechen. Doch worauf wartet sie heute abend? Warum geht sie nicht? Warum zieht sie es in die Länge? Jetzt geht sie. Nein, die

Hand auf dem Türknauf, dreht sie sich noch einmal um, und mit einem höchst sonderbaren, schüchternen Stimmchen sagt sie: »Ist dir nicht kalt?«

Oh, jetzt übertreibt sie! Es gibt keinen Grund, melodramatisch zu werden. Das ist furchtbar. Ein Schaudern erfaßt mich, und ich kann erst nach einer geraumen Weile ein gedehntes: »N-nein!« herausbringen, während meine Linke in dem Nachschlagewerk blättert.

Sie ist fort; heute abend kommt sie nicht mehr zurück. Nicht nur ich weiß das – auch das Zimmer verändert sich. Es entspannt sich – wie ein alter Schauspieler. Nach und nach wird die Maske abgeschminkt, der Ausdruck gespannter Aufmerksamkeit weicht einem mürrischen Grübeln. Jede Falte, jede Furche atmet Erschöpfung. Der Spiegel ist ermattet, das Feuer nur noch weiße Asche; allein meine hinterhältige Lampe brennt weiter ... Doch diese dreiste Gleichgültigkeit, mit der es mir begegnet! Oder soll ich mich geschmeichelt fühlen? Nein, das Zimmer und ich, wir verstehen einander. Sie kennen doch diese Geschichten von wilden Kindern, die von Wölfinnen gesäugt und vom Rudel angenommen werden und wie sie sich von da an frei unter ihren hurtigen grauen Brüdern bewegen. So in etwa ist es mir ergangen. Aber halt! Das mit den Wölfen ist Unsinn. Sonderbar! Bevor ich es hinschrieb, als es noch in meinem Kopf war, hat es mir so gut gefallen. Es schien genau auszudrücken, ja mehr noch, vor Augen zu führen, was ich sagen wollte. Aber hingeschrieben rieche ich sofort, daß etwas nicht stimmt ... und der Geruch geht deutlich von dem Wort »hurtig« aus. Finden Sie nicht? Hurtige graue Brüder! »Hurtig.« Ein Wort, das ich nie verwende. Als ich »Wölfinnen« schrieb, ging es mir so durch den Sinn, wie ein dunkler Schatten, und ich konnte nicht widerstehen. Es ist nicht zu fassen! Warum ist es so kompliziert, einfach zu schreiben, und nicht nur einfach, sondern *sotto voce*, wenn

Sie verstehen, was ich meine? Denn so möchte ich schreiben. Schnörkellos – ohne Mätzchen. Nichts als die reine Wahrheit, wie sie nur ein Lügner erzählen kann.

III

Ich zünde mir eine Zigarette an, lehne mich zurück, nehme einen tiefen Zug – und frage mich, ob meine Frau schon schläft. Oder liegt sie in ihrem kalten Bett, starrt mit ihren treuherzig verwirrten Augen ins Dunkel? Ihre Augen sind wie die Augen einer Kuh, die über die Straße getrieben wird. »Warum treibt man mich fort – was habe ich denn getan?« Doch für diesen Blick bin ich wirklich nicht verantwortlich; es ist ihr natürlicher Gesichtsausdruck. Als sie eines Tages in einem Schrank gründlich saubermachte, fand sie eine Photographie von sich, die sie als Schulmädchen zeigte. Sie trug ihr Firmungskleid, wie sie mir erzählte. Und auch da hatte sie diesen Blick, selbst da schon. Ich weiß noch, daß ich zu ihr sagte: »Hast du immer so traurig ausgesehen?« Sie lehnte an meiner Schulter und lachte leise. »Sehe ich denn traurig aus? Ich denke, das bin einfach … ich.« Und sie wartete, daß ich etwas darauf sagte. Doch ich wunderte mich nur über ihren Mut, mir eine solche Photographie überhaupt zu zeigen. Es war eine entsetzliche Aufnahme! Und ich fragte mich, ob sie ahnte, wie gewöhnlich sie aussah, und sich womöglich mit dem Gedanken tröstete, daß Menschen, die sich liebten, sich nicht kritisierten, sondern alles so nahmen, wie es war, oder ob sie am Ende gar mit ihrem Äußeren zufrieden war und von mir ein Kompliment erwartete.

Ach, das war gemein von mir! Hatte ich denn schon vergessen, wie häufig sie sich abwandte, vom Licht abwandte, und ihr Gesicht an meine Schulter preßte? Und vor allem:

hatte ich denn schon den Nachmittag unseres Hochzeitstags vergessen, als wir auf der Bank im Botanischen Garten saßen und dem Orchester lauschten; als sie sich mir in der Pause zwischen zwei Stücken plötzlich zuwandte und mit einer Stimme, mit der man sonst fragte: »Glaubst du, der Rasen ist feucht?« oder: »Wollen wir jetzt Tee trinken?«, mit dieser Stimme fragte sie: »Findest du, daß körperliche Schönheit so wichtig ist?« Ich mag nicht daran denken, wie häufig sie diese Frage geprobt haben mochte. Und wissen Sie, was ich ihr antwortete? In diesem Moment hatte das Orchester wie aufs Stichwort einen furiosen Tusch von sich gegeben, und ich rief gegen den Lärm an: »Ich habe dich nicht verstanden.« Teuflisch. Oder? Nun, oder auch nicht. Sie sah jedenfalls aus wie ein Patient, dem der Arzt eröffnet: »Operieren werden wir in jedem Fall müssen – aber es eilt nicht!«

IV

Doch all das vermittelt den Eindruck, als seien meine Frau und ich nie glücklich gewesen. So ist es nicht! O nein! Wir waren mehr als glücklich. Wir waren ein Traumpaar. Wenn Sie uns gesehen hätten, ganz gleich wo oder wann, oder wenn Sie uns nachspioniert und uns heimlich beobachtet hätten, Sie hätten gewiß sagen müssen: »Ich habe nie zwei Menschen gesehen, die besser zusammengepaßt hätten.« Bis letzten Herbst.

Doch um zu erklären, was im letzten Herbst geschah, muß ich weiter zurückgehen, sehr weit zurückgehen – ich muß klein und kleiner werden, bis meine Hände wieder das Treppengeländer umfassen, das höher ist als mein Kopf, und ich durch die Stäbe meinen Vater sehe, der mit schlurfenden Schritten hin- und herläuft. Die Fenster auf den

Treppenabsätzen waren bunt. Wenn er hochkam, war seine Glatze zunächst dunkelrot, und dann war sie gelb. Wie ich mich fürchtete! Und wenn man mich ins Bett gebracht hatte, träumte ich, daß wir in einer von Vaters großen, bunten Flaschen wohnten. Denn er war Apotheker. Neun Jahre waren meine Eltern verheiratet gewesen, als ich zur Welt kam. Ich war das einzige Kind, und die Anstrengung, nur ein Kind wie mich zur Welt zu bringen – eine kleine welke Knospe muß ich gewesen sein – hatte die Kräfte meiner Mutter restlos aufgezehrt. Sie verließ nie wieder ihr Zimmer. Bett, Sofa, Fenster, in diesem Dreieck bewegte sie sich. Ich sehe sie vor mir, an ihren Fenster-Tagen, wie sie, die Wange auf eine Hand gestützt, dasitzt und hinaussieht. Ihr Zimmer ging zur Straße raus. Auf der Straßenseite gegenüber befand sich eine Mauer, die mit Plakaten von Wanderbühnen und Zirkussen und dergleichen beklebt war. Ich stand neben ihr, und wir betrachteten die dünne Dame im roten Kleid, die mit ihrem Sonnenschirm auf den dunkelhaarigen Herrn losging, oder den Tiger, der aus dem Dschungel herauslugte, während ganz in der Nähe der Clown eine Flasche auf der Nase balancierte, oder das kleine blonde Mädchen auf dem Knie eines alten schwarzen Mannes mit einem großen Baumwollhut … Sie sagt nichts. Die Sofa-Tage, das sind ihr Flanellmorgenrock, den ich hasse, und ein Kissen, das ständig von dem harten Sofa herunterrutscht. Ich hebe es auf. Es ist mit Rosen und mit Wörtern bestickt. Ich frage sie, was die Wörter bedeuten, und sie flüstert: »Süße Ruh!« Im Bett flechten ihre Finger die Fransen der Bettdecke zu kleinen festen Zöpfen, und ihre Lippen sind schmal. Und das ist alles, was von meiner Mutter zu sagen wäre, abgesehen von der sonderbaren »Episode«, die später folgt.

Mein Vater … in einer Ecke des Raums auf einer Tonne mit Badeschwämmen hockend, habe ich meinen Vater so viele Jahre beobachtet, daß sich mir sein Bild, vom Tresen halbiert, unauslöschlich eingeprägt hat. Vollglatze, der polierte Schädel geformt wie ein schlankes Ei, schlaffe, weiße Wangen, Tränensäcke unter den Augen, große fahle Ohren wie Henkel. Er war sehr zurückhaltend, schlau, schien stets ein wenig amüsiert, fast spöttisch. Lange bevor ich mir dessen bewußt war, hatte ich seine Art bereits verinnerlicht … Ich pflegte ihn sogar nachzuahmen, machte in meiner Ecke Diener und hatte sein zaghaftes Grinsen auf den Lippen. Am Abend waren seine Kunden fast ausschließlich junge Frauen; einige von ihnen kamen jeden Tag, um ein Gläschen von seinem berühmten Stärkungsmittel zu fünf Penny zu trinken. Ihr bunter Flitter, ihre Stimmen, ihre kecke Art verzauberten mich. Ich sehnte mich danach, mein Vater zu sein, um ihnen über den Tresen das Gläschen mit dem bläulichen Getränk reichen zu können, das sie so gierig hinunterstürzten. Weiß der Himmel, woraus es bestand. Jahre später trank ich einmal einen Schluck, nur um sehen, wie es schmeckte; es war ein Gefühl, als habe mir jemand mit aller Macht auf den Schädel geschlagen; ich war wie benommen.

An einen dieser Abende kann ich mich besonders gut erinnern. Es war kalt; es muß Herbst gewesen sein, denn nach meinem Tee wurde bereits das flackernde Gaslicht angezündet. Ich hockte in meiner Ecke, und mein Vater mischte irgend etwas zusammen; der Laden war leer. Plötzlich bimmelte die Ladenglocke, und eine junge Frau stürzte herein, so laut weinend und schluchzend, das es nicht echt klang. Sie trug einen grünen, pelzbesetzten Umhang und einen Hut, an dem Kirschen baumelten. Mein Vater kam hinter der Trennwand hervor. Doch sie konnte sich zuerst gar nicht beruhigen. Sie stand mitten im Laden und rang die Hände und jammerte; ich habe nie wieder einen Menschen so weinen hören. Schließlich schaffte sie es, auszustoßen: »Ihr Stärkungsmittel!« Dann holte sie tief Luft, schauderte vor meinem Vater zurück und wimmerte: »Ich habe schlechte Neuigkeiten!« Und in dem flackernden Gaslicht sah ich, daß eine Seite ihres Gesichts ganz verquollen und dunkelrot war; ihr Lippe war aufgeplatzt, und ein Augenlid sah aus, als wäre es fest auf das feuchte Auge aufgeklebt. Mein Vater schob ihr ein Gläschen über den Tresen zu. Aber sie konnte nicht trinken; sie hielt das Glas in der Hand, starrte vor sich hin, als könne sie nicht glauben, was sie sah. Immer wenn sie den Kopf in den Nacken legte, spritzten wieder die Tränen hervor. Es ging nicht. Mit einer Hand den Umhang zusammenhaltend, verließ sie den Laden so überstürzt, wie sie ihn betreten hatte. Mein Vater zeigte keine Regung. Doch noch lange, nachdem sie gegangen war, saß ich zusammengekauert in meiner Ecke, und wenn ich so zurückdenke, ist mir, als habe ich am ganzen Körper gezittert. »So ist das also«, dachte ich. »So ist das also da draußen.«

V

Erinnern Sie sich an Ihre Kindheit? Ich lese immer wieder wunderbare Berichte von Schriftstellern, die mir beteuern, sich an »alles« zu erinnern. Ich tue das gewiß nicht. Die Zeitspannen, die im Dunkel liegen, die Lücken, sind viel größer als die kurzen lichten Momente. Ich habe das Gefühl, als hätte ich die meiste Zeit meines Lebens wie eine Pflanze im Küchenschrank zugebracht. Ab und zu, wenn die Sonne schien, hat mich eine lieblose Hand nach draußen auf die Fensterbank gestellt und im nächsten Moment wieder zurückbefördert – das war alles. Aber was geschieht im Dunkeln? Wächst man? Bleicher Stiel … schüchterne Knospen … weiße, zaudernde Blüte. Kein Wunder, daß man mich in der Schule haßte. Sogar die Lehrer scheuten vor mir zurück. Irgendwie spürte ich, daß sie meine leise, stockende Stimme kaum ertrugen. Ich spürte auch, daß sie meinem wie bestürzt starrenden Blick auswichen. Ich war klein und schmächtig und roch nach Laden; mein Spitzname war Gregory Powder. Die Schule war eine Wellblechbaracke, die auf halber Höhe an einem felsigen Abhang hing. Dunkelrote Schlieren durchzogen die lehmigen Schlammpfützen auf dem Pausenhof wie Blut. Ich verstecke mich in dem dunklen Flur, dort, wo die Mäntel hängen, und einer der Lehrer entdeckt mich. »Was machst du da im Dunkeln?« Seine grausame Stimme bringt mich um; ich sterbe vor seinen Augen. Ich stehe in einem Kreis sich reckender Köpfe; einige grinsen, andere sind bloß neugierig, wieder andere spucken. Und es ist immer kalt. Große Wolkenbüschel drängen über den Himmel; das rostige Wasser in der Schulzisterne ist gefroren; die Schulglocke tönt matt. Einmal steckten sie mir einen toten Vogel in die Manteltasche. Ich fand ihn erst zu Hause. Ach, wie sonderbar schlug mein Herz, als ich den schrecklich weichen, kalten kleinen Körper aus der Tasche herausholte, mit seinen Beinchen, dünn wie Nadeln, und den Krallen wie im Krampf. Ich setzte mich vor der Hintertür auf die Treppe und legte den Vogel in meine Mütze. Die Federn am Hals sahen feucht aus, und über den geschlossenen Augen standen ebenfalls winzige Federbüschel ab. Und wie fest der Schnabel geschlossen war! Ich konnte keinen Strich entdecken, wo er geteilt war. Ich breitete einen Flügel aus und berührte den weichen Flaum, der darunter versteckt war; ich versuchte, meinen kleinen Finger in seine starren Krallen zu legen. Aber er tat mir nicht leid – nein! Ich machte mir so meine Gedanken. Der Rauch aus unserem Küchenschornstein wurde zu Boden gedrückt, und Rußflocken trieben durch die Luft – zart und leicht. Durch einen großen Riß im Zementboden des Hofs hatte sich ein unscheinbares Pflänzchen mit matten, rötlichen Blüten ans Licht gekämpft. Ich sah wieder auf den toten Vogel … Und das war wohl das erste Mal, daß ich gesungen habe – das heißt … ich lauschte eher einer lautlosen Stimme in einem Käfig – der ich war.

VI

Doch was hat das alles mit meinem Eheglück zu tun? Wie kann all das meine Frau und mich berühren? Warum blicke ich so weit in die Vergangenheit zurück – um zu erzählen, was letzten Herbst geschehen ist? Vergangenheit – was heißt schon Vergangenheit? Ich könnte sagen, die sternförmige Rußflocke auf dem unscheinbaren Pflänzchen und der im Steppfutter meiner Mütze liegende Vogel und der Mörserstößel meines Vaters und das Kissen meiner Mutter, sie alle sind Vergangenheit. Aber das heißt nicht, daß sie heute weniger zu mir gehören als zu der Zeit, da ich sie mit diesen Augen sah und mit diesen Fingern berührte. Nein, sie sind mehr als Vergangenheit – sie sind ein lebendiger Teil von mir. Wer bin ich denn, der ich hier am Tisch sitze, wenn nicht meine eigene Vergangenheit? Wenn ich das leugnete, wäre ich nichts. Und wenn ich daranginge, mein Leben aufzuteilen, in Kindheit, Jugend, frühe Mannesjahre – ich würde mir nur etwas vormachen; ich wüßte, es würde lediglich dazu dienen, mir ein Gefühl von Wichtigkeit zu verschaffen, dieses angenehme Gefühl, wie man es verspürt, wenn man Linien zieht oder verschiedenfarbige Tinte benutzt – grün für die Kindheit, rot für den nächsten Abschnitt, violett für das Jünglingsalter. Denn eines habe ich gelernt, eines weiß ich mit Gewißheit: *Nichts geschieht unvermittelt.* Ja, das ist wohl mein Credo.

Der Tod meiner Mutter, zum Beispiel. Ist er mir heute

ferner als damals? Er ist noch so nah wie ehedem und genauso sonderbar und rätselhaft, und obwohl ich mir ungezählte Male seine Umstände ins Gedächtnis gerufen habe, weiß ich doch heute ebensowenig wie damals, ob ich sie geträumt habe oder ob sie sich wirklich ereigneten. Es geschah, als ich dreizehn war, und ich schlief damals in einem schmalen Schlauch von einer Kammer im sogenannten Zwischengeschoß. Eines Nachts fuhr ich aus dem Schlaf auf und sah meine Mutter im Nachthemd auf meinem Bett sitzen; sie trug nicht einmal den verhaßten Flanellmorgenrock. Aber das Sonderbare und das, was mir Angst machte, war, daß sie mich nicht ansah. Ihr Kopf war geneigt; der kurze, dünne Zopf hing zwischen ihren Schulterblättern; die Hände hatte sie zwischen die Knie geklemmt, und mein Bett bebte; sie zitterte. Es war das erste Mal, daß ich sie außerhalb ihres Zimmers sah. Ich sagte, oder ich glaube, daß ich es gesagt habe: »Bist du es, Mutter?« Und als sie sich umwandte, sah ich im Mondschein, wie merkwürdig sie aussah. Ihr Gesicht sah klein aus – ganz verändert. Sie sah aus wie ein Schuljunge im Schwimmbad, der auf den Stufen sitzt und zittert, hineinwill und sich doch nicht traut.

»Bist du wach?« fragte sie. Sie schlug die Augen auf; ich glaube, sie lächelte. »Ich bin vergiftet worden«, flüsterte sie. »Dein Vater hat mich vergiftet.« Und sie nickte. Dann, bevor ich ein Wort sagen konnte, war sie fort; ich meinte zu hören, wie die Tür geschlossen wurde. Ich saß ganz still da; ich konnte mich nicht rühren; ich glaube, ich erwartete, daß noch irgend etwas geschah. Lange Zeit lauschte ich auf Geräusche; nichts war zu hören. Die Kerze stand neben meinem Bett, doch ich hatte zu große Angst, um meine Hand nach den Streichhölzern auszustrecken. Und noch während ich überlegte, was zu tun sei, noch während mein Herz pochte – wurde alles verschwommen. Ich legte mich hin und vergrub mich in die Decken. Ich schlief ein, und am nächsten Morgen wurde meine Mutter tot aufgefunden – Herzversagen.

Hat sich dieser Besuch wirklich ereignet? War es ein Traum? Warum ist sie zu mir gekommen und hat es mir erzählt? Und wenn sie gekommen ist, wieso ist sie so rasch wieder gegangen? Und ihr Gesichtsausdruck, froh, trotz aller Angst – hatte ich ihn wirklich gesehen? An dem Nachmittag der Beerdigung, als ich meinen Vater erblickte, der sich angemessen in Schale geschmissen hatte, mit Zylinder und allem, war ich jedenfalls überzeugt davon. Der hohe, glänzende runde Hut war wie ein mit schwarzem Siegellack überzogener Korken, und der Rest von meinem Vater glich auf erschreckende Weise einer kleinen Flasche, mit seinem Gesicht als Etikette: *Deadly Poison*. Es schoß mir durch den Kopf, als ich ihm in der Diele gegenüberstand. Und Deadly Poison, oder Old D. P., war fortan mein heimlicher Spitzname für ihn.

VII

Spät, es wird spät. Ich liebe die Nacht. Ich liebe es zu spüren, wie sie wie eine schwarze Flutwelle langsam höher und höher steigt, sich überschlägt und alles emporhebt und mit sich fortreißt, was am dunklen Strand verstreut herumlag und sich in Felsritzen verborgen hielt. Ich liebe es, liebe dieses wunderbare Gefühl, fortgetrieben zu werden – wohin? Nach dem Tod meiner Mutter haßte ich es, zu Bett zu müssen. Ich hockte häufig auf der Fensterbank und betrachtete den Himmel. Mir schien, der Mond bewegte sich viel schneller als die Sonne. Und einen großen, strahlenden grünen Stern wählte ich aus, als meinen ganz persönlichen Stern. Mein Stern! Aber ich hatte nicht das Gefühl, daß er mir je zuzwinkerte oder fröhlicher blinkte nur für mich.

Grausam, gleichgültig, herrlich leuchtete er am hohen Nachthimmel. Einerlei – er war mein! Aber nah am Fenster wuchs eine Kletterpflanze mit kleinen rosa und violetten Blütenbüscheln. Sie kannten mich. Sie hießen mich willkommen, wenn ich sie des Nachts mit dem Finger berührte; die kleinen Ranken, so schwach, so zart, sie wußten, daß ich ihnen nicht weh tun würde. Wenn der Wind in die Blätter fuhr, verstand ich ihr Zittern. Wenn ich ans Fenster trat, war mir, als sprächen die Blüten untereinander: »Der Junge ist da.«

In den folgenden Monaten war oft Licht unten im Zimmer meines Vaters. Und ich hörte Stimmen und Gelächter. »Er hat eine Frau bei sich«, dachte ich. Doch es bedeutete mir nichts. Dann brachte mich die fröhliche Stimme und die Art ihres Lachens auf den Gedanken, es sei eines der jungen Mädchen, die abends immer in den Laden kamen – und schließlich glaubte ich zu wissen, welches Mädchen es war. Die Dunkelhaarige in dem roten Kostüm, die mir einmal einen Penny geschenkt hatte. Ein fröhliches Gesicht beugte sich über mich – warmer Atem kitzelte meinen Hals – an ihren Wimpern klebten dunkle Kügelchen, und als sie die Arme ausbreitete, um mich zu küssen, schlug eine Woge des herrlichsten Dufts über mir zusammen! Ja, die war es.

Die Zeit verging, und ich vergaß den Mond und meinen grünen Stern und meine scheue Kletterpflanze – ich trat ans Fenster, um auf das Licht im Zimmer meines Vaters zu warten, auf die lachende Stimme zu lauschen, bis ich eines Nachts einnickte und träumte, sie sei wieder da – wieder zog sie mich an sich, etwas Weiches, Duftendes, Warmes und Fröhliches hing über mir wie eine Wolke. Doch als ich aufsah, war ihr Blick voller Spott, ihre roten Lippen öffneten sich und sie zischte: »Du kleiner Schleicher!« Aber gar nicht, als sei sie böse – als verstünde sie; und ihr Grinsen erinnerte irgendwie an eine Ratte – widerlich!

In der folgenden Nacht zündete ich die Kerze an und

setzte mich nur an den Tisch. Als sich das flackernde Licht beruhigt hatte, entstand ein kleiner Wachsteich, umgeben von einer weißen, weichen Mauer. Ich nahm eine Nadel und bohrte Löcher in die Mauer, verschloß sie aber rechtzeitig wieder, bevor Wachs auslaufen konnte. Irgendwann bildete ich mir ein, die Flamme spielte bei meinem Spielchen mit; sie sprang höher, zitterte, flackerte; sie schien sogar zu lachen. Doch wie ich so mit der Kerze spielte und lächelte und die kleinen weißen Türmchen abbrach, die sich auf der Mauer gebildet hatten, und sie im Teich versenkte, da ergriff mich plötzlich ein entsetzliches Gefühl von Trostlosigkeit – ja, das ist das richtige Wort. Es kroch von den Knien aufwärts in die Schenkel bis in die Arme; mein ganzer Körper schmerzte vor lauter Elend. Es war ein so sonderbares Gefühl, daß ich mich nicht rühren konnte. Irgend etwas hielt mich dort an dem Tisch fest – ich konnte nicht einmal die Nadel fallen lassen, die ich zwischen Daumen und Zeigefinger hielt. Für einen Moment kam anscheinend alles in mir zum Stillstand.

Dann brach die vertrocknete Blütenhülle auf und fiel zu Boden – die Pflanze im Küchenschrank erblühte. »Wer bin ich?« dachte ich. »Was hat das alles zu bedeuten?« Und ich sah mich in meinem Zimmer um, sah die kaputte Büste eines Mannes namens Hahnemann oben auf dem Schrank, sah mein kleines Bett, das Kissen wie ein Briefkuvert. All das sah ich, aber so, als sähe ich es zum ersten Mal ... Alles war lebendig, jedes einzelne Teil. Und mehr noch. Auch ich war lebendig, und – ich kann es nicht anders ausdrücken – die Barriere zwischen uns war durchbrochen – ich war in meiner Welt angekommen!

VIII

Die Barriere war durchbrochen. Mein Leben lang war ich ein kleiner Ausgestoßener gewesen; bis zu diesem Augenblick hatte mich niemand »angenommen«; ich hatte im Küchenschrank gehaust – oder in einer Höhle, einsam und verlassen. Doch jetzt hatte man mich geborgen, ich war angenommen worden, ich gehörte dazu. Ich habe mich nicht bewußt von der Welt der Menschen abgewandt; ich habe sie nie kennengelernt; aber von dieser Nacht an habe ich mich mehr als bewußt meinen stummen Brüdern zugewandt …

DAS TAUBENNEST

I

Nach dem Mittagessen saßen Milly und ihre Mutter wie gewöhnlich auf dem Balkon vor dem Salon und bewunderten zum tausendstenmal die Levkojen, die Rosen, den kurzgeschnittenen hellen Rasen unter den Palmen und die Orangen vor dem Streifen gewellten Blaus, als Marie ihnen eine Visitenkarte brachte. Besucher waren in der Villa Martin eine große Seltenheit. Nun gut, der englische Geistliche, Mr. Sandiman, hatte seine Aufwartung gemacht, und er war noch ein zweites Mal zusammen mit seiner Gattin zum Tee gekommen. Doch bei der Gelegenheit war etwas Dummes passiert. Mutter hatte sich vertan. Sie sagte: »Noch etwas Tee, Mr. Sandybags?« O wie entsetzlich! Milly wurde rot, wenn sie nur daran dachte. Und er hatte es ihnen ganz offensichtlich nicht verziehen; er war nicht wieder gekommen. Die Karte versetzte sie daher in nicht geringe Aufregung.

Mr. Walter Prodger, lasen sie. Und darunter ein Adresse in Amerika, mit so vielen Abkürzungen, daß keine von beiden ein Wort verstand. Walter Prodger? Sie hatten den Namen noch nie gehört. Mutter sah von der Karte auf und blickte Milly an.

»Prodger, Liebes?« fragte sie mild, als böte sie Milly einen Pudding an, wie sie ihn noch nie zuvor gekostet hatte.

Und Milly schien ihren Teller fortzuschieben, so wie sie antwortete: »Ich – weiß – von nichts, Mutter.«

»Bei Gelegenheiten wie dieser«, sagte Mutter mit einem Anflug von Nervosität, »vermißt man wirklich schmerzlich unser gutes, englisches Personal. Wenn ich einfach fragen könnte: ›Was macht er für einen Eindruck, Annie?‹, dann wüßte ich sofort, ob ich ihn empfangen müßte oder nicht. Es könnte ein ganz gewöhnlicher Mensch sein, der etwas verkauft – eine dieser amerikanischen Erfindungen, mit denen man Dinge schält, du weißt schon, Liebes. Oder womöglich ist er ein ausländischer Betrüger.« Mutter zuckte bei diesem harschen, unversöhnlichen Wort zusammen, als hätte sie sich mit der Handarbeitsschere in den Finger gestochen.

Doch Marie lächelte Milly an und flüsterte: *»C'est un très beau Monsieur.«*

»Was hat sie gesagt, Liebes?«

»Sie sagt, es sei ein sehr gut aussehender Herr, Mutter.«

»Nun, dann sollten wir wohl –«, begann Mutter. »Wo ist er jetzt?«

Marie antwortete: »Im Vestibül, Madame.«

In der Halle! Mutter sprang auf, sie war jetzt wirklich in Sorge. In der Halle, mit all den kostbaren kleinen ausländischen Dingen, die ihnen nicht gehörten und die dort auf den Tischen herumlagen.

»Führen Sie ihn herein, Marie. Komm, Milly, komm, Liebes. Wir wollen ihn im Salon empfangen. Ach, warum nur ist Miss Anderson nicht hier?« Mutter weinte fast.

Doch Miss Anderson, Mutters neue Gesellschafterin, war nie zur Stelle, wenn man sie brauchte. Sie war in Dienst genommen worden, um ihnen Arbeit abzunehmen, ihnen zu helfen. Sie sollte gern reisen, von fröhlicher Gemütsart sein, Kofferpacken können et cetera et cetera. Und dann, nach der langen Reise, als sie die Villa Martin gemietet und bezogen hatten, stellte sich heraus, daß sie katholisch war. Die Hälfte ihrer Zeit, ach, mehr als die Hälfte, brachte sie in eiskalten Kirchen damit zu, sich die Röcke an den Knien abzuscheuern. Es war wirklich zum …

Die Tür ging auf. Ein Mann mittleren Alters, glattrasiert, elegant gekleidet, stand vor ihnen und verbeugte sich. Milly sah, daß ihre Mutter sehr angetan war; sie neigte ihr Haupt in Königin-Alexandra-Manier. Was Milly betraf, so brachte sie es nie fertig, sich zu verneigen. Sie lächelte, verschüchtert, aber aufrichtig interessiert.

»Habe ich das Vergnügen«, sagte der Fremde höflich, »mit Mrs. Wyndham Fawcett zu sprechen?«

»Ich bin Mrs. Fawcett«, sagte Mutter huldvoll, »und dies ist meine Tochter Mildred.«

»Sehr angenehm, Miss Fawcett.« Und der Fremde ließ eine saubere, kühle Hand vorschnellen, die Milly gerade noch fassen konnte, bevor sie wieder zurückgezogen wurde.

»Wollen wir uns nicht setzen?« sagte Mutter, und sie machte ein vage Geste in Richtung der vielen vergoldeten Stühle.

»Sehr gern, danke«, sagte der Fremde.

Er setzte sich und schlug, immer noch sehr feierlich, die Beine übereinander, und dann, überraschenderweise, ebenso die Arme. Er sah sie über seine dunklen Arme hinweg an wie über eine Gartenpforte.

»Milly, setz dich, Liebes.«

Also setzte sich Milly auf die Madame-Récamier-Couch und zog mit dem Finger eine Blume aus Filetspitze nach. Es entstand eine kleine Pause. Sie sah, wie der Fremde schluckte; Mutters Fächer ging auf und wieder zu.

Dann sagte er: »Ich war so frei, bei Ihnen vorzusprechen, Mrs. Fawcett, weil ich das Vergnügen hatte, in den Staaten die Bekanntschaft Ihres Gatten zu machen, als er dort vor einigen Jahren seine Vorträge hielt. Es würde mich sehr freuen, unsere – wenn ich es wagen darf, es so zu nennen – Freundschaft zu erneuern. Ist er zur Zeit bei Ihnen? Oder erwarten Sie ihn noch? Ich habe bemerkt, daß sein Name nicht in dem hiesigen Anzeiger erwähnt wurde. Aber ich dachte, vielleicht ist das eine ausländische Gepflogenheit – den Damen den Vortritt zu lassen.«

Und jetzt sah der Fremde aus, als sei er drauf und dran zu lächeln.

Doch tatsächlich war es schrecklich peinlich. Mutters Mundwinkel zuckten. Milly klemmte die Hände zwischen die Knie, doch unter ihren Augenbrauen beobachtete sie alles ganz genau. Die gute, tapfere kleine Mami! Wie Milly sie bewunderte, die nun ganz ruhig und sanft sprach: »Es tut mir leid, Ihnen sagen zu müssen, daß mein Mann vor zwei Jahren gestorben ist.«

Mr. Prodger zuckte heftig zusammen. »Ist denn das die Möglichkeit?« Er stülpte die Unterlippe vor, zog die Stirn in Falten, dachte nach. »Es tut mir aufrichtig leid, das zu hören, Mrs. Fawcett. Sie müssen mir glauben, ich hatte ja keine Ahnung, daß Ihr Mann … verschieden ist.«

»Natürlich.« Mutter strich sacht über ihren Rock.

»Ich hoffe nur«, sagte Mr. Prodger, sogar noch ernster als zuvor, »daß ich Sie mit meiner Frage nicht verletzt habe.«

»Nein, nein. Es ist schon recht«, sagte die sanfte Stimme.

Doch Mr. Prodger blieb hartnäckig. »Sind Sie auch sicher? Wirklich?«

Mutter hob den Kopf und schenkte Mr. Prodger einen ihrer still beseligten Blicke, die Milly so gut kannte. »Sie haben mich nicht im geringsten verletzt«, sagte sie wie jemand, der bis zum Hals in einem rotglühenden Schmelztiegel steckte.

Mr. Prodger wirkte erleichtert. Er setzte sich neu in Positur und fuhr fort. »Und ich hoffe doch, daß dieser betrübliche Umstand kein Hinderungsgrund ist –«

»Aber nicht doch. Wir sind hoch erfreut. Wir freuen uns immer, Menschen kennenzulernen, die –« Mutter schüttelte sich, plusterte sich auf. Sie flog von ihrem schattigen

Ast auf einen in der Sonne. »Sind Sie zum ersten Mal an der Riviera?«

»Allerdings«, sagte Mr. Prodger. »Ich war bis vor kurzem in Florenz, müssen Sie wissen. Aber ich habe mich dort schrecklich erkältet –«

»Florenz ist so feucht«, gurrte Mutter.

»Und der Arzt empfahl mir hierherzukommen, wegen der Sonne, ehe ich wieder nach Hause reise.«

»Die Sonne ist hier wirklich wunderbar«, stimmte Mutter begeistert ein.

»Nun, allzu häufig hat sie sich nicht blicken lassen«, sagte Mr. Prodger skeptisch, und zwei Falten bildeten sich an seinen Lippen. »Ich habe das Gefühl, ich habe die meiste Zeit im Hotel herumgesessen.«

»Ja, Hotels sind schrecklich ermüdend«, und sie sackte mitfühlend in sich zusammen bei dem Gedanken an einen einsamen Mann im Hotel ... »Sie sind allein?« fragte sie, nur für den Fall, daß ... man wußte ja nie ... besser, man ging auf Nummer sicher ... wie es sich gehörte.

Aber ihre Befürchtungen waren unbegründet.

»Oh, ja, ich bin allein«, rief Mr. Prodger, viel fröhlicher, als er bislang gesprochen hatte, und er entfernte einen Fussel von seinem makellosen Hosenbein. Etwas in seiner Stimme verwirrte Milly. Aber was war es?

»Aber die Gegend ist ja so reizvoll«, sagte Mutter, »daß man Freunde gar nicht vermißt. Erst gestern sagte ich zu Milly: Ich könnte hier jahrelang leben, ohne einmal den Garten zu verlassen. Alles ist so wunderschön.«

»Finden Sie?« fragte Mr. Prodger tonlos. Dann fügte er an: »Sie haben da eine ganz bezaubernde Villa.« Er sah sich im Salon um. »Sind die Möbel echt antik, wenn ich fragen darf?«

»Ich nehme es an«, sagte Mutter. »Jedenfalls hat man uns das versichert. Ja, wir lieben unsere Villa. Natürlich ist sie sehr groß für zwei, das heißt, drei Damen. Meine Gesellschafterin, Miss Anderson, wohnt bei uns. Aber unglücklicherweise ist sie katholisch und nur selten zu Hause.«

Mr. Prodger nickte wie jemand, der sehr wohl wußte, daß Katholiken nur selten zu Hause waren.

»Aber ich liebe es, viel Platz zu haben«, fuhr Mutter fort, »und meine Tochter ebenfalls. Wir lieben große Zimmer und möglichst viele davon – nicht wahr, Milly?«

Diesmal sah Mr. Prodger Milly sehr mitfühlend an und sagte: »Ja, junge Leute brauchen viel Auslauf.«

Er stand auf, legte eine Hand auf den Rücken, schlug die andere hinein und ging hinüber zum Balkon.

»Sie haben Blick aufs Meer«, bemerkte er.

Das dürfte den Damen wohl aufgefallen sein; denn vor ihren Fenstern dehnte sich das ganze Mittelmeer.

»Wir lieben das Meer so sehr«, sagte Mutter und stand ebenfalls auf.

Mr. Prodger drehte sich zu Milly um. »Sehen Sie die Jachten dort, Miss Fawcett?«

Milly sah sie.

»Wissen Sie auch, was sie dort machen?« fragte Mr. Prodger.

Was sie machen? Was für eine sonderbare Frage. Milly starrte angestrengt hin und biß sich auf die Lippe.

»Sie fahren eine Regatta!« sagte Mr. Prodger, und diesmal lächelte er sie wirklich an.

»Oh, ja, natürlich«, stammelte Milly. »Natürlich.« Sie hatte es doch gewußt.

»Nun, so häufig kommt es auch nicht vor«, sagte Mr. Prodger gutmütig. Und er wandte sich Mutter zu und begann, sehr förmlich Abschied von ihr zu nehmen.

Mutter zögerte. »Ich überlege gerade«, sagte sie, faltete die Hände und sah ihn an, »ob Sie wohl mit uns zu Mittag speisen möchten? – wenn es Ihnen nicht zu fad ist mit zwei Damen. Es wäre uns eine große Freude.«

Mr. Prodger wurde wieder sehr ernst. Die Beantwortung der Einladungsfrage schien seine volle Konzentration zu erfordern. »Herzlichen Dank, Mrs. Fawcett. Mit Vergnügen.«

»Das ist ja wunderbar«, sagte Mutter warmherzig. »Lassen Sie mich sehen. Heute ist Montag – nicht wahr, Milly? Würde Ihnen Mittwoch passen?«

Mr. Prodger antwortete: »Es würde mir ganz ausgezeichnet passen, am Mittwoch mit Ihnen zu Mittag zu speisen, Mrs. Fawcett. Um mie-die? – so sagt man doch wohl hier.«

»Aber nein! Wir bleiben bei unseren englischen Zeiten. Um ein Uhr«, sagte Mutter.

Und nachdem dies geklärt war, wurde Mr. Prodger wieder sehr, sehr förmlich und verließ dann unter vielen Verbeugungen den Raum.

Mutter läutete nach Marie, damit sie ihn hinausbegleitete, und kurz darauf fiel die große gläserne Haustür ins Schloß.

»So!« sagte Mutter. Sie mußte fortwährend lächeln. Ein kleines Lächeln nach dem anderen setzte sich wie ein Schmetterling auf ihre Lippen und flog wieder auf. »Das war ein Ding, was, Milly, Liebes? Und ich fand ihn äußerst charmant, oder was denkst du?«

Milly verzog ein wenig das Gesicht und rieb sich die Augen.

»Natürlich fandst du ihn charmant. Gib es zu, Liebes. Und seine ganze Erscheinung war so überzeugend – nicht wahr?« Mutter war ganz offensichtlich entzückt. »Ich meine, er war so gepflegt. Hast du seine Hände gesehen? Jeder einzelne Fingernagel hat geglänzt wie ein Diamant! Wirklich, ich mag es, wenn …«

Sie brach ab. Sie ging zu Milly und zupfte ihr den großen Kragen zurecht.

»Meinst du, es war richtig, ihn zum Mittagessen einzuladen – ja?« fragte Mutter ganz verzagt.

Mutter gab ihr das Gefühl, hünenhaft groß zu sein. Aber sie war ja auch groß. Sie konnte Mutter hochheben und auf dem Arm tragen. Manchmal überkam sie eine Laune, und sie tat es. Fiel über Mutter her, und die piepste wie eine Maus und zappelte gar mit den Beinen. Doch es kam selten vor. Immer seltener …

»Es war sonderbar«, sagte Mutter. Der still beseligte Ausdruck trat wieder auf ihr Gesicht. »Ich meinte plötzlich Vater zu hören, der sagt: ›Lad ihn zum Essen ein.‹ Und dann war da noch etwas – eine Warnung … Ich glaube, es ging um den Wein. Aber das habe ich nicht richtig verstanden – sehr dumm«, fügte sie traurig hinzu. Sie legte die Hand auf die Brust; sie senkte den Kopf. »Vater ist noch immer so nah«, flüsterte sie.

Milly sah aus dem Fenster. Sie haßte es, wenn Mutter so redete. Aber natürlich konnte sie nichts darauf erwidern. Durchs Fenster sah sie das Meer, und das silbrige Sonnenlicht auf den Palmen war wie Wasser, das von silbrigen Ruderblättern tropft. Milly verspürte ein plötzliches Verlangen – aber wonach? Es war wie der Wunsch, fliegen zu können.

Doch Mutters Stimme holte sie zurück in den Salon, zu den vergoldeten Stühlen, der vergoldeten Couch, den Wandleuchtern, den Schränkchen, den Tischen mit den stark duftenden Blumen, dem ausgeblichenen Brokat, den rotbetupften chinesischen Drachen auf dem Kaminsims und den beiden Türkenköpfen, die in der Feuerstelle die schweren Holzscheite hielten.

»Ich glaube, Lammkeule wäre genau das richtige, meinst du nicht, Liebes?« sagte Mutter. »Die Lämmer sind jetzt noch besonders klein und zart. Und Männer mögen nun einmal einen anständigen Braten am liebsten. Außerdem bereitet Yvonne die Keule ganz wunderbar zu, mit einer kleinen Papierrüsche am Knochen. Es erinnert mich immer an irgend etwas – ich komme nur nicht drauf. Es sieht auf jeden Fall ganz reizend aus.«

II

Der Mittwoch kam. Und die Aufregung, die Mutter und Milly beim Anblick der Visitenkarte verspürt hatten, übertrug sich auf die ganze Villa. Ja, es war nicht übertrieben zu sagen: Ein Fieber hatte die Villa ergriffen bei der Vorstellung, daß ein Mann zum Mittagessen kommen würde. Die alte, plattfüßige Yvonne brachte vom Markt einen derart wunderbar reifen Gorgonzala mit, daß sie, als sie Marie in der Küche antraf, sofort ihren großen Korb abstellte, das kleine Paket in seinem raschelnden Einwickelpapier hervorholte und sich an die Brust drückte.

»*J'ai trouvé un morceau de gorgonzola*«, keuchte sie und verdrehte die Augen nach oben, als wolle sie den Himmel bitten, auf den Käse herabzublicken. »*J'ai trouvé un morceau de gorgonzola ici pour un prr-ince, ma fille.*« Und sie fauchte das Wort »prr-ince« geradezu und hielt Marie das Paket unter die Nase. Marie, die ein zartbesaitetes Geschöpf war, wäre fast in Ohnmacht gefallen vor Schreck.

»Glaubst du etwa«, höhnte Yvonne, »ich hätte sonst ein solches Stück Käse gekauft, *pour ces dames?* Nie. Nie. *Jamais de ma vie.*« Ihre Wurstfinger wedelten vor ihrer Nase hin und her, und sie flötete, grausam Mutters Französisch imitierend: »Wir sind keine großen Esser, Yvonne. Wir essen gern gekochte Eier und Kartoffelbrei und einen einfachen, schönen Salat. Pah!« Verächtlich schnaubend, schleuderte sie ihr Umschlagtuch fort, krempelte die Ärmel auf und begann, den Korb auszupacken. Ganz unten lag ein flaches Fläschchen, das sie seufzend beiseite legte.

»*De quoi pour mes cors*«, sagte sie.

Und Marie nahm eine Flasche Sauternes, um sie ins Eßzimmer zu bringen, und murmelte, als sie die Küchentür schloß: »*Et voilà pour le cors de Monsieur!*«

Das Eßzimmer war ein großer, mit dunklem Holz getäfelter Raum. Darin befand sich ein wuchtiger Kamin sowie mit Schnitzereien verzierte, mit rotem Damast gepolsterte Stühle. Auf dem schweren, polierten Tisch stand eine ovale, mit goldenen Girlanden verzierte Glasschale. Marie, zu deren Pflichten es gehörte, sie stets mit frischen Blumen zu füllen, war ganz vernarrt in die Schale. Bei ihrem Anblick überlief sie ein *frisson*. Wie sie so einsam auf der dunklen Fläche ruhte, erinnerte sie Marie an ein Grab. Und als sie eines Tages durch die hohen Glastüren auf die gepflasterte Veranda ging und die Treppe hinunter in den Garten, kam ihr eine treffliche Idee: Sie wollte die Blumen so zusammenstellen, wie sie – im Falle eines tragischen Unglücksfalls – zu den Damen passen würden. Ihre erste Schöpfung war furchtbar geraten. ›Grab der Mademoiselle Anderson‹, mit schwarzen Stiefmütterchen, Maiglöckchen und einer Borte aus Heliotropkraut. Es bereitete ihr ein höchst eigenartiges Vergnügen, Miss Anderson beim Mittagessen die Kartoffeln zu reichen und gleichzeitig an ihr vorbei auf ihr Meisterwerk zu blicken. Es war *(O ciel!)*, als reiche man einem Leichnam Kartoffeln.

Das ›Grab der Madame‹ geriet im Gegensatz dazu geradezu fröhlich. Törichte kleine Blümchen, zur Hälfte gelbe, zur Hälfte blaue, quollen über den Rand, dazwischen zarte Büschel frischen Grüns, und in der Mitte prangte eine große, dunkelrote Rose. *Cœur saignant* hatte Marie es genannt. Doch das *cœur* sah ganz und gar nicht *saignant* aus. Eher glühend und heiter, wie Mutter nach einem ausgiebigen heißen Bad.

Millys Grab war natürlich ganz in Weiß gehalten. Weiße Levkojen und weiße Rosenknospen, eingefaßt mit einigen kleinen Zweigen dunklen Buchsbaums. Mutter fand dies am schönsten.

Die gute Seele! Marie, die vor der Anrichte stand, hatte sich abwenden müssen, als sie Mutter ausrufen hörte: »Ist es nicht reizend, Milly? Ist es nicht wunderhübsch? So kunstvoll. So originell.« Und zu Marie hatte sie gesagt: *»C'est très joli, Marie. Très original.«*

Marie lächelte so sonderbar, daß Milly, eine Tangerine schälend, zu Mutter bemerkte: »Ich glaube, sie möchte nicht, daß du sie lobst. Es macht sie verlegen.«

Doch heute – heute bot sich Marie eine so unvergleichliche Gelegenheit, daß ihr ganz flau wurde, als sie die Blumenschere ergriff. *›Tombeau d'un beau Monsieur‹*. Es war ihr untersagt, die Orchideen abzuschneiden, die um den Springbrunnen wuchsen. Doch wofür gab es Orchideen, wenn nicht für solche Anlässe. Ihre Finger zitterten, als sie ihnen mit der Schere zu Leibe rückte. Es waren genug; sie fügte noch zwei winzige Palmblätter hinzu. Und zurück im Eßzimmer hatte sie den trefflichen Einfall, die Palmblätter mit einem goldenen Faden zusammenzubinden, den sie flink aus den Fransen der Vorhänge gerissen hatte. Die Wirkung war vortrefflich. Marie sah ihren *beau Monsieur* geradezu vor sich, wie er, ganz klein, auf dem Grund der Schale lag, in vollem Gesellschaftsanzug, mit einem Ordensband auf der Brust, und Ohren weiß wie Wachs.

Was Milly indes überraschte, war, daß die Ankündigung des Besuchs selbst Miss Anderson nicht gleichgültig ließ. Zum Frühstück kam sie in ihrer besten schwarzseidenen Bluse angeraschelt, es war ihre Sonntagsbluse, auf der das große schreckliche Kreuz baumelte. Milly war allein, als Miss Anderson das Eßzimmer betrat. Das war dumm, denn für gewöhnlich versuchte sie es zu vermeiden, mit Miss Anderson in einem Zimmer allein zu sein. Warum, hätte sie nicht zu sagen gewußt; es war so ein Gefühl. Sie fürchtete,

Miss Anderson könne anfangen, von Gott zu reden oder über irgend etwas schrecklich Intimes. Oh, sie würde im Erdboden versinken; sie würde sterben. Man stelle sich vor, sie fragte: »Milly, glauben Sie an Gott unseren Herrn?« Himmel! Nicht auszudenken.

»Guten Morgen, meine Liebe«, sagte Miss Anderson, und ihre Finger, kalt und bleich wie Kirchenkerzen, berührten Millys Wangen.

»Guten Morgen, Miss Anderson. Darf ich Ihnen Kaffee einschenken?« fragte Milly und versuchte, ganz natürlich zu wirken.

»Ja, danke, liebes Kind«, sagte Miss Anderson; sie lachte ihr helles, nervöses Lachen, setzte ihren Kneifer auf die Nase und betrachtete den Korb mit den Brötchen. »Heute erwarten Sie also Ihren Gast?« fragte sie.

Warum fragte sie das? Warum tat sie, als wüßte sie nicht Bescheid? Auch dies war mehr als sonderbar. Oder wollte sie nur höflich sein? Miss Anderson war mehr als höflich; sie war herzlich. Aber irgend etwas schwang da stets mit. Spionierte sie? In der Schule hatte man ihnen erzählt, daß Katholiken spionierten … Miss Anderson raschelte, sie raschelte durchs Haus wie totes Laub. Bald auf der Treppe, bald im oberen Flur. Manchmal, in der Nacht, wenn Milly fieberte, wachte sie auf und hörte das Rascheln vor ihrer Tür. Spähte Miss Anderson durchs Schlüsselloch? Und einmal in der Nacht war sie überzeugt, Miss Anderson habe zwei Löcher in die Wand über ihrem Kopf gebohrt und beobachte sie von dort. Das Gefühl war so stark, daß ihr Blick, als sie das nächste Mal in Miss Andersons Zimmer war, unwillkürlich zu der Stelle an der Wand flog. Zu ihrem Entsetzen hing dort ein großes Gemälde. Hatte es schon immer dort gehangen? …

»Gast?« Das knusprige Brötchen brach bei dem Wort entzwei.

»Ja, so ist es wohl«, sagte Milly unbestimmt, und ihre Augen, wie zwei blaue Blumen, hoben sich und blickten Miss Anderson unsicher an.

»Das ist einmal eine hübsche Abwechslung für unsere kleine Gesellschaft«, sagte die ach so liebenswürdige Stimme. »Ich muß gestehen, ich vermisse die Gesellschaft von Männern. Ich hatte früher so viel Umgang mit Männern. Ich denke immer, alleinstehende Damen neigen dazu, ein wenig – hm – hm ...« Und sie nahm sich von der Kirschmarmelade und bekleckerte damit die Tischdecke.

Milly biß wie ein Kind ein zu großes Stück von ihrem Brötchen ab. Sie konnte dazu nichts sagen. Wie jung sich Milly vor Miss Anderson stets vorkam! Sie bekam geradezu Lust, unartig zu sein, am liebsten hätte sie ihr Milch über den Kopf geschüttet oder mit dem Löffel getrommelt.

»Alleinstehende Damen«, fuhr Miss Anderson fort, die nichts von alledem bemerkte, »werden schnell feststellen, daß ihr Horizont sehr begrenzt ist.«

»Aber wieso?« warf Milly aufmüpfig ein. Immer sagten die Leute so etwas; sie fand das ungerecht.

»Ich denke«, sagte Miss Anderson und nahm ihren Kneifer von der Nase, sie sah wie verschwommen aus, »es ist das Fehlen der politischen Debatte.«

»Ach, Politik!« sagte Milly leichthin. »Ich kann Politik nicht leiden. Vater hat immer gesagt –« Aber hier brach sie ab. Sie wollte vor Miss Anderson nicht von Vater sprechen.

»Oh! Sehen Sie! Sehen Sie! Ein Schmetterling!« rief Miss Anderson leise und rasch. »Sehen Sie doch, wie hübsch!« Die Röte stieg ihr in die Wangen bei dem Anblick des hübschen Schmetterlings, der so sanft über den glänzenden Tisch flatterte.

Das war sehr nett von Miss Anderson – schrecklich nett. Sie mußte gespürt haben, daß Milly nicht über ihren Vater sprechen wollte, und deswegen hatte sie ganz absichtlich den

Schmetterling erwähnt. Noch nie hatte Milly Miss Anderson ein strahlenderes Lächeln geschenkt. Und mit ihrer warmen jungen Stimme sagte ist: »Er ist wunderhübsch, nicht wahr? Ich liebe Schmetterlinge. Sie sind die reinsten Lämmer.«

III

Der Vormittag verging im Nu, wie Vormittage im Ausland zu tun pflegen. Mutter war fast entschlossen, beim Mittagessen ihren Hut zu tragen.

»Was meinst du, Milly? Findest du nicht, es wäre angemessen, als Oberhaupt der Familie? Andererseits möchte man doch auch nichts übertreiben.«

»Welchen meinst du, Mutter? Den Pilz oder den Marmeladentopf?«

»Oh, nicht den Marmeladentopf, Liebes.« Mutter hatte sich an Millys Bezeichnungen längst gewöhnt. »Irgendwie ist mir nicht nach einem Hut ohne Krempe. Und offen gestanden, ich bin noch immer nicht sicher, ob es klug war, den Marmeladentopf zu kaufen. Ich kann mir nicht helfen, aber ich habe das Gefühl, wenn ich Vater darin gegenüberträte, er würde ein wenig ratlos reagieren. Ich habe schon gedacht«, fuhr Mutter rasch fort, »ob ich nicht einfach den Besatz abnehme, ihn umstülpe und einen hübschen kleinen Nähbeutel daraus mache. Was meinst du, Liebes? Aber das müssen wir nicht jetzt entscheiden. Es ist wirklich nicht der geeignete Moment dafür. Komm auf den Balkon. Ich habe Marie gesagt, daß wir den Kaffee dort trinken werden. Wollen wir nicht den großen Sessel mit den schönen, starken Beinen für Mr. Prodger nach draußen tragen? Männer mögen Sessel mit schönen, starken … Nein, doch nicht allein, Liebes! Laß mich dir helfen.«

Als der Sessel draußen stand, wollte es Milly scheinen,

daß er aussah wie Mr. Prodger selbst. Nein, der Sessel *war* Mr. Prodger, der die Aussicht genoß.

»Nicht, nicht hinsetzen. Das geht nicht«, rief Milly eilig, als Mutter sich hineinsinken lassen wollte. Sie hakte sich bei Mutter ein und zog sie wieder in den Salon.

Glücklicherweise ließ sich in diesem Moment ein Rascheln vernehmen und Miss Anderson war bei ihnen. Gerade zur rechten Zeit, ausnahmsweise. In der Hand hielt sie eine Ausgabe der ›Morning Post‹.

»Ich habe versucht, herauszufinden«, sagte sie und tippte mit ihrem Kneifer auf die Zeitung, »ob der Kongreß gerade tagt. Aber dummerweise fiel mein Blick erst, nachdem ich sie von vorn bis hinten durchgelesen hatte, auf das Datum – sie ist fünf Wochen alt.«

Kongreß! Erwartete Mr. Prodger, daß sie mit ihm über den Kongreß sprachen? Der Gedanke bestürzte Mutter. Kongreß! Das amerikanische Parlament, natürlich, es setzte sich aus Senatoren zusammen – graubärtigen alten Männern in Gehröcken und Umlegekragen, wie Missionare. Doch sie sah sich durchaus nicht in der Lage, irgend etwas über sie zu sagen.

»Ich denke, wir sollten nicht zu intellektuell werden«, wandte sie sehr vorsichtig ein, denn sie fürchtete, Miss Anderson zu enttäuschen; noch mehr fürchtete sie indes den andern Fall.

»Wie auch immer, es ist gut, wenn man auf alles vorbereitet ist«, sagte Miss Anderson. Und nach einer Pause fügte sie sanft hinzu: »Man kann nie wissen.«

Oh, wie wahr gesprochen! Man konnte nie wissen. Miss Anderson und Mutter schienen über diese Wahrheit nachzudenken. Schweigend, mit geneigtem Kopf, saßen sie da, als lauschten sie dem Flüstern der Worte.

»Man kann nie wissen«, sagten die rotbetupften Drachen auf dem Kaminsims, und die Türkenköpfe verfielen ins

Grübeln. Nichts weiß man – nichts. Jeder wartet lediglich darauf, daß etwas geschieht, wie sie hier auf den Gast warteten, der sich ihnen näherte, unter knospenden Platanen dahinlief, bald in der Sonne, bald im Schatten, oder fuhr, vielleicht in einer der kleinen Droschken mit Kattunverdeck … Ein Engel schwebte über der Villa Martin. In diesem Moment der erwartungsvollen Stille schien sich etwas zu erheben, etwas Scheues, etwas Flehendes, um sich zu öffnen, wie die Blumen im Salon die Köpfe erhoben, um sich dem Licht zu öffnen.

Dann sagte Mutter: »Hoffentlich findet Mr. Prodger den Duft der Mimosen nicht zu stark. Im allgemeinen mögen Männer Blumen im Salon nicht. Ich habe gehört, daß Blumen in manchen Fällen sogar Heuschnupfen verursachen. Was meinst du, Milly? Sollten wir vielleicht –« Doch es war zu spät, noch irgend etwas zu unternehmen. Ein lang anhaltendes, kräftiges Klingeln drang von der Haustür her. Das Klingeln klang so gelassen und selbstverständlich, so ganz anders, als wenn sie die Klingel drückten, daß ihnen schlagartig der Ernst der Lage wieder zu Bewußtsein kam. Sie hörten eine Männerstimme; die Tür fiel zu. Er war drinnen. Ein Stock klapperte auf dem Tisch. Es entstand eine Pause, und dann drehte sich der Türknauf, und Marie, mit Handkrausen aus Musselin und herzförmiger Schürze, geleitete Mr. Prodger in den Salon.

War es also doch nur Mr. Prodger? Aber wen hatte Milly denn erwartet? Der Gedanke kam ihr – und er verschwand sofort wieder –, daß es sie nicht gewundert hätte, jemand ganz anderen zu Gesicht zu bekommen – als ihr auffiel, daß dies durchaus nicht der Mr. Prodger von neulich war. Er war eleganter denn je: alles war gebürstet, gestriegelt und poliert. Die Ohren, die Marie weiß wie Wachs erschienen waren, leuchteten, als seien sie rosa emailliert. Mutter flatterte ihm auf ihre reizende Art entgegen, hoffte sehr, daß ihm die Hitze draußen nicht zu sehr zugesetzt habe ... aber immerhin habe man um diese Zeit im Jahr noch nicht mit dem Staub zu kämpfen. Dann wurde Miss Anderson vorgestellt. Milly hatte seine kühle Hand bereits erwartet, doch sie schnappte fast nach Luft; so eisig war sie. Wie eine Hand, die sich einem aus dem Wasser entgegenstreckt. Dann nahmen sie alle Platz.

»Sind Sie zum ersten Mal an der Riviera?« fragte Miss Anderson liebenswürdig und ließ ihr Taschentuch fallen.

»Allerdings«, sagte Mr. Prodger ruhig. »Ich war bis vor kurzem in Florenz, müssen Sie wissen, aber ich habe mich dort schrecklich erkältet –«

»Florenz ist so –« begann Mutter, aber da ertönte der herrliche Messinggong, der im Dämmer der Halle wie eine herabgestürzte Sonne loderte. Zunächst war es nur ein Säuseln, dann wurde es lauter, schwoll an, bis es unter Maries einfühlsamen Fingern in ein triumphierendes Getöse ausbrach. Nie zuvor war ihnen eine solche Zeremonie zuteil geworden. Mr. Prodger war ganz Ohr.

»Ein sehr schöner Gong«, sagte er anerkennend.

»Wir finden, er ist so orientalisch«, sagte Mutter. »Es gibt unseren Mahlzeiten eine gewisse fernöstliche Note. Sollen wir dann ...«

Ihr Gast stand bei der Tür und verneigte sich.

»So viele Herren und nur eine einzige Dame«, plapperte Mutter. »Nein, andersherum, was rede ich da. Ich meine natürlich – komm, Milly, komm, meine Liebe.« Und sie ging voran ins Eßzimmer.

Und da waren sie nun also. Die kühlen, frischen Servietten wurden aus ihren reizenden Formen geschüttelt, und Marie servierte das Omelette. Mr. Prodger saß zur Rechten von Mutter, Milly gegenüber, und Miss Anderson saß mit dem Rücken zu den hohen Fenstern. Aber schließlich – was sollte die Tatsache, daß sie einen Mann bei sich hatten, schon groß ändern? Sie sollte alles ändern. Warum sollte es sie so erregen, die große Hand zu beobachten, wie sie sich zwischen den Weingläsern bewegte? Warum sollte der Klang seines lauten, selbstsicheren »Ä-häm!« sogar das Aussehen des Eßzimmers verändern? Eigentlich war es nicht ihr Lieblingszimmer – es war so einschüchternd. Für gewöhnlich rutschten sie unsicher auf ihren Stühlen herum, als fühlten sie sich beobachtet. Sie waren wie jene scheuen Gäste, die ahnungslos in dem überaus eleganten Hotel auftauchen und denen man zum Essen irgend etwas vorsetzt, was gerade weg muß, während die richtigen Gäste beim richtigen Diner im Saal nebenan die Nase rümpfen. Und obwohl Marie ihre Arbeit stets gewandt, flink und umsichtig verrichtete, wie sollte sie beseelt sein, wenn sie dieses traurigste aller Schauspiele mit ansehen mußte – drei Damen allein bei Tisch.

Aber heute war alles anders. Marie füllte ihre Gläser bis zum Rand, wie um sie für eine Heldentat zu belohnen. Diese zarten Engländerinnen hatten einen echten, lebenden Löwen gefangen, einen, der ein wenig nach Eau de Cologne roch und dem eine Taschentuchspitze aus der Brusttasche ragte, weiß wie eine Schneeflocke.

»Er ist es wert«, dachte Marie, als sie ihre Orchideen und Palmwedel betrachtete.

Mr. Prodger berührte seinen vorgewärmten Teller mit dankbaren Fingern.

»Sie werden es nicht glauben, Mrs. Fawcett«, bemerkte er, zu Mutter gewandt, »das ist mein erster vorgewärmter Teller, seit ich die Staaten verlassen habe. Ich wollte mich schon damit abfinden, daß zwei Dinge in Europa einfach nicht aufzutreiben sind. Das eine ist ein vorgewärmter Teller und das andere ein Glas kaltes Wasser. Nun, auf das kalte Wasser könnte man zur Not verzichten; aber ein vorgewärmter Teller ist etwas anderes. Ich war es irgendwann so leid, wo ich auch hinkam, diese feuchten, kalten Teller vorgesetzt zu bekommen, daß ich im Cook-Reisebüro, als ich ein Zimmer hier suchte, zu den Leuten gesagt habe: ›Es ist mir gleich, wo ihr mich einquartiert. Es mir gleich, wie teuer es ist. Aber um Himmels willen, besorgt mir ein Hotel, wo ich einen vorgewärmten Teller bekomme, wenn ich danach läute.«

Mutter, obwohl sie nach außen hin großes Verständnis zeigte, war doch verwirrt. Für einen Moment sah sie Mr. Prodger vor sich, wie er alle paar Stunden nach vorgewärmten Tellern läutete. Welch sonderbares Verlangen.

»Ich habe gehört, die amerikanischen Hotels seien so vorzüglich ausgestattet«, sagte Miss Anderson. »Telephone in allen Zimmern, und sogar Fernschreiber.«

Milly sah Miss Anderson vor sich, wie sie ein Fernschreiben las.

»Ich möchte so gern nach Amerika gehen«, rief sie, als Marie den Lammbraten hereinbrachte und vor Mutter hinstellte.

»Ja, an Amerika ist nichts auszusetzen«, sagte Mr. Prodger nüchtern. »Amerika ist ein großartiges Land. Was ist das? Erbsen? Nun, nur ein wenig. Ich esse eigentlich keine Erbsen. Nein danke, keinen Salat. Nicht zu heißem Fleisch.«

»Und warum möchten Sie so gern nach Amerika gehen?« Miss Anderson lächelte Milly an; ihr Kopf schoß vor, so daß ihr der Kneifer auf den Teller fiel und nur knapp die Sauce verfehlte.

Weil man überall hingehen möchte, war die ehrliche Antwort. Aber Millys blumenblaue Augen ruhten gedankenverloren auf Miss Anderson, als sie sagte: »Wegen der Eiscreme. Ich liebe Eiscreme.«

»Aha?« sagte Mr. Prodger und legte seine Gabel beiseite; er schien gerührt. »Sie essen also gern Eiscreme, Miss Fawcett?«

Milly lenkte ihren verzückten Blick auf ihn. Ja, sagte der Blick.

»Oh«, sagte Mr. Prodger sehr schelmisch und begann wieder zu essen, »ich hoffe, Sie kommen zu Ihrem Eis. Leider können wir es nicht per Schiff hertransportieren. Ich bin sehr dafür, daß die Jugend bekommt, was sie will. Es gehört sich irgendwie.«

Der liebe Mann! Ob er noch etwas Fleisch wollte?

Das Essen verlief so angenehm, die Zeit verflog so rasch, daß der vielgerühmte Gorgonzola schwer und fettriefend auf dem Tisch stand, ohne daß eine einzige quälende Pause eingetreten wäre. Tatsächlich war Mr. Prodger überaus leicht zu unterhalten; er plauderte gern. In der Regel neigten Männer nicht zum Plaudern oder was Mutter darunter verstand. Es schien ihnen nicht klar zu sein, daß es nicht so sehr darauf ankommt, was man sagt; sondern entscheidend ist, den Gesprächsfaden nicht abreißen zu lassen. Wie sonderbar! Selbst die besten Männer verstießen gegen diese so einfache Regel. Sie begriffen nicht, daß ein Gespräch bei Tisch einem süßen Säugling gleicht, der ins Zimmer getragen und herumgereicht wird. Man muß ihn wiegen, ihn hätscheln, wenn man will, daß er nicht zu lächeln aufhört. Was könnte einfacher sein? Doch selbst Vater ... Mutter zuckte vor Erinnerungen zurück, die nicht so angenehm waren, wie Erinnerungen sein sollten.

Dennoch hoffte sie sehr, daß Vater sah, wie erfolgreich ihr kleines Diner verlaufen war. Er sah es so gern, wenn Milly glücklich war, und das Kind wirkte so zufrieden wie seit Wochen nicht mehr. Ihr verträumter Blick, der zwar liebenswert war, aber nicht zu ihrem Alter paßte, er war wie fortgewischt. Vielleicht war es weniger Easton-Sirup, was sie brauchte, sondern etwas mehr Abwechslung.

»Ich bin sehr selbstsüchtig gewesen«, dachte Mutter und gab sich, wie immer, die Schuld. Sie legte eine Hand auf Millys Arm; sie drückte ihn sanft, als sie sich erhoben. Und Marie hielt die Tür offen – für die weiße Gestalt und die graue; für Miss Anderson, die kurzsichtig blinzelte, als suche sie etwas; und für Mr. Prodger, der mit der zufriedenen Miene eines Monsieur, der wohl gespeist hatte, gemessenen Schritts die Nachhut bildete.

IV

Der Garten, die Palmen und das Meer jenseits des Balkons waren in zitternden Glanz getaucht. Kein Blatt regte sich; die Orangen waren kleine glühende Himmelskörper. Grashüpfer waren zu hören, die ihre winzigen Tamburine schrillen ließen; das Summen der Bienen, die zögerten, als wollten sie die Vorfreude auskosten, bevor sie sich in die warmen, weitgeöffneten Lefkojen und Rosen stürzten. Das Geräusch des Meeres war wie ein Atem, wie ein Seufzen.

Doch hörte die kleine Gesellschaft auf dem Balkon all dies? Mutters Finger huschten zwischen den schwarzgoldenen Kaffeetassen hin und her; Miss Anderson holte den unbequemsten Stuhl aus dem Salon und setzte sich darauf. Mr. Prodger legte eine Hand auf die gelbe Balkonbrüstung und sagte sehr gewichtig: »Diese Brüstung glüht.«

»Ich habe gehört«, sagte Mutter, »daß die Hitze um halb drei am größten sein soll. Wir haben in der Tat beobachtet, daß es dann sehr heiß ist.«

»Ja, es ist wunderbar«, flüsterte Milly, und sie hielt ihre Hand in die Sonne. »Der reinste Backofen!«

»Sie fürchten die Sonne also nicht?« fragte Mr. Prodger und nahm von Mutter Kaffee entgegen. »Nein, danke. Keine Sahne. Nur ein Stück Zucker.« Und er setzte sich und balancierte die kleine, klimpernde Tasse auf seinem breiten Knie.

»Nein, ich liebe sie«, antwortete Milly, und sie begann, an ihrem Stück Zucker zu knabbern …

SECHS JAHRE DANACH

Es war kein Nachmittag, um an Deck zu liegen – im Gegenteil, es war ein Nachmittag, an dem man sich am besten in seine warme, gemütliche Kabine, in die Koje zurückzog. Eingewickelt in eine Reisedecke, mit einer Wärmflasche und einer heißen Tasse Tee hätte ihr das Wetter überhaupt nichts ausgemacht. Doch er – er haßte Kabinen, haßte es, länger als unbedingt nötig in Räumen zu sein. Er haßte es, sich »zu verstecken«, wie er es nannte, besonders auf Reisen. Und das war ja auch nur zu verständlich, wenn man bedachte, wie viel Zeit seines Lebens er im Büro zubrachte. Als er daher forteilte, kaum daß sie an Bord waren, und nach fünf Minuten wiederkam, um ihr mitzuteilen, daß er auf der windgeschützten Seite des Schiffs zwei Liegestühle ergattert habe, während der Steward die Decken auspackte, da murmelte sie lediglich in ihren hohen Sealkragen: »Gut«; und weil er sie ansah, lächelte sie mit strahlenden Augen und blinzelte rasch, wie um zu sagen: »Ja, ganz wunderbar – wirklich.« Und sie meinte es auch so.

»Dann sollten wir jetzt besser –« sagte er, und er schnappte ihre Hand, klemmte sie in seine Armbeuge und wollte mit ihr zu den Stühlen eilen. Er ließ ihr kaum Zeit, »Bitte, Vati. Nicht so eilig« zu hauchen, doch da fiel es ihm wieder ein, und er verlangsamte seine Schritte.

Sonderbar! Sie waren seit achtundzwanzig Jahren verheiratet, und es bereitete ihm noch immer, und jedesmal aufs Neue, Mühe, seinen Schritt dem ihren anzupassen.

»Du frierst doch nicht?« fragte er und warf ihr einen Blick von der Seite zu. Ihre kleine Nase, die geranienrot aus dem dunklen Seehundfell ragte, war Antwort genug. Doch sie steckte die freie Hand in die Samttasche ihrer Jacke und flüsterte munter: »Ich freue mich schon auf meine Wolldecke.«

Er drückte sie fest an sich – ein schneller, nervöser Druck. Er wußte natürlich, daß sie unten in der Kabine besser aufgehoben wäre; er wußte, daß es für sie nicht der geeignete Nachmittag war, um an Deck zu sitzen, bei der Kälte und dem Nebel – allen windgeschützten Schiffsseiten und Wolldecken zum Trotz – und er ahnte, wie sehr es ihr mißfiel. Doch er war nun einmal zu der Überzeugung gelangt, daß es ihr viel leichter fiel, solche Opfer zu bringen, als ihm. Betrachtete man nur einmal den gegenwärtigen Fall. Wäre er mit ihr in der Kabine geblieben, er wäre die ganze Zeit unzufrieden gewesen und hätte es gewiß auch gezeigt, unwillentlich. Sie hätte es auf jeden Fall gespürt. Doch wenn sie sich einmal dazu durchgerungen hatte, sich seinen Wünschen zu fügen, dann genoß sie es am Ende sogar, da hätte er wetten mögen. Nicht, daß sie keinen eigenen Willen gehabt hätte. Lieber Himmel! Sie strotzte vor Willenskraft. Nein, es war nur … aber hier brachen seine Gedanken stets ab. Hier verspürten sie gewissermaßen das dringende Verlangen nach einer Zigarre. Und er verengte die schönen blauen Augen, als musterten sie die Zigarrenspitze. Es war wohl das Gesetz der Ehe, dachte er …. Dennoch plagten ihn Schuldgefühle, wann immer er diese Opfer von ihr verlangte. Das war es, was der schnelle Druck zu bedeuten hatte. Sein Innerstes sprach zu ihrem Innersten: »Das verstehst du, nicht wahr?«, und ein Zittern ihrer Finger antwortete ihm: »Ich verstehe es.«

Der Steward – ein lieber Kerl – hatte wirklich alles Menschenmögliche getan, damit sie es bequem hatten. Er hatte die Liegestühle dort aufgestellt, wo es womöglich ein klein wenig wärmer war und wo es nicht nach Essen roch. Sie hoffte, er würde ein angemessenes Trinkgeld erhalten. Es waren Gelegenheiten wie diese (und ihr Leben schien voll von solchen Gelegenheiten), wo sie wünschte, es wäre die Frau, welche die Finanzen verwaltete.

»Vielen Dank, Steward. So ist es wunderbar.«

»Warum sind Stewards nur immer so zarte Persönchen?« fragte sie sich, als er ihr die Füße in die Decke einschlug. »Der arme kleine Kerl sieht aus, als hätte er es mit den Bronchien, und man sollte doch meinen … die Seeluft …«

Der Knopf der schweinsledernen Börse wurde geöffnet. Das Fach wurde aufgeklappt. Sie sah Sixpence- und Shillingstücke, halbe Kronen.

»Ich würde ihm fünf Shilling geben«, dachte sie, »und würde ihm sagen, er solle sich dafür etwas Anständiges, Nahrhaftes –«

Er bekam einen Shilling, und er tippte an seine Mütze und schien aufrichtig dankbar zu sein.

Nun, es hätte schlimmer kommen können. Es hätten Sixpence sein können. Und tatsächlich. Denn in diesem Augenblick drehte Vater sich zu ihr um und sagte, wie entschuldigend, während er die Börse wieder einsteckte: »Hab' ihm einen Shilling gegeben. Ich denke, das war es wert, oder?«

»O gewiß! Unbedingt!« sagte sie.

Es ist erstaunlich, wie friedlich es auf einem kleinen Dampfer ist, sobald der Wirrwarr beim Verlassen des Hafens vorüber ist. Nach einer Viertelstunde hat man das Gefühl, man sei bereits seit Tagen auf dem Schiff. Es hat etwas Rührendes, wie sich die Menschen in die neue Situation fügen – wie Kinder. Sie gehen am frühen Abend zu Bett, schließen die Augen und sagen: »Es ist Nacht«, wie kleine Kinder, die den Tisch umdrehen und über sich die Tischdecke ausbreiten. Und diejenigen, die an Deck bleiben – es scheinen stets dieselben abgebrühten Männer zu sein – sie halten inne, entzünden ihre Pfeifen, stampfen sacht mit den Beinen auf, sehen aufs Meer, und ihre Stimmen klingen gedämpft, während sie auf und ab laufen. Das langbeinige Mädchen jagt hinter dem rotbäckigen Jungen her, aber dann sind sie beide wie gefangen; und der alte Matrose, der eine erloschene Laterne schwenkt, geht vorüber und ist verschwunden …

Er lag ausgestreckt da, die Decke bis zum Kinn, und sie sah, daß er tief durchatmete. Seeluft! Wenn es jemanden gab, der auf Seeluft schwor, dann er. Er war felsenfest von ihrer tonischen Wirkung überzeugt. Und es kam seiner Meinung nach darauf an, gleich zu Beginn seine Lungen mit ihr zu füllen. Sonst wäre ihre Wirkung so gewaltig, daß man sich den schönste Katarrh holte …

Sie ließ ein leises Kichern hören, und er drehte sich rasch zu ihr um. »Was ist?«

»Es ist deine Kappe«, sagte sie. »Ich werde mich nie daran gewöhnen, dich in der Kappe zu sehen. Du siehst aus wie ein Einbrecher.«

»Ja, zum Kuckuck, was soll ich sonst tragen?« Er ließ eine graue Augenbraue hochschnellen und rümpfte die Nase. »Im übrigen ist es eine sehr gute Kappe. Ein wahres Prachtexemplar von Kappe. Ich weise nur auf das weiße Seidenfutter hin.« Er hielt inne. Dann deklamierte er, wie er es bereits hundertmal an dieser Stelle getan hatte: »Edel und rar ihrer Gemmen Zier war.«

Doch sie fand, daß er sich nur kindisch benahm, wenn er sich mit seiner Kappe brüstete. Am liebsten hätte er sie abgesetzt, damit sie das Futter befühlte. »Fühl mal diese Qualität!« Wie oft hatte sie nicht schon seinen Mantel befühlt, seine Manschetten, Krawatten, Socken, Leinentaschentücher.

Sie sank tiefer in ihren Liegestuhl.

Und der kleine Dampfer fuhr dahin, leise stampfend, über das eintönige, von grauen Regenschleiern verhangene, sanft bewegte Wasser.

Weit draußen segelten Möwen, scheinbar träge, teilnahmslos. Bald ließen sie sich auf den Wellen nieder, bald schwangen sie sich wieder empor und leuchteten am fahlen Himmel wie Glanzlichter in einer Perle. Sie sahen verfroren aus und einsam. Wie einsam wird es hier sein, wenn wir vorübergefahren sind, dachte sie. Nichts wird mehr dasein als die Wellen und diese Vögel und der Regen.

Sie sah hinaus, an der rostfleckigen Reling vorbei, an der dicke Tropfen zitterten, bis sie plötzlich ihre Augen schloß. Es war, als wenn eine warme innere Stimme zu ihr gesagt hätte: »Sieh nicht hin!«

»Ja«, dachte sie. »Es ist zu traurig, viel zu traurig.«

Doch ebenso plötzlich öffnete sie die Augen wieder, sah wieder hin. Einsame Vögel, wogendes Wasser, weißer, bleicher Himmel – waren sie verändert?

Und ihr schien, als befinde sich dort in der Ferne zwischen Himmel und Wasser – ein Wesen; jemand sehr Verzweifeltes, der sehnsuchtsvoll beobachtete, wie sie vorüberfuhr, und er rief, als wolle er das Schiff zum Halten bewegen – aber er rief nur allein ihr zu.

»Mutter!«

»Verlaß mich nicht!« sagte der Schrei. »Vergiß mich nicht! Du wirst mich vergessen, du weißt es!« Und es war, als dringe aus ihrer eigenen Brust das kindliche Weinen hervor.

»Mein Sohn – mein liebes Kind – das ist nicht wahr!«

Sch! Wie war es möglich, daß sie hier auf dem ruhigen Dampfer neben Vater lag und gleichzeitig einen kleinen, schmächtigen Jungen beruhigte und in den Armen wiegte – so blaß –, der gerade aus einem schrecklichen Traum aufgewacht war?

»Ich habe geträumt, ich war in einem Wald – irgendwo, ganz weit weg –, und ich lag am Boden, und ein großer Brombeerbusch ist über mir gewachsen. Und ich habe gerufen und gerufen nach dir – aber du bist nicht gekommen – bist nicht gekommen – deswegen mußte ich für immer da liegen bleiben.«

Was für ein entsetzlicher Traum! Er hatte immer schlimme Träume gehabt. Wie oft hatte sie nicht ihren Besuch im Salon oder im Speisezimmer unter einem Vorwand allein gelassen und war – vor Jahren, als er noch klein war – an die Treppe geeilt und hatte gelauscht. »Mutter!« Und wenn er schlief, hatte sein Traum sie zurück in den Lichtkreis der Lampe begleitet; er hatte dort Platz genommen wie ein Geist. Und jetzt –

Es geschah immer häufiger – zu jeder Tageszeit – an jedem Ort – wie eben jetzt – sie fand keine Ruhe, war immer auf der Hut, und sie hörte ihn. Er brauchte sie. »Ich eile ja so schnell ich kann! So schnell ich kann!« Aber die dunkle Treppe wollte kein Ende nehmen, und der schlimmste Traum – der ewig gleiche – geht weiter und weiter und kennt kein Erbarmen.

Es ist eine Qual! Wie soll man es ertragen? Aber es ist ja nicht ihre Qual, die unerträglich ist – es ist seine. Kann man denn gar nichts für die Toten tun? Und lange Zeit hatte die Antwort gelautet: Nichts!

... Und dann endlich ist der Tag seines ersten Urlaubs da. Sie kommt nicht mit zum Bahnhof, um ihn abzuholen – Vati geht allein. Sie hat Angst. Sie fürchtet, sie könnte die Fassung verlieren und ihnen allen die Freude verderben. Also versucht sie, es allein zu Hause auszuhalten.

Später Nachmittag. Die Lichter sind an. Überall brennen prächtige Feuer – auch in seinem Schlafzimmer, natürlich. Viel zu häufig betritt sie es – aber jedesmal findet sich irgend etwas zu tun – sie zieht die Vorhänge vor, sieht nach, ob er genügend Decken hat. Aus irgendeinem Grund ist in dieser Erinnerung kein Platz für die Mädchen; vielleicht sind sie noch nicht geboren. Sie ist allein in dem warmen, hell erleuchteten, atmenden Haus, nur die Diener sind da. Immer, wenn sie in die Halle kommt, hört sie entferntes Geplapper in der Küche – oder das Getrappel von Schritten auf der Kellertreppe. Sie sind auf ihren Posten. An diesem Punkt erinnert sie sich stets an sein Lieblingsgericht: Brathähnchen, Spargel, Meringue, Champagner. Und dann – o Gott, hilf mir, daß ich das durchstehe – ein Taxi kommt näher. Es biegt in den Square ein. Es wird langsamer.

Nein.

»Es ist da, Ma'm.«

»Nein, Nellie, ich denke nicht.«

Aber ja, ja. Es ist da. Nur Mut. Sei tapfer. Das Taxi verlangsamt die Fahrt. Das ist Vaters Handschuh am Fenster. Dann öffnet sich die Haustür – sie steht auf der Treppe. Vaters Stimme ist zu hören. Da ist er – und im selben Moment steht das Taxi still und die Türen fliegen auf, eine junge, vermummte Gestalt springt die Stufen hoch. Mami.

Mein lieber, lieber Sohn! Und es hilft alles nichts – an dieser Stelle muß sie einfach die Fassung verlieren – nur kurz, nur dieses eine Mal –, und sie drückt ihren Kopf an die kalten Knöpfe seines Uniformmantels, während er sie in den Armen hält, und Vater steht hinter ihm und klopft ihm auf die Schulter und läßt sein lautes Lachen hören.

»So, da hast du ihn wieder. Bist du jetzt zufrieden?«

Die Haustür ist zu. Er legt die Sachen ab, die seiner Welt angehören, Handschuhe und Schal und Mantel, und wirft sie auf die Truhe in der Halle. Die ach so vertraute Art, wie er kurz den Kopf zurückwirft, während er sie ansieht und lacht und dann berichtet, wie er Vater sofort in der Menschenmenge ausfindig gemacht hat und wie Vater ihn partout nicht erkennen wollte …

Doch sanft und lautlos hatte sich der dunkle Vorhang gesenkt. Mehr kommt nicht. Das Stück ist aus. Doch so kann es doch nicht enden – so plötzlich. Es muß noch etwas kommen. Nein, es ist kalt, es ist still. Es hat keinen Zweck, länger zu warten.

Aber – ist er denn wieder zurückgegangen? Oder ist er, als der Krieg aus war, für immer nach Hause gekommen? Er wird doch wohl heiraten wollen – später – in einigen Jahren. Eines Tages werde ich mich gewiß an seine Hochzeit erinnern, an mein erstes Enkelkind – einen hübschen, dunkelhaarigen Jungen, der früh am Morgen zur Welt kam – an einem wunderschönen Morgen – im Frühling!

»Ach Mutter, es ist nicht recht, mir solche Ideen in den Kopf zu setzen! Hör auf, Mutter, hör auf! Wenn ich daran denke, was mir alles entgangen ist – ich ertrage es nicht.«

»Ich ertrage es nicht!« Sie haucht die Worte nur, als sie sich aufrichtet und die dunkle Decke von sich wirft. Es ist kälter denn je, und jetzt senkt sich die Dämmerung herab, sinkt herab wie Asche auf das bleiche Meer.

Und der kleine Dampfer zog entschlossener weiter, die Maschinen hämmerten energischer, als warte am Ende der Reise …

DAPHNE

Ich war sechs Monate in Port Willin, als ich mich entschloß, eine Ausstellung zu veranstalten. Nicht daß ich besonderen Wert darauf gelegt hätte, aber der kleine Field, der Kino-Besitzer, hatte gerade eine Galerie eröffnet, und er bat mich – drängte mich geradezu –, den Anfang zu machen. Er war ein netter Kerl; ich mochte ihn nicht enttäuschen. Außerdem hatte ich zufällig genügend Sachen beisammen, und ich dachte mir, wenn sich ein paar Dumme fänden, die mir das Zeug abkauften, warum nicht. Mit diesem hehren Ziel vor Augen ließ ich also die Karten drucken, meine Bilder mit schlichten weißen Rahmen versehen und bestellte ich weiß nicht wie viele Tassen und Untertassen für die Vernissage.

Warum ich in Port Willin war? Nun – warum nicht? Zugegeben, ein recht unscheinbares Fleckchen Erde, aber wenn man, so wie ich, rastlos in der Weltgeschichte herumzieht, dann sind es wohl gerade die unscheinbaren Orte, die es in sich haben, einen festzuhalten. Als ich ankam, wollte ich eine Woche bleiben und dann nach den Fidschi-Inseln weiterreisen. Ich hatte das eine oder andere Empfehlungsschreiben in der Tasche, und wie ich an dem Morgen meiner Ankunft so an der Reling lehnte, während wir draußen vor dem Hafen warteten und nichts tun konnten, als Löcher in die Luft zu starren, da wollte mir der Ort auf einmal überaus reizvoll erscheinen – seine Lage, sein Erscheinungsbild.

Es ist ein kleines Städtchen und säumt einen Hafen, der schön und tief ist wie ein See. Dahinter, zu beiden Seiten, Hügel. Die Häuser, leichte Holzhäuser, sind bunt gestrichen. Alle haben rote Wellblechdächer. Und überall stehen große dunkle Bäume in dichten Gruppen zusammen, wie mächtige Federbüschel, durchbrechen die leichten Bauten, geben ihnen Tiefe – Wärme – akzentuieren eine Komposition, die zu betrachten sich wahrlich lohnt … Nun, wir müssen nicht ins Detail gehen – An jenem Morgen hatte es mich jedenfalls gepackt. Und in den ersten Tagen nach meiner Ankunft, als ich so spazierenging, oder spazierenfuhr in einer der großen behäbig schaukelnden Kutschen, da faßte ich eine ähnliche Zuneigung zu den Einwohnern.

Wenn auch nicht zu allen. Die Männer interessierten mich kaum. Ja, ich muß sagen, die Männer in den Kolonien sind eher schlichte Zeitgenossen. Aber noch nie bin ich an einem Ort gewesen, der einen höheren Prozentsatz an schönen Frauen aufzuweisen hätte. Das ist nicht zu übersehen, denn eine Besonderheit von Port Willin sind seine unzähligen Teehäuser und die gigantischen Mengen Tee, die dort konsumiert werden. Nicht nur Tee – Schnittchen, Rahmtörtchen, Eiscreme, Obstsalat mit frischer Ananas. Ab elf Uhr morgens kann man sie beobachten, Pärchen und Gruppen von jungen Mädchen und junge verheiratete Frauen, die ihrem ersten Tee zustreben. Ein wahres Elf-Uhr-Zeremoniell. Selbst die Geschäftsleute ließen alles stehen und liegen und gingen ins Teehaus. Und am Nachmittag wiederholte sich das Schauspiel. Von vier bis halb sieben waren die Straßen bunt wie Blumenbeete. Dabei fällt mir ein: Es war Frühjahr, als ich ankam, und die Stadt roch nach feuchter Erde und den ersten Blüten. Auf Schritt und Tritt wehte einen dieser Duft an, wie der Duft von Veilchen im Wald, und das allein konnte einen schon dazu verführen, länger zu verweilen …

Es gab auch ein Theater, ein großes, schmuckloses Gebäude, über und über beklebt mit roten und blauen Plakaten, was ihm vor dem strahlend blauen Himmel einen orientalischen Anstrich verlieh, und eine Wandertruppe gab ›San Toy‹. Ich ging an meinem ersten Abend hin. Aus irgendeinem Grund fand ich es außerordentlich aufregend. Drinnen roch es nach Gas, nach Leim und verbranntem Papier. Ein Luftzug pfiff durch die Gänge – im Orchestergraben wurden die Palmen vom Wind geradezu geschüttelt, und dann und wann blähte sich der Vorhang und ein Paar großer Schuhe kam zum Vorschein, die sich rasch entfernten. Aber diese Frauen! Die Mädchen in weißen Musselinkleidern mit Seidenschärpen und kleinen, mit Swandown besetzten Käppchen! In den Pausen hallte das Parkett und der erste Rang von ihrem perlenden Gelächter wider. Und ich lehnte mich an einen Pfeiler, der aussah wie aus Zuckerguß für eine Hochzeitstorte – und verliebte mich gleich reihenweise …

Dann überbrachte ich meine Schreiben, und ich wurde zum Essen eingeladen, und ich lernte die reizenden Wesen in ihrer häuslichen Umgebung kennen. Das gab den Ausschlag. Es war eine neue Welt für mich – sie waren so fröhlich, so freundlich, zeigten sich so beeindruckt von der Tatsache, daß man Künstler war! Ich kam mir vor wie auf dem Schulhof eines Mädchenpensionats voller sensationell hübscher Geschöpfe.

Ich malte die Tochter des Premiers, eine dunkle Schönheit, vor einem Baum mit langen, glockenförmigen Blüten, weiß wie Wachs. Ich malte ein Mädchen mit Zopf, die es sich auf einem Sofa bequem gemacht hatte und mit einem hellroten Fächer spielte … und eine kleine Blonde in einem schwarzen Jäckchen mit perlgrauen Handschuhen … Ich malte wie verrückt.

Ich mag Frauen. Tatsächlich fühle ich mich in Gesellschaft von Frauen entschieden wohler als in der von Männern. Weil ich mich um Frauen mehr bemühe, vermutlich. Die Sache ist einfach die: Ich habe nie Geldsorgen im

Leben gehabt; ich war daher nie gezwungen, mich mit Menschen abzugeben – außer wenn ich es wollte. Und gleichzeitig ist da meine – nennen wir es ruhig so – Passion für die Malerei. Die Malerei ist überhaupt das Größte auf Erden – jedenfalls für meine Begriffe. Aber – meine Arbeit ist meine Privatangelegenheit. Ein Hinterzimmer in meinem Inneren. Zutritt strengstens verboten. Ich verspüre nicht die geringste Lust, zu erklären, was ich dort treibe – oder es mir von anderen erklären zu lassen. Wenn die Leute meine Arbeit mögen, bin ich zufrieden. Wenn nicht – nun, wenn ich zum Schulterzucken neigte, würde ich die Schultern zucken. Das klingt arrogant. Ist es aber nicht; ich kenne meine Grenzen. Aber die Wahrheit über einen selbst klingt immer arrogant – was Ihnen vielleicht schon aufgefallen sein dürfte.

Was nun die Frauen angeht – ich kann natürlich nur für mich sprechen – aber Frauen sind für mich eine absolute Notwendigkeit; ich muß ihre Anwesenheit, ihre Gegenwart spüren. Ich weiß, daß viele meiner erlauchten Kollegen sie als Ablenkung empfinden, daß sie sie sich vom Leib halten und sich in ihren Bau verkriechen.

Ich kann nur sagen: arbeiten ohne Frauen wäre für mich wie Tanzen ohne Musik oder Essen ohne Wein oder Segeln ohne Wind. Sie sind für mich … ja was? Anregung ist zu wenig; Inspiration zu viel. Sie sind – nun, wenn ich es wüßte, hätte ich ein Problem gelöst, das ich mir durchaus nicht zu eigen machen möchte. Probleme sind einfach nicht meine Sache.

Ich hatte einen ziemlichen Andrang bei meiner Vernissage erwartet und wurde nicht enttäuscht … Nicht erwartet hatte ich hingegen, daß nicht ein Mann erscheinen würde. Es war eine Sache, einem Kunstmaler fünfzig Guineen in die Hand zu drücken, damit er einem was Hübsches hinkleckste, aber etwas ganz anderes war es, sich in der Öffentlichkeit hinzustellen und so etwas anzustarren. Da hätten die Männer von Port Willin schon eher Schaufenster angestarrt. Zugegeben, wenn man nach Europa kam, ging man erst in die Galerie und danach wurden Schaufenster angestarrt. Aber was spielt es für eine Rolle, was man in Europa tat. Dort konnte man tagelang herumlaufen, ohne auf ein bekanntes Gesicht zu stoßen.

Also waren der kleine Field und ich ganz allein unter all den Schönheiten; Field war zu Tode erschrocken, aber mir war es recht, ich hatte meinen Spaß, vor allem, weil die Damen keine Sekunde zögerten, ihre Begeisterung über meine Bilder zu bekunden. Ich bin durchaus kein moderner Maler, wenn man so will; Menschen, die aussehen wie Geigen, und Landschaften aus Telegraphenmasten interessieren mich nicht. Aber in Port Willin ist man noch immer dabei, Rossetti zu verdauen, und die ›Hoffnung‹ von Watts wird als sehr fortschrittlich empfunden. Kaum verwunderlich, daß meine Bilder eine Überraschung für sie waren. Die dicke alte Frau Bürgermeister geriet ganz außer sich. Sie zog mich vor ein Bild; sie klopfte mir mit dem Fächer auf den Arm.

»Ich weiß, warum Sie die Kleine gemalt haben, wie sie aus dem Kleid schlüpft«, kicherte sie. »Und wie traurig sie aussieht! In dem Ding hätte sie sich wirklich nicht hinsetzen können. Viel zu eng. Und unten fehlt nur noch ein Stück Pears-Seife.« Und ganz überwältigt von ihrem Scherz, plumpste sie auf eine kleine Doppelbank, die in der Mitte des Raums stand, und selbst ihr Fächer schien zu lachen.

In diesem Augenblick gingen zwei Mädchen an uns vorbei. Die eine, ich kannte sie, eine dralle Blonde namens May Pollock, zupfte ihre Begleiterin am Ärmel. »Daphne!« sagte sie. »Daphne!« Und die andere wandte sich zu ihr um, dann zu uns, lächelte und war geboren und getauft und ab sofort Teil meiner Welt.

»Daphne!« Ihr flüchtiges, reizendes Lächeln antwortete …

Am Samstagmorgen war herrliches Wetter. Als ich erwachte und sah, wie die Sonne sich über den glänzenden Boden ergoß, fühlte ich mich wie ein kleiner Junge, dem man einen Ausflug ins Grüne versprochen hatte. Ich mußte mich sehr beherrschen, um Daphne nicht anzurufen. Fühlte sie es auch? Es schien einfach nur verrückt, daß wir beide tatsächlich losziehen wollten, mit nichts als zwei Rucksäcken und unseren Schwimmanzügen. Mir kamen die früheren Wochenenden in den Sinn, die Vorbereitungen, die gereizte Stimmung, die Mühe, die es gekostet hatte, alles in die Wege zu leiten. Nein, daran konnte ich jetzt nicht denken; es war nicht wichtig, all das gehörte einem früheren Leben an …

Es schien auf einmal so absurd, daß zwei Menschen so glücklich sein konnten und nicht noch glücklicher waren. Hier waren wir, allein, meilenweit von allen Menschen entfernt, frei wie der Wind, und wir liebten uns. Wieder betrachtete ich Daphne, sah ihre schlanken Schultern, ihren Hals, ihren Busen, und in glühender Liebe und voller Leidenschaft dachte ich: Wäre es nicht sehr unsinnig, sich wie zwei kleine Kinder zu verhalten? Würde es sie nicht, all ihren Beteuerungen zum Trotz, enttäuschen? …

Und ich marschierte mit Riesenschritten los, nicht weil ich erwartete, sie würde mir nachlaufen, aber ich dachte, sie könnte mich rufen oder ich könnte mich umdrehen …

Es war einer jener stillen, gedämpften Tage, wenn das Meer und der Himmel miteinander zu verschmelzen scheinen und es lange dauert, bis die Feuchtigkeit auf den Blättern und Gräsern trocknet. Einer jener Tage, wenn das Meer streng riecht und die Möwen in einer langen Reihe am Strand stehen. Der Rauch von unserem Feuer hing in der

Luft, und der Rauch meiner Pfeife vermischte sich mit ihm. Ich ertappte mich dabei, wie ich ins Leere starrte. Ich brütete vor mich hin und war gereizt. Ich konnte diese lächerliche Affäre nicht hinter mich bringen. Ja, gewiß, mein *amour propre* war verletzt.

Der Montagmorgen war grau, wolkenverhangen, ein Morgen, wie er so typisch ist am Meer, wenn alles, und ganz besonders das Meer, wie erschöpft wirkt und mürrisch. Die Flut war sehr hoch gewesen, die Straße war naß – am Strand stand eine lange Reihe kränklich aussehender Möwen …

Als wir an Bord gingen, setzte sie sich sofort auf eine der grünen Bänke, und ich murmelte irgend etwas von einer Pfeife und verschwand rasch. Es war absurd, daß wir noch immer zusammen waren, nach dem, was geschehen war. Es war nicht richtig. Ich wollte nur eins, sehnte es herbei – frei zu sein, frei von diesem schweigsamen, ernst blickenden und – was das schlimmste war – mitleiderregenden Geschöpf, das einst meine verspielte Daphne war.

Daraufhin rief ich sie sofort an und fragte, ob ich sie am Abend besuchen dürfe. Ihre Stimme klang ernst, ganz anders, als ich sie in Erinnerung hatte, und sie schien zu überlegen. Es entstand eine lange Pause, dann sagte sie: »Ja – vielleicht ist es das beste.«

»Dann komme ich also um halb sieben.«

»Gut.«

Und wir traten in ein Zimmer voller Blumen und großer Kunstphotographien – ›Hafen bei Nacht‹, ›Trüber Tag‹, ›Mondaufgang über dem Meer‹ – und ich fragte mich, ob sie ihr gefielen.

»Warum hast du mir den Brief geschickt?«

»Oh, ich mußte es einfach tun«, sagte Daphne. »Und ich meine es so, wie ich es geschrieben habe. Ich habe dich heute abend nur kommen lassen, weil … Nein, ich weiß, ich werde dich enttäuschen. Ich bin klüger als du mit all deiner Erfahrung. Nie werde ich deine Erwartungen erfüllen können. Ich bin einfach nicht die Richtige für dich. Glaub es mir!«…

VATER UND DIE MÄDCHEN

I

Um die Mittagszeit hörte Ernestine, die mit ihrer Mutter vom Berg heruntergekommen war, um in dem hoteleigenen Weinberg zu helfen, das entfernte, leise *Tschut-tschut* – es war der Zug aus Italien. Züge waren etwas Neues für Ernestine; sie waren aufregend, unheimlich, erschreckend. Was kam ihnen gleich, wenn sie sich den Weg durchs Tal bahnten, zwischen Felsen dahinschossen, als könnten selbst Berge sie nicht aufhalten? Wenn sie die dunkle, flache Brust der Lokomotive erblickte, so nackt, so kraftvoll, die einem förmlich entgegensprang, dann wurde ihr stets ganz flau – sie hätte sich am liebsten verkrochen. Und doch mußte sie hinsehen. Also hörte sie auf, an den blaugrünen Blättern zu zupfen, an den leuchtend grünen Ranken, richtete sich ganz auf und machte große Augen wie ein Vogel. Die Reben waren sehr hoch. Von Ernestine war nicht viel zu sehen, nur ihr schöner junger Busen in einem geknöpften blauen Kattunjäckchen und ihr kleiner, dunkler Kopf, der mit einem ausgeblichenen kirschroten Tuch bedeckt war.

Tschut-tschut-tschut. Tschut-tschut-tschut machte der Zug. Jetzt erschien ein weißes Rauchwölkchen und verflüchtigte sich wieder. Jetzt kam wieder eins, und dann kam das Ungetüm selbst in Sicht und hielt, gräßlich schnaufend, an einem spielzeugkleinen Bahnhof, der fünf Minuten von hier entfernt war. Die Geleise verliefen am unteren Ende der Gartenanlage des Hotels, die sich bis weit nach oben erstreckte und von einer Steinmauer umgeben war. In den Fels gehauene Stufen führten zu den Terrassen, wo die Weinreben standen. Ernestine spähte wie ein bunter Vogel aus den Blättern heraus, sah die schreckliche Maschine und dann, wie sich auf der anderen Seite des Zuges Türen öffneten und fremde Menschen ausstiegen. Nie würde sie erfahren, wer sie waren oder woher sie kamen. Vor einer Sekunde waren sie noch nicht dagewesen, und vielleicht waren sie morgen schon wieder fort. Und sie, die selbst wie ein Vogel aussah, erinnerte sich nun, wie sie im letzten Herbst, daheim, einige fremde Vögel in der Tanne erblickt hatte, die einen Tag dort und am nächsten Tag verschwunden waren. Woher? Wohin? Sie fühlte einen Schmerz in der Brust. Flügel waren darin und konnten sich nicht regen. Warum konnte sie sie nicht ausbreiten und fortfliegen, einfach fort? …

II

Aus dem Erste-Klasse-Waggon stieg Emily, groß und hager; sie reichte ihrem Vater die Hand, dessen schmächtige Beinchen zu zittern schienen, als er das eiserne Trittbrett suchte. Dann folgte Edith, noch größer und noch hagerer; sie trug Vaters leichten Mantel, seinen Feldstecher am Lederriemen sowie seinen neuen Baedeker. Der blonde Hoteldiener trat zu ihnen. War das nicht reizend? Er sprach ein so gutes Englisch wie sie selbst. Edith hatte daher keine Mühe, ihm zu erklären, daß sie, weil sie morgen bereits mit dem Vormittagszug weiterfuhren, lediglich ihr Handgepäck bräuchten und was sich sonst noch im Abteil befinde. Wartete vor dem Bahnhof ein Wagen? Ja, der Wagen wartete. Doch falls sie lieber zu Fuß gehen wollten – es gab einen Privateingang, unten am Hotelgarten … Nein, sie wollten nicht zu Fuß gehen.

»Du möchtest doch nicht zu Fuß gehen, Vati?«

»Nein, Edith, ich nicht. Wollt ihr Mädel zu Fuß gehen?«

»Aber, Vati, doch nicht ohne dich.«

Und, der blonde Hoteldiener vorneweg, bahnten sie sich einen Weg durch eine kleine Gruppe stämmiger Landarbeiter beim Eingangstor, wo im Schatten einiger Linden der Wagen wartete.

»Hast du schon mal so ein riesiges Pferd gesehen, Edith!« rief Emily. Sie mußte immer sofort mit allem herausplatzen.

»Es ist ein sehr großes Tier«, sagte Edith betont ruhig. »Ein Ackergaul, so wie es aussieht, und er hat bereits gearbeitet. Sieh nur, wie erhitzt er ist.« Edith war eine so gute Beobachterin. Streifen von dunklem Schweiß überzogen die Flanken des großen braunen Pferds, und als es den Kopf schüttelte, klingelten die Glöckchen an seinem Kummet.

»Ho-jup!« rief der junge Bauer auf dem hohen Kutschbock warnend.

Vater, der soeben einsteigen wollte, wich verunsichert zurück.

»Dieses Pferd wird doch nicht mit uns durchgehen, Edith?« wimmerte er.

»Aber nein, Vatilein«, beruhigte ihn Edith. »Dieses Pferd ist so gutmütig wie du und ich.« Und so stiegen sie ein, alle drei. Und als das Pferd sich mit einem Ruck in Bewegung setzte, zuckten seinen Ohren überrascht und schienen den Kutscher, seinen Freund, zu fragen: Das nennst du eine Fuhre? Vater und die Mädchen wogen so gut wie nichts. Es hätten drei Knochen, drei Besenstiele, drei Regenschirme sein können, die da auf den harten Sitzbänken auf und ab hüpften. Es war ein Segen, daß es bis zum Hotel nicht weit war. Vater hätte es keine Minute länger ausgehalten, vor allem nach der langen Zugfahrt. Tatsächlich war er im Gesicht ganz grün, als Emily ihm herunterhalf und ihm half, sich wieder aufzurichten und die Kleider glatt zu streichen.

»Eine ziemliche Ruckelei, was, Vati?« sagte sie zärtlich.

Doch er wollte nicht, daß sie ihn am Arm ins Hotel führte. Das würde einen falschen Eindruck erwecken.

»Nein, nein, Emily. Alles in bester Ordnung«, sagte Vater, als er ihnen, ein wenig taumelnd, durch die großen Glastüren in eine Eingangshalle folgte, die so schummrig wie eine Kirche war, und ebenso kalt und menschenleer.

Himmel! Wie kalt diese Halle war! Die Kälte sprang einen vom Boden her geradezu an. Sie krallte sich in Ediths und Emilys Knie; sie sprang Vater an die heftig pochende Brust. Einen Moment lang zögerten sie, rückten dichter zusammen, rangen nach Luft. Doch dann trat aus dem Empfangsbüro eine muntere junge Frau, das lächelnde Gesicht mit Mückenstichen übersät, lief auf sie zu und begrüßte sie mit so aufrichtiger Herzlichkeit, daß der frostige erste Eindruck sofort vergessen war.

»Aber ja. Aber ja. Ich kann Ihnen geben zwei wuunderschöne Ziemer in erste Stock miet Lift. Zwei Ziemer und Bad und Ankleideziemer für den Gentleman. Wuunderschöne Ziemer mit Sonne, aber niecht heiß. Wuunderschön. Bies morgen. Ich brienge Sie nach oben. Sie siend erschöpft von die Reise? Mietagessen iest um halb eins. Heiße Wasser? Aber ja. In Badeziemer. Hier entlang, biete.«

Aufmunternd lächelnd, winkend und nickend lockte sie Vater und die Mädchen durch einen klosterartigen Gang, in den Lift, dann ging es aufwärts, und im nächsten Moment stieß sie eine schwere dunkle Tür auf, trat beiseite und ließ sie vorangehen.

»Iest eine Suite«, erklärte sie. »Miet Vorziemer und drei Türe.« Sie öffnete sie rasch. »Also, ich gehe und sehe, ob gekommen iest Ihre Gepäck.«

Und sie ging.

Edith machte große Augen.

Vater reckte den dünnen alten Hals und sah sich ebenfalls um.

»Hast du – hast du so etwas schon einmal gesehen, Edith?« rief Emily aufgeregt.

Und Edith schlug leise die Hände zusammen. Sie flötete: »Nein, noch nie, Emily. So etwas habe ich in meinem ganzen Leben noch nicht gesehen.«

»Macht doch einen ganz anständigen Eindruck«, wimmerte Vater, der noch immer unschlüssig herumstand. »Oder wollt ihr Mädel lieber ein anderes?«

Ein anderes? »Aber Vatilein, das ist das reizendste Zimmer, das wir je gesehen haben, nicht wahr, Emily? Setz dich doch Vati, setzt dich in den Sessel.«

Vaters blasse Krallenhände umklammerten die samtenen Armlehnen. Er ging in die Knie, seufzte, wie Greise zu seufzen pflegen, und ließ sich in den Stuhl sinken.

Edith stand noch immer wie angewurzelt bei der Tür. Aber Emily lief ans Fenster und lehnte sich kleinmädchenhaft hinaus …

Vater und die Mädchen waren nun schon so lange unterwegs – wie lang genau? – seit Ewigkeiten. Nizza, Montreux, Biarritz, Neapel, Mentone, Lago Maggiore – all das hatten sie gesehen und noch viel, viel mehr. Und sie zogen immer weiter, flogen unermüdlich durch die Lande, und kein Ort konnte sie lange halten. Doch die Wahrheit war – Aber, ach, man fragte lieber nicht nach der Wahrheit. Man fragte lieber nicht, was es war, daß sie forttrieb. Oder warum es nichts gab, das Vater so sehr schreckte wie das Wort – daheim …

Daheim! Herumsitzen, nichts tun, dem Ticken der Uhr lauschen, die Jahre zählen, an früher denken … denken! An einen Ort gebunden sein, als warte man auf etwas oder jemanden. Nein! nein! Da war es besser, sich treiben zu lassen, wie Spreu, die der Wind fortträgt, irgendwo fallen läßt und wieder aufwirbelt.

»Seid ihr soweit, Mädel?«

»Ja, Vatilein.«

»Dann sollten wir uns sputen, damit wir den Zug erreichen.«

Und doch war es ermüdend; es war so unsagbar ermüdend. Vater verleugnete sein Alter nicht; er war vierundachtzig. Was Edith und Emily betraf – er sah inzwischen wie ihr älterer Bruder aus. Wie ein sehr, sehr alter Bruder und zwei uralte Schwestern, so mußten sie dem reizenden Zimmer erscheinen. Doch die gedämpfte Helligkeit des Zimmers, seine Schönheit und das Rauschen der Blätter hinter dem Sandstein der Fensterbänke, all das schien zu flüstern: »Ruht aus! Bleibt!«

Edith betrachtete die blaßgrünen, getäfelten Wände, die Türen mit ihren grünen Rauten und Quadraten, golden abgesetzt. Verwundert stellte sie fest, daß das Muster des Holzfußbodens sich auch an der hohen, bemalten Decke fand. Wundervoll war vor allem die Farbe des glänzenden Fußbodens – wie Schildpatt. In der Ecke stand ein großer, weiß-blauer Backofen. Auf dem niedrigen Holzbett lag eine gelbseidene Steppdecke, und die Bettpfosten waren mit geschnitzten Getreidegarben verziert. Der erfindungsreichen und müden Edith wollte es scheinen – ja, es wollte ihr scheinen, als atme dieses Bett, sanft und ruhig. Und durch das tiefliegende schmale, grünumrankte Fenster erblickte man eine Miniaturlandschaft, die in der Sommerhitze wie ein Edelstein funkelte.

»Ruht aus! Bleibt!« War es das Geräusch der Blätter draußen? Nein, es war die Luft; es war das Zimmer selbst, das so glücklich, so scheu flüsterte. Edith fühle sich so sonderbar, daß sie nicht länger schweigen konnte.

»Der Raum ist sehr alt, Emily«, trällerte sie leise. »Gar

keine Frage. Das Hotel war natürlich nicht immer ein Hotel. Früher war es ein altes Château. Das ist so gewiß, wie ich hier stehe.« Vielleicht wollte sie sich davon überzeugen, daß sie dort stand. »Siehst du den Ofen?« Sie ging zu dem Ofen. »Es steht eine Jahreszahl darauf. Emily«, trällerte sie, »er ist von 1623.«

»Ist das nicht großartig!« rief Emily.

Selbst Vater war beeindruckt.

»1623? Fast dreihundert Jahre alt.« Und trotz seiner Erschöpfung lachte er plötzlich heiser auf, wie Greise aufzulachen pflegen. »Da kommt man sich ja vor wie ein junger Hüpfer, was?« sagte Vater.

Emilys atemloses, helles Lachen antwortete ihm; auch ihr Lachen klang fröhlich.

»Ich werde einmal nachsehen, was hinter der Tür ist«, rief sie. Und sie rannte zu der Tür in der Mitte der Wand und schob einen zierlichen, metallenen Riegel zurück. Die Tür führte in ein größeres Zimmer, Ediths und Emilys Zimmer. Doch die Wände waren wie drüben und ebenso der Boden, und auch die tiefliegenden Fenster fanden sich hier. Nur daß es zwei Betten statt des einen gab, und die Decken waren blau statt gelb. Und was für eine hübsche alte Truhe dort unter den Fenstern stand!

»Oh«, rief Emily ganz entzückt aus. »Es ist alles so unglaublich geschichtsträchtig, Edith! Ich fühle mich ganz –« Sie verstummte, sie sah Edith an, die ihr gefolgt war; ihr dünner Schatten fiel auf den sonnigen Boden. »Ganz sonderbar!« sagte Emily und versuchte in das Wort alles hineinzulegen, was sie empfand. »Ich weiß nicht, was es ist.«

Vielleicht hätte Edith, die Entdeckerin, es ihr erklären können, wenn sie die Zeit dazu gefunden hätte. Doch in diesem Moment klopfte es an der Tür zum Vorzimmer; es war der Junge mit dem Gepäck. Und während er ihre Koffer hereintrug, ertönte von unten die Glocke zum Mittagessen.

Sie durften Vater nicht länger warten lassen. Sobald irgendwo eine Glocke läutete, mußte er sich unverzüglich in Bewegung setzen. Und ohne noch einen Blick in den Spiegel zu werfen – denn sie hatten ein Alter erreicht, in dem man einem Spiegel ebenso natürlich ausweicht, wie man ihn als junges Mädchen sucht – waren Edith und Emily im nächsten Augenblick bereit zu gehen.

»Seid ihr soweit, Mädel?«

»Ja, Vatilein.«

Und dann marschierten sie los, nach links, nach rechts, eine steinerne Treppe mit einem breiten, abgenutzten Geländer hinunter, wieder nach links, immer ihrem Gespür folgend – Edith voran, dann Vater, und Emily dicht dahinter.

Doch als sie die *salle à manger* erreichten, die so groß wie ein Tanzsaal war, fanden sie den Raum noch ganz verlassen vor. Alles war farbenfroh, alles glänzte; die hohen Verandatüren gingen auf einen grüngoldenen Garten; und vor ihnen dehnte sich der Speisesaal. Und die fünfzig kleinen Tische mit den fünfzig kleinen Dahlientöpfen sahen aus, als wollten sie gleich zu tanzen anfangen …

GROSSE HEITERKEIT!

I

An diesem Morgen, beim Frühstück, waren sie bester Laune. Wem war das zu verdanken – ihr oder ihm? Gewiß, sie gab sich stets Mühe, etwas herzumachen am Morgen; sie glaubte, es ihm – ja, ihrer Liebe – schuldig zu sein – trug zum Frühstück entzückende Käppchen, lustige Jäckchen, bunte Pantöffelchen und achtete darauf, daß der Tisch perfekt gedeckt war – sie waren ein anspruchsvolles Pärchen! Doch auch er trug seinen Teil bei, so frisch und gepflegt und zufrieden … Sie war als erste unten gewesen, saß bereits auf ihrem Platz, als er hereinkam. Er beugte sich über ihre Stuhllehne, die Hände auf ihren Schultern; er neigte den Kopf und rieb seine Wange sanft an der ihren, murmelte leise, doch mit deutlichem Besitzerstolz, so daß sie ganz betört errötete: »Gib mir Tee, Schatz.« Und sie hob die Teekanne, auf deren Deckel eine kleine silberne Birne prangte, und schenkte ihm ein.

»Danke … Du siehst hinreißend aus heute morgen!«

»Findest du?«

»Aber ja. Mach das noch einmal. Sieh mich noch einmal so an. Es sind deine Augen. Kinderaugen. Ich habe noch keinen Menschen getroffen, der so strahlende Augen hat wie du.«

»Ach Gott!« Sie seufzte vor Freude. »Wie ich deine Schmeicheleien liebe!«

»Ja, ich weiß – wie ein verwöhntes Kind! Möchtest du etwas hiervon?«

»Nein, danke … Ach, mein Schatz!« Ihre Hand flog über den Tisch und ergriff die seine.

»Ja?«

Doch sie sagte nichts, nur noch einmal: »Schatz!« Auf sein Gesicht war ein Ausdruck getreten, den sie so sehr liebte – ein liebevoll spöttisches Lächeln. Er tat, als wüßte er nicht, was sie meinte, und doch begriff er nur zu gut. Er tat, als dächte er: »Seht sie euch an – typisch Frau – nichts als Liebesgeflüster im Kopf, und das schon am Frühstückstisch.« Doch sie ließ sich nichts vormachen. Sie wußte, er fühlte so wie sie. Die herablassende Art, die gespielte Verzweiflung gehörten einfach zum männlichen Gehabe dazu – ganz einfach.

»Dürfte ich das Messer vielleicht jetzt benutzen, oder es wenigstens hinlegen?«

Erstaunlich! Mona hatte sich noch immer nicht an das Lächeln ihres Mannes gewöhnt. Seit drei Jahren waren sie verheiratet. Sie hatte sich aus vielen verschiedenen Gründen in ihn verliebt, aber neben all diesen Gründen gab es noch diesen einen, ganz speziellen Grund – und das war sein Lächeln. Würde es nicht so unsinnig klingen, hätte sie gesagt, daß sie sich zuallererst in sein Lächeln verliebt hatte und dies immer wieder aufs Neue tat. Auch andere Menschen erlagen diesem Charme. Auch andere Frauen, dessen war sie sich bewußt. Manchmal glaubte sie, daß sogar die Dienstboten auf dieses Lächeln warteten …

»Denk daran, daß wir heute abend ins Theater gehen.«

»Oh, verflixt! Das habe ich ganz vergessen. Ist Ewigkeiten her, daß wir zuletzt im Theater waren.«

»Ja, nicht wahr? Ich bin schon ganz aufgeregt.«

»Findest du nicht, wir sollten das beim Abendessen ein klitzeklein wenig feiern?« (»Klitzeklein wenig« war einer *ihrer* Ausdrücke. Doch warum klang es so süß, wenn er es sagte?)

»Ja, gewiß. Du meinst Champagner?« Und sie blickte ins Leere, und sagte ganz verträumt: »Dann muß ich mich um ein anderes Dessert kümmern.«

In diesem Moment kam das Mädchen mit der Post herein. Vier Briefe waren für ihn, drei für sie. Nein, einer davon gehörte noch ihm, ein ziemlich schmutziger kleiner Umschlag mit einem Klecks Siegellack auf der Rückseite.

»Warum bekommst du immer so viele Briefe?« murrte sie und reichte sie ihm. »Das ist ungerecht. Ich liebe Briefe, und nie bekomme ich welche.«

»Also wirklich!« sagte er. »Was erzählst du da? Ich bekomme fast nie Post am Morgen. Du bist es, die ständig geheimnisvolle Sendschreiben erhält von ehemaligen College-Freundinnen oder verblühten alten Tanten. Da, nimm die Hälfte von meiner Birne – sie ist köstlich.« Sie hielt ihren Teller hin.

Die Rutherfords lasen nie die Briefe des jeweils anderen. Es war ihr Vorschlag gewesen, es so zu handhaben. Er hatte sich zunächst sehr dagegen gesträubt. Sie mußte lachen; er hatte ihren Beweggrund so gänzlich mißverstanden.

»Du liebe Zeit, Schatz! Du darfst liebend gern meine Briefe öffnen und jeden Brief lesen, der irgendwo herumliegt. Ich kann dir versprechen ...«

»Aber nicht doch, Liebling, das meinte ich nicht. Ich befürchte doch nichts dergleichen.« Und sie hatte sein Gesicht in die Hände genommen und rasch geküßt. Er machte ein beleidigtes Gesicht wie ein kleiner Junge. »Aber es schreiben mir so viele von Mutters alten Bekannten – schütten mir ihr Herz aus – verstehst du? – erzählen mir Dinge, die sie einem Mann nie erzählen würden. Ich finde, es wäre ihnen gegenüber nicht nett. Du verstehst?«

Schließlich gab er nach. Aber er sagte: »Ich bin vielleicht etwas altmodisch«, und sein Lächeln wirkte wehmütig. »Aber mir gefällt die Vorstellung, daß meine Frau meine Briefe liest.«

»Ach, du armer Schatz! Jetzt habe ich dich traurig gemacht.« Sie machte sich Vorwürfe und wußte doch nicht recht, wofür. »Natürlich würde ich sehr gern deine Briefe …«

»Nein, nein! Ist schon in Ordnung. Ich habe verstanden. Also abgemacht.« Und sie hatten sich an die Abmachung gehalten.

Er schnitt den schmutzigen Umschlag auf. Er begann zu lesen. »Verdammt!« sagte er und stülpte die Unterlippe vor.

»Was hast du? Ist etwas passiert?«

»Nein. Aber es wird später werden heute abend. Jemand will sich um sechs Uhr im Büro mit mir treffen.«

»Ein Geschäftsbrief?«

»Ja, wieso?«

»Er sieht so gar nicht geschäftlich aus. Mit dem Siegellack und der sonderbaren Handschrift – sieht mehr nach einer Frau aus als nach einem Mann.«

Er lachte. Er faltete den Brief zusammen, steckte ihn in die Tasche und nahm den Umschlag in die Hand. »Ja«, sagte er, »sonderbar, nicht wahr. Ist mir gar nicht aufgefallen. Was du alles bemerkst! Es sieht tatsächlich wie eine Frauenhandschrift aus. Das große R zum Beispiel« – er warf ihr den Umschlag zu.

»Ja, und der Schnörkel darunter. Ich würde meinen, eine ziemlich ungebildete Frau …«

»Und dennoch«, sagte Hugh, »ist es ein Bergbauingenieur.« Und er stand auf, reckte und streckte sich, dann hielt er inne. »Ach, was für ein herrlicher Morgen! Warum muß ich nur ins Büro? Warum kann ich nicht hier bleiben, bei dir?« Er kam zu ihr und schlang seine Arme um ihren Hals. »Kannst du mir das einmal verraten, mein schönes Kind?«

»Ach«, sie schmiegte sich an ihn, »wenn ich das wüßte. Das Leben ist einfach nicht gemacht für uns beide. Und jetzt mußt du heute abend auch noch länger bleiben.«

»Ärger dich nicht«, sagte er. »Den ganzen übrigen Abend gehöre ich dir. Jede einzelne Sekunde. Wenn wir vom Theater zurückkommen, machen wir es uns im Haus gemütlich –«

»Und alle Bergbauingenieure werden vor die Tür gescheucht.« Sie lachte. Liebten sich andere Menschen auch so wie sie, war das überhaupt vorstellbar? Sie drückte ihren Kopf fester an ihn – sie hörte seine Uhr ticken – die liebe Uhr!

»Was sind das für komische violette Blumen in meinem Schlafzimmer?« murmelte er.

»Petunien.«

»Du riechst so wie diese Petunien.«

Und er hob ihren Kopf. Sie reckte sich. »Küß mich«, sagte er.

II

Es war ihre Gewohnheit, auf der untersten Treppenstufe zu sitzen und ihn zu beobachten, wenn er sich ausgehfertig machte. Sonderbar, wie aufregend es war, jemandem dabei zuzusehen, wie er seinen Hut abbürstete, ein Paar Handschuhe auswählte und einen letzten prüfenden Blick in den runden Spiegel warf. Und nicht anders erging es ihr, wenn er sich rasierte. Sie liebte es, sich dann auf der harten kleinen Couch in seinem Ankleidezimmer zusammenzukauern; sie war so versunken in den Vorgang wie er selbst. Wie skurril er aussah, wie ein Pierrot, wie eine Maske, mit seinen dunklen Brauen, den feucht glänzenden Augen und dem frischen Anflug von Röte oberhalb des Rasierschaums. Doch es war nicht nur dieses Gefühl. Nein, auf der Treppe dachte sie einmal mehr: »Das ist also mein Ehemann, das ist also der Mann, den ich geheiratet habe, das ist also der Fremde, der an jenem Nachmittag über den Rasen auf mich zukam, seinen Tennisschläger schwenkte, die Ärmel aufkrempelte und sich vor mir verbeugte. Das ist nicht nur mein Geliebter und mein Ehemann, sondern auch mein Bruder, mein bester Freund und Kamerad und zuweilen sogar ein wahrer Vater. Und dies ist das Haus, in dem wir leben. Dies ist sein Zimmer – und dies hier der Flur.« Es war, als zeige sie all das ihrem anderen Ich, dem Ich, das sie war, bevor sie ihn kennenlernte. Voller Bewunderung, ja Ehrfurcht angesichts von so viel Glück sah sich das andere Ich um …

»Geht es so?« Er stand lächelnd da, strich die Handschuhe glatt. Doch obwohl er es nicht mochte, wenn sie sein Äußeres lobte, wie sie es so gern tat, so meinte sie doch heute einen Anflug von jungenhafter Eitelkeit an ihm zu bemerken. So blickt ein Junge, der sich bewundert weiß, seine Mutter an.

»Ja, tadellos …« Womöglich war sie in diesem Moment stolz wie eine Mutter; sie hätte ihm einen Segen mit auf den Weg geben mögen. Statt dessen stand sie in der Haustür und dachte: »Da geht er hin. Der Mann, den ich geheiratet habe. Der Fremde, der über den Rasen auf mich zukam.« Die Tatsache hörte nicht auf, sie zu verwundern …

Im Gegenteil. Die Verwunderung nahm eher noch zu. Und der Grund dafür war – Mona lief zurück ins Haus, in den Salon, setzte sich ans Klavier. Ach, warum sich den Kopf darüber zerbrechen – Sie begann zu singen:

»Blumen bring' ich, Liebste, dir,
zu lindern deine Pein!«

Doch es war Freude – Freude, die atemlos und jubelnd in ihrer Stimme bebte, und bei dem Wort »Pein« öffneten sich ihre Lippen zu einem so glücklichen – so grausam mitleidlosen Lächeln, daß sie sich von Herzen schämte. Sie hörte auf zu spielen, sie drehte sich auf dem Klavierhocker herum und sah in den Raum. Wie anders alles am Morgen aussah, wie streng, wie unnahbar. Die grauen Stühle mit den fuchsienroten Kissen, der schwarz-goldene Teppich, die hellgrünen Seidenvorhänge, sie hätten sonstwem gehören können. Es war wie ein Bühnenbild, und der Vorhang war noch nicht geöffnet. Sie hatte kein Recht, hier zu sein, und bei dem Gedanken durchlief sie ein Schauer; es schien so erstaunlich, daß irgendwer, und sei es nur ein Sessel, nicht an ihrem Glück teilhaben wollte, sich einfach abwandte.

»Ich mag diesen Raum nicht am Morgen; er gefällt mir ganz und gar nicht«, dachte sie, und sie lief die Treppe hinauf, um sich fertig anzukleiden. Lief in ihr großes, dämmriges Schlafzimmer … und beugte sich über die Petuniensterne …

KEINE GUTE IDEE

Mir ist etwas passiert – etwas Schreckliches. Ich weiß nicht, was ich tun soll. Ich sehe einfach kein Lösung. Und das dumme ist, ich kann nicht einmal sagen, wo genau der Hase im Pfeffer liegt. Es ist alles ein Durcheinander – ein verflixtes Durcheinander. Und es sollte doch klar sein, daß ich für solche Geschichten nicht geschaffen bin. Ich bin nicht so ein Typ wie die auf der Bühne oder in Büchern. Ich bin – na ja, bis gestern glaubte ich noch sehr genau zu wissen, wer oder was ich bin. Aber jetzt – ich fühle mich hilflos, ja, das ist das Wort, hilflos. Ich sitze hier und werfe Steinchen ins Meer wie ein Kind, das seine Mutter verloren hat. Und alle anderen sind längst nach Hause gegangen, haben Tee getrunken, und gleich wird man die Lampen anzünden. Früher oder später werde auch ich nach Hause gehen müssen. Das ist mir natürlich klar. Tatsächlich wäre ich jetzt, so merkwürdig das klingen mag!, nirgendwo lieber als zu Hause, trotz allem. Was macht sie jetzt? Meine Frau, meine ich. Hat sie den Tisch abgeräumt? Oder ist sie sitzengeblieben und starrt auf den Tisch mit den schmutzigen Tellern? Mein Gott! Bei dem Gedanken könnte ich heulen wie ein Hund – wenn Sie verstehen, was ich meine.

Mir hätte sofort klar sein müssen, daß alles aus und vorbei ist, als sie heute morgen nicht zum Frühstück herunterkam. Es war mir auch in gewisser Weise klar. Aber ich wollte es nicht wahrhaben. Ich dachte mir, wenn ich gar nichts sage und so tat, als sei dies einer ihrer Kopfwehtage und einfach ins Büro ginge, dann mochte die Geschichte am Abend, wenn ich zurückkehrte, sich vielleicht von selbst erledigt haben. Aber ich habe mir etwas vorgemacht. Ich habe mich gefühlt wie jetzt: »hilflos«. Was sollte ich denn tun? Also tat ich, was ich immer tat an ihren Kopfwehtagen, ich brachte ihr eine Tasse Tee und zwei dünne Scheiben Toast. Ihre Jalousie war noch unten. Sie lag auf dem Rücken. Ich glaube, sie hatte ein feuchtes Tuch auf der Stirn. Ich bin nicht sicher, denn ich brachte es nicht über mich, hinzusehen. Es war ein abscheuliches Gefühl. Und sie sagte mit ganz schwacher Stimme: »Stell den Becher bitte auf den Tisch, ja?« Ich stellte ihn auf den Tisch. Ich sagte: »Kann ich sonst noch etwas für dich tun?« Und sie sagte: »Nein. In einer halben Stunde geht es mir wieder besser.« Aber diese Stimme, ich kann Ihnen sagen! Die hat mich fertig gemacht. Ich bin so schnell wie möglich wieder hinaus, habe mir Hut und Stock vom Garderobenständer geschnappt und bin zur Trambahn gelaufen.

Und das ist wirklich sonderbar – ob Sie es glauben oder nicht – in dem Moment, wo ich das Haus verlassen hatte, hatte ich meine Frau vergessen. Es war ein herrlicher Morgen, mild, und die Sonne zauberte kleine silberne Entchen aufs Meer. Ein Morgen, an dem man weiß, daß es den ganzen Tag warm und schön bleiben wird. Selbst die Trambahnglocke bimmelte anders als sonst, und die kleinen Schulkinder, die sich an den Knien der Erwachsenen vorbeizwängten, hatten Blumensträuße in den Händen. Ich weiß auch nicht – ich kann nicht sagen, warum – aber ich war einfach glücklich, so glücklich wie noch nie zuvor in meinem Leben, es war nicht zu fassen! Der Wind, der in der Nacht so heftig geblasen hatte, wehte noch schwach. Der Wind fühlte sich an wie eine Berührung, als berührte *sie* mich – die andere. O ja. Der Wind brachte mir alles wieder in Erinnerung, jedes einzelne Detail. Wenn ich Ihnen erzählen würde, wie es mich erregte, Sie würden mich für verrückt halten. Ich fühlte mich so unbeschwert – es war mir gleichgültig, ob ich zu spät ins Büro kam oder nicht, und am liebsten hätte ich allen Menschen etwas Gutes getan. Ich half den Kindern beim Aussteigen. Einem kleinen Kerl fiel die Kappe auf den Boden, und ich hob sie auf und sagte: »Bitte schön, junger Mann!« ... ich hätte mich fast lächerlich gemacht.

Im Büro das gleiche. Die Kollegen – ich sah sie mit ganz anderen Augen an. Als der alte Fisher zu mir kam und zwei Ungetüme von Wicken auf mein Pult pfefferte mit seinem üblichen: »Und jetzt kommst du, mein Alter!« – da ärgerte es mich nicht im geringsten. Es machte mir nichts, daß er fast platzte vor Stolz auf seinen Garten. Ich betrachtete sie nur und sagte ganz ruhig: »Tja, diesmal hast du mich wohl geschlagen.« Er wußte gar nicht, was er davon halten sollte. Nach fünf Minuten kam er wieder und fragte, ob ich Kopfweh hätte.

Und so ging es den ganzen Tag. Am Abend bin ich in dem üblichen Gedränge nach Hause geeilt, habe die Gartenpforte aufgestoßen, habe gesehen, daß die Haustür offenstand wie immer, habe mich auf den Stuhl in der Diele gesetzt und meine Stiefel ausgezogen. Meine Pantoffeln standen an Ort und Stelle, wie immer. Das schien mir ein gutes Zeichen. Ich stellte meine Stiefel in das Schuhregal unter der Treppe, zog meinen Rock aus und ging in Richtung Küche. Ich wußte, daß meine Frau dort war. Halt. Das einzige, was mir nicht glückte, war, wie üblich zu pfeifen: »Ich lieg' im Bett und denk' bei mir, wozu schuften, wozu plagen ...« Ich versuchte es kurz, aber es wollte nicht glükken. Nun, ich öffnete also die Küchentür und sagte: »Hallo! Wie geht's, wie steht's?« Doch in dem Moment, wo ich es gesagt hatte – sogar schon vorher – war mir klar, daß etwas Schreckliches passiert war. Sie stand beim Tisch und rührte die Salatsauce an. Und als sie aufblickte, eine Art Lächeln aufsetzte und »Hallo!« sagte, hätte es mich fast umgehauen! Meine Frau sah grauenvoll aus – anders kann man es nicht sagen. Sie mußte den ganzen Tag geweint haben. Sie hatte irgendeinen weißen Puder aufgetragen – aber es machte die Sache nur noch schlimmer. Sie schien zu spüren, daß ich etwas bemerkt hatte, denn sie nahm sofort die Tasse mit Rahm und goß etwas davon in die Salatschüssel – in ihrer so typischen Art, mit ihren flinken, geschickten Händen – und rührte wieder um. Ich sagte: »Geht es deinem Kopf besser?« Doch sie schien mich nicht gehört zu haben. Sie fragte: »Willst du vor dem Essen in den Garten, oder gehst du hinterher?« Was sollte ich darauf antworten. Ich sagte: »Hinterher«, und ging hinüber ins Eßzimmer, schlug die Zeitung auf und setzte mich ans Fenster – na ja, versteckte mich hinter der Zeitung, müßte ich wohl sagen.

Ich werde nie vergessen, wie ich dort saß. Menschen gingen auf der Straße vorüber, und es klang so friedlich. Und ein Mann trieb ein paar Kühe vor sich her. Ich war – ich war neidisch auf ihn. Meine Frau ging ein und aus. Dann rief sie mich zum Essen, und wir setzten uns an den Tisch. Ich glaube, es gab kaltes Fleisch und Salat. Ich weiß nicht mehr. Es wird schon so gewesen sein. Keiner von uns sprach. Es kommt mir alles vor wie ein Traum. Dann stand sie auf, räumte die Teller ab und ging zum Speiseschrank, um den Nachtisch zu holen. Wissen Sie, was es für ein Nachtisch war? Nun, es wird Ihnen natürlich nichts sagen. Es war mein Lieblingsnachtisch – die Sorte, die sie nur bei ganz besonderen Anlässen machte – mit Wabenhonig …

EIN MANN UND SEIN HUND

Mr. Potts machte wahrlich nicht viel her, wenn man ihn so sah. Er war ein kleiner, unscheinbarer Kerl, mit schiefer Krawatte, einem zu kleinen Hut und einem zu großen Rock. Die Dokumentenmappe aus braunem Segeltuch, die er jeden Tag zum Postamt und wieder zurücktrug, sah nicht aus wie die Mappe eines Geschäftsmannes. Sie sah aus wie ein Kinderschulranzen; sie wurde sogar mit einem runden Knopf geschlossen. Man mochte sich vorstellen, daß sie voller Krümel und Apfelgehäuse war. Und irgend etwas war mit seinen Stiefeln sonderbar, oder nicht? Durch die Schnürsenkel sah man seine Socken. Was zum Teufel hatte er mit den Laschen angestellt? »Paniert und gebraten«, meinte der Witzbold im Chesney-Omnibus. Armer alter Potts! »Wohl eher im Garten vergraben.« Unter den Arm hatte er einen Regenschirm geklemmt. Und wenn es regnete und er ihn aufspannte, verschwand er völlig unter ihm. Er war nicht mehr. Er war nur noch ein wandelnder Regenschirm – der Regenschirm wurde sein Panzer.

Mr. Potts bewohnte ein kleines Häuschen in Chesney Flat. Die Wölbung mit dem Wasserbehälter an der Außenseite verlieh ihm einen traurigen Anstrich – ein Häuschen mit Zahnweh. Einen Garten gab es nicht. Von der Pforte bis zur Haustür war ein Pfad durch das hohe Gras gemäht worden, außerdem zwei weitere Flächen, eine runde und eine viereckige, die den Rasen vorstellten. Jeden Morgen um halb neun kam Potts diesen Pfad herauf, um den Chesney-Omnibus zu nehmen, und jeden Abend, wenn der Omnibus brummend weiterrumpelte, ging er ihn wieder hinunter. Zu später Stunde, wenn er noch einmal zur Pforte schlich, um endlich sein Pfeifchen zu rauchen – näher beim Häuschen war ihm verboten –, dann war sein ganzes Wesen so demütig und bescheiden, daß die großen, lustig blinkenden Sterne sich zuzwinkerten und lachten und sprachen: »Seht ihn euch an! Kommt, wir werfen etwas nach ihm!«

Als Potts bei der Feuerwache aus der Trambahn ausstieg, um in den Chesney-Omnibus umzusteigen, bemerkte er, daß etwas los war. Der Omnibus war zwar schon da, aber der Fahrer saß nicht auf seinem Platz; er lag lang ausgestreckt unter dem Wagen, und der Schaffner hockte auf dem Trittbrett, hatte die Mütze abgenommen und drehte sich verträumt eine Zigarette. Ein kleine Gruppe von Geschäftsleuten und drei Verkäuferinnen starrten den leeren Omnibus an; er machte einen traurigen, kläglichen Eindruck, wie er so dastand, ein wenig zur Seite geneigt, leicht erzitternd, wenn der Fahrer an irgend etwas rüttelte. Wie jemand, der einen Unfall erlitten hatte und zu sagen versuchte: »Faßt mich nicht an! Kommt mir nicht zu nahe! Tut mir nicht weh!«

Doch all das war nichts Ungewöhnliches – die Omnibusse fuhren erst seit wenigen Monaten bis nach Chesney – so daß niemand etwas sagte oder klagte. Man wartete ab, was passieren würde, und die ersten entschieden sich soeben, zu Fuß zu gehen, als Potts kam. Doch Potts wollte nicht gehen, wenn es nicht unbedingt nötig war. Er war müde. Er hatte die ganze Nacht damit zugebracht, seiner Frau die Brust einzureiben – sie hatte eines ihrer geheimnisvollen Leiden – und hatte dem verschlafenen Dienstmädchen geholfen, heiße Kompressen und Wärmflaschen und Tee zu machen. Das Fenster war schon blau und der Hahn krähte bereits, als er sich endlich mit eiskalten Füßen hatte hinlegen können. Und auch das war nichts Ungewöhnliches.

Potts stand am Bordstein, wechselte dann und wann seine braune Dokumentenmappe von der einen Hand in die andere, und mußte wieder an die vergangene Nacht denken. Doch seine Gedanken waren undeutlich, verschwommen. Er sah sich selbst, wie einen Krebs über den Flur huschend, in die kalte Küche und wieder zurück. Die zwei Kerzen auf der dunklen Kommode zitterten, und als er sich über seine Frau beugte, blitzten plötzlich ihre Augen auf, und sie schrie: »Keiner hat Mitleid mit mir – keiner. Und du machst all das nur, weil du mußt. Widersprich mir nicht. Ich sehe doch, daß du es nur mit Widerwillen tust.«

Der Versuch, sie zu beruhigen, hatte alles nur noch schlimmer gemacht. Es kam zu einer unschönen Szene, die damit endete, daß sie sich aufrichtete, die Hand erhob und feierlich sprach: »Aber keine Angst, ich mache es nicht mehr lange.« Und bei dem Klang ihrer Worte erschrak sie so sehr, daß sie sich zurück auf ihr Kissen warf und schluchzte: »Robert! Robert!« Robert war der Name des jungen Mannes, mit dem sie vor vielen Jahren, bevor sie Potts kennengelernt hatte, verlobt gewesen war. Und Potts war mehr als froh, daß sie seinen Namen rief. Es bedeutete, wie Potts inzwischen wußte, daß die Krisis überwunden war und sie sich jetzt wieder beruhigen würde.

Potts hatte sich inzwischen umgedreht; er war an den Zaun getreten, der hier den Gehweg säumte. Ein Büschel hellgrünes Gras zwängte sich durch die Latten sowie ein paar schlanke, seidige Margeriten. Plötzlich sah er, wie sich eine kleine Biene auf einer der Margeriten niederließ, und die Blume neigte den Kopf und erzitterte, während die kleine Biene sich festhielt und schaukelte. Und als sie wieder fortflog, flatterten die Blütenblätter, als wären sie vergnügt … Für einen Moment war Potts versunken in die Welt, wo dies geschehen war. Er brachte von dort ein scheues Lächeln mit, und lächelnd ging er zurück zum Omnibus. Doch jetzt waren alle fort, bis auf ein junges Mädchen, das neben dem leeren Wagen stand und las.

Den Schluß der Prozession bildete Potts, und er trug eine Soutane, die viel zu groß für ihn war und wie ein Nachthemd aussah, und fast hätte man erwartet, er trüge statt des Gesangbuchs einen Leuchter. Seine Stimme war ein zarter, klagender Tenor. Sie überraschte jedermann. Er selbst schien ganz überrascht. Und bei den Worten: »Hätte ich Flügel, hätte ich Flügel wie Tauben« klang sie so klagend, daß die Frauen der Gemeinde Geld sammeln wollten, um ihm welche zu kaufen.

Linos Nase zuckte so betrübt, seine Augen blickten so wehmütig und scheu, daß es Mr. Potts in der Seele weh tat. Doch er ließ es sich selbstverständlich nicht anmerken. »Ich denke«, sagte er streng, »du kommst besser mit mir nach Hause.« Und er stand von der Bank auf. Lino richtete sich ebenfalls auf, blieb aber stehen und hob nur eine Pfote.

»Allerdings«, sagte Potts und drehte sich um und sah ihn mit festem Blick an, »eins sollten wir vorher klären. Und zwar folgendes.« Er zeigte mit dem Finger auf Lino, der zusammenzuckte, als erwarte er, erschossen zu werden. Doch er wandte seinen verwirrten, wehmütigen Blick nicht von seinem Herrn ab. »Hör auf, so zu tun, als wärst du ein Kampfhund«, sagte Mr. Potts noch eine Spur strenger. »Du bist kein Kampfhund. Du bist ein Wachhund. Das bist du. Jawohl. Merk dir das. Wenn ich eins nicht leiden kann, dann sind es Leute, die zu viel von sich her machen. Gräßlich.«

Es entstand eine Pause, während Lino und sein Herr sich noch anstarrten, und es war erstaunlich, wie ähnlich sie sich dabei sahen. Dann wandte sich Potts ab und begab sich auf den Heimweg.

Und unsicher, als stolpere er über seine eigenen Pfoten, folgte Lino der unscheinbaren kleinen Gestalt seines Herrn …

SO EINE REIZENDE ALTE DAME

Warum nur wachte die alte Mrs. Travers in letzter Zeit so früh auf? Sie hätte gern noch drei Stunden länger geschlafen. Aber nein, Morgen für Morgen zur selben Stunde, um halb fünf Uhr, war sie hellwach. Und immer erwachte sie auf die gleiche Weise – sie zuckte zusammen, hob ruckartig den Kopf, sah sich ganz erschrocken um, als habe jemand sie gerufen, oder als versuche sie sich zu erinnern, ob dies noch dieselbe Tapete, dasselbe Fenster war wie gestern abend, als Warner das Licht ausgedreht hatte ... Dann sank das kleine silbergraue Köpfchen wieder aufs Kissen und für einen kurzen Moment – bis das Wachliegen ihr zur Qual wurde – war sie glücklich. Ihr Herz beruhigte sich, sie atmete tief, lächelte gar. Doch die Flut der Finsternis war noch einmal angestiegen, hatte sie erfaßt und mit sich fortgerissen; dann war sie wieder gewichen und verebbt und hatte sie dort zurückgelassen, wo sie sie gefunden hatte, im Gefängnis ihrer vier Wände, mit der ewig gleichen Tapete und dem ewig gleichen Fenster, das sie anstarrte – alles war wie immer – war noch *da!*

Jetzt erklang draußen die Kirchturmuhr, langsam, träge, gedämpft, als schlage sie die halbe Stunde im Schlaf. Mrs. Travers griff unters Kopfkissen und suchte ihre Uhr; ja, sie sagte dasselbe: halb fünf. Noch dreieinhalb Stunden, bis Warner mit ihrem Tee kam. O Gott, wie sollte sie das durchstehen? Sie bewegte unruhig die Beine. Und während sie das reglose, strenge Gesicht der Uhr betrachtete, wollte ihr scheinen, die Zeiger – vor allem der Minutenzeiger – spürten, daß sie beobachtet wurden und – absichtlich, ein klein wenig nur – zögerten ... Sehr merkwürdig, sie war nie das

Gefühl losgeworden, daß die Uhr sie haßte. Es war Henrys Uhr gewesen. Als sie vor zwanzig Jahren am Bett des armen Henry gestanden und die Uhr das erste Mal in die Hand genommen hatte, um sie aufzuziehen, da hatte sie sich kalt und schwer angefühlt. Und zwei Tage später, als sie einen Haken an ihrer Kreppbluse öffnete, um die Uhr hineinzustecken, lag sie auf ihrem Busen wie ein Stein ... Sie war nie heimisch bei ihr geworden. Ihr Platz war dort bei Henry, auf seinen festen Rippen – dort wollte sie ticken und exakt die Zeit messen. Ihr hatte die Uhr nie getraut, wie auch er ihr in diesen Dingen nie getraut hatte. Und wenn sie einmal vergaß die Uhr aufzuziehen, was höchst selten vorkam, dann quälten sie entsetzliche Gewissensbisse, und sie murmelte, während sie den kleinen Schlüssel hineinsteckte: »Verzeih mir, Henry!«

Die alte Mrs. Travers seufzte und steckte die Uhr wieder unters Kissen. Das Gefühl, daß die Uhr sie haßte, hatte sich in letzter Zeit noch verstärkt ... Vielleicht weil sie sie so häufig anschaute, besonders jetzt, wo sie von zu Hause fort war. Fremde Uhren gehen nie. Sie bleiben immer um zwanzig Minuten vor zwei stehen. Zwanzig Minuten vor zwei! Was für eine unangenehme Zeit, nicht Fisch, nicht Fleisch. Wenn man irgendwo hinkam, war das Mittagessen gerade vorbei, und mit einer Tasse Tee war noch lange nicht zu rechnen ... Aber sie durfte nicht an Tee denken. Die alte Mrs. Travers richtete sich im Bett auf, hob die Arme wie ein müdes kleines Kind und ließ sie auf die Daunendecke fallen.

Morgenlicht ließ den Raum fröhlich erstrahlen. Die große Glastür zum Balkon stand offen, und die Palme draußen warf ihre zitternden Spinnenschatten an die Wände des Schlafzimmers. Obwohl ihr Hotel nicht an der Promenade lag, konnte man zu dieser frühen Stunde das Meer atmen hören, und hoch in den Lüften, auf goldenen Flügeln, glitten Möwen vorüber. Wie friedlich der Himmel aussah, als ob er zärtlich lächelte! So weit entfernt – so weit entfernt von dieser gestreiften Seidentapete, diesem Glastisch, diesem gelben Brokatsofa und den Sesseln und diesem Spiegel, der einen in Seitenansicht zeigte und von hinten und in Dreiviertelansicht dazu.

Ernestine war ganz begeistert gewesen von diesem Zimmer.

»Es ist genau das richtige für dich, Mutter! So hell und freundlich und so un-trist! Und sogar mit Balkon, dann kannst du dir an Regentagen einen Stuhl nach draußen stellen und die schönen Palmen betrachten. Und Gladys kann den kleinen Raum nebenan haben, dann ist es für Warner ein Leichtes, nach euch beiden zu sehen … Ein schöneres Zimmer hättest du wirklich nicht bekommen können, nicht wahr, Mutter? Ich komme gar nicht über den süßen Balkon hinweg! Und für Gladys ist es doch so nett! Cecil und ich haben keinen Balkon …«

Doch Ernestine mochte reden, so viel sie wollte; sie setzte sich trotzdem nicht auf den Balkon. Sie hätte nicht zu sagen gewußt, warum, aber sie haßte es, Palmen anzusehen. Diese scheußlichen, fremdländischen Ungetüme, wie sie sie bei sich nannte. Wenn sie still standen, ließen sie die Wedel hängen und sahen verstaubt aus, wie riesige, schmutzige Vögel, und wenn sie sich bewegten, erinnerten sie an Spinnen. Warum sahen sie nie natürlich und friedlich und schattig aus wie englische Bäume? Warum mußten sie sich ständig winden und drehen und so mürrisch dastehen? Es verdroß die alte Mrs. Travers, nur an sie zu denken – oder eigentlich an alles Fremdländische …

EHRLICHKEIT

I

Es gab eine Redewendung, die Rupert Henderson besonders gern verwendete: »Wenn Sie meine *ehrliche* Meinung hören wollen ...« Er hatte eine ehrliche Meinung zu allem und jedem und brannte geradezu darauf, sie kundzutun. Archie Cullen hingegen pflegte zu sagen: »Ich kann *ehrlich* nicht sagen ...« Und es bedeutete, daß er sich noch keine rechte Meinung gebildet hatte. Er hatte nie eine rechte Meinung, in welcher Angelegenheit auch immer. Warum? Einfach so. Er war anders als andere Männer. Irgend etwas fehlte ihm – oder war da etwas zuviel? Einerlei. Er bildete sich darauf gewiß nichts ein. Es bedrückte ihn – ja, zuweilen bedrückte es ihn sogar sehr.

Rubert und Archie wohnten zusammen. Da heißt, Archie wohnte in Ruperts Wohnung. Oh, er bezahlte dafür, von allen Ausgaben die Hälfte; es war eine rein geschäftliche Abmachung. Doch vielleicht lag es daran, daß es Ruperts Idee gewesen war, Archie jedenfalls blieb immer – der Gast. Sie hatten jeder ein Schlafzimmer und ein geräumiges Badezimmer, das Rupert auch als Ankleidezimmer benutzte. Am ersten Morgen nach seinem Einzug hatte Archie seinen Schwamm im Badezimmer liegenlassen, und kurz darauf klopfte es an seiner Tür, und Rupert sagte, freundlich, aber bestimmt: »Ihr Schwamm, nehme ich an.« Am ersten Abend hatte Archie seine Tabakdose mit ins Wohnzimmer genommen und sie ganz außen auf den Kaminsims gestellt. Rupert las gerade die Zeitung. Es war eine runde Porzellandose; die Oberfläche war bemalt und aufgerauht und sollte einen Seeigel darstellen. Den Deckel zierte ein Streifen Seetang aus Porzellan mit zwei Porzellanbeeren als Griff. Archie war sehr stolz darauf. Doch nach dem Abendessen, als Rupert Pfeife und Tabaksbeutel hervorholte, heftete er seinen Blick plötzlich auf die Dose, blies durch den Schnurrbart, seufzte und sagte verwundert, ja überrascht: »Na nu! Gehört die Ihnen oder Mrs. Head?« Mrs. Head war ihre Zimmerwirtin.

»Mir«, sagte Archie, errötete und lächelte schüchtern.

»Na *nu!*« wiederholte Rupert – diesmal sehr bedeutungsvoll.

»Möchten Sie, daß ich sie …« sagte Archie und wollte sich schon von seinem Sessel erheben.

»Nein, nein! Aber nicht doch! Auf gar keinen Fall!« gab Rupert zurück und hob sogar die Hand. »Aber vielleicht« – und bei diesen Worten lächelte er, und er sah sich suchend um – »vielleicht finden wir ein Plätzchen, wo sie besser aufgehoben ist.«

Wo dieses Plätzchen sein sollte, sagte er indes nicht, und Archie schnappte sich seinen Besitz, sobald Rupert nicht mehr in der Nähe war, und brachte ihn unverzüglich in sein Schlafzimmer.

Doch es waren vor allem die Mahlzeiten, wo dieses Verhältnis von Gastgeber und Gast besonders zum Tragen kam. So sagte Rupert jedesmal, noch bevor Archie sich gesetzt hatte: »Würden Sie wohl das Brot schneiden, Archie?« Hätte er ihn nicht ausdrücklich darum gebeten, Archie hätte womöglich in einem Moment der Zerstreutheit ganz von selbst zum Brotmesser gegriffen … Ein unangenehmer Gedanke! Andererseits war es ihm nie gestattet, das Essen anzureichen. Selbst beim Frühstück, die warmen Speisen, den Tee, beides wurde von Rupert serviert. Wegen des Tees hatte er sich allerdings entschuldigt; hier hielt er anscheinend eine kleine Rechtfertigung für angebracht.

»Was meinen Tee angeht, da bin ich eigen«, sagte er. »Es

gibt Menschen, vor allem weibliche, die zuerst die Milch in die Tasse gießen. Eine Unsitte, in vielerlei Hinsicht. Meiner Meinung nach, gehört der Tee in die blanke Tasse und wird erst dann gefärbt. Zucker, Archie?«

»Ja, bitte«, sagte Archie und verbeugte sich fast über dem Tisch. Rupert war so ehrfurchtgebietend.

»Aber ich vermute«, sagte sein Freund, »solche Details fallen Ihnen gar nicht auf, wie?«

Und Archie rührte in seiner Tasse und sagte unsicher: »Nein, wohl nicht.«

Rupert setzte sich und entfaltete seine Serviette.

»Es würde auch in Widerspruch zu Ihrer ganzen Person stehen«, sagte er freundlich, »wenn es anders wäre! Nieren und Bohnen? Rührei? Eins von beidem? Beides? Hm?«

Der arme Archie verabscheute Rührei, aber, ach, er spürte wohl, daß man Rührei von ihm erwartete. Dieses »psychologische Einfühlungsvermögen«, wie Rupert es nannte, das zwischen ihnen herrschte, mochte ihre Beziehung auf Dauer etwas kompliziert gestalten. Er fühlte sich ein wenig entmutigt, als er jetzt murmelte: »Rührei, bitte.« Und er sah Ruperts Miene an, daß er richtig entschieden hatte. Rupert tat ihm reichlich auf.

II

Psychologisches Einfühlungsvermögen ... das war vielleicht der Schlüssel zu ihrer Freundschaft. Man hätte geneigt sein können, von einem Fall von wechselseitiger Faszination zu sprechen. Doch während Archie, mit dieser Theorie konfrontiert, vielleicht ein gedehntes »Mööglich!« geäußert hätte, hätte Rupert sie weit von sich gewiesen.

»Faszination? Das ist in diesem Zusammenhang doch wohl reichlich übertrieben. Was um alles in der Welt sollte Cullen an sich haben, das mich faszinieren könnte, wenn ich denn die Neigung hätte, mich von meinen Mitmenschen faszinieren zu lassen; was gewiß nicht der Fall ist. Nein, ich gebe zu, er interessiert mich. Tatsächlich habe ich das Gefühl, daß niemand ihn so gut kennt wie ich. Und wenn Sie meine ehrliche Meinung hören wollen: Ich bin davon überzeugt, daß mein – mein – hm – mein Einfluß auf ihn – oder meine Sympathie für ihn – wie auch immer – daß es nur zu seinem Besten ist. Es geht um das psychologische Einfühlungsvermögen … Im übrigen habe ich ihn als Hausgenossen sofort als äußerst angenehm empfunden. Er stimuliert etwas in meinem Geist, das ohne ihn weniger aktiv wäre. Aber Faszination – weit gefehlt, mein Bester, weit gefehlt!«

Doch angenommen, man wäre nicht recht überzeugt? Angenommen, man würde den Gedanken weiterspinnen. Wäre es nicht möglich, sich Rupert und Archie als Schlange und Kaninchen vorzustellen, die miteinander haushielten? Rupert, die schmucke, wohlgenährte Python mit Schnurrbart, mit seinem stechenden Blick und der Angewohnheit, sich vor dem Kamin zu entrollen, an den Sims gelehnt, mit Pfeife und Tabaksbeutel in der Hand. Und Archie, das scheue Kaninchen, das sich in seinem Sessel duckt, beim kleinsten Wort zurück ins Dunkel huscht und auf einen Wink hin wieder erscheint, mit seinen plötzlichen Anwandlungen von Verspieltheit (welche die Python im selben Moment unterbindet). Natürlich stand ein barbarischer Akt wie das Verspeisen des Kaninchens durch den Hausgenossen nicht zu befürchten. Dennoch war der Umstand bemerkenswert, daß nach einem ihrer typischen Abende der eine stets wie gemästet, rund und zufrieden aussah und der andere blaß, klein und erschöpft … Und mehr als einmal schloß Rupert ihre Unterhaltung – während er Sodawasser in seinen Whisky schüttete – mit den ominösen Worten: »Das war ganz nach meinem Geschmack, Archie.« Und Archie hauchte nur: »Gewiß.«

III

Archie Cullen war Journalist und der Sohn eines Journalisten. Er war nicht wohlhabend, verfügte nicht über einflußreiche Verbindungen und hatte kaum Freunde. Sein Vater war einer jener schwachen, erfolglosen, resignierten Männer, die ihre Söhne zu ihren Waffen machen. Durch seinen Sohn würde er wieder Oberwasser gewinnen. Sein Sohn würde der Welt zeigen, was in ihm – seinem Vater – steckte. Wartet nur, bis mein Sohn kommt! Dies mochte für Mr. Cullen *père* überaus tröstlich sein, für den jungen Archie war es eine Qual. Schon im zarten Alter von zweieinhalb Jahren mußte er hart arbeiten, und selbst am Sonntag bekam er nicht frei. Denn dann nahm ihn sein Vater mit auf Spaziergänge und nutzte die Gelegenheit, um den Sohn Ladenschilder lesen zu lassen, oder er ließ ihn die im Hafen segelnden Jachten zählen, durch vier teilen und das Ergebnis mal drei nehmen.

Und das Experiment war ein verblüffender Erfolg. Archie wandte sich von den Zerstreuungen des Alltags ab, verschloß die Ohren, schlug die Beine übereinander, saß am Tisch über sein Buch gebeugt, und wenn die Ferien kamen, wußte er mit ihnen nichts anzufangen; sie behagten ihm nicht; also las er für sich allein weiter. Er war ein Musterknabe. Bei Preisverleihungen begleitete ihn sein Vater zur Schule, trug den großen Stapel Bücher für ihn nach Hause, wuchtete sie auf den Eßzimmertisch und betrachtete sie mit einem verschämten Lächeln. Meine Preise! Das kleine Opferlamm starrte sie durch seine Brille an wie andere Kinder einen Pudding. Natürlich hätte ihn spätestens jetzt eine liebevoll besorgte Mutter retten müssen, die, obwohl selbst verschüchtert, eingeschritten wäre …

SUSANNAH

Natürlich wäre es überhaupt nicht in Frage gekommen, in die Vorstellung zu gehen, wenn Vater die Karten nicht geschenkt bekommen hätte. Kleine Mädchen können nicht erwarten, daß ihr lieber, fürsorglicher Vater Geld für derlei Vergnügungen ausgibt; schließlich muß er, um sie zu ernähren, um ihnen Kleider kaufen zu können, ihren Schulunterricht und auch das Haus, in dem sie wohnten, zu bezahlen, hart arbeiten, von morgens bis abends und das jeden Tag in der Woche – »am Samstagnachmittag und Sonntag aber nicht«, sagte Susannah.

»Susannah!« Mutter war empört. »Weißt du eigentlich, was passieren würde, wenn dein armer Vater nicht am Samstagnachmittag und am Sonntag ausruhen würde?«

»Nein«, sagte Susannah. »Was denn?«

»Er würde sterben«, sagte ihre Mutter mit gewichtiger Stimme.

»Wirklich?« sagte Susannah und riß die Augen auf, und Sylvia und Phyllis, die vier und fünf Jahre älter waren als sie, fielen ein und riefen sehr überlegen: »Natürlich.« Was für ein Dummerchen sie doch war! Sie klangen so überzeugt und vergnügt, daß Mutter einen richtigen Schreck bekam und sich bemühte, rasch das Thema zu wechseln …

»Und deswegen«, sagte sie aufs Geratewohl, »müßt ihr euch einzeln bei ihm bedanken, bevor ihr geht.«

»Und dann gibt er uns das Geld?« fragte Phyllis.

»Und dann soll Vater euch eine Summe geben, die er für angemessen hält«, sagte Mutter mit fester Stimme. Sie seufzte plötzlich und stand auf. »Geht jetzt, Kinder, und bittet Miss Wade, daß sie euch ankleidet, und sie soll sich selbst fertigmachen und dann ins Eßzimmer herunterkommen. Und Susannah: du läßt nicht die Hand von Miss Wade los, von dem Moment, wo ihr durch das Tor geht, bis ihr wieder daheim seid.«

»Aber – was ist, wenn ich auf ein Pferd steige?« fragte Susannah.

»Auf ein Pferd – red nicht so einen Unsinn, Kind! Du bist viel zu klein für ein Pferd! Nur große Jungen und Mädchen dürfen reiten.«

»Für kleine Kinder gibt es Hähne«, sagte Susannah unverdrossen. »Das weiß ich, weil Irene Heywood auf einem Hahn geritten ist, und als sie absteigen wollte, ist sie runtergefallen.«

»Ein Grund mehr, warum du das hübsch bleiben läßt«, sagte ihre Mutter.

Doch Susannahs Miene verriet, daß das Herunterfallen sie nicht schrecken konnte. Im Gegenteil.

Doch von der Schau wußten Sylvia und Phyllis ebensowenig wie Susannah. Es war die erste, die je in ihr Städtchen gekommen war. Eines Morgens, als Miss Wade, Mutters Stütze, sie zu den Heywoods gebracht hatte, deren Gouvernante auch sie unterrichtete, hatten sie Wagen gesehen, die, schwer beladen mit langen Holzbalken und Säcken, Brettern, die aussahen wie ganze Türen, und mit weißen Fahnenstangen, durch die weiten Tore des Sportplatzes fuhren. Und als sie zum Abendessen wieder abgeholt wurden, erhob sich bereits ein hoher, dünner Palisadenzaun rund um das Geländer, und hier und da eine Fahnenstange.

Aus dem Innern war ein gewaltiger Lärm zu hören, ein Hämmern und Rufen und Dröhnen; eine kleine unsichtbare Lokomotive machte *Tschut-tschut-tschut. Tschut!* Und runde, bauschige Rauchwölkchen stiegen hinter dem Zaun auf.

Zuerst war es noch der Tag nach dem Tag nach morgen,

dann einfach der Tag nach morgen, dann morgen, und dann war der Tag da. Als Susannah am Morgen erwachte, war auf der Wand ein kleiner goldener Sonnenfleck, der sie beobachtete; er sah aus, als habe er schon lange gewartet und sei gekommen, um sie zu erinnern: »Heute ist es soweit – heute gehst du – heute nachmittag. Endlich!«

(Zweite Fassung)

Am Nachmittag durften sie Wasserkrüge und Waschbecken aus dem Katalog eines Manufakturwarenhändlers ausschneiden, und zum Tee bekamen sie richtigen Tee für ihr Puppenservice am Tisch. Das war sehr aufregend, nur daß man mit dem Puppenteekessel nicht einschenken konnte, selbst wenn man mit einer Nadel hineingestochen und durchgeblasen hatte.

Doch am nächsten Nachmittag, es war ein Samstag, kam Vater in bester Laune nach Hause. Die Haustür schlug so heftig zu, daß das Haus bebte, und noch in der Diele rief er nach Mutter.

»Ach, wie lieb von dir, Schatz!« rief Mutter, »aber das hätte wirklich nicht sein müssen. Natürlich werden die Kinder begeistert sein. Aber so viel Geld auszugeben! Du hättest es nicht tun sollen, Vati! Sie hatten es ja schon ganz vergessen. Und was ist das! Eine halbe Krone?« rief Mutter. »Nein! Zwei Shilling, natürlich«, korrigierte sie sich rasch, »die dürfen sie ausgeben. Kinder! Kinder! Kommt, kommt herunter!«

Sie kamen herunter, Phyllis und Sylvia vorneweg, Susannah blieb zurück. »Wißt ihr, was euer Vater getan hat?« Und Mutter hob ihre Hand. Was hatte sie da? Drei kirschrote Eintrittskarten und eine grüne. »Er hat euch Eintrittskarten gekauft. Ihr könnt heute nachmittag in den Zirkus gehen, ihr alle drei, mit Miss Wade. Was sagt ihr dazu?«

»O Mami! Wie schön! Wie schön!« riefen Phyllis und Sylvia.

»Nicht wahr?« sagte Mutter. »Lauft jetzt nach oben. Lauft und sagt Miss Wade, sie soll euch fertigmachen. Und trödelt nicht herum. Los, los! Alle drei.«

Und Phyllis und Sylvia stürmten davon, aber Susannah blieb, wo sie war, am Fuß der Treppe, und ließ den Kopf hängen.

»Nun geh schon«, sagte Mutter. Und Vater sagte schroff: »Was zum Teufel ist los mit dem Kind?«

Susannahs Gesicht zitterte: »Ich möchte nicht gehen«, flüsterte sie.

»Was? Du willst nicht zum Zirkus? Nachdem Vater – Du unartiges, undankbares Kind! Entweder du gehst mit zum Zirkus, Susannah, oder du gehst sofort ins Bett.«

Susannahs Kopf sank tiefer und tiefer. Ihr ganzer Körper schien sich zu krümmen. Es schien, als wollte sie auf die Knie sinken vor ihrem lieben, fürsorglichen Vater und ihn um Verzeihung bitten …

ZWEITE GEIGE

Ein windiger, kalter Februarmorgen; eisig aussehende Wolken eilen über den bleichen Himmel, und in den Straßen werden eisig aussehende Schneeglöckchen zum Verkauf angeboten. Die Menschen, die vorbeihuschen, wirken klein, wie in sich zusammengesunken; als versteckten sie sich in ihren Mänteln vor einem großen, grausamen Etwas. Die Ladentüren sind geschlossen, die Markisen eingerollt, und die Polizisten auf den Kreuzungen sind Polizisten aus Blei. Große leere Lastwagen, hohl dröhnend, schwanken vorüber; und in der Luft ist ein Geruch von Ruß und feuchten Treppenhäusern, ein kalter, schmutziger Geruch ...

Miss Bray wirft ihren dünnen Schal wieder über die Schulter, umklammert ihre Geige und hastet weiter; sie ist auf dem Weg zur Orchesterprobe. Sie hat kalte Hände, eine kalte Nase und noch kältere Füße. Ihre Zehen spürt sie überhaupt nicht mehr. Ihre Füße sind nur noch kleine kalte Stümpfe, wie aus einem Guß, wie die Füße von Porzellanpüppchen. Winter ist eine entsetzliche Jahreszeit, wenn man dünn ist – entsetzlich! Warum hetzt er sie wie ein Stück Wild, fällt über sie her, beißt sich an ihr fest? Warum schnappt er nicht zur Abwechslung einmal nach den Dikken, die es nicht einmal merken würden? Aber nein! Der geschmeidige, warme, katzengleiche Sommer ist es, der den Dicken das Leben zur Hölle macht. Der Winter hat es auf Knochen abgesehen ...

Sie bahnte sich einen Weg durch die Menschen wie eine Nadel durch den Stoff, hin und her, und immer weiter lief Miss Bray, und sie dachte an nichts anderes als an die Kälte.

Sie war gerade aus der Küche gekommen, in der es am Morgen behaglich warm war, wenn für ihr Frühstück die Gasflamme brannte und das Fenster geschlossen war. Sie hatte drei Tassen Tee getrunken, der wirklich kochend heiß gewesen war. Die hätten sie wahrlich wärmen sollen. Ständig las man in Büchern von Menschen, die bereits von einer Tasse Tee gewärmt und gestärkt waren. Und sie hatte drei getrunken! Wie sie ihren Tee liebte! Sie wurde von Tag zu Tag närrischer, was ihren Tee anging. Wenn sie umrührte, sah sie in die Tasse. Ein kleines Lächeln umspielte ihre Lippen und sie hauchte leise: »Ich liebe meinen Tee!«

Und dennoch, und allen Büchern zum Trotz, er wärmte sie nicht. Kalt! Kalt! Und als sie jetzt um die Ecke bog, geriet ihr ein so großer Schluck kalten Nebels in den Hals, daß ihr die Tränen in die Augen schossen. »*Ji-ji-ji*«, winselte ein kleiner Hund; er sah aus, als habe er sich verletzt. Sie hatte keine Zeit, sich umzusehen, doch das hohe, durchdringende Gewinsel beruhigte sie, ja, war ihr ein Trost. Genau diesen Laut hätte auch sie ausstoßen mögen.

Und dann lag die Hochschule vor ihr. Miss Bray warf sich mit aller Kraft gegen die sture, übellaunige Tür, zwängte sich in die Eingangshalle mit den bleichen Bekanntmachungen und Konzertprogrammen, stolperte die staubige Treppe hinauf und den langen Flur entlang bis zur Garderobe. Durch die geöffnete Tür hörte sie ein derart lautes, schrilles Lachen und so hohe, unbekümmerte Stimmen, daß es klang, als werde ein Theaterstück geprobt. Es schien ganz undenkbar, daß jemand so lachte … freiwillig. »Verzeihung … Pardon … Entschuldigung«, sagte Miss Bray, drängte sich hinein und sah sich rasch in dem kleinen, heruntergekommenen Raum um. Ihr beiden Freundinnen waren noch nicht da.

Die erste Geige war da; ein verträumtes Mädchen mit einem runden Gesicht lehnte sich an ihr Cello; zwei Bratschen saßen auf einer Bank und beugten sich über ihre Noten, und die Harfe, ein kleines, schmächtiges, graues Persönchen, die nur dann und wann erschien, lehnte an einer Bank und suchte die Innentasche in ihrem Unterrock.

»Ich habe zwei Dreierfolgen, mein Süßer«, sagte Ma, »und das Damen-Paar macht acht, und einen für den Trumpfbuben macht neun.«

Alexander stieß ein hohles Ächzen aus, dann steckte er, mit gespreiztem kleinen Finger, neun Punkte für Ma ab. Und: »Moment, Moment«, rief sie, und ihre flinken Wurstfinger schnappten sich das andere Blatt. »Meine Krippe, junger Mann!« Sie legte die Karten vor sich hin, lehnte sich zurück, zupfte an ihrem Umhängetuch, legte den Kopf auf die Seite: »Hm, nicht schlecht! Vier von einer Farbe und ein Paar!«

»Ich bin vernichtet!« klagte Alexander und ließ den dunklen Haarschopf über dem Cribbage-Brett hängen, »und das von einem Weib.« Er seufzte tief, mischte die Karten und sagte zu Ma: »Abheben, meine Liebe!«

Obwohl er natürlich nur scherzte, wie alle jungen Männer, so war doch etwas in seiner Stimme, wenn er »meine Liebe« sagte, das Ma einen regelrechten Stoß versetzte. Ihre Lippen zitterten, als sie abhob, und ihr wurde ganz flau, als sie beobachtete, wie er mit seinen langen, schlanken Fingern die Karten ausgab.

Ma und Alexander spielten Cribbage in der Küche im Untergeschoß des Hauses Bolton Street Nr. 9. Es war spät, es ging auf elf Uhr zu, und das an einem Sonntag – eine Schande! Der Küchentisch, an dem sie saßen, war mit einer abgewetzten, kunstseidenen Tischdecke bedeckt, die übersät war mit Flecken von Kerzenwachs. Am Rand standen drei Gläser mit drei Löffeln, eine Untertasse mit Zuckerwürfeln und eine Flasche Gin. Im Herd war noch Feuer, und der Deckel des Kessels hatte eben erst begonnen, sich zu regen, er hob und senkte sich, heimlich und verstohlen, als sei jemand im Innern, der einen kurzen Blick nach draußen werfen wollte und dann schnell wieder verschwand. Auf dem Roßhaarsofa an der Wand, nahe bei der Tür, lag der Besitzer des dritten Glases und schlief, sanft schnarchend. Vielleicht war es, weil er ihnen den Rücken zugekehrt hatte oder weil seine Füße unter dem zu kurzen Überzieher hervorschauten, daß er so einsam und verlassen aussah; und das lange blonde Haar, das über seinen Kragen fiel, sah ebenfalls einsam und verlassen aus.

»Ja, ja«, sagte Ma, legte zwei Karten ab und ordnete die anderen in einem Fächer an, »so ist das Leben. Wer hätte gedacht, daß wir heute abend hier Karten spielen würden, nachdem Sie heute morgen abgezogen sind.«

»Launen des Schicksals«, murmelte Alexander. Aber ihm war durchaus nicht zum Scherzen zumute. Sie hatten Riesenpech gehabt und den Zug verpaßt, mit dem die Truppe reiste. Das war schon schlimm genug. Doch heute war Sonntag, und die nächste Verbindung gab es erst wieder um Mitternacht, und da sie am Montag um zehn Uhr Ensembleprobe hatten, mußten sie diesen Zug nehmen, sonst setzte es »rote Ohren«, wie die Truppe das nannte. Himmel! was das ein Tag gewesen. Sie hatten ihr Gepäck beim Bahnhof gelassen und waren zurück zu Ma gefahren, zurück in Alexanders unordentliche Bude, wo das Bett nicht gemacht war und das schmutzige Wasser herumstand. Rinaldo hatte den ganzen Tag damit zugebracht, auf der Bettkante zu sitzen, die Beine baumeln zu lassen, Asche auf den Boden zu schnipsen und zu sagen: »Möchte nur mal wissen, warum wir den Zug verpaßt haben. Komisch, daß wir ihn nicht mehr erwischt haben. Ich wette, die anderen fragen sich auch, warum wir ihn nicht bekommen haben.« Und Alexander hatte beim Fenster gestanden und unverwandt in den kleinen Garten gestarrt, der so schwarz vor Ruß war, daß selbst die abgemagerte alte Katze einen angewiderten Buckel machte. Erst nachdem die letzten Sonntagsgäste gegangen waren …

MR. UND MRS. WILLIAMS

I

In jenem Winter überraschten Mr. und Mrs. Williams aus The Rowans in Wickenham, Surrey, ihre Bekannten mit der Ankündigung, daß sie einen dreiwöchigen Urlaub in der Schweiz verbringen würden. In der Schweiz! Wie kühn, wie aufregend! Die Nachricht verursachte keinen geringen Wirbel in Wickenhams Haushalten. Ehemänner kehrten abends aus der City zurück und wurden empfangen mit:

»Schatz, hast du schon das Neueste von den Williams gehört?«

»Nein! Was ist los?«

»Sie reisen in die Schweiz.«

»In die Schweiz! Was zum Henker wollen Sie da?«

Dies sagte man natürlich nur im ersten Moment der Überraschung. Selbstverständlich wußte man nur zu gut, warum man in die Schweiz reiste. Doch zu dieser Jahreszeit hatte sich in Wickenham noch keiner so weit von zu Hause fortgewagt. Man war der Ansicht, es »mußte nicht sein« – Golf, Bridge, die Sommerferien am Meer, ein Besuch bei Harrods und ein kleines Automobil, sobald man es sich leisten konnte, das hingegen »mußte sein« …

»Werden die nötigen Anschaffungen nicht recht kostspielig sein?« fragte die untersetzte alte Mrs. Prean, als sie Mrs. Williams ganz zufällig bei ihrem stets so zuvorkommenden Kaufmann traf. Und sie strich sich die Krümel des Gratis-Käse-Biskuits von ihrem gewaltigen Busen.

»Oh, die Montur werden wir uns dort besorgen«, sagte Mrs. Williams.

»Montur« war ein Ausdruck, der hoch im Kurs stand unter Wickenhams Hausfrauen. Ein Überbleibsel aus dem Krieg, natürlich, so wie »kolossal« oder »Rohrkrepierer«, »Hunne«, »Boche« oder *»bolshy«*. Das heißt, *bolshy*, für »patzig«, war Nachkriegsjargon. Aber es gehört in dieselbe Kategorie. *(»Ach, meine Liebe, unser Dienstmädchen führt sich auf wie die reinste Hunnin und unsere Köchin ist in letzter Zeit furchtbar bolshy …«)* Von diesen Wörtern ging ein Zauber aus. Sie zu verwenden, war, als öffne man ein Medizinschränkchen und sah Reste von Mullbinden, Kompressen, alte Dosen mit Insektenpulver … Ein Hauch wehte einen an, man war ergriffen, wie man vom Klang einer fernen Marschkapelle ergriffen wurde. Dann dachte man an jene aufregende, hektische, gewiß: auch sorgenvolle, aber doch große Zeit, da ganz Wickenham eine einzige Familie war. Und war auch der Gatte fort – man hatte ja die drei großen Photographien von ihm in Uniform. Eine im silbernen Rahmen auf dem Nachttisch, eine in den Regimentsfarben auf dem Klavier und eine in einem Lederrahmen, passend zu den Eßzimmerstühlen.

»*Cook* hat uns geraten, nichts hier zu kaufen«, fuhr Mrs. Williams fort.

»Cook? Ihre Köchin?« rief Mrs. Prean überaus erstaunt. »Was sollte Ihre Köchin …«

»Oh – *Thomas Cook*, selbstverständlich, das Reisebüro«, sagte Mrs. Williams und lächelte freundlich. Mrs. Prean war beruhigt.

»Aber Sie werden sich doch in Sachen Bekleidung nicht auf ein kleines Schweizer Dörfchen verlassen, nehme ich an?« Wie immer, wenn es um die Angelegenheiten anderer Leute ging, war sie beharrlich.

»O nein, gewiß nicht.« Mrs. Williams war ganz entsetzt. »Was wir an Kleidung brauchen, werden wir bei Harrods kaufen.«

Das wollte Mrs. Prean hören. So gehörte es sich.

»Soll ich Ihnen ein Geheimnis verraten, meine Liebe« (sie liebte es, Geheimnisse zu verraten), »das Geheimnis ist« – und sie legte eine Hand auf Mrs. Williams' Arm und sagte laut und deutlich: »Langärmelige, wollene Hemdhosen!«

»Vielen Dank, gnädige Frau.«

Die beiden Frauen zuckten zusammen. Neben ihnen stand Mr. Wick, der zuvorkommende Kaufmann, und in der Hand hielt er an der Schlaufe eines roten Bindfadens Mrs. Preans Päckchen. Du liebe Güte – wie unangenehm! Bestimmt hatte er … es war nicht anders denkbar … In ihrer Verwirrung und in dem Bemühen, die Sache taktvoll zu vertuschen, nickte Mrs. Prean übertrieben bedeutsam und verkündete: »Und ich sprach noch neulich mit meinem Sohn darüber!« Aber Mrs. Williams konnte nicht recht folgen.

Noch immer sehr verlegen, verlangte sie Sardinen, und sie mußte sich vorsehen, sonst hätte sie gewiß: »Drei Paar, Mr. Wick« gesagt, statt: »Drei Dosen.«

II

Eigentlich verdankte sich die Reise dem Umstand, daß Mrs. Williams' Tante Aggie schließlich von ihrem Leiden erlöst worden war. Und eine Erlösung war es in der Tat! Nach fünfzehn Jahren, die sie in ihrem kleinen Häuschen in Ealing im Rollstuhl sitzend und rollend zugebracht hatte, war sie, um den Ausdruck ihrer Pflegerin zu gebrauchen, »einfach friedlich hinübergeglitten«. Hinübergeglitten … das klang so, als habe Tante Aggie den Rollstuhl mitgenommen. Man konnte sie förmlich sehen, wie sie in ihrem unmöglichen lila Velourkleid zwischen den Sternen herumkutschierte, und hörte sie, wenn die Räder über einen besonders großen rumpelten, leise jammern, wie das ihre irdische Angewohnheit war.

Tante Aggie hatte ihrer lieben Nichte Gwendolen zweihundertfünfzig Pfund hinterlassen. Kein Vermögen, aber doch ein hübsches Sümmchen. Aus einer Laune heraus, die nur Frauen kennen, beschloß Gwendolen, das Geld sofort auszugeben – einen Teil für häusliche Dinge, den Rest, um Gerald etwas Gutes zu tun. Und da der Brief des Anwalts zufällig zur gleichen Zeit eintraf wie die neuste Ausgabe des ›Sphere‹, voller hinreißender Photographien von Urlaubern in Mürren und St. Moritz und Montana, war die Entscheidung schnell gefallen.

»Gerald, du möchtest doch gern einmal in die Schweiz, nicht wahr?«

»Doch.«

»Du – du kannst doch ganz hervorragend eislaufen und all das – oder?«

»Doch, doch.«

»Die Schweiz ist schließlich ein Muß – das denkst du doch auch?«

»Was soll das heißen?«

Doch Gwendolen lachte nur. Das war typisch Gerald. Sie wußte sehr wohl, daß er genauso dachte wie sie. Aber er fürchtete sich davor – wie alle Männer –, seine Gefühle zu zeigen. Gwendolen verstand das nur zu gut, und sie hätte sich um nichts in der Welt einen anderen Gerald gewünscht.

»Ich werde sofort an Cook schreiben und ihnen mitteilen, daß wir durchaus keinen fashionablen Kurort wünschen und keines der großen Hotels, in denen es zugeht wie im Taubenschlag. Ich hätte gern etwas Abgeschiedenes, Kleines, wo wir wirklich ernsthaft Wintersport betreiben können.« Das entsprach durchaus nicht der Wahrheit, sondern war, wie so vieles, was Gwendolen sagte, gedacht, um Gerald eine Freude zu bereiten. »Was hältst du davon?«

Statt einer Antwort zündete sich Gerald seine Pfeife an.

Die Vornamen von Mr. und Mrs. Williams – es wird Ihnen nicht entgangen sein – lauteten also Gwendolen und Gerald. Wie wunderbar sie zusammenpaßten! Sie klangen ja geradezu wie verheiratet. Gwendolen-Gerald. Gwendolen schrieb sie in einem Zug auf kleine Blätter Löschpapier, auf die Rückseite alter Briefumschläge, auf den Warenhauskatalog. Sie sahen auch aus wie verheiratet. Auf ihrer Hochzeitsreise hatte Gerald darüber einen ganz köstlichen Scherz gemacht. Eines Morgens hatte er gefragt: »Sag mal, ist dir schon aufgefallen, daß unsere Namen beide mit *G* anfangen? Gwendolen – Gerald. Du bist ein *G*« – und er hatte mit dem Rasierpinsel auf sie gezeigt – er war gerade beim Rasieren – »und ich bin ein *G*. Zwei Gs. *Gee-Gee*. Verstehst du?«

Oh, Gwendolen verstand sofort. Es war zu komisch. Wie originell! Und so – süß, und daß ausgerechnet von ihm so etwas kam. Gee-Gee. Ach, *zu* schön! Sie wünschte, sie könnte es ihren Bekannten erzählen. Sie hatte nämlich das Gefühl, daß einige Leute Gerald für ein wenig humorlos hielten. Doch es war wohl zu intim. Und gerade deshalb war es etwas ganz Besonderes.

»Hast du dir das gerade ausgedacht, Schatz? Ich meine – ist dir das in diesem Moment in den Sinn gekommen?«

Gerald hatte mit dem Finger etwas Schaum fortgewischt und genickt. »Ist mir so durch den Kopf geschossen, als ich mich eingeseift habe«, sagte er sehr ernst. »Kurios« – und er tauchte das Rasiermesser in die Schüssel mit heißem Wasser – »ist mir früher schon aufgefallen: Beim Rasieren habe ich immer die besten Ideen.«

Wie wahr, dachte Gwendolen …

VERWITWET

Als sie am nächsten Morgen zum Frühstück hinuntergingen, waren sie ganz sie selbst. Rosig strahlend und von der kalten Luft, die durch die Schlafzimmerfenster hereingeweht kam, gerade durchfroren genug, um sich auf den heißen Kaffee zu freuen.

»Frisch.« Das war Geraldines Kommentar gewesen, als sie mit vom Waschen geröteten Fingern ihren orangegelben Morgenrock zuknöpfte. »Findest du es nicht auch reichlich frisch?« Und ihre Stimme klang so gelassen, so natürlich, als wären sie bereits seit Jahren verheiratet.

Er scheitelte gerade sein Haar vor dem kleinen runden Spiegel mit zwei Bürsten gleichzeitig (als Frau konnte man da nur staunen), und er antwortete, während die Bürsten leicht gegeneinanderschlugen: »Schatz, hast du auch genug *an*?«, und auch er klang, als wüßte er bereits seit Jahren von ihrer Gewohnheit, unten drunter nichts als einen kleinen Fetzen Chiffon mit zwei seidenen Schleifchen zu tragen … Dann liefen sie zum Frühstück hinunter, und mit ihrem Lachen erschreckten sie das schüchterne Dienstmädchen, das gerade mit der Köchin vereinbart hatte, unsichtbar zu bleiben, solange nicht nach ihr geläutet wurde.

»Guten Morgen, Nellie, ich denke, ein *wenig* mehr Toast können wir gebrauchen«, sagte die lächelnde Geraldine, als sie sich über den Frühstückstisch beugte. Sie dachte nach –: »Bitte sagen Sie der Köchin, sie soll noch vier Scheiben machen, ja?«

Das Mädchen fand das höchst erstaunlich. Und als sie die Tür schloß, hörte sie die Stimme sagen: »Ich kann es nicht leiden, wenn nicht genügend Toast da ist!«

Er stand am sonnigen Fenster. Geraldine trat zu ihm. Sie legte eine Hand auf seinen Arm und drückte ihn sanft. Wie gut es tat, den rauhen Männertweed wieder zu spüren. Ach, so gut! Sie strich mit der Hand darüber, berührte ihn mit der Wange, atmete den Geruch.

Das Fenster blickte auf zwei Blumenbeete, ein Dickicht aus Septemberkraut, schwer herabhängenden späten Dahlien und struppigen kleinen Astern. Dann kam der mit gelben Blättern übersäte Rasen und dahinter ein breiter Weg mit einer Reihe golden flirrender Bäume. Ein alter Gärtner mit wollenen Fäustlingen kehrte den Weg, fegte die Blätter zu einem ordentlichen kleinen Haufen zusammen. Jetzt klemmte er den Besen unter den Arm und kramte in seiner Jackentasche, holte Streichhölzer hervor, grub ein kleines Loch in den Haufen und steckte die Blätter in Brand.

Schöner blauer Rauch stieg von den trockenen Blättern auf; und der Laubhaufen brannte so ruhig und ordentlich ab, daß es eine Wonne war zuzusehen. Der alte Gärtner stapfte davon und kam zurück mit einer Handvoll dürrer Zweige. Er warf sie ins Feuer und trat zurück; und kleine Flämmchen begannen zu züngeln.

»Ach«, sagte Geraldine, »es gibt doch nichts Schöneres als ein richtiges Feuer.«

»Ja, nett, nicht wahr«, murmelte er, und sie gingen zum Tisch, um ihr erstes Frühstück einzunehmen.

Vor etwas mehr als einem Jahr, vor dreizehn Monaten, um genau zu sein, hatte sie vor dem Eßzimmerfenster des kleinen Hauses in der Sloane Street gestanden. Es blickte auf die umzäunten Gärten. Das Frühstück war vorüber, der Tisch abgeräumt ... sie hatte ein dickes Bündel Briefe in der Hand und wollte sie, gemütlich am Feuer sitzend, beantworten. Doch ehe sie sich noch hatte setzen können, hatte die Herbstsonne und die Frische draußen sie ans Fenster gelockt. Ein idealer Morgen für den Rotten Row! Jimmie war reiten gegangen.

»Wiedersehen, Liebster!«

»Wiedersehen, Gerrie, Liebste.« Und dann der Morgenkuß, kurz und heftig. Er sah so schmuck aus in seiner Reitmontur. Wie sie so dastand, stellte sie sich vor ... wie er dahinritt. Sie war nie besonders gut darin, sich Dinge vorzustellen. Immerhin war es neblig, man hörte Hufgetrappel, und Jimmies Schnurrbart war feucht. Im Garten ertönte das Quietschen einer Schubkarre. Ein alter Mann mit einer Fuhre Laub und einem Besen, der obenauf lag, kam in Sicht. Er blieb stehen; er begann zu fegen. »Erstaunlich, wie üppig die Schwertlilien in englischen Gärten wachsen«, überlegte Geraldine. »Woher das nur kommt?« Und jetzt stieg der Rauch eines prächtigen Feuers auf.

»Es gibt nichts Schöneres«, dachte sie, »als ein richtiges Feuer.«

Genau in dem Moment läutete das Telephon. Geraldine setzte sich an Jimmies Schreibtisch, um den Anruf entgegenzunehmen. Es war Major Hunter.

»Guten Morgen, Major. Sie sind früh auf den Beinen!«

»Guten Morgen, Mrs. Howard. Ja. Das bin ich.« (Geraldine verzog überrascht das Gesicht. Wie merkwürdig er klang!) »Mrs. Howard, ich komme zu Ihnen ... jetzt gleich ... ich nehme ein Taxi ... Bitte gehen Sie nicht aus! Und – und –« stammelte er, »b-bitte lassen Sie auch die Dienstboten nicht aus dem Haus.«

»*Wie* bitte?« Die Sache war ungewöhnlich genug, aber die letzten Worte waren nun wirklich so sonderbar, daß Geraldine glaubte, sich verhört zu haben. Aber er war schon fort. Hatte bereits eingehängt. Was um alles in der Welt – Und sie legte den Hörer auf, nahm einen Bleistift und zeichnete, was sie stets zeichnete, wenn sie ein Blatt Löschpapier vor sich hatte – eine kleine Katze von hinten, mit Schnurrbarthaaren und allem. Geraldine hatte diese Katze wohl bereits mehrere hundert Mal gezeichnet, überall auf der Welt, in Hotels, in Klubs, in Schiffskabinen, während sie in einer Bank wartete. Die kleine Katze war ihre Signatur, ihr Erkennungszeichen. Sie hatte sie von einem kleinen Mädchen in der Schule abgezeichnet, wo die Katze ihr über die Maßen schön vorgekommen war. Und nie zeichnete sie etwas anderes. Sie war … nicht sehr gut im Zeichnen. Diese Katze hier hatte sie mit einem besonders festen Strich aufs Papier gebracht, und selbst die Schnurrbarthaare schienen überrascht.

»Die Dienstboten nicht aus dem Haus lassen!« So etwas hatte sie noch nicht erlebt. Sie mußte sich einfach verhört haben. Geraldine konnte ein kleines Kichern nicht unterdrücken. Und warum teilte er ihr mit, daß er ein Taxi nahm? Und – vor allem – warum suchte er sie zu dieser frühen Stunde auf?

Dann – plötzlich – fiel es ihr wieder ein – Major Hunters Leidenschaft für antike Möbel. Sie hatten darüber gesprochen, als sie neulich im Carlton zusammen zu Mittag gegessen hatten. Er hatte Jimmie von irgendeinem guten Stück erzählt – aus der Zeit von Jakob I. oder Königin Anna – Geraldine verstand nichts davon – eins von beidem. Ob er das Ding vorbeibrachte? Aber ja. Das mußte es sein. Und das erklärte auch seine Äußerung, die Dienstboten betreffend. Er wollte, daß sie ihm tragen halfen. Wie lästig! Geraldine hoffte nur, es würde zu den anderen Möbeln passen. Und überhaupt, es war geradezu unverschämt, ein Ding von dieser Größe hier anzuschleppen, zu dieser Tageszeit, ohne vorherige Ankündigung. So gut kannte man sich beileibe nicht. Und warum so geheimnisvoll? Geraldine haßte Geheimniskrämerei. Doch sie hatte gehört, seit der Somme-Schlacht spiele ihm der Kopf zuweilen Streiche. Vielleicht hatte er heute seinen schlechten Tag. In dem Fall war es dumm, daß Jimmie noch nicht zurück war. Sie läutete. Mullins erschien.

»Ach, Mullins, ich erwarte Major Hunter in ein paar Minuten. Er bringt einen ziemlich schweren Gegenstand vorbei. Vielleicht kann er Ihre Hilfe gebrauchen. Und die Köchin soll sich am besten auch bereit halten.«

Geraldine begegnete den Dienstboten stets etwas hochmütig. Sie liebte es, Befehle zu erteilen. Doch Mullins stutzte; sie zögerte einen Augenblick, bevor sie hinausging. Es ärgerte Geraldine gewaltig. Was gab es da zu stutzen? Was war daran so sonderbar? dachte sie, setzte sich an den Tisch zu ihren Briefen, und das Feuer, die Uhr und ihre Schreibfeder begannen miteinander zu tuscheln.

Dann kam das Taxi – es war schrecklich laut vor der Haustür. Sie glaubte, die Stimme des Fahrers zu hören, der schimpfte. Es dauerte eine Weile, bis sie ihre Schreibmappe zusammengeklappt und sich aus dem niedrigen Sessel erhoben hatte. Die Türglocke läutete. Sie begab sich zur Eßzimmertür –

Und da war er, Major Hunter, in Reitmontur; er eilte auf sie zu, und hinter ihm, durch die offene Haustür, erkannte sie etwas Großes, Graues. Es war ein Krankenwagen.

»Ein Unfall«, schrie Geraldine mit schriller Stimme.

»Mrs. Howard.« Major Hunter stürzte auf sie zu. Er streckte eine eiskalte Hand aus und umklammerte die ihre. »Sie müssen jetzt sehr tapfer sein«, sagte er, flehte er.

Aber gewiß würde sie tapfer sein.

»Ist es ernst?«

Major Hunter nickte düster. Er sagte ein Wort: »Ja.«

»Sehr ernst?«

Jetzt hob er den Kopf. Er sah ihr in die Augen. Ihr war bisher noch gar nicht aufgefallen, wie ungewöhnlich gutaussehend er war, wenn auch auf eine recht klischeehafte Art. »Es könnte nicht schlimmer sein, Mrs. Howard«, sagte Major.

»Aber – so gehen Sie doch hinein«, sagte er eilig und drängte sie fast in ihr eigenes Eßzimmer. »Wir müssen ihn hereinbringen – wo können wir –«

»Kann er hinaufgetragen werden?« fragte Geraldine.

»Aber ja, gewiß.« Major Hunter sah sie so sonderbar an – so schmerzlich.

»Oben, sein Ankleidezimmer«, sagte Geraldine. »Es ist gleich im ersten Stock. Ich bringe Sie hin«, und sie legte ihre Hand auf seinen Arm. »Es ist in Ordnung, Major«, sagte sie, »ich breche schon nicht zusammen –«, und sie schaffte es tatsächlich, zu lächeln, zuversichtlich und geradezu strahlend.

Zu ihrer Verblüffung wandte Major Hunter sich nun ab und stieß hervor: »O Gott! Es tut mir so leid.«

Der arme Mann. Er war ganz mitgenommen. »Hinterher einen Weinbrand«, dachte Geraldine. »Jetzt lieber noch nicht.«

Es war ein schmerzlicher Augenblick, als sie die gleichmäßigen, bedächtigen Schritte in der Diele hörte. Doch Geraldine begriff, daß dies nicht der richtige Moment war, und was hätte es auch genützt – also widerstand sie der Versuchung, sich umzudrehen.

»Hier entlang, Major.« Sie sprang voraus, die Stufen hoch, über den Gang; sie stieß die Tür zu Jimmies fröhlichem, lebendig atmendem Ankleidezimmer auf und trat beiseite – um Major Hunter und den beiden Männern mit der Tragbahre Platz zu machen. Erst in diesem Augenblick begriff sie, daß es sich um eine Kopfverletzung handeln mußte – eine Wunde irgendwo am Schädel. Denn von Jimmie war nichts zu sehen; das Tuch war bis übers Gesicht gezogen …

EIN SCHWACHES HERZ

Obwohl es das ganze Jahr über zu hören war, obwohl es manchmal bereits um halb sieben am Morgen und manchmal noch um halb elf am Abend erklang, war es doch vor allem im Frühling, wenn in Mrs. Bengels Blumenbeet gleich bei der Pforte die Veilchen blau blühten, daß das Klavier ... die Menschen dazu brachte, nicht nur mitten im Gespräch zu verstummen, sondern die Schritte zu verlangsamen, innezuhalten und aufzusehen – ernst, manchmal streng, wenn es Männer waren, und wenn es Frauen waren – verträumt, manchmal traurig.

Tarana Street war wunderschön im Frühling; nicht ein Haus, das nicht seinen Garten hatte, samt Baum und einem Grünstreifen, der groß genug war, um »der Rasen« genannt zu werden. Wenn man an den niedrigen, gestrichenen Zäunen vorbeilief, konnte man sehen, wessen Osterglocken schon draußen und wessen Schneeglöckchen verblüht waren und wer die größten Hyazinthen hatte, so weiß und rosa wie die Farbe von Kokosnußeis. Doch niemand hatte Veilchen, die so üppig wuchsen, so stark in der Frühlingssonne dufteten wie die Bengels. Dufteten sie wirklich so gut? Oder schloß man die Augen, lehnte man sich über den Zaun, weil Edie Bengel Klavier spielte?

Ein kleiner Windstoß stöbert in den Blättern, wie eine verspielte Hand auf der Suche nach den schönsten Blüten; und das Klavier klingt heiter, zärtlich, es lacht. Jetzt fliegt eine Wolke wie ein Schwan an der Sonne vorüber, die Veilchen glänzen kalt wie Wasser, und plötzlich ertönt von Edie Bengels Klavier ein fragender Schrei.

... Ach, wenn das Leben so schnell vorübergehen muß,

warum duften diese Blumen dann so herrlich? Was für einen Sinn hat dann alles Verlangen, das süße Sehnen – die wilde Freude? Auf Wiedersehen! Leb wohl! Die jungen Bienen auf dem schlanken Löwenzahn schlummern halb; silbrig schimmern die rotbetupften Blütenblätter der Gänseblümchen; das frische Gras zittert im Licht. Alles beginnt von neuem, wunderbar wie nur je, himmlisch schön. »Laß mich bleiben! Laß mich bleiben!« fleht Edie Bengels Klavier.

Es ist Nachmittag, sonnig und still. Vorne sind die Rouleaus heruntergezogen, um die Teppiche zu schonen, aber im oberen Stock sind die Jalousiestäbe aufgestellt, und in dem goldenen Licht tastet die kleine Mrs. Bengel nach der viereckigen Hutschachtel unter ihrem Bett. Sie ist ganz rot geworden. Sie ist aufgeregt wie ein junges Mädchen. Und jetzt ist das Seidenpapier zurückgeschlagen, und zum Vorschein kommt ihre beste Toque, die mit dem Schmetterling aus Jett; feierlich wird sie herausgehoben und pustend vom Staub befreit.

Sie bückt sich zum Spiegel und probiert sie mit zitternden Fingern auf. Sie wirft sich den Umhang um die schmächtigen Schultern, nimmt ihre Börse und kniet, bevor sie ihr Schlafzimmer verläßt, für einen kurzen Moment nieder und bittet Gott um seinen Segen für ihren Ausgang. Und wie sie dort zitternd kniet, ist sie selbst wie ein Schmetterling, der da vor Gott mit den Flügeln schlägt. Als sie die Tür öffnet, dringen die Klänge des Klaviers durch das stille Haus, und fast erschrickt sie, so kühn, so stürmisch, so rücksichtslos wogt es unter Edies Händen. Und für einen Augenblick kommt ihr ein Gedanke – und ist sofort wieder verschwunden –, daß ein Fremder dort bei Edie im Wohnzimmer ist, aber kein richtiger Mensch, sondern eine Gestalt aus einem Buch, ein – ein Bösewicht. Es ist albern. Sie huscht durch den Flur, dreht den Türknauf und steht vor ihrer Tochter, deren Wangen glühen. Edies Hände sinken von den Tasten. Sie klemmt sie zwischen die Knie, ihr Kopf ist gesenkt, die Locken fallen ihr ins Gesicht. Sie blickt ihre Mutter mit leuchtenden Augen an. Es ist etwas Schmerzliches in diesem Blick, etwas sehr Sonderbares. Es ist dämmrig im Wohnzimmer, die Klappe oben am Klavier steht offen. Edie hat auswendig gespielt; es ist, als ob die Luft noch vibriert.

»Ich gehe, Schatz«, sagte Mrs. Bengel leise – so leise, daß es wie ein Seufzen ist.

»Ja, Mutter«, gab Edie zurück.

»Ich denke, ich werde nicht lang fort sein.«

Mrs. Bengel zögerte noch. Wie wünschte sie sich, ein mitfühlendes Wort zu hören, ein aufmunterndes Wort – und sei es nur von Edie – um ihr Mut zu machen für ihren Weg.

Doch Edie murmelt: »Ich setze in einer halben Stunde den Teekessel auf.«

»Tu das, Liebes!« Sie griff auch nach diesem Strohhalm. Ein nervöses Lächeln zuckte auf ihren Lippen. »Ich denke, ich werde hinterher einen Tee gebrauchen können.«

Aber Edie schweigt dazu; sie legt die Stirn in Falten, streckt eine Hand aus und schraubt rasch einen der Kerzenständer ab, nimmt einen roten Porzellanring fort und schraubt alles wieder zusammen. Der Ring hatte gerasselt. Als die Haustür leise hinter ihrer Mutter ins Schloß fällt, stürzen sich Edie und das Klavier wieder in die tiefen dunklen Fluten, deren Wogen unerbittlich über ihnen zusammenschlagen. Sie spielt verzweifelt weiter, bis ihre Nasenspitze weiß ist und ihr Herz pocht. Es ist ihre Art, mit der Angst fertig zu werden, ihre Art zu beten. Würde man sie aufnehmen? Würde sie hingehen dürfen? Sollte es möglich sein, daß sie in einer Woche bereits Schülerin von Miss Farmer war, ein rot-blaues Hutband trug, die breite Treppe zu jenem großen grauen Haus hinauflief, in dem es summte wie in einem Bienenkorb, wenn man daran vorbeikam? Ihre

Kirchenbank war genau gegenüber von derjenigen, in der Miss Farmers Schülerinnen saßen. Würde sie endlich die Namen der Mädchen erfahren, die sie so oft beobachtet hatte? Die hübsche Blasse mit den roten Haaren, die Dunkelhaarige mit der Ponyfrisur, die Blonde, die während der Predigt Miss Farmers Hand hielt? … Aber schließlich …

Es war Edies vierzehnter Geburtstag. Ihr Vater schenkte ihr eine silberne Brosche mit einem Takt Musik – zwei Viertelnoten, zwei Achtelnoten und eine halbe – und einem sehr verschlungenen Notenschlüssel. Ihre Mutter schenkte ihr blauseidene Handschuhe und zwei Schachteln für Handschuhe und Taschentücher – die Handschuhschachtel fein bemalt, mit einem Zweig goldener Rosen, der das große H umrankte, und die Taschentuchschachtel mit einem wunderbar lebensgetreuen Schmetterling, der auf dem großen T flatterte. Von den Tanten in …

An der Ecke Tarana Street und Mary Street stand ein Baum. Er wuchs so nah am Fußweg, daß seine schweren Zweige ihn ganz überspannten, und dort war der Weg immer übersät mit feinen Ästchen.

Doch in der Dämmerung traten die langsam dahinschlendernden Paare in seinen Schatten wie in ein Zelt. Ganz gleich, wie lange sie sich schon kannten, dort empfingen sie sich wieder mit langen Küssen, mit Umarmungen, die eine süße Qual waren, kaum zu ertragen, kaum zu beenden.

Edie erfuhr nie, daß Roddie den Baum »liebte«, Roddie erfuhr nie, daß der Baum Edie etwas bedeutete.

Roddie, geschniegelt und gestriegelt, ließ sein neues Fahrrad die Holzstufen hinunterhüpfen und schob es durch die

Gartenpforte. Er wollte eine Runde drehen, und als er zu dem Baum sah, dunkel im Abendrot, glaubte er, der Baum beobachte ihn. Roddie wollte Wunder was für Kunststücke vollbringen, wollte ihn in Erstaunen versetzen, ihn verblüffen.

Roddie war zu diesem Anlaß ganz neu eingekleidet worden. Schwarzer Sergeanzug, schwarze Krawatte, ein Strohhut, der so weiß war, daß er silbern aussah, ein blendend weißer Strohhut mit einem breiten schwarzen Band. Unten am Hut war ein dickes Gummiband befestigt, das irgendwie an eine Angelschnur erinnerte, und die Klemme an der Krempe war wie ein Fliege … Er stand am Grab, breitbeinig, die Hände locker gefaltet, und verfolgte, wie Edie ins Grab hinuntergelassen wurde – so wie halbwüchsige Jungen alles verfolgten, einen schuftenden Arbeiter oder einen Fahrradunfall oder einen Burschen, der das Rad seines Federwagens säubert – doch plötzlich, als die Männer zurücktraten, zuckte er heftig zusammen, drehte sich um, murmelte seinem Vater etwas zu und rannte davon, so schnell, daß die Leute ihm entsetzt nachsahen, hetzte über den Friefhof und durch die Allee mit den vielen Schlammpfützen bis in die Tarana Road; er schlug den Weg nach Hause ein. Sein Anzug fühlte sich heiß und eng an. Es war wie im Traum. Den Kopf hielt er gesenkt und die Fäuste geballt, er konnte nicht aufsehen, nichts hätte ihn dazu gebracht, höher zu blicken als bis zum Rand der Zäune – Was dachte er, als er so dahineilte? Weiter, immer weiter, bis die Pforte erreicht war, die Holzstufen hinauf, durch die Haustür, durch den Flur, ins Wohnzimmer.

»Edie!« rief Roddie. »Edie, he!«

Und er stieß einen leisen, sonderbaren Schrei aus und rief: »Edie!« und starrte Edies Klavier an.

Doch das Klavier, schwarz und schwer, wie eingefroren,

starrte zurück. Dann antwortete es ihm, aber in seinem Namen, im Namen des Hauses und des Veilchenbeetes, des Gartens und des Samtbaumes Ecke Mary Street und im Namen von allem, was groß war: »Hier wohnt niemand dieses Namens, junger Mann!«

ETWAS KINDLICHES

Deutsch von Heiko Arntz

Für H. M. Tomlinson

ROSABELS MÜDIGKEIT

An der Haltestelle Oxford Circus kaufte Rosabel einen Strauß Veilchen, und das war gewissermaßen der Grund, warum ihr Speiseplan so mager ausfiel – denn ein Brötchen und ein gekochtes Ei und eine Tasse Kakao bei Lyons sind kaum ausreichend nach einem anstrengenden Arbeitstag in einem Modewarengeschäft. Als sie sich auf das Trittbrett des Atlas-Omnibusses schwang, mit der einen Hand den Rock raffend, mit der anderen die Stange umklammernd, dachte Rosabel, sie hätte ihre Seele hergegeben für eine anständige Mahlzeit – gebratene Ente und grüne Bohnen, Kastanienfüllung, Pudding mit Branntwein-Sauce – etwas Heißes und Schweres und Sättigendes. Sie setzte sich neben ein Mädchen etwa ihres Alters, das ›Anna Lombard‹ in einer billigen, broschierten Ausgabe las, und der Regen hatte die Seiten mit Tränen bespritzt. Rosabel sah aus dem Fenster; die Straße war verschwommen und verwaschen, aber das Licht, das auf die Scheiben traf, verwandelte die Düsternis in buntes Schillern, und die Juweliergeschäfte sahen aus wie Märchenschlösser. Sie hatte entsetzlich nasse Füße, und sie wußte, daß der Saum von Rock und Unterrock schmutzig vom Schlamm der Straße war. Es roch unangenehm nach menschlicher Wärme – alle im Omnibus schienen diesen Geruch zu verströmen – und alle trugen dieselbe Miene, saßen reglos da, starrten vor sich hin. Wie häufig hatte sie nicht schon diese Anzeigen gelesen – »Sapolio spart Zeit und Arbeit« – »Heinz' Tomatensauce« – und die unsinnigen, dummen Dialoge zwischen Arzt und Richter, die unübertroffenen Vorzüge von ›Lamplough's Fiebersalz‹ betreffend. Sie warf einen Blick auf das Buch, welches das

Mädchen so eifrig las, wobei ihr Mund jedes Wort formte, was Rosabel verabscheute, und bevor sie eine Seite umblätterte, leckte sie erst Daumen und Zeigefinger. Sie konnte nicht viel erkennen; es ging irgendwie um einen aufregend sinnlichen Abend, eine Kapelle, die spielte, und ein junges Mädchen mit weißen Schultern. Himmel! Rosabel schüttelte sich plötzlich und öffnete die beiden obersten Knöpfe ihres Mantels … ihr war, als müsse sie ersticken. Durch die halbgeschlossenen Lider verschmolzen die Personen auf der Bank gegenüber zu einer einzigen dümmlich starrenden Fratze …

Und dann kam ihre Haltestelle. Sie taumelte etwas, als sie aufstand, und stieß gegen das Mädchen neben sich. »Verzeihung«, sagte Rosabel, aber das Mädchen sah nicht einmal auf. Rosabel bemerkte, daß sie lächelte beim Lesen.

Westbourne Grove sah aus, wie sie sich Venedig bei Nacht immer vorgestellt hatte, geheimnisvoll, düster, selbst die Hansoms schienen wie hin- und hereilende Gondeln, und die geisterhafte Spur ihrer Lichter – Feuerzungen, welche die Straße leckten – waren zaubrische Fische im Canale Grande. Sie war mehr als erleichtert, als sie Richmond Road erreichte, doch auf dem Weg von der Straßenecke zur Nummer sechsundzwanzig dachte sie an die vier Etagen. Ach, warum vier Etagen! Es war wirklich ein Verbrechen, die Leute so weit oben wohnen zu lassen. Es sollte einen Aufzug geben in jedem Haus, einen ganz einfachen, billigen, oder wenigstens eine elektrische Rolltreppe, wie die in der Station Earl's Court – aber vier Etagen! Als sie im Flur stand und die Treppe sah und den ausgestopften Albatroskopf, der auf dem ersten Absatz gespenstisch im Licht der kleinen Gasflamme glühte, wollte sie fast weinen. Aber es ging ja nicht anders; es war wie mit dem Fahrrad einen steilen Hügel hinaufzufahren, aber ohne die Genugtuung, auf der anderen Seite wieder hinunterzurollen …

Endlich ihr Zimmer! Sie schloß die Tür, zündete das Gas an, legte ihren Hut und Mantel, Rock, Bluse ab, nahm ihren alten Flanellmorgenrock vom Haken hinter der Tür, zog ihn an, schnürte sich die Stiefel auf – eigentlich waren die Strümpfe nicht naß genug, um gewechselt zu werden. Sie ging zum Waschtisch. Der Krug war heute wieder nicht gefüllt worden. Der Wasser reichte gerade, um den Schwamm damit zu befeuchten, und vom Waschbecken löste sich die Emaille – schon zum zweiten Mal hatte sie sich das Kinn zerkratzt.

Es war erst sieben Uhr. Wenn sie den Rolladen hochzog und das Gaslicht löschte, war es viel angenehmer – Rosabel wollte nicht lesen. Und so kniete sie sich hin, bettete ihre Arme auf das Fensterbrett … nur eine dünne Wand aus Glas zwischen sich und der großen nassen Welt draußen!

Sie dachte an die Geschehnisse des heutigen Tages. Nie würde sie die schreckliche Frau in dem grauen Mackintosh vergessen, die eine Automobil-Lederhaube mit Besatz verlangte – »irgend etwas in Dunkelrot, und Hellrot an den Seiten« – oder das junge Mädchen, das jeden Hut im Laden anprobiert hatte und dann sagte, sie werde »morgen vorbeikommen und sich dann entscheiden«. Rosabel mußte lächeln; was für eine fadenscheinige Ausrede …

Doch da war noch ein Mädchen gewesen – eines mit schönem roten Haar und weißer Haut und Augen in der Farbe des grünen, goldgesprenkelten Bandes, das sie letzte Woche aus Paris bekommen hatten. Rosabel hatte ihr Elektromobil vor der Tür gesehen; ein Mann hatte sie begleitet, ein recht junger Mann, und so fein gekleidet.

»Was war es noch einmal, was ich wollte, Harry?« fragte sie, als Rosabel ihr die Nadeln aus dem Hut zog, den Schleier löste und einen Handspiegel reichte.

»Du brauchst einen schwarzen Hut«, hatte er geantwortet, »einen schwarzen Hut mit einer Feder drumherum, die weiter um den Hals geht, dort eine Schleife bildet und unten in den Gürtel gesteckt wird – eine mächtig lange Feder.«

Das Mädchen sah Rosabel strahlend an: »Haben Sie etwas in der Art?«

Es war sehr schwierig gewesen, sie zufriedenzustellen; Harry verlangte das Unmögliche, und Rosabel war der Verzweiflung nah. Dann fiel ihr die große, noch verschlossene Schachtel im oberen Stockwerk ein.

»Ach, einen Augenblick, Madam«, hatte sie gesagt. »Vielleicht kann ich Ihnen noch etwas anderes zeigen.« Sie war nach oben gelaufen, atemlos, hatte die Schnüre durchgeschnitten, das Seidenpapier auf den Boden geworfen, und ja, das war der Hut – recht groß, weich, mit einer langen, geschwungenen Feder und einer schwarzen Samtrose, nichts weiter. Sie waren begeistert gewesen. Das Mädchen hatte ihn aufgesetzt und ihn dann Rosabel gegeben.

»Lassen Sie mal sehen, wie er an Ihnen aussieht«, sagte sie ganz ernst und runzelte ein wenig die Stirn.

Rosabel stellte sich vor den Spiegel und setzte ihn auf ihr braunes Haar, drehte sich dann um.

»O Harry, ist er nicht hinreißend«, rief das Mädchen aus, »ich muß ihn haben!« Sie lächelte Rosabel wieder an. »Er steht Ihnen vortrefflich.«

Eine lächerliche Wut hatte Rosabel mit einem Mal ergriffen. Am liebsten hätte sie dem Mädchen das schöne, zerbrechliche Gebilde ins Gesicht geschleudert, und sie beugte sich über den Hut und wurde rot.

»Innen ist er ganz wunderbar verarbeitet«, sagte sie. Das Mädchen rauschte nach draußen zu ihrem Elektromobil und überließ es Harry, zu bezahlen und die Schachtel zu tragen.

»Ich fahre sofort heim, um ihn aufzusetzen, bevor ich mit dir zum Lunch gehe«, hörte Rosabel sie sagen.

Der Mann beugte sich vor, als sie die Rechnung schrieb, dann, als er ihr das Geld in die Hand zählte: »Schon mal gemalt worden?« fragte er.

»Nein«, sagte Rosabel schroff, als sie die plötzliche Veränderung in seiner Stimme bemerkte, den Anflug von Dreistigkeit, von Vertraulichkeit.

»Das ist bedauerlich«, sagte Harry. »Sie sind ein verdammt hübsches kleines Ding.«

Rosabel schenkte dem keinerlei Beachtung. Wie gut er ausgesehen hatte! Sie hatte an nichts anderes denken können an diesem Tag; sein Gesicht faszinierte sie; sie sah deutlich seine feinen, geraden Augenbrauen vor sich, und sein Haar war zurückgekämmt und wie andeutungsweise zart gewellt, sein lachender, spöttischer Mund. Sie sah wieder seine schlanken Hände, wie sie das Geld in die ihren zählten ... Rosabel strich sich mit einer plötzlichen Bewegung das Haar aus dem Gesicht, ihre Stirn war heiß ... wenn diese schlanken Hände doch nur für einen Augenblick ... das glückliche Mädchen!

Angenommen, sie tauschten die Rollen. Rosabel würde mit ihm heimfahren, natürlich wären sie verliebt, aber nicht verlobt, noch nicht, und sie würde sagen: »Bin sofort wieder da.« Er würde im Elektromobil warten, während die Zofe die Hutschachtel nach oben trug, Rosabel nacheilend. Dann das große, in Weiß und Rot gehaltene Schlafzimmer mit den zahllosen Rosen in mattsilbernen Vasen. Sie würde sich vor den Spiegel setzen, und die kleine französische Zofe würde ihr den Hut feststecken und einen dünnen, zarten Schleier holen und ein neues Paar Wildlederhandschuhe – von den Handschuhen, die sie heute morgen getragen hatte, war ein Knopf abgerissen. Sie hatte den Pelz und die Handschuhe und das Taschentuch mit Parfum besprüht, einen großen Muff genommen und war die Treppe hinuntergestürmt. Der Butler öffnete die Tür, Harry wartete, zusammen fuhren sie davon ... *Das* war das wahre Leben, dachte Rosabel! Auf dem Weg zum Carlton hielten sie bei Gerard's, Harry kaufte ihr ganze Bündel Parmaveilchen, lud sie in ihre Hände.

»O sind die schön!« sagte sie und bedeckte ihr Gesicht mit ihnen.

»So möchte ich dich immer sehen«, sagte Harry, »mit Händen voller Veilchen.«

(Rosabel merkte, daß ihre Knie steif wurden; sie setzte sich auf den Boden und lehnte den Kopf gegen die Wand.) Ach, der Lunch! Der Tisch geschmückt mit Blumen, die Kapelle spielte, versteckt hinter einem Hain aus Palmen, und die Musik berauschte sie wie Wein – die Suppe und die Austern und die Tauben und die pürierten Kartoffeln, und der Champagner, natürlich, und zum Schluß Kaffee und Zigaretten. Sie würde sich über den Tisch beugen, mit einer Hand an ihrem Glas spielen und mit jener bezaubernden Fröhlichkeit reden, die Harry so an ihr liebte. Danach in die Nachmittagsvorstellung, irgend etwas, das sie beide fesselte, und dann zum Tee ins ›Cottage‹.

»Zucker? Milch? Rahm?« Die schlichten kleinen Fragen verrieten eine erregende Vertrautheit. Und dann in der Dämmerung wieder heim, und der Duft der Parmaveilchen erfüllte die Luft mit seiner schweren Süße.

»Ich hole dich um neun Uhr ab«, sagte er, als er sie verließ.

Im Boudoir war ein Feuer angezündet worden, die Vorhänge waren zugezogen, ein großer Stapel Briefe wartete auf sie – Einladungen in die Oper, zu Abendgesellschaften, Bällen, einem Wochenende am Fluß, einer Spritztour im Automobil – sie sah sie träge durch, während sie nach oben ging, um sich umzuziehen. Auch im Schlafzimmer ein Feuer, und ihr schönes, schimmerndes Kleid lag ausgebreitet auf dem Bett – weißer Tüll über Silber, dazu silberne

Schuhe, ein silberner Schal, ein silberner Fächer. Rosabel wußte, daß sie die begehrteste Frau des Abends sein würde; Männer huldigten ihr, ein fremdländischer Prinz verlangte, daß man ihn dieser sensationellen Engländerin vorstellte. Ja, es war ein sinnlicher Abend, eine Kapelle spielte, und *ihre* schönen weißen Schultern …

Aber sie wurde sehr müde. Harry brachte sie zurück und kam für einen kurzen Augenblick mit hinein. Das Feuer im Salon war ausgegangen, aber die verschlafene Zofe wartete im Boudoir auf sie. Sie legte den Umhang ab, entließ die Dienerin und trat vor den Kamin, wo sie sich die Handschuhe abstreifte; der Schein des Feuers fiel auf ihr Haar, Harry trat zu ihr und nahm sie in die Arme: »Rosabel, Rosabel, Rosabel …« Ach, die Geborgenheit in seinen Armen; und sie war sehr müde.

(Die wirkliche Rosabel, das im Dunkeln auf dem Boden hockende Mädchen, lachte laut auf und schlug sich mit der Hand vor den heißen Mund.)

Natürlich ritten sie am nächsten Morgen im Park aus, ihre Verlobung war im ›Court Circular‹ bekanntgegeben worden, alle Welt wußte Bescheid, alle Welt schüttelte ihr die Hand …

Wenig später wurden sie in St. George, Hanover Square, getraut und fuhren im Automobil zu Harrys altem Familiensitz in die Flitterwochen; die Bauern im Dorf verneigten sich, als sie vorüberfuhren; in den Falten ihrer Reisedecke drückte er ihr verzückt die Hände. Und sie trug wieder ihr weiß-silbernes Kleid an diesem Abend. Sie war sehr müde nach der Fahrt und ging hinauf und zu Bett … recht früh …

Die wirkliche Rosabel stand vom Boden auf und zog sich langsam aus, legte ihre Kleider über die Stuhllehne. Sie zog sich das grobe Baumwollnachthemd über den Kopf und nahm die Nadeln aus dem Haar – die sanfte, braune Flut umspülte sie, warm. Dann blies sie die Kerze aus und tastete sich ins Bett, zog die Wolldecken und die alte »Waffel«-Steppdecke bis an die Ohren, kuschelte sich ins Dunkel …

So schlief sie und träumte und lächelte im Schlaf, streckte einmal den Arm aus, um etwas zu fassen, das nicht da war, noch immer träumend.

Und die Nacht verging. Dann griffen die kalten Finger der Morgendämmerung nach der ungeschützten Hand; graues Licht drang in das triste Zimmer. Rosabel fröstelte, holte zitternd Luft, setzte sich auf. Und weil sie mit jenem unverbesserlichen Optimismus begabt war, der nur allzu häufig die einzige Gabe der Jugend ist, lächelte sie, noch halb im Schlaf, mit einem flüchtigen nervösen Zittern um den Mund.

WIE PEARL BUTTON ENTFÜHRT WURDE

Pearl Button schwang auf der kleinen Pforte vor dem Buchsbaumhaus hin und her. Es war früher Nachmittag, die Sonne lachte und die Lüfte spielten Verstecken. Sie bliesen Pearl die Rüschen ihrer Schürze in den Mund, und sie bliesen den ganzen Straßenstaub auf das Buchsbaumhaus. Pearl beobachtete es – wie eine Wolke – wie wenn Mutter den Fisch würzte und der Deckel des Pfefferstreuers abging. Sie schwang auf der Pforte hin und her, ganz allein, und sie sang ein kleines Lied. Zwei dicke Frauen kamen die Straße herauf. Die eine hatte rote Kleider an, die andere gelbe und grüne. Sie trugen rosa Tücher um den Kopf, und jede hatte einen großen Bastkorb mit Farn im Arm. Sie hatten keine Schuhe und Strümpfe an, und sie gingen sehr langsam, weil sie so dick waren, und redeten miteinander und lächelten die ganze Zeit. Pearl hielt auf der Pforte inne, und als sie sie sahen, hielten sie auf der Straße inne. Die Frauen schauten und schauten und dann redeten sie miteinander, warfen die Arme hoch, klatschten in die Hände. Pearl mußte lachen.

Die beiden Frauen kamen zu ihr her, hielten sich dicht bei der Hecke, ängstliche Blicke zum Buchsbaumhaus werfend.

»Hallo, kleines Mädchen!« sagte die eine.

Pearl sagte: »Hallo!«

»Bist du ganz allein?«

Pearl nickte.

»Wo ist deine Mutter?«

»In der Küche, am Bügeln-weil-heute-Dienstag-ist.«

Die Frauen lächelten sie an, und Pearl lächelte zurück. »Oh«, sagte sie, »haben Sie aber weiße Zähne! Noch mal.«

Die dunkle Frau lächelte, und wieder redeten sie miteinander, mit komischen Wörtern, und wieder warfen sie die Arme hoch. »Wie heißt du?« fragten sie.

»Pearl Button.«

»Willst du mitkommen, Pearl Button? Wir wollen dir was Schönes zeigen«, flüsterte die eine. Also kam Pearl von der Pforte herunter und trat hinaus auf die Straße. Und sie ging zwischen den beiden dunklen Frauen über die windzerzauste Straße, mit kleinen Hüpfern, um Schritt zu halten, und fragte sich, was sie in ihrem Buchsbaumhaus Schönes haben mochten.

Sie gingen eine lange Zeit. »Müde?« fragte die eine Frau und beugte sich zu Pearl herab. Pearl schüttelte den Kopf. Sie gingen immer weiter. »Nicht müde?« fragte die andere Frau. Und Pearl schüttelte wieder den Kopf, aber im selben Moment schossen ihr die Tränen in die Augen und die Mundwinkel zitterten. Die eine Frau gab der andern ihren Korb und nahm Pearl Button auf den Arm und ging weiter, Pearl Buttons Kopf an ihrer Schulter, und die staubigen Beinchen baumelten in der Luft. Sie war weicher als ein Bett, und sie roch gut – ein Geruch, in den man seinen Kopf stecken möchte, um ihn immer einzuatmen …

Sie setzten Pearl Button in einer Blockhütte ab, die voll von Leuten war, alle von der gleichen Farbe wie sie – und alle kamen sie her und betrachteten sie, nickten und lachten und verdrehten die Augen. Die Frau, die Pearl getragen hatte, löste ihr das Haarband und breitete ihre Locken aus. Die anderen Frauen stießen Rufe aus, und alle kamen noch näher heran, und einige von ihnen fuhren mit dem Finger durch Pearls goldene Locken, ganz sanft, und eine von ihnen, eine junge, hob Pearls ganzen Haarschopf hoch und küßte den kleinen weißen Nacken. Pearl fühlte sich ängstlich und glücklich zugleich. Ein paar Männer saßen auf dem Boden, rauchend, Decken und Federumhänge bedeckten ihre Schultern. Einer von ihnen schnitt ihr eine Grimasse und holte einen dicken Pfirsich aus seiner Tasche und stellte ihn auf den Boden und schnippte ihn mit den Fingern wie eine Marmel. Er rollte geradewegs auf sie zu. Pearl hob ihn auf. »Bitte, kann ich den essen?« fragte sie. Darauf fingen alle an zu lachen und in die Hände zu klatschen, und der Mann schnitt wieder seine Grimasse und holte eine Birne aus seiner Tasche und ließ sie über den Boden huckeln. Pearl lachte. Die Frauen setzten sich auf den Boden, und auch Pearl setzte sich. Der Boden war sehr schmutzig. Sie hob vorsichtig ihre Schürze und das Kleid und setzte sich auf den Unterrock, wie sie es tun sollte, wenn es irgendwo schmutzig war, und sie aß das Obst, und der Saft lief ihr vorn am Kleid herunter.

»Oh!« sagte sie ganz erschrocken zu einer der Frauen, »ich habe mich mit Saft bekleckert!«

»Das macht doch nichts«, sagte die Frau und tätschelte ihr die Wange. Ein Mann mit einer langen Peitsche in der Hand betrat den Raum. Er rief etwas. Alle standen auf, rufend, lachend, wickelten sich in Decken und Matten und Federumhänge. Pearl wurde wieder getragen, diesmal zu einem großen Wagen, und sie kam auf den Schoß der einen dicken Frau, und neben ihr saß der Kutscher. Es war ein grüner Wagen mit einem roten Pony und einem schwarzen Pony. Er fuhr sehr geschwind aus der Stadt hinaus. Der Kutscher stand auf und schwang die Peitsche über seinem Kopf. Pearl warf einen Blick über die Schulter der Frau. Es folgten noch mehr Wagen, wie eine Prozession. Sie winkte ihnen zu. Dann kam das Land. Zuerst Felder mit kurzem Gras und Schafen darauf und niedrigen weißblühenden Büschen und Hecken wilder Rosen – dann hohe Bäume zu beiden Seiten der Straße – und man sah nur noch hohe Bäume. Pearl versuchte, durch sie hindurchzusehen, aber es war sehr dunkel. Vögel sangen. Sie kuschelte sich tiefer in den großen Schoß. Die Frau war warm wie eine Katze, und sie bewegte sich auf und nieder, wenn sie atmete, als würde sie schnurren. Pearl spielte mit einem grünen Schmuck an ihrem Hals, und die Frau nahm die kleine Hand und küßte jeden Finger einzeln und drehte dann die Hand um und küßte die Grübchen. Pearl war noch nie so glücklich gewesen. Oben auf einem hohen Hügel hielten sie an. Der Kutscher wandte sich zu Pearl und sagte: »Guck, guck!« und zeigte mit seiner Peitsche.

Und unten am Fuß des Hügels war etwas, das anders war als alles andere – ein großer, riesiger Haufen blaues Wasser kroch über das Land. Sie schrie auf und klammerte sich an die dicke Frau. »Was ist das, was ist das?«

»Na«, sagte die Frau, »das ist das Meer.«

»Tut es uns weh – kommt es zu uns?«

»*Ai-e*, nein, es kommt nicht zu uns. Es ist sehr schön. Guck noch einmal.«

Pearl sah hin. »Kommt es auch wirklich nicht?« fragte sie.

»*Ai-e*, nein. Es bleibt da«, sagte die dicke Frau. Wellen mit weißen Kronen sprangen über das Blau hinweg. Pearl sah, wie sie ein großes Stück Land überspülten, das mit lauter Gartenwegmuscheln bedeckt war. Sie fuhren weiter, um eine Kurve.

Unten, nahe am Meer, standen einige kleine Häuser, mit Holzzäunen und Gärten. Das beruhigte sie. Rosa und rote und blaue Wäsche hing über den Zäunen, und als sie sich näherten, erschienen immer mehr Leute, und fünf Hunde mit hellem Fell und langen Schwänzen. All diese Menschen waren dick und lachten, und kleine nackte Kinder hielten sich an ihnen fest oder tobten in den Gärten wie junge Hunde. Pearl wurde heruntergehoben und in ein kleines Haus gebracht, das nur einen Raum hatte und eine Veranda. Dort war ein Mädchen mit zwei schwarzen Zöpfen bis zu den Füßen. Sie stellte gerade das Essen auf den Boden. »Das ist aber merkwürdig hier!« sagte Pearl und beobachtete das Mädchen, während die Mutter ihr das Höschen aufknöpfte. Sie hatte großen Hunger. Sie aß Fleisch und Gemüse und Obst, und die Frau gab ihr Milch in einer grünen Schale. Und alles war ganz still, bis auf das Meer draußen und das Lachen zweier Frauen, die sie beobachteten. »Habt ihr keine Buchsbaumhäuser?« fragte sie. »Wohnt ihr nicht alle in einer Reihe? Gehen die Männer nicht zum Büro? Gibt es hier keine schlimmen Sachen?«

Sie zogen ihr Schuhe und Strümpfe aus, die Schürze, das Kleid. Sie behielt nur ihren Unterrock an, und dann lief sie draußen herum und spürte das Gras zwischen den Zehen. Die beiden Frauen kamen heraus, mit zwei anderen Körben. Sie nahmen sie bei den Händen. Sie gingen über ein kleines Feld, durch einen Zaun, dann durch warmen Sand mit braunem Gras bis zum Meer. Pearl zuckte zurück, als der Sand feucht wurde, aber die Frauen beruhigten sie: »Tut nicht weh, sehr schön. Komm.« Sie gruben im Sand und fanden Muscheln, die sie in die Körbe warfen. Der Sand war naß wie Matschekuchen. Pearl vergaß ihre Furcht und begann ebenfalls zu graben. Ihr wurde heiß, und plötzlich überspülte ein schmaler Streifen Gischt ihre Füße. »Hu, hu!« kreischte sie, strampelte mit den Füßen. »Schön, schön!« Sie planschte im seichten Wasser. Sie formte die Hände zu einer Schale und schöpfte damit. Aber in den Händen war das Wasser nicht länger blau. Sie war so aufgeregt, daß sie zu der Frau eilte und ihr die dünnen Ärmchen um den Hals schlang, sie drückte, küßte …

Plötzlich stieß das Mädchen einen entsetzten Schrei aus. Die Frau erhob sich, und Pearl ließ sich auf den Sand gleiten und sah landeinwärts. Kleine Männer in blauen Jacken – kleine blaue Männer, die rannten, in ihre Richtung rannten und riefen und pfiffen – ein ganzer Haufen kleiner blauer Männer, die sie zurückbringen wollten, zum Buchsbaumhaus.

DIE REISE NACH BRÜGGE

»Sie haben eine Dreiviertelstunde«, sagte der Kofferträger. »Sie haben fast noch eine Stunde. Bringen Sie ihn in die Gepäckaufbewahrung, Lady.«

Eine deutsche Familie, die ihr Gepäck säuberlich in etwas eingeknöpft hatte, das aussah wie Hosenbeine aus Leinwand, belegte den gesamten Schalter mit Beschlag, und ein homöopathischer junger Geistlicher mit schiefsitzender Hemdbrust klebte mir an den Fersen. Wir warteten und warteten, denn der Mann von der Gepäckaufbewahrung wurde die deutsche Familie einfach nicht los, die ihm – den lebhaften Gesten nach zu urteilen – den Nutzen der vielen Knöpfe zu erklären schien. Schließlich nahm die Ehefrau der Reisegruppe ein ihr besonders liebes Gepäckstück und begann es aufzuknöpfen. Der Mann am Schalter zuckte die Schultern und wandte sich mir zu. »Wohin?« fragte er.

»Ostende.«

»Wozu wollnse dann noch Ihr Gepäck abgeben?«

Ich sagte: »Weil ich lange warten muß.«

Er rief: »Zugankunft zwei Uhr zwanzig. Das hat hier nichts verloren. He, du da, schaff das weg.«

Mein Träger schaffte es weg. Der junge Geistliche, der aufmerksam gelauscht hatte, lächelte mich an. »Der Zug ist eingelaufen«, sagte er, »allerdings. Sie haben nicht mehr viel Zeit, nicht wahr.« In meiner Aufregung glaubte ich ihn zwinkern zu sehen. Ich rannte zum Zeitungsstand. Als ich wieder zurückkam, hatte ich meinen Träger verloren. In der sengenden Hitze lief ich den Bahnsteig auf und ab. Die ganze reisende Welt hatte einen Träger und brüstete sich mit ihm, nur ich war ohne. Wütend und hilflos bemerkte ich, wie man mich mit jener Genugtuung beobachtete, die der Schwitzende beim Anblick des noch viel mehr Schwitzenden empfindet. »Man kann einen Hitzschlag bekommen, wenn man rennt bei diesem Wetter«, sagte eine korpulente Dame, Weintrauben verspeisend, die sie zum Abschied bekommen hatte. Dann erfuhr ich, daß der Zug noch *nicht* eingelaufen sei. Ich war den Folkstone-Expreß auf und ab gelaufen. Auf einem höheren Bahnsteig fand ich meinen Träger, der auf meinem Koffer hockte.

»Hab' ich mir doch gedacht«, sagte er leichthin. »Ich wollt' Sie schon holen kommen. Konnt' Sie von hier aus sehen.«

Ich landete in einem Raucherabteil mit vier jungen Männern, deren zwei sich von einem blassen Jüngling mit Stock verabschiedeten. »Also dann, Wiedersehen, altes Haus. Wirklich fabelhaft von dir, daß du gekommen bist. Hab' dich gleich erkannt. Immer noch dieselbe schlechte Haltung. Hör zu, wenn wir wiederkommen, machen wir uns einen lustigen Abend. Was? Prächtig, daß du gekommen bist, alter Junge.«

Letzteres von einem Enthusiasten, der sich eine Zigarette anzündete, als der Zug anfuhr, und zu seinem Gefährten gewandt sprach: »Ein lieber netter Kerl, aber – meine Güte – was für ein Langweiler!« Der Gefährte, an dem alles maulwurfsfarben war, sogar die Socken und das Haar, lächelte gütig. Ich nehme an, sein Hirn war von derselben Farbe: Er erwies sich als ein sehr geneigter und geduldiger Zuhörer. Mir schräg gegenüber saß ein gutaussehender junger Franzose mit lockigem Haar und einer Uhrkette, an der ein silberner Fisch, ein Ring, ein silberner Schuh und eine Medaille hing. Er starrte fortwährend aus dem Fenster und zuckte ganz leicht mit der Nase. Von dem vierten Mitreisenden war hinter seinem Gepäck nichts zu sehen als ein Paar gelbbrauner Schuhe und eine Ausgabe vom ›Snark's Summer Annual‹.

»Hör mal, Alter«, sagte der Enthusiast, »ich möchte unsere Übernachtungen absagen. Nicht wahr, die Hotels, die du gebucht hast – ich möchte sie allesamt streichen. Was dagegen?«

»Nein«, sagte der Maulwurf kleinlaut. »Aber wieso?«

»Also, ich habe gestern im Bett darüber nachgedacht, und es will mir einfach nicht in den Kopf, daß wir fünfzehn Shilling zahlen sollen für nichts und wieder nichts. Du verstehst?« Der Maulwurf nahm sein Pincenez ab und behauchte es. »Ich möchte dich nicht verärgern«, fuhr der Enthusiast fort, »denn schließlich ist das deine Reise – es war deine Idee. Ich möchte auch auf keinen Fall alles über den Haufen werfen, aber – bitte schön – nicht wahr – hm?«

Der Maulwurf meldete sich zu Wort: »Ich fürchte, man wird es mir übelnehmen, daß ich dich ins Ausland verschleppt habe.«

Sofort erklärte ihm der andere, wie gefragt seine Person war. Von fern und nah hatten ihm Menschen geschrieben, die bereits den gesamten August verplant hatten, und hatten ihn gebeten, zu kommen. Er quälte die Maulwurfsseele mit einer Aufzählung all der Häuser und Ehrenplätze, die, weit über ganz England verstreut, nun vergeblich seiner harrten, bis dem Maulwurf nur noch die Wahl blieb, entweder zu weinen oder zu schlafen. Er entschied sich für das letztere.

Alle machten nun ein Nickerchen mit Ausnahme des jungen Franzosen, der ein Buch aus seiner Jacke hervorholte, es vorsichtig auf seinem Knie balancierte, während er unverwandt die heiße, staubige Landschaft betrachtete. In Shorncliffe hielt der Zug. Totenstille. Man sah nichts als einen großen, weißen Friedhof. Er wirkte bizarr in der späten Nachmittagssonne, Marmorengel in voller Größe schienen das trostlose Picknick der Dahingeschiedenen von Shorncliffe zu überwachen. Ein weißer Schmetterling flog über die Geleise. Als der Zug ächzend den Bahnhof verließ, sah ich ein Plakat, das Reklame für die Zeitschrift ›Athenaeum‹ machte. Der Enthusiast grunzte und gähnte und weckte die Lebensgeister, indem er in der Hosentasche mit Geld klimperte. Er versetzte dem Maulwurf einen Rippenstoß. »Na bitte, wir sind gleich da! Kannst du mir mal die verdammten Golfschläger aus dem Gepäcknetz holen?« Wenn ich an die nächste Zukunft des Maulwurfs dachte, wurde mir bang ums Herz, doch er war guter Dinge und bot sich an, mir in Dover einen Träger zu besorgen, und schnürte meinen Sonnenschirm mit meinen Reisedecken zu einer Rolle zusammen. Wir sahen das Meer. »Dürfte ziemlich stürmisch werden«, sagte der Enthusiast. »Dir wird übel, stimmt's? Paß auf, ich kenne einen Trick bei Seekrankheit, also: Du mußt dich auf den Rücken legen – ganz gerade ausgestreckt – nicht wahr, dann das Gesicht bedecken und Zwieback essen.«

»Dover!« rief der Schaffner. Mit dem Überqueren der Landungsbrücke entsagten wir England. Noch die britischste Britin kramte Französischkenntnisse hervor: wir »*S'il vous plaît'?*«-ten einander an Deck, »*merci*«-ten uns auf der Treppe und »*pardon*«-ten nach Herzenslust im Salon. Die Stewardess, eine stämmige, furchteinflößende Person mit Pockennarben, stand am Fuß der Treppe, die Hände unter einer geschäftig aussehenden Schürze verborgen. Unsere Grüße erwiderte sie mit routinierter Gleichgültigkeit, während sie im Geiste die zu erwartende Ausbeute verbuchte. Ich ging hinunter in die Kabine, um meinen Hut abzulegen. Eine alte Dame hatte sich bereits häuslich niedergelassen.

Sie lag, in ein schwarzes Umhängetuch gehüllt, auf einem rosa-weißen Sofa und fächelte sich mit einem schwarzen Federfächer Luft zu. Ihr graues Haar war halb von einer

Spitzenhaube bedeckt, und ihr Gesicht leuchtete inmitten der schwarzen Draperie und der rosa Kissen mit charmant altmodischer Würde. Ein leises Rascheln und der Hauch von Kampfer und Lavendel umgab sie. Wie ich sie so ansah, mußte ich an Rembrandt denken, und aus irgendeinem Grund an Anatole France, als plötzlich die Stewardess hereingestürmt kam, einen Klappstuhl neben der alten Dame aufstellte, eine Zeitung hinpfefferte und ein Blechgefäß obenauf, das ganz aussah wie eine Backform …

Ich ging an Deck. Die See war leuchtend grün, mit wogenden Wellen. Die Blüte und zierliche Zierde Frankreichs hatte die Hüte abgesetzt und sich in Schleier gehüllt. Ein Gruppe deutscher Jungmänner promenierte umher und präsentierte den nationalen Leibesumfang in Form heller Anzüge à la Pyjama. Französische Familien – das weibliche Element in Stühlen, das männliche in malerischen Posen an der Reling – debattierten bereits mit jenem Eifer, der Mißstimmungen voranzugehen pflegt! Ich fand einen Stuhl im Schutz einer weißen Trennwand, doch hatte die Trennwand dummerweise ein Fenster, ein unerschöpflicher Quell der Erheiterung für Schaulustige, die hier gebannt verfolgten, wie einige Furchtlose heldenhaft zum Bug marschierten und von den Wellen durchgepeitscht wurden. Der Drang, naß zu werden, sich Vorwürfe anzuhören, gefährliche Plätze zu erobern und wieder angelaufen zu kommen, um sich abfrottieren zu lassen, war in der ersten halben Stunde groß. Dann ließ das nach – Stille senkte sich über die Menschen. Man sah sie aufs Meer starren – und gähnen. Sie froren und wurden ungehalten. Plötzlich sprang eine Dame in einem weißwollenen Cape mit kirschroten Schleifen aus ihrem Stuhl auf und wankte zur Reling. Wir beobachteten sie mit einigem Mitgefühl. Der junge Mann, neben dem sie gesessen hatte, rief ihr hinterher:

»Geht es besser?« Verneinende Geste.

Er richtete sich in seinem Stuhl auf: »Soll ich dir den Kopf halten?«

»Nein«, sagten ihre Schultern.

»Soll ich dir einen Mantel bringen? ... Ist es vorbei? ... Willst du dort stehenbleiben?« ... Er sah in großer Sorge zu ihr hin. Ich schwor, Männer nie wieder der Teilnahmslosigkeit zu zeihen und ab sofort an die Macht der Liebe zu glauben – habe es aber bislang noch nicht darauf ankommen lassen. Ich ging nach unten, um zu schlafen.

Ich lag der alten Dame gegenüber und betrachtete die vorüberhuschenden Schatten an der Decke und die glitzernden Wassertropfen an den Bullaugen.

Noch die kürzeste Schiffsreise läßt einen die Zeit vergessen. Man ist in seiner Kabine seit Stunden oder Tagen oder Jahren. Niemand weiß es, niemanden interessiert es. Man kennt die Menschen längst, und sie sind einem gleichgültig. Nie wird man wieder festen Boden unter den Füßen spüren – das Pendel der Zeit hat uns mit sich fortgerissen, hin- und herschwingend ohne Ziel. Das Licht schwand.

Ich schlief ein und erwachte erst, als mich die Stewardess schüttelte. »Wir sind in zwei Minuten da«, sagte sie. Hilflose Damen, den Armen Neptuns entronnen, knieten auf dem Boden auf der Suche nach Schuhen und Haarnadeln – nur die würdevolle Alte blieb ruhig liegen und fächelte sich Luft zu. Sie sah mich an und lächelte.

»*Grâce de Dieu, c'est fini*«, wimmerte sie mit einem Stimmchen, das an einem seidenen Faden zu hängen schien.

Ich hob meine Augen. »*Oui, c'est fini!*«

»*Vous allez à Strasbourg, Madame?*«

»Nein«, antwortete ich. »Bruges.«

»Das ist bedauerlich«, sagte sie, schloß ihren Fächer und damit die Unterhaltung. Aus irgendeinem Grund sah ich sie vor mir, wie sie mit mir im selben Zugabteil reiste, wie ich sie in das schwarze Umhängetuch hüllte, wie sie mich in ihr

Herz schloß und mir jede Menge Geld und alte Spitze vermachte … So träumte ich vor mich hin, bis ich das Deck erreicht hatte.

Der Himmel war indigoblau, und überall leuchteten Sterne: unser kleines Schiff stand als schwarzer Schattenriß in der klaren Luft. »Haben Sie die Billetts? … Ja, man will die Billetts sehen … Billetts vorzeigen!« … Wir wurden über die Landungsbrücke getrieben und ins Zollgebäude gescheucht, wo Träger unser Gepäck auf lange Holztische luden und ein alter Mann mit Hornbrille es wortlos musterte. »Hier entlang!« rief das verschlagen aussehende Individuum, dem ich meine irdische Habe anvertraut hatte. Er stürmte in Richtung der Geleise, und ich stürmte mit. Er raste über den Bahnsteig und wich den Reisenden und Obstständen geschickt wie ein Darsteller im Kintopp aus. Ich belegte einen Platz und ging, um Obst zu kaufen, zu einem Stand, wo es Weintrauben und Reineclauden gab. Die alte Dame war da, auf den Arm eines großen blonden Mannes mit gebauschter weißer Krawatte gestützt. Wir nickten einander zu.

»Kauf mir drei Schinkenbrote, *mon cher!*« sagte sie mit ihrer zarten Stimme.

»Und Biskuit«, schlug er vor.

»Ja, und vielleicht eine Flasche Limonade.«

»Zum Kuckuck mit den Tagträumen!« dachte ich und erklomm den Waggon. Der Zug fuhr aus dem Bahnhof; die Luft, die durch die offenen Fenster hereinwehte, duftete nach frischem Grün. Teiche aus Licht tauchten in der Dunkelheit auf und verschwanden wieder; als ich in Brügge ankam, läuteten die Glocken, und der Mond schien weiß und geheimnisvoll über der Grand' Place.

EIN WAHRES ABENTEUER

»Die kleine Stadt bietet sich dem Blick des Reisenden wie ein ausgeblichener Teppich dar, durchwirkt mit den Silberfäden seiner Kanäle. Dazu erklingt das Glockenspiel des alles überragenden Belfrieds. Schon lang liegt Brügge in einen tiefen Schlaf versunken; Stadtturm und mittelalterliche Fassaden träumen einen märchenhaften Traum, bezaubern das Auge, erfüllen die Seele und erquicken den Geist in der stillen Betrachtung des Schönen.«

Ich las den Satz in einem Reiseführer, während ich im Hotelsalon auf Madame wartete. Das klang sehr vielversprechend, und mein müdes Herz in seinem grauen Großstadtpanzer wurde munter und frohlockte ... Ich überlegte, ob ich wohl genug Kleider für wenigstens einen Monat hatte. »Ich werde ganze Tage verträumen«, dachte ich, »ein Boot mieten und mich über die Kanäle treiben lassen oder es an einem grünen Busch festmachen und mittelalterliche Fassaden auf mich wirken lassen. Zur Vesper will ich im hohen Gras des Beginenhofs liegen und zu den Ulmen aufblicken – ihre Blätter von goldenem Licht berührt, erzitternd in der blauen Luft – will ein Weilchen den Stimmen der Nonnen lauschen, die in der kleinen Kapelle zum Gebet versammelt sind, und so viel an Gnade in mich aufnehmen, daß es für den ganzen Winter reicht.«

Während ich mich auf meinen neuen Flügeln mächtig emporschwang, erschien Madame und teilte mir mit, daß es für mich durchaus keinen Platz gebe im Hotel – kein Bett und keine noch so kleine Kammer. Sie war überaus freundlich und offensichtlich ganz hingerissen von ihrer Mitteilung; sie sah mich an, als erwarte sie, daß ich herzlich zu lachen begänne. »Morgen möglicherweise«, sagte sie. »Ich nehme an, daß ein junger Herr, der plötzlich erkrankt ist, aus Zimmer elf ausziehen wird. Er ist gerade in der Apotheke – möchten Sie das Zimmer vielleicht sehen?«

»Durchaus nicht«, sagte ich. »Noch wünsche ich im Zimmer eines kranken jungen Herrn zu schlafen.«

»Aber dann ist er ja fort«, rief Madame, riß ihre blauen Augen auf und lachte mit jener französischen Herzlichkeit, die für englische Ohren so bezaubernd klingt. Ich war zu müde und hungrig, um verständnisvoll zu tun oder zu streiten. »Vielleicht können Sie mir ein anderes Hotel empfehlen?«

»Ausgeschlossen!« Sie schüttelte den Kopf, verdrehte die Augen und schien im Geiste die blauen Schleifen zu zählen, die an die Decke gemalt waren. »Es ist schließlich Hochsaison in Brügge, und da vermietet niemand gern Zimmer für nur wenige Tage« – ohne meinen kleinen Koffer, der zwischen uns stand, eines Blickes zu würdigen; aber ich betrachtete ihn finster, und er schien vor meinen Augen zu schrumpfen – wurde klein und kleiner, bis nur noch eine zusammenklappbare Zahnbürste in ihm Platz hatte.

»Mein großer Koffer ist am Bahnhof«, sagte ich gleichgültig und knöpfte meine Handschuhe zu.

Madame fuhr zusammen. »Sie haben noch mehr Gepäck … Dann haben Sie vor, länger in Brügge zu bleiben?«

»Wenigstens zwei Wochen – vielleicht einen Monat.« Ich zuckte die Schultern.

»Einen Augenblick«, sagte Madame. »Ich will sehen, was ich tun kann.« Sie lief aus dem Zimmer, und ich bin sicher, keinen Schritt weiter, denn schon im nächsten Moment tauchte sie wieder auf und teilte mir mit, daß ich ein Zimmer in ihrer Privatwohnung bekommen könne – »gleich um die Ecke, bewirtschaftet von einer alten Dienerin, die zwar auf einem Auge blind, aber seit fünfzehn Jahren in der

Familie ist. Der Portier wird Sie hinführen, und Sie können zu Abend essen, bevor Sie ausgehen.«

Ich war der einzige Gast im Speisesaal. Ein träger Kellner brachte mir eine Omelette und ein Kännchen Kaffee, lehnte sich dann gegen die Anrichte und beobachtete mich, während ich aß; die Serviette über seinem Arm hing so schlaff da wie der ganze Mann. An den Wänden befanden sich Spiegel, die unzählige leere Tische, wachsame Kellner und einsame Damen zurückwarfen, einsame Damen, die in Omelettes einen traurigen Trost suchten und Kaffee tranken zum Takt von Mendelssohns ›Frühlingslied‹, welches das Glockenspiel des Belfrieds dreimal hintereinander spielte.

»Sind Sie fertig, Madame?« fragte der Kellner. »Ich soll ja Ihr Gepäck hinübertragen.«

»Fertig.«

Er lud sich den Koffer auf die Schulter und ging voraus – an den kleinen Straßencafés vorbei, in denen Männer und Frauen unser Nahen witterten, von ihrem Bier und ihren Ansichtspostkarten abließen, um uns mit Blicken zu verfolgen, durch eine enge Gasse mit verrammelten Fenstern, über die Place van Eyck, bis zu einem roten Backsteinhaus. Die Tür wurde von der einäugigen Perle der Familie geöffnet, die eine Kerze wie eine Miniatur-Bratpfanne in der Hand hielt. Sie verweigerte uns den Zutritt, bis wir ihr beide ausführlich den Sachverhalt erklärt hatten.

»C'est ça, c'est ça«, sagte sie. »Jean, Nummer fünf!«

Sie schlurfte die Treppe hoch, machte eine Tür auf und zündete eine weitere Miniatur-Bratpfanne auf dem Nachttisch an. Das Zimmer war rosa tapeziert, hatte ein rosa Bett, eine rosa Tür und einen rosa Stuhl. Auf rosa Deckchen auf dem Kaminsims platzten fettleibige junge Cherubim aus rosa Eierschalen mit Trompeten in den Mündern. Mir wurde eine Kanne mit heißem Wasser gebracht; ich machte die Tür zu und schloß ab. »Endlich in Brügge«, dachte ich und stieg ins Bett, dessen feines Leinen so glatt war, daß man sich wie ein Fisch vorkam, der auf einem zugefrorenen Teich zu schwimmen versucht, und dieses stille Haus mit dieser »Type« von einer alten Dienerin – die Place van Eyck mit der weißen Statue, umstanden von den dunklen, mächtigen Bäumen – ein Hauch von Verlaine schien über all dem zu liegen …

Peng! machte die Tür. Ich schreckte auf und tastete nach der Bratpfanne, aber es war das Zimmer nebenan, das unerwartet heimgesucht wurde. »Ah! Endlich zurück«, kreischte eine weibliche Stimme. »*Mon Dieu*, meine Füße! Würdest du wohl zu Marie hinuntergehen, *mon cher*, und sie um die Zinkwanne und heißes Wasser bitten?«

»Nein, was zuviel ist, ist zuviel«, dröhnte die Antwort. »Du hast sie heute bereits dreimal gewaschen.«

»Du ahnst ja nicht, welche Schmerzen ich erleide; sie sind ganz entzündet. Sieh doch!«

»Ich habe sie bereits dreimal angesehen; ich bin müde. Sei so gut, und komm ins Bett.«

»Zwecklos; ich kann noch nicht schlafen. *Mon Dieu*, *mon Dieu*, was man als Frau mitmachen muß!« Ein männliches Schnauben, begleitet von Geräuschen des Entkleidens.

»Wenn ich nun also noch bis morgen warte, versprichst du mir dann, mich nicht in eine Bildergalerie zu schleppen?«

»Ja, ja, versprochen.«

»Aber auch wirklich?«

»Wenn ich es doch sage.«

»Kann ich mich darauf verlassen?«

Ein langes Stöhnen.

»Du mußt gar nicht so stöhnen, schließlich hatten wir genau diesen Fall gestern abend und heute morgen.«

… Es gab nur eine Möglichkeit. Ich hüstelte und räusperte mich auf jene unangenehme und aufdringliche Weise, wie es Fremde im Zimmer nebenan zu tun pflegen. Es wirkte Wunder, die Unterhaltung verebbte zu einem Gemurmel für eine weibliche Stimme solo! Ich schlief ein.

* * *

»Boote zu vermieten. Besichtigen Sie das Venedig des Nordens. Entdecken Sie die faszinierenden kleinen Seitenkanäle.« Mit meiner Reiseführerlektüre im Hinterkopf ging ich in den Laden und verlangte ein Boot. »Haben Sie ein kleines Kanu?«

»Nein, Mademoiselle, aber kleine Ruderboote – sehr hübsch.«

»Ich möchte gern allein fahren und zurückkommen, wann es mir beliebt.«

»Waren Sie schon einmal hier?«

»Nein.«

Der Bootsverleiher schien verwirrt. »Es ist nicht ungefährlich für Mademoiselle, gleich beim ersten Mal ohne Führer zu fahren.«

»Dann eben mit, aber unter der Bedingung, daß er schweigt und mir keine Sehenswürdigkeiten zeigt.«

»Und die Brückennamen?« stieß der Bootsverleiher hervor – »die berühmten Häuserfassaden?«

Ich lief zum Steg hinunter. »Pierre, Pierre!« rief der Fährmann. Ein stämmiger junger Belgier, die Arme voller Dekken und rotsamtener Polster, tauchte auf und schleuderte seine Last in ein riesiges Ruderboot. Oberhalb des Landungsstegs, auf einer Steinbrücke, hatte sich eine Menschenmenge versammelt und verfolgte das Geschehen, und gerade als ich Platz genommen hatte, kam ein dickes Ehepaar, das sich über die Brückenmauer gebeugt hatte, die Treppe heruntergestürmt und verkündete, es müsse auch mitfahren. »Aber gewiß doch«, sagte Pierre und half der

Dame auf charmante Weise ins Boot. »Mademoiselle hat gewiß nichts dagegen.« Sie setzten sich ins Heck, der Herr hielt der Dame die Hand, und dann schlängelten wir uns durch die »Silberfäden«, während sich Pierre in die Brust warf und die Schönheiten Brügges pries wie ein hemmungslos verliebter Südländer. »Wenn Sie bitte dorthin schauen wollen – nach links – nach rechts – so, einen Moment – nach oben zu der Brücke – beachten Sie diese Häuserfront. Mademoiselle, wünschen Sie den Lac d'Amour zu sehen?«

Ich blickte unschlüssig drein; das dicke Ehepaar antwortete für mich.

»In dem Fall möchten wir an Land gehen!« Wir ruderten nahe an die Brustwehr. Wir bekamen einen Busch zu fassen, und ich sprang hinaus. »Jetzt, Monsieur«, der erfolgreich hinterhersprang und, indem er sich hinkniete, Madame den Griff seines Spazierstocks darbot. Sie stand auf, resolut lächelnd, ergriff den Spazierstock, stieß sich von der Bootswand ab und lag im nächsten Moment der Länge nach im Wasser. »Ach! was ist geschehen – was ist geschehen?« schrie Monsieur und hielt ihren Arm, denn das Wasser war nicht tief, reichte ihr nur bis zur Taille. Irgendwie gelang es uns, sie herauszufischen und an Land zu bringen, wo sie saß und japste und ihren schwarzen Alpakarock auswrang.

»Nichts passiert – ein kleiner Unfall!« sagte sie erstaunlich vergnügt.

Aber Pierre war wütend. »Das ist allein die Schuld von Mademoiselle, weil sie den Lac d'Amour sehen wollte«, sagte er. »Madame sollte besser über diese Wiese zum gegenüberliegenden Café gehen und etwas Heißes trinken.«

»Nein, nein«, sagte sie, aber Monsieur unterstützte Pierre.

»Sie warten hier, bis wir zurück sind«, gab mir Pierre verächtlich zu verstehen. Ich nickte und kehrte ihnen den Rücken zu, denn der Anblick von Madame, die wie eine große, tolpatschige Ente über die Wiese stapfte, war einfach zu viel. Man kann nicht erwarten, in gepolsterten Booten auf Menschen zu treffen, die begreifen, daß Gelächter seinen Ursprung in tiefem Mitgefühl hat. Als sie außer Sichtweite waren, rannte ich, so schnell ich konnte, über die Wiese, kroch unter einem Zaun durch und begab mich nie wieder in die Nähe des Lac d'Amour. »Mögen sie glauben, ich sei ertrunken«, dachte ich, »aber von Kanälen habe ich ein für allemal genug.«

* * *

Zur Vesper ist die Wiese des Beginenhofs übersät mit kleinen Gruppen von Malern mit ihren spindelbeinigen Staffeleien, die ein sonderbares Eigenleben zu führen scheinen; störrisch stehen sie da, widersetzen sich dem Bemühen ihrer Meister und beantworten ihr ewig langes Schauen mit einem unvollendeten Blinzeln. Junge Engländerinnen mit blumenbekränzten Hüten und die hoffnungsvolle männliche Jugend Amerikas verleihen ihrem Selbstbewußtsein Ausdruck durch Lustigkeit und »Kameraderie«, es herrscht die Parole »Was kostet die Welt« – theoretisch gewiß entzückend. Man ruft und wirft sich jugendlich unschuldig Zigaretten und Obst und Pralinen zu, während Gruppen von Touristen, die den Fängen einer alten Frau entkommen sind, die im Dunkel der Kapellentür auf sie lauert, sinnierend vor den Staffeleien verharren und gucken und zeigen und »Wer hat was gemalt?« spielen.

Ich lag unter einem Baum, mit schlechtem Gewissen und ohne Skizzenbuch – und sah die Mauersegler in den Lüften ihre Kreise ziehen und niederstürzen und überlegte, ob all die braunen Hunde auf der Wiese den jungen Malern gehörten, als zwei Personen an mir vorübergingen, ein Mann und ein junges Mädchen, die Köpfe über ein Buch gebeugt. Irgend etwas an ihrem Gang schien mir vertraut. Plötzlich sahen sie zu mir herab – wir blickten uns an – sperrten die Münder auf. Sie fiel über mich her, und er nahm seinen makellosen Strohhut und klemmte ihn sich unter den linken Arm.

»Katherine! Ist denn das die Möglichkeit! Nach so vielen Jahren!« rief sie aus. Und zu dem Mann gewandt: »Ist das nicht unglaublich, Guy? – Es ist Katherine, und von allen Orten in der Welt ausgerechnet hier in Brügge!«

»Warum nicht?« sagte ich und machte ein kluges Gesicht, während ich versuchte, mich an ihren Namen zu erinnern.

»Aber meine Liebe, zuletzt haben wir uns in Neuseeland gesehen – denk doch nur, wie viele Meilen!«

Natürlich, es war Betty Sinclair; ich war mit ihr zur Schule gegangen.

»Wo wohnst du – bist du schon lang hier? Ach, du hast dich kein bißchen verändert – kein bißchen! Ich hätte dich überall wiedererkannt.«

Sie winkte den jungen Mann heran und sagte, errötend, als schämte sie sich, es einzugestehen: »Das ist mein Mann.« Wir gaben uns die Hand. Er setzte sich auf den Boden und kaute auf einem Grashalm. Wir schwiegen, während Betty Atem schöpfte und mir die Hand drückte.

»Ich wußte gar nicht, daß du verheiratet bist«, sagte ich töricht.

»Aber meine Liebe – ich habe ein Kind!« sagte Betty. »Wir leben jetzt in England. Und wir sind schrecklich interessiert an der Suffragetten-Bewegung, nicht wahr.«

Guy nahm den Grashalm aus dem Mund. »Sind Sie auf unserer Seite?« fragte er streng.

Ich schüttelte den Kopf. Er steckte den Grashalm wieder in den Mund und verengte die Augen zu Schlitzen.

»Dann sollten wir die Gelegenheit beim Schopfe pakken«, sagte Betty. »Wie lange wirst du noch bleiben, meine

Liebe? Wir sollten spazierengehen und uns einmal ausführlich unterhalten. Guy und ich sind schließlich keine Flitterwöchner, nicht wahr. Von Zeit zu Zeit schätzen wir die Gesellschaft anderer Leute.«

Das Glockenspiel des Belfrieds klimperte los mit ›Seht den Siegeshelden kommen‹.

»Leider muß ich recht bald zurück. Ich habe einen Eilbrief erhalten.«

»Wie bedauerlich! Nicht wahr, Brügge quillt förmlich über vor Schatzkammern und Kirchen und Gemälden. Heute abend findet auf der Grand' Place ein Freiluftkonzert statt, und morgen beginnt der Wettstreit der Glockenspieler, der eine ganze Woche dauern wird.«

»Dennoch, ich muß fort«, sagte ich mit solcher Bestimmtheit, daß ich mich, angespornt vom Belfried, bereits abmarschieren sah.

»Aber die malerischen Gassen und die kontinentalen Düfte, und die Spitzenklöpplerinnen – wenn wir doch einfach herumschlendern könnten – zu dritt – und alles anschauen.« Ich seufzte und biß mir auf die Unterlippe.

»Was haben Sie einzuwenden gegen das Wahlrecht?« fragte Guy und beobachtete die Nonnen, die sich in anmutiger Prozession einen Weg durch die Bäume bahnten.

»Ich habe immer gedacht, du wärst schrecklich interessiert an der Zukunft der Frauen«, sagte Betty. »Geh heute abend mit uns essen. Wir müssen in Ruhe darüber reden. Nicht wahr, nach dem anstrengenden Großstadtleben sieht man in einem solch altertümlichen Städtchen die Dinge in einem ganz anderen Licht.«

»O ja, in einem ganz und gar anderen Licht«, sagte ich und schüttelte den Kopf beim Anblick eines vertrauten Reiseführers, der aus Guys Rocktasche hervorlugte.

NEUE KLEIDER

Mrs. Carsfield und ihre Mutter saßen am Eßzimmertisch und legten letzte Hand an zwei Kaschmirkleider an. Die beiden Töchter sollten sie morgen in der Kirche tragen, mit apfelgrünen Schärpen und Strohhüten mit langen Bändern. Mrs. Carsfield hatte ihr Herz daran gehängt, und da es einer von den Abenden war, an denen Henry an einer Sitzung der Politischen Liga teilnahm, hatten sie und ihre Mutter das Eßzimmer für sich und konnten »so richtig hausen«, wie sie es nannte. Sie hatten die rote Decke vom Tisch genommen – auf ihm standen jetzt die Nähmaschine (ein Hochzeitsgeschenk), ein brauner Nähkorb, die »Ware« und einige zerfledderte Mode-Journale. Mrs. Carsfield arbeitete nur langsam an der Maschine, denn sie fürchtete, ihr könne das grüne Garn ausgehen, und sie hoffte im Stillen, es möchte länger reichen, wenn sie nur wenig auf einmal verwendete; die alte Frau saß im Schaukelstuhl, hatte den Rock hochgeschlagen, die in Filzpantoffeln steckenden Füße auf ein Kissen gestellt und vernähte die Maschinenfäden und steckte schmale Spitzenborten an Kragen und Manschetten fest. Die Gasflamme flackerte. Von Zeit zu Zeit warf die alte Frau einen Blick zum Licht und sagte: »Es ist Wasser im Rohr, Anne, daher kommt das«, dann Stille, und einige Zeit später wieder: »Bestimmt ist Wasser im Rohr, Anne«, und noch einmal, jetzt mit Nachdruck: »*Da*, schon wieder – es *muß* daher kommen.«

Anne, an der Nähmaschine, runzelte die Stirn. »Daß sie nie aufhören kann – es ist nicht zum Aushalten«, dachte sie. »Und natürlich vor allem, wenn die Sache ohnehin nicht zu ändern ist … Es muß am Alter liegen – aber es ist eine Plage.« Laut sagte sie: »Mutter, ich nähe einen großzügigen Saum in

Roses Kleid – das Kind ist so in die Höhe geschossen in letzter Zeit. Und an Helens Kleid bitte keine Spitzen an den Ärmeln; dann kann man sie besser unterscheiden; und außerdem macht sie sich noch ständig die Hände schmutzig.«

»Ach, es ist genug da«, sagte die alte Frau. »Ich nähe sie ein bißchen höher.« Und sie fragte sich, warum Anne einen solchen Groll gegen Helen hegte – und Henry war nicht anders. Sie schienen Helen bestrafen zu wollen – das mit dem Unterscheiden war nur ein Vorwand.

»Ja, ja«, sagte Mrs. Carsfield, »du hast Helens Kleider nicht gesehen, als ich sie ihr heute abend auszog. Von oben bis unten schwarz. Als ich ihr dagegen die Kleider von Rose zeigte, zuckte sie nur mit den Schultern, wie immer, du kennst ihre Marotte, und begann zu stottern. Wegen des Stotterns sollte ich wirklich einmal mit Doktor Malcolm reden, und sei es nur, um ihr einen gehörigen Schreck einzujagen. Ich denke, das ist nur eine dumme Angewohnheit aus der Schule – sie macht es absichtlich.«

»Du weißt, daß sie schon immer gestottert hat, Anne. Du hast ebenfalls gestottert, als du so alt warst wie sie, sie ist sehr zartfühlend.« Die alte Frau nahm die Brille ab, hauchte auf die Gläser und putzte sie mit einem Zipfel ihrer Nähschürze.

»Das fehlte noch, daß man ihr solche Flausen in den Kopf setzt«, sagte Anne, schüttelte eines der Kleider aus und stach mit ihrer Nadel in die Falten. »Sie wird nicht anders behandelt als Rose, und der Junge ist *wirklich* zartfühlend. Hast du ihn gesehen, als ich ihn heute zum ersten Mal auf das Schaukelpferd gesetzt habe? Er hat richtig gegluckst vor Vergnügen. Mit jedem Tag wird er seinem Vater ähnlicher.«

»Ja, er ist ein richtiger Carsfield«, bestätigte die alte Frau und nickte mit dem Kopf.

»Und das ist auch so eine Sache mit Helen«, sagte Anne. »Wie sie den Jungen behandelt, wie sie ihn ansieht und ihn erschreckt. Weißt du noch, als er ganz klein war, wie sie ihm da immer die Flasche weggenommen hat, nur um zu sehen, was er tut? Rose verhält sich vorbildlich dem Kind gegenüber – aber Helen …«

Die alte Frau legte ihre Arbeit auf den Tisch. Einen Moment breitete sich Stille aus, und in der Stille das laute Ticken der Eßzimmeruhr. Sie wollte Anne ein für allemal sagen, was sie davon hielt, wie sie und Henry Helen behandelten, wie sie das Kind krank machten, aber das Ticken störte sie. Sie konnte sich nicht auf die richtigen Worte besinnen und saß nur wie benommen da, und ihr Kopf ging *tick*, *tack*, wie die Eßzimmeruhr.

»Wie laut diese Uhr tickt«, war alles, was sie sagte.

»Das ist typisch Mutter – jetzt lenkt sie wieder ab – statt mich zu unterstützen und mir Mut zuzusprechen«, dachte Anne. Sie warf einen Blick zur Uhr.

»Mutter, wenn du mit dem Kleid fertig bist, geh doch bitte in die Küche und mach den Kaffee warm und schneid vielleicht etwas Schinken auf. Henry wird gleich kommen. Ich habe das zweite Kleid auch fast fertig.« Sie hielt es hoch, um es zu begutachten. »Sind sie nicht hinreißend? Die Kinder sollten sie wenigstens zwei Jahre tragen können, und danach sind sie immer noch gut für die Schule – unten ausgelassen und vielleicht gefärbt.«

»Ich bin froh, daß wir uns für die teure Ware entschieden haben«, sagte die alte Frau.

Als sie allein im Zimmer war, wurden die Runzeln auf Annes Stirn tiefer, ihre Mundwinkel sanken herab – eine deutliche Furche zog sich von der Nase bis zum Kinn. Sie atmete tief durch und strich sich das Haar aus dem Gesicht. Im Raum schien keine Luft zu sein, sie fühlte sich wie ausgestopft, und es erschien ihr ganz widersinnig, sich mit dieser feinen Näharbeit für Helen abzumühen. Nie kam man zur Ruhe mit Kindern, und nie hörte man Dank – außer von

Rose – sie war eine Ausnahme. Das war auch eine Alterserscheinung bei Mutter, daß sie so sonderbare Ansichten über Helen hegte und so leicht beleidigt reagierte bei dem Thema. Eins stand fest, sagte sich Mrs. Carsfield. Sie würde Helen von dem Jungen fernhalten. Auf schlechte Einflüsse reagierte er genauso empfindlich wie sein Vater. Nur gut, daß die Mädchen den ganzen Tag in der Schule waren!

Endlich waren die Kleider fertig und hingen sauber zusammengelegt über der Stuhllehne. Sie trug die Nähmaschine zum Bücherbord, legte die Tischdecke auf und ging hinüber zum Fenster. Die Jalousie war oben, sie konnte im Garten alles deutlich sehen: irgendwo mußte der Mond stehen. Und ihr Blick fiel auf etwas Helles auf der Gartenbank. Ein Buch, ja, es mußte ein Buch sein, das dort liegengeblieben war, und jetzt weichte es der Tau auf. Sie ging in die Diele, zog sich Galoschen über, raffte ihren Rock und lief in den Garten. Ja, es war ein Buch. Sie hob es vorsichtig auf. Es war ganz feucht – und der Einband wölbte sich. Sie zuckte die Schultern auf jene charakteristische Weise, die ihre kleine Tochter bereits nachahmte. Im Halbdunkel des Gartens, der nach Gras und Rosenblättern roch, wurde es Anne kalt ums Herz. Dann hörte sie die Pforte schnappen, und sie sah Henry auf dem Weg vor dem Haus.

»Henry!« rief sie.

»Hallo«, sagte er, »ja, was machst du denn da, Anne ... In den Mond gucken?« Sie lief zu ihm hin und küßte ihn.

»Jetzt sieh dir das Buch an«, sagte sie. »Helen hat es wieder herumliegen lassen. Lieber, wie du nach Zigarren riechst!«

Darauf Henry: »Man muß eine anständige Zigarre rauchen, wenn man unter Männern ist. Wie sieht das sonst aus. Aber jetzt komm rein, Anne; du hast ja nichts an. Zum Henker mit dem Buch! Du frierst, mein Schatz, du zitterst.« Er legte ihr den Arm um die Schulter. »Siehst du den Mond da oben, beim Schornstein? Herrliche Nacht. O Mann! Was habe ich die Jungs zum Lachen gebracht – ich habe einen kolossalen Witz gerissen. Einer sagte: ›Das Leben ist wie ein Kartenspiel‹, und ich, ohne groß zu überlegen, ganz trocken …« Henry hielt bei der Tür inne, hob einen Finger. »Ich sagte … na ja, den genauen Wortlaut habe ich vergessen, auf jeden Fall haben sie gebrüllt, mein Schatz, gebrüllt. Nein, es fällt mir schon wieder ein, was ich gesagt habe, nachher im Bett; das kennst du ja.«

»Ich bringe das Buch in die Küche, damit es am Ofen trocknet«, sagte Anne; sie schlug es wütend zu und dachte: »Henry hat wieder Bier getrunken, also hat er morgen wieder Verdauungsstörungen. Mit Helen muß ich gar nicht erst anfangen heute abend.«

Als Henry sein Abendessen beendet hatte, lehnte er sich auf dem Stuhl zurück, stocherte in den Zähnen und klopfte auf sein Knie, damit Anne kam und sich daraufsetzte.

»Hallo«, sagte er und ließ sie auf und ab hüpfen, »was ist das für ein grüner Firlefanz über dem Stuhl? Was haben Mutter und du wieder ausgeheckt, hm?«

Anne antwortete leichthin, mit einem gleichgültigen Blick auf die grünen Kleider: »Nur zwei Kleider für die Kinder. Aus Resten, für sonntags.«

Die alte Frau räumte Teller und Tasse und Untertasse zusammen und zündete eine Kerze an.

»Ich gehe dann zu Bett«, sagte sie munter.

»O je, wie unklug von Mutter«, dachte Anne. »Wenn sie sich so zurückzieht, macht sie Henry nur mißtrauisch, weil sie es immer tut, wenn sich etwas zusammenbraut.«

»Nein, geh noch nicht, Mutter«, rief Henry heiter. »Laß doch mal die Sachen sehen.« Sie reichte ihm die Kleider, lächelte matt. Henry rieb mit Daumen und Zeigefinger an dem Stoff.

»Das sind also Reste, Anne, ja? Fühlt sich nicht gerade wie

die Sonntagshosen an, die meine Mutter mir aus einem Bügeltuch gemacht hat. Was hat das Yard denn gekostet, Anne?«

Anne nahm ihm die Kleider ab und spielte mit einem Knopf seiner Weste.

»Laß doch den Preis, Liebling. Mutter und ich haben uns sehr zurückgehalten, obwohl der Stoff so billig war. Aber was kümmern große starke Männer schon Kleider ...? War Lumley heute da?«

»Ja, er sagte, ihr Kleiner hatte auch O-Beine, als er so alt war wie der Junge. Er hat mir von einem neuartigen Kinderstuhl erzählt, den sie jetzt im Textilwarengeschäft hereinbekommen haben – der sorgt dafür, daß sie mit geraden Beinen sitzen. Ach, ist übrigens die Rechnung vom Textilwarengeschäft diesen Monat schon gekommen?«

Sie hatte es geahnt – sie hatte es kommen sehen. Sie glitt von seinem Knie und gähnte.

»O je«, sagte sie, »ich glaube, ich gehe dann auch. Ich bin reif fürs Bett.« Sie sah Henry ausdruckslos an. »Rechnung – sagtest du Rechnung, Lieber? Ach, ich seh morgen früh danach.«

»Nein, Anne, halt.« Henry stand auf und ging zum Geschirrschrank, in dem sich der Ordner mit den Rechnungen befand. »Nicht morgen – morgen ist Sonntag. Ich will diese Rechnung vom Tisch haben, bevor ich mich aufs Ohr haue. Setz dich – da in den Schaukelstuhl – du mußt nicht stehen!«

Sie ließ sich in den Stuhl sinken und begann vor sich hin zu summen, während ihr Verstand arbeitete und ihre Augen den breiten Rücken ihres Ehemanns fixierten, der sich über die Schranktür beugte. Er ließ sich Zeit, bis er den Ordner gefunden hatte.

»Er spannt mich absichtlich auf die Folter«, dachte sie. »Wir können es uns leisten – warum hätte ich es sonst getan? Ich kenne unsere Einnahmen und unsere Ausgaben. Ich bin nicht dumm. Jeden Monat dieses Theater wegen der Rechnungen.« Und sie dachte sehnsüchtig an ihr Bett oben; sie hatte das Gefühl, noch nie in ihrem Leben so müde gewesen zu sein.

»Da ist er ja!« sagte Henry. Er knallte den Ordner auf den Tisch.

»Zieh deinen Stuhl näher heran …«

»Clayton: Sieben Yard grünen Kaschmir zu fünf Shilling das Yard – fünfunddreißig Shilling.« Er las den Posten zweimal – dann faltete er das Blatt zusammen und beugte sich zu Anne hinüber. Sein Gesicht war rot angelaufen, und sein Atem roch nach Bier. Sie wußte nur zu gut, wie er reagierte, wenn er in dieser Stimmung war, und sie hob die Brauen und nickte.

»Soll das heißen«, wetterte er, »das da kostet fünfunddreißig Shilling – das Zeug, das du da für die Kinder zusammengeschustert hast. Grundgütiger! Man könnte meinen, du wärst mit einem Millionär verheiratet. Von dem Geld hättest du deiner Mutter eine Aussteuer kaufen können. Du machst dich zum Gespött der ganzen Stadt. Wie soll ich deiner Meinung nach für den Jungen einen Stuhl kaufen oder sonst irgend etwas – wenn du mein Geld mit vollen Händen zum Fenster hinauswirfst? Den ganzen Tag liegst du mir in den Ohren, daß es unmöglich ist, Helen Vernunft beizubringen; und dann putzt du sie im nächsten Moment heraus mit grünem Kaschmir für fünfunddreißig Shilling …«

Und er wetterte und wetterte.

»Morgen früh hat er sich wieder beruhigt, wenn das Bier nicht mehr wirkt«, dachte Anne, und dann, als sie sich die Treppe hinaufschleppte: »Wenn er merkt, wie lang sie halten, wird er verstehen …«

* * *

Ein strahlender Sonntagmorgen. Henry und Anne saßen, in trauter Eintracht, im Eßzimmer und warteten, daß es Zeit würde, zur Kirche zu gehen, während Carsfield junior Musik machte, indem er mit dem Saucenlöffel, den sein Vater ihm vom Frühstückstisch gegeben hatte, unablässig auf das Tischchen seines Hochstuhls drosch.

»Der Bengel hat Muskeln!« sagte Henry stolz. »Ich habe die Zeit gestoppt. Er macht das jetzt fünf Minuten ohne Unterbrechung.«

»Großartig«, sagte Anne und knöpfte sich die Handschuhe zu. »Ich finde, er hat den Löffel jetzt lang genug gehabt, meinst du nicht? Ich habe Angst, er könnte ihn sich in den Mund stecken.«

»Ach, ich paß auf.« Henry stand neben seinem kleinen Sohn und sah auf ihn hinab. »Immer feste, mein Junge. Zeig deiner Mutter, daß Jungen nun mal gern mal auf den Putz hauen.«

Anne schwieg. Auf diese Weise war er wenigstens abgelenkt, wenn die Mädchen in ihren Kaschmirkleidern herunterkamen. Sie überlegte wieder, ob sie es ihnen häufig genug eingetrichtert hatte, wie wichtig es war, vorsichtig zu sein und die Kleider nur ja nach der Kirche, noch vor dem Essen, sofort wieder auszuziehen, und fragte sich, warum Helen so zappelig war, wenn man sie zurechtmachte, als die Tür aufging und die alte Frau die beiden ins Zimmer schob, fix und fertig samt Strohhut und langen Bändern.

Unwillkürlich erschauerte sie, sie sahen so vornehm aus – Rose hielt in der Hand ihr Gebetbuch, das in weißes Tuch eingeschlagen und mit einem roten Kreuz bestickt war. Im nächsten Moment schützte sie wieder Gleichgültigkeit vor, und: wie spät es schon sei. Von Henrys Seite kein weiteres Wort zu diesem Thema, ungeachtet der fünfunddreißig Shilling, die da Hand in Hand vor ihm her zur Kirche marschierten. Das war überaus großmütig und nobel, wie Anne fand. Sie sah zu ihm auf, wie er mit herausgestreckter Brust ausschritt. Wie gut ihm der schwarze Gehrock stand, aus dem die weiße Seidenkrawatte noch so eben herausschaute! Und die Kinder sahen seiner würdig aus. In der Kirche drückte sie seine Hand und gab ihm damit zu verstehen: »Ich habe die Kleider nur für dich gemacht; natürlich wirst du das nicht verstehen, *aber so ist es*, Henry.« Und sie selbst war zutiefst davon überzeugt.

Auf dem Heimweg traf Familie Carsfield Doktor Malcolm, der mit einem schwarzen Hund spazieren ging, der des Doktors Spazierstock im Maul trug. Doktor Malcolm blieb stehen und erkundigte sich auf so verständnisvolle Art nach dem Jungen, daß Henry ihn zum Essen einlud.

»Essen Sie einen Happen mit uns, dann können Sie den Jungen selbst sehen«, sagte er. Und Doktor Malcolm nahm die Einladung an. Er ging neben Henry und rief über die Schulter: »Helen, paß auf *meinen* Jungen auf, hörst du, und sieh zu, daß er den Stock nicht verschluckt. Sonst wächst ihm aus dem Maul ein Baum, oder er wandert in den Schwanz, und wenn er dann wedelt, klopft er dich windelweich!«

»Ach, Doktor Malcolm!« lachte Helen und beugte sich über den Hund. »Na los, Hundi, gib her, sei schön brav!«

»Helen, dein Kleid!« warnte Anne.

»Ja, wirklich«, sagte Doktor Malcolm. »Sie sehen heute tipptopp aus – die beiden jungen Damen.«

»Grün ist einfach Roses' Farbe«, sagte Anne. »Sie hat nun einmal einen kräftigeren Teint als Helen.«

Rose errötete. Doktor Malcolm zwinkerte ihr zu, und er mußte sich sehr die Bemerkung verkneifen, daß sie aussähe wie eine Tomate im Salat.

»Das Kind könnte mal einen Dämpfer gebrauchen«, dachte er. »Da ist mir Helen tausendmal lieber. Sie wird schon noch vernünftig werden und ihnen dann gehörig die Meinung sagen.«

Der Junge hielt seinen Mittagsschlaf, als sie zu Hause ankamen, und Doktor Malcolm bat Helen, sie möge ihm den Garten zeigen. Henry, der seine großmütige Einladung bereits bereute, erlaubte es nur allzu gern, und Anne ging in die Küche, um das Dienstmädchen zu instruieren.

»Mama, ich möchte mitkommen und die Sauce probieren«, bettelte Rose.

»Ha!« brummte Doktor Malcolm. »Die wären wir los.«

Er machte es sich auf der Gartenbank bequem – legte die Füße hoch, nahm den Hut ab, um der Sonne die Gelegenheit zu geben, »auf dem kahlen Feld noch ein spätes Kraut sprießen zu lassen«, wie er Helen erklärte.

Sie fragte sehr ernst: »Doktor Malcolm, gefällt Ihnen mein Kleid wirklich?«

»Aber natürlich, gnädige Frau. Dir etwa nicht?«

»O doch, ich möchte es nie mehr ausziehen. Aber diese ganze Aufregung – das Anprobieren, das Zurechtzupfen, und immer heißt es: ›Tu dies nicht und tu das nicht.‹ Ich glaube, Mutter würde mich umbringen, wenn dem Kleid was geschähe. Ich habe sogar auf dem Unterrock gekniet, weil das Fußkissen so schmutzig war.«

»So schlimm?« fragte Doktor Malcolm und rollte mit den Augen.

»Ach, noch viel schlimmer«, sagte das Kind, brach dann in Gelächter aus, rief: »Höllisch schlimm«, und tanzte über den Rasen.

»Paß auf, sie hören es, Helen.«

»Pah! Das ist bloß lumpiger alter Kaschmir – geschieht denen recht. Wenn sie nicht da sind, können sie mich auch nicht sehen, und dann macht es nichts. Nur wenn sie da sind, fühl ich mich so ungemütlich.«

»Solltest du nicht deinen Sonntagsstaat ablegen vor dem Mittagessen?«

»Nein, weil *Sie* da sind.«

»Na, wenn das mal gutgeht!« knurrte Doktor Malcolm.

Der Kaffee wurde im Garten gereicht. Das Dienstmädchen brachte Korbstühle und einen Teppich für den Jungen. Die Kinder wurden fortgeschickt zum Spielen.

»Nun laß aber Doktor Malcolm in Ruhe, Helen«, sagte Henry. »Du darfst Leuten, die nicht zur Familie gehören, nicht so auf den Leib rücken.« Helen zog schmollend ab und suchte Trost bei der Schaukel. Sie schaukelte hoch und dachte, daß Doktor Malcolm ein wirklich gutaussehender Mann sei – und überlegte, ob sein Hund hinter dem Haus wohl schon mit dem Teller Knochen fertig sei. Sie ließ sich langsamer schwingen, dann sprang sie ab; ihr Kleid blieb an einem Nagel hängen – man hörte es laut und deutlich reißen – sofort sah sie sich nach den anderen um – sie hatten nichts bemerkt – und dann zum Kleid – ein Loch so groß, daß sie die Hand hindurchstecken konnte. Sie fürchtete sich nicht, noch schämte sie sich. »Ich werde mich einfach umziehen«, dachte sie.

»Helen, wohin gehst du?« rief Anne.

»Ins Haus, ein Buch holen.«

Die alte Frau sah, wie das Kind das Kleid so sonderbar hielt. Das Band ihres Unterrocks mußte wohl aufgegangen sein. Aber sie sagte nichts. Im Schlafzimmer knöpfte Helen das Kleid auf, schlüpfte hinaus und überlegte, was jetzt zu tun sei. Es irgendwo verstecken – sie sah sich im Zimmer um – es gab keinen Winkel, der vor ihnen sicher war. Außer oben auf dem Geschirrschrank – aber selbst als sie sich auf einen Stuhl stellte, konnte sie es nicht so hoch werfen – es fiel immer wieder auf sie herab – das scheußliche, verhaßte Ding. Dann fiel ihr Blick auf den Schulranzen, der am Bettpfosten hing. In die Schulschürze eingewickelt – dann in den Ranzen gestopft und obendrauf die Federmappe. Da werden sie nie nachsehen. Sie ging zurück in den Garten, im Alltagskleid – vergaß indes das Buch.

»Aha«, sagte Anne und lächelte spöttisch. »Ein erster Schritt zur Besserung, und nur wegen Doktor Malcolm! Sieh nur, Mutter, Helen hat sich umgezogen, ohne daß man etwas sagen mußte.«

»Komm zu mir, Liebes, laß dich ordentlich zurechtmachen.« Sie wisperte Helen zu: »Wo hast du das Kleid gelassen?«

»Auf dem Bett. *Wo ich es ausgezogen habe*«, flötete Helen.

Doktor Malcolm sprach zu Henry über die Vorzüge der Internatserziehung für Söhne von Handlungsreisenden, aber er verfolgte mit einem Auge das Geschehen, und als er Helen beobachtete, roch er den Braten – einen wahren Kaventsmann von Riesenbraten.

* * *

Es herrschte allgemeine Verwirrung und Ratlosigkeit. Eins der grünen Kaschmirkleider war verschwunden – wie vom Erdboden verschluckt – irgendwann zwischen dem Entkleiden und dem Tee der Kinder.

»Zeig mir genau, wo«, zeterte Mrs. Carsfield zum zwanzigsten Mal. »Helen, sag die Wahrheit.«

»Mama, ich schwöre, ich habe es auf dem Boden liegenlassen.«

»Was nützt das Schwören, wenn es doch nicht da ist. Es kann doch nicht gestohlen sein.«

»Ich habe einen ganz komischen Mann mit einer weißen Mütze gesehen, der auf der Straße hin- und hergegangen ist und in die Fenster gesehen hat, als ich mich umziehen wollte.« Anne sah ihre Tochter durchdringend an.

»Na bitte«, sagte sie, »natürlich lügst du.«

Sie wandte sich zur alten Frau, in ihrer Stimme schwang Befriedigung und Stolz mit. »Hast du das gehört, Mutter – dieses Ammenmärchen?«

Als sie sich dem Fußende des Bettes näherten, wurde Helen rot und kehrte ihnen den Rücken zu. Und nicht zum ersten Mal hätte sie am liebsten geschrien: »Ich habe es zerrissen, zerrissen«, und sie stellte sich vor, sie hätte es getan und könnte ihre Gesichter sehen, so wie sie sich manchmal im Bett vorstellte, sie sei aufgestanden und habe sich angezogen. Doch als der Tag zu Ende ging, war sie wieder ganz unbekümmert – und froh – denn am Abend mußten die Menschen schlafen gehen. Böse sah sie zur Sonne, die durch die Fensteröffnung hereinschien und ein Muster des Vorhangstoffs auf den blanken Boden des Kinderzimmers warf. Und dann sah sie zu Rose, die am Tisch Buchstaben austuschte, mit einem Eierbecher mit Wasser ganz für sich allein …

Als letztes stattete Henry dem Kinderzimmer einen Besuch ab. Sie hörte das Knarren, als er hereinkam, und versteckte sich unter der Decke. Aber Rose verriet sie.

»Helen schläft nicht«, piepste sie.

Henry setzte sich auf die Bettkante und zupfte an seinem Schnurrbart.

»Wäre heute nicht Sonntag, würdest du die Rute zu spüren bekommen. Aber weil heute Sonntag ist und weil ich morgen in aller Herrgottsfrühe zum Dienst muß, gibt es die Tracht Prügel am Abend nach dem Tee … hörst du?«

Sie brummte.

»Du liebst doch deine Eltern, oder?«

Keine Antwort.

Rose stieß Helen mit dem Fuß an.

»Tja«, sagte Henry und seufzte tief, »aber Jesus liebst du doch wohl?«

»Rose hat mich mit dem Zehennagel gekratzt«, antwortete Helen.

Henry marschierte aus dem Zimmer und warf sich auf sein Bett, mit den Straßenschuhen auf dem gestärkten Kissen, wie Anne bemerkte, aber er war zu bedrückt, als daß sie zu protestieren gewagt hätte. Die alte Frau war bei ihr im Schlafzimmer und kämmte seelenruhig Haare aus Annes Bürste. Henry erzählte, was er soeben mit Helen erlebt hatte und nahm mit Genugtuung die Tränen in Annes Augen wahr.

»Rose ist ohnehin mit den Zehennägeln an der Reihe, nach dem Baden nächsten Sonnabend«, ließ sich die alte Frau vernehmen.

Mitten in der Nacht versetzte Henry Mrs. Carsfield einen Rippenstoß.

»Jetzt ist mir alles klar«, sagte er. »Malcolm steckt dahinter.«

»Nein … wie … warum … wo … wohinter?«

»Hinter diesen vermaledeiten grünen Kleidern.«

»Schon möglich«, war alles, was sie hervorbrachte, und sie dachte: »Wenn ich *ihn* aufwecken und einen solchen Unfug reden würde, dann wäre die Hölle los!«

* * *

»Ist Mrs. Carsfield zu Hause?« fragte Doktor Malcolm.

»Nein, Sir, sie macht Besuch«, antwortete das Dienstmädchen.

»Ist Mr. Carsfield zu sprechen?«

»O nein, Sir, der ist nie über Mittag zu Hause.«

»Führen Sie mich ins Wohnzimmer.«

Das Mädchen öffnete die Wohnzimmertür und sah verstohlen zur Arzttasche. Wie sie wünschte, er würde sie in der Diele stehen lassen – wenn sie sie nur befühlen könnte, sie würde sie auch nicht öffnen … Aber der Arzt behielt sie in der Hand.

Die alte Frau saß im Wohnzimmer, das Strickzeug lag in ihrem Schoß. Ihr Kopf war nach hinten gesackt – der Mund stand offen – sie schlief und schnarchte leise. Sie schreckte zusammen, als sie die Schritte des Arztes hörte, und richtete ihre Haube.

»Ach, Doktor Malcolm – haben Sie mich erschreckt. Ich träumte gerade, daß Henry für Anne fünf kleine Kanarienvögel gekauft hat. Bitte setzen Sie sich doch!«

»Nein, vielen Dank. Ich bin nur auf einen Sprung vorbeigekommen und hoffte, Sie allein anzutreffen ... Sehen Sie diese Tasche hier?«

Die alte Frau nickte.

»Wissen Sie, wie man Taschen öffnet?«

»Ja, mein Gatte ist viel gereist, und einmal habe ich eine ganze Nacht in einem Eisenbahnzug verbracht.«

»Na, dann versuchen Sie Ihr Glück mal bei dieser.«

Die alte Frau kniete sich hin – ihre Finger zitterten.

»Es ist doch nichts zum Fürchten darin?« fragte sie.

»Nun, es wird Sie nicht gleich beißen«, sagte Doktor Malcolm.

Der Verschluß sprang auf – die Tasche öffnete sich wie ein zahnloses Maul, und sie sah, sauber zusammengelegt, ganz unten – grünen Kaschmir – mit schmalen Spitzenborten an Kragen und Manschetten.

»Sieh einer an«, sagte die alte Frau mit ruhiger Stimme. »Darf ich es herausnehmen, Doktor Malcolm?« Sie schien weder erstaunt noch erfreut – und Malcolm war enttäuscht.

»Helens Kleid«, sagte er, beugte sich zu ihr hinunter und hob die Stimme. »Der Sonntagsstaat von unserem kleinen Sonnenschein.«

»Ich bin nicht taub, Doktor Malcolm«, gab die alte Frau zurück. »Ja, es kam mir gleich so vertraut vor. Noch heute morgen habe ich zu Anne gesagt, irgendwo wird es schon wieder auftauchen.« Sie schüttelte das zerknitterte Kleid und besah es von allen Seiten. »Es findet sich alles wieder, wenn man nur lang genug wartet; das ist immer so; Gott sei Dank.«

»Sie kennen doch Lindsay – den Briefträger? Magengeschwüre – ich war heute morgen bei ihm … Lena ist damit zu Hause angekommen, hat es von Helen auf dem Schulweg bekommen. War in einer Schürze eingewickelt in ihrem Ranzen; sie sagt, das Kind hat es rausgeholt und gesagt, die Mutter hat ihr aufgetragen, sie soll es verschenken, weil es nicht mehr paßt. Wie ich den Riß seh', versteh' ich, was es mit dem ›ersten Schritt zur Besserung‹ auf sich hatte, von dem Mrs. Carsfield gestern gesprochen hat. Hab' mir doch gleich so etwas gedacht. Ich schnapp' mir also das Kleid – kauf' bei Clayton etwas Stoff und geb' es meiner Schwester Bertha zum Flicken, während ich beim Mittagessen bin. Ich weiß doch, was hier sonst los ist – und ich weiß auch, daß Sie zu Helen halten, um Henry eins auszuwischen.«

»Sehr aufmerksam von Ihnen, Doktor Malcolm!« sagte die alte Frau. »Ich werde Anne erzählen, daß ich es unter meinem Mantel entdeckt habe.«

»Na also«, sagte Doktor Malcolm.

»Obwohl: die Tracht Prügel hätte Helen morgen früh wieder vergessen, und ich hatte ihr doch schon eine neue Puppe versprochen …« Die alte Frau sagte es mit Bedauern.

Doktor Malcolm klappte seine Tasche zu. »Hat keinen Zweck, mit der Alten zu reden«, dachte er, »sie kriegt ja bloß die Hälfte mit. Und ich bin nun schuld, daß Helen eine neue Puppe durch die Lappen geht.«

DIE FRAU IM LADEN

An dem Tag war es entsetzlich heiß. Der Wind blies dicht über dem Boden; er wühlte im Bültgras, fegte die Landstraße entlang, so daß uns der weiße Bimssand ins Gesicht flog, uns mit einem feinen Puder überzog und wie abgestorbene Haut am ganzen Leib juckte. Die Pferde schleppten sich prustend und schnaubend voran. Das Packpferd war krank – es hatte eine große offene Wunde am Bauch. Immer wieder blieb es unvermittelt stehen, warf den Kopf zurück, sah uns an, als wollte es in Tränen ausbrechen, und wieherte. Hunderte von Lerchen pfiffen; der Himmel war schiefergrau, und der schrille Klang erinnerte mich an Griffel, die über Tafeln kratzten. So weit das Auge reichte, sah man nichts als wogendes Bültgras, dazwischen Flecken von roten Orchideen und dicht mit Spinnweben überzogene Manukasträucher.

Jo ritt vorn. Er trug ein blaues Drillichhemd, Manchesterhosen und Reitstiefel. Ein weißes, rotgepunktetes Tuch hatte er sich um den Hals gebunden – es sah aus, als habe er Nasenbluten gehabt. Büschel weißen Haars quollen unter seinem *wideawake* hervor – auch sein Schnurrbart und seine Augenbrauen waren nahezu weiß – vornübergebeugt saß er im Sattel und murrte. Nicht ein einziges Mal hatte er an diesem Tag gesungen:

»I don't care, for don't you see,
My wife's mother was in front of me!«

Es war seit einem Monat das erste Mal, und sein Schweigen jetzt hatte etwas Unheimliches. Jim ritt neben mir, weiß wie ein Clown; seine schwarzen Augen glänzten, und immer wieder fuhr seine Zunge heraus, um die Lippen zu befeuchten. Er trug eine ›Jaeger‹-Weste und eine blaue Segeltuchhose, die von einem geflochtenen Ledergürtel gehalten wurde. Wir hatten seit der Morgendämmerung kaum ein Wort miteinander gewechselt. Zu Mittag hatten wir Fliegen-Biskuits und Aprikosen am Rand eines schlammigen Wasserlaufs zu uns genommen.

»Mein Magen fühlt sich an wie'n Hühnerkropf«, sagte Jo. »Also, Jim, du bist doch immer so schlau, wo ist jetzt der Laden, von dem du geredet hast. ›Ja, ja‹, sagt er, ›ich kenn' da einen prima Laden, mit 'ner Koppel für die Pferde, an einem Bach, gehört einem Freund von mir, der drückt dir 'ne Buddel Whisky in die Hand, noch bevor du Gutentach sagen kannst.‹ Ich würd' den Laden gern mal sehen – nur so aus Neugier – nicht daß ich dir nicht glaube – du verstehst – *aber* ...«

Jim lachte. »Da ist auch noch eine Frau, vergiß das nicht, blond und blauäugig, die verspricht dir noch ganz andere Sachen, bevor du guten Tag sagen kannst. Also, Vorsicht!«

»Dir bekommt die Hitze wohl nicht«, sagte Jo. Aber er drückte dem Pferd die Knie in die Flanken. Wir trotteten weiter. Ich verfiel in eine Art Halbschlaf und träumte, daß die Pferde einfach nicht vorankamen – dann daß ich auf einem Schaukelpferd saß, und meine Mutter schimpfte, daß ich so entsetzlich viel Staub auf dem Wohnzimmerteppich aufwirbelte. »Das ganze Muster ist schon abgewetzt«, hörte ich sie sagen, und sie zerrte am Zügel. Ich schniefte und wachte auf; Jim beugte sich über mich und grinste mich an.

»Das war knapp«, sagte er. »Hab' dich gerade noch halten können. Was ist? Wollen wir Heia-heia machen?«

»Nein!« Ich reckte den Kopf. »Gott sei Dank – da kommt was.«

Wir standen auf einer Hügelkuppe, und unter uns befand sich ein *whare* mit einem Wellblechdach. Es lag etwas abseits von der Straße, umgeben von einem Garten – ihm gegenüber war eine große Koppel, und ein Bach und eine Gruppe junger Weiden. Ein blauer dünner Rauchfaden stieg senkrecht aus dem Schornstein des *whare* auf; und wie ich so hinschaute, kam eine Frau heraus, gefolgt von einem Kind und einem Hütehund – in der Hand hielt die Frau, wie es schien, einen schwarzen Stock. Sie machte uns Zeichen. Die Pferde unternahmen eine letzte Anstrengung, Jo riß sich den *wideawake* vom Kopf, rief, streckte die Brust heraus und begann zu singen: »I don't care, for don't you see …« Die Sonne brach durch die fahlen Wolken und ließ alles kräftig aufleuchten. Das goldene Haar der Frau, ihre flatternde Schürze und das Gewehr, das sie trug. Das Kind versteckte sich hinter ihr, und der hellbraune Hund, ein räudiger Köter, verdrückte sich mit eingezogenem Schwanz wieder im *whare*. Wir zogen die Zügel an und stiegen ab.

»Hallo«, kreischte die Frau. »Hab' gedacht, ihr wärt Banditen. Die Kleine is' angekommen. ›Mama‹, sacht se, ›da kommen drei so Braune über den Berg‹, sacht se. Ich also gleich raus. ›Bestimmt wieder so Gesindel‹, sach ich zu ihr. Man glaubt ja gar nich', was sich hier so alles rumtreibt.«

Die »Kleine« lugte kurz hinter der Schürze der Mutter hervor – dann versteckte sie sich wieder.

»Wo ist der Mann?« fragte Jim.

»Weg, zum Scheren. Schon einen Monat. Ihr wollt nich' bleiben, hoffe ich. Da zieht 'n Unwetter auf.«

»Natürlich wollen wir bleiben«, sagte Jo. »Dann sind Sie hier also ganz allein, Missus?«

Sie stand da, strich über die Rüschen ihrer Schürze und sah uns einen nach dem anderen an wie ein hungriger Vogel. Ich mußte lächeln, wenn ich daran dachte, wie Jim Jo mit ihr aufgezogen hatte. Gewiß, sie war blauäugig, und was von ihrem Haar übriggeblieben war, blond, aber sie war häßlich. Sie sah wie eine Witzfigur aus. Wenn man sie so ansah, hätte man meinen können, unter ihrer Schürze wären nichts als Stöcke und Drähte – ihre Vorderzähne waren ausgeschlagen, sie hatte rote, verquollene Hände, und ihre Füße steckten in derben schmutzigen Halbstiefeln.

»Ich bringe erst einmal die Tiere in die Koppel«, sagte Jim. »Haben Sie irgendeine Salbe? Poi hat sich wundgerieben!«

»Moooment!« Die Frau schwieg einen Augenblick, und ihre Nasenflügel bebten bei jedem Atemzug. Dann schrie sie los: »Ich will nich', daß ihr bleibt ... auf keinen Fall, Schluß, aus. Die Koppel vermiet' ich schon lange nicht mehr. Ihr müßt weiterziehen; ich hab' nichts für euch!«

»Zum Teufel«, sagte Jo düster. Er nahm mich zur Seite. »Wohl ein bißchen durchgedreht«, flüsterte er. »Die Einsamkeit, *wenn du verstehst*« – vielsagender Blick. »Einfach auf verständnisvoll machen, dann fängtse sich schon wieder.«

Aber das war gar nicht nötig – sie hatte sich schon von allein wieder gefangen.

»Dann bleibt eben, wenn ihr wollt!« brummte sie und zuckte die Schultern. Mir zugewandt: »Kommse mit, ich geb' Ihnen die Salbe.«

»Gut, ich bringe sie den beiden dann zur Koppel.« Wir gingen zusammen über den Gartenweg. Links und rechts war Kohl gepflanzt. Er roch wie abgestandenes Abwaschwasser. Blumen gab es auch: gefüllten Mohn und Bartnelken. Eine Ecke war mit Paua-Muscheln abgeteilt – wahrscheinlich gehörte sie dem Kind – denn es löste sich von der Mutter und begann die Erde mit einer kaputten Wäscheklammer umzugraben. Der hellbraune Hund lag auf der Türschwelle und flöhte sich; die Frau scheuchte ihn mit einem Fußtritt fort.

»Rrr, scher dich, du Untier ... Es ist nicht aufgeräumt. Bin noch zu nichts gekommen, heute – hab' gebügelt. Immer hereinspaziert.«

Der Raum war groß, die Wände waren mit Seiten aus alten englischen Zeitschriften bedeckt. Das Regierungsjubiläum der Königin Victoria schien das jüngste Dokument zu sein. Ein Tisch mit einem Bügelbrett und einem Waschzuber darauf, ein paar Holzbänke, ein schwarzes Roßhaarsofa und mehrere kaputte Korbstühle, die an die Wand gerückt waren. Der Kaminsims war mit rosarotem Papier ausgelegt worden, außerdem zierten ihn getrocknete Gräser und Farne sowie ein Buntdruck von Richard Seddon. Es gab vier Türen – eine führte, dem Geruch nach zu schließen, in den »Laden«, eine auf den »Hinterhof«, durch eine dritte sah ich das Schlafzimmer. Fliegen drehten brummend ihre Runden unter der Decke, und an die Fenstervorhänge waren Büschel getrockneten Klees und Fliegenpapier geheftet.

Ich war allein in dem Zimmer; sie war in den Laden gegangen, um die Salbe zu holen. Ich hörte, wie sie herumlief und vor sich hin brummte: »Ich hatte doch noch welche, wo hab' ich nur diese Flasche wieder hingetan? ... Hinter den Gurken ... nein, auch nicht.« Ich räumte eine Ecke des Tisches frei und setzte mich und ließ die Beine baumeln. Draußen, in der Koppel, hörte ich Jo singen und die Hammerschläge, mit denen Jim die Zeltpflöcke in den Boden trieb. Die Sonne ging unter. Es gibt keine Abenddämmerung bei uns in Neuseeland, nur eine gewisse halbe Stunde, in der sich alles grotesk verwandelt – zum Fürchten – als ob die wilde Seele des Landes umginge und alles verhöhnte, was sie sah. Wie ich so allein in dem Zimmer saß, bekam ich es mit der Angst zu tun. Die Frau nebenan brauchte wirklich sehr lang, um das Mittel zu suchen. Was machte sie dort? Einmal glaubte ich zu hören, wie sie mit den Händen auf den Tresen schlug, dann wieder schien sie zu wehklagen, wandelte es aber ab in ein Hüsteln und Räuspern. Ich wollte schon rufen: »Hopp-hopp«, blieb aber still.

»Meine Güte, was für ein Leben!« dachte ich. »Wenn ich

mir vorstelle, tagein, tagaus hier zu hausen, mit diesem schrecklichen Kind und dem räudigen Köter. Aber die Wäsche muß gebügelt werden! Sie ist *verrückt*, keine Frage! Ich möchte wissen, wie lang sie schon hier ist – ich möchte wissen, ob ich sie wohl zum Sprechen bekommen kann.«

In diesem Moment streckte sie den Kopf ins Zimmer herein.

»Was brauchten Sie noch mal?«

»Etwas zum Einreiben.«

»Ah ja, natürlich. Da isses ja, war vor den eingemachten Gurken.«

Sie reichte mir die Flasche.

»Mein Güte, Sie sehen aber wirklich müde aus! Soll ich Ihnen schnell ein paar Scones machen? Im Laden hab' ich noch etwas Zunge, und ich könnt' Ihnen einen Kohl kochen, wennse wollen.«

»In Ordnung.« Ich lächelte sie an. »Kommen Sie zur Koppel, und bringen Sie Ihr Kind zum Essen mit.«

Sie schüttelte den Kopf und zog eine Schnute.

»Nein, nein. Keinen Bedarf. Ich schick' die Kleine mit den Sachen und mit einem Topf Milch. Soll ich noch ein paar Scones mehr machen, zum Mitnehmen morgen?«

»Ja, bitte.«

Sie ging und blieb in der Tür stehen.

»Wie alt ist die Kleine?«

»Sechs – nächste Weihnachten. Ich hatte ein bißchen Probleme mit ihr. Ich hatte keine Milch im ersten Monat nach ihrer Geburt. Sie hat gekränkelt wie 'n Kalb.«

»Sie hat nicht viel Ähnlichkeit mit Ihnen – kommt sie mehr nach dem Vater?« So wie sie uns zuvor angeschrien hatte, schrie sie jetzt mich an.

»Von wegen! Sie is' mir wie aus 'm Gesicht geschnitten. Sieht doch 'n Blinder. Komm jetzt rein, Else, und hör auf, im Dreck zu kleien.«

Ich traf auf Jo, als er über den Zaun der Koppel kletterte.

»Was hat die Alte alles in ihrem Laden?« fragte er.

»Weiß nicht – hab' nicht geguckt.«

»Ja, in drei Teufels Namen. Jim wird dir was erzählen. Was hast du denn so lange getrieben?«

»Sie konnte das Zeug nicht finden. Na, Donnerwetter, geschniegelt siehst du aus!«

Jo hatte sich gewaschen, das nasse Haar sauber gescheitelt, und über dem Hemd trug er eine Jacke. Er grinste.

Jim riß mir die Flasche aus der Hand. Ich ging ans Ende der Koppel, dort wo die Weiden standen, und nahm ein Bad im Bach. Das Wasser war klar und so weich wie Öl. An den Rändern schwappte Schaum und warf Blasen an Gräsern und Binsen. Ich lag im Wasser und sah hoch zu den Bäumen, die für einen Moment ganz unbewegt waren, dann leise zitterten und wieder innehielten. Die Luft roch nach Regen. Ich vergaß die Frau und das Kind, bis ich wieder beim Zelt war. Jim lag beim Feuer und sah zu, wie der Topf kochte.

Ich fragte, wo Jo sei und ob das Kind das Essen gebracht habe.

»Pah«, sagte Jim, drehte sich auf den Rücken und sah in den Himmel. »Hast du gesehen, wie Jo sich rausgeputzt hat? Er ist zum *whare* gegangen, hat gesagt: ›Was soll's! Wenn es dunkel ist, sieht sie bestimmt ganz passabel aus – und vergiß nicht, Alter, Weiberfleisch ist Weiberfleisch!‹«

»Du hast Jo ziemlich hereingelegt mit ihrem Aussehen – und mich auch.«

»Nein – hör zu. Ich verstehe es selbst nicht. Vor vier Jahren bin ich hier gewesen und zwei Tage geblieben. Ihr Mann war früher ein Kumpel von mir, unten an der Westküste – ein netter, großer Bursche, mit einer Stimme wie eine Posaune. Sie war unten an der Küste Kellnerin – ein niedliches Püppchen. Früher kam hier alle zwei Wochen die Kutsche durch, das war, bevor sie die Bahnlinie rauf nach

Napier gebaut haben, da hat sie hier ein feines Leben geführt! Hat mir mal im Vertrauen erzählt, daß sie hundertfünfundzwanzig Arten zu küssen kennt!«

»Ach, hör auf, Jim! Das ist niemals dieselbe Frau!«

»Wenn ich es dir sage … Ich verstehe es selbst nicht. Ich vermute, der Alte hat sich aus dem Staub gemacht und sie hier sitzenlassen: das mit dem Schafescheren ist dummes Zeug. Mein Güte! Die einzigen Leute, die jetzt noch vorbeikommen, sind Maoris und Wanderarbeiter!«

In der Dunkelheit sahen wir die Schürze des Mädchens schimmern. Sie kam mit langsamen Schritten zu uns, in der einen Hand einen Korb, den Topf mit Milch in der anderen. Ich packte den Korb aus, das Kind stand daneben.

»Komm mal her«, sagte Jim und schnippte mit den Fingern.

Sie ging zu ihm hin, die Lampe im Innern des Zelts warf einen hellen Lichtschein auf sie. Ein schmächtiges, zu klein geratenes Ding, mit weißlichem Haar und trübem Blick. Sie stand breitbeinig da und streckte den Bauch vor.

»Was machst du so den ganzen Tag?« fragte Jim.

Sie bohrte mit dem Finger im Ohr, begutachtete dann die Ausbeute und sagte: »Malen.«

»Oha! Was malst du denn? Laß deine Ohren in Ruhe!«

»Bilder.«

»Womit?«

»Mit Butterbrotpapier und mit ei'm Bleistift von Mama.«

»Ui! So viele Wörter auf einmal!« Jim rollte mit den Augen. »Schäfchen und Muhkühe?«

»Nein, alles. Wenn ihr weg seid, mal' ich euch, und eure Pferde und das Zelt, und den da« – sie zeigte auf mich – »mit nichts an, im Bach. Ich hab' mich versteckt, wo er mich nicht sehen konnte.«

»Na prächtig. Wie gerissen du bist«, sagte Jim. »Wo ist dein Vater?«

Das Kind schmollte. »Das sag' ich nicht, weil ich dich nich' mag!« Sie widmete sich jetzt dem anderen Ohr.

»Da«, sagte ich. »Nimm den Korb und geh nach Hause, und sag dem anderen Mann, daß das Essen fertig ist.«

»Ich will nicht.«

»Ich geb' dir gleich was hinter die Ohren, *ich will nicht*«, sagte Jim grausam.

»Iih! Das sag' ich Mama. Das sag' ich Mama.« Das Kind ergriff die Flucht.

Wir aßen, bis wir nicht mehr konnten, und waren bereits bei den Zigaretten angelangt, als Jo zurückkam, vergnügt, mit hochrotem Kopf und einer Flasche Whisky in der Hand.

»Nehmt 'n Schluck – ihr zwei!« rief er und gestikulierte huldreich mit der Hand. »Los, her mit den Tassen.«

»Hundertfünfundzwanzig Arten«, murmelte Jim.

»Was ist? Ach! hört schon auf!« sagte Jo. »Was redet ihr immer für 'n Mist. Tuschelt rum, wie die Kleinen nach der Sonntagsschule. Sie möchte, daß wir ihr noch etwas Gesellschaft leisten. Ich« – er gestikulierte wieder – »ich hab' sie rumgekriegt.«

»Das glaube ich gern«, lachte Jim. »Und hat sie dir auch gesagt, wo ihr Alter steckt?«

Jo sah auf. »Beim Scheren! Haste doch gehört, du Idiot!«

* * *

Die Frau hatte aufgeräumt in dem Zimmer, sogar einen kleinen Nelkenstrauß auf den Tisch gestellt. Sie und ich saßen auf der einen Seite des Tisches, Jo und Jim auf der anderen. Zwischen uns stand eine Petroleumlampe, die Flasche Whisky und Gläser sowie ein Krug mit Wasser. Das Kind kniete vor einer der Holzbänke und zeichnete auf Butterbrotpapier; ich überlegte mißmutig, ob sie sich an der Szene am Bach versuchte. Aber Jo hatte recht gehabt, was die Sache mit der Dunkelheit betraf. Das Haar der Frau war ein wenig in Unordnung geraten – auf den Wangen glühten zwei rote Flecke – die Augen leuchteten – und wir wußten, daß die beiden unter dem Tisch füßelten. Sie hatte die blaue Schürze abgelegt und gegen ein weißes Kaliko-Jäckchen und einen schwarzen Rock getauscht – das Kind war immerhin mit einem blauseidenen Haarband herausgeputzt. Es war stickig in dem Zimmer, die Fliegen stießen brummend gegen die Decke und fielen auf den Tisch, und allmählich wurden wir betrunken.

»Jetzt hört mir mal gut zu«, rief die Frau und schlug mit der Faust auf den Tisch. »Seit sechs Jahren bin ich verheiratet, vier Fehlgeburten. Ich sach zu ihm, sach ich, was glaubst du eigentlich, was ich hier draußen mache? Wenn du wieder unten an der Küste wärst, ich würd' dich lynchen lassen, wegen Kindermord. Tausendmal hab' ich zu ihm gesacht: Deinetwegen bin ich ein gebrochener Mensch, deinetwegen ist mein Aussehen zum Teufel, und wozu das Ganze – das ist das Entscheidende.« Sie faßte sich mit beiden Händen an den Kopf und sah uns einen nach dem anderen an. Sie sprach hastig: »Ach, an manchen Tagen – und das geht monatelang – da hör' ich nur dieses eine Wort, und das hämmert in mir drin: ›Wozu!‹, oder manchmal, wenn ich Kartoffeln koch', und ich heb' den Deckel, um sie anzustechen, dann hör' ich es plötzlich: ›Wozu!‹ Ach! ich mein' nicht bloß die Kartoffeln und das Kind – ich mein' – ich mein'«, sie rülpste – »du weißt, was ich mein', Mr. Jo.«

»Ja, ja«, sagte Jo und kratzte sich am Kopf.

»Mein Pech is'«, sie beugte sich weit vor, »er hat mich zuviel allein gelassen. Als die Kutsche nich' mehr gekommen ist, da ist er manchmal tagelang weg gewesen, manchmal wochenlang, und ich durfte mich um den Laden kümmern. Dann kommt er zurück – in bester Laune. ›Hallihallo‹, sagt er. ›Alles in Butter? Komm, gib mir 'n Schmatz.‹

Manchmal bin ich ’n bißchen unangenehm geworden, dann ist er gleich wieder abgehauen, und wenn ich lieb und nett war, hat er gewartet, bis er mich um seinen kleinen Finger wickeln konnte, und dann hieß es wieder: ›Na dann, leb wohl, ich muß los‹, und meint ihr, ich konnte ihn halten? – ich doch nicht!«

»Mama«, quakte das Kind, »ich hab’ ein Bild gemalt, mit den Leuten auf dem Berg, und du und ich und der Hund unten.«

»Sei still!« sagte die Mutter.

Ein greller Blitz zuckte durch den Raum – wir hörten Donnergrollen.

»Wird auch Zeit, daß es losgeht«, sagte Jo. »Ich spür’ das Wetter schon seit drei Tagen im Kopf.«

»Wo ist Ihr Mann jetzt?« fragte Jim bedächtig.

Die Frau schluchzte und ließ ihren Kopf auf den Tisch sinken. »Jim, er is’ zum Scheren und hat mich wieder allein gelassen«, heulte sie.

»He, Vorsicht, die Gläser«, sagte Jo. »Cheer-o, trinken Sie noch ’n Schluck. Einem entlaufenen Ehemann trauert man nich’ hinterher! Jim, du verdammter Idiot!«

»Mr. Jo«, sagte die Frau und trocknete sich die Tränen mit den Rüschen ihres Jäckchens, »Sie sind ’n feiner Mann, wenn ich ’ne Frau mit Geheimnissen wär’, ich würde Ihnen blind vertrauen. Und darauf will ich gern noch einen trinken.«

Die Blitze wurde immer greller und das Donnern immer lauter. Jim und ich waren still – das Kind hockte wie angewurzelt vor seiner Bank. Es streckte die Zunge heraus und schnaufte, während es zeichnete.

»Es ist die Einsamkeit«, sagte die Frau an Jo gewandt – er sah sie schmachtend an – »und daß ich hier eingesperrt bin wie ’ne Glucke.« Er langte über den Tisch und ergriff ihre Hand, und obwohl das Ganze recht unbequem schien, wenn es darum ging, Wasser und Whisky weiterzureichen, waren ihre Hände fortan wie aneinandergeleimt. Ich stieß meinen Stuhl zurück und ging zu dem Kind, das sich sofort auf sein Kunstwerk setzte und eine Fratze schnitt.

»Du darfst das nicht sehen«, sagte sie.

»Ach, komm schon, sei brav!« Jim trat zu uns, und wir waren betrunken genug, um die Kleine zu beschwatzen, uns die Bilder zu zeigen. Ihre Zeichnungen waren bemerkenswert, abstoßend in ihrer Drastik. Es waren die ausgeklügelten Produkte einer Verrückten. Es gab keinen Zweifel, der Geist dieses Kindes war verwirrt. Während sie uns die Bilder zeigte, steigerte sie sich in eine wahnhafte Erregung, lachte, zitterte und fuchtelte mit den Armen.

»Mama«, schrie sie. »Ich mal' jetzt für die Leute, was du gesagt hast, was ich nicht malen darf – ich mal' das jetzt.«

Die Frau kam hinter dem Tisch hervorgestürzt und schlug dem Kind mit der flachen Hand auf den Kopf.

»Du kriegst was auf den blanken Po, wenn du noch einmal damit anfängst«, brüllte sie.

Jo war zu betrunken und bekam nichts mit, aber Jim faßte sie am Arm. Das Kind stieß keinen Schmerzenslaut aus. Es verzog sich zum Fenster und begann Fliegen vom Fliegenpapier zu zupfen.

Wir setzten uns wieder an den Tisch – Jim und ich auf der einen Seite, die Frau und Jo, Schulter an Schulter, auf der anderen. Wir lauschten dem Donner, machten einfallslose Bemerkungen: »Der war nah«, »Da, schon wieder«, und Jo, bei einem ganz besonders lauten Knall: »Jetzt geht's aber los«, »Festhalten«, bis der Regen zu fallen begann, der laut wie Geschützfeuer auf das Blechdach prasselte.

»Ihr schlaft besser hier heute nacht«, sagte die Frau.

»Genau«, pflichtete Jo bei, der diese Wendung offensichtlich erwartet hatte.

»Holt eure Sachen aus dem Zelt. Ihr zwei könnt im

Laden schlafen, bei dem Kind – sie ist das gewohnt, ihr stört sie nicht.«

»Aber Mama, ich hab' da noch nie geschlafen«, unterbrach sie das Kind.

»Hör auf mit deinen Lügen! Und Mr. Jo kann dieses Zimmer haben.«

Das Arrangement war lächerlich, aber es hatte keinen Zweck, dagegen anzugehen, dazu war die Sache zu weit gediehen. Während die Frau uns ihren Schlachtplan erläuterte, saß Jo ungewöhnlich feierlich da, mit rotem Kopf und geweiteten Augen, und zupfte an seinem Schnurrbart.

»Geben Sie uns 'ne Laterne«, sagte Jim. »Ich geh zur Koppel.« Wir gingen zusammen. Regen peitschte uns ins Gesicht, die Landschaft war hell erleuchtet, als ob ein Buschfeuer wütete. Wir waren ausgelassen wie zwei Kinder, die auf Abenteuer ausgingen, lachten und schrien, und als wir zum *whare* zurückkamen, lag das Kind bereits im Laden auf dem Tresen. Die Frau brachte uns eine Lampe. Jo nahm sein Bündel von Jim in Empfang, und die Tür wurde geschlossen.

»Gute Nacht allerseits«, rief Jo.

Jim und ich hockten auf zwei Kartoffelsäcken. Wir konnten und konnten nicht aufhören zu lachen. Von der Decke hingen Zwiebeln an Schnüren und geräucherte Schinken – überall sah man Reklamen für ›Camp Coffee‹ und Fleischkonserven. Wir zeigten mit dem Finger darauf, versuchten sie laut zu lesen – doch das Lachen war stärker. Das Kind auf dem Tresen sah uns an. Es warf die Decke zurück und kletterte auf den Boden, stand dann da in seinem grauen Flanellnachthemd und rieb ein Bein gegen das andere.

»Worüber lacht ihr?« fragte es verlegen.

»Über dich!« schrie Jim. »Über dich und deine saubere Familie, mein Kind.«

Sie bekam einen Wutanfall und schlug auf sich selbst ein.

»Ihr sollt nicht über mich lachen, ihr – ihr Blöden.« Er sprang zu dem Kind hin und setzte es schwungvoll zurück auf den Tresen.

»Schlaf jetzt, du Quälgeist – oder mal ein Bild – hier hast du einen Bleistift – du kannst Mamas Rechnungsblock nehmen.«

Durch den Regen hörten wir Jo nebenan über die quietschenden Bohlen schleichen – man hörte, wie eine Tür geöffnet – dann geschlossen wurde.

»Es ist die Einsamkeit«, wisperte Jim.

»Hundertfünfundzwanzig verschiedene Arten – du liebe Zeit!«

Das Kind riß ein Blatt vom Block und warf es in meine Richtung.

»Da«, sagte sie. »Jetzt hab' ich es doch gemacht, zur Strafe, weil Mama mich mit euch hier eingesperrt hat. Ich hab' gemalt, was sie gesagt hat, was ich nicht soll. Was ich nicht malen soll, weil sie mich sonst totschießt. Mir doch egal!«

Das Kind hatte ein Bild gemalt, das die Frau zeigte, die mit einer Flinte auf einen Mann schoß und dann ein Loch grub, um ihn darin zu begraben.

Sie sprang vom Tresen, rutschte auf dem Boden hin und her und kaute Nägel.

Jim und ich saßen bis zum Morgengrauen da, die Zeichnung neben uns. Der Regen hörte auf, die Kleine schlief ein und atmete laut. Wir standen auf, stahlen uns aus dem *whare*, liefen zur Koppel. Weiße Wolken trieben über einen roten Himmel – ein kühler Wind blies; die Luft roch nach nassem Gras. Gerade als wir uns in die Sättel schwangen, kam Jo aus dem *whare* – er machte uns Zeichen, weiterzureiten.

»Ich hol' euch später ein«, rief er.

Eine Biegung der Landstraße, und der ganze Ort war verschwunden.

OLE UNDERWOOD

Für Anne Estelle Rice

Windumtost stapfte Ole Underwood den Berg hinab. In der einen Hand hatte er einen schwarzen Schirm, in der anderen ein rot-weiß gemustertes Taschentuch, das zu einem Bündel verknotet war. Auf dem Kopf trug er eine schwarze Schirmmütze wie ein Lotse; goldene Ringe glänzten an seinen Ohren, und seine kleinen Augen schienen Funken zu sprühen. Funken, die in der Schlacke seines bärtigen Gesichts glommen. Auf der einen Seite des Bergs zog sich ein Kiefernwald von der Straße hinunter zum Meer. Auf der anderen Seite wuchs Gras in niedrigen Büscheln und weißblühender Manuka. Die Kiefern rauschten in ihren höchsten Ästen wie Wellen, ihre Stämme knarrten wie die Spanten eines Schiffs; durch die stürmische Luft flogen die weißen Manukablüten. »Aa-ch!« schrie Ole Underwood und schüttelte den Schirm in Richtung der Wolken, die über ihn herfielen, ihn peitschten und ihn mit seinem schwarzen Überwurf fast erdrosselten. »Aa-ch!« schrie der Wind hundertmal so laut und blies ihm Sand in Mund und Nase. Etwas in Ole Underwoods Brust schlug wie ein Hammer. Eins, zwei – eins, zwei – immerzu, immer gleich. Er konnte nichts dagegen tun. Es war nicht laut. Nein, hören konnte man es nicht – nur fühlen. Eins, zwei – eins, zwei – wie jemand, der in einem Gefängnis auf Eisen einschlägt, jemand in einem Versteck – peng – peng – peng – der sich zu befreien versucht. Er mochte tun, was er wollte, an seinem Überwurf zerren, mit den Armen fuchteln, spucken, fluchen, er konnte den Klang nicht zum Verstummen bringen. Aufhören! Aufhören! Aufhören! Aufhören! Ole Underwood verfiel in einen Trott und rannte.

Weiter unten das Meer, das gegen die Wellenbrecher wogte; und, in sicherer Distanz, die Häuser des kleinen Städtchens, dicht zusammengedrängt, um gemeinsam dem grauen Wasser zu trotzen. Und auf der anderen Seite des Bergs das Gefängnis mit seinen hohen roten Mauern. Über allem wölbte sich ein grauer Himmel, mit einem Flickenteppich aus schwarzen, zerzausten Wolken.

Ole Underwood verlangsamte seinen Schritt, als er sich der Stadt näherte, und als er das erste Haus erreichte, schwenkte er seinen Schirm wie einen Heroldsstab, streckte die Brust heraus und sah sich rasch in alle Richtungen um. Die Häuser, die hier in die Stadt führten, waren klein und häßlich, aus Holz – zwei Fenster und eine Tür, eine Veranda auf Stummelbeinen und ein kleiner grüner Grasteppich. Unter einer Veranda drängten sich gelbe Hühner, vor dem Wind Schutz suchend, zusammen. »Schht!« machte Ole Underwood und lachte, als sie aufflogen, und lachte auch die Frau an, die zur Tür kam und ihm mit einer Faust, rot und voller Seifenschaum, drohte. In einem anderen Hof war ein kleines Mädchen damit beschäftigt, Wäsche von der Leine abzunehmen. Als sie Ole Underwood sah, ließ sie den Wäschepfahl los und rannte schreiend zur Tür, schlug dagegen und rief: »Mama – Mama!« Da setzte wieder das Hämmern in Ole Underwoods Brust ein. Ma-ma – Ma-ma! Er sah ein altes Gesicht mit zitterndem Kinn und grauem Haar am Fenster nicken, dann zogen sie ihn fort. Ma-ma – Ma-ma! Er sah zu dem großen roten Gefängnis, das oben auf dem Berg thronte, und verzog das Gesicht, als wolle er weinen.

Vor dem Wirtshaus an der Ecke standen mehrere Wagen, ein paar Männer saßen auf der Veranda, tranken und lachten. Ole Underwood wollte etwas trinken. Er schlich sich in den Schankraum. Der Raum war gut gefüllt mit alten und jungen Männern in schweren Mänteln und Stulpenstiefeln, mit Viehpeitschen in den Händen. Hinter dem Schanktisch bediente ein großes rothaariges Mädchen die Zapfhähne und scherzte mit den Männern. Ole Underwood verdrückte sich nach hinten, wie eine Katze. Niemand beachtete ihn, die Männer wechselten nur kurze Blicke, und ein paar von ihnen stießen sich mit den Ellbogen an. Das Mädchen nickte und zwinkerte dem Mann zu, den es bediente. Ole Underwood nahm ein paar Münzen aus seinem Taschentuchbündel und legte sie vorsichtig auf den Schanktisch. Seine Hand zitterte. Er sagte kein Wort. Das Mädchen beachtete ihn nicht; sie bediente die übrigen, redete und redete, und dann schob sie ihm, wie unbeabsichtigt, ein Glas zu. Eine große, schwere Vase mit roten Nelken stand auf dem Schanktisch. Ole Underwood starrte sie an, während er trank. Rot – rot – rot – rot! pochte der Hammer. Es war sehr warm im Raum und still wie ein Teich, abgesehen von den Gesprächen und dem Mädchen. Sie lachte unaufhörlich. Ha! ha! So etwas sahen die Männer gern, denn sie warf den Kopf zurück, und ihre großen Brüste hoben sich und wippten beim Lachen.

In der einen Ecke saß ein Fremder. Er zeigte auf Ole Underwood. »Verrückt!« sagte einer der Männer. »Wie er jung war, vor dreißig Jahren, da hatte einer was mit seiner Frau, er ist dahintergekommen und hat se umgebracht. Hat zwanzig Jahre im Kittchen gesessen, auffem Berg oben. Da isser durchgedreht.«

»Wer war der andere?« fragte der Mann.

»Keine Ahnung. Er weiß es auch nicht, niemand weiß es. Er war Matrose, bis er sie geheiratet hat. Durchgedreht!« Der Mann spuckte aus und trat drauf, zuckte mit den Schultern. »Aber harmlos.«

Ole Underwood hörte es; er drehte sich nicht um, aber er streckte eine alte Pranke aus und zermalmte die roten Nelken. »He-he! Du dummer Kerl! He! Laß das!« schrie das Mädchen, beugte sich über den Schanktisch und schlug ihn mit einer Blechkanne. »Raus mit dir! Raus! Und laß dich hier nicht wieder blicken!« Jemand versetzte ihm einen Tritt: er trippelte davon wie eine Ratte.

Er ging an den Läden der Chinesen vorbei. Obst und Gemüse türmte sich an den Scheiben der Schaufenster. Überreste von Holzkisten, Stroh und alte Zeitungen lagen verstreut auf dem Gehweg. Eine Frau stürzte aus einer Ladentür und goß ihm einen Eimer Schmutzwasser vor die Füße. Er spähte durch die Scheiben, sah die Chinesen, die in kleinen Gruppen auf alten Fässern beisammensaßen und Karten spielten. Er mußte lächeln. Er konnte den Blick nicht abwenden, drückte seine Nase gegen das Glas und kicherte. Sie saßen unverwandt da mit ihren langen Zöpfen, die sie sich um die Köpfe gewunden hatten, und ihren Gesichtern gelb wie Zitronen. Einige hatten Messer im Gürtel stecken, und ein alter Mann saß abseits auf dem Boden und verschränkte seine langen, krummen Zehen ineinander. Die Chinesen hatten nichts gegen Ole Underwood. Wenn sie ihn sahen, nickten sie. Er ging zu einer Ladentür und öffnete sie vorsichtig. Mit ihm wehte der Wind hinein und blies die Spielkarten durcheinander. »Ya-ya! Ya-ya!« kreischten die Chinesen, und Ole Underwood wehte wieder hinaus, und der Hammer schlug schnell und heftig. Ya-ya! Er verschwand um eine Ecke. Er meinte einen Chinesen hinter sich herkommen zu hören, und schlüpfte in einen Holzhof. Da legte er sich hin und atmete schwer …

Nicht weit von ihm, unter einem anderen Holzstapel, lag ein Haufen heller Späne. Wie er hinsah, begannen sie sich zu regen, und ein kleines graues Kätzchen kam zum Vorschein und stellte den Schwanz auf. Leise schlich es zu Ole Underwoood und rieb sich an seinem Ärmel. Der Hammer in Ole Underwoods Brust hämmerte entsetzlich. Die Schläge drangen ihm in die Kehle, und dann ließen sie nach und waren nur noch sehr, sehr schwach zu spüren. »Mieze! Mieze! Mieze!« So hatte sie die kleine Katze gerufen, die er ihr vom Schiff mitgebracht hatte: »Mieze! Mieze! Mieze!« – und hatte sich mit einer Untertasse zu ihr hinuntergebeugt. »Ach Gott! Herr mein Gott!« Ole Underwood setzte sich auf und nahm das Kätzchen auf den Arm und wiegte es hin und her, drückte es an sein Gesicht. Es war warm und weich, und es miaute leise. Er vergrub seine Augen in seinem Fell. Mein Gott! Herr mein Gott! Er steckte das Kätzchen unter seinen Überwurf und stahl sich von dem Hof und schlurfte hinunter zum Kai. Als er sich dem Meer näherte, weiteten sich Ole Underwoods Nasenflügel. Der ungestüme Wind roch nach Teer und Tampen und Schlick und Salz. Er überquerte die Bahngeleise, huschte hinter die Lagerschuppen und folgte einem Schlackeweg, der sich durch wildwuchernden Fenchel wand, bis zu einigen Betonrohren, aus denen die Kloakenwässer ins Meer flossen. Und er sah auf zu den Kaianlagen und den Schiffen mit ihren flatternden Wimpeln, und plötzlich wurde Ole Underwood von dem alten Verlangen gepackt: »Ich tu's! Ich tu's! Ich tu's!« murmelte er.

Er zog die kleine Katze unter seinem Überwurf hervor und schleuderte sie am Schwanz in die Kloake. Der Hammer schlug laut und mit Macht. Er warf seinen Kopf hin und her, er war wieder jung. Er lief weiter zum Kai, vorbei an den Ballen Wolle, vorbei an den Tagedieben und Rumtreibern bis ganz ans andere Ende des Hafens. Die See schmatzte an den Kaibohlen, als saugte sie etwas vom Land weg. Ein Schiff lud gerade Wolle. Er hörte das Rasseln eines Krans und das Schrillen einer Pfeife. Schließlich kam er zu dem kleinen Schiff, das für sich allein lag, mit einer einfachen Planke als Landungsbrücke, und nirgendwo eine Menschenseele – niemand. Ole Underwood sah noch einmal zurück zur Stadt, zum Gefängnis, das wie ein roter Vogel am Hang hockte, zu den schwarz zerzausten Wolken, die am Himmel zogen. Dann trat er auf die Planke und betrat das rutschige Deck. Er grinste, schwankte bei jedem Schritt, mit hoch erhobener Hand, in der er das rot-weiße Taschentuch hielt. Sein Schiff! Meins! Meins! Meins! hämmerte der Hammer. Auf der Leeseite gab es eine Luke, die aufgeklappt war, dort stand: »Kabinen«. Er spähte hinein. Ein Mann lag schlafend in einer Koje – seiner Koje – ein großer, kräftiger Mann mit einem Matrosenkragen, mit einem langen blonden Bart und blondem Haar auf dem roten Kissen. Und an der Wand über ihm leuchtete ihr Bild und sah auf ihn herab – das Bild seiner Frau – lächelte und lächelte dem großen schlafenden Mann zu.

DIE KLEINE

Für die Kleine war er eine furchteinflößende Gestalt, die man mied. Jeden Morgen, ehe er ins Geschäft ging, kam er ins Kinderzimmer und gab ihr einen flüchtigen Kuß, auf den sie mit »Wiedersehen, Vater« antwortete. Und ach, wie froh und erleichtert war sie, wenn sie den Klang des Einspänners leiser und leiser werden hörte auf der langen Straße!

Abends, wenn er nach Hause kam, lehnte sie über dem Treppengeländer und hörte unten in der Diele seine laute Stimme. »Bring mir den Tee ins Rauchzimmer … Ist die Zeitung noch nicht da? Ist die wieder in der Küche gelandet? Mutter, sieh doch nach, ob meine Zeitung draußen ist – und hol mir meine Pantoffeln.«

»Kass«, rief dann für gewöhnlich die Mutter nach ihr, »wenn du ein braves Mädchen bist, darfst du herunterkommen und deinem Vater die Stiefel ausziehen.« Langsam pflegte Kass die Treppe hinunterzugehen, mit einer Hand fest am Geländer – und noch langsamer schlich sie über den Flur und drückte die Tür des Rauchzimmers auf.

Unterdessen hatte er seine Brille aufgesetzt und sah Kass über ihren Rand hinweg auf eine Art an, daß die Kleine erschrak.

»Ein bißchen Beeilung, Kass, zieh mir die Stiefel aus und bring sie raus. Bist du heut' ein braves Mädchen gewesen?«

»Ich w-w-weiß nicht, Vater.«

»Du w-w-weißt nicht? Wenn du so stotterst, muß die Mutter mit dir zum Doktor gehen.«

Sie stotterte nie vor anderen Leuten – das war längst vorbei – nur bei ihrem Vater, weil sie sich so anstrengte, die Wörter richtig zu sagen.

»Was ist los? Was ziehst du für ein Gesicht? Mutter, ich wäre wirklich froh, du könntest diesem Kind beibringen, nicht so herumzuschleichen wie eine Selbstmordkandidatin … Da, Kass, stell meine Teetasse wieder auf den Tisch – vorsichtig; deine Hände zittern ja wie bei einem alten Weib. Und steck zur Abwechslung dein Taschentuch mal in die Tasche und *nicht* in den Ärmel.«

»J-j-ja, Vater.«

Sonntags saß sie mit ihm in der Kirche in derselben Bank, hörte ihm zu, wenn er mit seiner kräftigen, hellen Stimme sang, beobachtete ihn, wenn er sich während der Predigt mit dem blauen Bleistiftstummel auf der Rückseite eines Briefumschlags Notizen machte – die Augen zu Schlitzen verengt – und mit einer Hand still aufs Pult trommelte. Er betete so laut, daß Gott ihn gewiß besser hörte als den Pfarrer.

Er war so groß – seine Hände und sein Hals, vor allem sein Mund, wenn er gähnte. Wenn sie im Kinderzimmer an ihn dachte, erschien er ihr wie ein Riese.

An Sonntagnachmittagen schickte Großmutter sie in ihrem braunen Samtkleid ins Wohnzimmer hinunter, um sich »schön mit Vater und Mutter zu unterhalten«. Aber im Wohnzimmer war die Mutter stets dabei, im ›Sketch‹ zu lesen, und der Vater lag lang ausgestreckt auf dem Sofa, die Füße auf einem der guten Sofakissen, sein Taschentuch über dem Gesicht, und schlief so fest, daß er schnarchte.

Die Kleine saß auf dem Klavierhocker und betrachtete ihn ernst, bis er erwachte und sich reckte und fragte, wie spät es sei – dann zu ihr hersah.

»Guck nicht so, Kass. Du siehst aus wie ein brauner Uhu.«

Eines Tages, als sie wegen einer Erkältung im Haus bleiben mußte, sagte ihr die Großmutter, daß Vater nächste Woche Geburtstag habe, und schlug vor, sie solle ihm als

Geschenk aus einem schönen Stück gelber Seide ein Nadelkissen machen.

Mühsam, mit doppeltem Faden, nähte die Kleine drei Seiten des Kissens. Aber womit es füllen? Das war die Frage. Die Großmutter war draußen im Garten, und die Kleine ging in Mutters Schlafzimmer, um nach »Schnipseln« zu suchen. Auf dem Nachttisch fand sie viele Seiten dünnen Papiers, las sie auf, riß sie in winzige Schnipsel und stopfte sie in die Hülle, dann nähte sie die vierte Seite zu.

An diesem Abend war im Haus die Hölle los. Vaters große Rede für die Hafenbehörde war verschwunden. Die Räume wurden auf den Kopf gestellt – Diener befragt. Schließlich kam Mutter ins Kinderzimmer.

»Kass, du hast wohl nicht in unserem Zimmer einige Blätter Papier gesehen?«

»Aber ja«, sagte sie. »Ich habe Schnipsel drausgemacht, für meine Überraschung.«

»Was!« schrie Mutter. »Ab mit dir ins Eßzimmer, sofort.«

Sie wurde nach unten gezerrt, wo Vater mit auf dem Rükken verschränkten Händen auf und ab marschierte.

»Und?« rief er heftig.

Mutter erklärte es.

Er blieb stehen und sah das Kind fassungslos an.

»Hast du das getan?«

»N-n-nein«, flüsterte sie.

»Mutter, geh ins Kinderzimmer und hol mir dieses verdammte Ding – und sieh zu, daß das Kind sofort ins Bett gesteckt wird.«

Sie lag in dem verdunkelten Zimmer und weinte heftig, so daß sie es nicht erklären konnte, und sie sah das schwindende Abendlicht, das durch die Jalousien drang und ein trauriges kleines Muster auf den Boden zeichnete.

Dann kam Vater ins Zimmer, in den Händen ein Lineal.

»Dafür setzt es eine Tracht Prügel«, sagte er.

»Nicht, nicht!« schrie sie und versteckte sich unter den Bettdecken.

Er riß sie fort.

»Hinsetzen«, befahl er, »Hände ausstrecken. Merk dir gefälligst ein für allemal, daß du keine Sachen in die Hand nimmst, die dir nicht gehören.«

»Aber es war für deinen G-G-Geburtstag.«

Das Lineal sauste auf ihre kleinen, rosigen Handflächen.

Ein paar Stunden später hatte die Großmutter sie in einen Umhang gewickelt und schaukelte sie im Schaukelstuhl hin und her, und die Kleine schmiegte sich eng an ihren weichen Körper.

»Wozu hat Jesus Väter gemacht?« schluchzte sie.

»Da hast du ein frisches Taschentuch, mein Schatz, mit ein paar Spritzern von meinem Lavendelwasser. Geh jetzt schlafen, Herzchen; morgen hast du es vergessen. Ich habe versucht, es deinem Vater zu erklären, aber er war noch zu aufgebracht heute abend.«

Aber das Kind vergaß nicht. Als sie ihn das nächste Mal sah, verbarg sie schnell die Hände auf dem Rücken, und in ihre Wangen schoß die Röte.

Die Macdonalds wohnten im Haus nebenan. Fünf Kinder hatten sie. Wenn sie durch ein Loch im Zaun beim Gemüsegarten spähte, konnte sie sie am Abend »Tick« spielen sehen. Der Vater hatte Klein Mac auf den Schultern, und zwei Mädchen hingen ihm an den Rockschößen, und so rannte er um die Blumenbeete und lachte aus vollem Hals. Einmal sah sie, wie die Jungen den Gartenschlauch auf ihn richteten – *den Gartenschlauch auf ihn* – und er schnappte sie sich und kitzelte sie durch, bis sie keine Luft mehr bekamen.

Da war ihr klar, daß es verschiedene Arten von Vätern gab.

Eines Tages wurde Mutter plötzlich krank, und sie und Großmutter fuhren in einem geschlossenen Wagen in die Stadt.

Die Kleine wurde mit Alice, dem »Mädchen für alles«, allein im Haus gelassen. Am Tag machte es ihr nichts aus, aber als Alice sie zu Bett brachte, bekam sie es auf einmal mit der Angst zu tun.

»Was ist, wenn ich was Böses träum'?« fragte sie. »Ich träum' ganz oft was Böses, und dann darf ich zu Großmutter ins Bett – ich mag nicht im Dunkeln liegen – ich hör' überall Flüsterei ... Was soll ich dann machen?«

»Du gehst jetzt hübsch ins Bett, mein Kind«, sagte Alice, zog ihr die Socken aus und klopfte sie am Bettrand aus, »und untersteh dich, Krach zu machen und deinen armen Papa zu wecken.«

Aber der böse Traum kam wieder – der Schlachter mit einem Messer und einem Strick, der immer näher und näher kam und so gräßlich grinste, und sie konnte sich nicht rühren, konnte nur dastehen und rufen: »Großmutter, Großmutter!« Sie erwachte zitternd und sah ihren Vater, der mit einer Kerze an ihrem Bett stand.

»Was ist los?« fragte er.

»Ach, ein Schlachter – ein Messer – ich will zu Großmutter.« Er blies die Kerze aus, bückte sich und nahm das Kind in seine Arme, trug es über den Flur in das große Schlafzimmer. Eine Zeitung lag auf dem Bett – eine halbgerauchte Zigarre balancierte an seiner Leselampe. Er schleuderte die Zeitung auf den Boden, warf die Zigarre in den Kamin und steckte dann das Kind sorgfältig in die Decken. Er legte sich neben sie. Ganz verschlafen, mit dem grinsenden Schlachter noch vor Augen, kroch sie näher zu ihm heran, kuschelte den Kopf unter seinen Arm und hielt sich gut an seiner Pyjamajacke fest.

So machte ihr die Dunkelheit nichts aus; sie lag ganz still.

»Reib mal deine Füße an meinen Beinen, damit sie warm werden«, sagte Vater.

Müde wie er war, schlief er vor ihr ein. Ein merkwürdiges

Gefühl beschlich sie. Armer Vater! So groß war er gar nicht – und er hatte niemanden, der auf ihn aufpaßte … Er fühlte sich härter an als Großmutter, aber die Härte fühlte sich gut an … Und jeden Tag mußte er arbeiten und war viel zu müde, um ein Mr. Macdonald zu sein … Sie hatte sein schönes Schreibpapier zerrissen … Sie zuckte plötzlich und seufzte.

»Was ist?« fragte Vater. »Wieder ein Traum?«

»Ach«, sagte die Kleine, »mein Kopf ist auf deinem Herz; ich kann es hören. Was für ein großes Herz du hast, lieber Vater.«

MILLIE

Millie lehnte an der Veranda, und wartete, bis die Männer nicht mehr zu sehen waren. Sie waren schon sehr weit die Straße hinunter, als Willie Cox sich auf seinem Pferd umdrehte und winkte. Sie winkte nicht zurück. Sie nickte leicht mit dem Kopf und schnitt eine Grimasse. Kein übler Kerl, der junge Willie Cox, aber ein bißchen zu leichtfertig für ihren Geschmack. Herrjeh! war das eine Hitze. Die sengte einem ja die Haare vom Kopf!

Millie bedeckte den Kopf mit ihrem Taschentuch und beschirmte die Augen mit der Hand. In der Ferne konnte sie die Pferde auf der staubigen Straße sehen, braune, auf und ab hüpfende Tupfer, und wenn sie den Blick abwandte, hin zu den verbrannten Weiden, sah sie sie noch immer – dicht vor ihren Augen, wie tanzende Mücken. Es war halb drei Uhr nachmittags. Die Sonne hing am blaßblauen Himmel wie ein Brennspiegel, und weit jenseits der Koppelweiden zitterten und zuckten die blauen Berge, als wären sie das Meer.

Sid würde nicht vor halb elf zurück sein. Er war mit vier der Männer in den Ort geritten und wollte helfen, den Jungen zu schnappen, der Mr. Williamson umgelegt hatte. Und Mrs. Williamson saß jetzt da, allein mit den ganzen Kindern. Komisch! Sie konnte sich Mr. Williamson einfach nicht tot vorstellen! Er hatte den Schalk im Nacken. War immer zu Scherzen aufgelegt. Willie Cox sagte, sie hätten ihn in der Scheune gefunden, mit einem sauberen Loch im Kopf, und der junge Kerl aus England, der Lehrjunge von der Schaffarm – verschwunden. Komisch! sie konnte sich beim besten Willen nicht vorstellen, daß jemand Mr. Williamson hätte erschießen wollen, er war bei allen beliebt. Herrjeh! wenn sie diesen Jungen erwischten! Tja, mit so einem durfte man kein Mitleid haben. Sid sagte auch, wenn man den nicht aufknüpfte, wo würde das enden? So einer hört nicht nach dem ersten Mal auf. Überall in der Scheune war Blut. Und Willie Cox sagte, er war so vor den Kopf geschlagen, daß er eine Zigarette aus der Blutlache aufgehoben und sie sich angesteckt hatte. Herrjeh! er muß völlig fertig gewesen sein.

Millie ging zurück in die Küche. Sie streute etwas Asche in den Herd und spritzte Wasser darauf. Sie räumte träge das Geschirr vom Tisch, und der Schweiß rann ihr über das Gesicht, tropfte von Nase und Kinn. Dann ging sie ins Schlafzimmer und betrachtete sich in dem von Fliegendreck fleckigen Spiegel und trocknete sich Gesicht und Hals mit einem Handtuch. Sie wußte nicht, was heute mit ihr los war. Ihr war zum Heulen zumute – einfach so – und sie brauchte unbedingt eine frische Bluse und eine schöne Tasse Tee. Ja, genauso fühlte sie sich!

Sie ließ sich auf die Bettkante sacken und betrachtete den Buntdruck an der Zimmerwand, ›Gartenfest auf Schloß Windsor‹. Im Vordergrund smaragdgrüner Rasen von mächtigen Eichen bestanden, und in ihrem wohltuenden Schatten ein Gewimmel von vornehmen Damen und Herren und Sonnenschirmen und kleinen Tischchen. Den Hintergrund nahmen die Türme des Schlosses Windsor ein, mit drei flatternden Union Jacks, und in der Mitte des Bildes die alte Königin, wie ein Teewärmer mit Kopf obendrauf. »Möchte wissen, ob die wirklich so aussieht.« Millie sah zu den blumigen Damen, die huldreich zurücklächelten. »Ich würd' nicht mit denen tauschen wollen. Dieses Gehabe. Und die Königin und das ganze Drum und Dran.«

Über ihrer Packkiste, die ihr als Frisierkommode diente, hing eine große Photographie von ihr und Sid an ihrem

Hochzeitstag. Hübsches Bild – wenn man so etwas mochte. Sie saß in einem Korbstuhl, trug ihr cremefarbenes Kaschmirkleid mit den Satinbändern, und Sid stand hinter ihr, eine Hand auf ihrer Schulter, und sah auf ihr Bukett. Und hinter ihnen waren Baumfarne und ein Wasserfall und, in der Ferne, der schneebedeckte Mount Cook. Sie hatte den Tag ihrer Hochzeit fast vergessen; die Zeit verging so schnell, und wenn man niemanden hatte, mit dem man über so etwas reden konnte, verlor man solche Dinge schnell aus dem Gedächtnis. »Möchte bloß mal wissen, warum wir eigentlich nie Kinder hatten …« Sie zuckte die Schultern – gab es auf. »Na ja, *ich* hab' se nich' vermißt. Sid schon, könnt' ich mir denken. Er hat 'n weicheres Herz wie ich.«

Und dann saß sie still da und dachte an gar nichts, die roten geschwollenen Hände hatte sie in die Schürze gewikkelt, die Füße ausgestreckt, ihr kleiner Kopf mit der dunklen Haarmähne sank ihr auf die Brust. *Tick-tack* machte die Küchenuhr, der Herd klimperte, wenn Asche durch den Rost fiel, und die Jalousie klapperte gegen das Küchenfenster. Mit einem Mal erfüllte Millie Furcht. Sie spürte ein flatterndes Gefühl – erst im Magen – dann waren es die Knie und Hände. »Da ist einer.« Sie schlich zur Tür und spähte in die Küche. Niemand da; die Verandatüren waren geschlossen, die Jalousie war heruntergelassen, und in dem dämmrigen Licht leuchtete das weiße Zifferblatt der Uhr auf, und die Möbel schienen sich auszudehnen und zu atmen … und ebenfalls zu lauschen. Die Uhr – die Asche – die Jalousie – und dann – wieder dieses Etwas, wie Schritte auf dem Hof. »Geh hin und sieh nach, Millie Evans.«

Sie schoß zur Hintertür, öffnete sie, und im selben Moment duckte sich jemand hinter den Holzstoß. »Wer ist da?« rief sie mit lauter, beherzter Stimme. »Kommen Sie da raus! Ich hab' Sie gesehen. Ich weiß, wo Sie sind. Ich bin bewaffnet. Kommen Sie da hinter dem Holz raus!« Sie fürchtete sich nicht mehr. Sie war nur noch wütend. Ihr Herz schlug wie eine Trommel. »Frauen auflauern! Ihnen werd' ich Manieren beibringen«, schrie sie und schnappte sich eine Flinte aus der Zimmerecke, dann lief sie die Verandatreppe hinunter, über den gleißenden Hof, bis hinter den Holzstoß. Ein junger Mann lag dort auf dem Bauch, einen Arm vor dem Gesicht. »Stehen Sie auf! Versuchen Sie nicht, mich zu täuschen!« Ohne die Waffe sinken zu lassen, trat sie ihm gegen die Schulter. Er gab kein Lebenszeichen von sich. »O mein Gott, er ist tot.« Sie ging auf die Knie, faßte ihn an und zerrte ihn auf den Rücken. Er kippte herum wie ein Sack. Sie hockte sich auf die Füße und sah ihn an; ihre Lippen und Nasenflügel zitterten vor Schreck.

Er war noch ein richtiger Junge, blond, mit blondem Flaum an Lippe und Kinn. Die Augen waren geöffnet und nach oben verdreht, der Staub klebte ihm im verschwitzten Gesicht. Er trug ein baumwollenes Hemd und Drillichhosen und an den Füßen Strandschuhe. Ein Hosenbein war durchnäßt von einem dunklen Blutfleck. »Ich kann nicht«, sagte Millie, und dann: »Du mußt.« Sie beugte sich vor und fühlte sein Herz. »Einen Moment«, murmelte sie, »einen Moment«, und sie rannte ins Haus und holte Brandy und einen Eimer Wasser. »Und was willst du jetzt tun, Millie Evans? Tja, ich weiß nicht. Ich hab' noch nie einen richtig Bewußtlosen gesehen.« Sie kniete sich hin, legte ihren Arm unter den Kopf des Jungen und flößte ihm etwas Brandy ein. Er lief an seinen Mundwinkeln hinab. Sie tauchte einen Zipfel ihrer Schürze in das Wasser und wischte ihm das Gesicht ab und das Haar und seinen Hals, und ihre Finger zitterten dabei. Unter dem Staub und Schweiß war sein Gesicht weiß wie ihre Schürze und schmal und von feinen Fältchen durchzogen. Ein sonderbares, beunruhigendes Gefühl schnürte Millie Evans die Brust ein – ein Same, der dort nie gediehen war, sproß in ihr, schlug tiefe Wurzeln und entfaltete seine schmerzlichen Blätter. »Geht's wieder? Wie fühlst du dich?« Der Junge atmete gepreßt, würgte fast, seine Augenlider flatterten, und er warf den Kopf hin und her. »Geht schon wieder, hm?« Der Schmerz in der Brust nahm ihr fast den Atem. »Hat keinen Sinn zu heulen, Millie Evans. Du darfst nicht den Kopf verlieren.« Unvermittelt setzte er sich auf und lehnte sich gegen den Holzstoß, rückte von ihr ab und starrte zu Boden. »Na bitte!« rief Millie Evans mit belegter, zitternder Stimme.

Der Junge wandte sich um und sah sie noch immer schweigend an, doch in seinem Blick lag so viel Qual und Entsetzen, daß sie die Zähne zusammenbiß und die Fäuste ballte, um nicht loszuheulen. Nach einer Weile sprach er mit schwacher Stimme, wie ein Kind im Schlaf: »Ich hab' Hunger.« Seine Lippen zitterten. Sie richtete sich auf und stand über ihm. »Du kommst jetzt mit ins Haus und ißt erst einmal was«, sagte sie. »Kannst du gehen?« – »Ja«, flüsterte er, und taumelnd folgte er ihr über den gleißenden Hof zur Veranda. Unten an der Treppe hielt er inne und sah sie wieder an. »Ich komm' nicht mit rein«, sagte er. Er setzte sich auf die Treppe in den schmalen Schattenstreifen, der sich ums Haus zog. Millie betrachtete ihn. »Wann hast du zuletzt was gegessen?« Er schüttelte den Kopf. Sie schnitt ein Stück von dem fettigen Büchsenfleisch ab und eine Scheibe Brot, beschmierte sie dick mit Butter; aber als sie es ihm brachte, stand er auf, spähte umher und beachtete den Teller mit dem Essen überhaupt nicht. »Wann kommen sie wieder?« stammelte er.

In dem Augenblick war ihr alles klar. Sie stand da, den Teller in der Hand, und starrte ihn an. Das war Harrison. Das war der junge Kerl aus England, der Mr. Williamson umgelegt hatte. »Ich weiß, wer du bist«, sagte sie, sehr ruhig, »mir machst du nichts vor. Der bist du also. Ich muß Tomaten auf den Augen gehabt haben, daß ich dich nich' gleich erkannt hab'.« Er machte eine Handbewegung, als wäre das alles unwichtig. »Wann kommen sie zurück?« Und sie wollte sagen: »Jede Minute. Sie sind schon auf dem Weg.« Statt dessen sagte sie zu dem entsetzten, verängstigten Gesicht: »Nicht vor halb elf.« Er hockte sich hin und lehnte sich an den Treppenpfosten. Sein Gesicht begann unbeherrscht zu zucken. Er schloß die Augen, und Tränen rannen ihm über die Wangen. »Er ist bloß 'n Junge. Und alle hinter ihm her. Gegen die hat er soviel Chancen wie ein Wickelkind.« – »Iß etwas von dem Fleisch«, sagte Millie. »Du mußt was essen. Du mußt jetzt was in den Magen kriegen.« Sie kam über die Veranda auf ihn zu und setzte sich neben ihn, den Teller auf den Knien. »Da – probier mal.« Sie brach das Butterbrot in kleine Stücke, und sie dachte: »Die sollen ihn nich' kriegen. Nich', wenn's nach mir geht. Männer sind wie Tiere. Mir egal, was er getan hat oder nicht getan hat. Du mußt ihm helfen, Millie Evans. Er ist bloß 'n kranker Junge.«

* * *

Millie lag auf dem Rücken, mit offenen Augen, und lauschte. Sid drehte sich um, schlang die Steppdecke um seine Schultern, murmelte: »Nacht, mein Mädchen.« Sie hörte Willie Cox und den anderen Mann in der Küche, wie sie ihre Sachen auszogen und auf den Boden warfen, und dann ihre Stimmen, und wie Willie Cox rief: »Mach Platz, Gumboil. Platz, du kleiner Teufel«, zu seinem Hund. Es wurde still im Haus. Sie lag da und lauschte. Ihr Puls schlug leise, lauschte ebenfalls. Es war heiß. Sie wagte nicht, sich zu rühren, wegen Sid. »Er muß verschwinden. Er muß. Was schert mich Gerechtigkeit und das ganze dumme Zeug, was die reden«, dachte sie wütend. »Wie wollen die wissen, wie was ist, bis man's *wirklich* weiß. Alles dummes Zeug.« Die

Stille lag schwer auf ihr. Er sollte sich wirklich auf die Socken machen … Ehe noch von draußen etwas zu hören war, erhob sich Willie Cox' Hund und tappte laut über den Küchenboden und schnüffelte an der Hintertür. Entsetzen erfaßte Millie. »Was macht der Köter da? Ach! Wie dumm von dem Jungen, wo hier 'n Hund im Haus ist. Warum legt er sich nich' hin und schläft.« Der Hund hielt inne, aber sie wußte, daß er die Ohren spitzte.

Plötzlich fing der Hund an zu bellen, und Millie schrie vor Schreck auf, der Hund rannte hin und her. »Was ist los? Was ist denn?« Sid sprang aus dem Bett. »Gar nichts. Is' bloß Gumboil. Sid, Sid!« Sie hielt seinen Arm, aber er riß sich los. »Himmel, da stimmt was nicht. Meine Güte!« Sid schlüpfte in die Hosen. Willie Cox öffnete die Hintertür. Gumboil schoß wütend auf den Hof und um die Hausecke. »Sid, da is' einer in der Koppel«, brüllte der andere Mann. »Was ist – was ist da?« Sid hastete nach draußen auf die vordere Veranda. »Hier, Millie, nimm die Laterne. Willie, irgendein Dreckskerl hat sich eins von den Pferden geschnappt.« Die drei Männer stürmten aus dem Haus, und im selben Moment sah Millie Harrison, der auf Sids Pferd über die Koppel jagte und dann auf die Landstraße. »Her mit der verdammten Laterne, Millie.« Sie war barfuß, und das Nachthemd schlug ihr beim Laufen um die Beine. Im nächsten Moment waren sie hinter ihm her. Und als sie in der Ferne Harrison sah und die drei wütenden Verfolger, erstickte eine sonderbare, ganz unsinnige Freude alles andere. Sie rannte auf die Straße, schwenkte die Laterne. »Ha! Hinterher, Sid! Ha! Schnappt ihn euch, Willie! Na los! Na los! Ha, Sid! Knall ihn ab. Knall ihn ab.«

PENSION SÉGUIN

Das Dienstmädchen, das mir die Tür öffnete, glich aufs Haar jenem so tüchtigen wie häßlichen Geschöpf, das im ›First French Picture‹ die Suppenterrine hereinträgt. Ihr rundes rotes Gesicht glänzte wie frisch poliertes Porzellan. Zwei riesige nackte Arme gehörten dazu und jede Menge zu einer Art Schleife geflochtenes Grauhaar. Ich stammelte albern und ganz außer Atem, als hätte ich ein Rudel russischer Wölfe hinter mir und nicht fünf Etagen frischgebohnerter französischer Treppen.

»Haben Sie ein Zimmer für mich?« Das Dienstmädchen wußte es nicht. Sie mußte Madame fragen. Madame speiste gerade.

»Wenn Sie bitte eintreten wollen.«

Durch einen dunklen Flur, der von einem schwarzen Ofen bewacht wurde – eine Katze ohne Kopf mit einem roten, alles-sehenden Auge mitten auf dem Bauch –, folgte ich ihr in den Salon.

»Bitte nehmen Sie Platz«, sagte die Frau und schloß die Tür hinter sich. Ich hörte ihre Pantoffeln über den Flur schlurfen, das Geräusch einer anderen Tür, die geöffnet wurde – einige Unmutsäußerungen – die sofort erstarben. Dann Stille.

Der Salon war lang und schmal, der Boden gelb und mit weißen Häkeldecken übersät. Weiße Musselingardinen verbargen die Fenster: die Wände waren weiß und geschmückt mit Bildern von blassen Frauen, die auf Zypressenalleen verlassenen Tempeln entgegenwallten, und Monden, die über den Weiten des Meeres aufgingen. Madame schien die langen Jahre der Jungfräulichkeit ausschließlich dem Herstellen von weißen Häkeldeckchen gewidmet zu haben – und mit Kleinmädchenstimme mochte sie jede Masche einzeln gezählt haben. Ich konnte ihre Anzahl nicht einmal schätzen. Wohin ich auch sah, überfielen sie mich wie groteske Schneeflocken. Selbst der Klavierstuhl war umhäkelt, mit einem daraufgestickten P. F.

Den ganzen Vormittag hatte ich nach einer Unterkunft Ausschau gehalten. Ungezählte Treppen war ich hinaufgeflogen, als wären es Dur-Tonleitern – was könnte heiterer sein – doch nach wiederholten Fehlschlägen hatten sich die Tonleitern in Moll verwandelt, und mein Herz, das schon allen Mut verlieren wollte, hüpfte wieder vor Freude, als es diese Zeugnisse und Zeichen von Sittsamkeit und Ernst sah. »Eine Frau mit solch schlichten Vorlieben«, dachte ich, »ist gewiß ruhig und sauber, sie hat nur wenige Kinder und einen oft abwesenden Gatten. Das Häkeln von Häkeldeckchen ist keine Tätigkeit, die zu lautem Gesang verführt. Häkeldeckchen sind die Früchte frommer Einkehr. Hier nehme ich auf jeden Fall ein Zimmer.« Und ich begann zu träumen, wie ich in einem kleinen weißen Zimmer meine Kleider auspackte und in einen Kimono schlüpfte und mich auf ein weißes Bett legte und die Vorhänge betrachtete, die sich vor den Fenstern bauschten in der köstlichen Herbstluft, die nach Äpfeln und Honig roch … als sich die Tür öffnete und eine große, hagere Frau in einer lila Schürze eintrat und unsicher lächelte.

»Madame Séguin?«

»Ja, Madame.«

Ich sagte mein Sprüchlein auf. Ein ruhiges Zimmer ohne Kirchenglocken, ohne krähende Hähne, ohne Kleine-Jungen-Schulen oder Bahnhöfe in der Nähe.

»Hier in der Nähe gibt es nichts dergleichen«, sagte Madame und sah mich sehr verwundert an. »Ich habe ein sehr schönes Zimmer zu vermieten, es ist reiner Zufall. Ein junger Herr aus Buenos Aires wohnte darin, dessen Vater bedauerlicherweise starb und ihn beschwor, unverzüglich nach Hause zu kommen. Nur zu verständlich, nicht wahr.«

»Aber gewiß!« sagte ich und hoffte, daß die hamletartige Erscheinung wieder in Frieden ruhte und mich nicht in meiner Einsamkeit besuchte, um sich vom Gehorsam seines Sohnes zu überzeugen.

»Wenn Sie bitte mit mir kommen wollen, Madame.«

Ich tastete mich durch einen dunklen Flur und um eine Ecke. Ich wollte Madame fragen, ob es hier sei, wo Buenos Aires *père* seinem Sohn erschienen war, traute mich aber nicht.

»Da – sehen Sie. Völlig abgeschieden«, sagte Madame.

Ich habe schon immer einen gewissen Widerwillen empfunden gegenüber blitzgescheiten Menschen, die allem äußeren Schein mißtrauen. An was soll man glauben, wenn nicht an die Erscheinung? Ich habe noch immer gefunden, daß uns nichts mehr Vergnügen bereitet als sie; und wenn je ein unschuldiges Kindlein seinen Kopf auf meine Knie legen und fragen sollte, was es damit für eine Bewandtnis habe, dann werde ich ihm die Geschichte von meiner geliebten Kinderfrau erzählen, die wußte, wie mir vor Stachelbeermarmelade grauste, und deswegen oben in den Marmeladentopf eine Schicht Aprikosenmarmelade füllte. So lange ich glaubte, es sei Aprikose, war ich glücklich; und erst mit zunehmender Lebensklugheit ging ich dazu über, die Aprikose auszulöffeln und die Stachelbeere im Topf zu lassen. »Du siehst also, mein liebes, unschuldiges Geschöpf«, so würde ich enden, »wir sollten lernen, uns mit der äußeren Erscheinung zu begnügen, und die schnöden Einwände der Marmeladenverkäufer und Philosophen gar nicht beachten.«

Helles Sonnenlicht strömte durch die Fenster des entzückenden Zimmers. Das Bett war in einem Alkoven, ein

Schreibtisch stand vor dem Fenster, eine Couch an der Wand. Und durch das Fenster sah ich herab auf eine Allee mit rotgoldenen Bäumen und hinauf zu einer Bergkette, weißbestäubt mit frischgefallenem Schnee.

»Hundertachtzig Franc im Monat«, murmelte Madame und lächelte versonnen vor sich hin, aber so, als wolle sie sagen: »Das Lächeln hat natürlich nichts damit zu tun.« Ich sagte: »Das ist zu teuer. Ich kann mir nur hundertfünfzig Franc im Monat leisten.«

»Aber«, entgegnete Madame, »die Größe! der Alkoven! Und die außergewöhnliche Aussicht auf so viele Berge.«

»Ja«, sagte ich.

»Und das Essen. Es gibt vier Mahlzeiten täglich, und Frühstück aufs Zimmer, wenn Sie es wünschen.«

»Ja«, sagte ich, schwächer.

»Und mein Mann ist Professor am Konservatorium – auch etwas Außergewöhnliches.«

Courage ist wie ein ungehorsamer Hund, der, wenn er erst einmal davonläuft, nur um so schneller rennt, je mehr man ruft.

»Hundertsechzig«, sagte ich.

»Wenn Sie sich bereit erklären, es für zwei Monate zu nehmen, bin ich einverstanden«, sagte Madame sehr rasch. Ich erklärte mich bereit.

Marie half mir, meine Koffer aufzuschnallen. Sie kniete auf dem Boden, grinste und kratzte sich die dicken roten Arme.

»Ach, ich bin so froh, daß Madame gekommen ist«, sagte sie. »Dann kommt wieder ein bißchen Leben in die Bude. Monsieur Arthur, der in diesem Zimmer gewohnt hat – der war lustig. Hat den ganzen Tag gesungen und manchmal getanzt. Mademoiselle Ambatielos hat gespielt, und er hat eine Stunde lang ununterbrochen getanzt.«

»Wer ist Mademoiselle Ambatielos?« fragte ich.

»Eine junge Dame, die am Konservatorium studiert«, sagte Marie und rümpfte auf eine sehr freundliche Art die Nase. »Und sie gibt auch Stunden. *Ah, mon Dieu*, manchmal, wenn ich in ihrem Zimmer saubermache, denke ich, ihr fallen noch die Finger ab. Sie spielt den ganzen Tag. Aber mir gefällt's – das Leben macht Lärm. Das sag *ich* immer. Sie werden sie schon bald hören. Das geht rauf und runter!« sagte Marie mit großer Wärme.

»Aber«, rief ich der schrecklichen Marie zu, »wer wohnt denn sonst noch hier?«

Marie zuckte die Schultern. »Kaum der Rede wert. Ein Herr aus Rußland, er ist Priester, und die drei Kinder von Madame – mehr nicht. Die beiden Mädchen sind recht lebhaft«, sagte sie und füllte den Krug auf dem Waschtisch, »und dann ist da noch das Kleine – der Junge! Ach, Sie werden den armen Kleinen noch früh genug kennenlernen!« Sie war so abscheulich, daß ich sie nicht weiter fragen mochte.

Ich wartete, bis sie gegangen war, und lehnte am Fensterrahmen, um die Sonne zu beobachten, die sich auf die Bäume senkte, bis alles vor lauter Gold erzitterte, und fragte mich, was mit dem geheimnisvollen Kleinen los sein mochte.

Den ganzen Nachmittag kämpften Mademoiselle Ambatielos und das Klavier mit der ›Appassionata‹. Sie hieben sie in Stücke und setzten sie nach ihrem Gusto wieder zusammen – Nähte wurde aufgetrennt – und an anderer Stelle wieder zusammengeflickt. Hier wurde etwas ausgelassen, dort etwas gerafft. Schließlich entschied man, daß es im Grunde nur aufs Forte-Pedal ankam. Der geheimnisvolle Kleine, verborgen hinter wer weiß wie vielen Türen, schrie unterdessen mit einer derart sonderbaren Ausdauer, daß ich genau hinhören mußte, um herauszufinden, ob es ein Kind, eine Maschine oder eine weit entfernte Pfeife war. Als es dunkel wurde, kam Marie, begleitet von den beiden kleinen Mädchen, und brachte mir eine Lampe. Meine bloße Anwesenheit verwirrte die bezaubernden Kleinen derart, daß sie während der nächsten halben Stunde wie von der Tarantel gestochen den Flur hin- und herrasten, sich gegenseitig gegen die Wände schubsten und heulendes Hohngelächter anstimmten.

Um acht Uhr erklang der Gong zum Essen. Ich hatte Hunger. Im Flur hing der warme, strenge Geruch von gekochtem Fleisch. »Immerhin«, dachte ich, »nach dem Geruch zu urteilen, muß das Essen gut sein.« Und voller Bangen betrat ich das Speisezimmer.

Zwei Reihen Gesichter drehten sich zu mir um. Monsieur Séguin stellte mich vor, klopfte mit dem Suppenlöffel auf den Tisch, und die beiden Mädchen schrien frech und unverschämt: *»Bon soir, Madame«*, während sich der Kleine, noch ganz matt von seiner Nachmittagsvorstellung, einen Becher Milch über den Kopf kippte und Madame mir einen Platz zuwies. In dem Trubel, der diesem neuerlichen Vorfall folgte – da Marie das schreiende und wutspeiende Kind forttrug –, setzte ich mich neben den russischen Priester, Mademoiselle Ambatielos gegenüber. Monsieur Séguin nahm einen Brotlaib aus einem dreibeinigen Korb, der neben ihm stand, und säbelte vor seiner Brust Scheiben ab. Suppe wurde gebracht – mit Buchstabennudeln darin. Das war zuviel für die Tischmanieren der kleinen Séguins.

»*Maman*, Yvonne hat mehr Buchstaben als ich.«

»*Maman*, Hélène nimmt mir mit ihrem Löffel Buchstaben weg.«

»Kinder! Kinder! Ruhe, Ruhe!« sagte Madame Séguin sehr sanftmütig. »Nein, laß das.«

Hélène hatte Yvonnes Teller ergriffen und zog ihn zu sich her.

»Schluß«, sagte Monsieur Séguin, der etwas von einem

Nagetier an sich hatte, mit einer vom Suppendampf beschlagenen Brille. »Hélène, du verläßt den Tisch. Geh zu Marie.« Hélène ab, mit ihrer Schürze über dem Kopf.

Nach der Suppe gab es Maroni und Rosenkohl. Die ganze Zeit unterhielt sich der russische Priester, der eine hellblaue Krawatte zu einem hochgeknöpften Gehrock trug, und einen grimmigen Schnauzbart wie aus einem Gogol-Roman, mit Mademoiselle Ambatielos. Sie wirkte sehr jung. Sie war drall und hatte einen hohen, festen Busen, der mit künstlichen Rosen geschmückt war. Unablässig berührte sie entweder die Rosen oder ihre Bluse oder ihr Haar oder schaute auf ihre Hände – mit einem zaghaften Lächeln und weit aufgerissenen blauen Augen. Sie schien wie berauscht von ihrem frischen jungen Körper.

»Ich habe Sie heute morgen gesehen, als Sie mich nicht gesehen haben«, sagte der Priester.

»Das ist nicht wahr.«

»O doch.«

»Das ist nicht wahr, oder, Madame?«

Madame Séguin lächelte, räumte die Maroni ab und brachte eine Schüssel Birnen.

»Ich hoffe, Sie kommen nach dem Essen noch mit in den Salon«, sagte sie zu mir. »Wir plaudern immer noch ein wenig – wir sind ein sehr familiärer Kreis.« Ich lächelte und fragte mich, warum auf die Maroni Birnen folgten.

»Bitte verzeihen Sie das Verhalten des Jungen«, fuhr sie fort. »Er ist so nervös. Aber er befindet sich tagsüber in einem Zimmer am anderen Ende der Wohnung. Er wird Sie nicht belästigen. Stellen Sie sich vor! Ganze Tage verbringt er damit, sein kleines Köpfchen gegen Wände und Boden zu schlagen. Die Ärzte können sich einfach keinen Reim darauf machen.«

Monsieur Séguin schob seinen Stuhl zurück und sprach ein Dankgebet. Ich folgte ihm ganz verzweifelt in den

Salon. »Sie haben gewiß schon meine Deckchen bewundert«, sagte Madame Séguin, und zum ersten Mal schien sie lebhafter zu werden. »Die Leute halten mich immer für besonders fleißig. Ach, schön wär's! Meine Freundin hat sie gehäkelt, Madame Kummer, der die Pension im ersten Stock gehört.«

VIOLET

»I met a young virgin
Who sadly did moan ...«

Es gibt ein sehr salbungsvolles dummes englisches Sprichwort: »Jede Wolke hat ihren Silberstreif.« Wie soll jemand, der bis zum Scheitel in Wolken steckt, Trost aus irgendeinem Silberstreif ziehen, und was für einen unangenehmen Ansichtspostkarten-Stempel drückt es unserem Elend auf – und verwandelt es in eine billige Geschmacklosigkeit mit einem Mond wie ein überhebliches Halbpennystück in der linken oberen Ecke! Und doch, wie die meisten salbungsvollen dummen Dinge, ist es wahr. Der Silberstreif weckte mich nach der ersten Nacht in der Pension Séguin und präsentierte mir jenseits des Federkissens ein Zimmer so voller Sonnenschein, als würden alle goldlockigen Kindlein im Himmel säckeweise Butterblumen zur Erde streuen. »Welch reizender Einfall!« dachte ich. »Viel besser als im Sprichwort! Man kommt sich vor wie bei Katharine Tynan auf dem Land.«

Und vor meinem geistigen Auge sah ich ein hübsches Bild von mir und Katharine Tynan und einer Frau mit hochrotem Kopf und einer unglaublich breiten Schürze, die uns Gläser mit Buttermilch servierte, während wir darüber sprachen, was – den ausgelassenen Kindlein zum Trotz – wirklich hinter Sprichwörtern steckte. Aber in diesem imaginären Fall stand ich auf der Seite der Sprichwörter. »Sie bringen praktische Lebensweisheiten auf den Punkt«, sagte das vorlaute Wesen. »Mir gefällt, wie sie kurzen Prozeß machen mit der weiblichen Neigung, alles auszuschmücken. ›Der Krug geht so oft zum Brunnen, bis er bricht.‹ Na bitte. Auf Scherben ist einfach kein Platz für große Gedichte. Und dieser Brunnen ist garantiert kein symbolischer Quell, zu dem wir unsere Herzen in Form von Krügen tragen. Das einzige Sprichwort, das ich mißbillige«, fuhr die unmögliche Kreatur fort und zog eine Frühlingszwiebel aus dem Gemüsebeet und kaute darauf herum, »ist jenes mit dem Vogel in der Hand. Vögel im Gebüsch sind mir lieber.« – »Aber«, sagte Katharine Tynan sanft und nachdenklich, während sie eine kleine Blattlaus aus ihrem Milchglas fischte, »aber wenn Sie der heilige Franziskus wären, würde es dem Vogel nichts ausmachen, in Ihrer Hand zu sein. Er würde das weiße Nest Ihrer Finger sogar jedem Gebüsch vorziehen.«

Ich sprang aus dem Bett und lief zum Fenster und öffnete es weit und lehnte mich hinaus. Unten in der Allee schüttelte und rüttelte ein Wind an den Bäumen; der Geruch von Blättern hing in der aufsteigenden Luft. Die Häuser zu beiden Seiten der Straße waren klein und weiß. Entzückende adrett aussehende Häuserchen, man meinte Spitzen und Schleifen zu sehen, wie Kinder auf dem Land, die sich aufgestellt haben, um Ringelreihen zu spielen. Ich begann, mir ein anbetungswürdiges kleines Geschöpf namens Yvette vorzustellen, das in jedem einzelnen dieser Häuser wohnte ... Den Vormittag verbringt sie mit einem weißen, mit Gänseblümchen bestickten Boudoirhäubchen aus Spitze und schlürft Schokolade aus einer Sèvrestasse, die sie in der einen Hand hält, während eine treue Dienerin die kleinen rosa Fingernägel der anderen poliert. Den Nachmittag verbringt sie in ihrem kleinen, weißen und goldenen Boudoir, hingekauert, ein Angorakätzchen auf dem Schoß, während ihr feuriger schöner Liebhaber über dem Sofarücken lehnt und das so überaus betörende Grübchen auf ihrer linken Schulter küßt und küßt ... Als sich eine der Balkontüren öffnete und ein stämmiges Dienstmädchen herausstolziert kam, die Arme mit Teppichen und Läufern beladen. Mit einer Geste, die Wut und Ekel ausdrückte, wuchtete sie ihre Last auf das Geländer, verschwand, kam wieder mit einem langstieligen Teppichklopfer und fiel über die bedauernswerten Teppiche her. Piff! Paff! Paff! Piff! Das schwache, klägliche Zucken ihrer Opfer stachelte sie zu immer größeren Anstrengungen an. Staubwolken hüllten sie ein, und als ein kleiner Läufer entkam und hinunterglitt zur Straße, wie ein Fisch, beugte sie sich vor und schüttelte die Faust und den Teppichklopfer hinter ihm her.

Angelockt von dem Lärm, trat ein alter Herr an eins der gegenüberliegenden Fenster und warf einen anerkennenden Blick auf das geschäftige Mädchen und gähnte den herrlichen Tag an. Es lag etwas Selbstversunkenes in der Art, wie er bedächtig seine Muskeln an Armen und Beinen befühlte, hustete und eine Ladung Schleim aus dem Fenster spuckte. Niemand schien von dieser Meisterleistung mehr überrascht als er selbst. Er schien sie durchaus als kleinen Triumph zu werten und knöpfte die Piquéweste vor seinem gewaltigen Bauch mit allen Anzeichen der Genugtuung zu. Auf und davon eilte meine bezaubernde Yvette, in einem schwarz-weiß karierten Kleid, einer Alpakaschürze und mit einem Marktkorb über dem Arm.

Ich zog mich an, aß ein Brötchen, trank ein wenig lauwarmen Kaffee und fühlte mich sehr ernüchtert. Ich dachte, wie wahr es sei, daß die Welt schön ist – wenn nur die Menschen nicht wären – und wie viel wahrer es sei, daß es die Menschen nicht wert sind, sich ihretwegen zu ärgern, und daß, wer weise ist, seine Zuneigung nicht den Menschen, sondern allenfalls ganzen Städten entgegenbringt, himmlischen oder anderen – und dem Landleben, das immer himmlisch ist.

Mit diesen ebenso frommen wie selbstgefälligen Gedanken setzte ich meinen Hut auf, tastete mich durch den dunklen Flur und lief die fünf Etagen hinunter und auf die Rue St. Léger. Auf der gegenüberliegenden Straßenseite befand sich ein Park, durch den man zur Universität und zu den protzigeren Promenaden gelangte, die an der Place du Théâtre vorbeiführten. Obwohl der Herbst schon fortgeschritten war, hatten die Bäume noch keine Blätter verloren, die kleinen Büsche und Sträucher waren rotgescheckt, und vor dem blauen Himmel standen die Bäume wie mit Gold überzogen. Auf Steinbänken schnatterten Kindermädchen in weißen Umhängen und steifen weißen Hauben und wakkelten mit den Köpfen wie eine Gruppe von Kakadus, und in der Sonne, hin und her, liefen wohlerzogene Kindlein manierlich mit ihren Reifen. Welch eigenartiges Vergnügen, durch eine fremde Stadt zu spazieren und sich zu vergnügen wie ein Kind, das mit seinem Spielzeug spielt!

»*Pardon, Madame, mais voulez-vous* …«, und dann brach die Stimme ab und rief meinen Namen, als wenn ich schon unzählige Male für vermißt erklärt worden wäre; oder als wenn ich in fremden Meeren ertrunken wäre, und verbrannt in amerikanischen Hotels, und begraben in hundert einsamen Gräbern. »Was um alles in der Welt machst du hier?« Vor mir stand, um keinen Tag gealtert, um keine Haarnadel verändert, Violet Burton. Ich fühlte mich außerordentlich geschmeichelt von ihrer Begeisterung und drückte ihre kalte, kräftige Hand und sagte: »Na so was!«

»Aber was treibt dich hierher?«

»… Die Nerven.«

»Aber nicht doch, das kann ich mir gar nicht vorstellen.«

»Es ist aber so«, sagte ich mit schwindender Begeisterung. Nichts ist für eine Frau ärgerlicher, als wenn man ihr unterstellt, sie habe Nerven wie Drahtseile.

»Man sieht es dir auf jeden Fall nicht an«, sagte sie und beäugte mich mit jener freimütigen englischen Direktheit, die einem das Gefühl vermittelt, man säße zum Frühstück an einem grell erleuchteten Fenster.

»Und was machst du hier?« fragte ich und lächelte herablassend, um das grelle Licht zu mildern. Daraufhin wandte sie sich ab und blickte über den Rasen und nestelte an ihrem Schirm herum wie eine Provinzschauspielerin, die ein Geständnis ablegen will.

»Ich« – mit ergriffener Stimme – »ich bin hier, um zu vergessen … Aber«, sie sah mich wieder an und lächelte energisch, »sprechen wir nicht davon. Nicht jetzt. Ich kann nicht darüber reden. Nicht, bis ich nicht alles über dich weiß.« Sehr feierlich: »Nicht, bis ich nicht weiß, daß ich dir trauen kann.«

»Oh, trau mir nicht, Violet!« rief ich aus. »Ich bin nicht vertrauenswürdig. Ich an deiner Stelle würde es nicht tun.« Ihr Blick verdüsterte sich.

»Wie kannst du so etwas Schreckliches sagen. Das meinst du nicht im Ernst.«

»O doch. Ich liebe es, die Geheimnisse anderer Leute auszuplaudern.« Zu meiner Überraschung trat sie an meine Seite und hakte sich bei mir ein.

»Danke«, sagte sie innig. »Es ist furchtbar nett von dir, daß du so offen sprichst. Furchtbar nett. Aber selbst wenn es wahr wäre … aber nein, es kann nicht wahr sein, sonst hättest du nicht so offen zu mir geredet. Ich meine, es ist psychologisch unmöglich, daß ein Mensch gleichzeitig offen und unehrlich ist. Nicht wahr? Und doch … ich weiß nicht. Vielleicht ist es möglich. Findest du nicht auch, daß die russischen Schriftsteller uns alle Gewißheiten genommen haben?« Wir gingen, *bras dessus, bras dessous*, den sonnigen Weg entlang.

»Setzen wir uns«, sagte Violet. »Nicht weit von dieser Bank befindet sich ein Springbrunnen. Ich komme oft hierher. Man kann ihn immer hören.« Das leise Plätschern klang wie eine längst vergessene Melodie, fast spöttisch, fast lachend.

»Ist es nicht wunderschön!« hauchte Violet. »Wie Weinen bei Nacht.«

»Aber Violet«, sagte ich ganz entsetzt. »Wunderschöne Dinge weinen nicht bei Nacht. Sie schlafen wie die Murmeltiere und vergessen alles um sich her, bis es wieder Tag ist.«

Sie legte die Arme über die Rückenlehne und schlug die Beine übereinander.

»Warum verleugnest du immer deine Gefühle? Warum schämst du dich ihrer?« fragte sie.

»Ich verleugne sie nicht. Aber ich halte sie unter Verschluß und hole sie nur gelegentlich hervor, wie ganz spezielle kleine Marmeladentöpfe, wenn liebe Menschen zum Tee zu Besuch kommen.«

»Du nun wieder! Gefühle und Marmelade! Ich bin da ganz anders. Ich zehre von meinen Gefühlen. Manchmal wünschte ich, es wäre anders – aber andererseits will ich lieber unter ihnen leiden – also wahrhaftig leiden; mit ihnen in die tiefsten Tiefen steigen, um mich dann wieder aufzuschwingen zu den höchsten Höhen des Glücks.« Sie rückte näher an mich heran.

»Wenn ich nur wüßte, vom wem ich das habe«, fuhr sie fort. »Vater und Mutter sind so ganz anders. Ich meine – sie sind so normal – so gewöhnlich.« Ich schüttelte den Kopf und hob die Augenbrauen. »Aber man kann nicht gegen seine Natur ankämpfen. Ich jedenfalls habe mich geschlagen gegeben. Absolut – ohne Wenn und Aber.« Stille, die auf unschickliche Weise von dem spöttisch lachenden Wasser unterbrochen wurde. »So«, sagte Violet mit großem Nachdruck, »jetzt verstehst du vielleicht, was ich meinte, als ich sagte, ich kam, um zu vergessen.«

»Aber ich versichere dir, ich habe keine Ahnung, Violet.

Wie kannst du mich nur für so scharfsinnig halten? Ich verstehe zu gut, daß du es mir erst erzählen willst, wenn du mehr über mich erfahren hast. Nur zu gut!«

Sie öffnete Augen und Mund.

»Ich *habe* es dir erzählt! Das heißt – nicht rundheraus. Nicht in wenigen Worten. Ja – wie könnte ich denn? Doch als ich von meinem emotionalen Wesen sprach, von den Tiefen, aus denen ich mich zu den höchsten Höhen aufgeschwungen habe … da mußt du doch begriffen haben, daß ich symbolisch sprach. Was hast du denn geglaubt?«

Kein junges Mädchen verrichtete solche gymnastischen Übungen allein. Doch ich hatte mir immer eingebildet, daß die Tiefen auf die Höhen folgten. Ich wagte darauf hinzuweisen.

»Ganz recht«, sagte Violet grimmig. »Man sieht sie, wenn man hinschaut, vorher *und* nachher.«

»Wie die Menschen in Shelleys ›Lerche‹«, sagte ich.

Violet sah mich ratlos an, und ich bereute meine Worte. Aber ich wußte nicht, wie ich mein Mitgefühl ausdrücken sollte und in welchem genauen Maß.

»Es war im Sommer«, sagte Violet. »Ich war entsetzlich niedergeschlagen. Ich weiß nicht, was es war. Auf jeden Fall fühlte ich mich von allem überfordert. Ich fühlte mich schrecklich nutzlos – so als gehörte ich nirgendwo hin – und das schlimmste von allem, niemand verstand mich … Vielleicht hing es mit meiner damaligen Lektüre zusammen … aber eigentlich glaube ich nicht … oder nur zum Teil. Aber man weiß schließlich nie. Oder? Und dann begegnete ich … Mr. Farr, beim Tanz –«

»Ach, nenn ihn bitte bei seinem Vornamen, Violet. Du kannst doch nicht von dir und Mr. Farr sprechen … auf den Gipfeln.«

»Herrjeh, warum denn nicht? Also gut – ich begegnete – Arthur. Ich muß verrückt gewesen sein an jenem Abend. Es hatte Streit gegeben wegen des Tanzes. Mutter wollte nicht, daß ich gehe, weil es niemanden gab, der mich nach Hause begleiten konnte. Und ich war wie versessen darauf. Ich muß wohl eine Vorahnung gehabt haben. Glaubst du an Vorahnungen? ... Ich weiß nicht, man kann es nicht mit Bestimmtheit sagen, oder? Wie auch immer, ich ging hin. Und da war *er.*« Sie wurde dunkelrot und biß sich auf die Lippe. Ach, ich begann Violet Burton zu mögen – sogar sehr zu mögen.

»Weiter«, sagte ich.

»Wir tanzten siebenmal zusammen, und wir unterhielten uns die ganze Zeit. Die Musik war sehr langsam – wir sprachen über alles mögliche. Nun ... zunächst über Bücher und Theater und solche Dinge, und dann – über unsere Seelen.«

»... Was?«

»Ich sagte – über unsere Seelen. Er verstand mich *vollkommen*. Und nach dem siebten Tanz ... Nein, ich muß dir vorher erzählen, welches die ersten Worte waren, die er an mich richtete. Er sagte: ›Glauben Sie an Pan?‹ Ganz ruhig. Einfach so. Und dann sagte er: ›Ich wußte es.‹ War das nicht un-glaub-lich! Nach dem siebten Tanz setzten wir uns auf den Treppenabsatz. Und ... weiter?«

»Ja, weiter.«

»Er sagte: ›Ich muß verrückt sein. Ich möchte Sie küssen‹ – und – ich ließ es zu.«

»Sprich weiter.«

»Ich kann dir nicht sagen, was ich fühlte. Denk doch! Ich hatte noch nie außerhalb der Familie geküßt. Ich meine – natürlich – noch nie einen Mann. Und dann sagte er: ›Ich muß Ihnen etwas sagen – ich bin verlobt.‹«

»Und?«

»Wie und? Natürlich bin ich sofort die Treppe hochgestürmt, habe die ganze Garderobe auf den Kopf gestellt, bis ich meinen Mantel gefunden hatte, und bin heimgegangen. Am nächsten Morgen bat ich Mutter, mich hierherfahren zu lassen. Ich dachte«, sagte Violet, »ich dachte, ich müßte sterben vor Scham.«

»Ist das alles?« rief ich. »Soll das heißen, daß das alles ist?«

»Was soll denn noch sein? Was um alles in der Welt hast du erwartet? Wie sonderbar du bist – wie du mich so ansiehst!«

Und in das folgende Schweigen drang wieder das Geräusch der Brunnens, fast spöttisch, fast lachend – über mich, dachte ich, nicht über Violet.

BAINS TURCS

»Dritter Stock, links, Madame«, sagte die Kassiererin und reichte mir eine rote Eintrittskarte. »Einen Augenblick – ich läute nach dem Aufzug.« Ihr schwarzer Satinrock rauschte quer durch das rot-goldene Treppenhaus, und dann stand sie zwischen den künstlichen Palmen mit ihrem weißen Hals und dem gepuderten Gesicht, das von einem leuchtenden Haufen orangefarbenen Haars gekrönt wurde – wie ein überreifer Pilz auf einem dicken, schwarzen Baumstamm. Sie läutete und läutete. »Tausendfach Pardon, Madame. Es ist eine Schande. Ein neuer Aufzugführer. Er verläßt uns noch diese Woche.« Mit dem Finger auf dem Klingelknopf sah sie in den Käfig, als erwarte sie ihn dort wie einen toten Vogel auf dem Boden liegen zu sehen. »Es ist eine Schande.« Wie aus dem Nichts tauchte eine winzige Gestalt mit Schirmmütze und schmutzigen weißen Baumwollhandschuhen auf. »Na endlich!« schimpfte sie. »Wo waren Sie? Was haben Sie denn gemacht?« Statt zu antworten, versteckte die Gestalt ihr Gesicht hinter einem weißen Handschuh und nieste zweimal. »Ach! Widerlich! Bringen Sie Madame in den dritten Stock!« Der Gnom trat zur Seite, verbeugte sich, folgte mir in den Aufzug und knallte die Gittertüren zu. Wir fuhren hinauf, sehr langsam, begleitet von Niesern und langgezogenen Pfiffen, wenn er die Nase hochzog. Ich fragte die Oberseite der Lackledermütze: »Sind Sie erkältet?« – »Es ist die Luft, Madame«, gab das Geschöpf zurück und sprach durch die Nase, als bereite es ihm ein geheimes Vergnügen, »es ist nie ganz trocken hier. Dritter Stock – bitte sehr«, nieste er auf meine zehn Centime Trinkgeld.

Ich ging durch einen gekachelten Gang, der mit Reklamen für Damenunterwäsche und Brustverbesserer dekoriert war – bekam eine Kabine zugewiesen samt blauem Kattunhemd und wurde instruiert, mich zu entkleiden und umgehend den Wärmeraum aufzusuchen. Durch die Bretterwände und vom Gang her hörte man Rufen und Lachen und Gesprächsfetzen.

»Bist du fertig?«

»Kommst du jetzt raus?«

»Warte, bis du mich siehst!«

»Berthe – Berthe!«

»Moment! Moment! Sofort!«

Ich legte rasch und achtlos meine Kleider ab und kam mir vor wie ein Kind in einer Schülerschar, die auf eine Badeanstalt losgelassen wurde.

Der Wärmeraum war nicht groß. Er hatte terrakottafarben gestrichene Wände mit einem Fries von Pfauen und ein Glasdach, durch das man den Himmel sehen konnte, blaß und unwirklich wie die Hintergrundleinwand in einem Photoatelier. Einige runde Tische, übersät mit zerfledderten Mode-Journalen, ein Marmorbecken in der Mitte des Raums mit gelben Lilien, und auf den mit Badetüchern bedeckten Liegestühlen lagerte eine Anzahl Damen, schlaff wie die Lilien … Ich legte mich zurück, mit einem Tuch über dem Kopf, und die Luft roch so sehr nach Dschungeln und Zirkussen und nasser Wäsche, daß ich zu träumen begann … Ja, es wäre gewiß aufregend gewesen, wenn ich einen Forschungsreisenden geheiratet hätte … und mit ihm im Dschungel wohnte, solange er nicht irgend etwas schoß oder fing. Ich hasse dressierte Tiere. Ach … die Zirkusse bei uns zu Hause … das Zelt auf der Wiese und die Kinder, die über den Zaun klettern, um die Wagen zu bestaunen und dem Clown dabei zuzusehen, wie er sich schminkt vor seinem am Wagenrad befestigten Spiegel –

und die Dampforgel, die ›Honeysuckle and the Bee‹ viel zu schnell spielt ... immer und immer wieder. Ich weiß, woran mich diese Luft erinnert – daran, wie wir zwischen der zum Trocknen aufgehängten Wäsche ›Mir nach!‹ spielten ...

Die Tür ging auf. Zwei große, blonde Frauen, in rot-weiß karierten Bademänteln, kamen herein und belegten die Stühle mir gegenüber. Die eine trug eine in Silberpapier eingeschlagene Schachtel mit Mandarinen und die andere ein Maniküre-Etui. Sie hatten üppige Figuren, fröhlich kecke Gesichter und eine Fülle von exquisit hochgestecktem Blondhaar.

Ehe sie sich setzten, sahen sie sich um, musterten die anderen Frauen, wandten sich einander zu, schnitten Grimassen, flüsterten, und die eine von ihnen sagte, die Schachtel hinhaltend: »Mandarine gefällig?« Woraufhin beide zu lachen anfingen – sie warfen sich zurück und schüttelten sich, und immer, wenn sich ihre Blicke trafen, ging es von neuem los.

»Ah, *zu* gut«, schrie die eine und wischte sich geziert die Tränen ab, nur in den Augenwinkeln. »Du und ich, wir kommen hier herein, ganz ernst, nicht wahr, wie sich das gehört – und sehen uns hier um – und – und als ein Resultat unserer *gründlichen* Prüfung – biete ich dir eine Mandarine an. Nein, es ist zu lustig. Das muß ich mir merken. Das ist varietéreif. Mandarine gefällig?«

»Aber ich begreife wirklich nicht«, sagte die andere, »warum Frauen in türkischen Bädern so häßlich aussehen – wie Rindfleisch im Nachthemd. Liegt es an den Frauen – oder an der Luft? Sieh dir zum Beispiel die an – die Hagere mit dem Buch, die so schwitzt am Oberlippenbart – und die beiden dort in der Ecke, die sich darüber unterhalten, ob sie ihrem nicht-existenten Nachwuchs erzählen sollen, woher die kleinen Kinder kommen – und ... du lieber Himmel!

Sieh dir die an, die gerade hereinkommt. Hier, die Schachtel, Liebes. Nimm gleich alle Mandarinen.«

Der Neuankömmling war eine kleine, untersetzte Frau mit weißen Plattfüßen und einer schwarzen Badekappe auf dem Kopf. Sie lief auf und ab, mit betont sorglos schlenkernden Armen, während sie aus den Augenwinkeln verächtlich die beiden lachenden Frauen betrachtete, und läutete nach der Aufseherin. Sofort erschien Berthe, halbnackt und mit Seifenschaum bespritzt. »Was ist denn, Madame? Ich bin beschäftigt …«

»Bitte bringen Sie mir ein Handtuch«, sagte die Badekappe auf deutsch.

»Pardon? Ich verstehe nicht. Sprechen Sie Französisch?«

»*Non*«, sagte die Badekappe.

»Ber-the!« kreischte eine der blonden Frauen, »nimm dir eine Mandarine. Oh, *mon Dieu*, ich könnte mich totlachen.«

Die Badekappe deutete pantomimisch an, naß zu sein, und dann, wie sie sich abtrocknete. »*Verstehen Sie?*«

»*Mais non, Madame*«, sagte Berthe, die ihr mit großen, vergnügt blitzenden Augen zugesehen hatte, und sie ließ die Badekappe stehen, zwinkerte den beiden Blonden zu, kam zu ihnen her, betastete sie, als wären sie preisgekröntes Federvieh, sagte: »Sehr schön«, und war wieder verschwunden.

Die Badekappe setzte sich auf die Kante des Liegestuhls, schnappte sich ein Mode-Journal, blätterte laut raschelnd die Seiten um und gab vor zu lesen, während die blonden Frauen sich zurücklegten, Mandarinen aßen und die Schalen ins Lilienbecken warfen. Frischer Obstgeruch erfüllte den Raum. Ich sah mich nach den anderen Frauen um. Ja, sie waren häßlich, wie sie so dalagen, rot und verschwitzt, mit glasigem Blick und unfrisiert – Scham und Empörung über das Verhalten der beiden Blonden hatten noch ihre letzten Kraftreserven aufgebraucht. Plötzlich bemerkte ich, daß mich die Badekappe über den Rand ihres Mode-Journals anstarrte, so ausdauernd, daß ich die Flucht ergriff und in den Hitzeraum ging. Aber vergebens! Die Badekappe holte mich ein und pflanzte sich vor mir auf.

»Ich weiß«, sagte sie triumphierend, »daß Sie Deutsch sprechen. Ich habe es an Ihrer Miene gesehen. War das nicht ungeheuerlich, daß mir die Aufseherin kein Handtuch geben wollte? Ich werde das der Direktion melden, und ich werde meinen Mann bitten, noch heute abend ein Schreiben aufzusetzen. Es ist immer besser, wenn so etwas von einem Mann kommt, nicht wahr? Nein«, sagte sie und rieb sich die gelben Arme, »ich war noch nie in einem solch skandalösen Etablissement – und vier Franc fünfzig Eintritt! Selbstverständlich werde ich kein Trinkgeld geben. Das würden Sie auch nicht tun, nicht wahr? Nicht nach dieser Ungeheuerlichkeit mit dem Handtuch … Am liebsten würde ich mich auch über diese Frauen beschweren. Die beiden, die ständig lachen und essen. Kennen Sie sie?« Sie schüttelte den Kopf. »Das sind keine ehrbaren Frauen – das sieht man auf den ersten Blick. Ich jedenfalls sehe das, jede verheiratete Frau sieht das. Das sind nichts als Straßendirnen. In meinem ganzen Leben bin ich noch nicht so beleidigt worden. Mich auszulachen, stellen Sie sich vor! Diese großen, dicken, fetten Kühe! Und ich habe noch gar nicht richtig geschwitzt, nur wegen denen. Ich bin so wütend geworden, daß der Schweiß nach innen gedrungen ist, statt nach außen; das habe ich manchmal, wenn ich mich aufrege, nicht wahr, und anstatt meine Erkältung loszuwerden, bekomme ich jetzt bestimmt Fieber.«

Ich lief unglücklich im Hitzeraum auf und ab, verfolgt von der Badekappe, bis die zwei blonden Frauen hereinkamen und beim Anblick der Badekappe erneut einen Lachanfall bekamen. Zu meinem Verdruß und Entsetzen rückte die Badekappe mir zu Leibe, lächelte bedeutungsvoll und zog die Mundwinkel nach unten. »Mir macht das nichts«, sagte sie mit ihrer häßlichen deutschen Stimme. »Ich laß mich gewiß nicht dazu herab, zwei Straßendirnen zu beachten. Wenn mein Mann das wüßte, er wäre außer sich. Er ist schrecklich eigen. Wir sind seit sechs Jahren verheiratet. Wir kommen aus Pfalzburg. Eine schöne Stadt. Vier gesunde Kinder habe ich, und um den Schlag mit dem fünften zu verwinden, sind wir hierhergekommen. Das fünfte«, flüsterte sie und tapste hinter mir her, »war bei seiner Geburt ein hübsches, gesundes Kind, aber es wollte nicht atmen! Nun, nach neun Monaten, da muß eine Mutter wohl enttäuscht sein, nicht wahr?«

Ich ging auf das Dampfbad zu. »Da wollen Sie reingehen?« fragte sie. »Ich an Ihrer Stelle würde das nicht tun. Die beiden sind da drin. Sie könnten glauben, Sie wollten Bekanntschaft mit ihnen schließen. Bei solchen Frauen weiß man nie.« In diesem Moment kamen sie heraus, wikkelten sich in ihre groben Bademäntel und schritten an der Badekappe vorbei wie hochmütige Königinnen. »Legen Sie im Dampfbad Ihr Hemd ab?« fragte sie. »Nehmen Sie auf mich keine Rücksicht, nicht wahr. Frau ist Frau, das heißt, wenn es Ihnen lieber ist, werde ich nicht zu Ihnen hinsehen. Ich kenne das – ich war genauso. Ich könnte schwören«, fuhr sie brüsk fort, »daß die beiden sich genauestens begutachtet haben. Pah! solche Weibsbilder. Denen ist nichts heilig. Und sehen sie nicht furchtbar aus? Vorlaut, und mit dem falschen Haar. Das Maniküre-Etui von der einen war mit Gold beschlagen. Nun, ich nehme nicht an, daß es echt war, aber ich finde es abstoßend, so etwas hierher mitzunehmen. Seine Nägel sollte man doch wohl wenigstens bei sich zu Hause schneiden, finden Sie nicht? Ich verstehe wirklich nicht«, sagte sie, »was Männer an solchen Frauen finden. Nein, eine Frau braucht einen Mann und Kinder und einen Haushalt, um den sie sich kümmert, das braucht eine Frau.

Das sagt mein Mann immer. Stellen Sie sich eins von diesen Flittchen vor, wie es Kartoffeln schält oder das Fleisch aussucht! Sie gehen schon?«

Ich floh zu Berthe, und während ich eingeseift und geknetet und abgespritzt und in eine Kaltwasserwanne geworfen wurde, ging mir die abscheuliche, häßliche, kleine Deutsche mit ihrem guten Mann und den vier Kindern nicht aus dem Kopf, wie sie über die blühenden Schönheiten herzog, die nie Kartoffeln geschält noch das Fleisch ausgewählt hatten. Im Vorraum sah ich die beiden noch einmal. Sie waren ganz in Blau gekleidet. Die eine steckte sich einen Veilchenstrauß an, die andere knöpfte ihre elfenbeinfarbenen Wildlederhandschuhe zu. Sie standen in ihren entzückenden Federhüten und Pelzen da und unterhielten sich. »Ja, das sind sie«, sagte eine Stimme dicht hinter mir.

Es war die Badekappe, ganz verwandelt, in blau-weißkarierter Bluse mit Häkelkragen, mit der nicht vorhandenen Taille und der ausladenden Hüfte deutscher Frauen und einem scheußlichen Vogelnest auf dem Kopf, das in Pfalzburg gewiß als »Reisehut« durchging. »Was glauben Sie, wie die sich solche Kleider leisten können? Diese gräßlich ordinären Frauenzimmer. Nein, ein solcher Anblick sollte jedem jungen Mädchen zu denken geben.« Und als die beiden den Vorraum verließen, sah die Badekappe ihnen hinterher, ihr bleiches Gesicht ganz Mund und Augen, wie das Gesicht eines hungrigen Kindes vor einer verbotenen Speise.

ETWAS KINDLICHES, DOCH SEHR NATÜRLICHES

I

Ob er nur vergessen hatte, wie es sich anfühlte, oder ob sein Kopf wirklich größer geworden war seit dem letzten Sommer, Henry konnte es nicht sagen. Aber der Strohhut tat ihm weh: Er drückte an der Stirn und verursachte einen stumpfen Schmerz oberhalb der Schläfen. Also suchte er sich in einem Raucherabteil dritter Klasse einen Eckplatz, nahm den Hut ab und legte ihn in die Ablage zusammen mit der großen schwarzen Dokumentenmappe und den Handschuhen, die er von Tante B. zu Weihnachten bekommen hatte. In dem Abteil roch es entsetzlich nach feuchtem Gummi und Ruß. Ihm blieben noch zehn Minuten bis zur Abfahrt des Zuges, und Henry wollte sie nutzen, um einen Blick auf den Bücherstand zu werfen. Sonnenlicht drang durch das Glasdach des Bahnhofs in langen, blauen und goldenen Strahlen; ein kleiner Junge ging auf und ab mit einem Bauchladen voller Primeln; die Leute hatten etwas Merkwürdiges an sich – besonders die Frauen – etwas Träges und zugleich Ungeduldiges. Der aufregendste Tag des Jahres, der erste richtige Frühlingstag, offenbarte seine warme, köstliche Schönheit – selbst den Londoner Blicken. Er hatte ein Leuchten in jede Farbe gezaubert und einen neuen Klang in jede Stimme, und die Städter gingen vorüber, als seien echte, lebende Leiber unter ihren Kleidern verborgen, durch die echte, lebende Herzen das erstarrte Blut pumpten.

Henry liebte Bücher. Er las nicht viel und besaß auch nicht mehr als ein halbes Dutzend. Er durchstöberte einfach gern die Läden in der Charing Cross Road, in der Mittagspause oder wann immer er Zeit hatte in London; mit wem er alles auf dem Grußfuß stand, war erstaunlich. Die geschmeidige Art, mit der er die Bücher in die Hand nahm, die wohlgesetzte Rede, mit der er sich über sie bei dem einen oder anderen Buchhändler ausließ, erweckten den Eindruck, sein Kindermädchen habe ihm den Brei bereits mit einem Schmöker vor dem Busen verabreicht. Aber der Eindruck täuschte. Es war einfach Henrys Art, egal, was er tat oder sagte. An diesem Nachmittag war es eine Sammlung englischer Gedichte, und er blätterte durch die Seiten, bis ihm ein Titel ins Auge fiel: ›Etwas Kindliches, doch sehr Natürliches‹!

Wenn ich ein Vöglein wär
und auch zwei Flügel hätt,
flög ich zu dir.
Weils aber nicht kann sein,
bleib ich allhier.

Bin ich gleich weit von dir
bin ich doch im Traum bei dir
und red mit dir;
wenn ich erwachen tu,
bin ich allein.

Es vergeht kein' Stund in der Nacht,
da nicht mein Herz erwacht
und an dich denkt,
daß du mir vieltausendmal
dein Herz geschenkt.

Er konnte nicht genug von dem kleinen Gedicht bekommen. Es waren nicht so sehr die Worte, sondern die ganze Stimmung, die ihn bezauberte! Er hatte es bestimmt im

Bett liegend geschrieben, sehr früh am Morgen, während er das an der Zimmerdecke tanzende Sonnenlicht beobachtete. »Es strahlt genau diese Ruhe aus«, dachte Henry. »Ich bin sicher, er hat es geschrieben, als er einmal noch halb im Schlaf war, denn das Lächeln eines Traums schwebt darüber.« Er starrte das Gedicht an und sah dann fort und wiederholte es auswendig, vergaß in der dritten Strophe ein Wort, sah noch einmal nach und noch einmal, bis er plötzlich Rufen hörte, scharrende Füße, und als er aufblickte, setzte sich gerade der Zug in Bewegung.

»Himmel!« Henry stürzte los. Ein Mann mit einer Fahne und einer Pfeife hatte die Hand an einer Tür. Irgendwie bekam er Henry zu fassen … Die Tür schlug zu, und Henry war drinnen, in einem Nichtraucherabteil, in dem sich weit und breit keine Spur von seinem Strohhut oder seiner schwarzen Mappe oder seinem Weihnachtsgeschenk von Tante B. fand. Dafür saß ihm schräg gegenüber, eng an die Wand gepreßt, ein Mädchen. Henry wagte nicht, hinzusehen, aber er spürte, daß sie ihn anstarrte. »Sie muß mich für verrückt halten«, dachte er, »so in einen Zug zu stürmen, ohne Hut, und noch dazu am Abend.« Ihm war komisch zumute. Er wußte nicht, wie er sitzen und sich halten sollte. Er steckte die Hände in die Taschen und versuchte gleichgültig zu wirken und stirnrunzelnd eine große Photographie der Abtei von Bolton zu betrachten. Aber da er noch immer ihre Augen auf sich spürte, warf er ihr einen ganz kurzen Blick zu. Sofort sah sie aus dem Fenster, und nun ließ Henry seinen Blick auf ihr ruhen, beobachtete auch die geringste ihrer Regungen. Sie saß ganz dicht am Fenster, die Wange und Schulter halb verborgen hinter einer Flut ringelblumenfarbenen Haars. Eine kleine, in einem grauen Baumwollhandschuh steckende Hand hielt im Schoß eine Ledertasche, auf der die Initialen E. M. prangten. Die andere Hand hatte sie durch den Lederriemen des Fensters gesteckt, und Henry sah an ihrem Handgelenk einen silbernen Reifen, an dem eine Schweizer Kuhglocke und ein silberner Schuh und ein Fisch hingen. Sie trug einen grünen Mantel und einen Hut mit einem Blumengewinde ringsherum. Während Henry dies alles sah, ging ihm der Titel des neuen Gedichts durch den Kopf: ›Etwas Kindliches, doch sehr Natürliches‹. »Bestimmt geht sie irgendwo in London zur Schule«, dachte Henry. »Oder sie arbeitet auf einem Amt. Ach nein, sie ist zu jung. Und wenn, dann hätte sie ihr Haar hochgesteckt. Es reicht ihr nicht einmal bis auf den Rücken.« Er konnte den Blick nicht von dem schön gewellten Haar abwenden. »›Meine Augen sind wie zwei trunkene Bienen …‹ Merkwürdig, habe ich das irgendwo gelesen oder mir ausgedacht?«

In diesem Moment wandte sich das Mädchen um, und als sie seinen Blick auffing, errötete sie. Sie senkte den Kopf, um zu verbergen, wie ihre Wangen zu glühen begannen, und Henry war entsetzlich verlegen und errötete ebenfalls. »Ich muß mich erklären – jawohl – jawohl!« Er hob die Hand, um den Hut zu lüften, der nicht da war. Er fand das komisch; es gab ihm Sicherheit.

»Ich – ich bitte um Vergebung«, sagte er und lächelte den Hut des Mädchens an. »Aber ich kann nicht im selben Abteil mit Ihnen sitzen, ohne Ihnen zu erklären, warum ich hier so hereingestürmt kam, und das ohne Hut. Ich habe Ihnen sicherlich Angst eingejagt, und jetzt habe ich Sie auch noch so angestarrt – aber das ist nur eine dumme Angewohnheit von mir; ich starre die Leute immer an! Wenn Sie wünschen, daß ich es Ihnen erkläre – das Hereinstürmen – nicht das Anstarren, versteht sich« – er lachte kurz auf – »sehr gern.«

Eine Minute lang sagte sie gar nichts, dann, mit leiser, schüchterner Stimme: »Nicht nötig.«

Der Zug hatte Dächer und Schornsteine hinter sich gelassen. Sie schossen aufs offene Land hinaus, an kleinen dunklen Wäldern und verblassenden Feldern vorbei und Tümpeln, die im Licht der Abendsonne leuchteten wie Aprikosen. Henrys Herz begann zu pochen und im Takt des Zuges zu schlagen. Er konnte es unmöglich dabei bewenden lassen. Sie saß so ruhig da, halb versteckt hinter ihrem herabfallenden Haar. Es erschien ihm dringend geboten, daß sie aufschaute und sein Verhalten begriff – das war das mindeste. Er umklammerte seine Knie und beugte sich vor.

»Ich hatte nämlich meine Sachen – eine Dokumentenmappe – in einem Raucherabteil der dritten Klasse deponiert und habe noch einen Blick auf den Bücherstand geworfen«, erklärte er.

Als er seine Geschichte erzählte, hob sie den Kopf. Er sah ihre grauen Augen im Schatten des Hutes und ihre Augenbrauen, wie zwei goldene Federn. Ihre Lippen waren ein wenig geöffnet. Wie unbewußt nahm er wahr, daß sie ein Primelsträußchen trug und daß ihr Hals weiß war – und wie delikat das lodernde Haar ihr Gesicht umrahmte. »Wie schön sie ist! Wie wunder-wunderschön!« sang Henrys Herz und schwoll bei diesen Worten an wie eine mächtige Seifenblase, immer größer und größer – so daß Henry kaum zu atmen wagte, aus Angst, sie könne platzen.

»Es waren hoffentlich keine wichtigen Sachen in der Mappe«, sagte sie sehr ernst.

»Ach, nur ein paar dumme Zeichnungen, die ich aus dem Büro mitgenommen habe«, antwortete Henry leichthin. »Nun – und um den Hut ist es nicht schade. Er hat ohnehin den ganzen Tag gedrückt.«

»Ja«, sagte sie, »man sieht die Druckstelle«, und fast lächelte sie.

Warum um alles in der Welt fühlte Henry sich bei diesen Worten auf einmal so unbeschwert und so glücklich und so unsinnig erregt? Was ging da zwischen ihnen vor? Sie sprachen nicht, aber für Henry war das Schweigen voller Leben und Wärme. Es hüllte ihn von Kopf bis Fuß in eine zitternde Woge ein. Ihre herrlichen Worte »Man sieht die Druckstelle« hatten auf wunderbare Weise ein Band zwischen ihnen geknüpft. Sie konnte doch unmöglich eine Fremde für ihn sein, wenn sie so einfach und so natürlich sprach. Und jetzt lachte sie wirklich. Das Lachen tanzte um ihre Augen, kroch über die Wangen zu den Lippen und verharrte dort. Er lehnte sich zurück. Die Worte brachen aus ihm heraus: »Ist das Leben nicht schön!«

In diesem Augenblick verschwand der Zug in einem Tunnel. Er hörte ihre Stimme, die sie gegen den Lärm erhob. Sie beugte sich vor.

»Das würde ich nicht behaupten. Aber ich bin nun einmal Fatalist, schon lange« – eine Pause – »seit Monaten.«

Sie ratterten durch das Dunkel. »Wieso das?« rief Henry.

»Ach …«

Dann zuckte sie die Schultern und schüttelte lächelnd den Kopf, um anzudeuten, daß sie bei dem Lärm nicht reden könne. Er nickte und lehnte sich zurück. Der Tunnel endete, und vereinzelte Lichter und Häuser tauchten auf. Er wartete auf ihre Erklärung. Doch sie stand auf und knöpfte sich den Mantel zu und überprüfte, leicht schwankend, den Sitz ihres Hutes. »Ich steige hier aus«, sagte sie. Henry konnte es kaum fassen.

Der Zug verlangsamte die Fahrt, und die Lichter draußen wurden heller. Sie ging auf seine Seite des Abteils zu.

»Warten Sie!« stieß er hervor. »Kann ich Sie wiedersehen?« Er stand ebenfalls auf und hielt sich mit einer Hand an der Hutablage fest. »Ich *muß* Sie wiedersehen.« Der Zug bremste.

Sie sagte hastig: »Ich fahre jeden Abend von London hierher.«

»Sie – Sie – Sie … jeden Abend?« Sein Eifer erschreckte sie. Sofort zügelte er sich. Sollen wir Hände schütteln oder nicht? schoß es ihm durch den Kopf. Eine Hand war auf dem Türgriff, die andere hielt die kleine Tasche. Dann stand der Zug. Ohne sich noch einmal umzublicken, war sie verschwunden.

II

Dann kam erst der Sonnabend – ein halber Tag im Büro – und der Sonntag. Am Montag gegen Abend war Henry ganz erschöpft. Er war viel zu früh am Bahnhof, und allerlei dumme Gedanken peinigten ihn, als er wie getrieben auf und ab marschierte. »Sie hat nicht gesagt, daß sie mit diesem Zug kommt!« – »Und was, wenn ich auf sie zugehe, und sie schneidet mich.« – »Vielleicht ist sie in Begleitung.« »Wie kommst du darauf, daß sie an dich auch nur einen Gedanken verschwendet hat?« – »Was willst du sagen, wenn du ihr gegenüberstehst?« Er betete sogar: »Lieber Gott, mach, daß wir uns wiedersehen.«

Aber es half nichts. Weißer Rauch stieg zum Dach der Bahnhofshalle empor – löste sich auf und erschien erneut in schwankenden Ringen. Als er ihn beobachtete, wie er so zart und still und geheimnisvoll über dem Gewimmel und Gescharre schwebte, wurde er plötzlich ganz ruhig. Er war so müde – er wollte sich nur noch setzen und die Augen schließen – sie kam ja nicht – traurige Erleichterung schwang in diesen Worten mit. Und dann sah er sie ganz in der Nähe, wie sie mit derselben kleinen Ledertasche auf den Zug zuging. Henry wartete. Er glaubte zu wissen, daß sie ihn gesehen hatte, aber rührte sich nicht von der Stelle, bis sie ganz bei ihm war und mit ihrer leisen, schüchternen Stimme fragte: »Haben Sie sie wiederbekommen?«

»Ach ja, danke, ich habe sie wiederbekommen«, mit einer vagen Geste zeigte er ihr die Dokumentenmappe und die Handschuhe. Sie gingen Seite an Seite zum Zug und betraten ein leeres Abteil. Sie setzten sich gegenüber, zaghaft lächelnd und schweigend, während der Zug ruckend anfuhr, schneller wurde und dann ruhiger dahinglitt. Henry sprach als erster.

»Wie dumm«, sagte er, »aber ich weiß nicht einmal Ihren Namen.« Sie strich jede Menge Haar zurück, das ihr auf die Schulter gefallen war, und er sah, daß ihre Hand im grauen Handschuh zitterte. Dann bemerkte er, daß sie sehr steif, mit zusammengepreßten Knien dasaß – und er ja auch – beide darum bemüht, nicht so zu zittern. Sie sagte: »Ich heiße Edna.«

»Und ich heiße Henry.«

In der Pause, die folgte, nahm jeder vom Namen des anderen Besitz, drehte und wendete ihn und verwahrte ihn gut und war jetzt schon etwas weniger ängstlich.

»Ich würde Sie gern noch etwas fragen«, sagte Henry. Er legte den Kopf auf die Seite, sah Edna an. »Wie alt sind Sie?«

»Ich werde siebzehn«, sagte sie, »und Sie?«

»Fast achtzehn …«

»Schrecklich heiß, finden Sie nicht?« sagte sie plötzlich und zog ihre grauen Handschuhe aus und legte die Hände an die Wangen und ließ sie dort. Ihre Blicke waren nicht ängstlich – sie sahen sich mit einer Art verzweifelter Ruhe an. Wenn nur ihre Körper nicht so dumm zittern würden! Noch halb versteckt hinter ihrem Haar, sagte Edna:

»Waren Sie schon einmal verliebt?«

»Nein, noch nie! Und Sie?«

»Nein, bestimmt nicht.« Sie schüttelte den Kopf. »Nicht einmal im Traum habe ich daran gedacht.«

Die Worte sprudelten aus ihm heraus. »Was haben Sie seit

letztem Freitag so gemacht? Was haben Sie am Sonnabend und am Sonntag gemacht und heute?«

Aber sie antwortete nicht – schüttelte nur den Kopf und lächelte und sagte: »Nein, erzählen Sie mir lieber, was Sie gemacht haben.«

»Ich?« rief Henry aus – und er spürte, daß auch er nicht davon sprechen konnte. Er konnte unmöglich noch einmal das Gebirge von Tagen erklimmen, und so schüttelte auch er nur den Kopf.

»Aber es war eine Tortur«, sagte er und strahlte übers ganze Gesicht: »Eine einzige Tortur.« Da nahm sie die Hände herunter und begann zu lachen, und Henry fiel in das Lachen mit ein. Sie lachten, bis sie nicht mehr konnten.

»Es ist einfach – einfach verrückt«, sagte sie. »Es geschieht so plötzlich, und doch habe ich das Gefühl, Sie schon seit Jahren zu kennen.«

»Ich auch …« sagte Henry. »Ich glaube, es liegt am Frühling. Ich glaube, ich habe einen Schmetterling verschluckt – und der schlägt jetzt genau hier mit den Flügeln.« Er legte seine Hand aufs Herz.

»Und das Verrückteste ist«, sagte Edna, »daß ich überzeugt war, daß ich mir – nun – aus Männern nichts machen würde. Ich meine, alle Mädchen auf dem College –«

»Sie waren auf dem College?«

Sie nickte. »Eine Lehranstalt für angehende Sekretärinnen.« Es klang verächtlich.

»Ich arbeite in einem Büro«, sagte Henry. »Einem Architekturbüro – so eine komische kleine Stube, hundertdreißig Treppenstufen hoch. Wir sollten lieber Nester bauen statt Häuser, denke ich manchmal.«

»Gefällt es Ihnen?«

»Nein, natürlich nicht. Ich möchte überhaupt nicht arbeiten, Sie?«

»Nein, ich hasse es … Und«, sagte sie, »meine Mutter

ist Ungarin, deswegen hasse ich es wahrscheinlich noch mehr.«

Das kam Henry sehr einleuchtend vor. »Wahrscheinlich«, sagte er.

»Mutter und ich sind uns sehr ähnlich. Mit meinem Vater habe ich gar nichts gemein; er ist bloß ein … einfacher Geschäftsmann – aber meine Mutter hat heißes Blut in den Adern, und das hat sie mir vererbt. Sie haßt das Leben, das wir führen, ebensosehr wie ich.« Sie hielt inne und legte die Stirn in Falten. »Trotzdem kommen wir einfach nicht miteinander aus – sonderbar – nicht wahr? Zu Hause fühle ich mich so einsam.«

Henry hörte zu – er hörte zwar zu, doch da war etwas, um das er sie bitten wollte. Er sagte sehr schüchtern: »Würden Sie – würden Sie wohl Ihren Hut absetzen?«

Sie sah ihn überrascht an. »Meinen Hut absetzen?«

»Ja – es ist Ihr Haar. Ich würde alles darum geben, es einmal richtig zu sehen.«

Sie protestierte. »Aber es ist doch nicht …«

»Doch, es ist«, rief Henry aus, und dann, als sie den Hut abnahm und den Kopf leicht zurückwarf: »Ach, Edna! ich habe nie etwas so Schönes gesehen.«

»Gefällt es Ihnen?« fragte sie und lächelte sehr zufrieden. Sie legte es sich um die Schultern wie einen goldenen Umhang. »Die Leute lachen mich normalerweise aus. Die Farbe ist einfach unmöglich.« Aber Henry wollte davon nichts wissen. Sie setzte die Ellbogen auf die Knie und legte das Kinn in die Handflächen. »So sitze ich oft da, wenn ich mich ärgere, und ich spüre dann, wie es an mir nagt … Albern, nicht wahr?«

»Nein, überhaupt nicht«, sagte Henry. »Ich weiß. Das ist Ihre Waffe gegen alles Öde und Scheußliche.«

»Woher wissen Sie das? Ja, ganz genau. Aber woher wissen Sie das?«

»Ich weiß es einfach«, lächelte Henry. »Mein Gott!« rief er aus, »wie ahnungslos die Menschen sind! Sie kennen sie so gut wie ich – nichts als Papageien, die alles nachplappern. Sehen Sie sich uns an. Hier sind wir – mehr gibt es darüber nicht zu sagen. Ich weiß von Ihnen und Sie wissen von mir – wir haben uns gerade gefunden – einfach so – einfach weil wir natürlich sind. So ist das Leben nun einmal – ein wenig kindlich und sehr natürlich. Finden Sie nicht?«

»Ja – ja«, antwortete sie eifrig. »Genauso denke ich auch.«

»Es sind die Menschen, die immer alles so – töricht erscheinen lassen. Solang man sich von ihnen fernhält, ist man glücklich, und es droht keine Gefahr.«

»Ach, schon seit langem denke ich genauso.«

»Dann sind Sie wie ich«, sagte Henry. Das war ein so großes Wunder, daß Henry hätte weinen mögen. Doch statt dessen sagte er sehr feierlich: »Ich glaube, wir sind die einzigen Menschen auf Erden, die so denken. Ich bin mir dessen sogar sicher. Niemand versteht meine Gedanken. Ich habe das Gefühl, als lebte ich in einer Welt voller fremdartiger Wesen – kennen Sie das Gefühl?«

»Seit ich denken kann.«

»Gleich kommen wir wieder in den abscheulichen Tunnel«, sagte Henry. »Edna! darf ich – Ihr Haar berühren?«

Sie wich rasch zurück. »O nein, bitte nicht«, und als sie ins Dunkel tauchten, rückte sie ein wenig von ihm ab.

III

»Edna! Ich habe die Karten gekauft. Der Mann an der Konzertkasse schien überhaupt nicht verwundert, daß ich so viel Geld hatte. Wir treffen uns um drei bei den Aufgängen zur Galerie, und trag die cremefarbene Bluse und die Korallen – ja? Ich liebe dich. Ich schicke die Briefe nicht gern ins Geschäft. Ich stelle mir immer vor, daß diese Leute mit ihrem ›Post-Eingang‹-Schild im Fenster im Hinterzimmer einen Kessel dampfen haben, mit dem sie Umschläge von der Größe eines Elefantenohrs öffnen können. Aber im Grunde ist es gleichgültig, nicht wahr, Liebling? Kannst du dich am Sonntag losmachen? Sag, daß du den Tag mit einem der Mädchen aus dem Geschäft verbringst, und dann treffen wir uns irgendwo an einem netten Ort und gehen spazieren, oder wir suchen uns eine Wiese und sehen zu, wie die Gänseblümchen sich öffnen. Ich liebe dich so, Edna. Aber Sonntage ohne dich sind einfach eine Zumutung. Laß dich nicht überfahren bis Sonnabend, und iß nichts aus Büchsen, und trink nicht an öffentlichen Trinkbrunnen. So viel für heute, mein Liebling.«

* * *

»Mein Liebster, ja, ich werde am Sonnabend da sein – und auch für Sonntag habe ich Vorbereitungen getroffen. Das ist ein wahrer Segen. Ich bin so ungebunden daheim. Ich komme gerade vom Garten herein. Es ist ein wunderschöner Abend. Ach Henry, ich könnte heulen, ich liebe dich heute abend so sehr. Albern – nicht wahr? Entweder bin ich so glücklich, daß ich kaum aufhören kann zu lachen, oder ich bin so traurig, daß ich kaum aufhören kann zu weinen, und beides aus demselben Grund. Aber wir sind eben noch sehr jung, nicht wahr? Ich schicke dir ein Veilchen. Es ist noch ganz warm. Ich wünschte, du wärst bei mir, in diesem Moment, nur für eine Minute. Gute Nacht, Liebster. – Deine Edna.«

IV

»Da bin ich«, sagte Edna, »heil und gesund! Und was für ausgezeichnete Plätze, nicht, Henry?«

Sie erhob sich, um ihren Mantel auszuziehen, und Henry machte Anstalten, ihr zu helfen. »Nein – nein – schon fertig.« Sie stopfte ihn unter den Sitz. Sie setzte sich neben ihn. »Oh, Henry, was hast du da? Blumen?«

»Nur zwei ganz kleine Rosen.« Er legte sie ihr in den Schoß.

»Hast du auch meinen Brief bekommen?« fragte Edna und zog die Nadeln aus dem Papier.

»Ja«, sagte er, »und das Veilchen blüht und gedeiht. Du solltest mein Zimmer sehen. Ich habe mit seinen Einzelteilen jede Ecke geschmückt, und das Kopfkissen und die Tasche meiner Pyjamajacke.«

Sie nickte mit dem Kopf in die Richtung. »Gib mir das Programm, Henry.«

»Hier – du kannst mitlesen. Ich halte es für dich.«

»Nein, gib her.«

»Na gut, dann lese ich dir vor.«

»Nein, du kannst es nach mir lesen.«

»Edna«, flüsterte er.

»O bitte nicht«, flehte sie. »Nicht hier – die Leute.«

Warum wollte er sie immer berühren, und warum störte es sie? Immer wenn sie zusammen waren, wollte er ihre Hand halten oder ihren Arm nehmen, wenn sie nebeneinander hergingen, oder sich anlehnen – nicht plump – nur ganz leicht, so daß seine Schulter die ihre streifte – und sie duldete auch das nicht. Wenn er von ihr getrennt war, verzehrte er sich, sehnte sich nach ihrer Nähe. Irgendwie schien Edna Trost und Wärme auszuströmen, die er brauchte, um Ruhe zu finden. Ja, so mußte es sein. Er konnte aber keine Ruhe finden in ihrer Nähe, weil sie ihm nicht gestattete, sie zu berühren. Aber sie liebte ihn. Er wußte das. Warum war sie nur so heikel in diesem Punkt? Immer wenn er nach ihrer Hand griff oder sie darum bat, ihre Hand halten zu dürfen, zuckte sie zurück und sah ihn mit flehentlichen, verschreckten Augen an, als wolle er ihr weh tun. Sie konnten einander alles sagen. Und daß sie zusammengehörten, war gar keine Frage. Und doch durfte er sie nicht berühren. Herrjeh, er durfte ihr nicht einmal aus dem Mantel helfen. Ihre Stimme unterbrach seine Gedanken.

»Henry!« Er lehnte sich vor, um besser hören zu können, die Lippen aufeinandergepreßt. »Ich muß dir etwas sagen. Ich werde – ich werde – versprochen – nach dem Konzert.«

»Na gut.« Er war noch gekränkt.

»Du bist doch nicht traurig, oder?« fragte sie.

Er schüttelte den Kopf.

»Doch, bist du wohl, Henry.«

»Nein, bestimmt nicht.« Er sah die Rosen in ihren Händen.

»Du bist also glücklich?«

»Ja. Da kommen die Musiker.«

Es dämmerte, als sie den Konzertsaal verließen. Ein Netz aus blauem Licht lag über den Straßen und Häusern, und rosa Wolken trieben am fahlen Himmel. Wie sie so dahingingen, kam es Henry vor, als seien sie sehr klein und einsam. Zum ersten Mal, seit er Edna kennengelernt hatte, war sein Herz schwer.

»Henry!« Sie blieb unvermittelt stehen und sah ihn an. »Henry, ich komme nicht mit dir zum Bahnhof. Du – du brauchst nicht auf mich zu warten. Bitte, laß mich jetzt allein.«

»Mein Gott!« rief Henry und fuhr zusammen, »was ist denn los – Edna – Liebling – Edna, was habe ich getan?«

»Ach, nichts – geh jetzt«, und sie wandte sich um und lief über die Straße, in einen Square, und lehnte sich gegen den Gitterzaun – und verbarg ihr Gesicht in den Händen.

»Edna – Edna – mein kleiner Schatz – du weinst. Edna, mein Mädchen!«

Sie preßte die Arme an die Gitterstäbe und schluchzte hemmungslos.

»Edna – hör auf – es ist alles meine Schuld. Ich bin ein Dummkopf – ein furchtbarer Idiot. Ich habe dir den Nachmittag verdorben. Ich habe dich gequält mit meiner idiotischen, dämlichen, verdammten Ungeschicklichkeit. Das ist es! Nicht wahr, Edna? Um Himmels willen.«

»Ach«, schluchzte sie, »ich hasse es, dir so weh zu tun. Jedesmal, wenn du mich bittest, meine – meine Hand zu halten oder – oder mich zu küssen, könnte ich mich umbringen dafür, daß ich es nicht tue – es nicht zulasse. Ich weiß nicht einmal, warum ich es nicht zulasse.« Heftig fuhr sie fort: »Es ist nicht, daß ich Angst vor dir hätte – das ist es nicht – es ist nur so ein Gefühl, Henry, und ich begreife es selbst nicht. Gib mir dein Taschentuch, Liebster.« Er zog es hervor. »Während des Konzerts hat es mich die ganze Zeit gequält, und ich weiß, jedesmal, wenn wir uns sehen, taucht dieses Gefühl wieder auf. Manchmal denke ich, wenn wir es täten – nicht wahr – uns bei den Händen hielten und uns küssen würden, dann wäre alles anders – und wir wären nicht mehr frei wie jetzt – wir würden etwas Heimliches tun. Wir wären keine Kinder mehr – albern, oder? Ich wäre befangen und würde mich vor dir genieren, dabei bin ich mir doch so sicher, daß wir all das gar nicht brauchen, weil wir zwei, du und ich, wir zwei sind.« Sie wandte sich um und sah ihn an, die Hände an die Wangen gepreßt, eine Geste, die er so gut kannte, und hinter ihr sah er wie im Traum den Himmel und einen weißen Halbmond und die Bäume des Square mit ihren noch ungeöffneten Knospen. Unaufhörlich knetete er das Programmheft in den Händen. »Henry! Du verstehst mich doch – oder?«

»Ja, ich glaube schon. Aber ab sofort hast du keine Angst mehr, versprochen?« Er versuchte zu lächeln. »Wir vergessen das alles, Edna. Ich werde nicht wieder damit anfangen. Wir begraben den ganzen Spuk hier in dem Square – gleich jetzt – du und ich – einverstanden?«

»Aber«, sagte sie und sah ihn forschend an, »wirst du mich dann auch nicht weniger liebhaben?«

»Aber nein«, sagte er. »Nichts – nichts auf der Welt könnte mich dazu bringen.«

V

London wurde ihnen zur Spielwiese. Sonnabends am Nachmittag zogen sie los. Sie fanden ihre Läden, wo sie Zigaretten und Bonbons für Edna kauften, und ihre Teestube mit ihrem eigenen Tisch – sie fanden ihre Straßen – und eines Abends, als Edna angeblich eine Vorlesung am Polytechnikum hörte, fanden sie ihr eigenes kleines Dorf. Es war der Name, der sie angelockt hatte. »Er klingt nach weißen Gänsen«, sagte Henry, als er Edna davon erzählte. »Und nach einem Fluß und kleinen, niederen Häusern, vor denen alte Männer sitzen – alte Kapitäne zur See mit Holzbeinen, die ihre Uhren aufziehen, und nach kleinen Läden mit Lampen in den Fenstern.«

Es war schon zu spät für die Gänse und die alten Männer, aber der Fluß war da und die Häuschen und sogar die Läden mit den Lampen. In einem arbeitete eine Frau an einer Nähmaschine, die auf dem Verkaufstresen stand. Sie hörten das brummende Surren, und sie sahen ihren mächtigen Schatten, der den ganzen Laden ausfüllte. »Da paßt kein einziger Kunde mehr hinein«, sagte Henry. »Einfach ideal.«

Die Häuschen waren klein und von Windengewächsen und Efeu überwuchert. Einige hatten ausgetretene Holztreppen vor der Eingangstür. Bei anderen mußte man ein paar Stufen hinabgehen, um sie zu betreten; und gleich auf der anderen Straßenseite – von jedem Fenster aus zu sehen – war der Fluß, mit einer Uferpromenade und Pappeln.

»Hier sollten wir wohnen«, sagte Henry. »Da ist sogar ein Haus zu vermieten. Vielleicht wartet es auf uns, wenn wir es bitten. Bestimmt wird es das tun.«

»Ja, ich würde gern hier wohnen«, sagte Edna. Sie überquerten die Straße, und sie lehnte sich an einen Baumstamm und sah mit einem verträumten Lächeln zu dem leeren Haus hinauf.

»Hinter dem Haus ist ein kleiner Garten, Liebes«, sagte Henry, »mit einem Rasen und einem Baum drauf, und an der Mauer wachsen Margeriten. Nachts leuchten die Sterne in dem Baum wie winzige Kerzen. Und drinnen gibt es zwei Räume unten und einen großen Raum mit einer Flügeltür oben und darüber einen Spitzboden. Und acht Stufen führen zur Küche – die sind sehr duster, Edna. Du fürchtest dich nämlich ziemlich vor diesen Stufen. ›Henry, Liebster, bist du so gut und gibst mir die Lampe? Ich möchte nur schnell nachsehen, ob Euphemia das Feuer ausgemacht hat, bevor wir zu Bett gehen.‹«

»Ja«, sagte Edna. »Unser Schlafzimmer ist ganz oben – der Raum mit den zwei quadratischen Fenstern. Wenn es still ist, können wir wie aus weiter Ferne den Fluß hören, Liebster, und die Pappelblätter, ein Rascheln und Rauschen in unseren Träumen.«

»Dir ist doch nicht kalt – oder?« fragte er plötzlich.

»Nein – nein, ich bin nur glücklich.«

»Der Raum mit der Flügeltür ist deiner.« Henry lachte. »Er ist alles mögliche – es ist gar kein richtiger Raum. Alles ist vollgestellt mit deinen Spielsachen, und ein großer blauer Sessel steht darin, in den du dich kauerst, nah beim Feuer, und die Flammen lassen deine Locken leuchten – denn obwohl wir verheiratet sind, weigerst du dich, eine Hochfrisur zu tragen, und beim Gottesdienst steckst du sie einfach unter den Mantelkragen. Und auf dem Boden liegt ein Teppich, auf dem ich mich hinfläze, weil ich so faul bin. Euphemia – unser Mädchen – ist nur tagsüber da. Wenn sie weg ist, gehen wir nach unten in die Küche, sitzen am Tisch und essen einen Apfel oder machen Tee, nur um das Singen des Kessels zu hören. Ungelogen. Wenn man einem Kessel nur ganz genau zuhört, ist das wie ein früher Frühlingsmorgen.«

»Ja, ich weiß«, sagte sie. »Alle möglichen Vogelarten.«

Ein kleines Kätzchen schlüpfte durch den Zaun des leeren Hauses auf die Straße. Edna rief es und bückte sich und streckte die Hand aus: »Miez! Miez!« Das Kätzchen lief zu ihr her und rieb sich an ihren Knien.

»Wenn wir spazierengehen wollen, nimm die Katze und setz sie einfach hinter die Haustür«, spann Henry den Faden weiter. »Ich habe den Schlüssel.«

Sie gingen über die Straße, und Edna blieb stehen und streichelte das Kätzchen in ihrem Arm, während Henry die Treppenstufen hinaufging und vorgab, die Haustür zu öffnen.

Er kam rasch wieder zurück. »Laß uns schnell fortgehen. Es entpuppt sich sonst noch alles als ein Traum.«

Der Abend war dunkel und warm. Sie wollten nicht heim. »Ich fühle es ganz genau«, sagte Henry, »wir sollten hier wohnen, jetzt. Wir dürfen nicht warten. Was bedeutet schon das Alter? Du bist so alt, wie man nur sein kann, und ich auch. Weißt du«, sagte er, »ich habe häufig das Gefühl, daß es gefährlich ist, zu warten – daß sich die Dinge immer weiter entfernen, je länger man wartet.«

»Aber Henry – Geld! Wir haben doch gar kein Geld.«

»Nun ja – vielleicht wenn ich mich als alter Mann verkleide, könnten wir eine Stelle als Verwalter bekommen, in einem großen Anwesen – das wäre doch lustig. Ich würde mir eine grauenerregende Geschichte über das Haus ausdenken, wenn jemand es besichtigen käme, und du würdest dich verkleiden und wie ein Gespenst in der verwaisten Gemäldegalerie herumjammern und die Hände ringen, um sie zu verscheuchen. Hast du nicht auch manchmal das Gefühl, daß Geld im Grunde unwichtig ist – und daß man die Dinge, die man sich wirklich wünscht, auch so bekommt, und wenn nicht, spielt es eben keine Rolle?«

Sie antwortete nichts darauf – sie sah zum Himmel auf und sagte: »O je, ich möchte nicht heim.«

»Genau – das ist ja das Problem – und deshalb sollten wir nicht heimgehen. Wir sollten zurück zu dem Häuschen gehen und eine alte Untertasse suchen, um der Katze den Rest aus dem Milchkrug zu geben. Ich lache überhaupt nicht – ich bin nicht einmal glücklich. Ich sehne mich nach dir, Edna – ich gäbe alles darum, könnte ich mich niederlegen und weinen« … und er ergänzte mit schwacher Stimme: »… mit meinem Kopf in deinem Schoß und deiner lieben Wange an meinem Haar.«

»Aber Henry«, sagte sie und kam näher, »hast du denn kein Vertrauen? Ich meine, du bist dir doch so sicher, daß wir einmal ein solches Haus haben werden und alles, was wir uns wünschen – oder etwa nicht?«

»Das reicht nicht – das reicht nicht. Ich will auf genau dieser Treppe sitzen und diese Stiefel hier ausziehen, und zwar jetzt. Du denn nicht? Reicht dir Vertrauen?«

»Wenn wir nur nicht so jung wären …« sagte sie traurig. »Obwohl«, seufzte sie, »ich fühle mich gar nicht so jung – ich fühle mich mindestens wie zwanzig.«

VI

Henry lag in dem Wäldchen auf dem Rücken. Wenn er sich bewegte, raschelte totes Laub unter ihm, und über ihm zitterten junge Blätter wie Fontänen grünen Wassers, von Sonnenlicht durchtränkt. Irgendwo, wo er sie nicht sehen konnte, sammelte Edna Primeln. Er war so in Träumereien verloren gewesen an diesem Morgen, daß er mit Ednas Begeisterung für Blumen nicht recht hatte Schritt halten können. »Ja, Liebes, geh du nur und hol mich dann. Ich bin zu faul.« Sie hatte den Hut hingeworfen und sich neben ihn gekniet, und nach und nach hatte ihre Stimme, hatten ihre Schritte schwächer geklungen. Jetzt war es ganz still im Wald, bis auf die Blätter, aber er wußte, daß sie nicht weit weg war, und er streckte sich, bis seine Fingerspitzen ihre rote Jacke berührten. Seit dem Erwachen war ihm so sonderbar zumute, als sei er überhaupt nicht erwacht, sondern träume nur. Die Zeit vor Edna war ihm wie ein Traum gewesen, und jetzt träumten sie den Traum gemeinsam, und irgendwo an irgendeinem dunklen Ort wartete ein weiterer Traum auf ihn. »Nein, das kann nicht sein, denn ich kann mir die Welt nicht ohne uns vorstellen. Ich weiß, daß wir beide etwas bedeuten, wie etwas, das einfach dasein muß, wie Bäume oder Vögel oder Wolken.« Er versuchte sich zu erinnern, wie es ohne Edna gewesen war, aber es ging nicht. Der Blick auf die Vergangenheit war durch Edna versperrt; Edna mit dem schlüsselblumenfarbenen Haar und dem eigentümlich verträumten Lächeln füllte ihn vollständig aus. Er atmete sie; er aß und trank sie. Edna war ein strahlender Ring, der ihn umgab und ihm die Welt vom Leib hielt oder die Dinge, die er berührte, in ein neues, schöneres Licht tauchte. »Wenn du längst zu lachen aufgehört hast«, erzählte er ihr, »spüre ich dein Lachen noch mit jeder Faser – und doch – sind wir ein Traum?« Und plötzlich sah er sich und Edna wie zwei ganz kleine Kinder, die durch die Straßen liefen, in die Schaufenster sahen, etwas kauften und damit spielten, die miteinander sprachen, sich anlächelten – er sah sogar ihre Gebärden und die Art, wie sie häufig dastanden und sich ganz ruhig einfach nur ansahen – und dann drehte er sich um und drückte sein Gesicht ins Laub – ganz erschöpft vor Sehnsucht. Er wollte Edna küssen und in seine Arme schließen und sie an sich drücken und ihre Wange heiß unter seinem Kuß spüren und sie küssen, bis er keine Luft mehr bekam, und so den Traum ersticken.

»Nein, ich kann mich nicht weiter so verzehren«, sagte Henry und sprang auf und begann, in die Richtung zu rennen, in der sie verschwunden war. Sie war ein gutes Stück gegangen. In einer grünen Senke hockend fand er sie, und als sie ihn sah, winkte sie und rief: »O Henry – sie sind so schön! Ich habe noch nie so schöne gesehen. Sieh dir das an.« Als er dann endlich bei ihr stand, hätte er sich lieber die Hand abgehackt, als ihr die Freude zu verderben. Wie sonderbar Edna heute war! Während sie mit Henry sprach, hörten ihre Augen nicht auf zu strahlen; heiter und spöttisch. Zwei Flecken, rot wie Erdbeeren, glühten auf ihren Wangen, und: »Ich wünschte, ich wäre endlich müde!« sagte sie ein ums andere Mal. »Ich möchte durch die ganze Welt laufen, bis ich sterbe. Henry – komm weiter. Lauf schneller – Henry! Wenn ich plötzlich zu fliegen anfange, versprich mir, daß du mich an den Füßen festhältst, hörst du? Sonst komme ich nicht mehr herunter.« Und: »Hach«, rief sie, »ich bin so glücklich. Ich bin so schrecklich glücklich!« Sie kamen an einen wunderbaren, ganz mit Heidekraut bestandenen Ort. Es war früh am Nachmittag, und das Sonnenlicht ergoß sich auf den Purpur.

»Laß uns hier ein wenig ausruhen«, sagte Edna, und sie watete in das Heidekraut und legte sich hin. »O Henry, es ist herrlich. Man sieht nichts als die kleinen Glöckchen und den Himmel.«

Henry kniete sich neben sie hin und nahm ein paar Primeln aus ihrem Korb und machte eine lange Halskette für sie. »Ich könnte ohne weiteres einschlafen«, sagte Edna. Sie rückte näher an seine Knie heran und lag dann versteckt unter ihrem Haar dicht bei ihm. »Wie auf dem Meeresgrund, nicht wahr, Liebster, so freundlich und so still?«

»Ja«, sagte Henry mit merkwürdig belegter Stimme. »Jetzt mache ich dir eine aus Veilchen.« Aber Edna setzte sich auf. »Laß uns gehen«, sagte sie.

Sie kamen wieder zur Landstraße und gingen ein weites Stück. Edna sagte: »Nein, ich könnte doch nicht durch die ganze Welt laufen – jetzt bin ich müde.« Sie schleppte sich zum Grasrand der Straße. »Du und ich, wir sind müde, Henry! Wie weit ist es noch?«

»Ich weiß nicht – nicht sehr weit«, sagte Henry und spähte in die Ferne. Dann gingen sie schweigend weiter.

»Oh«, sagte sie schließlich, »es ist wirklich zu weit, Henry, ich bin müde, und ich habe Hunger. Nimm diesen dummen Primelkorb.« Er nahm ihn, ohne sie anzusehen.

Endlich kamen sie in ein Dorf und zu einer Kate mit einem Schild »Nachmittagstee«.

»Hier sind wir richtig«, sagte Henry. »Ich war schon oft hier. Setz dich auf die kleine Bank, und ich gehe rein und bestelle den Tee.« Sie setzte sich auf die Bank in dem reizenden Garten, wo alles weiß und gelb von Frühlingsblumen war. Eine Frau erschien in der Tür, lehnte sich gegen den Pfosten und sah ihnen beim Essen zu. Henry war sehr freundlich zu ihr, aber Edna sagte kein Wort. »Sie sind lange nicht hiergewesen«, sagte die Frau.

»Ja – der Garten sieht großartig aus.«

»Nun ja«, sagte sie. »Ist die junge Dame Ihre Schwester?« Henry nickte »Ja« und nahm von der Marmelade.

»Man sieht die Ähnlichkeit«, sagte die Frau. Sie trat in den Garten und pflückte die Blüte einer weißen Narzisse und reichte sie Edna. »Sie kennen nicht zufällig jemanden, der ein Haus sucht«, sagte sie. »Meine Schwester ist krank geworden und hat mir ihre Kate überlassen. Ich möchte sie vermieten.«

»Für länger?« fragte Henry höflich.

»Ach«, sagte die Frau unschlüssig, »je nachdem.«

Darauf Henry: »Tja – vielleicht kenne ich da jemanden – könnten wir sie uns mal ansehen?«

»Ja, es ist gleich hier an der Straße, das Häuschen mit den Apfelbäumen davor – ich hole Ihnen den Schlüssel.«

Als sie fort war, wandte Henry sich zu Edna um und fragte: »Kommst du mit?« Sie nickte.

Sie gingen die Straße entlang und durch die Gartenpforte und über den grasbewachsenen Fußweg zwischen den rosaroten und weißen Bäumen hindurch. Es war alles winzig – zwei Zimmer unten und zwei Zimmer oben. Edna lehnte sich aus dem oberen Fenster, und Henry stand in der Tür. »Gefällt es dir?« fragte er.

»Ja«, rief sie, und dann machte sie ihm Platz am Fenster. »Komm und sieh selbst. Es ist so hübsch.«

Er trat zu ihr und lehnte sich aus dem Fenster. Unter ihnen schwankten die Apfelbäume in einer zarten Brise, die ihm eine lange Strähne von Ednas Haar über die Augen blies. Sie rührten sich nicht. Es war Abend geworden – der blaßgrüne Himmel war mit Sternen übersät. »Sieh doch, Henry!« sagte sie: »Sterne.«

»Jeden Moment kommt der Mond heraus«, sagte Henry.

Sie schien sich nicht bewegt zu haben, und doch lehnte sie jetzt an Henrys Schulter; er legte den Arm um sie: »Sind die Bäume da unten alles – Apfelbäume?« fragte sie mit zittriger Stimme.

»Nein, mein Liebling«, sagte Henry. »Einige von ihnen sind voller Engel und einige voller Zuckermandeln – aber das Abendlicht ist verdammt trügerisch.« Sie seufzte. »Henry – wir dürfen nicht länger bleiben.«

Er ließ sie los, und sie richtete sich in dem dunklen Raum auf und strich sich übers Haar. »Was ist den ganzen Tag mit dir losgewesen?« fragte sie – und sie wartete seine Antwort nicht ab, sondern lief zu ihm hin und umschlang seinen Hals und drückte seinen Kopf in die Grube ihrer Schulter. »Ach«, hauchte sie, »ich liebe dich so. Halt mich fest, Henry.« Er legte die Arme um sie, und sie schmiegte sich an ihn und sah ihm in die Augen. »War es nicht ganz schrecklich heute?« fragte Edna. »Ich wußte genau, was mit dir los war, und ich wollte dir so gern sagen, daß ich nichts mehr wünsche, als daß du mich küßt – und daß ich dieses Gefühl jetzt ganz überwunden habe.«

»Du bist wunderbar, wunderbar, wunderbar«, sagte Henry.

VII

»Die große Frage lautet«, sagte Henry, »wie soll ich es bis zum Abend aushalten?« Er holte seine Uhr aus der Tasche, ging in die Kate und steckte sie in einen Porzellankrug auf dem Kaminsims. Er hatte in der vergangenen Stunde siebenmal auf die Uhr gesehen, und jetzt konnte er sich nicht daran erinnern, was sie gezeigt hatte. Also sah er noch einmal darauf. Halb fünf. Ihr Zug kam um sieben an. Um halb sieben mußte er sich auf den Weg zum Bahnhof machen. Also noch zwei Stunden Warten. Er lief wieder durch das Häuschen – unten und oben. »Hübsch«, sagte er. Er ging in den Garten und pflückte einen runden Strauß weißer Nelken und stellte ihn in eine Vase auf dem kleinen Tischchen neben Ednas Bett. »Ich glaube es einfach nicht«, sagte Henry. »Nicht eine Sekunde. Es ist zu schön, um wahr zu sein. In zwei Stunden wird sie ankommen, und dann gehen wir zusammen heim, und dann nehme ich den weißen Krug vom Küchentisch und gehe hinüber zu Mrs. Biddie und hole die Milch, und dann gehe ich zurück, und wenn ich wieder da bin, hat sie bereits das Licht in der Küche angemacht, und ich sehe durchs Fenster, wie sie im Schein der Lampe hin- und hergeht. Und dann essen wir zusammen, und nach dem Essen (natürlich wasche *ich* ab!) lege ich etwas Holz aufs Feuer, und wir setzen uns auf den Kaminvorleger und sehen in die Flammen. Man hört kein Geräusch, nur das Holz, und vielleicht streicht der Wind einmal kurz ums Haus … Und dann zünden wir unsere Kerzen an, und sie geht zuerst hinauf, mit ihrem Schatten neben sich an der Wand, und sie ruft: Gute Nacht, Henry – und ich antworte: Gute Nacht, Edna. Und dann renne ich nach oben und springe ins Bett und sehe den schmalen Lichtstreifen aus ihrem Zimmer, der meine Tür streift, und sobald er erlischt, schließe ich meine Augen und schlafe bis zum Morgen. Und dann haben wir den ganzen morgigen Tag und übermorgen und morgen abend. Ob sie auch an all das gerade denkt? Edna, komm schnell!

Wenn ich ein Vöglein wär
und auch zwei Flügel hätt,
flög ich zu dir –

Nein, nein, Liebste … Denn das Warten, mein Schatz, ist auch eine Form der Seligkeit. Wenn du verstehst. Hast du schon gewußt, daß eine Kate auf Zehenspitzen stehen kann. Diese hier tut es gerade.«

Er war unten und saß auf der Treppe vor der Tür, mit den Armen umklammerte er die Knie. An dem Abend, als sie das Dorf gefunden hatten – und Edna gefragt hatte: »Hast du denn kein Vertrauen, Henry?« – »Damals hatte ich keins.

Jetzt habe ich Vertrauen«, sagte er, »ich komme mir vor wie Gott.«

Er lehnte seinen Kopf gegen den Türrahmen. Er konnte kaum seine Augen offenhalten, nicht weil er müde war, sondern … aus irgendeinem anderen Grund … und die Zeit verstrich.

Henry glaubte einen großen weißen Nachtfalter auf der Landstraße fliegen zu sehen. Nein, es war kein Nachtfalter. Es war ein kleines Mädchen in einer Schürze. Was für ein nettes kleines Mädchen, und er lächelte im Schlaf, und sie lächelte auch, und beim Gehen trat sie mit den Füßen nach innen. »Aber sie kann doch unmöglich hier wohnen«, dachte Henry. »Denn das ist unser Haus. Da kommt sie.«

Als sie dicht vor ihm stand, zog sie die Hand unter der Schürze hervor und reichte ihm ein Telegramm und lächelte und ging wieder. Was für ein merkwürdiges Präsent! dachte Henry und starrte es an. »Vielleicht ist es gar kein echtes Telegramm, sondern nur eines mit einer dieser Schlangen innen drin, die einen beim Öffnen anspringen.« Er lachte gutmütig in dem Traum und öffnete es vorsichtig. »Es ist bloß zusammengefaltetes Papier.« Er zog es heraus und entfaltete es.

Der Garten füllte sich mit Schatten – sie sponnen ein Netz aus Dunkelheit über der Kate und den Bäumen und Henry und dem Telegramm. Aber Henry rührte sich nicht.

TAPFERE LIEBE

I

Als Mitka in den Wyndham Square einbog, hörte er den schönen Klang einer Uhr, die zehn schug. Der Ton schien aus weiter Ferne zu kommen, von hoch oben in der Luft. Mitka blieb stehen, um zu lauschen, sah auf und blickte sich um. Der Abend war warm und still. Der Himmel war übersät mit großen Sternen, und Mondlicht lag auf den weißen Häusern und den Bäumen und den schmalen Rasenflächen des Square. Einige Häuser hatten rot-weiß gestreifte Markisen über die Balkone gebreitet. Auf allen Simsen standen Kästen mit blühenden Pflanzen, und durch die geöffneten und erleuchteten Fenster drangen Stimmen und Gelächter. In dem warmen, weißen Licht sah der Platz eigentümlich heiter und schön aus, aber ganz unwirklich. Es war wie ein Platz in einem Traum, unnahbar wie in einem Traum und geschützt in seiner eigenen Unwirklichkeit. Aber das Leben an Land ist für mich schließlich immer wie ein Traum, dachte Mitka und folgte den Schritten seines scharfumrissenen Schattens. Ich werde mich mein ganzes Leben lang danach sehnen, an Land zu leben, und unterdessen vergeude ich meine Zeit auf Schiffen, kleinen Schiffen, großen Schiffen …

Als er zur Nummer vierunddreißig kam, hörte er ein Klavier, und dann die Stimme von Mildred West. *»It's all in vain – I implore thee.«* Oh, dachte Mitka, sie singt für meinen Bruder. Mein Bruder ist da – mein geliebter Paddy! Und er lief die Stufen hinauf, zog heftig an der Türglocke und scheuchte den deutschen Diener durch die verschlungenen

Eingeweide des Hauses. Noch bevor Mitka Zeit hatte, nach seinem Bruder zu fragen, hörte er Mildreds Stimme oben auf dem Treppenabsatz zum Salon. »Wer ist da? Hans, wer ist es?«

Mitka lief an dem deutschen Diener vorbei in die Halle und rief fröhlich: »Ich bin's, Mitka.«

»Mitka!« Mildred klang sehr erfreut. Sie kam die Treppe heruntergerauscht. »Also so etwas, Mitka«, und trat zu ihm. »Wo kommst du her?« Sie legte ihm ihre duftenden bloßen Arme um den Hals und küßte ihn und hielt ihn dann ein Stück von sich entfernt. »Laß dich ansehen.« Was gleichzeitig bedeutete: »Du darfst auch mich ansehen, ich bin so schön wie je.« Sie trug ein schwarzes Kleid und keinen Schmuck außer einem Paar schwarzer Perlenohrringe und einer schwarzen Rose, die in ihrem hellen Haar prangte. Ihre roten Lippen und die schön geschminkten Augen lächelten Mitka an, und er erkannte das Parfüm wieder, das seinem Bruder stets anhaftete – ein Duft nach süßlichem trockenen Holz. »Du liebe Zeit, Kind, wie braun du bist! Wie eine Haselnuß«, sagte Mildred. Sie legte ihre Hand unter sein Kinn und hob seinen Kopf. »Und einen Bart hast du dir stehenlassen. Aber darauf falle ich nicht herein, Mitka. Du siehst keinen Tag älter aus.«

Er legte seine Stirn in Falten. »Ach, du machst dich schon wieder über mich lustig«, sagte er. »Aber es ist mir egal. Seit ich bin fortgegangen vor drei Jahren – seitdem hat mich keiner mehr auf den Arm genommen. Habe ich fast vergessen, wie das ist.«

»Komm nach oben in den Salon«, sagte sie und lachte ihn an. »Dein Englisch ist schlechter denn je. Paddy ist da. Er wird staunen.«

Mitka zögerte. »Könnte ich ihn nicht zunächst allein sprechen«, schlug er vor.

Aber Mildred wehrte ab. »Nein, damit kommst du nicht

durch. Wir wollen gern sehen, wie du Paddy küßt. Es ist niemand da, vor dem du dich zu fürchten bräuchtest. Nun komm schon«, und sie nahm seine Hand und lief mit ihm die Treppe hinauf und rief: »Paddy, Paddy, rat mal, wer hier ist! Sieh doch, wen ich dir bringe.«

Für einen Moment vergaß Mitka alles um sich her und sah nur seinen gutaussehenden, hochgewachsenen Bruder, ganz in Schwarz und Weiß, wie er durchs Zimmer auf ihn zukam. Tränen schossen ihm in die Augen. Er lief Paddy entgegen und fiel ihm in die Arme.

»Warum hast du uns nicht benachrichtigt, Kleiner«, sagte Paddy, der beinah so gerührt war wie Mitka.

»Ach«, sagte er, »es sollte eine Überraschung sein. Wenn ich so plötzlich zurückkomme, ist es, als wäre ich nie fort gewesen.«

»Hört ihn euch an.« Mildred legte einen Arm um seine Schulter und kniff ihn ins Ohrläppchen. »Nun sei schön artig und sag Mutter guten Abend und laß dich deinem Publikum vorstellen.«

Der Salon war genauso, wie er ihn in Erinnerung hatte – alles in Rot und Weiß, mit Lampenschirmen wie aufgeplusterte Rosen und Dutzenden Photographien in silbernen Rahmen. Die alte Mrs. Farmer, Mildreds Mutter, saß in ihrer gewohnten Ecke mit einem Wust aus Wolle und Stricknadeln auf ihrem Schoß, neben sich ein Tischchen, auf dem wie früher der Papageienkäfig stand, der mit einer rot-weiß karierten Decke abgedeckt war. Sie sah eingefallen und hinfällig aus, als er sich über ihre kleine gelbe Hand beugte.

»Aha!« wimmerte sie. »Ja, ja! Ich kenne Sie, junger Mann«, und sah aus verblüfften Augen verschmitzt zu ihm auf.

»Miss Valerie Brandon«, und Mitka verbeugte sich vor einem hochgewachsenen jungen Mädchen, das beim Flügel stand und mit gedrücktem Pianopedal einige Akkorde anschlug. Sie war in ein Chiffontuch gehüllt, und ihr Hals und das Haar waren in Kerzenlicht getaucht. »Colonel Foster« – ein alter Mann beim Kamin, die Füße nach der leeren Feuerstelle ausgestreckt, die dicken roten Hände vor dem Bauch gefaltet. »Und das sind meine beiden Jungen.« Mildred zeigte spöttisch auf zwei sehr dunkelhäutige junge Männer, die in einer Ecke Karten spielten. Sie grinsten zu Mitka herüber, scharrten mit den Füßen, erhoben sich halb, sanken dann wieder nieder. »Das hätten wir.« Mildred seufzte übertrieben, steckte die Hand in Paddys Westentasche und holte ein Zigarettenetui heraus. »Setz dich aufs Sofa und halt Händchen mit Paddy.« Sie stand neben der hohen Lampe und sah auf sie beide hinunter, und jedesmal, wenn sie den Rauch über die Lippen blies, hob sie den Kopf, als wollte sie ihnen den schneeweißen Hals und Busen präsentieren.

»Zunächst einmal«, sagte Mitka, der sie betrachtete und in seiner unschuldigen Art bewunderte, »muß ich mich für meinen Aufzug entschuldigen. Aber ich bin so selten an Land, daß ich keinen Abendanzug besitze. Ich weiß – es ist schockierend, das zu sagen.«

»Wir wollen es dir nachsehen«, lachte Mildred. »Und das ist doch ein sehr hübscher blauer Sergeanzug. Wo kommst du jetzt her? Wie lang bleibst du?«

»Ich komme gerade aus Alexandrien«, sagte er, »und ich bleibe fünf Tage. Dann geht es nach Marseille, und dann«, er zuckte die Schultern, »wieder nach Alexandrien. Immer hin und her.«

»Und hast du aufregende Abenteuer erlebt?« neckte ihn Mildred.

»Nein, nein«, sagte Mitka nur. »Es ist ziemlich ruhig auf See.« Er rieb die Hände aneinander. »Um nicht zu sagen, zu ruhig.« In der kurz eintretenden Stille hörten sie die gedämpften Akkorde vom Klavier und die Geräusche des Papageien, der in seinem Käfig an der Decke spazierte.

»Bleib bei uns, hörst du«, sagte Paddy. »Bleib die fünf Tage hier. In meinem Zimmer gibt es ein Extrabett, das kannst du haben.«

»Was! Das geht? Ach, Paddy, du bist ein Schatz.« Mitka hätte ihn gern wieder umarmt. Er fragte sich, ob Paddy sich wirklich so verändert hatte oder ob es nur die Menschen waren und dieser englische Salon, die ihn so fremd erscheinen ließen, so distanziert.

»Ich kann dir ein Nachthemd leihen«, sagte Mildred. Von den dunkelhäutigen Männern in der Ecke kam ein Kichern und das Hop-hop-hop der elfenbeinernen Cribbage-Stifte. Aber niemand beachtete sie. Der Colonel schlief, sein Doppelkinn ruhte auf seinem Kragen, Mrs. Farmers Äuglein huschten von Mildred zu den Brüdern und zurück zu Mildred, und sie verzog das Gesicht in dem Versuch mitzubekommen, was gesprochen wurde, und Valerie Brandon setzte sich auf den Klavierhocker und begann leiser denn je zu spielen – sie war ganz in einen goldenen Schleier zitternden Kerzenlichts gehüllt.

»Ach«, sagte Mitka, »ich bin so froh, hier zu sein. Wie schön es hier ist. Wie friedlich.« Er lächelte Mildred an und Paddy.

»Du bist sehr genügsam, mein Lieber«, sagte sie und verzog ein wenig das Gesicht.

»Er ist jung«, krähte Mrs. Farmer plötzlich. »Laß ihn, Mildred. Er wird noch früh genug begreifen. Er ist jung.« Ihr Spitzenhäubchen wankte, während sie sprach, und sie entfaltete klappernd einen Fächer und drosch damit durch die Luft.

»*Liebe* Zeit, *Mutter*«, stöhnte Mildred. »Wir kommen ja richtig in Fahrt heute abend, wie?« Mitka sah, wie Paddy die Stirn runzelte, und hörte ihn flüstern: »Laß sie in Ruhe,

Mildred.« – »Ach, sie soll sich gefälligst nicht einmischen.« Mildred zuckte die Schultern, als Mrs. Farmer einen neuen Anlauf unternahm.

»Sehen Sie sich vor, junger Mann«, rief sie aus. »Es ist nicht alles Gold, was glänzt.« Mitka fühlte sich unbehaglich. Wie dumm von mir, dachte er. Mit meiner albernen Fröhlichkeit blamiere ich mich immer nur. Paddy ist jetzt gewiß wütend auf mich. Ich weiß es.

Aber Paddy, der Mitkas Gedanken zu lesen schien, wollte ihn beruhigen, legte ihm eine Hand aufs Knie und sagte freundlich: »Da wäre mein kleiner Bruder also wieder.«

Mildred warf sich in ihrem Sessel zurück und rauchte mit halbgeschlossenen Augen. »O Val«, stöhnte sie, »nicht so trübsinnig. Das ist ja zum Steinerweichen, Liebes. Hör einfach auf.« Mitka sah zum Klavier. Das Mädchen hörte auf zu spielen. Sie wickelte sich in das Chiffontuch, wirbelte auf dem Klavierhocker herum und sah zu ihnen her.

»Na gut«, sagte sie. »Ich höre auf. Ein halbes Stündchen habe ich mich immerhin ausgeweint.« Während sie sprach, lächelte sie, den Kopf hatte sie ein wenig auf die Seite gelegt. Sie sah sehr schlank und sehr jung aus, wie sie da auf dem Klavierhocker thronte. Sie hatte schwarzes Haar und mandelförmige graue Augen. »Möchte wissen«, sagte sie mit demselben Spott in der Stimme, »ob der Papagei wohl schläft.« Mit einem feinen Rauschen ihres Seidenkleids sprang sie auf und ging zum Käfig und zog die Decke ab. »Polly – Polly –« rief sie, und der Papagei antwortete, indem er ihre tiefe Stimme nachahmte: »Polly, Polly.«

»Valerie, laß das. Er wird dich in Stücke reißen«, protestierte Mildred. Aber das junge Mädchen öffnete den Käfig und steckte ihre Hand hinein und holte auf einem Finger den rot-grauen Papagei heraus. Sie hockte sich auf die Fersen, hielt den Vogel in der Hand und streichelte ihn und hob seine Flügel.

»Haßt er seinen dummen alten Käfig?« sagte sie. »Und blendet ihn das dumme alte Licht?« Der Papagei lief an ihrem Arm hoch bis auf ihre Schulter und schlug mit den Flügeln.

»Na bitte, habe ich es nicht gesagt? Er ruiniert dir das Tuch«, sagte Mildred.

»Tut er nicht«, sagte Valerie Brandon, »und ich mag das Gefühl von seinen Krallen auf meiner Schulter. Das ist lustig«, fügte sie langsam hinzu, und langsam drehte sie sich um und lächelte Mitka zu, der ganz still dasaß und dies sonderbare Mädchen beobachtete. »Möchten *Sie* ihn mal streicheln?« fragte sie.

»Val, bitte, hör auf mit dem Unsinn.«

»Wer möchte unsere hübsche kleine Polly einmal streicheln?«, und sie lachte und biß sich auf die Unterlippe.

»Val, sei still«, sagte Mildred. Aber Valerie wandte ihren Blick nicht von Mitka. Der ganze Raum, die Lampen, die Menschen, alles verschwand, und es blieb nur das Mädchen mit dem Papagei, das ihn unaufhörlich ansah und auf eine Weise, daß er im Innern erschauerte.

»Hübsche Polly«, rief sie und lockte den Papagei.

»Gleich ruiniert er ihr das Kleid«, frohlockte Mrs. Farmer.

»Schlafenszeit für dich, Mutter«, sagte Mildred. »Also, ab jetzt.«

Paddy zog seine Uhr hervor. »Ich gehe auch zu Bett, und Mitka auch.«

Mildred nickte. »Ich werde dann mal den Colonel in die Falle schicken. Also, Jungs«, rief sie den beiden dunkelhäutigen jungen Männern zu, »Abmarsch. Und lassen Sie die Fenster offen.« Valerie tat den Papagei wieder in den Käfig und breitete die karierte Decke darüber. Sie stand lächelnd da, einen Finger an den Lippen, als lausche sie auf irgend etwas im Innern des Käfigs, bis Mildred zu ihr trat und einen

Arm um sie legte. »Kommt nach oben in mein Zimmer, wir wollen noch etwas trinken – wir vier«, sagte sie.

Die Zimmer des obersten Stockwerks gehörten Mildred und Paddy. Als die Brüder eintraten, saß sie auf der Bettkante, gekleidet in einen blauseidenen, mit weißen Flügeln bestickten Kimono. Valerie Brandon war neben ihr, und beide lächelten sich an. Auf einem kleinen Tischchen standen eine Flasche und vier Gläser. »Mitka zu Ehren«, sagte Mildred.

»Mach sie auf, Paddy.« Aus irgendeinem dummen Grund schämte sich Mitka. Er traute sich kaum, die beiden Frauen anzusehen und dieses Zimmer, das so erfüllt war von einer ihm unbekannten Mildred. Ihre Abendschuhe und ihr Kleid lagen auf einer Couch. Eine Puderquaste lag auf dem Tischchen mit den Gläsern, das große, weiche Bett war zurückgeschlagen. »Ich sage euch was«, sagte Mildred. »Mitka schämt sich. Habe ich recht? Du bist ganz verstört, stimmt's, Mitka? Du denkst, so etwas gehört sich nicht.«

»Quäl ihn nicht«, sagte Paddy. »Du bist schrecklich heute abend, Mildred.«

»Ach ja?« sagte Mildred, und als er ihr ein Glas reichte, umschlossen ihre Finger die seinen. »Wirklich, Paddy?«

»Nun ja – nein – natürlich nicht«, und Mitka hörte Paddys sonderbare glückliche Lache, die nur Mildred ihm entlockte. Sehr zögerlich und ohne recht zu wissen, warum er sie mied und warum er sie dennoch ansehen mußte, wandte er seinen Blick Valerie zu. Auch sie sah ihn an, aber ihr Blick war nicht mehr derselbe. Er war nur freundlich und nett und höflich und schien zu sagen: »Hab keine Angst. Wir machen nur Spaß.« Sie trank ihren Wein in winzigen Schlucken, und er trank, wenn sie trank, und fühlte sich sehr erleichtert und war wieder fröhlich.

Plötzlich waren Schritte auf der Treppe zu hören. Jemand pfiff. »Evershed ist nach Hause gekommen«, sagte Mildred leichthin und sah Valerie an. Das junge Mädchen stellte ihr Glas ab.

»*Bon soir, mes amis*«, sagte sie.

»Wer ist Evershed?« fragte Mitka.

II

Als Mitka am nächsten Morgen zum Frühstück hinunterging, war im Eßzimmer niemand außer Mildred und dem alten Colonel Foster. Der Colonel saß am Fenster in der Sonne mit einer Morgenausgabe der ›Post‹ auf den Knien, doch Mildred schenkte sich gerade erst Tee ein.

»Hallo, wie lieb, daß wenigstens du auf mich gewartet hast«, sagte sie.

»Nanu, sind alle schon weg?« fragte Mitka.

»Ja, Gott sei Dank. Die Frühstückszeit ist eine böse Zeit in diesem Haus. Die Jungen gehen schon sehr früh ins Büro, und Paddy muß in die City. Dann kommt Evershed mit seinen Sonderwünschen, und –«, sie nickte in Richtung des Fensters »– muß bald mit dem Löffel gefüttert werden. Ich warte, bis alle weg sind, und dann esse ich in aller Ruhe. Bedien dich, mein Lieber! Hast du gut geschlafen?«

»Wie ein Murmeltier«, sagte Mitka.

»Gut«, sagte Mildred abwesend. Sie sah müde und blaß aus. »Schau mich nicht so an, mein Junge«, sagte sie. »Ich sehe am Morgen immer wie eine Vogelscheuche aus. Ich hasse den Morgen – vor allem einen Morgen wie diesen – so unanständig hell, wenn die Sonne sich als Anstreicher aufspielt.«

Mitka sah sie besorgt an. »Ich denke, es sind bei dir die Nerven«, sagte er. »Bestimmt ist es so, denn der Morgen ist wunderschön, und doch bringst du nicht die Kraft auf, dich in ihm zu kleiden, so wie du es am Abend tust.«

»Wie meinst du das?«

»Ganz einfach«, sagte Mitka. »Wenn ich dich am Abend sehe, dann denke ich immer, diese Frau trägt die Nacht wie ein Kleid. Du duftest nach Nacht, und man sieht sie in deinen Augen, und deine Stimme hat diese Erregung … nun, die Nacht ist schließlich erregend und geheimnisvoll. Und so siehst du aus. Ich habe das auch zu Paddy gestern abend gesagt, und er hat mir recht gegeben. Er hat gesagt, das habe er schon immer an dir geliebt. Nun ja«, er zuckte die Schultern und sah sie stirnrunzelnd an, »du solltest dich genauso mit dem Tag schmücken. Weißt du, ich bin davon überzeugt, daß Frauen, schöne Frauen, gewissermaßen die Seele der Natur verkörpern. Die Natur spiegelt sich in ihnen, wie sie es in Teichen oder Blumen tut.«

Mildred hörte ihm zu und lachte dabei. »Du bist ja verrückt«, sagte sie, aber in ihre Bewegungen, in ihr Lächeln kehrte die Anmut zurück, und sie sah Mitka sehr liebevoll an. »Mitka, sag mir eins.«

»Was?«

»Warst du je verliebt?«

»Ich störe wohl«, sagte eine Stimme bei der Tür, und Valerie Brandon schlenderte zu ihnen und stemmte die Arme auf den Tisch. »Guten Morgen«, sagte sie, beugte sich vor und küßte Mildreds Haar.

»Guten Morgen. Wie interessant du aussiehst in dem weißen Kleid mit dem schwarzen Spitzentuch.«

»Ja, nicht wahr?« sagte sie. »Wie eine spanische Kellnerin in einem *Café chantant*! Ist das nicht ein Hitze? Schon so früh.« Sie setzte sich an den Tisch und legte die Hände an die Wangen.

»Kann ich Ihnen Ihr Frühstück holen?« fragte Mitka höflich.

Sie schüttelte den Kopf. »Nein, ich esse nichts. Worüber redet ihr denn hier, Mildred, du und Mr. –«, sie zögerte,

»– Mr. Mitka, bei Toast und Speck, über den Unterschied zwischen Liebe und Leidenschaft, oder ob Frauen dieselben Freiheiten haben sollten wie Männer, wer weiß, was ihr schon alles beredet habt, bevor ich hereinkam.«

»Nein.« Mildred stieß ihren Stuhl zurück. »Hast du eine Zigarette für mich, Mitka? Danke. Sie duften himmlisch! Das ist die Sorte, die du auch früher hattest.«

»Geben Sie mir auch eine«, sagte Valerie und nahm Mildred das Etui weg.

»Ich habe ihn mir in der Morgensonne einmal genauer besehen«, fuhr Mildred fort. »Und ich muß sagen, unser Mitka hat etwas unbestreitbar Anziehendes an sich. Ich finde, obwohl er so jung wirkt – Bärtchen hin oder her –, sieht er aus, als könne er jederzeit etwas Aufregendes erleben. Findest du nicht …?«

»Ich weiß nicht recht«, sagte Valerie und musterte ihn mit ernster Miene.

Mitka sah zu ihr auf und lächelte. »Ach«, sagte er, »Mildred nimmt mich wieder auf den Arm. Sie liebt es, sich über mich lustig zu machen. Eigentlich denkt sie, ja, ja, der Bursche ist ganz nett. Ein paar Tage werde ich ihn schon ertragen.«

»Höchstwahrscheinlich haben Sie recht«, sagte Valerie. »Huch! Was tu ich. Beinahe hätte ich Ihr Etui behalten.«

»Geht in den Salon und raucht dort weiter«, sagte Mildred. »Ich muß hier aufräumen. Geht, ihr beiden.« Sie ging zur Tür und rief: »Hans, Hans.«

»Madame«, sagte der deutsche Diener, der aus dem Nichts auftauchte; um den Hals trug er einen dicken Verband.

»Was ist denn mit Ihnen los?« sagte Mildred mit angewiderter Stimme. »Schon wieder neue Furunkel, Hans. Puh! Das sieht ja entsetzlich aus.«

»Kommen Sie«, sagte Valerie.

»Sie müssen entschuldigen, Madame«, murmelte der Diener.

»Nein, ich entschuldige gar nichts. Das kommt bestimmt, weil Sie sich nicht waschen.« Sie schimpfte ihn mit harter, zorniger Stimme aus, die noch zu hören war, als Valerie und Mitka die Treppe hinaufgingen.

»Bei Tag ist dieser Raum nicht zum Aushalten«, sagte Valerie. »Kommen Sie nach draußen auf den Balkon.« Dort klappte sie einen Liegestuhl auf und legte sich hin, einen Arm hinter dem Kopf. Mitka setzte sich auf einen kleinen Hocker und rauchte. »Ich mag es, mit Ihnen zusammenzusein«, sagte sie. »In Ihrer Gegenwart fühle ich mich so gut. Nein. Das ist kein Witz. Ich meine das ganz ernst. Sie glauben gar nicht« – sie pflückte eine Blume vom Balkongeländer und biß auf den Stengel – »was das für eine Wohltat ist, was für eine Seltenheit, jemanden wie Sie zu treffen, jemanden, der nicht entweder falsch ist oder – häßlich.«

Mitka machte große Augen. »Sie scherzen, oder?« fragte er.

»Bestimmt nicht.« Sie klang ganz empört; sie biß der Blume den Kopf ab. »Warum sollte ich? Wenn Sie wüßten, wie es hier zugeht – meine Güte, dann wären Sie auch froh, wenn zur Abwechslung einer wie Sie auftaucht. Das soll nicht heißen, daß wir schlecht oder böse sind«, sagte sie und schmiß den Blumenstengel fort, »wir sind nur so abgestumpft – so weit entrückt vom wirklichen Leben.«

»Was bedeutet das letzte?« fragte Mitka mit sanfter Stimme.

»Wir sind nicht lebendig«, sagte sie. »Ach! Was für eine elende Bande! Was für ein erbärmlicher Haufen! Sie machen sich keine Vorstellung«, sie wandte sich wieder Mitka zu und lächelte, »wie absurd Sie gestern abend im Salon gewirkt haben, neben Mrs. Farmer und dem Colonel und den beiden Südamerikanern und Mildred und mir. Ich werde nie vergessen, wie Sie mit großen Augen ins Zimmer gestürmt kamen – und wie Sie sich umschauten und sagten: ›Wie schön es hier ist.‹ Ich hätte schreien können!«

»Aber«, sagte Mitka mit verblüffter Stimme, »was stimmt denn nicht mit dem Haus? Ist es nicht wie andere Häuser?«

»Oh, ich nehme an, *doch*«, sagte sie. »Wie unzählige andere Häuser, vermutlich. Ich schleppe im Rocksaum den Staub von Hunderten solcher Häuser mit mir herum.«

»Aber warum bleiben Sie hier, wenn Sie es so verabscheuen«, fragte Mitka, der sich immer mehr verwunderte.

»Ach«, Valerie lachte, »das ist eine andere Geschichte. Fragen Sie mich etwas Leichteres. Ja, warum? Wenn ich das wüßte –«, und sie stand auf, lehnte sich ans Balkongeländer und sah auf Mitka herunter. »Im Grunde ist es eine ziemlich dumme Frage. Warum tut man irgend etwas? Weil man nicht anders kann, nehme ich an. Man wird von einem Rad erfaßt, und dann geht es immer im Kreis.«

»Das glaube ich nicht«, sagte Mitka. »Ich glaube nicht an Räder. Wenn Sie ganz ehrlich zu sich selbst sind und sich selbst sagen, was Sie tun wollen, dann können Sie es tun. Sonst könnten Sie gleich vom Balkon springen. Was für einen Sinn hätte sonst alles?«

»Glauben Sie wirklich, daß die Menschen tun können, was sie wollen?« fragte Valerie langsam. »O je, ich glaube, Mildred hat recht, wenn sie findet, daß Sie noch sehr jung sind. Ich habe einmal so wie Sie gedacht und habe mich entsprechend aufgeführt. Das war wirklich lustig.«

Mitka sprach sehr ernst: »Es kommt einfach darauf an, was man will im Leben, nicht wahr?«

»Nein«, sagte sie, »es gibt nur eins. Frei zu werden und frei zu bleiben. Ja, ja«, sagte sie verbittert, »und ich bin auf dem besten Weg. Aber das war es, was mir an Ihnen sofort auffiel. Sie sehen aus, als wären Sie wirklich und wahrhaftig frei.«

Mitka nickte. »Das ist wohl wahr«, sagte er. »Ja, das bin ich.«

»Und einmal angenommen«, begann sie und hielt dann inne. »Ach Gott, was soll's? Was rede ich denn da, um Himmels willen. Was für ein Blödsinn, was für ein Riesenblödsinn«, rief sie verzweifelt. »Da unten fährt die alte Mrs. Farmer in ihrem Rollstuhl spazieren. Sie hat uns gesehen. Machen Sie winke-winke.«

»Hören Sie auf«, stieß Mitka mit besorgter Stimme hervor. »Bitte, hören Sie auf. Sie machen mich schrecklich traurig.« Er nahm die Enden ihres Tuchs in die Hand und knetete sie, während er mit gesenktem Kopf weitersprach. »Ich ertrage es nicht, jemanden so schrecklich unglücklich zu sehen. Vielleicht haben Sie recht, vielleicht bin ich jung – ein ›dummer Junge‹ – aber ich würde alles in meiner Macht Stehende tun, um Ihnen zu helfen. Bitte glauben Sie mir.« Hätte er in diesem Moment aufgeblickt, er wäre überrascht gewesen, ihr Gesicht zu sehen. Eine sonderbare Mischung aus Erleichterung und Verachtung und Hohn zeichnete sich darauf ab. Aber er blickte nicht auf.

»Dann seien Sie mein Freund«, sagte sie mit leiser, nachdenklicher Stimme. »Ich weiß nicht warum, aber ich habe Sie gesehen und sofort gewünscht, Sie wären mein Freund. Ich habe gespürt, daß Sie mir helfen können, so unendlich viel helfen können – und in gewisser Weise – bitte, verstehen Sie mich nicht falsch – in gewisser Weise habe ich auf Ihre Hilfe gewartet. Seien Sie mein Freund, mein –«, sie senkte ihre Stimme, »– mein heimlicher Freund. Wollen Sie das?«

O Gott, welche Glückseligkeit! dachte Mitka. Endlich bittet mich jemand um das Geschenk der Freundschaft. Ich, der ich nie einen Freund hatte, der nie jemanden hatte, den er mit ganzer Seele lieben konnte. Er ergriff ihre Hand und küßte sie begierig, demütig. »Ich gehöre Ihnen«, sagte er.

III

»Val. Bist du das? Kann ich reinkommen?«

»Komm herein. Ich mache gerade meine Nägel. Wieviel Uhr ist es, Mildred?«

»Ungefähr halb vier. Paddy rief gerade aus der City an. Er möchte, daß ich mit ihm einen Ausflug aufs Land mache. Er hat ein Automobil gemietet.«

»Meine Güte, was für ein Luxus«, sagte Valerie und tupfte einen Klecks Rot auf jeden Nagel.

»Nicht wahr, Liebes? Ich denke, er tut es vor allem wegen Mitka. Willst du nicht das Quartett vervollständigen? Zum Abendessen werden wir wieder zurück sein.«

»Nun, warum nicht«, sagte Valerie gedehnt.

»Du und Evershed, ihr wollt heute abend doch nicht ausgehen, oder?« fragte Mildred.

Das junge Mädchen schüttelte den Kopf. »Nein, nicht daß ich wüßte. Gut, ich komme mit. Wann?«

»Nun, er fährt jetzt los. Dann wird er in einer halben Stunde hier sein. Du ziehst dich jetzt besser um. Ich weiß doch, wie lange du brauchst. Wie entsetzlich heiß es immer noch ist. Du bist ein Glückspilz, dein Raum dürfte der kühlste im ganzen Haus sein.«

»Nun, letzte Nacht habe ich hier ziemlich gekocht«, sagte Valerie und sah vom Polieren der Nägel auf, und sie und Mildred brachen in Gelächter aus.

»Wie findest du Mitka?« fragte Mildred. »Ach, leih mir mal deine Sachen. Ich mache mir schnell die Nägel, während du dich anziehst.«

»Er ist ein lieber, netter Junge«, sagte Valerie leichthin.

»Ja, nicht wahr? Paddy hängt sehr an ihm. Und er ist unterhaltsam – findest du nicht?«

»Doch, durchaus.«

»Du hast einen enormen Eindruck auf ihn gemacht«, sagte Mildred.

»Habe ich das? Ach, Unsinn!«

»Es ist die reine Wahrheit, meine Liebe. Ich habe ihn heute beim Mittagessen beobachtet. Er konnte kaum den Blick von dir abwenden.«

»Und als nächstes verkuppelst du den Colonel mit deiner lieben Mutter«, sagte Valerie und puderte sich den Hals und die Arme.

»Gar keine so schlechte Idee. Aber ich meine es ernst, was Mitka angeht. Glaub mir.«

»Nun ja, was soll's. In fünf Tagen ist er wieder weg. Vielleicht mache ich mich an ihn heran. Lust hätte ich. Was soll ich nur anziehen? Nie habe ich etwas anzuziehen. Ich bin furchtbar wütend auf Evershed.«

»Das ist ja alles gut und schön«, sagte Mildred. »Aber du solltest lieber nicht so reden. Wie stündest du da ohne Evershed? Ich behaupte nicht, daß er besonders faszinierend ist, aber er schwimmt nun einmal in Geld, und er ist verrückt nach dir, und er ist schrecklich anständig – und von wegen, er verwöhnt dich nicht! Fordere das Glück nicht heraus. Männer wie Evershed fallen nicht vom Himmel.«

»Aber wie öde ist das alles, Mildred, öde, öde, öde! Du weißt so gut wie ich, daß ich nie in Evershed verliebt war, und er weiß es auch. Vermutlich ist er deswegen noch immer so verrückt nach mir. Aber – vielleicht ist es das heiße Wetter, das bei mir diese Krise auslöst. Ich sehne mich nach romantischer Leidenschaft ...«

»Und das arme Opfer heißt Mitka«, sagte die kluge Mildred.

»Merci Madame.« Valerie zog eine Schnute. *»Je n'aime pas les petits bébés.«*

»Ich glaube dir kein Wort. Aber du hörst ja nicht auf mich.«

»Und ob ich auf dich höre, meine Liebe.« Valerie hauchte Mildred einen Kuß auf die Augenlider. »Ich höre doch immer auf dich, vor allem, wenn du deinen blauen Schleier trägst und aussiehst wie eine Pariser Madonna.«

»Ach, beeil dich lieber.«

»Halt ihn an der Jacke fest, Paddy. Laß ihn nicht auf dem Sitz stehen«, sagte Mildred. »Mitka, du solltest dich schämen. Die Leute werden denken, du seist noch nie in einem Automobil gefahren. Nun sieh ihn dir an, Valerie.«

Mitka konnte nicht anders, er mußte die ganze Zeit lächeln. Es störte ihn nicht, daß Mildred sich über ihn lustig machte. Er saß ganz still neben Paddy. Seine Freundin ihm gegenüber, die ihre kleinen behandschuhten Hände im Schoß gefaltet hatte, spürte er mehr, als daß er sie sah. Diese wunderbare Verwandlung innerhalb weniger Stunden, dachte er. Wer bin ich? Bin ich noch derselbe Mensch, der gestern abend hier angekommen ist? Ich gehöre zu jemandem – die Frau, die mir gegenübersitzt, hat mich gebeten, ihr – ihr heimlicher Freund zu sein. Wenn ich jetzt auf See bin, werde ich immer jemanden haben, zu dem ich in Gedanken sprechen kann, der wie ich zu den Sternen schaut, und der meine Traurigkeit teilt. Aber wie soll ich jetzt noch traurig sein – jetzt, da ich weiß: Wo immer ich auch bin, meine Freundin denkt vielleicht an mich, und wann immer ich zurückkehre, ist sie es, zu der ich zurückkehre. Ich werde vom Schiff hinuntereilen. Und eins muß ich lernen – wie ich sie glücklich machen kann. Und dann, eines Tages, wird sie sagen, das hast du für mich getan, Mitka. Du hast mir diese Freude bereitet. Ja, Valerie, so wird es kommen, glaube mir. Er sagte ihren Namen so oft in seinem Innern, daß er überzeugt war, sie müsse es hören. Aber sie saß ruhig da, die Augen halb geschlossen, der Fahrtwind ließ ihr langes dunkelrotes Tuch flattern. Auch Mildred lehnte sich zurück, und, eingelullt von der Luft und der raschen Fahrt, lächelte sie in schläfrigem Entzücken.

»Sind sie nicht schön«, sagte Mitka zu Paddy.

Paddy nickte. »Ja, das sind sie.« Er beugte sich vor und legte seine Hand auf Mildreds Hand. »Bist du glücklich, Dredy?« fragte er. Ich weiß, warum er das tut, dachte Mitka. Er möchte, daß sie ihn nur für einen Moment ansieht. Und er freute sich für seinen Bruder, als Mildred Paddys Hand drückte und ihn anlächelte. Sie waren auf dem offenen Land, eilten über silbrig staubige Landstraßen dahin, an Feldern vorbei, an Wiesen voller Heu. Der Heuduft hing in der Luft wie Honig. Ich fühle mich wie betrunken, dachte Mitka. Ist dieses Land wirklich so, wie ich es sehe? Wenn ja, dann ist es das schönste Land, das –

Sie hielten vor einem großen, eisernen Tor.

»Wo sind wir, Paddy?«

»Hier bekommt man Tee.«

Obwohl er sehr mutig war und seiner Freundin im Kopf lange Vorträge hielt und sie bei ihrem Namen rief, schämte sich Mitka doch vor ihr. Sie schien ihm auszuweichen, tat sich mit Mildred zusammen, die ihn neckte wie einen kleinen Jungen. Sie war so ganz anders als das Mädchen heute morgen. Der Nachmittag wäre ein Reinfall gewesen, wenn Mildred nicht gewesen wäre.

»Das ist die Gelegenheit«, sagte sie nach dem Tee. »Führ Valerie in den Park und verirrt euch anständig. Eine solche Gelegenheit kommt nicht wieder – sie verzehrt sich vor Sehnsucht.«

»Na gut«, sagte Valerie. »Kommen Sie, Mitka. Wir bleiben nicht lang. Wir treffen uns dann wieder hier.« Und dann spazierte er tatsächlich mit ihr allein über schmale, blumengesäumte Wege. Sie kamen an einen Rasenplatz, der von Stechpalmen umschlossen war. In einer Ecke stand ein Baum mit gelben Blüten. Valerie überquerte den Rasen und setzte sich unter den Baum. »War das nicht geschickt von mir, Mildred einfach beim Wort zu nehmen?« sagte sie.

»Wunderbar.« Mitka lag neben ihr, das Gesicht in die Hände gestützt. Der Baum betupfte sie mit Flecken aus Licht und Schatten, und sie hob einige der glockenförmigen Blüten, die im Gras lagen, auf und ließ sie von einer Hand in die andere gleiten. »Und jetzt«, sagte Mitka, »erzählen Sie mir alles über sich, ja? Wissen Sie, seit heute morgen zittere ich die ganze Zeit, wenn ich daran denke, daß mir nur fünf Tage bleiben. Als würde in mir eine Uhr ticken – fünf Tage, fünf Tage, und dann bin ich fort. Ich muß also sehr viel über Sie erfahren. Ich kann in fünf Tagen gar nicht genug erfahren von einer Freundin, nicht wahr?«

»Sie könnten zu viel erfahren«, sagte sie und ließ die Blüten durch die Finger gleiten.

»Bitte lachen Sie nicht«, sagte Mitka ernst.

Sie biß sich auf die Lippe und sah ihn aus den Augenwinkeln an. »Nun, was soll ich Ihnen erzählen?«

»Alles«, sagte er eifrig. »So viel wie möglich.«

Sie schüttelte den Kopf. »Sie werden enttäuscht sein.«

»Nein, bestimmt nicht. Unmöglich. Ich kann nur glücklich sein. Oh, bitte, fangen Sie an – die Zeit ist so kurz.«

Dann schwieg sie und ließ die Blüten in ihren Schoß fallen und nahm sie wieder auf und verbarg sie in ihrer Hand. »Es gibt nichts zu erzählen, Mitka«, sagte sie.

Sein Herz schlug heftig, als sie seinen Namen nannte. »Hier unter diesem Baum haben Sie mich zum ersten Mal richtig beim Namen genannt«, sagte er, und er sah zu den leuchtenden Zweigen und der gelben Blütenpracht auf. »Ach, aber bitte tun Sie mir den Gefallen. Erzählen Sie von sich.«

»Was möchten Sie wissen?« fragte sie. »Sie fragen – und ich werde antworten, versprochen.« Damit mußte er sich zufriedengeben.

Nachdem sie ihm dieses und jenes erzählt hatte – und es war wenig genug und alles sehr geschönt und geglättet –, lag er still im Gras, ohne sie anzusehen. Er spürte sein Herz schlagen, langsam, ganz dicht am Boden. »Und Sie hassen ihn«, flüsterte er.

»Ich finde ihn unerträglich«, Valerie zitterte.

Mitka streckte eine Hand aus und streichelte ihren kleinen Schuh. »Meine arme, arme Freundin«, sagte er. »Wie schrecklich tapfer Sie sind«, sagte er. »Aber es muß doch einen Ort geben«, sagte er, »wo Sie vor ihm sicher sind. Es muß.«

Sie schüttelte den Kopf. »Es gibt keinen. Ausgeschlossen. Meinen Sie nicht, ich hätte diesen Ort längst gefunden, wenn es ihn gäbe?«

»Sie mit Gewalt festzuhalten. Mein Gott!« rief Mitka aus, setzte sich auf und ballte die Fäuste. »Was für ein Teufel dieser Mensch sein muß.«

Sie neigte den Kopf. »Und das Entsetzlichste an der Sache ist, daß er – daß er –«

»Oh«, sagte Mitka. »Ja, verstehe. O Valerie, liebe Freundin. Wie soll ich Sie befreien? Wie kann ich Sie glücklich machen?« Sie schüttelte den Kopf und sah ihn mit ihren mandelförmigen grauen Augen an. »Wie wunderbar Sie sind – einfach wunderbar«, sagte Mitka, »und Sie sind bestimmt meine Freundin?«

»Bestimmt.« Dann versetzte sie ihm einen Dämpfer. »Aber Sie werden verstehen, Mitka, daß ich vorsichtig sein muß. Wir müssen *heimliche* Freunde bleiben. Wir dürfen die Welt nicht an uns heranlassen. Wenn Sie glauben, ich sei verändert und kalt, denken Sie daran, daß ich mich so verhalten *muß*.«

»Da Sie es mir nun erklärt haben«, sagte er, »kann es nie wieder ein Mißverständnis zwischen uns geben – und –«, er lächelte, »glauben Sie mir, wir finden einen Ausweg.«

Sie wischte die Blütenblätter vom Schoß und stand auf, sah von ihm weg. »Und Sie müssen mich nicht – verachten?« fragte sie.

»Ich vergöttere Sie«, sagte er. Langsam gingen sie durch den schattigen Park zurück. »Ist es albern unter Freunden«, sagte Mitka, »wenn ich Ihnen sage, wie schön Sie sind, wenn ich von Ihrem Gang spreche, davon, wie Sie Ihren Kopf heben und dann mit den Augen lächeln – all solche Sachen?«

IV

Als Paddy am folgenden Abend nach oben auf sein Zimmer ging, um sich fürs Essen umzuziehen, fand er seinen kleinen Bruder auf der Bettkante sitzend vor – im Dunkeln. Als er das Licht anschaltete, legte er einen Arm vor die Augen und warf sich herum. »Was ist los? Was tust du da?« fragte Paddy erstaunt. »Stimmt etwas nicht, Mitka?«

»Nein«, antwortete eine erstickte Stimme. »Es ist nur das grelle Licht, Paddy. Es blendet.« Aber Paddy gab sich nicht zufrieden. Er bückte sich und hob Mitkas Taschentuch vom Boden auf, hob die Brauen, als er es befühlte, und setzte sich neben ihn aufs Bett. Es war wie früher, so neben Mitka zu hocken – wie in ihrer Kindheit, an die zurückzudenken Paddy für gewöhnlich weder Zeit noch Lust hatte, außer wenn er seinen kleinen Bruder traf. Was für ein Kind er doch ist, dachte Paddy – und Mitka, als ob er seine Worte gehört hätte, sagte: »Ja, Paddy, ich schäme mich nicht vor dir. Ich habe geweint.« Er setzte sich auf und ergriff Paddys Arm. »Aber nicht, weil ich traurig bin«, stammelte er. »Nein, deshalb nicht. Sondern weil ich jemanden hasse – so entsetzlich hasse. Ich habe vor Wut geweint!«

»Ich hatte erwartet, du würdest mir genau das Gegenteil

erzählen«, sagte Paddy. »Ich dachte, du weinst, weil du verliebt bist. Bist du es nicht?«

»O nein«, sagte Mitka – seine Lippen bebten – »überhaupt nicht – nicht so, wie du denkst. Das ist es nicht. Nein, ich habe aus Verzweiflung geweint, Paddy, vor lauter Wut. Ah« – er hob die Hände und umklammerte seinen Kopf – »schrecklich, schrecklich!«

»Willst du mir nicht sagen, wen du so haßt?« und Paddy fügte im stillen hinzu: Ich weiß es nur zu gut.

»Nein«, Mitka schüttelte den Kopf. »Ich kann nicht. Frag mich nicht. Aber, Paddy – das Süße und das Bittere im Leben ergeben eine schreckliche Mischung, findest du nicht? Ich glaube bald, es wäre besser, wenn man nicht beides haben könnte – sondern nur das Bittere oder nur das Süße. Das wäre leichter zu ertragen – und es wäre gerechter. Ja, wirklich.« Er hob den Kopf, und durch seine zerzausten schwarzen Haare sah er Paddy an. »Es ist so – absurd«, sagte er, »gleichzeitig an Händen und Füßen gezogen zu werden – bis man sich in gar keine Richtung mehr bewegen kann. Ab sofort«, sagte er, »glaube ich nicht mehr, daß Gott grausam ist oder gnädig oder lieb – ich glaube, er ist einfach verrückt, Paddy, und ein verrückter Gott ist etwas Entsetzliches. Ich möchte meine Hände zu ihm aufwerfen und ihm zurufen: Was für ein Narr bist du – du Wahnsinniger! Ich nehme an, du hast nie so gefühlt!«

Paddy schüttelte den Kopf. »Nein, Mitka. Mich erschüttert so schnell nichts. Ich bin viel zu beschäftigt, um mir groß Gedanken über mich und Gott zu machen. Aber du, kleiner Bruder«, sagte Paddy und legte Mitka einen Arm um die Schultern, »du bist wirklich in einer mißlichen Lage – du hast dir nie einen Panzer zugelegt. Aber um sicher durchs Leben zu gehen, brauchst du einen, und zwar einen sehr starken. Alles was dich berührt, hinterläßt bei dir seine Spuren – verletzt dich – oder beglückt dich, und weil im Leben nicht alles süß ist, wie du sagst, ist es unvermeidlich, daß du ebenso häufig verletzt wie glücklich bist. Ich dagegen bestehe fast nur aus Panzer, Mitka, ich kann nicht wie du der ganzen Welt mein Herz öffnen. Ich will Einfluß haben – das heißt, ich will reich sein – mit der geliebten Frau an meiner Seite – und für diese beiden Dinge kämpfe ich still und heimlich und bin auf der Hut vor allem, was mir dabei in die Quere kommen könnte. Das Leben ist für mich daher denkbar einfach. Aber für dich«, sagte er, »ach, Mitka, du bist wie ein nacktes Kind auf einem Schlachtfeld.«

Mitka rieb sich die Wange an Paddys Ärmel. »Nein«, sagte er, »ganz so ist es nicht. Ich sage dir, wie es ist. Mein ganzes Leben lang besitze ich das, was du einen Panzer nennst – und das ist meine Einsamkeit. Mich haben die Dinge entweder verletzt oder beglückt, das ist wahr, aber nie besonders stark, denn ich war den Dingen nicht nah. Ich habe mich immer zurückgezogen – in die Einsamkeit, Paddy. Verstehst du, das Leben, das ich gewählt habe – zur See zu gehen – ich habe es gewählt, weil es meinem Bedürfnis nach Einsamkeit besser als alles andere entsprach. Nicht daß ich es nicht verflucht und gehaßt hätte, dieses Etwas, das mich von den anderen abschottete – in gewisser Weise habe ich es gehaßt. Doch gleichzeitig war es das Kostbarste, was ich besaß, wenn du verstehst, was ich meine. Denn obwohl ich so viele Leute kannte, hatte ich nie irgendwelche Freunde, denn – abgesehen von den üblichen Umgangsformen, den Albereien und Scherzen – ich verstehe die Menschen einfach nicht. Die Menschen sind mir zu kompliziert, und ich selbst bin ganz unkompliziert. Ich empfinde einfach so oder so – wie ich als Kind empfunden habe, und das ist alles.«

»Und jetzt«, sagte Paddy, »bist du nicht mehr einsam, versteh ich dich richtig?«

»In gewisser Weise – ja, ich glaube schon.«

»Und du haßt die Person, die dir das angetan hat?«

»O Gott, nein«, rief Mitka rasch. »Wie könnte ich? Nein, nein, so ist es nicht.«

»Ach Mitka«, lachte Paddy, »wenn ich hier noch lange sitze, ist mir ein langer weißer Bart gewachsen. In deiner Gegenwart komme ich mir steinalt vor. Ich glaube, es wäre das beste, ich stecke dich in eine Kiste und schicke dich zurück auf dein Schiff.«

V

Und dann kam der Sonntag. Mitka kannte die Sonntage am Wyndham Square – der unaufgeräumte, träge Morgen, und dann das große Mittagessen um halb zwei, wo jeder bei Tisch erschien, und danach die schläfrige Stille, die sich auf das Haus senkte, bis zum Tee. Er hatte sie immer sehr genossen. Aber der heutige Sonntag war anders. Das Mittagessen verlief wie gewohnt von halb zwei bis halb drei – sie saßen an der langen, säuberlich gedeckten Tafel, während der deutsche Kellner, bleich und schwitzend, das dampfende Essen anreichte. Die alte Mrs. Farmer trug eine hohe weiße Haube mit einem bunten Seidenschmetterling darauf und stocherte in ihrem Essen, wie sie es immer tat. Doch die zitternden Hände des Colonels, das Getuschel der jungen Südamerikaner und Mildreds helle, durchdringende Lache zerrten an seinen Nerven. Was ist nur mit mir los? dachte er. Warum ist alles so häßlich? Und Valerie Brandon saß stolz und spottlustig neben Evershed. Mildred ließ ihn nicht in Ruhe.

»Ach Mitka, du bringst mich heute wirklich zum Lachen. Ich kann nicht ernst bleiben, wenn ich dich ansehe. Was hast du? Paddy, hast du ihn ausgeschimpft?« Paddy ließ sie gewähren. »Du machst ein Gesicht wie sieben Tage Regenwetter. Oder etwa nicht, Evershed?«

»Er ist verliebt«, gackerte die alte Mrs. Farmer und bekleckerte ihre schwarzseidene Bluse mit Milchpudding. »Das ist der einzige Grund, warum junge Leute Trübsal blasen.«

»Sehr schlau, Mutter«, spottete Mildred. »Und jetzt sieh nur, wie du dich wieder bekleckert hast.«

»Wart's ab«, sagte die alte Mrs. Farmer. Es war ihre Antwort auf alles. »Wart's nur ab.« Mehr hatte sie dazu nicht zu sagen, doch sie schien eine gewisse Genugtuung aus ihrer Replik zu ziehen. Sie kaute auf ihr herum in ihrem alten Mund: »Wart's ab. Wart's nur ab, mein Fräulein, so ist das.«

Nimmt das denn kein Ende, dachte Mitka verzweifelt. Doch endlich war alles vorbei, und nach und nach kehrte Stille im Haus ein, wie zu früheren Zeiten. Was soll ich jetzt tun? Er ging hinauf in Paddys Zimmer, doch Mildred war da. Er spähte in den Salon – die alten Leute wollten gerade einnicken – und auf dem Balkon saßen Evershed und die Südamerikaner und lasen sich aus den Sonntagszeitungen vor. Für mich ist hier kein Platz, dachte Mitka. Sein Herz sagte: »Wo ist sie, wo ist Valerie?« Ja, er war unglücklich, und müde dazu. Er wollte sich irgendwo anlehnen. Ich würde gern auf dieser Treppe sitzen und meinen Kopf an die Wand lehnen, dachte er. Dann könnte ich sicher sein, daß …

Er hörte, wie ihre Tür aufging, hörte das leise Rauschen ihrer seidenen Röcke. Sie kam die Treppe herunter, mit einem rosaroten Sonnenschirm und einem Buch in Händen.

»Haben Sie schon etwas vor?« fragte sie.

»Ich weiß nicht recht.«

»Ich gehe in den Square, lesen. Möchten Sie mitkommen?« Und sie traten vors Haus, in die heiße Nachmittagssonne, und gingen in den Square. Valerie setzte sich mit aufgespanntem Sonnenschirm auf eine kleine grüne Bank. »Sie haben keinen Hut«, sagte sie. »Ist es nicht zu heiß?«

»O nein, nicht für mich«, sagte Mitka und blinzelte in die Sonne. »Ich habe einen ziemlich dicken Schädel.«

Sie lächelte ihn an. »Sie sagen immer so komische Dinge.«

»Ach ja?« fragte er besorgt. »Sie meinen alberne Dinge.«

»Nein, nein, nein. Ich meine komische Dinge – charmante Dinge. Ich möchte auf keinen Fall, daß Sie anders reden … Was war mit Ihnen los, heute beim Mittagessen?«

»Oh«, begann Mitka, »lassen Sie mich überlegen. Es scheint ewig her zu sein, ich kann mich kaum erinnern … Ja, jetzt fällt es mir wieder ein. Ich weiß nicht. Ich war einfach traurig.«

»Aber warum denn?« bohrte sie. »Warum?«

»Ich glaube, etwas von Ihrem Abscheu vor dem Haus hat auf mich abgefärbt. Und gleichzeitig – war da noch etwas anderes.«

»Was?« fragte ihre leise, freundliche Stimme. »Sagen Sie es mir, Mitka.«

»Ich bin ein so elender Zweifler«, sagte er. »Seit wir zusammen in dem Park waren, möchte ich Sie ständig fragen: Sind Sie noch immer meine Freundin? Haben Sie sich nicht anders besonnen? Ich weiß, daß dem nicht so ist. Ich hasse mich dafür, daß ich es immer wieder hören will – und doch, wenn ich Sie mit anderen zusammen sehe – obwohl ich weiß, warum Sie sich anders geben müssen –, bekomme ich es mit der Angst zu tun, und ich denke: Sie hat dich vergessen. Es war alles ein Traum. Und dann habe ich das Gefühl, ich müßte zu Ihnen laufen und Sie fragen und anflehen, mir immer und immer wieder zu sagen: ›Nein, nichts ist vergessen – es ist alles, wie es war – ich bin Ihre Freundin, Mitka‹, dabei benehme ich mich sonst durchaus nicht so närrisch«, sagte Mitka. »Es ist alles so wunderbar und grauenvoll zugleich, aber das kommt wohl nur daher, daß alles so neu für mich ist. Bitte seien Sie mir nicht böse.«

»Ich bin Ihnen nicht böse«, sagte sie. »Aber Mitka –« (was für einen himmlischen Namen ich doch habe, dachte er) »– Sie sind doch zufrieden mit meiner Freundschaft, nicht wahr? Ich meine, wenn ich Sie in irgendeiner Weise traurig machen würde …«

»Mein Gott, nein. O Valerie – wenn ich Ihnen nur begreiflich machen könnte – wie sich mein Leben für immer verändert hat.« Sie schien nicht ganz zufrieden zu sein mit seiner Antwort. Sie legte die Stirn in Falten und schloß halb die Augen, als sei sie ein wenig verblüfft. »Aber da ist noch etwas«, sagte er, ohne Notiz davon zu nehmen. »Ich denke mit Schrecken an die Briefe, die ich Ihnen schreiben möchte – Sie werden doch zurückschreiben – oft, ja?«

»Oft«, versprach sie einsilbig.

»Sie werden über alles schreiben?«

»Aber selbstverständlich.«

Er machte eine unruhige Bewegung. »Ich gehe am Dienstag fort – am Dienstag morgen«, sagte Mitka.

»Für wie lange?« fragte sie wie abwesend und spielte an ihren Ringen.

»Für – Sie haben gelogen«, rief Mitka aus, als er ihre gerunzelte Stirn bemerkte. »Sie sind müde, Valerie.«

»Ja, ich bin wohl ein wenig müde. Das macht die Sonne.«

Und Mitka stellte sich vor, er sei ein mächtiger Riese, der die Sonne vom Himmel holt und zerschmettert, weil sie Valerie zu heiß beschien.

Der Abend dieses Tages war wie der erste Abend. Sie waren alle im Salon versammelt – außer Evershed –, und Valerie saß wieder am Klavier. Aber Mitka war für sich in einer Ecke und beobachtete sie, müde und glücklich. Ab und zu sah sie zu ihm hin, während sie spielte. »Ich bin Ihre Freundin«, sagten ihre grauen Augen – bis Evershed in den Salon trat und sich über den Flügel beugte und mit leiser Stimme zu ihr sprach. Sie hatte den Kopf gesenkt. Mitka hörte ihre Stimme, sah, wie sie den Kopf hob und Evershed anlächelte und mit den Schultern zuckte. Mitka beobachtete die beiden von seiner Ecke aus. All das ist nichts, sagte er sich. Sie ist deine Freundin. Sie hat es dir erst heute gesagt. All das ist bedeutungslos – gänzlich bedeutungslos. Es hat nichts mit dir und ihr zu tun. Am Dienstag gehst du fort, und dann mußt du sie nie wieder mit anderen zusammen sehen. Deine Gedanken können immer allein mit ihr sein. Er ermahnte sein Herz und tröstete es, doch es half alles nichts. Sein Herz begann zu weinen und wurde immer schwerer in seinem zitternden kleinen Körper.

VI

»Du willst uns also heute verlassen«, sagte Mildred. »Ich muß sagen, du bist sehr unartig gewesen, Mitka. Was hast du gestern den ganzen Tag getrieben? Du warst nach dem Frühstück verschwunden – und wann wieder zurück?«

»Ich bin spazieren gegangen«, sagte Mitka. »Ich hatte am Morgen einen Entschluß gefaßt und bin dann durch ganz London gelaufen.«

»Aber wozu?«

»Um die Stadt zu sehen. Viel zu sehen gibt es allerdings nicht. Alte Spinnennetze ohne Spinnen.«

»Nun denn«, sagte Mildred, »meinen Segen hast du. Geh jetzt. Ich muß mich ankleiden. Ich werde dich wohl nicht mehr sehen, vermute ich?« Sie hatte im Bett gefrühstückt und Mitka zu sich gerufen, um ihm Lebewohl zu sagen.

»Nein, vermutlich nicht.«

»Geh jetzt, und sag deiner kleinen Freundin auf Wiedersehen«, sagte Mildred.

Er hatte seine Ledertasche bereits gepackt. Er trug sie hinunter und stellte sie in die Halle, ging dann wieder nach oben und in den Salon. Er wußte, daß Valerie dort sein würde. Sie saß auf dem Sofa, die Hände im Schoß. Die

Stores waren heruntergezogen, und im Salon war es sehr kühl und dunkel. Mitka schloß die Tür und stand da wie ein kleiner Junge, der seine Lektion aufsagen sollte.

»Sie gehen also«, sagte Valerie.

»Wollen Sie mich nicht fragen, wo ich gestern den ganzen Tag war?« fragte er mit heiserer Stimme. »Nun, ich werde es Ihnen sagen. Ich habe einen Entschluß gefaßt und möchte Ihnen sagen: Bitte schreiben Sie mir keine Briefe. Bitte nehmen Sie diese Freundschaft zurück. Ich will sie nicht. Es tut mir leid.«

Valerie sah ihn mit großen Augen an. »Aber warum denn?« flüsterte sie, und ihr Gesicht schien sich verblüfft und entzückt zu erhellen.

»Weil –«, er zuckte die Schultern, »– es gibt keinen Grund«, sagte er mit leiser Stimme, »– außer, daß ich nicht der bin, für den Sie mich halten, ich bin ein Betrüger.«

»Mitka.«

Er trat an den Flügel und lehnte sich gegen das Instrument, ohne sie anzusehen.

»Mitka, wenn Sie es sich anders überlegt haben, wenn Sie mich nicht länger wollen – wenn ich also einen Freund verlieren soll«, sagte sie, »nun«, sie ließ eine kurzes atemloses Lachen hören, »dann kann ich es nicht ändern – ich kann Sie zu nichts zwingen, nicht wahr, Mitka? Aber ich denke, daß ich ein Recht habe zu erfahren, warum Sie unsere – heimliche Abmachung einfach brechen wollen.«

Er schüttelte rasch den Kopf. »Nein – ich kann es nicht sagen. Fragen Sie nicht. Es bleibt mir nur«, sagte er langsam, »Ihnen Lebewohl zu sagen und dann zu gehen. Lebewohl, einfach so. Ohne zurückzublicken.« Er drehte sich um und sah sie an, und die Worte erstarben auf seinen Lippen. Sie saß ganz still da, die Augen auf ihn gerichtet. Er sah, wie sich ihr kleiner Busen hob und senkte, und er sah ihre Hände, die halb unter ihrem schwarzen Spitzentuch versteckt waren. Während er sie so betrachtete, schien sie Stück für Stück zu wachsen und alles auszufüllen. Was gab es Wichtigeres auf der Welt? Was war denn die Welt? Nichts blieb als sie. »Es hat keinen Zweck«, rief Mitka heftig. »Ich kann nicht. Ich kann es Ihnen nicht sagen«, und er wankte auf sie zu und fiel neben ihr nieder und vergrub sein Gesicht in ihrem Schoß. »Ich liebe Sie, ich liebe Sie, ich liebe Sie –«

»Ach«, seufzte sie – und gegenüber im Spiegel lächelte sie dem reizenden, strahlenden Gesichtchen zu, das sie anlächelte, und dann beugte sie sich vor und legte ganz sachte ihre Hand auf sein dunkles Haar. »Mitka, bist du auch sicher?«

Er hob den Kopf und sah zu ihr auf, ängstlich und verzweifelt. In seinen Augen standen Tränen, und er preßte die Lippen fest aufeinander. Er konnte nicht sprechen – nur nicken; er schluchzte zitternd.

»Nicht«, sagte sie sanft. Mit unendlicher Zärtlichkeit sah sie Mitka an. »Ich liebe dich auch«, flüsterte Valerie.

»Was sagst du?« stammelte er. »Sag das noch mal. Schnell, schnell.«

»Ich liebe dich auch.«

Er drückte ihre Hände, bedeckte sie mit Küssen, ohne je den Blick von ihrem Gesicht abzuwenden. Voller Ehrfurcht und Staunen sagte er: »Du liebst mich«, und er drückte ihre Hand an sein Herz und wiederholte: »Du *liebst* mich!«

Sie nickte. Ein Lächeln huschte über ihre Lippen. Sie strahlte in der Tat, und doch war da eine gewisse Mattigkeit in ihren Gesten und in ihrer Stimme: »Ach, schon lange. Hast du es wirklich nicht … gewußt?«

»Wenn mir Gott erschienen wäre und es mir verkündet hätte, ich hätte ihm nicht geglaubt. Nie hätte ich für möglich gehalten, daß es einen Himmel auf Erden gibt.« Er stieß ein heiseres Lachen aus. »Oder träume ich etwa? Ich bin ich, Mitka, und du bist Valerie – und du hast gesagt, daß du mich liebst.« Plötzlich schlang er die Arme um sie. Sie lehnte sich an ihn, und dann küßten sie sich. Mit diesem Kuß gab er ihr alles hin, sein tapferes Herz, sein Wünschen und Hoffen, sein ganzes Selbst. »Vergib mir«, sagte er. »Vergib mir.«

»Aber wieso denn?« flüsterte sie und sah ihn ganz hingerissen an – und doch war sie ruhig, und er zitterte heftig.

»Ich bin es nicht wert, und ich bin so schwach. Ich kann meine Freude kaum ertragen. Wer bin ich, daß ich so glücklich sein darf? Ach!« rief er, »wie schön du bist, meine Liebste – wie unglaublich schön – von deinen Fingern geht ein Leuchten aus wie von einer Heiligen. Valerie, Valerie.« Sie lag zwischen den Kissen und lächelte ihn an. Er neigte sich über sie. »Und willst du meine Frau werden?«

Es folgte eine winzige Pause, gerade lang genug für ein überraschtes Pochen in Valeries Brust. Dann sagte sie: »Ja, deine Frau, Mitka.«

Er schickte sich an, sie wieder zu küssen, doch dann wandte er sich ab, schlug die Hände zusammen. »Nein, nein!« rief er mit gequälter Stimme. »Unternimm etwas. Hilf mir, Valerie. Laß mich dich nicht ohne Ende küssen. Oder ich werde noch wahnsinnig, und ich werde es nie über mich bringen, von dir fortzugehen – und wir müssen uns trennen. Ja, ja, wir müssen – wenn auch nur, um uns bald wiederzusehen, Liebste. Ich muß dich jetzt verlassen.«

»Jetzt schon?« flüsterte sie – und sie legte die Arme um ihn und zog ihn zu sich heran und drückte seinen Kopf an ihre Brust. »Denk nicht daran«, flüsterte sie, »denk nur daran, daß wir uns lieben, mein Schatz, mein geliebter Schatz.«

Er machte sich aus der Umarmung frei. »Das ist es ja, was ich nicht kann«, stammelte er. »Begreifst du denn nicht?« Und er stand auf und begann, im Zimmer auf und ab zu laufen. »Ich wäre verloren, wenn ich das täte. Versteh doch, die unverhoffte Freude, und du, die du so gütig zu mir bist, und unsere Zukunft, die in einem einzigen Moment besiegelt werden soll – hier und jetzt, verstehst du? Mein Engel«, sagte Mitka, »geliebte Seele, ich muß dich verlassen, und unsere Zärtlichkeiten und unser Glück müssen warten, bis ich wiederkomme, so rasch wie möglich, und dich mitnehme, und wir heiraten können. Jetzt«, sagte er, »müssen Entscheidungen getroffen, Pläne geschmiedet werden.« Er blieb vor ihr stehen und nahm ihre Hände und begann sie wieder zu küssen. »Mein Kopf ist schon voller Pläne. Ich sehe schon unser Haus, und unser Kind.« Sie saß ganz still da, den Kopf geneigt. »Hör mir zu, mein Liebling« – und er begann zu reden und alles aufs schönste und herrlichste zu planen und regeln. Jetzt würde er nach Alexandrien gehen, um Geld zu besorgen. Dann würde er nach Marseille gehen. Er hatte Freunde dort. Er könnte irgendeine Arbeit in Marseille annehmen. Unterdessen konnte er genügend Geld für sie beide leihen, und dann würde sie ihm folgen. Das war das beste. Sie würden zusammen ein neues Leben beginnen, weit weg von allem, weit weg. Von Evershed ging jetzt keine Gefahr mehr aus. Nichts und niemand konnte ihnen etwas anhaben.

Das Leben entfaltete sich wie eine herrliche Blume, während er sprach. Er konnte ihren Duft riechen, er beugte sich über sie, und das überwältigende Wunder ihrer Schönheit und Farbe berauschte ihn. Er redete und redete, eine halbe Ewigkeit, so wollte es Valerie vorkommen – die sich nicht rührte und auch nicht aufsah, deren Hände kalt und schlaff in den seinen lagen. Nur einmal, als er neben ihr kniete und ausrief: »Ach Valerie, unser gemeinsames Leben, unsere Kinder«, spielte ein kleines Lächeln um ihre Lippen, und sie hob ein wenig die Augenbrauen. Sonst zeigte sie keine Regung.

VII

Einige Wochen später trat Mildred eines Morgens in Valeries Zimmer. Das junge Mädchen lag im Bett und schlief. Mildred stand da und sah auf sie nieder, und sie fragte sich verwundert, wie Valerie es nur schaffte, sich dieses kindliche Aussehen zu bewahren. Sie lag auf dem Rücken. Die Ärmel ihres Nachthemds waren hinaufgerutscht und die Arme bis zu den Schultern entblößt. Lange schwarze Lokken lagen zu beiden Seiten ihrer Wangen, ihre Wimpern und Brauen warfen feine Schatten; sie atmete sanft durch leicht geöffnete Lippen. Ja, sie sieht hinreißend aus! dachte Mildred. Gute Güte, und wie unschuldig. Dabei kann ich mir keinen größeren Satansbraten vorstellen. Mildred zog die Vorhänge auf, aber Valerie rührte sich nicht. Auf dem Frisiertisch lagen ihr Schal, die weißen Handschuhe, ein Fächer und ein üppiger Strauß verwelkter gelber Rosen. Das Zimmer war unaufgeräumt, überall lagen Valeries Kleider herum, Schminksachen, aber Mildred begriff, daß diese Unordnung, diese Unbekümmertheit, ein faszinierender Wesenszug von Valerie war. Ja, wenn ich ein Mann wäre, ich würde mich auch in dieses kleine Biest verlieben. Sie ist so selbstgewiß, so unbekümmert, und sie bewahrt doch ihr Geheimnis. Ja, sie ist kalt und leidenschaftlich. Mit Daumen und Zeigefinger schnipste sie gegen den Brief, den sie in der Hand hielt, betrachtete die Schrift und die Briefmarke und verzog das Gesicht. Valerie seufzte und reckte die Arme, wälzte sich auf die Seite und setzte sich kopfschüttelnd auf.

»Ich bin noch gar nicht ganz wach«, sagte sie mit einer Stimme, die fremd klang (Kinder im Schlaf sprachen so).

»Na, dann ist es aber höchste Zeit«, sagte Mildred. »Es ist nach elf. Hier ist ein Brief für dich«, und sie reichte ihn Valerie.

»Du bist ein Schatz«, sagte Valerie und warf nur einen flüchtigen Blick auf den Brief. »Wir sind erst um vier nach Hause gekommen. Waren in einem dieser idiotischen Klubs.« Sie lächelte. »Ach, komm«, bettelte sie, »setz dich eine Minute zu mir.« Mildred setzte sich, und Valerie legte ihren Arm um sie.

»Es ist also noch immer nicht vorbei?« fragte Mildred und fuhr mit dem Finger in eine von Valeries Locken.

»Was? Du meinst diese schrecklichen Ergüsse?« gab Valerie zurück.

»Hm. Ich war neulich bei dir im Zimmer, als das Dienstmädchen gründlich geputzt hat, und sie hat Dutzende davon hinter dem weißen Papierschirm im Kamin hervorgeholt. Ich wußte, daß sie von ihm waren – er benutzt so ein komisches Papier. Liest du sie?«

Aber Valerie antwortete nicht. Statt dessen sagte sie: »Was soll ich tun? Ich kann ihn nicht aufhalten. Ich habe ihm immer wieder geschrieben und ihm gesagt, daß es keinen Sinn hat. Du hast gut lachen, aber es ist so ermüdend – und so dumm. Briefe von Jungen haben immer etwas Deprimierendes. Eine gewisse Ungeschicklichkeit ist ja durchaus reizvoll, wenn die Person vor einem steht – und ein Paar hübsche Augen hat, einen knabenhaften Mund und seidiges Haar. Aber in einem Brief – meine Güte, *nein*. Worüber lachst du?«

»Über dich. Ich lache über dich, weil du dir solche Mühe gibst, mir etwas vorzumachen. Ich weiß doch, daß du etwas im Schilde führst mit Mitka. Und ich wüßte zu gern, was. Er ist ein sonderbares Kerlchen. Ich bin überzeugt, hättest du ihm gesagt, daß er dir nicht mehr schreiben soll, er hätte sofort aufgehört. Dafür ist er viel zu stolz und zu empfindlich. Ich glaube also kaum, daß du es ihm gesagt hast. Und doch liebst du ihn nicht, warum stachelst du ihn also weiter an?«

Valerie legte sich wieder hin, warf den Brief hoch und fing ihn wieder auf. »Was weiß ich«, sagte sie leichthin. »Aber wenn ich irgend etwas einmal in die Finger bekommen habe, muß ich sehen, ob es nicht kaputtzukriegen ist, und vorher lasse ich nicht wieder los. Das ist das einzige Prinzip, das ich mir in dieser langweiligen Welt zu eigen gemacht habe – « Dann setzte sie sich hin und riß den Brief auf. Der Umschlag glitt zu Boden. Zeilen um Zeilen in einer kleinen, sauberen Handschrift füllten das Blatt. »Willst du?« fragte sie Mildred und verzog das Gesicht. Aber Mildred wandte sich ab.

»Nein, nein. Ich konnte noch nie mit anhören, wenn irgendwo geschlachtet wurde – und kleine Kinder schreien schlimmer als Schweine. *Bon appétit*, du kleines Scheusal.« Sie verließ das Zimmer.

»Herzallerliebste,

erschrick nicht. Ich schreibe im Bett. Zusätzlich zu der Brustfellentzündung habe ich mir noch irgendein Fieber eingehandelt, und ich fühle mich nicht gut. Vergib mir meine Dummheit. Wie unvernünftig von mir. Ich glaube, es ist die Sorge. Es ist so lange her, seit ich einen Brief von Dir bekommen habe, und das Warten und Grübeln hat mich ein wenig ermattet. Es gab so vieles zu erledigen, und ich bin kein Geschäftsmann wie Paddy. Aber die Leute sind reizend zu mir gewesen. Das kommt, weil ich Dich liebe. Ich trage dich im Herzen, wohin immer ich gehe, und ich glaube, die Menschen sehen nicht mich – sie sehen Dich in mir, und es warst Du, zu der sie nett waren. Wie ich dir letzte Woche schrieb, hat mein Vater mir Geld geschickt. Alles ist bereit und wartet auf Dich. Ich bleibe hier, bis du kommst, und dann suchen wir gemeinsam etwas, wo du wohnen möchtest. Natürlich ist das, wo ich jetzt wohne, nicht gut genug für Dich, aber mir reicht es, und ich spare Geld dabei. Und mit Dir im Herzen finde ich überall meinen Himmel. In den ersten Tagen der Krankheit war der ganze Raum so voll von Dir, daß ich meine Arme nach allem ausstreckte, wie es ein Kind im Garten tut. Es gibt gewiß gute Gründe, warum Du nicht schreibst. Ich will Dich nicht drängen – und Du bist weise genug, Dich nicht drängen zu lassen – und doch bin ich so unvernünftig: Immer wenn ich den Briefträger unten auf der Straße höre, renne ich ins Treppenhaus, und mein Herz klopft wie wild. Seit ich hier liege, habe ich keine Mühe mehr, seinen Schritt unter all den Schritten herauszuhören. Selbst wenn ich schlafe, höre ich ihn im Innern und erwache und springe aus dem Bett. Komm zu mir, meine Liebste. Alles wartet auf Dich. Komm bald. Es ist ganz einfach. Ich weiß, Du bist ein so edles und zartes Geschöpf, aber hab keine Angst. Wie dumm von mir, zu schreiben, aber mein Kopf glüht. Valerie, Valerie. Ich küsse Deine kleinen Füße. Ich flehe sie an, Dich rasch zu mir zu tragen. Ich liebe Dich innig.«

Ich werde ihn trotzdem verbrennen, dachte sie. Sie stieg aus dem Bett und warf den Brief hinter den weißen Papierschirm im Kamin. Ja, sie war neugierig, und der Gedanke an Marseille war eindeutig aufregend. Natürlich hatte sie nie beabsichtigt, zu ihm zu gehen. Nicht so, aber für eine gewisse Zeit. Und sie sah sich bereits in einem weißen Zimmer, vor dem sich ein Garten mit roten, wächsernen Blumen bis zum Meer erstreckte. Mitka war bei ihr, er lag auf dem Rücken, und seine Ohren und seine Lippen waren sehr rot. Ja, genau so würde er aussehen. Er wäre ein wundervoller Liebhaber – nach meiner Börsen-Bulldogge. Aber du würdest seine Erwartungen nicht erfüllen, Liebes, sagte sie sich und betrachtete sich im Spiegel. Denn, nicht wahr, Gnädigste, das ist dein Problem: Natürlich wärst du zu gerissen, um dir etwas nachweisen zu lassen, aber du wärst für seinen Tod verantwortlich, und das weißt du – und, ach, welche Verwicklungen! Aber Marseille. *Tja* – und vielleicht kann ich bei einem nach Moschus riechenden, dunkelhäutigen Blumenhändler weiße Nelken kaufen, und er könnte kaum die Augen abwenden von dem Weiß der Blüten.

VIII

Wieder hörte er die vertrauten Schritte. Wieder eilte er zur Tür, öffnete sie und beugte sich über das eiserne Treppengeländer. Die Schritte kamen die Treppe herauf, sie waren ganz nah. Wieder nahm er alle Kraft zusammen, um zu sprechen und sein wild pochendes Herz zu übertönen. »Was für mich dabei?« Mein Gott – was war geschehen? Der Briefträger sah zu ihm auf, grinste, trat näher, steckte die Hand in seine Umhängetasche, und Mitka ging in die Knie und griff zwischen den Geländerstäben nach dem Brief.

»V'là M'sieu«, sagte der Briefträger und legte den Brief in die zitternden Hände, als wär er ein Laib Brot.

Aber Mitka gab keine Antwort. Er erhob sich und hielt sich am Geländer fest, während er langsam, Schritt für Schritt, zurück in sein Zimmer ging. Er schloß die Tür und lehnte sich gegen sie, den Brief an die Brust gepreßt. An der gegenüberliegenden Wand befand sich ein kleiner Spiegel. Als Mitka die Augen hob, sah er sich selbst darin, so verwandelt, so unbeschreiblich glücklich. Mitka ist tot, dachte er. Mitka ist ein Heiliger. Lange stand er so da, und dann geschah etwas Seltsames. Er vergaß ganz und gar den Brief, den er da an die Brust drückte. Verwundert sah er sich im Zimmer um. Eine komische kleine Kammer unter dem Dach eines riesigen Gebäudes. In einer Ecke stand ein Bett, bedeckt mit einer roten Steppdecke mit gelbem Blumenmuster. In einer anderen ein eiserner Waschständer. In der Mitte stand ein Tisch mit einem Stuhl. Sein Gepäck stapelte sich an der Wand. Auf einem Bord neben dem Bett waren Flaschen aufgereiht – Flaschen in allen Farben. Ein Sonnenstrahl traf auf die Flaschen und ließ sie wunderschön aufleuchten. Vor dem Fenster hing eine alte Markise, die kaum die Sonne aussperrte. Goldenes Licht traf in schmalen Streifen und dicken Klecksen auf Boden und Wände. Beim Anblick des Zimmers lächelte er zart, und er ging zum Tisch und setzte sich. Ja, hier habe ich gewohnt, sagte Mitka. Er klopfte mit dem Brief auf den staubigen Tisch. Es war recht hübsch, sagte er verträumt. Die Markise hob sich ein wenig und klopfte im Takt einer leichten Brise. Durchs Fenster hörte man langgezogene Schreie und träges Rufen. AAAI, rief eine Stimme, und dann IIIIII – dasselbe Geräusch, das ihr alter Gärtner machte, wenn er einen Schwarm Bienen verscheuchte. AAAI, wurde träge gerufen – und dann antwortete der alte Gärtner, zornig und voller Eifer. Er wäre so gern aufgestanden, um aus dem Fenster zu sehen, aber nein, sein Körper rührte sich nicht. Er mußte es gar nicht versuchen. Er saß still da. Tiefer Frieden erfüllte ihn, und ihm war, als wäre er wieder auf See. Ja, die kleine Kammer mit ihren Lichtflecken und ihren schönen Flaschen trieb auf dem Meer, und das dort draußen waren die Stimmen der Seeleute. Doch warum fühle ich mich so schwach? Ach, ich weiß. Es ist, weil ich so lang nicht geschlafen habe – und bei dem Gedanken begann er gleichmäßiger zu atmen, nur nicht zu tief, um nicht an dem Messer zu rühren, das unten auf dem Grund seine Lunge lag. Es tat wohl, so zu atmen. Wie lange war es her, daß er nicht mehr geschlafen hatte? Er wußte es nicht. Vielleicht Jahre. Jetzt konnte er sich rühren. Er stand vom Tisch auf und hob die Arme über den Kopf, und sehr vorsichtig, ohne auf die zitternden Kreise des schönen Lichts zu treten, die vor ihm auf dem Boden tanzten, erreichte er das Bett und legte sich hin, den Kopf ins Kissen gedrückt. Fort trieb Mitka in seiner Dachkammer. Fort. AAAA-IIII, wurde leiser und immer leiser gerufen, und die Sonne tanzte über Valeries Brief.

Und so fand sie ihn. Eine afrikanische Bediente mit einem Eimer mit Dreckwasser hatte sie in Empfang genommen und war vor ihr die fünf Etagen hinaufgewatschelt, mitsamt dem übelriechenden Eimer. Valerie öffnete die Tür und trat ein – ganz leise. Doch als sie Mitka auf dem Bett liegen sah, lief sie zu ihm – furchtbar erschrocken für einen Augenblick. Nein – es war nichts. Er schlief nur tief und fest, sein Gesicht war mit Schweißperlen bedeckt, und er lag auf dem Rücken, und seine Lippen und Ohren waren sehr rot. Hatte sie sich das so vorgestellt? Gewiß nicht dieses schreckliche Zimmer, nicht dieses entsetzliche Haus, diese gräßliche Afrikanerin, diesen Gestank. Hierher sollte sie ihm also folgen – in diese Kammer. Sie blickte auf die Blumen in ihrer Hand – weiße Nelken, gekauft bei einem nach Moschus riechenden Blumenhändler. Sie hielt sie an ihr Gesicht. Sie sah die roten und blauen Flaschen, das unschön zerrissene Licht, das durch die ramponierte Markise fiel – und dann sah sie auf dem staubigen Tisch ihren ungeöffneten Brief. Ihre Geistesgegenwart ließ sie nie im Stich. Zielstrebig und ohne noch ihre Schritte zu dämpfen ging sie zum Tisch und nahm den Brief an sich. Sie sah sogar nach, ob nicht etwa Blütenblätter von ihren Blumen abgefallen waren. Ich hasse die billige Requisite des Schicksals, dachte Valerie, als sie die Tür hinter sich ins Schloß zog.

IX

Evershed lief im Hotelzimmer mit hochrotem Kopf und glasigem Blick auf und ab. Als sie die Tür öffnete, fuhr er heftig herum. »Wo um alles in der Welt bist du gewesen?« rief er. »Du hast mir einen schönen Schrecken eingejagt. Ich gehe nur kurz vor die Tür, um Zigaretten zu besorgen, und als ich zurückkomme, finde ich diesen – diesen verdammten Zettel: *Bin in einer Stunde zurück*. Also wirklich, Valerie, so etwas kannst du nicht machen. Das – das gehört sich nicht. Das sind ganz üble Mätzchen.« Er zitterte am ganzen Leib und wischte sich mit seinem Taschentuch über die Augen und den Schnauzbart. »Warum hast du das getan? Warum hast du mir nichts gesagt? Wolltest du etwas kaufen? Oder wie?«

Sie sah ihn verwundert an, mit einem kindlichen Lächeln auf den Lippen. »Du armer Kerl, ich habe ja nicht geahnt, daß du so reagieren würdest. Ich dachte nur, solange du fort bist, könnte ich mir ein wenig die Beine vertreten, nach der Zugfahrt. Ich hatte Kopfschmerzen. Und ich hatte schlechte Laune. Ich wollte etwas frische Luft schnappen, um auf andere Gedanken zu kommen. Hast du wirklich Angst um mich gehabt?« Sie hob die Hände, um ihren Schleier zu lösen. »Du machst Witze.«

»Witze!« Er stieß einen großen Seufzer der Erleichterung aus und ließ sich aufs Bett plumpsen. »Ich hätte nie geglaubt, daß ich mich einmal so aufführen würde, wegen einer Frau. Ich hätte schreien können. Ich bin fast verrückt geworden, Valerie. Alles mögliche ist mir durch den Kopf geschossen. Herrjeh, ich dachte, du hättest das mit Absicht getan. Mich hierherzulocken und dann stiften zu gehen – na ja, nicht ganz so schlimm, aber – ach, lassen wir das. Es ist also wirklich nichts? Du bist nicht böse gewesen auf mich, oder so? Ich hatte das Gefühl, du warst ein bißchen still im Zug. Uff!« sagte Evershed, »was habe ich ausgestanden.«

»Aber im Gegenteil«, sagte Valerie. Sie hatte ihren Hut abgenommen. Sie strich sich das Haar aus dem Gesicht und ging zu ihm, setzte sich auf sein Knie und lächelte ihn seltsam nachdenklich an. Sie legte ihre Hände an seine heißen Wangen. »Ich glaube, ich könnte mich wirklich in dich verlieben«, flüsterte sie.

»Valerie, meine Königin«, sagte Evershed, »ich wußte, daß du Vernunft annehmen würdest, mein kleines Mädchen.«

EINE UNBESONNENE REISE

I

Sie sieht aus wie die heilige Anna. Ja, mit dem schwarzen Kopftuch, dem strähnigen grauen Haar und der kleinen, blakenden Lampe ist die Concierge das reinste Abbild der heiligen Anna. Ganz allerliebst, dachte ich und lächelte die heilige Anna an, die sehr streng sagte: »Sechs Uhr. Sie haben nicht mehr viel Zeit. Auf dem Schreibtisch steht eine Schale mit Milch.« Ich sprang aus meinem Pyjama und in eine Wanne mit kaltem Wasser, wie es englische Ladys in französischen Romanen zu tun pflegen. In der Überzeugung, ich träte meinen Weg ins Gefängnis an, allwo ich den Tod durchs Bajonett zu gewärtigen hätte, öffnete die Concierge die Fensterläden, und kaltes, klares Licht fiel herein. Ein kleiner Dampfer tutete auf dem Fluß; ein Wagen mit zwei Pferden jagte im Galopp vorüber. Das schnelle, strudelnde Wasser; die hohen schwarzen Bäume am gegenüberliegenden Ufer, die wie ein Gruppe Neger im Gespräch zusammenstanden. Düster, sehr, dachte ich, als ich meinen altmodischen Burberry zuknöpfte. (Der Burberry war wichtig. Er gehörte mir nicht. Ich hatte ihn von einer Freundin geliehen. Mein Blick war auf ihn gefallen, als er in ihrem kleinen dunklen Flur hing. Genau das richtige! Die perfekte und angemessene Verkleidung – ein alter Burberry. In Burberrys hatte man schon gegen Löwen gekämpft. Frauen waren aus offenen Booten, in meterhohen Wellen treibend, gerettet worden, mit nichts am Leib als einem Burberry. Ein alter Burberry war das untrügliche Zeichen und der würdige Ausdruck des wahren Reisenden, fand ich und ließ im Gegenzug meinen violetten Hänger mit Kragen und Manschetten aus echtem Seal bei ihr zurück.)

»Sie werden es nicht mehr rechtzeitig schaffen«, sagte die Concierge und sah mir zu, wie ich den Kragen hochschlug. »Ausgeschlossen! Ausgeschlossen!« Ich lief die hallenden Stufen hinab – merkwürdig, sie klangen, wie wenn ein Hausmädchen müde über Klaviertasten wischt – und betrat den Quai. »Warum so eilig, *ma mignonne*?« rief mir ein hübscher Junge in bunten Socken zu, der vor der elektrischen Lotusknospe tanzte, die sich über dem Eingang der Métro krümmte. Ach! es war nicht einmal genug Zeit, um ihm eine Kußhand zuzuwerfen. Als ich beim großen Bahnhof ankam, blieben mir nur noch vier Minuten, und am Zugang zum Bahnsteig drängten sich die Soldaten, in der Hand ihre gelben Papiere und große, überquellende Stoffbündel. Der Commissaire der Polizei stand auf der einen Seite, jemand anderes Hochoffizielles auf der anderen. Ob er mich passieren läßt? Weiß man's? Er war alt, hatte ein dickes, aufgedunsenes Gesicht voller Warzen. Eine Hornbrille saß auf seiner Nase. Zitternd wagte ich einen Versuch. Ich zauberte mein freundlichstes Frühmorgenlächeln hervor und reichte es ihm zusammen mit meinen Papieren dar. Doch das zarte Gebilde prallte an der Hornbrille ab und ging zu Boden. Er ließ mich dennoch hindurch, und ich lief, lief in den Pulk von Soldaten und durch ihn hindurch und hoch die steilen Stufen des gelbgestrichenen Waggons.

»Fährt man direkt nach X.?« fragte ich den Schaffner, der meine Fahrkarte mit einer Zange durchbohrte und sie mir zurückgab. »Nein, Mademoiselle, sie müssen in X.Y.Z. umsteigen.«

»In –?«

»X.Y.Z.«

Wieder verstand ich nicht. »Wann kommen wir dort an, bitte?«

»Ein Uhr.« Aber das nützte mir nicht viel. Ich hatte keine Uhr. Aber egal – später.

Aha! der Zug hatte sich in Bewegung gesetzt. Der Zug war auf meiner Seite. Er verließ den Bahnhof, und schon bald fuhren wir an Gemüsegärten vorüber, an hohen, blinden Häusern, die zu vermieten waren, an Dienstmädchen, die Teppiche klopften. Die Sonne war schon auf, spazierte durch die Felder, ganz rosig von den Flüssen und rotumsäumten Teichen, und sie traf meinen schwankenden Zug und meinen Muff und legte mir nahe, den Burberry abzulegen. Ich war nicht allein im Abteil. Eine alte Frau saß mir gegenüber, den Rock über den Knien gerafft, auf dem Kopf eine schwarze Spitzenhaube. In ihren dicken Händen, die ein Ehe- und zwei Trauerringe zierten, hielt sie einen Brief. Mühsam kaute sie an einem Satz, sah dann mit leicht zitternden Lippen aus dem Fenster, und dann kam der nächste Satz an die Reihe, und dann wandte sich das alte Gesicht wieder dem Licht zu, schmeckte nach … Zwei Soldaten lehnten sich aus dem Fenster, und ihre Köpfe berührten sich fast – der eine pfiff vor sich hin, der andere hatte seinen Mantel vorn mit ein paar rostigen Sicherheitsnadeln zusammengesteckt. Und jetzt sah man überall Soldaten, die an den Geleisen arbeiteten; an Lastwagen lehnend oder mit in die Seiten gestemmten Händen standen sie da und sahen zum Zug, als wenn sie in jedem Fenster mindestens einen Photoapparat erwarteten. Und jetzt fuhren wir an großen Holzschuppen vorbei, die wie geschmückte Tanzlokale oder Strandpavillons aussahen, jeder mit seiner wehenden Fahne. Männer vom Roten Kreuz gingen ein und aus; die Verwundeten saßen an die Wände gelehnt da und sonnten sich. An allen Brücken, den Kreuzungen, den Bahnhöfen ein *petit soldat*, ganz Stiefel und Bajonett. Einsam und verloren sah er aus, wie eine kleine Karikatur, unter die noch die Witzzeile zu setzen war. Dies ist also wirklich der Krieg? All diese fröhlichen Stimmen ziehen also wirklich in den Krieg? Diese dunklen Wälder, in denen die weißen Stämme der Birken und Eschen so geheimnisvoll leuchten – diese feuchten Wiesen, über die große Vögel ziehen – diese Flüsse, grün und blau im Sonnenlicht – werden an solchen Orten Schlachten geschlagen?

An was für hübschen Friedhöfen wir vorbeikommen! Heiter leuchten sie in der Sonne. Überall scheinen Kornblumen zu stehen, Mohn und Margeriten. Woher kommen zu dieser Jahreszeit so viele Blumen? Aber es sind gar keine Blumen. Es sind Sträuße von Bandschleifen auf den Gräbern der Soldaten.

Ich blickte hoch und fing den Blick der alten Frau auf. Sie lächelte und faltete den Brief zusammen. »Er ist von meinem Sohn – der erste seit Oktober. Ich bringe ihn meiner Schwiegertochter.«

»...?«

»Ja, sehr gut«, sagte die alte Frau, schüttelte ihren Rock hinunter und steckte ihren Arm durch den Henkel ihres Korbs. »Er will, daß ich ihm Taschentücher schicke und einen anständigen Bindfaden.«

Wie lautet der Name des Bahnhofs, an dem ich umsteigen muß? Ich werde es wohl nie erfahren. Ich stand auf und lehnte meine Arme auf den Fensterrahmen, die Füße über Kreuz. Die eine Wange brannte wie in Kindertagen auf der Fahrt ans Meer. Wenn der Krieg vorbei ist, will ich in einem Kahn über diese Flüsse ziehen, und nur ein weißes Kätzchen und ein Topf mit einer Reseda sollen mir Gesellschaft leisten.

Den Hügel hinab marschierten die Truppen, rot und blau leuchtend im Licht. In großer Entfernung, aber klar und deutlich zu sehen, jagten andere auf Fahrrädern dahin. Also wirklich, *ma France adorée*, diese Uniform ist lächerlich!

Deine Soldaten kleben an deinem Busen wie respektlos bunte Abziehbildchen.

Der Zug verlangsamte die Fahrt, hielt an … Alles stieg aus, nur ich nicht. Ein großer Junge hatte seine Holzschuhe mit einer Schnur auf dem Rücken befestigt, sein Zinnbecher war innen zu einem reizenden, ganz unsinnigen Weinrosa verfärbt. Er sah sehr freundlich aus. Steigt man hier um, wenn man nach X. möchte? Ein anderer, dessen Käppi aus einer feuchten Papiertüte zum Vorschein gekommen war wie aus einem Knallbonbon, stellte mit Schwung meinen Koffer auf die Erde. Was für liebe Kerle Soldaten doch sind! *»Merci bien, Monsieur, vous êtes tout à fait aimable …«* »Nicht hier entlang«, sagte ein Bajonett. »Hier auch nicht«, sagte ein anderes. Also folgte ich der Menge. »Ihren Paß, Mademoiselle …« – *»Wir, Sir Edward Grey …«* Ich rannte über den schlammigen Platz und in die Bahnhofsgaststätte.

Ein grüner Raum mit einem alles dominierenden Ofen und Tischen zu beiden Seiten. Angelehnt an den hübsch mit bunten Flaschen dekorierten Tresen eine Frau, den Busen in den verschränkten Armen. Durch eine geöffnete Tür sehe ich eine Küche und den Koch in einer weißen Jacke, wie er Eier in eine Schüssel schlägt und die Schalen in die Ecke wirft. Die blauen und roten Röcke der essenden Männer hängen an den Wänden. Ihre kurzen Säbel und Koppeln stapeln sich auf den Stühlen. Meine Güte! dieser Lärm. Selbst die sonnige Luft schien ganz aufgewühlt zu zittern. Ein kleiner, sehr blasser Junge schwankte von Tisch zu Tisch und nahm Bestellungen auf und schenkte mir ein Glas rötlichbraunen Kaffees ein. *Ssssch*, machten die Eier. Sie waren in der Pfanne. Die Frau kam hinter dem Tresen hervor, um dem Jungen zu helfen. *Toute de suite, tout' suite!* piepste sie den lauten, ungeduldigen Stimmen zu. Man hörte das Klappern von Tellern und das Plop-Plop von Korken.

Plötzlich sah ich in der Tür jemanden mit einem Eimer voller Fische stehen – braungefleckte Fische, wie die Fische, die man in Glaskästen sieht, wie sie durch wunderbar verschlungene Seegraswälder schwimmen. Es war ein alter Mann in einer zerschlissenen Jacke, und er wartete demütig, daß sich jemand um ihn kümmerte. Ein schütterer Bart fiel ihm auf die Brust, die Augen unter den buschigen Brauen waren auf den Eimer gerichtet, den er trug. Er sah aus, als sei er einem sakralen Gemälde entstiegen und als flehe er die Soldaten an, ihm zu vergeben, daß er sie mit seiner bloßen Anwesenheit behelligte ...

Aber was sollte ich tun? Ich konnte schließlich nicht mit zwei am Strohseil baumelnden Fischen nach X. reisen; und ich bin sicher, daß es in Frankreich strafbar ist, Fische aus dem Abteilfenster zu werfen, dachte ich, als ich betrübt in einen kleineren, schäbigeren Zug kletterte. Vielleicht hätte ich sie als Geschenk mitnehmen sollen – für – *ah, mon Dieu* – ich hatte schon wieder den Namen von Onkel und Tante vergessen! Buffard, Buffon – wie war das?

Noch einmal las ich den unvertrauten Brief in der vertrauten Handschrift.

»Meine liebe Nichte,

Jetzt, da sich das Wetter etwas beruhigt hat, würden Ihr Onkel und ich uns über einen kleinen Besuch Ihrerseits sehr freuen. Telegraphieren Sie mir, wann Sie ankommen. Ich werde Sie vom Bahnhof abholen, wenn ich mich freimachen kann. Andernfalls wird Sie unsere liebe Freundin Madame Grinçon, die in dem Zollhaus an der Brücke wohnt, *juste en face de la gare*, zu uns führen. *Je vous embrasse bien tendrement.*

Julie Boiffard.«

Eine Visitenkarte war beigefügt: *M. Paul Boiffard.*

Boiffard – natürlich, das war der Name. *Ma tante Julie et mon oncle Paul* – plötzlich waren sie bei mir, wirklicher und lebendiger als alle Verwandten, die ich bislang kennengelernt hatte. Ich sah *tante Julie* mit stolzgeschwellter Brust, die Suppenterrine in Händen, und *oncle Paul* am Tisch sitzend, mit einer rot-weiß karierten Serviette um den Hals. Boiffard – Boiffard – ich muß mir diesen Namen merken. Angenommen, der Commissaire Militaire fragt mich, wer die Verwandten sind, zu denen ich reise, und ich bringe den Namen durcheinander – Ach, nicht auszudenken! Buffard – nein, Boiffard. Und dann, als ich Tante Julies Brief zusammenfaltete, sah ich zum ersten Mal, was in die Ecke der leeren Rückseite gekritzelt war: *Venez vite, vite.* Eine sonderbar impulsive Frau! Mein Herz begann zu pochen …

»Ja, jetzt ist es nicht mehr weit«, sagte die Dame mir gegenüber. »Sie fahren nach X., Mademoiselle?«

»Oui, Madame.«

»Ich auch … Waren Sie schon einmal dort?«

»Nein, Madame. Das ist das erste Mal.«

»Nun, eine etwas ungewöhnliche Zeit für einen Besuch.«

Ich lächelte matt und versuchte, nicht ihren Hut anzustarren. Sie war eine ganz einfache kleine Frau, aber sie trug eine schwarzsamtene Toque, auf der sich eine Seemöwe mit einem unglaublich überraschten Gesichtsausdruck niedergelassen hatte. Die runden Augen sahen mich so fragend an, daß es schier nicht zum Aushalten war. Ich verspürte den lebhaften Wunsch, das Tier zu verscheuchen oder mich vorzubeugen und Madame davon in Kenntnis zu setzen …

»Excusez-moi, Madame, vielleicht haben Sie es nicht bemerkt, aber da ist eine *espèce de* Seemöwe *couchée sur votre chapeau.«*

Oder war der Vogel dort absichtlich? Ich darf nicht lachen … Ich darf nicht lachen. Hatte sie sich je in einem Spiegel betrachtet mit dem Vogel auf dem Kopf?

»Es ist schwierig in diesen Tagen, nach X. hineinzukommen, vom Bahnhof aus«, sagte sie und nickte mit dem Kopf und der Möwe. »Was für ein Aufwand. Man muß unterschreiben und den Grund des Aufenthalts angeben.«

»Oh, ist es so schlimm?«

»Aber ja. Der ganze Ort ist in militärischer Hand, und« – sie zuckte die Schultern – »sie müssen streng sein. Viele Leute kommen nicht weiter als bis zum Bahnhof. Sie kommen an. Sie werden in den Wartesaal gesteckt, und dort bleiben sie.«

Täuschte ich mich, oder schwang in ihrer Stimme eine gewisse Schadenfreude mit?

»Ich nehme an, die Strenge ist unbedingt gerechtfertigt«, sagte ich kühl und streichelte meinen Muff.

»Gerechtfertigt«, rief sie aus. »Das will ich meinen. Was denken Sie, was sonst hier los wäre, Mademoiselle. Sie wissen doch, wie Frauen sind, wenn es um Soldaten geht« – sie hob eine abschließende Hand – »von Sinnen, einfach von Sinnen. Aber –« und sie stieß ein kleines triumphierendes Lachen aus – »nach X. kommen diese Frauen nicht herein. *Mon Dieu*, nein. Das ist keine Frage.«

»Vermutlich haben sie es gar nicht versucht«, sagte ich.

»Ach ja?« sagte die Seemöwe.

Madame schwieg eine Weile. »Natürlich geht man hart gegen die Männer vor. Sie kommen unverzüglich in Arrest – und dann an die Front, ohne viel Federlesens.«

»Warum fährst *du* eigentlich nach X.?« fragte die Seemöwe. »Was um alles in der Welt *willst* du da?«

»Bleiben Sie länger in X., Mademoiselle?«

Sie hatte gewonnen, sie hatte gewonnen. Ich fürchtete mich. Ein Laternenpfahl mit einem Schild mit dem verhängnisvollen Namen darauf glitt vorüber. Ich konnte kaum atmen – der Zug hatte angehalten. Ich lächelte Madame fröhlich zu und hüpfte die Stufen zum Bahnsteig hinab …

Es war ein kleiner, überheizter Raum, vollständig möbliert, mit zwei Obersten an zwei Tischen. Es waren große Männer mit grauen Backenbärten und einem Anflug von Sonnenbrand auf den Wangen. Sie sahen sehr feierlich und sehr mächtig aus. Der eine rauchte etwas, was Damen gern eine starke ägyptische Zigarette nennen, mit langer, bräunlicher Asche, der andere spielte mit einer vergoldeten Feder. Ihre Köpfe schwankten auf ihren steifen Kragen hin und her wie überreife Früchte. Als ich Paß und Fahrkarte vorlegte, fürchtete ich, daß ein Soldat vortreten und mich auffordern würde, niederzuknien. Zweifelsohne wäre ich auf die Knie gesunken.

»Was ist das?« fragte Gott I verdrossen. Er mochte meinen Paß nicht. Der bloße Anblick war ihm zuwider. Er bedachte ihn mit einer abwehrenden Handbewegung und einer entschiedenen *»Non, je ne peux pas manger ça«*-Miene.

»Nein, so geht's nicht. So geht es wirklich nicht. Also, ich bitte Sie«, er besah mit größtem Widerwillen meine Photographie, und dann richtete er seine Kieselsteinaugen mit noch etwas größerem Widerwillen auf mich.

»Ja, die Photographie ist eine Zumutung«, sagte ich mit vor Panik erstickter Stimme, »aber es hat sonst immer genügt.«

Er erhob seinen massigen Leib und ging zu Gott II.

»Nur Mut!« sagte ich zu meinem Muff und hielt ihn gut fest, »nur Mut!«

Gott II richtete einen Finger auf mich, und ich holte Tante Julies Brief und die Visitenkarte hervor. Doch Tante Julie schien ihn nicht im geringsten zu interessieren. Er stempelte gleichgültig meinen Paß ab, machte einen Vermerk auf meiner Fahrkarte, und im nächsten Moment war ich wieder auf dem Bahnsteig.

»Da entlang – da geht es zum Ausgang.«

* * *

Schrecklich blaß, mit einem verschämten Lächeln auf den Lippen, stand der kleine Korporal da und salutierte. Ich ließ mir nichts anmerken, ich bin sicher, daß ich mir nichts anmerken ließ. Er trat hinter mich.

»Und dann folg mir, als würdest du mich gar nicht sehen«, hörte ich ihn halb flüstern, halb singen.

Wie schnell er ging, durch den rutschigen Schlamm in Richtung Brücke. Er trug die Tasche eines Briefträgers auf dem Rücken, in der Hand ein eingewickeltes Paket und den ›Matin‹. Wir stahlen uns, wie es schien, durch ein Labyrinth von Polizisten, und ich konnte einfach nicht Schritt halten mit dem kleinen Korporal, der zu pfeifen begann. Beim Zollhäuschen beobachtete »unsere liebe Freundin Madame Grinçon«, die Hände in einen Schal gewickelt, unser Kommen, und an der Wand des Zollhäuschens lehnte eine kleine, schwächliche Droschke. *Montez vite, vite!* sagte der kleine Korporal und warf meinen Koffer, seine Briefträgertasche, das Paket und den ›Matin‹ auf den Boden.

»A-ie! A-ie! Seien Sie nicht dumm. Fahren Sie nicht mit. Man könnte Sie sehen«, jammerte »unsere liebe Freundin Madame Grinçon«.

»*Ah, je m'en f …*«, sagte der kleine Korporal.

Der Kutscher legte sich augenblicklich ins Zeug. Er gab dem klapprigen Gaul die Peitsche, und schon jagten wir dahin. Die Türen, die zugleich die Seitenwände des Gefährts bildeten, schlugen und klapperten.

»*Bon jour, mon amie.*«

»*Bon jour, mon ami.*«

Und dann hechteten wir zu Boden und klammerten uns an die klappernden Türen. Sie wollten sich nicht schließen lassen. Es waren einfach sehr unvernünftige Türen.

»Lehn dich zurück, laß mich das machen!« rief ich. »Hier wimmelt es nur so von Polizisten.«

Bei den Kasernen bäumte sich der Gaul auf und blieb stehen. Ein Haufen lachender Gesichter erschien im Fenster.

»Prends ça, mon vieux«, sagte der kleine Korporal und reichte das Paket hinaus.

»In Ordnung«, rief jemand.

Wir winkten, weiter ging es. An einem Fluß, eine eigentümlich weiße Straße entlang, mit kleinen Häuschen zu beiden Seiten, sehr heiter im späten Nachmittagslicht.

»Spring raus, sobald er wieder anhält. Die Tür steht offen. Lauf hinein. Der Mann hat bereits sein Geld bekommen. Ich bin sicher, das Haus wird dir gefallen. Es ist ganz weiß. Und auch das Zimmer ist weiß, und die Menschen sind –«

»Weiß wie Schnee.«

Wir sahen uns an. Wir mußten lachen. »Jetzt!« sagte der kleine Korporal.

Ich flog hinaus und zur Tür hinein. Da stand meine – mutmaßliche – Tante Julie. Im Hintergrund hielt sich mein – mutmaßlicher – Onkel Paul.

»Bon jour, Madame!« – »Bon jour, Monsieur!«

»Keine Sorge, hier sind Sie in Sicherheit«, sagte meine Tante Julie. Hach, wie ich sie liebte! Und sie machte die Tür des weißen Zimmers auf und schloß sie hinter uns. Koffer, Briefträgertasche, ›Matin‹ landeten auf dem Boden. Ich warf meinen Paß in die Luft, und der kleine Korporal fing ihn auf.

II

Merkwürdig. Wir hatten jeden Tag dort zu Mittag und zu Abend gegessen; aber jetzt in der Dämmerung und allein konnte ich es nicht finden. Ich schlapp-schlappte mit meinen geliehenen *sabots* durch den glitschigen Matsch, ganz bis ans Ende des Dorfes, aber es war nichts zu erkennen. Ich wußte nicht einmal, wie es aussah oder ob es einen aufgemalten Namenszug gab oder ob Flaschen oder Tische im Fenster zu sehen waren. Die Häuser des Dörfchens waren für die Nacht bereits mit dicken Fensterläden verriegelt und verrammelt. Seltsam und geheimnisvoll sahen sie aus in den vorüberziehenden Lichtfetzen und dem feinen Nieselregen, wie eine Gruppe von Bettlern, am Hang hingekauert, die Taschen voll mit köstlichem gestohlenen Gold. Niemand war zu sehen, nur die Soldaten. Ein paar Verwundete standen unter einem Laternenpfahl beisammen und hätschelten einen räudigen, zitternden Hund. Die Straße herauf kamen vier große Burschen und sangen:

»Dodo, mon homme, fais vit' dodo …«

und bogen ab, hügelabwärts, zu ihren Baracken hinter dem Bahnhof. Es war, als hätten sie den letzten Hauch des Tages mit sich genommen. Ich ging langsam zurück.

»Es muß eins von diesen Häusern gewesen sein. Ich weiß noch, daß es ein gutes Stück abseits der Straße stand – und es hatte keine Treppe oder gar eine Veranda – man fiel einfach mit der Tür ins Haus.« Und dann trat plötzlich der junge Kellner aus eben solch einem Haus. Er sah mich und grinste vergnügt und begann durch die Zähne zu pfeifen.

»Bon soir, mon petit.«

»Bon soir, Madame.« Und er folgte mir durch das Café bis zu unserem üblichen Tisch, ganz hinten beim Fenster und

gut an dem Veilchenstrauß zu erkennen, den ich gestern in einem Glas dagelassen hatte.

»Zwei Personen?« fragte der junge Kellner und peitschte den Tisch mit einem rot-weißen Tuch. Seine weit ausholenden Schritte hallten auf dem nackten Boden. Er verschwand in der Küche und kam wieder, um die Lampe anzuzünden, die unter einem Schirm von der Decke hing, so groß wie der Hut eines Heumachers. Warmes Licht verbreitete sich in dem leeren Raum, der eigentlich eine Scheune war, in die man wacklige Tische und Stühle gestellt hatte. In der Mitte des Raums prangte ein schwarzer Ofen. Daneben stand ein Tisch mit einer Reihe von Flaschen, hinter denen Madame hockte und das Geld in Empfang nahm und Eintragungen in ein rotes Buch machte. Gegenüber von ihrem Pult lag – der Eingang zur Küche. Die Wände waren mit einer bräunlichen Tapete beklebt, die grüne, aufgeplusterte Bäume zierten – Hunderte und Aberhunderte von Bäumen schossen wie Pilze bis zur Decke. Ich fragte mich, wer diese Tapete ausgesucht haben mochte und wieso. Fand Madame sie schön, oder dachte sie, daß es besonders lustig wäre, sein Essen zu jeder Jahreszeit mitten im Wald einzunehmen … Zu beiden Seiten der Uhr hing je ein Bild. Nummer eins: ein junger Edelmann in schwarzen Strumpfhosen, der einer birnenförmigen gelben Edeldame schmachtende Blicke über die Rückenlehne einer Gartenbank zuwarf – ›*Premier Rencontre*‹; Nummer zwei: Schwarz und Gelb in amourösen Verwicklungen – ›*Triomphe d'Amour*‹.

Die Uhr tickte dazu auf ihre einlullende Weise: *C'est ça, c'est ça.* In der Küche war der kleine Kellner beim Abwaschen. Ich hörte das gespenstische Zähneklappern der Teller.

Und so vergingen die Jahre. Vielleicht war der Krieg längst vorüber – draußen ist gar kein Dorf – die Straßen ruhen still unterm Gras. So, stelle ich mir vor, wird man den letzten aller Tage verbringen – in einem leeren Café sitzend und dem Ticken der Uhr lauschend, bis –

Madame kam aus der Küche, nickte mir zu und nahm ihren Platz hinter dem Tisch ein, die dicken Hände über dem roten Buch gefaltet. *Ping* machte die Tür. Eine Handvoll Soldaten kam herein, sie zogen ihre Röcke aus und fingen an, Karten zu spielen und den hübschen jungen Kellner aufzuziehen, der den kleinen runden Kopf in den Nacken warf, sich die dichten Fransen aus den Augen strich und mit krächzender Stimme keck zurückfrotzelte. Zuweilen drang seine Stimme wie ein tiefes Brummen aus seiner Kehle, und dann, mitten im Satz, schlug sie um in ein lustiges Quieken. Er schien selbst seinen Spaß daran zu haben. Es hätte einen nicht überrascht, wenn er auf Händen in die Küche gegangen wäre und einem das Essen radschlagend serviert hätte.

Ping macht die Tür wieder. Zwei weitere Männer traten ein. Sie setzten sich an den Tisch, der neben dem von Madame stand, und sie beugte sich wie ein großer Vogel zu ihnen hinüber, den Kopf auf die Seite gelegt. Oh, man war aufgebracht! Der Leutnant war ein Idiot – spionierte herum – lauerte ihnen auf – und dabei hatten sie bloß Knöpfe angenäht. Ja, das war alles – Knöpfe, und da kommt dieser junge Schnösel an: »Nun, was hat das bedeuten?« Sie imitierten seine idiotische Stimme. Madame zog die Mundwinkel nach unten und nickte mitfühlend. Der junge Kellner brachte ihnen Gläser. Er holte eine Flasche mit einer orangefarbenen Flüssigkeit und stellte sie am Rand des Tisches ab. Ein Rufen der Kartenspieler ließ ihn eilig herumfahren, und rumms! fiel die Flasche um, ergoß sich auf den Tisch und zerschellte – klirr! auf dem Boden. Eine ehrfurchtsvolle Stille. Man hörte das Tropf-Tropf des Weins vom Tisch auf den Boden. Es tropfte ganz langsam, als ob der Tisch weinte. »Das gibt ein Donnerwetter, Junge! Herzlichen Glückwunsch! Das mußte ja so kommen! …

Sept, huit, neuf.« Sie spielten weiter Karten. Der kleine Kellner sagte kein Wort. Er stand da, den Kopf gesenkt, die Arme ausgebreitet, und dann kniete er sich hin und hob die Scherben auf, eine nach der anderen, und wischte den Wein mit einem Lumpen auf. Er hob seinen Kopf erst, als Madame fröhlich ausrief: »Wenn *er* das erfährt, kriegst du was zu hören.«

»Was soll er schon sagen, wenn ich es bezahle«, murmelte er, und sein Gesicht zuckte, dann ging er mit seinem klatschnassen Lumpen in die Küche.

»Il pleure de colère«, sagte Madame ganz hingerissen und strich sich mit ihren dicken Händen übers Haar.

Das Café füllte sich allmählich. Es wurde sehr warm. Blauer Rauch stieg von den Tischen auf, legte sich in nebligen Schwaden um den Heumacherhut. Der Geruch von Zwiebelsuppe und Stiefeln und feuchten Kleidern benahm einem fast den Atem. Durch den Lärm hörte man wieder die Glocke. Die Tür ging auf, und ein schmächtiges Kerlchen trat ein, blieb auf der Schwelle stehen und beschattete mit einer Hand die Augen.

»Hoppla! ist der Verband ab?«

»Wie fühlt man sich denn so ohne, *mon vieux?*«

»Laß mal sehen.«

Aber er antwortete nichts. Er zuckte die Schultern und ging unsicher hinüber zu einem Tisch, setzte sich und lehnte sich an die Wand. Langsam ließ er die Hand sinken. Die Augen in seinem weißen Gesicht waren rot wie die eines Kaninchens. Sie füllten sich und liefen über, füllten sich und liefen über. Er zog ein weißes Schnupftuch aus seiner Tasche und tupfte sie trocken.

»Das ist der Rauch«, sagte einer. »Der Rauch treibt dir die Tränen in die Augen.«

Seine Kameraden beobachteten ihn eine Weile, beobachteten, wie sich seine Augen füllten und wieder überliefen.

Das Wasser lief ihm über die Wangen, das Kinn hinunter, auf den Tisch. Er wischte über die Stelle mit dem Jackenärmel, und dann, wie in Gedanken, wischte er weiter, starrte vor sich hin und wischte mit seinen Händen über den ganzen Tisch. Und dann begann er im Rhythmus seiner Hände mit dem Kopf zu nicken. Er gab ein sonderbares, lautes Stöhnen von sich, dann holte er wieder sein Schnupftuch hervor.

»*Huit, neuf, dix*«, sagten die Kartenspieler.

»*P'tit*, noch mehr Brot.«

»Zwei Kaffee.«

»*Un Picon!*«

Der kleine Kellner lief von einem zum anderen. Er hatte sich wieder gefangen, nur die Wangen waren noch ein wenig gerötet. Unter den Kartenspielern entbrannte ein fürchterlicher Streit, wütete für zwei Minuten und erstarb in flackerndem Gelächter. »Uuuf!« stöhnte der Mann mit den Augen, nickend und reibend. Aber niemand beachtete ihn, außer Madame. Sie sah zu den beiden Soldaten und verzog das Gesicht.

»*Mais vous savez, c'est un peu dégoûtant, ça*«, sagte sie streng.

»*Ah, oui, Madame*«, entgegneten die Soldaten und betrachteten ihren gesenkten Kopf und ihre hübschen Hände, die zum hundertsten Mal eine Spitzenrüsche auf ihrem gereckten Busen zurechtzupften.

»*V'là, Monsieur*!« krächzte der junge Kellner mir über seine Schulter zu. Aus irgendeinem albernen Grund tat ich, als hätte ich nicht gehört, und ich beugte mich über den Tisch und roch an den Veilchen, bis sich die Hand des kleinen Korporals über meine legte.

»Nehmen wir erst einmal *un peu de charcuterie*?« fragte er zärtlich.

III

»In England«, sagte der blauäugige Soldat, »trinkt man zum Essen Whisky. *N'est-ce pas, Mademoiselle?* Ein kleines Glas Whisky pur vor dem Essen, Whisky-Soda zum englischen *bifteck*, und hinterher Whisky mit heißem Wasser und Zitrone.«

»Ist das so?« fragte mich sein Freund, der mir gegenübersaß, ein hochgewachsener, rotgesichtiger Kerl mit schwarzem Bart und großen, feuchten Augen und Haaren, die aussahen wie unter der Nähmaschine geschnitten.

»Nicht ganz«, sagte ich.

»*Si, si*«, rief der blauäugige Soldat. »Ich weiß es. Ich bin Geschäftsmann. Englische Handelsreisende kommen zu mir, und es ist immer das gleiche.«

»Pah, ich kann Whisky nicht ausstehen«, sagte der kleine Korporal. »Der Morgen danach ist einfach furchtbar. Weißt du noch, *ma fille*, der Whisky in der kleinen Bar in Montmartre?«

»*Souvenir tendre*«, seufzte Schwarzbart, steckte zwei Finger in das Bruststück seines Rocks und ließ den Kopf sakken. Er war sehr betrunken.

»Aber ich kenne was Besseres, so etwas haben Sie noch nicht getrunken«, sagte der blauäugige Soldat und zeigte mit dem Finger auf mich; »einen Schnaps, wirklich gut.« *Klack* machte er mit der Zunge. »*É-patant!* Und das Beste: Sie merken praktisch keinen Unterschied zu Whisky, außer daß er« – er suchte mit der Hand nach dem richtigen Wort – »feiner schmeckt, süßer vielleicht, nicht so scharf, und am nächsten Morgen sind sie putzmunter wie ein Kaninchen.«

»Was für ein Schnaps?«

»Mirabelle!« Er ließ sich das Wort auf der Zunge zergehen, und unter der Zunge. »Aah, ein göttliches Gesöff.«

»Ich könnte noch einen Pilz essen«, sagte Schwarzbart.

»Ich hätte wirklich gern noch einen Pilz. Einen würde ich noch vertragen, aber Mademoiselle müßte ihn mir eigenhändig darreichen.«

»Ihr solltet ihn probieren«, sagte der blauäugige Soldat und stützte beide Hände auf den Tisch. Er sprach mit so großem Ernst, daß ich mich fragte, ob er wirklich viel nüchterner als Schwarzbart war. »Ihr solltet ihn probieren, gleich heute abend. Und dann will ich von euch wissen, ob er wie Whisky schmeckt oder nicht.«

»Vielleicht haben die ihn hier«, sagte der kleine Korporal und rief nach dem jungen Kellner. »*P'tit!*«

»*Non, Monsieur*«, sagte der ewig lächelnde Junge. Er brachte uns Dessertteller, die mit blauen Papageien und Hirschkäfern bemalt waren.

»Wie heißt das auf englisch?« fragte Schwarzbart und zeigte drauf. Ich sagte es ihm: »Parrot.«

»Ah, *mon Dieu*! ... *Pair-rotte* ...« Er legte die Arme um den Teller. »Ich liebe dich, *ma petite pair-rotte*. Du bist süß, du bist blond, du bist englisch. Du kennst den Unterschied nicht zwischen Whisky und Mirabelle.«

Der kleine Korporal und ich sahen uns lachend an. Er kniff beim Lachen die Augen zusammen, so daß man nur die langen, gebogenen Wimpern sah.

»Ich kenne einen Laden, wo es Mirabelle gibt«, sagte der blauäugige Soldat. »›Café des Amis‹. Da gehen wir jetzt hin – ich lade euch ein – ihr seid alle eingeladen.« Seine Arme schmissen mit Geld nur so um sich.

Doch mit einem lauten Surren schlug die Uhr an der Wand halb neun; und ab acht dürfen Soldaten sich nicht mehr in Cafés aufhalten.

»Die geht vor«, sagte der blauäugige Soldat. Die Uhr des kleinen Korporals zeigte dieselbe Zeit. Und ebenso die klobige Zwiebel, die Schwarzbart hervorholte und dem Hirschkäfer behutsam auf den Kopf setzte.

»Ach was, das Risiko müssen wir eingehen«, sagte der blauäugige Soldat und steckte die Arme in einen riesenhaften Mantel. »Das ist die Sache wert«, sagte er. »O ja. Ihr werdet sehen.«

Draußen leuchteten Sterne zwischen Wolkenfetzen, und der Mond flackerte über einer Turmspitze wie ein Kerzenlicht. Bäume wie schwarze Federn warfen ihre schwankenden Schatten auf die weißen Häuser. Weit und breit keine Menschenseele zu sehen. Nichts zu hören, außer dem *Sch! Sch!* eines weit entfernten Zuges, wie ein großes, im Schlaf scharrendes Tier.

»Du frierst«, flüsterte der kleine Korporal. »Du frierst, *ma fille.*«

»Nein, bestimmt nicht.«

»Aber du zitterst.«

»Ja, aber ich friere nicht.«

»Wie sind die Frauen in England so?« fragte Schwarzbart. »Nach dem Krieg gehe ich nach England. Ich suche mir ein kleines englisches Frauchen und heirate es – und ihren *pairrotte.*« Er ließ ein lautes, ersticktes Lachen hören.

»Blödmann!« sagte der blauäugige Soldat und schüttelte ihn; und er beugte sich zu mir herüber. »Man schmeckt es erst nach dem zweiten Glas richtig«, flüsterte er. »Das zweite Glas und dann – ah! – dann verstehen Sie, was ich meine.«

Das ›Café des Amis‹ schimmerte im Mondlicht. Wir sahen uns verstohlen um. Wir liefen die vier Holzstufen hoch, öffneten die klingelnde Glastür und gelangten in einen niedrigen, von einer Hängelampe erleuchteten Raum, in dem sich etwa zehn Leute befanden und zu Abend aßen. Sie saßen auf zwei Bänken an einem schmalen Tisch.

»Soldaten!« schrie eine Frau, die hinter einer weißen Suppenterrine aufsprang – ein Gerippe von Frau in einem schwarzen Umhängetuch. »Soldaten! Um diese Zeit! Seht gefälligst auf die Uhr, seht gefälligst hin.« Und sie wies mit der tropfenden Suppenkelle auf die Uhr.

»Die geht vor«, sagte der blauäugige Soldat. »Die geht vor, Madame. Und machen Sie doch nicht so einen Lärm, ich bitte Sie. Wir trinken etwas, und dann gehen wir wieder.«

»Ach ja?« schrie sie, kam um den Tisch gelaufen und pflanzte sich vor uns auf. »So weit kommt es noch. Zu dieser späten Stunde in das Haus einer ehrbaren Frau eindringen – hier eine Szene machen – die Polizei anlocken. Ach, Gott! Ach, Gott! Es ist wirklich eine Schande.«

»Pscht!« machte der kleine Korporal und hielt eine Hand hoch. Totenstille. In der Stille hörten wir Schritte, die vorübergingen.

»Die Polizei«, flüsterte Schwarzbart und zwinkerte einem hübschen Mädchen mit Ringen in den Ohren zu, das keß zurücklächelte. »Pscht!«

Die Gesichter sahen auf, lauschten. »Was für schöne Menschen!« dachte ich. »Wie eine Familie aus dem Neuen Testament beim gemeinsamen Abendmahl ...« Die Schritte verhallten.

»Wäre euch recht geschehen, wenn sie euch erwischt hätten«, schimpfte die wütende Frau. »Euretwegen tut es mir leid, daß die Polizei nicht hereingekommen ist. Wäre euch recht geschehen – wäre euch recht geschehen.«

»Ein kleines Gläschen Mirabelle, und wir gehen«, beharrte der blauäugige Soldat.

Noch immer schimpfend und murrend holte sie vier Gläser aus dem Schrank und eine große Flasche. »Aber ihr trinkt nicht hier drinnen. Daß das klar ist.« Der kleine Korporal lief in die Küche. »Nicht da! Nicht da! Dummkopf!« rief sie. »Seht ihr nicht, daß da ein Fenster ist, und auf der anderen Seite eine Wand, an der die Polizei jeden Abend ...«

»Pscht!« Ein neuer Schreck.

»Ihr seid ja nicht bei Trost und kommt noch alle ins Gefängnis – alle«, sagte die Frau. Sie rauschte aus dem Raum. Wir schlichen auf Zehenspitzen hinter ihr her in eine dunkle, übelriechende Spülküche voller Töpfe mit fettigem Wasser, Salatblättern und Knochen.

»Da«, sagte sie und stellte die Gläser ab. »Trinkt und geht!«

»Ah, endlich!« Die glückliche Stimme des blauäugigen Soldaten drang durch das Dunkel. »Was sagt ihr? Habe ich nicht recht? Schmeckt das nicht wie erstklassiger – *erstklassiger* Whisky?«

FRÜHLINGSBILDER

I

Es regnet. Dicke, weiche Tropfen klatschen den Leuten auf Hände und Wangen; große, warme Tropfen wie geschmolzene Sterne. »Rosen gefällig! Lilien! Veilchen!« kräht das alte Weib im Rinnstein. Aber die Lilien, zusammengesteckt in einer grünen Krause, sehen eher aus wie welker Blumenkohl. Hin und her zieht sie ihren quietschenden Karren. Ein unangenehmer, übler Geruch geht von ihm aus. Niemand will ihr etwas abnehmen. Man muß mitten auf der Straße gehen, denn auf dem Gehweg ist kein Platz. Die Läden quellen über; noch das letzte Stück alter Spitze wird hervorgekramt, um zu locken und zum Kauf zu verführen. Es gibt Tische voller Spielzeugkanonen und Soldaten und Zeppeline und kleine Bilderrahmen komplett mit Photographien von aufreizenden Schönen. Es gibt große Körbe mit gelben Strohhüten, zu Pyramiden aufgetürmt wie Backwerk, und bunte Stiefel an langen Schnüren, und Schuhe, so klein, daß kein Mensch sie tragen kann. Ein Geschäft ist randvoll mit Mackintosh-Stoff, lauter kleine Rechtecke, blau für Mädchen, rot für Jungen, mit dem Aufdruck Bébé in der Mitte ...

»Lilien gefällig! Rosen! Schöne Veilchen!« trällert die Alte und rammt einen anderen Karren. Doch dieser Karren rührt sich nicht. Er ist mit Salatköpfen beladen. Die Besitzerin, eine dicke alte Frau, liegt obenauf, tief im Schlaf, die Nase in den Lattichwurzeln ... Wer kauft hier jemals etwas ...? Die Verkäufer sind Frauen. Sie sitzen auf kleinen Klappstühlen, sehen verträumt und unbeteiligt aus. Ab und zu steht eine von ihnen auf, nimmt einen Staubwedel, läßt ihn, wie eine qualmende Fackel, über den einen oder anderen Gegenstand gleiten und setzt sich wieder. Selbst der alte Mann mit der orangeroten Brille, der den Ständer mit »heiteren« Ansichtspostkarten herumdreht, kann sich nicht entscheiden …

Plötzlich beginnt in dem leeren Laden an der Ecke ein Klavier zu spielen und eine Geige und eine Flöte fallen ein. Alle Fenster sind bemalt: *Neue Lieder. Erster Stock. Eintritt frei.* Doch da die Fenster im ersten Stock offenstehen, macht sich niemand die Mühe, hinaufzugehen. Sie lungern grinsend herum, während die rauhen Stimmen in die warme, verregnete Luft hinauswehen. Am Eingang steht ein hagerer Mann in zerschlissenen Pantoffeln. Er hat sich eine Feder in die aufgeplatzte Hutkrempe gesteckt; wie er sie zur Schau trägt! Die Feder ist phantastisch. Sie ist so viel wie Epauletten, Bratenrock, weiße Glacéhandschuhe und vergoldeter Stock in einem. Mit ihr kann er großtun, und seine Stimme dringt satt und sonor aus seinem Brustkorb.

»Hereinspaziert! Hereinspaziert! Hier gibt es die neuen Lieder! Unsere Sängerinnen sind Künstler von internationalem Ruf. Das Orchester ist berühmt und unübertroffen. Bleiben Sie, so lange Sie wollen. Das ist eine einmalige Gelegenheit, die Sie sich nicht entgehen lassen sollten!« Aber niemand rührt sich. Warum auch? Jeder kennt die Mädchen – die berühmten Künstlerinnen. Die eine ist in cremefarbenen Kaschmir gekleidet und die andere in blauen. Beide haben dunkles, krauses Haar und eine Rose hinterm Ohr … Jeder kennt die Knopfstiefel des Pianisten – mit der geplatzten Naht am linken Fuß – dem Pedalfuß – wo sein Ballen entzündet ist. Die abgekauten Nägel des Geigers, die langen, viel zu langen Manschetten des Flötisten – all diese Dinge sind so alt wie die neuen Lieder.

Lange noch erklingt die Musik und donnert die stolze

Stimme. Dann ruft einer etwas die Treppe hinunter, und der Revuemensch zieht, noch immer mit wichtiger Miene, von dannen. Der Gesang bricht ab. Das Klavier, die Geige und die Flöte verstummen tröpfelnd. Nur die Spitzengardine im ersten Stock gibt ein flatterndes Lebenszeichen von sich.

Es regnet noch immer; es wird dämmrig ... Rosen gefällig! Lilien! Wer will Veilchen? ...

II

Hoffnung! Du elende – du sentimentale alte Jungfer! Möge deine letzte Saite springen, damit du Ruhe gibst. Dein ewiges Gekratze macht mich noch wahnsinnig; mein Herz pocht in deinem Takt. Es ist Morgen. Ich liege in dem leeren Bett – in diesem riesigen Bett, das so weitläufig wie ein Feld ist und ebenso ungeschützt und kalt. Durch die Fensterläden dringt das Sonnenlicht vom Fluß herauf und fließt über die Zimmerdecke in zitternden Wellen. Draußen höre ich einen Hammer schlagen, und unten im Haus schwingt eine Tür auf und dann wieder zu. Ist dies mein Zimmer? Sind das meine Kleider, die dort über einem Sessel hängen? Unter dem Kopfkissen, Kennzeichen und Symbol der einsamen Frau, tickt meine Uhr. Die Glocke läutet. Ah! Endlich! Ich springe aus dem Bett und laufe zur Tür. Spiel schneller – schneller – Hoffnung!

»Ihre Milch, Mademoiselle!« sagt die Concierge und mustert mich streng.

»Oh, danke«, rufe ich und schwenke fröhlich die Milchflasche. »Keine Briefe für mich?«

»Nichts, Mademoiselle.«

»Aber der Briefträger – war er schon da?«

»Schon vor über einer halben Stunde, Mademoiselle.«

Schließ die Tür. Bleib einen Augenblick in dem kleinen

Flur stehen. Horch – horch auf ihr verhaßtes Geschrumme. Schmeichel ihr – hofier sie – fleh sie an, nur noch einmal zu spielen, noch einmal die reizende kleine Pièce für eine Saite solo. Vergebens.

III

Jenseits des Flusses, auf dem schmalen Steinweg, der das Ufer säumt, spaziert eine Frau. Sie ist die Treppe vom Quai heruntergekommen und geht sehr langsam, eine Hand auf der Hüfte. Der Abend ist schön; der Himmel hat die Farbe von Flieder und der Fluß von Veilchenblüten. Hohe, helle Bäume stehen an dem Weg voll zitternden Lichts, und die sich hebenden und senkenden Boote senden schwere Schaumkronen fast bis vor ihre Füße. Jetzt ist sie stehengeblieben. Jetzt hat sie sich plötzlich umgedreht. Sie lehnt sich an einen Baum, die Hände vor dem Gesicht; sie weint. Und jetzt läuft sie hin und her und ringt die Hände. Wieder lehnt sie sich an den Baum, lehnt sich mit dem Rücken gegen ihn, den Kopf gereckt, die Hände gefaltet, als lehne sie sich an einen lieben Menschen. Um ihre Schultern hat sie ein graues Tuch gelegt; sie bedeckt das Gesicht mit seinen Zipfeln und wiegt sich hin und her.

Aber man kann nicht ewig weinen, und so wird sie schließlich ernst und ruhig, richtet sich das Haar, streicht die Schürze glatt. Sie geht ein paar Schritte. Nein, zu früh, zu früh! Ihre Arme fliegen wieder hoch – sie läuft zurück – wirft sich wieder gegen den hohen Baum. Flächen goldenen Lichts fallen ins Zimmer; die Straßenlaternen schimmern durch das junge Laub, gelbe Lichtfächer folgen den tanzenden Booten. Für einen Augenblick ist sie ein bloßer Fleck vor dem Baum, weiß, grau und schwarz, verschmilzt mit den Steinen und den Schatten. Und dann ist sie verschwunden.

SPÄT AM ABEND

(Virginia sitzt am Kaminfeuer. Ihre Straßenkleidung hat sie auf einen Stuhl geworfen; die Stiefel stehen, leicht dampfend, am Kamingitter.)

Virginia (legt den Brief beiseite): Der Brief gefällt mir nicht – ganz und gar nicht. Ich möchte wissen, ob das eine Abfuhr sein soll – oder ist das einfach nur seine Art? *(Liest.)* »Vielen Dank für die Socken. Da mir unlängst bereits fünf Paar geschickt wurden, wird es Sie freuen zu hören, daß ich die Ihrigen einem Kameraden in der Kompanie gegeben habe.« Nein; das bilde ich mir doch nicht ein. Das ist eine grausame Abfuhr.

Ach, ich wünschte, ich hätte ihm nicht geschrieben, daß er auf sich achtgeben soll. Ich gäbe was drum, wenn ich den Brief zurückbekommen könnte. Ich habe ihn an einem Sonntagabend geschrieben – ein großer Fehler. Ich sollte niemals an Sonntagabenden Briefe schreiben – ich laß mich dann zu sehr gehen. Komisch, ich verstehe gar nicht, woher das kommt. Ich sehne mich einfach nach jemandem, dem ich schreiben kann – den ich lieben kann. Ja, das ist es; Sonntagabende machen mich traurig und liebesbedürftig. Kurios!

Ich muß wieder regelmäßiger in die Kirche gehen; es ist nicht gut, am Kamin zu hocken und zu grübeln. Da gibt es auch Choräle; bei den Chorälen kann man sich so schön gehenlassen. *(Sie summt)* »And then for those our Dearest and our Best« – *(aber ihr Blick fällt auf den nächsten Satz im Brief).* »Es war überaus liebenswürdig von Ihnen, sie zu stricken.« Nein wirklich! Nein, das geht zu weit! Diese abscheuliche Überheblichkeit der Männer! Glaubt er doch tatsächlich, ich hätte sie selbst gestrickt. Aber ich kenne ihn ja kaum; ich habe nur ein paarmal mit ihm gesprochen. Er muß denken, ich sei rettungslos verliebt, daß ich mich so an ihn heranschmeiße. Und ein Heranschmeißen wäre es ja wohl, einem Mann Socken zu stricken – den man kaum kennt. Ihm ein Paar zur Reserve zu kaufen, ist etwas ganz anderes. Nein; ich werde ihm nicht mehr schreiben – das steht fest. Und was hätte das übrigens für einen Zweck? Ich könnte mich wirklich in ihn verlieben, und er würde sich nicht die Bohne aus mir machen. So sind die Männer.

Ich verstehe das nicht, irgendwann komme ich immer an den Punkt, wo ich die Menschen abschrecke. Kurios! Am Anfang mögen sie mich; sie halten mich für ungewöhnlich und originell; aber wenn ich mich entschließe, es ihnen zu zeigen – ihnen einen gezielten Wink gebe – daß ich sie mag, plötzlich bekommen sie es mit der Angst zu tun und ziehen sich zurück. Vermutlich werde ich darüber eines Tages entsetzlich verbittern. Wahrscheinlich ahnen sie, wie viel ich ihnen geben könnte. Wahrscheinlich ist es das, was ihnen Angst macht. Ach, ich spüre eine so unendliche, unendliche Liebe in mir, wenn ich sie nur jemandem schenken könnte – ich wäre ganz und gar für ihn da – würde ihn beschützen – alles Schlechte von ihm fernhalten – und würde ihn spüren lassen, daß ich ihm jeden Wunsch von den Lippen ablese. Wenn ich nur wüßte, daß mich jemand will, mich braucht, ich wäre sofort wie verwandelt. Ja; das ist für mich das Geheimnis des Lebens: spüren, daß man geliebt wird, spüren, daß man gebraucht wird, zu wissen, daß jemand sich auf einen verläßt, was auch geschieht – für alle Zeit. Und ich bin stark, und im Innern viel, viel reicher als die meisten Frauen. Ich bin mir sicher, daß die wenigsten Frauen dieses Verlangen verspüren – sich zu verwirklichen. Darauf kommt es wohl an – daß man aufblüht. Ich stehe im Dunkeln, ganz verschlossen, und keiner beachtet mich. Vermutlich fühle ich deswegen diese schreckliche Zärtlichkeit für Blumen und kranke Tiere und Vögel – es ist meine Art, mich von dem großen Reichtum zu befreien, dieser Last der Liebe. Natürlich auch, weil sie so hilflos sind – keine Frage. Aber ich vermute, wenn ein Mann wirklich in mich verliebt wäre, er wäre ebenso hilflos. Ja, ich bin mir sicher, daß Männer sehr hilflos sind …

Ich weiß auch nicht, aber mir ist zum Heulen zumute heute abend. Daran ist gewiß nicht der Brief schuld; der ist zu unwichtig. Nein, aber ich frage mich wirklich, ob sich je etwas ändern wird oder ob das so weitergeht, bis ich alt bin – immer nur hoffen und hoffen. Ich bin nicht mehr die Jüngste. Ich habe Falten, und meine Haut ist längst nicht mehr das, was sie einmal war. Ich war nie besonders hübsch, nicht im landläufigen Sinne, aber ich hatte eine schimmernde Haut und schimmerndes Haar – und ich hatte einen schönen Gang. Gerade heute habe ich mich zufällig in einem Spiegel gesehen – keine Haltung, schlurfende Schritte … Ich sah verwahrlost und alt aus. Nun ja; nicht ganz; ich übertreibe immer, wenn es um mich geht. Aber ich reagiere jetzt viel empfindlicher auf gewisse Dinge – ein eindeutiges Zeichen des Alters. Der Wind – ich ertrage es nicht mehr, wenn mich der Wind durchpustet; und ich hasse es, nasse Füße zu bekommen. So etwas hat mir früher nie etwas ausgemacht – ich habe es fast genossen – ich habe mich dann so *eins* mit der Natur gefühlt, irgendwie. Aber jetzt werde ich wütend und möchte heulen, und ich sehne mich so nach etwas, was mir darüber hinweghilft. Vermutlich fangen Frauen deswegen das Trinken an. Kurios!

Das Feuer geht aus. Ich verbrenne den Brief. Was bedeutet er mir schon? Pah! Er ist mir ganz gleichgültig. Was bedeutet er mir schon? Sollen ihm die anderen fünf Frauen Socken schicken! Und bestimmt ist er ganz anders, als ich ihn mir vorgestellt habe. Ich kann ihn förmlich hören: »Es war überaus liebenswürdig von Ihnen, sie zu stricken.« Er hat eine hinreißende Stimme. Ich glaube, es war seine Stimme, die mich so angezogen hat – und seine Hände; sie sahen so kräftig aus – richtige Männerhände. Ach ja, nur nicht sentimental darüber werden; verbrenn ihn! … Nein, es geht nicht … das Feuer ist erloschen. Ich gehe zu Bett. Ich möchte wissen, ob das wirklich eine Abfuhr sein soll. Ach, bin ich müde. Wenn ich zu Bett gehe, möchte ich jetzt häufig die Decke über den Kopf ziehen – und losheulen. Kurios!

ZWEI ZU ZWEI PENNY, BITTE

Dame. Doch, doch, Liebes; das geht schon. Wenn die Dame neben mir den Platz tauscht und sich gegenüber hinsetzt … Wären Sie so gut? Dann kann sich meine Freundin neben mich setzen … Recht vielen Dank! Ja, Liebes, beide Wagen im Krieg eingesetzt; ich gewöhne mich schon an die Omnibusse. Wenn wir ins Theater gehen, telephoniere ich allerdings Cynthia an. Sie hat noch einen Wagen. Ihr Chauffeur ist eingezogen worden … Ewig her … Vermutlich längst gefallen. Ich weiß es nicht mehr. Der neue gefällt mir ganz und gar nicht. Wenn es sein muß, nehme ich durchaus ein gewisses Risiko auf mich, aber er hat so etwas Stures. Weiß der Himmel, was passiert, wenn er in etwas hineinsaust, das nicht im letzten Moment ausweicht. Aber der arme Mensch hat einen verkrüppelten Arm und irgendwas stimmt mit seinem Fuß nicht, wenn ich sie recht verstanden habe. Das ist wohl der Grund für seine Gleichgültigkeit. Ich meine – nun ja! … Nicht wahr! …

Freundin. …?

Dame. Ja, sie hat es verkauft. Es war viel zu klein, meine Liebe. Es hatte ja nur zehn Schlafzimmer. Zehn Schlafzimmer im ganzen Haus. Nicht zu fassen! Sah man ihm von außen nicht an – oder? Und mit den Gouvernanten und den Kindermädchen – und so weiter. Die ganzen Diener mußten außer Haus schlafen … Du weißt, was das bedeutet!

Freundin. …!

Schaffner. Noch jemand ohne Fahrschein? Noch jemand ohne Fahrschein?

Dame. Wieviel macht das? Zwei Pence, nicht wahr? Zwei

zu zwei Penny, bitte. Laß nur – ich habe Kleingeld, irgendwo habe ich es.

Freundin. …!

Dame. Nein, ist schon in Ordnung. Ich habe es gleich – wo es nur steckt?

Schaffner. Noch jemand ohne Fahrschein?

Freundin. …!

Dame. Wirklich? Aber ja. Jetzt fällt es mir wieder ein. Ja, ich habe auf der Herfahrt bezahlt. Also gut, dies eine Mal lasse ich dich. Wir sind schließlich im Krieg, meine Liebe.

Schaffner. Sie fahren bis wohin?

Dame. Nach den Boltons.

Schaffner. Macht noch einen halben Penny pro Person.

Dame. Nein – o nein! Auf der Hinfahrt habe ich nur zwei Pence bezahlt. Sind Sie sich ganz sicher?

Schaffner (wütend). Lesen Sie gefälligst das Schild.

Dame. Also schön. Hier ist noch ein Penny. *(Zur Freundin):* Ist es nicht erstaunlich, wie unhöflich diese Menschen sind? Schließlich wird er für seine Arbeit bezahlt. Aber so sind sie alle. Ich habe gehört, diese Autobusse greifen früher oder später die Wirbelsäule an. Das wird es sein … Von Teddy hast du gehört – oder?

Freundin. …

Dame. Er hat sein … Er hat sein … Wie war das noch? Was war es schon wieder? Wie dumm von mir!

Freundin. …?

Dame. Nein, nein! Major war er schon vor Ewigkeiten.

Freundin. …?

Dame. Oberst? Nein, nein, meine Liebe, etwas viel höheres. Nicht seine Kompanie – seine Kompanie hat er schon lange gehabt. Nicht sein Bataillon …

Freundin. …?

Dame. Regiment! Ja, ich glaube, es war sein Regiment. Aber was ich sagen wollte, er ist zum … Ach, wie dumm ich bin! Was kommt über dem Brigadegeneral? Ja, das war's, glaube ich. Stabschef. Mrs. T. ist natürlich furchtbar stolz.

Freundin. …

Dame. Ach, meine Liebe, die Menschen kennen einfach kein Maß mehr heutzutage. Ganz gleich in welcher Position. Und Teddy ist so ein ehrlicher Kerl, daß ich wirklich nicht verstehe … Entsetzlich – nicht wahr!

Freundin. …?

Dame. Das wußtest du nicht? Sie ist im Kriegsministerium, und offensichtlich recht erfolgreich. Sie hat erst kürzlich eine Gehaltserhöhung bekommen, glaube ich. Sie hat irgendwas mit der Bekanntgabe der Toten zu tun oder der Vermißtensuche. Ich weiß es nicht. Auf jeden Fall sagt sie, es ist unglaublich niederschmetternd, und sie muß die herzzerreißenden Briefe von Eltern lesen und so weiter. Aber zum Glück sind sie in ihrem Zimmer eine fröhliche Truppe – alles Offiziersgattinnen, und sie machen sich Tee und kaufen reihum Kuchen beim Stewart. An einem Nachmittag hat sie frei, dann geht sie einkaufen oder läßt sich das Haar legen. Letztens haben wir beide uns Yvettes Frühlingsmodenschau angesehen.

Freundin. …?

Dame. Nein, eigentlich nicht. Ich habe diese Mantelkleider allmählich furchtbar über, du auch? Ich meine – und das habe ich auch zu ihr gesagt – wozu bezahle ich eine stolze Summe für ein Kleid von Yvette, wenn man im Grunde keinen Unterschied sieht zu einem billigen Stück von der Stange. Zugegeben, es ist eine gewisse Genugtuung zu wissen, daß die Ware gut ist und so weiter – aber man sieht es nicht. Nein; ich habe ihr geraten, ein anständiges Schneiderkostüm zu nehmen. Ein Kostüm kleidet immer. Habe ich nicht recht?

Freundin. …!

Dame. Ja, das habe ich nicht gesagt – aber gedacht. Sie ist viel zu dick für diese Mantelkleider. Sie geht an den Hüften immer mehr auseinander. Ich hätte mir fast selbst eins bestellt, in einem entzückenden Blau mit Besatz in diesem neuen Lachsrot … Ach ja, ich habe meine gute Kate verloren.

Freundin. …!

Dame. Ja, ist das nicht ein Ärger! Gerade als ich sie einigermaßen eingearbeitet hatte. Hat den Verstand verloren, wie alle heutzutage, kommt plötzlich auf die Idee, in einer Munitionsfabrik zu arbeiten. Als sie kündigte, habe ich ihr gesagt, daß ihr klar sein müsse, daß sie, wenn sie eine Stelle bekäme (was ich sehr bezweifeln möchte), nicht wieder bei mir anzukommen braucht, weil das nur für Unruhe unter der Dienerschaft sorgt.

Schaffner (wütend). Wenn Sie weiterfahren, bekomme ich noch einen Penny pro Person.

Dame. Oh, wir sind da. Na, so etwas! Habe ich gar nicht gemerkt …

Freundin. …?

Dame. Dienstag? Bridge am Dienstag? Nein, Liebes, Dienstag ist bei mir leider unmöglich. Der Dienstag gehört meinen Verwundeten. Ich lasse sie von der Köchin zum Zoo schaffen oder sonst wohin – nicht wahr. Mittwoch – am Mittwoch habe ich alle Zeit der Welt.

Schaffner. Wenn Sie sich nicht beeilen, sind Sie Mittwoch noch im Bus.

Dame. Jetzt reicht es aber, Sie.

Freundin. …!!

DIE SCHWARZE MÜTZE

(Eine Dame und ihr Mann sitzen beim Frühstück.
Er ist ganz ruhig, liest die Zeitung, ißt; sie ist in Reisekleidern
und wirkt nervös; gibt nur vor zu essen.)

Sie. Ach, wenn du deine Flanellhemden brauchst, sie sind im Wäscheschrank rechts unten.

Er (bei einer Vorstandssitzung der Fleisch-Exportfirma). Nein.

Sie. Du hast mir nicht zugehört. Ich habe gesagt, wenn du deine Flanellhemden suchst, sie sind im Wäscheschrank rechts unten.

Er (mit Nachdruck). Ganz deiner Meinung!

Sie. Es ist unglaublich, daß du selbst am Tag meiner Abreise nicht für fünf Minuten die Morgenzeitung beiseite legen kannst.

Er (versöhnlich). Liebe Frau, ich möchte nicht, daß du gehst. Tatsächlich habe ich dich sogar gebeten, nicht zu gehen. Ich verstehe beim besten Willen nicht …

Sie. Du weißt nur zu gut, daß ich gehe, weil ich gehen muß. Immer wieder habe ich es aufgeschoben, und beim letzten Mal sagte der Zahnarzt …

Er. Gut! Gut! Laß uns nicht wieder damit anfangen, das hatten wir schon zur Genüge, nicht wahr?

Diener. Die Droschke wartet, M'm.

Sie. Laden Sie mein Gepäck bitte ein.

Diener. Sehr wohl, M'm.

Sie (stößt einen gut vernehmlichen Seufzer aus).

Er. Du hast nicht mehr viel Zeit, wenn du den Zug noch erreichen willst.

Sie. Ich weiß. Ich gehe schon. *(In verändertem Ton.)* Liebling, laß uns nicht so auseinandergehen. Es macht mich ganz krank. Wieso bereitet es dir nur solch ein Vergnügen, mir jede Freude zu verderben?

Er. Ich wüßte nicht, was an einem Zahnarztbesuch besonders erfreulich ist.

Sie. Ach, du weißt genau, wie ich es meine. Das sagst du nur, um mir weh zu tun. Immer weichst du aus.

Er (lacht). Und du verpaßt deinen Zug. Donnerstagabend bist du wieder zurück, richtig?

Sie (mit leiser, verzweifelter Stimme). Ja, Donnerstagabend. Also, auf Wiedersehen. *(Sie kommt zu ihm herüber und nimmt seinen Kopf in die Hände.)* Was hast du nur? Sieh mich wenigstens an. Ist dir denn – alles – ganz – gleichgültig?

Er. Das ist ja ein Abgang wie im Film.

Sie (läßt die Hände sinken). Nun denn. Auf Wiedersehen. *(Sie läßt einen tragischen Blick durchs Eßzimmer schweifen, dann geht sie.)*

(Auf dem Weg zum Bahnhof.)

Sie. Wie merkwürdig das Leben spielt! Ich hätte nicht gedacht, daß ich so empfinden würde. Der ganze Glanz ist wie weggeblasen. Ach, ich würde alles darum geben, wenn die Droschke kehrtmachen und zurückfahren würde. Das merkwürdigste aber ist, daß es mir womöglich leichter gefallen wäre, ihn zu verlassen, wenn er vorgeben würde, mich zu lieben. Aber das ist albern. Wie stark das Heu duftet. Es wird heiß werden heute. Diese Wiesen werde ich nie wiedersehen. Nie mehr! Doch andererseits bin ich froh, daß es so gekommen ist; damit bin ich ein für allemal und eindeutig im Recht! Er will überhaupt keine Frau haben. Eine Frau bedeutet ihm nichts. Er gehört zu der Sorte Männer, die sich im Grunde für niemanden interessieren außer für sich selbst. Ich bin der Mensch in seinem Leben geworden, der darauf achtet, daß die Manschettenknöpfe nicht mit in die Wäsche gehen – das ist alles! Und das reicht mir nicht. Ich bin jung – ich habe zuviel Stolz. Ich gehöre nicht zu der Sorte Frauen, die ihr eintöniges Leben auf dem Land fristen und in Entzückung geraten über »unsere« Salatköpfe …

Seit du mich geheiratet hast, erwartest du von mir, daß ich mich dir unterordne, daß ich dir wie ein Schatten folge, daß du nur aufzusehen brauchst, und schon kannst du an mir die Zeit ablesen, als wäre ich eine Uhr. Du warst nie an mir interessiert; du wolltest nie meine Seele erkunden. Nein; du wolltest, daß ich mich einfüge in deine bequeme Existenz. Oh! wie mich deine Blindheit empört hat – wie ich dich für diese Blindheit hasse! Ich bin froh – dankbar – dankbar dafür, daß ich dich verlassen habe! Ich bin kein dummes Mädchen; ich bin nicht eingebildet, ich weiß nur, was in mir steckt. Nicht umsonst habe ich mich immer nach Reichtum und Leidenschaft und Freiheit gesehnt und gewußt, daß sie mir rechtmäßig zustehen. *(Sie lehnt sich gegen die Polster der Droschke und murmelt.)* »Du bist eine Königin. Gewähre mir die Gunst, dir dein Königreich zu geben.« *(Sie lächelt und sieht ihre königlichen Hände an.)* Wenn nur mein Herz nicht so heftig schlagen würde. Es tut weh. Wie es mich erschöpft und doch erregt. Als wenn jemand in furchtbarer Eile gegen die Tür schlägt … Diese Droschke kriecht ja nur dahin; bei dem Tempo werden wir nie am Bahnhof ankommen. Beeilung! Beeilung! Ich eile, so schnell ich kann, mein Geliebter. Ja, ich leide wie du. Es ist entsetzlich, ist es nicht unerträglich – diese letzte halbe Stunde, die wir getrennt sind … Ach Gott! der Gaul ist wieder in Schritt gefallen. Wieso gibt er diesem großen kräftigen Tier nicht die Peitsche? … Wie wunderbar das Leben ist! Wir werden die ganze Welt zusammen bereisen. Die ganze Welt wird uns gehören, weil wir uns lieben. Oh, hab Geduld! Ich komme, so schnell ich nur kann … Ah, es geht bergab; jetzt geht es wirklich schneller. *(Ein alter Mann will die Straße überqueren.)* Aus dem Weg, du dummer Alter! Man hätte ihn überfahren sollen … Liebster – Liebster; ich nahe. Hab Geduld!

(Auf dem Bahnhof.)

Sie. Bringen Sie es in ein Raucherabteil erster Klasse … Schließlich habe ich noch viel Zeit. Der Zug geht erst in zehn Minuten. Kein Wunder, daß er noch nicht hier ist. Es darf nicht so aussehen, als würde ich nach ihm Ausschau halten. Aber ich bin doch enttäuscht. Nicht im Traum hätte ich gedacht, daß ich die erste sein könnte. Ich hatte gedacht, er wäre vor mir hier und hätte ein Abteil belegt und Zeitungen und Blumen gekauft … Wie sonderbar! Ich habe im Geist wirklich einen Strauß rosaroter Nelken gesehen … Er weiß, wie sehr ich Nelken liebe. Aber rosarote mag ich nicht. Ich ziehe dunkelrote oder blaßgelbe vor. Er verpaßt noch den Zug, wenn er jetzt nicht kommt. Der Schaffner fängt schon an, die Türen zu schließen. Was kann denn nur geschehen sein? Etwas Entsetzliches. Vielleicht hat er sich im letzten Augenblick erschossen … Ich könnte den Gedanken nicht ertragen, dein Leben zerstört zu haben … Aber du zerstörst mein Leben nicht. Ach, aber wo bist du? Ich muß ins Abteil gehen … Wer ist das? Das ist doch nicht er! Unmöglich – doch, er ist es. Was um alles in der Welt hat er da auf dem Kopf? Eine schwarze Mütze. Ja, wie gräßlich! Er ist völlig verändert. Wozu trägt er eine schwarze Mütze? Ich hätte ihn fast nicht erkannt. Er sieht albern aus, wie er in dieser furchtbaren Mütze lächelnd auf mich zukommt!

Er. Liebling, ich bin untröstlich. Ein überaus absurder, lächerlicher Zwischenfall. *(Sie steigen ein.)* Ich habe meinen Hut verloren. Er ist einfach verschwunden. Das halbe Hotel hat nach ihm gesucht. Nichts! In meiner Verzweiflung habe ich mir von einem anderen Gast die Mütze ausgeliehen. *(Der Zug setzt sich in Bewegung.)* Nicht böse sein. *(Er will sie in den Arm nehmen.)*

Sie. Laß das! Wir sind noch nicht einmal aus dem Bahnhof heraus.

Er (leidenschaftlich). Herrjeh! Was kümmert es mich, wenn die ganze Welt zusieht. *(Will sie in den Arm nehmen.)* Meine Wonne! Mein Glück!

Sie. Bitte, laß das! Ich hasse es, im Zug geküßt zu werden.

Er (tief getroffen). Also schön. Du *bist* böse. Es ist dir ernst. Du bist gekränkt, weil ich zu spät gekommen bin. Aber wenn du wüßtest, welche Qualen ich erlitten habe …

Sie. Wie kannst du mich nur für so kleinlich halten? Ich *bin* nicht böse.

Er. Warum läßt du dich dann nicht küssen?

Sie (hysterisch auflachend). Du siehst so anders aus – fast wie ein Fremder.

Er (springt auf und betrachtet sich im Spiegel, ganz besorgt – und einfältig, wie sie findet). Aber sie sitzt doch gut, oder?

Sie. Oh, sehr gut; einfach perfekt. Ach, ach, ach! *(Sie beginnt vor Wut zu lachen und zu weinen.)*

(Sie kommen an.)

Sie (während er ein Taxi heranwinkt). Ich muß mich zusammenreißen. Es ist die reinste Obsession. Es ist unglaublich, wie so etwas einen Mann derart verändert. Ich muß mit ihm reden. Es kann ja nicht so schwer sein zu sagen: Findest du nicht, daß du dir jetzt in der Stadt lieber einen Hut kaufen solltest? Das wird ihm klar machen, wie schrecklich die Mütze gewesen ist. Aber das Verrückte ist, daß er es nicht selbst gemerkt hat. Ich meine, wenn er beim Blick in den Spiegel die Mütze nicht einmal halbwegs lächerlich findet, wie verschieden müssen unsere Ansichten dann sein … Wie grundverschieden! Ich meine, wenn ich ihn auf der Straße gesehen hätte, hätte ich gesagt: Einen Mann, der solch eine Mütze trägt, könnte ich unmöglich lieben. Ich hätte ihn nicht einmal kennenlernen wollen. Er ist überhaupt nicht mein Stil. *(Sie sieht sich um.)* Die Leute lachen schon. Kein

Wunder! Wie seine Ohren abstehen, und wie flach sein Hinterkopf wirkt.

Er. Das Taxi ist bereit, Liebling. *(Sie steigen ein.)*

Er (will ihre Hand nehmen). Ist es nicht ein Wunder, daß wir hier zusammen durch die Gegend fahren, einfach so? *(Sie zupft ihren Schleier zurecht.)*

Er (will ihre Hand nehmen, sehr leidenschaftlich). Ich werde *ein* Zimmer nehmen, meine Liebe.

Sie. O nein! Du mußt auf jeden Fall *zwei* nehmen.

Er. Aber meinst du nicht, wir sollten versuchen, keinen Argwohn zu erregen?

Sie. Ich muß mein eigenes Zimmer haben. *(Bei sich.)* Du kannst deine Mütze hinter *deiner* Tür aufhängen! *(Sie fängt hysterisch an zu lachen.)*

Er. Ach! Gott sei Dank! Meine Königin hat ihren Frohsinn wiedergefunden.

(Im Hotel.)

Hoteldirektor. Jawohl, Sir, ich verstehe. Ich denke, ich habe da genau das Richtige für Sie, Sir. Wenn Sie mir bitte folgen wollen. *(Er führt sie in einen kleinen Salon mit angrenzendem Schlafzimmer.)* Ich hoffe, es sagt Ihnen zu? Und wenn Sie wollen, können Sie das Sofa in ein Bett verwandeln.

Er. Oh, ausgezeichnet! Ausgezeichnet!

Hoteldirektor (geht).

Sie (wütend). Aber ich habe dir doch gesagt, daß ich ein eigenes Zimmer wollte! Wie konntest du mich so hereinlegen! Ich habe dir gesagt, daß ich kein gemeinsames Schlafzimmer wünsche. Wie kannst du es wagen, mich so zu behandeln? *(Sie macht ihn nach.)* Ausgezeichnet! Ausgezeichnet! Das werde ich dir nie verzeihen!

Er (am Boden zerstört). Mein Gott, was ist nur geschehen! Ich begreife nicht – ich stehe vor einem Rätsel. Wieso kannst du mich ausgerechnet an diesem schönsten aller

Tage plötzlich nicht mehr lieben? Was habe ich denn getan? Sag es mir!

Sie (sinkt aufs Sofa). Ich bin sehr müde. Wenn du mich liebst, laß mich bitte allein. Ich – ich möchte nur ein wenig allein sein.

Er (zärtlich). Natürlich. Ich versuche dich zu verstehen. Nein, ich verstehe dich. Ich gehe für eine halbe Stunde fort, und dann hast du dich wieder beruhigt, meine Liebe. *(Er sieht sich verwirrt um.)*

Sie. Was ist?

Er. Mein Herz – du sitzt auf meiner Mütze. *(Sie stößt einen spitzen Schrei aus und eilt ins Schlafzimmer. Er geht. Sie wartet einen Augenblick, dann läßt sie ihren Schleier herunter und nimmt ihren Koffer.)*

(Im Taxi.)

Sie. Ja, Waterloo. *(Sie lehnt sich zurück.)* Ah, entkommen – entkommen! Ich kann gerade noch den Nachmittagszug nach Hause nehmen. Ach, es ist wie ein Traum – ich werde noch vor dem Abendessen zu Hause sein. Ich werde ihm sagen, daß es zu heiß war in der Stadt oder der Zahnarzt nicht da. Was macht das schon? Ich habe ein Recht auf mein Zuhause … Die Heimfahrt vom Bahnhof wird wunderbar sein; die Wiesen werden köstlich duften. Für das Abendessen ist noch kaltes Huhn von gestern da, und Apfelsinengelee … Ich war verrückt, aber jetzt bin ich wieder gesund. Ach, mein lieber Mann!

EIN VORSTADTMÄRCHEN

Mr. und Mrs. B. saßen beim Frühstück im behaglichen roten Eßzimmer ihrer »gemütlichen kleinen Hütte, keine halbe Stunde von der City entfernt«.

Im Kamin brannte ein anständiges Feuer – denn das Eßzimmer war zugleich das Wohnzimmer – die beiden Fenster, die auf den kalten, leeren Vorgarten gingen, waren geschlossen, und die Luft roch angenehm nach Speck und Eiern, Toast und Kaffee. Jetzt, da die Sache mit der Rationierung endlich überstanden war, legte Mr. B. Wert darauf, erst einmal ordentlich reinzuhauen, bevor er sich den wahren Gefahren des Tages stellte. Es war ihm einerlei, ob es jemand erfuhr – in Sachen Frühstück war er ein wahrer Engländer – er konnte nicht ohne; er würde zusammenklappen ohne, und wenn man ihm erzählte, daß die Jungs auf dem Kontinent bis zum Mittag mit einer Semmel und einer Tasse Kaffee auskommen mußten, dann hatte man eben einfach keine Ahnung, wovon man redete.

Mr. B. war ein stämmiger, noch junger Mann, der es – leider – nicht geschafft hatte, seinen Posten hinzuschmeißen und zum Militär zu gehen; vier Jahre lang hatte er versucht, jemanden zu finden, der ihn vertreten könnte – aber nichts zu machen. Er saß am Kopfende des Tisches und las die ›Daily Mail‹. Mrs. B. war eine noch junge, pummelige Person und hatte etwas von einer Taube. Sie saß ihm gegenüber, plusterte sich hinter dem Kaffeeservice auf und hielt ein wohlwollend wachsames Auge auf Klein B. gerichtet, der, eingehüllt in eine Serviette, zwischen ihnen hockte und auf die Spitze seines weich gekochten Eis klopfte.

Aber ach! Klein B. war ein Kind, das so gar nicht den

berechtigten Erwartungen seiner Eltern entsprach. Er war kein kleines Dickerchen, kein Mops, kein Wonneproppen. Er war für sein Alter zu kurz geraten, mit Beinen wie Makkaroni, winzigen Patschehändchen, weichem Haar wie Mausefell und großen, weit aufgerissenen Augen. Aus irgendeinem Grund schien alles in Klein B.s Leben eine Nummer zu groß für ihn zu sein – zu groß und zu verwirrend. Alles warf ihn um, nahm ihm den Wind aus den matten Segeln und ließ ihn verschreckt und atemlos zurück. Mr. und Mrs. B. hatten keinen Einfluß darauf; sie konnten ihn nur auflesen, wenn das Unglück geschehen war, und versuchen, ihn wieder in Gang zu bringen. Und Mrs. B. liebte ihn so, wie nur schwächliche Kinder geliebt werden – und wenn Mr. B. sich sagte, was für ein kleiner Prachtknabe er war – und daran dachte, was in dem kleinen Mann doch alles steckte, dann – ja, dann – also wirklich – dann …

»Warum gibt es nicht zwei Sorten Eier?« sagte Klein B. »Warum gibt es nicht Eier für Kinder und Eier für Erwachsene, wie dies hier?«

»Schottische Hasen«, sagte Mr. B. »Herrliche schottische Hasen für 5*s*. 3*d*. Was hältst du davon, mein Mädchen?«

»Es wäre einmal etwas anderes, nicht wahr?« sagte Mrs. B., »geschmort.«

Und sie sahen sich über den Tisch hinweg an, und zwischen ihnen schwebte der schottische Hase in einer dicken Sauce, und dazu die Füllung und ein weißer Topf mit Johannisbeergelee.

»Wir könnten ihn am Wochenende machen«, sagte Mrs. B. »Aber der Schlachter hat mir ein schönes kleines Lendenstück versprochen, und es wäre doch ein Jammer …« Ja, allerdings, und doch … Herrjeh, es war so schwer zu entscheiden. Der Hase wäre wirklich mal eine Abwechslung gewesen – aber auf der anderen Seite, was ging schon über ein schönes kleines Lendenstück?

»Und dann die Hasensuppe«, sagte Mr. B. und trommelte mit den Fingern auf dem Tisch. »Die köstlichste Suppe der Welt!«

»O-oh!« rief Klein B. so laut und unvermittelt, daß die Eltern regelrecht zusammenzuckten: »Guckt mal die vielen Spatzen, die auf unseren Rasen geflogen sind« – er schwenkte seinen Löffel. »Guckt mal!« Und während er sprach, und obwohl die Fenster verschlossen waren, hörten sie ein lautes, schrilles Tschiepen und Fiepen, das aus dem Garten kam.

»Iß dein Frühstück auf, sei ein braver Junge, komm«, sagte seine Mutter, und sein Vater sagte: »Du hast hier noch dein Ei, junger Mann, und jetzt mal ein bißchen dalli.«

»Aber guckt doch mal – wie sie rumhüpfen«, rief er. »Sie bleiben nie still sitzen. Ob sie Hunger haben, Vater?«

Tschiep-tschiepe-tschiep-tschiep! riefen die Spatzen.

»Verschieben wir es auf nächste Woche«, sagte Mr. B., »wollen nur hoffen, daß sie dann noch welche haben.«

»Ja, das ist wohl das klügste«, sagte Mrs. B.

Mr. B. machte noch eine Entdeckung in der Zeitung.

»Hast du schon welche von den rationierten Datteln gekauft?«

»Gestern habe ich zwei Pfund ergattert«, sagte Mrs. B.

»Ja, Dattelpudding ist eine feine Sache«, sagte Mr. B. Und sie sahen sich über den Tisch hinweg an, und zwischen ihnen schwebte ein dunkler, runder Pudding mit einer Sahnesauce obendrauf. »Es wäre mal etwas anderes, nicht wahr?« sagte Mrs. B.

Draußen auf dem gefrorenen Gras hüpften und flatterten die lustigen Spatzen unermüdlich herum. Sie zeterten und schlugen mit den plumpen Flügeln. Klein B., der sein Ei aufgegessen hatte, ließ sich vom Stuhl hinunter, nahm sein Marmeladenbrot und stellte sich ans Fenster.

»Können wir ihnen nicht Brotkrumen hinwerfen?« sagte

er. »Mach doch das Fenster auf, Vater, und wirf ihnen was hin. Vater, *bitte!*«

»Quengel nicht, Kind«, sagte Mrs. B., und sein Vater sagte: »Das Fenster muß hübsch zubleiben, junger Mann. Sonst beißen sie dir den Kopf ab.«

»Aber sie haben Hunger«, rief Klein B., und die Stimmchen der Spatzen sirrten wie kleine Messer, die geschliffen wurden. *Tschiep-tschiepe-tschiep-tschiep!* riefen sie.

Klein B. ließ das Marmeladenbrot in einen Blumentopf aus Porzellan fallen, der am Fenster stand. Er schlüpfte hinter den dicken Vorhang, um besser sehen zu können, und Mr. und Mrs. B. lasen wieder, was man jetzt alles ohne Marken kaufen konnte – keine Rationierungsbücher mehr ab Mai – eine Käseschwemme – eine wahre Schwemme – ganze Käselaibe kreisten wie Himmelskörper um sie her.

Während Klein B. die Spatzen auf dem grauen gefrorenen Gras beobachtete, fingen sie plötzlich an zu wachsen, sie veränderten sich, noch immer flügelschlagend und fiepend. Sie wurden zu winzig kleinen Jungen in braunen Mänteln, hüpften, sprangen draußen herum, auf und ab, draußen vor dem Fenster, und fiepten: »Wollen etwas zu essen, wollen etwas zu essen!« Klein B. hielt sich mit beiden Händen am Vorhang fest. »Vater«, flüsterte er, »Vater! Das sind keine Spatzen. Das sind kleine Jungen. Hör doch, Vater!« Aber Mr. und Mrs. B. wollten nicht hören. Er versuchte es noch einmal. »Mutter«, flüsterte er. »Guck doch, die kleinen Jungen. Das sind keine Spatzen, Mutter!« Aber niemand achtete auf seine Dummheiten.

»Dieses ganze Gerede von einer Hungersnot«, rief Mr. B. aus, »alles ein Schwindel, alles ein Vorwand.«

Die kleinen Jungen hüpften mit weiß glänzenden Gesichtern herum und schlugen mit den Ärmeln ihrer viel zu großen Mäntel. »Wollen etwas zu essen, wollen etwas zu essen.«

»Vater«, murmelte Klein B. »Hör doch, Vater! Mutter, hör doch, bitte!«

»Also wirklich!« sagte Mrs. B. »Was für einen Lärm die Vögel machen. Das gibt es doch gar nicht.«

»Hol mir meine Schuhe, junger Mann«, sagte Mr. B.

Tschiep-tschiepe-tschiep-tschiep! sagten die Spatzen.

* * *

Wo war denn nur der Junge hin? »Komm her und trink deinen Kakao aus, mein Kleiner«, sagte Mrs. B.

Mr. B. hob die schwere Tischdecke hoch und flüsterte: »Bei Fuß, Rover«, aber kein Hundchen weit und breit.

»Er ist hinter dem Vorhang«, sagte Mrs. B.

»Aus dem Zimmer gegangen ist er nicht«, sagte Mr. B.

Mrs. B. ging zum Fenster, und Mr. B. folgte ihr. Und sie sahen hinaus. Dort auf dem grauen gefrorenen Gras schlug er vor den anderen Jungen mit den dünnen Ärmchen wie mit Flügeln, und der kleinste, der winzigste von allen, war mit seinem schneeweißen Gesicht Klein B. Mr. und Mrs. B. hörten seine Stimme aus all den anderen heraus. »Wollen etwas zu essen, wollen etwas zu essen.«

Irgendwie, irgendwie schafften sie es, das Fenster zu öffnen. »Ihr sollt etwas zu essen bekommen! Ihr alle! Komm jetzt herein, *sofort*. Junger Mann! Kleiner Mann!«

Aber es war zu spät. Die kleinen Jungen hatten sich wieder in Spatzen verwandelt und im nächsten Moment flogen sie fort – waren nicht mehr zu sehen – und nicht mehr zu hören.

NELKE

An diesen heißen Tagen hatte Eve – die verrückte Eve – immer ein Blume bei sich. Sie schnupperte und schnupperte an ihr und drehte sie zwischen den Fingern, hielt sie sich an die Wange, an die Lippen, kitzelte Katie damit am Hals, um sie schließlich auseinanderzupflücken und zu verspeisen, Blatt für Blatt.

»Rosen sind lecker, meine liebe Katie«, sagte sie dann im Halbdunkel des Umkleideraums, wo die blumengeschmückten Hüte an der Wand hingen wie eine sonderbare Dekoration – »Nelken jedoch sind einfach himmlisch! Sie schmecken wie – wie – nun ja!« Und schon flog ihre feine Lache auf, flatterte zwischen die großen Blumenköpfe an der Wand hinter ihr. (Aber wie gehässig ihre feine Lache doch war! Sie hatte einen langen spitzen Schnabel und Krallen und zwei Knopfaugen, dachte die erfindungsreiche Katie.)

Heute war es eine Nelke. Sie brachte eine Nelke mit in den Französischunterricht, von einem Rot, als habe man sie in Wein getaucht und im Dunkeln trocknen lassen. Sie hielt sie vor sich auf dem Pult, schloß halb die Augen und lächelte.

»Ist sie nicht allerliebst?« sagte sie. Doch:

»*Un peu de silence, s'il vous plaît*«, ließ sich Monsieur Hugo vernehmen. Ach, zu dumm! Es war so heiß! Entsetzlich heiß! Der reinste Backofen! Die zwei Schiebefenster des Französischraums waren unten offen und die dunklen Markisen halb heruntergelassen. Obwohl keine Luft hereinkam, bewegte sich die Schnur, und die Markise hob sich. Und doch regte sich keine Brise da draußen in der Glut.

Im Dämmer des Klassenzimmers schienen sogar die Mädchen in ihren hellen Blusen, mit steifen Schmetterlingsschleifen im Haar, warmes, weiches Licht zu verströmen, und Monsieur Hugos weiße Weste leuchtete wie ein Haifischbauch.

Einige der Mädchen waren ganz rot im Gesicht und andere ganz weiß. Vera Holland hatte ihre schwarzen Lokken à la japonaise mit einem Federhalter und einem roten Bleistift hochgesteckt; sie sah bezaubernd aus. Francie Owen schob die Ärmel fast bis zu den Schultern hoch, dann malte sie die kleine blaue Ader in ihrer Armbeuge mit Tinte an, klappte den Arm zusammen und sah sodann nach, was aus dem Klecks geworden war; sie malte sich leidenschaftlich gern an; auf ihrem Daumennagel prangte immer ein Gesicht mit schwarzen, abstehenden Haaren. Sylvia Mann legte Kragen und Krawatte ab, legte sie einfach aufs Pult neben sich, so gelassen, als wolle sie bei sich zu Haus im Schlafzimmer die Haare waschen. Die hatte vielleicht Nerven! Jennie Edwards riß aus ihrem Heft eine Seite heraus und schrieb »Wollen wir den alten Hugo-Wugo bitten, uns ein kleines Vanilleeis auf dem Weg nach Haus zu spendieren!!!« und reichte ihn Connie Baker, die puterrot anlief und beinahe losgeschrien hätte. Alle saßen zusammengesackt da, sperrten die Münder auf und sahen nach der runden Uhr, die auch schon ganz matt aussah; die Zeiger rührten sich nicht von der Stelle.

»Un peu de silence, s'il vous plaît«, ließ sich Monsieur Hugo vernehmen. Er hob eine dicke Hand. »Meine Damen, da es 'eute so 'eiß ist, beenden wir unsere Arbeit 'ier, dafür werde isch Ihnen« – er hielt inne und grinste sein breites, freundliches Grinsen – »einige französische Gedichte vortragen.«

»O-o Gott!« stöhnte Francie Owen.

Monsieur Hugos Grinsen wurde noch breiter. »Nun, Miss Owen, Sie müssen nischt zu'ören! Sie können sich weiter anmalen. Wenn Ihnen die schwarze Tinte nischt reischt, leihe isch Ihnen gern meine rote.«

Wie vertraut war ihnen das kleine blaue Büchlein mit den roten Ecken, das er aus der Schoßtasche seines Rockes zog! Es hatte ein grünseidenes, mit Vergißmeinnichtblüten besticktes Lesebändchen. Sie kicherten oft darüber, wenn er es herumreichte. Armer alter Hugo-Wugo! Er liebte es, Gedichte vorzutragen. Er begann stets mit sanfter und ruhiger Stimme, dann schwoll die Stimme allmählich an und tremolierte und gewann an Kraft, dann flehte und bat und bettelte sie, und dann schwang sie sich triumphierend auf, schwang sich gleichsam ins Licht empor und barst, und dann verebbte sie wieder, sie wurde sanft und warm und ruhig und verlor sich im Nichts.

Die große Schwierigkeit bestand natürlich darin, zumal wenn man geschwächt war, keinen schlimmen Lachanfall zu bekommen. Nicht weil es so lustig war, nein, sondern weil man sich so unwohl fühlte, dumm, albern, und sich irgendwie für den alten Hugo-Wugo schämte. Und – herrjeh – wenn er es ihnen bei dieser Hitze zumutete …!

»Nur Mut, meine Kleine«, sagte Eve und küßte ihre schlaffe Nelke. Er begann, und die meisten Mädchen fielen vornüber aufs Schreibpult, den Kopf auf den Armen, tödlich getroffen beim ersten Schuß. Nur Eve und Katie saßen stocksteif da. Katies Französisch war nicht gut genug, um etwas zu verstehen, aber Eve hörte zu, die Brauen hochgezogen, die Augen wie verschleiert, und ein Lächeln auf den Lippen, das wie ein Schatten ihrer gehässigen feinen Lache war, wie der Flügelschatten ihrer gehässigen feinen Lache, die über ihre Lippen flatterte. Sie formte eine warme, weiße Schale aus Fingern – darin die Nelke. Oh, dieser Duft! Er strömte bis zu Katie. Es war zuviel. Katie wandte sich dem grellen Licht draußen vor dem Fenster zu.

Unten war, wie sie wußte, ein gepflasterter Hof mit Stallungen. Deshalb roch es im Französischraum immer leicht nach Ammoniak. Es war nicht unangenehm; für Katie war der Geruch Bestandteil der französischen Sprache: er hatte etwas Scharfes und Lebhaftes und – und – Bissiges!

Jetzt konnte sie einen Mann über die Pflastersteine klappern hören und das Klingklang der Eimer, die er trug. Und jetzt *Hu-hor-hör! Hu-hor-hör!* als er die Pumpe betätigte und ein großer Schwall Wasser folgte. Jetzt goß er das Wasser mit Schwung irgendwo gegen, vermutlich gegen die Räder eines Wagens. Und sie sah das Rad, aufgebockt, ein gutes Stück über dem Boden, wie es sich drehte und blitzte, leuchtend rot und schwarz, und dicke Tropfen verspritzte. Und die ganze Zeit, während er so arbeitete, pfiff der Mann laut und übermütig, und das Pfeifen schwebte über dem Lärm, wie ein Vogel über dem Meer schwebt. Er ging fort – und kam zurück mit einem hufklappernden Pferd.

Hu-hor-hör! Hu-hor-hör! machte die Pumpe. Jetzt klatschte er das Wasser an die Beine des Pferdes und ging auf die Knie, um sie zu striegeln.

Sie sah ihn förmlich – in einem verschossenen Hemd, die Ärmel aufgekrempelt, die Brust entblößt, klitschnaß –, und während er laut und unbeschwert pfiff, sich bückte und duckte, wurde Hugo-Wugos Stimme wärmer, sonorer, gewann an Kraft, schwang sich auf, stieg – um nur ja den Takt zu halten mit dem Mann da draußen (oh, dieser Geruch von Eves Nelke), bis beide sich zu einem brausenden, triumphierenden Etwas vereinigten, das sich aufschwang ins Licht und barst, und dann –

Der ganz Raum zerbrach in Stücke.

»Vielen Dank, meine Damen«, rief Monsieur Hugo und schwamm hinter seinem Katheder wie eine kugelige Boje inmitten von Schiffstrümmern.

Und: »Behalt sie, meine Liebe«, sagte Eve. *»Souvenir tendre«*, und sie steckte die Nelke vorn in Katies Blusenausschnitt.

WIPP-WAPP

Frühling. Wenn die Menschen die Straße verlassen und ins Gras treten, werden ihre Blicke leer und verträumt, als wateten sie durchs warme Meer. Noch sind keine Gänseblümchen da, aber der süße Geruch des Grases steigt höher und höher, in zarten Wellen, je weiter sie gehen. Die Bäume stehen in vollem Laub. Soweit das Auge reicht, sieht man Fächer, Reifröcke, hohe buschige Federn in allen erdenklichen Grüntönen. Eine leichte Brise bewegt sie, schmiegt sie aneinander, löst sie wieder; am blauen Himmel treibt ein Häuflein winziger Wolken wie eine Brut junger Enten. Die Menschen laufen durchs Gras – die Alten schnaufend und watschelnd nach dem langen Winterschlaf; die Jungen fassen sich plötzlich bei den Händen und streben dieser Wand aus Bäumen in der Senke zu oder jenem Wall aus dunklem, mit Gold betupftem Ginster – sie gehen schnell, rennen fast, als habe sich ein armes Tierchen im Dickicht verfangen und rufe ihnen zu, es zu erretten.

Oben auf einer kleiner Anhöhe steht eine sehr begehrte Sitzbank. Daneben ragt eine junge, pilzförmige Kastanie auf. Die Erde darunter ist abgesackt und weggebrochen und hat drei, vier lehmige Löcher – Höhlen – zurückgelassen, und in einer von ihnen hatten zwei kleine Leute ihr Haus bezogen, mit einer winzigen Hacke, einer leeren Zündholzschachtel, einem stumpfen Nagel und einer Schaufel als Mobiliar. Er hatte rotes Haar, das ihm in langen Fransen ins Gesicht hing, hellblaue Augen, einen verschlissenen roten Kittel und braune Knöpfstiefel. Sie hatte blumengeschmückte Locken, die mit einem gelben Band zusammengehalten wurden, und trug zwei Röcke übereinander – den von dieser Woche untendrunter und den von letzter Woche obendrüber. Das ließ sie ein wenig unförmig erscheinen.

»Wenn du mir keine Stöcker für mein Feuer gibst«, sagte sie, »dann gibt es kein Essen.« Sie zog die Nase kraus und warf ihm einen wütenden Blick zu. »Ich muß schließlich ein Feuer machen, falls du das vergessen hast.« Er nahm es sich nicht sehr zu Herzen und wippte auf den Zehen: »Tja – und wo soll ich Stöcker herholen?«

»Ach«, sagte sie, warf die Arme in die Luft, »irgendwoher –« Und dann flüsterte sie laut genug, daß er es hören konnte: »Es müssen doch keine echten sein – *weißt* du doch.«

»Ach so«, flüsterte er zurück. Und dann rief er mit lauter, vernehmlicher Stimme: »Na gut, ich geh' dann mal und hol' ein paar Stöcker.«

Im nächsten Moment war er mit einem Armvoll zurück.

»Alles für einen Penny?« sagte sie und breitete ihre Röcke für sie aus.

»Na ja«, sagte er, »ich weiß nicht, ich habe sie von einem Mann gekriegt, der gerade am Umziehen war.«

»Dann sind das vielleicht Sachen, die kaputtgegangen sind«, sagte sie. »Als wir umgezogen sind, sind zwei Bilder kaputt gegangen, und mein Papa hat das Feuer damit angemacht, und meine Mama hat gesagt – sie hat gesagt« – winzige Pause – »Landsermethoden!«

»Was ist das?« fragte er.

»Ach *Gott!*« Sie machte große Augen. »Das *weißt* du nicht?«

»Nein«, sagte er. »Was heißt das?«

Sie begann ihren Rocksaum aufzudrehen und zu kneten, dann sah sie weg: »Ach, quäl mich nicht, Kind«, sagte sie.

Es kümmerte ihn nicht. Er nahm die Hacke und hackte ein kleines Stück aus dem Küchenfußboden.

»Hast du eine Zeitung?«

Er griff eine aus der Luft und reichte sie ihr. *Ritsch, ritsch, ritsch!* Sie riß sie in Stücke – kniete sich hin und schichtete die Stöcker auf. »Zündhölzer, bitte.« Die echte Zündholzschachtel war die Krönung, ebenso der stumpfe Nagel. Aber sonderbar: *Ratsch, ratsch, ratsch*, es wollte nicht brennen. Sie sahen sich ratlos an.

»Versuch die andere Seite«, sagte sie. *Ratsch*. »Ah! na bitte.« Es loderte mächtig auf – und die beiden setzten sich auf den Boden und begannen den Kuchen zuzubereiten.

* * *

Zu der Kastanie kamen zwei dicke alte Menschenkinder und ließen sich auf die Bank plumpsen. Sie trug eine mit Flieder herausgeputzte Haube, die mit lilafarbenen Samtbändern festgebunden war; einen schwarzseidenen Mantel und eine Spitzenschleife – und die in schwarzen Glacéhandschuhen steckenden Hände ließen einen Streifen bläulichroter Haut sehen. Sein aufgedunsenes altes Gesicht war glatt und glänzte – und beim Hinsetzen hielt er seinen massigen, weichen Bauch, als dürfe er nicht erschüttert oder erschreckt werden.

»Diese Hitze«, sagte er und gab ein trompetenartiges Schnaufen von sich, das sie aber bereits zu kennen schien, denn sie reagierte in keiner Weise. Sie ließ den Blick in die Ferne schweifen und wimmerte:

»Nellie hat sich gestern abend in den Finger geschnitten.«

»Ach ja?« sagte der alte Schnaufer. Dann: »Wie das?«

»Beim Essen«, gab sie zurück, »mit einem Messer.«

Sie blickten beide vor sich hin – schwer atmend – dann: »Schlimm?«

Die schwache, erschöpfte alte Stimme, die irgendwie an dunkle, riechende Spitze erinnerte, sagte: »Nicht sehr schlimm.«

Wieder gab er den Trompetenton von sich. Er nahm seinen Hut ab, wischte über das Schweißband und setzte ihn wieder auf.

Die Stimme neben ihm sagte mit einem Anflug von Schadenfreude: »Sie hat anscheinend nicht aufgepaßt« – und er erwiderte, die Backen aufblasend: »Mußte ja so kommen!«

Aber dann flog ein kleiner Vogel auf einen Ast der jungen Kastanie über ihnen – und ließ einen ganzen Liederschwall auf die alten Köpfe niedergehen.

Er nahm seinen Hut ab, richtete sich ächzend auf und fuchtelte in Richtung Vogel. Weg flog er.

»Bevor er was auf uns runterfallen läßt«, sagte er und ließ seinen Bauch wieder vorsichtig – vorsichtig niedersinken.

* * *

Das Feuer brannte.

»Halt deine Hand in den Ofen«, sagte sie, »ob er heiß ist.«

Er hielt die Hand hinein, aber zog sie im selben Moment mit einem Aufschrei wieder heraus und hüpfte auf und ab. »Furchtbar heiß«, sagte er.

Sie schien sehr zufrieden. Jetzt stand sie auch auf und trat zu ihm und stupste ihn mit einem Finger an.

»Spielst du gerne mit mir?« Und er antwortete mit seinem beherzten Stimmchen: »Ja.« Daraufhin eilte sie von ihm fort und rief: »Ich werde nie fertig bei deiner ewigen Fragerei.«

Während sie im Feuer stocherte, sagte er: »Unsere Katze hat Welpen gekriegt.«

»Welpen!« Sie setzte sich auf die Fersen: »Können Katzen Welpen kriegen?«

»Na klar«, sagte er. »Das sind kleine Kätzchen.«

»Hunde kriegen Welpen«, rief sie. »Katzen nicht, Katzen kriegen –« sie verstummte, starrte vor sich hin – suchte nach dem Wort – konnte es nicht finden – es war weg. »Katzen kriegen –«

»*Welpen*«, rief er. »Unsere Katze hat zwei gekriegt.«

Sie stampfte mit dem Fuß auf. Sie war rot vor Ärger. »Das heißt nicht Welpen«, jaulte sie, »das heißt –«

»Heißt so – heißt so – heißt so –« rief er und fuchtelte mit der Schaufel.

Sie zog sich das obere Kleid über den Kopf und begann zu weinen. »Heißt es nicht – heißt es nicht ...«

Plötzlich, ohne jede Vorwarnung, hob er seinen Kittel und ließ Wasser.

Bei dem Geräusch kam sie wieder zum Vorschein.

»Jetzt sieh doch nur, was du angestellt hast«, sagte sie, zu entrüstet, um weiterzuweinen. »Du hast mein Feuer ausgemacht.«

»Ist doch egal. Wir ziehen um. Du kannst die Hacke und die Zündholzschachtel nehmen.«

Sie zogen in die nächste Höhle. »Die ist viel schöner«, sagte er.

»Lauf zu«, sagte sie, »und hol mir Stöcker für mein Feuer.«

* * *

Oben, bei den alten Menschenkindern, begann der Magen zu knurren, und wie auf ein geheimes Zeichen erhoben sich die beiden schweigend und watschelten fort.

DIE BLUME

»Aber ich sage Euch, Mylord Narr,
aus der Nessel Gefahr pflücken
wir die Blume Sicherheit.«

Wie sie so dalag und an die Decke sah, hatte sie wieder einen dieser Momente – o ja! Und er stand in keinerlei Verbindung mit irgend etwas, das sie vorher gedacht und gefühlt hatte, nicht einmal mit dem, was der Arzt noch eben gesagt hatte. Er war einzig, glühend, vollkommen; er war wie – eine Perle, zu makellos, um sie mit einer anderen zu vergleichen … Könnte sie beschreiben, was geschehen war? Unmöglich. Selbst wenn sie sich dessen nicht bewußt gewesen war (oder doch nur zum Teil), hatte sie immer gegen den Lebensstrom gekämpft – ja, gegen den Strom des Lebens! –, und jetzt war es, als habe sie plötzlich zu kämpfen aufgehört. Ach, nicht nur das! Sie hatte sich ergeben, mit jeder ihrer Fibern und Nerven, und sie hatte sich in den schimmernden Schoß des Stroms fallen lassen, und er hatte sie getragen … Sie war Teil des Zimmers – Teil des herrlichen Anemonenstraußes, der weißen, steifen Tüllgardinen, die von der leichten Brise bewegt wurden, des Spiegels, der weißen, seidigen Decken; sie war Teil des schrillen, pulsierenden, vibrierenden Lärms, der draußen unaufhörlich vorüberzog, nur unterbrochen von kleinen Glocken und rufenden Stimmen – Teil der Blätter und des Lichts.

Aus und vorbei. Sie setzte sich auf. Der Arzt war wieder hereingekommen. Der merkwürdige kleine Kerl, dem noch das Stethoskop um den Hals hing – denn sie hatte ihr Herz untersuchen lassen – und der jetzt die frisch gewaschenen Hände rieb und knetete – er hatte ihr gesagt …

Sie hatte ihn noch nie zuvor gesehen. Roy, der sich natürlich keine Gelegenheit zu dramatischen Verwicklungen entgehen ließ, hatte die ziemlich zweifelhafte Adresse in Bloomsbury von jenem Mann erhalten, den er stets in solchen Fragen konsultierte und der, obwohl er sich noch nicht bei ihr vorgestellt hatte, »einfach alles« über sie beide wußte.

»Liebling«, hatte Roy gesagt, »wir wenden uns besser an einen uns ganz Unbekannten, nur für den Fall, daß – nun ja, daß es das ist, was zu sein wir beide nicht hoffen. Man kann nicht vorsichtig genug sein in solchen Dingen. Ärzte reden eben doch. Und wer was anderes sagt, lügt.« Dann: »Nicht, daß es mich kratzen würde, wenn es jemand erführe. Wenn du es wünschst, gehe ich hin und posaune es selbst aus, und laß es auf die erste Seite des ›Daily Mirror‹ setzen – und groß unsere beiden Namen, mit einem Herz drumherum – samt Pfeil.«

Aber dann hatte natürlich doch seine Vorliebe fürs Ränkeschmieden und der innige Wunsch, »unser süßes Geheimnis auszukosten« (seine Worte!), Oberhand gewonnen, und schon saß er im Taxi, um dieses etwas schmierig aussehende kleine Männlein anzuschleppen.

Sie hörte sich mit gleichgültiger Stimme sagen: »Würde es Ihnen etwas ausmachen, Mr. King gegenüber nichts davon zu erwähnen? Vielleicht könnten Sie ihm sagen, ich sei etwas überanstrengt und mein Herz brauche Schonung. Ich habe nämlich über Herzbeschwerden geklagt.«

Roy hatte nur allzu recht gehabt mit seiner Beurteilung des Arztes. Er warf ihr einen merkwürdigen, anzüglichen Blick zu, nahm dann das Stethoskop ab und stopfte es in die Tasche, die aussah wie ein zerschlissener alter Leinenschuh.

»Keine Sorge, meine Liebe«, sagte er heiser. »Verlassen Sie sich ganz auf mich.«

Daß man eine solch eklige Kröte um einen Gefallen bitten mußte! Sie sprang auf die Füße, nahm ihr violettes Tuchjäckchen und trat vor den Spiegel. Es klopfte leise an der Tür, und Roy kam herein – er lächelte sein schiefes Lächeln und sah wirklich blaß aus – und fragte den Arzt, ob er etwas sagen könne.

»Nun ja«, sagte der Arzt, nahm seinen Hut, hielt ihn gegen die Brust und trommelte einen Trommelwirbel darauf, »alles, was ich sagen kann, ist, daß Mrs. – hm – die gnädige Frau Ruhe braucht. Sie ist abgespannt. Sie hat ihr Herz etwas überanstrengt. Sonst fehlt ihr nichts.«

Auf der Straße begann eine Drehorgel irgend etwas Fröhliches zu spielen, lachend, spöttisch, übersprudelnd, mit lauter Trillern und Prallern, ein Wirrwarr von Tönen.

> Alles, was ich sagen kann, nicht mehr,
> Alles, was ich sagen kann,

spottete sie. Es klang so nah, daß es sie nicht überrascht hätte, wenn der Arzt die Kurbel gedreht hätte.

Sie sah, wie Roys Lächeln breiter wurde; seine Augen leuchteten auf. Er stieß ein kurzes »Ah!« aus, glücklich und erleichtert. Und für einen Augenblick gestattete er sich, sie anzusehen, ohne sich im mindesten darum zu scheren, ob der Arzt es bemerkte oder nicht, mit seinem Blick, den sie so gut kannte, er verschlang sie förmlich, während sie die blassen Bänder ihrer Bluse schnürte und in ihr violettes Tuchjäckchen schlüpfte. Er bestürmte wieder den Arzt: »Sie muß fort von hier. Sie muß ans Meer fahren, unverzüglich«, sagte er, und dann, ganz besorgt: »Was ist mit ihrer Ernährung?« Bei diesen Worten mußte sie ganz unweigerlich lachen, während sie in dem hohen Spiegel ihre Jacke zuknöpfte.

»Ist ja alles schön und gut«, protestierte er und lachte in die Runde. »Aber wenn ich mich nicht ums Essen kümmern würde, Herr Doktor, dann würde sie nichts zu sich nehmen außer Kaviarbrötchen und – grünen Trauben. Was ist mit Wein – sollte sie nicht Wein trinken?«

Wein konnte ihr nicht schaden.

»Champagner«, bettelte Roy. Wie er es genoß!

»Oh, Champagner, so viel wie sie möchte«, sagte der Arzt, »und einen Brandy-Soda zum Mittagessen, wenn ihr danach ist.«

Roy liebte das; es regte ihn ungemein an.

»Hast du das gehört?« fragte er sehr ernst, und er zwinkerte und biß sich auf die Wangen, um nicht laut loslachen zu müssen. »Ist dir nach einem Brandy-Soda?«

Und in weiter Ferne, schwach und erschöpft, die Drehorgel:

Ein Brandy-So-ho-da,
Ein Brandy-Soda für mich!
Ein Brandy-Soda für mich!

Der Arzt schien es ebenfalls zu hören. Er gab ihr die Hand, und Roy ging mit ihm in den Flur, um die Rechnung zu begleichen.

Sie hörte, wie sich die Haustür schloß, und dann – schnelle Schritte im Flur. Jetzt platzte er einfach in ihr Zimmer, und im nächsten Moment war sie in seinen Armen, ganz zusammengedrückt und klein, während er sie mit warmen, raschen Küssen bedeckte und flüsterte: »Mein Liebling, meine Schöne, mein Schatz. Du bist mein, dir kann nichts geschehen.« Und dann drei sanfte Seufzer. »Ach! Ach! Ach! wie erleichtert ich bin!« Und er hielt sie noch immer in seinen Armen und legte den Kopf auf ihre Schulter wie erschöpft. »Wenn du wüßtest, was ich für einen Schreck bekommen habe«, flüsterte er. »Ich dachte, jetzt hätte es uns erwischt. Wirklich. Und das wäre einfach – grausam gewesen – einfach grausam!«

DAS FALSCHE HAUS

»Zwei kraus – zwei glatt – Wollevordienadel – zwei zusammenstricken.« Wie ein altes Lied, wie ein Lied, das sie so oft gesungen hatte, daß sie es nur zu flüstern brauchte, um es erklingen zu lassen, so murmelte sie das Strickmuster vor sich hin. Wieder war ein Leibchen für das Missionspaket so gut wie fertig.

»Ihre Leibchen, Mrs. Bean, sind immer wieder hochwillkommen. Sehen Sie sich nur die armen kleinen Würmer an, ohne einen Fetzen am Leib!« Und die Kirchenfrau zeigte ihr eine Photographie abschreckender schwarzer Wesen mit zitronenförmigen Bäuchen …

»Zwei kraus – zwei glatt.« Das Strickzeug sank ihr in den Schoß; sie seufzte lang und tief, starrte einen Moment vor sich hin und nahm dann das Strickzeug wieder auf und machte weiter. Woran dachte sie, wenn sie so seufzte? An nichts. Es war eine Gewohnheit. Sie seufzte ständig. Häufig auf der Treppe, wenn sie hochging und hinunter, hielt sie inne, den Rock mit der einen Hand gerafft, die andere Hand auf dem Geländer, starrte die Stufen an – und seufzte.

»Wollevordienadel …« Sie saß am Eßzimmerfenster, das zur Straße hinausging. Es war ein rauher Herbsttag; der Wind jagte durch die Straße wie ein ausgemergelter Köter; die Häuser auf der anderen Seite sahen aus, als hätte sie jemand mit einer häßlichen Stahlschere ausgeschnitten und auf den grauen Papierhimmel geklebt. Nirgendwo war eine Menschenseele zu sehen.

»Zwei zusammenstricken!« Die Uhr schlug drei. Erst drei? Draußen schien es bereits zu dämmern; die Dämmerung drang ins Zimmer, schwerer, körniger Dämmer legte sich über die Möbel, verschleierte den Spiegel. Jetzt schlug die Küchenuhr drei – sie ging zwei Minuten nach – denn nach *dieser* Uhr mußte man sich richten – *nicht* nach der Küchenuhr. Sie war allein im Haus. Dollicas war einkaufen gegangen; seit Viertel vor zwei war sie fort. Also wirklich, sie wurde immer langsamer! Was stellte sie nur mit ihrer Zeit *an?* Man kann doch nicht mehr als eine begrenzte Zeit damit zubringen, ein Huhn zu kaufen ... Und, ach Gott, diese dumme Angewohnheit, immer die Herdringe auf den Boden zu werfen, wenn sie Feuer machte. Und sie preßte die Lippen aufeinander, wie sie in den vergangenen fünfunddreißig Jahren stets die Lippen aufeinandergepreßt hatte, wenn sie an Dollicas' schlechte Angewohnheiten dachte.

Auf der Straße war ein schwaches Geräusch zu hören, das Getrappel von Pferdehufen. Sie beugte sich vor, um nachzusehen. Gute Güte! Es war ein Leichenzug. Zuerst die gläserne Kutsche, zügig dahinrollend, mit dem glänzenden, lackierten Sarg im Innern (aber ohne Kränze), mit drei Männern vorn und zwei Männern, die hinten standen, dann mehrere Wagen, einige mit schwarzen, andere mit braunen Pferden bespannt. Staub wirbelte auf und verbarg fast die ganze Prozession. Sie suchte die Häuser auf der anderen Seite ab, um zu sehen, wo die Markisen heruntergelassen waren. Aber was waren denn das für schreckliche Männer! – lachten und machten Scherze. Einer beugte sich zur Seite und schneuzte sich mit seinem schwarzen Handschuh die Nase – gräßlich! Sie wickelte ihr Strickzeug ein, versteckte die Hände darin. Dollicas wußte bestimmt Bescheid ... Jetzt kamen sie hier vorbei ... Es mußte am anderen Ende der Straße sein ...

Was war das? Was ging da vor sich? Was hatte das zu bedeuten? Himmel hilf! Ihr altes Herz machte einen Satz wie ein Fisch und landete dann am Boden, als die Kutsche draußen vor ihrer Tür hielt, die drei Männer vom Bock herunterstiegen und die zwei von hinten absprangen und der größte von ihnen mit einem erstaunten Blick auf die Fenster eilig und verstohlen den Gartenweg heraufkam.

»Nein!« stöhnte sie. Und doch, der Schlag war nicht abzuwenden, und für einen Augenblick setzte er sie außer Gefecht. Sie rang nach Luft, eine große Kälte durchrieselte sie und sammelte sich in Händen und Knien. Sie sah, wie der Mann einen Schritt zurücktrat, und dann – wieder dieser verwunderte Blick zu den Markisen – und dann –

»Nein!« stöhnte sie, und sie stolperte, hielt sich irgendwo fest, schaffte es, zur Tür zu gelangen, bevor der nächste Schlag sie traf. Sie öffnete die Tür, ihr Kinn zitterte, ihre Zähne klapperten; irgendwie brachte sie über die Lippen: »Das falsche Haus!«

Oh! wie entsetzt er war. Als sie zurücktrat, sah sie hinter ihm die schwarzen Hüte, die sich an der Gartenpforte zusammendrängten. »Falsches Haus!« murmelte er. Sie konnte nur nicken. Sie wollte die Tür wieder schließen, als er aus der Schoßtasche seines Rocks ein schwarzes, messingbeschlagenes Auftragsbuch fischte und es flink aufschlug. »Nummer zwanzig, Shuttleworth Crescent?«

»Shuttleworth S-street! Crescent ist um die Ecke.« Ihre Hand hob sich, um die Richtung zu weisen, zitterte aber nur und sank wieder herab.

Er nahm den Hut ab, während sie die Tür schloß und sich gegen sie lehnte im dämmrigen Flur und wimmerte: »Geht weg! Geht weg!«

Klocketi-klock-klock. Klack! Klack! Klocketi-klock-klack! klang es von draußen, und dann ein schwaches *Klack! Klack!* und dann Stille. Sie waren fort. Nirgendwo mehr zu sehen. Aber sie blieb noch immer an die Tür gelehnt, starrte durch den Flur, starrte auf den Kleiderständer, der wie ein riesiger Hummer aussah, mit den Huthaken als Fühler. Aber sie dachte nichts; sie dachte nicht einmal daran, was geschehen war. Es war, als sei sie in eine Grube gefallen, dessen Wände Finsternis waren …

Sie kam erst wieder zu sich, als sie voller Entsetzen die Pforte zuschlagen hörte und dann schnelle, kurze Schritte auf dem knirschenden Kies; es war Dollicas, die ums Haus herum zum Hintereingang eilte. Dollicas durfte sie nicht hier finden; und zitternd, zitternd wie eine Kerzenflamme, ging sie zurück ins Eßzimmer zu ihrem Sessel am Fenster.

Dollicas war in der Küche. *Kling!* fiel ein eiserner Ring auf die Herdplatte. Dann ihre Stimme: »Ich setze eben Wasser auf, M'm.« Seit sie allein waren, hatte sie sich angewöhnt, von Zimmer zu Zimmer zu rufen. Die alte Frau räusperte sich, um sich zu sammeln. »Bitte bring mir die Lampe«, rief sie.

»Die Lampe!« Dollicas kam in den Flur und blieb in der Tür stehen. »Nanu, es ist doch erst vier, M'm.«

»Einerlei«, sagte Mrs. Bean matt. »Bring sie her!« Und einen Augenblick später erschien das ältliche Dienstmädchen und trug in beiden Händen das milde Licht. Ihr Gesichtsausdruck war der, den sie immer hatte, wenn sie etwas trug, als schlafwandelte sie. Sie stellte die Lampe auf den Tisch, drehte den Docht herunter, drehte ihn hoch und dann wieder herunter. Dann richtete sie sich auf und sah zu ihrer Herrin hinüber.

»Nanu, M'm, stehen Sie da auf was?«

Es war das Missionsleibchen.

»Tz! Tz!« Als Dollicas es aufhob: »Die alte Dame hat geschlafen. Sie ist noch nicht ganz wach.« Tatsächlich hatte die alte Dame einen ganz glasigen, verwirrten Blick, und als sie ihr Strickzeug wieder zur Hand nahm, zog sie eine Nadel heraus und begann aufzuribbeln, was sie gestrickt hatte.

»Vergiß nicht die Muskatblüte«, sagte sie. Ihre Stimme klang belegt. Sie dachte an das Huhn fürs Abendessen. Und Dollicas verstand und antwortete: »Ein schöner junger Vogel!« und ließ die Markise herunter, bevor sie wieder in die Küche ging …

SIXPENCE

Kinder sind unberechenbare Geschöpfe. Wie war es zu erklären, daß ein kleiner Junge wie Dicky, der die meiste Zeit ein wahrer Goldschatz war, rücksichtsvoll, anhänglich, gehorsam und erstaunlich vernünftig für sein Alter, immer wieder seine Anwandlungen bekam und ohne Vorwarnung die »Tollwut« bekam, wie seine Schwestern es nannten, und mit ihm einfach nicht mehr zu reden war?

»Dicky, komm her! Komm her, sofort, Freundchen! Hörst du nicht, daß deine Mutter dich ruft? Dicky!«

Aber Dicky kam nicht. Oh, natürlich hatte er gehört. Ein glockenhelles kleines Lachen war die einzige Antwort. Und weg war er; versteckte sich, lief durch das ungeschnittene Gras des Rasens, stürmte am Holzschuppen vorbei, flitzte in den Küchengarten, duckte sich dort und hielt hinter den bemoosten Stämmen der Apfelbäume Ausschau nach seiner Mutter und sprang herum wie ein wilder Indianer.

Beim Tee hatte es angefangen. Während Dickys Mutter und Mrs. Spears, die den Nachmittag bei ihr verbrachte, im Wohnzimmer still mit ihrer Näharbeit beschäftigt waren, geschah nach Auskunft des Dienstmädchens beim Kindertee folgendes: Sie aßen lieb und artig ihr erstes Butterbrot, und das Mädchen hatte gerade Milch und Wasser ausgeschenkt, als Dicky plötzlich den Brotteller nahm, ihn verkehrt herum auf den Kopf setzte und sich das Brotmesser schnappte.

»Guckt mal!« rief er.

Seine bestürzten Schwestern guckten, und bevor das Dienstmädchen noch herbeieilen konnte, begann der Brotteller zu rutschen, wankte, flog auf den Boden und zersprang. Das war der Moment, wo die kleinen Mädchen ihre Stimmen erhoben und kreischten, so laut sie nur konnten.

»Mutter, komm und sieh dir an, was Dicky gemacht hat!«

»Dicky hat einen ganz großen Teller kaputtgemacht!«

»Komm und halt ihn!«

Man kann sich denken, wie die Mutter angeschossen kam. Aber es war zu spät. Dicky war von seinem Stuhl aufgesprungen, durch die Glastür auf die Veranda gerannt, und, nun ja – da stand sie und stocherte hilflos mit dem Finger im Fingerhut herum. Was konnte sie tun? Sie konnte nicht hinter dem Kind herlaufen. Sie konnte ihm nicht zwischen Apfel- und Pflaumenbäumen auflauern. Das wäre ein zu unwürdiges Schauspiel. Es war nicht nur ärgerlich, es war zum Verzweifeln. Vor allem, da Mrs. Spears, ausgerechnet Mrs. Spears, die Mutter zweier so vorbildlicher Söhne, im Wohnzimmer auf sie wartete.

»Na schön, Dicky«, rief sie, »mir wird schon etwas einfallen, um dich zu bestrafen.«

»Mir egal«, ließ sich das helle Stimmchen vernehmen, und dann wieder das schallende Lachen. Das Kind war nicht mehr bei Sinnen …

»Oh, Mrs. Spears, verzeihen Sie bitte vielmals, daß ich Sie so lang allein gelassen habe.«

»Das macht doch nichts, Mrs. Bendall«, sagte Mrs. Spears mit ihrer sanften, süßlichen Stimme und hob auf ihre unnachahmliche Art die Augenbrauen. Sie schien vor sich hinzulächeln, als sie die Kräuselfalten glattstrich. »Kleine Mißgeschicke kommen immer wieder vor. Ich hoffe, es ist nichts passiert.«

»Es ging um Dicky«, sagte Mrs. Bendall und sah sich ganz hilflos nach ihrer einzigen feinen Nadel um. Und sie berichtete Mrs. Spears den Vorfall. »Und das schlimmste ist, daß ich nicht weiß, wie ich ihn zur Vernunft bringen soll. Wenn er seine Anwandlungen hat, kann nichts, aber auch gar nichts ihn zur Besinnung bringen.«

Mrs. Spears riß ihre blassen Augen auf. »Nicht einmal Schläge?« fragte sie.

Aber Mrs. Bendall, die ihren Faden einfädelte, verzog den Mund. »Wir haben unsere Kinder nie geschlagen«, sagte sie. »Bei den Mädchen war das nicht nötig. Und Dicky ist doch noch so klein, und unser einziger Junge. Irgendwie ...«

»Nun, meine Liebe«, sagte Mrs. Spears und legte ihre Näharbeit in den Schoß. »Dann wundert es mich nicht, daß Dicky diese kleinen Ausbrüche hat. Erlauben Sie, daß ich offen zu Ihnen spreche? Also, ich bin fest davon überzeugt, daß Sie einen großen Fehler begehen, wenn Sie die Kinder ohne Schläge aufziehen wollen. Es geht einfach nicht ohne. Und ich spreche aus Erfahrung, meine Liebe. Ich habe es mit sanfteren Methoden probiert« – Mrs. Spears zog mit einem feinen Zischen die Luft ein – »habe den Jungs die Zungen mit Schmierseife eingestrichen, zum Beispiel, oder sie einen Sonnabendnachmittag lang auf dem Tisch stehen lassen. Nein, nein, glauben Sie mir«, sagte Mrs. Spears, »nichts ist wirkungsvoller, als wenn man sie ihrem Vater übergibt, nichts.«

Im Innersten war Mrs. Bendall furchtbar schockiert, als sie von der Schmierseife hörte. Doch da es für Mrs. Spears die selbstverständlichste Sache von der Welt zu sein schien, dachte sie nicht weiter darüber nach.

»Ihrem Vater«, sagte sie. »Sie schlagen sie also nicht selbst?«

»Nie.« Der Gedanke schien Mrs. Spears zu entrüsten. »Es kann doch nicht Aufgabe der Mutter sein, die Kinder zu züchtigen. Das ist die Pflicht des Vaters. Und darüber hinaus schüchtert es sie natürlich viel mehr ein.«

»Ja, das kann ich mir vorstellen«, sagte Mrs. Bendall mit schwacher Stimme.

»Was meine beiden Jungen betrifft«, Mrs. Spears lächelte Mrs. Bendall freundlich und aufmunternd an, »so würden sie sich genau wie Dicky verhalten, wenn sie nicht Angst vor Schlägen hätten. Aber so …«

»Ach, Ihre Jungen sind wahre Musterknaben«, rief Mrs. Bendall aus.

Das waren sie in der Tat. In Gegenwart von Erwachsenen waren sie so ruhig und zurückhaltend, daß Besucher bei Mrs. Spears oft sagten, man habe gar nicht bemerkt, daß ein Kind im Haus sei. Und häufig genug war auch keins im Haus.

In der großen Diele, unter einem großen Gemälde, das feiste, fröhliche Mönche beim Angeln am Fluß zeigte, hing eine schwere, schwarze Reitpeitsche, die schon Mr. Spears' Vater gehört hatte. Und aus irgendeinem Grund zogen die Jungen es vor, nicht in ihrer Gegenwart zu spielen, sondern hinter der Hundehütte oder im Werkzeugschuppen oder bei der Mülltonne.

»Es ist ein Fehler«, seufzte Mrs. Spears mit sanfter Stimme, »nachgiebig zu sein, solange die Kinder klein sind. Ein großer Fehler. Man tut dem Kind keinen Gefallen damit. Das darf man nie vergessen. Und Dickys kleine Eskapade vorhin verfolgt doch wohl einen klaren Zweck. Es ist seine Art auszudrücken, daß er dringend eine Tracht Prügel braucht.«

»Meinen Sie wirklich?« Mrs. Bendall war eine nachgiebige kleine Person, und all diese Worte beeindruckten sie sehr.

»Aber ja; ich bin mir ganz sicher. Ab und an eine kräftige Abreibung vom Vater«, verkündete Mrs. Spears marktschreierisch, »erspart Ihnen jede Menge Arbeit in der Zukunft. Glauben Sie mir, meine Liebe.« Sie legte ihre trockene, kalte Hand auf die von Mrs. Bendall.

»Ich spreche mit Edward, sobald er nach Hause kommt«, sagte Dickys Mutter entschieden.

Die Kinder waren schon im Bett, als die Gartenpforte schepperte, und Dickys Vater, sein Fahrrad tragend, die steile Betontreppe hinaufwankte. Er hatte einen schlimmen Tag im Büro gehabt. Er war verschwitzt, schmutzig, ausgelaugt.

Doch Mrs. Bendall war unterdessen über ihren neuen Plan in arge Aufregung geraten und machte ihrem Mann selbst die Tür auf.

»Ach Edward, ich bin ja so froh, daß du kommst«, rief sie.

»Wieso, was ist passiert?« Edward stellte das Fahrrad hin und setzte den Hut ab. Ein wütender, roter Streifen zeigte, wo er gedrückt hatte. »Was ist los?«

»Komm – komm ins Wohnzimmer!« sagte Mrs. Bendall und sprach sehr schnell. »Ich kann dir gar nicht beschreiben, wie ungezogen Dicky heute war. Du machst dir keine Vorstellung – wie auch, wo du den ganzen Tag im Büro bist – wie frech ein Kind in diesem Alter sein kann. Er war einfach abscheulich. Ich habe nicht die geringste Macht über ihn – nicht die geringste. Ich habe alles versucht, Edward, es hat alles keinen Sinn. Uns bleibt nur noch eine Möglichkeit«, endete sie atemlos, »wir müssen ihn züchtigen – du mußt ihn schlagen, Edward.«

In der Ecke des Wohnzimmers befand sich eine Etagere, und auf der obersten Ablage stand ein Porzellanbär mit aufgemalter Zunge. Im Halbdunkel schien er Dickys Vater anzugrinsen und zuzurufen: »Hurra, dafür bist du also nach Hause gekommen!«

»Warum zum Kuckuck soll ich ihn auf einmal schlagen?« fragte Edward und starrte den Bären an. »Das haben wir doch sonst nicht getan.«

»Weil«, sagte seine Frau, »weil es nicht anders geht, versteh doch. Ich habe keine Macht über das Kind …« Die Worte flogen ihr über die Lippen. Sie umschwirrten ihn, schwirrten um seinen müden Kopf. »Wir können uns unmöglich ein Kindermädchen leisten. Das Dienstmädchen hat mehr als genug zu tun. Und sein Betragen ist einfach unmöglich. Du verstehst das nicht, Edward; du kannst es nicht verstehen, du bist den ganzen Tag im Büro.«

Der Bär streckte die Zunge heraus. Das Gezeter ging weiter. Edward sank in einen Sessel.

»Und womit soll ich ihn schlagen?« fragte er matt.

»Mit deinem Pantoffel, natürlich«, sagte seine Frau. Und sie kniete nieder, um ihm die staubigen Schuhe aufzuschnüren.

»Ach Edward«, jaulte sie, »im Wohnzimmer hast noch die Fahrradklammern an. Also wirklich –«

»Jetzt reicht's.« Edward stieß sie fast beiseite. »Gib mir den Pantoffel.« Er ging die Treppe hoch. Er kam sich vor wie in einem dunklen Netz gefangen. Und jetzt wollte er Dicky schlagen. Ja, verdammt, er wollte irgend etwas schlagen. Mein Gott, was für ein Leben! Der Staub klebte noch in seinen heißen Augen, seine Arme fühlten sich schwer an.

Er stieß die Tür zu Dickys schmaler Kammer auf. Dicky stand im Nachthemd da. Bei seinem Anblick fing sein Herz wütend an zu pumpen.

»Nun, Dicky, ich nehme an, du weißt, weswegen ich gekommen bin«, sagte Edward.

Dicky antwortete nicht.

»Ich bin gekommen, um dir eine Tracht Prügel zu verabreichen.«

Keine Antwort.

»Heb dein Nachthemd hoch.«

Bei diesen Worten sah Dicky auf. Er lief puterrot an. »Muß ich?« flüsterte er.

»Na, los jetzt. Ein bißchen plötzlich«, sagte Edward, umfaßte den Pantoffel fester und verabreichte Dicky drei tüchtige Schläge.

»So, das wird dich lehren, ungezogen zu deiner Mutter zu sein.«

Dicky stand da und ließ den Kopf hängen.

»Und jetzt marsch ins Bett«, sagte sein Vater.

Er rührte sich noch immer nicht. Aber eine zitternde Stimme sagte: »Ich habe noch nicht Zähne geputzt, Papa.«

»Hm, was?«

Dicky sah auf. Seine Lippen bebten, aber seinen Augen waren trocken. Er hatte keinen Laut von sich gegeben und keine Träne vergossen. Er schluckte nur und sagte mit belegter Stimme: »Ich habe noch nicht Zähne geputzt, Papa.«

Beim Anblick dieses kleinen Gesichtchens wandte Edward sich ab, und ohne sich zu besinnen, stürzte er aus dem Zimmer, die Treppe hinunter und hinaus in den Garten. O Gott! Was hatte er getan? Er lief durch den Garten und suchte Schutz im Schatten des Birnbaums an der Hecke. Er hatte Dicky geschlagen – hatte den kleinen Mann mit einem Pantoffel geschlagen – und wozu, zum Teufel? Er hatte keine Ahnung. Er war plötzlich in sein Zimmer gestürmt – und da stand der kleine Kerl in seinem Nachthemd. Dickys Vater stöhnte und stützte sich an der Hecke ab. Und er hatte nicht geweint. Nicht eine einzige Träne. Wenn er doch wenigstens geweint hätte oder wütend geworden wäre. Aber dieses »Papa«! Und er hörte wieder das zitternde Flüstern. Verzieh ihm einfach so, ohne ein Wort zu verlieren. Aber er selbst würde sich das nie verzeihen – niemals. Feigling! Dummkopf! Rohling! Und plötzlich fiel ihm ein, wie sie einmal gespielt hatten und Dicky von seinem Knie heruntergefallen war und sich das Handgelenk verstaucht hatte. Da hatte er auch nicht geweint. Und diesen kleinen tapferen Kerl hatte er eben geschlagen.

Ich muß etwas unternehmen, dachte Edward. Er lief zurück ins Haus, die Treppe hoch, in Dickys Zimmer. Der Junge lag im Bett. Im dämmrigen Licht hob sich der dunkle Kopf mit den geraden Ponyfransen deutlich vom weißen

Kissen ab. Er lag still da, und selbst jetzt weinte er nicht. Edward schloß die Tür und lehnte sich gegen sie. Am liebsten hätte er sich vor Dickys Bett gekniet und selbst geweint und um Verzeihung gebeten. Aber so etwas tat man natürlich nicht. Er war verlegen und sein Herz bedrückt.

»Schläfst du schon, Dicky?« sagte er leichthin.

»Nein, Papa.«

Edward ging zu ihm und setzte sich auf sein Bett, und Dicky sah ihn hinter seinen langen Wimpern an.

»Alles in Ordnung, mein Kleiner?« fragte Edward halb flüsternd.

»J-ja, Papa«, gab Dicky zurück.

Edward streckte die Hand aus und umfaßte vorsichtig Dickys heiße Fingerchen.

»Du – du darfst nicht mehr daran denken, was eben passiert ist, kleiner Mann«, sagte er heiser. »Hörst du? Das ist vorbei. Vorbei und vergessen. Kommt nie wieder vor. Hörst du?«

»Ja, Papa.«

»Dann mußt du jetzt aber sofort wieder fröhlich sein, altes Haus«, sagte Edward, »und lächeln.« Und er selbst schnitt eine zitternde Grimasse, die als Lächeln durchgehen sollte. »Um das Ganze zu vergessen – und – hm? Kleiner Mann ... altes Haus ...«

Dicky lag da wie zuvor. Es war entsetzlich. Dickys Vater sprang auf und trat ans Fenster. Es war fast dunkel im Garten. Das Dienstmädchen war hinausgelaufen und zupfte und zerrte weiße Wäschestücke von den Büschen und stapelte sie sich auf den Arm. Doch am grenzenlosen Himmel leuchtete der Abendstern, und ein hoher Eukalyptusbaum stand schwarz vor dem schwachen Glanz und bewegte sacht seine langen Blätter. All das sah er, während er in seiner Hosentasche nach dem Geld tastete. Er holte es heraus, wählte ein neues Sixpencestück aus und ging zurück zu Dicky.

»Da, bitte schön, kleiner Mann. Kauf dir was dafür!« sagte Edward mit sanfter Stimme und legte das Geldstück auf Dickys Kissen.

Aber konnte selbst das – selbst ein Sixpencestück – vergessen machen, was geschehen war?

GIFT

Die Post war spät dran. Als wir von unserem vormittäglichen Spaziergang zurückkehrten, war sie immer noch nicht da.

»Pas encore, Madame«, sang Annette und eilte wieder an den Kochherd.

Wir trugen unsere Päckchen ins Eßzimmer. Der Tisch war gedeckt. Beim Anblick des für zwei Personen gedeckten Tisches – nur für zwei – aber wie vollendet, wie vollkommen, für einen Dritten wäre beim besten Willen kein Platz gewesen – durchfuhr mich wie immer ein sonderbarer kleiner Schauer, als hätte mich der silberne Blitz getroffen, der über dem weißen Tischtuch, den funkelnden Gläsern, der dunklen Schale mit Freesien hinwegzuckte.

»Zum Kuckuck mit dem alten Briefträger! Was mag ihm nur zugestoßen sein?« sagte Beatrice. »Stell die Sachen ab, Schatz.«

»Wohin soll ich sie tun …?«

Sie hob den Kopf; sie lächelte ihr süßes, neckisches Lächeln.

»Irgendwohin – Dummerchen.«

Aber ich wußte nur zu gut, daß es ein Irgendwohin für sie nicht gab, und eher wäre ich monatelang, jahrelang mit der bauchigen Likörflasche und den Süßigkeiten im Arm so stehengeblieben, als zu riskieren, ihrem empfindlichen Ordnungssinn auch nur den winzigsten Stoß zu versetzen.

»Komm – ich nehme sie dir ab.« Sie legte die Sachen achtlos auf den Tisch, zusammen mit ihren langen Handschuhen und einem Körbchen mit Feigen. »*Die Mittagstafel*. Eine Kurzgeschichte von – von –« Sie nahm meinen Arm.

»Gehen wir doch auf die Terrasse–« und ich spürte, wie sie erschauerte. *»Ça sent«*, sagte sie matt, *»de la cuisine …«*

Vor kurzem – wir wohnten nun seit zwei Monaten im Süden – vor kurzem war mir aufgefallen, daß sie immer ins Französische verfiel, sobald sie vom Essen, vom Wetter oder, scherzhaft, von ihrer Liebe zu mir sprach.

Wir setzten uns unter die Markise, auf die Balustrade. Beatrice beugte sich vor, sah hinunter – hinunter zur weißen Straße mit den wachestehenden Kakteen. Die Schönheit ihres Ohrs, nur ihres Ohrs, war ein solches Wunder, daß ich mich an das ganze weite, glitzernde Meer da unten hätte wenden und stammeln mögen: »Also – ihr Ohr! Sie hat Ohren, nicht wahr, die sind einfach …«

Sie war ganz in Weiß gekleidet, trug Perlen um den Hals, und in ihrem Gürtel steckte ein Maiglöckchenstrauß. Am dritten Finger ihrer linken Hand trug sie einen Perlenring – keinen Trauring.

»Warum sollte ich, *mon ami?* Warum so tun als ob? Und wen schert es?«

Und natürlich gab ich ihr recht, obwohl ich insgeheim, wenn ich ehrlich war, alles dafür gegeben hätte, wenn ich neben ihr in einer großen, ja, einer großen, schicken, bis zum Bersten gefüllten Kirche hätte stehen können, mit altehrwürdigen Geistlichen, mit ›The Voice that breathed o'er Eden‹, mit Palmen und Weihrauchduft, wissend, daß da draußen ein roter Teppich und Konfetti auf uns warteten und irgendwo auch eine Hochzeitstorte und Champagner und ein Atlaspantoffel, um ihn der Kutsche nachzuwerfen – wenn ich ihr unseren Hochzeitsring an den Finger hätte stecken können.

Nicht weil ich mir aus gräßlichen Veranstaltungen dieser Art etwas machte, sondern vielmehr in der Hoffnung, es möchte das lästige Gefühl von absoluter Freiheit etwas mildern – ihrer absoluten Freiheit, versteht sich.

Mein Gott! Was für eine Qual das Glück doch war – was für eine Pein! Ich sah zur Villa auf, zu dem Fenster unseres Zimmers, das sich so geheimnisvoll hinter den grünen Strohjalousien versteckte. War es möglich, daß sie je durch das grüne Licht zu mir gekommen war, auf den Lippen das verschwiegene Lächeln, das lässige, strahlende Lächeln, das nur für mich bestimmt war? Sie legte ihren Arm um meinen Hals; die andere Hand strich sanft, schrecklich sanft, das Haar zurück.

»Wer bist du?« Wer war sie? Sie war – *die* Frau.

… Am ersten warmen Frühlingsabend, wenn Lichter wie Perlen in der fliederfarbenen Luft schimmerten und Stimmen in den wiedererblühten Gärten murmelten, war sie es, die sang in dem großen Haus mit den Tüllvorhängen. Wenn man im Mondlicht durch die fremde Stadt fuhr, war es ihr Schatten, der auf das zitternde Gold der Fensterläden fiel. Wenn die Lampe angezündet wurde, gingen in der neugeborenen Stille ihre Schritte an deiner Tür vorüber. Und sie sah hinaus in die herbstliche Dämmerung, blaß in ihren Pelzen, während das Automobil vorüberglitt …

Um es kurz zu machen: Ich war damals vierundzwanzig. Wenn sie auf dem Rücken lag, und die Perlenkette war ihr unters Kinn gerutscht, und sie seufzte: »Ich bin durstig, Schatz. *Donne-moi une orange!*«, dann wäre ich bereitwillig und mit Freuden in den Rachen eines Krokodils gekrochen, um ihr eine zu besorgen – wenn denn Krokodile Orangen äßen.

»Wenn ich ein Vöglein wär
und auch zwei Flügel hätt …«

sang Beatrice.

Ich nahm ihre Hand. »Du würdest doch nicht davonfliegen?«

»Nicht weit. Nur bis nach unten zur Straße.«

»Warum denn das?«

Sie zitierte: »Kommen tut er nicht, sprach sie ...«

»Wer? Der dumme alte Briefträger? Aber du erwartest doch gar keinen Brief.«

»Nein, aber es ist trotzdem zum Wahnsinnigwerden. Ah!« Plötzlich lachte sie und lehnte sich an mich. »Da kommt er – guck – wie ein blauer Käfer.«

Und wir schmiegten die Wangen aneinander und sahen zu, wie der blaue Käfer die Anhöhe in Angriff nahm.

»Liebster«, hauchte Beatrice. Und das Wort schien in der Luft zu verharren, in der Luft zu schwingen wie ein Geigenton.

»Was ist?«

»Ich weiß nicht«, lachte sie leise. »Eine Anwandlung – eine Anwandlung von Zärtlichkeit, nehme ich an.«

Ich legte meinen Arm um sie. »Dann würdest du also nicht davonfliegen?«

Und sie erwiderte schnell und leise: »Nein! Nein! Um nichts in der Welt. Bestimmt nicht. Ich liebe diesen Ort. Ich liebe es, hier zu sein. Ich glaube, ich könnte Jahre hier bleiben. Ich war noch nie so glücklich wie in den vergangenen zwei Monaten, und du warst so wunderbar zu mir, Liebster, in jeder Beziehung.«

Es war eine Wohltat – überwältigend und neu, sie so reden zu hören, daß ich nicht anders konnte, als es mit einem Lachen abzutun.

»Nicht doch! Das klingt ja, als wolltest du Lebewohl sagen.«

»Ach, Unsinn, Unsinn. So etwas darfst du nicht einmal im Scherz sagen!« Sie schob ihre kleine Hand unter mein weißes Jackett und umklammerte meine Schulter. »Du bist doch glücklich, oder?«

»Glücklich? Glücklich? Mein Gott – wenn du wüßtest,

was ich in diesem Moment empfinde ... Glücklich! Du bist mein Himmel! Mein Segen!«

Ich sprang von der Balustrade, umschlang sie und trug sie auf dem Arm. Und wie ich sie so hielt, drückte ich mein Gesicht an ihren Busen und flüsterte: »Du *bist* doch mein?« Und zum ersten Mal in all den nervenaufreibenden Monaten, die ich sie nun kannte, selbst den – natürlich himmlischen – letzten Monat mitgezählt, glaubte ich ihr voll und ganz, als sie antwortete:

»Ja, ich bin dein.«

Das Quietschen der Gartenpforte und die Schritte des Briefträgers auf dem Kies ließen uns auseinanderfahren. Ich war für einen Moment ganz benommen. Ich stand nur da und grinste, wie mir schien, dümmlich vor mich hin. Beatrice ging hinüber zu den Korbstühlen.

»Nun geh schon – hol die Post«, sagte sie.

Und ich – nun ja – ich wankte davon. Aber ich kam zu spät. Annette kam angelaufen. *»Pas de lettres«*, sagte sie.

Mein breites Grinsen, mit dem ich ihr dankte, als sie mir die Zeitung überreichte, mußte sie überrascht haben. Ich war außer mir vor Freude. Ich warf die Zeitung in die Luft und sang:

»Keine Briefe, Schatz!« während ich mich dem Liegestuhl näherte, in dem die geliebte Frau lag.

Einen Augenblick erwiderte sie nichts. Dann, als sie das Streifband von der Zeitung riß, sagte sie langsam:

»Die Welt vergessend, vergessen von der Welt.«

Es gibt Situationen, da ist die einzige Rettung eine Zigarette. Eine Zigarette ist nicht nur eine Verbündete; sie ist eine verschwiegene, perfekte kleine Freundin, die Bescheid weiß und versteht. Während man raucht, sieht man auf sie hinab – lächelt oder runzelt die Stirn, je nach Lage; man inhaliert tief und läßt dann den Rauch träge ausströmen. Dies hier war eine solche Situation. Ich trat zu der

Magnolie und roch ausgiebig an ihr. Dann ging ich zurück und beugte mich über Beatrices Schulter. Doch sie schleuderte die Zeitung rasch auf die Fliesen.

»Es steht nichts drin«, sagte sie. »Nichts. Es hat nur einen Giftmord gegeben. Ein Mann soll seine Frau vergiftet haben, und zwanzigtausend Leute haben jeden Tag im Gerichtssaal herumgesessen und zwei Millionen Wörter wurden nach jedem Prozeßtag in die Welt hinaustelegraphiert.«

»Dumme Welt!« sagte ich und warf mich ebenfalls in einen Liegestuhl. Ich wollte nicht an die Zeitung denken, wollte wieder dahin zurück, ganz behutsam, natürlich, wo wir waren, bevor der Briefträger kam. Doch als sie antwortete, wußte ich, daß es fürs erste kein Zurück gab. Einerlei. Ich konnte warten – fünfhundert Jahre, wenn es sein mußte – jetzt, da ich Gewißheit hatte.

»Nicht unbedingt dumm«, sagte Beatrice. »Schließlich ist es nicht bloß Sensationslust, was die Zwanzigtausend antreibt.«

»Sondern, Liebling?« Bei Gott, es war mir so egal.

»Schuld!« rief sie aus. »Schuld! Begreifst du denn nicht? Sie sind hingerissen, wie Kranke hingerissen sind von allem, was ihre Krankheit betrifft. Der Mann auf der Anklagebank mag unschuldig sein, aber die Leute im Gerichtssaal sind fast alle ohne Ausnahme Giftmischer. Hast du noch nie darüber nachgedacht« – sie war bleich vor Erregung – »wieviel Gift täglich verspritzt wird? Es ist die große Ausnahme, wenn man auf Eheleute trifft, die einander nicht vergiften – Eheleute, Liebespaare. Ach«, rief sie, »all die Tassen Tee, Gläser Wein, Tassen Kaffee, denen etwas beigemischt wurde. Wie viele habe ich nicht selbst vorgesetzt bekommen und habe sie getrunken, wissentlich oder nicht – und habe es darauf ankommen lassen. Der einzige Grund, warum so viele Paare« – sie lachte – »*überleben*, ist der, daß der eine Angst hat, dem anderen die tödliche Dosis zu verabreichen. Das verlangt starke Nerven! Aber früher oder später kommt es doch dahin. Ist die erste Dosis einmal verabreicht, führt kein Weg mehr daran vorbei. Es ist der Anfang vom Ende. Verstehst du, was ich meine?«

Sie wartete meine Antwort nicht ab. Sie löste die Maiglöckchen vom Gürtel und lehnte sich zurück, strich sich mit den Blumen übers Gesicht.

»Beide Ehemänner haben mich vergiftet«, sagte Beatrice. »Mein erster Mann verpaßte mir sofort eine enorme Dosis, aber mein zweiter Mann war ein echter Künstler auf diesem Gebiet. Nur ein winziges Quentchen hier und da, gut kaschiert – ach, wie klug! – bis ich eines Morgens aufwachte und es in jeder einzelnen Faser meines Körpers spürte, von den Fingerspitzen bis in die Zehen. Es war gerade noch rechtzeitig ...«

Ich haßte es, wenn sie so gelassen von ihren Ehemännern sprach, besonders heute. Es tat weh. Ich wollte etwas erwidern, als sie plötzlich klagend ausrief:

»Warum nur? Warum geschieht das ausgerechnet mir? Was habe ich denn getan? Warum trifft es immer mich ...? Es ist eine Verschwörung.«

Ich versuchte ihr zu sagen, daß sie zu gut sei für diese schlechte Welt – zu edel, zu vollkommen. Davor hatten die Leute Angst. Ich machte einen kleinen Scherz.

»Also ich – ich will dich nicht vergiften.«

Beatrice gab ein seltsames leises Lachen von sich und biß den Stiel eines Maiglöckchens ab.

»Du!« sagte sie. »Du könntest keiner Fliege etwas zuleide tun!«

Merkwürdig. Aber es schmerzte. Sehr sogar.

In diesem Moment kam Annette mit unseren *apéritifs*. Beatrice beugte sich vor und nahm ein Glas vom Tablett und reichte es mir. Ich bemerkte das Schimmern der Perle an ihrem Perlenfinger, wie ich ihn nannte. Wieso konnten mich ihre letzten Worte so verletzen?

»Und du«, sagte ich und nahm das Glas, »du hast auch niemanden vergiftet.«

Das brachte mich auf einen Gedanken; ich versuchte, ihn auszudrücken. »Du – du machst das Gegenteil. Wie nennt man das, wenn Menschen, wie du, anstatt andere zu vergiften, sie mit neuem Leben erfüllen – alle, den Briefträger, den Mann, der uns fährt, den Bootsverleiher, die Blumenverkäuferin, mich – mit einem Teil ihrer eigenen Ausstrahlung, ihrer Schönheit, ihrer –«

Verträumt lächelte sie; verträumt sah sie mich an.

»An was denkst du – mein Schatz?«

»Ich habe gerade überlegt«, sagte sie, »ob du nach dem Essen wohl hinunter zum Postamt gehen und dich nach der Nachmittagspost erkundigen könntest. Würdest du das tun, Liebster? Nicht, daß ich Post erwarte – aber – ich dachte, nur für den Fall – es wäre doch dumm, die Post nicht zu holen, wenn sie schon einmal da ist. Nicht wahr? Und bis morgen zu warten.« Sie drehte den Stiel ihres Glases zwischen den Fingern. Den schönen Kopf hielt sie gesenkt. Ich aber erhob mein Glas und trank oder nippte vielmehr – nippte versonnen und betrachtete diesen dunklen Kopf und dachte an – Briefträger und blaue Käfer und Lebewohls, die keine waren …

Mein Gott! War das Einbildung? Nein, war es nicht. Mein *apéritif* schmeckte schrecklich – bitter, irgendwie *seltsam*.

arabischen [illegible], wie ich [illegible]. [illegible]

[illegible]

Das Licht [illegible] auf [illegible] dunklen [illegible]. [illegible] Menschen [illegible]

[illegible]

[illegible]

Ich habe [illegible], sagte sie, [illegible]

[illegible] Nicht [illegible] die Post [illegible]

[illegible]

Mein Gott [illegible] [illegible] nicht [illegible]

[illegible]

NACH- UND HINWEISE

EDITORISCHE NOTIZ

Als Textgrundlage dienten: ›The Complete Stories of Katherine Mansfield‹ (Auckland: Golden Press 1974), d. i. ein Nachdruck der von John Middleton Murry herausgegebenen ›Collected Stories of Katherine Mansfield‹ (London: Constable 1945), ergänzt um die 1972 erstmals erschienene Erzählung ›Brave Love‹.

Vergleichend hinzugezogen wurde die von Antony Alpers herausgegebene historisch-kritische Ausgabe ›The Stories of Katherine Mansfield‹ (Auckland: Oxford University Press 1984) mit ihrem unverzichtbaren Kommentar. Außerdem die von Margaret Scott herausgegebenen Notizbücher: ›The Katherine Mansfield Notebooks – Complete Edition‹ (Bd. 1 & 2); Minneapolis: University of Minnesota Press 2002).

Zu Leben und Werk der Autorin: Antony Alpers, ›Katherine Mansfield: A Biography‹ (London: Jonathan Cape; New York: Viking 1980) sowie Claire Tomalin: ›Katherine Mansfield: A Secret Life‹ (New York: Viking 1987; auf deutsch: K. M., Eine Lebensgeschichte; Frankfurt a. M.: Suhrkamp 1992), außerdem die von B. J. Kirkpatrick besorgte ›Bibliography of Katherine Mansfield‹ (Oxford: Clarendon 1989).

Die in den Anmerkungen und im Nachwort zitierten Briefe, deutsch vom Hg., nach der Ausgabe: ›The Letters of Katherine Mansfield‹, hg. von John Middleton Murry (Bd. 1 & 2; London: Constable 1928).

BIOGRAPHISCHE DATEN

1888: K. M. wird am 14. Oktober als Kathleen Mansfield Beauchamp (Mansfield nach dem Mädchennamen der Großmutter mütterlicherseits) in Wellington, Neuseeland, geboren.

1903–1906: Zusammen mit ihren zwei älteren Schwestern besucht K. M. das Queen's College, eine Art höhere Töchterschule in Harley Street, London.

1907–1908: Zurück in Wellington entsteht erste Kurzprosa (›The Tiredness of Rosabel‹); im August 1908 kehrt sie – gegen den Wunsch der Eltern – allein zurück nach London.

1909: Liebesverhältnis mit Garnet Trowell. Am 2. März Heirat mit George Bowden. Aufenthalt im bayerischen Wörishofen, wo sie eine Fehlgeburt erleidet. Sie schreibt ›The Child-Who-Was-Tired‹; die ersten Pensionsgeschichten entstehen.

1910–1912: Ihre Texte erscheinen in der fortschrittlichen Londoner Wochenzeitung ›The New Age‹. K. M. erkrankt an Bauchfellentzündung, muß sich operieren lassen; Reisen nach Brügge und Genf (›The Journey to Bruges‹); Ende 1911 erscheint ihr erstes Buch: *In a German Pension*, das große Beachtung findet.

1912–1914: Beginn ihrer Beziehung zu John Middleton Murry, Herausgeber der Zeitschrift ›Rhythm‹, in der K. M.s Texte nun erscheinen (›The Woman at the Store‹, ›How Pearl Button was Kidnapped‹, ›Ole Underwood‹). Beginn ihrer Freundschaft mit D. H. Lawrence; nach der Lektüre von ›Sons and Lovers‹ beginnt K. M. einen autobiographischen Entwicklungsroman (›Maata‹), der Fragment bleibt. Im Dezember 1913 ziehen K. M. und Murry nach Paris, kehren aber nach wenigen Monaten nach London zurück. K. M. will sich von Murry trennen.

1915–1916: K. M. reist mehrfach allein nach Paris (›Something Childish but very Natural‹, ›Spring Pictures‹, ›An Indiscreet Journey‹). Im Oktober 1915 stirbt ihr jüngerer Bruder Leslie bei einer Truppenübung in Armentières in Frankreich, als eine defekte Granate in seiner Hand explodiert. Ende des Jahres reist K. M. nach Südfrankreich, nach Bandol bei Marseille (Villa Pauline); ›The Aloe‹ entsteht hier. Murry lebt einige Monate bei ihr. Im April 1916 ziehen beide nach Cornwall (zu Frieda und

D. H. Lawrence), wo es K. M. nur kurz hält; sie zieht in Garsington Manor der Lady Ottoline Morrell (bei Oxford) ein; lernt hier Bertrand Russell kennen, den jungen Aldous Huxley, die Malerin Dorothy Brett.

1917: K. M. lernt Virginia Woolf kennen. Ihre Erzählung ›Prelude‹ (eine überarbeitete, gekürzte Fassung von ›The Aloe‹) erscheint im Verlag Hogarth Press von Leonard und Virginia Woolf. Im Dezember erneut krank; es wird Tuberkulose diagnostiziert; K. M. reist auf ärztlichen Rat mit ihrer Freundin Ida Baker nach Südfrankreich. Ihre berühmtesten Texte entstehen fortan im Ausland.

1918–1920: Sie schreibt ›Je ne Parle pas Français‹ in Bandol. Am 3. Mai heiratet sie Murry; beide ziehen nach Hampstead im Londoner Norden; K. M. erneut krank (Rippenfellentzündung). Anne Estelle Rice lädt sie nach Cornwall ein, malt sie im roten Kleid. August: Tod der Mutter. Anfang 1919 wird Murry Herausgeber der Zeitschrift ›Athenaeum‹, für die K. M. fortan als Literaturkritikerin arbeitet. Verbringt den Winter 1919 in der Nähe von San Remo und den Winter 1920 in Menton an der Côte d'Azur (Villa Isola Bella); hier entstehen ›Miss Brill‹, ›Poison‹, ›The Daughters of the Late Colonel‹, ›Life of Ma Parker‹. Im Dezember erscheint, von Murry herausgegeben, ihre zweite Erzählungssammlung: *Bliss*, die wieder große Beachtung findet.

1921–1923: Im Sommer reist K. M. mit Ida Baker in die Schweiz, nach Genf und nach Montana-sur-Sierre im Rhône-Tal (Chalet des Sapins); Murry besucht sie. Sie erlebt eine Phase großer Produktivität; Zeitschriften fragen bei ihr an; sie schreibt sechs Geschichten für ›Sphere‹: ›Mr. and Mrs. Dove‹, ›An Ideal Family‹ u. a.; es entstehen ›At the Bay‹, ›The Voyage‹ und *The Garden-Party*, die ihrer neuen, 1922 erscheinenden Erzählungssammlung den Titel gibt. Im Februar 1922 reist sie nach Paris, um sich einer Röntgentherapie zu unterziehen (›The Fly‹ entsteht); trifft James Joyce; im Mai wieder nach Sierre. Reisen nach London, wieder nach Paris und schließlich nach Avon bei Fontainebleau, wo K. M. sich im Oktober zu Heilungszwecken in das »Institut für die harmonische Entwicklung des Menschen« von George Gurdjieff begibt (ihr früherer Mentor, der ehemalige ›New Age‹-Herausgeber A. R. Orage, ist ebenfalls dort). Hier stirbt sie am 9. Januar im Alter von vierunddreißig Jahren nach einem Blutsturz. Im August erscheint, herausgegeben von Murry: *The Doves' Nest*.

1924: Something Childish and other stories, ein letzter Erzählungsband, herausgegeben von Murry, erscheint.

ANMERKUNGEN

IN EINER DEUTSCHEN PENSION

Die Originalausgabe
›In a German Pension‹
erschien bei Stephen Swift,
London 1911.

DEUTSCHE BEIM FLEISCH (GERMANS AT MEAT): Zuerst in ›New Age‹, 3. März 1910. – *»er wandte sich mir zu«*: In der ›New Age‹-Fassung wurde zunächst in der dritten Person erzählt; das Ich der Buchfassung war »the Englishwoman« bzw. »Kathleen«. – *»Tautreten«:* Teil der von Sebastian Kneipp begründeten Hydrotherapie; Kneipps Wirkungsstätte war ab 1855 der kleine Ort Wörishofen, der sich bald zur Hochburg der Anhänger alternativer Heilmethoden entwickelte (ab 1920 *Bad* Wörishofen). – *»Angst vor einer Invasion«:* Die Möglichkeit eines deutschen Überfalls beschäftigte die britische Öffentlichkeit und sorgte für eine regelrechte Invasions-Literatur. Bei dem Theaterstück, auf das der Reisende anspielt, handelt es sich um ›An Englishman's Home‹, das Werk eines anonymen »Patrioten«, das im Januar 1909 ein Westend-Kassenschlager war und auch international gespielt wurde (die Berliner Premiere mußte allerdings abgebrochen werden). Der junge P. G. Wodehouse parodiert es in ›The Swoop! or how Clarence saved England: A Tale of the Great Invasion‹. Fünf Jahre später folgte auf die Farce die Tragödie. – *»Mahlzeit«:* im Original so.

DER BARON (THE BARON): Zuerst in ›New Age‹, 10. März 1910.

DIE SCHWESTER DER BARONIN (THE SISTER OF THE BARONESS): Zuerst in ›New Age‹, 4. August 1910. – *»nahm … ihr Bett und wandelte«:* Johannesevangelium, V, 8.

FRAU FISCHER (FRAU FISCHER): Zuerst in ›New Age‹, 18. August 1910. – *»Dorschhausen«:* eines der umliegenden Dörfer, die – wie Schlingen oder Mindelau – Zimmer an die immer zahlreicheren Kurgäste von Wörishofen vermieteten; heute Stadtteil von Bad Wörishofen. – *»Wir sind eine so glückliche Familie«*: Kurz nachdem K. M., das schwarze Schaf, der Familie in Wellington den Rücken gekehrt hatte, berichtet ihre Schwester Vera in einem Brief von daheim: »Wir waren noch nie eine so glücklich geeinte Familie.« K. M. in einem Brief an ihren »Verlobten« Garnet Trowell (3. Oktober 1908): »Ich soll mich darüber wohl noch freuen.«

Frau Brechenmacher geht auf eine Hochzeit (Frau Brechenmacher Attends a Wedding): Zuerst in ›New Age‹, 21. Juli 1910. – Im letzten Monat ihres Aufenthalts in Wörishofen, im Dezember, wohnte K. M. im Haus des Postbeamten Johann Brechenmacher.

Die moderne Seele (The Modern Soul): Zuerst in ›New Age‹, 22. Juni 1911.

Bei Lehmann (At ›Lehmann's‹): Zuerst in ›New Age‹, 7. Juli 1910. – *»Mindelbau«:* bewußte oder unbewußte Verballhornung von »Mindelau«; siehe Anm. zu ›Frau Fischer‹. – *»Luitpold«:* im Druck »Snipold's«; Alpers macht einen Satzfehler glaubhaft; gemeint: ein Café Luitpold in Wörishofen.

Das Luftbad (The Luft Bad): Zuerst in ›New Age‹, 24. März. 1910. – *»Kleine schwarze Sambo«:* »The Story of Little Black Sambo«; Kindergeschichte von Helen Bannerman (1899). – Der Schlußsatz (»Not that I am in the least ashamed of my legs«) erschien von einer schamhaften Redaktion um die drei letzten Wörter gekürzt.

Ein Geburtstag (A Birthday): Zuerst in ›New Age‹, 18. Mai 1911. – Um sich in die Reihe der deutschen Geschichten zu fügen, wurde ›A Birthday‹ für den Druck notdürftig mit deutschen Namen drapiert (»Binzer« hieß ein Schuhmacher in Wörishofen, der Gesundheitssandalen verkaufte). Tatsächlich porträtiert K. M. in dieser Geschichte ihren Vater und schildert ihr Geburtshaus in Wellington, Tinakori Road 11. Für deutsche Leserinnen und Leser ergibt sich ein leicht surrealer Effekt.

Das Kind-das-müde-war (The Child-Who-Was-Tired): Zuerst in ›New Age‹, 24. Februar 1910. – Ausgerechnet die erste von Herausgeber A. R. Orage für ›The New Age‹ ausgewählte Geschichte war nur sehr wenig echte Mansfield und sehr viel mehr echter Tschechow. Den bis dahin in Europa noch wenig bekannten Autor dürfte K. M. in Wörishofen durch den Polen Floryan Sobieniowski kennengelernt haben. ›The Child-Who-Was-Tired‹ ist eine deutliche Adaption von Tschechows ›Spat chotschetsja‹ (›Schlafen‹). Zum Plagiatsvorwurf kam es erst 1951 in den Leserbriefspalten des ›Times Literary Supplement‹.

Die fortschrittliche Dame (The Advanced Lady): Zuerst in ›In a German Pension‹, London 1911.

Das Schwingen des Pendels (The Swing of the Pendulum): Zuerst in ›In a German Pension‹, London 1911. – *»Casimir«:* Vorbild für diese Figur scheint Floryan Sobieniowski gewesen zu sein, mit dem K. M. in Wörishofen eine Liebesbeziehung hatte und auf dessen Durchbruch als Schriftsteller sie hoffte.

Ein Feuer (A Blaze): Zuerst in ›In a German Pension‹, London 1911. – *»Luitpold«:* Im Druck »Limpold«; verbessert bei Alpers; siehe Anm. zu ›Bei Lehmann‹.

GLÜCKSELIGKEIT

Die Originalausgabe
›Bliss and other stories‹
erschien bei Constable,
London 1920.

Vorspiel (Prelude): Zuerst als 64-Seiten-Broschur in der Hogarth Press, dem Verlag von Leonard und Virginia Woolf, London 1918. – K. M.s umfangreichste Erzählung entstand im März und Mai 1915 in Paris sowie im März 1916 in Bandol. Geplant als Roman (›Aloe‹), wurde der Text im Sommer 1917 für die Veröffentlichung in der Hogarth Press um gut ein Drittel gekürzt und überarbeitet. Daß sie mit dieser Arbeit, stofflich wie formal, Neuland betreten hatte, war der Autorin sehr bewußt. Am 11. Oktober 1917 schreibt sie an die Malerin Dorothy Brett:

»Ich kann nur zu gut verstehen, daß Sie jetzt Stilleben malen. Was liegt näher, angesichts dieser herrlichen Fülle von runden, leuchtenden Früchten, als sie zu nehmen und mit ihnen zu spielen – als zur Frucht zu werden, sozusagen. Wenn ich an einem Stand mit Äpfeln vorbeikomme, muß ich stehenbleiben, und ich muß hinsehen, bis ich das Gefühl habe, selbst zu einem Apfel zu werden, bis ich das Gefühl habe, aus meinem Innersten einen Apfel hervorbringen zu können, wie ein Zauberer, der ein Ei hervorzaubert … Wenn Sie einen Apfel malen, haben Sie dann das Gefühl, daß Ihre Brüste und Ihre Knie ebenfalls zu Äpfeln werden? Oder halten Sie das für ausgemachten Unsinn? Ich nicht. Im Gegenteil. Wenn ich über Enten schreibe, ich schwöre, dann bin ich selbst eine Ente mit einem Knopfauge, die über den mit gelben Blüten gesäumten Teich treibt und in regelmäßigen Abständen nach der anderen Ente mit dem Knopfauge schnappt, die da umgedreht unter mir schwimmt … Tatsächlich ist dieses Zur-Ente-Werden (Lawrence würde vielleicht von einer Vereinigung mit der Ente oder dem Apfel sprechen!) ein so aufregender Prozeß, daß es mir schier den Atem nimmt, wenn ich nur daran denke. Und obwohl dies bereits das Äußerste ist, was normale Menschen nachvollziehen können, ist es doch nur das ›Vorspiel‹. Ihm folgt dieser Moment, wenn man *mehr* Ente, *mehr* Apfel, *mehr* Natascha [aus Tolstois ›Krieg und Frieden‹; Anm. d. Hg.] ist, als diese es selbst je sein könnten, und auf diese Weise erschafft man sie neu.

Brett (unterbricht die Leitung): ›Katherine, so halten Sie doch ein. Das können Sie uns alles sonntagabend in der Bruderschaftskirche erzählen.‹

K.: ›Entschuldigung, aber das ist der Grund, warum ich gleichzeitig auch an die Technik glaube. (Sie fragten doch danach.) Weil ich es mir nicht anders denken kann, wie die Kunst diese unbeschreibliche Wendung nach außen schafft, wenn nicht, indem sie zu den Dingen wird, ehe sie sie neu schafft‹ … ›Was für eine Form hat die Erzählung?‹ fragen Sie. Ach, Brett, das ist schwer zu sagen. Soweit ich es überblicke, ist es mehr oder weniger meine eigene Erfindung.« –

»Für Lotti und Kezia war einfach kein Platz mehr«: Die Erzählung verarbeitet wahre Begebenheiten aus dem Familienleben der Autorin. Ein Umzug der Familie Beauchamp (sprich: Bietschimm) von der Stadt aufs Land, von Wellington nach Karori, fand im Jahr 1893 statt. Vater Harold Beauchamp erscheint hier als Stanley Burnell (seine Mutter war eine geborene Stanley; eine Großmutter seiner Frau hieß Burnell), Mutter Annie Beauchamp (geborene Dyer) tritt auf als Linda, K. M.s Großmutter Dyer (geborene Mansfield) als Mutter Fairfield (einer anglisierten Form von »Beauchamp«), ihre Tante »Belle« Dyer als Tante Beryl; Schwester Vera wird zu Isabel, Charlotte zu Lottie und K. M. (Kathleen, Kass) zu Kezia (sprich: ki-Saia). Mrs. Samuel Josephs mit der nasalen Aussprache geht auf eine authentische Mrs. Walter Nathan zurück (Tochter eines gewissen Joseph Joseph); der Gehilfe Pat, Alice und andere Nebenfiguren erscheinen mit ihren Klarnamen. – *»Zimmercallas«:* engl. »arum lilly« *(zantedeschia aethiopica)*; dt. auch »Aronstab«. – *»More pork«*: »morepork«, kleine Eulenart in Australien und Neuseeland.

Je ne parle pas français (Je ne Parle pas Français): Zuerst (in einer Auflage von hundert Exemplaren) im Selbstverlag von Mansfield und Murry (Heron Press), London 1919 (richtig: 1920). – Geschrieben in Bandol im Februar 1918. Für die Buchpublikation bei Constable drängte Verleger Michael Sadleir auf Streichung einiger als zu deftig, pornographisch oder blasphemisch empfundener Stellen. Sehr zum Verdruß der Autorin, die in einem Brief an Murry Anfang April 1920 schreibt:

»Nein, ich werde selbstverständlich nicht dieser Verstümmelung zustimmen, und wenn es um eine Auflage von 500 000 000 Exemplaren ginge … Die Konturen des Textes würden verwaschen. Er braucht diese krasse Linienführung.«

K. M. gab schließlich doch klein bei, bedauerte dies aber später. Unsere Ausgabe bringt zum ersten Mal auf deutsch den ungekürzten Text. Gestrichen wurden die Sätze: »Und dann, mit einem wohligen Stöhnen, riß sie ihre Bluse auf und drückte mich an sich«; »Wie kommt es, daß ausgerechnet ich jede Frau haben kann, die ich haben will«; außerdem gegen Ende der Verweis auf die Jungfräulichkeit sowie der Schluß ab »Lieber würde ich mit ihr dinieren«. – *»es hat einen so sterbenden Fall«:* aus Shakespeares ›Was ihr wollt‹; Worte des Orsino in der Eröffnungsszene: »Dieses Passage noch einmal; – es hat einen so sterbenden Fall: O, es schlüpfte über mein Ohr hin, wie ein sanfter Südwind, der Gerüche gebend und stehlend über einem Violen-Bette hinsäuselt« (Wielandsche Übersetzung). – *»Raoul Duquette«:* Als reales Vorbild diente der französische Schriftsteller Francis Carco (1886 – 1958), Autor zahlreicher, vor allem in der Halb- und Unterwelt von Montmartre spielender Romane und mehrerer Memoirenwerke; ab 1937 Mitglied der Académie Goncourt; ein Freund von Murry, für dessen Zeitschrift ›Rhythm‹ er als Korrespondent tätig war. 1912 unternahm Murry mit K. M. eine »Hochzeitsreise« nach Paris und machte sie mit Carco bekannt. Später unterhielt sie eine intime Beziehung zu ihm (siehe ›Eine unbesonnene Reise‹). In seinem Roman ›Les Innocents‹ (Paris, 1916) läßt Carco K. M. als »Winnie Campbell« auftreten und zeichnet ein wenig schmeichelhaftes Porträt, das in gewisser Hinsicht der Figur Duquettes ähnelt: Winnie ist bisexuell, amoralisch, egoistisch und nutzt die Menschen um sich herum schamlos als Anschauungsmaterial für die eigene schriftstellerische Arbeit. – *»Je ne parle pas français«:* In seinem Erinnerungsbuch ›Bohème d'artiste‹ (Paris: Albin Michel 1940) schildert Carco das erste Zusammentreffen mit K. M. Er beschreibt eine zartgebaute, fast kindliche junge Frau mit Ponyfrisur und ungewöhnlichen Augen – ihre Pupillen scheinen sich unablässig zu verändern! Als K. M., Murry und Carco in dem Hotelzimmer in der Rue Gay-Lussac ankommen, werden sofort Photographien, Stickereien, ein Kimono und Seidenpantoffeln aus dem Koffer geholt:

»›Sehen Sie nur‹, rief Murry. ›Ein Erdbeben könnte Paris verwüsten, und Kate würde es dennoch schaffen, sich irgendwo häuslich einzurichten.‹

Kate verbeugte sich.

›*Pardonnez-moi*‹, murmelte sie dann. ›*Je ne parle pas français.*‹« [Darauf Murry zu K. M.:]

»Oh! il vous apprendra – er wird es Ihnen schon beibringen.«

Und doch handelt es sich bei Duquette nicht um ein *Porträt* Carcos. Was K. M. als ihre »Verwandlungs-Technik« beschrieben hat (siehe Anm. zu ›Vorspiel‹), führt dazu, daß auch Carco *mehr* Carco ist, *als dieser selbst es je sein könnte.* Durch ihre vollständige Identifikation mit dem Gegenstand wird Duquette vielmehr zu K. M. Tatsächlich hat die Autorin den Vorwurf, die Menschen lediglich auszunutzen für die eigene schriftstellerische

Arbeit, sich vom Leben schreibend zu entfernen, statt sich ihm zu nähern, den Vorwurf der Unaufrichtigkeit (dem Leben ebenso wie der Kunst gegenüber) immer wieder gegen sich selbst erhoben. Dieses Leiden an dem unüberwindlichen Gegensatz von Kunst und Leben führte im Jahr 1922 dazu, daß K. M., kurz vor ihrem Tod, sich von der Kunst ab- und ganz dem Leben zuwenden wollte:

»Ich bin gespalten und *neige* allenfalls in Richtung desjenigen, der ich sein möchte ... Ich bin mir dieser inneren Zerrissenheit sehr bewußt – aber jetzt hat endlich (Gott sei Dank!) eine große Umwälzung stattgefunden, und ich beabsichtige, meine Lebensweise komplett zu ändern. Ich beabsichtige, zu lernen, mit meinen Händen zu arbeiten, in jeder nur denkbaren Weise, mich um Tiere zu kümmern, handwerklich tätig zu werden. Ich will keine Geschichten mehr schreiben, ehe ich nicht ein etwas weniger unzulänglicher Mensch bin.« (An S. S. Koteliansky, 19. Okt. 1922. Das Ende des Briefes sollte nicht unerwähnt bleiben: »All das klingt viel zu ernst und dramatisch. Tatsächlich hat es natürlich ganz und gar nichts Tragisches an sich.«)

GLÜCKSELIGKEIT (BLISS): Zuerst in ›English Review‹, August 1918. – *»Symbol ihres eigenen Lebens«:* Das Bild vom Erblühen des »Lebensbaums« hat K. M. in mehreren Geschichten gestaltet (›Vorspiel‹, ›Die Flucht‹; in der ›Geschichte eines verheirateten Mannes‹ in Form einer Topfpflanze). 1920 notiert K. M. dazu (›Notebooks‹, II, S. 203):

»Als Poesiealben in Mode waren – kostbare, in weiches Leder gebundene Bücher, die Seiten so zart gefärbt, daß jede sanfte Gefühlsäußerung ihren eigenen Sonnenuntergangshimmel hatte, auf den sie hingehaucht werden konnte – da gab es einen hinterhältigen, verwirrenden Rat, der sich besonderer Beliebtheit erfreute: ›Stets nur dir selbst bleib treu‹ – es war zum Verzweifeln. Wie dumm, wie gräßlich, wenn man diesen Spruch gleich sechsmal hintereinander hineingeschrieben bekam! Und wenn er von Shakespeare selbst gewesen wäre, so hätte ihn das nicht davor bewahrt – *oh, l'âge d'innocence!* – eine entsetzliche Binsenweisheit zu sein. Gewiß, wenn man nur immer sich selbst treu blieb, dann ... Sich selbst? Welchem Selbst? Welchem meiner vielen – ach Gott, ich möchte fast sagen – meiner zahllosen Selbsts? Allerorten herrschen Komplexe und Verdrängungen, ich reagiere, ich laviere, ich reflektiere, so daß ich mir zuweilen vorkomme wie ein kleiner Hotelangestellter, der, vom Geschäftsführer im Stich gelassen, alle Hände voll damit zu tun hat, die vielen Namen einzutragen und die Schlüssel zu verteilen.

Dennoch sind wir allem Anschein nach entschlossener denn je, ein unverwechselbares Selbst zu behaupten und ihm treu bleiben zu wollen. *Der Mensch muß frei sein* [dt. im Orig.] – frei, losgelöst, auf sich gestellt. Könnte es nicht sein, daß unsere Sucht nach Lebensbeschreibungen, nach

Memoiren, vor allem nach Beschreibungen der frühen Kindheit, von unserem ebenso unerschütterlichen wie rätselhaften Glauben an ein Selbst herrührt, das dauerhaft und gleichbleibend ist; ein Selbst, das, unabhängig von dem, was wir erlernen und auch wieder vergessen, wie ein grüner Sproß durch die toten Blätter, durch die Hülle bricht und eine schuppige Knospe durch Jahre der Dunkelheit hindurchstößt, bis sie eines Tages vom Licht entdeckt wird – und dann sind wir frei – und wir blühen für einen Moment lang auf? Dies ist der Moment, für den wir leben auf Erden – der Moment, wo wir ganz unmittelbar fühlen, was unser Selbst und was lediglich die äußere Person ist.«

Der Wind bläst (The Wind Blows): Zuerst unter dem Titel ›Autumn II‹ (in der ersten Person erzählt und unter dem Pseudonym Matilda Berry) in ›Signature‹, 4. Oktober 1915; in überarbeiteter Form dann in ›Athenaeum‹, 27. August 1920. – *»Bogey«:* Kosename von Leslie Beauchamp, K. M.s Bruder; die Geschichte erschien drei Tage vor seinem gewaltsamen Tod in Frankreich. – *»Ich bringe neuen Blütensegen den Blättern und auch dem Regen«*: durcheinandergeratener Shelley (›The Clouds‹), eigentlich: »I bring fresh showers for the thirsting flowers.« – *»Esplanade«:* Promenade am Hafen von Wellington.

Psychologie (Psychology): Zuerst in ›Bliss and other stories‹, London 1920. – Geschrieben in London 1919. Alpers äußert die Vermutung, die Geschichte verarbeite K. M.s Beziehung zu Bertrand Russell aus dem Jahr 1916. – *»en escargot«*: wie eine Schnecke. – *»der psychologische Roman«*: Bereits 1907, noch in Wellington, stellt K. M. die psychologische Erzählweise derjenigen gegenüber, die ihr selbst vorschwebt:

»Die Verfechter der Analyse beschreiben in allen Einzelheiten die Vorgänge im Innern; die geheimen Motive hinter jeder Handlung werden wichtiger als die Handlung selbst. Die Verfechter der Objektivität präsentieren uns das Resultat dieser Entwicklung ohne die Beschreibung der Vorgänge im Innern – d. h. Realismus, Fleisch statt Knochen, und das ist mein künstlerischer Ansatz. Da Kunst für mich *reine Anschauung* bedeutet, bin ich in der Tat ein Verfechter der Objektivität. Und doch kann ich die Gegenüberstellung von Innerlichkeit und Körper nicht akzeptieren, denn die Knochen sind nicht der Rahmen. Ja, wenn die Knochen nicht Knochen wären, sondern fließendes Licht – das erstrahlt, fluktuiert – ja dann, aber Knochen sind starr und unveränderlich – es führt also zu nichts.«

Kino (Pictures): Zuerst (in Dialogform und unter dem Titel ›The Common Round‹) in ›New Age‹, 31. Mai 1917; in überarbeiteter Form als ›The Pictures‹ dann in ›Art and Letters‹, Herbst 1919. – Im Jahr 1917 arbeitete K. M., wie bereits früher, als Statistin beim Film. Die Geschichte handelt aber nicht nur vom Film, sie hat selbst filmische Qualitäten: das Thema der »gefallenen Frau« war ein beliebter Stoff des frühen Kinos. – *»ABC«*: Kaffeehaus-Kette der Aerated Bread Company. – *»Waiting for the Robert E. Lee«*: Song von Lewis F. Muir (Text: L. Wolfe Gilbert), berühmt geworden durch Al Jolson.

Der Mann ohne Temperament (The Man without a Temperament): Zuerst in ›Art and Letters‹, Frühling 1920. – *»Wir genießen einen Schmaus der Vernunft und ein Schwelgen der Seele«*: »We're having a feast of reason and a flow of soul«; aus Alexander Popes ›First Satire of the Second Book of Horace, Imitated‹ (1733); sprichwörtlich für eine »erlauchte Runde«.

Mr. Reginald Peacocks grosser Tag (Mr. Reginald Peacock's Day): Zuerst in ›New Age‹, 14. Juni 1917. – Der Brief der Aenone Fell geht auf einen realen Brief zurück, den K. M. 1907 an ihren Cello-Lehrer in Wellington, Thomas Trowell, geschrieben hatte. Die Figur des Peacock geht laut Murry auf K. M.s ersten Mann, G. C. Bowden, zurück. In der Beschreibung der Morgengymnastik trägt Peacock darüber hinaus Züge von Stanley Burnell aus ›Vorspiel‹. – *»Seht die Mutter mit der Tochter«* – »When her mother tends her before the laughing mirror / Tying up her laces, looping up her hair, / Often she thinks, were this wild thing wedded …«, aus ›Love in the Valley‹ von George Meredith. – *»Weep ye …«*: Lied von John Dowland aus dem ›Third and Last Booke of Songs or Aires‹ (1603).

Sonne und Mond (Sun and Moon): Zuerst in ›Athenaeum‹, 1. Oktober 1920. – Geschrieben unmittelbar im Anschluß an ›Je ne Parle pas Français‹, 1918 in Bandol. Dem grammatischen Geschlecht entsprechend heißt im englischen Original der *Junge* »Sun« und das Mädchen »Moon«.

Feuille d'Album (Feuille d'Album): Zuerst (unter dem Titel ›An Album Leaf‹) in ›New Age‹, 20. September 1917. – *»Tortoise-Ofen«* – Die 1830 patentierten »Schildkröten«-Öfen zeichneten sich dadurch aus, daß das Brennmaterial besonders langsam verbrannte.

Eine Dillgurke (A Dill Pickle): Zuerst in ›New Age‹, 4. Oktober 1917. – *»Kew Gardens«*: Der Botanische Garten im Londoner Südwesten. – *»Theorie der menschlichen Verhaltensweisen«*: M. legt sich nicht fest, wenn sie an dieser Stelle lediglich den Begriff »a Mind System« wählt. Gedacht haben könnte sie etwa an die russische Physiologie (deren wichtigster Vertreter Iwan Petrowitsch Pawlow ist), die sämtliche psychischen Vorgänge auf rein physiologische Ursachen zurückführt.

Die kleine Gouvernante (The Little Governess): Zuerst (in zwei Teilen und unter dem Pseudonym Matilda Berry) in ›Signature‹, 18. Okt. / 1. Nov. 1915. – *»Ja, ein wenig, mehr als Französisch«:* im Original deutsch, so auch: »Ja, es ist eine Tragödie!«; »Danke bestens ... sie sind so sehr schön«; »hochwohlgebildete Dame« und »Gehen Sie!« – *»Türkei ... Duftölrosen«*: Mit diesem Abenteuer brüstet sich bereits in ›Frau Fischer‹ der Herr Rat, was im nachhinein kein gutes Licht auf ihn wirft.

Enthüllungen (Revelations): Zuerst in ›Athenaeum‹, 11. Juni 1920.

Die Flucht (The Escape): Zuerst in ›Athenaeum‹, 9. Juli 1920. – *»ein mächtiger Baum«*: siehe Anm. zu ›Glückseligkeit‹.

DAS GARTENFEST

Die Originalausgabe
›The Garden-Party and other stories‹
erschien bei Constable,
London 1922.

An der Bucht (At the Bay): Zuerst in ›London Mercury‹, Januar 1922. – Geschrieben im August / September 1921. ›At the Bay‹ sollte zunächst die Titelgeschichte des neuen Erzählungsbandes werden. Am 11. September 1921 schreibt K. M. an die Malerin Dorothy Brett:

»Ich bin mit meinem neuen Buch fertig geworden. Gestern abend um halb elf. Habe die Feder beiseite gelegt, nachdem ich hingeschrieben habe: ›Dank sei dem Herrn.‹ Ich wünschte, es gäbe einen Gott. So gern würde ich 1.) ihn preisen, 2.) ihm danken. Es soll heißen ›An der Bucht‹. Das ist der Titel einer sehr langen Geschichte darin – einer Fortsetzung von ›Vorspiel‹. Sie hat fast sechzig Seiten. Ich habe gestern den ganzen Abend damit zugebracht. Meine lieben Kinderchen haben hier bei mir gesessen und Karten gespielt. Ich bin an allen möglichen Orten gewesen – von einem zum andern gelaufen – ich hoffe, es ist gut. Es ist so gut, wie ich es eben vermag; mein ganzes Herz und meine ganze Seele habe ich hineingelegt ... restlos. Ach Gott, ich hoffe, irgendwer wird Gefallen daran finden ... Es ist so sonderbar, die Toten wieder zum Leben zu erwecken. Ich sehe meine Großmutter, wie sie auf ihrem Stuhl hockt, mit ihrem roten Strickzeug; da geht mit großen Schritten mein Onkel über den Rasen; ich spüre, wenn ich schreibe: ›Ihr seid nicht tot, meine Lieben. Man erinnert sich an euch. Ich verbeuge mich vor euch. Ich nehme mich selbst ganz zurück, damit ihr durch mich erneut leben könnt, in all eurer Pracht und Schönheit.‹ Und man fühlt sich wirklich wie besessen. Und dann der Ort des Geschehens. Ich habe versucht, daß er ›Ihnen‹ genauso vertraut erscheint, wie er mit vertraut ist. Sie kennen doch die Ringelblumen? Sie kennen doch die Pfützen in den Felsen, Sie wissen von der Mausefalle auf der Fensterbank vom Waschhaus? Und gleichzeitig versucht man, in die Tiefe zu gehen – das geheime Selbst in uns anzusprechen, ihm gerecht zu werden.« –

»*Crescent-Bucht*«: fiktiver Name der realen Muritai-Bucht bei Karori, östlich von Wellington, in der K. M.s Vater ein Strandhäuschen gemietet hatte, bis er in der benachbarten Day's-Bucht ein eigenes Haus kaufte. Hier verbrachten die Beauchamps die Sommerferien. – »*Bangalo*«: das engl. Wort »bungalow«, eine Entlehnung aus dem Hindi, bedeutete zu K. M.s Zeiten noch ausschließlich ein leichtes, ebenerdiges Sommerhaus; die deutsche Schreibweise so im ›Muret-Sanders‹-Wörterbuch von 1908. – »*toi-toi*«: Maori-Ausdruck für eine Art Pampasgras. – »*wideawake*«: breitkrempiger »australischer« Schlapphut. – »*whare*«: Maori-Ausdruck für eine Hütte. – »*Er ist zu den Minen gegangen*«: gemeint vermutlich die australischen Goldschürfungen. – »*Oder bin in törichtem Traum ich befangen?*«: »Or do I fondly dream?«; Jonathan adaptiert John Miltons Elegie ›Lydicas‹ (1637) (»Ay me, I fondly dream!«) – »*Wolltest du hören die Geschichte …*«: »Will ye hear then the story, how it unfolds, surely and certain?«; Jonathan adaptiert die englische Fassung des Librettos von Ruggero Leoncavallos Verismo-Oper ›Bajazzo‹ (1892), die Schlußworte des Prologs von »Tonio, dem Tölpel«. – »*Eine kleine, heitere Wolke*«: Für die amerikanische Buchausgabe machte K. M. aus diesem Absatz ein eigenes Kapitel.

Das Gartenfest (The Garden-Party): Zuerst (in drei Teilen) in ›Weekly Westminster Gazette‹, 4. / 11. / 18. Februar 1922. – Den realen Hintergrund bildet ein Fest, das Mrs. Beauchamp im Jahr 1907 in der Tinakori Road 75 gab (in das die Familie 1898 gezogen war), und das durch den Tod eines Arbeiters in der Nachbarschaft fast verdorben worden wäre. Allerdings ging im wirklichen Leben nicht K. M. mit Essensresten zur Familie des Verstorbenen, sondern ihre Schwester Vera. Die hier verwendeten Namen der Sheridan-Kinder, Meg, Jose, Laurie, entlehnte K. M. dem Roman ›Little Women‹ von Louisa May Alcott. In einem Brief an Wilhelm Gerhardi (13. März 1922) schreibt K. M.:

»Das ist es, was ich in ›Das Gartenfest‹ darstellen wollte. Die Vielgestaltigkeit des Lebens, und wie wir ständig versuchen, allen Dingen einen Platz zuzuweisen, dem Tod inklusive. Das hat etwas Verstörendes für jemanden in Lauras Alter. Sie findet, daß die Dinge anders verlaufen sollten. Eins sollte nach dem andern kommen. Aber so ist das Leben nicht. Wir können es nicht nach unseren Wünschen einrichten. Laura sagt: ›Aber solche Dinge dürfen doch nicht zusammen passieren.‹ Und das Leben antwortet: ›Und wieso nicht? Wie sollten diese Dinge denn voneinander getrennt sein?‹ Und sie geschehen tatsächlich alle zur gleichen Zeit, es ist unvermeidlich. Und mir will scheinen, daß in dieser Unvermeidlichkeit ihre Schönheit begründet liegt.« –

»Telephon«: Im Jahr 1907 Zeichen eines topmodernen Haushalts. – *»Cannas«:* im Orig. »canna lilies« (*cannaceae*), dt. auch »Blumenrohr«. Am Ende ist von »arum lillies« (»Callas«) die Rede; ganz eventuell sind aber die roten »canna lillies« vom Anfang der Erzählung gemeint. – *»Ich verstehe ohnehin nicht, wie sie … überleben«*: Exakt diese Worte spricht auch Constantia in ›Die Töchter des verstorbenen Colonel‹, die echtes Mitleid sogar für Mäuse empfindet, das Mrs. Sheridan andersherum nicht für Menschen aufzubringen gewillt ist, die wie Tiere in »engen Löchern« hausen.

Die Töchter des verstorbenen Colonel (The Daughters of the Late Colonel): Zuerst in ›London Mercury‹, Mai 1921. – Begonnen Ende November in der Villa Isola Bella in Menton und beendet in einer einzigen langen Sitzung am 13. Dezember, während Ida Baker, K. M.s lebenslange, ihr devot ergebene Freundin, sie mit Tee und Ei-Sandwiches versorgte. Es ist Ida Baker, auf welche die Figur der Constantia zurückgeht; Josephine hat ihr Vorbild in Sylvia Payne, einer Cousine von K. M. die am Queen's College den Kosenamen »Jug« trug; K. M. hatte sie bereits früher als ›Violet‹ gezeichnet (in der gleichnamigen Geschichte). – *»Ich verstehe ohnehin nicht, wie sie überleben können«:* siehe Anm. zu ›Das Gartenfest‹. – *»Round Pond«:* Teich in Kensington Gardens in London. – *»Abend-Berta«:* »evening Bertha«, dt. auch »Berte«: Spitzenkragen für ein Abendkleid.

Herr Tauberich und Frau Taube (Mr. and Mrs. Dove): Zuerst in ›Sphere‹, 13. August 1921.

Das junge Mädchen (The Young Girl): Zuerst in ›Athenaeum‹, 29. Oktober 1920.

Das Leben der Mutter Parker (Life of Ma Parker): Zuerst in ›Nation and Athenaeum‹, 26. Februar 1921. – Die letzte Geschichte, die K. M. in der Villa Isola Bella in Menton schrieb. Vorbild für die Protagonistin war eine reale Mrs. Bates, die für K. M. in London als Putzfrau arbeitete.

Ehe à la mode (Marriage à la Mode): Zuerst in ›Sphere‹, 31. Dezember 1921. – *»The Maid of the Mountains«*: Erfolgreiches Musical (Musik: Harold Fraser-Simson) von 1916.

Die Seereise (The Voyage): Zuerst in ›Sphere‹, 24. Dezember 1921. – *»Die Picton-Fähre«*: Fährverbindung zwischen Neuseelands Nord- und Südinsel; K. M. fuhr als Kind mit der ›S. S. Penguin‹ mehrfach von Wellington nach Picton, um die Familie ihres Vaters zu besuchen. Die vielen Lichter des Schiffs finden auch in ›Vorspiel‹ Erwähnung.

Miss Brill (Miss Brill): Zuerst in ›Athenaeum‹, 26. November 1920. – K. M. an ihren Schwager, Richard Murry, am 17. Januar 1921:

»Es ist sonderbar in welchem Maß das Handwerkliche eine Rolle beim Schreiben spielt. Ich meine, wenn es um die Feinarbeit geht. Par example: In ›Miss Brill‹ habe ich nicht nur die Länge, sondern sogar den Klang jeden einzelnen Satzes sehr bewußt gewählt. Jeder Absatz mit seiner Auf- und Abwärtsbewegung sollte zu ihr passen, zu ihr, wie sie an diesem Tag ist, in diesem Moment. Nachdem ich den Text geschrieben hatte, habe ich ihn laut gelesen – viele Male – wie man ein Musikstück immer und immer wiederholt – und habe versucht, ihn immer mehr den Regungen der Miss Brill anzuschmiegen, bis er ihr paßte.«

Ihr erster Ball (Her First Ball): Zuerst in ›Sphere‹, 28. November 1921. – *»die Sheridan-Mädchen und deren Bruder«*: Die Kinder der Familie Sheridan in ›Das Gartenfest‹; Leila ist ihre Cousine vom Land. – *»More pork«*: »morepork«: kleine Eulenart in Australien und Neuseeland.

Die Singstunde (The Singing Lesson): Zuerst in ›The Garden-Party and other stories‹, London 1922.

Der Fremde (The Stranger): Zuerst in ›London Mercury‹, Januar 1921. – Die Geschichte geht auf eine wahre Begebenheit zurück, die K. M.s Eltern im Jahr 1909 in Hobart, Tasmanien, erlebt hatten. Für die Buchpublikation ändert K. M. die Namen der neuseeländischen Städte (Auckland in Crawford, Napier in Salisbury), aus Rücksicht auf den Vater, wie Alpers vermutet. Sie erscheinen hier in der ursprünglichen Fassung.

Bankfeiertag (Bank Holiday): Zuerst in ›Athenaeum‹, 6. August 1920. – K. M.s letzte in England entstandene Erzählung verarbeitet Eindrücke aus ihrer unmittelbaren Nachbarschaft in Hampstead Heath in London. – *»Bankfeiertag«*: gesetzlicher Feiertag in England. – *»Golliwog«*: (ursprünglich »Golliwogg«) »Negerpüppchen« in den um die Jahrhundertwende berühmten Büchern der Florence Upton (Dèbussy komponierte 1908 ›Golliwogg's Cake-walk‹).

Eine ideale Familie (An Ideal Family): Zuerst in ›Sphere‹, 20. August 1922. – *»wideawake«:* breitkrempiger Schlapphut. – *»vor den Regierungsgebäuden«*: gemeint die »Government Buildings« in Wellington.

Die Kammerzofe (The Lady's Maid): Zuerst in ›Athenaeum‹, 24. Dezember 1920.

DAS TAUBENNEST

Die Originalausgabe
›The Doves' Nest and other stories‹
erschien bei Constable,
London 1923.

Unmittelbar nach Abschluß der Arbeiten an den ›Gartenfest‹-Geschichten machte sich K. M. an die Planung eines neuen Erzählungsbandes. Im Oktober 1921 (›Notebooks‹, II, S. 297) stellt sie erste Listen auf mit Erzählungsprojekten, verzeichnet Titel und zentrale Motive. ›Das Taubennest‹ versammelt die Geschichten und Fragmente aus dieser Zeit.

Das Puppenhaus (The Doll's House): Zuerst in ›Nation and Athenaeum‹, 4. Februar 1922. – Wir begegnen wieder der Burnell-Familie, der Ort des Geschehens ist, wie in ›Vorspiel‹, Karori bei Wellington. In der erwähnten Liste mit Projekten notierte K. M. bereits den Schluß der Geschichte: »The little lamp. I seen it. And then they were silent.« Er bildete also Keimzelle und Zielpunkt in einem, auf den dann später hingeschrieben wurde.

Flitterwochen (Honeymoon): Zuerst in ›Nation and Athenaeum‹, 29. April 1922.

Eine Tasse Tee (A Cup of Tea): Zuerst in ›Story-Teller‹, Mai 1922.

Den Schleier nehmen (Taking the Veil): Zuerst in ›Sketch‹, 22. Februar 1922. – *»Port Willin«*: ein leicht verschlüsseltes Wellington. Der erwähnte Botanische Garten befindet sich an der Tinakori Road; ebenfalls in der Nähe: die Gartenanlagen eines Klosters, des St. Mary Convent. Am 24. Januar 1922 notiert K. M. (›Notebooks‹, II, S. 319):

»›Den Schleier nehmen‹ geschrieben. Die Niederschrift hat mich am Ende drei Stunden gekostet. Aber über das Dekor und so weiter habe ich wochenlang nachgedacht – ach was, monatelang vielleicht. Ich kann gar nicht sagen, wie froh ich bin, in Neuseeland geboren worden zu sein, Wellington so gut zu kennen und dort umherschweifen zu können. Über das Kloster zu schreiben, schien mir das Natürlichste von der Welt. Dabei bin ich wohl nicht mehr als zweimal dort gewesen. Aber es ist einer dieser Orte, die mir immer lebendig im Gedächtnis bleiben werden.« –

»Die Welt vergessend, vergessen von der Welt«: »How happy is the blameless vestal's lot! / The world forgetting, by the world forgot«, aus Alexander Popes Gedicht ›Eloisa to Abelard‹ (1717).

DIE FLIEGE (THE FLY): Zuerst in ›Nation and Athenaeum‹, 18. März 1922. – Geschrieben im Februar 1922 in Paris. K. M.s literarische Auseinandersetzung mit dem Ersten Weltkrieg und dem Tod des Bruders Leslie vor »über sechs Jahren« (siehe auch ›Sechs Jahre danach‹). Am Silvesterabend des Jahres 1918 notiert K. M. in ihr Notizbuch:

»*Fliege*: Ach, waren das Zeiten, als sie noch kopfüber an der Decke spazierenging, die glänzenden Scheiben hinauflief, in Lichtpfützen badete, durch Sonnenstrahlen flog! Und Gott sah auf die in den Milchkrug gefallene Fliege herab und sah, daß es gut war. Und die kleinsten Cherubim und Seraphim von allen, die sich am Unglück ergötzten, schlugen ihre silbernen Harfen und riefen: Seht den Fall der Fliege, seht ihren Fall.« –

Im Manuskript erscheint der Vater noch als »manager«; für die Veröffentlichung geändert in einen abstrakten »*boss*«.

DER KANARIENVOGEL (THE CANARY): Zuerst erschienen in ›Nation and Athenaeum‹, 21. April 1923. – K. M.s letzte fertiggestellte Geschichte; geschrieben im Juli 1922 in Sierre, in der Schweiz, als ein Geschenk für die Malerin Dorothy Brett. Im Februar, in Paris (wohin K. M. gereist war, um sich einer Röntgentherapie zu unterziehen), hatte K. M. von ihrem Hotel aus eine Frau beobachtet, die auf der gegenüberliegenden Straßenseite Kanarienvögel in einem Käfig hielt. Am 26. Februar schrieb sie an Brett:

»Ich denke, meine Geschichte für Sie wird ›Die Kanarienvögel‹ heißen. Der große Käfig auf der anderen Straßenseite fasziniert mich außerordentlich. Ich muß unentwegt an die Vögel denken – was sie fühlen, wovon sie träumen, an das Leben, das sie geführt haben, bevor sie gefangen wurden, wie sich die zwei kleinen, plusterigen Kerlchen, die in Gefangenschaft geboren wurden, von ihrem Großvater und ihrer Großmutter unterscheiden, die noch den südamerikanischen Urwald kennen und das unendliche Meer und seinen Geruch ... Die Schönheit ihrer kleinen Liedchen, die laut und schrill vom Straßenpflaster selbst aufzusteigen scheinen, ist mit Worten nicht zu beschreiben ... Man kann der Schönheit anscheinend nicht entfliehen ... sie ist überall. – Ich muß diesen Brief beenden. Ich habe gerade eine merkwürdige Geschichte abgeschlossen, sie heißt ›Die Fliege‹. Sie handelt von einer Fliege, die in ein Tintenfaß fällt, und einem Bankdirektor ...«

Geschichte eines verheirateten Mannes (A Married Man's Story): Fragment. Zuerst in ›Dial‹ (New York), Jan.–Juni 1923; außerdem in ›London Mercury‹, April 1923. – Geschrieben im August 1921 in Montana-sur-Sierre, Schweiz. Das Motiv des mitleidlosen Beobachters und selbstherrlichen Schriftstellers findet sich bereits in ›Je ne parle pas français‹; das Motiv der »vergifteten Ehe« in der Geschichte ›Gift‹; zum Symbol des »Aufblühens«: siehe Anm. zu ›Glückseligkeit‹; typische Mansfieldsche Motivwiederholungen und -umdeutungen verbinden diese Geschichte darüber hinaus u. a. mit dem ›Kanarienvogel‹ (der tote Vogel; des Erzählers persönlicher Stern). – *»im Botanischen Garten«*: vermutlich gemeint der Botanische Garten in Wellington. – *»Gregory Powder«:* »Gregory's powder«: ein Abführmittel. – *»Hahnemann«*: Samuel Hahnemann (1755 – 1843), Begründer der Homöopathie.

Das Taubennest (The Doves' Nest): Fragment. Zuerst in ›The Doves' Nest and other stories‹, London 1923. – Geschrieben im Januar 1922 in Montana-sur-Sierre, Schweiz. Am 1. Januar 1922 notiert K. M. in ihr Notizbuch (II, S. 312):

»Habe heute nachmittag am ›Taubennest‹ gearbeitet. Ich war nicht in der Stimmung, um zu schreiben; es schien ganz unmöglich, doch als ich drei Seiten fertig hatte, waren sie ›in Ordnung‹. Was beweist (dies allerdings selten genug), daß, wenn eine Geschichte im Kopf erst einmal fertig ist, der Rest nur noch Schreibarbeit ist.« –

Immer auf der Suche nach neuen Therapien und Heilverfahren (und dem dafür nötigen Geld), wurde die Arbeit niedergelegt. Statt dessen wurden Auftragsarbeiten für Zeitungen und Zeitschriften erledigt; im selben Monat etwa ›Eine Tasse Tee‹ (die in »4 – 5 Stunden« entstand) und ›Den Schleier nehmen‹. – *»De quoi pour mes cors«*: Für meine Hühneraugen. – *»Easton-Sirup«*: »Easton's Syrup«: Tonikum gegen Anämie (Blutarmut, Bleichsucht).

Sechs Jahre danach (Six Years After): Fragment. Zuerst in ›The Doves' Nest and other stories‹, London 1923. – Thematisch verwandt mit der ›Fliege‹; begonnen im November 1921: der Tod von K. M.s Bruder Leslie (genannt »Chummie«) im Ersten Weltkrieg lag zu dieser Zeit genau sechs Jahre zurück. Bei Gelegenheit der Lektüre von Tolstois ›Krieg und Frieden‹ notiert K. M. im Frühjahr 1921 folgende Stelle (aus dem 15. Teil des Romans): »Und wieder rettete sich die Mutter nach ohnmächtigem Kampf mit der Wirklichkeit in die Welt des Wahnsinns, da sich alles in ihr gegen den Gedanken sträubte, daß sie leben könne, während ihr blühender, lebensfroher Sohn tot war« – und fügt an: »Das trifft so genau auf Chummie zu …« (›Journal‹, London 1954, S. 247). In der oben erwähnten Projektliste ist vermerkt: »*Sechs Jahre danach*: Ein Mann und seine Frau an Bord eines Dampfers. Die kalten Knöpfe.« Wie in der Geschichte ›Das Puppenhaus‹ bildet auch hier ein konkretes Detail die Keimzelle eines Textes. In der von Murry publizierten Fassung finden sich »die kalten Knöpfe« jedoch nicht, wohl aber in den von Margaret Scott transkribierten ›Notebooks‹ (II, S. 294 f.). Die entsprechende Passage (von »Und dann endlich ist der Tag …« bis »… nicht erkennen wollte«) wurde ergänzt und erscheint hier zum ersten Mal auf deutsch. – *»Edel und rar ihrer Gemmen Zier war«*: »Rich and rare were the gems she wore«; aus Thomas Moore (1779–1852): ›Irish Melodies‹. – *»die kalten Knöpfe seines Uniformmantels«:* Dieser Keim der Erzählung (siehe oben) verweist ebenfalls auf K. M.s intensive und begeisterte ›Krieg und Frieden‹-Lektüre. Im 4. Teil kehrt dort der junge Nikolaj Rostow zum ersten Mal vom Kriegsdienst auf Urlaub nach Hause zurück, und bei der Begegnung mit der Mutter heißt es: »Als sie einander erreicht hatten, sank sie schluchzend an seine Brust. Sie konnte ihr Gesicht nicht aufheben und preßte es nur gegen die kalten Schnüre seiner Husarenjacke.«

DAPHNE (DAPHNE): Fragment. Zuerst in ›The Doves' Nest and other stories‹, London 1923. – Geschrieben im November 1921. – *»Port Willin«*: wie in ›Den Schleier nehmen‹: ein leicht verschlüsseltes Wellington.– *»San Toy«*: Erfolgreiches Musical der Jahrhundertwende von Sidney Jones, zuerst 1899 aufgeführt. – *»Hoffnung von Watts«:* Die Anfang des Jahrhunderts sehr populären mythologisch-allegorischen Gemälde von George Frederick Watts sah K. M. als junges Mädchen, 1903, in der Tate Gallery und äußerte sich begeistert. – *»Pears-Seife«*: Reklameillustrationen für »Pears' Soap« waren bunt, realistisch, kitschnah, und am unteren Rand prangte für gewöhnlich ein Stück Pears-Seife. Daß die Frau Bürgermeister an diese denkt, läßt erahnen, von welchem Kaliber die Arbeiten des Protagonisten sind.

VATER UND DIE MÄDCHEN (FATHER AND THE GIRLS): Fragment. Zuerst in ›The Doves' Nest and other stories‹, London 1923.

GROSSE HEITERKEIT! (ALL SERENE!): Fragment. Zuerst in ›The Doves' Nest and other stories‹, London 1923.

KEINE GUTE IDEE (A BAD IDEA): Fragment. Zuerst in ›The Doves' Nest and other stories‹, London 1923.

EIN MANN UND SEIN HUND (A MAN AND HIS DOG): Fragment. Zuerst in ›The Doves' Nest and other stories‹, London 1923. – *»Hätte ich Flügel wie Tauben«:* »O for the wings of a dove«, aus Felix Mendelssohn Bartholdys Hymne ›Hör mein Bitten‹ (›Hear My Prayer‹). – *»Kampfhund«:* Ein fragwürdiger Kampfhund taucht ebenfalls in ›Vorspiel‹ (in Kap. VIII) auf.

So eine reizende alte Dame (Such a Sweet Old Lady): Fragment. Zuerst in ›The Doves' Nest and other stories‹, London 1923.

Ehrlichkeit (Honesty): Fragment. Zuerst in ›The Doves' Nest and other stories‹, London 1923.

Susannah (Susannah): Fragment. Zuerst in ›The Doves' Nest and other stories‹, London 1923.

Zweite Geige (Second Violin): Fragment. Zuerst in ›The Doves' Nest and other stories‹, London 1923. – In der Zeit ihrer Affäre mit dem jungen Cellisten Garnet Trowell, einem Mitglied der Moody–Manners Company, schloß sich K. M. dieser Wandertruppe für kurze Zeit an, reiste im Frühjahr 1909 mit nach Glasgow und Liverpool und sang sogar im Chor. Auch das erwähnte Kartenspiel Cribbage weist in die Zeit zurück. Im Notizbuch (Januar 1922) erinnert sie sich (II, S. 314): »Am Nachmittag spielten J. und ich Cribbage, mit Nüssen als Einsatz. Ich mußte daran denken, mit welcher Hingabe ich so häufig gespielt hatte – Himmel, dieses Gefühl! – im Wohnzimmer in Carlton Hill, während Tommy Klavier spielte.« Tommy war der Kosename für Arnold Trowell, dem talentierteren, cellospielenden Zwillingsbruder von Garnet; in ihn war K. M. zuerst verliebt. Garnet spielte zunächst nur die zweite Geige.

Mr. und Mrs. Williams (Mr. and Mrs. Williams): Fragment. Zuerst in ›The Doves' Nest and other stories‹, London 1923. – *»Sphere«*: die Zeitschrift, für die K. M. 1921 und 1922 – nolens, volens – mehrere Texte geschrieben hatte: Das Honorar war sehr gut, die Qualität und der Ruf des Blattes nicht. Wyndham Lewis nannte K. M. in der Folge »die berühmte neuseeländische Illustrierten-Schreiberin«. – *»Gee-Gee«*: Kindersprache: ein »Hottehü«.

Verwitwet (Widowed): Fragment. Zuerst in ›The Doves' Nest and other stories‹, London 1923. – *»Rotten Row«:* Reitweg im Hyde-Park.

Schwaches Herz (Weak Heart): Fragment. Zuerst in ›The Doves' Nest and other stories‹, London 1923. – Die Projektliste (s. o.) verzeichnet: »Ronnie auf seinem Fahrrad, vollführt Wunder was für Kunststücke, bei dem dunklen Baum an der Ecke May Street. Edie und Ronnie.« Fertiggestellt wurde der Anfang sowie der Schluß der Geschichte. – *»Tarana Street«*: eine verschlüsselte Tinakori Road in Wellington, in der die Beauchamps wohnten. Die Familie Bengel war als ein deutlicher Gegenentwurf zu den snobistischen Sheridans im ›Gartenfest‹ gedacht. (In der Edie erkannte sich später eine reale Edith Boyes wieder, die im Jahr 1947 von Antony Alpers nach den Beauchamps befragt, über Mrs. Beauchamp sagte: »Tut mir leid, das sagen zu müssen, aber sie war ein grauenvoller Snob.«)

ETWAS KINDLICHES

Die Originalausgabe
›Something Childish and other stories‹
erschien bei Constable,
London 1924.

Der Band vereint (bis auf eine Ausnahme) all jene Geschichten, die in der Zeit zwischen ›In einer deutschen Pension‹ von 1911 und ›Glückseligkeit‹ von 1920 entstanden, in der ungefähren Reihenfolge ihrer Entstehung. Die 1972 erstmals veröffentlichte Erzählung ›Tapfere Liebe‹ (›Brave Love‹) wurde hier in die Chronologie eingefügt.

Rosabels Müdigkeit (The Tiredness of Rosabel): Zuerst in ›Something Childish and other stories‹, London 1924. – Das Manuskript ist signiert und datiert auf 1908 und entstand demnach noch in Wellington, vor K. M.s endgültiger Übersiedelung nach England. London hatte K. M. in den drei Jahren, die sie dort zur Schule ging, gut kennengelernt, möglicherweise auch die am Grand Union Canal gelegene Pension »Beauchamp Lodge« (keine verwandtschaftliche Beziehung) für junge Musikerinnen, in der sie im August 1908 ein Zimmer nehmen sollte, von dem aus sie auf »Little Venice« blickte. – *»Anna Lombard«*: Roman von Victoria Cross (1868 – 1952; Pseudonym von Annie Sophie Cory; auch Vivian Cory); fortschrittlich feministische Schriftstellerin. Oscar Wilde schrieb über sie: »Wenn man Thomas Hardy doch mit Victoria Cross verheiraten könnte; er bekäme vielleicht eine Ahnung von echter Leidenschaft, mit der er seinen steifen Bilderbuchdamen ein wenig Leben einhauchen könnte.« – *»Rolltreppe«*: K. M. stattet ihr London mit allen Anzeichen der modernen Metropole aus: Frauen kaufen »Automobil-Lederhauben« und fahren *»electric-broughams«*, kleine Elektromobile, die sich bei den Damen der Gesellschaft großer Beliebtheit erfreuten. Im Fall der Rolltreppe erwies sich K. M. entweder als visionär oder es ergibt sich ein Problem mit der Datierung, das auch Antony Alpers nicht zu lösen vermag: die elektrische Rolltreppe der U-Bahn-Station Earl's Court, die erste ihrer Art, wurde 1911 eingeweiht.

Wie Pearl Button entführt wurde (How Pearl Button was Kidnapped): Zuerst (unter dem Pseudonym Lili Heron) in ›Rhythm‹, September 1912. – Am 27. April 1907 erschien in der neuseeländischen Zeitung ›Freelance‹ ein Bericht über Garnet Trowell (K. M.s späteren »Verlobten«) und seinen Zwillingsbruder Arnold, die in Neuseeland als musikalische Wunderkinder gehandelt wurden:

»Als sie neun Jahre alt waren, wurden die Jungen während einer Konzerttournee auf der Nordinsel von abergläubischen Maori entführt und als Söhne des Sonnengottes verehrt ... Die Kinder wurden in ein Dorf im Buschwald getragen und in einer eigens für sie hergerichteten Hütte untergebracht. Der ganze Stamm kam herbei, um sie anzubeten, und während mehrerer Tage, in denen die Kinder so in der Hütte verblieben, wurde ihnen Tag und Nacht die größte Aufmerksamkeit geschenkt. Man kümmerte sich so gut um sie, daß die Kinder, als ein Suchtrupp sie schließlich fand, ihr Bedauern nicht verbergen konnten.« –

Janice Kulyk Keefer, Professorin an der Universität Guelph in Ontario, der dieser Fund zu verdanken ist, geht davon aus – da keine anderen Zeugnisse diese abenteuerliche Geschichte stützen und da die Maoris zudem keinen »Sonnengott« anbeten –, daß es sich hierbei um eine »Ente« handelt, ersonnen von den Zwillingen in einer der zahllosen öden Absteigen auf ihrer strapaziösen Reise durch die Provinz und begierig aufgenommen von einer Öffentlichkeit, die hier Stoff für eine kollektive Wunscherfüllungsphantasie fand. Daß K. M. diese Geschichte kannte, ist sehr wahrscheinlich.

Die Reise nach Brügge (The Journey to Bruges): Zuerst in ›New Age‹, 24. August 1911. – Im Juli 1911 erkrankte K. M. zum ersten Mal ernsthaft an den Lungen. Ihre Eltern empfahlen einen Aufenthalt im Süden. K. M. reiste statt dessen kurzentschlossen nach Brügge, dann weiter nach Genf, wo sie sich mit Freunden aus ihrer Zeit in Wörishöfen traf.

Ein wahres Abenteuer (A Truthful Adventure): Zuerst in ›New Age‹, 17. September 1911. – *»Seht den Siegeshelden kommen«:* »See the conqu’ring hero comes«, aus Händels ›Judas Maccabaeus‹ (besser bekannt als ›Tochter Zion‹).

Neue Kleider (New Dresses): Zuerst in ›Rhythm‹, Oktober 1912. – Nach ›Ein Geburtstag‹ eine weitere Geschichte, in der K. M. die eigene Familiengeschichte zum Gegenstand nimmt. Wie in ›A Birthday‹ verwendete sie dabei zunächst deutsche Namen, was darauf schließen läßt, daß der Text für eine Veröffentlichung in ›New Age‹ gedacht war (siehe Anm. zu ›Ein Geburtstag‹); die Carsfield-Namen wurden von Murry eingesetzt. Es ist dies darüber hinaus die erste Geschichte, in der K. M. konsequent mit jenem kontrastierenden Perspektivenwechsel arbeitet, der so viele ihrer späteren Erzählungen auszeichnen sollte (siehe auch: Nachwort).

Die Frau im Laden (The Woman at the Store): Zuerst in ›Rhythm‹, Frühling 1912. – K. M.s erste Geschichte in der von Michael Sadleir und John Middleton-Murry neu gegründeten Zeitschrift, die sich der französischen und englischen Avantgarde verschrieben hatte. K. M. hatte den Herausgebern zunächst eine Art Märchen geschickt, das abgelehnt wurde. Dem Motto der Zeitschrift Rechnung tragend – »Bevor die Kunst wieder menschlich wird, muß sie lernen, brutal zu werden« –, sandte K. M. die »brutale« ›Frau im Laden‹ ein, die angenommen wurde. Die Geschichte geht auf eine Exkursion zurück, die K. M. mit einer kleinen Reisegruppe im Jahr 1907 ins Landesinnere der neuseeländischen Nordinsel unternahm. – *»wideawake«* – breitkrempiger Schlapphut. – *»Fliegen-Biskuits«*: »fly biscuits« oder »Garibaldi biscuits«: Gebäck, bei dem Rosinen (die »Fliegen«) sandwichartig zwischen zwei dünnen Teigschichten stecken. – *»whare«* – Maori-Ausdruck für eine Hütte. – *»Richard Seddon«:* beliebter liberaler Premierminister von Neuseeland bis zu seinem Tod 1906. – *»wo er mich nicht sehen konnte«:* So im ›Rhythm‹; für die Buchveröffentlichung änderte Murry »er« in »sie«, und findet Beifall bei Antony Alpers, der argumentiert, daß der Erzähler »offensichtlich eine Frau sein soll«. Tatsächlich leuchtet aber nicht nur der Voyeurismus des kleinen Mädchens, sondern vor allem die große Not des Jo sehr viel mehr ein, wenn die drei Reisenden Männer sind, die seit langer Zeit zum ersten Mal wieder einem weiblichen Wesen begegnen.

Ole Underwood (Ole Underwood): Zuerst in ›Rhythm‹, Januar 1913. – Schildert authentisches Wellington; das Vorbild des Underwood war ein stadtbekannter Obdachloser.

Die Kleine (The Little Girl): Zuerst in ›Rhythm‹, Oktober 1913. – *»Kass«*: So lautete K. M.s Kosename, was auf den autobiographischen Hintergrund hindeutet. Murry hatte ihn für die Buchpublikation 1924 in »Kezia« geändert und damit nachträglich eine von der Autorin wohl nicht intendierte Beziehung zu ›Vorspiel‹ und den anderen Geschichten um die Familie Burnell hergestellt. Wir folgen der ursprünglichen Fassung.

Millie (Millie): Zuerst in ›Blue Review‹, Juni 1913. – Die ›Blue Review‹ war die kurzlebige Nachfolgerin des ›Rhythm‹; wie in der ›Frau im Laden‹ wird das harte Leben im neuseeländischen Hinterland geschildert.

Pension Séguin (Pension Séguin): Zuerst (unter dem Titel ›Epilogue I: Pension Seguin‹) in ›Blue Review‹, Mai 1913. – Ort des Geschehens ist Genf, das K. M. 1911 und 1912 besuchte.

VIOLET (VIOLET): Zuerst (unter dem Titel ›Epilogue II‹) in ›Blue Review‹, Juni 1913. – Die Figur der Violet geht auf K. M.s Cousine und Mitschülerin am Queen's College Sylvia Paine zurück, die dann auch das Modell der Josephine in ›Die Töchter des verstorbenen Colonel‹ abgeben sollte. – *»Katharine Tynan«*: Irische Dichterin (1861 – 1931), Autorin von hundertfünf (105) Romanen; mit Yeats befreundet. – *»Glauben Sie an Pan?«*: Exakt diese Worte richtete K. M. an den jungen Schriftsteller William Orton, mit dem sie 1910 ein Affäre begann. (Daß Orton bereits liiert war, hinderte K. M. nicht; im Gegenteil, sie taufte die reale Edna um in »Lais« und verehrte diese gleich mit. »Dreiecksgeschichten waren nach Katherines Geschmack«, schreibt Claire Tomalin in ihrer Biographie, »solange sie dabei den dominierenden Part übernehmen konnte.«)

BAINS TURCS (BAINS TURCS): Zuerst (als ›Epilogue III: Bains Turcs‹) in ›Blue Review‹, Juli 1913.

ETWAS KINDLICHES, DOCH SEHR NATÜRLICHES (SOMETHING CHILDISH BUT VERY NATURAL): Zuerst in ›Something Childish and other stories‹, London 1924. – Geschrieben Anfang 1914 in Paris. K. M.s bis dato längste Erzählung, zudem die erste, die sich in numerierte Kapitel gliedert. Die Protagonisten gehen vermutlich zurück auf den Schriftsteller William Orton und dessen Freundin Edna (siehe Anm. zu ›Violet‹). Der Titel stammt von Samuel Taylor Coleridges Gedicht ›Something Childish, but Very Natural‹, geschrieben 1799 in Deutschland, einer Adaption des deutschen Volkslieds ›Wenn ich ein Vöglein wär‹.

If I had but two little wings
And were a little feathery bird,
To you I'd fly, my dear!
But thoughts like these are idle things,
And I stay here.

But in my sleep to you I fly:
I'm always with you in my sleep!
The world is all one's own.
But then one wakes, and where am I?
All, all alone.

Sleep stays not, though a monarch bids:
So I love to wake ere break of day:
For though my sleep be gone,
Yet while 'tis dark, one shuts one's lid,
And still dreams on.

Tapfere Liebe (Brave Love): Zuerst in ›Landfall‹, März 1972. – Geschrieben im Winter 1914/15 in Cornwall. Die Erzählung galt lange als verschollen. 1971 tauchte eine aus den fünfziger Jahren stammende Fotokopie des Manuskripts auf, von der Margaret Scott eine Transkription anfertigte, mit mehreren Fragezeichen, dort, wo Manuskript bzw. Kopie sich als unleserlich erwiesen. In dieser Form wurde der Text 1974 in die Golden-Press-Ausgabe der ›Collected Stories‹ aufgenommen. Als schließlich das Originalmanuskript auftauchte, konnte Scott den Text für ihre Ausgabe der ›Notebooks‹ vervollständigen (II, S. 35–55). Unvollständig bleibt nach wie vor der Schluß des VII. Kapitels; hier beginnt ein neuer Gedanke, der dann abbricht (»Your're perfect little thing being loving to this boy, she scolded herself, *or* you're degenerating – choose which one you like the better. I am sure he has …« – »Wie gut du bist, dich so reizend um den Jungen zu kümmern, schimpfte sie sich aus; vielleicht bist du aber auch einfach nur verdorben – du kannst es dir aussuchen. Gewiß hat er …«)

Eine unbesonnene Reise (An Indiscreet Journey): Zuerst in ›Something Childish and other stories‹, London 1924. – Im Februar 1915 (auf dem Höhepunkt einer »Ehekrise« mit Murry) unternahm K. M. diese Reise nach Frankreich ins malerische Gray an der Sâone, um vier Tage mit dem dort stationierten Francis Carco zu verbringen (zu Carco siehe Anm. zu ›Je ne Parle pas Français‹). In Briefen – ausgerechnet an Murry – und im Notizbuch hält sie die Ereignisse fest und arbeitet sie später aus. Der Brief der Tante »Julie Boiffard« wurde von Carco tatsächlich geschrieben und erlaubte es K. M., das für Frauen verbotene militärische Sperrgebiet zu betreten. – *»Wir, Sir Edward Grey …«*: Wortlaut im englischen Reisepaß; Viscount Grey of Falloden: Minister des Auswärtigen Amts, das die Reisedokumente ausstellte. – *»c'est un peu dégoutant, ça«*: Das »eklige« Augenleiden des Soldaten rührt, so muß man schließen, von Giftgas her. Die Deutschen setzten es in großem Umfang zum ersten Mal am 22. April in Ypern, in Belgien, ein.

Frühlingsbilder (Spring Pictures): Zuerst in ›Something Childish and other stories‹, London 1924. – Entstanden vermutlich im Frühjahr 1915 in Paris.

Spät am Abend (Late at Night): Zuerst in ›New Age‹, 10. Mai 1917. – *»Kurios«:* im Original: »Funny, isn't it!«; laut Alpers eine typische Floskel von Ida Baker, K. M.s engster Freundin (siehe auch Anm. zu ›Die Schwestern des verstorbenen Colonel‹).

Zwei zu zwei Penny, bitte (Two Tuppeny Ones, Please): Zuerst in ›New Age‹, 3. Mai 1917.

Die schwarze Mütze (The Black Cap): Zuerst in ›New Age‹, 1917.

Ein Vorstadtmärchen (A Suburban Fairy Taile): Zuerst in ›Something Childish and other stories‹, London 1924. – Entstanden im März 1919.

Nelke (Carnation): Zuerst in ›Nation‹, 7. September 1918. – Geschrieben in Cornwall, in Looe. Ort der Handlung ist das Queen's College in London, das K. M. von 1903 bis 1906 besuchte. Der dortige Französischlehrer war ein Monsieur Huguenot.

Wipp-Wapp (See-Saw): Zuerst in ›Something Childish and other stories‹, London 1924. – Entstanden im Juni 1919. Ort der Handlung ist Hampstead Heath, das beliebte Ausflugsziel in der Heidelandschaft im Norden Londons; K. M. und Murry waren im Frühjahr 1918 nach Hampstead gezogen.

Die Blume (This Flower): Zuerst in ›Something Childish and other stories‹, London 1924. – Nach Alpers eventuell ein Fragment; begonnen Ende Dezember 1919 in der Casetta Deerholm bei Ospadeletti in Italien. – *»Aber ich sage Euch, Mylord …«* – Aus Shakespeares ›Heinrich IV.‹ (1. Teil, II, 3): »›Das Unternehmen, das ihr vorhabt, ist gefährlich –.‹ Ja, das ist gewiß: 's ist gefährlich, den Schnupfen zu kriegen, zu schlafen, zu trinken; aber ich sage Euch, Mylord Narr, aus der Nessel Gefahr pflücken wir die Blume Sicherheit.«

Das falsche Haus (The Wrong House): Zuerst in ›Something Childish and other stories‹, London 1924. – Nach Alpers eventuell ein Fragment; begonnen Ende Dezember 1919 in der Casetta Deerholm bei Ospadeletti in Italien.

Sixpence (Sixpence): Zuerst in ›Sphere‹, 6. August 1921.

Gift (Poison): Zuerst in ›Something Childish and other stories‹, London 1924. – Geschrieben im November 1920 in Menton. Zum Thema der »vergifteten Ehe« siehe auch ›Geschichte eines verheirateten Mannes‹. Zur Zeit der Niederschrift von ›Gift‹ unterhielt Murry eine Affäre mit der glamourösen (Kurzgeschichten schreibenden) Prinzessin Elizabeth Bibesco (einer geborenen Asquith). K. M. gab sich alle Mühe, tolerant zu sein. An Murry schrieb sie (am 12. Dezember 1920): »Ich habe von dir, was ich haben will – eine Beziehung, die einzigartig ist, wenn auch nicht das, was die Menschen allgemein unter Ehe verstehen. Das heißt, ich bin in keiner Weise von dir abhängig, dein Verhalten kann mich daher auch nicht erschüttern … Ich bin zuallererst Schriftstellerin.« Als Murry sie über Weihnachten in Menton besucht und dort Briefe von Bibesco erhält, schreibt K. M. in ihr

Notizbuch (II, 241): »Diese Briefe vergiften mich.« ›Gift‹ war zunächst für den Band ›Bliss‹ gedacht, doch Murry hielt die Geschichte für »nicht ganz geglückt«. Daraufhin zog K. M. sie zurück. Wir verdanken diesem Umstand K. M.s einzige »Analyse« einer ihrer Geschichten. An Murry schrieb sie im November 1920:

»Was ›Gift‹ angeht: Ich könnte seitenweise darüber schreiben. Aber ich will mich knapp fassen. Die Geschichte wird (ganz offensichtlich) von einem abgeklärten, ziemlich spöttischen (aber nicht durchweg spöttischen) Mann erzählt, der (wenigstens zum Teil) mit sich selbst abrechnet, mit der Zeit, als er so unsinnig jung war. Wie jung er war, läßt sich an seinem Frauenbild ablesen. Die Frau ist bisher nur eine *Vision* für ihn, ein unerreichbares Wesen, das ihm entschwindet. Verstehst du? Und jetzt wendet er sich mit aller Leidenschaft dieser Beatrice zu. Es ist eine ganz oberflächliche Liebe, aber er sieht das nicht so; ihr ist es hingegen völlig klar. Und man beachte, in welchem Luxus sie leben – dieser Tisch – Süßigkeiten, Likör, die Maiglöckchen, die Perlen. Und man beachte: sie wartet auf einen Brief, von jemandem, der sie fortruft! Wartet auf nichts anderes! Damit erklärt sich ihr Lebewohl *ebenso* wie ihre Liebeserklärung. Und als der Brief nicht kommt, tritt sofort ihre ganze *Gewöhnlichkeit* zutage – das Klatschspaltenhafte einer solchen Frau. Sie kann ihre Enttäuschung nicht verbergen. Sie verrät sich … Er lacht jetzt natürlich darüber, lacht sie aus. Wenn er etwa von ihrem ›Ordnungssinn‹ spricht, oder man denke an die Sache mit dem Krokodil. Aber er denkt doch auch mit Wehmut an sein jüngeres Ich zurück, das im Ernst den Wunsch verspürt hatte, eine solche Frau zu *heiraten*. Und all das sollte wie leichthin erzählt werden – wie hingeworfen – und gleichzeitig (wie überaus subtil!) sollte es ein Abgesang sein auf die jugendliche Schwärmerei.« –

»Wenn ich ein Vöglein wär«: siehe Anm. zu ›Etwas Kindliches, doch sehr Natürliches‹. – *»Kommen tut er nicht, sprach sie«*: Kehrreim aus Alfred Lord Tennysons Gedicht von der eingeschlossenen, vergeblich auf den Geliebten wartenden ›Mariana in the moated grange‹ (1830): »She only said, ›My life is dreary, / He cometh not,‹ she said.« – *»Die Welt vergessend, vergessen von der Welt«*: aus Popes ›Eloisa to Abelard‹; siehe Anm. zu ›Den Schleier nehmen‹.

Kathleen Mansfield Beauchamp wird 1888 als dritte Tochter des Präsidenten der Bank von Neuseeland in Wellington geboren. Beim Schulbesuch in London saugt sie alles auf, was nach Moderne schmeckt, schlägt sich die aufregenden Nächte von Bloomsbury um die Ohren, hat Affären mit schönen Jünglingen und klugen Frauen: »Wozu hat man einen Körper mitbekommen, wenn man ihn wie eine kostbare Geige in einen Kasten einschließen muß?« D. H. Lawrence und Virginia Woolf, mit denen sie eine lebenslange spannungsreiche Freundschaft verbindet, sind die Zentralgestalten ihres Kosmos.

Sie verehrt zeitlebens Oscar Wilde, lernt James Joyce, Bertrand Russell und Aldous Huxley kennen, befreundet sich mit Lady Ottoline Morell (bei der sie oft Zuflucht findet) und den Künstlerinnen Dorothy Brett (»Wenn du einen Apfel malst, hast du dann das Gefühl, daß deine Brüste ebenfalls zu Äpfeln werden?«) und Anne Estelle Rice (die sie im roten Kleid porträtiert); sie lebt in London, in Cornwall, Frankreich, Italien und der Schweiz.

Zu ihren Lebzeiten erscheinen drei Bände ihrer Erzählungen. Sie stirbt 1923 in Paris 34jährig an Tuberkulose wie ihr heimlicher Held Anton Tschechow. Sie selbst wird wegweisend für Ernest Hemingway, F. Scott Fitzgerald und Dorothy Parker.

NACHWORT

Von Heiko Arntz

Porträt der Künstlerin als junge Frau

Sie liebte dramatische Auftritte, setzte sich gern in Szene und schlüpfte in vielerlei Rollen; sie nannte sich Kass, Tig, Sally, Julian Mark, Elizabeth Stanley oder Matilda Berry, und als die zwanzigjährige Kathleen Mansfield Beauchamp – die als Katherine Mansfield zu Weltruhm gelangen sollte – sich im Juni 1909 ins Fremdenbuch des Hotels Kreuzer im bayerischen Kurort Wörishofen eintrug, zeichnete sie mit: »Käthe Beauchamp-Bowden, Schriftstellerin«.

Mochte sie damit auch keinen Aufruhr ausgelöst haben wie die vermeintliche Schwester der Baronin (in der gleichnamigen Pensionsgeschichte) bei ihrer Ankunft – ein bewußter Akt von Hochstapelei war es allemal. Zehn Monate zuvor hatte sie das heimatliche Wellington in Neuseeland verlassen, mit dem erklärten Ziel, Künstlerin zu werden – als Musikerin, Cellistin, so war der Plan, der dann zugunsten der Schriftstellerei fallengelassen wurde – doch veröffentlicht hatte sie bislang noch nichts. Statt dessen hatte sie sich in London verlobt, mit Garnet Trowell, dem Sohn ihres Cellolehrers, war von ihm schwanger geworden, hatte überstürzt geheiratet, allerdings nicht Trowell, sondern einen Gesangslehrer, George Bowden, den sie noch in der Hochzeitsnacht verließ. Im Mai 1909 reiste die Mutter an, expedierte die im fünften Monat Schwangere nach Bayern, reiste umgehend nach Neuseeland zurück, um sogleich die mißratene Tochter zu enterben.

Kathleen zog nach wenigen Tagen in die Pension Müller (wo sie jenes in ›Frau Fischer‹ beschriebene Zimmer mit dem kratzigen Sofa bezog); Ende des Monats erlitt sie eine Fehlgeburt. – Fast ein halbes Jahr sollte sie in Wörishofen verbringen. Als sie Ende Dezember 1909 nach England zurückkehrte, hatte sie bereits einige Geschichten im Gepäck. Sie zeigte sie ihrem Noch-Ehemann (der seit März nichts vom Verbleib der Gattin gehört hatte), und Bowden vermittelte ihr den Kontakt zu A. R. Orage, Herausgeber der Wochenzeitung ›New Age‹; hier erschienen Texte von Shaw, Belloc, Chesterton, Wells – und ab Februar 1910 von Katherine Mansfield, die sich von nun an auch so nannte. Es war Orage, der dem Verleger Charles Granville eine Buchpublikation mit Katherine Mansfields deutschen Geschichten vorschlug, die dieser im Dezember 1911 in seinem Verlag Stephen Swift herausbrachte. – Das Echo war groß, man lobte den Witz, die Ironie, den Realismus und die ganz eigene Sparsamkeit der Mittel. Der Grundstein für ihren literarischen Ruhm war gelegt. Katherine Mansfield, Schriftstellerin, war in England angekommen.

Man hat die frühen Pensionsgeschichten von Katherine Mansfield zuweilen Satiren genannt (und sie damit abgewertet gegenüber den späteren Texten). Versteht man unter Satire die Darstellung falscher Lebensweise von höherer Spötterwarte aus, dann ist dieser Begriff fehl am Platz. Hier herrscht keine satirische Distanz, im Gegenteil: Die Erzählerin beteiligt sich lustvoll an dem Unfug, den ihre Heldinnen und Helden zuweilen treiben. Sie genießt den Triumph, das Geheimnis des Barons gelüftet zu haben, bemüht sich, im Fall der vermeintlichen Baronesse die Geschicke zugunsten des Bonner Studenten zu lenken, und leiht überdies ihren Figuren viel zu viel von sich selbst: der »modernen Seele«, die so eigentümlich »saphisch fühlt«, Stimmungsschwankungen unterworfen ist und unter der Fuchtel der Mutter leidet, ebenso wie der »fortschrittlichen Dame«, die mit der Prosaform ringt und von einer pantheistischen Liebe spricht, wie dies die Autorin zuweilen auch in ihren Briefen und Tagebuchnotizen zu tun pflegte.

Nicht mit Satiren haben wir es zu tun, wohl aber mit Humoresken. Der literarische Humor führt nicht vor, er gestaltet auf komische Weise einen Widerspruch – jenen von Anspruch und Wirklichkeit. Humor macht sich nicht lustig über den erhabenen Anspruch der jungen Godowska (der »modernen Seele«), er macht sich lustig über das klägliche Scheitern am unwürdigen Detail – das in diesem Fall eine Sicherheitsnadel ist. Friedrich Theodor Vischer hat einen ganzen Roman solchen Widrigkeiten gewidmet, den zur Unzeit abspringenden Knöpfen und den im unpassenden Moment einsetzenden Hustenanfällen; auf ihn geht der Begriff von der »Tücke des Objekts« zurück. Und Vischer beschrieb damit die eigentliche Tragödie des Menschen, daß er zur Tragödie so wenig taugt und zur Komödie verdammt sei. Der tragische Held fällt auf die Knie, der komische auf die Kniescheiben. Womit der Humor sich als zweckdienliches Mittel realistischen Erzählens bestens empfiehlt.

Doch was die komischen wie die ernsten Texte in Katherine Mansfields Debüt verbindet, ist ein gemeinsames Motiv. Nicht die deutsche Landschaft, die mindestens in einem Fall (›Ein Geburtstag‹) auch nur allzu vordergründig ist. Es ist die Sexualität, genauer: die weibliche Sexualität. Nicht nur die »freie Liebe« ist zu Beginn des zwanzigsten Jahrhunderts ein heiß diskutiertes Thema, auch der Begriff »Vergewaltigung in der Ehe« taucht auf. Das Mutterglück verliert an Glanz, die Institution der Ehe gerät ins Wanken.

»Wir sind eine so glückliche Familie, seit mein lieber Mann gestorben ist«, sagt die Pensionsbesitzerin. Auffällig viele, auffällig fröhliche Witwen bevölkern das Wörishofen der Katherine Mansfield, Frauen, die bei ihrer Ankunft im

Kurort als erstes das Korsett ablegen. Um 1909 war der ›Tanz der Salome‹ eine überall anzutreffende Varieté-Nummer, eine frühe Form des Striptease unter Verwendung von sieben Schleiern und einem Pappmachékopf. Und am Ende zeigte sich genau dies: eine von den gesellschaftlichen Zwängen befreite nackte Frau – und ein toter Mann.

Katherine Mansfield war nach Europa gekommen, um Künstlerin zu werden. In welcher Sparte, das stand noch nicht fest, doch was das Künstlerinnendasein ausmachen sollte, war klar umrissen – sie wollte ein selbstbestimmtes Leben als Frau führen. Das war das Ziel. Dem ging sie nach, mit ihrem Werk.

Ein Frage der Form

»Ich habe nicht den Eindruck, daß irgendein Wort überflüssig wäre: Jede Zeile ist ernst gemeint. Ich ›plaudere‹ schließlich nicht einfach so ›vor mich hin‹ ... Man kann nicht kürzen, ohne ein großes Durcheinander anzurichten. Was die Form der Texte angeht, bin ich ein schrecklicher Pedant.« – Dies teilte Katherine Mansfield (in einem Brief im Frühjahr 1913) John Middleton Murry mit, der sie gebeten hatte, die Geschichte ›Violet‹ für die Veröffentlichung in seiner Zeitschrift ›Blue Review‹ von sechseinhalb auf sechs Seiten zu kürzen. ›Violet‹ ist eine von drei Geschichten, die, thematisch an die deutschen Pensionsgeschichten anknüpfend, in der ›Blue Review‹ als »Epilogue« erschienen. Auch mit dieser eigentümlichen Gattungsbezeichnung deutet die Autorin an, worum es ihr geht: um die Erprobung neuer Formen des Erzählens, um die Entwicklung einer eigenen Formsprache.

Katherine Mansfields Formsprache ist vielgestaltig. Besonders auffällig, mit ihren knappen Regieanweisungen: die Geschichten in szenischer Form. ›Spät am Abend‹ ist ein Ein-Personen-Stück; ›Die schwarze Mütze‹ ein kompletter kleiner Stummfilm in Worten; während ›Zwei zu zwei Penny, bitte!‹ sich als ein Dialog mit dem Leser bzw. der Leserin erweist, der bzw. die in die Rolle der »Freundin« schlüpfen und die imaginären Stichworte geben darf (»...!!«); eine Form, welche die Autorin auch in der ›Kammerzofe‹ und im ›Kanarienvogel‹ verwendet; ja sie ist gewissermaßen noch präsent in der Leseransprache von ›Je ne parle pas français‹ und in der ›Geschichte eines verheirateten Mannes‹.

Aber auch in den »erzählten« Geschichten gibt es den Umschlag vom inneren Monolog in die Außensicht der »Regieanweisung«; ein typisches Mansfieldsches Verfahren. In ›Rosabels Müdigkeit‹ etwa so:

»Ach, die Geborgenheit in seinen Armen; und sie war sehr müde. (Die wirkliche Rosabel, das im Dunkeln auf dem Boden hockende Mädchen, lachte laut auf und schlug sich mit der Hand vor den heißen Mund.)«

Oder kurz und knapp und ungeduldig in ›Das Schwingen des Pendels‹: »›Ach, kommen Sie schon‹ – ungeduldig.«

Katherine Mansfield dachte szenisch. Sie hegte zeitlebens den Wunsch, ihre Texte öffentlich vorzutragen. Im Jahr 1922 schrieb sie an ihre Freundin Ida Baker: »Ich beabsichtige, im nächsten Frühjahr nach London zu gehen, den Bechstein-Saal zu mieten und Lesungen zu veranstalten. Dickens hat das auch getan. Er kannte seine Gestalten so gut, wie ich die Stimme meiner alten Mutter Parker kenne oder die der Kammerzofe.«

Weitere Formen: Man denke an die Reisegeschichten (›Die Reise nach Brügge‹, ›Eine unbesonnene Reise‹, ›Die Seereise‹). Ihre Form ist naheliegenderweise die des »Und jetzt«:

»Und jetzt sah man überall Soldaten, die an den Geleisen arbeiteten; an Lastwagen lehnend oder mit in die Seiten gestemmten Händen standen sie da und sahen zum Zug, als wenn sie in jedem Fenster mindestens einen Photoapparat erwarteten.« – Keine Handlung. Schnappschüsse. Man teilt das Abteil mit Zufallsbekanntschaften, hört ihre Lebensgeschichten oder reimt sie sich, die Zeichen deutend, zusammen – und verliert sie wieder aus den Augen. Die Zuspitzung eines dramatischen Konflikts ist nicht zu erwarten. Statt dessen: gleich-gültiges Nebeneinander. Katherine Mansfield weiß das zu nutzen. Die Geschichte ›Eine unbesonnene Reise‹ gewinnt gerade dadurch ihre Brisanz, daß – umgeben vom Krieg – nichts passiert. Ähnlich in ›Wie Pearl Button entführt wurde‹: Erst am Schluß stellen wir fest, daß uns eine Reisegeschichte erzählt wird und kein Kriminalfall. (In ›Die kleine Gouvernante‹ liegt der Fall gerade andersherum.)

In den ›Frühlingsbildern‹ führt Katherine Mansfield die genannten Erzählformen wie exemplarisch und *en miniature* durch: unkommentierte Schnappschüsse im ersten Teil; innerer Monolog im zweiten; im dritten wieder Außensicht: es wird beobachtet und gedeutet.

Nicht minder eigenwillig die Form in ›Feuille d'Album‹: Die Geschichte beginnt scheinbar in der Ich-Form; jemand, offensichtlich eine Frau, stellt uns den Helden (in wenig schmeichelhaften) Worten vor und – verstummt. Im folgenden wird streng in der dritten Person erzählt. Wir, die Leserinnen und Leser müssen uns unser eigenes Bild machen, das durchaus nicht mit dem unserer verschwundenen Erzählerin übereinstimmen muß. (Ein Verfahren, das auch in ›Eine Tasse Tee‹ zur Anwendung kommt.)

Neben diesen Erzählformen ist es aber vor allem der Wechsel der Perspektive, der die Erzählkunst Katherine Mansfields kennzeichnet: In der Geschichte ›Neue Kleider‹ sehen wir die Familie Carsfield zunächst aus der Perspektive der Mutter. Sie ist überfordert, unzufrieden, gereizt, und ihren Unmut läßt sie an ihrer Tochter Helen aus. Mrs. Carsfield ist ungerecht und grausam, keine Frage. Eine beklemmende Szenerie wie nur je in einem Dickens-Roman. Doch während wir bereits unser Mitleid für das Kind mobilisieren – wechselt die Perspektive zu Helen. Und wir stellen fest: unser Mitleid ist durchaus nicht gefragt. Helen ist ein durchtriebenes Gör, das, phantasiebegabt und selbstbewußt, den Eltern gehörig auf der Nase herumtanzt. Perspektivenwechsel: Der Hausarzt der Familie sympathisiert mit Helen. Für ihn ist sie der einzige vernünftige Mensch in der Familie. Als Helen Schwierigkeiten wegen eines »verschwundenen« Kleids bekommt, will er ihr helfen. Er glaubt, die romantisch-abenteuerliche Ader des Kindes zu treffen, wenn er ein Komplott schmiedet, bei dem ihm die Großmutter helfen soll, die schon aus Mitleid grundsätzlich zu Helen hält. Aber: Die Großmutter kann mit Dr. Malcolms Komplott nichts anfangen. Sie hat Helen als Trost für die anstehende Tracht Prügel bereits eine Puppe versprochen. Dr. Malcolm macht ihr – und Helen – da nur überflüssigerweise einen Strich durch die Rechnung …

›Die kleine Gouvernante‹ wäre eine schöne, traurige Geschichte vom Unglück eines jungen Mädchens in der Fremde, wäre da nicht der Schluß mit seinem Perspektivenwechsel. Erst er macht die schöne Geschichte zu einer echten Mansfieldschen Geschichte: Der Hausdiener im Hotel sieht die Sache nämlich ganz anders. Er ist von der kleinen Gouvernante beleidigt worden. Er hat verständlicherweise nicht das geringste Mitleid mit dieser Person, sondern sieht sich vielmehr gerächt – »und als er an ihr vorbeischoß … pochte ihm das Herz so heftig gegen die Rippen, daß er fast laut aufgelacht hätte«.

Und so sieht jede Figur aus ihrer jeweiligen Perspektive nur ihren kleinen Weltausschnitt – und irrt zwangsläufig. Die Wahrheit ist erst im Ganzen der Erzählung aufgehoben.

»Wie mich der Gedanke empört, daß das Leben schlechter sein soll als wir es uns vorzustellen *in der Lage sind«*
(Notizbuch, 1922)

Mansfieldsche Protagonisten empfehlen sich den Leserinnen und Lesern durch eine besondere Eigenschaft: Sie haben eine blühende Phantasie. Sie spielen mit der Realität. Linda Burnell läßt die Welt bereits in der ersten Szene in ›Vorspiel‹ versuchsweise kopfstehen, und Kezia wirft wenig später einen Blick durchs Buntglas, damit der Rasen, der für gewöhnlich nichts Besseres zu tun hat, als grün zu sein, für diesmal blau ist. Aber was heißt hier Spiel? Dieselbe Linda Burnell erlebt beunruhigende Momente, in denen die tote Dingwelt um sie herum zum Leben erwacht, und Kezia wird schließlich von einem grauenvollen Etwas aus dem Haus mit den Buntglasscheiben verjagt.

Valerie, die Protagonistin in ›Tapfere Liebe‹, spielt mit dem jungen Mitka ein Spiel, von dem er nichts weiß – ein Spiel namens Romantische Liebe, an die sie nicht glaubt; anders in der ›Unbesonnenen Reise‹, wo beide, die Ich-Erzählerin und ihr »kleiner Korporal«, am Spiel beteiligt sind; und das Spiel der Liebenden in ›Etwas Kindliches‹ sieht vor, daß man am Ende vergessen möge, daß es sich bloß um ein Spiel handelt.

Spiel ist nicht das Gegenteil von Ernst, sondern von Wirklichkeit. Spiel bedeutet, eine Grenze zu ziehen und ein Spielfeld zu markieren, auf dem nun eine andere Wirklichkeit herrscht. Im wirklichen Leben läßt sich diese Grenze nicht ziehen, daher müssen die Heldinnen und Helden bei Katherine Mansfield so häufig die Augen vor der Realität verschließen, in dem Wunsch, sie zu erhöhen: Die Hutverkäuferin in ›Rosabels Müdigkeit‹ muß die offensichtliche Tatsache leugnen, daß der gutaussehende Herr, an den sie ihren Tagtraum knüpft, ein gewöhnlicher Lüstling ist. »Schon mal gemalt worden?« fragt er die Verkäuferin, kaum daß seine Begleiterin außer Sichtweite ist; und: »Sie sind ein verdammt hübsches kleines Ding.« Aber: »Rosabel schenkte dem keinerlei Beachtung.« – Die Protagonistin aus ›Eine Tasse Tee‹, Rosemary Fell, nimmt ein armes, heruntergekommenes Mädchen mit zu sich nach Haus, um für einmal zu erleben, was sie sonst nur aus Dostojewski-Romanen kennt. Das Mädchen indes, macht dabei keine gute Figur: die junge Frau »verharrte, so wie sie in den Sessel gesetzt worden war, mit hängenden Armen und halbgeöffnetem Mund. Um die Wahrheit zu sagen, sie sah recht dümmlich aus. Aber Rosemary wollte davon nichts wissen.« – Bertha Young in ›Glückseligkeit‹ glaubt sich mit einer verwandten Seele aufschwingen zu können zu empfindsamen Höhen, in denen unsere höhere Natur zu Haus ist, und macht eine grausame Bauchlandung; wie auch Miss Brill heftig mit der rauhen Realität zusammenstößt, die sie gerade durchschaut zu haben glaubte.

Von Zusammenstößen dieser Art (von Spiel und Wirklichkeit, von Phantasie und banalem Alltag, von Dichtung und Wahrheit) lesen wir viel bei Katherine Mansfield. (Und in der Geschichte ›Nelke‹ ist dabei die reine kindliche Lust am Zusammenstoßenlassen am Werk.) Aber sind denn deswegen all die Gedankenspiele, die Versuche, die Welt zu poetisieren, sie geistig zu durchdringen, schon falsch? Die Vision in ›Glückseligkeit‹ geht eindeutig mit einem Realitätsverlust einher; die sehr ähnliche Vision in ›Die Flucht‹

andererseits bedeutet dem Protagonisten Trost und tiefe Erkenntnis. Die erwachende Dingwelt in ›Vorspiel‹ hat für Linda Burnell etwas Bedrohliches; die Protagonistin in ›Die Blume‹ erlebt sie als ekstatische Befreiung von Raum, Zeit, Kausalität, vom Ausgeliefertsein an Krankheit und Verfall …

Bei Gelegenheit der Lektüre der zu Anfang des zwanzigsten Jahrhunderts vieldiskutierten ›Philosophie des Als-Ob‹ von Hans Vaihinger schreibt Katherine Mansfield Ende 1921 in ihr Notizbuch: »Wie kommt es, daß wir mit bewußt falschen Vorstellungen zu Schlußfolgerungen gelangen, die im Einklang mit der Natur stehen und uns als Wahrheiten erscheinen?« Vaihinger hatte die These vertreten, daß unser Denken notwendig Fiktionen erzeugt und daß wir auf Grundlage dieser Fiktionen, und nicht trotz ihnen, Richtiges erreichen. Katherine Mansfield zitiert Vaihinger in ihrem Notizbuch mit folgendem Beispiel: »Die Fiktion der *Kraft*: bei zwei Vorgängen, von denen der eine vorangeht, der andere folgt, wird die Eigenschaft des Früheren, von dem Späteren gefolgt zu sein, seine ›Kraft‹ genannt, und man mißt diese ›Kraft‹ an der Größe des Erfolgs … In Wirklichkeit haben wir nur Sukzessionen und Koexistenzen, und die ›Kraft‹ dichten wir den Dingen an.«

Die literarische Fiktion ist immer etwas Angedichtetes, das sich als etwas Wahres ausgibt. Das Wahre und das Unwahre (das Ähnliche und das Unähnliche) sind in ihr untrennbar miteinander verbunden; das macht den Gleichnischarakter aller Literatur aus. Die phantasiebegabten Heldinnen und Helden in Katherine Mansfields Geschichten täuschen sich darüber hinweg, wenn sie das einstmals Wahre aus dem fiktionalen Zusammenhang herauslösen und für ihre eigenen Zwecke nutzbar machen wollen. Katherine Mansfield in ihrem Notizbucheintrag von 1921 schließt:

»Das heißt, die Realität kann nicht das Ideal sein, der Traum; und es ist nicht die Aufgabe des Künstlers, sein privates Süppchen zu kochen und zu versuchen, sein Wunschbild auf die existierende Welt zu übertragen. Kunst ist nicht der Versuch des Künstlers, Wunschvorstellungen mit dem Sein zu versöhnen; Kunst ist der Versuch des Künstlers, seine eigene Welt *in* dieser Welt zu erschaffen. Sein Thema ist gerade die *Unähnlichkeit* mit dem, was wir als Realität zu akzeptieren gewohnt sind. Wir greifen heraus – rücken ins Licht – erhöhen.«

HAFFMANS VERLAG
BEI ZWEITAUSENDEINS

SOPHIE ANDRESKY. Echte Männer. Was Frauen wirklich wollen. Verführungen zur Lust.

KLAUS BITTERMANN. Aufstand der Kuscheltiere. Eine Räuber- & Pistolengeschichte für kluge Kinder mit bunten Abenteuer-Bildern von RUDI HURZLMEIER.

KYRIL BONFIGLIOLI. Charlie Mortdecai in Das große Schnurrbart-Geheimnis. Ein komischer Fall für Zwei. Deutsch von Steffen Jacobs.

GEORG BÜCHNER. Werke & Briefe. Vollständige Ausgabe mit Chronik herausgegeben von Fritz Eycken.

CHRISTOPHER BUCKLEY. Danke, daß Sie hier rauchen. Der Roman auf den PR-, Medien- und Politzirkus. Deutsch von Friedhelm Rathjen.

CHRISTOPHER BUCKLEY. Florence von Arabien. Der Roman der Frauen im Nahen Osten. Deutsch von Martin Richter.

WILHELM BUSCH. Die Gedichte. Herausgegeben und mit einem Nachwort »Ein deutscher Klassiker der Komik« von Gerd Haffmans.

LAURA SHAINE CUNNINGHAM. Weiberrunde. Roman. Sechs Freundinnen erleben eine lange Nacht, in der alles rauskommt. Deutsch von Juliane Zaubitzer.

PHILIP K. DICK. Sämtliche 118 Science-Fiction-Geschichten in 5 Bänden. Geschichten der angewandten oder auch praktischen Philosophie.

JÖRG DREWS. Dichter beschimpfen Dichter. Die endgültige Sammlung literarischer Kollegenschelten. Mit einem Nachwort des Herausgebers und kämpfenden Bücher-Bildern von Jonathan Wolstenholme.

JENNY ECLAIR. Schöne Ferien. Zwei Familien zwischen Auf- und Abbruch. Deutsch von Juliane Zaubitzer.

JENNY ECLAIR. Vorstadt-Schönheit. Vom Treiben & Paaren in den Großen Städten. Deutsch von Juliane Zaubitzer.

EUGEN EGNER. Als der Weihnachtsmann eine Frau war. Mit farbigen Bildern von Rudi Hurzlmeier, Michael Sowa & Eugen Egner.

Fritz & Katinka Eycken (Hrsg.) SCHARFE STELLEN. Ein Lesebuch der Hocherotik. In 6 Stellen auf die Reihe gebracht. Geschmückt mit Zeichnungen von Rudi Hurzlmeier. Die feine Art der literarischen Anmache.

GUSTAVE FLAUBERT. Madame Bovary. Sitten der Provinz. Roman. Vollständig neu übersetzt und mit Anmerkungen von Caroline Vollmann.

GUSTAVE FLAUBERT. Bouvard und Pécuchet. Roman vom Mangel an Methode in den Wissenschaften. Mit dem Wörterbuch der Gemeinplätze. Vollständig neu übersetzt und mit Anmerkungen von Caroline Vollmann.

GUSTAVE FLAUBERT. Salambo. Der Roman Karthagos. Vollständig neu übersetzt und mit Anmerkungen von Petra-Susanne Räbel.

GUSTAVE FLAUBERT. Der Briefwechsel mit den Brüdern EDMOND & JULES DE GONCOURT. Alle erhaltenen Briefe und alle Eintragungen zu Flaubert aus dem Tagebuch der Brüder erstmals deutsch. Übersetzt und mit Anmerkungen von Cornelia Hasting.

KINKY FRIEDMAN. Der Gefangene der Vandam Street. Ein Tropen-Krankheit-&-Kindheit-mit-Kolibri-Kinky-Krimi. Deutsch von Gunnar Kwisinski.

BRÜDER GRIMM. Kinder- & Haus-Märchen. Die von Jakob & Wilhelm Grimm selbst herausgegebene, rare Kleine Ausgabe von 1852. Nachwort von Peter Rühmkorf.

BRÜDER GRIMM. Kinder- & Haus-Märchen. Gelesen von FANNY MÜLLER. Hörbuch-Doppel CD.

GEORGE GRUNTZ. Als weißer Neger geboren. Ein Leben für den Jazz. Die Autobiographie des großen Schweizer Jazz-Pianisten, Komponisten & Bandleaders der GG Concert Jazzband.

THOMAS GSELLA. Generation Reim. Gedichte & Moritat. Mit Zeichnungen von Greser & Lenz.

SIR HENRY RIDER HAGGARD. SIE-der-man-gehorchen-muß. Ein Abenteuer-, Liebes- und Unsterblichkeitsroman vom neuen Matriarchat. Deutsch, mit Anmerkungen und einem Nachwort von Susanne Luber.

WOLFGANG HERRNDORF. In Plüschgewittern. Ein deutscher Hauptstadtroman.

ULRICH HOLBEINs Weltverschönerung. Umwege zum Scheinglück. Ein vorläufiges Lebenswerk.

LUDWIG HOMANN. Ein deutsches Leben. Zwei Romane: »Der weiße Jude« und »Der Hunne am Tor« erstmals in einem Band.

DAVID HUGGINS. Ein einziger Hit. Ein Hard-Rock-Thriller. Deutsch von Karsten Singelmann.

RUDI HURZLMEIER & HARRY ROWOHLT. Hipphopp. Die hohe Schule der Rossmalerei. Mit feinen Pferde-Versen.

RUDI HURZLMEIER & HARRY ROWOHLT. Miez miez. Schöne scharfe Katzen in Bild & Vers.

RUDI HURZLMEIER & HARRY ROWOHLT. Ich wollt, ich wär Dein Hund. Eine kunterbunte Hundekunde in Bild & Vers.

RUDI HURZLMEIER & HARRY ROWOHLT. Happy Birds-Day. Die fröhliche Vögel-Welt in Bild & Vers.

RUDI HURZLMEIER & HARRY ROWOHLT. Wahre Engel und andere Geister der Weihnacht in Bild & Vers.

JORIS-KARL HUYSMANS. Gegen Alle. Die Bibel der Dekadenz. Neu übersetzt von Caroline Vollmann. Mit Stimmen von Emile Zola bis Victor Klemperer.

BERND IMGRUND. Quinn Kuul. Ein Schelmen-, Erziehungs-, Agenten-, Köln- & Liebes-Roman.

STEFFEN JACOBS. Angebot freundlicher Übernahme. Lyrik der Lust, Liebes- & Lebens-Pein. Mit CD, belesen vom Dichter.

Steffen Jacobs (Hrsg.) DIE LIEBENDEN DEUTSCHEN. 645 entflammte Gedichte aus 400 Jahren.

Steffen Jacobs (Hrsg.) DIE KOMISCHEN DEUTSCHEN. 881 gewitzte Gedichte aus 400 Jahren.

Steffen Jacobs (Hrsg.) DIE KOMISCHEN DEUTSCHEN: DAS HÖRBUCH. 104 gewitzte Gedichte aus 400 Jahren. Vorgetragen von Steffen Jacobs mit Katharina Thalbach, Harry Rowohlt und Gerd Haffmans. CD.

NORBERT JOHANNIMLOH. Regenbogen über der Appelbaumchaussee. Ein westfälisches Sittenbild in Geschichten und Gedichten mit dem Triptychon um die Judith von Münster.

GABRIEL JOSIPOVICI. Nur ein Scherz. Ein Kunst-, Räuber-, Liebes- und Glücks-Roman im Gespräch. Deutsch von Gerd Haffmans.

HERMANN KINDER. Mein Melaten. Der Methusalem-Roman. Ein Mann wird älter zwischen Köln und Konstanz.

KARIN KUSTERER. Märchen von der unmöglichen Liebe. Roman von werdendem Leben und einer Reise ins Herz der Finsternis Afghanistans.

PHILIP LARKIN. Wirbel im Mädcheninternat Willow Gables. Der bezaubernde Mädchenroman eines großen Lyrikers. Deutsch von Steffen Jacobs.

CHARLES LEWINSKY. Der A-Quotient. Theorie und Praxis des Lebens mit Arschlöchern. Ein Lehrbuch mit Zeichnungen von Thomas di Paolo.

CHARLES LEWINSKY. »Mattscheibe« und »Talkshow«. Zwei Fernseh-Romane in einem Band. Mit den zweien – liest man besser.

GEORG CHRISTOPH LICHTENBERG. Die Aphorismen-Bücher. Vollständige Ausgabe in einem Band, herausgegeben von Albert Leitzmann.

DAVID LODGE. Autor, Autor. Ein Roman über Leben, Werk und Wirkung des Schriftstellers Henry James und einige seiner Zeitgenossen. Deutsch von Renate Orth-Guttmann.

DAVID LODGE. Das Jahr des Henry James oder Timing ist alles. Der Roman des Romans »Autor, Autor« über Leben, Werk und Wirkung des Schriftstellers Henry James. Deutsch von Renate Orth-Guttmann.

DAVID LODGE. Therapie & Denkt. Zwei Tagebuch- & Campus-Romane über Liebe, Lust und Wissenschaft. Deutsch von Renate Orth-Guttmann & Martin Ruf.

TILL R. LOHMEYER. Unter Zoologen. Von Vögeln, Käfern & Karrieren und tödlichen Liebes-Trieben.

GRAHAM LORD. Leider sehen wir uns gezwungen, Ihnen mitzuteilen ... (Sie sind gefeuert!) Die Komödie vom harten Los: arbeitslos. Deutsch von Miriam Carbe.

LUDGER LÜTKEHAUS. NICHTS. Abschied vom Sein. Ende der Angst. Ein Lebenswerk.

LUDGER LÜTKEHAUS. Das nie erreichte Ende der Welt. Erzählungen von den ersten und letzten Dingen.

JENNY McPHEE. Der Kern der Dinge. Eine sexy Geschichte vom klassischen Kino, um Klatschpresse, Quantenmechanik und Mr. Right.

XAVIER DE MAISTRE. Reise um mein Zimmer & Nächtliche Expedition um mein Zimmer. Ein kleiner Klassiker. Deutsch von Caroline Vollmann. Mit Reise-Bildern von Andy Wildi.

KATHERINE MANSFIELD. In einer deutschen Pension. Geschichten zur Erholung. Deutsch von Ute Haffmans. Mit einem Nachwort von Heiko Arntz.

AXEL MARQUARDT. Anselm im Glück. Ein europäischer Reise- & Schelmenroman.

AXEL MARQUARDT. Was bisher geschah. Alle Mach-, Lach- & Meisterwerke in einem Band.

MONTY PYTHON. Sämtliche Worte. Die vollständigen Drehbücher der legendären 45 Fernseh-Folgen mit vielen Fotos.

CHRISTIAN MORGENSTERN. Die Galgenlieder. Vollständige Ausgabe. Mit drei Briefen des Dichters. Herausgegeben von Gerd Haffmans.

FANNY MÜLLER. Keks, Frau K. & Katastrophen. Die fehlten noch: Alle Geschichten. Und 38 mehr.

FANNY MÜLLER liest aus Keks, Frau K. & Katastrophen. CD, mit einer gedruckten Rede von Frank Schulz.

FANNY MÜLLER & SUSANNE FISCHER. Stadt Land Mord. Roman in Briefen. Zwei Frauen räumen ihre Männer auf.

FANNY MÜLLER liest GRIMMS MÄRCHEN. Hörbuch-Doppel-CD.

FANNY MÜLLER. Wieder Weihnachten. Elf Geschichten vom Fest über die bleierne Zeit zwischen den Jahren bis Neujahr. Mit elf festlich-farbigen Bildern von ANDY WILDI.

WOLF von NIEBELSCHÜTZ. Die Kinder der Finsternis. Der Roman vom leuchtend lebendigen Mittelalter.

M. A. NUMMINEN. Tango ist meine Leidenschaft. Ein Tanz- und Liebesroman aus dem heißen Norden. Deutsch von Eike Fuhrmann.

M. A. NUMMINEN. Der Kneipenmann. Eine Reise zu den Bier-Bars in Finnland von Helsinki bis zum Nordkap. Deutsch von Eike Fuhrmann.

A. NUMMINEN sings Wittgenstein & Helena est libertas. Die CD eines intellektuellen Entertainers.

M. A. NUMMINEN singt wüste wilde Weihnachtslieder. Eine CD mit festlichem Liedgut.

JAN GRAF POTOCKI. Die Handschrift von Saragossa oder Die Abenteuer in der Sierra Morena. Ein verzaubernder Jahrhundertroman von Grafen, Gaunern und Geliebten. Deutsch von Werner Creutziger.

RAINER MARIA RILKE. Das dichterische Werk. Die Lyrik & Prosa in einem Band, getreu nach der ersten Werkausgabe von 1927. Mit einer Rede von Robert Musil.

JOACHIM RINGELNATZ. Die Gedichte. Vollständige Ausgabe in einem Band, getreu nach den Erstausgaben und Ausgaben letzter Hand, herausgegeben von Fritz & Katinka Eycken mit Jakob Winter.

HARRY ROWOHLT. Pooh's Corner complett. Sämtliche Kolumnen, Rezensionen, Berichte und Filmkritiken in einem Band. Dazu: Der Harry-Rowohlt-Rabe Nr. 64. Herausgegeben von Gerd Haffmans und Heiko Arntz.

PETER RÜHMKORF. Selbst III/88. Aus der Fassung. Dokument der Entstehung eines Gedichts. Mit einer persönlichen Poetik des Dichters als Nachwort.

SARAH SANDS. Spielchen spielen. Ein Fernseh- und Zicken-Roman. Deutsch von Sabine Lohmann.

ARTHUR SCHOPENHAUER. Werke in 5 Bänden. Erstmals nach den Ausgaben letzter Hand herausgegeben und mit einer Einleitung von Ludger Lütkehaus in einem Beibuch.

ARTHUR SCHOPENHAUER. Eristische Dialektik oder Die Kunst, Recht zu behalten. Ein Lehrbuch mit 38 Kunstgriffen. Herausgegeben von Gerd Haffmans.

Das SCHOPENHAUER EinLeseBuch. Ein ABC zur Lebenskunst, aus dem Handschriftlichen Nachlaß gezogen von Gerd Haffmans, nebst einem Anhang, der die Kritik der korrupten Vernunft enthält.

FRANK SCHULZ. Kolks blonde Bräute. Roman vom rechten Reden & Trinken, von wahrer Liebe & echter Freundschaft und kleinen Taten & großen Träumen. Hagener Trilogie I.

FRANK SCHULZ. Kolks blonde Bräute. Der ganze Roman als Hörbuch eingerichtet vom Verfasser, gelesen von Harry Rowohlt, Fanny Müller, Marion von Stengel, Gerd Haffmans und Frank Schulz. 7 CDs oder 1 MP-3.

FRANK SCHULZ. Morbus fonticuli oder Die Sehnsucht des Laien. Ein großer Roman der deutschen Hochkomik. Hagener Trilogie II.

FRANK SCHULZ. Das Ouzo-Orakel. Roman. Die Vollendung: Hagener Trilogie III.

FRANK SCHULZ. Die Hagener Trilogie in Kassette. Mit der Laudatio von Frank Schäfer zum Hubert-Fichte-Preis an Frank Schulz als Beiheft.

FRANK SCHULZ. Naturlyrik, Anfängerkurs. Gesammelte Gelegenheitsverse.

DAVID SEDARIS. Gute-Nackt-Geschichten. Alle Geschichten aus "Naked" und »Ich ein Tag sprechen hübsch« in einem Band. Deutsch von Harry Rowohlt und Georg Deggerich. So wurde David über Nackt berühmt.

WILLIAM SHAKESPEAREs Theatralische Werke. 21 Stücke in der Übersetzung von Christoph Martin Wieland.

LINDA VERHAELEN. Mein Leben als Schlampe. Sex and the City in den Siebzigern.

LINDA VERHAELEN. Das Leben als Zumutung. Das Schlampenleben geht weiter zwischen Büro und Bar.

JOSEPH von WESTPHALEN. Zur Phänomenologie des arbeitenden Weibes. Porträts berufstätiger Frauen mit zwölf Verführungsversuchen.

OSCAR WILDE. Werke in 5 Bänden. Vollständig neu übersetzt von Bernd Eilert, Georg Deggerich, Susanne Luber, Petra-Susanne Räbel, Eike Schönfeld und Hans Wolf. »Neue Zürcher Ausgabe«.

OSCAR WILDE. Die Märchen. Die beiden Sammlungen »Der glückliche Prinz« und »Ein Granatapfelhaus« zauberhaft vereint. Deutsch von Susanne Luber.

OSCAR WILDE – EIN LEBEN IN SCHÖNHEIT. Eine literarische Revue über Leben und Werk des Dichters, Denkers & Dandys zu seinem 150. Geburtstag. CD von und mit Harry Rowohlt, Monika Schärer, Christian Glockzin und Gerd Haffmans.

WÖRTERBUCH Schweizerdeutsch – Deutsch. Anleitung zur Überwindung von Kommunikationspannen. Vorwort vom Zürcher Stadtpräsidenten Josef Estermann, Nachwort von Fritz Senn.

DAS WÜSTE WILDE WEIHNACHTSBUCH. Nicht mehr Feierliches in Wort & Bild. Herausgegeben von Gerd Haffmans.

DER RABE – Magazin für jede Art von Literatur. Der Rabe 65: Der vereinigte Europa-, Zukunfts- & Jubiläums-Rabe. Begründet und herausgegeben von Gerd Haffmans.

DER RABEN-KALENDER. Für jeden Tag im Jahr 2009. Herausgegeben von Tini Haffmans. Der Kalender hier macht täglich, ja Tag für Tag den Tag erträglich. Und das Jahr für Jahr.

Kleiner ATHEISMUS-KATECHISMUS. Zwingende Zweifel von Georg Büchner, Ludwig Feuerbach, Karl Marx, Arthur Schopenhauer, Fritz Mauthner, Arno Schmidt, Ulrich Holbein, Fritz Senn, Polly Toynbee und Ludger Lütkehaus, auf gottfernen Seiten gesammelt und mit Zugaben von Friedrich dem Großen, Philip K. Dick & Kinky Friedman versehen von Gerd Haffmans.

☞ www.Zweitausendeins.de ☜